В.Д. НОВИКОВ
Л.Л. ПОГРЕБНАЯ
В.М. БОРЩ

ФИЗИЧЕСКИЙ СЛОВАРЬ

АНГЛИЙСКИЙ
НЕМЕЦКИЙ
ФРАНЦУЗСКИЙ
РУССКИЙ

Около 11 000 терминов

«РУССО»
МОСКВА
1995

DICTIONARY OF PHYSICS

ФИЗИЧЕСКИЙ СЛОВАРЬ

V.D. NOVIKOV
L.L. POGREBNAYA
V.M. BORSCH

DICTIONARY OF PHYSICS

ENGLISH
GERMAN
FRENCH
RUSSIAN

Approx. 11 000 terms

«RUSSO»
MOSCOW
1995

ББК 22
Н 73

Новиков В.Д., Погребная Л.Л., Борщ В.М.

Н 73 Физический словарь (английский, немецкий, французский, русский): 10 943 термина. — М.: РУССО, 1995 — 656 с.
ISBN 5—88721—004—4

Словарь содержит 10 943 термина теоретической физики, физики твердого тела и полупроводников, оптики, спектроскопии, акустики, физики жидкостей, газов и плазмы, ядерной физики и физики высоких энергий, астрофизики, космологии и др.

В конце словаря даны указатели немецких, французских и русских терминов.

Словарь предназначен как для специалистов, так и для широкого круга читателей, интересующихся проблемами современной физики.

$$\text{Н} \frac{4602030000—004}{15\text{И}(03)—95} \text{ Без объявл.}$$

ББК 22 + 81.2-4

ISBN 5—88721—004—4

© «РУССО», 1995
© ВК «Наука», 1995

Репродуцирование (воспроизведение) данного издания любым способом без договора с издательством запрещается.

ПРЕДИСЛОВИЕ

Физика — наука, изучающая простейшие и вместе с тем наиболее общие закономерности явлений природы, свойства и строение материи и законы ее движения. Поэтому понятия физики и ее законы лежат в основе всего естествознания.

Данный словарь содержит термины всех областей современной физики, как классических, так и новейших, в том числе теоретической физики, физики твердого тела и полупроводников, оптики, спектроскопии, голографии, лазерной физики, радиофизики и электроники, акустики и ультразвука, физики жидкостей, газов и плазмы, ядерной физики и физики высоких энергий, теплофизики, астрофизики, космологии и космических исследований, солнечно-земной физики, физических единиц, приборов и измерений. При сравнительно небольшом объеме словаря (современная физическая терминология насчитывает не менее 100000 терминов) авторы постарались включить в него самое основное.

Границы, отделяющие физику от других естественных наук, в значительной мере условны. Физические методы исследований играют решающую роль во всех естественных науках и во многом определяют их успехи. Недаром образовался ряд пограничных дисциплин — биофизика, геофизика, физическая химия и химическая физика, физика атмосферы и океана и др., терминология которых в той или иной степени отражена в словаре. В нем присутствуют также некоторые общенаучные термины.

Физика относится к точным наукам и изучает количественные закономерности явлений, которые формулируются на математическом языке. Поэтому в словарь включено небольшое число математических терминов.

Словарь будет полезен широкому кругу научных работников, инженеров, студентов и преподавателей, издателей научной литературы, переводчиков. Он может использоваться как учебное и справочное пособие в университетах, институтах и колледжах для освоения учащимися английской научной терминологии, поскольку английский язык широко используется на физических конференциях, симпозиумах и выставках во всем мире. Словарь, таким образом, поможет общению ученых, живущих и работающих во многих странах мира.

Физика является фундаментом новой техники. Основные разделы современной физики стали почти неисчерпаемым источником новых идей для электротехники, энергетики, радиотехники, электроники, связи, технологии обработки материалов, медицины и др. Достижения физики сыграли решающую роль в развитии полупроводниковой промышленности и микроэлектроники, вычислительной техники, ядерной энергетики, космических исследований, военной техники.

Благодаря этому физика первой среди научных дисциплин стала одним из элементов национального престижа. Состояние физических исследований, их масштабы и темпы развития относятся к признакам, по которым можно судить о могуществе государства. Поэтому словарь будет полезен широкому кругу профессионалов и менеджеров в промышленности, политикам и государственным деятелям, бизнесменам, издателям, журналистам и просто любознательным людям.

Подготовка словаря была начата по инициативе лауреата Нобелевской премии по физике академика А.М.Прохорова. Автор — кандидат физико-математических наук В.Д.Новиков — более 25 лет работал в Физическом институте, Институте общей физики и Отделении общей физики и астрономии Российской академии наук, был координатором научных программ по лазерам и нелинейной оптике, радиофизике и электронике, голографии. Список его научных трудов включает работы по микроволновой электронике, динамике морских волн, гиперакустике, лазерной физике, физике плазмы, радиофизике и солнечно-земной физике, что позволило ему с широких позиций подойти к подбору материала для словаря.

Издание осуществлено при поддержке Выставочного комплекса «Наука», входящего в структуру Всероссийского выставочного центра. По счастливой случайности (а может быть, и не случайно) директор ВК «Наука» Е.Н.Островский — также физик, получивший образование в Московском физико-техническом институте, лучшем физическом вузе России. ВК «Наука» занимается не только организацией выставок в России и за рубежом, отражающих достижения различных наук. Для него характерен более широкий подход к выставочной деятельности как важнейшей сфере обменов информацией и развития контактов между людьми. Этим изданием ВК "Наука" начинает программу подготовки словарей с целью расширить и облегчить общение между специалистами разных стран.

Г.А. Месяц
академик, вице-президент
Российской академии наук

ОТ ИЗДАТЕЛЬСТВА

Предлагаемый словарь выпускается АО «Руссо» (Москва) при содействии Выставочного комплекса «Наука» Всероссийского выставочного центра и рассчитан на широкий круг как специалистов, так и всех интересующихся современной физикой. Словарь содержит 10 943 английских термина из всех областей физики и их эквиваленты на немецком, французском и русском языках.

При составлении словаря авторы использовали энциклопедии, справочники, монографии и периодические издания, опубликованные в США, Великобритании, Германии, Франции и России.

С помощью указателей немецких, французских и русских терминов, помещенных в конце книги, можно без особых трудностей отыскать нужный эквивалент на любом из четырех языков словаря.

Авторы и издательство будут благодарны за отзывы, замечания и предложения, которые следует присылать по адресу: 117922 Москва, Ленинский проспект, 15, к. 325.

О ПОЛЬЗОВАНИИ СЛОВАРЕМ

Ведущие английские термины расположены в словаре в алфавитном порядке, причем составные термины рассматриваются как слитно написанные слова, например:

    strange attractor
    strangeness
    strange particles.

Словарная статья состоит из терминов на английском, немецком, французском и русском языках, расположенных столбцом. Для ссылки с одного термина на другой используется помета *see*. Все немецкие, французские и русские термины имеют указание рода в виде помет m, f и n и, при необходимости, пометы множественного числа *pl*. Все ведущие английские термины пронумерованы в пределах каждой из букв алфавита для возможности отыскания английских, немецких, французских и русских терминов по указателям. Таким образом, словарная статья имеет, например, следующий вид:

N106   *e* neutron capture
        d Neutroneneinfang *m*
        f capture *f* des neutrons
        r захват *m* нейтронов

В переводах разные значения разделяются цифрами, близкие по смыслу варианты — точкой с запятой, синонимические варианты — запятой.

Пояснения заключены в круглые скобки и набраны курсивом.

Для перевода с немецкого, французского и русского языков следует пользоваться помещенными в конце словаря указателями, в которых все термины имеют буквенно-цифровое обозначение, соответствующее обозначению при ведущем английском термине.

Для удобства читателя в словарь включены именные термины, которые составляют значительную часть физической терминологии. При этом в целях упрощения окончания притяжательной формы 's в английских терминах опущены, например:

    Newton law (а не Newton's law)

A

A1   *e*   Abbe refractometer
      d   Abbe-Refraktometer *n*, Abbesches Refraktometer *n*
      f   réfractomètre *m* d'Abbe
      r   рефрактометр *m* Аббе

A2   *e*   aberration
      d   Aberration *f*; Abbildungsfehler *m*
      f   1. aberration *f* 2. défaut *m* de l'image
      r   1. аберрация *f* 2. искажение *n*

A3   *e*   aberration of light
      d   Lichtaberration *f*, Aberration *f* des Fixsternlichts
      f   aberration *f* de la lumière
      r   аберрация *f* света

A4   *e*   aberrations of electron lenses
      d   Aberrationen *f pl* der Elektronenlinsen
      f   aberrations *f pl* des lentilles électroniques
      r   аберрации *f pl* электронных линз, электронно-оптические аберрации *f pl*

A5   *e*   aberrations of optical systems
      d   Aberrationsfehler *m pl* der optischen Systeme
      f   aberrations *f pl* des systèmes optiques
      r   аберрации *f pl* оптических систем

A6   *e*   ablation
      d   Ablation *f*
      f   ablation *f*
      r   абляция *f*

A7   *e*   abnormal dispersion *see* anomalous dispersion

A8   *e*   abrasion
      d   Abrieb *m*
      f   abrasion *f*
      r   истирание *n*

A9   *e*   abrasive
      d   Schleifmittel *n*
      f   abrasif *m*
      r   абразив *m*, абразивный материал *m*

A10   *e*   abrasive wear
      d   Verschleiß *m*; Gleitverschleiß *m*
      f   usure *f* abrasive
      r   абразивный износ *m*

A11   *e*   Abrikosov lattice
      d   Abrikosov-Gitter *n*
      f   réseau *m* d'Abrikossov
      r   решётка *f* вихрей Абрикосова

A12   *e*   abscissa
      d   Abszisse *f*
      f   abscisse *f*
      r   абсцисса *f*

A13   *e*   absolute error
      d   absoluter Fehler *m*
      f   erreur *f* absolue
      r   абсолютная погрешность *f*

A14   *e*   absolute humidity
      d   absolute Feuchtigkeit *f*
      f   humidité *f* absolue
      r   абсолютная влажность *f*

A15   *e*   absolute instability
      d   absolute Instabilität *f*, absolute Labilität *f*
      f   instabilité *f* absolue
      r   абсолютная неустойчивость *f*

A16   *e*   absolute instability criterion
      d   absolutes Instabilitätskriterium *n*, absolutes Labilitätskriterium *n*
      f   critère *m* d'instabilité absolue
      r   критерий *m* абсолютной неустойчивости

A17   *e*   absolute measurement
      d   absolute Messung *f*
      f   mesure *f* absolue
      r   абсолютное измерение *n*

A18   *e*   absolute permeability
      d   absolute Permeabilität *f*
      f   perméabilité *f* absolue
      r   абсолютная магнитная проницаемость *f*

A19   *e*   absolute permittivity
      d   absolute Dielektrizitätskonstante *f*, Permittivität *f* des Vakuums, Permittivität *f*
      f   permittivité *f* absolue
      r   абсолютная диэлектрическая проницаемость *f*

A20   *e*   absolute radiator
      d   absoluter Strahler *m*
      f   radiateur *m* absolu
      r   абсолютный излучатель *m*

A21   *e*   absolute stellar magnitude

ABSOLUTE

      d absolute Helligkeit *f*, absolute Größenklasse *f (von Sternen)*
      f   magnitude *f* stellaire absolue
      r   абсолютная звёздная величина *f*

A22 *e* absolute temperature
      d absolute Temperatur *f*
      f   température *f* absolue
      r   абсолютная температура *f*

A23 *e* absolute time
      d absolute Zeit *f*
      f   temps *m* absolu
      r   абсолютное время *n*

A24 *e* absolute units
      d absolute Einheiten *f pl*
      f   unités *f pl* absolues
      r   абсолютные единицы *f pl*

A25 *e* absolute value
      d Absolutwert *m*, Absolutbetrag *m*
      f   valeur *f* réelle, valeur *f* absolue
      r   абсолютная величина *f*, модуль *m*

A26 *e* absolute zero *(of temperature)*
      d absoluter Nullpunkt *m*, absoluter Temperaturnullpunkt *m*
      f   zéro *m* absolu *(de la température)*
      r   абсолютный нуль *m* температуры

A27 *e* absorbance
      d dekadischer Logarithmus *m* des Absorptionsvermögens
      f   absorbance *f*
      r   логарифм *m* коэффициента поглощения

A28 *e* absorbate
      d Absorbat *n*, absorbierter Stoff *m*
      f   absorbat *m*
      r   абсорбат *m*, абсорбируемое вещество *n*

A29 *e* absorbed dose
      d absorbierte Dosis *f*
      f   dose *f* absorbée
      r   поглощённая доза *f*

A30 *e* absorbed electron image
      d Abbildung *f* in absorbierten Elektronen
      f   image *f* en électrons absorbés
      r   изображение *n* в поглощённых электронах

A31 *e* absorbed quantum
      d absorbiertes Quant *n*
      f   quantum *m* absorbé
      r   поглощённый квант *m*

A32 *e* absorbed radiation
      d absorbierte Strahlung *f*
      f   radiation *f* absorbée, rayonnement *m* absorbé
      r   поглощённое излучение *n*

A33 *e* absorbent
      d Absorbens *n*, Absorptionsmittel *n*, absorbierender Stoff *m*
      f   absorbant *m*
      r   поглотитель *m*, абсорбент *m*

A34 *e* absorber
      d Absorber *m*, Absorptionsapparat *m*
      f   absorbeur *m*
      r   поглотитель *m*, абсорбер *m*

A35 *e* absorbing ability
      d Absorptionsvermögen *n*
      f   pouvoir *m* absorbant
      r   поглощательная способность *f*

A36 *e* absorptance
      d Absorptionszahl *f*, Absorptionsgrad *m*, Absorptionskoeffizient *m*
      f   facteur *m* d'absorption, indice *m* d'absorption
      r   коэффициент *m* поглощения

A37 *e* absorptiometer
      d Absorptiometer *n*
      f   absorptiomètre *m*
      r   абсорбциометр *m*, измеритель *m* поглощающей способности

A38 *e* absorption
      d Absorption *f*
      f   absorption *f*
      r   абсорбция *f*; поглощение *n*

A39 *e* absorption analysis
      d Absorptionsspektralanalyse *f*, Absorptionsanalyse *f*
      f   analyse *f* spectrale absorptive
      r   абсорбционный анализ *m*

A40 *e* absorption band
      d Absorptionsbande *f*
      f   bande *f* d'absorption
      r   полоса *f* поглощения

A41 *e* absorption cell
      d Absorptionszelle *f*
      f   cellule *f* d'absorption
      r   поглощающая ячейка *f*

A42 *e* absorption coefficient *see* absorptance

A43 *e* absorption cross-section
      d Absorptionsquerschnitt *m*
      f   section *f* d'absorption
      r   сечение *n* поглощения

A44 *e* absorption curve
      d Absorptionskurve *f*
      f   courbe *f* d'absorption
      r   кривая *f* поглощения

A45 *e* absorption edge
      d Absorptionskante *f*
      f   bord *m* d'absorption
      r   край *m* полосы поглощения

A46 *e* absorption factor *see* absorptance

ACCELEROMETER

A47 e absorption intensity
     d Absorptionsintensität f, Intensität f der Absorption
     f intensité f d'absorption
     r интенсивность f поглощения

A48 e absorption jump
     d Absorptionssprung m
     f discontinuité f d'absorption
     r скачок m поглощения

A49 e absorption length
     d Absorptionslänge f
     f longueur f d'absorption
     r длина f поглощения

A50 e absorption line
     d Absorptionslinie f
     f raie f d'absorption
     r линия f поглощения (в спектре)

A51 e absorption loss, absorption losses
     d Absorptionsverluste m pl
     f pertes f pl par absorption
     r потери f pl на поглощение

A52 e absorption measurement
     d Absorptionsmessung f
     f mesure f de l'absorption
     r измерение n поглощения

A53 e absorption meter see absorptiometer

A54 e absorption spectrophotometry
     d Absorptions-Spektralphotometrie f
     f spectrophotométrie f d'absorption
     r абсорбционная спектрофотометрия f

A55 e absorption spectroscopy
     d Absorptionsspektroskopie f
     f spectroscopie f d'absorption
     r абсорбционная спектроскопия f

A56 e absorption spectrum
     d Absorptionsspektrum n
     f spectre m d'absorption
     r спектр m поглощения, абсорбционный спектр m

A57 e absorptive power
     d Absorptionsvermögen n
     f pouvoir m absorbant
     r поглощательная способность f

A58 e absorptivity
     d Absorptionsvermögen n
     f absorptivité f
     r удельный коэффициент m поглощения, коэффициент m поглощения, поглощательная способность f

A59 e abundance of isotopes
     d Häufigkeit f von Isotopen
     f teneur f des éléments isotopiques
     r распространённость f изотопов

A60 e a. c. see alternating current

A61 e accelerated motion
     d beschleunigte Bewegung f
     f mouvement m accéléré
     r ускоренное движение n

A62 e accelerating field
     d Beschleunigungsfeld n, beschleunigendes Feld n
     f champ m d'accélération
     r ускоряющее поле n

A63 e accelerating-storage complex
     d Beschleunigungsspeicherkomplex m
     f ensemble m accélérateur-accumulateur
     r ускорительно-накопительный комплекс m

A64 e accelerating tube
     d Beschleunigungsrohr n
     f tube m d'accélération
     r ускоряющая трубка f

A65 e accelerating voltage
     d Beschleunigungsspannung f
     f tension f accélératrice, tension f d'accélération
     r ускоряющее напряжение n

A66 e acceleration
     d Beschleunigung f
     f accélération f
     r ускорение n

A67 e acceleration mechanism
     d Beschleunigungsmechanismus m
     f mécanisme m d'accélération
     r механизм m ускорения

A68 e acceleration of free fall, acceleration of gravity
     d Fallbeschleunigung f, Erdbeschleunigung f
     f accélération f de la pesanteur
     r ускорение n свободного падения

A69 e accelerator
     d Beschleuniger m, Teilchenbeschleuniger m
     f accélérateur m, accélérateur m de particules
     r ускоритель m, ускоритель m заряженных частиц

A70 e accelerator channel
     d Beschleunigungskanal m
     f canal m accélérateur
     r ускорительный канал m

A71 e accelerator target
     d Beschleunigertarget n
     f cible f d'accélérateur
     r мишень f ускорителя

A72 e accelerometer
     d Beschleunigungsmesser m

11

ACCEPTOR

        f   accéléromètre *m*
        r   акселерометр *m*

A73   *e*   **acceptor**
        d   Akzeptor *m*; Akzeptorverunreinigung *f*
        f   accepteur *m*
        r   акцептор *m*; акцепторная примесь *f*

A74   *e*   **acceptor atom**
        d   Akzeptoratom *n*
        f   atome *m* accepteur
        r   примесный атом *m*, атом-акцептор *m*

A75   *e*   **acceptor center**
        d   Akzeptorzentrum *n*
        f   centre *m* accepteur
        r   акцепторный центр *m*

A76   *e*   **acceptor level**
        d   Akzeptorniveau *n*, Akzeptorterm *m*
        f   niveau *m* accepteur
        r   акцепторный уровень *m*

A77   *e*   **accidental count**
        d   Zufallszählung *f*
        f   coup *m* accidentel
        r   случайный отсчёт *m*

A78   *e*   **accident dose**
        d   Havariedosis *f*
        f   dose *f* d'avarie
        r   аварийная доза *f*

A79   *e*   **accommodation**
        d   Akkommodation *f*
        f   accommodation *f*
        r   аккомодация *f*

A80   *e*   **accommodation coefficient**
        d   Akkommodationskoeffizient *m*
        f   coefficient *m* d'accommodation
        r   коэффициент *m* аккомодации

A81   *e*   **accommodation of the eye**
        d   Akkommodation *f* des Auges
        f   accommodation *f* de l'œil
        r   аккомодация *f* глаза

A82   *e*   **accreting white dwarf**
        d   akkrezierender weißer Zwerg *m*
        f   naine *f* blanche à accrétion
        r   аккреционный белый карлик *m*

A83   *e*   **accretion**
        d   Akkretion *f*, Zunahme *f*, Zuwachs *m*; Wachsen *n*
        f   accrétion *f*
        r   аккреция *f*

A84   *e*   **accretion disk**
        d   Akkretionsscheibe *f*
        f   disque *m* d'accrétion
        r   аккреционный диск *m*

A85   *e*   **accumulation**
        d   Akkumulation *f*; Anhäufung *f*
        f   accumulation *f*
        r   накопление *n*; аккумулирование *n*

A86   *e*   **accumulator**
        d   Akkumulator *m*; Speicher *m*
        f   accumulateur *m*
        r   аккумулятор; накопитель *m*

A87   *e*   **accuracy class**
        d   Genauigkeitsklasse *f*
        f   classe *f* de précision
        r   класс *m* точности

A88   *e*   **accuracy of measurement**
        d   Meßgenauigkeit *f*
        f   précision *f* de la mesure
        r   точность *f* измерения

A89   *e*   **accurate measurement**
        d   genaue Messung *f*
        f   mesure *f* précise
        r   точное измерение *n*

A90   *e*   **achromat** *see* **achromatic lens**

A91   *e*   **achromatic color**
        d   unbunte Farbe *f*, achromatische Farbe *f*
        f   couleur *f* achromatique
        r   ахроматический цвет *m*

A92   *e*   **achromatic lens**
        d   achromatische Linse *f*, Achromat *m*
        f   lentille *f* achromatique
        r   ахромат *m*, ахроматическая линза *f*

A93   *e*   **achromatization of lens systems**
        d   Achromatisierung *f* eines Linsensystems
        f   achromatisation *f* des systèmes de lentilles
        r   ахроматизация *f* линзовых систем

A94   *e*   **acoustic absorber**
        d   Schallschluckstoff *m*, schallschluckender Stoff *m*, schallschluckendes Material *n*, Schallschlucker *m*
        f   absorbeur *m* acoustique
        r   звукопоглотитель *m*

A95   *e*   **acoustical waves**
        d   akustische Wellen *f pl*, Schallwellen *f pl*
        f   ondes *f pl* acoustiques
        r   акустические волны *f pl*, звуковые волны *f pl*

A96   *e*   **acoustic breakdown**
        d   akustischer Durchschlag *m*
        f   rupture *f* acoustique
        r   акустический пробой *m*

A97   *e*   **acoustic cavitation**
        d   Ultraschallkavitation *f*
        f   cavitation *f* ultrasonique
        r   акустическая кавитация *f*

A98	e	acoustic coagulation
	d	akustische Koagulation f
	f	coagulation f acoustique
	r	акустическая коагуляция f
A99	e	acoustic concentrator
	d	Schallkonzentrator m, akustischer Konzentrator m
	f	concentrateur m acoustique
	r	акустический концентратор m
A100	e	acoustic conductance
	d	akustische Leitfähigkeit f
	f	conductance f acoustique
	r	акустическая проводимость f
A101	e	acoustic delay
	d	akustische Verzögerung f
	f	retard m acoustique
	r	акустическая задержка f
A102	e	acoustic delay line
	d	akustische Verzögerungsleitung f
	f	ligne f à retard acoustique
	r	акустическая линия f задержки
A103	e	acoustic detector
	d	Schallempfänger m
	f	récepteur m acoustique
	r	приёмник m звука, акустический детектор m
A104	e	acoustic dipole
	d	akustischer Dipol m
	f	dipôle m acoustique
	r	акустический диполь m
A105	e	acoustic energy
	d	Schallenergie f
	f	énergie f acoustique, énergie f sonore
	r	звуковая энергия f
A106	e	acoustic field see sound field
A107	e	acoustic filter
	d	akustisches Filter n
	f	filtre m acoustique
	r	акустический фильтр m
A108	e	acoustic flow
	d	akustische Strömung f
	f	écoulement m acoustique
	r	акустическое течение n
A109	e	acoustic grating
	d	akustisches Gitter n
	f	réseau m à diffraction acoustique
	r	акустическая дифракционная решётка f
A110	e	acoustic holography
	d	akustische Holographie f
	f	holographie f acoustique
	r	акустическая голография f
A111	e	acoustic image
	d	Schallbild n, akustisches Bild n, akustische Abbildung f
	f	image f acoustique
	r	акустическое изображение n, звуковое изображение n
A112	e	acoustic imaging
	d	akustische Bilderzeugung f
	f	formation f acoustique des images
	r	звуковидение n
A113	e	acoustic impedance
	d	akustische Impedanz f
	f	impédance f acoustique
	r	акустический импеданс m
A114	e	acoustic interference
	d	akustische Interferenz f, Schallwelleninterferenz f
	f	interférence f acoustique
	r	интерференция f акустических волн
A115	e	acoustic interferometer
	d	akustisches Interferometer n
	f	interféromètre m acoustique
	r	акустический интерферометр m
A116	e	acoustic lens
	d	akustische Linse f
	f	lentille f acoustique
	r	акустическая линза f
A117	e	acoustic measurements
	d	akustische Messung f, akustische Messungen f pl
	f	mesures f pl acoustiques
	r	акустические измерения n pl
A118	e	acoustic microscope
	d	akustisches Mikroskop n
	f	microscope m acoustique
	r	акустический микроскоп n
A119	e	acoustic mirror
	d	akustischer Spiegel m
	f	miroir m acoustique
	r	акустическое зеркало n
A120	e	acoustic noise
	d	akustisches Rauschen n
	f	bruit m acoustique
	r	акустический шум m
A121	e	acoustic nonlinearity
	d	akustische Nichtlinearität f
	f	non-linéarité f acoustique
	r	акустическая нелинейность f
A122	e	acoustic nuclear magnetic resonance
	d	akustische magnetische Kernresonanz f, akustische NMR f
	f	résonance f acoustique nucléaire magnétique
	r	акустический ядерный магнитный резонанс m
A123	e	acoustic oscillation, acoustic oscillations see acoustic vibration

ACOUSTIC

A124   e   acoustic paramagnetic resonance
      d   akustische paramagnetische Resonanz *f*, akustische magnetische Resonanz *f*
      f   résonance *f* paramagnétique acoustique
      r   акустический парамагнитный резонанс *m*

A125   e   acoustic power
      d   Schalleistung *f*
      f   puissance *f* acoustique
      r   акустическая мощность *f*, мощность звука *f*

A126   e   acoustic pressure
      d   Schalldruck *m*
      f   pression *f* sonore
      r   звуковое давление *n*, давление *n* звукового излучения

A127   e   acoustic probe
      d   Schallsonde *f*
      f   sonde *f* acoustique
      r   акустический зонд *m*

A128   e   acoustic pulse
      d   akustischer Impuls *m*
      f   impulsion *f* acoustique
      r   акустический импульс *m*, звуковой импульс *m*

A129   e   acoustic quadrupole
      d   akustischer Quadrupol *m*
      f   quadripôle *m* acoustique
      r   акустический квадруполь *m*

A130   e   acoustic radiator
      d   akustischer Strahler *m*, Schallstrahler *m*
      f   radiateur *m* acoustique
      r   излучатель *m* звука, акустический излучатель *m*

A131   e   acoustic radiometer
      d   Schallstrahlungsdruckmesser *m*, Schallwaage *f*
      f   radiomètre *m* acoustique
      r   акустический радиометр *m*

A132   e   acoustic reflection *see* sound reflection

A133   e   acoustic reflector
      d   akustischer Reflektor *m*
      f   réflecteur *m* acoustique
      r   акустический рефлектор *m*

A134   e   acoustic relaxation
      d   akustische Relaxation *f*
      f   relaxation *f* acoustique
      r   акустическая релаксация *f*

A135   e   acoustic resistance
      d   akustischer Widerstand *m*, Schallwellenwiderstand *m*
      f   résistance *f* acoustique
      r   акустическое сопротивление *n*

A136   e   acoustic resonator
      d   akustischer Resonator *m*
      f   résonateur *m* acoustique
      r   акустический резонатор *m*

A137   e   acoustics
      d   Akustik *f*
      f   acoustique *f*
      r   акустика *f*

A138   e   acoustics of moving media
      d   Akustik *f* der bewegten Medien
      f   acoustique *f* des milieux en mouvement
      r   акустика *f* движущихся сред

A139   e   acoustic sounder
      d   Tonlot *n*, Tonecholot *n*, akustisches Echolot *n*
      f   localisateur *m* acoustique
      r   акустический локатор *m*

A140   e   acoustic spectroscopy
      d   Schallspektroskopie *f*
      f   spectroscopie *f* acoustique
      r   акустическая спектроскопия *f*

A141   e   acoustic vibration, acoustic vibrations
      d   akustische Schwingungen *f pl*
      f   oscillations *f pl* acoustiques
      r   акустические колебания *n pl*, звуковые колебания *n pl*

A142   e   acoustic wave
      d   Schallwelle *f*
      f   onde *f* acoustique
      r   акустическая волна *f*, звуковая волна *f*

A143   e   acoustic waveguide
      d   akustischer Wellenleiter *m*
      f   guide *m* d'ondes acoustiques
      r   акустический волновод *m*

A144   e   acoustic wave momentum
      d   Schallwellenimpuls *m*
      f   impulsion *f* de l'onde acoustique
      r   импульс *m* звуковой волны

A145   e   acoustic wind
      d   akustischer Wind *m*
      f   vent *m* acoustique
      r   акустический ветер *m*, звуковой ветер *m*

A146   e   acoustoelectric domain
      d   akustoelektrische Domäne *f*
      f   domaine *m* acousto-électrique
      r   акустоэлектрический домен *m*

A147   e   acoustoelectric effect
      d   akustoelektrischer Effekt *m*
      f   effet *m* acousto-électrique
      r   акустоэлектрический эффект *m*

A148   e   acoustoelectric interaction
      d   akustoelektrische Wechselwirkung *f*

	f	interaction f acousto-électrique
	r	акустоэлектронное взаимодействие n
A149	e	acoustoelectronics
	d	Akustoelektronik f
	f	acousto-électronique f
	r	акустоэлектроника f
A150	e	acousto-optical deflector
	d	akustooptischer Deflektor m, akustooptischer Ablenker m
	f	déflecteur m acousto-optique
	r	акустооптический дефлектор m
A151	e	acousto-optical interaction
	d	akustooptische Wechselwirkung f
	f	interaction f acousto-optique
	r	акустооптическое взаимодействие n
A152	e	acousto-optic correlator
	d	akustooptischer Korrelator m
	f	corrélateur m acousto-optique
	r	акустооптический коррелятор m
A153	e	acousto-optic effect
	d	akustooptischer Effekt m
	f	effet m acousto-optique
	r	акустооптический эффект m
A154	e	acousto-optic modulation
	d	akustooptische Modulation f
	f	modulation f acousto-optique
	r	акустооптическая модуляция f
A155	e	acousto-optic modulator
	d	akustooptischer Modulator m
	f	modulateur m acousto-optique
	r	акустооптический модулятор m
A156	e	acousto-optic quality
	d	akustooptische Qualität f
	f	qualité f acousto-optique
	r	акустооптическое качество n (материала)
A157	e	acousto-optics
	d	Akustooptik f
	f	acousto-optique f
	r	акустооптика f
A158	e	acousto-optic spectroscopy
	d	akustooptische Spektroskopie f
	f	spectroscopie f acousto-optique
	r	акустооптическая спектроскопия f
A159	e	actinic light
	d	aktinisches Licht n
	f	lumière f actinique
	r	актиничный свет m
A160	e	actinide element see actinoide
A161	e	actinism
	d	Aktinität f
	f	actinisme m, actinité f
	r	актиничность f
A162	e	actinium, Ac
	d	Actinium n, Aktinium n
	f	actinium m
	r	актиний m
A163	e	actinoid
	d	Aktinoid n, Actinoid n, Aktinid n
	f	actinide f
	r	актиноид m, актинид m
A164	e	actinometer
	d	Aktinometer n
	f	actinomètre m
	r	актинометр m
A165	e	actinometry
	d	Aktinometrie f
	f	actinométrie f
	r	актинометрия f
A166	e	action
	d	Eingriff m, Einwirkung f, Wirkung f
	f	action f; effet m
	r	действие n, воздействие n
A167	e	action at a distance
	d	Fernwirkung f
	f	action f à distance
	r	действие n на расстоянии, дальнодействие n
A168	e	action integral
	d	Wirkungsintegral n
	f	intégrale f d'action
	r	интеграл m действия
A169	e	activated cathode
	d	aktivierte Katode f, aktive Katode f
	f	cathode f activée
	r	активированный катод m
A170	e	activating agent see activator
A171	e	activation
	d	Aktivierung f
	f	activation f
	r	активация f
A172	e	activation analysis
	d	Aktivierungsanalyse f
	f	analyse f par activation
	r	активационный анализ m
A173	e	activation energy
	d	Aktivierungsenergie f
	f	énergie f d'activation
	r	энергия f активации
A174	e	activation method
	d	Aktivierungsmethode f
	f	méthode f d'activation
	r	активационный метод m (измерения ионизирующих излучений)
A175	e	activator
	d	Aktivator m, Aktivierungsmittel n

ACTIVE

        f activateur *m*
        r активатор *m*

A176 *e* **active current**
        d Wirkstrom *m*
        f courant *m* actif
        r активный ток *m*

A177 *e* **active days**
        d aktive Tage *m pl*
        f jours *m pl* actifs
        r активные дни *m pl*, возмущённые дни *m pl*

A178 *e* **active dipole**
        d aktiver Dipol *m*
        f dipôle *m* actif
        r активный диполь *m*

A179 *e* **active medium**
        d aktives Medium *n*
        f milieu *m* actif
        r активная среда *f*

A180 *e* **active mirror** *see* **adaptive mirror**

A181 *e* **active mode locking**
        d aktive Modenkopplung *f*
        f synchronisation *f* active des modes
        r активная синхронизация *f* мод

A182 *e* **active power**
        d Wirkleistung *f*
        f puissance *f* active
        r активная мощность *f*

A183 *e* **active Q-switching**
        d aktive Güteschaltung *f*
        f commutation *f* active en Q
        r активная модуляция *f* добротности

A184 *e* **active region**
        d Aktivitätsgebiet *n*
        f région *f* active
        r активная область *f*

A185 *e* **active substance**
        d aktiver Stoff *m*, aktive Substanz *f*
        f substance *f* active
        r активное вещество *n*

A186 *e* **active voltage**
        d Wirkspannung *f*
        f tension *f* active
        r активное напряжение *n*

A187 *e* **activity**
        d Aktivität *f*
        f activité *f*
        r активность *f*

A188 *e* **acuity**
        d Sehschärfe *f*; Gehörschärfe *f*
        f acuité *f* visuelle; acuité *f* auditive
        r острота *f* зрения; острота *f* слуха

A189 *e* **a. c. voltage**
        d Wechselspannung *f*
        f tension *f* alternative
        r переменное напряжение *n*

A190 *e* **adaptation**
        d Adaptation *f*; Anpassung *f*
        f adaptation *f*
        r адаптация *f*

A191 *e* **adaptive compensation**
        d adaptive Kompensation *f*
        f compensation *f* adaptive
        r адаптивная компенсация *f*

A192 *e* **adaptive mirror**
        d adaptiver Spiegel *m*
        f miroir *m* adaptif
        r адаптивное зеркало *n*, активное зеркало *n*

A193 *e* **adaptive optics**
        d adaptive Optik *f*
        f optique *f* adaptive
        r адаптивная оптика *f*

A194 *e* **adaptive system**
        d adaptives System *n*
        f système *m* adaptif
        r адаптивная система *f*

A195 *e* **adaptometer**
        d Adaptometer *n*
        f adaptomètre *m*
        r адаптометр *m*

A196 *e* **adding interferometer**
        d Summierinterferometer *n*
        f interféromètre *m* totalisateur
        r суммирующий интерферометр *m*, двухэлементный интерферометр *m*

A197 *e* **additive quantum number**
        d additive Quantenzahl *f*
        f nombre *m* quantique additif
        r аддитивное квантовое число *n*

A198 *e* **additivity**
        d Additivität *f*
        f additivité *f*
        r аддитивность *f*

A199 *e* **adhesion**
        d Adhäsion *f*; Anhalten *n*
        f adhésion *f*
        r адгезия *f*; прилипание *n*

A200 *e* **adhesion contact**
        d Adhäsionskontakt *m*
        f contact *m* d'adhésion
        r адгезионный контакт *m*

A201 *e* **adiabat**
        d Adiabate *f*
        f adiabatique *f*, courbe *f* adiabatique
        r адиабата *f*

A202 *e* **adiabatic approximation**

ADSORPTION

	d	adiabatische Näherung *f*
	f	approximation *f* adiabatique
	r	адиабатическое приближение *n*
A203	*e*	**adiabatic calorimeter**
	d	adiabatisches Kalorimeter *n*, Kalorimeter *n* mit veränderlicher Temperatur
	f	calorimètre *m* adiabatique
	r	адиабатический калориметр *m*
A204	*e*	**adiabatic change**
	d	adiabatische Änderung *f*
	f	transformation *f* adiabatique
	r	адиабатическое изменение *n*
A205	*e*	**adiabatic curve** *see* adiabat
A206	*e*	**adiabatic demagnetization**
	d	adiabatische Entmagnetisierung *f*
	f	désaimantation *f* adiabatique
	r	адиабатическое размагничивание *n*
A207	*e*	**adiabatic fluctuations**
	d	adiabatische Fluktuationen *f pl*
	f	fluctuations *f pl* adiabatiques
	r	адиабатические флуктуации *f pl*
A208	*e*	**adiabatic heating**
	d	adiabatische Erwärmung *f*
	f	chauffage *m* adiabatique
	r	адиабатический нагрев *m*
A209	*e*	**adiabatic insulation**
	d	adiabatische Isolierung *f*, adiabatisches Isolieren *n*
	f	isolation *f* adiabatique
	r	адиабатическая изоляция *f*
A210	*e*	**adiabatic invariant**
	d	adiabatische Invariante *f*
	f	invariant *m* adiabatique
	r	адиабатический инвариант *m*
A211	*e*	**adiabatic invariant method**
	d	adiabatische Invariantenmethode *f*
	f	méthode *f* d'invariants adiabatiques
	r	метод *m* адиабатических инвариантов
A212	*e*	**adiabatic perturbation**
	d	adiabatische Störung *f*
	f	perturbation *f* adiabatique
	r	адиабатическое возмущение *n*
A213	*e*	**adiabatic process**
	d	adiabatischer Prozeß *m*
	f	procédé *m* adiabatique
	r	адиабатический процесс *m*
A214	*e*	**adiabatic shell**
	d	adiabatische Hülle *f*
	f	enveloppe *f* adiabatique
	r	адиабатная оболочка *f*
A215	*e*	**adiabatic trap**
	d	adiabatische Falle *f*
	f	piège *m* adiabatique
	r	адиабатическая ловушка *f*
A216	*e*	**adjusting mechanism**
	d	Justierungsmechanismus *m*
	f	mécanisme *m* de compensation
	r	механизм *m* юстировки
A217	*e*	**adjustment**
	d	Einstellung *f*; Justierung *f*; Einregelung *f*
	f	ajustement *m*, ajustage *m*
	r	настройка *f*; юстировка *f*; регулировка *f*
A218	*e*	**admittance**
	d	Admittanz *f*, Scheinleitwert *m*
	f	admittance *f*
	r	полная проводимость *f*, адмиттанс *m*
A219	*e*	**ADP** *see* ammonium dihydrogen phosphate
A220	*e*	**adsorbate**
	d	Adsorbat *n*, Adsorptiv *n*, adsorbierter Stoff *m*
	f	substance *f* adsorbée, adsorbat *m*
	r	адсорбат *m*
A221	*e*	**adsorbent**
	d	Adsorbens *n*, Adsorptionsmittel *n*, adsorbierender Stoff *m*
	f	substance *f* adsorbante, adsorbant *m*
	r	адсорбент *m*
A222	*e*	**adsorption**
	d	Adsorption *f*
	f	adsorption *f*
	r	адсорбция *f*
A223	*e*	**adsorption catalysis**
	d	Adsorptionskatalyse *f*
	f	catalyse *f* d'adsorption
	r	адсорбционный катализ *m*
A224	*e*	**adsorption chromatography**
	d	Adsorptionschromatographie *f*
	f	chromatographie *f* par adsorption
	r	адсорбционная хроматография *f*
A225	*e*	**adsorption equilibrium**
	d	Adsorptionsgleichgewicht *n*
	f	équilibre *m* d'adsorption
	r	адсорбционное равновесие *n*
A226	*e*	**adsorption indicator**
	d	Adsorptionsindikator *m*
	f	indicateur *m* d'adsorption
	r	адсорбционный индикатор *m*
A227	*e*	**adsorption isostere**
	d	Adsorptionsisostere *f*
	f	isostère *f* d'adsorption
	r	изостера *f* адсорбции
A228	*e*	**adsorption isotherm**

ADSORPTION

	d	Adsorptionsisotherme f
	f	isotherme f d'adsorption
	r	изотерма f адсорбции

A229 e adsorption kinetics
    d Adsorptionskinetik f
    f cinétique f d'adsorption
    r кинетика f адсорбции

A230 e adsorption pump
    d Adsorptionspumpe f
    f pompe f d'adsorption
    r адсорбционный насос m

A231 e advanced potential
    d avanciertes Potential n
    f potentiel m avancé
    r опережающий потенциал m

A232 e advection
    d Advektion f
    f advection f
    r адвекция f

A233 e Aeolian harp
    d Äolsharfe f
    f harpe f éolienne
    r эолова арфа f

A234 e aerial
    d Antenne f
    f antenne f
    r антенна f

A235 e aerial array
    d Antennengitter n, Antennengruppe f
    f réseau m d'antennes
    r антенная решётка f

A236 e aerial gain *see* antenna gain

A237 e aerial noise
    d Antennenrauschen n
    f bruit m d'antenne
    r антенный шум m

A238 e aerial temperature
    d Antennentemperatur f
    f température f d'antenne
    r температура f антенны

A239 e aerodynamic center
    d aerodynamischer Neutralpunkt m
    f centre m aérodynamique
    r аэродинамический фокус m

A240 e aerodynamic characteristic
    d aerodynamische Eigenschaft f
    f finesse f aérodynamique
    r аэродинамическое качество n

A241 e aerodynamic coefficients
    d aerodynamische Beiwerte m pl
    f coefficients m pl aérodynamiques
    r аэродинамические коэффициенты m pl

A242 e aerodynamic force
    d Luftkraft f, aerodynamische Kraft f
    f force f aérodynamique
    r аэродинамическая сила f

A243 e aerodynamic heating
    d aerodynamische Erwärmung f
    f échauffement m aérodynamique
    r аэродинамический нагрев m

A244 e aerodynamic lift
    d Auftrieb m
    f portance f aérodynamique
    r аэродинамическая подъёмная сила f

A245 e aerodynamic measurements
    d aerodynamische Messungen f pl
    f mesures f pl aérodynamiques
    r аэродинамические измерения n pl

A246 e aerodynamic moment
    d aerodynamisches Moment n
    f moment m aérodynamique
    r аэродинамический момент m

A247 e aerodynamic noise
    d aerodynamisches Rauschen n
    f bruit m aérodynamique
    r аэродинамический шум m

A248 e aerodynamic resistance
    d Strömungswiderstand m, aerodynamischer Widerstand m
    f traînée f aérodynamique
    r аэродинамическое сопротивление n

A249 e aerodynamics
    d Aerodynamik f
    f aérodynamique f
    r аэродинамика f

A250 e aerodynamic trail
    d Nachlauf m, Nachstrom m
    f sillage m aérodynamique
    r аэродинамический след m

A251 e aerodynamic tunnel *see* wind tunnel

A252 e aeroelasticity
    d Aeroelastizität f
    f aéro-élasticité f
    r аэроупругость f

A253 e aerology
    d Aerologie f
    f aérologie f
    r аэрология f

A254 e aeronomy
    d Aeronomie f
    f aéronomie f
    r аэрономия f

A255 e aerosol
    d Aerosol n
    f aérosol m
    r аэрозоль m

A256	e	aerosol coagulation
	d	Aerosolkoagulation f
	f	coagulation f des aérosols
	r	коагуляция f аэрозолей

A257	e	aerostatics
	d	Aerostatik f
	f	aérostatique f
	r	аэростатика f

A258	e	affine space
	d	affiner Raum m
	f	espace m affin
	r	аффинное пространство n

A259	e	affinity
	d	Affinität f
	f	affinité f
	r	сродство n

A260	e	after-effect
	d	Nachwirkung f, Nachwirkungseffekt m
	f	persistance f, rémanence f
	r	последействие n

A261	e	afterglow
	d	Nachleuchten n
	f	postluminescence f
	r	послесвечение n

A262	e	afterimage
	d	Nachbild n
	f	postimage f
	r	послеизображение n

A263	e	age determination
	d	Altersbestimmung f, Datierung f (durch Radioaktivität)
	f	détermination f de l'âge (par radioactivité)
	r	определение n возраста (по радиоактивности)

A264	e	age hardening
	d	Ausscheidungshärtung f
	f	raidissement m dû à l'âge
	r	дисперсионное твердение n

A265	e	ageing
	d	Alterung f (von magnetischen Werkstoffen)
	f	durcissement m (des matériaux magnétiques)
	r	старение n (магнитных материалов)

A266	e	age of the Universe
	d	Alter n des Universums
	f	âge m de l'Univers
	r	возраст m Вселенной

A267	e	agglomeration
	d	Agglomerieren n; Sintern n
	f	agglomération f
	r	агломерация f; спекание n

A268	e	agglutination
	d	Agglutination f, Verklebung f
	f	agglutination f
	r	агглютинация f; склеивание n

A269	e	aggregate
	d	Aggregat n
	f	agrégat m
	r	агрегат m (совокупность частиц)

A270	e	aggregation
	d	Aggregation f
	f	agrégation f
	r	агрегация f, агрегирование n

A271	e	Aharonov-Bohm effect
	d	Effekt m von Aharonov und Bohm
	f	effet m de Aharonov-Bohm
	r	эффект m Ааронова - Бома

A272	e	air
	d	Luft f
	f	air m
	r	воздух m

A273	e	air conditioning
	d	Klimatisierung f
	f	climatisation f
	r	кондиционирование n воздуха

A274	e	air gap
	d	Luftspalt m
	f	espace m d'air
	r	воздушный зазор m

A275	e	airglow
	d	Nachthimmelleuchten n
	f	luminosité f de l'air
	r	свечение n ночного неба

A276	e	air humidity
	d	Luftfeuchtigkeit f
	f	humidité f d'air
	r	влажность f воздуха

A277	e	air pollution
	d	Atmosphärenverschmutzung f, Verunreinigung f der Luft
	f	pollution f atmosphérique, pollution f de l'air
	r	загрязнение n атмосферы, загрязнение n воздуха

A278	e	air pollution monitoring
	d	Luftverunreinigungskontrolle f, Luftverunreinigungsüberwachung f
	f	contrôle m de la pollution atmosphérique, contrôle m de la pollution de l'air
	r	контроль m загрязнений атмосферы

A279	e	air shower
	d	Luftschauer m
	f	gerbe f atmosphérique
	r	атмосферный ливень m

AIRY

A280   e   Airy integral
    d   Airysches Regenbogenintegral n, Regenbogenintegral n von Airy, Airysches Integral n
    f   intégrale f d'Airy
    r   интеграл m Эйри

A281   e   albedo
    d   Albedo n, Rückstrahlvermögen n
    f   albédo m
    r   альбедо n

A282   e   alexandrite
    d   Alexandrit m
    f   alexandrite f
    r   александрит m

A283   e   Alfvén waves
    d   Alfvén-Wellen f pl, Alfvénsche Wellen f pl
    f   ondes f pl d'Alfvén
    r   альвеновские волны f pl

A284   e   algebra
    d   Algebra f
    f   algèbre f
    r   алгебра f

A285   e   alidade
    d   Alhidade f
    f   alidade f
    r   алидада f

A286   e   alignment
    d   1. Orientierung f, Ausrichtung f
      2. Justierung f
    f   1. orientation f, alignement m
      2. accord m secondaire
    r   1. выстраивание n, ориентация f
      2. юстировка f

A287   e   alkali metal
    d   Alkalimetall n
    f   métal m alcalin
    r   щелочной металл m

A288   e   all-fiber components
    d   Allfaserkomponenten f pl
    f   composants m pl toute-fibre
    r   чисто волоконные компоненты m pl

A289   e   allobar
    d   Allobar n
    f   allobar m
    r   аллобар m

A290   e   all-optical components
    d   voll optische Komponenten f pl
    f   composants m pl optiques purs
    r   чисто оптические компоненты m pl

A291   e   allotropic modification
    d   allotrope Modifikation f, allotrope Kristallmodifikation f
    f   modification f allotropique
    r   аллотропная модификация f (кристалла)

A292   e   allotropy
    d   Allotropie f
    f   allotropie f
    r   аллотропия f

A293   e   allowed band
    d   erlaubter Energiebereich m, erlaubtes Band n
    f   zone f permise
    r   разрешённая зона f

A294   e   allowed line
    d   erlaubte Linie f
    f   raie f permise
    r   разрешённая линия f

A295   e   allowed transition
    d   erlaubter Übergang m
    f   transition f permise
    r   разрешённый переход m

A296   e   alloy
    d   Legierung f
    f   alliage m
    r   сплав m

A297   e   alpha-active isotope
    d   alpha-aktives Isotop n, alpha-strahlendes Isotop n
    f   isotope m émetteur de rayons alpha
    r   альфа-активный изотоп m

A298   e   alpha decay
    d   Alphazerfall m, Alphaumwandlung f
    f   désintégration f alpha
    r   альфа-распад m

A299   e   alpha particle
    d   Alphateilchen n
    f   particule f alpha
    r   альфа-частица f

A300   e   alpha-particle emission
    d   Alphastrahlung f, Alphateilchenemission f
    f   émission f des particules alpha
    r   испускание n альфа-частиц

A301   e   alpha radiation
    d   Alphastrahlung f
    f   rayonnement m alpha, radiation f alpha
    r   альфа-излучение n, альфа-лучи m pl

A302   e   alpha-ray isotope *see* alpha-active isotope

A303   e   alpha-rays
    d   Alphastrahlen pl
    f   rayons pl alpha
    r   альфа-лучи pl

A304   e   alpha-ray source
    d   Alphastrahlungsquelle f, Alphaquelle f
    f   source f des rayons alpha
    r   источник m альфа-излучения

A305   e   **alpha-ray spectrometer**
    d   Alphaspektrometer *n*
    f   spectromètre *m* alpha
    r   альфа-спектрометр *m*

A306   e   **alpha-ray spectroscopy**
    d   Alphaspektroskopie *f*
    f   spectroscopie *f* alpha
    r   альфа-спектроскопия *f*

A307   e   **alpha-stable isotope**
    d   alpha-stabiles Isotop *n*
    f   isotope *m* alpha stable
    r   альфа-стабильный изотоп *m*

A308   e   **altazimuth mounting**
    d   azimutale Montierung *f*
    f   montage *m* d'altazimut
    r   азимутальная монтировка *f* (*телескопа*)

A309   e   **alternating current**
    d   Wechselstrom *m*
    f   courant *m* alternatif
    r   переменный ток *m*

A310   e   **alternating motion** *see* **reciprocating motion**

A311   e   **alternative energy sources**
    d   alternative Energiequellen *f pl*
    f   sources *f pl* d'énergie alternatives
    r   альтернативные источники *m pl* энергии

A312   e   **altimeter**
    d   Höhenmesser *m*
    f   altimètre *m*
    r   альтиметр *m*, высотомер *m*

A313   e   **altimetry**
    d   Flughöhenmessung *f*
    f   altimétrie *f*, hypsométrie *f*, mesure *f* altimétrique
    r   измерение *n* высоты (*полета*), альтиметрия *f*

A314   e   **altitude**
    d   Höhe *f*
    f   altitude *f*
    r   высота *f*

A315   e   **aluminium, Al**
    d   Aluminium *n*
    f   aluminium *m*
    r   алюминий *m*

A316   e   **alychne**
    d   Alychne *f*
    f   alychne *f*
    r   алихна *f*

A317   e   **AM** *see* **amplitude modulation**

A318   e   **ambient temperature**
    d   Umgebungstemperatur *f*
    f   température *f* ambiante
    r   температура *f* окружающей среды

A319   e   **ambiguity**
    d   Mehrdeutigkeit *f*, Zweideutigkeit *f*
    f   ambiguïté *f*
    r   неоднозначность *f*; неопределённость *f*

A320   e   **ambipolar diffusion**
    d   ambipolare Diffusion *f*
    f   diffusion *f* ambipolaire
    r   амбиполярная диффузия *f*

A321   e   **ambipolar diffusion coefficient**
    d   ambipolarer Diffussionskoeffizient *m*, Koeffizient *m* der ambipolaren Diffusion
    f   coefficient *m* de diffusion ambipolaire
    r   коэффициент *m* амбиполярной диффузии

A322   e   **americium, Am**
    d   Americium *n*, Amerizium *n*
    f   américium *m*
    r   америций *m*

A323   e   **Amici prism**
    d   Amici-Prisma *n*
    f   prisme *m* d'Amici
    r   призма *f* Амичи

A324   e   **ammeter**
    d   Ampermeter *n*, Strommesser *m*
    f   ampèremètre *m*
    r   амперметр *m*

A325   e   **amino acid**
    d   Aminosäure *f*
    f   acide *m* aminé
    r   аминокислота *f*

A326   e   **ammonia maser**
    d   Ammoniakmaser *m*
    f   maser *m* à ammoniac
    r   аммиачный мазер *m*

A327   e   **ammonium dihydrogen phosphate**
    d   Ammoniumdihydrogenorthophosphat *n*, Ammoniumdihydrogenphosphat *n*
    f   dihydrogène-orthophosphate *m* d'ammonium
    r   дигидрофосфат *m* аммония (*нелинейный кристалл*), ADP

A328   e   **amorphizing addition**
    d   destrukturierende Zugabe *f*
    f   addition *f* mettant en état amorphe
    r   аморфизирующая добавка *f*

A329   e   **amorphous cluster**
    d   amorpher Cluster *m*, amorpher Schwarm *m*
    f   cluster *m* amorphe
    r   аморфный кластер *m*

A330   e   **amorphous condensate**

AMORPHOUS

    d amorphes Kondensat *n*
    f condensat *m* amorphe
    r аморфный конденсат *m*

A331 *e* amorphous magnet
    d amorphes Magnetikum *n*
    f magnétique *m* amorphe
    r аморфный магнетик *m*

A332 *e* amorphous material
    d amorphes Material *n*
    f matériau *m* amorphe
    r аморфный материал *m*

A333 *e* amorphous metal
    d amorphes Metall *n*
    f métal *m* amorphe
    r аморфный металл *m*

A334 *e* amorphous silicon
    d amorphes Silicium *n*
    f silicium *m* amorphe
    r аморфный кремний *m*

A335 *e* amorphous state
    d amorpher Zustand *m*
    f état *m* amorphe
    r аморфное состояние *n*

A336 *e* amorphous substance
    d amorphe Substanz *f*, amorpher Stoff *m*
    f substance *f* amorphe
    r аморфное вещество *n*

A337 *e* ampere, A
    d Ampere *n*
    f ampère *m*
    r ампер *m*, А

A338 *e* ampere balance *see* current balance

A339 *e* Ampere's law
    d Amperesches Gesetz *n*
    f théorème *m* d'Ampère
    r закон *m* Ампера

A340 *e* ampere turns
    d Amperwindungen *f pl*
    f ampère-tours *m pl*
    r ампер-витки *m pl*

A341 *e* ampholyt *see* amphoteric electrolyte

A342 *e* amphoteric electrolyte
    d Ampholyt *m*, amphoteres Elektrolyt *m*
    f ampholyte *m*, électrolyte *m* amphotérique
    r амфотерный электролит *m*

A343 *e* amplification
    d Verstärkung *f*
    f amplification *f*
    r усиление *n*

A344 *e* amplification coefficient *see* amplification factor

A345 *e* amplification factor
    d Verstärkungsfaktor *m*, Verstärkungskoeffizient *m*
    f facteur *m* d'amplification, coefficient *m* d'amplification
    r коэффициент *m* усиления

A346 *e* amplification stage
    d Verstärkerstufe *f*, Verstärkungsstufe *f*
    f étage *m* d'amplification
    r усилительный каскад *m*

A347 *e* amplified emission
    d verstärkte Emission *f*
    f rayonnement *m* amplifié
    r усиленное излучение *n*

A348 *e* amplifier
    d Verstärker *m*
    f amplificateur *m*
    r усилитель *m*

A349 *e* amplifier klystron
    d Verstärkerklystron *n*
    f klystron *m* d'amplificateur
    r усилительный клистрон *m*

A350 *e* amplifying stage *see* amplification stage

A351 *e* amplitude
    d Amplitude *f*, Schwingungsweite *f*
    f amplitude *f*
    r амплитуда *f*

A352 *e* amplitude characteristic
    d Amplitudenkennlinie *f*, Amplitudencharakteristik *f*
    f caractéristique *f* amplitude-amplitude, réponse *f* amplitude-amplitude
    r амплитудная характеристика *f*

A353 *e* amplitude detection
    d Amplitudendetektion *f*, Amplitudendetektierung *f*
    f détection *f* d'amplitude
    r амплитудное детектирование *n*

A354 *e* amplitude detector
    d Amplitudendemodulator *m*, AM-Demodulator *m*
    f détecteur *m* d'amplitude
    r амплитудный детектор *m*

A355 *e* amplitude discriminator
    d Amplitudendiskriminator *m*
    f discriminateur *m* d'amplitude
    r амплитудный дискриминатор *m*

A356 *e* amplitude distortion
    d Amplitudenverzerrung *f*
    f distorsion *f* d'amplitude
    r амплитудные искажения *n pl*

A357 *e* amplitude division
    d Amplitudenteilung *f*
    f division *f* de l'amplitude
    r деление *n* амплитуды

A358	e	amplitude-frequency characteristic *see* frequency response
A359	e	amplitude hologram
	d	Amplitudenhologramm *n*
	f	hologramme *m* par amplitude
	r	амплитудная голограмма *f*
A360	e	amplitude limiter
	d	Amplitudenbegrenzer *m*
	f	limiteur *m* d'amplitude
	r	амплитудный ограничитель *m*
A361	e	amplitude-modulated oscillation
	d	amplitudenmodulierte Schwingungen *f pl*
	f	oscillations *f pl* modulées en amplitude
	r	амплитудно-модулированные колебания *n pl*
A362	e	amplitude modulation
	d	Amplitudenmodulation *f*, AM
	f	modulation *f* d'amplitude, M. A.
	r	амплитудная модуляция *f*, AM
A363	e	a.m.u. *see* atomic mass unit
A364	e	analog filter
	d	Analogfilter *n*
	f	filtre *m* analogique
	r	аналоговый фильтр *m*
A365	e	analog-to-digital converter
	d	Analog-Digital-Umsetzer *m*, A/D-Umsetzer *m*
	f	convertisseur *m* analogique-digital
	r	аналого-цифровой преобразователь *m*, АЦП *m*
A366	e	analogy
	d	Analogie *f*
	f	analogie *f*
	r	аналогия *f*
A367	e	analysis
	d	1. Analyse *f* 2. Analysis *f* (Mathematik)
	f	analyse *f*
	r	анализ *m*
A368	e	analytical balance
	d	Analysenwaage *f*, Feinwaage *f*
	f	balance *f* d'analyse
	r	аналитические весы *pl*
A369	e	analytical dependence
	d	analytische Abhängigkeit *f*
	f	dépendance *f* analytique
	r	аналитическая зависимость *f*
A370	e	analytical extension
	d	analytische Fortsetzung *f*
	f	suite *f* analytique
	r	аналитическое продолжение *n*
A371	e	analytical function
	d	analytische Funktion *f*
	f	fonction *f* analytique
	r	аналитическая функция *f*
A372	e	analytical mass spectrometer
	d	analytisches Massenspektrometer *n*
	f	spectromètre *m* de masse analytique
	r	аналитический масс-спектрометр *m*
A373	e	analytical method
	d	analytische Methode *f*
	f	méthode *f* analytique
	r	аналитический метод *m*
A374	e	analytical signal
	d	analytisches Signal *n*
	f	signal *m* analytique
	r	аналитический сигнал *m*
A375	e	analyzer
	d	Analysator *m*
	f	analyseur *m*
	r	анализатор *m*
A376	e	anamorphotic adapter
	d	anamorphotischer Objektivvorsatz *m*, Anamorphotvorsatz *m*
	f	adapteur *m* anamorphotique
	r	анаморфотная насадка *f*
A377	e	anamorphotic lens
	d	anamorphotische Linse *f*
	f	lentille *f* anamorphotique
	r	анаморфот *m*
A378	e	anastigmat, anastigmatic lens
	d	Anastigmat *m*
	f	anastigmat *m*, anastigmatique *f*
	r	анастигмат *m*, анастигматическая линза *f*
A379	e	Anderson localization
	d	Anderson-Lokalisierung *f*
	f	localisation *f* d'Anderson
	r	андерсоновская локализация *f*
A380	e	anechoic chamber
	d	schalltoter Raum *m*, reflexionsfreier Raum *m*
	f	chambre *f* anéchoïde, chambre *f* sans échos
	r	безэховая камера *f*, заглушённая камера *f*
A381	e	anechoic room *see* anechoic chamber
A382	e	anelasticity
	d	Inelastizität *f*
	f	non-élasticité *f*
	r	неупругость *f*
A383	e	anemometer
	d	Anemometer *n*, Windmesser *m*
	f	anémomètre *m*
	r	анемометр *m*
A384	e	aneroid barometer

ANGLE

               d   Aneroidbarometer *n*
               f   baromètre *m* anéroïde
               r   барометр-анероид *m*

A385   *e*   angle
         d   Winkel *m*
         f   angle *m*
         r   угол *m*

A386   *e*   angle of attack
         d   Anstellwinkel *m*, Anströmwinkel *m*
         f   angle *m* d'attaque
         r   угол *m* атаки

A387   *e*   angle of friction
         d   Reibungswinkel *m*
         f   angle *m* de frottement
         r   угол *m* трения

A388   *e*   angle of incidence
         d   Einfallswinkel *m*
         f   angle *m* d'incidence
         r   1. угол *m* падения 2. угол *m* атаки

A389   *e*   angle of phase synchronism
         d   Phasensynchronismuswinkel *m*
         f   angle *m* adapté à la phase
         r   угол *m* фазового синхронизма

A390   *e*   angle of reflection
         d   Reflexionswinkel *m*
         f   angle *m* de réflexion
         r   угол *m* отражения

A391   *e*   angle of refraction
         d   Brechungswinkel *m*, Refraktionswinkel *m*
         f   angle *m* de réfraction
         r   угол *m* преломления

A392   *e*   angle of view
         d   Sehwinkel *m*, Gesichtswinkel *m*
         f   angle *m* visuel
         r   угол *m* зрения

A393   *e*   Ångström, Å
         d   Ångström-Einheit *f*, Ångström *n*
         f   unité *f* Ångström, angstrœm *m*
         r   ангстрем *m*

A394   *e*   angular acceleration
         d   Winkelbeschleunigung *f*
         f   accélération *f* angulaire
         r   угловое ускорение *n*

A395   *e*   angular aperture
         d   Öffnungswinkel *m*, Aperturwinkel *m*
         f   ouverture *f* angulaire
         r   угловая апертура *f*

A396   *e*   angular correlation
         d   Winkelkorrelation *f*, Richtungskorrelation *f*
         f   corrélation *f* angulaire
         r   угловая корреляция *f*

A397   *e*   angular dependence
         d   Winkelabhängigkeit *f*
         f   dépendance *f* angulaire
         r   угловая зависимость *f*

A398   *e*   angular distribution
         d   Winkelverteilung *f*, Richtungsverteilung *f*
         f   distribution *f* angulaire, répartition *f* angulaire
         r   угловое распределение *n*

A399   *e*   angular distribution isotropy
         d   Winkelverteilungsisotropie *f*
         f   isotropie *f* de distribution angulaire
         r   изотропия *f* углового распределения

A400   *e*   angular frequency
         d   Winkelfrequenz *f*
         f   fréquence *f* angulaire, fréquence *f* de rotation
         r   угловая частота *f*, круговая частота *f*

A401   *e*   angular measurements
         d   Winkelmessungen *f pl*
         f   mesures *f pl* angulaires
         r   угловые измерения *n pl*

A402   *e*   angular momentum
         d   Drehimpuls *m*
         f   moment *m* angulaire
         r   момент *m* импульса, кинетический момент *m*, момент *m* количества движения, угловой момент *m*

A403   *e*   angular motion
         d   Winkelbewegung *f*
         f   mouvement *m* circulaire
         r   круговое движение *n*, движение *n* по окружности

A404   *e*   angular quantum number see orbital quantum number

A405   *e*   angular resolution
         d   Winkelauflösung *f*
         f   résolution *f* angulaire
         r   угловое разрешение *n*

A406   *e*   angular velocity
         d   Winkelgeschwindigkeit *f*
         f   vitesse *f* angulaire
         r   угловая скорость *f*

A407   *e*   angular width
         d   Winkelbreite *f*; Strahldivergenz *f*
         f   largeur *f* angulaire; divergence *f* du faisceau
         r   угловая ширина *f*

A408   *e*   anharmonicity
         d   Anharmonizität *f*
         f   anharmonicité *f*
         r   ангармонизм *m*

A409   *e*   anharmonic molecule
         d   anharmonisches Molekül *n*

	f	molécule f anharmonique
	r	ангармоническая молекула f
A410	e	anharmonic oscillation, anharmonic oscillations
	d	anharmonische Oszillation f
	f	oscillations f pl anharmoniques
	r	ангармонические колебания n pl
A411	e	anharmonic oscillator
	d	anharmonischer Oszillator m, unharmonischer Oszillator m
	f	oscillateur m anharmonique
	r	ангармонический осциллятор m
A412	e	anion
	d	Anion n
	f	anion m
	r	анион m
A413	e	anisotropic crystal
	d	anisotroper Kristall m
	f	cristal m anisotrope
	r	анизотропный кристалл m
A414	e	anisotropic emission
	d	anisotrope Strahlung f
	f	rayonnement m anisotrope, radiation f anisotrope
	r	анизотропное излучение n
A415	e	anisotropic medium
	d	anisotropes Medium n
	f	milieu m anisotropique
	r	анизотропная среда f
A416	e	anisotropic model
	d	anisotropes Modell n (des Universums)
	f	modèle m anisotropique (de l'Univers)
	r	анизотропная модель f Вселенной, модель f анизотропной Вселенной
A417	e	anisotropic scattering
	d	anisotrope Streuung f
	f	diffusion f anisotrope
	r	анизотропное рассеяние n
A418	e	anisotropic substance
	d	anisotrope Substanz f
	f	substance f anisotropique
	r	анизотропное вещество n
A419	e	anisotropy
	d	Anisotropie f
	f	anisotropie f
	r	анизотропия f
A420	e	anisotropy energy
	d	Anisotropieenergie f, kristallographische Anisotropieenergie f
	f	énergie f d'anisotropie
	r	энергия f анизотропии
A421	e	anisotropy of elastic properties
	d	Anisotropie f von elastischen Eigenschaften, elastische Anisotropie f
	f	anisotropie f des propriétés élastiques, anisotropie f élastique
	r	анизотропия f упругих свойств
A422	e	anisotropy of magnetic properties
	d	Anisotropie f von magnetischen Eigenschaften
	f	anisotropie f des propriétés magnétiques
	r	анизотропия f магнитных свойств
A423	e	annealing
	d	Glühen n, Tempern n
	f	recuit m
	r	отжиг m
A424	e	annealing curve
	d	Entspannungskurve f
	f	courbe f de recuit
	r	кривая f отжига
A425	e	annihilation
	d	Annihilation f, Vernichtung f
	f	annihilation f
	r	аннигиляция f
A426	e	annihilation losses
	d	Annihilationsverluste m pl
	f	pertes f pl par annihilation
	r	аннигиляционные потери f pl
A427	e	annihilation of electron-positron pairs
	d	Vernichtung f von Elektron-Positron-Paaren
	f	annihilation f de paires électron-positron
	r	аннигиляция f электронно-позитронных пар
A428	e	annihilation radiation
	d	Annihilationsstrahlung f, Vernichtungsstrahlung f
	f	rayonnement m d'annihilation
	r	аннигиляционное излучение n
A429	e	annual aberration
	d	jährliche Aberration f
	f	aberration f annuelle
	r	годичная аберрация f
A430	e	annual variation
	d	jährliche Änderung f (des geomagnetischen Feldes)
	f	variation f annuelle (de champ géomagnétique)
	r	годичные вариации f pl (геомагнитного поля)
A431	e	anode
	d	Anode f
	f	anode f
	r	анод m
A432	e	anode characteristic
	d	Anodencharakteristik f

ANODE

- *f* caractéristique *f* de plaque
- *r* анодная характеристика *f*

A433 *e* anode current
- *d* Anodenstrom *m*
- *f* courant *m* anodique
- *r* анодный ток *m*

A434 *e* anode dark space
- *d* Anodendunkelraum *m*
- *f* espace *m* sombre anodique
- *r* анодное тёмное пространство *n*

A435 *e* anode detection
- *d* Anodendetektion *f*, Anodendetektierung *f*
- *f* détection *f* par anode
- *r* анодное детектирование *n*

A436 *e* anode drop *see* anode fall

A437 *e* anode fall
- *d* Anodenfall *m*
- *f* chute *f* anodique
- *r* анодное падение *n*

A438 *e* anode glow
- *d* Anodenglimmlicht *n*
- *f* lueur *f* anodique
- *r* анодное свечение *n*

A439 *e* anode region
- *d* Anodengebiet *n*, Anodenraum *m*
- *f* région *f* anodique
- *r* анодная область *f* (*тлеющего разряда*)

A440 *e* anode voltage
- *d* Anodenspannung *f*
- *f* tension *f* anodique
- *r* анодное напряжение *n*

A441 *e* anodizing
- *d* Anodisieren *n*, anodische Behandlung *f*
- *f* anodisation *f*
- *r* анодирование *n*

A442 *e* anomalon
- *d* Anomalon *n*
- *f* anomalon *m*
- *r* аномалон *m*

A443 *e* anomalous dispersion
- *d* anomale Dispersion *f*
- *f* dispersion *f* anormale
- *r* аномальная дисперсия *f*

A444 *e* anomalous magnetic moment
- *d* anomales magnetisches Moment *n*
- *f* moment *m* magnétique anormal
- *r* аномальный магнитный момент *m*

A445 *e* anomalous radiation
- *d* anomale Strahlung *f*
- *f* rayonnement *m* anormal
- *r* аномальное излучение *n*

A446 *e* anomalous refraction
- *d* anomale Refraktion *f*, anomale Brechung *f*
- *f* réfraction *f* anormale
- *r* аномальная рефракция *f*

A447 *e* anomalous viscosity
- *d* anomale Viskosität *f*
- *f* viscosité *f* anormale
- *r* аномальная вязкость *f*

A448 *e* anomalous Zeeman effect
- *d* anomaler Zeeman-Effekt *m*, zusammengesetzer Zeeman-Effekt *m*
- *f* effet *m* Zeeman anormal
- *r* аномальный эффект *m* Зеемана, сложный эффект *m* Зеемана

A449 *e* anomaly
- *d* Anomalie *f*
- *f* anomalie *f*
- *r* аномалия *f*

A450 *e* anorthic system *see* triclinic system

A451 *e* antenna *see* aerial

A452 *e* antenna effective length
- *d* effektive Antennenlänge *f*, wirksame Antennenlänge *f*, Antennenwirklänge *f*
- *f* longueur *f* efficace d'antenne
- *r* действующая длина *f* антенны

A453 *e* antenna feeder
- *d* Antennenspeiseleitung *f*, Antennenzuleitung *f*
- *f* alimentateur *m* d'antenne, feeder *m* d'antenne
- *r* антенный фидер *m*

A454 *e* antenna gain
- *d* Antennenverstärkung *f*, Antennengewinn *m*
- *f* gain *m* d'antenne
- *r* усиление *n* антенны

A455 *e* antenna noise *see* aerial noise

A456 *e* anthropic principle
- *d* anthropisches Prinzip *n* (*in der Kosmologie*)
- *f* principe *m* anthropique (*dans la cosmologie*)
- *r* антропный принцип *m* (*в космологии*)

A457 *e* antibaryon
- *d* Antibaryon *n*
- *f* antibaryon *m*
- *r* антибарион *m*

A458 *e* anticathode
- *d* Antikatode *f*
- *f* anticathode *f*
- *r* антикатод *m*

A459 *e* anticoincidence circuit

ANTI-STOKES

- *d* Antikoinzidenzschaltung *f*
- *f* circuit *m* à anticoïncidences
- *r* схема *f* антисовпадений

A460 *e* **anticoincidence counter**
- *d* Antikoinzidenzzähler *m*
- *f* compteur *m* à anticoïncidences
- *r* счётчик *m* антисовпадений

A461 *e* **anticoincidence technique**
- *d* Antikoinzidenzverfahren *n*
- *f* méthode *f* à anticoïncidences
- *r* метод *m* антисовпадений

A462 *e* **anticommutator**
- *d* Antikommutator *m*
- *f* anticommutateur *m*
- *r* антикоммутатор *m*

A463 *e* **anticorrosive material**
- *d* Korrosionsschutzstoff *m*
- *f* matériau *m* anticorrosif
- *r* антикоррозионный материал *m*

A464 *e* **anticyclone**
- *d* Antizyklon *m*
- *f* anticyclone *m*
- *r* антициклон *m*

A465 *e* **antiferroelectric**
- *d* Antiferroelektrikum *n*, antiferroelektrischer Stoff *m*
- *f* antiferroélectrique *m*
- *r* антисегнетоэлектрик *m*

A466 *e* **antiferromagnet**
- *d* Antiferromagnetikum *n*, antiferromagnetischer Stoff *m*
- *f* antiferromagnétique *m*
- *r* антиферромагнетик *m*

A467 *e* **antiferromagnetic domain**
- *d* antiferromagnetische Domäne *f*, antiferroelektrischer Bezirk *m*
- *f* domaine *m* antiferromagnétique
- *r* антиферромагнитный домен *m*

A468 *e* **antiferromagnetic ordering**
- *d* antiferromagnetische Ordnung *f*
- *f* ordonnancement *m* antiferromagnétique
- *r* антиферромагнитное упорядочение *n*

A469 *e* **antiferromagnetic resonance**
- *d* antiferromagnetische Resonanz *f*
- *f* résonance *f* antiferromagnétique
- *r* антиферромагнитный резонанс *m*

A470 *e* **antiferromagnetism**
- *d* Antiferromagnetismus *m*
- *f* antiferromagnétisme *m*
- *r* антиферромагнетизм *m*

A471 *e* **antimatter**
- *d* Antimaterie *f*
- *f* antimatière *f*
- *r* антивещество *n*, антиматерия *f*

A472 *e* **antimony, Sb**
- *d* Antimon *n*
- *f* antimoine *m*
- *r* сурьма *f*

A473 *e* **antineutrino**
- *d* Antineutrino *n*
- *f* antineutrino *m*
- *r* антинейтрино *n*

A474 *e* **antineutron**
- *d* Antineutron *n*
- *f* antineutron *m*
- *r* антинейтрон *m*

A475 *e* **antinode**
- *d* Schwingungsbauch *m*; Wellenbauch *m*, Bauch *m* der stehender Welle
- *f* antinœud *m*
- *r* пучность *f* (колебания)

A476 *e* **antinucleon**
- *d* Antinukleon *n*
- *f* antinucléon *m*
- *r* антинуклон *m*

A477 *e* **antiparallel injection**
- *d* entgegengerichtete Injektion *f*, antiparallele Injektion *f*
- *f* injection *f* à contre-courant
- *r* встречная инжекция *f*

A478 *e* **antiparticle**
- *d* Antiteilchen *n*
- *f* antiparticule *f*
- *r* античастица *f*

A479 *e* **antiproton**
- *d* Antiproton *n*
- *f* antiproton *m*
- *r* антипротон *m*

A480 *e* **antiquark**
- *d* Antiquark *n*
- *f* antiquark *m*
- *r* антикварк *m*

A481 *e* **antireflection coating**
- *d* 1. Vergütung *f* 2. reflexmindernde Schicht *f*, Antireflexbelag *m*, T-Belag *m*
- *f* 1. bleutage *m* d'optique 2. couche *f* antiréfléchissante
- *r* 1. просветление *n* оптики 2. просветляющее покрытие *n*

A482 *e* **anti-Stokes component**
- *d* antistokessche Komponente *f*, Anti-Stokes-Komponente *f*
- *f* composante *f* antistokes
- *r* антистоксова компонента *f*

A483 *e* **anti-Stokes line**
- *d* Anti-Stokes-Linie *f*, antistokessche Linie *f*, anti-Stokessche Linie *f*

ANTISYMMETRY

- *f* raie *f* antistokes
- *r* антистоксова линия *f*

A484 *e* **antisymmetry**
- *d* Antisymmetrie *f*
- *f* antisymétrie *f*
- *r* антисимметрия *f*

A485 *e* **aperiodic circuit**
- *d* aperiodischer Kreis *m*
- *f* circuit *m* apériodique
- *r* апериодический контур *m*

A486 *e* **aperiodicity**
- *d* Aperiodizität *f*
- *f* apériodicité *f*
- *r* апериодичность *f*, непериодичность *f*

A487 *e* **aperiodic motion**
- *d* aperiodische Bewegung *f*
- *f* mouvement *m* apériodique
- *r* апериодическое движение *n*

A488 *e* **aperiodic oscillation, aperiodic oscillations**
- *d* aperiodische Schwingungen *f pl*
- *f* oscillations *f pl* apériodiques
- *r* апериодические колебания *n pl*

A489 *e* **aperture**
- *d* 1. Apertur *f*, Blende *f*, Blendenöffnung *f* 2. Öffnungsweite *f*
- *f* ouverture *f*
- *r* 1. апертура *f* 2. отверстие *n*

A490 *e* **aperture diaphragm**
- *d* Öffnungsblende *f*, Aperturblende *f*
- *f* diaphragme *m* d'ouverture
- *r* апертурная диафрагма *f*, действующая диафрагма *f*

A491 *e* **aperture distortion**
- *d* Aperturverzerrungen *f pl*
- *f* aberrations *f pl* d'ouverture
- *r* апертурные искажения *n pl*

A492 *e* **aperture integrator**
- *d* Aperturintegrator *m*
- *f* intégrateur *m* d'ouverture
- *r* апертурный интегратор *m*

A493 *e* **aperture ratio**
- *d* Öffnungsverhältnis *n*, relative Öffnung *f*
- *f* ouverture *f* relative
- *r* относительное отверстие *n*

A494 *e* **aperture stop** *see* **aperture diaphragm**

A495 *e* **aperture synthesis**
- *d* Apertur-Synthese *f*
- *f* synthèse *f* d'ouverture
- *r* апертурный синтез *m*

A496 *e* **apex**
- *d* Apex *m*
- *f* apex *m*
- *r* апекс *m*

A497 *e* **aphelion**
- *d* Sonnenferne *f*
- *f* aphélie *m*
- *r* афелий *m*

A498 *e* **aplanat** *see* **aplanatic lens**

A499 *e* **aplanatic lens**
- *d* Aplanat *m*, aplanatisches Objektiv *n*; aplanatische Linse *f*
- *f* aplanétique *m*, aplanat *m*
- *r* апланат *m*, апланатическая линза *f*

A500 *e* **apochromat** *see* **apochromatic lens**

A501 *e* **apochromatic lens**
- *d* Apochromat *m*, apochromatisches Objektiv *n*; apochromatische Linse *f*
- *f* apochromat *m*, apochromatique *m*
- *r* апохромат *m*, апохроматическая линза *f*

A502 *e* **apodization**
- *d* Apodization *f*
- *f* apodisation *f*
- *r* аподизация *f*

A503 *e* **apogee**
- *d* Apogäum *n*
- *f* apogée *m*
- *r* апогей *m*

A504 *e* **applied optics**
- *d* angewandte Optik *f*
- *f* optique *f* appliquée
- *r* прикладная оптика *f*

A505 *e* **applied physics**
- *d* angewandte Physik *f*
- *f* physique *f* appliquée
- *r* прикладная физика *f*

A506 *e* **applied research**
- *d* angewandte Forschung *f*
- *f* recherche *f* appliquée
- *r* прикладные исследования *n pl*

A507 *e* **approximate method**
- *d* Näherungsmethode *f*, Näherungsverfahren *n*
- *f* méthode *f* approximative
- *r* приближённый метод *m*

A508 *e* **approximate value**
- *d* Näherungswert *m*
- *f* valeur *f* approximative
- *r* приближённое значение *n*

A509 *e* **approximation**
- *d* Annäherung *f*, Approximation *f*, Approximierung *f*
- *f* approximation *f*
- *r* аппроксимация *f*, приближение *n*

A510　e　aquadag
　　　　d　Aquadag n
　　　　f　aquadag m
　　　　r　аквадаг m

A511　e　arbitrary units
　　　　d　willkürliche Einheiten f pl
　　　　f　unités f pl arbitraires
　　　　r　произвольные единицы f pl;
　　　　　　внесистемные единицы f pl

A512　e　arbitrary value
　　　　d　willkürlicher Wert m
　　　　f　valeur f arbitraire
　　　　r　произвольное значение n

A513　e　arc
　　　　d　Bogen m
　　　　f　arc m
　　　　r　дуга f

A514　e　arc discharge
　　　　d　Lichtbogenentladung f,
　　　　　　Bogenentladung f
　　　　f　décharge f par arc, décharge f en arc
　　　　r　дуговой разряд m

A515　e　Archimedes principle
　　　　d　Archimedisches Gesetz n, Prinzip n von Archimedes
　　　　f　principe m d'Archimède, théorème m d'Archimède
　　　　r　закон m Архимеда

A516　e　Archimedian force see buoyancy force

A517　e　architectural acoustics
　　　　d　Raumakustik f, Raum- und Bauakustik f
　　　　f　acoustique f architecturale
　　　　r　архитектурная акустика f

A518　e　arc lamp
　　　　d　Bogenlampe f
　　　　f　lampe f à arc
　　　　r　дуговая лампа f

A519　e　arc spectrum
　　　　d　Lichtbogenspektrum n
　　　　f　spectre m d'arc
　　　　r　дуговой спектр m

A520　e　area
　　　　d　1. Fläche f, Gebiet n, Bereich m, Zone f 2. Flächeninhalt m; Grundfläche f
　　　　f　aire f
　　　　r　1. область f, зона f 2. площадь f

A521　e　areometer
　　　　d　Aräometer n
　　　　f　aréomètre m
　　　　r　ареометр m, плотномер m, денсиметр m

A522　e　argentum, Ag
　　　　d　Silber n
　　　　f　argent m
　　　　r　серебро n

A523　e　argon, Ar
　　　　d　Argon n
　　　　f　argon m
　　　　r　аргон m

A524　e　argon laser
　　　　d　Argonlaser m, Ar-Laser m
　　　　f　laser m à argon
　　　　r　аргоновый лазер m, Ar-лазер m

A525　e　Argonne National Laboratory
　　　　d　ANL-Laboratorium n (USA)
　　　　f　laboratoire m ANL (USA)
　　　　r　Аргоннская Национальная лаборатория f (США)

A526　e　arm
　　　　d　1. Arm m 2. Hebel m 3. Zeiger m
　　　　f　1. bras m 2. levier m 3. aiguille f
　　　　r　1. плечо n 2. рычаг m 3. стрелка f (прибора)

A527　e　arm of couple
　　　　d　Kraftarm m
　　　　f　bras m de levier du couple
　　　　r　плечо n пары сил, плечо n пары

A528　e　armature
　　　　d　Anker m
　　　　f　induit m
　　　　r　якорь m (электрической машины)

A529　e　armco, armco iron
　　　　d　Armco-Eisen n
　　　　f　fer m armco
　　　　r　армко-железо n

A530　e　arsenic, As
　　　　d　Arsen n
　　　　f　arsenic m
　　　　r　мышьяк m

A531　e　artificial horizon
　　　　d　künstlicher Horizont m, Kreiselhorizont m
　　　　f　horizon m artificiel
　　　　r　искусственный горизонт m

A532　e　artificial intelligence
　　　　d　künstliche Intelligenz f, KI
　　　　f　intelligence f artificielle
　　　　r　искусственный интеллект m

A533　e　artificial radioactivity
　　　　d　künstliche Radioaktivität f
　　　　f　radioactivité f artificielle
　　　　r　искусственная радиоактивность f

A534　e　artificial satellite
　　　　d　künstlicher Satellit m
　　　　f　satellite m artificiel
　　　　r　искусственный спутник m (напр. Земли)

ASCENDING

A535   e   ascending node
         d   aufsteigender Knoten *m*
         f   nœud *m* ascendant
         r   восходящий узел *m*

A536   e   asdic *see* sonar

A537   e   asperity
         d   Oberflächenunebenheit *f*, Rauheit *f*
         f   aspérité *f*, rugosité *f*
         r   шероховатость *f*, неровность *f*

A538   e   aspherical optics
         d   asphärische Optik *f*
         f   optique *f* asphérique
         r   асферическая оптика *f*

A539   e   assembly
         d   1. Anordnung *f* 2. Zusammenbau *m*, Montage *f* 3. Baugruppe *f*
         f   1. assemblage *m* 2. assemblage *m*, montage *m* 3. ensemble *m*
         r   1. сборка *f* (*в ядерном реакторе*) 2. сборка *f*, монтаж *m* 3. узел *m*

A540   e   associated Legendre functions
         d   zugeordnete Legendre-Funktionen *f pl*
         f   fonctions *f pl* associées de Legendre
         r   присоединённые функции *f pl* Лежандра

A541   e   associated production
         d   assoziierte Paarerzeugung *f*
         f   création *f* associée (*des paires de particules*)
         r   совместное рождение *n* (*пар частиц*)

A542   e   associative ionization
         d   assoziative Ionisation *f*
         f   ionisation *f* associative
         r   ассоциативная ионизация *f*

A543   e   associative recombination
         d   assoziative Recombination *f*
         f   recombination *f* associative
         r   ассоциативная рекомбинация *f*

A544   e   associativity
         d   Assoziativität *f*
         f   associativité *f*
         r   ассоциативность *f*

A545   e   assumption
         d   Voraussetzung *f*, Annahme *f*
         f   supposition *f*
         r   допущение *n*

A546   e   astatine, At
         d   Astat *n*
         f   astate *m*
         r   астат *m*

A547   e   asterism
         d   Asterismus *m*
         f   astérisme *m*
         r   астеризм *m*

A548   e   asteroid
         d   Asteroid *m*, Planetoid *m*
         f   astéroïde *m*
         r   астероид *m*

A549   e   astigmatism
         d   Astigmatismus *m*
         f   astigmatisme *m*
         r   астигматизм *m*

A550   e   astigmatism correction
         d   Astigmatismuskorrektion *f*, Astigmatismusberichtigung *f*
         f   correction *f* de l'astigmatisme
         r   коррекция *f* астигматизма

A551   e   astigmatism of eye
         d   Astigmatismus *m* des Auges
         f   astigmatisme *m* de l'œil
         r   астигматизм *m* глаза

A552   e   Aston dark space
         d   Astonscher Dunkelraum *m*
         f   espace *m* sombre d'Aston
         r   астоново тёмное пространство *n*

A553   e   astrobiology
         d   Astrobiologie *f*
         f   astrobiologie *f*
         r   астробиология *f*

A554   e   astroclimate
         d   Astroklima *n*
         f   astroclimat *m*
         r   астроклимат *m*

A555   e   astrograph *see* astrographic camera

A556   e   astrographic camera
         d   Astrograph *m*, photographischer Refraktor *m*, Astrokamera *f*
         f   astrographe *m*, caméra *f* astrographique
         r   астрограф *m*, астрографическая камера *f*

A557   e   astrographic telescope *see* astrographic camera

A558   e   astrolabe
         d   Astrolabium *n*
         f   astrolabe *m*
         r   астролябия *f*

A559   e   astrometry
         d   Astrometrie *f*
         f   astrométrie *f*
         r   астрометрия *f*

A560   e   astronomical calendar
         d   astronomischer Kalender *m*
         f   calendrier *m* astronomique
         r   астрономический календарь *m*

A561   e   astronomical colorimetry
         d   astronomische Kolorimetrie *f*
         f   colorimétrie *f* astronomique
         r   астрономическая колориметрия *f*

ATMOSPHERIC

A562 e astronomical instruments
      d astronomische Instrumente n pl
      f instruments m pl astronomiques
      r астрономические инструменты m pl

A563 e astronomical observatory
      d astronomisches Observatorium n
      f observatoire m astronomique
      r астрономическая обсерватория f

A564 e astronomical photometry
      d Astrophotometrie f, Sternphotometrie f
      f astrophotométrie f
      r астрофотометрия f

A565 e astronomical spectroscopy
      d Astrospektrometrie f, Sternspektroskopie f
      f astrospectroscopie f
      r астроспектроскопия f

A566 e astronomical telescope
      d astronomisches Fernrohr n
      f télescope m astronomique
      r астрономический телескоп m

A567 e astronomical unit
      d astronomische Einheit f, AE
      f unité f astronomique, U.A.
      r астрономическая единица f (1 a.e. = 4959787.10⁸км)

A568 e astronomy
      d Astronomie f
      f astronomie f
      r астрономия f

A569 e astrophysics
      d Astrophysik f
      f astrophysique f
      r астрофизика f

A570 e asymmetric molecule
      d asymmetrisches Molekül n
      f molécule f asymétrique
      r асимметричная молекула f

A571 e asymmetric top molecule
      d Molekül n vom Typ des unsymmetrischen Kreisels
      f molécule f du type toupie asymétrique
      r молекула f типа асимметричного волчка

A572 e asymmetry
      d Asymmetrie f, Unsymmetrie f
      f asymétrie f
      r асимметрия f

A573 e asymptote
      d Asymptote f
      f asymptote f
      r асимптота f

A574 e asymptotic dependence
      d asymptotische Abhängigkeit f
      f dépendance f asymptotique
      r асимптотическая зависимость f

A575 e asymptotic expansion
      d asymptotische Entwicklung f
      f développement m asymptotique
      r асимптотическое разложение n

A576 e asymptotic freedom
      d asymptotische Freiheit f
      f liberté f asymptotique
      r асимптотическая свобода f

A577 e asymptotic series
      d asymptotische Reihe f
      f série f asymptotique
      r асимптотический ряд m

A578 e atmosphere
      d Atmosphäre f, Lufthülle f
      f atmosphère f
      r атмосфера f

A579 e atmosphere dynamics
      d atmosphärische Dynamik f
      f dynamique f de l'atmosphère
      r динамика f атмосферы

A580 e atmospheric absorption
      d atmosphärische Absorption f
      f absorption f atmosphérique
      r атмосферное поглощение n, поглощение n в атмосфере

A581 e atmospheric attenuation
      d atmosphärische Dämpfung f
      f affaiblissement m dans l'atmosphère
      r затухание n радиоволн в атмосфере

A582 e atmospheric circulation
      d atmosphärische Zirkulation f, Luftkreislauf m
      f circulation f atmosphérique
      r циркуляция f атмосферы, атмосферная циркуляция f

A583 e atmospheric convection
      d Luftkonvektion f, atmosphärische Konvektion f
      f convection f atmosphérique
      r атмосферная конвекция f

A584 e atmospheric diffraction
      d atmosphärische Beugung f
      f diffraction f atmosphérique
      r атмосферная дифракция f, дифракция f в атмосфере

A585 e atmospheric diffusion
      d atmosphärische Diffusion f
      f diffusion f atmosphérique
      r атмосферная диффузия f, диффузия f в атмосфере

A586 e atmospheric electricity
      d Luftelektrizität f

ATMOSPHERIC

- *f* électricité *f* atmosphérique
- *r* атмосферное электричество *n*

A587 *e* atmospheric ionization
- *d* Luftionisation *f*, Luftionisierung *f*, atmosphärische Ionisation *f*, Ionisation *f* der Atmosphäre
- *f* ionisation *f* de l'atmosphère
- *r* атмосферная ионизация *f*

A588 *e* atmospheric irregularity
- *d* atmosphärische Inhomogenität *f*
- *f* irrégularité *f* atmosphérique
- *r* атмосферная неоднородность *f*

A589 *e* atmospheric opacity
- *d* Lufttrübung *f*
- *f* opacité *f* atmosphérique
- *r* непрозрачность *f* атмосферы

A590 *e* atmospheric optics
- *d* atmosphärische Optik *f*, Optik *f* der Atmosphäre
- *f* optique *f* atmosphérique
- *r* атмосферная оптика *f*

A591 *e* atmospheric ozone
- *d* atmosphärisches Ozon *n*
- *f* ozone *m* atmosphérique
- *r* атмосферный озон *m*

A592 *e* atmospheric pollution *see* air pollution

A593 *e* atmospheric pressure
- *d* atmosphärischer Druck *m*, barometrischer Druck *m*
- *f* pression *f* atmosphérique; pression *f* barométrique
- *r* атмосферное давление *n*; барометрическое давление *n*

A594 *e* atmospheric radiation
- *d* Luftstrahlung *f*, atmosphärische Strahlung *f*
- *f* rayonnement *m* atmosphérique
- *r* атмосферное излучение *n*, излучение *n* атмосферы

A595 *e* atmospheric refraction
- *d* atmosphärische Refraktion *f*, atmosphärische Strahlenbrechung *f*
- *f* réfraction *f* atmosphérique
- *r* атмосферная рефракция *f*; рефракция *f* в атмосфере

A596 *e* atmospherics
- *d* Atmospherics *pl*, atmosphärische Störungen *f pl*
- *f* atmosphériques *m pl*
- *r* атмосферики *m pl*

A597 *e* atmospheric scattering
- *d* atmosphärische Streuung *f*
- *f* diffusion *f* atmosphérique
- *r* атмосферное рассеяние *n*, рассеяние *n* в атмосфере

A598 *e* atmospheric tides
- *d* atmosphärische Gezeiten *pl*
- *f* marées *f pl* atmosphériques
- *r* атмосферные приливы *m pl*, приливы *m pl* в атмосфере

A599 *e* atmospheric transparency window
- *d* Fenster *n* der Atmosphäre
- *f* fenêtre *f* de transparence atmosphérique, fenêtre *f* atmosphérique
- *r* окно *n* прозрачности атмосферы

A600 *e* atmospheric turbulence
- *d* atmosphärische Turbulenz *f*
- *f* turbulence *f* atmosphérique
- *r* атмосферная турбулентность *f*

A601 *e* atmospheric waveguide
- *d* atmosphärischer Wellenleiter *m*, Dukt *m*, Duct *m*
- *f* guide *m* d'ondes atmosphérique
- *r* атмосферный волновод *m*

A602 *e* atmospheric waves
- *d* Raumwellen *f pl*
- *f* ondes *f pl* atmosphériques
- *r* атмосферные волны *f pl*

A603 *e* atom
- *d* Atom *n*
- *f* atome *m*
- *r* атом *m*

A604 *e* atom core *see* atomic core

A605 *e* atomic absorption
- *d* atomare Absorption *f*
- *f* absorption *f* atomique
- *r* атомное поглощение *n*

A606 *e* atomic and molecular spectroscopy
- *d* Atom- und Molekülspektroskopie *f*
- *f* spectroscopie *f* atomique et moléculaire
- *r* спектроскопия *f* атомов и молекул

A607 *e* atomic beam
- *d* Atomstrahl *m*
- *f* faisceau *m* atomique
- *r* атомный пучок *m*

A608 *e* atomic beam frequency standard
- *d* Atomstrahlfrequenzstandard *m*
- *f* standard *m* de fréquence de faisceau atomique
- *r* атомный стандарт *m* частоты, атомно-лучевой стандарт *m* частоты, атомный эталон *m* частоты

A609 *e* atomic beam source
- *d* Atomstrahlquelle *f*
- *f* source *f* du faisceau atomique
- *r* источник *m* атомного пучка

A610 *e* atomic bomb *see* nuclear bomb

A611   e   **atomic clock**
         d   Atomuhr *f*
         f   horloge *f* atomique
         r   атомные часы *pl*; атомный стандарт *m* времени

A612   e   **atomic collisions**
         d   Atomstöße *m pl*, Zusammenstöße *m pl* von Atomen
         f   collisions *f pl* atomiques
         r   атомные столкновения *n pl*

A613   e   **atomic core**
         d   Atomrumpf *m*
         f   cœur *m* d'un atome
         r   атомный остов *m* (*атом без валентных электронов*)

A614   e   **atomic crystal**
         d   Atomkristall *m*, Atomgitterkristall *m*
         f   cristal *m* atomique
         r   атомный кристалл *m*

A615   e   **atomic detection**
         d   Atomdetektion *f*, Atomdetektierung *f*
         f   détection *f* des atomes
         r   детектирование *n* атомов

A616   e   **atomic energy** see **nuclear energy**

A617   e   **atomic energy levels**
         d   Energieniveaus *n pl* des Atoms, Atomniveaus *n pl*
         f   niveaux *m pl* d'énergie de l'atome
         r   уровни *m pl* энергии атома

A618   e   **atomic form factor**
         d   Atomformfaktor *m*
         f   facteur *m* de forme atomique, facteur *m* atomique
         r   атомный фактор *m*, атомный форм-фактор *m*

A619   e   **atomic frequency standard** see **atom beam frequency standard**

A620   e   **atomic interferometer**
         d   Atominterferometer *n*
         f   interféromètre *m* atomique
         r   атомный интерферометр *m*

A621   e   **atomic ion**
         d   Atomion *n*
         f   ion *m* atomique
         r   атомный ион *m*, атомарный ион *m*; ионизированный атом *m*

A622   e   **atomic Landé factor**
         d   Landéscher g-Faktor *m*, Atom-g-Faktor *m*
         f   facteur *m* de Landé
         r   атомный множитель *m* Ланде, атомный g-фактор *m*

A623   e   **atomic magnetic moment**
         d   magnetisches Moment *n* des Atoms
         f   moment *m* magnétique atomique, moment *m* magnétique de l'atome
         r   магнитный момент *m* атома

A624   e   **atomic mass**
         d   Atommasse *f*, relative Atommasse *f*
         f   masse *f* atomique
         r   атомная масса *f*, масса *f* атома

A625   e   **atomic mass unit**
         d   atomare Masseneinheit *f*, amu
         f   unité *f* de masse atomique, u.m.a.
         r   атомная единица *f* массы

A626   e   **atomic nucleus**
         d   Atomkern *m*, Kern *m* (*des Atoms*)
         f   noyau *m* atomique
         r   атомное ядро *n*

A627   e   **atomic number**
         d   Atomnummer *f*, Kernladungszahl *f*
         f   nombre *m* atomique
         r   атомный номер *m*; порядковый номер *m* (*элемента в периодической таблице Менделеева*)

A628   e   **atomic orbital**
         d   Atomorbital *n*, AO
         f   orbitale *f* atomique
         r   атомная орбиталь *f*

A629   e   **atomic physics**
         d   Atomphysik *f*
         f   physique *f* atomique
         r   атомная физика *f*

A630   e   **atomic polarizability**
         d   Atompolarisierbarkeit *f*, atomare Polarisierbarkeit *f*
         f   polarisabilité *f* atomique
         r   поляризуемость *f* атомов

A631   e   **atomic polarization**
         d   Atompolarisation *f*
         f   polarisation *f* atomique
         r   атомная поляризация *f*

A632   e   **atomic probe**
         d   Atomsonde *f*
         f   sonde *f* atomique
         r   атомный зонд *m*

A633   e   **atomic radius**
         d   Atomradius *m*
         f   rayon *m* atomique
         r   атомный радиус *m*

A634   e   **atomic scale**
         d   Atommaßstab *m*
         f   échelle *f* atomique
         r   атомный масштаб *m*

A635   e   **atomic scattering factor** see **atomic form factor**

A636   e   **atomic spectra**
         d   Atomspektren *n pl*
         f   spectres *m pl* atomiques
         r   атомные спектры *m pl*

ATOMIC

A637   e   atomic spectroscopy
          d   Atomspektroskopie *f*
          f   spectroscopie *f* atomique
          r   атомная спектроскопия *f*, спектроскопия *f* атомов

A638   e   atomic standard
          d   Atomstandard *m*
          f   étalon *m* atomique
          r   атомный стандарт *m (частоты, времени)*

A639   e   atomic structure
          d   Atombau *m*
          f   structure *f* atomique, structure *f* de l'atome
          r   строение *n* атома

A640   e   atomic time
          d   Atomzeit *f*
          f   temps *m* atomique
          r   атомное время *n*

A641   e   atomic time standard
          d   Atomzeitstandard *m*
          f   étalon *m* atomique de temps
          r   атомный стандарт *m* времени, атомный эталон *m* времени

A642   e   atomic weight
          d   Atomgewicht *n*, Atommasse *f*, relative Atommasse *f*
          f   poids *m* atomique, masse *f* atomique, masse *f* atomique relative
          r   атомный вес *m*, атомная масса *f*

A643   e   atomization
          d   Zerstäubung *f*
          f   atomisation *f*
          r   распыление *n*

A644   e   atom site *(in a lattice)*
          d   Gitterplatz *m*, Gitterstelle *f*
          f   site *m* dans le réseau, place *f* de l'atome *(en réseau)*
          r   место *n* атома *(в решетке)*; узел *m* кристаллической решётки

A645   e   attachment, attachment of electrons
          d   Anlagerung *f*, Anlagerung *f* von Elektronen, Attachment *n*; Anschluß *m*
          f   attachement *m*, attachement *m* d'électrons
          r   прилипание *n*, прилипание *n* электронов; присоединение *n*

A646   e   attenuation
          d   1. Schwächung *f* 2. Dämpfung *f*
          f   1. atténuation *f*; affaiblissement *m* 2. affaiblissement *m*; amortissement *m*
          r   1. ослабление *n* 2. затухание *n*

A647   e   attenuation coefficient
          d   1. Schwächungskoeffizient *m*, Schwächungsfaktor *m* 2. Dämpfungsfaktor *m*
          f   1. facteur *m* d'affaiblissement 2. coefficient *m* d'amortissement
          r   1. коэффициент *m* ослабления 2. коэффициент *m* затухания

A648   e   attenuation constant *see* attenuation coefficient

A649   e   attenuation factor *see* attenuation coefficient

A650   e   attenuation length *(of cosmic rays)*
          d   Schwächungslänge *f (der kosmischen Strahlung)*
          f   longueur *f* d'affaiblissement *(des ondes cosmiques)*
          r   длина *f* ослабления *(космических лучей)*

A651   e   attenuator
          d   Abschwächer *m*; Dämpfungsglied *n*
          f   atténuateur *m*, affaiblisseur *m*
          r   аттенюатор *m*, ослабитель *m*

A652   e   attraction
          d   Anziehung *f*, Attraktion *f*
          f   attraction *f*
          r   притяжение *n*

A653   e   attractor
          d   Attraktor *m*
          f   attracteur *m*
          r   аттрактор *m*

A654   e   audibility
          d   Hörbarkeit *f*
          f   audibilité *f*
          r   слышимость *f*

A655   e   audio-band *see* audio-frequency band

A656   e   audiofrequencies
          d   Tonfrequenzen *f pl*, Hörfrequenzen *f pl*
          f   audiofréquences *f pl*, fréquences *f pl* audibles, fréquences *f pl* acoustiques
          r   звуковые частоты *f pl*

A657   e   audio-frequency band
          d   Tonfrequenzband *n*, Hörfrequenzband *n*
          f   gamme *f* de fréquences acoustiques
          r   диапазон *m* звуковых частот

A658   e   audio masking
          d   Tonmaskierung *f*
          f   camouflage *m* aural
          r   маскировка *f* звука

A659   e   audiometer
          d   Audiometer *n*, Hörschwellenmeßgerät *n*, Hörschärfemesser *m*
          f   audiomètre *m*
          r   аудиометр *m*

A660 e Auger effect
d Auger-Effekt m
f effet m Auger
r оже-эффект m, эффект m Оже

A661 e Auger-electron image
d Auger-Elektronenabbildung f, Auger-Elektronenbild n
f image f en électrons Auger
r изображение n в оже-электронах, оже-изображение n

A662 e Auger electrons
d Auger-Elektronen n pl
f électrons m pl Auger
r оже-электроны m pl

A663 e Auger spectroscopy
d Auger-Spektroskopie f
f spectroscopie f Auger
r оже-спектроскопия f

A664 e augmented plane wave method
d erweiterte Methode f der ebenen Wellen
f méthode f augmentée des ondes planes
r метод m присоединённых плоских волн

A665 e aureole
d Aureole f, Kranzerscheinung f
f auréole f
r ореол m

A666 e aurora
d Polarlicht n
f aurore f polaire
r полярное сияние n

A667 e aurora australis
d südliches Polarlicht n, Südlicht n
f aurore f australe
r южное сияние n

A668 e aurora borealis
d nördliches Polarlicht n, Nordlicht n
f aurore f boréale
r северное сияние n

A669 e auroral arc
d Aurorabogen m
f arc m auroral
r авроральная дуга f

A670 e auroral ionization
d Auroraionisation f, Auroraionisierung f
f ionisation f aurorale
r авроральная ионизация f

A671 e auroral ionosphere
d Polarlichtionosphäre f
f ionosphère f aurorale
r авроральная ионосфера f

A672 e auroral line
d Auroralinie f, Auroraspektrallinie f
f raie f aurorale
r авроральная линия f

A673 e auroral oval
d Polarlichtoval n; Nordlichtoval n; Südlichtoval n
f ovale m d'aurore
r авроральный овал m

A674 e auroral reflections
d Polarradioreflexionen f pl
f réflexions f pl aurores
r авроральные радиоотражения n pl, полярные радиоотражения n pl

A675 e auroral X-rays
d Polarlicht-Röntgenstrahlung f
f radiation f X aurorale
r авроральное рентгеновское излучение n

A676 e auroral zones
d Polarlichtzonen f pl, Zonen f pl der Polarlichter
f zones f pl aurorales
r авроральные зоны f pl

A677 e austenite
d Austenit m
f austénite f
r аустенит m

A678 e austenitic grain
d Austenitkorn n
f grain m austénitique
r аустенитное зерно n

A679 e autocatalysis
d Autokatalyse f
f autocatalyse f
r автокатализ m

A680 e autoclave
d Autoklav m
f autoclave m
r автоклав m

A681 e autocollimation
d Autokollimation f
f autocollimation f
r автоколлимация f

A682 e autocollimator
d Autokollimationsfernrohr n
f autocollimateur m
r автоколлиматор m

A683 e autocorrelation
d Autokorrelation f
f autocorrélation f
r автокорреляция f

A684 e autocorrelation function
d Autokorrelationsfunktion f
f fonction f d'autocorrélation
r автокорреляционная функция f

AUTOELECTRONIC

A685   *e*   autoelectronic emission *see* field emission

A686   *e*   autoionization
          d   Autoionisation *f*, Selbstionisation *f*
          f   auto-ionisation *f*
          r   автоионизация *f*

A687   *e*   automatic tuning
          d   automatische Abstimmung *f*
          f   accord *m* automatique
          r   автоматическая настройка *f*

A688   *e*   autoradiography
          d   Autoradiographie *f*
          f   autoradiographie *f*
          r   авторадиография *f*

A689   *e*   avalanche
          d   Lawine *f*
          f   avalanche *f*
          r   лавина *f*

A690   *e*   avalanche breakdown
          d   Lawinendurchbruch *m*
          f   claquage *m* en avalanche
          r   лавинный пробой *m*

A691   *e*   avalanche chamber
          d   Lawinenkammer *f*
          f   chambre *f* à avalanche
          r   лавинная камера *f*

A692   *e*   avalanche discharge
          d   Lawinenentladung *f*
          f   décharge *f* en avalanche
          r   лавинный разряд *m*

A693   *e*   avalanche ionization
          d   Lawinenionisation *f*
          f   ionisation *f* par avalanche
          r   лавинная ионизация *f*

A694   *e*   avalanche transit-time diode
          d   Lawinenlaufzeitdiode *f*
          f   diode *f* à avalanche à temps de transit
          r   лавинно-пролётный диод *m*, ЛПД

A695   *e*   average life *see* mean life

A696   *e*   average, average value
          d   Mittelwert *m*, Mittel *n*
          f   valeur *f* moyenne, moyenne *f*
          r   среднее значение *n*

A697   *e*   averaging
          d   Mittelung *f*, Mitteln *n*, Mittelwertbildung *f*
          f   moyennage *m*, prise *f* de moyen
          r   усреднение *n*

A698   *e*   Avogadro constant *see* Avogadro number

A699   *e*   Avogadro number
          d   Avogadro-Konstante *f*, Avogadro-Zahl *f*
          f   constante *f* d'Avogadro; nombre *m* d'Avogadro
          r   постоянная *f* Авогадро; число *n* Авогадро

A700   *e*   axial channeling
          d   axiale Kanalierung *f*
          f   canalisation *f* axiale
          r   аксиальное каналирование *n*

A701   *e*   axial current
          d   Axialstrom *m*
          f   courant *m* axial
          r   аксиальный ток *m*

A702   *e*   axial deformation
          d   axiale Deformation *f*, axiale Verformung *f*
          f   déformation *f* axiale
          r   аксиальная деформация *f* (ядер)

A703   *e*   axial gage
          d   axiale Eichung *f*
          f   calibrage *m* axial
          r   аксиальная калибровка *f*

A704   *e*   axial hologram
          d   axiales Hologramm *n*
          f   hologramme *m* axial
          r   осевая голограмма *f*

A705   *e*   axially symmetric field
          d   axialsymmetrisches Feld *n*
          f   champ *m* symétrique axial
          r   аксиально-симметричное поле *n*

A706   *e*   axial quadrupole
          d   axialer Quadrupol *m*
          f   quadripôle *m* axial
          r   аксиальный квадруполь *m*

A707   *e*   axial vector
          d   axialer Vektor *m*
          f   vecteur *m* axial
          r   аксиальный вектор *m*

A708   *e*   axiom
          d   Axiom *n*
          f   axiome *m*
          r   аксиома *f*

A709   *e*   axiomatic method
          d   axiomatische Methode *f*
          f   méthode *f* axiomatique
          r   аксиоматический метод *m*

A710   *e*   axiomatic quantum field theory
          d   axiomatische Quantenfeldtheorie *f*
          f   théorie *f* des champs quantique axiomatique
          r   аксиоматическая квантовая теория *f* поля

A711   *e*   axion
          d   Axion *n*

| | f | axion m |
| | r | аксион m |

A712 | e | axis
     | d | Achse f
     | f | axe m
     | r | ось f

A713 | e | axis of easy magnetization
     | d | Richtung f der leichtesten Magnetisierbarkeit
     | f | axe m d'aimantation facile
     | r | ось f лёгкого намагничивания

A714 | e | axis of inertia
     | d | Trägheitsachse f
     | f | axe m d'inertie
     | r | ось f инерции

A715 | e | axis of rotation
     | d | Drehachse f
     | f | axe m de rotation
     | r | ось f вращения

A716 | e | axis of strain
     | d | Dehnungsachse f
     | f | axe m de déformation
     | r | ось f деформации

A717 | e | axis of symmetry
     | d | Symmetrieachse f
     | f | axe m de symétrie
     | r | ось f симметрии

A718 | e | axoid
     | d | Axoid n, Achsenfläche f
     | f | surface f axoïde
     | r | аксоид m

A719 | e | Azbel-Kaner effect
     | d | Azbel-Kaner-Effekt m
     | f | effet m d'Azbel-Kaner
     | r | эффект m Азбеля - Канера

A720 | e | azimuth
     | d | Azimut m, n
     | f | azimut m
     | r | азимут m

A721 | e | azimuthal quantum number
     | d | azimutale Quantenzahl f, Nebenquantenzahl f
     | f | nombre m quantique azimutal
     | r | азимутальное квантовое число n

B

B1 | e | Babinet principle
   | d | Babinet-Prinzip n
   | f | principe m de Babinet
   | r | теорема f Бабине

B2 | e | back-and-forth motion see reciprocating motion

B3 | e | back focus
   | d | Bildbrennpunkt m, bildseitiger Brennpunkt m, hinterer Brennpunkt m
   | f | foyer m secondaire
   | r | задний фокус m, второй фокус m

B4 | e | background
   | d | 1. Hintergrund m 2. Untergrund m
   | f | fond m
   | r | фон m

B5 | e | background contamination
   | d | Untergrundkontamination f
   | f | contamination f de fond
   | r | фоновое загрязнение n

B6 | e | background intensity
   | d | Untergrundintensität f
   | f | intensité f du fond
   | r | фоновая интенсивность f

B7 | e | background light see background radiation

B8 | e | background radiation
   | d | Untergrundstrahlung f
   | f | radiation f ambiante
   | r | фоновое излучение n

B9 | e | back-reflection method
   | d | Laue-Methode f, Rückstrahl-Laue-Methode f (Röntgenstrukturanalyse)
   | f | méthode f de rétroréflexion (en diffraction des rayons X), méthode f de Laue en retour (analyse radiocristallographique)
   | r | метод m обратного отражения (в рентгеноструктурном анализе)

B10 | e | back scatter
    | d | Rückstreuung f
    | f | diffusion f inverse, diffusion f rétrograde
    | r | обратное рассеяние n

B11 | e | backscattered electron image
    | d | Abbildung f in rückgestreuten Elektronen
    | f | image f en électrons réfléchis
    | r | изображение n в отражённых электронах

B12 | e | back scattering see back scatter

B13 | e | back scatter ionospheric sounding
    | d | Rückstreuungs-Ionosphärensondierung f
    | f | sondage m ionosphérique par diffusion en retour
    | r | возвратно-наклонное зондирование n ионосферы

B14 | e | back voltage
    | d | Rückspannung f, Gegenspannung f, Sperrspannung f

BACKWARD

       f   tension *f* inverse
       r   обратное напряжение *n*

B15   *e*   backward direction
       d   Gegenrichtung *f*; Sperrichtung *f*
       f   sens *m* d'arrêt, sens *m* de blocage
       r   обратное направление *n*, противоположное направление *n*

B16   *e*   backward wave
       d   Rückwärtswelle *f*, rücklaufende Welle *f*
       f   onde *f* inverse, onde *f* de retour
       r   обратная волна *f*

B17   *e*   backward wave tube
       d   Rückwärtswellenröhre *f*, Carcinotron *n*, Karzinotron *n*
       f   tube *m* à onde régressive
       r   лампа *f* обратной волны, ЛОВ, карцинотрон *m*

B18   *e*   baffle
       d   Prallplatte *f*
       f   chicane *f*
       r   перегородка *f*; отражатель *m*

B19   *e*   bag model
       d   Beutelmodell *n*
       f   modèle *m* de sac
       r   модель *f* мешка

B20   *e*   balance
       d   1. Balance *f*; Gleichgewicht *n* 2. Waage *f*
       f   1. bilan *m*; équilibre *m* 2. balance *f*
       r   1. баланс *m*; равновесие *n* 2. весы *pl*

B21   *e*   balanced amplifier
       d   Gegentaktverstärker *m*
       f   amplificateur *m* compensé
       r   балансный усилитель *m*

B22   *e*   balanced load
       d   symmetrische Belastung *f*
       f   charge *f* compensée
       r   симметрическая нагрузка *f*

B23   *e*   ball
       d   Ball *m*; Kugel *f*
       f   bille *f*
       r   шар *m*; шарик *m*

B24   *e*   ballistic curve
       d   ballistische Kurve *f*
       f   courbe *f* balistique
       r   баллистическая кривая *f*

B25   *e*   ballistic galvanometer
       d   ballistisches Galvanometer *n*
       f   galvanomètre *m* balistique
       r   баллистический гальванометр *m*

B26   *e*   ballistic phonon
       d   ballistisches Phonon *n*
       f   phonon *m* balistique
       r   баллистический фонон *m*

B27   *e*   ballistics
       d   Ballistik *f*
       f   balistique *f*
       r   баллистика *f*

B28   *e*   ball lightning
       d   Kugelblitz *m*
       f   foudre *f* globulaire
       r   шаровая молния *f*

B29   *e*   balloon
       d   Ballon *m*, Luftballon *m*
       f   ballon *m*
       r   баллон *m* (*воздушный шар*)

B30   *e*   balloon astronomy
       d   Ballonastronomie *f*
       f   astronomie *f* stratosphérique
       r   баллонная астрономия *f*

B31   *e*   ballooning instability
       d   Balloninstabilität *f*
       f   instabilité *f* due au ballon
       r   баллонная неустойчивость *f*

B32   *e*   Balmer discontinuity
       d   Balmer-Sprung *m*
       f   discontinuité *f* de Balmer
       r   бальмеровский скачок *m*

B33   *e*   Balmer series
       d   Balmer-Serie *f*
       f   série *f* de Balmer
       r   серия *f* Бальмера

B34   *e*   Banach space
       d   Banach-Raum *m*
       f   espace *m* de Banach
       r   банахово пространство *n*

B35   *e*   band
       d   1. Band *n*, Frequenzband *n* 2. Band *n*, Bereich *m* 3. Zone *f*, Energieband *n*, Energiebereich *m*
       f   bande *f*
       r   1. полоса *f* (частот) 2. диапазон *m* 3. зона *f*

B36   *e*   band bottom
       d   Bandunterkante *f*
       f   fond *m* de la bande
       r   дно *n* зоны

B37   *e*   band intensity
       d   Bandenintensität *f*
       f   intensité *f* de la bande
       r   интенсивность *f* полосы

B38   *e*   band magnetism
       d   Zonenmagnetismus *m*
       f   magnétisme *m* des bandes
       r   зонный магнетизм *m*

B39   *e*   band model
       d   Bändermodell *n*, Energiebändermodell *n*

	f	modèle *m* des bandes
	r	зонная модель *f*
B40	*e*	**band-pass filter**
	d	Bandfilter *n*; Bandpaß *m*
	f	filtre *m* passe-bande
	r	полосовой фильтр *m*
B41	*e*	**band spectra**
	d	Bandenspektren *n pl*
	f	spectres *m pl* de bande
	r	полосатые спектры *m pl*
B42	*e*	**band structure**
	d	Bänderstruktur *f*
	f	structure *f* en bande
	r	зонная структура *f*
B43	*e*	**band theory**
	d	Bändertheorie *f (der Festkörper)*
	f	théorie *f* des bandes *(du solide)*
	r	зонная теория *f (твердого тела)*
B44	*e*	**bandwidth**
	d	Bandbreite *f*
	f	largeur *f* de la bande
	r	ширина *f* полосы *(частот, пропускания)*
B45	*e*	**bandwidth measurement**
	d	Bandbreitenmessung *f*
	f	mesure *f* de la bande passante *(p. ex. de guide d'ondes optiqie)*
	r	измерение *n* полосы пропускания *(напр. световода)*
B46	*e*	**bar**
	d	1. Bar *n* 2. Stab *m*; Barren *m*
	f	1. bar *m* 2. barre *f*
	r	1. бар *m (единица давления)* 2. стержень *m*, слиток *m*
B47	*e*	**Bardeen-Cooper-Schrieffer model**
	d	Bardeen-Cooper-Schrieffer-Modell *n*
	f	modèle *m* de Bardeen-Cooper-Schrieffer, modèle *m* B.C.S.
	r	модель *f* Бардина - Купера - Шриффера, модель *f* БКШ
B48	*e*	**bare core**
	d	nackter Kern *m*
	f	noyau *m* nu
	r	«голое» ядро *n*
B49	*e*	**bare particle**
	d	nacktes Teilchen *n*, mathematisches Teilchon *n*
	f	particule *f* nue
	r	«голая» частица *f*
B50	*e*	**bare source**
	d	offene Radionuklidquelle *f*
	f	source *f* de radionucléides ouverte
	r	открытый радионуклидный источник *m*, открытый источник *m*
B51	*e*	**barium, Ba**
	d	Barium *n*
	f	baryum *m*
	r	барий *m*
B52	*e*	**Barkhausen effect**
	d	Barkhausen-Effekt *m*
	f	effet *m* Barkhausen
	r	эффект *m* Баркгаузена
B53	*e*	**Barkhausen-Kurz oscillator**
	d	Barkhausen-Kurz-Generator *m*
	f	oscillateur *m* de Barkhausen-Kurz
	r	генератор *m* Баркгаузена - Курца
B54	*e*	**barn, barn unit**
	d	Barn *n*
	f	barn *m*
	r	барн *m*
B55	*e*	**Barnett effect**
	d	Barnett-Effekt *m*
	f	effet *m* Barnett
	r	эффект *m* Барнетта
B56	*e*	**barograph**
	d	Barograph *m*
	f	barographe *m*
	r	барограф *m*
B57	*e*	**barometer**
	d	Barometer *n*
	f	baromètre *m*
	r	барометр *m*
B58	*e*	**barometric height formula**
	d	barometrische Höhenformel *f*, Barometerformel *f*
	f	formule *f* de hauteur barométrique
	r	барометрическая формула *f*
B59	*e*	**barometric pressure** *see* **atmospheric pressure**
A60	*e*	**barotropic phenomenon**
	d	barotropes Phänomen *n*, barotropisches Phänomen *n*
	f	phénomène *m* barotrope
	r	баротропное явление *n*
B61	*e*	**barrel distortion, barrel-shaped distortion**
	d	tonnenförmige Verzeichnung *f*, tonnenförmige negative Verzeichnung *f*, Tonnenverzeichnung *f*, Tonnenverzerrung *f*
	f	distorsion *f* en barillet
	r	бочкообразная дисторсия *f*, отрицательная дисторсия *f*
B62	*e*	**barretter**
	d	Barretter *m*
	f	barretter *m*
	r	бареттер *m*
B63	*e*	**barrier**
	d	Schranke *f*, Barriere *f*; Sperre *f*
	f	barrière *f*
	r	барьер *m*

BARRIER

B64
- *e* barrier height
- *d* Höhe *f* des Potentialwalls
- *f* hauteur *f* de la barrière de potentiel
- *r* высота *f* потенциального барьера

B65
- *e* barrier layer
- *d* Sperrschicht *f*
- *f* couche *f* d'arrêt
- *r* запирающий слой *m*

B66
- *e* barrier-layer capacitance
- *d* Sperrschichtkapazität *f*, Grenzschichtkapazität *f*
- *f* capacité *f* de la couche d'arrêt
- *r* барьерная ёмкость *f*

B67
- *e* barrier-layer rectification
- *d* Sperrschichtgleichrichtung *f*
- *f* redressement *m* par couche d'arrêt
- *r* выпрямление *n* на запирающем слое

B68
- *e* barrier penetrability *see* barrier transparency

B69
- *e* barrier transparency
- *d* Durchlässigkeit *f* des Potentialwalls
- *f* transparence *f* de la barrière de potentiel
- *r* прозрачность *f* потенциального барьера, проницаемость *f* потенциального барьера

B70
- *e* baryon
- *d* Baryon *n*
- *f* baryon *m*
- *r* барион *m*

B71
- *e* baryon asymmetry of the Universe
- *d* Baryonenasymmetrie *f* des Weltalls
- *f* asymétrie *f* baryonique de l'Univers
- *r* барионная асимметрия *f* Вселенной

B72
- *e* baryon charge
- *d* Baryonenladung *f*, Baryonenzahl *f*
- *f* charge *f* baryonique, nombre *m* baryonique
- *r* барионный заряд *m*, барионное число *n*

B73
- *e* baryon decuplet
- *d* Baryonendekuplett *n*
- *f* decuplet *m* baryonique
- *r* барионный декуплет *m*

B74
- *e* baryonic charge *see* baryon charge

B75
- *e* baryonium
- *d* Baryonium *n*
- *f* baryonium *m*
- *r* барионий *m*

B76
- *e* baryon number *see* baryon charge

B77
- *e* baryon number conservation
- *d* Erhaltung *f* der Baryonenzahl
- *f* conservation *f* du nombre baryonique
- *r* сохранение *n* барионного числа

B78
- *e* basal plane
- *d* Basisfläche *f*, Grundfläche *(Kristall)*
- *f* plan *m* de base *(du cristal)*
- *r* базисная плоскость *f* *(кристалла)*

B79
- *e* base
- *d* 1. Base *f* 2. Basis *f* 3. Grundlage *f*
- *f* base *f*
- *r* 1. основание *n* (*химическое соединение*) 2. база *f* (*напр. биполярного транзистора*) 3. основа *f* 4. базис *m*

B80
- *e* basic interaction
- *d* Fundamentalwechselwirkung *f*
- *f* interaction *f* fondamentale
- *r* фундаментальное взаимодействие *n*

B81
- *e* basic research
- *d* Grundlagenforschung *f*
- *f* recherches *f pl* fondamentales
- *r* фундаментальные исследования *n pl*

B82
- *e* basis
- *d* Basis *f*; Grundlage *f*
- *f* base *f*
- *r* базис *m*; основа *f*, основание *n*

B83
- *e* battery
- *d* Batterie *f*
- *f* batterie *f*
- *r* батарея *f*

B84
- *e* Bauschinger effect
- *d* Bauschinger-Effekt *m*
- *f* effet *m* Bauschinger
- *r* эффект *m* Баушингера

B85
- *e* BCS model *see* Bardeen-Cooper-Schrieffer model

B86
- *e* beacon
- *d* 1. Leuchtfeuer *n* 2. Funkbake *f*
- *f* 1. balise *f* 2. radiobalise *f*
- *r* 1. маяк *m* 2. радиомаяк *m*

B87
- *e* bead lightning
- *d* Perlschnurblitz *m*
- *f* foudre *f* perlée
- *r* чёточная молния *f*

B88
- *e* beam
- *d* 1. Bündel *n* 2. Strahl *m* 3. Balken *m*; Träger *m* 4. Waagebalken *m*
- *f* 1. faisceau *m* 2. rayon *m* 3. poutre *f* 4. fléau *m*
- *r* 1. пучок *m* 2. луч *m* 3. балка *f* 4. коромысло *n* (*весов*)

B89
- *e* beam channel
- *d* Strahlenkanal *m*
- *f* canal *m* de faisceau
- *r* канал *m* пучка

BEAM

B90   *e*   **beam chopper**
        d   Chopper *m*, Strahlunterbrecher *m*
        f   interrupteur *m* du faisceau, obturateur *m*
        r   прерыватель *m* пучка; обтюратор *m*; модулятор *m* света

B91   *e*   **beam collimator**
        d   Strahlkollimator *m*
        f   collimateur *m* du faisceau
        r   коллиматор *m* пучка

B92   *e*   **beam cooling**
        d   Strahlenkühlung *f*
        f   refroidissement *m* des faisceaux
        r   охлаждение *n* пучков (*заряженных частиц*)

B93   *e*   **beam crossover**
        d   Strahlencrossover *n*, Strahlenkreuzungspunkt *m*
        f   point *m* de croisement du faisceau
        r   кроссовер *m* пучка

B94   *e*   **beam cross-section**
        d   Strahlquerschnitt *m*
        f   section *f* transversale du faisceau, section *f* du faisceau
        r   сечение *n* пучка

B95   *e*   **beam deflector**
        d   Strahlendeflektor *m*, Strahlenablenker *m*
        f   déflecteur *m* du faisceau
        r   дефлектор *m* пучка

B96   *e*   **beam defocusing**
        d   Strahlentbündelung *f*, Strahldefokussierung *f*
        f   défocalisation du faisceau
        r   дефокусировка *f* пучка

B97   *e*   **beam diaphragming**
        d   Strahlausblendung *f*, Strahlbegrenzung *f*
        f   diaphragmation *f* du faisceau
        r   диафрагмирование *n* пучка

B98   *e*   **beam divergence**
        d   Strahldivergenz *f*
        f   divergence *f* du faisceau
        r   расходимость *f* пучка

B99   *e*   **beam divider**
        d   Strahlteiler *m*
        f   dédoubleur *m* du faisceau
        r   делитель *m* пучка, расщепитель *m* пучка

B100   *e*   **beam extraction**
        d   Auslenken *n* des Strahls, Strahlejektion *f*
        f   extraction *f* du faisceau
        r   вывод *m* пучка (*из ускорителя*)

B101   *e*   **beam extractor**
        d   Strahlauslenkvorrichtung *f*
        f   extracteur *m* du faisceau
        r   устройство *n* вывода пучка, система *f* вывода пучка

B102   *e*   **beam focusing**
        d   Strahlbündelung *f*, Strahlenfokussierung *f*
        f   focalisation *f* du faisceau
        r   фокусировка *f* пучка

B103   *e*   **beam forming**
        d   Bündelerzeugung *f*, Strahlformung *f*
        f   formation *f* du faisceau
        r   формирование *n* пучка

B104   *e*   **beam impedance**
        d   Strahlimpedanz *f*
        f   impédance *f* du faisceau
        r   импеданс *m* пучка

B105   *e*   **beam injection**
        d   Strahlinjektion *f*, Injektion *f* des Strahls
        f   injection *f* du faisceau
        r   инжекция *f* пучка

B106   *e*   **beam injector**
        d   Strahlinjektor *m*, Strahlinjektionsvorrichtung *f*
        f   injecteur *m* du faisceau
        r   инжектор *m* пучка

B107   *e*   **beam instability**
        d   Strahlinstabilität *f*
        f   instabilité *f* du faisceau
        r   пучковая неустойчивость *f*, неустойчивость *f* пучка

B108   *e*   **beam intensity**
        d   Strahlstärke *f*, Strahlintensität *f*
        f   intensité *f* du faisceau
        r   интенсивность *f* пучка

B109   *e*   **beam modulation**
        d   Strahlmodulation *f*
        f   modulation *f* du faisceau
        r   модуляция *f* пучка; модуляция *f* луча

B110   *e*   **beam-plasma discharge**
        d   Strahl-Plasma-Entladung *f*
        f   décharge *f* à faisceau de plasma
        r   плазменно-пучковый разряд *m*

B111   *e*   **beam position indicator**
        d   Strahlsensor *m*
        f   indicateur *m* de position du faisceau
        r   индикатор *m* положения пучка

B112   *e*   **beam position monitor**
        d   Monitor *m* der Strahlposition, Strahlpositionsmonitor *m*
        f   moniteur *m* de position du faisceau
        r   монитор *m* положения пучка

BEAM

B113　e　beam position monitoring
　　　d　Strahlüberwachung f, Strahlkontrolle f
　　　f　contrôle m de position du faisceau
　　　r　контроль m положения пучка

B114　e　beam scanning
　　　d　Strahlscanning n
　　　f　balayage m du faisceau
　　　r　сканирование n луча

B115　e　beam-shaping channel
　　　d　Strahlformungskanal m
　　　f　canal m de formation du faisceau
　　　r　канал m формирования пучка

B116　e　beam splitter
　　　d　Strahlteiler m, Strahlenteiler m
　　　f　dédoubleur m du faisceau
　　　r　расщепитель m пучка или луча; светоделитель m

B117　e　beam splitting
　　　d　Strahlteilung f, Strahlspaltung f, Strahlenteilung f, Strahlenspaltung f
　　　f　division f du faisceau
　　　r　деление n пучка

B118　e　beam splitting cube
　　　d　Strahlenteilungswürfel m
　　　f　cube m de division du faisceau
　　　r　светоделительный куб m, светоделительный кубик m

B119　e　beam spread
　　　d　Strahlstreuung f
　　　f　dispersion f du faisceau
　　　r　размытие n пучка, рассеяние n пучка

B120　e　beam swinging
　　　d　Strahlschwenkung f
　　　f　balayage m du faisceau
　　　r　качание n луча (антенны)

B121　e　beam transport channel
　　　d　Strahltransportkanal m
　　　f　canal m de transport du faisceau
　　　r　канал m транспортировки пучка

B122　e　bearing
　　　d　1. Stütze f 2. Lager n
　　　f　palier m
　　　r　1. опора f 2. подшипник m

B123　e　beat envelope
　　　d　Schwebungseinhüllende f
　　　f　enveloppe f des battements
　　　r　огибающая f биений

B124　e　beat frequency
　　　d　Schwebungsfrequenz f
　　　f　fréquence f des battements
　　　r　частота f биений

B125　e　beats
　　　d　Schwebungen f pl
　　　f　battements m pl
　　　r　биения n pl

B126　e　beautiful meson
　　　d　Beauty-Meson n, schönes Meson n
　　　f　beau méson m
　　　r　«красивый» мезон m

B127　e　beautiful quark
　　　d　Beauty-Quark n
　　　f　beau quark m
　　　r　«красивый» кварк m, «прелестный» кварк m

B128　e　beauty
　　　d　Beauty f (Begriff der Kernphysik)
　　　f　beauté f (physique nucléaire)
　　　r　«красота» f, «прелесть» f (в ядерной физике)

B129　e　becquerel, Bq
　　　d　Becquerel n
　　　f　becquerel m
　　　r　беккерель m, Бк

B130　e　bel, B
　　　d　Bel n
　　　f　bel m
　　　r　бел m, Б

B131　e　bending
　　　d　Biegung f, Krümmung f
　　　f　courbure f, flexion f
　　　r　изгиб m

B132　e　bending deformation
　　　d　Biegungsdeformation f, Biegedeformation f, Biegeverformung f
　　　f　déformation f de flexion
　　　r　изгибная деформация f, деформация f изгиба

B133　e　bending moment
　　　d　Biegemoment n
　　　f　moment m de flexion, moment m fléchissant
　　　r　изгибающий момент m

B134　e　bending of a beam
　　　d　Balkenbiegung f
　　　f　flexion f de la poutre
　　　r　изгиб m бруса

B135　e　bending of a plate
　　　d　Plattenbiegung f
　　　f　flexion f de la plaque
　　　r　изгиб m пластинки

B136　e　bending of energy band
　　　d　Bandverbiegung f
　　　f　flexion f de la bande
　　　r　изгиб m зоны

B137　e　bending stiffness
　　　d　Biegesteifigkeit f
　　　f　rigidité f à la flexion
　　　r　жёсткость f при изгибе

B138	e	bending stress
	d	Biegebeanspruchung f, Biegespannung f
	f	effort m de flexion
	r	напряжение n при изгибе
B139	e	bending torsion
	d	Biegeverdrehung f, Biegetorsion f
	f	torsion f de flexion
	r	изгибное кручение n
B140	e	bending vibration
	d	Biegeschwingungen f pl
	f	oscillations f pl de flexion
	r	изгибные колебания n pl
B141	e	bend test
	d	Biegeversuch m
	f	essai m de flexion
	r	испытание n на изгиб
B142	e	berkelium, Bk
	d	Berkelium n
	f	berkélium m
	r	берклий m
B143	e	Bernoulli equation
	d	Bernoullische Differentialgleichung f
	f	équation f différentielle de Bernoulli, équation f de Bernoulli
	r	уравнение n Бернулли
B144	e	Bernstein mode
	d	Bernsteinsche Mode f
	f	mode m de Bernstein
	r	мода f Бернштейна
B145	e	beryllium, Be
	d	Beryllium n
	f	béryllium m
	r	бериллий m
B146	e	beryllium ceramics
	d	Berylliumkeramik f
	f	céramique f à béryllium
	r	бериллиевая керамика f
B147	e	Bessel functions
	d	Besselfunktionen f pl
	f	fonctions f pl de Bessel
	r	функции f pl Бесселя
B148	e	beta-absorption gage see beta gage
B149	e	beta-active isotope
	d	betaaktives Isotop n
	f	isotope m émetteur des rayons bêta
	r	бета-активный изотоп m
B150	e	beta-decay
	d	Betazerfall m, Betaumwandlung f
	f	désintégration f bêta
	r	бета-распад m
B151	e	beta emitter
	d	Beta-Strahler m
	f	radiateur m bêta, émetteur m bêta
	r	бета-излучатель m
B152	e	beta gage
	d	Beta-Dickenmesser m
	f	jauge f bêta
	r	бета-толщиномер m
B153	e	beta-particle
	d	Betateilchen n
	f	particule f bêta
	r	бета-частица f
B154	e	beta phase
	d	Betaphase f (von Legierungen)
	f	phase f bêta (des alliages)
	r	бета-фаза f (сплавов)
B155	e	beta radiation see beta-rays
B156	e	beta-ray detector
	d	Betastrahlendetektor m
	f	détecteur m de rayons bêta
	r	бета-детектор m
B157	e	beta-ray isotope see beta-active isotope
B158	e	beta-rays
	d	Betastrahlung f, Betastrahlen pl
	f	rayonnement m bêta, rayons pl bêta
	r	бета-излучение n, бета-лучи pl
B159	e	beta-ray source
	d	Beta-Quelle f, Beta-Strahlungsquelle f
	f	source f de rayons bêta, radiateur m bêta
	r	источник m бета-излучения
B160	e	beta-ray spectrometer
	d	Beta-Spektrometer n
	f	spectromètre m bêta, spectromètre m à rayons bêta
	r	бета-спектрометр m
B161	e	beta-ray spectroscopy
	d	Beta-Spektroskopie f
	f	spectroscopie f bêta
	r	бета-спектроскопия f
B162	e	beta-ray spectrum
	d	Beta-Spektrum n
	f	spectre m bêta
	r	бета-спектр m
B163	e	beta-ray therapy
	d	Betastrahlentherapie f
	f	thérapie f bêta
	r	бета-лучевая терапия f
B164	e	beta source see beta-ray source
B165	e	beta spectroscopy see beta-ray spectroscopy
B166	e	beta-stable isotope
	d	betastabiles Isotop n
	f	isotope m bêta stable
	r	бетастабильный изотоп m

BETATRON

B167   e   betatron
       d   Betatron n
       f   bêtatron m
       r   бетатрон m

B168   e   betatron condition
       d   Widerøe-Bedingung f, Betatronbedingung f
       f   condition f bêtatron
       r   бетатронное условие n, условие n Видероэ

B169   e   betatron emission *see* betatron radiation

B170   e   betatronic acceleration mechanism
       d   Betatronbeschleunigungsmechanismus m
       f   mécanisme m d'accélération bêtatron
       r   бетатронный механизм m ускорения

B171   e   betatron oscillation, betatron oscillations
       d   Betatronschwingungen f pl
       f   oscillations f pl de bêtatron
       r   бетатронные колебания n pl

B172   e   betatron radiation
       d   Betatronstrahlung f
       f   rayonnement m de bêtatron
       r   бетатронное излучение n

B173   e   Bethe-Salpeter equation
       d   Bethe-Salpeter-Gleichung f, Salpeter-Bethe-Zweinukleonengleichung f
       f   équation f de Bethe-Salpeter
       r   уравнение n Бете - Солпитера

B174   e   bias
       d   1. Vormagnetisierung f 2. Vorspannung f
       f   1. préaimantation f, prémagnétisation f, polarisation f 2. polarisation f
       r   1. подмагничивание n (*постоянным током*), смещение n 2. смещение n (*в полупроводниковых приборах с р—n-переходом*)

B175   e   bias voltage
       d   1. Vormagnetisierungsspannung f 2. Vorspannung f
       f   tension f de polarisation
       r   напряжение n смещения

B176   e   biaxial crystal
       d   zweiachsiger Kristall m
       f   cristal m biaxial
       r   двухосный кристалл m

B177   e   bichromatic pyrometer
       d   bichromatisches Pyrometer n
       f   pyromètre m bichromatique
       r   двухцветный пирометр m, цветовой пирометр m

B178   e   biconcave lens
       d   Bikonkavlinse f
       f   lentille f biconcave
       r   двояковогнутая линза f

B179   e   biconvex lens
       d   Bikonvexlinse f
       f   lentille f biconvexe
       r   двояковыпуклая линза f

B180   e   biexciton
       d   Biexciton n
       f   biexciton m
       r   биэкситон m

B181   e   bifilar winding
       d   Bifilarwicklung f
       f   enroulement m bifilaire
       r   бифилярная намотка f

B182   e   bifurcation
       d   Gabelung f, Bifurkation f
       f   bifurcation f
       r   бифуркация f

B183   e   bifurcation diagram
       d   Bifurkationsdiagramm n
       f   diagramme m de bifurcation
       r   бифуркационная диаграмма f

B184   e   big bang
       d   Urknall m
       f   big bang m
       r   Большой взрыв m (*начальный этап развития расширяющейся Вселенной*)

B185   e   big bang nucleosynthesis *see* cosmological nucleosynthesis

B186   e   bimetallic strip
       d   Bimetallstreifen m
       f   lame f bimétallique, bilame m
       r   биметаллическая пластинка f

B187   e   binary pulsar
       d   Binär-Pulsar m
       f   pulsar m binaire
       r   двойной пульсар m

B188   e   binary star *see* double star

B189   e   binary system
       d   Doppelsystem n
       f   système m binaire
       r   двойная система f, двухкомпонентная система f

B190   e   binaural effect
       d   Binauraleffekt m
       f   effet m binaural
       r   бинауральный эффект m

B191   e   binder
       d   Bindemittel n
       f   liant m
       r   связующее вещество n, связующее n

B192	e	binding energy
	d	Bindungsenergie f
	f	énergie f de liaison
	r	энергия f связи
B193	e	binoculars
	d	Fernglas n
	f	jumelle(s) f (pl)
	r	бинокль m
B194	e	binocular vision
	d	binokulares Sehen n, zweiäugiges Sehen n
	f	vision f binoculaire
	r	бинокулярное зрение n
B195	e	binomial coefficient
	d	Binomialkoeffizient m, Binomialzahl f
	f	coefficient m binomial
	r	биномиальный коэффициент m
B196	e	binomial distribution
	d	Binomialverteilung f
	f	distribution f binomial
	r	биномиальное распределение n
B197	e	binormal
	d	Binormale f
	f	binormale f
	r	бинормаль f
B198	e	bioacoustics
	d	Bioakustik f
	f	bioacoustique f
	r	биологическая акустика f, биоакустика f
B199	e	biochemistry
	d	Biochemie f
	f	biochimie f
	r	биохимия f
B200	e	bioelectricity
	d	Bioelektrizität f
	f	bioélectricité f
	r	биоэлектричество n
B201	e	bioelectric potentials
	d	bioelektrische Potentiale n pl
	f	potentiels m pl bioélectriques
	r	биоэлектрические потенциалы m pl
B202	e	biological crystals
	d	biologische Kristalle m pl
	f	cristaux m pl biologiques
	r	биологические кристаллы m pl
B203	e	biological effects of radiation
	d	biologische Wirkung f der Strahlung, biologische Strahlenwirkung f, biologischer Strahlungseffekt m
	f	actions f pl biologiques de la radiation
	r	биологические действия n pl излучения
B204	e	biological shielding
	d	biologische Abschirmung f, biologischer Schild m
	f	protection f biologique
	r	биологическая защита f
B205	e	bioluminescence
	d	Biolumineszenz f
	f	bioluminescence f
	r	биолюминесценция f
B206	e	biophysics
	d	Biophysik f
	f	biophysique f
	r	биофизика f
B207	e	Biot-Savart law
	d	Biot-Savartsches Gesetz n
	f	loi f de Biot et Savart
	r	закон m Био - Савара
B208	e	biprism
	d	Biprisma n, Doppelprisma n
	f	biprisme m
	r	бипризма f
B209	e	birefringence
	d	Doppelbrechung f
	f	biréfringence f
	r	двойное лучепреломление n, двулучепреломление n
B210	e	bisectrix
	d	Winkelhalbierende f
	f	bissectrice f
	r	биссектриса f
B211	e	bismuth, Bi
	d	Wismut n
	f	bismuth m
	r	висмут m
B212	e	bistability
	d	Bistabilität f
	f	bistabilité f
	r	бистабильность f
B213	e	bistable interferometer
	d	bistabiles Interferometer n
	f	interféromètre m bistable
	r	бистабильный интерферометр m
B214	e	bit
	d	Bit n
	f	bit m
	r	бит m
B215	e	Bitter figures see magnetic powder patterns
B216	e	black body
	d	schwarzer Körper m, schwarzer Strahler m
	f	corps m noir
	r	чёрное тело n, абсолютно чёрное тело n
B217	e	black body radiation
	d	Hohlraumstrahlung f, Schwarzkörperstrahlung f

	f	rayonnement m du corps noir
	r	излучение n чёрного тела
B218	e	blackening
	d	Schwärzung f
	f	noircissement m
	r	почернение n
B219	e	blackening density *see* photographic density
B220	e	black hole
	d	schwarzes Loch n
	f	trou m noir
	r	чёрная дыра f
B221	e	blanket
	d	Brutmantel m, Blanket n
	f	enveloppe f fertile
	r	бланкет m (термоядерного реактора)
B222	e	blast
	d	Explosion f; Detonation f
	f	explosion f; détonation f
	r	взрыв m
B223	e	blast wave
	d	Druckwelle f; Detonationswelle f
	f	onde f de détente, onde f expansive; onde f de détonation
	r	взрывная волна f
B224	e	bleaching
	d	1. Ausbleichen n, Bleichen n 2. Ausbleichen n, Entfärbung f
	f	blanchiment m
	r	1. отбеливание n 2. обесцвечивание n (кристалла)
B225	e	bleaching dye
	d	ausbleichbarer Farbstoff m
	f	colorant m blanchissable
	r	просветляющийся краситель m
B226	e	Bleustein-Gulyaev waves
	d	Bleustein-Gulyaev-Wellen f pl
	f	ondes f pl de Bleustein-Gulyaev
	r	волны f pl Гуляева - Блюстейна
B227	e	Bloch curve
	d	Blochsche Kurve f, Bloch-Kurve f
	f	courbe f de Bloch
	r	блоховская кривая f
B228	e	Bloch functions
	d	Blochsche Funktionen f pl
	f	fonctions f pl de Bloch
	r	функции f pl Блоха, блоховские функции f pl
B229	e	Bloch law
	d	Blochsches Gesetz n
	f	loi f de Bloch
	r	закон m Блоха
B230	e	Bloch line

	d	Blochsche Linie f, Bloch-Linie f
	f	raie f de Bloch
	r	блоховская линия f
B231	e	Bloch theorem
	d	Blochsches Theorem n
	f	théorème m de Bloch
	r	теорема f Блоха
B232	e	Bloch wall
	d	Bloch-Wand f, Domänengrenzfläche f
	f	cloison f de Bloch, paroi f de Bloch
	r	блоховская стенка f, доменная стенка f
B233	e	block diagram
	d	Blockschema n, Blockdiagramm n, Blockschaltbild n
	f	diagramme m synoptique
	r	блок-схема f
B234	e	blocking oscillator
	d	Sperrschwinger m
	f	oscillateur m à blocage
	r	блокинг-генератор m
B235	e	blue sky catastrophe
	d	Blauhimmelkatastrophe f
	f	catastrophe f du ciel bleu
	r	катастрофа f голубого неба
B236	e	bluff body
	d	Körper m mit hohem Strömungswiderstand
	f	corps m obtus
	r	плохо обтекаемое тело n
B237	e	body
	d	Körper n
	f	corps m
	r	тело n
B238	e	body-centered cube
	d	raumzentrierter Würfel m
	f	cube m centré
	r	объёмноцентрированный куб m
B239	e	body-centered cubic crystal
	d	raumzentrierter kubischer Kristall m
	f	cristal m cubique centré
	r	объёмноцентрированный кубический кристалл m
B240	e	body-centered lattice
	d	raumzentriertes Gitter n
	f	réseau m centré
	r	объёмноцентрированная решётка f
B241	e	body kinematics
	d	Körperkinematik f
	f	cinématique f du corps
	r	кинематика f тела
B242	e	Bohr atom model
	d	Bohrsches Atommodell n
	f	modèle m atomique de Bohr
	r	боровская модель f атома

B243	e	Bohr magneton
	d	Bohrsches Magneton n
	f	magnéton m de Bohr
	r	магнетон m Бора
B244	e	Bohr orbit
	d	Bohrsche Bahn f
	f	orbite f de Bohr, trajectoire f de Bohr
	r	боровская орбита f
B245	e	Bohr radius
	d	Bohrscher Radius m, Radius m der ersten Bohrschen Bahn
	f	rayon m de Bohr
	r	радиус m Бора
B246	e	boiling
	d	Sieden n
	f	ébullition f
	r	кипение n
B247	e	boiling crisis
	d	Siedekrise f
	f	crise f d'ébullition
	r	кризис m кипения
B248	e	boiling liquid
	d	siedende Flüssigkeit f
	f	liquide m bouillant
	r	кипящая жидкость f
B249	e	boiling point
	d	Siedepunkt m, Siedetemperatur f
	f	température f d'ébullition, point m d'ébullition
	r	температура f кипения, точка f кипения
B250	e	boiling temperature see boiling point
B251	e	bolide
	d	Feuerkugel f, Bolid m
	f	bolide m
	r	болид m
B252	e	bolometer
	d	Bolometer n
	f	bolomètre m
	r	болометр m
B253	e	bolometric correction
	d	bolometrische Korrektion f
	f	correction f bolométrique
	r	болометрическая поправка f
B254	e	bolometric magnitude
	d	bolometrische Helligkeit f
	f	magnitude f bolométrique, magnitude f stellaire bolométrique
	r	болометрическая звёздная величина f
B255	e	Boltzmann constant
	d	Boltzmann-Konstante f
	f	constante f de Boltzmann
	r	постоянная f Больцмана
B256	e	Boltzmann distribution
	d	Boltzmann-Verteilung f, Boltzmannsche Verteilung f
	f	distribution f de Boltzmann
	r	распределение n Больцмана
B257	e	Boltzmann statistics
	d	Boltzmann-Statistik f
	f	statistique f de Boltzmann
	r	статистика f Больцмана
B258	e	bombardment
	d	Beschuß m, Beschießung f
	f	bombardement m
	r	бомбардировка f
B259	e	bomb calorimeter
	d	kalorimetrische Bombe f, Bombenkalorimeter n
	f	bombe f calorimétrique
	r	калориметрическая бомба f
B260	e	bond
	d	Bindung f
	f	liaison f
	r	связь f
B261	e	bond energy
	d	Bindungsenergie f
	f	énergie f de liaison
	r	энергия f связи
B262	e	bonding
	d	1. Bindung f 2. Verbindung f
	f	1. liaison f 2. liant m
	r	1. связь f 2. соединение n
B263	e	bonding force
	d	Bindungskraft f
	f	force f de liaison
	r	сила f связи
B264	e	bonding orbitals
	d	Bindungsorbitale n pl
	f	orbitales f pl de liaison
	r	связывающие орбитали f pl
B265	e	bond length
	d	Bindungslänge f, Bindungsabstand m, Valenzabstand m
	f	longueur f de liaison
	r	длина f связи (в молекуле)
B266	e	bond order
	d	Bindungsordnung f, Ordnung f der Bindung
	f	ordre m de liaison, indice m de liaison
	r	кратность f связи
B267	e	bond saturation
	d	Bindungssättigung f
	f	saturation f de la liaison
	r	насыщение n связи
B268	e	bond strength see bond energy

BOOLEAN

B269   *e*   **Boolean algebra**
      d   Boolesche Algebra *f*
      f   algèbre *f* de Boole
      r   булева алгебра *f*, алгебра *f* логики

B270   *e*   **booster**
      d   Booster *m*
      f   booster *m*
      r   бустер *m* (промежуточный ускоритель)

B271   *e*   **bootstrap**
      d   Bootstrap *m*
      f   bootstrap *m*
      r   шнуровка *f*, бутстрап *m*

B272   *e*   **Born approximation**
      d   Bornsche Näherung *f*
      f   approximation *f* de Born
      r   борновское приближение *n*

B273   *e*   **boron, B**
      d   Bor *n*
      f   bore *m*
      r   бор *m*

B274   *e*   **boron carbide**
      d   Borkarbid *n*
      f   carbure *m* de bore
      r   карбид *m* бора

B275   *e*   **Bose condensate** *see* **Bose-Einstein condensate**

B276   *e*   **Bose condensation** *see* **Bose-Einstein condensation**

B277   *e*   **Bose-Einstein condensate**
      d   Bose-Einstein-Kondensat *n*, Bose-Kondensat *n*
      f   condensat *m* de Bose-Einstein, condensat *m* de Bose
      r   бозе-конденсат *m*

B278   *e*   **Bose-Einstein condensation**
      d   Bose-Einstein-Kondensation *f*, Bose-Kondensation *f*
      f   condensation *f* de Bose-Einstein, condensation *f* de Bose
      r   бозе-конденсация *f*, конденсация *f* Бозе - Эйнштейна

B279   *e*   **Bose-Einstein liquid**
      d   Bose-Flüssigkeit *f*
      f   liquide *m* de Bose
      r   бозе-жидкость *f*

B280   *e*   **Bose-Einstein statistics**
      d   Bose-Einstein-Statistik *f*, BE-Statistik *f*
      f   statistique *f* de Bose
      r   статистика *f* Бозе - Эйнштейна

B281   *e*   **Bose gas**
      d   Bose-Gas *n*
      f   gaz *m* de Bose
      r   бозе-газ *m*

B282   *e*   **Bose particle** *see* **boson**

B283   *e*   **boson**
      d   Boson *n*, Bose-Teilchen *n*
      f   boson *m*, particule *f* Bose
      r   бозон *m*, бозе-частица *f*

B284   *e*   **bottom of energy band**
      d   Unterkante *f* des Energiebandes
      f   fond *m* de la bande énergétique
      r   дно *n* энергетической зоны

B285   *e*   **bottom quark**
      d   b-Quark *n*
      f   b-quark *m*
      r   нижний кварк *m*, *b*-кварк *m*

B286   *e*   **Bouguer-Lambert-Beer law**
      d   Bouguer-Lambert-Beer-Gesetz *n*
      f   loi *f* de Bouguer-Lambert-Beer
      r   закон *m* Бугера - Ламберта - Бера

B287   *e*   **boundary**
      d   Grenze *f*
      f   limite *f*
      r   граница *f*

B288   *e*   **boundary conditions**
      d   Grenzbedingungen *f pl*
      f   conditions *f pl* limites
      r   граничные условия *n pl*

B289   *e*   **boundary layer**
      d   Grenzschicht *f*
      f   couche *f* limite
      r   пограничный слой *m*

B290   *e*   **boundary value**
      d   Randwert *m*
      f   valeur *f* frontière
      r   граничное значение *n*

B291   *e*   **boundary-value problem**
      d   Randwertaufgabe *f*, Randwertproblem *n*
      f   problème *m* aux limites
      r   краевая задача *f*, граничная задача *f*

B292   *e*   **bound-bound transition**
      d   Gebunden-Gebunden-Übergang *m*
      f   transition *f* liée-liée
      r   связанно-связанный переход *m*

B293   *e*   **bound charge**
      d   Polarisationsladung *f*, gebundene Ladung *f*
      f   charge *f* de polarisation, charge *f* liée
      r   связанный заряд *m*

B294   *e*   **bound electron**
      d   gebundenes Elektron *n*
      f   électron *m* lié
      r   связанный электрон *m*

B295   *e*   **bound energy**
      d   gebundene Energie *f*

    f énergie *f* liée
    r связанная энергия *f*

B296 *e* bound state
    d gebundener Zustand *m*
    f état *m* lié
    r связанное состояние *n*

B297 *e* bound vortex
    d gebundener Wirbel *m*
    f tourbillon *m* asservi
    r присоединённый вихрь *m*

B298 *e* bow shock, bow-shock wave
    d Kopfwelle *f*
    f onde *f* de tête
    r головная ударная волна *f*

B299 *e* bow wave
    d Bugwelle *f*
    f onde *f* de choc frontale
    r носовая волна *f*

B300 *e* Boyle law
    d Boyle Mariottesches Gesetz *n*, Boylesches Gesetz *n*
    f loi *f* de Boyle-Mariotte, loi *f* de Boyle
    r закон *m* Бойля - Мариотта

B301 *e* brachistochrone
    d Brachistochrone *f*, Brachystochrone *f*
    f brachystochrone *f*
    r брахистохрона *f*

B302 *e* Brackett series
    d Brackett-Serie *f*
    f série *f* de Brackett
    r спектральная серия *f* Брэкета, серия *f* Брэкета

B303 *e* Bragg angle
    d Bragg-Winkel *m*, Braggscher Winkel *m*
    f angle *m* de Bragg
    r угол *m* Брэгга, брэгговский угол *m*

B304 *e* Bragg diffraction
    d Braggsche Beugung *f*
    f diffraction *f* de Bragg
    r брэгговская дифракция *f*

B305 *e* Bragg equation
    d Bragg-Gleichung *f*, Braggsche Gleichung *f*, Reflexionsbedingung *f* von Bragg
    f condition *f* de Bragg
    r условие *n* Брэгга - Вульфа

B306 *e* Bragg law *see* Bragg equation

B307 *e* Bragg reflection
    d Bragg-Reflexion *f*, Braggsche Reflexion *f*
    f réflexion *f* de Bragg
    r брэгговское отражение *n*

B308 *e* braking radiation *see* bremsstrahlung

B309 *e* branch
    d Abzweigung *f*; Zweig *m*
    f branche *f*
    r ветвь *f*

B310 *e* branching
    d Verzweigung *f*
    f branchement *m*; ramification *f*
    r ветвление *n*

B311 *e* branch point
    d Verzweigungsstelle *f*
    f point *m* de bifurcation
    r точка *f* ветвления

B312 *e* brass
    d Messing *n*
    f laiton *m*
    r латунь *f*

B313 *e* Bravais lattice
    d Bravais-Gitter *n*
    f réseau *m* de Bravais
    r решётка *f* Браве

B314 *e* breakdown
    d 1. Durchschlag *m* 2. Zusammenbruch *m*
    f 1. rupture *f*, claquage *m* 2. destruction *f*
    r 1. пробой *m* 2. разрушение *n*

B315 *e* breakdown mechanism
    d Durchschlagmechanismus *m*
    f mécanisme *m* de claquage
    r механизм *m* пробоя

B316 *e* breakdown test
    d elektrische Festigkeitsprüfung *f*
    f essai *m* de rigidité diélectrique
    r испытания *n pl* на электрическую прочность

B317 *e* breakdown voltage
    d Durchschlagsspannung *f*
    f tension *f* de claquage
    r пробивное напряжение *n*, напряжение *n* пробоя

B318 *e* breaking strain
    d Bruchverformung *f*
    f déformation *f* destructive
    r разрушающая деформация *f*

B319 *e* breaking strength
    d Bruchfestigkeit *f*
    f puissance *f* de rupture
    r сопротивление *n* разрушению; предел *m* прочности на разрыв

B320 *e* breaking stress
    d Bruchspannung *f*
    f contrainte *f* de rupture
    r разрушающее напряжение *n*, предел *m* прочности на растяжение

B321 *e* breeder, breeder reactor

BREEDING

    d Brutreaktor *m*, Brüter *m*
    f réacteur *m* régénérateur, breeder *m*
    r реактор-размножитель *m*, бридер *m*

B322 *e* breeding
    d Brüten *n* (*von Spaltmaterial*)
    f régénération *f* des matériaux de fission
    r расширенное воспроизводство *n* ядерного топлива

B323 *e* breeding factor *see* breeding ratio

B324 *e* breeding gain
    d Brutgewinn *m*
    f gain *m* de régénération
    r избыточный коэффициент *m* воспроизводства (*ядерного топлива*)

B325 *e* breeding ratio
    d Brutrate *f*, Brutverhältnis *n*, Brutfaktor *m*
    f coefficient *m* de régénération
    r коэффициент *m* воспроизводства (*ядерного топлива*)

B326 *e* Breit-Wigner formula
    d Breit-Wigner-Formel *f*, Dispersionsformel *f* für isoliertes Resonanzniveau
    f formule *f* de Breit et Wigner
    r формула *f* Брейта - Вигнера

B327 *e* bremsstrahlung
    d Bremsstrahlung *f*
    f bremsstrahlung *m*, rayonnement *m* de freinage
    r тормозное излучение *n*

B328 *e* Brewster angle
    d Brewsterscher Winkel *m*
    f angle *m* de Brewster
    r угол *m* Брюстера

B329 *e* Brewster angle window
    d Brewster-Fenster *n*
    f fenêtre *f* d'angle de Brewster
    r окно *n* Брюстера; окно *n*, расположенное под углом Брюстера

B330 *e* Brewster law
    d Brewstersches Gesetz *n*
    f loi *f* de Brewster
    r закон *m* Брюстера

B331 *e* bridge
    d Brücke *f*, Meßbrücke *f*
    f pont *m*
    r мост *m*, измерительный мост *m*

B332 *e* Bridgman method
    d Bridgman-Methode *f*
    f méthode *f* de Bridgman
    r метод *m* Бриджмена

B333 *e* brightness
    d Helligkeit *f*, Leuchtdichte *f*
    f brillance *f*, luminance *f* visuelle
    r яркость *f*

B334 *e* brightness temperature
    d schwarze Temperatur *f*, Luminanztemperatur *f*
    f température *f* de luminance
    r яркостная температура *f*

B335 *e* brilliance
    d 1. Helligkeit *f*, Sternhelligkeit *f*
       2. Helligkeit *f*
    f 1. éclat *m* apparent 2. brillance *f*, luminance *f* visuelle
    r 1. блеск *m* (*звезды*) 2. яркость *f*

B336 *e* Brillouin scattering
    d Brillouin-Streuung *f*
    f diffusion *f* Brillouin, diffusion *f* de Brillouin
    r рассеяние *n* Мандельштама - Бриллюэна

B337 *e* Brillouin zone
    d Brillouinsche Zone *f*, Brillouin-Zone *f*
    f zone *f* de Brillouin
    r зона *f* Бриллюэна

B338 *e* Brinell hardness
    d Brinell-Härte *f*
    f dureté *f* à la bille
    r твёрдость *f* по Бринеллю

B339 *e* brittle-ductile transition
    d Umwandlung *f* spröde-duktil
    f transition *f* fragile/ductile
    r переход *m* хрупкость - пластичность

B340 *e* brittle fracture
    d Sprödbruch *m*, spröder Bruch *m*
    f fracture *f* fragile
    r хрупкий излом *m*

B341 *e* brittleness
    d Sprödigkeit *f*
    f fragilité *f*
    r хрупкость *f*

B342 *e* broadband aerial
    d Breitbandantenne *f*
    f antenne *f* à large bande
    r широкополосная антенна *f*

B343 *e* broadband amplifier
    d Breitbandverstärker *m*
    f amplificateur *m* à large bande
    r широкополосный усилитель *m*

B344 *e* broadband radiation
    d Breitbandstrahlung *f*
    f rayonnement *m* à large bande
    r широкополосное излучение *n*

B345 *e* broadened line
    d verbreiterte Linie *f*

	f	raie *f* élargie
	r	уширенная линия *f*
B346	*e*	broadening of spectral lines
	d	Spektrallinienverbreiterung *f*
	f	élargissement *m* des raies spectrales
	r	уширение *n* спектральных линий
B347	*e*	broken symmetry
	d	gebrochene Symmetrie *f*
	f	symétrie *f* dérangée
	r	нарушенная симметрия *f*
B348	*e*	bromine, Br
	d	Brom *n*
	f	brome *m*
	r	бром *m*
B349	*e*	bronze
	d	Bronze *f*
	f	bronze *m*
	r	бронза *f*
B350	*e*	Brownian motion
	d	Brownsche Bewegung *f*, Brownsche Molekularbewegung *f*
	f	mouvement *m* brownien, mouvement *m* Brown
	r	броуновское движение *n*
B351	*e*	brush discharge
	d	Büschelentladung *f*
	f	décharge *f* en aigrette
	r	кистевой разряд *m*
B352	*e*	bubble
	d	1. Blase *f* 2. Blase *f*, Blasendomäne *f*
	f	1. bulle *f* 2. domaine *m* en bulle
	r	1. пузырёк *m* 2. цилиндрический магнитный домен *m*, ЦМД
B353	*e*	bubble cavitation
	d	Blasenkavitation *f*
	f	cavitation *f* à bulles
	r	пузырьковая кавитация *f*
B354	*e*	bubble chamber
	d	Blasenkammer *f*
	f	chambre *f* à bulles
	r	пузырьковая камера *f*
B355	*e*	bubble formation
	d	Blasenbildung *f*
	f	formation *f* de bulles
	r	образование *n* пузырьков *(при кипении)*
B356	*e*	buckling
	d	Knickung *f*
	f	flambage *m*
	r	продольный изгиб *m*
B357	*e*	Budker ring
	d	Budkerscher Ring *m*
	f	anneau *m* de Budker
	r	будкеровское кольцо *n*
B358	*e*	buffer action
	d	Pufferwirkung *f*
	f	action *f* tampon, pouvoir *m* tampon
	r	буферное действие *n*
B359	*e*	buffer solution
	d	Pufferlösung *f*
	f	solution *f* tampon
	r	буферный раствор *m*
B360	*e*	buffer stage
	d	1. Zwischenstufe *f* 2. Pufferstufe *f*
	f	étage *m* intermédiaire
	r	1. промежуточная ступень *f* 2. буферный каскад *m*
B361	*e*	bulk boiling
	d	Blasenverdampfung *f*, Blasensieden *n*, Bläschensieden *n*
	f	bouillonnement *m* au sein de liquide
	r	объёмное кипение *n*
B362	*e*	bulk elasticity
	d	Volumenelastizität *f*
	f	élasticité *f* de volume
	r	объёмная упругость *f*
B363	*e*	bulk modulus
	d	1. Volumenelastizitätsmodul *m* 2. Kompressionsmodul *m*
	f	1. module *m* d'élasticité de volume 2. module *m* de compressibilité volumique
	r	1. модуль *m* объёмной упругости 2. модуль *m* всестороннего сжатия
B364	*e*	bulk velocity *see* volume velocity
B365	*e*	bunch
	d	Paket *n*; Ballung *f*, Zusammenballung *f*
	f	groupe *m*
	r	сгусток *m* *(частиц)*
B366	*e*	buncher
	d	Buncher *m*
	f	groupeur *m*
	r	банчер *m*, группирователь *m*
B367	*e*	bunching
	d	Bündelung *f*
	f	rassemblement *m*, groupage *m*
	r	группирование *n*
B368	*e*	bundle
	d	Bündel *n*
	f	faisceau *m*
	r	пучок *m*; жгут *m*
B369	*e*	bundle of rays
	d	Strahlenbündel *n*
	f	faisceau *m* de rayons
	r	пучок *m* лучей
B370	*e*	Bunsen burner
	d	Bunsen-Brenner *m*
	f	brûleur *m* Bunsen
	r	горелка *f* Бунзена

B371 e **Bunsen photometer**
      d Bunsen-Photometer n
      f photomètre m de Bunsen
      r фотометр m Бунзена

B372 e **buoyancy**
      d Auftrieb m; hydrostatischer Auftrieb m
      f flottabilité f
      r 1. плавучесть f 2. выталкивающая сила f, архимедова сила f

B373 e **buoyancy force**
      d Auftrieb m, Auftriebskraft f
      f force f d'Archimède
      r выталкивающая сила f, архимедова сила f

B374 e **burette**
      d Bürette f
      f burette f
      r бюретка f

B375 e **Burgers dislocation** *see* **screw dislocation**

B376 e **Burgers vector**
      d Burgers-Vektor m
      f vecteur m de Burgers, vecteur m de glissement de Burgers
      r вектор m Бюргерса

B377 e **burial of radioactive waste**
      d Endlagerung f radioaktiver Abfälle
      f stockage m des déchets radioactifs
      r захоронение n радиоактивных отходов

B378 e **burning**
      d 1. Brennen n; Abbrand m 2. Brennen n, Brand m
      f 1. brûlage m; combustion f 2. cuisson f
      r 1. горение n; выгорание n 2. обжиг m (напр. керамики)

B379 e **burning velocity of flames**
      d Flammenfortpflanzungsgeschwindigkeit f
      f vitesse f de calcination par les flammes
      r скорость f распространения пламени

B380 e **burst**
      d Burst m, Ausbruch m
      f burst m
      r всплеск m (излучения); вспышка f

B381 e **burster**
      d Burster m
      f burster m
      r барстер m

B382 e **bus**
      d Sammelschiene f; Bus m
      f barre f; bus m
      r шина f

B383 e **button**
      d Taste f; Knopf m, Druckknopf m
      f bouton m
      r кнопка f

C

C1   e **Cabibbo angle**
     d Cabibbo-Winkel m
     f angle m de Cabibbo
     r угол m Кабиббо

C2   e **cable**
     d Kabel n, Leitungskabel n
     f câble m
     r кабель m

C3   e **cadmium, Cd**
     d Cadmium n, Kadmium n
     f cadmium m
     r кадмий m

C4   e **cadmium cutoff**
     d Cadmiumgrenze f, Einfanggrenze f im Cadmium
     f limite f de capture pour le cadmium
     r граница f поглощения в кадмии

C5   e **caesium, Cs**
     d Caesium n, Zäsium n
     f césium m, cæsium m
     r цезий m

C6   e **caesium frequency standard**
     d Caesiumfrequenznormal n
     f étalon m de fréquence à césuim
     r цезиевый стандарт m частоты, цезиевый эталон m частоты

C7   e **calcium, Ca**
     d Calcium n, Kalzium n
     f calcium m
     r кальций m

C8   e **calculation**
     d Berechnung f
     f calcul m
     r вычисление n, расчёт m

C9   e **calculus**
     d Kalkül m; Differential- und Integralrechnung f
     f calcul m; calcul m différentiel et intégral
     r исчисление n; дифференциальное и интегральное исчисление n

C10 e **calculus of variations**
     d Variationsrechnung f
     f calcul m des variations
     r вариационное исчисление n

C11   *e*   calibration
       d   Eichung *f*; Kalibrierung *f*
       f   calibrage *m*
       r   1. градуировка *f* 2. калибровка *f* (прибора)

C12   *e*   calibration curve
       d   Eichkurve *f*
       f   courbe *f* de calibrage
       r   калибровочная кривая *f*, градуировочная кривая *f*

C13   *e*   calibration source
       d   Kalibrierungsquelle *f*, Kalibrierquelle *f*, Eichquelle *f*
       f   source *f* de calibrage
       r   калибровочный источник *m*, градуировочный источник *m*

C14   *e*   californium, Cf
       d   Californium *n*, Kalifornium *n*
       f   californium *m*
       r   калифорний *m*

C15   *e*   calm days *see* quiet days

C16   *e*   calorescence
       d   Kaloreszenz *f*
       f   calorescence *f*
       r   калоресценция *f*

C17   *e*   caloric power *see* calorific value

C18   *e*   calorie, cal
       d   Kalorie *f*
       f   calorie *f*, cal
       r   калория *f*, кал

C19   *e*   calorific value
       d   Heizwert *m*; Brennwert *m*
       f   pouvoir *m* calorifique
       r   теплотворная способность *f*

C20   *e*   calorimeter
       d   Kalorimeter *n*, Wärmemengenmesser *m*, Wärmemesser *m*
       f   calorimètre *m*
       r   калориметр *m*

C21   *e*   calorimetry
       d   Kalorimetrie *f*, Wärmemessung *f*
       f   calorimétrie *f*
       r   калориметрия *f*

C22   *e*   calutron
       d   Calutron *n*
       f   calutron *m*
       r   калютрон *m*

C23   *e*   CAMAC (Computer Application for Measurement and Control)
       d   CAMAC-System *n*
       f   système *m* CAMAC
       r   КАМАК

C24   *e*   camera
       d   1. Kammer *f*, Aufnahmekammer *f* (Fotogrammetrie) 2. Kamera *f*, Fotoapparat *m*
       f   caméra *f*
       r   1. камера *f* 2. фотокамера *f*

C25   *e*   camera obscura
       d   Camera *f* obscura, Lichtkamera *f*
       f   chambre *f* obscure
       r   камера-обскура *f*

C26   *e*   Canada balsam
       d   Kanadabalsam *m*
       f   baume *m* du Canada
       r   канадский бальзам *m*

C27   *e*   canal rays
       d   Kanalstrahlen *pl*
       f   rayons *pl* canaux
       r   каналовые лучи *pl*

C28   *e*   candela, Cd
       d   Candela *f*
       f   candela *f*
       r   кандела *f*, кд

C29   *e*   canonical assembly *see* canonical ensemble

C30   *e*   canonical distribution
       d   kanonische Verteilung *f*, Gibbs-Verteilung *f*
       f   distribution *f* canonique, répartition *f* canonique
       r   каноническое распределение *n*

C31   *e*   canonical ensemble
       d   kanonische Gesamtheit *f*
       f   ensemble *m* canonique
       r   канонический ансамбль *m*

C32   *e*   canonical equations of motion
       d   kanonische Bewegungsgleichungen *f pl*, Hamiltonsche Gleichungen *f pl* der Dynamik
       f   équations *f pl* canoniques du mouvement
       r   канонические уравнения *n pl* механики

C33   *e*   canonical momentum
       d   kanonischer Impuls *m*
       f   impulsion *f* canonique
       r   канонический импульс *m*

C34   *e*   canonical transformation
       d   kanonische Transformation *f*, kanonische Abbildung *f*
       f   transformation *f* canonique, changement *m* canonique
       r   каноническое преобразование *n*

C35   *e*   cantilever
       d   Konsole *f*; Kragträger *m*
       f   porte-à-faux *m*, encorbellement *m*; console *f*
       r   консоль *f*; кронштейн *m*

CAPACITANCE

C36   *e*   capacitance
       d   1. Kapazität *f*, elektrische Kapazität *f*
           2. kapazitiver Widerstand *m*
       f   1. capacité *f* 2. capacitance *f*
       r   1. ёмкость *f* 2. ёмкостное сопротивление *n*

C37   *e*   capacitance meter
       d   Kapazitätsmesser *m*
       f   faradmètre *m*, capacimètre *m*
       r   фарадметр *m*, измеритель *m* ёмкости

C38   *e*   capacitive coupling
       d   kapazitive Kopplung *f*
       f   couplage *m* capacitif
       r   ёмкостная связь *f*

C39   *e*   capacitive diaphragm
       d   kapazitive Blende *f*
       f   diaphragme *m* capacitif
       r   ёмкостная *f* диафрагма

C40   *e*   capacitive load
       d   kapazitive Belastung *f*
       f   charge *f* capacitive
       r   ёмкостная нагрузка *f*

C41   *e*   capacitive sensor
       d   kapazitiver Geber *m*; kapazitiver Sensor *m*
       f   capteur *m* capacitif
       r   ёмкостный датчик *m*

C42   *e*   capacitive storage
       d   kapazitiver Speicher *m*
       f   accumulateur *m* capacitif
       r   ёмкостный накопитель *m*

C43   *e*   capacitometer *see* capacitance meter

C44   *e*   capacitor
       d   Kondensator *m*; Kapazität *f*
       f   condensateur *m*
       r   конденсатор *m*

C45   *e*   capacitor charge
       d   Kondensatorladung *f*
       f   charge *f* du condensateur
       r   заряд *m* конденсатора

C46   *e*   capacitor plate
       d   Kondensatorbelag *m*
       f   armature *f* du condensateur
       r   обкладка *f* конденсатора

C47   *e*   capacity *see* capacitance 1.

C48   *e*   capacity manometer
       d   Kapazitätsmanometer *n*
       f   manomètre *m* capacitif
       r   ёмкостный манометр *m*

C49   *e*   capillary
       d   Kapillare *f*, Kapillarröhre *f*, Kapillarröhrchen *n*
       f   capillaire *m*
       r   капилляр *m*

C50   *e*   **capillary condensation**
       d   Kapillarkondensation *f*
       f   condensation *f* capillaire
       r   капиллярная конденсация *f*

C51   *e*   **capillary convection**
       d   Kapillarkonvektion *f*
       f   convection *f* capillaire
       r   капиллярная конвекция *f*

C52   *e*   **capillary forces**
       d   Kapillarkräfte *pl*
       f   forces *pl* capillaires
       r   капиллярные силы *pl*

C53   *e*   **capillary phenomena**
       d   Kapillarerscheinungen *f pl*, Kapillarphänomene *n pl*
       f   phénomènes *m pl* de capillarité
       r   капиллярные явления *n pl*

C54   *e*   **capillary pressure**
       d   Kapillardruck *m*
       f   pression *f* capillaire
       r   капиллярное давление *n*

C55   *e*   **capillary waves**
       d   Kapillarwellen *f pl*, Kräuselwellen *f pl*, Rippelwellen *f pl*
       f   ondes *f pl* capillaires
       r   капиллярные волны *f pl*

C56   *e*   capsule
       d   Kapsel *f*
       f   capsule *f*
       r   капсула *f*

C57   *e*   capture *see* trapping

C58   *e*   **capture cross-section**
       d   Einfangquerschnitt *m*, Wirkungsquerschnitt *m* des Einfangs
       f   section *f* efficace de capture
       r   сечение *n* захвата

C59   *e*   **capture of charged particles**
       d   Einfang *m* von geladenen Teilchen
       f   capture *f* des particules chargées
       r   захват *m* заряженных частиц

C60   *e*   **capture of electron by a nucleus**
       d   Elektroneneinfang *m* durch den Kern
       f   capture *f* de l'électron par un noyau
       r   захват *m* электрона ядром

C61   *e*   carat
       d   Karat *n*, metrisches Karat *n*
       f   carat *m*
       r   карат *m*

C62   *e*   **Carathéodory principle**
       d   Carathéodorysches Unerreichbarkeitsaxiom *n*, Carathéodorysches Prinzip *n* der adiabatischen Unerreichbarkeit

	f	principe *m* de Carathéodory
	r	принцип *m* Каратеодори
C63	*e*	carbon, C
	d	Kohlenstoff *m*
	f	carbone *m*
	r	углерод *m*
C64	*e*	carbonado
	d	Karbonado *m*
	f	carbonado *m*
	r	карбонадо *m*
C65	*e*	carbon arc
	d	Kohlenbogen *m*
	f	arc *m* au charbon
	r	угольная дуга *f*
C66	*e*	carbon dioxide
	d	Kohlendioxid *n*
	f	dioxyde *m* de carbone
	r	углекислый газ *m*, диоксид *m* углерода
C67	*e*	carbon-nitrogen cycle
	d	Kohlenstoff-Stickstoffzyklus *m*, Kohlenstoffzyklus *m*
	f	cycle *m* carbone-azote
	r	углеродно-азотный цикл *m*
C68	*e*	carbon steel
	d	Kohlenstoffstahl *m*
	f	acier *m* au carbone
	r	углеродистая сталь *f*
C69	*e*	carcinotron
	d	Carcinotron *n*, Karzinotron *n*, Rückwärtswellenröhre *f*
	f	carcinotron *m*
	r	карцинотрон *m*, лампа *f* обратной волны, ЛОВ
C70	*e*	cardinal points
	d	Kardinalpunkte *m pl*, Grundpunkte *m pl*
	f	points *m pl* cardinaux (*d'une lentille*)
	r	кардинальные точки *f pl* (*оптической системы*)
C71	*e*	cardioid condenser
	d	Kardioidkondensor *m*
	f	condenseur *m* cardioïde
	r	кардиоид-конденсор *m*
C72	*e*	carmatron
	d	Karmatron *n*, Rückwärtswellenmagnetron *n*
	f	carmatron *m*
	r	карматрон *m*
C73	*e*	Carnot cycle
	d	Carnotscher Kreisprozeß *m*, Carnot-Prozeß *m*
	f	cycle *m* de Carnot
	r	цикл *m* Карно
C74	*e*	Carnot principle
	d	Carnotsches Prinzip *n*, Carnotsches Theorem *n*
	f	principe *m* de Carnot
	r	теорема *f* Карно
C75	*e*	carrier
	d	1. Träger *m*, Ladungsträger *m* 2. Träger *m*, Trägerfrequenz *f*
	f	porteur *m*
	r	1. носитель *m*, носитель *m* заряда 2. несущая *f*, несущая частота *f*
C76	*e*	carrier concentration, carrier density
	d	Ladungsträgerkonzentration *f*, Ladungsträgerdichte *f*
	f	concentration *f* des porteurs
	r	концентрация *f* носителей заряда
C77	*e*	carrier drift
	d	Ladungsträgerdrift *f*
	f	dérive *f* des porteurs
	r	дрейф *m* носителей заряда
C78	*e*	carrier freezing-out
	d	Ladungsträgerausfrierung *f*
	f	séparation *f* des porteurs par congélation
	r	вымораживание *n* носителей заряда
C79	*e*	carrier frequency *see* carrier 2.
C80	*e*	carrier injection
	d	Ladungsträgerinjektion *f*
	f	injection *f* des porteurs
	r	инжекция *f* носителей заряда
C81	*e*	carrier mobility
	d	Ladungsträgerbeweglichkeit *f*
	f	mobilité *f* des porteurs
	r	подвижность *f* носителей заряда
C82	*e*	carrier trapping
	d	Trägerhaftung *f*, Ladungsträgereinfang *m*
	f	capture *f* des porteurs
	r	захват *m* носителей заряда
C83	*e*	CARS technique *see* coherent anti-Stokes Raman scattering
C84	*e*	Cartesian coordinates
	d	kartesische Koordinaten *f pl*
	f	coordonnées *f pl* cartésiennes
	r	декартовы координаты *f pl*, прямоугольные координаты *f pl*
C85	*e*	cascade
	d	1. Kaskade *f* 2. Trennkaskade *f*, Gasdiffusionstrennkaskade *f*
	f	cascade *f*
	r	каскад *m*
C86	*e*	cascade connection
	d	Kaskadenschaltung *f*
	f	couplage *m* en cascade
	r	каскадное соединение *n*, каскадное включение *n*

CASCADE

C87
- *e* cascade generator
- *d* Kaskadengenerator *m*
- *f* générateur *m* en cascade
- *r* каскадный генератор *m*

C88
- *e* cascade liquefaction
- *d* Kaskadenverflüssigung *f*
- *f* liquéfaction *f* en cascade
- *r* каскадное ожижение *n*

C89
- *e* cascade of bifurcations
- *d* Kaskade *f* von Bifurkationen
- *f* cascade *f* de bifurcations
- *r* каскад *m* бифуркаций

C90
- *e* cascade particle
- *d* Kaskadenteilchen *n*
- *f* particule *f* en cascade
- *r* каскадная частица *f*

C91
- *e* cascade shower
- *d* Kaskadenschauer *m*
- *f* gerbe *f* en cascade
- *r* каскадный ливень *m*

C92
- *e* Cassegrain telescope
- *d* Cassegrain-Reflektor *m*
- *f* télescope *m* de Cassegrain
- *r* система *f* Кассегрена

C93
- *e* casting
- *d* Gießen *n*
- *f* coulage *m*
- *r* литьё *n*

C94
- *e* cast iron
- *d* Gußeisen *n*
- *f* fonte *f*
- *r* чугун *m*

C95
- *e* catadioptric lens
- *d* katadioptrisches Objektiv *n*
- *f* objectif *m* catadioptrique
- *r* зеркально-линзовый объектив *m*

C96
- *e* catalysis
- *d* Katalyse *f*
- *f* catalyse *f*
- *r* катализ *m*

C97
- *e* catalyst
- *d* Katalysator *m*, Kontaktstoff *m*
- *f* catalyseur *m*
- *r* катализатор *m*

C98
- *e* catalytic agent *see* catalyst

C99
- *e* cataphoresis
- *d* Kataphorese *f*
- *f* cataphorèse *f*
- *r* катафорез *m*

C100
- *e* catastrophe
- *d* Katastrophe *f*
- *f* catastrophe *f*
- *r* катастрофа *f*

C101
- *e* cathode
- *d* Katode *f*
- *f* cathode *f*
- *r* катод *m*

C102
- *e* cathode crater
- *d* Katodenkrater *m*
- *f* cratère *m* cathodique
- *r* катодный кратер *m*

C103
- *e* cathode dark space
- *d* Katodendunkelraum *m*
- *f* espace *m* sombre cathodique
- *r* катодное тёмное пространство *n*

C104
- *e* cathode drop *see* cathode fall

C105
- *e* cathode fall
- *d* Katodenfall *m*, Katodenspannungsabfall *m*
- *f* chute *f* cathodique
- *r* катодное падение *n*

C106
- *e* cathode follower
- *d* Katodenverstärker *m*, Katodenfolgeschaltung *f*, Katodenfolger *m*
- *f* amplificateur *m* cathodique
- *r* катодный повторитель *m*

C107
- *e* cathode glow
- *d* Katodenglimmlicht *n*, Katodenlicht *n*
- *f* lueur *f* de cathode, lueur *f* cathodique
- *r* катодное свечение *n*

C108
- *e* cathode-ray oscilloscope
- *d* Elektronenstrahloszillograph *m*
- *f* oscillographe *m* à rayons cathodiques
- *r* электронно-лучевой осциллограф *m*

C109
- *e* cathode rays
- *d* Katodenstrahlen *pl*
- *f* rayons *pl* cathodiques
- *r* катодные лучи *pl*

C110
- *e* cathode-ray tube
- *d* Elektronenstrahlröhre *f*
- *f* tube *m* cathodique
- *r* электронно-лучевая трубка *f*; осциллографическая трубка *f*

C111
- *e* cathode region
- *d* Katodengebiet *n*, Katodenraum *m*
- *f* compartiment *m* cathodique, zone *f* cathodique
- *r* катодная область *f* (тлеющего разряда)

C112
- *e* cathode spot
- *d* Katodenfleck *m*, Brennfleck *m*
- *f* spot *m* cathodique
- *r* катодное пятно *n*

C113
- *e* cathode sputtering
- *d* Katodenzerstäubung *f*
- *f* désagrégation *f* de cathode, pulvérisation *f* cathodique
- *r* катодное распыление *n*

C114   e   **cathodoluminescence**
         d   Katodolumineszenz *f*
         f   cathodoluminescence *f*
         r   катодолюминесценция *f*

C115   e   **cathodoluminescence source**
         d   Katodolumineszenz-Lichtquelle *f*
         f   source *f* cathodoluminescente
         r   катодолюминесцентный источник *m* света, катодолюминесцентный источник *m*

C116   e   **cathodophosphor**
         d   Katodoluminophor *m*, Katodenluminophor *m*
         f   cathodoluminophore *m*
         r   катодолюминофор *m*

C117   e   **cation**
         d   Kation *n*
         f   cation *m*
         r   катион *m*

C118   e   **catoptrics**
         d   Katoptrik *f*
         f   catoptrique *f*
         r   катоптрика *f*

C119   e   **Cauchy theorem**
         d   Cauchyscher Integralsatz *m*, Integralsatz *m* von Cauchy
         f   théorème *m* fondamental de Cauchy
         r   теорема *f* Коши

C120   e   **causality**
         d   Kausalität *f*
         f   causalité *f*
         r   причинность *f*

C121   e   **caustic, caustic surface**
         d   Kaustikfläche *f*, kaustische Fläche *f*
         f   caustique *f*, surface *f* caustique
         r   каустика *f*, каустическая поверхность *f*

C122   e   **cave**
         d   Zelle *f*
         f   cellule *f*, enceinte *f* étanche
         r   экранированная *(от радиоактивных излучений)* камера *f*

C123   e   **Cavendish experiment**
         d   Cavendish-Versuch *m*
         f   expérience *f* de Cavendish
         r   опыт *m* Кавендиша

C124   e   **cavitation**
         d   Kavitation *f*
         f   cavitation *f*
         r   кавитация *f*

C125   e   **cavitation bubble**
         d   Kavitationsblase *f*
         f   bulle *f* de cavitation
         r   кавитационный пузырёк *m*

C126   e   **cavitation cavity**
         d   Kavitationshohlraum *m*
         f   cavité *f* de cavitation
         r   кавитационная каверна *f*

C127   e   **cavitation number** see **cavitation parameter**

C128   e   **cavitation parameter**
         d   Kavitationsparameter *m*
         f   paramètre *m* de cavitation
         r   число *n* кавитации

C129   e   **cavitation pressure**
         d   Kavitationsdruck *m*
         f   pression *f* de cavitation
         r   давление *n* при кавитации

C130   e   **cavitation wear**
         d   Verschleiß *m* durch Auswaschung, Sogverschleiß *m*
         f   usure *f* par cavitation
         r   кавитационный износ *m*

C131   e   **caviton**
         d   Kaviton *n*
         f   caviton *m*
         r   кавитон *m*

C132   e   **cavity**
         d   1. Hohlraumresonator *m* 2. Hohlraum *m*
         f   cavité *f*
         r   1. резонатор *m*, полый резонатор *m*, объёмный резонатор *m* 2. полость *f*

C133   e   **cavity magnetron**
         d   Hohlraummagnetron *n*
         f   magnétron *m* à cavités
         r   многорезонаторный магнетрон *m*

C134   e   **cavity Q factor**
         d   Gütefaktor *m* des Hohlraumresonators
         f   facteur *m* Q de la cavité
         r   добротность *f* объёмного резонатора

C135   e   **cavity radiation**
         d   Hohlraumstrahlung *f*, schwarze Strahlung *f*
         f   rayonnement *m* du corps noir
         r   излучение *n* чёрного тела

C136   e   **cavity resonator**
         d   Hohlraumresonator *m*
         f   résonateur *m* à cavité
         r   объёмный резонатор *m*, полый резонатор *m*

C137   e   **CCD** see **charge-coupled device**

C138   e   **CCD matrix** see **charge-coupled device matrix**

C139   e   **celestial coordinates**
         d   astronomische Koordinaten *f pl*

CELESTIAL

	f	coordonnées f pl célestes
	r	небесные координаты f pl
C140	e	celestial equator
	d	Himmelsäquator m
	f	équateur m céleste
	r	небесный экватор m
C141	e	celestial mechanics
	d	Himmelsmechanik f
	f	mécanique f céleste
	r	небесная механика f
C142	e	celestial meridian
	d	Himmelsmeridian m
	f	méridien m céleste
	r	небесный меридиан m
C143	e	celestial sphere
	d	Himmelskugel f
	f	sphère f céleste
	r	небесная сфера f
C144	e	cell
	d	1. Zelle f 2. galvanische Zelle f; galvanisches Element n; Akkumulatorzelle f 3. Zelle f (Biologie) 4. Küvette f
	f	cellule f
	r	1. ячейка f 2. элемент m 3. клетка f 4. кювета f
C145	e	Celsius scale
	d	Celsius-Skala f
	f	échelle f Celsius
	r	шкала f Цельсия
C146	e	center
	d	Zentrum n, Mitte f, Mittelpunkt m
	f	centre m
	r	центр m
C147	e	center of crystallization
	d	Kristallisationskeim m; Kristallisationszentrum n
	f	centre m de cristallisation
	r	центр m кристаллизации
C148	e	center of gravity
	d	Schwerpunkt m
	f	centre m de gravité
	r	центр m тяжести
C149	e	center of inertia see center of mass
C150	e	center-of-inertia system
	d	Schwerpunktsystem n
	f	système m de centre d'inertie
	r	система f центра инерции
C151	e	center of mass
	d	Massenmittelpunkt m
	f	centre m de masse
	r	центр m масс, центр m инерции
C152	e	center-of-mass motion
	d	Massenmittelpunktbewegung f, Trägheitsmittelpunktbewegung f
	f	mouvement m de centre de masse
	r	движение n центра масс
C153	e	center-of-mass system
	d	Massenmittelpunktsystem n
	f	système m de centre de masse
	r	система f центра масс
C154	e	center of oscillation
	d	Schwingungsmittelpunkt m (Pendel)
	f	centre m d'oscillation (d'un pendule)
	r	центр m качания (маятника)
C155	e	center of parallel forces
	d	Zentrum n der parallelen Kräfte
	f	centre m des forces parallèles
	r	центр m параллельных сил
C156	e	center of percussion
	d	Stoßzentrum n
	f	centre m de percussion
	r	центр m удара
C157	e	center of pressure
	d	Druckmittelpunkt m, Druckzentrum n, Druckpunkt m
	f	centre m de compression
	r	центр m давления
C158	e	center of rotation
	d	Drehpol m, Drehpunkt m, Drehzentrum n, Rotationszentrum n
	f	centre m de rotation
	r	центр m вращения
C159	e	center of symmetry
	d	Symmetriezentrum n
	f	centre m de symétrie
	r	центр m симметрии
C160	e	centimeter, cm
	d	Zentimeter n
	f	centimètre m
	r	сантиметр m, см
C161	e	centimeter waves
	d	Zentimeterwellen f pl
	f	ondes f pl centimétriques
	r	сантиметровые волны f pl
C162	e	central forces
	d	Zentralkräfte f pl
	f	forces f pl centrales
	r	центральные силы f pl
C163	e	centre see center
C164	e	centrifugal acceleration
	d	Zentrifugalbeschleunigung f
	f	accélération f centrifuge
	r	центробежное ускорение n
C165	e	centrifugal force
	d	Zentrifugalkraft f, Fliehkraft f, Schleuderkraft f

	f	force f centrifuge
	r	центробежная сила f
C166	e	centrifuge
	d	Zentrifuge f, Trennschleuder f
	f	centrifugeuse f
	r	центрифуга f
C167	e	centripetal acceleration
	d	Zentripetalbeschleunigung f
	f	accélération f centripète
	r	центростремительное ускорение n
C168	e	centripetal force
	d	Zentripetalkraft f
	f	force f centripète
	r	центростремительная сила f
C169	e	centroide
	d	Zentroide f, Polhodie f
	f	centroïde f, polhodie f
	r	центроида f, полодия f
C170	e	centrosymmetrical crystal
	d	zentralsymmetrischer Kristall m
	f	cristal m centro-symétrique
	r	центросимметричный кристалл m
C171	e	cepheides, cepheid variables
	d	Cepheiden m pl
	f	céphéides f pl
	r	цефеиды f pl
C172	e	cepstrum
	d	Cepstrum n
	f	cepstrum m
	r	кепстр m
C173	e	ceramic metal
	d	Sinterwerkstoff m
	f	céramique f à métal, céramet m
	r	металлокерамика f
C174	e	ceramics
	d	Keramik f
	f	céramique f
	r	керамика f
C175	e	Čerenkov... see Cherenkov...
C176	e	cerium, Ce
	d	Zer n
	f	cérium m
	r	церий m
C177	e	cermet see ceramic metal
C178	e	CGS units
	d	CGS-Einheiten f pl
	f	unités f pl C.G.S.
	r	единицы f pl СГС
C179	e	chain
	d	Kette f
	f	chaîne f
	r	цепь f
C180	e	chain reaction

	d	Kettenreaktion f
	f	réaction f en chaîne, processus m en chaîne
	r	цепная реакция f
C181	e	chamber
	d	Kammer f, Raum m
	f	chambre f
	r	камера f
C182	e	change of state
	d	Zustandsänderung f; Aggregatzustandsänderung f
	f	changement m de l'état
	r	изменение n состояния, фазовый переход m
C183	e	change of variables
	d	Variablentransformation f
	f	changement m des variables
	r	замена f переменных
C184	e	channel
	d	Kanal m
	f	canal m
	r	канал m
C185	e	channeling in single crystals
	d	Kanalierung f im Einkristall
	f	canalisation f dans les monocristaux
	r	канaлирование n в монокристаллах
C186	e	channeling of charged particles
	d	Kanalierung f geladener Teilchen
	f	canalisation f des particules chargées
	r	канaлирование n заряженных частиц
C187	e	chaos
	d	Chaos n
	f	chaos m
	r	хаос m
C188	e	chaotic state
	d	chaotischer Zustand m
	f	état m chaotique
	r	хаотическое состояние n
C189	e	characteristic
	d	Kennlinie f, Charakteristik f
	f	caractéristique f
	r	характеристика f
C190	e	characteristic curve
	d	Kennlinie f
	f	courbe f caractéristique
	r	характеристическая кривая f
C191	e	characteristic equation
	d	charakteristische Gleichung f
	f	équation f caractéristique
	r	характеристическое уравнение n
C192	e	characteristic function
	d	charakteristische Funktion f
	f	fonction f caractéristique
	r	характеристическая функция f

CHARACTERISTIC

C193   *e*   characteristic impedance
       d   Kennimpedanz *f*, Wellenwiderstand *m*
       f   impédance *f* caractéristique
       r   характеристический импеданс *m*, волновой импеданс *m*

C194   *e*   characteristic radiation
       d   Eigenstrahlung *f*, charakteristische Strahlung *f*
       f   rayonnement *m* caractéristique
       r   характеристическое излучение *n*

C195   *e*   characteristic spectrum
       d   charakteristisches Spektrum *n*
       f   spectre *m* caractéristique
       r   характеристический спектр *m*

C196   *e*   charge
       d   Ladung *f*, elektrische Ladung *f*
       f   charge *f*
       r   заряд *m*

C197   *e*   charge capture
       d   Ladungseinfang *m*
       f   captage *m* de la charge
       r   захват *m* заряда (*напр. дефектами*)

C198   *e*   charge carrier diffusion
       d   Ladungsträgerdiffusion *f*
       f   diffusion *f* des porteurs de charge
       r   диффузия *f* носителей заряда

C199   *e*   charge carriers
       d   Ladungsträger *m pl*
       f   porteurs *m pl* de charge
       r   носители *m pl* заряда

C200   *e*   charge cloud
       d   Ladungswolke *f*
       f   nuage *m* d'électricité; nuage *m* d'électrons
       r   облако *n* заряда, облако *n* пространственного заряда; электронное облако *n*

C201   *e*   charge conjugation
       d   Ladungskonjugation *f*
       f   conjugaison *f* de charge
       r   зарядовое сопряжение *n*

C202   *e*   charge conservation law
       d   Ladungserhaltungssatz *m*, Satz *m* von der Erhaltung der Ladung
       f   loi *f* de la conservation de la charge
       r   закон *m* сохранения заряда

C203   *e*   charge-coupled device
       d   CCD-Bauelement *n*, ladungsgekoppeltes Halbleiterbauelement *n*
       f   élément *m* CCD, dispositif *m* à couplage de charge
       r   прибор *m* с зарядовой связью, ПЗС

C204   *e*   charge-coupled device matrix
       d   CCD-Array *n*, CCD-Matrix *f*
       f   matrice *f* CCD, réseau *m* à couplage de charge
       r   ПЗС-матрица *f*, матрица *f* приборов с зарядовой связью

C205   *e*   charged component
       d   geladene Komponente *f*
       f   composante *f* chargée
       r   заряженная компонента *f*

C206   *e*   charged current
       d   geladener Strom *m*
       f   courant *m* chargé
       r   заряженный ток *m*

C207   *e*   charge density
       d   Ladungsdichte *f*
       f   densité *f* de charge
       r   плотность *f* заряда

C208   *e*   charge density wave
       d   Ladungsdichtewelle *f*
       f   onde *f* à densité de charge
       r   волна *f* зарядовой плотности

C209   *e*   charge discreteness
       d   Ladungsdiskretheit *f*
       f   discrèteté *f* de la charge
       r   дискретность *f* заряда

C210   *e*   charge distribution
       d   Ladungsverteilung *f*
       f   distribution *f* de la charge
       r   распределение *n* заряда

C211   *e*   charged kaon, charged K-meson
       d   geladenes Kaon *n*, geladenes K-Meson *n*
       f   K-méson *m* chargé
       r   заряженный каон *m*, заряженный K-мезон *m*

C212   *e*   charged lepton
       d   geladenes Lepton *n*
       f   lepton *m* chargé
       r   заряженный лептон *m*

C213   *e*   charged meson
       d   geladenes Meson *n*
       f   méson *m* chargé
       r   заряженный мезон *m*

C214   *e*   charged particle
       d   geladenes Teilchen *n*, Ladungsteilchen *n*
       f   particule *f* chargée
       r   заряженная частица *f*

C215   *e*   charged particle accelerator
       d   Teilchenbeschleuniger *m*, Beschleuniger *m*
       f   accélérateur *m* des particules chargées
       r   ускоритель *m* заряженных частиц

C216   *e*   charged particle capture *see* charged particle trapping

C217　e　charged particle concentration
　　　d　Ladungsteilchenkonzentration *f*,
　　　　　Ladungsteilchendichte *f*,
　　　　　Konzentration *f* der geladenen
　　　　　Teilchen
　　　f　concentration *f* des particules chargées
　　　r　концентрация *f* заряженных частиц

C218　e　charged particle confinement
　　　d　Einschließung *f* von geladenen
　　　　　Teilchen (*im Feld*)
　　　f　confinement *m* des particules chargées
　　　　　(*dans un champ*)
　　　r　удержание *n* заряженных частиц (*в поле*)

C219　e　charged particle density *see* charged particle concentration

C220　e　charged particle drift
　　　d　Ladungsteilchendrift *f*, Drift *f* von geladenen Teilchen
　　　f　dérive *f* des particules chargées
　　　r　дрейф *m* заряженных частиц

C221　e　charged particle focusing
　　　d　Fokussierung *f* von geladenen Teilchen
　　　f　focalisation *f* des particules chargées
　　　r　фокусировка *f* заряженных частиц

C222　e　charged particle injection
　　　d　Injektion *f* von geladenen Teilchen
　　　f　injection *f* des particules chargées
　　　r　инжекция *f* заряженных частиц

C223　e　charged particle trapping
　　　d　Einfang *m* von geladenen Teilchen
　　　f　capture *f* des particules chargées
　　　r　захват *m* заряженных частиц

C224　e　charge exchange
　　　d　Ladungsaustausch *m*
　　　f　échange *m* de charge
　　　r　перезарядка *f*

C225　e　charge invariance
　　　d　Ladungsinvarianz *f*
　　　f　invariance *f* de la charge
　　　r　зарядовая инвариантность *f*

C226　e　charge migration
　　　d　Ladungswanderung *f*
　　　f　migration *f* des charges
　　　r　миграция *f* зарядов

C227　e　charge neutralization
　　　d　Ladungsneutralisation *f*
　　　f　neutralisation *f* de la charge
　　　r　зарядовая нейтрализация *f*, нейтрализация *f* заряда

C228　e　charge nonconservation
　　　d　Ladungsnichterhaltung *f*
　　　f　non-conservation *f* de la charge
　　　r　несохранение *n* заряда

C229　e　charge parity
　　　d　Ladungsparität *f*
　　　f　parité *f* de charge
　　　r　зарядовая чётность *f*

C230　e　charge transfer
　　　d　Ladungstransfer *m*, Ladungstransport *m*
　　　f　transfert *m* de la charge
　　　r　перенос *m* заряда

C231　e　Charles law
　　　d　Charlessches Gesetz *n*
　　　f　loi *f* de Charles
　　　r　закон *m* Шарля

C232　e　charm
　　　d　Charme *m*, Charmezahl *f*
　　　f　charme *m*
　　　r　очарование *n*, чарм *m* (*характеристика элементарных частиц*)

C233　e　charmed particles
　　　d　Charm-Teilchen *n pl*, Teilchen *n pl* mit Charm
　　　f　particules *f pl* charmées
　　　r　очарованные частицы *f pl*

C234　e　charmed quark
　　　d　Charm-Quark *n*
　　　f　quark *m* charmé
　　　r　очарованный кварк *m*

C235　e　charmonium
　　　d　Charmonium *n*
　　　f　charmonium *m*
　　　r　чармоний *m*

C236　e　chart *see* diagram

C237　e　chemical affinity
　　　d　chemische Affinität *f*
　　　f　affinité *f* chimique
　　　r　химическое сродство *n*

C238　e　chemical bond
　　　d　chemische Bindung *f*
　　　f　liaison *f* chimique
　　　r　химическая связь *f*

C239　e　chemical chain reaction
　　　d　chemische Kettenreaktion *f*
　　　f　réaction *f* chimique en chaîne
　　　r　химическая цепная реакция *f*

C240　e　chemical dissociation
　　　d　chemische Dissoziation *f*
　　　f　dissociation *f* chimique
　　　r　химическая диссоциация *f*

C241　e　chemical elements
　　　d　chemische Elemente *n pl*
　　　f　éléments *m pl* chimiques
　　　r　химические элементы *m pl*

C242　e　chemical formula

CHEMICAL

	d	chemische Formel *f*
	f	formule *f* chimique
	r	химическая формула *f*
C243	*e*	**chemical inertness**
	d	chemische Trägheit *f*, chemische Inaktivität *f*
	f	inertie *f* chimique
	r	химическая инертность *f*
C244	*e*	**chemical isomer**
	d	chemisches Isomer *n*
	f	isomère *m* chimique
	r	химический изомер *m*
C245	*e*	**chemical isomerism**
	d	chemische Isomerie *f*
	f	isomérie *f* chimique
	r	химическая изомерия *f*
C246	*e*	**chemical kinetics**
	d	chemische Kinetik *f*
	f	cinétique *f* chimique
	r	химическая кинетика *f*
C247	*e*	**chemical laser**
	d	chemischer Laser *m*
	f	laser *m* chimique
	r	химический лазер *m*
C248	*e*	**chemical physics**
	d	chemische Physik *f*
	f	physique *f* chimique
	r	химическая физика *f*
C249	*e*	**chemical potential**
	d	chemisches Potential *n*
	f	potentiel *m* chimique
	r	химический потенциал *m*
C250	*e*	**chemical reaction**
	d	chemische Reaktion *f*
	f	réaction *f* chimique
	r	химическая реакция *f*
C251	*e*	**chemical reaction rate, chemical reaction velocity**
	d	Geschwindigkeit *f* der chemischen Reaktion
	f	taux *m* de réaction chimique, vélocité *f* de réaction chimique
	r	скорость *f* химической реакции
C252	*e*	**chemiluminescence**
	d	Chemilumineszenz *f*
	f	chimiluminescence *f*
	r	хемилюминесценция *f*
C253	*e*	**chemisorption**
	d	Chemisorption *f*, Chemosorption *f*, chemische Adsorption *f*
	f	chimisorption *f*
	r	хемосорбция *f*
C254	*e*	**chemistry**
	d	Chemie *f*
	f	chimie *f*
	r	химия *f*
C255	*e*	**Cherenkov cone**
	d	Tscherenkov-Kegel *m*
	f	cône *m* de Cherenkov
	r	черенковский конус *m*
C256	*e*	**Cherenkov counter**
	d	Tscherenkov-Zähler *m*
	f	compteur *m* de Cherenkov
	r	черенковский счётчик *m*
C257	*e*	**Cherenkov detector**
	d	Tscherenkov-Detektor *m*
	f	détecteur *m* de Cherenkov
	r	черенковский детектор *m*
C258	*e*	**Cherenkov effect**
	d	Tscherenkov-Effekt *m*
	f	effet *m* Cherenkov
	r	эффект *m* Вавилова - Черенкова
C259	*e*	**Cherenkov radiation**
	d	Tscherenkov-Strahlung *f*
	f	rayonnement *m* de Cherenkov
	r	черенковское излучение *n*, излучение *n* Вавилова - Черенкова
C260	*e*	**Cherenkov radiator**
	d	Tscherenkov-Strahler *m*
	f	radiateur *m* de Cherenkov
	r	черенковский излучатель *m*
C261	*e*	**chip**
	d	Chip *m*
	f	chip *m*
	r	кристалл *m* интегральной микросхемы; интегральная микросхема *f*
C262	*e*	**chiral field**
	d	chirales Feld *n*
	f	champ *m* chiral
	r	киральное поле *n*
C263	*e*	**chiral invariance**
	d	chirale Invarianz *f*
	f	invariance *f* chirale
	r	киральная инвариантность *f*
C264	*e*	**chirality**
	d	Chiralität *f*
	f	chiralité *f*
	r	киральность *f*, хиральность *f*
C265	*e*	**chiral symmetry**
	d	chirale Symmetrie *f*
	f	symétrie *f* chirale
	r	киральная симметрия *f*, хиральная симметрия *f*
C266	*e*	**chirped pulse, chirp pulse**
	d	linearer FM-Impuls *m*, linearer frequenzmodulierter Impuls *m*
	f	impulsion *f* à modulation linéaire de fréquence
	r	импульс *m* с линейной частотной модуляцией, ЛЧМ-импульс *m*

C267 e chi-squared distribution
    d Chi-Quadrat-Verteilung f
    f distribution f de chi-carré
    r хи-квадрат распределение n

C268 e Chladni figures
    d Chladnische Klangfiguren f pl, Schwingungsfiguren f pl
    f figures f pl de Chladni
    r фигуры f pl Хладни

C269 e chlorine, Cl
    d Chlor n
    f chlore m
    r хлор m

C270 e choke groove
    d Choke-Nut f
    f rainure f de bobine de choc
    r дроссельная канавка f (в волноводе)

C271 e cholesteric liquid crystal
    d cholesterischer Flüssigkristall m
    f cristal m liquide cholestérique
    r холестерический жидкий кристалл m

C272 e chopper
    d Zerhacker m, Modulator m
    f interrupteur m; modulateur m
    r прерыватель m; модулятор m

C273 e chord
    d Profilsehne f, Sehne f
    f corde f
    r хорда f

C274 e Christoffel symbols
    d Christoffelsche Symbole n pl
    f symboles m pl de Christoffel
    r символы m pl Кристоффеля

C275 e chromatic aberration
    d chromatische Aberration f
    f aberration f chromatique
    r хроматическая аберрация f

C276 e chromaticity
    d Farbart f, Farbmaßzahl; Farbton m
    f chromaticité f
    r цветность f

C277 e chromaticity coordinates
    d Farbwertanteile m pl
    f coordonnées f pl de chromaticité
    r координаты f pl цветности

C278 e chromaticity diagram
    d Farbtafel f, Farbdreieck n
    f triangle m des couleurs
    r диаграмма f цветностей, цветовой треугольник m, цветовой график m

C279 e chromatic polarization
    d chromatische Polarisation f
    f polarisation f chromatique
    r хроматическая поляризация f

C280 e chromatic sensation
    d Farbempfindung f
    f sensation f chromatique
    r цветовое восприятие n, цветовое ощущение n

C281 e chromatograph
    d Chromatograph m
    f chromatographe m
    r хроматограф m

C282 e chromatography
    d Chromatographie f
    f chromatographie f
    r хроматография f

C283 e chromium, Cr
    d Chrom n
    f chrome m
    r хром m

C284 e chromizing
    d Verchromung f
    f chromisation f
    r хромирование n

C285 e chromodynamics
    d Chromodynamik f
    f chromodynamique f
    r хромодинамика f

C286 e chromosphere
    d Chromosphäre f
    f chromosphère f
    r хромосфера f

C287 e chromospheric flare
    d chromosphärische Eruption f
    f éruption f chromosphérique
    r хромосферная вспышка f

C288 e chronograph
    d Chronograph m
    f chronographe m
    r хронограф m

C289 e chronometry
    d Chronometrie f, Zeitmessung f
    f chronométrie f
    r хронометрия f

C290 e CI see color index

C291 e CIE standard source
    d CIE-Normalquelle f
    f source f standard CIE
    r стандартный источник m МКО (в светотехнике)

C292 e C-invariance
    d Ladungsinvarianz f, C-Invarianz f
    f invariance f de la charge, C-invariance f
    r C-инвариантность f, инвариантность f относительно зарядового сопряжения

CIRCLE

C293   e   circle
    d   Kreis *m*; Kreislinie *f*
    f   cercle *m*; circonférence *f*
    r   круг *m*; окружность *f*

C294   e   circle diagram
    d   Kreisdiagramm *n*
    f   diagramme *m* circulaire
    r   круговая диаграмма *f*

C295   e   circle of confusion
    d   Unschärfekreis *m*, Streuungskreis *m*, Streukreis *m*
    f   cercle *m* de confusion
    r   кружок *m* рассеяния

C296   e   circuit
    d   Stromkreis *m*, Kreis *m*, Schaltung *f*
    f   circuit *m*
    r   цепь *f*, схема *f*, контур *m*

C297   e   circular accelerator
    d   Kreisbeschleuniger *m*, Ringbeschleuniger *m*
    f   accélérateur *m* circulaire
    r   кольцевой ускоритель *m*

C298   e   circular dichroism
    d   zirkularer Dichroismus *m*, Rotationsdichroismus *m*, Cotton-Effekt *m*
    f   dichroïsme *m* circulaire
    r   круговой дихроизм *m*, циркулярный дихроизм *m*, эффект *m* Коттона

C299   e   circular frequency *see* angular frequency

C300   e   circular groove
    d   Ringnut *f*
    f   rainure *f* circulaire
    r   кольцевая канавка *f*

C301   e   circular motion
    d   Kreisbewegung *f*, kreisförmige Bewegung *f*
    f   mouvement *m* circulaire
    r   круговое движение *n*, движение *n* по окружности

C302   e   circular orbit
    d   Kreisbahn *f*, kreisförmige Umlaufbahn *f*
    f   trajectoire *f* circulaire, orbite *f* circulaire
    r   круговая орбита *f*

C303   e   circular polarization
    d   zirkulare Polarisation *f*, Zirkularpolarisation *f*
    f   polarisation *f* circulaire
    r   круговая поляризация *f*, циркулярная поляризация *f*

C304   e   circulation
    d   Zirkulation *f*
    f   circulation *f*
    r   циркуляция *f*

C305   e   circulation of a vector field
    d   Zirkulation *f* des Vektorfeldes
    f   circulation *f* du champ vecteur
    r   циркуляция *f* векторного поля

C306   e   circulator
    d   Zirkulator *m*, Mikrowellenzirkulator *m*
    f   circulateur *m*
    r   циркулятор *m*

C307   e   cis-trans-isomer
    d   cis-trans-Isomer *n*, geometrisches Isomer *n*
    f   isomère *m* cis-trans, isomère *m* géométrique
    r   *цис-транс*-изомер *m*, геометрический изомер *m*

C308   e   cis-trans-isomerism
    d   cis-trans-Isomerie *f*, geometrische Isomerie *f*
    f   isomérie *f* cis-trans, isomérie *f* géométrique
    r   *цис-транс*-изомерия *f*, геометрическая изомерия *f*

C309   e   cladding
    d   Lichtwellenleiterhülle *f*
    f   enveloppe *f* du guide de lumière en fibre
    r   оболочка *f* волоконного световода

C310   e   Clapeyron equation
    d   Clapeyron-Gleichung *f*, Clapeyronsche Gleichung *f*
    f   relation *f* de Clapeyron, équation *f* de Clapeyron
    r   уравнение *n* Клапейрона

C311   e   classical diffusion
    d   klassische Diffusion *f*
    f   diffusion *f* classique
    r   классическая диффузия *f*

C312   e   classical dynamics
    d   klassische Dynamik *f*, Newtonsche Dynamik *f*
    f   dynamique *f* classique
    r   классическая динамика *f*, ньютоновская динамика *f*

C313   e   classical electrodynamics
    d   klassische Elektrodynamik *f*
    f   électrodynamique *f* classique
    r   классическая электродинамика *f*

C314   e   classical electron radius
    d   klassischer Elektronenradius *m*
    f   rayon *m* classique de l'électron
    r   классический радиус *m* электрона

C315   e   classical mechanics

CLOSED

- *d* klassische Mechanik *f*, Newtonsche Mechanik *f*
- *f* mécanique *f* classique, mécanique *f* newtonienne, mécanique *f* de Newton
- *r* классическая механика *f*, механика *f* Ньютона

C316 *e* classical model
- *d* klassisches Model *n*
- *f* modèle *m* classique
- *r* классическая модель *f*

C317 *e* classical oscillator
- *d* klassischer Oszillator *m*
- *f* oscillateur *m* classique
- *r* классический осциллятор *m*

C318 *e* classical physics
- *d* klassische Physik *f*
- *f* physique *f* classique
- *r* классическая физика *f*

C319 *e* classical statistics
- *d* klassische Statistik *f*, Maxwell-Boltzmann-Statistik *f*
- *f* statistique *f* classique
- *r* классическая статистика *f*

C320 *e* Clausius theorem
- *d* Clausius-Gleichung *f*, Clausiussche Gleichung *f*, Satz *m* von Clausius
- *f* théorème *m* de Clausius
- *r* уравнение *n* Клаузиуса

C321 *e* clean room
- *d* staubfreier Raum *m*, Cleanroom *m*
- *f* espace *m* libre de poussière, cleanroom *m*
- *r* чистая комната *f*

C322 *e* clearance
- *d* Zwischenraum *m*, Spiel *n*, Luft *f*, Lose *f*, Spalt *m*
- *f* jeu *m*; interstice *m*
- *r* зазор *m*; просвет *m*

C323 *e* cleavage
- *d* Spaltbarkeit *f*
- *f* clivage *m* (*des cristaux*)
- *r* спайность *f* (*кристаллов*)

C324 *e* cleavage fracture
- *d* Trennungsbruch *m*, Spaltbruch *m*, Spaltung *f*
- *f* rupture *f* par clivage
- *r* излом *m* по плоскости спайности

C325 *e* cleavage plane
- *d* Trennungsfläche *f*, Spaltfläche *f*
- *f* plan *m* de clivage
- *r* плоскость *f* спайности

C326 *e* clock
- *d* Uhr *f*
- *f* horloge *f*
- *r* часы *pl*

C327 *e* clock paradox
- *d* Uhrenparadoxon *n*
- *f* paradoxe *m* de l'horloge
- *r* парадокс *m* времени, парадокс *m* часов, парадокс *m* возврата

C328 *e* clock pulse
- *d* Taktimpuls *m*
- *f* impulsion *f* de minutage
- *r* синхронизирующий импульс *m*, тактовый импульс *m*

C329 *e* clockwise polarization *see* right-hand polarization

C330 *e* closed circuit
- *d* geschlossener Stromkreis *m*, geschlossener Kreis *m*
- *f* circuit *m* fermé
- *r* замкнутый контур *m*

C331 *e* closed configuration
- *d* geschlossene Konfiguration *f*
- *f* configuration *f* fermée
- *r* замкнутая конфигурация *f*

C332 *e* closed contour integration
- *d* Integration *f* nach der geschlossenen Kurve
- *f* intégration *f* en contour fermé
- *r* интегрирование *n* по замкнутому контуру

C333 *e* closed curve
- *d* geschlossene Kurve *f*
- *f* courbe *f* fermée
- *r* замкнутая кривая *f*

C334 *e* closed cycle
- *d* geschlossener Kreislauf *m*
- *f* cycle *m* fermé
- *r* замкнутый цикл *m*

C335 *e* closed interval
- *d* abgeschlossenes Intervall *n*
- *f* intervalle *m* fermé
- *r* замкнутый интервал *m*

C336 *e* closed line
- *d* geschlossene Linie *f*
- *f* ligne *f* fermée
- *r* замкнутая линия *f*

C337 *e* closed model
- *d* geschlossenes Modell *n*
- *f* Univers *m* clos, Univers *m* fermé, modèle *m* clos, modèle *m* fermé
- *r* замкнутая модель *f*, закрытая модель *f* (*Вселенной*), модель *f* закрытой Вселенной

C338 *e* closed set
- *d* abgeschlossene Menge *f*
- *f* ensemble *m* fermé
- *r* замкнутое множество *n*

C339 *e* closed shell

d abgeschlossene Schale *f*, vollbesetzte Schale *f*, besetzte Schale *f*
f couche *f* pleine, couche *f* saturée, couche *f* remplie, couche *f* complète
r замкнутая оболочка *f*, заполненная оболочка *f*

C340 *e* **closed system**
d abgeschlossenes System *n*
f système *m* fermé
r замкнутая система *f*

C341 *e* **close-packed structure**
d dichte Packung *f*, Dichtpackung *f*
f empilement *m* serré, empilement *m* compact; structure *f* serrée, structure *f* compacte
r плотная упаковка *f*; плотноупакованная структура *f*

C342 *e* **cloud**
d Wolke *f*
f nuage *m*
r облако *n*

C343 *e* **cloud chamber**
d Nebelkammer *f*, Wilsonsche Nebelkammer *f*, Wilson-Kammer *f*
f chambre *f* à nuage, chambre *f* à nuages
r камера *f* Вильсона

C344 *e* **cloudy bag**
d chiraler Beutel *m*
f sac *m* de chiralité
r киральный мешок *m*

C345 *e* **cluster**
d Cluster *m*
f cluster *m*
r кластер *m*

C346 *e* **cluster formation** *see* **clusterization**

C347 *e* **cluster ion**
d Komplexion *n*, Clusterion *n*
f ion *m* complexe
r кластерный ион *m*

C348 *e* **clusterization**
d Clusterbildung *f*
f formation *f* de cluster
r кластеризация *f*

C349 *e* **cluster model**
d Clustermodell *n*
f modèle *m* «cluster»
r кластерная модель *f (ядра)*

C350 *e* **coagulation**
d Koagulation *f*, Gerinnung *f*
f coagulation *f*
r коагуляция *f*

C351 *e* **coalescence**
d Koaleszenz *f*, Vereinigung *f*; Zusammenfließen *n*; Verschmelzung *f*
f coalescence *f*
r коалесценция *f*

C352 *e* **coastal refraction**
d Küstenbrechung *f*
f réfraction *f* côtière
r береговая рефракция *f*

C353 *e* **coated cathode** *see* **oxide cathode**

C354 *e* **coaxial cable**
d Koaxialkabel *n*, Koaxkabel *n*
f câble *m* coaxial
r коаксиальный кабель *m*

C355 *e* **coaxial magnetron**
d Koaxialmagnetron *n*
f magnétron *m* coaxial
r коаксиальный магнетрон *m*

C356 *e* **cobalt, Co**
d Kobalt *n*
f cobalt *m*
r кобальт *m*

C357 *e* **coefficient of absorption** *see* **absorptance**

C358 *e* **coefficient of diffusion** *see* **diffusion coefficient**

C359 *e* **coefficient of dynamic friction**
d Gleitreibungszahl *f*, Reibungszahl *f* der Bewegung, dynamischer Reibungskoeffizient *m*
f coefficient *m* de frottement dynamique
r коэффициент *m* динамического трения

C360 *e* **coefficient of elasticity**
d Elastizitätskonstante *f*
f coefficient *m* d'élasticité
r коэффициент *m* упругости

C361 *e* **coefficient of expansion**
d Ausdehnungskoeffizient *m*
f coefficient *m* de dilatation
r коэффициент *m* расширения

C362 *e* **coefficient of friction**
d Reibungskoeffizient *m*, Reibungszahl *f*
f coefficient *m* de frottement
r коэффициент *m* трения

C363 *e* **coefficient of hysteresis losses**
d Hystereseverlustkoeffizient *m*
f coefficient *m* des pertes par hystérésis
r коэффициент *m* гистерезисных потерь

C364 *e* **coefficient of ionization** *see* **ionization coefficient**

C365 *e* **coefficient of linear expansion**
d linearer Ausdehnungskoeffizient *m*, Längeausdehnungskoeffizient *m*
f coefficient *m* de dilatation linéaire

COHERENT

	r	коэффициент *m* линейного расширения
C366	e	**coefficient of proportionality** see proportionality factor
C367	e	**coefficient of reflection** see reflection factor
C368	e	**coefficient of restitution**
	d	Rückkehrkoeffizient *m*, Stoßkoeffizient *m*, Stoßzahl *f*
	f	coefficient *m* de restitution
	r	коэффициент *m* восстановления (при ударе)
C369	e	**coefficient of thermal expansion**
	d	Wärmeausdehnungskoeffizient *m*, Wärmeausdehnungszahl *f*
	f	coefficient *m* de dilatation thermique
	r	коэффициент *m* теплового расширения
C370	e	**coefficient of viscosity**
	d	Viskositätskoeffizient *m*, Viskosität *f*
	f	coefficient *m* de viscosité
	r	коэффициент *m* вязкости
C371	e	**coefficient of volume expansion**
	d	kubischer Ausdehnungskoeffizient *m*, Volumausdehnungskoeffizient *m*
	f	coefficient *m* de dilatation volumétrique
	r	коэффициент *m* объёмного расширения
C372	e	**coelostat**
	d	Coelostat *m*, Zölostat *m*
	f	cœlostat *m*
	r	целостат *m* (телескоп)
C373	e	**coercimeter**
	d	Koerzimeter *n*
	f	coercimètre *m*
	r	коэрциметр *m*
C374	e	**coercive force**
	d	Koerzitivfeldstärke *f*, Koerzitivkraft *f*
	f	force *f* coercitive
	r	коэрцитивная сила *f*
C375	e	**coercivity**
	d	Koerzitivkraft *f*, Koerzitivfeldstärke *f*
	f	coercibilité *f*
	r	коэрцитивность *f*, коэрцитивная сила *f*
C376	e	**coherence**
	d	Kohärenz *f*
	f	cohérence *f*
	r	когерентность *f*
C377	e	**coherence area**
	d	Kohärenzgebiet *n*
	f	domaine *m* de cohérence
	r	область *f* когерентности
C378	e	**coherence length**
	d	Kohärenzlänge *f*, Kohärenzabstand *m*
	f	longueur *f* de cohérence
	r	длина *f* когерентности
C379	e	**coherence matrix**
	d	Kohärenzmatrix *f*
	f	matrice *f* de cohérence
	r	матрица *f* когерентности
C380	e	**coherence of light**
	d	Lichtkohärenz *f*
	f	cohérence *f* de la lumière
	r	когерентность *f* света
C381	e	**coherence time**
	d	Kohärenzzeit *f*
	f	temps *m* de cohérence
	r	время *n* когерентности
C382	e	**coherence volume**
	d	Kohärenzvolumen *n*
	f	volume *m* de cohérence
	r	объём *m* когерентности
C383	e	**coherent anti-Stokes Raman scattering**
	d	kohärente anti-Stokessche Raman-Streuung *f*
	f	diffusion *f* cohérente anti-Stokes Raman
	r	метод *m* КАРС, метод *m* когерентного антистоксова комбинационного рассеяния света
C384	e	**coherent anti-Stokes Raman spectroscopy**
	d	kohärente anti-Stokessche Raman-Spektroskopie *f*
	f	spectroscopie *f* cohérente anti-Stokes Raman
	r	спектроскопия *f* когерентного антистоксова комбинационного рассеяния света, спектроскопия *f* КАРС
C385	e	**coherent detection**
	d	Kohärentgleichrichtung *f*
	f	détection *f* cohérente
	r	когерентное детектирование *n*
C386	e	**coherent emission** see coherent radiation
C387	e	**coherent emitter** see coherent radiator
C388	e	**coherent frequency technique** see dispersion interferometer technique
C389	e	**coherent oscillation, coherent oscillations**
	d	kohärente Schwingungen *f pl*
	f	oscillations *f pl* cohérentes
	r	когерентные колебания *n pl*
C390	e	**coherent pulse**

COHERENT

      d kohärenter Impuls *m*
      f impulsion *f* cohérente
      r когерентный импульс *m*

C391 *e* coherent radiation
      d kohärente Strahlung *f*
      f radiation *f* cohérente, rayonnement *m* cohérent
      r когерентное излучение *n*

C392 *e* coherent radiator
      d kohärenter Strahler *m*
      f radiateur *m* cohérent
      r когерентный излучатель *m*

C393 *e* coherent scattering
      d kohärente Streuung *f*
      f diffusion *f* cohérente
      r когерентное рассеяние *n*

C394 *e* coherent source
      d kohärente Lichtquelle *f*
      f source *f* cohérente
      r когерентный источник *m*

C395 *e* coherent spectroscopy
      d kohärente Spektroskopie *f*
      f spectroscopie *f* cohérente
      r когерентная спектроскопия *f*

C396 *e* coherent states
      d kohärente Zustände *m pl*
      f états *m pl* cohérents
      r когерентные состояния *n pl*

C397 *e* cohesion
      d Kohäsion *f*
      f cohésion *f*
      r когезия *f*

C398 *e* coil
      d Spule *f*
      f bobine *f*
      r катушка *f*; обмотка *f*

C399 *e* coincidence circuit
      d Koinzidenzschaltung *f*
      f circuit *m* de coïncidences
      r схема *f* совпадений

C400 *e* coincidence counter
      d Koinzidenzzähler *m*
      f compteur *m* de coïncidences, compteur *m* à coïncidences
      r счётчик *m* совпадений

C401 *e* coincidence technique
      d Koinzidenzmethode *f*
      f technique *f* de coïncidences
      r метод *m* совпадений

C402 *e* CO laser
      d Kohlenmonoxidlaser *m*, CO-Laser *m*
      f laser *m* à oxyde de carbone, laser *m* CO
      r CO-лазер *m*, лазер *m* на оксиде углерода

C403 *e* CO_2 laser
      d Kohlendioxidlaser *m*, CO_2-Laser *m*
      f laser *m* à gas carbonique, laser *m* CO_2
      r CO_2-лазер *m*, лазер *m* на углекислом газе

C404 *e* cold carriers
      d kalte Träger *m pl*
      f porteurs *m pl* froids
      r холодные носители *m pl*

C405 *e* cold cathode
      d Kaltkatode *f*, kalte Katode *f*
      f cathode *f* froide
      r холодный катод *m*

C406 *e* cold container
      d Kaltcontainer *m*
      f conteneur *m* froid
      r холодный контейнер *m*

C407 *e* cold crucible technique
      d Kalttiegelverfahren *n*
      f technique *f* de creuset froid
      r метод *m* холодного тигля

C408 *e* cold emission *see* field emission

C409 *e* cold neutrons
      d kalte Neutronen *n pl*
      f neutrons *m pl* froids
      r холодные нейтроны *m pl*

C410 *e* collapse
      d Zusammensturz *m*, Kollaps *m*; Zusammenbruch *m*
      f collapsus *m*
      r 1. коллапс *m* 2. схлопывание *n* (пузырьков жидкости)

C411 *e* collecting lens
      d 1. Feldlinse *f*, Kollektivlinse *f* 2. Sammellinse *f*
      f 1. lentille *f* de champ 2. lentille *f* collectrice
      r 1. коллектив *m*, коллективная линза *f* 2. собирающая линза *f*

C412 *e* collecting mirror
      d Sammelspiegel *m*
      f miroir *m* collecteur
      r собирающее зеркало *n*

C413 *e* collective acceleration
      d Kollektivbeschleunigung *f*
      f accélération *f* collective
      r коллективное ускорение *n*

C414 *e* collective electrons
      d kollektive Elektronen *n pl*
      f électrons *m pl* itinérants
      r коллективизированные электроны *m pl*

C415 *e* collective interaction
      d kollektive Wechselwirkung *f*

	f	interaction *f* collective
	r	коллективное взаимодействие *n*
C416	*e*	collective method
	d	kollektive Methode *f (der Beschleunigung)*
	f	méthode *f* collective *(d'accélération)*
	r	коллективный метод *m (ускорения)*
C417	*e*	collective paramagnetism see superparamagnetism
C418	*e*	collective phenomena
	d	kollektive Phänomene *n pl (im Plasma)*
	f	phénomènes *m pl* collectifs *(au plasma)*
	r	коллективные явления *n pl (в плазме)*
C419	*e*	collective radiation
	d	kollektive Strahlung *f*
	f	radiation *f* collective, rayonnement *m* collectif
	r	коллективное излучение *n*
C420	*e*	collector
	d	Kollektorelektrode *f*, Kollektor *m*
	f	collecteur *m*
	r	коллектор *m*
C421	*e*	collider
	d	Collider *m*
	f	collisionneur *m*
	r	коллайдер *m*
C422	*e*	colliding beams
	d	kollidierende Strahlen *pl*, gegeneinanderlaufende Strahlen *pl*, gegeneinandergeführte Strahlen *pl*
	f	faisceaux *pl* de sens contraires
	r	встречные пучки *pl*
C423	*e*	colliding beam technique
	d	Methode *f* der kollidierenden Strahlen, Methode *f* der gegeneinandergeführten Strahlen
	f	technique *f* des faisceaux de sens contraires
	r	метод *m* встречных пучков
C424	*e*	colliding pulses
	d	kollidierende Impulse *m pl*, zusammenstoßende Impulse *m pl*
	f	impulsions *f pl* entrechoquantes
	r	сталкивающиеся импульсы *m pl*
C425	*e*	collimated radiation
	d	kollimierte Strahlung *f*
	f	radiation *f* collimatée, rayonnement *m* collimaté
	r	коллимированное излучение *n*
C426	*e*	collimation
	d	Kollimation *f*
	f	collimation *f*
	r	коллимация *f*
C427	*e*	collimator
	d	Kollimator *m*
	f	collimateur *m*
	r	коллиматор *m*
C428	*e*	collinearity
	d	Kollinearität *f*
	f	collinéarité *f*
	r	коллинеарность *f*
C429	*e*	collision
	d	Zusammenstoß *m*, Kollision *f*, Stoß *m*, Zusammenprall *m*
	f	collision *f*
	r	соударение *n*, столкновение *n*
C430	*e*	collisional broadening, collision broadening
	d	Stoßverbreiterung *f*, Linienverbreiterung *f* durch Stoßdämpfung
	f	élargissement *m* dû aux collisions, élargissement *m* dû aux chocs
	r	столкновительное уширение *n*
C431	*e*	collision cross-section
	d	Stoßwirkungsquerschnitt *m*
	f	section *f* efficace de collision
	r	сечение *n* столкновения
C432	*e*	collision diffusion
	d	Stoßdiffusion *f*, Diffusion *f* durch Stoß
	f	diffusion *f* par collision
	r	столкновительная диффузия *f*
C433	*e*	collision frequency
	d	Stoßfrequenz *f*
	f	fréquence *f* de collisions
	r	частота *f* столкновений
C434	*e*	collision integral
	d	Stoßintegral *n*
	f	intégrale *f* de collision
	r	интеграл *m* столкновений
C435	*e*	collision ionization
	d	Stoßionisation *f*
	f	ionisation *f* par choc
	r	столкновительная ионизация *f*, ударная ионизация *f*
C436	*e*	collisionless damping
	d	stoßfreie Dämpfung *f*, Landau-Dämpfung *f*
	f	amortissement *m* non collisionnel
	r	бесстолкновительное затухание *n*, затухание *n* Ландау
C437	*e*	collisionless dissociation
	d	stoßfreie Dissoziation *f*
	f	dissociation *f* non collisionnelle
	r	бесстолкновительная диссоциация *f*
C438	*e*	collisionless shock waves
	d	Stoßwellen *f pl* im stoßfreien Plasma, stoßfreie Stoßwellen *f pl*

COLLISION

         f ondes *f pl* de choc non collisionnelles
         r бесстолкновительные ударные волны *f pl*

C439 *e* collision loss
       d Stoßverlust *m*
       f pertes *f pl* par suite de collisions
       r потери *f pl* при столкновениях

C440 *e* collision of the first kind
       d Stoß *m* erster Art
       f choc *m* de première espèce
       r соударение *n* первого рода

C441 *e* collision of the second kind
       d Stoß *m* zweiter Art
       f choc *m* de deuxième espèce
       r соударение *n* второго рода

C442 *e* collision probability
       d Stoßwahrscheinlichkeit *f*
       f probabilité *f* de collision
       r вероятность *f* столкновения

C443 *e* colloid
       d Kolloid *n*
       f colloïde *m*
       r коллоид *m*

C444 *e* color
       d Farbe *f*
       f couleur *f*
       r цвет *m*

C445 *e* color atlas
       d Farbatlas *m*, Farbenkarte *f*
       f atlas *m* des couleurs
       r атлас *m* цветов

C446 *e* color blindness
       d Farbblindheit *f*, Farbenblindheit *f*
       f daltonisme *m*
       r дальтонизм *m*, цветовая слепота *f*

C447 *e* color center
       d Farbzentrum *n*, F-Zentrum *n*
       f centre *m* de couleur
       r центр *m* окраски

C448 *e* color-center laser
       d Farbzentrenlaser *m*, F-Zentrenlaser *m*
       f laser *m* à centres de couleur
       r лазер *m* на центрах окраски

C449 *e* color charge
       d Farbladung *f*
       f charge *f* de couleur
       r цветовой заряд *m*

C450 *e* color confinement
       d Farbeinschließung *f*
       f confinement *m* de couleur
       r удержание *n* цвета

C451 *e* color contrast
       d Farbkontrast *m*
       f contraste *m* des couleurs
       r цветовой контраст *m*

C452 *e* color excess
       d Farbexzeß *m*, Farbenexzeß *m*
       f excès *m* de couleur
       r колор-эксцесс *m*; избыток *m* цвета

C453 *e* color filter
       d Farbfilter *n*
       f filtre *m* coloré
       r цветной фильтр *m*

C454 *e* color image
       d Farbbild *n*
       f image *f* de couleur
       r цветное изображение *n*

C455 *e* colorimeter
       d Kolorimeter *n*
       f colorimètre *m*
       r колориметр *m*

C456 *e* colorimetric measurements
       d Kolorimetrie *f*
       f mesure *f* colorimétrique, colorimétrie *f*
       r цветовые измерения *n pl*, колориметрия *f*

C457 *e* colorimetry
       d Kolorimetrie *f*
       f colorimétrie *f*
       r колориметрия *f*

C458 *e* color index
       d Farbenindex *m*
       f indice *m* de couleur
       r колор-индекс *m*; показатель *m* цвета

C459 *e* color photography
       d Farbphotographie *f*
       f photographie *f* en couleurs
       r цветная фотография *f*

C460 *e* color picture *see* color image

C461 *e* color pyrometer
       d Farbpyrometer *n*
       f pyromètre *m* en couleurs
       r цветовой пирометр *m*

C462 *e* color quark
       d Color-Quark *n*, farbiges Quark *n*, Quark *n* mit Farbquantenzahl
       f quark *m* de couleur
       r цветной кварк *m*

C463 *e* color rendering
       d Farbenwiedergabe *f*
       f reproduction *f* des couleurs, rendu *m* des couleurs
       r цветопередача *f*

C464 *e* color symmetry
       d Farbsymmetrie *f*
       f symétrie *f* de couleurs
       r цветная симметрия *f*, цветовая симметрия *f*

C465　e　color temperature
　　　d　Farbtemperatur *f*
　　　f　température *f* de couleur
　　　r　цветовая температура *f*

C466　e　color triangle *see* chromaticity diagram

C467　e　color vision
　　　d　Farbensehen *n*, Farbwahrnehmung *f*
　　　f　vision *f* des couleurs
　　　r　цветовое зрение *n*

C468　e　colour *see* color

C469　e　coma
　　　d　Koma *f*, Asymmetriefehler *m*
　　　f　coma *f*
　　　r　кома *f*

C470　e　combination
　　　d　Kombination *f*; Verknüpfung *f*
　　　f　combinaison *f*
　　　r　комбинация *f*

C471　e　combination frequency
　　　d　Kombinationsfrequenz *f*
　　　f　fréquence *f* de combinaison
　　　r　комбинационная частота *f*

C472　e　combination tones
　　　d　Kombinationstöne *m pl*
　　　f　sons *m pl* de combinaison
　　　r　комбинационные тона *m pl*

C473　e　combined inversion
　　　d　kombinierte Inversion *f*
　　　f　inversion *f* combinée
　　　r　комбинированная инверсия *f*

C474　e　combined parity
　　　d　kombinierte Parität *f*
　　　f　parité *f* combinée
　　　r　комбинированная чётность *f*

C475　e　combined parity violation
　　　d　Nichterhaltung *f* der kombinierten Parität, Verletzung *f* der kombinierten Parität, CP-Paritätsverletzung *f*
　　　f　violation *f* de la parité combinée
　　　r　нарушение *n* комбинированной чётности

C476　e　combined resonance
　　　d　kombinierte Resonanz *f*
　　　f　résonance *f* combinée
　　　r　комбинированный резонанс *m*

C477　e　combustion
　　　d　Brennen *n*, Verbrennen *n*
　　　f　combustion *f*
　　　r　горение *n*, сгорание *n*

C478　e　combustion chamber
　　　d　Verbrennungskammer *f*, Verbrennungsraum *m*; Brennkammer *f*
　　　f　chambre *f* de combustion
　　　r　камера *f* сгорания

C479　e　comet
　　　d　Komet *m*
　　　f　comète *f*
　　　r　комета *f*

C480　e　cometary nucleus
　　　d　Kern *m* des Kometen, Kometenkern *m*
　　　f　noyau *m* cométaire, noyau *m* de la comète
　　　r　ядро *n* кометы

C481　e　comet tail
　　　d　Kometenschweif *m*
　　　f　queue *f* de la comète
　　　r　хвост *m* кометы

C482　e　commensurate phase
　　　d　kommensurable Phase *f*
　　　f　phase *f* commensurable
　　　r　соизмеримая фаза *f*

C483　e　common factor
　　　d　gemeinsamer Faktor *m*
　　　f　facteur *m* commun
　　　r　общий множитель *m*

C484　e　communicating vessels
　　　d　kommunizierende Röhren *f pl*, kommunizierende Gefäße *m pl*
　　　f　vases *m pl* communicants
　　　r　сообщающиеся сосуды *m pl*

C485　e　communication channel
　　　d　Nachrichtenkanal *m*, Nachrichtenübertragungskanal *m*, Übertragungskanal *m*
　　　f　voie *f* de communication
　　　r　канал *m* связи

C486　e　communication line
　　　d　Fernmeldeleitung *f*; Kommunikationsleitung *f*
　　　f　ligne *f* de communication
　　　r　линия *f* связи

C487　e　commutation
　　　d　1. Kommutation *f*; Kommutierung *f* 2. Vertauschung *f*
　　　f　commutation *f*
　　　r　1. коммутация *f*, переключение *n* 2. перестановка *f*

C488　e　commutation relations
　　　d　Vertauschungsrelationen *f pl*
　　　f　relations *f pl* de commutation
　　　r　перестановочные соотношения *n pl*; коммутационные соотношения *n pl*

C489　e　commutator
　　　d　Kommutator *m*
　　　f　commutateur *m*
　　　r　коммутатор *m*

C490　e　comparator
　　　d　Komparator *m*

COMPARISON

      f comparateur *m*
      r компаратор *m*

C491 *e* comparison lamp
      d Vergleichslampe *f*
      f lampe *f* tare
      r лампа *f* сравнения

C492 *e* comparison test
      d Vergleichstest *m*
      f essai *m* comparatif
      r сравнительные испытания *n pl*

C493 *e* comparison voltage *see* reference voltage

C494 *e* compatibility
      d Kompatibilität *f*
      f compatibilité *f*
      r совместимость *f*; совместность *f*

C495 *e* compensated semiconductor
      d Kompensationshalbleiter *m*
      f semi-conducteur *m* compensé
      r компенсированный полупроводник *m*

C496 *e* compensation
      d Kompensation *f*, Ausgleich *m*
      f compensation *f*
      r компенсация *f*

C497 *e* compensator
      d Kompensator *m*
      f compensateur *m*
      r компенсатор *m*

C498 *e* competing modes
      d konkurrierende Moden *f pl*, Konkurrenzmoden *f pl*
      f modes *m pl* de compétition
      r конкурирующие моды *f pl*

C499 *e* complementarity
      d Komplementarität *f* *(Quantenmechanik)*
      f complémentarité *f*
      r дополнительность *f (в квантовой механике)*

C500 *e* complementarity principle
      d Komplementaritätsprinzip *n*
      f principe *m* de complémentarité
      r принцип *m* дополнительности

C501 *e* complementary colors
      d Komplementärfarben *f*, Ergänzungsfarben *f pl*
      f couleurs *f pl* complémentaires
      r дополнительные цвета *m pl*

C502 *e* complete radiator
      d schwarzer Strahler *m*, Hohlraumstrahler *m*
      f radiateur *m* noir
      r полный излучатель *m*, чёрное тело *n*, абсолютно чёрное тело *n*

C503 *e* complete set of eigenstates
      d vollständiges System *n* von Eigenzuständen
      f système *m* complet des états propres
      r полный набор *m* собственных состояний

C504 *e* complete set of quantum numbers
      d vollständiges System *n* von Quantenzahlen
      f système *m* complet des nombres quantiques
      r полный набор *m* квантовых чисел

C505 *e* complex
      d Komplex *m*
      f complexe *m*
      r комплекс *m*

C506 *e* complex conjugation
      d komplexe Konjugation *f*
      f conjugaison *f* complexe
      r комплексное сопряжение *n*

C507 *e* complexones
      d Komplexone *n pl*
      f complexons *m pl*
      r комплексоны *m pl*

C508 *e* compliance
      d Nachgiebigkeit *f*
      f déformabilité *f*
      r податливость *f*

C509 *e* component of a vector
      d Vektorkomponente *f*
      f composante *f* d'un vecteur
      r компонента *f* вектора

C510 *e* composite, composite material
      d Verbundstoff *m*, Verbundwerkstoff *m*
      f composite *m*
      r композит *m*, композиционный материал *m*

C511 *e* composition
      d Zusammensetzung *f*
      f composition *f*
      r 1. состав *m*; структура *f* 2. сложение *n (напр. векторов)*

C512 *e* composition of forces
      d Kräftezusammensetzung *f*, Kräfteaddition *f*
      f composition *f* des forces
      r сложение *n* сил

C513 *e* composition of velocities
      d Addition *f* von Geschwindigkeiten
      f composition *f* des vitesses
      r сложение *n* скоростей

C514 *e* compound
      d Verbindung *f*
      f composé *m*
      r соединение *n*, химическое соединение *n*

C515　　e　compound nucleus
　　　　d　Verbundkern *m*, Compoundkern *m*,
　　　　　　Zwischenkern *m*
　　　　f　noyau *m* composé
　　　　r　составное ядро *n*

C516　　e　compound pendulum *see* physical
　　　　　　pendulum

C517　　e　compressed pulse
　　　　d　komprimierter Impuls *m*
　　　　f　impulsion *f* comprimée
　　　　r　сжатый импульс *m*

C518　　e　compressibility
　　　　d　Kompressibilität *f*
　　　　f　compressibilité *f*
　　　　r　сжимаемость *f*

C519　　e　compressible fluid
　　　　d　kompressible Flüssigkeit *f*
　　　　f　fluide *m* compressible
　　　　r　сжимаемая жидкость *f*

C520　　e　compressible fluid dynamics
　　　　d　Dynamik *f* kompressibler Flüssigkeiten
　　　　f　dynamique *f* du fluide compressible
　　　　r　динамика *f* сжимаемой жидкости

C521　　e　compressible liquid *see*
　　　　　　compressible fluid

C522　　e　compression
　　　　d　Kompression *f*, Zusammendrücken *n*
　　　　f　compression *f*
　　　　r　сжатие *n*

C523　　e　compressional deformation
　　　　d　Druckverformung *f*
　　　　f　déformation *f* de compression
　　　　r　деформация *f* сжатия

C524　　e　compression curve
　　　　d　Verdichtungskurve *f*
　　　　f　courbe *f* de compression
　　　　r　кривая *f* сжатия

C525　　e　compression fracture
　　　　d　Kompressionsbruch *m*
　　　　f　fracture *f* par compression
　　　　r　излом *m* при сжатии

C526　　e　compression modulus *see* bulk
　　　　　　modulus

C527　　e　compression shock
　　　　d　Verdichtungsstoß *m*
　　　　f　choc *m* de compression
　　　　r　ударная волна *f*, скачок *m*
　　　　　　уплотнения

C528　　e　compression stress
　　　　d　Druckbelastung *f*,
　　　　　　Druckbeanspruchung *f*
　　　　f　contrainte *f* de compression
　　　　r　сжимающее напряжение *n*,
　　　　　　напряжение *n* сжатия

C529　　e　compression wave
　　　　d　Kompressionswelle *f*
　　　　f　onde *f* de compression
　　　　r　волна *f* сжатия

C530　　e　compressive strength
　　　　d　Druckfestigkeit *f*
　　　　f　résistance *f* à la compression
　　　　r　предел *m* прочности на сжатие;
　　　　　　прочность *f* сжатия

C531　　e　compressor
　　　　d　Kompressor *m*, Verdichter *m*
　　　　f　compresseur *m*
　　　　r　компрессор *m*

C532　　e　Compton effect
　　　　d　Compton-Effekt *m*
　　　　f　effet *m* Compton
　　　　r　эффект *m* Комптона, комптон-
　　　　　　эффект *m*, комптоновское
　　　　　　рассеяние

C533　　e　Compton electron
　　　　d　Compton-Elektron *n*
　　　　f　électron *m* Compton
　　　　r　комптоновский электрон *m*

C534　　e　Compton laser
　　　　d　Compton-Laser *m*
　　　　f　laser *m* Compton
　　　　r　комптоновский лазер *m*

C535　　e　Compton scatter, Compton
　　　　　　scattering
　　　　d　Compton-Streuung *f*
　　　　f　diffusion *f* Compton
　　　　r　комптоновское рассеяние *n*

C536　　e　Compton wavelength
　　　　d　Compton-Wellenlänge *f*
　　　　f　longueur *f* d'onde de Compton
　　　　r　комптоновская длина *f* волны

C537　　e　computed tomography
　　　　d　rechnergestützte Tomographie *f*
　　　　f　tomographie *f* par voie d'ordinateur
　　　　r　компьютерная томография *f*

C538　　e　computer
　　　　d　Computer *m*, Rechner *m*
　　　　f　ordinateur *m*
　　　　r　компьютер *m*, вычислительная
　　　　　　машина *f*

C539　　e　concave diffraction grating
　　　　d　konkaves Beugungsgitter *n*
　　　　f　grille *f* de diffraction concave
　　　　r　вогнутая дифракционная решётка *f*

C540　　e　concave mirror
　　　　d　Konkavspiegel *m*, Hohlspiegel *m*
　　　　f　miroir *m* concave
　　　　r　вогнутое зеркало *n*

C541　　e　concentrated load *see* lumped load

CONCENTRATION

C542   e   concentration
          d   Konzentration f
          f   concentration f
          r   концентрация f

C543   e   concentration quenching
          d   1. Selbstauslöschung f, Konzentrationsauslöschung f
              2. Konzentrationsabschreckung f
          f   1. extinction f par concentration
              2. trempe f de concentration *(des particules)*
          r   1. концентрационное тушение n *(люминесценции)* 2. закалка f концентрации *(частиц)*

C545   e   concentrator
          d   Konzentrator m
          f   concentrateur m
          r   концентратор m

C546   e   concentric rings
          d   konzentrische Ringe $m\ pl$
          f   anneaux $m\ pl$ concentriques
          r   концентрические кольца $n\ pl$

C547   e   condensate
          d   Kondensat n
          f   condensat m, liquide m de condensation
          r   конденсат m

C548   e   condensation
          d   Kondensation f
          f   condensation f
          r   конденсация f

C549   e   condensation coefficient
          d   Kondensationskoeffizient m
          f   coefficient m de condensation
          r   коэффициент m конденсации

C550   e   condensation kinetics
          d   Kondensationskinetik f
          f   cinétique f de condensation
          r   кинетика f конденсации

C551   e   condensation nucleus
          d   Kondensationskern m
          f   noyau m de condensation
          r   зародыш m конденсации

C552   e   condensation shock
          d   Kondensationsstoß m
          f   choc m de condensation
          r   скачок m конденсации

C553   e   condensed matter
          d   kondensierte Materie f
          f   matière f condensée
          r   конденсированное вещество n

C554   e   condensed medium
          d   kondensiertes Medium n
          f   milieu m condensé
          r   конденсированная среда f

C555   e   condensed phase
          d   kondensierte Phase f
          f   phase f condensée
          r   конденсированная фаза f

C556   e   condensed state
          d   kondensierter Zustand m
          f   état m condensé
          r   конденсированное состояние n

C557   e   condenser
          d   1. Kondensor m *(Optik)*
              2. Kondensator m
          f   1. condenseur m 2. condensateur m
          r   1. конденсор m *(в оптике)*
              2. конденсатор m

C558   e   condition
          d   Bedingung f; Voraussetzung f
          f   condition f
          r   условие n

C559   e   conductance
          d   Wirkleitwert m, Konduktanz f
          f   conductance f
          r   проводимость f, активная проводимость f

C560   e   conducting channel *see* conductive channel

C561   e   conduction
          d   Leitung f
          f   conduction f
          r   проводимость f

C562   e   conduction band
          d   Leitungsband n
          f   bande f de conduction
          r   зона f проводимости

C563   e   conduction band valley
          d   Leitungsbandtal n
          f   vallée f de la bande de conduction
          r   долина f зоны проводимости

C564   e   conduction current
          d   Leitungsstrom m
          f   courant m de conduction
          r   ток m проводимости

C565   e   conduction electron
          d   Leitungselektron n
          f   électron m de conduction
          r   электрон m проводимости

C566   e   conductive channel
          d   leitender Kanal m
          f   canal m conducteur
          r   проводящий канал m

C567   e   conductivity
          d   spezifischer Leitwert m, spezifische Leitfähigkeit f
          f   conductivité f
          r   удельная проводимость f, удельная электропроводность f

C568　e　conductivity band see conduction band

C569　e　conductivity ellipsoid
　　　d　Leitfähigkeitsellipsoid n
　　　f　ellipsoïde m de conductivité
　　　r　эллипсоид m проводимости

C570　e　conductor
　　　d　Leiter m
　　　f　conducteur m
　　　r　проводник m

C571　e　cone
　　　d　Kegel m, Konus m
　　　f　cône m
　　　r　конус m

C572　e　cone flow
　　　d　kegelförmige Strömung f, konische Strömung f
　　　f　écoulement m conique
　　　r　коническое течение n

C573　e　cone of friction
　　　d　Reibungskegel m
　　　f　cône m de frottement
　　　r　конус m трения

C574　e　cone of silence
　　　d　Schweigekegel m
　　　f　cône m de silence
　　　r　конус m молчания

C575　e　cones
　　　d　Zäpfchen n pl (lichtempfindliche Zellen im Auge)
　　　f　cônes m pl (de l'œil)
　　　r　колбочки f pl (глаза)

C576　e　confidence
　　　d　Konfidenz f
　　　f　confiance f; fiabilité f
　　　r　достоверность f (в теории вероятности)

C577　e　confidence interval
　　　d　Vertrauensbereich m, Konfidenzintervall n
　　　f　intervalle m de confiance
　　　r　доверительный интервал m

C578　e　configuration
　　　d　Konfiguration f, Gestalt f, Bauform f; räumliche Anordnung f
　　　f　configuration f
　　　r　конфигурация f; форма f; расположение n

C579　e　configurational representation
　　　d　Konfigurationsdarstellung f
　　　f　représentation f configurationnelle
　　　r　конфигурационное представление n, координатное представление n

C580　e　configurational space
　　　d　Konfigurationsraum m, Lagenraum m
　　　f　espace m configurationnel
　　　r　конфигурационное пространство n

C581　e　configuration integral
　　　d　Konfigurationsintegral n
　　　f　intégrale f de configuration
　　　r　конфигурационный интеграл m

C582　e　configuration interaction
　　　d　Konfigurationswechselwirkung f
　　　f　interaction f de configuration, interaction f configurationnelle
　　　r　конфигурационное взаимодействие n

C583　e　configuration space see configurational space

C584　e　confinement
　　　d　Einschließung f; Confinement n
　　　f　confinement m
　　　r　удержание n; конфайнмент m

C585　e　confocal resonator
　　　d　konfokaler Resonator m
　　　f　résonateur m confocal
　　　r　конфокальный резонатор m

C586　e　conformal invariance
　　　d　konforme Invarianz f
　　　f　invariance f conforme
　　　r　конформная инвариантность f

C587　e　conformal mapping, conformal representation
　　　d　konforme Abbildung f
　　　f　représentation f conforme
　　　r　конформное отображение n

C588　e　conformal transformation
　　　d　konforme Transformation f
　　　f　transformation f conforme
　　　r　конформное преобразование n

C589　e　conformation
　　　d　Konformation f, Konstellation f
　　　f　conformation f (d'une molécule)
　　　r　конформация f (молекулы)

C590　e　conformation isomer see conformer

C591　e　conformation isomerism
　　　d　Konformationsisomerie f, Rotationsisomerie f
　　　f　isomérie f de conformation
　　　r　конформационная изомерия f

C592　e　conformer
　　　d　Konformer n, Konformationsisomer n, Rotamer n, Rotationsisomer n
　　　f　conformère m, isomère m rotationnel, isomère m de conformation, isomère m de rotation, rotamère m
　　　r　конформер m, конформационный изомер m

C593　e　confuser

CONGRUENCE

    d Konfusor *m*
    f convergent *m*
    r конфузор *m*

C594 *e* congruence
    d Kongruenz *f*
    f congruence *f*
    r конгруэнтность *f*

C595 *e* conic
    d Kegelschnitt *m*
    f conique *f*, section *f* conique
    r коническое сечение *n*

C596 *e* conical flow *see* cone flow

C597 *e* conical indenter
    d Eindringkegel *m*
    f pénétrateur *m* conique
    r конический индентор *m*

C598 *e* conical pendulum
    d Kegelpendel *n*, konisches Pendel *n*
    f pendule *m* conique
    r конический маятник *m*

C599 *e* conical refraction
    d konische Refraktion *f*
    f réfraction *f* conique
    r коническая рефракция *f*

C600 *e* conic section *see* conic

C601 *e* conjugate double bonds
    d konjugierte Doppelbindungen *f pl*
    f doubles liaisons *f pl* conjuguées
    r сопряжённые двойные связи *f pl*

C602 *e* conjugate foci
    d konjugierte Brennpunkte *m pl*
    f foyers *m pl* conjugués
    r сопряжённые фокусы *m pl*

C603 *e* conjugate images
    d konjugierte Bilder *n pl*
    f images *f pl* conjuguées
    r сопряжённые изображения *n pl*

C604 *e* conjugate points
    d konjugierte Punkte *m pl*
    f points *m pl* conjugués
    r сопряжённые точки *f pl*

C605 *e* conjugation
    d Konjugation *f*
    f conjugaison *f*
    r сопряжение *n*

C606 *e* connection
    d Verbindung *f*
    f connexion *f*
    r соединение *n*

C607 *e* conoscopic figures
    d konoskopische Figuren *f pl*
    f figures *f pl* conoscopiques
    r коноскопические фигуры *f pl*

C608 *e* conoscopy
    d Konoskopie *f*, Kristallachsenmessung *f*
    f conoscopie *f*
    r коноскопия *f*

C609 *e* conservation laws
    d Erhaltungssätze *m pl*
    f lois *f pl* de conservation
    r законы *m pl* сохранения

C610 *e* conservation of angular momentum
    d Erhaltung *f* des Drehimpulses, Drehimpulserhaltung *f*
    f conservation *f* du moment cinétique
    r сохранение *n* момента количества движения

C611 *e* conservation of charge
    d Ladungserhaltung *f*
    f conservation *f* de la charge
    r сохранение *n* заряда

C612 *e* conservation of energy
    d Energieerhaltung *f*
    f conservation *f* de l'énergie
    r сохранение *n* энергии

C613 *e* conservation of linear momentum
    d Erhaltung *f* des Impulses, Impulserhaltung *f*
    f conservation *f* de l'impulsion, conservation *f* de la quantité de mouvement
    r сохранение *n* количества движения

C614 *e* conservation of mass
    d Erhaltung *f* der Masse, Masseerhaltung *f*
    f conservation *f* de la masse
    r сохранение *n* массы

C615 *e* conservation of vector current
    d Erhaltung *f* des Vektorstroms
    f conservation *f* du courant de vecteur
    r сохранение *n* векторного тока

C616 *e* conservatism
    d Konservatismus *m*
    f conservatisme *m*
    r консервативность *f*

C617 *e* conservative force
    d konservative Kraft *f*
    f force *f* conservative
    r консервативная сила *f*

C618 *e* conservative system
    d konservatives System *n*
    f système *m* conservatif
    r консервативная система *f*

C619 *e* conserved mass
    d Erhaltungsmasse *f*
    f masse *f* obéissant à la loi de conservation
    r сохраняющаяся масса *f*

C620   e   consonance
        d   Konsonanz *f*, Gleichklang *m*
        f   consonance *f*
        r   консонанс *m*, созвучие *n*

C621   e   constant
        d   Konstante *f*, konstante Größe *f*
        f   constante *f*
        r   константа *f*, постоянная *f*

C622   e   constituent quark
        d   konstituentes Quark *n*
        f   quark *m* constituant
        r   конституэнтный кварк *m*

C623   e   constitution diagram
        d   Zustandsdiagramm *n*
        f   diagramme *m* d'état, diagramme *m* de phase
        r   диаграмма *f* состояния, фазовая диаграмма *f*

C624   e   constrained motion *see* forced motion

C625   e   constraint
        d   Bindung *f*, Zwang *m*; Einschränkung *f*
        f   contrainte *f*, liaison *f*
        r   связь *f*, ограничение *n*

C626   e   constraint reactions
        d   Zwangskräfte *f pl*
        f   réactions *f pl* des contraintes
        r   реакции *f pl* связей

C627   e   constringence
        d   Abbesche Zahl *f* (*Kernwert der relativen Dispersion*)
        f   constringence *f*
        r   обратное значение *n* относительной дисперсии, число *n* Аббе, коэффициент *m* дисперсии

C628   e   constructive interference
        d   konstruktive Interferenz *f*
        f   interférence *f* constructive
        r   конструктивная интерференция *f*

C629   e   contact
        d   Kontakt *m*
        f   contact *m*
        r   контакт *m*

C630   e   contact lens
        d   Kontaktschale *f*, Kontaktglas *n*, Haftschale *f*, Haftglas *n*
        f   lentille *f* de contact
        r   контактная линза *f*

C631   e   contactless diagnostics
        d   kontaktlose Plasmadiagnostik *f*
        f   diagnostic *m* sans contact
        r   бесконтактная диагностика *f* (плазмы)

C632   e   contact potential difference
        d   Kontaktpotentialdifferenz *f*, Kontaktspannung *f*
        f   différence *f* de potentiel de contact
        r   контактная разность *f* потенциалов

C633   e   contact stress
        d   Berührungsspannung *f*
        f   contrainte *f* de contact
        r   контактное напряжение *n* (в механике)

C634   e   contact voltage
        d   Kontaktspannung *f*, Kontaktpotentialdifferenz *f*
        f   tension *f* de contact
        r   контактное напряжение *n*, контактная разность *f* потенциалов

C635   e   container
        d   Container *m*, Behälter *m*
        f   conteneur *m*
        r   контейнер *m*

C636   e   containment
        d   Einschließung *f*
        f   confinement *m*
        r   удержание *n*

C637   e   contaminated area
        d   Zone *f* der radioaktiven Verseuchung
        f   zone *f* contaminée
        r   зона *f* радиоактивного заражения

C638   e   contamination
        d   1. Verunreinigung *f*, Verschmutzung *f* 2. Verseuchung *f*, radioaktive Verseuchung *f*
        f   contamination *f*
        r   1. загрязнение *n* 2. заражение *n*, радиоактивное заражение *n*

C639   e   continental drift
        d   Kontinentaldrift *f*
        f   dérive *f* des continents
        r   дрейф *m* континентов

C640   e   continental shelf
        d   Festlandsockel *m*, Kontinentalschelf *m*
        f   terrasse *f* continentale
        r   континентальный шельф *m*

C641   e   continual integral
        d   Kontinuitätsintegral *n*, kontinuelles Integral *n*
        f   intégrale *f* continue
        r   континуальный интеграл *m*

C642   e   continual integration
        d   Kontinuitätsintegration *f*; kontinuelle Integration *f*
        f   intégration *f* continue
        r   континуальное интегрирование *n*

C643   e   continuity
        d   Kontinuität *f*; Beständigkeit *f*; Stetigkeit *f*
        f   continuité *f*
        r   непрерывность *f*, неразрывность *f*

CONTINUITY

C644   e   continuity equation
         d   Kontinuitätsgleichung f
         f   équation f de continuité
         r   уравнение n непрерывности, уравнение n неразрывности

C645   e   continuous absorption
         d   kontinuierliche Absorption f
         f   absorption f continue
         r   непрерывное поглощение n, сплошное поглощение n

C646   e   continuous current *see* direct current

C647   e   continuous dependence
         d   stetige Abhängigkeit f
         f   dépendance f continue
         r   непрерывная зависимость f

C648   e   continuous emission *see* continuous radiation

C649   e   continuous evacuation chamber
         d   Kammer f für kontinuierliche Evakuierung
         f   chambre f d'évacution continue
         r   камера f непрерывной откачки

C650   e   continuous flow
         d   Kontinuum-Strömung f
         f   écoulement m continu
         r   неразрывное течение n

C651   e   continuous function
         d   stetige Funktion f
         f   fonction f continue
         r   непрерывная функция f

C652   e   continuous medium
         d   kontinuales Medium n, Kontinuum n
         f   milieu m continu
         r   непрерывная среда f, сплошная среда f, континуум m

C653   e   continuous oscillations
         d   ungedämpfte Schwingungen $f\,pl$, kontinuierliche Schwingungen $f\,pl$
         f   oscillations $f\,pl$ continues
         r   незатухающие колебания $n\,pl$, непрерывные колебания $n\,pl$

C654   e   continuous radiation
         d   kontinuierliche Strahlung f, Dauerstrahlung f
         f   radiation f continue, rayonnement m continu, émission f continue
         r   непрерывное излучение n

C655   e   continuous spectrum
         d   kontinuierliches Spektrum n
         f   spectre m continu
         r   непрерывный спектр m, сплошной спектр m

C656   e   continuous wave
         d   ungedämpfte Welle f
         f   onde f entretenue
         r   незатухающая волна f

C657   e   continuous wave laser
         d   Dauerstrichlaser m
         f   laser m continu
         r   непрерывный лазер m

C658   e   continuum
         d   1. Kontinuum n 2. kontinuierliches Spektrum n, Kontinuum n
         f   1. continuum m 2. spectre m continu
         r   1. континуум m 2. непрерывный спектр m

C659   e   continuum intensity
         d   Kontinuumintensität f
         f   intensité f du spectre continu
         r   интенсивность f непрерывного спектра

C660   e   contour integral
         d   Umlaufintegral n
         f   intégrale f circulatoire
         r   контурный интеграл m

C661   e   contour integration
         d   Umlaufintegration f
         f   intégration f de contour
         r   контурное интегрирование n, интегрирование n по контуру

C662   e   contracted discharge
         d   kontrahierte Ladung f
         f   décharge f contractée
         r   контрагированный разряд m

C663   e   contraction
         d   Kontraktion f, Zusammenziehung f; Einschnürung f
         f   contraction f
         r   1. контракция f 2. сжатие n

C664   e   contrast
         d   Kontrast m
         f   contraste m
         r   контраст m

C665   e   contrast image
         d   kontrastreiches Bild n
         f   image f contraste
         r   контрастное изображение n

C666   e   contrast photometer
         d   Kontrastphotometer n
         f   photomètre m à contraste
         r   контрастный фотометр m

C667   e   contravariance
         d   Kontravarianz f
         f   contravariance f
         r   контрвариантность f

C668   e   control
         d   Regelung f; Steuerung f; Überwachung f

	f	commande *f*; contrôle *m*
	r	управление *n*; контроль *m*
C669	*e*	controlled fusion research
	d	Forschungen *f pl* auf dem Gebiet der gesteuerten Kernfusion
	f	recherches *f pl* sur la fusion thermonucléaire ménagée
	r	исследования *n pl* по управляемому термоядерному синтезу
C670	*e*	controlled thermonuclear fusion
	d	gesteuerte thermonukleare Fusion *f*
	f	fusion *f* thermonucléaire ménagée, fusion *f* thermonucléaire contrôlée
	r	управляемый термоядерный синтез *m*
C671	*e*	controlled thermonuclear reactions
	d	gesteuerte Kernfusionsreaktionen *f pl*
	f	réactions *f pl* thermonucléaires contrôlées
	r	управляемые термоядерные реакции *f pl*
C672	*e*	convection
	d	Konvektion *f*
	f	convection *f*
	r	конвекция *f*
C673	*e*	convection core
	d	Konvektionskern *m (Stern)*
	f	noyau *m* convectif *(d'une étoile)*
	r	конвективное ядро *n (звезды)*
C674	*e*	convection current
	d	Konvektionsstrom *m*
	f	courant *m* de convection
	r	конвекционный ток *m*
C675	*e*	convection zone *see* convective zone
C676	*e*	convective equilibrium
	d	konvektives Gleichgewicht *n*, Konvektionsgleichgewicht *n*
	f	équilibre *m* convectif
	r	конвективное равновесие *n*
C677	*e*	convective heat exchange
	d	Wärmeübertragung *f* durch Konvektion, konvektivier Wärmeaustausch *m*
	f	échange *m* thermique convectif
	r	конвективный теплообмен *m*
C678	*e*	convective heating
	d	Konvektionsheizung *f*
	f	chauffage *m* par convection
	r	конвективный нагрев *m*
C679	*e*	convective heat transfer
	d	konvektiver Wärmeübergang *m*
	f	transfert *m* de chaleur convectif
	r	конвективная теплоотдача *f*
C680	*e*	convective instability
	d	konvektive Instabilität *f*
	f	instabilité *f* convective
	r	конвективная неустойчивость *f*
C681	*e*	convective instability criterion
	d	Kriterium *n* der konvektiven Instabilität
	f	critère *m* d'instabilité convective
	r	критерий *m* конвективной неустойчивости
C682	*e*	convective motion
	d	konvektive Bewegung *f*
	f	mouvement *m* convectif
	r	конвекционное движение *n*
C683	*e*	convective zone
	d	Konvektionszone *f (Stern)*
	f	zone *f* convective *(d'une étoile)*
	r	конвективная зона *f (звезды)*
C684	*e*	convergence
	d	Konvergenz *f*
	f	convergence *f*
	r	конвергенция *f*; сходимость *f*
C685	*e*	convergence limit
	d	Konvergenzgrenze *f*
	f	limite *f* de convergence
	r	предел *m* сходимости
C686	*e*	convergent beam
	d	konvergentes Strahlbündel *m*
	f	faisceau *m* convergent
	r	сходящийся пучок *m*
C687	*e*	convergent lens
	d	Sammellinse *f*
	f	lentille *f* convergente
	r	собирающая линза *f*
C688	*e*	converging beam *see* convergent beam
C689	*e*	conversion
	d	Konversion *f*, Umwandlung *f*; Konvertierung *f*
	f	conversion *f*
	r	1. конверсия *f* 2. перевод *m*; преобразование *n*
C690	*e*	conversion coefficient
	d	Umwandlungskoeffizient *m*, Konversionskoeffizient *m*
	f	coefficient *m* de conversion
	r	коэффициент *m* конверсии
C691	*e*	conversion electrons
	d	Konversionselektronen *n pl*
	f	électrons *m pl* de conversion
	r	конверсионные электроны *m pl*
C692	*e*	conversion factor
	d	Umrechnungsfaktor *m*
	f	facteur *m* de conversion
	r	переводной множитель *m*, переводной коэффициент *m*
C693	*e*	converter

CONVEX

       d Wandler *m*, Konverter *m*
       f convertisseur *m*
       r преобразователь *m*

C694 *e* convex mirror
       d Konvexspiegel *m*
       f miroir *m* convexe
       r выпуклое зеркало *n*

C695 *e* convex plane lens
       d plankonvexe Linse *f*,
          Plankonvexlinse *f*
       f lentille *f* plan-convexe
       r плосковыпуклая линза *f*

C696 *e* convolution
       d Faltung *f*
       f convolution *f*
       r свёртка *f*

C697 *e* convolver
       d Konvolver *m*
       f convolver *m*
       r конвольвер *m*

C698 *e* cooling
       d Abkühlen *n*, Abkühlung *f*; Kühlung *f*
       f refroidissement *m*
       r охлаждение *n*

C699 *e* cooling by adiabatic demagnetization
       d Kühlung *f* durch adiabatische Entmagnetisierung
       f refroidissement *m* par désaimantation adiabatique
       r магнитное охлаждение *n*, охлаждение *n* путём адиабатического размагничивания

C700 *e* cooling liquid
       d Kühlflüssigkeit *f*
       f liquide *m* de refroidissement
       r охлаждающая жидкость *f*

C701 *e* cooperative emission
       d kooperative Strahlung *f*
       f émission *f* coopérative
       r кооперативное излучение *n*

C702 *e* cooperative luminescence
       d kooperative Lumineszenz *f*
       f luminescence *f* coopérative
       r кооперативная люминесценция *f*

C703 *e* cooperative method *see* collective method

C704 *e* cooperative phenomena
       d kooperative Erscheinungen *f pl*
       f phénomènes *m pl* coopératifs
       r кооперативные явления *n pl*

C705 *e* Cooper pair
       d Cooper-Paar *n*
       f paire *f* de Cooper
       r куперовская пара *f*

C706 *e* coordinate
       d Koordinate *f*
       f coordonnée *f*
       r координата *f*

C707 *e* coordinate representation *see* configurational representation

C708 *e* coordinate system
       d Koordinatensystem *n*
       f système *m* de coordonnées
       r система *f* координат

C709 *e* coordination bond
       d koordinative Bindung *f*, Koordinationsbindung *f*
       f liaison *f* coordonnée, coordinance *f*
       r координационная связь *f*

C710 *e* coordination chemistry
       d Koordinationschemie *f*
       f chimie *f* de coordination
       r координационная химия *f*

C711 *e* coordination number
       d Koordinationszahl *f*, Koordinationsziffer *f*
       f nombre *m* de coordination
       r координационное число *n*

C712 *e* coordination polyhedron
       d Koordinationspolyeder *n*
       f polyèdre *m* de coordination
       r координационный многогранник *m*

C713 *e* Copernican system
       d Kopernikanisches System *n*
       f système *m* de Copernic
       r система *f* Коперника

C714 *e* copper, Cu
       d Kupfer *n*
       f cuivre *m*
       r медь *f*

C715 *e* copper-oxide rectifier
       d Kuproxgleichrichter *m*, Kupfer(I)-oxidgleichrichter *m*
       f redresseur *m* à oxyde de cuivre
       r купроксный выпрямитель *m*, меднозакисный выпрямитель *m*

C716 *e* copper vapor laser
       d Kupferdampflaser *m*
       f laser *m* à vapeur de cuivre
       r лазер *m* на парáх меди

C717 *e* Corbino disk
       d Corbino-Scheibe *f*
       f disque *m* de Corbino
       r диск *m* Корбино

C718 *e* cord
       d Schnur *f*; Verbindungsschnur *f*; Leitung *f*
       f corde *f*; câble *m*
       r шнур *m*, провод *m*

C719 e core
d 1. Kern *m* 2. Kern *m*, Eisenkern *m* 3. Spaltzone *f*, aktive Zone *f*
f noyau *m*; cœur *m*
r 1. ядро *n*, сердцевина *f* 2. сердечник *m* 3. активная зона *f* (*ядерного реактора*)

C720 e core charge
d Spaltzonenbeladung *f*; Kerneinsatz *m*, Kernladung *f*
f chargement *m* du cœur
r загрузка *f* активной зоны (*ядерного реактора*)

C721 e Coriolis acceleration
d Coriolis-Beschleunigung *f*
f accélération *f* de Coriolis
r ускорение *n* Кориолиса, кориолисово ускорение *n*

C722 e Coriolis force
d Coriolis-Kraft *f*
f force *f* de Coriolis
r сила *f* Кориолиса

C723 e corkscrew rule
d Uhrzeigerregel *f*, Korkenzieherregel *f*
f règle *f* de tire-bouchon, règle *f* d'Ampère
r правило *n* буравчика, правило *n* Ампера

C724 e corner reflector
d Winkelreflektor *m*, Winkelspiegel *m*
f réflecteur *m* en coin
r уголковый отражатель *m*

C725 e Cornu prism
d Cornu-Prisma *n*, Cornusches Prisma *n*
f prisme *m* de Cornu
r призма *f* Корню

C726 e Cornu spiral
d Cornu-Spirale *f*, Cornusche Spirale *f*
f spirale *f* de Cornu
r спираль *f* Корню

C727 e corona
d Korona *f*
f couronne *f*
r корона *f*

C728 e corona discharge
d Koronaentladung *f*
f décharge *f* en couronne
r коронный разряд *m*

C729 e coronagraph
d Koronograph *m*
f coronographe *m*
r коронограф *m*

C730 e coronal condensation
d koronale Kondensation *f*
f condensation *f* coronale
r корональная конденсация *f*

C731 e coronal hole
d Koronaloch *n*
f trou *m* coronal
r корональная дыра *f*

C732 e coronal ray
d Koronastrahl *m*
f jet *m* coronal
r корональный луч *m*

C733 e corpuscle
d Korpuskel *n*, Materieteilchen *n*; Teilchen *n*
f corpuscule *m*
r корпускула *f*; частица *f*

C734 e corpuscle-wave duality see wave-corpuscle duality

C735 e corpuscular emission see corpuscular radiation

C736 e corpuscular optics
d Korpuskularoptik *f*
f optique *f* corpusculaire
r корпускулярная оптика *f*

C737 e corpuscular radiation
d Korpuskularstrahlung *f*, Teilchenstrahlung *f*
f rayonnement *m* corpusculaire
r корпускулярное излучение *n*

C738 e corpuscular theory of light
d Korpuskulartheorie *f* des Lichtes
f théorie *f* corpusculaire de la lumière
r корпускулярная теория *f* света

C739 e correcting coil
d Korrekturspule *f*, Korrektionsspule *f*
f bobine *f* de compensation, bobine *f* de correction
r корректирующая катушка *f*

C740 e correcting lens
d Korrektionslinse *f*
f lentille *f* de correction
r корректирующая линза *f*, корригирующая линза *f*

C741 e correction of atmospheric distortion
d Korrektion *f* der atmosphärischen Verzerrung
f correction *f* des distorsions atmosphériques
r коррекция *f* атмосферных искажений

C742 e corrector
d Korrektor *m*, Korrektureinrichtung *f*
f correcteur *m*
r корректор *m*

C743 e correlation
d Korrelation *f*

CORRELATION

	f	corrélation f
	r	корреляция f
C744	e	correlation coefficient
	d	Korrelationskoeffizient m
	f	coefficient m de corrélation
	r	коэффициент m корреляции
C745	e	correlation energy
	d	Korrelationsenergie f
	f	énergie f de corrélation
	r	корреляционная энергия f
C746	e	correlation factor see correlation coefficient
C747	e	correlation function
	d	Korrelationsfunktion f
	f	fonction f de corrélation
	r	корреляционная функция f
C748	e	correlation length
	d	Korrelationslänge f
	f	longueur f de corrélation
	r	длина f корреляции, корреляционная длина f
C749	e	correlation radius
	d	Korrelationsradius m
	f	rayon m de corrélation
	r	корреляционный радиус m
C750	e	correlator
	d	Korrelator m, Korrelationsanalysator m; Korrelationsmesser m
	f	corrélateur m
	r	коррелятор m; коррелометр m
C751	e	correlometer
	d	Korrelationsmesser m
	f	corrélomètre m
	r	коррелометр m
C752	e	correspondence principle
	d	Korrespondenzprinzip n, Bohrsches Korrespondenzprinzip n
	f	principe m de correspondance
	r	принцип m соответствия
C753	e	corresponding states
	d	übereinstimmende Zustände m pl, korrespondierende Zustände m pl
	f	états m pl correspondants
	r	соответственные состояния n pl
C754	e	corrosion
	d	Korrosion f
	f	corrosion f
	r	коррозия f
C755	e	corrosion fatigue
	d	Korrosionsermüdung f
	f	fatigue f due à la corrosion
	r	коррозионная усталость f
C756	e	corrosion inhibitor
	d	Korrosionsschutzmittel n, Korrosionshemmstoff m, Korrosionsverzögerer m
	f	inhibiteur m de corrosion
	r	ингибитор m коррозии
C757	e	corrosion protection
	d	Korrosionsschutz m
	f	protection f contre la corrosion
	r	защита f от коррозии
C758	e	corrosion-resistant material
	d	korrosionsbeständiger Stoff m, korrosionsfester Stoff m
	f	matériau m résistant à la corrosion
	r	коррозионностойкий материал m
C759	e	corrosion wear
	d	korrosiver Verschleiß m, Korrosionsabnutzung f
	f	usure f par corrosion, usure f corrosive
	r	коррозионное изнашивание n
C760	e	corrugated waveguide
	d	Runzelleiter m, gefalteter Hohlleiter m
	f	guide m d'ondes ondulé
	r	гофрированный волновод m
C761	e	cosine, cos
	d	Kosinus m, Cosinus m
	f	cosinus m
	r	косинус m
C762	e	cosmic abundance
	d	kosmische Häufigkeit f eines Elementes, relative Elementenhäufigkeit f im Kosmos
	f	abondance f cosmique (d'un élément)
	r	распространённость f элемента в космосе
C763	e	cosmic background
	d	kosmische Untergrundstrahlung f; Reliktstrahlung f, kosmische Urstrahlung f
	f	rayonnement m cosmologique, rayonnement m à relique
	r	фоновое излучение n Вселенной; реликтовое излучение n
C764	e	cosmic body
	d	kosmischer Körper m
	f	corps m cosmique
	r	космическое тело n
C765	e	cosmic muons
	d	kosmische Myonen n pl, Myonen n pl der kosmischen Strahlung
	f	muons m pl cosmiques
	r	мюоны m pl космических лучей
C766	e	cosmic radiation see cosmic rays
C767	e	cosmic radio source
	d	kosmische Radioquelle f

- f radiosource f cosmique
- r источник m космического радиоизлучения

C768 e **cosmic-ray albedo**
- d Albedo f der kosmischen Strahlung
- f albédo m des rayons cosmiques
- r альбедо n космических лучей

C769 e **cosmic-ray cascade**
- d Schauer m, Schauer m der kosmischen Strahlung
- f cascade f des rayons cosmiques
- r каскад m космических лучей, ливень m космических лучей

C770 e **cosmic-ray intensity**
- d Intensität f der kosmischen Strahlung, Höhenstrahlungsintensität f
- f intensité f de rayonnement cosmique
- r интенсивность f космического излучения

C771 e **cosmic-ray isotropization**
- d Isotropisation f der kosmischen Strahlung
- f isotropisation f des rayons cosmiques
- r изотропизация f космических лучей

C772 e **cosmic rays**
- d kosmische Strahlen pl, Höhenstrahlen pl, kosmische Strahlung f, Höhenstrahlung f
- f rayons pl cosmiques, rayonnement m cosmique
- r космические лучи pl, космическое излучение n

C773 e **cosmic-ray shower**
- d Schauer m, Schauer m der kosmischen Strahlung, Höhenstrahlungsschauer m
- f gerbe f cosmique, gerbe f des rayons cosmiques
- r космический ливень m, ливень m космических лучей

C774 e **cosmic-ray source**
- d kosmische Strahlungsquelle f
- f source f des rayons cosmiques
- r источник m космического излучения

C775 e **cosmic-ray variations**
- d Höhenstrahlungsvariationen f pl
- f variations f pl de rayons cosmiques
- r вариации f pl космических лучей

C776 e **cosmic source**
- d kosmische Quelle f
- f source f cosmique
- r космический источник m

C777 e **cosmic X-ray source**
- d kosmische Röntgenstrahlungsquelle f, kosmische Röntgenquelle f
- f source f des rayons X cosmiques
- r источник m космического рентгеновского излучения

C778 e **cosmochronology**
- d Kosmochronologie f
- f chronologie f cosmique
- r космохронология f

C779 e **cosmogony**
- d Kosmogonie f
- f cosmogonie f
- r космогония f

C780 e **cosmological baryon excess**
- d kosmologischer Baryonenüberschuß m
- f excès m de baryons cosmologique
- r космологический избыток m барионов

C781 e **cosmological constant**
- d kosmologische Konstante f
- f constante f cosmologique
- r космологическая постоянная f

C782 e **cosmological model**
- d kosmologisches Modell n
- f modèle m cosmologique
- r космологическая модель f

C783 e **cosmological nucleosynthesis**
- d kosmologische Nukleosynthese f
- f synthèse f nucléaire cosmologique
- r космологический нуклеосинтез m

C784 e **cosmological radiation**
- d kosmologische Strahlung f
- f rayonnement m cosmologique
- r космологическое излучение n

C785 e **cosmology**
- d Kosmologie f
- f cosmologie f
- r космология f

C786 e **cosmos**
- d Kosmos m, Weltraum m, Raum m, All n
- f cosmos m, espace m
- r космос m

C787 e **Cotton effect** *see* circular dichroism

C788 e **Cotton-Mouton effect**
- d Cotton-Mouton-Effekt m
- f effet m Cotton-Mouton
- r эффект m Коттона - Мутона

C789 e **Cottrell cluster**
- d Cottrell-Wolke f, Cottrellsche Versetzungswolke f
- f nuage m de Cottrell
- r облако n Котрелла

C790 e **Couette-Taylor flow**
- d Couette-Taylor-Strömung f

COULOMB

	f	écoulement m de Couette-Taylor
	r	течение n Куэтта - Тейлора
C791	e	coulomb, C
	d	Coulomb n
	f	coulomb m
	r	кулон m, K
C792	e	Coulomb barrier
	d	Coulombscher Potentialwall m, Coulomb-Barriere f
	f	barrière f de Coulomb
	r	кулоновский барьер m
C793	e	Coulomb collision integral
	d	Coulombsches Stoßintegral n
	f	intégrale f coulombienne de collision
	r	кулоновский интеграл m столкновений
C794	e	Coulomb excitation (of nucleus)
	d	Coulomb-Anregung f
	f	excitation f de Coulomb (du noyau)
	r	кулоновское возбуждение n (ядра)
C795	e	Coulomb fission (of nucleus)
	d	Coulomb-Spaltung f
	f	fission f de Coulomb (du noyau)
	r	кулоновское деление n (ядра)
C796	e	Coulomb force
	d	Coulomb-Kraft f
	f	force f de Coulomb
	r	кулоновская сила f
C797	e	Coulomb interaction
	d	Coulombsche Wechselwirkung f, Coulomb-Wechselwirkung f
	f	interaction f de Coulomb
	r	кулоновское взаимодействие n
C798	e	Coulomb law
	d	Coulombsches Gesetz n
	f	loi f de Coulomb
	r	закон m Кулона
C799	e	Coulomb logarithm
	d	Coulombscher Logarithmus m, Coulomb-Logarithmus m
	f	logarithme m coulombien, logarithme m de Coulomb
	r	кулоновский логарифм m
C800	e	Coulomb loss
	d	Coulomb-Verluste m pl
	f	pertes f pl de Coulomb
	r	кулоновские потери f pl
C801	e	Coulomb scattering
	d	Coulomb-Streuung f
	f	diffusion f coulombienne
	r	кулоновское рассеяние n
C802	e	count
	d	Zählen n
	f	lecture f; compte m
	r	отсчёт m; счёт m
C803	e	counter
	d	1. Zähler m; Zählwerk n 2. Zählrohr n, Zähler n
	f	compteur m
	r	счётчик m
C804	e	counter-clockwise polarization
	d	Linkspolarisation f
	f	polarisation f rotatoire gauche
	r	левая поляризация f
C805	e	counter telescope
	d	Zählerteleskop n; Zählrohrteleskop n
	f	télescope m à compteurs
	r	телескоп m счётчиков
C806	e	counting
	d	Zählen n
	f	compte m; comptage m
	r	счёт m; подсчёт m
C807	e	counting rate
	d	Zählrate f, Impulsrate f, Impulsdichte f
	f	cadence f de comptage, vitesse f de comptage, taux m d'impulsions
	r	скорость f счёта
C808	e	counting-rate meter
	d	Zählratenmesser m, Impulsdichtemesser m, Ratemeter n
	f	ictomètre m, mesureur m de vitesse de comptage
	r	измеритель m скорости счёта
C809	e	couple
	d	Kräftepaar n
	f	couple m, couple m de forces
	r	пара f сил
C810	e	coupled circuits
	d	gekoppelte Kreise m pl
	f	circuits m pl couplés
	r	связанные контуры m pl
C811	e	coupled modes
	d	gekoppelte Moden f pl
	f	modes m pl couplés
	r	связанные моды f pl
C812	e	coupled oscillations
	d	gekoppelte Schwingungen f pl
	f	oscillations f pl couplées
	r	связанные колебания n pl
C813	e	coupled systems
	d	gekoppelte Systeme n pl
	f	systèmes m pl couplés
	r	связанные системы f pl
C814	e	coupler
	d	Kopplungsglied n, Koppelelement n
	f	coupleur m
	r	ответвитель m
C815	e	coupling
	d	Kopplung f

	f	liaison *f*, couplage *m*
	r	связь *f*, взаимодействие *n*
C816	*e*	coupling coefficient
	d	Kopplungsfaktor *m*
	f	coefficient *m* de couplage
	r	коэффициент *m* связи
C817	*e*	coupling constant
	d	Kopplungskonstante *f*
	f	constante *f* de couplage
	r	константа *f* связи, константа *f* взаимодействия
C818	*e*	covalence
	d	Kovalenz *f*
	f	covalence *f*
	r	ковалентность *f*
C819	*e*	covalent bond
	d	kovalente Bindung *f*, Elektronenpaarbindung *f*, Atombindung *f*
	f	liaison *f* covalente
	r	ковалентная связь *f*, гомеополярная связь *f*
C820	*e*	covalent crystal
	d	kovalenter Kristall *m*, Atomkristall *m*
	f	cristal *m* covalent
	r	ковалентный кристалл *m*
C821	*e*	covalent radius
	d	kovalenter Radius *m*
	f	rayon *m* covalent
	r	ковалентный радиус *m*
C822	*e*	covariance
	d	Kovarianz *f*
	f	covariance *f*
	r	ковариантность *f*
C823	*e*	covariant derivation
	d	kovariante Ableitung *f*
	f	dérivée *f* covariante
	r	ковариантная производная *f*
C824	*e*	covector
	d	Kovektor *m*
	f	covecteur *f*
	r	ковектор *m*
C825	*e*	CP-invariance
	d	CP-Invarianz *f*
	f	invariance *f* CP
	r	CP-инвариантность *f*, инвариантность *f* относительно комбинированной чётности
C826	*e*	CPT-invariance
	d	CPT-Invarianz *f*
	f	invariance *f* CPT
	r	CPT-инвариантность *f* (инвариантность относительно зарядового сопряжения пространственной инверсии и обращения времени)
C827	*e*	CPT-theorem
	d	CPT-Theorem *n*
	f	théorème *m* CPT
	r	теорема *f* CPT, CPT-теорема *f*
C828	*e*	CP violation *see* combined parity violation
C829	*e*	c-quark *see* charmed quark
C830	*e*	Crab nebula
	d	Krabbennebel *m*
	f	nébuleuse *f* du Crabe
	r	Крабовидная туманность *f*
C831	*e*	crack formation *see* cracking
C832	*e*	cracking
	d	Rißbildung *f*
	f	fissuration *f*
	r	образование *n* трещин, трещинообразование *n*
C833	*e*	crack nucleus
	d	Rißkeim *m*
	f	noyau *m* de fissure
	r	зародыш *m* трещины
C834	*e*	crack tip
	d	Rißspitze *f*, Rißende *n*
	f	extrémité *f* de fissure, fin *f* de fissure
	r	кончик *m* трещины
C835	*e*	crater
	d	Krater *m*
	f	cratère *m*
	r	кратер *m*
C836	*e*	creation operator
	d	Erzeugungsoperator *m*
	f	opérateur *m* de création
	r	оператор *m* рождения частиц, оператор *m* рождения
C837	*e*	creep
	d	Kriechen *n*
	f	fluage *m*
	r	ползучесть *f* (материалов)
C838	*e*	crest value
	d	Spitzenwert *m*, Amplitudenwert *m*
	f	valeur *f* de crête
	r	пиковое значение *n*, амплитуда *f*
C839	*e*	crisis of attractor
	d	Attraktorkrise *f*
	f	crise *f* de l'attracteur
	r	кризис *m* аттрактора
C840	*e*	criterion
	d	Kriterium *m*
	f	critère *m*
	r	критерий *m*
C841	*e*	critical angle
	d	Grenzwinkel *m*

CRITICAL

- *f* angle *m* critique
- *r* критический угол *m*

C842 *e* critical assembly *(of fissile material)*
- *d* kritische Anordnung *f*
- *f* assemblage *m* critique
- *r* критическая сборка *f (ядерного топлива)*

C843 *e* critical charge
- *d* kritische Beladung *f*
- *f* charge *f* critique
- *r* критическая загрузка *f (ядерного реактора)*

C844 *e* critical current
- *d* kritische Stromstärke *f (von Supraleitern)*
- *f* courant *m* critique *(aux supraconducteurs)*
- *r* критический ток *m (в сверхпроводниках)*

C845 *e* critical damping
- *d* kritische Dämpfung *f*
- *f* amortissement *m* critique
- *r* критическое затухание *n*

C846 *e* critical density
- *d* kritische Dichte *f*
- *f* densité *f* critique
- *r* критическая плотность *f*

C847 *e* critical dynamics
- *d* kritische Dynamik *f*
- *f* dynamique *f* critique
- *r* критическая динамика *f*

C848 *e* critical frequency *(of the ionosphere)*
- *d* kritische Frequenz *f (höchste Frequenz, die von einer Ionosphärenschicht reflektiert wird)*
- *f* fréquence *f* critique *(de l'ionosphère)*
- *r* критическая частота *f (ионосферы)*

C849 *e* critical indices
- *d* kritische Indizes *m pl*
- *f* indices *m pl* critiques
- *r* критические индексы *m pl*, критические показатели *m pl (в термодинамике)*

C850 *e* criticality
- *d* Kritikalität *f*, Kritizität *f*, kritischer Zustand *m (Kernreaktor)*
- *f* criticité *f (du réacteur nucléaire)*
- *r* критичность *f (ядерного реактора)*

C851 *e* critical luminosity
- *d* kritische Leuchtkraft *f*, Eddingtonsche Leuchtkraft *f (Astronomie)*
- *f* luminosité *f* critique
- *r* критическая светимость *f*, эддингтоновская светимость *f*

C852 *e* critical magnetic field *(in superconductors)*
- *d* kritische magnetische Feldstärke *f (von Supraleitern)*
- *f* champ *m* magnétique critique *(aux supraconducteurs)*
- *r* критическое магнитное поле *n (в сверхпроводниках)*

C853 *e* critical mass
- *d* kritische Masse *f*
- *f* masse *f* critique
- *r* критическая масса *f*

C854 *e* critical opalescence
- *d* kritische Opaleszenz *f*
- *f* opalescence *f* critique
- *r* критическая опалесценция *f*

C855 *e* critical phenomena
- *d* kritische Phänomene *n pl*, kritische Erscheinungen *f pl*
- *f* phénomènes *m pl* critiques
- *r* критические явления *n pl*

C856 *e* critical point
- *d* kritischer Punkt *m*
- *f* point *m* critique
- *r* критическая точка *f*

C857 *e* critical pressure
- *d* kritischer Druck *m*
- *f* pression *f* critique
- *r* критическое давление *n*

C858 *e* critical radius
- *d* kritischer Radius *m*
- *f* rayon *m* critique
- *r* критический радиус *m*

C859 *e* critical size
- *d* kritische Größe *f (des Kernreaktors)*
- *f* taille *f* critique *(du réacteur nucléaire)*
- *r* критические размеры *m pl (ядерного реактора)*

C860 *e* critical state
- *d* kritischer Zustand *m*
- *f* état *m* critique
- *r* критическое состояние *n*

C861 *e* critical temperature
- *d* kritische Temperatur *f*
- *f* température *f* critique
- *r* критическая температура *f*

C862 *e* critical velocity
- *d* kritische Geschwindigkeit *f*
- *f* vitesse *f* critique
- *r* критическая скорость *f*

C863 *e* critical volume
- *d* kritisches Volumen *n*
- *f* volume *m* critique
- *r* критический объём *m*

C864 *e* Crookes dark space

	d	Crookesscher Dunkelraum *m*, Katodendunkelraum *m*, zweiter Katodendunkelraum *m*
	f	espace *m* sombre de Crookes
	r	круксово тёмное пространство *n*, катодное тёмное пространство *n*
C865	e	cross correlation
	d	Kreuzkorrelation *f*, gegenseitige Korrelation *f*
	f	corrélation *f* mutuelle, intercorrélation *f*
	r	кросс-корреляция *f*
C866	e	crossed fields
	d	gekreuzte Felder *n pl*
	f	champs *m pl* croisés
	r	скрещённые поля *n pl*
C867	e	crossing beams *see* colliding beams
C868	e	cross modulation
	d	Kreuzmodulation *f*
	f	modulation *f* croisée
	r	перекрёстная модуляция *f*, Люксембург-Горьковский эффект *m*
C869	e	crossover
	d	Überkreuzungspunkt *m*, Strahlkreuzungspunkt *m*
	f	cross-over *m*, crossover *m*, point *m* de croisement
	r	кроссовер *m*
C870	e	cross relaxation
	d	Kreuzrelaxation *f*, Crossrelaxation *f*
	f	cross-relaxation *f*, relaxation *f* croisée
	r	кросс-релаксация *f*
C871	e	cross-section
	d	Querschnitt *m*
	f	section *f* efficace
	r	сечение *n*; поперечное сечение *n*
C872	e	cross-section for absorption
	d	Absorptionswirkungsquerschnitt *m*, Wirkungsquerschnitt *m* für Absorption
	f	section *f* d'absorption
	r	сечение *n* поглощения
C873	e	cross-section for capture
	d	Einfangquerschnitt *m*, Wirkungsquerschnitt *m* für Einfang
	f	section *f* de capture
	r	сечение *n* захвата
C874	e	cross-section for charge exchange
	d	Umladungsquerschnitt *m*, Umladungswirkungsquerschnitt *m*
	f	section *f* d'échange de charge
	r	сечение *n* перезарядки
C875	e	cross-section for collision
	d	Stoßquerschnitt *m*, Wirkungsquerschnitt *m* für Stoß
	f	section *f* de collision
	r	сечение *n* столкновения
C876	e	cross-section for recombination
	d	Rekombinationsquerschnitt *m*
	f	section *f* de recombinaison
	r	сечение *n* рекомбинации
C877	e	cross-section for scattering
	d	Streuquerschnitt *m*, Wirkungsquerschnitt *m* für Streuung
	f	section *f* de diffusion
	r	сечение *n* рассеяния
C878	e	cross talk
	d	Nebensprechen *n*
	f	distorsion *f* d'intermodulation
	r	перекрёстные искажения *n pl*
C879	e	cross-type interferometer
	d	Kreuzinterferometer *n*
	f	radio-interféromètre *m* en croix; interféromètre *m* en croix
	r	крестообразный радиоинтерферометр *m*, крестообразный интерферометр *m*
C880	e	crowdion
	d	Crowdion *n*
	f	crowdion *m*
	r	краудион *m*
C881	e	crucibleless method
	d	tiegelfreies Verfahren *n*, tiegelfreies Züchtungsverfahren *n*
	f	méthode *f* sans creuset
	r	бестигельный метод *m* (выращивания кристаллов)
C882	e	cryoelectronics, cryogenic electronics
	d	Kryoelektronik *f*
	f	cryo-électronique *f*, électronique *f* cryogénique
	r	криоэлектроника *f*, криогенная электроника *f*
C883	e	cryogenic liquid
	d	kryogene Flüssigkeit *f*
	f	liquide *m* cryogénique
	r	криогенная жидкость *f*
C884	e	cryogenics
	d	Kryogenik *f*
	f	cryogénique *f*
	r	криогеника *f*
C885	e	cryoliquid
	d	Kryoflüssigkeit *f*
	f	cryoliquide *m*
	r	криожидкость *f*
C886	e	cryophysics
	d	Kryophysik *f*
	f	cryophysique *f*
	r	криофизика *f*
C887	e	cryostat
	d	Kryostat *m*, Tieftemperaturthermostat *m*

CRYOTRON

	f	cryostat *m*
	r	криостат *m*
C888	*e*	cryotron
	d	Kryotron *n*, Tieftemperaturschaltelement *n*
	f	cryotron *m*
	r	криотрон *m*
C889	*e*	crystal
	d	Kristall *m*
	f	cristal *m*
	r	кристалл *m*
C890	*e*	crystal acoustics
	d	Kristallakustik *f*
	f	cristallo-acoustique *f*
	r	кристаллоакустика *f*
C891	*e*	crystal analysis
	d	Kristallstrukturanalyse *f*
	f	analyse *f* cristallographique
	r	кристаллографический анализ *m*
C892	*e*	crystal anisotropy
	d	Kristallanisotropie *f*
	f	anisotropie *f* cristalline
	r	кристаллическая анизотропия *f*
C893	*e*	crystal bending
	d	Kristallbiegung *f*
	f	flexion *f* du cristal
	r	изгиб *m* кристалла
C894	*e*	crystal bleaching
	d	Ausbleichen *n* von Kristallen
	f	blanchiment *m* du cristal
	r	обесцвечивание *n* кристалла
C895	*e*	crystal calibrator
	d	Quarzeichoszillator *m*, Quarzeicher *m*
	f	calibrateur *m* piézo-électrique
	r	кварцевый калибратор *m*
C896	*e*	crystal chemistry
	d	Kristallchemie *f*
	f	chimie *f* des cristaux, cristallochimie *f*
	r	кристаллохимия *f*
C897	*e*	crystal classes
	d	Kristallklassen *f pl*
	f	classes *f pl* de cristaux, classes *f pl* cristallographiques
	r	классы *m pl* кристаллов, кристаллографические классы *m pl*, точечные группы *f pl* симметрии
C898	*e*	crystal counter
	d	Kristallzähler *m*
	f	compteur *m* à cristal
	r	кристаллический счётчик *m*
C899	*e*	crystal defect
	d	Kristallbaufehler *m*, Kristallstörstelle *f*
	f	imperfection *f* cristalline, imperfection *f* du cristal, perturbation *f* cristalline, perturbation *f* du cristal
	r	дефект *m* кристалла
C900	*e*	crystal field *see* cristalline field
C901	*e*	crystal growth
	d	Kristallzüchtung *f*; Kristallwachstum *n*
	f	croissance *f* de cristaux
	r	выращивание *n* кристаллов; рост *m* кристаллов
C902	*e*	crystal holder
	d	Kristallhalterung *f*
	f	support *m* de cristal
	r	кристаллодержатель *m*
C903	*e*	crystal imperfection
	d	Kristallbaufehler *m*, Kristalldefekt *m*; Kristallunvollkommenheit *f*
	f	imperfection *f* du cristal
	r	несовершенство *n* кристалла
C904	*e*	crystal indices
	d	kristallographische Indizes *m pl*
	f	indices *m pl* cristallographiques
	r	кристаллографические индексы *m pl*
C905	*e*	crystal laser
	d	Kristallaser *m*
	f	laser *m* à cristal
	r	лазер *m* на кристалле
C906	*e*	crystal lattice
	d	Kristallgitter *n*
	f	réseau *m* cristallin
	r	кристаллическая решётка *f*
C907	*e*	crystal lattice basis
	d	Kristallgitterbasis *f*
	f	base *f* du réseau cristallin
	r	базис *m* кристаллической решётки
C908	*e*	crystal lattice dynamics
	d	Kristallgitterdynamik *f*
	f	dynamique *f* du réseau cristallin
	r	динамика *f* кристаллической решётки
C909	*e*	crystal lattice parameter
	d	Kristallgitterparameter *m*, Gitterparameter *m*
	f	constante *f* du réseau cristallin
	r	параметр *m* кристаллической решётки
C910	*e*	crystal lattice vibration
	d	Kristallgittervibration *f*
	f	vibration *f* du réseau cristallin
	r	колебания *n pl* кристаллической решётки
C911	*e*	crystalline field
	d	Kristallfeld *n*
	f	champ *m* cristallin
	r	внутрикристаллическое поле *n*
C912	*e*	crystalline state

CRYSTAL

- *d* kristalliner Zustand *m*
- *f* état *m* cristallin
- *r* кристаллическое состояние *n*

C913 *e* **crystalline substance**
- *d* kristalliner Stoff *m*
- *f* substance *f* cristalline
- *r* кристаллическое вещество *n*

C914 *e* **crystallite**
- *d* Kristallit *m*
- *f* cristallite *m*
- *r* кристаллит *m*

C915 *e* **crystallization**
- *d* Kristallisation *f*, Kristallisieren *n*, Kristallbildung *f*
- *f* cristallisation *f*, formation *f* des cristaux
- *r* кристаллизация *f*

C916 *e* **crystallization from melt**
- *d* Kristallisation *f* aus der Schmelze
- *f* cristallisation *f* de fonte
- *r* кристаллизация *f* из расплава

C917 *e* **crystallization from solution**
- *d* Kristallisation *f* aus der Lösung
- *f* cristallisation *f* de solution
- *r* кристаллизация *f* из раствора

C918 *e* **crystallization from vapor** *see* **crystallisation from vapor phase**

C919 *e* **crystallization from vapor phase**
- *d* Kristallisation *f* aus der Dampfphase
- *f* cristallisation *f* de phase gazeuse, cristallisation *f* de phase vapeuse
- *r* кристаллизация *f* из газовой фазы

C920 *e* **crystallization front curvature**
- *d* Kristallisationsfrontkrümmung *f*
- *f* courbure *f* du front de cristallisation
- *r* кривизна *f* фронта кристаллизации

C921 *e* **crystallization isotherm**
- *d* Kristallisationsisotherme *f*
- *f* isotherme *f* de cristallisation
- *r* изотерма *f* кристаллизации

C922 *e* **crystallization kinetics**
- *d* Kristallisationskinetik *f*
- *f* cinétique *f* de cristallisation
- *r* кинетика *f* кристаллизации

C923 *e* **crystallization waves**
- *d* Kristallisationswellen *f pl*
- *f* ondes *f pl* de cristallisation
- *r* кристаллизационные волны *f pl*

C924 *e* **crystallographic axis**
- *d* Kristallachse *f*, kristallographische Achse *f*
- *f* axe *m* cristallographique
- *r* кристаллографическая ось *f*

C925 *e* **crystallographic direction**
- *d* kristallographische Richtung *f*, Kristallrichtung *f*
- *f* direction *f* cristallographique
- *r* кристаллографическое направление *n*

C926 *e* **crystallographic index**
- *d* kristallographischer Index *m*
- *f* indice *m* cristallographique
- *r* кристаллографический индекс *m*

C927 *e* **crystallography**
- *d* Kristallographie *f*, Kristallkunde *f*
- *f* cristallographie *f*
- *r* кристаллография *f*

C928 *e* **crystalloid**
- *d* Kristalloid *n*
- *f* cristalloïde *m*
- *r* кристаллоид *m*

C929 *e* **crystal optics**
- *d* Kristalloptik *f*
- *f* optique *f* cristalline
- *r* кристаллооптика *f*

C930 *e* **crystal oscillator**
- *d* Quarzoszillator *m*
- *f* oscillateur *m* à quarz
- *r* кварцевый генератор *m*

C931 *e* **crystal parameter** *see* **crystal lattice parameter**

C932 *e* **crystal phosphor**
- *d* Kristallphosphor *m*
- *f* phosphore *m* cristallin
- *r* кристаллофосфор *m*

C933 *e* **crystal physics**
- *d* Kristallphysik *f*
- *f* physique *f* des cristaux
- *r* физика *f* кристаллов, кристаллофизика *f*

C934 *e* **crystal pick-up** *see* **piezoelectric pick-up**

C935 *e* **crystal plane**
- *d* Kristallebene *f*
- *f* plan *m* cristallographique
- *r* кристаллографическая плоскость *f*

C936 *e* **crystal spectroscopy**
- *d* Kristallspektroskopie *f*
- *f* spectroscopie *f* des cristaux
- *r* спектроскопия *f* кристаллов

C937 *e* **crystal structure**
- *d* Kristallstruktur *f*, Kristallgefüge *n*
- *f* structure *f* cristalline
- *r* кристаллическая структура *f*, структура *f* кристалла

C938 *e* **crystal symmetry**
- *d* Kristallsymmetrie *f*

CRYSTAL

    f symétrie *f* cristallographique, symétrie *f* des cristaux
    r симметрия *f* кристаллов

C939   *e* crystal symmetry groups
    d Kristallsymmetriegruppen *f pl*
    f groupes *m pl* de symétrie cristallographique
    r кристаллографические группы *f pl* симметрии, группы *f pl* симметрии кристаллов

C940   *e* crystal system
    d Kristallsystem *n*, Syngonie *f*
    f système *m* cristallin
    r сингония *f*, кристаллографическая система *f*

C941   *e* crystal water
    d Kristallwasser *n*
    f eau *f* de cristallisation
    r кристаллизационная вода *f*

C942   *e* crystal whiskers
    d Whiskers *m pl*, Haarkristalle *m pl*
    f cristaux *m pl* filamenteux
    r нитевидные кристаллы *m pl*

C943   *e* cube
    d Würfel *m*
    f cube *m*
    r куб *m*

C944   *e* cubic close packing
    d kubisch dichte Kugelpackung *f*, kubisch dichteste Kugelpackung *f*
    f empilement *m* cubique compact
    r кубическая плотная упаковка *f*

C945   *e* cubic crystal
    d kubischer Kristall *m*
    f cristal *m* cubique
    r кубический кристалл *m*

C946   *e* cubic equation
    d kubische Gleichung *f*
    f équation *f* cubique
    r кубическое уравнение *n*

C947   *e* cubic meter, m^3
    d Kubikmeter *n*
    f mètre *m* cube
    r кубический метр *m*, м³

C948   *e* cubic nonlinearity
    d kubische Nichtlinearität *f*
    f non-linéarité *f* cubique
    r кубическая нелинейность *f*

C949   *e* cubic structure
    d kubische Struktur *f*
    f structure *f* cubique
    r кубическая структура *f*

C950   *e* cubic system
    d kubisches Kristallsystem *n*, regelmäßiges Kristallsystem *n*
    f système *m* cubique
    r кубическая сингония *f*, кубическая кристаллографическая система *f*

C951   *e* culmination
    d Kulmination *f*
    f culmination *f*
    r кульминация *f*

C952   *e* cumulation
    d Kumulation *f*, kumulativer Prozeß *m*
    f cumulation *f*, processus *m* cumulatif
    r кумуляция *f*

C953   *e* cumulative charge
    d kumulative Ladung *f*
    f charge *f* creuse
    r кумулятивный заряд *m*

C954   *e* cumulative effect
    d kumulative Wirkung *f*
    f effet *m* cumulatif
    r кумулятивный эффект *m*

C955   *e* cup anemometer
    d Schalenkreuzanemometer *n*
    f anémomètre *m* à coquilles
    r чашечный анемометр *m*

C956   *e* Curie, Ci
    d Curie *n*
    f curie *m*
    r кюри *n*, Ки

C957   *e* Curie point, Curie temperature
    d Curie-Punkt *m*, Curie-Temperatur *f*
    f point *m* de Curie
    r точка *f* Кюри

C958   *e* Curie-Weiss law
    d Curie-Weisssches Gesetz *n*
    f loi *f* de Curie-Weiss
    r закон *m* Кюри - Вейса

C959   *e* Curium, Cm
    d Curium *n*
    f curium *m*
    r кюрий *m*

C960   *e* curl
    d 1. Rotation *f (Mathematik)*
       2. Wirbel *m*
    f 1. rotationnel *m (mathématique)*
       2. tourbillon *m*
    r 1. ротор *m (в математике)*
       2. вихрь *m*

C961   *e* current
    d 1. Strom *m*, elektrischer Strom *m*; Stromstärke *f* 2. Strömung *f*; Fluß *m*
    f courant *m*
    r 1. ток *m*; сила *f* тока 2. течение *n*; поток *m*

C962   *e* current algebra
    d Stromalgebra *f*

	f	algèbre f des courants
	r	алгебра f токов
C963	e	current balance
	d	Stromwaage f
	f	balance f d'Ampère, balance f électrométrique
	r	ампер-весы pl, токовые весы pl
C964	e	current carriers
	d	Ladungsträger m pl
	f	porteurs m pl de charge
	r	носители m pl заряда
C965	e	current channel
	d	Stromkanal m
	f	canal m de courant
	r	токовый канал m
C966	e	current density
	d	Stromdichte f
	f	densité f de courant
	r	плотность f тока
C967	e	current injection
	d	Strominjektion f
	f	injection f de courant
	r	инжекция f тока
C968	e	current instability
	d	Strominstabilität f
	f	instabilité f du courant
	r	токовая неустойчивость f
C969	e	current line
	d	Stromlinie f
	f	ligne f de courant
	r	линия f тока
C970	e	current node
	d	Stromknoten m
	f	nœud m de courant
	r	узел m тока
C971	e	current quark
	d	Stromquark n
	f	quark m de courant
	r	токовый кварк m
C972	e	current sheet
	d	Stromblatt n, Stromfläche f
	f	couche f de courant, surface f de courant
	r	токовый слой m
C973	e	current source
	d	Stromquelle f
	f	source f de courant
	r	источник m тока
C974	e	current stabilization
	d	Stromstabilisierung f, Stromkonstanthaltung f
	f	stabilisation f de courant
	r	стабилизация f тока
C975	e	current standing-wave ratio
	d	Strom-Stehwellenverhältnis n, SSWV
	f	taux m d'ondes stationnaires en courant, T.O.S.C.
	r	коэффициент m стоячей волны по току, КСВТ
C976	e	current transformer
	d	Stromtransformator m
	f	transformateur m de courant
	r	трансформатор m тока
C977	e	current turn deformation
	d	Stromwindungsdeformation f
	f	déformation f de la spire de courant
	r	деформация f витка с током
C978	e	curvature
	d	Krümmung f
	f	courbure f
	r	кривизна f
C979	e	curve
	d	Kurve f; Kennlinie f
	f	courbe f
	r	кривая f
C980	e	curved space
	d	gekrümmter Raum m
	f	espace m courbe
	r	искривлённое пространство n
C981	e	curvilinear coordinates
	d	krummlinige Koordinaten f pl
	f	coordonnées f pl curvilignes
	r	криволинейные координаты f pl
C982	e	curvilinear motion
	d	krummlinige Bewegung f
	f	mouvement m curviligne
	r	криволинейное движение n
C983	e	cusp
	d	Rückkehrpunkt m, Kuspidalpunkt m, Kehrpunkt m, Spitze f
	f	point m de rebroussement
	r	касп m
C984	e	cut (of a crystal)
	d	Schnitt m (Kristall)
	f	taille f (du cristal)
	r	срез m (кристалла)
C985	e	cutoff frequency
	d	Grenzfrequenz f
	f	fréquence f critique
	r	критическая частота f, частота f отсечки
C986	e	cutoff mode
	d	kritische Mode f
	f	mode m de coupure
	r	критическая мода f
C987	e	cutout
	d	Schalter m
	f	interrupteur m
	r	выключатель m

CW LASER

- **C988**   *e*   CW laser *see* continuous wave laser
- **C989**   *e*   cybernetics
  - *d*   Kybernetik *f*
  - *f*   cybernétique *f*
  - *r*   кибернетика *f*
- **C990**   *e*   cycle
  - *d*   Zyklus *m*; Periode *f*
  - *f*   cycle *m*
  - *r*   цикл *m*; период *m*
- **C991**   *e*   cycle per second, cps, Hz
  - *d*   Hertz *n*, Hz
  - *f*   période *f* par seconde, cycle *m* par seconde, hertz *m*, p.p.s., c.p.s., Hz
  - *r*   герц *m*, Гц
- **C992**   *e*   cyclic accelerator
  - *d*   zyklischer Beschleuniger *m*, Mehrfachbeschleuniger *m*
  - *f*   accélérateur *m* cyclique
  - *r*   циклический ускоритель *m*
- **C993**   *e*   cyclic demagnetization
  - *d*   zyklische Entmagnetisierung *f*
  - *f*   démagnétisation *f* cyclique
  - *r*   циклическое перемагничивание *n*
- **C994**   *e*   cyclic stressing
  - *d*   Schwingbeanspruchung *f*
  - *f*   charge *f* cyclique
  - *r*   циклическое нагружение *n*
- **C995**   *e*   cyclogram
  - *d*   Zyklogramm *n*
  - *f*   cyclogramme *m*
  - *r*   циклограмма *f*
- **C996**   *e*   cyclograph
  - *d*   Zyklograph *m*, Zykloskop *n*
  - *f*   cyclographe *m*, cycloscope *m*
  - *r*   циклограф *m*
- **C997**   *e*   cycloid
  - *d*   Zykloide *f*, Zykloidenkurve *f*, Radlinie *f*, Radkurve *f*
  - *f*   cycloïde *f*
  - *r*   циклоида *f*
- **C998**   *e*   cyclone
  - *d*   Tiefdruckgebiet *n*, Zyklone *f*
  - *f*   cyclone *m*
  - *r*   циклон *m*
- **C999**   *e*   cyclotron
  - *d*   Zyklotron *n*
  - *f*   cyclotron *m*
  - *r*   циклотрон *m*
- **C1000**   *e*   cyclotron frequency
  - *d*   Zyklotronresonanzfrequenz *f*, Zyklotronfrequenz *f*
  - *f*   fréquence *f* cyclotron, fréquence *f* cyclotronique
  - *r*   циклотронная частота *f*, гиромагнитная частота *f*
- **C1001**   *e*   cyclotron oscillation
  - *d*   Zyklotronschwingungen *f pl*
  - *f*   oscillations *f pl* cyclotroniques
  - *r*   циклотронные колебания *n pl*
- **C1002**   *e*   cyclotron radiation
  - *d*   Zyklotronstrahlung *f*
  - *f*   rayonnement *m* cyclotron, radiation *f* cyclotron
  - *r*   циклотронное излучение *n*
- **C1003**   *e*   cyclotron resonance
  - *d*   Zyklotronresonanz *f*
  - *f*   résonance *f* cyclotron
  - *r*   циклотронный резонанс *m*
- **C1004**   *e*   cyclotron-resonance maser
  - *d*   Zyklotronresonanzmaser *m*
  - *f*   maser *m* à résonance cyclotronique
  - *r*   мазер *m* на циклотронном резонансе
- **C1005**   *e*   cylinder
  - *d*   Zylinder *m*
  - *f*   cylindre *m*
  - *r*   цилиндр *m*
- **C1006**   *e*   cylinder lens
  - *d*   zylindrische Linse *f*
  - *f*   lentille *f* cylindrique
  - *r*   цилиндрическая линза *f*
- **C1007**   *e*   cylindrical coordinates
  - *d*   zylindrische Koordinaten *f pl*
  - *f*   coordonnées *f pl* cylindriques
  - *r*   цилиндрические координаты *f pl*
- **C1008**   *e*   cylindrical function
  - *d*   zylindrische Funktion *f*
  - *f*   fonction *f* cylindrique
  - *r*   цилиндрическая функция *f*
- **C1009**   *e*   cylindrical magnetic domain
  - *d*   Magnetblase *f*
  - *f*   bulle *f*
  - *r*   цилиндрический магнитный домен *m*, ЦМД
- **C1010**   *e*   cylindrical wave
  - *d*   Zylinderwelle *f*, Kreiszylinderwelle *f*
  - *f*   onde *f* cylindrique
  - *r*   цилиндрическая волна *f*
- **C1011**   *e*   cylindrical waveguide
  - *d*   zylindrischer Hohlleiter *m*
  - *f*   guide *m* d'ondes cylindrique
  - *r*   цилиндрический волновод *m*
- **C1012**   *e*   Czochralski method
  - *d*   Czochralski-Methode *f*, Kristallzüchtung *f* nach dem Czochralski-Verfahren
  - *f*   méthode *f* Czochralski
  - *r*   метод *m* Чохральского (*метод выращивания кристаллов по Чохральскому*)

D

D1
- e daily variation (of geomagnetic field)
- d Tagesgang m, Tagesvariation f (des geomagnetischen Feldes)
- f variation f diurne (du champ géomagnétique)
- r суточная вариация f (геомагнитного поля)

D2
- e d'Alembertian operator
- d d'Alembertscher Operator m
- f opérateur m de d'Alembert
- r оператор m Д'Аламбера

D3
- e d'Alembert principle
- d d'Alembertsches Prinzip n
- f principe m de d'Alembert
- r принцип m Д'Аламбера

D4
- e daltonism
- d Daltonismus m
- f daltonisme m
- r дальтонизм m

D5
- e Dalton law (of partial pressures)
- d Daltonsches Gesetz n, Gesetz n der Partialdrücke
- f loi f de Dalton (pour les pressions partielles)
- r закон m Дальтона (для парциальных давлений)

D6
- e damage star
- d Durchschlagsstern m
- f étoile f de claquage
- r звезда f пробоя

D7
- e damped oscillation, damped oscillations
- d gedämpfte Schwingungen f pl, abklingende Schwingungen f pl
- f oscillations f pl décroissantes, oscillations f pl amorties
- r затухающие колебания n pl

D8
- e damper
- d Dämpfer m, Dämpfungsvorrichtung f
- f damper m, amortisseur m
- r демпфер m; успокоитель m

D9
- e damping
- d Dämpfung f; Abklingen n
- f amortissement m; affaiblissement m
- r 1. затухание n, ослабление n 2. успокоение n, демпфирование n

D10
- e damping coefficient, damping factor
- d Dämpfungskoeffizient m, Dämpfungszahl f; Abklingkonstante f
- f coefficient m d'amortissement
- r коэффициент m затухания; декремент m затухания

D11
- e dampness see humidity

D12
- e Darcy law
- d Darcysches Gesetz n
- f loi f de Darcy
- r формула f Дарси

D13
- e Darcy-Weisbach formula
- d Darcy-Weisbachsche Formel f
- f formule f de Darcy-Weisbach
- r формула f Дарси - Вейсбаха

D14
- e dark adaptation
- d Dunkeladaptation f
- f adaptation f à l'obscurité
- r темновая адаптация f

D15
- e dark conduction
- d Dunkelleitfähigkeit f
- f conduction f d'obscurité
- r темновая проводимость f, темновая электропроводность f

D16
- e dark current
- d Dunkelstrom m
- f courant m d'obscurité
- r темновой ток m

D17
- e darkening (at the limb)
- d Randverdunkelung f
- f assombrissement m au bord solaire
- r потемнение n к краю солнечного диска

D18
- e dark-field method
- d Dunkelfeldverfahren n
- f méthode f à fond noir
- r метод m затемнённого поля, метод m тёмного поля

D19
- e dark matter
- d unsichtbare Materie f, dunkle Materie f
- f matière f invisible
- r невидимая материя f

D20
- e dark space
- d Dunkelraum m
- f espace m sombre
- r тёмное пространство n (в газовом разряде)

D21
- e Darwin-Fowler method
- d Darwin-Fowler-Methode f, Darwin-Fowlersche Methode f
- f méthode f de Darwin-Fowler
- r метод m Дарвина - Фаулера

D22
- e data
- d Daten pl
- f données pl
- r данные pl; информация f

D23
- e data processing
- d Datenverarbeitung f
- f traitement m des données
- r обработка f данных

DATING

D24   e   dating by radioactivity
          d   radiometrische Altersbestimmung f
          f   détermination f de l'âge par radio-isotopes
          r   радиоизотопное датирование n, радиоизотопное определение n возраста

D25   e   daughter atom
          d   Folgeatom n, Tochteratom n
          f   atome m produit, atome m fils
          r   дочерний атом m

D26   e   Dauphiné twin
          d   Dauphinéer Zwilling m
          f   jumeau m dauphinéen, macle f dauphinéenne
          r   дофинейский двойник m

D27   e   Davisson-Germer experiment
          d   Davisson-Germer-Versuch m
          f   expérience f de Davisson-Germer
          r   опыт m Дэвиссона - Джермера

D28   e   Davydov splitting
          d   Dawydow-Aufspaltung f
          f   subdivision f Davydov, dédoublement m Davydov
          r   давыдовское расщепление n

D29   e   day
          d   Tag m
          f   jour m
          r   1. сутки pl 2. день m

D30   e   daylight lamp
          d   Tageslichtlampe f
          f   lampe f à lumière du jour
          r   лампа f дневного света

D31   e   dc amplifier
          d   Gleichstromverstärker m
          f   amplificateur m à courant continu
          r   усилитель m постоянного тока

D32   e   dc magnetization
          d   Gleichstrommagnetisierung f
          f   magnétisation f par courant continu
          r   постоянная намагниченность f

D33   e   dc voltage
          d   Gleichspannung f
          f   tension f continue
          r   постоянное напряжение n

D34   e   deactivation
          d   Deaktivierung f, Desaktivierung f
          f   désactivation f, décontamination f
          r   дезактивация f

D35   e   deactivator
          d   Deaktivator m, Desaktivator m
          f   désactivateur m
          r   дезактиватор m

D36   e   dead time
          d   Totzeit f
          f   temps m mort
          r   мёртвое время n, время n нечувствительности

D37   e   dead zone
          d   tote Zone f, neutrale Zone f, Totzone f, Unempfindlichkeitsbereich m
          f   zone f morte
          r   мёртвая зона f

D38   e   de Broglie wavelength
          d   de-Broglie-Wellenlänge f
          f   longueur f d'onde de De Broglie
          r   де-бройлевская длина f волны

D39   e   de Broglie waves
          d   de-Broglie-Wellen f pl, Materiewellen f pl
          f   ondes f pl brogliennes
          r   волны f pl де Бройля, волны f pl материи

D40   e   debuncher
          d   Bündelzerstreuer m, Phasenentbündeler m, Debuncher m
          f   debuncher m
          r   дебанчер m, разгруппирователь m

D41   e   debunching
          d   Bündelzerstreuung f, Debunching n
          f   dégroupement m
          r   разгруппирование n (пучка)

D42   e   Debye, D
          d   Debye n, Debye-Einheit f
          f   debye m
          r   дебай m, Д (внесистемная единица электрического дипольного момента)

D43   e   Debye frequency
          d   Debye-Frequenz f, Debyesche Frequenz f
          f   fréquence f de Debye
          r   частота f Дебая

D44   e   Debye length
          d   Debye-Länge f
          f   longueur f de Debye
          r   дебаевская длина f, дебаевский радиус m (экранирования)

D45   e   Debye-Scherrer method
          d   Debye-Scherrer-Verfahren n
          f   méthode f de Debye-Scherrer
          r   метод m Дебая - Шеррера

D46   e   Debye-Scherrer powder photograph
          d   Debye-Scherrer-Aufnahme f, Debye-Scherrer-Diagramm n, Pulverbeugungsaufnahme f
          f   diagramme m Debye-Scherrer, diagramme m de Debye-Scherrer, cristallogramme m à poudre
          r   дебаеграмма f, порошковая рентгенограмма f

D47 e Debye temperature
     d Debye-Temperatur *f*
     f température *f* de Debye
     r температура *f* Дебая

D48 e Debye theory of solids
     d Debyesche Festkörpertheorie *f*
     f théorie *f* du corps solide de Debye
     r теория *f* твёрдого тела Дебая, теория *f* Дебая

D49 e Debye unit *see* Debye

D50 e Debye-Waller factor
     d Debye-Wallerscher Temperaturfaktor *m*, Debye-Wallerscher Faktor *m*, Debye-Waller-Faktor *m*
     f facteur *m* de Debye-Waller
     r фактор *m* Дебая — Уоллера

D51 e decay
     d 1. Zerfall *m* 2. Abklingen *n*, Abfall *m*
     f 1. désintégration *f* 2. déclin *m*, évanouissement *m*
     r 1. распад *m* 2. затухание *n*, ослабление *n*

D52 e decay constant
     d Zerfallskonstante *f*, radioaktive Zerfallskonstante *f*
     f constante *f* de désintégration
     r постоянная *f* распада

D53 e decay curve
     d 1. Abklingkurve *f* 2. Zerfallskurve *f*
     f 1. courbe *f* de déclin 2. courbe *f* de désintégration
     r 1. кривая *f* затухания 2. кривая *f* распада

D54 e decay instability
     d Zerfallsinstabilität *f*
     f instabilité *f* de désintégration
     r распадная неустойчивость *f*

D55 e decay kinematics
     d Zerfallskinematik *f*
     f cinématique *f* de désintégration
     r кинематика *f* распада

D56 e decay period
     d Halbwertzeit *f*
     f période *f* de demi-valeur
     r период *m* полураспада

D57 e decay time
     d 1. Zerfallszeit *f*, Abklingzeit *f* (*Lumineszenz*) 2. Zerfallszeit *f* 3. Abklingzeit *f*
     f 1. durée *f* d'émission, durée *f* d'émission (*du phosphore*) 2. période *f* de désintégration 3. temps *m* de décroissance
     r 1. время *n* высвечивания (*люминофора*) 2. время *n* распада 3. время *n* спада

D58 e decelerated motion
     d verzögerte Bewegung *f*
     f mouvement *m* décéléré
     r замедленное движение *n*

D59 e decelerating voltage
     d Verzögerungsspannung *f*, retardierende Spannung *f*
     f tension *f* de décélération
     r замедляющее напряжение *n*, тормозящее напряжение *n*

D60 e deceleration
     d Verzögerung *f*
     f décélération *f*
     r замедление *n*, торможение *n*

D61 e dechanneling
     d Dekanalierung *f*, Dekanalierungseffekt *m*, Dechanneling *n*
     f décanalisation *f*
     r деканалирование *n*

D62 e dechanneling by defects
     d Defekt-Dekanalierung *f*
     f décanalisation *f* aux défauts
     r деканалирование *n* на дефектах

D63 e decibel, dB
     d Dezibel *n*
     f décibel *m*
     r децибел *m*, дБ

D64 e decimal logarithm, lg
     d Briggscher Logarithmus *m*, dekadischer Logarithmus *m*, Zehnerlogarithmus *m*
     f logarithme *m* décimal, logarithme *m* de Brigg
     r десятичный логарифм *m*

D65 e decimetric waves
     d Dezimeterwellen *f pl*
     f ondes *f pl* décimétriques
     r дециметровые волны *f pl*

D66 e declination
     d Deklination *f*
     f déclinaison *f*
     r склонение *n*

D67 e decoder
     d Dekoder *m*, Dekodierer *m*
     f décodeur *m*
     r декодер *m*

D68 e decontamination chamber
     d Dekontaminationszelle *f*
     f chambre *f* de décontamination
     r дезактивационная камера *f*

D69 e decoration
     d Dekorieren *n*
     f décoration *f*
     r декорирование *n*

D70 e decoration technique

DECREMENT

           d   Dekorierverfahren *n*
           f   méthode *f* de décoration
           r   метод *m* декорирования

D71   *e*   decrement
           d   Dämpfungsdekrement *n*,
               Schwingungsdekrement *n*,
               Dämpfungsverhältnis *n*, Dekrement *n*
           f   décrément *m*
           r   декремент *m*

D72   *e*   decrystallization
           d   Entkristallisation *f*
           f   décristallisation *f*
           r   декристаллизация *f*

D73   *e*   dee
           d   Duant *m*, D-Elektrode *f*, Dee *n*
           f   dé *m*
           r   дуант *m*

D74   *e*   deenergizing
           d   Abschalten *n*, Stromlosmachen *n*
           f   désexcitation *f*
           r   обесточивание *n*

D75   *e*   deep inelastic process, deeply inelastic process
           d   tiefinelastischer Prozeß *m*, tiefunelastischer Prozeß *m*
           f   processus *m* profondément inélastique
           r   глубоко неупругий процесс *m*

D76   *e*   deep inelastic scattering, deeply inelastic scattering
           d   tiefinelastische Streuung *f*, tiefunelastische Streuung *f*
           f   diffusion *f* profondément inélastique
           r   глубоко неупругое рассеяние *n*

D77   *e*   deep trap
           d   tiefe Haftstelle *f*, tiefliegende Haftstelle *f*
           f   piège *m* profond
           r   глубокая ловушка *f*

D78   *e*   deexcitation
           d   Aberregung *f*; Relaxation *f*
           f   désexcitation *f*; relaxation *f*
           r   снятие *n* возбуждения; релаксация *f*; переход *m* в невозбуждённое состояние

D79   *e*   defect
           d   Defekt *m*, Fehler *m*; Störstelle *f*
           f   défaut *m*
           r   дефект *m*

D80   *e*   defect concentration
           d   Störstellendichte *f*, Verunreinigungskonzentration *f*
           f   concentration *f* des défauts
           r   концентрация *f* дефектов

D81   *e*   defect delocalization
           d   Defektdelokalisierung *f*
           f   délocalisation *f* des défauts
           r   делокализация *f* дефектов

D82   *e*   defect formation
           d   Fehlstellenerzeugung *f*, Defektbildung *f*
           f   formation *f* des défauts
           r   образование *n* дефектов, дефектообразование *n*

D83   *e*   defect migration
           d   Fehlstellenwanderung *f*
           f   migration *f* de défauts
           r   миграция *f* дефектов

D84   *e*   defecton
           d   Defekton *n* (*Quasiteilchen*)
           f   defecton *m* (*quasi-particule*)
           r   дефектон *m* (*квазичастица*)

D85   *e*   definite integral
           d   bestimmtes Integral *n*
           f   intégrale *f* définie
           r   определённый интеграл *m*

D86   *e*   deflagration
           d   Deflagration *f*, Verpuffung *f*, Abbrennen *n*
           f   déflagration *f*
           r   дефлаграция *f* (*режим распространения пламени*)

D87   *e*   deflected beam
           d   abgelenkter Strahl *m*, abgelenktes Strahlenbündel *n*
           f   faisceau *m* dévié, rayon *m* dévié
           r   отклонённый пучок *m*, отклонённый луч *m*

D88   *e*   deflecting coil
           d   ablenkende Spule *f*, Ablenkspule *f*, Auslenkspule *f*
           f   bobine *f* de déviation
           r   отклоняющая катушка *f*

D89   *e*   deflecting plates
           d   Ablenkplatten *f pl*
           f   plaques *f pl* de déviation
           r   отклоняющие пластины *f pl*

D90   *e*   deflecting voltage
           d   Ablenkspannung *f*
           f   tension *f* de déviation
           r   отклоняющее напряжение *n*

D91   *e*   deflection
           d   Ablenkung *f*; Deviation *f*
           f   déflexion *f*; déviation *f*
           r   отклонение *n*

D92   *e*   deflection angle
           d   Ablenkungswinkel *m*
           f   angle *m* de déviation
           r   угол *m* отклонения

D93   *e*   deflector
           d   Deflektor *m*, Auslenkvorrichtung *f*

	f	déflecteur m
	r	дефлектор m

D94 e defocusing
d Defokussierung f
f défocalisation f
r дефокусировка f

D95 e deformability
d Deformierbarkeit f, Formänderungsfähigkeit f, Formänderungsvermögen n
f déformabilité f
r деформируемость f

D96 e deformable medium kinematics
d Kinematik f des deformierbaren Mediums
f cinématique f du milieu déformable
r кинематика f деформируемой среды

D97 e deformation
d 1. Deformation f, Deformierung f, Verformung f 2. Verzerrung f, Verbiegung f
f 1. déformation f 2. changement m de forme
r 1. деформация f 2. искажение n

D98 e deformation of band
d Deformation f des Energiebereiches, Energiebanddeformation f
f déformation f de la bande
r деформация f зоны, деформация f энергетической зоны

D99 e deformation potential
d Deformationspotential n
f potentiel m de déformation
r деформационный потенциал m

D100 e deformation vibrations (of a molecule)
d Deformationsschwingungen f pl
f oscillations f pl de déformation (d'une molécule)
r деформационные колебания n pl (молекулы)

D101 e deformed nucleus
d deformierter Kern m, nichtaxialer Kern m
f noyau m déformé
r деформированное ядро n, несимметричное ядро n

D102 e degassing
d Entgasung f, Gasaustreibung f
f dégazage m, dégazation f
r обезгаживание n

D103 e degeneracy
d Entartung f
f dégénérescence f
r вырождение n

D104 e degeneracy multiplicity see degeneracy order

D105 e degeneracy of energy levels
d Entartung f des Energieniveaus
f dégénérescence f des niveaux énergétiques
r вырождение n уровней энергии

D106 e degeneracy of vacuum
d Vakuumentartung f
f dégénérescence f du vide
r вырождение n вакуума

D107 e degeneracy order
d Grad m der Entartung, Entartungsgrad m
f multiplicité f de dégénérescence, multiplicité f de dégénération
r кратность f вырождения

D108 e degeneracy temperature
d Entartungstemperatur f
f température f de dégénérescence
r температура f вырождения

D109 e degenerate band
d entartete Zone f
f zone f dégénérée
r вырожденная зона f

D110 e degenerate gas
d entartetes Gas n
f gaz m dégénéré
r вырожденный газ m

D111 e degenerate helium dwarf
d entarteter Heliumzwerg m
f naine f à hélium dégénérée
r вырожденный гелиевый карлик m

D112 e degenerate mode
d entartete Mode f
f mode m dégénéré
r вырожденная мода f, вырожденный тип m колебаний

D113 e degenerate oscillation
d entartete Schwingungen f pl
f oscillations f pl dégénérées
r вырожденные колебания n pl

D114 e degenerate semiconductor
d entarteter Halbleiter m
f semi-conducteur m dégénéré
r вырожденный полупроводник m

D115 e degenerate state
d entarteter Zustand m
f état m dégénéré
r вырожденное состояние n

D116 e degenerate state interference
d Interferenz f der entarteten Zustände
f interférence f des états dégénérés
r интерференция f вырожденных состояний

D117 e degradation of energy
d Energiedegradation f

DEGREE

        f   dégradation *f* d'énergie
        r   деградация *f* энергии

D118 *e* degree
       d Grad *m*
       f   degré *m*
       r   1. градус *m* (угловой или температурный) 2. степень *f*

D119 *e* degree of coherence
       d Kohärenzgrad *m*
       f   degré *m* de cohérence
       r   степень *f* когерентности

D120 *e* degree of freedom
       d Freiheitsgrad *m*
       f   degré *m* de liberté
       r   степень *f* свободы

D121 *e* degree of ionization
       d Ionisierungsgrad *m*, Ionisationsgrad *m*
       f   degré *m* d'ionisation
       r   степень *f* ионизации

D122 *e* De Haas-van Alphen effect
       d De-Haas-Van-Alphen-Effekt *m*
       f   effet *m* de Haas-van Alphen
       r   эффект *m* де-Хааза - ван Альфена

D123 *e* deionization
       d Entionisierung *f*, Deionisierung *f*
       f   déionisation *f*
       r   деионизация *f*

D124 *e* deionization time
       d Entionisierungszeit *f*
       f   temps *m* de déionisation
       r   время *n* деионизации

D125 *e* dekatron
       d Dekatron *n*, Dekadenzählröhre *f*, dekadische Zählröhre *f*
       f   décatron *m*
       r   декатрон *m*

D126 *e* delay
       d Verzögerung *f*; Verzug *m*
       f   retard *m*
       r   задержка *f*; запаздывание *n*

D127 *e* delay coefficient
       d Verzögerungsfaktor *m*
       f   coefficient *m* de retard
       r   коэффициент *m* замедления

D128 *e* delayed action
       d verzögerte Wirkung *f*
       f   action *f* retardée
       r   замедленное действие *n*

D129 *e* delayed neutrons
       d verzögerte Neutronen *n pl*
       f   neutrons *m pl* différés
       r   запаздывающие нейтроны *m pl*

D130 *e* delay lens
       d Phasenverzögerungslinse *f*
       f   lentille *f* ralentisseuse
       r   замедляющая линза *f*

D131 *e* delay line
       d Verzögerungsleitung *f*
       f   ligne *f* à retard
       r   линия *f* задержки

D132 *e* delay time
       d Verzögerungszeit *f*; Verzugszeit *f*
       f   temps *m* de retard, période *f* de retard, durée *f* de retard
       r   время *n* задержки; время *n* запаздывания

D133 *e* Delbrück scattering
       d Delbrück-Streuung *f*
       f   diffusion *f* de Delbrück
       r   дельбрюковское рассеяние *n*

D134 *e* delocalized defect
       d delokalisierter Defekt *m*
       f   défaut *m* délocalisé
       r   делокализованный дефект *m*

D135 *e* delta electron
       d Deltaelektron *n*
       f   électron *m* delta
       r   дельта-электрон *m*

D136 *e* delta function
       d Deltafunktion *f*, Dirac-Funktion *f*, δ-Funktion *f*, Diracsche δ-Funktion *f*
       f   fonction *f* de Dirac
       r   дельта-функция *f*, δ-функция *f*

D137 *e* delta rays
       d Deltastrahlen *pl*
       f   rayons *pl* delta
       r   дельта-лучи *pl*

D138 *e* demagnetization
       d Entmagnetisierung *f*
       f   désaimantation *f*
       r   размагничивание *n*

D139 *e* demagnetization coefficient *see* demagnetization factor

D140 *e* demagnetization curve
       d Entmagnetisierungskurve *f*
       f   courbe *f* de désaimantation
       r   кривая *f* размагничивания

D141 *e* demagnetization factor
       d Entmagnetisierungsfaktor *m*
       f   facteur *m* de désaimantation
       r   размагничивающий фактор *m*, коэффициент *m* размагничивания

D142 *e* demagnetizing *see* demagnetization

D143 *e* demagnetizing field
       d Entmagnetisierungsfeld *n*, entmagnetisierendes Feld *n*
       f   champ *m* de démagnétisation
       r   размагничивающее поле *n*

D144 e Dember effect
      d Dember-Effekt m
      f effet m Dember
      r эффект m Дембера

D145 e demodulation
      d Demodulation f
      f démodulation f
      r демодуляция f, детектирование n

D146 e demodulator
      d Demodulator m
      f démodulateur m; détecteur m
      r демодулятор m; детектор m

D147 e demultiplexer
      d Demultiplexer m
      f démultiplexeur m
      r демультиплексор m

D148 e dendrite
      d Dendrit m
      f dendrite f
      r дендрит m

D149 e dendritic crystal
      d dendritischer Kristall m, Baumkristall m
      f squelette m de cristal
      r дендритный кристалл m, древовидный кристалл m

D150 e densimeter
      d Dichtemesser n; Aräometer n
      f densitomètre m
      r плотномер m; денсиметр m, ареометр m

D151 e densimetry
      d Densimetrie f, Dichtemessung f, Dichtebestimmung f
      f densimétrie f
      r денсиметрия f

D152 e densitometer
      d Densitometer n, Schwärzungsmesser m
      f densitomètre m
      r денситометр m

D153 e densitometry
      d Densitometrie f, Schwärzungsmessung f
      f densitométrie f
      r денситометрия f

D154 e density
      d 1. Dichte f 2. Konzentration f 3. optische Dichte f, Schwärzungsdichte f
      f 1. densité f 2. concentration f 3. densité f optique
      r 1. плотность f 2. концентрация f 3. оптическая плотность f

D155 e density inversion
      d Dichteinversion f
      f inversion f de densité
      r инверсия f плотности

D156 e density matrix
      d Dichtematrix f; Dichteoperator m
      f matrice f de densité
      r матрица f плотности

D157 e density of saturated vapor
      d Sättigungsdichte f
      f densité f de la vapeur saturée
      r плотность f насыщенного пара

D158 e density of states
      d Zustandsdichte f
      f densité f des états
      r плотность f состояний

D159 e density range
      d Schwärzungsumfang m, Schwärzungsbereich m, Dichteumfang m
      f intervalle m des densités
      r интервал m плотностей

D160 e density waves
      d Dichtewellen f pl
      f ondes f pl de densité
      r волны f pl плотности

D161 e deoxyribonucleic acid, DNA
      d Desoxyribonukleinsäure f, DNS
      f acide m désoxyribonucléique, ADN
      r дезоксирибонуклеиновая кислота f, ДНК f

D162 e dependence
      d Abhängigkeit f
      f dépendance f, relation f
      r зависимость f

D163 e dependence of viscosity on temperature
      d Temperaturabhängigkeit f der Viskosität
      f relation f viscosité/température
      r зависимость f вязкости от температуры

D164 e dephasing
      d Außer-Phase-Bringen n, Phasenverschiebung f
      f déphasage m
      r дефазировка f

D165 e depinning
      d Depinning n
      f dépiégeage m
      r депиннинг m

D166 e depletion
      d Entleerung f (des Energieniveaus); Verarmung f, Erschöpfung f
      f épuisement m; appauvrissement m
      r опустошение n (энергетического уровня); обеднение n, истощение n

DEPLETION

D167   e   depletion layer
       d   Verarmungsschicht *f*
       f   couche *f* épuisée
       r   обеднённый слой *m*

D168   e   depletion-layer contact
       d   Verarmungsschichtkontakt *m*
       f   contact *m* avec la couche épuisée
       r   контакт *m* с обеднённым слоем

D169   e   depletion of pump wave
       d   Pumpwellenverarmung *f*
       f   épuisement *m* de l'onde de pompage
       r   истощение *n* волны накачки

D170   e   depletion region
       d   Verarmungsgebiet *n*, Verarmungsbereich *m*
       f   région *f* d'épuisement, couche *f* d'épuisement
       r   обеднённая область *f*

D171   e   depolarization of light
       d   Lichtdepolarisation *f*
       f   dépolarisation *f* de lumière
       r   деполяризация *f* света

D172   e   depolarizer
       d   Depolarisator *m*
       f   dépolarisant *m*
       r   деполяризатор *m*

D173   e   depopulation
       d   Entleeren *n* (*des Energieniveaus*)
       f   dépopulation *f*
       r   опустошение *n*, уменьшение *n* населённости

D174   e   deposition
       d   Auftragen *n*; Aufdampfen *n*; Abscheiden *n*, Abscheidung *f*
       f   déposition *f*
       r   нанесение *n*; напыление *n*; осаждение *n*

D175   e   depression
       d   Depression *f*
       f   dépression *f*
       r   1. понижение *n*; снижение *n* 2. подавление *n* 3. зона *f* пониженного давления

D176   e   depression of freezing point
       d   Gefrierpunkterniedrigung *f*
       f   abaissement *m* du point de congélation
       r   понижение *n* точки замерзания

D177   e   depth
       d   Tiefe *f*; Stärke *f*
       f   profondeur *f*; épaisseur *f*
       r   глубина *f*; толщина *f*

D178   e   depth of field *see* depth of focus

D179   e   depth of focus
       d   Schärfentiefe *f*, Tiefenschärfe *f*, Abbildungstiefe *f*
       f   profondeur *f* de champ, profondeur *f* de foyer
       r   глубина *f* резкости

D180   e   depth of modulation
       d   Aussteuerungstiefe *f*, Aussteuerungsgrad *m*
       f   profondeur *f* de modulation
       r   глубина *f* модуляции; коэффициент *m* модуляции

D181   e   depth of penetration
       d   Eindringtiefe *f*
       f   profondeur *f* de pénétration
       r   глубина *f* проникновения

D182   e   derivation
       d   1. Herleiten *n* (*Formel*) 2. Differenzierung *f*
       f   1. déduction *f* (*formule*) 2. différentiation *f*
       r   1. вывод *m* (*формулы*) 2. дифференцирование *n*

D183   e   derivative
       d   Ableitung *f*
       f   dérivée *f*
       r   производная *f*

D184   e   derived unit
       d   abgeleitete Einheit *f*
       f   unité *f* dérivée
       r   производная единица *f*

D185   e   desaccommodation
       d   Desakkommodation *f*
       f   désaccommodation *f*
       r   дезаккомодация *f*

D186   e   descending node
       d   absteigender Knoten *m*
       f   nœud *m* descendant
       r   нисходящий узел *m*

D187   e   description
       d   Beschreibung *f*
       f   description *f*
       r   описание *n*

D188   e   desensitization
       d   Desensibilisierung *f*
       f   désensibilisation *f*
       r   десенсибилизация *f*

D189   e   desensitizer
       d   Desensibilisator *m*
       f   désensibilisateur *m*
       r   десенсибилизатор *m*

D190   e   de Sitter space-time
       d   de-Sittersche Raum-Zeit *f*
       f   espace-temps *m* de De Sitter
       r   пространство-время *n* де Ситтера

D191   e   de Sitter universe
       d   de-Sitter-Welt *f*

DEVELOPMENT

- *f* Univers *m* de De Sitter
- *r* Вселенная *f* де Ситтера

D192
- *e* desorption
- *d* Desorption *f*
- *f* désorption *f*
- *r* десорбция *f*

D193
- *e* desorption kinetics
- *d* Desorptionskinetik *f*
- *f* cinétique *f* de désorption
- *r* кинетика *f* десорбции

D194
- *e* destruction
- *d* 1. Destruktion *f*; Abbau *m* 2. Zerstörung *f*
- *f* destruction *f*
- *r* 1. деструкция *f* (полимеров) 2. разрушение *n*

D195
- *e* destruction operator
- *d* Vernichtungsoperator *m*
- *f* opérateur *m* de destruction
- *r* оператор *m* уничтожения

D196
- *e* destruction test
- *d* Zerstörungsprüfung *f*, zerstörende Werkstoffprüfung *f*
- *f* essai *m* destructif
- *r* испытание *n* с разрушением образца

D197
- *e* destructive interference
- *d* Auslöschung *f*
- *f* interférence *f* destructive
- *r* деструктивная интерференция *f*

D198
- *e* desublimation
- *d* Desublimation *f*
- *f* desublimation *f*
- *r* десублимация *f*

D199
- *e* detached flow
- *d* abgelöste Strömung *f*
- *f* écoulement *m* décollé
- *r* отрывное течение *n*

D200
- *e* detachment of electrons
- *d* Ablösung *f* der Elektronen
- *f* décollement *m* des électrons
- *r* отлипание *n* электронов

D201
- *e* detailed balancing principle
- *d* Prinzip *n* des detaillierten Gleichgewichtes
- *f* principe *m* d'équilibre détaillé
- *r* принцип *m* детального равновесия

D202
- *e* detection
- *d* 1. Gleichrichtung *f*; Demodulation *f* 2. Nachweis *m*, Detektion *f*
- *f* détection *f*
- *r* 1. детектирование *n*, выпрямление *n* 2. обнаружение *n*, регистрация *f*

D203
- *e* detection of single atoms
- *d* Auffinden *n* von Einzelatomen
- *f* détection *f* des atomes uniques
- *r* детектирование *n* единичных атомов

D204
- *e* detection of single molecules
- *d* Auffinden *n* von Einzelmolekülen
- *f* détection *f* des molécules uniques
- *r* детектирование *n* единичных молекул

D205
- *e* detector
- *d* Detektor *m*
- *f* détecteur *m*
- *r* детектор *m*

D206
- *e* determinant
- *d* Determinante *f*, Bestimmungsgröße *f*
- *f* déterminant *m*
- *r* детерминант *m*

D207
- *e* determination of crystal structure
- *d* Kristallstrukturbestimmung *f*
- *f* détermination *f* de la structure des cristaux
- *r* определение *n* структуры кристаллов

D208
- *e* determinism
- *d* Determinismus *m*
- *f* déterminisme *m*
- *r* детерминизм *m*

D209
- *e* detonation
- *d* Detonation *f*
- *f* détonation *f*
- *r* детонация *f*

D210
- *e* detonation wave
- *d* Detonationswelle *f*
- *f* onde *f* de détonation
- *r* детонационная волна *f*

D211
- *e* deuterides
- *d* Deuteride *n pl*
- *f* hydrures *m pl* lourds
- *r* дейтериды *m pl*

D212
- *e* deuterium, D, 2H
- *d* Deuterium *n*, schwerer Wasserstoff *m*
- *f* deutérium *m*, hydrogène *m* lourd
- *r* дейтерий *m*

D213
- *e* deuterium target
- *d* Deuteriumtarget *n*
- *f* cible *f* de deutérium
- *r* дейтериевая мишень *f*

D214
- *e* deuteron
- *d* Deuteron *n*, Deuton *n*, Deuteriumkern *m*
- *f* deutéron *m*, deuton *m*
- *r* дейтрон *m*

D215
- *e* development
- *d* Entwicklung *f*
- *f* développement *m*
- *r* 1. проявление *n* (фотографический процесс) 2. развитие *n*

DEVIATION

D216   e   deviation
           d   1. Ablenkung f 2. Abweichung f, Deviation f
           f   déviation f
           r   1. отклонение n 2. девиация f

D217   e   deviator
           d   Deviator m
           f   déviateur m
           r   девиатор m

D218   e   device
           d   Gerät n
           f   instrument m, appareil m
           r   прибор m

D219   e   dew
           d   Tau m
           f   rosée f
           r   роса f

D220   e   Dewar, Dewar vessel
           d   Dewar-Gefäß n
           f   dewar m, vase m Dewar
           r   дьюар m, сосуд m Дьюара

D221   e   dew point
           d   *Taupunkt m
           f   point m de rosée
           r   точка f росы

D222   e   diagnostics
           d   Diagnose f
           f   diagnostic m
           r   диагностика f

D223   e   diagonal
           d   Diagonale f
           f   diagonale f
           r   диагональ f

D224   e   diagram
           d   Diagramm n, graphische Darstellung f
           f   diagramme m
           r   диаграмма f, схема f

D225   e   diagram technique of Feynman
           d   Feynman-Graph m, Feynman-Diagramm n
           f   technique f de diagrammes de Feynman
           r   метод m диаграмм Фейнмана

D226   e   dial
           d   Skale f
           f   cadran m; échelle f
           r   шкала f

D227   e   dialysis
           d   Dialyse f
           f   dialyse f
           r   диализ m

D228   e   diamagnet see diamagnetic substance

D229   e   diamagnetic substance
           d   Diamagnetikum n, diamagnetischer Stoff m
           f   diamagnétique m
           r   диамагнетик m

D230   e   diamagnetic susceptibility
           d   diamagnetische Suszeptibilität f
           f   susceptibilité f diamagnétique
           r   диамагнитная восприимчивость f

D231   e   diamagnetism
           d   Diamagnetismus m
           f   diamagnétisme m
           r   диамагнетизм m

D232   e   diameter
           d   Durchmesser m
           f   diamètre m
           r   диаметр m

D233   e   diamond
           d   Diamant m
           f   diamant m
           r   алмаз m

D234   e   diamond anvil
           d   Diamantamboß m
           f   enclume f de diamant
           r   алмазная наковальня f

D235   e   diamond detector
           d   Diamantdetektor m
           f   détecteur m à diamant
           r   алмазный детектор m

D236   e   diamond indenter
           d   Diamanteindringkörper m
           f   pénétrateur m à diamant
           r   алмазный индентор m

D237   e   diamond-lattice crystal
           d   Diamantgitterkristall m
           f   cristal m à structure type diamant
           r   кристалл m с алмазной решёткой

D238   e   diamond structure
           d   Diamantgitter n, Diamantstruktur f
           f   structure f du diamant
           r   структура f алмаза

D239   e   diaphragm
           d   1. Diaphragma n, Blende f 2. Membran f
           f   1. diaphragme m 2. membrane f
           r   1. диафрагма f 2. мембрана f

D240   e   diastereoisomer
           d   Diastereomer n, Diastereoisomer n
           f   diastéréoisomère m, diamère m
           r   диастереомер m, диастереоизомер m

D241   e   diathermy
           d   Diathermie f
           f   diathermie f
           r   диатермия f

D242   *e*   diatomic molecule
        d   zweiatomiges Molekül *n*
        f   molécule *f* diatomique
        r   двухатомная молекула *f*

D243   *e*   dibaryon
        d   Dibaryon *n*
        f   dibaryon *m*
        r   дибарион *m*

D244   *e*   dichroic mirror
        d   dichroitischer Spiegel *m*
        f   miroir *m* dichroïque
        r   дихроичное зеркало *n*

D245   *e*   dichroism
        d   Dichroismus *m*
        f   dichroïsme *m*
        r   дихроизм *m*

D246   *e*   dichromated gelatin
        d   Bichromatgelatine *f*
        f   gélatine *f* bichromateé
        r   бихромированная желатина *f*

D247   *e*   dielectric
        d   Dielektrikum *n*; Nichtleiter *m*; Isolator *m*
        f   diélectrique *m*
        r   диэлектрик *m*

D248   *e*   dielectric absorption
        d   dielektrische Absorption *f*
        f   absorption *f* diélectrique
        r   поглощение *n* в диэлектрике

D249   *e*   dielectric aerial, dielectric antenna
        d   dielektrische Antenne *f*
        f   antenne *f* à barreau diélectrique
        r   диэлектрическая антенна *f*

D250   *e*   dielectric breakdown
        d   dielektrischer Durchschlag *m*
        f   rupture *f* diélectrique
        r   пробой *m* диэлектрика

D251   *e*   dielectric constant *see* permittivity

D252   *e*   dielectric hysteresis
        d   dielektrische Hysterese *f*
        f   hystérésis *f* diélectrique
        r   диэлектрический гистерезис *m*

D253   *e*   dielectric loss
        d   dielektrische Verluste *m pl*
        f   pertes *f pl* diélectriques
        r   диэлектрические потери *f pl*

D254   *e*   dielectric loss angle
        d   dielektrischer Verlustwinkel *m*
        f   angle *m* de pertes diélectriques
        r   угол *m* диэлектрических потерь

D255   *e*   dielectric loss factor
        d   Verlustfaktor *m*
        f   facteur *m* de pertes, coefficient *m* de pertes, facteur *m* de pertes diélectriques, coefficient *m* de pertes diélectriques
        r   коэффициент *m* диэлектрических потерь

D256   *e*   dielectric-metal transition
        d   Dielektrikum-Metall-Übergang *m*
        f   transition *f* diélectruqie - métal
        r   переход *m* диэлектрик - металл

D257   *e*   dielectric mirror
        d   dielektrischer Spiegel *m*
        f   miroir *m* diélectrique
        r   диэлектрическое зеркало *n*

D258   *e*   dielectric polarization
        d   dielektrische Polarisation *f*, elektrische Polarisation *f* des Dielektrikums
        f   polarisation *f* diélectrique
        r   поляризация *f* диэлектрика

D259   *e*   dielectric strength
        d   Durchschlagsfestigkeit *f*
        f   rigidité *f* diélectrique
        r   электрическая прочность *f*, пробивная напряжённость *f*

D260   *e*   dielectric susceptibility
        d   dielektrische Suszeptibilität *f*
        f   susceptibilité *f* diélectrique
        r   диэлектрическая восприимчивость *f*

D261   *e*   dielectric waveguide
        d   dielektrischer Wellenleiter *m*
        f   guide *m* d'ondes diélectrique
        r   диэлектрический волновод *m*

D262   *e*   dielectronic recombination
        d   dielektronische Rekombination *f*, Zweielektronenrekombination *f*
        f   recombinaison *f* à deux électrons
        r   диэлектронная рекомбинация *f*

D263   *e*   Diesel cycle
        d   Dieselscher Kreisprozeß *m*, Diesel-Prozeß *m*
        f   cycle *m* de Diesel
        r   цикл *m* Дизеля

D264   *e*   difference tones
        d   Differenztöne *m pl*
        f   sons *m pl* différentiels
        r   разностные тона *m pl*

D265   *e*   differential
        d   Differential *n*
        f   différentiel *m*
        r   дифференциал *m*

D266   *e*   differential analyzer
        d   Differentialanalysator *m*
        f   analyseur *m* différentiel
        r   дифференциальный анализатор *m*

D267   *e*   differential cross-section
        d   differentieller Wirkungsquerschnitt *m*, Differentialquerschnitt *m*

DIFFERENTIAL

	f section *f* efficace différentielle
	r дифференциальное сечение *n* рассеяния, дифференциальное сечение *n*

D268 *e* differential equation
 d Differentialgleichung *f*
 f équation *f* différentielle
 r дифференциальное уравнение *n*

D269 *e* differential manometer
 d Differentialmanometer *n*
 f manomètre *m* différentiel
 r дифференциальный манометр *m*, дифманометр *m*

D270 *e* differential operator
 d Differentialoperator *m*
 f opérateur *m* différentiel
 r дифференциальный оператор *m*

D271 *e* differentiating circuit
 d Differenzierschaltung *f*
 f circuit *m* de différentiation
 r дифференцирующая цепь *f*

D272 *e* differentiation
 d Differentiation *f*
 f différentiation *f*
 r дифференцирование *n*

D273 *e* diffracted beam
 d gebeugter Strahl *m*
 f rayon *m* diffracté
 r дифрагированный луч *m*

D274 *e* diffracted radiation
 d gebeugte Strahlung *f*
 f rayonnement *m* diffracté
 r дифрагированное излучение *n*

D275 *e* diffraction
 d Beugung *f*, Diffraktion *f*
 f diffraction *f*
 r дифракция *f*

D276 *e* diffraction analysis
 d Beugungsanalyse *f*, Beugungsuntersuchung *f*
 f analyse *f* par diffraction, diffractométrie *f*
 r структурный анализ *m*

D277 *e* diffraction by circular aperture
 d Beugung *f* an einer runden Blende, Beugung *f* an kreisrundem Loch
 f diffraction *f* par une ouverture circulaire
 r дифракция *f* на круглом отверстии

D278 *e* diffraction by crystals
 d Kristallbeugung *f*, Beugung *f* am Kristall
 f diffraction *f* cristalline
 r дифракция *f* в кристаллах

D279 *e* diffraction by slit
 d Beugung *f* am Spalt, Beugung *f* an einer Spaltblende
 f diffraction *f* par une fente
 r дифракция *f* на щели

D280 *e* diffraction coupler
 d Beugungskoppler *m*
 f coupleur *m* de diffraction
 r дифракционный ответвитель *m*

D281 *e* diffraction dissociation
 d Beugungsdissoziation *f*
 f dissociation *f* de diffraction
 r дифракционная диссоциация *f*

D282 *e* diffraction divergence
 d Beugungsdivergenz *f*
 f divergence *f* naturelle
 r дифракционная расходимость *f*

D283 *e* diffraction fringes
 d Beugungsstreifen *m pl*
 f franges *f pl* de diffraction
 r дифракционные полосы *f pl*

D284 *e* diffraction grating
 d Beugungsgitter *n*
 f réseau *m* de diffraction
 r дифракционная решётка *f*

D285 *e* diffraction image
 d Beugungsbild *n*
 f figure *f* de diffraction, image *f* de diffraction
 r дифракционное изображение *n*

D286 *e* diffraction-limited laser
 d beugungsbegrenzter Laser *m*
 f laser *m* à divergence naturelle du faisceau
 r лазер *m* с дифракционной расходимостью пучка

D287 *e* diffraction maximum
 d Beugungsmaximum *n*
 f maximum *m* de diffraction
 r дифракционный максимум *m*

D288 *e* diffraction method
 d Diffraktionsmethode *f*
 f méthode *f* de diffraction
 r дифракционный метод *m*

D289 *e* diffraction minimum
 d Beugungsminimum *n*
 f minimum *m* de diffraction
 r дифракционный минимум *m*

D290 *e* diffraction of atoms and molecules
 d Beugung *f* von Atomen und Molekülen
 f diffraction *f* des atomes et molécules
 r дифракция *f* атомов и молекул

D291 *e* diffraction of electrons *see* electron diffraction

D292 *e* diffraction of electrons by solids, diffraction of electrons in solids

	d	Elektronenbeugung *f* in Festkörpern
	f	diffraction *f* des électrons dans les corps solides
	r	дифракция *f* электронов в твёрдых телах
D293	e	diffraction of light
	d	Lichtbeugung *f*
	f	diffraction *f* de la lumière
	r	дифракция *f* света
D294	e	diffraction of light by ultrasonics
	d	Lichtbeugung *f* an den Ultraschallwellen
	f	diffraction *f* de la lumière par ultrason
	r	дифракция *f* света на ультразвуке
D295	e	diffraction of neutrons *see* neutron diffraction
D296	e	diffraction of partially coherent fields
	d	Diffraktion *f* der teilweise kohärenten Felder
	f	diffraction *f* des champs partiellement cohérents
	r	дифракция *f* частично когерентных полей
D297	e	diffraction of radio waves
	d	Funkwellendiffraktion *f*
	f	diffraction *f* des ondes radio, diffraction *f* des ondes radio-électroniques
	r	дифракция *f* радиоволн
D298	e	diffraction of sound
	d	Schalldiffraktion *f*
	f	diffraction *f* du son
	r	дифракция *f* звука
D299	e	diffraction of X-rays *see* X-ray diffraction
D300	e	diffraction pattern
	d	Beugungsfigur *f*, Beugungsbild *n*, Beugungsdiagramm *m*
	f	figure *f* de diffraction, image *f* de diffraction; diffractogramme *m*
	r	дифракционная картина *f*; дифрактограмма *f*
D301	e	diffraction peak *see* diffraction maximum
D302	e	diffraction ring
	d	Beugungsring *m*
	f	anneau *m* de diffraction
	r	дифракционное кольцо *n*
D303	e	diffraction scattering
	d	Diffraktionsstreuung *f*, Beugungsstreuung *f*
	f	diffusion *f* par diffraction
	r	дифракционное рассеяние *n*
D304	e	diffractogram
	d	Beugungsdiagramm *n*
	f	diagramme *m* de diffraction, diffractogramme *m*
	r	дифрактограмма *f*
D305	e	diffractometer
	d	Beugungsgerät *n*, Diffraktometer *n*
	f	diffractomètre *m*
	r	дифрактометр *m*
D306	e	diffuse discharge
	d	diffuse Entladung *f*
	f	décharge *f* par diffusion
	r	диффузный разряд *m*
D307	e	diffused mesa
	d	diffuse Mesastruktur *f*
	f	structure *f* mesa diffusée
	r	диффузионная мезаструктура *f*
D308	e	diffuse edge
	d	Randauflockerung *f*, Randverschmierung *f*
	f	bord *m* diffusé
	r	размытый край *m*
D309	e	diffuse image
	d	verschwommenes Bild *n*; unscharfes Bild *n*
	f	image *f* floue
	r	размытое изображение *n*
D310	e	diffuser
	d	Lichtdiffusor *m*, Streukörper *m*, Diffusor *m*
	f	diffuseur *m*
	r	диффузор *m*
D311	e	diffuse radiation
	d	Streustrahlung *f*, diffuse Strahlung *f*
	f	rayonnement *m* diffus
	r	диффузное излучение *n*
D312	e	diffuse reflection
	d	diffuse Reflexion *f*
	f	réflexion *f* diffuse
	r	диффузное отражение *n*
D313	e	diffuse scattering
	d	diffuse Streuung *f*
	f	dispersion *f* diffuse
	r	диффузное рассеяние *n*
D314	e	diffuse source
	d	diffuse Quelle *f*, Streustrahlungsquelle *f*
	f	source *f* diffuse
	r	диффузный источник *m*
D315	e	diffusion
	d	Diffusion *f*
	f	diffusion *f*
	r	диффузия *f*
D316	e	diffusion capacity
	d	Diffusionskapazität *f*
	f	capacité *f* de diffusion
	r	диффузионная ёмкость *f*

DIFFUSION

D317　e　diffusion chamber
　　　d　Diffusionsnebelkammer f
　　　f　chambre f à diffusion
　　　r　диффузионная камера f

D318　e　diffusion coefficient
　　　d　Streukoeffizient m
　　　f　coefficient m de diffusion
　　　r　коэффициент m диффузии

D319　e　diffusion current
　　　d　Diffusionsstrom m
　　　f　courant m de diffusion
　　　r　диффузионный ток m

D320　e　diffusion distance see diffusion length

D321　e　diffusion equation
　　　d　Diffusionsgleichung f
　　　f　équation f de diffusion
　　　r　уравнение n диффузии

D322　e　diffusion flow
　　　d　Diffusionsstrom m
　　　f　courant m de diffusion
　　　r　диффузионный поток m

D323　e　diffusion in gases
　　　d　Diffusion f in Gasen
　　　f　diffusion f en gaz
　　　r　диффузия f в газах

D324　e　diffusion in liquids
　　　d　Diffusion f in Flüssigkeiten
　　　f　diffusion f en liquides
　　　r　диффузия f в жидкостях

D325　e　diffusion in solids
　　　d　Diffusion f in Festkörpern
　　　f　diffusion f dans les corps solides
　　　r　диффузия f в твёрдых телах

D326　e　diffusion length
　　　d　Diffusionslänge f
　　　f　longueur f de diffusion
　　　r　длина f диффузии, диффузионная длина f

D327　e　diffusion mean free path
　　　d　mittlere freie Diffusionsweglänge f
　　　f　parcours m libre moyen pour diffusion
　　　r　средний свободный пробег m для диффузии

D328　e　diffusion of minority
　　　d　Diffusion f der Minoritätsladungsträger
　　　f　diffusion f des porteurs minoritaires
　　　r　диффузия f неосновных носителей

D329　e　diffusion of neutrons
　　　d　Neutronendiffusion f
　　　f　diffusion f des neutrons
　　　r　диффузия f нейтронов

D330　e　diffusion potential
　　　d　Diffusionspotential n
　　　f　potentiel m de diffusion
　　　r　диффузионный потенциал m

D331　e　diffusion pump
　　　d　Diffusionspumpe f
　　　f　pompe f à diffusion
　　　r　диффузионный насос m

D332　e　diffusion zone
　　　d　Diffusionszone f
　　　f　zone f de diffusion
　　　r　зона f диффузии, диффузионная зона f

D333　e　diffusivity
　　　d　1. Diffusionsfaktor m
　　　　　2. Temperaturleitfähigkeit f, Temperaturleitzahl f
　　　f　1. coefficient m de diffusion
　　　　　2. coefficient m de conductibilité thermique
　　　r　1. коэффициент m диффузии
　　　　　2. коэффициент m температуропроводности

D334　e　digital holography
　　　d　digitale Holographie f; Computer-Holographie f
　　　f　holographie f digitale
　　　r　цифровая голография f

D335　e　digital image
　　　d　Digitaldarstellung f
　　　f　image f digitale
　　　r　цифровое изображение n

D336　e　digital instruments
　　　d　digitale Elektromeßgeräte n pl, elektrische Digitalmeßgeräte n pl
　　　f　instruments m pl digitaux
　　　r　цифровые электроизмерительные приборы m pl

D337　e　digital measurements
　　　d　Digitalmessungen f pl
　　　f　mesures f pl digitales
　　　r　цифровые измерения n pl

D338　e　digital oscilloscope
　　　d　Digitaloszilloskop n
　　　f　oscilloscope m digital
　　　r　цифровой осциллограф m

D339　e　digital-to-analog converter
　　　d　Digital-Analog-Umsetzer m, D/A-Umsetzer m
　　　f　convertisseur m digital-analogique
　　　r　цифро-аналоговый преобразователь m

D340　e　digitizer
　　　d　Digitaldarstellungsgerät n, Digitalisiergerät n
　　　f　échantillonneur m
　　　r　дискретизатор m

D341　e　dilatation
　　　d　Dilatation f
　　　f　dilatation f
　　　r　1. расширение n 2. всестороннее растяжение n

D342　e　dilatometer
　　　d　Dilatometer n
　　　f　dilatomètre m
　　　r　дилатометр m

D343　e　dilatometry
　　　d　Dilatometrie f
　　　f　dilatométrie f
　　　r　дилатометрия f

D344　e　dilepton
　　　d　Dilepton n
　　　f　dilepton m
　　　r　дилептон m

D345　e　dilution
　　　d　Verdünnung f
　　　f　dilution f
　　　r　разведение n, разбавление n

D346　e　dimension
　　　d　1. Abmessung f, Größe f, Größenart f 2. Abmessung f; Dimension f
　　　f　dimension f
　　　r　1. размер m 2. размерность f, измерение n

D347　e　dimensional analysis
　　　d　Dimensionsanalyse f
　　　f　analyse f de dimensions
　　　r　анализ m размерностей

D348　e　dimensional quantization
　　　d　dimensionelle Quantisierung f
　　　f　quantisation f dimensionnelle
　　　r　размерное квантование n

D349　e　dimensionless constant
　　　d　dimensionslose Konstante f
　　　f　constante f non dimensionnelle
　　　r　безразмерная константа f

D350　e　dimensionless coordinates
　　　d　dimensionslose Koordinaten f pl
　　　f　coordonnées f pl non dimensionnelles
　　　r　безразмерные координаты f pl

D351　e　dimensionless factor
　　　d　dimensionsloser Faktor m
　　　f　facteur m non dimensionnel
　　　r　безразмерный множитель m

D352　e　dimensionless quantity
　　　d　Dimensionslose f, dimensionslose Größe f
　　　f　valeur f non dimensionnelle, valeur f adimensionnée
　　　r　безразмерная величина f

D353　e　dimer
　　　d　Dimer n, Dimeres n
　　　f　dimère m
　　　r　димер m

D354　e　dimerization
　　　d　Dimerisation f
　　　f　dimérisation f
　　　r　димеризация f

D355　e　dimorphism
　　　d　Dimorphie f
　　　f　dimorphisme m
　　　r　диморфизм m

D356　e　diocotron effect
　　　d　Diocotroneffekt m
　　　f　effet m diocotron
　　　r　диокотронный эффект m

D357　e　diode
　　　d　Diode f
　　　f　diode f
　　　r　диод m

D358　e　diode detection
　　　d　Diodendemodulation f
　　　f　détection f par diode
　　　r　диодное детектирование n

D359　e　diode laser
　　　d　Diodenlaser m
　　　f　laser m à diode
　　　r　диодный лазер m

D360　e　diode pumping
　　　d　Diodenpumpen n
　　　f　pompage m par diode
　　　r　диодная накачка f

D361　e　diopter, D
　　　d　Dioptrie f, dpt
　　　f　dioptrie f, dpt, dptr
　　　r　диоптрия f, дп

D362　e　dioptrics
　　　d　Dioptrik f
　　　f　dioptrique f
　　　r　диоптрика f

D363　e　dip
　　　d　1. Tauchen n 2. Neigung f
　　　f　1. immersion f 2. inclinaison f
　　　r　1. погружение n 2. наклон m, наклонение n

D364　e　dipole
　　　d　1. Dipol m 2. Dipol m, Dipolantenne f
　　　f　dipôle m
　　　r　1. диполь m 2. вибратор m (антенна)

D365　e　dipole antenna
　　　d　Dipolantenne f
　　　f　antenne f dipôle
　　　r　симметричный вибратор m, вибраторная антенна f

DIPOLE

D366   e   dipole-dipole interaction
    d   Dipol-Dipol-Wechselwirkung *f*
    f   interaction *f* dipôle-dipôle
    r   диполь-дипольное взаимодействие *n*

D367   e   dipole moment
    d   Dipolmoment *n*
    f   moment *m* du dipôle
    r   дипольный момент *m*

D368   e   dipole radiation
    d   Dipolstrahlung *f*
    f   rayonnement *m* dipolaire
    r   дипольное излучение *n*

D369   e   dipole radiator
    d   Dipolstrahler *m*
    f   radiateur *m* dipolaire
    r   дипольный излучатель *m*

D370   e   Dirac delta function
    d   Diracsche Deltafunktion *f*, Dirac-Funktion *f*
    f   fonction *f* de Dirac
    r   дельта-функция *f* Дирака

D371   e   Dirac equation
    d   Dirac-Gleichung *f*
    f   équation *f* de Dirac
    r   уравнение *n* Дирака

D372   e   Dirac field
    d   Dirac-Feld *n*
    f   champ *m* de Dirac
    r   поле *n* Дирака

D373   e   Dirac matrix
    d   Diracsche Spinmatrix *f*, Diracsche Matrix *f*
    f   matrice *f* de Dirac
    r   матрица *f* Дирака

D374   e   Dirac monopole
    d   magnetischer Monopol *m*, Diracscher Monopol *m*
    f   monopôle *m* de Dirac
    r   монополь *m* Дирака

D375   e   Dirac quantization
    d   Dirac-Quantisierung *f*, Dirac-Quantelung *f*
    f   quantification *f* de Dirac
    r   квантование *n* Дирака

D376   e   direct conversion of heat to electricity
    d   Direktumwandlung *f* der Wärmeenergie in die elektrische Energie
    f   conversion *f* directe chaleur/électricité
    r   прямое преобразование *n* тепловой энергии в электрическую

D377   e   direct current
    d   Gleichstrom *m*
    f   courant *m* continu
    r   постоянный ток *m*

D378   e   direct-current amplifier
    d   Gleichstromverstärker *m*
    f   amplificateur *m* à courant continu
    r   усилитель *m* постоянного тока

D379   e   direct heating
    d   direkte Heizung *f*
    f   chauffage *m* direct
    r   прямой нагрев *m*

D380   e   direction
    d   Richtung *f*, Sinn *m*
    f   direction *f*, sens *m*
    r   направление *n*

D381   e   directional coupler
    d   Richtkoppler *m*
    f   coupleur *m* directionnel, coupleur *m* directif
    r   направленный ответвитель *m*

D382   e   directionality *see* directivity

D383   e   directional pattern
    d   Richtdiagramm *n*
    f   diagramme *m* directionnel
    r   диаграмма *f* направленности (антенны)

D384   e   directional radiation
    d   Richtstrahlung *f*, gerichtete Strahlung *f*
    f   radiation *f* directive, radiation *f* guidée
    r   направленное излучение *n*

D385   e   direction cosines
    d   Richtungscosinusse *m pl*
    f   cosinus *m pl* directeurs
    r   направляющие косинусы *m pl*

D386   e   direction of easy magnetization
    d   Richtung *f* der leichtesten Magnetisierbarkeit, magnetische Vorzugsrichtung *f*
    f   direction *f* d'aimantation facile, axe *m* d'aimantation facile
    r   направление *n* лёгкого намагничивания

D387   e   direction of propagation
    d   Fortpflanzungsrichtung *f*, Ausbreitungsrichtung *f*
    f   direction *f* de propagation
    r   направление *n* распространения

D388   e   directive gain *see* directivity

D389   e   directive pattern *see* directional pattern

D390   e   directive radiator
    d   Richtstrahler *m*
    f   émetteur *m* directif
    r   направленный излучатель *m*

D391 e directivity
     d Richtfähigkeit f, Richtvermögen n; Richtfaktor m, Richtverhältnis n
     f facteur m de directivité, coefficient m de directivité; directivité f
     r коэффициент m направленного действия (антенны), КНД

D392 e directly heated cathode
     d direktgeheizte Katode f
     f cathode f à chauffage direct
     r катод m прямого накала

D393 e direct nuclear reaction
     d direkte Kernreaktion f
     f réaction f nucléaire directe
     r прямая ядерная реакция f

D394 e director
     d Direktor m, Wellenrichter m
     f directeur m
     r директор m (антенны)

D395 e direct transitions
     d direkte Übergänge m pl
     f transitions f pl directes
     r прямые переходы m pl

D396 e Dirichlet problem
     d Dirichletsches Problem n, Dirichletproblem n
     f problème m de Dirichlet
     r задача f Дирихле

D397 e disc see disk

D398 e discharge
     d Entladung f
     f décharge f
     r разряд m

D399 e discharge channel
     d Entladekanal m, Entladungskanal m
     f canal m de décharge
     r канал m разряда

D400 e discharge firing see discharge ignition

D401 e discharge ignition
     d Entladungszündung f
     f ignition f de la décharge
     r зажигание n разряда

D402 e discharge initiation
     d Entladungsinitiierung f
     f initiation f de la décharge
     r инициирование n разряда

D403 e discharge lamp
     d Gasentladungslampe f
     f lampe f à décharge gazeuse
     r газоразрядная лампа f

D404 e discharge tube
     d Gasentladungsröhre f
     f tube m à décharge gazeuse
     r 1. газоразрядная лампа f
       2. газоразрядная трубка f

D405 e disclination
     d Disklination f
     f disclinaison f
     r дисклинация f

D406 e discontinuity
     d Diskontinuität f, Unstetigkeit f
     f discontinuité f
     r 1. разрыв m (непрерывности)
       2. скачок m 3. неоднородность f

D407 e discontinuity line
     d Unstetigkeitslinie f, Diskontinuitätslinie f
     f ligne f de discontinuité
     r линия f разрыва

D408 e discontinuity point
     d Unstetigkeitsstelle f
     f point m de discontinuité
     r точка f разрыва, точка f разрыва непрерывности

D409 e discontinuous flow
     d Nichtkontinuum-Strömung f
     f écoulement m discontinu
     r разрывное течение n

D410 e discontinuous function
     d unstetige Funktion f
     f fonction f discontinue
     r разрывная функция f

D411 e discontinuous vibration
     d diskontinuierliche Schwingungen f pl
     f oscillations f pl discontinues
     r разрывные колебания n pl

D412 e discrete filter
     d Diskretfilter n, diskretes Filter n
     f filtre m discret
     r дискретный фильтр m

D413 e discrete source
     d diskrete Radioquelle f, Punktquelle f
     f source f ponctuelle
     r дискретный источник m, точечный источник m

D414 e discrete spectrum
     d diskretes Spektrum n
     f spectre m discret
     r дискретный спектр m

D415 e discretization
     d Diskretisierung f
     f échantillonnage m
     r дискретизация f

D416 e discriminator
     d Diskriminator m
     f discriminateur m
     r дискриминатор m

DISINTEGRATION

D417   *e* **disintegration**
        d Zerfall *m*
        f désintégration *f*
        r распад *m*; разложение *n*, расщепление *n*

D418   *e* **disintegration constant**
        d Zerfallskonstante *f*, radioaktive Zerfallskonstante *f*
        f constante *f* de désintégration
        r постоянная *f* распада

D419   *e* **disintegration rate**
        d Zerfallsrate *f*
        f vitesse *f* de désintégration
        r скорость *f* распада

D420   *e* **disjoining pressure**
        d Spreizdruck *m*
        f pression *f* de coinçage
        r расклинивающее давление *n*

D421   *e* **disk**
        d Disk *f*; Scheibe *f*
        f disque *m*; cercle *m*
        r диск *m*; круг *m*, кружок *m*

D422   *e* **disk of least confusion**
        d Zerstreuungskreis *m*, Unschärfekreis *m*
        f cercle *m* de moindre diffusion, cercle *m* de diffusion, cercle *m* de confusion
        r кружок *m* наименьшего рассеяния

D423   *e* **dislocation**
        d Versetzung *f (im Kristall)*
        f dislocation *f*
        r дислокация *f*

D424   *e* **dislocation concentration**
        d Versetzungskonzentration *f*
        f concentration *f* des dislocations
        r концентрация *f* дислокаций

D425   *e* **dislocation dynamics**
        d Versetzungsdynamik *f*
        f dynamique *f* des dislocations
        r динамика *f* дислокаций

D426   *e* **dislocation-free crystal**
        d versetzungsfreier Kristall *m*
        f cristal *m* sans dislocations
        r бездислокационный кристалл *m*

D427   *e* **dislocation-free single crystal**
        d versetzungsfreier Einkristall *m*
        f monocristal *m* sans dislocations
        r бездислокационный монокристалл *m*

D428   *e* **dislocation nucleation**
        d Versetzungskeimbildung *f*, Versetzungseinsetzung *f*
        f germination *f* des dislocations
        r зарождение *n* дислокаций

D429   *e* **dislocation source**
        d Versetzungsquelle *f*
        f source *f* de dislocations
        r источник *m* дислокаций

D430   *e* **dislocation wall**
        d Versetzungswand *f*
        f paroi *f* de dislocation
        r дислокационная стенка *f*

D431   *e* **disorder**
        d Unordnung *f*, Regellosigkeit *f*, Fehlordnung *f*
        f désordre *m*
        r беспорядок *m*

D432   *e* **disordered crystal**
        d fehlgeordneter Kristall *m*
        f cristal *m* désordonné
        r неупорядоченный кристалл *m*, разупорядоченный кристалл *m*

D433   *e* **disordered magnet**
        d ungeordneter magnetischer Werkstoff *m*
        f aimant *m* désordonné
        r разупорядоченный магнетик *m*

D434   *e* **disordered system**
        d ungeordnetes System *n*
        f système *m* désordonné
        r неупорядоченная система *f*

D435   *e* **disordering**
        d 1. Fehlordnung *f* 2. ungeordneter Zustand *m*
        f 1. mise *f* en désordre 2. désordre *m*
        r разупорядочение *n*

D436   *e* **disorder-order transformation** *see* order-disorder transformation

D437   *e* **dispergator, disperser, dispersing agent**
        d Dispergiermittel *n*, Dispergierungsmittel *n*, Dispersionsmittel *n*
        f dispersant *m*, dispersif *m*, agent *m* de dispersion
        r диспергатор *m*

D438   *e* **dispersing prism**
        d Dispersionsprisma *n*
        f prisme *m* dispersant
        r дисперсионная призма *f*, спектральная призма *f*

D439   *e* **dispersion**
        d 1. Dispersion *f* 2. Zerstreuung *f* 3. Dispergierung *f*
        f dispersion *f*
        r 1. дисперсия *f* 2. рассеяние *n* 3. диспергирование *n*

D440   *e* **dispersion analysis**
        d Dispersionsanalyse *f*
        f analyse *f* dispersive
        r дисперсионный анализ *m*

D441	e	dispersion curve
	d	Dispersionskurve f
	f	courbe f de dispersion
	r	дисперсионная кривая f

D442	e	dispersion equation
	d	Dispersionsgleichung f
	f	équation f de dispersion
	r	дисперсионное уравнение n

D443	e	dispersion interferometer
	d	Dispersionsinterferometer n
	f	interféromètre m à dispersion
	r	дисперсионный интерферометр m

D444	e	dispersion interferometer technique
	d	Dispersionsinterferometerverfahren n
	f	technique f de l'interféromètre à dispersion
	r	метод m дисперсионного интерферометра

D445	e	dispersion law
	d	Dispersionsgesetz n
	f	loi f de dispersion
	r	закон m дисперсии

D446	e	dispersion of an instrument
	d	Dispersion f eines Instrumenten
	f	dispersion f d'un instrument
	r	дисперсия f прибора

D447	e	dispersion of light see optical dispersion

D448	e	dispersion of optical rotation see optical rotary dispersion

D449	e	dispersion of refractive index
	d	Brechzahldispersion f, Brechungsindexdispersion f
	f	dispersion f de l'indice de réfraction
	r	дисперсия f показателя преломления

D450	e	dispersion relations
	d	Dispersionsbeziehungen f pl
	f	relations f pl de dispersion
	r	дисперсионные соотношения n pl

D451	e	dispersity
	d	Dispersität f
	f	dispersité f
	r	дисперсность f

D452	e	dispersive delay line
	d	Dispersionsverzögerungsleitung f
	f	ligne f à retard dispersive
	r	дисперсионная линия f задержки

D453	e	dispersive medium
	d	Dispergiermittel n
	f	milieu m dispersif
	r	диспергирующая среда f

D454	e	dispersive power
	d	relative Dispersion f
	f	dispersion f relative
	r	относительная дисперсия f

D455	e	dispersive resonator
	d	dispersiver Resonator m
	f	résonateur m dispersif
	r	дисперсионный резонатор m

D456	e	dispersivity, dispersivity quotient
	d	Materialdispersion f
	f	dispersivité f
	r	дисперсия f показателя преломления

D457	e	displaced liquid
	d	verdrängte Flüssigkeit f
	f	liquide m déplacé
	r	вытесненная жидкость f

D458	e	displacement
	d	1. Verschiebung f 2. Substitution f 3. elektrische Verschiebung f
	f	1. décalage m 2. substitution f 3. déplacement m
	r	1. смещение n, сдвиг m 2. замещение n 3. электрическое смещение n

D459	e	displacement current
	d	Verschiebungsstrom m
	f	courant m de déplacement
	r	ток m смещения

D460	e	displacement pickup
	d	Verschiebungsgeber m
	f	capteur m de déplacement
	r	датчик m смещения, датчик m перемещения

D461	e	display
	d	Display n
	f	display m, afficheur m visuel
	r	дисплей m; устройство n отображения

D462	e	disposal of radioactive effluent
	d	Endlagerung f von radioaktiven Abfällen
	f	décharge f terrestre des déchets radio-actifs
	r	захоронение n радиоактивных отходов

D463	e	disruptive electric strength see dielectric strength

D464	e	dissector
	d	Dissektor m
	f	dissecteur m
	r	диссектор m

D465	e	dissipation
	d	Dissipation f, Zerstreuung f
	f	dissipation f
	r	диссипация f; рассеяние n

DISSIPATION

D466   e   dissipation of energy
         d   Energiedissipation *f*
         f   dissipation *f* de l'énergie
         r   диссипация *f* энергии

D467   e   dissipative acceleration mechanism
         d   dissipativer Beschleunigungsmechanismus *m*
         f   mécanisme *m* d'accélération dissipatif
         r   диссипативный механизм *m* ускорения

D468   e   dissipative forces
         d   dissipative Kräfte *f pl*
         f   forces *f pl* dissipatives
         r   диссипативные силы *f pl*

D469   e   dissipative function
         d   Dissipationsfunktion *f*
         f   fonction *f* de dissipation
         r   диссипативная функция *f*

D470   e   dissipative instability
         d   dissipative Instabilität *f*
         f   instabilité *f* dissipative
         r   диссипативная неустойчивость *f*

D471   e   dissipative medium
         d   dissipatives Medium *n*
         f   milieu *m* dissipatif
         r   диссипативная среда *f*

D472   e   dissipative system
         d   dissipatives System *n*
         f   système *m* dissipatif
         r   диссипативная система *f*

D473   e   dissociation
         d   Dissoziation *f*
         f   dissociation *f*
         r   диссоциация *f*

D474   e   dissociation channel
         d   Dissoziationskanal *m*
         f   canal *m* de dissociation
         r   канал *m* диссоциации

D475   e   dissociation constant
         d   Dissoziationskonstante *f*
         f   constante *f* de dissociation
         r   константа *f* диссоциации

D476   e   dissociation energy
         d   Dissoziationsenergie *f*
         f   énergie *f* de dissociation
         r   энергия *f* диссоциации

D477   e   dissociation equilibrium
         d   Dissoziationsgleichgewicht *n*
         f   équilibre *m* de dissociation
         r   диссоциативное равновесие *n*

D478   e   dissociation laser
         d   Dissoziationslaser *m*
         f   laser *m* à dissociation
         r   диссоциационный лазер *m*

D479   e   dissociative ionization
         d   dissoziative Ionisation *f*
         f   ionisation *f* dissociative
         r   диссоциативная ионизация *f*

D480   e   dissociative recombination
         d   dissoziative Rekombination *f*
         f   recombinaison *f* dissociative
         r   диссоциативная рекомбинация *f*

D481   e   dissolution
         d   Auflösung *f*
         f   dissolution *f*
         r   растворение *n*

D482   e   dissolution chamber
         d   Auflösungskammer *f*
         f   chambre *f* de dissolution
         r   камера *f* растворения *(в криостате)*

D483   e   dissonance
         d   Dissonanz *f*
         f   dissonance *f*
         r   диссонанс *m*

D484   e   distance
         d   1. Abstand *m*, Entfernung *f*; Strecke *f* 2. Reichweite *f*
         f   distance *f*
         r   1. расстояние *n* 2. дальность *f*

D485   e   distance measurement
         d   Entfernungsmessung *f*, Streckenmessung *f*
         f   mesure *f* de distance
         r   измерение *n* дальности, измерение *n* расстояния

D486   e   distance meter *see* rangefinder

D487   e   distant object
         d   entferntes Objekt *n*, ferner Gegenstand *m*
         f   objet *m* éloigné, objet *m* distant
         r   удалённый объект *m*

D488   e   distillation
         d   Destillation *f*
         f   distillation *f*
         r   дистилляция *f*, перегонка *f*

D489   e   distilled water
         d   destilliertes Wasser *n*
         f   eau *f* distillée
         r   дистиллированная вода *f*

D490   e   distorted image
         d   verzerrtes Bild *n*, verzeichnetes Bild *n*
         f   image *f* distordue
         r   искажённое изображение *n*

D491   e   distorted wave method
         d   Störwellenmethode *f*
         f   méthode *f* à ondes distordues
         r   метод *m* искажённых волн

D492 e distortion
　　d 1. Verzeichnung *f*, Distorsion *f*
　　　 2. Verzerrung *f*
　　f distorsion *f*
　　r 1. дисторсия *f* 2. искажение *n*

D493 e distortion factor
　　d Klirrfaktor *m*
　　f taux *m* de distorsion harmonique
　　r коэффициент *m* нелинейных искажений, коэффициент *m* гармоник

D494 e distortion meter
　　d Klirrfaktormesser *m*
　　f mesureur *m* des distorsions non linéaires
　　r измеритель *m* нелинейных искажений

D495 e distortion of optical images
　　d Verzerrung *f* von optischen Bildern
　　f distorsion *f* des images optiques
　　r искажение *n* оптических изображений

D496 e distributed Bragg reflector laser
　　d DBR-Laser *m*
　　f laser *m* à réflecteur réparti de Bragg
　　r лазер *m* с распределённым брэгговским отражателем

D497 e distributed charge
　　d verteilte Ladung *f*
　　f charge *f* répartie
　　r распределённый заряд *m*

D498 e distributed-feedback laser
　　d DFB-Laser *m*
　　f laser *m* à réaction distribuée, laser *m* à réaction répartie
　　r лазер *m* с распределённой обратной связью, РОС-лазер *m*

D499 e distributed inductance
　　d verteilte Induktivität *f*
　　f inductance *f* répartie
　　r распределённая индуктивность *f*

D500 e distributed load
　　d verteilte Last *f*, verteilte Belastung *f*
　　f charge *f* répartie, charge *f* distribuée
　　r распределённая нагрузка *f*

D501 e distributed-parameter system
　　d System *n* mit verteilten Parametern
　　f système *m* à paramètres répartis
　　r система *f* с распределёнными параметрами

D502 e distributed reflector
　　d verteilter Reflektor *m*
　　f réflecteur *m* distribué, réflecteur *m* réparti
　　r распределённый отражатель *m*

D503 e distributed source
　　d verteilte Quelle *f*
　　f source *f* étendue
　　r протяжённый источник *m*, распределённый источник *m*

D504 e distributed system
　　d verteiltes System *n*
　　f système *m* à paramètres répartis
　　r распределённая система *f*

D505 e distribution
　　d Verteilung *f*
　　f distribution *f*
　　r распределение *n*

D506 e distribution coefficient
　　d Verteilungskoeffizient *m*
　　f coefficient *m* de distribution
　　r коэффициент *m* распределения

D507 e distribution curve
　　d Verteilungskurve *f*
　　f fonction *f* de répartition
　　r кривая *f* распределения

D508 e distribution function
　　d Verteilungsfunktion *f*
　　f fonction *f* de distribution, fonction *f* de répartition
　　r функция *f* распределения

D509 e distribution of energy in spectrum
　　d Energieverteilung *f* im Spektrum
　　f répartition *f* de l'énergie par spectre
　　r распределение *n* энергии по спектру

D510 e disturbance
　　d Störung *f*, Perturbation *f*
　　f perturbation *f*
　　r возмущение *n*; нарушение *n*

D511 e disturbed day
　　d gestörter Tag *m*
　　f jour *m* perturbé
　　r возмущённый день *m*

D512 e disturbed ionosphere
　　d gestörte Ionosphäre *f*
　　f ionosphère *f* perturbée
　　r возмущённая ионосфера *f*

D513 e disturbed region
　　d gestörtes Gebiet *n*
　　f région *f* perturbée
　　r возмущённая область *f*

D514 e diurnal variations
　　d Tagesvariationen *f pl*, Tagesschwankungen *f pl*
　　f variations *f pl* diurnes
　　r суточные вариации *f pl* (геомагнитного поля)

DIVERGENCE

D515   e   divergence
      d   Divergenz *f*
      f   divergence *f*
      r   1. расходимость *f* 2. дивергенция *f*

D516   e   divergence of axial current
      d   Axialstromdivergenz *f*
      f   divergence *f* du courant axial
      r   дивергенция *f* аксиального тока

D517   e   divergence of vector
      d   Vektordivergenz *f*
      f   divergence *f* du vecteur
      r   дивергенция *f* вектора

D518   e   divergent beam
      d   divergentes Strahlenbündel *n*, divergenter Strahl *m*
      f   rayon *m* divergent; faisceau *m* divergent
      r   расходящийся луч *m*, расходящийся пучок *m*

D519   e   divergent lens
      d   Zerstreuungslinse *f*, Streulinse *f*
      f   lentille *f* divergente
      r   рассеивающая линза *f*

D520   e   diverging lens *see* divergent lens

D521   e   divertor
      d   Divertor *m*
      f   divertisseur *m*
      r   дивертор *m* (*в ядерном реакторе*)

D522   e   dividing head
      d   Teilkopf *m*
      f   poupée *f* à diviser, diviseur *m*
      r   делительная головка *f*

D523   e   division
      d   1. Teilung *f*, Skalenteilung *f* 2. Division *f*, Dividieren *n*
      f   division *f*
      r   1. деление *n* (*шкалы*) 2. деление *n* (*в математике*)

D524   e   DNA laser modification
      d   DNS-Lasermodifikation *f*
      f   modification *f* laser DNA
      r   лазерная модификация *f* ДНК

D525   e   domain
      d   Domäne *f*
      f   domaine *m*
      r   домен *m*

D526   e   domain boundary
      d   Domänengrenze *f*, Domänenwand *f*
      f   limite *f* du domaine; paroi *f* du domaine
      r   доменная граница *f*, доменная стенка *f*

D527   e   domain energy
      d   Domänenenergie *f*
      f   énergie *f* du domaine
      r   энергия *f* домена

D528   e   domain magnetization
      d   Domänenmagnetisierung *f*
      f   aimantation *f* des domaines
      r   доменная намагниченность *f*

D529   e   domain of attraction
      d   Anziehungsbereich *m*, Attraktionsdomäne *f*
      f   domaine *m* d'attraction
      r   область *f* притяжения аттрактора

D530   e   domain of definition
      d   Definitionsbereich *m*
      f   domaine *m* de définition
      r   область *f* определения

D531   e   domain of existence
      d   Existenzbereich *m*
      f   domaine *m* d'existence
      r   область *f* существования

D532   e   domain wall
      d   Domänenwand *f*; Domänengrenze *f*
      f   paroi *f* du domaine; limite *f* du domaine
      r   доменная стенка *f*; доменная граница *f*

D533   e   domain wall bending
      d   Domänenwandbiegung *f*
      f   flexion *f* de la paroi du domaine
      r   изгиб *m* доменной границы

D534   e   domain wall motion
      d   Domänenwandbewegung *f*
      f   mouvement *m* des parois de domaines
      r   движение *n* доменных стенок

D535   e   donor
      d   Donator *m*
      f   donneur *m*
      r   донор *m*

D536   e   donor center
      d   Donatorzentrum *n*
      f   centre *m* donneur, centre *m* donateur
      r   донорный центр *m*

D537   e   donor impurity
      d   Donatorstörstelle *f*
      f   impureté *f* donatrice
      r   донорная примесь *f*

D538   e   donor level
      d   Donatorniveau *n*, Donatorterm *m*
      f   niveau *m* donneur
      r   донорный уровень *m*

D539   e   doped crystal
      d   dotierter Kristall *m*
      f   cristal *m* dopé
      r   легированный кристалл *m*

D540   e   doped semiconductor
      d   dotierter Halbleiter *m*

	f	semi-conducteur *m* dopé
	r	легированный полупроводник *m*
D541	e	doped silicon
	d	dotiertes Silizium *n*
	f	silicium *m* dopé
	r	легированный кремний *m*
D542	e	doping
	d	Dotierung *f (von Halbleitern)*
	f	dopage *m (des semi-conducteurs)*
	r	легирование *n (полупроводников)*
D543	e	doping concentration
	d	Dotierungskonzentration *f*
	f	concentration *f* de dopage
	r	концентрация *f* легирующей примеси
D544	e	doping material
	d	Dotierstoff *m*, Dotierungsstoff *m*, Dotant *m*
	f	matière *f* de dopage
	r	легирующее вещество *n*
D545	e	Doppler broadening
	d	Doppler-Verbreiterung *f*
	f	élargissement *m* par effet Doppler, élargissement *m* Doppler
	r	доплеровское уширение *n*
D546	e	Doppler effect
	d	Doppler-Effekt *m*
	f	effet *m* Doppler
	r	эффект *m* Доплера
D547	e	Doppler line
	d	Doppler-Linie *f*
	f	ligne *f* Doppler
	r	доплеровская линия *f*
D548	e	dopleron
	d	Dopleron *n*
	f	dopleron *m*
	r	доплерон *m*
D549	e	Doppler profile
	d	Doppler-Profil *n (der Spektrallinie)*
	f	profil *m* Doppler *(de la raie spectrale)*
	r	доплеровский контур *m* (спектральной линии)
D550	e	Doppler shift
	d	Doppler-Verschiebung *f*
	f	déplacement *m* Doppler
	r	доплеровское смещение *n*, доплеровский сдвиг *m*
D551	e	Doppler sounding
	d	Doppler-Sondierung *f*
	f	sondage *m* Doppler
	r	доплеровское зондирование *n*
D552	e	Doppler technique
	d	Doppler-Verfahren *n*
	f	technique *f* Doppler
	r	доплеровский метод *m*
D553	e	dose
	d	Dosis *f*
	f	dose *f*
	r	доза *f*
D554	e	dose equivalent
	d	Dosisäquivalent *n*
	f	dose *f* équivalente
	r	эквивалентная доза *f*
D555	e	dosemeter *see* dosimeter
D556	e	dose rate
	d	Dosisleistung *f*
	f	taux *m* de dose
	r	мощность *f* дозы *(облучения)*
D557	e	dose-rate meter, dosimeter
	d	Dosimeter *n*, Dosismeßgerät *n*
	f	dosimètre *m*
	r	дозиметр *m*
D558	e	dosimetry
	d	Dosimetrie *f*, Dosismessung *f*
	f	dosimétrie *f*, mesure *f* de dose
	r	дозиметрия *f*
D559	e	double beta-ray decay
	d	doppelter Beta-Zerfall *m*
	f	double bêta désintégration *f*
	r	двойной бета-распад *m*
D560	e	double bond
	d	Doppelbindung *f*
	f	double liaison *f*
	r	двойная связь *f*
D561	e	double calorimeter
	d	Zwillingskalorimeter *n*
	f	double calorimètre *m*
	r	двойной калориметр *m*
D562	e	double-cavity klystron
	d	Zweikammerklystron *n*, Zweikreisklystron *n*
	f	klystron *m* à deux cavités
	r	двухрезонаторный клистрон *m*
D563	e	double electrical layer
	d	elektrische Doppelschicht *f*
	f	couche *f* bipolaire
	r	двойной электрический слой *m*
D564	e	double electric probe
	d	elektrische Doppelsonde *f*
	f	sonde *f* électrique double
	r	двойной электрический зонд *m*
D565	e	double electron excitation
	d	Doppelelektronenanregung *f*
	f	excitation *f* à deux électrons
	r	двухэлектронное возбуждение *n*
D566	e	double-frequency interferometer
	d	Zweifrequenzinterferometer *n*

DOUBLE

- *f* interféromètre *m* à double fréquence
- *r* двухчастотный интерферометр *m*

D567 *e* **double image**
- *d* Doppelbild *n*
- *f* double image *f*
- *r* двойное изображение *n*

D568 *e* **double injection**
- *d* Doppelinjektion *f*
- *f* injection *f* double
- *r* биполярная инжекция *f*, двойная инжекция *f*

D569 *e* **double interferometer**
- *d* Doppelinterferometer *n*
- *f* interféromètre *m* double
- *r* двойной интерферометр *m*

D570 *e* **double magnetic resonance**
- *d* magnetische Doppelresonanz *f*
- *f* résonance *f* magnétique double
- *r* двойной магнитный резонанс *m*

D571 *e* **double monochromator**
- *d* Doppelmonochromator *m*, Doppelspiegelmonochromator *m*
- *f* monochromateur *m* double
- *r* двойной монохроматор *m*

D572 *e* **double quantum transition**
- *d* Doppelquantenübergang *m*
- *f* transition *f* quantique double
- *r* двухквантовый переход *m*

D573 *e* **double refraction**
- *d* Doppelbrechung *f*
- *f* biréfringence *f*
- *r* двойное лучепреломление *n*, двулучепреломление *n*

D574 *e* **double resonance**
- *d* Doppelresonanz *f*
- *f* double résonance *f*
- *r* двойной резонанс *m*

D575 *e* **double star**
- *d* Doppelstern *m*
- *f* étoile *f* double, étoile *f* binaire
- *r* двойная звезда *f*

D576 *e* **doublet**
- *d* Dublett *n*
- *f* doublet *m*
- *r* дублет *m*

D577 *e* **doublet lens**
- *d* zweiteiliges Objektiv *n*
- *f* doublet *m*, objectif *m* à deux lentilles
- *r* двухлинзовый объектив *m*

D578 *e* **doubly ionized atom**
- *d* doppeltionisiertes Atom *n*
- *f* atome *m* deux fois ionisé
- *r* дважды ионизованный атом *m*, двукратно ионизованный атом *m*

D579 *e* **down quark**
- *d* d-Quark *n*, Down-Quark *n*
- *f* down-quark *m*, d-quark *m*
- *r* нижний кварк *m*, *d*-кварк *m*

D580 *e* **drag**
- *d* 1. Ziehen *n*; Mitreißen *n*, Mitschleppen *n* 2. Widerstand *m*; Hemmung *f*, Bremsung *f*
- *f* 1. traction *f* 2. résistance *f*; traînée *f*
- *r* 1. увлечение *n* 2. сопротивление *n*; торможение *n*

D581 *e* **drag coefficient**
- *d* Mitführungskoeffizient *m*
- *f* coefficient *m* d'entraînement
- *r* коэффициент *m* увлечения

D582 *e* **drag of a sphere**
- *d* Widerstand *m* gegen die Kugelbewegung
- *f* résistance *f* au mouvement de la sphère
- *r* сопротивление *n* движению шара (в среде)

D583 *e* **drain**
- *d* Drain *m*, Senke *f*
- *f* drain *m*
- *r* сток *m*

D584 *e* **D-region**
- *d* D-Gebiet *n* (*Ionosphäre*)
- *f* région *f* D (*d'ionosphère*)
- *r* область *f* D (*ионосферы*)

D585 *e* **drift**
- *d* Drift *f*
- *f* dérive *f*
- *r* дрейф *m*

D586 *e* **drift chamber**
- *d* Driftkammer *f*
- *f* chambre *f* de dérive
- *r* дрейфовая камера *f*

D587 *e* **drift current**
- *d* Driftstrom *m*
- *f* courant *m* de dérive
- *r* дрейфовый ток *m*

D588 *e* **drift instability**
- *d* Driftinstabilität *f*, Instabilität *f* durch Anregung von Driftwellen
- *f* instabilité *f* de dérive
- *r* дрейфовая неустойчивость *f*

D589 *e* **drift klystron**
- *d* Triftröhre *f*
- *f* klystron *m* de glissement, klystron *m* à temps de transit, klystron *m* à transit
- *r* пролётный клистрон *m*

D590 *e* **drift motion**
- *d* Driftbewegung *f*

- f mouvement *m* de dérive
- r дрейфовое движение *n*

D591
- e drift tube
- d Driftröhre *f*
- f tube *m* de dérive
- r дрейфовая трубка *f*

D592
- e drift velocity
- d Driftgeschwindigkeit *f*
- f vitesse *f* de dérive
- r дрейфовая скорость *f*, скорость *f* дрейфа

D593
- e drift waves
- d Driftwellen *f pl*
- f ondes *f pl* de dérive
- r дрейфовые волны *f pl*

D594
- e drop, droplet
- d Tropfen *m*
- f goutte *f*
- r капля *f*

D595
- e drop in free fall
- d Tropfen *m* im freien Fall
- f goutte *f* en chute libre
- r падающая капля *f*

D596
- e drop nuclear model
- d Tröpfchenkernmodell *n*
- f modèle *m* de la goutte
- r капельная модель *f* ядра

D597
- e dropping characteristic *see* falling characteristic

D598
- e dropwise condensation
- d Tropfenkondensation *f*
- f condensation *f* sous forme de gouttes
- r капельная конденсация *f*

D599
- e Drude equation
- d Drudesche Gleichung *f*, Drudesches Gesetz *n*
- f équation *f* de Drude
- r формула *f* Друде

D600
- e dual beam oscilloscope
- d Zweistrahloszilloskop *n*
- f oscilloscope *m* à deux faisceaux
- r двухлучевой осциллограф *m*

D601
- e dualism
- d Dualismus *m*
- f dualisme *m*
- r дуализм *m*

D602
- e duality
- d 1. Dualität *f* 2. Dualismus *m*
- f dualité *f*
- r 1. дуальность *f* 2. дуализм *m*

D603
- e duality interval
- d Dualitätsintervall *n*
- f intervalle *m* de dualité
- r интервал *m* дуальности

D604
- e duality principle
- d Dualitätsprinzip *n*
- f principe *m* de dualité
- r принцип *m* двойственности, принцип *m* дуальности

D605
- e ductile metal
- d streckbares Metall *n*, schmiedbares Metall *n*
- f métal *m* ductile
- r пластичный металл *m*, ковкий металл *m*

D606
- e ductility
- d Duktilität *f*
- f ductilité *f*
- r ковкость *f*, пластичность *f* (*металла*)

D607
- e Dulong and Petit law
- d Dulong-Petitsches Gesetz *n*
- f loi *f* de Dulong et Petit
- r закон *m* Дюлонга и Пти

D608
- e duoplasmatron
- d Duoplasmatronquelle *f*
- f duoplasmatron *m*
- r дуоплазматрон *m*

D609
- e duration
- d Dauer *f*, Zeitdauer *f*
- f durée *f*
- r длительность *f*, продолжительность *f*

D610
- e dust
- d Staub *m*
- f poussière *f*
- r пыль *f*

D611
- e dust cloud
- d Staubwolke *f*
- f nuage *m* de poussière
- r пылевое облако *n* (*в астрофизике*)

D612
- e dwarf, dwarf star
- d Zwerg *m*
- f étoile *f* naine, naine *f*
- r карлик *m*, звезда-карлик *m*

D613
- e dye
- d Farbstoff *m* (*Lasertechnik*)
- f colorant *m* (*pour lasers*)
- r краситель *m* (*для лазеров*)

D614
- e dye cell
- d Farbstoffküvette *f*
- f cuvette *f* de colorant
- r кювета *f* с красителем

D615
- e dye laser
- d Farbstofflaser *m*
- f laser *m* à colorant
- r лазер *m* на красителе, лазер *m* на красителях

D616
- e dynamic equilibrium

DYNAMIC

- d dynamisches Gleichgewicht n
- f équilibre m dynamique
- r динамическое равновесие n

D617 e dynamic head see dynamic pressure

D618 e dynamic holography
- d dynamische Holographie f
- f holographie f dynamique
- r динамическая голография f

D619 e dynamic hysteresis see elastic hysteresis

D620 e dynamic inductance
- d dynamische Induktivität f
- f inductance f dynamique
- r динамическая индуктивность f

D621 e dynamic instability
- d dynamische Instabilität f
- f instabilité f dynamique
- r динамическая неустойчивость f

D622 e dynamic load
- d dynamische Belastung f; dynamischer Lastwert m
- f charge f dynamique
- r динамическая нагрузка f

D623 e dynamic polarization
- d dynamische Polarisation f
- f polarisation f dynamique
- r динамическая поляризация f

D624 e dynamic pressure
- d Staudruck m
- f pression f dynamique
- r динамическое давление n, скоростной напор m

D625 e dynamic range
- d Lautstärkeumfang m, Dynamikbereich m, Dynamikumfang m
- f étendue f de dynamique
- r динамический диапазон m

D626 e dynamics
- d Dynamik f
- f dynamique f
- r динамика f

D627 e dynamics of deformable solids
- d Dynamik f der deformierbaren Festkörper
- f dynamique f des corps solides déformables
- r динамика f деформируемого тела

D628 e dynamics of rarefied gases
- d Supraaerodynamik f, Superaerodynamik f, Dynamik f der stark verdünnten Gase
- f dynamique f des gaz raréfiés
- r динамика f разрежённых газов

D629 e dynamics of rigid bodies
- d Dynamik f starrer Körper
- f dynamique f des corps solides
- r динамика f твёрдого тела

D630 e dynamic stability
- d Bewegungsstabilität f
- f stabilité f dynamique
- r динамическая устойчивость f, устойчивость f движения

D631 e dynamic stress
- d dynamische Spannung f
- f tension f dynamique, effort m dynamique
- r динамическое напряжение n

D632 e dynamic symmetry
- d dynamische Symmetrie f
- f symétrie f dynamique
- r динамическая симметрия f

D633 e dynamic system
- d dynamisches System n
- f système m dynamique
- r динамическая система f

D634 e dynamic viscosity
- d dynamische Viskosität f, dynamische Zähigkeit f
- f viscosité f dynamique
- r динамическая вязкость f

D635 e dynamo
- d Dynamo m (Bildungsmechanismus von Magnetfeldern der Himmelskörper)
- f dynamo f (mécanisme de formation des champs magnétique des corps célestes)
- r динамо n (механизм образования магнитных полей небесных тел)

D636 e dynamometer
- d Dynamometer n, Kraftmesser m
- f dynamomètre m
- r динамометр m

D637 e dyne
- d Dyn n
- f dyne f
- r дина f

D638 e dynode
- d Dynode f
- f dynode f
- r динод m

D639 e dysprosium, Dy
- d Dysprosium n
- f dysprosium m
- r диспрозий m

E

E1   e   early Universe cosmology
     d   Kosmologie *f* der Frühphase des Weltalls
     f   cosmologie *f* de l'Univers primitif
     r   космология *f* ранней Вселенной

E2   e   earth
     d   Erde *f*, Masse *f*, Erdschluß *m*
     f   terre *f*, mise *f* à la terre
     r   земля *f*, заземление *n*

E3   e   Earth
     d   Erde *f*
     f   terre *f*, Terre *f*
     r   Земля *f (планета)*

E4   e   earth currents
     d   Erdströme *pl*
     f   courants *pl* de terre
     r   земные токи *pl*, теллурические токи *pl*

E5   e   earthquake
     d   Erdbeben *n*
     f   tremblement *m* de terre
     r   землетрясение *n*

E6   e   easy glide
     d   Einfachgleitung *f*
     f   glissement *m* facile
     r   лёгкое скольжение *n*

E7   e   easy magnetic axis
     d   Richtung *f* der leichtesten Magnetisierbarkeit, magnetische Vorzugsrichtung *f*
     f   axe *m* d'aimantation facile, direction *f* d'aimantation facile
     r   ось *f* лёгкого намагничивания

E8   e   ebullioscopy
     d   Ebullioskopie *f*
     f   ébullioscopie *f*
     r   эбуллиоскопия *f*

E9   e   eccentricity
     d   Exzentrizität *f*
     f   excentricité *f*
     r   эксцентриситет *m*

E10   e   echelette, echelette grating
     d   Echelettegitter *n*
     f   réseau *m* échelette
     r   эшелетт *m*

E11   e   echelle, echelle grating
     d   Echellegitter *n*
     f   réseau *m* échelle
     r   эшелле *n*

E12   e   echelon
     d   Stufengitter *n*, Echelon *n*, Michelson-Gitter *n*
     f   réseau *m* échelon
     r   эшелон *m*

E13   e   echo
     d   Echo *n*; Echosignal *n*
     f   écho *m*
     r   эхо *n*

E14   e   echo sounding
     d   Echolotung *f*
     f   sondage *m* acoustique
     r   эхо-локация *f*

E15   e   eclipse
     d   Finsternis *f*, Verfinsterung *f*
     f   éclipse *f*
     r   затмение *n*

E16   e   eclipse of the Moon *see* lunar eclipse

E17   e   eclipse of the Sun *see* solar eclipse

E18   e   eclipsing binary, eclipsing binary star *see* eclipsing variable

E19   e   eclipsing variable, eclipsing variable star
     d   Bedeckungsveränderliche(r) *m*
     f   variable *f* à éclipse
     r   затменная переменная *f*, затменная переменная звезда *f*

E20   e   ecliptic
     d   Ekliptik *f*
     f   écliptique *f*
     r   эклиптика *f*

E21   e   Eddington luminosity
     d   Eddington-Grenze *f*
     f   luminosité *f* d'Eddington
     r   критическая светимость *f*, эддингтоновская светимость *f*

E22   e   eddy
     d   Wirbel *m*
     f   tourbillon *m*
     r   вихрь *m*

E23   e   eddy currents
     d   Wirbelströme *pl*
     f   courants *pl* tourbillonnaires
     r   вихревые токи *pl*, токи *pl* Фуко

E24   e   edge dislocation
     d   Stufenversetzung *f*
     f   dislocation *f* du type coin, dislocation *f* coin
     r   краевая дислокация *f*

E25   e   edge focusing
     d   Kantenfokussierung *f*, Randfokussierung *f*
     f   focalisation *f* par arête
     r   краевая фокусировка *f*

E26   e   effect

EFFECTIVE

    d 1. Effekt *m* 2. Wirkung *f*; Einfluß *m*, Einwirkung *f*
    f 1. effet *m* 2. action *f*; influence *f*
    r 1. эффект *m* 2. действие *n*; влияние *n*

E27   *e* effective charge
    d effektive Ladung *f*
    f charge *f* effective
    r эффективный заряд *m*

E28   *e* effective cross-section
    d effektiver Wirkungsquerschnitt *m*
    f section *f* efficace
    r эффективное сечение *n*

E29   *e* effective height
    d wirksame Antennenhöhe *f*, effektive Antennenhöhe *f*
    f hauteur *m* efficace *(d'antenne)*
    r действующая высота *f (антенны)*

E30   *e* effective mass
    d effektive Masse *f*, wirksame Masse *f*
    f masse *f* effective
    r эффективная масса *f*

E31   *e* effective temperature
    d effektive Temperatur *f*
    f température *f* effective
    r эффективная температура *f*

E32   *e* effective value
    d 1. Effektivwert *m*, effektiver Wert *m*, wirksamer Wert *m* 2. quadratischer Mittelwert *m*, mittlerer quadratischer Wert *m*
    f valeur *f* effective
    r 1. эффективное значение *n*, действующее значение *n* 2. среднеквадратичное значение *n*

E33   *e* effective voltage
    d effektive Spannung *f*, Effektivspannung *f*
    f tension *f* efficace
    r действующее напряжение *n*

E34   *e* efficiency
    d Wirkungsgrad *m*; Nutzeffekt *m*; Effektivität *f*, Wirksamkeit *f*
    f rendement *m*; efficience *f*
    r коэффициент *m* полезного действия, кпд *m*; эффективность *f*

E35   *e* effusion
    d Effusion *f*
    f effusion *f*
    r эффузия *f*

E36   *e* eigenfunction
    d Eigenfunktion *f*
    f fonction *f* propre
    r собственная функция *f*

E37   *e* eigenfunction expansion method
    d Entwicklungsmethode *f* nach Eigenfunktionen
    f méthode *f* d'expansion aux fonctions propres
    r метод *m* разложения по собственным функциям

E38   *e* eigenfunction problem
    d Eigenfunktionsaufgabe *f*
    f problème *m* de fonctions propres
    r задача *f* на собственные функции

E39   *e* eigenmode expansion method
    d Entwicklung *f* nach Eigenmoden
    f méthode *f* d'expansion aux modes propres
    r метод *m* разложения по собственным модам

E40   *e* eigenmodes
    d Normalschwingungsmoden *f pl*, Eigenschwingungsmoden *f pl*, Eigenmoden *f pl*
    f oscillations *f pl* propres, modes *m pl* propres
    r собственные колебания *n pl*, собственные моды *f pl*

E41   *e* eigenvalue
    d Eigenwert *m*
    f valeur *f* propre
    r собственное значение *n*

E42   *e* eigenvalue problem
    d Eigenwertproblem *n*, Eigenwertaufgabe *f*
    f problème *m* de valeurs propres
    r задача *f* на собственные значения

E43   *e* eigenvector
    d Eigenvektor *m*
    f vecteur *m* propre
    r собственный вектор *m*

E44   *e* eikonal
    d Eikonal *n*
    f iconal *m*
    r эйконал *m*

E45   *e* Einstein coefficients
    d Einstein-Koeffizienten *m pl*
    f coefficients *m pl* d'Einstein
    r коэффициенты *m pl* Эйнштейна

E46   *e* Einstein-de Haas effect
    d Einstein-de-Haas-Effekt *m*
    f effet *m* Einstein-de Haas
    r эффект *m* Эйнштейна - де Хааза

E47   *e* einsteinium, Es
    d Einsteinium *n*
    f einsteinium *m*
    r эйнштейний *m*

E48   *e* ejector
    d Ejektor *m*

	f	éjecteur m
	r	эжектор m
E49	e	elastic aftereffect
	d	elastische Nachwirkung f
	f	posteffet m élastique
	r	упругое последействие n
E50	e	elastic anisotropy
	d	elastische Anisotropie f
	f	anisotropie f élastique
	r	анизотропия f упругих свойств
E51	e	elastic bending
	d	elastische Biegung f
	f	flexion f élastique
	r	упругий изгиб m
E52	e	elastic channel
	d	Kanal m der elastischen Streuung
	f	canal m de diffusion élastique
	r	упругий канал m, канал m упругого рассеяния
E53	e	elastic collisions
	d	elastische Stöße m pl
	f	collisions f pl élastiques
	r	упругие столкновения n pl
E54	e	elastic constant
	d	Elastizitätskonstante f
	f	constante f élastique, constante f d'élasticité
	r	упругая константа f
E55	e	elastic cross-section see elastic scattering cross-section
E56	e	elastic deformation
	d	elastische Verformung f, elastische Deformation f
	f	déformation f élastique
	r	упругая деформация f
E57	e	elastic hysteresis
	d	elastische Hysterese f
	f	hystérésis f élastique
	r	упругий гистерезис m
E58	e	elasticity
	d	Elastizität f
	f	élasticité f
	r	упругость f
E59	e	elastic limit
	d	Elastizitätsgrenze f
	f	limite f élastique
	r	предел m упругости
E60	e	elastic liquid
	d	elastische Flüssigkeit f
	f	liquide m élastique
	r	упругая жидкость f
E61	e	elastic material
	d	elastischer Stoff m, elastischer Werkstoff m
	f	matériau m élastique
	r	упругий материал m
E62	e	elastic modulus
	d	Elastizitätsmodul m
	f	module m d'élasticité
	r	модуль m упругости
E63	e	elastic region see elastic scattering region
E64	e	elastic scattering
	d	elastische Streuung f
	f	diffusion f élastique
	r	упругое рассеяние n
E65	e	elastic scattering cross-section
	d	Wirkungsquerschnitt m für elastische Streuung
	f	section f efficace de diffusion élastique
	r	сечение n упругого рассеяния
E66	e	elastic scattering region
	d	Gebiet n der elastischen Streuung, Bereich m der elastischen Streuung
	f	région f de diffusion élastique
	r	область f упругого рассеяния
E67	e	elastic vibration
	d	elastische Schwingungen f pl
	f	oscillations f pl élastiques
	r	упругие колебания n pl
E68	e	elastic waves
	d	elastische Wellen f pl
	f	ondes f pl élastiques
	r	упругие волны f pl
E69	e	elastomer
	d	Elastomer n
	f	élastomère m
	r	эластомер m
E70	e	elastoplastic bending
	d	elastoplastische Biegung f
	f	flexion f élastico-plastique
	r	упругопластический изгиб m
E71	e	elastoplastic material
	d	elastoplastischer Stoff m
	f	matériau m élastico-plastique
	r	упругопластический материал m
E72	e	elastoplastic wave
	d	elastoplastische Welle f
	f	onde f élasto-plastique
	r	упругопластическая волна f
E73	e	elastoviscous liquid see viscoelastic liquid
E74	e	E-layer
	d	E-Schicht f (der Ionosphäre)
	f	couche f E (d'ionosphère)
	r	слой m E (ионосферы)
E75	e	electret

ELECTRICAL

      d   Elektret *n*
      f   électret *m*
      r   электрет *m*

E76   *e*   electrical breakdown
      d   elektrischer Durchschlag *m*
      f   claquage *m* électrique
      r   электрический пробой *m*

E77   *e*   electrical circuit
      d   Stromkreis *m*, elektrischer Stromkreis *m*
      f   circuit *m* électrique
      r   электрическая цепь *f*

E78   *e*   electrical circuit analysis
      d   Netzwerktheorie *f*
      f   théorie *f* des circuits électriques
      r   теория *f* электрических цепей

E79   *e*   electrical conduction *see* electrical conductivity

E80   *e*   electrical conductivity
      d   Leitfähigkeit *f*, elektrische Leitfähigkeit *f*
      f   conductibilité *f* électrique
      r   электрическая проводимость *f*, электропроводность *f*

E81   *e*   electrical connection
      d   elektrische Verbindung *f*
      f   connexion *f* électrique
      r   электрическое соединение *n*

E82   *e*   electrical contact
      d   elektrischer Kontakt *m*
      f   contact *m* électrique
      r   электрический контакт *m*

E83   *e*   electrical displacement
      d   elektrische Verschiebung *f*, elektrische Flußdichte *f*
      f   déplacement *m* électrique
      r   электрическое смещение *n*

E84   *e*   electrical displacement current
      d   Verschiebungsstrom *m*
      f   courant *m* de déplacement électrique
      r   ток *m* электрического смещения

E85   *e*   electrical double layer
      d   elektrische Doppelschicht *f*
      f   couche *f* bipolaire
      r   двойной электрический слой *m*

E86   *e*   electrical instrument
      d   elektrisches Meßgerät *n*
      f   appareil *m* mesureur électrique
      r   электроизмерительный прибор *m*

E87   *e*   electrical insulation
      d   elektrische Isolation *f*
      f   isolement *m* électrique
      r   электрическая изоляция *f*

E88   *e*   electrical load
      d   elektrische Belastung *f*
      f   charge *f* électrique
      r   электрическая нагрузка *f*

E89   *e*   electrical measurements
      d   elektrische Messungen *f pl*
      f   mesures *f pl* électriques
      r   электрические измерения *n pl*

E90   *e*   electrical measurements of non-electrical quantities
      d   elektrische Messungen *f pl* von nichtelektrischen Größen
      f   mesures *f pl* électriques des grandeurs non électriques
      r   электрические измерения *n pl* неэлектрических величин

E91   *e*   electrical network
      d   elektrische Schaltung *f*; Netzwerk *n*
      f   circuit *m* électrique
      r   электрическая цепь *f*

E92   *e*   electrical potential
      d   elektrisches Potential *n*
      f   potentiel *m* électrique
      r   электрический потенциал *m*

E93   *e*   electrical resistance
      d   elektrischer Widerstand *m*
      f   résistance *f* électrique
      r   электрическое сопротивление *n*

E94   *e*   electrical signal
      d   elektrisches Signal *n*
      f   signal *m* électrique
      r   электрический сигнал *m*

E95   *e*   electric arc
      d   Lichtbogen *m*
      f   arc *m* électrique
      r   электрическая дуга *f*

E96   *e*   electric charge
      d   elektrische Ladung *f*
      f   charge *f* électrique
      r   электрический заряд *m*

E97   *e*   electric current
      d   elektrischer Strom *m*
      f   courant *m* électrique
      r   электрический ток *m*

E98   *e*   electric dipole
      d   elektrischer Dipol *m*
      f   dipôle *m* électrique
      r   электрический диполь *m*

E99   *e*   electric discharge
      d   elektrische Entladung *f*
      f   décharge *f* électrique
      r   электрический разряд *m*

E100   *e*   electric discharge chamber
      d   Entladungskammer *f*, Entladekammer *f*
      f   chambre *f* à décharge électrique
      r   электроразрядная камера *f*

E101 e electric discharge initiation
 d Initiierung f mit elektrischer Entladung
 f initiation f par décharge électrique
 r инициирование n электрическим разрядом

E102 e electric discharge laser
 d Entladungslaser m
 f laser m à décharge électrique
 r электроразрядный лазер m

E103 e electric displacement see electrical displacement

E104 e electric drift
 d elektrische Drift f
 f dérive f électrique
 r электрический дрейф m

E105 e electric energy
 d elektrische Energie f, Elektroenergie f
 f énergie f électrique
 r электрическая энергия f

E106 e electric field
 d elektrisches Feld n
 f champ m électrique
 r электрическое поле n

E107 e electric field strength
 d elektrische Feldstärke f
 f intensité f de champ électrique
 r напряжённость f электрического поля

E108 e electric flux density see electrical displacement

E109 e electric induction
 d elektrische Flußdichte f, elektrische Verschiebung f
 f induction f électrique, déplacement m électrique
 r электрическая индукция f, электрическое смещение n

E110 e electric instability
 d elektrische Instabilität f
 f instabilité f électrique
 r электрическая неустойчивость f

E111 e electricity
 d Elektrizität f
 f électricité f
 r электричество n

E112 e electric line of force
 d elektrische Kraftlinie f
 f ligne f de force électrique
 r силовая линия f электрического поля

E113 e electric moment
 d elektrisches Moment n
 f moment m électrique
 r электрический момент m

E114 e electric power
 d elektrische Leistung f
 f puissance f électrique
 r электрическая мощность f

E115 e electric strength see dielectric strength

E116 e electrization
 d Elektrisierung f
 f électrisation f
 r электризация f

E117 e electroacoustical analogy
 d elektroakustische Analogie f
 f analogie f électro-acoustique
 r электроакустическая аналогия f

E118 e electroacoustics
 d Elektroakustik f
 f électro-acoustique f
 r электроакустика f

E119 e electrocaloric effect
 d elektrokalorischer Effekt m
 f effet m électrocalorique
 r электрокалорический эффект m

E120 e electrocardiography
 d Elektrokardiographie f
 f électrocardiographie f
 r электрокардиография f, ЭКГ

E121 e electrochemical cell
 d galvanisches Element n, galvanische Zelle f
 f élément m galvanique, pile f galvanique
 r гальванический элемент m

E122 e electrochemical equivalent
 d elektrochemisches Äquivalent n
 f équivalent m électrochimique
 r электрохимический эквивалент m

E123 e electrochemical potential
 d elektrochemisches Potential n
 f potentiel m électrochimique
 r электрохимический потенциал m

E124 e electrochemistry
 d Elektrochemie f
 f électrochimie f
 r электрохимия f

E125 e electrode
 d Elektrode f
 f électrode f
 r электрод m

E126 e electrodeless discharge
 d elektrodenlose Entladung f
 f décharge f sans électrodes
 r безэлектродный разряд m

ELECTRODYNAMIC

E127   *e*   electrodynamic instrument *see* electrodynamic meter

E128   *e*   electrodynamic meter
      d   elektrodynamisches Meßinstrument *n*
      f   appareil *m* électrodynamique
      r   электродинамический измерительный прибор *m*

E129   *e*   electrodynamics
      d   Elektrodynamik *f*
      f   électrodynamique *f*
      r   электродинамика *f*

E130   *e*   electrodynamics of moving media
      d   Elektrodynamik *f* der bewegten Medien
      f   électrodynamique *f* des milieux en mouvement
      r   электродинамика *f* движущихся сред

E131   *e*   electroencephalography
      d   Elektroenzephalographie *f*
      f   électro-encéphalographie *f*
      r   электроэнцефалография *f*

E132   *e*   electroerosion wear
      d   Elektroerosionsverschleiß *m*
      f   usure *f* due à l'électro-érosion
      r   электроэрозионное изнашивание *n*

E133   *e*   electrogyration
      d   Elektrogyration *f*
      f   électrogiration *f*
      r   электрогирация *f*

E134   *e*   electroinsulation material
      d   Elektroisolierstoff *m*, elektrischer Isolierstoff *m*
      f   matériau *m* isolant
      r   электроизоляционный материал *m*

E135   *e*   electroionization laser
      d   Elektroionisationslaser *m*
      f   laser *m* à ionisation électrique
      r   электроионизационный лазер *m*

E136   *e*   electrokinetic phenomena
      d   elektrokinetische Erscheinungen *f pl*, elektrokinetische Effekte *m pl*
      f   effets *m pl* électrocinétiques
      r   электрокинетические явления *n pl*

E137   *e*   electroluminescence
      d   Elektrolumineszenz *f*
      f   luminescence *f* électrique
      r   электролюминесценция *f*

E138   *e*   electroluminescent diode *see* light emitting diode

E139   *e*   electroluminescent source
      d   Elektrolumineszenzquelle *f*
      f   source *f* d'électroluminescence
      r   электролюминесцентный источник *m* света, электролюминесцентный источник *m*

E140   *e*   electrolysis
      d   Elektrolyse *f*
      f   électrolyse *f*
      r   электролиз *m*

E141   *e*   electrolyte
      d   Elektrolyt *m*
      f   électrolyte *m*
      r   электролит *m*

E142   *e*   electromagnet
      d   Elektromagnet *m*
      f   électro-aimant *m*
      r   электромагнит *m*

E143   *e*   electromagnetic energy
      d   elektromagnetische Feldenergie *f*, Energie *f* des elektromagnetischen Feldes
      f   énergie *f* électromagnétique
      r   энергия *f* электромагнитного поля

E144   *e*   electromagnetic field
      d   elektromagnetisches Feld *n*
      f   champ *m* électromagnétique
      r   электромагнитное поле *n*

E145   *e*   electromagnetic field invariants
      d   elektromagnetische Feldinvarianten *f pl*
      f   invariants *m pl* du champ électromagnétique
      r   инварианты *m pl* электромагнитного поля

E146   *e*   electromagnetic field momentum
      d   Impuls *m* des elektromagnetischen Feldes, elektromagnetischer Feldimpuls *m*
      f   impulsion *f* du champ électromagnétique
      r   импульс *m* электромагнитного поля

E147   *e*   electromagnetic incompatibility
      d   elektromagnetische Inkompatibilität *f*
      f   incompatibilité *f* électromagnétique
      r   электромагнитная несовместимость *f*

E148   *e*   electromagnetic induction
      d   elektromagnetische Induktion *f*
      f   induction *f* électromagnétique
      r   электромагнитная индукция *f*

E149   *e*   electromagnetic induction coefficient
      d   elektromagnetischer Induktionsfaktor *m*
      f   coefficient *m* d'induction électromagnétique
      r   коэффициент *m* электромагнитной индукции

E150   *e*   electromagnetic interaction
      d   elektromagnetische Wechselwirkung *f*
      f   interaction *f* électromagnétique
      r   электромагнитное взаимодействие *n*

E151　e　electromagnetic oscillation
　　　d　elektromagnetische Schwingungen f pl
　　　f　oscillations f pl électromagnétiques
　　　r　электромагнитные колебания n pl

E152　e　electromagnetic radiation
　　　d　elektromagnetische Strahlung f
　　　f　radiation f électromagnétique
　　　r　электромагнитное излучение n, электромагнитные волны f pl

E153　e　electromagnetic wave pressure
　　　d　elektromagnetischer Wellendruck m
　　　f　pression f de l'onde électromagnétique
　　　r　давление n электромагнитной волны

E154　e　electromagnetic waves
　　　d　elektromagnetische Wellen f pl
　　　f　ondes f pl électromagnétiques
　　　r　электромагнитные волны f pl

E155　e　electromechanical coupling coefficient
　　　d　elektromechanischer Umwandlungsfaktor m
　　　f　coefficient m de couplage électromécanique
　　　r　коэффициент m электромеханической связи

E156　e　electrometer
　　　d　Elektrometer n
　　　f　électromètre m
　　　r　электрометр m

E157　e　electromotive force
　　　d　elektromotorische Kraft f, EMK f, Urspannung f
　　　f　force f électromotrice, f.é.m.
　　　r　электродвижущая сила f, эдс f

E158　e　electron
　　　d　Elektron n
　　　f　électron m
　　　r　электрон m

E159　e　electron accelerator
　　　d　Elektronenbeschleuniger m
　　　f　accélérateur m d'électrons
　　　r　электронный ускоритель m

E160　e　electron affinity
　　　d　Elektronenaffinität f
　　　f　affinité f électronique
　　　r　сродство n к электрону

E161　e　electron attachment
　　　d　Elektronenanlagerung f
　　　f　adhérence f de l'électron
　　　r　прилипание n электрона (к атому)

E162　e　electron avalanche
　　　d　Elektronenlawine f
　　　f　avalanche f électronique
　　　r　электронная лавина f

E163　e　electron beam
　　　d　Elektronenbündel n, Elektronenstrahl m
　　　f　faisceau m électronique, rayon m électronique
　　　r　электронный пучок m, электронный луч m

E164　e　electron-beam deposition
　　　d　Elektronenstrahlaufdampfen n
　　　f　déposition f par faisceau électronique
　　　r　электронно-лучевое напыление n

E165　e　electron-beam devices
　　　d　Elektronenstrahlgeräte n pl
　　　f　appareils m pl à faisceau électronique
　　　r　электронно-лучевые приборы m pl

E166　e　electron-beam evaporation
　　　d　Elektronenstrahlverdampfung f
　　　f　évaporation f par faisceau électronique
　　　r　электронно-лучевое испарение n

E167　e　electron-beam heating
　　　d　Elektronenstrahlerwärmung f, Elektronenstrahlerhitzung f
　　　f　chauffage m par faisceau électronique
　　　r　нагрев m электронным пучком

E168　e　electron-beam initiation
　　　d　Elektronenstrahlinitiierung f
　　　f　initiation f par faisceau électronique
　　　r　инициирование n электронным пучком

E169　e　electron-beam interference
　　　d　Elektronenstrahlinterferenz f
　　　f　interférence f des faisceaux électroniques
　　　r　интерференция f электронных пучков

E170　e　electron-beam lithography
　　　d　Elektronenstrahllithographie f
　　　f　lithographie f à faisceau électronique
　　　r　электронно-лучевая литография f

E171　e　electron-beam melting
　　　d　Elektronenstrahlschmelzen n
　　　f　fusion f par faisceau électronique
　　　r　электронно-лучевое плавление n

E172　e　electron-beam processing
　　　d　Elektronenstrahlbearbeitung f
　　　f　traitement m par faisceau électronique
　　　r　электронно-лучевая обработка f

E173　e　electron-beam pumping
　　　d　Elektronenstrahlpumpen n
　　　f　pompage m par faisceau électronique
　　　r　накачка f электронным пучком

E174　e　electron-beam recording
　　　d　Elektronenstrahlaufzeichnung f

ELECTRON-BEAM

- f enregistrement *m* par faisceau électronique
- r запись *f* электронным лучом

E175
- e electron-beam tube
- d Elektronenstrahlröhre *f*, Katodenstrahlröhre *f*
- f tube *m* cathodique
- r электронно-лучевая трубка *f*

E176
- e electron capture
- d Elektroneneinfang *m*
- f capture *f* électronique
- r электронный захват *m*; захват *m* электрона

E177
- e electron channeling
- d Elektronenkanalierung *f*
- f canalisation *f* des électrons
- r канализирование *n* электронов

E178
- e electron charge
- d Elektronenladung *f*
- f charge *f* d'électron
- r заряд *m* электрона

E179
- e electron cloud
- d Elektronenwolke *f*
- f nuage *m* d'électrons
- r электронное облако *n*

E180
- e electron collectivization
- d Elektronenkollektivierung *f*
- f collectivisation *f* des électrons
- r коллективизация *f* электронов

E181
- e electron concentration
- d Elektronenkonzentration *f*, Elektronendichte *f*
- f concentration *f* électronique; densité *f* électronique
- r концентрация *f* электронов, электронная концентрация *f*

E182
- e electron conduction
- d Elektronenleitung *f*
- f conduction *f* par électrons
- r электронная проводимость *f*

E183
- e electron conduction of heat
- d Elektronen-Wärmeleitung *f*, Elektronen-Wärmeleitfähigkeit *f*
- f conductibilité *f* thermique électronique
- r электронная теплопроводность *f*

E184
- e electron configuration
- d Elektronenkonfiguration *f*
- f configuration *f* électronique
- r электронная конфигурация *f*

E185
- e electron density
- d Elektronendichte *f*, Elektronenkonzentration *f*
- f densité *f* électronique, concentration *f* électronique
- r плотность *f* электронов, электронная концентрация *f*

E186
- e electron detachment
- d Elektronenablösung *f*
- f détachement *m* d'électron
- r отрыв *m* электрона (*от отрицательного иона*)

E187
- e electron diffraction
- d Elektronenbeugung *f*
- f diffraction *f* électronique
- r дифракция *f* электронов

E188
- e electron diffraction analysis
- d Elektronenbeugungsanalyse *f*
- f analyse *f* par diffraction électronique
- r электронография *f*, электронографический анализ *m*

E189
- e electron diffraction pattern
- d Elektronenbeugungsbild *n*, Elektronenbeugungsaufnahme *f*
- f électronogramme *m*
- r электронограмма *f*

E190
- e electron diffraction study
- d Elektronenbeugungsuntersuchung *f*
- f étude *f* de diffraction électronique
- r электронографическое исследование *n*, электронография *f*

E191
- e electron diffractometer
- d Elektronenbeugungsgerät *n*
- f appareil *m* de diffraction électronique, diffractomètre *m* électronique
- r электронограф *m*

E192
- e electronegativity
- d Elektronegativität *f*
- f électronégativité *f*
- r электроотрицательность *f*

E193
- e electron-electron interaction
- d Elektron-Elektron-Wechselwirkung *f*
- f interaction *f* électron-électron
- r электрон-электронное взаимодействие *n*

E194
- e electron emission
- d Elektronenemission *f*
- f émission *f* électronique
- r электронная эмиссия *f*

E195
- e electron energy distribution
- d Elektronenenergieverteilung *f*
- f distribution *f* d'électrons d'après l'énergie
- r распределение *n* электронов по энергиям

E196
- e electron energy level
- d Elektronenenergieniveau *n*
- f niveau *m* d'énergie d'électrons
- r электронный уровень *m* энергии

E197
- e electron escape
- d Durchtunneln *n*, Überwindung *f* der Potentialschwelle durch das Elektron

ELEMENT

  f modèle *m* d'interaction électrofaible
  r модель *f* электрослабого взаимодействия

E275 *e* element
  d Element *n*
  f élément *m*
  r элемент *m*

E276 *e* elementary charge
  d Elementarladung *f*
  f charge *f* élémentaire
  r элементарный заряд *m*

E277 *e* elementary excitation
  d elementare Anregung *f*
  f excitation *f* élémentaire
  r элементарное возбуждение *n*

E278 *e* elementary length
  d Elementarlänge *f*
  f longueur *f* élémentaire
  r элементарная длина *f*; фундаментальная длина *f*

E279 *e* elementary particle physics
  d Elementarteilchenphysik *f*
  f physique *f* des particules élémentaires
  r физика *f* элементарных частиц

E280 *e* elementary particles
  d Elementarteilchen *n pl*
  f particules *f pl* élémentaires
  r элементарные частицы *f pl*

E281 *e* element formation
  d Elementenentstehung *f*, Elementenaufbau *m*, Elementensynthese *f*, Nukleogenese *f*
  f formation *f* des éléments
  r образование *n* элементов

  e elevating force
  d Auftrieb *m*
  f force *f* portante, portance *f*
  r подъёмная сила *f*

  e ellipsometry
  d Ellipsometer *n*
  f ellipsomètre *m*
  r эллипсометр *m*

  e ellipsometry
  d Ellipsometrie *f*
  f ellipsométrie *f*
  r эллипсометрия *f*

  e elliptical polarization
  d elliptische Polarisation *f*
  f polarisation *f* elliptique
  r эллиптическая поляризация *f*

  e elongation
  d Dehnung *f*; Verlängerung *f*
  f allongement *m*
  r удлинение *n*

E287 *e* emission
  d Emission *f*; Ausstrahlung *f*
  f émission *f*
  r 1. эмиссия *f*, испускание *n* 2. излучение *n*

E288 *e* emission electronics
  d Emissionselektronik *f*
  f électronique *f* d'émission
  r эмиссионная электроника *f*

E289 *e* emission intensity
  d Emissionsintensität *f*
  f intensité *f* d'émission
  r интенсивность *f* излучения, интенсивность *f* испускания

E290 *e* emission line
  d Emissionslinie *f*
  f raie *f* d'émission
  r линия *f* испускания, эмиссионная линия *f*

E291 *e* emission measure
  d Emissionsmaß *n*
  f mesure *f* d'émission
  r мера *f* эмиссии

E292 *e* emission microscope
  d Emissionsmikroskop *n*
  f microscope *m* à effet de champ
  r эмиссионный микроскоп *m*

E293 *e* emission spectroscopy
  d Emissionsspektroskopie *f*
  f spectroscopie *f* d'émission
  r эмиссионная спектроскопия *f*

E294 *e* emission spectrum
  d Emissionsspektrum *n*
  f spectre *m* d'émission
  r спектр *m* испускания, эмиссионный спектр *m*

E295 *e* emissive power
  d Emissionsvermögen *n*
  f pouvoir *m* émissif
  r излучательная способность *f*

E296 *e* emissivity *see* emissive power

E297 *e* emittance
  d 1. spezifische Ausstrahlung *f*, Emissionsgrad *m* 2. Emittanz *f*
  f émittance *f*
  r 1. излучательность *f*, светимость *f* 2. эмиттанс *m* (пучка)

E298 *e* emitted quantum
  d emittiertes Quant *n*
  f quantum *m* émis
  r испущенный квант *m*

E299 *e* emitter
  d 1. Emitter *m*, Emitterelektrode *f* 2. Strahler *m*
  f émetteur *m*
  r 1. эмиттер *m* 2. излучатель *m*

ELECTRON

        f   fuite *f* d'électrons
        r убегание *n* электронов

E198 *e* electron gas
        d Elektronengas *n*
        f gaz *m* électronique
        r электронный газ *m*

E199 *e* electron gun
        d Elektronenkanone *f*, Elektronenstrahlerzeuger *m*
        f canon *m* électronique
        r электронная пушка *f*, электронный прожектор *m*

E200 *e* electron-hole drop, electron-hole droplet
        d Elektronenlochtropfen *m*
        f goutte *f* électron-trou
        r электронно-дырочная капля *f*

E201 *e* electron-hole junction
        d p-n-Übergang *m*, Elektronen-Löcher-Übergang *m*
        f jonction *f* p-n
        r электронно-дырочный переход *m*, *p*—*n*-переход *m*

E202 *e* electron-hole liquid
        d Elektronen-Löcher-Flüssigkeit *f*
        f fluide *m* électron-trou
        r электронно-дырочная жидкость *f*

E203 *e* electronic heat capacity
        d Elektronen-Wärmekapazität *f*
        f capacité *f* thermique électronique
        r электронная теплоёмкость *f*

E204 *e* electronic heat conductivity
        d Elektronen-Wärmeleitung *f*, Elektronen-Wärmeleitfähigkeit *f*
        f conductibilité *f* thermique électronique
        r электронная теплопроводность *f*

E205 *e* electronic instrument
        d Elektronenmeßgerät *n*
        f instrument *m* électronique
        r электронный измерительный прибор *m*

E206 *e* electronic relay
        d elektronisches Relais *n*
        f relais *m* électronique
        r электронное реле *n*

E207 *e* electronics
        d Elektronik *f*
        f électronique *f*
        r электроника *f*

E208 *e* electronic spectra
        d Elektronenspektren *n pl*
        f spectres *m pl* électroniques
        r электронные спектры *m pl* (молекул)

E209 *e* electronic transition *see* electron transition

E210 *e* electronic-vibrational spectra
        d Elektronen-Schwingungsspektren *n pl*
        f spectres *m pl* électroniques vibrationnels
        r электронно-колебательные спектры *m pl* (молекул)

E211 *e* electron impact
        d Elektronenstoß *m*
        f choc *m* électronique
        r электронный удар *m*

E212 *e* electron injection
        d Elektroneninjektion *f*
        f injection *f* d'électrons
        r инжекция *f* электронов

E213 *e* electron injector
        d Elektroneninjektor *m*
        f injecteur *m* d'électrons
        r инжектор *m* электронов

E214 *e* electron ionization
        d Elektronenionisation *f*
        f ionisation *f* par électrons
        r ионизация *f* электронами, ионизация *f* электронным ударом

E215 *e* electron-ion recombination
        d Elektron-Ion-Rekombination *f*
        f recombinaison *f* électron-ion
        r электронно-ионная рекомбинация *f*

E216 *e* electron lens
        d Elektronenlinse *f*
        f lentille *f* électronique
        r электронная линза *f*

E217 *e* electron mass
        d Elektronenmasse *f*
        f masse *f* d'électron
        r масса *f* электрона

E218 *e* electron microscope
        d Elektronenmikroskop *n*
        f microscope *m* électronique
        r электронный микроскоп *m*

E219 *e* electron migration
        d Elektronenwanderung *f*
        f migration *f* d'électrons
        r миграция *f* электронов

E220 *e* electron mirror
        d Elektronenspiegel *m*
        f miroir *m* électronique
        r электронное зеркало *n*

E221 *e* electron mobility
        d Elektronenbeweglichkeit *f*
        f mobilité *f* des électrons
        r подвижность *f* электронов

E222 *e* electron momentum
        d Elektronenimpuls *m*
        f impulsion *f* d'électron
        r импульс *m* электрона

ELECTRON-OPTICAL

E223　e　electron-optical aberrations
　　　d　elektronenoptische Aberration f
　　　f　aberrations f pl électrono-optiques
　　　r　электронно-оптические аберрации f pl, аберрации f pl электронных линз

E224　e　electron-optical image converter
　　　d　Bildwandler m
　　　f　convertisseur m d'image électrono-optique
　　　r　электронно-оптический преобразователь m, ЭОП

E225　e　electron optics
　　　d　Elektronenoptik f
　　　f　optique f électronique
　　　r　электронная оптика f

E226　e　electron orbit
　　　d　Elektronenbahn f
　　　f　orbite f d'électron
　　　r　электронная орбита f

E227　e　electron paramagnetic resonance
　　　d　paramagnetische Elektronenresonanz f
　　　f　résonance f paramagnétique électronique
　　　r　электронный парамагнитный резонанс m, ЭПР m

E228　e　electron-phonon interaction
　　　d　Elektron-Phonon-Wechselwirkung f
　　　f　interaction f électron-phonon
　　　r　электрон-фононное взаимодействие n

E229　e　electron-positron pair
　　　d　Elektron-Positron-Paar n
　　　f　paire f électron-positron
　　　r　электрон-позитронная пара f

E230　e　electron probe
　　　d　Elektronensonde f
　　　f　sonde f électronique
　　　r　электронный зонд m

E231　e　electron projector
　　　d　Elektronenprojektor m
　　　f　projecteur m électronique
　　　r　электронный проектор f

E232　e　electron radiation
　　　d　Elektronenstrahlung f
　　　f　radiation f électronique
　　　r　излучение n электрона, электронное излучение n

E233　e　electron radiography
　　　d　Elektronenradiographie f
　　　f　radiographie f électronique
　　　r　электронная радиография f

E234　e　electron radius
　　　d　Elektronenradius m
　　　f　rayon m d'électron
　　　r　радиус m электрона

E235　e　electron recombination see electron-ion recombination

E236　e　electron scattering
　　　d　Elektronenstreuung f
　　　f　diffusion f d'électrons
　　　r　рассеяние n электронов

E237　e　electron shell
　　　d　Elektronenschale f
　　　f　couche f électronique
　　　r　электронная оболочка f (атома)

E238　e　electron source
　　　d　Elektronenquelle f
　　　f　source f d'électrons
　　　r　источник m электронов

E239　e　electron spin
　　　d　Elektronenspin m
　　　f　spin m de l'électron
　　　r　спин m электрона

E240　e　electron spin resonance
　　　d　Elektronenspinresonanz f
　　　f　résonance f de spin électronique
　　　r　электронный спиновый резонанс m

E241　e　electron temperature
　　　d　Elektronentemperatur f
　　　f　température f électronique
　　　r　электронная температура f, температура f электронов

E242　e　electron theory
　　　d　Elektronentheorie f
　　　f　théorie f électronique
　　　r　электронная теория f

E243　e　electron transition
　　　d　Elektronenübergang m
　　　f　transition f électronique
　　　r　электронный переход m

E244　e　electron trap
　　　d　Elektronenfalle f
　　　f　piège m à électrons
　　　r　электронная ловушка f

E245　e　electron trapping see electron capture

E246　e　electron tube
　　　d　Elektronenröhre f
　　　f　tube m électronique
　　　r　электронная лампа f

E247　e　electron tunneling
　　　d　Elektronendurchtunnelung f
　　　f　effet m tunnel d'électrons
　　　r　туннелирование n электронов

E248　e　electron valve see electron tube

E249　e　electron-volt, eV
　　　d　Elektronvolt n, Elektronenvolt n

	f	électron-volt *m*
	r	электрон-вольт *m*, эВ

E250
- *e* electro-optical coefficient
- *d* elektrooptischer Koeffizient *m*
- *f* coefficient *m* électro-optique
- *r* электрооптический коэффициент *m*

E251
- *e* electro-optical effect
- *d* elektrooptischer Effekt *m*, elektrooptischer Kerr-Effekt *m*
- *f* effet *m* électro-optique
- *r* электрооптический эффект *m*

E252
- *e* electro-optical shutter
- *d* elektrooptischer Verschluß *m*, Kerr-Zellen-Verschluß *m*
- *f* obturateur *m* électro-optique
- *r* электрооптический затвор *m*

E253
- *e* electro-optic crystal
- *d* elektrooptischer Kristall *m*
- *f* cristal *m* électro-optique
- *r* электрооптический кристалл *m*

E254
- *e* electro-optic deflector
- *d* elektrooptischer Deflektor *m*
- *f* déflecteur *m* électro-optique
- *r* электрооптический дефлектор *m*

E255
- *e* electro-optic modulator
- *d* elektrooptischer Modulator *m*
- *f* modulateur *m* électro-optique
- *r* электрооптический модулятор *m*

E256
- *e* electro-optics
- *d* Elektrooptik *f*
- *f* électro-optique *f*
- *r* электрооптика *f*

E257
- *e* electrophoresis
- *d* Elektrophorese *f*
- *f* électrophorèse *f*
- *r* электрофорез *m*

E258
- *e* electrophysics
- *d* Elektrophysik *f*
- *f* électrophysique *f*
- *r* электрофизика *f*

E259
- *e* electropositivity
- *d* Elektropositivität *f*
- *f* électropositivité *f*
- *r* электроположительность *f*

E260
- *e* electroscope
- *d* Elektroskop *n*
- *f* électroscope *m*
- *r* электроскоп *m*

E261
- *e* electrostatic field
- *d* elektrostatisches Feld *n*
- *f* champ *m* électrostatique
- *r* электростатическое поле *n*

E262
- *e* electrostatic focusing
- *d* elektrostatische Fokussierung *f*
- *f* focalisation *f* électrostatique
- *r* электростатическая фокусир[овка]

E263
- *e* electrostatic generator
- *d* elektrostatischer Generator *m*
- *f* générateur *m* électrostatique
- *r* электростатический генера[тор]

E264
- *e* electrostatic image
- *d* elektrostatisches Bild *n*
- *f* image *f* électrostatique
- *r* электростатическое изоб[ражение]

E265
- *e* electrostatic induction
- *d* Influenz *f*, elektrische Inf[luenz], elektrostatische Induktio[n]
- *f* induction *f* électrostatiqu[e]
- *r* электростатическая ин[дукция]

E266
- *e* electrostatic instrume[nt]
- *d* elektrostatisches Meßin[strument]
- *f* appareil *m* mesureur é[lectrostatique]
- *r* электростатический прибор *m*

E267
- *e* electrostatic lens
- *d* elektrostatische Lins[e], Elektronenlinse *f*
- *f* lentille *f* électrostati[que]
- *r* электростатическа[я линза]

E268
- *e* electrostatic poten[tial]
- *d* elektrostatisches P[otential]
- *f* potentiel *m* électr[ostatique]
- *r* электростатичес[кий потенциал]

E269
- *e* electrostatic qua[drupole]
- *d* elektrostatischer [Quadrupol]
- *f* quadripôle *m* él[ectrostatique]
- *r* электростатиче[ский квадруполь]

E270
- *e* electrostatics
- *d* Elektrostatik *f*
- *f* électrostatique
- *r* электростати[ка]

E271
- *e* electrostricti[on]
- *d* Elektrostrikt[ion]
- *f* électrostricti[on]
- *r* электростр[икция]

E272
- *e* electrowea[k]
- *d* elektroschw[ache] interaction
- *r* электрос[лабое взаимодействие]

E273
- *e* electrow[eak]
- *d* Interfere[nz] elektrom[agnetischer] Wechse[lwirkung]
- *f* interfér[ence] électro[magnétique]
- *r* интер[ференция] элект[ромагнитного взаимодействия]

E274
- *e* electr[omagnetic]
- *d* Mode[...] Wech[selwirkung]

E300 e emitter junction
    d Emitterübergang m
    f jonction f émettrice
    r эмиттерный переход m

E301 e empirical dependence
    d empirische Abhängigkeit f
    f dépendance f empirique
    r эмпирическая зависимость f

E302 e empirical model
    d empirisches Modell n
    f modèle m empirique
    r эмпирическая модель f

E303 e empty band
    d unbesetztes Band n, unbesetztes Energieband n
    f bande f vide
    r свободная зона f, незаполненная зона f

E304 e emulsifying agent
    d Emulgator m
    f agent m émulsifiant
    r эмульгатор m

E305 e emulsion
    d Emulsion f
    f émulsion f
    r эмульсия f

E306 e emulsion chamber
    d Emulsionskammer f
    f chambre f d'émulsion
    r эмульсионная камера f

E307 e enantiomer
    d Enantiomer n, optisches Isomer n, Spiegelbildisomer n
    f énantiomère m, isomère m optique
    r энантиомер m, оптический изомер m

E308 e enantiomorphism
    d 1. Enantiomorphie f 2. Chiralität f
    f 1. énantiomorphisme m 2. chiralité f
    r 1. энантиоморфизм m 2. киральность f

E309 e energy
    d Energie f
    f énergie f
    r энергия f

E310 e energy accumulator
    d Energiespeicher m
    f accumulateur m d'énergie
    r накопитель m энергии

E311 e energy band
    d Energieband n
    f bande f énergétique
    r энергетическая зона f

E312 e energy channeling
    d Energiekanalierung f
    f canalisation f de l'énergie
    r канализация f энергии

E313 e energy conservation law
    d Energieerhaltungssatz m
    f loi f de la conservation de l'énergie
    r закон m сохранения энергии

E314 e energy conversion
    d Energieumformung f
    f conversion f d'énergie
    r преобразование n энергии

E315 e energy density
    d Energiedichte f
    f densité f d'énergie
    r плотность f энергии

E316 e energy dissipation
    d Energiezerstreuung f, Energieverlust m
    f dissipation f de l'énergie
    r диссипация f энергии

E317 e energy distribution
    d Energieverteilung f
    f distribution f d'énergie
    r распределение n энергии

E318 e energy exchange
    d Energieaustausch m
    f échange m d'énergie
    r обмен m энергией

E319 e energy flux
    d Energiefluß m
    f flux m d'énergie
    r поток m энергии

E320 e energy gap
    d Energielücke f, verbotene Zone f
    f lacune f énergétique
    r запрещённая зона f, энергетическая щель f

E321 e energy level diagram
    d Energieniveauschema n, Termschema n
    f diagramme m énergétique, diagramme m des niveaux d'énergie
    r диаграмма f уровней энергии

E322 e energy levels
    d Energieniveaus n pl
    f niveaux m pl énergétiques
    r уровни m pl энергии, энергетические уровни m pl

E323 e energy level width
    d Niveaubreite f, Breite f des Energieniveaus
    f largeur f du niveau d'énergie
    r ширина f энергетического уровня

ENERGY

E324　e　energy loss
　　　d　Energieverlust m
　　　f　pertes f pl d'énergie
　　　r　потери f pl энергии

E325　e　energy measurement
　　　d　Energiemessung f
　　　f　mesure f de l'énergie
　　　r　измерение n энергии

E326　e　energy migration
　　　d　Energiewanderung f
　　　f　migration f d'énergie
　　　r　миграция f энергии

E327　e　energy momentum tensor
　　　d　Impuls-Energie-Tensor m, Energie-Impuls-Tensor m
　　　f　tenseur m d'impulsion-énergie
　　　r　тензор m энергии-импульса

E328　e　energy quantization
　　　d　Energiequantelung f, Energiequantisierung f
　　　f　quantification f de l'énergie
　　　r　квантование n энергии

E329　e　energy range
　　　d　Energieintervall n, Energiebereich m
　　　f　intervalle m d'énergie
　　　r　интервал m энергий, энергетический интервал m, диапазон m энергий

E330　e　energy region
　　　d　Energiebereich m, Energieintervall n
　　　f　région f d'énergie
　　　r　область f энергий, диапазон m энергий

E331　e　energy release
　　　d　Energiefreisetzung f, Energieabgabe f
　　　f　libération f d'énergie
　　　r　освобождение n энергии, высвобождение n энергии, выделение n энергии

E332　e　energy source
　　　d　Energiequelle f
　　　f　source f d'énergie
　　　r　источник m энергии

E333　e　energy spectrum
　　　d　Energiespektrum n
　　　f　spectre m d'énergie
　　　r　энергетический спектр m

E334　e　energy states
　　　d　Energiezustände m pl
　　　f　états m pl d'énergie
　　　r　энергетические состояния n pl

E335　e　energy transfer
　　　d　Energietransport m
　　　f　transfert m d'énergie
　　　r　перенос m энергии

E336　e　engine
　　　d　Motor m; Maschine f
　　　f　moteur m; engin m
　　　r　двигатель m; машина f

E337　e　enlarging
　　　d　Vergrößerung f
　　　f　agrandissement m
　　　r　увеличение n (фотографического изображения)

E338　e　enriched isotope
　　　d　angereichertes Isotop n
　　　f　isotope m enrichi
　　　r　обогащённый изотоп m

E339　e　enriched-layer contact
　　　d　Anreicherungsschichtkontakt m
　　　f　contact m à couche enrichie
　　　r　контакт m с обогащённым слоем

E340　e　enriched material
　　　d　angereichertes Material n
　　　f　matériau m enrichi
　　　r　обогащённый материал m

E341　e　enrichment
　　　d　Anreicherung f
　　　f　enrichissement m
　　　r　обогащение n (изотопов)

E342　e　ensemble
　　　d　Ensemble n
　　　f　ensemble m
　　　r　ансамбль m

E343　e　ensemble average
　　　d　Scharmittel n, Scharmittelwert m
　　　f　moyenne f par ensemble
　　　r　среднее n по ансамблю

E344　e　ensemble averaging
　　　d　Scharmittelwertbildung f
　　　f　formation f de moyennes d'ensemble
　　　r　усреднение n по ансамблю

E345　e　enthalpy
　　　d　Enthalpie f
　　　f　enthalpie f
　　　r　энтальпия f

E346　e　entrance pupil
　　　d　Eintrittspupille f, Eintrittsöffnung f
　　　f　pupille f d'entrée
　　　r　входной зрачок m (оптической системы)

E347　e　entropy
　　　d　Entropie f
　　　f　entropie f
　　　r　энтропия f

E348　e　entropy increase law
　　　d　Satz m über die Entropiezunahme, Satz m von der Vermehrung der Entropie
　　　f　loi f d'augmentation d'entropie
　　　r　закон m возрастания энтропии

E349	e	entropy of the Universe
	d	Universumsentropie f, Entropie f des Weltalls
	f	entropie f de l'Univers
	r	энтропия f Вселенной
E350	e	envelope
	d	Einhüllende f, Enveloppe f, Hüllkurve f, Umhüllende f
	f	enveloppe f
	r	огибающая f
E351	e	envelope detection
	d	Hüllkurvengleichrichtung f
	f	détection f de l'enveloppe
	r	детектирование n огибающей
E352	e	environmental pollution
	d	Umweltverschmutzung f
	f	pollution f d'environnement, pollution f du milieu ambiant
	r	загрязнение n окружающей среды
E353	e	environmental protection
	d	Umweltschutz m
	f	protection f d'environnement, protection f du milieu ambiant
	r	охрана f окружающей среды
E354	e	environmental test, environmental testing
	d	Klimaprüfung f
	f	essai m climatique
	r	климатические испытания n pl
E355	e	eötvös, E
	d	Eötvös n, Eötvös-Einheit f
	f	eötvös m
	r	этвеш m, Э
E356	e	Eötvös torsion balance
	d	Eötvös-Drehwaage f, Eötvössche Drehwaage f
	f	balance f d'Eötvös
	r	гравитационный вариометр m Этвеша
E357	e	ephemeris
	d	Ephemeride f
	f	éphéméride f
	r	эфемерида f
E358	e	ephemeris time
	d	Ephemeridenzeit f
	f	temps m des éphémérides
	r	эфемеридное время n
E359	e	epicenter
	d	Epizentrum n
	f	épicentre m
	r	эпицентр m (землетрясения)
E360	e	epidiascope
	d	Epidiaskop n
	f	épidiascope m
	r	эпидиаскоп m
E361	e	epitaxial film
	d	Epitaxialfilm m, Epitaxieschicht f
	f	film m épitaxial
	r	эпитаксиальный слой m
E362	e	epitaxial isolation
	d	Epitaxialisolation f, Epitaxieisolation f
	f	isolement m épitaxial
	r	эпитаксиальная изоляция f
E363	e	epitaxial laser
	d	Epitaxiallaser m, Epitaxielaser m
	f	laser m épitaxial
	r	эпитаксиальный лазер m
E364	e	epitaxial technique
	d	Epitaxialverfahren n, Epitaxieverfahren n
	f	technique f épitaxiale
	r	эпитаксиальный метод m (выращивания кристаллов)
E365	e	epitaxy
	d	Epitaxie f
	f	épitaxie f
	r	эпитаксия f
E366	e	equation of state
	d	Zustandsgleichung f
	f	équation f d'état
	r	уравнение n состояния
E367	e	equations of telegraphy
	d	Telegraphengleichungen f pl
	f	équations f pl des télégraphistes
	r	телеграфные уравнения n pl
E368	e	equator
	d	Äquator m
	f	équateur m
	r	экватор m
E369	e	equatorial ionosphere
	d	Äquatorialionosphäre f
	f	ionosphère f équatoriale
	r	экваториальная ионосфера f
E370	e	equatorial mounting
	d	parallaktische Fernrohrmontierung f, parallaktische Montierung f, äquatoriale Fernrohrmontierung f, äquatoriale Montierung f
	f	monture f équatoriale
	r	экваториальная монтировка f, параллактическая монтировка f (телескопа)
E371	e	equilibrium
	d	Gleichgewicht n
	f	équilibre m
	r	равновесие n
E372	e	equilibrium carriers
	d	Gleichgewichtsträger m pl, Gleichgewichtsladungsträger m pl

EQUILIBRIUM

	f porteurs *m pl* équilibrés
	r равновесные носители *m pl*, равновесные носители *m pl* заряда

E373   *e* equilibrium concentration
       d Gleichgewichtsdichte *f*, Gleichgewichtskonzentration *f*
       f concentration *f* d'équilibre
       r равновесная концентрация *f*

E374   *e* equilibrium configuration
       d Gleichgewichtskonfiguration *f*
       f configuration *f* d'équilibre
       r равновесная конфигурация *f* (молекул)

E375   *e* equilibrium curve
       d Gleichgewichtskurve *f*
       f courbe *f* d'équilibre
       r кривая *f* равновесия

E376   *e* equilibrium diagram
       d Phasendiagramm *n*, Zustandsdiagramm *n*
       f diagramme *m* d'équilibre, diagramme *m* de phase, diagramme *m* d'état
       r диаграмма *f* равновесия, фазовая диаграмма *f*

E377   *e* equilibrium distribution
       d Gleichgewichtsverteilung *f*
       f distribution *f* équilibrée
       r равновесное распределение *n*

E378   *e* equilibrium ionization
       d Gleichgewichtsionisation *f*
       f ionisation *f* d'équilibre
       r равновесная ионизация *f*

E379   *e* equilibrium orbit
       d Gleichgewichtsbahn *f*
       f orbite *f* d'équilibre
       r равновесная орбита *f*

E380   *e* equilibrium phase
       d Gleichgewichtsphase *f*
       f phase *f* d'équilibre
       r равновесная фаза *f*

E381   *e* equilibrium plasma
       d Gleichgewichtsplasma *n*
       f plasma *m* d'équilibre
       r равновесная плазма *f*

E382   *e* equilibrium population
       d Gleichgewichtsbesetzung *f*
       f population *f* d'équilibre
       r равновесная населённость *f*

E383   *e* equilibrium process
       d Gleichgewichtsprozeß *m*
       f processus *m* d'équilibre
       r равновесный процесс *m*

E384   *e* equilibrium radiation
       d schwarze Strahlung *f*, Hohlraumstrahlung *f*, Schwarzkörperstrahlung *f*
       f radiation *f* du corps noir, rayonnement *m* d'équilibre
       r равновесное излучение *n*, излучение *n* чёрного тела

E385   *e* equilibrium state
       d Gleichgewichtszustand *m*
       f état *m* d'équilibre
       r равновесное состояние *n*, состояние *n* равновесия

E386   *e* equinox
       d Tagundnachtgleiche *f*, Tag-und-Nacht-Gleiche *f*
       f équinoxe *m*
       r равноденствие *n*

E387   *e* equipartition law
       d Gleichverteilungssatz *m*, Energiegleichverteilungssatz *m*
       f loi *f* d'équipartition
       r закон *m* равнораспределения (энергии по степеням свободы)

E388   *e* equipartition of energy
       d Energiegleichverteilung *f*, Gleichverteilung *f* der Energie
       f équipartition *f* de l'énergie, équipartition *f*
       r равнораспределение *n* энергии

E389   *e* equipment
       d Ausrüstung *f*; Ausstattung *f*; Apparatur *f*
       f équipement *m*
       r оборудование *n*; аппаратура *f*

E390   *e* equipotential *see* equipotential surface

E391   *e* equipotential contour
       d Äquipotentialkreis *m*
       f contour *m* équipotentiel
       r эквипотенциальный контур *m*

E392   *e* equipotential curve
       d Äquipotentialkurve *f*
       f courbe *f* équipotentielle
       r эквипотенциальная кривая *f*

E393   *e* equipotential surface
       d Äquipotentialfläche *f*
       f surface *f* équipotentielle
       r эквипотенциальная поверхность *f*, эквипотенциаль *f*

E394   *e* equivalence (*e.g. of heat and mechanical energy, of mass and energy*)
       d Äquivalenz *f*
       f équivalence *f*
       r эквивалентность *f* (*напр. тепловой и механической энергии, массы и энергии*)

E395   *e* equivalence principle

	d	Äquivalenzprinzip *n*
	f	principe *m* d'équivalence
	r	принцип *m* эквивалентности
E396	*e*	equivalent
	d	Äquivalent *n*
	f	équivalent *m*
	r	эквивалент *m*
E397	*e*	equivalent circuit
	d	Ersatzschaltbild *n*
	f	circuit *m* équivalent
	r	эквивалентная схема *f*
E398	*e*	equivalent dose
	d	äquivalente Dosis *f*
	f	dose *f* équivalente
	r	эквивалентная доза *f*
E399	*e*	erbium, Er
	d	Erbium *n*
	f	erbium *m*
	r	эрбий *m*
E400	*e*	erecting prism
	d	Umkehrprisma *n*
	f	prisme *m* de retournement
	r	оборачивающая призма *f*
E401	*e*	erecting system
	d	Umkehrsystem *n*
	f	système *m* de retournement
	r	оборачивающая система *f*
E402	*e*	E-region
	d	E-Gebiet *n* (*Ionosphäre*)
	f	région *f* E (*d'ionosphère*)
	r	область *f* E (*ионосферы*)
E403	*e*	erg
	d	Erg *n*
	f	erg *m*
	r	эрг *m*
E404	*e*	ergodic hypothesis
	d	Ergodenhypothese *f*
	f	hypothèse *f* ergodique
	r	эргодическая гипотеза *f*
E405	*e*	ergodicity
	d	Ergodizität *f*
	f	ergodicité *f*
	r	эргодичность *f*
E406	*e*	error
	d	Fehler *m*; Abweichung *f*
	f	erreur *f*
	r	ошибка *f*, погрешность *f*
E407	*e*	error curve
	d	Fehlerkurve *f*
	f	courbe *f* d'erreurs
	r	кривая *f* ошибок
E408	*e*	error function
	d	Fehlerfunktion *f*
	f	fonction *f* des erreurs
	r	функция *f* ошибок
E409	*e*	error integral
	d	Fehlerintegral *n*
	f	intégrale *f* des erreurs
	r	интеграл *m* вероятности ошибок
E410	*e*	escape
	d	1. Austritt *m* 2. Runaway-Effekt *m* (*der Elektronen*)
	f	1. fuite *f* 2. effet *m* des électrons découplés
	r	1. вылет *m* (*частицы*) 2. убегание *n* (*электронов*)
E411	*e*	escape direction
	d	Austrittsrichtung *f*
	f	direction *f* de la fuite
	r	направление *n* вылета (*частицы*)
E412	*e*	escape velocity
	d	zweite kosmische Geschwindigkeit *f*, Entweichungsgeschwindigkeit *f*
	f	vitesse *f* de libération
	r	вторая космическая скорость *f*
E413	*e*	escaping electrons
	d	Runaway-Elektronen *n pl*
	f	électrons *m pl* découplés
	r	убегающие электроны *m pl*
E414	*e*	etalon
	d	Etalon *m*, Eichmaß *n*, Normal *n*, Normalmaß *n*
	f	étalon *m*
	r	эталон *m*
E415	*e*	etch groove
	d	Ätzgraben *m*
	f	rainure *f* de décapage
	r	канавка *f* травления
E416	*e*	etching
	d	Ätzen *n*, Ätzung *f*
	f	décapage *m*
	r	травление *n*
E417	*e*	etch pits
	d	Ätzgruben *f pl*
	f	fosses *f pl* de décapage
	r	ямки *f pl* травления
E418	*e*	etch pitting technique
	d	Ätzgrubenverfahren *n*
	f	technique *f* de fosses de décapage
	r	метод *m* ямок травления
E419	*e*	ether
	d	Äther *m*, Weltäther *m*
	f	éther *m*
	r	эфир *m*
E420	*e*	ether wind
	d	Ätherwind *m*
	f	vent *m* d'éther
	r	эфирный ветер *m*

ETTINGSHAUSEN

E421 e Ettingshausen effect
      d Ettingshausen-Effekt m
      f effet m d'Ettingshausen
      r эффект m Эттингсгаузена

E422 e Euclidean geometry
      d euklidische Geometrie f
      f géométrie f euclidienne
      r геометрия f Евклида

E423 e Euclidean space
      d euklidischer Raum m
      f espace m euclidien
      r евклидово пространство n

E424 e Euler equations
      d Eulersche Gleichungen f pl
      f équations f pl d'Euler
      r уравнения n pl Эйлера

E425 e European Organization for Nuclear Research
      d Europäische Organisation f für Kernforschung, CERN
      f Conseil m Européen pour Recherche Nucléaire, CERN
      r Европейская организация f ядерных исследований, ЦЕРН

E426 e europium, Eu
      d Europium n
      f europium m
      r европий m

E427 e eutectic
      d Eutektik f
      f eutectique f
      r эвтектика f

E428 e evacuation
      d Evakuierung f, Evakuieren n, Abpumpen n
      f évacuation f
      r откачка f

E429 e evacuation chamber
      d Evakuierungskammer f
      f chambre f d'évacuation
      r камера f откачки (в криостате)

E430 e evaporation
      d Verdampfung f
      f évaporation f, vaporisation f
      r испарение n; парообразование n

E431 e evaporation chamber
      d Verdampfungskammer f
      f chambre f d'évaporation
      r камера f испарения

E432 e «evaporation» of black holes
      d «Verdampfung» f von schwarzen Löchern
      f «évaporation» f des trous noirs
      r «испарение» n чёрных дыр

E433 e evaporation rate
      d Verdampfungsgeschwindigkeit f, Verdampfungsrate f
      f vitesse f de vaporisation, vitesse f d'évaporation
      r интенсивность f испарения

E434 e evaporimeter
      d Evaporimeter n
      f évaporimètre m
      r эвапориметр m

E435 e even-even nucleus
      d gg-Kern m, Gerade-gerade-Kern m, doppelt gerader Kern m
      f noyau m pair-pair
      r чётно-чётное ядро n

E436 e even-odd nucleus
      d gu-Kern m, Gerade-ungerade-Kern m
      f noyau m pair-impair
      r чётно-нечётное ядро n

E437 e event
      d Ereignis n
      f événement m
      r событие n

E438 e event horizon
      d Ereignishorizont m
      f horizon m d'événements
      r горизонт m событий

E439 e evolution
      d Entwicklung f
      f évolution f
      r эволюция f

E440 e evolutionary model
      d Entwicklungsmodell n
      f modèle m évolutif
      r эволюционная модель f

E441 e excess concentration
      d Konzentrationsüberschuß m, Überschußkonzentration f
      f concentration f excessive
      r избыточная концентрация f

E442 e excess of energy
      d Energieüberschuß m
      f excès m d'énergie
      r избыток m энергии

E443 e excess population
      d Überschußbesetzung f
      f population f d'excès
      r избыточная населённость f (уровней энергии)

E444 e exchange
      d Austausch m; Wechsel m
      f échange m
      r обмен m

E445 e exchange constant
      d Austauschkonstante f
      f constante f d'échange
      r обменная константа f

EXCITON

E446   e   exchange degeneracy
         d   Austauschentartung *f*
         f   dégénérence *f* par échange
         r   обменное вырождение *n*

E447   e   exchange forces
         d   Austauschkräfte *pl*
         f   forces *pl* d'échange
         r   обменные силы *pl*

E448   e   exchange integral
         d   Austauschintegral *n*
         f   intégrale *f* d'échange
         r   обменный интеграл *m*

E449   e   exchange interaction
         d   Austauschwechselwirkung *f*
         f   interaction *f* d'échange
         r   обменное взаимодействие *n*

E450   e   exchange mode
         d   Austauschmode *f*
         f   mode *m* d'échange
         r   обменная мода *f*

E451   e   exchange model
         d   Austauschmodell *n*
         f   modèle *m* d'échange
         r   обменная модель *f*

E452   e   excimer laser
         d   Excimerlaser *m*
         f   laser *m* à excimère
         r   эксимерный лазер *m*

E453   e   excitation
         d   Anregung *f*; Erregung *f*
         f   excitation *f*
         r   возбуждение *n*

E454   e   excitation channel
         d   Anregungskanal *m*
         f   canal *m* d'excitation
         r   канал *m* возбуждения

E455   e   excitation cross-section
         d   Anregungsquerschnitt *m*, Wirkungsquerschnitt *m* für Anregung
         f   section *f* d'excitation
         r   сечение *n* возбуждения

E456   e   excitation curve
         d   Anregungskurve *f*
         f   courbe *f* d'excitation
         r   кривая *f* возбуждения

E457   e   excitation energy
         d   Anregungsenergie *f*
         f   énergie *f* d'excitation
         r   энергия *f* возбуждения

E458   e   excitation kinetics
         d   Anregungskinetik *f*
         f   cinétique *f* d'excitation
         r   кинетика *f* возбуждения

E459   e   excitation method
         d   Anregungsmethode *f*
         f   méthode *f* d'excitation
         r   метод *m* возбуждения

E460   e   excitation pulse
         d   Anregungsimpuls *m*
         f   impulsion *f* d'excitation
         r   возбуждающий импульс *m*

E461   e   excitation source
         d   Anregungsquelle *f*
         f   source *f* d'excitation
         r   источник *m* возбуждения

E462   e   excited atom
         d   angeregtes Atom *n*
         f   atome *m* excité
         r   возбуждённый атом *m*

E463   e   excited ion
         d   angeregtes Ion *n*
         f   ion *m* excité
         r   возбуждённый ион *m*

E464   e   excited molecule
         d   angeregtes Molekül *n*
         f   molécule *f* excitée
         r   возбуждённая молекула *f*

E465   e   excited state
         d   angeregter Zustand *m*
         f   état *m* excité
         r   возбуждённое состояние *n*

E466   e   exciting pulse *see* excitation pulse

E467   e   exciton
         d   Exciton *n*, Exziton *n*
         f   exciton *m*
         r   экситон *m*

E468   e   exciton condensation
         d   Excitonenkondensation *f*
         f   condensation *f* d'excitons
         r   конденсация *f* экситонов

E469   e   exciton drop
         d   Excitontropfen *m*
         f   goutte *f* excitoniqie
         r   экситонная капля *f*

E470   e   excitonic molecule
         d   Excitonmolekül *n*
         f   molécule *f* excitonique
         r   экситонная молекула *f*

E471   e   exciton liquid
         d   Excitonflüssigkeit *f*
         f   liquide *m* excitonique
         r   экситонная жидкость *f*

E472   e   exciton migration
         d   Excitonenwanderung *f*
         f   migration *f* des excitons
         r   миграция *f* экситонов

EXCITON-PHONON

E473   e   exciton-phonon interaction
      d   Exciton-Phonon-Wechselwirkung f
      f   interaction f exciton-phonon
      r   экситон-фононное взаимодействие n

E474   e   exciton spectroscopy
      d   Excitonspektroskopie f
      f   spectroscopie f excitonique
      r   экситонная спектроскопия f

E475   e   exclusion principle
      d   Pauli-Prinzip n, Pauli-Verbot n
      f   principe m d'exclusion de Pauli
      r   принцип m запрета, принцип m Паули

E476   e   exhaustion of hydrogen
      d   Wasserstoffbrennen n, Ausbrennen n des Wasserstoffs, Verbrennen n des Wasserstoffs
      f   épuisement m de l'hydrogène
      r   исчерпание n водорода *(в звезде)*

E477   e   existence proof
      d   Existenzbeweis m
      f   preuve f d'existence
      r   доказательство n существования

E478   e   exit mirror
      d   Austrittsspiegel m
      f   miroir m de sortie
      r   выходное зеркало n *(лазера)*

E479   e   exit pupil
      d   Austrittsöffnung f, Austrittspupille f
      f   pupille f de sortie
      r   выходной зрачок m *(оптической системы)*

E480   e   exoelectron
      d   Exoelektron n
      f   exo-électron m
      r   экзоэлектрон m

E481   e   exoelectron emission
      d   Exoelektronenemission f
      f   émission f exo-électronique
      r   экзоэлектронная эмиссия f

E482   e   exosphere
      d   Exosphäre f, äußere Atmosphäre f
      f   exosphère f
      r   экзосфера f

E483   e   exothermic reaction
      d   exotherme Reaktion f
      f   réaction f exothermique
      r   экзотермическая реакция f

E484   e   expander *see* expansion machine

E485   e   expanding model
      d   Modell n des expandierenden Weltalls
      f   modèle m d'expansion, modèle m d'Univers expansif
      r   модель f расширяющейся Вселенной

E486   e   expanding Universe
      d   expandierendes Weltall n
      f   Univers m expansif, Univers m en expansion
      r   расширяющаяся Вселенная f

E487   e   expansion
      d   1. Ausdehnung f, Expansion f 2. Entwicklung f, Reihenentwicklung f
      f   1. dilatation f 2. développement m en série
      r   1. расширение n 2. разложение n, разложение n в ряд

E488   e   expansion chamber
      d   Nebelkammer f, Expansionsnebelkammer f
      f   chambre f d'expansion, chambre f de Wilson
      r   камера f Вильсона

E489   e   expansion coefficient
      d   Ausdehnungskoeffizient m, Ausdehnungszahl f
      f   coefficient m d'expansion, coefficient m de dilatation
      r   коэффициент m расширения

E490   e   expansion curve
      d   Ausdehnungskurve f
      f   courbe f de dilatation
      r   кривая f расширения

E491   e   expansion machine
      d   Expansionsmaschine f, Detander m
      f   machine f à expansion
      r   детандер m

E492   e   expansion wave
      d   Expansionswelle f
      f   onde f d'expansion
      r   волна f разрежения

E493   e   experiment
      d   Experiment n, Versuch m
      f   expérience f
      r   эксперимент m

E494   e   experimental channel
      d   Experimentierkanal m, Versuchskanal m
      f   canal m expérimental
      r   экспериментальный канал m

E495   e   experimental curve
      d   Versuchskurve f
      f   courbe f expérimentale
      r   экспериментальная кривая f

E496   e   experimental data
      d   Versuchsdaten pl
      f   données pl expérimentales
      r   экспериментальные данные pl

E497   e   experimental dependence
      d   experimentelle Abhängigkeit f

	f	dépendance f expérimentale
	r	экспериментальная зависимость f
E498	e	experimental hole see experimental channel
E499	e	experimental investigation
	d	experimentelle Untersuchung f, experimentelle Erforschung f
	f	étude f expérimentale
	r	экспериментальное исследование n
E500	e	experimental physics
	d	Experimentalphysik f
	f	physique f expérimentale
	r	экспериментальная физика f
E501	e	explicit dependence
	d	explizite Abhängigkeit f
	f	dépendance f explicite
	r	явная зависимость f
E502	e	exploding wires
	d	explodierende Drähte m pl
	f	cordes f pl explosives
	r	взрывающиеся проволочки f pl
E503	e	explosion
	d	Explosion f
	f	explosion f
	r	взрыв m
E504	e	explosive boiling
	d	Explosionssieden n
	f	bouillonnement m explosif
	r	взрывное кипение n
E505	e	explosive electron emission
	d	Explosionselektronenemission f
	f	émission f électronique explosive
	r	взрывная электронная эмиссия f
E506	e	explosive evaporation
	d	Explosionsverdampfung f
	f	évaporation f explosive
	r	взрывное испарение n
E507	e	explosive instability
	d	Explosionsinstabilität f
	f	instabilité f explosive
	r	взрывная неустойчивость f
E508	e	explosive nucleosynthesis
	d	Explosionsnukleosynthese f
	f	synthèse f nucléaire explosive
	r	взрывной нуклеосинтез m
E509	e	explosive wave
	d	Explosionswelle f
	f	onde f explosive
	r	взрывная волна f
E510	e	exponential curve
	d	Exponentialkurve f
	f	courbe f exponentielle
	r	экспоненциальная кривая f
E511	e	exponential damping see exponential decay
E512	e	exponential decay
	d	exponentieller Abfall m
	f	décroissance f exponentielle, diminution f exponentielle
	r	экспоненциальное затухание n
E513	e	exponential dependence
	d	exponentielle Abhängigkeit f
	f	dépendance f exponentielle
	r	экспоненциальная зависимость f
E514	e	exponential function
	d	Exponentialfunktion f
	f	fonction f exponentielle
	r	экспоненциальная функция f, экспонента f
E515	e	exponential law
	d	Exponentialgesetz n
	f	loi f exponentielle
	r	экспоненциальный закон m
E516	e	exposure
	d	Exponierung f; Exposition f; Bestrahlung f; Belichtung f
	f	exposition f
	r	экспозиция f; облучение n
E517	e	exposure dose
	d	Strahlenbelastung f, Exposition f
	f	dose f d'irradiation
	r	доза f облучения, экспозиционная доза f
E518	e	extended source
	d	ausgedehnte Quelle f
	f	source f étendue
	r	протяжённый источник m
E519	e	extension
	d	1. Ausdehnung f; Dehnung f 2. Erweiterung f 3. Verallgemeinerung f 4. Fortsetzung f
	f	1. extension f 2. centralisation f 3. suite f
	r	1. расширение n; растяжение n; удлинение n 2. обобщение n 3. продолжение n
E520	e	extensive parameters, extensive variables
	d	extensive Zustandsgrößen f pl, extensive Größen f pl
	f	paramètres m pl extensifs
	r	экстенсивные параметры m pl
E521	e	external forces
	d	äußere Kräfte f pl
	f	forces f pl externes
	r	внешние силы f pl
E522	e	external friction
	d	äußere Reibung f

EXTERNAL

	f	frottement *m* externe
	r	внешнее трение *n*
E523	*e*	external photoelectric effect
	d	äußerer photoelektrischer Effekt *m*, äußerer lichtelektrischer Effekt *m*, äußerer Photoeffekt *m*, Photoemissionseffekt *m*
	f	effet *m* photo-électrique externe
	r	внешний фотоэффект *m*
E524	*e*	external triggering
	d	Außentriggerung *f*
	f	déclenchement *m* extérieur
	r	внешний запуск *m*
E525	*e*	extinction
	d	1. Extinktion *f* (*Strahlungsschwächung, insbesondere Lichtschwächung durch Absorption und Streuung in einem Medium; Maß einer solchen Schwächung*) 2. Löschung *f*, Auslöschung *f*
	f	extinction *f*
	r	экстинкция *f*
E526	*e*	extraction
	d	1. Extraktion *f*, Herausziehen *n*, Herauslösen *n* 2. Herausführung *f*
	f	extraction *f*
	r	1. экстракция *f*; извлечение *n* 2. вывод *m* (*напр. пучка из ускорителя*)
E527	*e*	extraction channel
	d	Extraktionskanal *m*, Ausführungskanal *m*, Ausschleusungskanal *m*
	f	canal *m* d'extraction
	r	канал *m* вывода (*пучка из ускорителя*)
E528	*e*	extragalactic radiation
	d	extragalaktische Strahlung *f*
	f	radiation *f* extragalactique
	r	внегалактическое излучение *n*
E529	*e*	extragalactic source
	d	extragalaktische Quelle *f*
	f	source *f* extragalactique
	r	внегалактический источник *m*
E530	*e*	extraordinary ray
	d	außerordentlicher Strahl *m*
	f	rayon *m* extraordinaire
	r	необыкновенный луч *m*
E531	*e*	extraordinary wave
	d	außerordentliche Welle *f*
	f	onde *f* extraordinaire
	r	необыкновенная волна *f*
E532	*e*	extrapolation
	d	Extrapolation *f*
	f	extrapolation *f*
	r	экстраполяция *f*
E533	*e*	extraterrestrial astronomy
	d	extraterrestrische Astronomie *f*
	f	astronomie *f* extraterrestre
	r	внеатмосферная астрономия *f*
E534	*e*	extraterrestrial civilizations
	d	extraterrestrische Zivilisationen *f pl*
	f	civilisations *f pl* extraterrestres
	r	внеземные цивилизации *f pl*
E535	*e*	extraterrestrial radiation
	d	extraterrestrische Strahlung *f*
	f	rayonnement *m* extraterrestre
	r	внеземное излучение *n*
E536	*e*	extreme value
	d	Extremwert *m*, Extremum *n*
	f	valeur *f* extrême
	r	экстремальное значение *n*
E537	*e*	extrinsic semiconductor
	d	Störstellenhalbleiter *m*
	f	semi-conducteur *m* extrinsèque
	r	примесный полупроводник *m*
E538	*e*	extrusion
	d	Extrusion *f*; Strangpressen *n*
	f	extrusion *f*
	r	экструзия *f*
E539	*e*	eye
	d	Auge *n*
	f	œil *m*
	r	глаз *m*
E540	*e*	eye optics
	d	Augenoptik *f*
	f	optique *f* de l'œil
	r	оптика *f* глаза
E541	*e*	eyepiece
	d	Okular *n*
	f	oculaire *m*
	r	окуляр *m*
E542	*e*	eye's aberrations
	d	Augenabbildungsfehler *m pl*, Aberrationen *f pl* des Auges
	f	aberrations *f pl* de l'œil
	r	аберрации *f pl* глаза

F

F1	*e*	Fabry-Perot etalon
	d	Fabry-Perot-Etalon *m*
	f	étalon *m* de Fabry-Perot
	r	эталон *m* Фабри - Перо
F2	*e*	Fabry-Perot interferometer
	d	Fabry-Perot-Interferometer *n*
	f	interféromètre *m* de Fabry-Perot

	r	интерферометр *m* Фабри — Перо
F3	e	face-centered cube
	d	flächenzentrierter Würfel *m*
	f	cube *m* à faces centrées
	r	гранецентрированный куб *m*
F4	e	face-centered cubic crystal
	d	kubisch-flächenzentrierter Kristall *m*
	f	cristal *m* cubique à faces centrées
	r	гранецентрированный кубический кристалл *m*
F5	e	face-centered lattice
	d	flächenzentriertes Gitter *n*
	f	réseau *m* à faces centrées
	r	гранецентрированная решётка *f*
F6	e	faceted crystal
	d	Facettenkristall *m*
	f	cristal *m* à facettes
	r	огранённый кристалл *m*
F7	e	faceting
	d	Facettieren *n*
	f	formation *f* de facettes
	r	огранка *f* (*кристалла*)
F8	e	factor
	d	Koeffizient *m*; Beiwert *m*; Faktor *m*
	f	facteur *m*
	r	множитель *m*; фактор *m*; коэффициент *m*
F9	e	factorial
	d	Fakultät *f*
	f	factorielle *f*
	r	факториал *m*
F10	e	factorization method
	d	Faktorisierungsmethode *f*
	f	méthode *f* de factorisation
	r	метод *m* факторизации
F11	e	fading
	d	Schwund *m*, Fading *n*
	f	évanouissement *m*, fading *m*
	r	замирание *n* (*сигнала*)
F12	e	Fahrenheit scale *see* Fahrenheit temperature scale
F13	e	Fahrenheit temperature scale
	d	Fahrenheit-Skala *f*
	f	échelle *f* de Fahrenheit
	r	температурная шкала *f* Фаренгейта, шкала *f* Фаренгейта
F14	e	failure
	d	Versagen *n*; Ausfall *m*
	f	défaillance *f*
	r	отказ *m* (*аппаратуры*)
F15	e	fall
	d	Fall *m*
	f	chute *f*
	r	падение *n* (*тел, капель и т. п.*)
F16	e	falling characteristic
	d	fallende Kennlinie *f*
	f	caractéristique *f* décroissante
	r	падающая характеристика *f*
F17	e	farad, F
	d	Farad *n*
	f	farad *m*
	r	фарада *f*, Ф
F18	e	faraday
	d	Faraday *n*, Faraday-Konstante *f*, Faraday-Zahl *f*
	f	faraday *m*
	r	фарадей *m* (*единица заряда*)
F19	e	Faraday cage
	d	Faraday-Käfig *m*, Faradayscher Käfig *m*
	f	cage *f* de Faraday
	r	клетка *f* Фарадея
F20	e	Faraday dark spaced
	d	Faradayscher Dunkelraum *m*, zweiter Katodendunkelraum *m*
	f	espace *m* sombre de Faraday
	r	фарадеево тёмное пространство *n*
F21	e	Faraday effect
	d	Faraday-Effekt *m*, Magnetorotation *f*
	f	effet *m* de Faraday
	r	эффект *m* Фарадея, фарадеевское вращение *n* (*плоскости поляризации*)
F22	e	Faraday induction law *see* Faraday law of induction
F23	e	Faraday law of induction
	d	Induktionsgesetz *n*, Induktionsgesetz *n* von Faraday, Faradaysches Induktionsgesetz *n*
	f	loi *f* d'induction de Faraday
	r	закон *m* индукции Фарадея
F24	e	Faraday rotation *see* Faraday effect
F25	e	far-field zone
	d	Fernfeldzone *f*
	f	champ *m* éloigné
	r	дальняя зона *f*
F26	e	far-infrared radiation
	d	ferne Infrarotstrahlung *f*
	f	rayonnement *m* infrarouge lointain
	r	далёкое инфракрасное излучение *n*
F27	e	far-infrared region
	d	fernes Infrarot *n*
	f	région *f* infrarouge lointaine
	r	далёкая инфракрасная область *f* (*спектра*)
F28	e	far IR radiation *see* far-infrared radiation
F29	e	fast Fourier transform method

FAST-NEUTRON

- *d* Methode *f* der schnellen Fourier-Transformation
- *f* méthode *f* de transformation rapide de Fourier
- *r* метод *m* быстрого преобразования Фурье

F30
- *e* fast-neutron reactor
- *d* schneller Reaktor *m*
- *f* réacteur *m* à neutrons rapides
- *r* реактор *m* на быстрых нейтронах

F31
- *e* fast neutrons
- *d* schnelle Neutronen *n pl*
- *f* neutrons *m pl* rapides
- *r* быстрые нейтроны *m pl*

F32
- *e* fast subsystem
- *d* schnelles Untersystem *n*
- *f* sous-système *m* rapide
- *r* быстрая подсистема *f*

F33
- *e* fatigue
- *d* Ermüdung *f*
- *f* fatigue *f*
- *r* усталость *f* (*материалов*)

F34
- *e* fatigue deformation
- *d* Ermüdungsdeformation *f*
- *f* déformation *f* de fatigue
- *r* усталостная деформация *f*

F35
- *e* fatigue fracture
- *d* Ermüdungsbruch *m*, Dauerschwingungsbruch *m*
- *f* rupture *f* par fatigue, fracture *f* par fatigue
- *r* усталостный излом *m*

F36
- *e* fatigue limit
- *d* Dauerschwingfestigkeit *f*
- *f* limite *f* de fatigue
- *r* усталостная прочность *f*; предел *m* выносливости

F37
- *e* fatigue strength
- *d* Ermüdungsfestigkeit *f*
- *f* résistance *f* à la fatigue
- *r* усталостная прочность *f*

F38
- *e* fatigue strength coefficient
- *d* Dauerschwingfestigkeitskoeffizient *m*
- *f* coefficient *m* de résistance à la fatigue
- *r* коэффициент *m* усталостной прочности

F39
- *e* fatigue test
- *d* Ermüdungsversuch *m*, Dauerschwingversuch *m*
- *f* essai *m* de fatigue
- *r* испытание *n* на усталость

F40
- *e* fatigue wear
- *d* Ermüdungsverschleiß *m*
- *f* usure *f* par fatigue
- *r* усталостное изнашивание *n*

F41
- *e* F-center
- *d* F-Zentrum *n*
- *f* centre *m* F
- *r* F-центр *m*

F42
- *e* F-center laser
- *d* F-Zentrumlaser *m*
- *f* laser *m* à centres F
- *r* лазер *m* на F-центрах

F43
- *e* Fedorov groups
- *d* Fjodorow-Gruppen *f pl*
- *f* groupes *m pl* de Fédorov
- *r* фёдоровские группы *f pl*, фёдоровские группы *f pl* симметрии

F44
- *e* feedback
- *d* Rückkopplung *f*
- *f* réaction *f*
- *r* обратная связь *f*

F45
- *e* feedback factor
- *d* Rückkopplungsfaktor *m*
- *f* facteur *m* de réaction, coefficient *m* de réaction
- *r* коэффициент *m* обратной связи

F46
- *e* feeder
- *d* Speiseleitung *f*, Feeder *m*
- *f* feeder *m*
- *r* фидер *m*, фидерная линия *f*

F47
- *e* feed line *see* feeder

F48
- *e* femtosecond
- *d* Femtosekunde *f*
- *f* femtoseconde *f*
- *r* фемтосекунда *f*

F49
- *e* femtosecond laser
- *d* Femtosekundenlaser *m*
- *f* laser *m* à femtosecondes
- *r* фемтосекундный лазер *m*

F50
- *e* femtosecond pulse
- *d* Femtosekundenimpuls *m*
- *f* impulsion *f* à femtosecondes
- *r* фемтосекундный импульс *m*

F51
- *e* Fermat principle
- *d* Fermatsches Prinzip *n*, Prinzip *n* des kürzesten Weges
- *f* principe *m* de Fermat
- *r* принцип *m* Ферма

F52
- *e* Fermi acceleration
- *d* Fermi-Beschleunigung *f*
- *f* accélération *f* de Fermi
- *r* ускорение *n* Ферми

F53
- *e* Fermi age
- *d* Fermi-Alter *n*
- *f* âge *m* de Fermi
- *r* фермиевский возраст *m*

F54	e	Fermi-Dirac statistics
	d	Fermi-Dirac-Statistik f
	f	statistique f de Fermi et Dirac
	r	статистика f Ферми - Дирака
F55	e	Fermi energy
	d	Fermi-Energie f, Fermische Energie f
	f	énergie f de Fermi
	r	энергия f Ферми
F56	e	Fermi gas
	d	Fermi-Gas n
	f	gaz m de Fermi
	r	ферми-газ m
F57	e	Fermi level
	d	Fermi-Niveau n
	f	niveau m de Fermi
	r	уровень m Ферми
F58	e	Fermi liquid
	d	Fermi-Flüssigkeit f
	f	liquide m de Fermi
	r	ферми-жидкость f
F59	e	fermion
	d	Fermion n, Fermi-Teilchen n
	f	fermion m
	r	фермион m
F60	e	Fermi particle see fermion
F61	e	Fermi surface
	d	Fermi-Fläche f, Fermi-Oberfläche f
	f	surface f de Fermi
	r	поверхность f Ферми
F62	e	fermium, Fm
	d	Fermium n
	f	fermium m
	r	фермий m
F63	e	ferrimagnet
	d	Ferrimagnetikum n, ferrimagnetischer Stoff m
	f	ferrimagnétique m
	r	ферримагнетик m
F64	e	ferrimagnetic resonance
	d	terrimagnetische Resonanz f
	f	résonance f ferrimagnétique
	r	ферримагнитный резонанс m
F65	e	ferrimagnetism
	d	Ferrimagnetismus m
	f	ferrimagnétisme m
	r	ферримагнетизм m
F66	e	ferrite
	d	Ferrit n
	f	ferrite f
	r	феррит m
F67	e	ferrite circulator
	d	Ferritzirkulator m
	f	circulateur m à ferrite
	r	ферритовый циркулятор m
F68	e	ferrite-cored coil
	d	Ferritkernspule f
	f	bobine f à noyau en ferrite
	r	катушка f с ферритовым сердечником
F69	e	ferrite ring
	d	Ferritring m
	f	anneau m en ferrite
	r	ферритовое кольцо n
F70	e	ferroelastic
	d	Seignetteelastikum n
	f	ferroélastique m
	r	сегнетоэластик m
F71	e	ferroelasticity
	d	Seignetteelastizität f
	f	ferroélasticité f
	r	сегнетоупругость f
F72	e	ferroelectric
	d	Ferroelektrikum n
	f	ferroélectrique m
	r	сегнетоэлектрик m
F73	e	ferroelectric crystal
	d	ferroelektrischer Kristall m, seignetteelektrischer Kristall m
	f	cristal m ferroélectrique
	r	сегнетоэлектрический кристалл m
F74	e	ferroelectric domain
	d	ferroelektrischer Bezirk m, seignetteelektrischer Bezirk m
	f	domaine m ferroélectrique
	r	сегнетоэлектрический домен m
F75	e	ferroelectric hysteresis
	d	ferroelektrische Hysteresis f
	f	hysterérésis f ferroélectrique
	r	сегнетоэлектрический гистерезис m
F76	e	ferroelectricity
	d	Ferroelektrizität f, Seignetteelektrizität f
	f	ferroélectricité f
	r	сегнетоэлектричество n
F77	e	ferrofluid
	d	ferromagnetische Flüssigkeit f
	f	fluide m ferromagnétique
	r	ферромагнитная жидкость f
F78	e	ferrohydrodynamics
	d	Ferrohydrodynamik f
	f	ferrohydrodynamique f
	r	феррогидродинамика f
F79	e	ferromagnet
	d	Ferromagnetikum n, ferromagnetischer Stoff m
	f	ferromagnétique m
	r	ферромагнетик m
F80	e	ferromagnetic crystal
	d	ferromagnetischer Kristall m

FERROMAGNETIC

    f cristal *m* ferromagnétique
    r ферромагнитный кристалл *m*

F81   *e* **ferromagnetic domain**
    d ferromagnetischer Bezirk *m*, Weißscher Bezirk *m*
    f domaine *m* ferromagnétique
    r ферромагнитный домен *m*

F82   *e* **ferromagnetic resonance**
    d ferromagnetische Resonanz *f*
    f résonance *f* ferromagnétique
    r ферромагнитный резонанс *m*

F83   *e* **ferromagnetism**
    d Ferromagnetismus *m*
    f ferromagnétisme *m*
    r ферромагнетизм *m*

F84   *e* **ferrometer**
    d Ferrometer *n*
    f ferromètre *m*
    r феррометр *m*

F85   *e* **Feynman diagram**
    d Feynman-Graph *m*, Feynman-Diagramm *n*
    f diagramme *m* de Feynman, graphe *m* de Feynman
    r диаграмма *f* Фейнмана, фейнмановская диаграмма *f*

F86   *e* **Feynman gauge**
    d Feynman-Eichung *f*
    f jaugeage *m* de Feynman
    r фейнмановская калибровка *f*

F87   *e* **fiber**
    d Faser *f*
    f fibre *f*
    r волокно *n*

F88   *e* **fiber composite**
    d Faserverbundstoff *m*
    f composition *f* en fibres
    r волокнистый композит *m*

F89   *e* **fiber laser**
    d faseroptischer Laser *m*
    f laser *m* à fibres
    r волоконный лазер *m*

F90   *e* **fiber-optic cable**
    d Lichtleitfaserkabel *n*, faseroptisches Kabel *n*
    f câble *m* de fibres optiques
    r волоконно-оптический кабель *m*

F91   *e* **fiber-optic communication channel**
    d faseroptischer Nachrichtenkanal *m*
    f canal *m* de communication à fibres optiques
    r волоконно-оптический канал *m* связи

F92   *e* **fiber-optic interferometer**
    d faseroptisches Interferometer *n*
    f interféromètre *m* à fibres optiques
    r волоконно-оптический интерферометр *m*

F93   *e* **fiber optics**
    d Glasfaseroptik *f*, Faseroptik *f*
    f optique *f* des fibres
    r волоконная оптика *f*

F94   *e* **fidelity**
    d Wiedergabetreue *f*, Wiedergabegüte *f*
    f fidélité *f*
    r верность *f* воспроизведения, верность *f* воспроизведения звука

F95   *e* **field**
    d Feld *n*
    f champ *m*
    r поле *n*

F96   *e* **field components**
    d Feldkomponenten *f pl*
    f composants *m pl* du champ
    r компоненты *f pl* поля

F97   *e* **field curvature**
    d Feldkrümmung *f*
    f courbure *f* de champ
    r кривизна *f* поля

F98   *e* **field desorption**
    d Felddesorption *f*
    f désorption *f* du champ
    r десорбция *f* полем, полевая десорбция *f*

F99   *e* **field emission**
    d Feldemission *f*
    f émission *f* de champ, émission *f* par effet de champ
    r автоэлектронная эмиссия *f*, холодная эмиссия *f*, полевая эмиссия *f*

F100   *e* **field intensity** *see* **field strength**

F101   *e* **field invariants**
    d Feldinvarianten *f pl*
    f invariants *m pl* du champ
    r инварианты *m pl* поля

F102   *e* **field ionization**
    d Feldionisierung *f*, Feldionisation *f*
    f ionisation *f* par champ électrique
    r полевая ионизация *f*, ионизация *f* полем

F103   *e* **field Lagrangian**
    d Feld-Lagrangian *n*, Feld-Lagrange-Funktion *f*
    f lagrangien *m* de champ
    r лагранжиан *m* поля

F104   *e* **field of application**
    d Anwendungsbereich *m*
    f domaine *m* d'application
    r область *f* применения

F105 e field of force *see* force field

F106 e field of view
d Sehfeld *n*, Gesichtsfeld *n*
f champ *m* de vision
r поле *n* зрения

F107 e field quantization
d Feldquantelung *f*, Feldquantisierung *f*
f quantification *f* du champ
r квантование *n* поля

F108 e field stop
d Bildfeldblende *f*, Sehfeldblende *f*, Gesichtsfeldblende *f*
f diaphragme *m* de champ visuel, diaphragme *m* de champ
r полевая диафрагма *f*

F109 e field strength
d Feldstärke *f*
f intensité *f* de champ
r напряжённость *f* поля

F110 e field theory
d Feldtheorie *f*
f théorie *f* du champ
r теория *f* поля

F111 e field transistor
d Feldeffekttransistor *m*
f transistor *m* à effet de champ
r полевой транзистор *m*

F112 e figure of Earth
d Form *f* der Erde
f figure *f* de la Terre, forme *f* de la Terre
r фигура *f* Земли

F113 e figure of merit
d Güte *f*, Gütezahl *f*
f Q-facteur *m*
r добротность *f*

F114 e filament
d 1. Faden *m* 2. Heizfaden *m*; Glühfaden *m* 3. Plasmastrahl *m*
f filament *m*
r 1. волокно *n*; нить *f* 2. нить *f* накала 3. пучок *m* (*плазмы*)

F115 e filament channel
d Filamentkanal *m*
f canal *m* des filaments
r канал *m* волокон (*на Солнце*)

F116 e filled band
d besetztes Energieband *n*, besetztes Band *n*
f bande *f* occupée
r заполненная зона *f*

F117 e filled shell
d vollbesetzte Schale *f*
f couche *f* remplie, couche *f* saturée
r заполненная оболочка *f*

F118 e filling of a level
d Niveaubesetzung *f*
f remplissage *m* d'un niveau
r заселение *n* уровня

F119 e film
d Film *m*; Schicht *f*, dünne Schicht *f*
f film *m*, pellicule *f*
r плёнка *f*

F120 e film boiling
d Filmsieden *n*, Filmverdampfung *f*
f bouillonnement *m* en film, bouillonnement *m* en pellicule
r плёночное кипение *n*

F121 e film cathode
d Metallfilmkatode *f*
f cathode *f* à couche rapportée
r плёночный катод *m*

F122 e film condensation, filmwise condensation
d Filmkondensation *f*
f condensation *f* en film
r плёночная конденсация *f*

F123 e film deposition
d Schichtaufdampfen *n*, Beschichtung *f*
f déposition *f* des films
r напыление *n* плёнок

F124 e film evaporation *see* film deposition

F125 e film transducer
d Folienwandler *m*
f convertisseur *m* à film
r плёночный преобразователь *m*

F126 e filter
d Filter *n*
f filtre *m*
r фильтр *m*

F127 e filter discrimination
d Selektivität *m* des Filters, Trennschärfe *m* des Filters
f discrimination *f* du filtre
r избирательность *f* фильтра

F128 e filtering *see* filtration

F129 e filtration
d Filtration *f*, Filtrierung *f*
f filtration *f*
r фильтрация *f*

F130 e final stage
d Endstufe *f*
f étage *m* final
r оконечный каскад *m*

F131 e fine mechanics
d Feinmechanik *f*
f mécanique *f* exacte
r точная механика *f*

FINESS

F132   e   finess, finess value *see* figure of merit

F133   e   fine structure
       d   Feinstruktur *f*
       f   structure *f* fine
       r   тонкая структура *f*

F134   e   fine-structure constant
       d   Feinstrukturkonstante *f*
       f   constante *f* de structure fine
       r   постоянная *f* тонкой структуры

F135   e   finite deformation
       d   endliche Deformation *f*
       f   déformation *f* finale
       r   конечная деформация *f*

F136   e   finite element method
       d   Finit-Element-Methode *f*
       f   méthode *f* des éléments finis
       r   метод *m* конечных элементов

F137   e   finite interval
       d   endliches Intervall *n*
       f   intervalle *m* final
       r   конечный интервал *m*

F138   e   finite motion
       d   endliche Bewegung *f*, gebundene Bewegung *f*
       f   mouvement *m* fini
       r   финитное движение *n*

F139   e   finiteness of the Universe
       d   Endlichkeit *f* des Universums
       f   finitude *f* de l'Univers
       r   конечность *f* Вселенной

F140   e   fire
       d   Feuer *n*
       f   feu *m*
       r   огонь *m*

F141   e   fireball
       d   Feuerball *m*
       f   boule *f* de feu
       r   файербол *m*

F142   e   firing
       d   1. Anzünden *n*, Entzünden *n*
          2. Zündung *f* (*der Rakete*)
          3. Sinterung *f*
       f   1. mise *f* à feu 2. allumage *m*
          3. cuisson *f*
       r   1. зажигание *n* 2. запуск *m*
          3. обжиг *m*

F143   e   firing potential *see* ignition potential

F144   e   first law of thermodynamics
       d   erster Hauptsatz *m* der Thermodynamik
       f   premier principe *m* de la thermodynamique
       r   первое начало *n* термодинамики

F145   e   first-order effect
       d   Effekt *m* erster Ordnung
       f   effet *m* de premier ordre
       r   эффект *m* первого порядка

F146   e   first sound (*in helium II*)
       d   erster Schall *m* (*im Helium II*)
       f   premier son *m* (*en hélium II*)
       r   первый звук *m* (*в гелии II*)

F147   e   first-wall configuration
       d   Konfiguration *f* der ersten Wand
       f   configuration *f* de la première paroi
       r   конфигурация *f* первой стенки

F148   e   fissile core *see* reactor core

F149   e   fissile material *see* fissionable material

F150   e   fission
       d   Spaltung *f*, Aufspaltung *f*; Kernspaltung *f*
       f   fission *f*, fission *f* nucléaire
       r   деление *n*; расщепление *n*

F151   e   fissionable material
       d   spaltbares Material *n*
       f   matière *f* fissile
       r   делящийся материал *m*

F152   e   fissionable nucleus
       d   spaltfähiger Kern *m*
       f   noyau *m* fissile
       r   делящееся ядро *n*

F153   e   fission barrier
       d   Spaltbarriere *f*, Spaltungsbarriere *f*
       f   barrière *f* de fission
       r   барьер *m* деления

F154   e   fission chamber
       d   Spaltkammer *f*, Spaltungskammer *f*
       f   chambre *f* à fission
       r   камера *f* деления

F155   e   fission cross-section
       d   Spaltquerschnitt *m*, Spaltungsquerschnitt *m*
       f   section *f* efficace de fission
       r   сечение *n* деления

F156   e   fission factor
       d   Multiplikationsfaktor *m*, Vermehrungsfaktor *m*, Reproduktionsfaktor *m*
       f   coefficient *m* de multiplication
       r   коэффициент *m* размножения нейтронов, коэффициент *m* размножения

F157   e   fission fragments
       d   Spaltbruchstücke *n pl*, Spaltfragmente *n pl*
       f   fragments *m pl* de fission
       r   осколки *m pl* деления

F158   e   fissioning isomer *see* fission isomer

F159	e	fission isomer			d	Flammenphotometrie f
	d	spaltendes Isomer n			f	photométrie f de flamme
	f	isomère m fissile			r	пламенная фотометрия f,
	r	делящийся изомер m				фотометрия f пламени
F160	e	fission isomerism		F172	e	flame spectrum
	d	Spaltungsisomerie f			d	Flammenspektrum n
	f	isomérie f de fission			f	spectre m de flamme
	r	делительная изомерия f			r	спектр m пламени
F161	e	fission neutrons		F173	e	flare
	d	Spaltneutronen n pl			d	1. Aufflackern n 2. Eruption f, Sonneneruption f
	f	neutrons m pl de fission			f	1. éruption f 2. éruption f solaire
	r	нейтроны m pl деления			r	1. вспышка f 2. солнечная вспышка f
F162	e	fission probability				
	d	Spaltwahrscheinlichkeit f		F174	e	flare class
	f	probabilité f de fission			d	Sonneneruptionsklasse f
	r	вероятность f деления			f	classe f d'éruption solaire
F163	e	fission-product contamination			r	класс m солнечной вспышки, класс m вспышки
	d	Spaltproduktkontamination f				
	f	contamination f par les produits de fission		F175	e	flare discharge see torch discharge
	r	загрязнение n продуктами деления		F176	e	flare star
F164	e	fission threshold			d	Flackerstern m, UV Ceti-Stern m, UV Ceti-Veränderlicher m
	d	Spaltschwelle f, Spaltungsschwelle f			f	variable f à flare, variable f du type UV Ceti
	f	seuil m de fission			r	вспыхивающая звезда f
	r	порог m деления		F177	e	flash see flare
F165	e	five-minute oscillations (in solar atmosphere)		F178	e	flash lamp
	d	5-Minuten-Schwingungen f pl (in der Sonnenatmosphäre)			d	Blitzlampe f
	f	oscillations f pl à cinq minutes (en atmosphère solaire)			f	lampe-éclair f
	r	пятиминутные колебания n pl (в атмосфере Солнца)			r	лампа-вспышка f, импульсная лампа f
F166	e	fixed coil		F179	e	flashlamp pumping
	d	Festspule f, feststehende Spule f			d	Impulsröhrenpumpen n
	f	bobine f fixe			f	pompage m par lampes-éclairs
	r	неподвижная катушка f			r	накачка f импульсными лампами
F167	e	fixed target		F180	e	flash photolysis
	d	unbewegliches Target n, festes Target n, stationäres Target n			d	Blitzlichtphotolyse f
	f	cible f fixe			f	photolyse f par éclair
	r	неподвижная мишень f			r	импульсный фотолиз m
F168	e	Fizeau experiment		F181	e	flash photolysis initiation
	d	Fizeauscher Interferenzversuch m, Fizeauscher Versuch m			d	Blitzlichtphotolyse-Initiierung f
	f	expérience f de Fizeau			f	initiation f de la photolyse par éclair
	r	опыт m Физо			r	импульсное фотолитическое инициирование n
F169	e	flame		F182	e	flat mirror see plane mirror
	d	Flamme f		F183	e	flatness
	f	flamme f			d	Ebenheit f
	r	пламя n			f	planéité f; régularité f
F170	e	flame front			r	плоскостность f; равномерность f
	d	Flammenfront f		F184	e	flavor
	f	front m de flamme			d	Flavor n (Quantenzahl)
	r	фронт m пламени			f	flavor m (nombre quantique)
F171	e	flame photometry			r	аромат m (квантовое число)

FLAW

F185　e　flaw
　　　d　1. Fehler m, Defekt m 2. Riß m
　　　f　1. défaut m 2. fissure f
　　　r　1. дефект m 2. трещина f

F186　e　flaw detection
　　　d　Defektoskopie f
　　　f　détection f des défauts, défectoscopie f
　　　r　дефектоскопия f

F187　e　flaw detector
　　　d　Defektoskop n, Rißprüfer m
　　　f　défectoscope m, détecteur m des défauts
　　　r　дефектоскоп m

F188　e　F-layer
　　　d　F-Schicht f (der Ionosphäre)
　　　f　couche f F (d'ionosphère)
　　　r　слой m F (ионосферы)

F189　e　flexibility
　　　d　Flexibilität f
　　　f　flexibilité f
　　　r　гибкость f

F190　e　flexible mirror
　　　d　biegsamer Spiegel m
　　　f　miroir m flexible
　　　r　гибкое зеркало n

F191　e　flexural centre
　　　d　Schubmittelpunkt m, Querkraftmittelpunkt m
　　　f　centre m de flexion
　　　r　центр m изгиба

F192　e　flexural deformation see bending deformation

F193　e　flexural rigidity
　　　d　Biegungsfestigkeit f, Biegesteifigkeit f
　　　f　rigidité f à la flexion
　　　r　изгибная жёсткость f, жёсткость f на изгиб

F194　e　flexural vibration
　　　d　Biegeschwingungen f pl
　　　f　vibrations f pl de flexion
　　　r　изгибные колебания n pl

F195　e　flexural wave
　　　d　Biegungswelle f, Biegewelle f
　　　f　onde f de flexion
　　　r　изгибная волна f

F196　e　flicker effect
　　　d　Funkeleffekt m, Flickereffekt m; Flackereffekt m
　　　f　effet m flicker
　　　r　фликкер-эффект m

F197　e　flicker photometer
　　　d　Flimmerphotometer n, Flackerphotometer n
　　　f　photomètre m à papillotement, photomètre m à vacillation
　　　r　мигающий фотометр m

F198　e　flip
　　　d　Umkippen n
　　　f　culbutage m
　　　r　опрокидывание n, переворот m

F199　e　floating
　　　d　Schwimmen n
　　　f　flottement m
　　　r　плавание n, плавание n тел

F200　e　floating potential
　　　d　inneres Kontaktpotential n
　　　f　potentiel m flottant
　　　r　плавающий потенциал m; свободный потенциал m

F201　e　floating zone method
　　　d　tiegelfreies Zonenschmelzen n
　　　f　méthode f de la zone fondue
　　　r　метод m зонной плавки

F202　e　flocculi
　　　d　Flocculi m pl, Flocken f pl
　　　f　flocculi m pl
　　　r　флоккулы f pl (на Солнце)

F203　e　flotation
　　　d　Flotation f
　　　f　flottation f
　　　r　флотация f

F204　e　flow
　　　d　Fluß f; Fließen n; Strömen n
　　　f　flux m; écoulement m
　　　r　поток m; течение n

F205　e　flow around a body
　　　d　Umströmen n, Umströmung f
　　　f　écoulement m autour d'un corps
　　　r　обтекание n тела

F206　e　flow continuity
　　　d　Strömungskontinuität f
　　　f　continuité f du courant
　　　r　неразрывность f потока

F207　e　flow diagram
　　　d　Strömungsdiagramm n, Strömungsbild n
　　　f　diagramme m d'écoulement
　　　r　диаграмма f течения

F208　e　flow dynamics see fluid dynamics

F209　e　flowmeter
　　　d　Mengenmeßgerät n, Verbrauchsmesser m
　　　f　débitmètre m
　　　r　расходомер m

F210　e　flow pattern
　　　d　Strömungsbild n, Stromlinienbild n
　　　f　image f de l'écoulement
　　　r　картина f течения

FLUX

F211   *e* flow visualization
       d Sichtbarmachung *f* der Strömung
       f visualisation *f* de l'écoulement
       r визуализация *f* потока

F212   *e* fluctuation correlation
       d Schwankungskorrelation *f*, Korrelation *f* von Fluktuationen
       f corrélation *f* des fluctuations
       r корреляция *f* флуктуаций

F213   *e* fluctuations
       d Fluktuationen *f pl*, Schwankungen *f pl*
       f fluctuations *f pl*
       r флуктуации *f pl*

F214   *e* fluctuon
       d Fluktuon *n*, Phason *n*
       f fluctuon *m*, phason *m*
       r флуктон *m*, флуктуон *m*

F215   *e* fluence
       d Fluenz *f*
       f fluence *f*
       r плотность *f* потока

F216   *e* fluid
       d Fluid *n*
       f fluide *m*
       r жидкость *f*, текучая среда *f*

F217   *e* fluid dynamics
       d Strömungsdynamik *f*, Aerohydrodynamik *f*
       f dynamique *f* des fluides
       r динамика *f* жидкостей и газов

F218   *e* fluid flow
       d Fluidströmung *f*
       f écoulement *m* de fluide
       r поток *m* жидкости, поток *m* текучей среды

F219   *e* fluidity
       d Fluidität *f*, Flüssigkeitscharakter *m*
       f fluidité *f*
       r текучесть *f*

F220   *e* fluid mechanics
       d Strömungsmechanik *f*, Mechanik *f* der Flüssigkeiten und Gase
       f mécanique *f* des fluides
       r механика *f* жидкостей и газов

F221   *e* fluid pressure
       d hydrostatischer Druck *m*
       f pression *f* du liquide
       r давление *n* жидкости

F222   *e* fluorescence
       d Fluoreszenz *f*
       f fluorescence *f*
       r флуоресценция *f*

F223   *e* fluorescence yield
       d Fluoreszenzausbeute *f*
       f sortie *f* de fluorescence
       r выход *m* флуоресценции

F224   *e* fluorescent light source
       d Fluoreszenzlichtquelle *f*
       f source *f* de lumière fluorescente
       r люминесцентный источник *m* света

F225   *e* fluorescent radiation
       d Fluoreszenzstrahlung *f*
       f rayonnement *m* de fluorescence
       r флуоресцентное излучение *n*

F226   *e* fluorimeter
       d Fluorometer *n*, Fluorimeter *n*
       f fluorimètre *m*
       r флуориметр *m*, флуорометр *m*

F227   *e* fluorimetric analysis
       d Fluoreszenzanalyse *f*
       f analyse *m* par fluorescence
       r флуоресцентный анализ *m*

F228   *e* fluorimetry
       d Fluorometrie *f*
       f fluorimétrie *f*
       r флуориметрия *f*, флуорометрия *f*

F229   *e* fluorine, F
       d Fluor *n*
       f fluor *m*
       r фтор *m*

F230   *e* fluorography
       d Schirmbildaufnahme *f*, Röntgenschirmbildphotographie *f*
       f fluorographie *f*
       r флюорография *f*

F231   *e* fluorometer *see* fluorimeter

F232   *e* flute instability
       d Rinneninstabilität *f*
       f instabilité *f* à cannelures
       r желобковая неустойчивость *f*

F233   *e* flutter
       d 1. Flattern *n* 2. Vibration *f*
       f 1. flutter *m* 2. flottement *m*
       r 1. флаттер *m* 2. дрожание *n*

F234   *e* flux
       d Fluß *m*; Strom *m*
       f flux *m*
       r поток *m*

F235   *e* flux density
       d Flußdichte *f*
       f densité *f* du flux
       r плотность *f* потока

F236   *e* flux gate
       d Saturationskernsonde *f*, SK-Sonde *f*
       f ferrosonde *f*
       r феррозонд *m*

F237   *e* flux gate magnetometer

FLUX

- *d* Kernsättigungsmagnetometer *n*, SK-Magnetometer *n*
- *f* magnétomètre *m* à ferrosonde
- *r* феррозондовый магнитометр *m*

F238 *e* flux meter, fluxmeter
- *d* Fluxmeter *n*, Flußmesser *m*
- *f* fluxmètre *m*
- *r* флюксметр *m*, веберметр *m*

F239 *e* fluxoid
- *d* Fluxoid *n*
- *f* fluxoïde *m*
- *r* флюксоид *m*, вихрь *m* магнитного потока

F240 *e* fluxoid quantization
- *d* Fluxoidquantisierung *f*
- *f* quantification *f* des fluxoïdes
- *r* квантование *n* вихрей магнитного потока

F241 *e* flux quantization
- *d* Flußquantisierung *f*
- *f* quantification *f* du flux
- *r* квантование *n* потока

F242 *e* flux quantum
- *d* Flußquant *n*, magnetisches Flußquant *n*
- *f* quantum *m* de flux, quantum *m* de flux magnétique
- *r* квант *m* потока

F243 *e* flux tube
- *d* Stromröhre *f*, Stromrohr *n*
- *f* tube *m* de courant
- *r* трубка *f* потока

F244 *e* flywheel
- *d* Schwungrad *n*
- *f* volant *m*
- *r* маховик *m*

F245 *e* f-number
- *d* Blendenzahl *f*
- *f* nombre *f* d'ouverture
- *r* обратная величина *f* относительного отверстия объектива

F246 *e* foam
- *d* Schaum *m*
- *f* mousse *f*
- *r* пена *f*

F247 *e* focal distance
- *d* Brennweite *f*
- *f* distance *f* focale
- *r* фокусное расстояние *n*

F248 *e* focal length *see* focal distance

F249 *e* focal plane
- *d* Brennebene *f*, Fokalebene *f*
- *f* plan *m* focal
- *r* фокальная плоскость *f*

F250 *e* focal power
- *d* Brechkraft *f*, Brechwert *m*
- *f* pouvoir *m* convergent
- *r* оптическая сила *f* (линзы)

F251 *e* focal region
- *d* Fokalgebiet *n*
- *f* région *f* focale
- *r* фокальная область *f*

F252 *e* focal surface
- *d* Brennfläche *f*, Fokalfläche *f*
- *f* surface *f* focale
- *r* фокальная поверхность *f*

F253 *e* Fock space
- *d* Fock-Raum *m*
- *f* espace *m* de Fock
- *r* пространство *n* Фока

F254 *e* focon
- *d* Fokalkonus *m*, Fokon *n*
- *f* cône *m* focalisateur
- *r* фокон *m*

F255 *e* focus
- *d* Brennpunkt *m*, Fokus *m*
- *f* foyer *m*
- *r* фокус *m*

F256 *e* focusator
- *d* Fokussator *m*
- *f* focusateur *m*
- *r* фокусатор *m*

F257 *e* focus coil *see* focusing coil

F258 *e* focused radiation
- *d* fokussierte Strahlung *f*, gebündelte Strahlung *f*
- *f* rayonnement *m* focalisé
- *r* сфокусированное излучение *n*

F259 *e* focused ray
- *d* gebündelter Strahl *m*
- *f* rayon *m* focalisé
- *r* сфокусированный луч *m*

F260 *e* focusing
- *d* Fokussierung *f*
- *f* focalisation *f*
- *r* фокусировка *f*

F261 *e* focusing action
- *d* Fokussierung *f*, Bündelung *f*
- *f* réglage *m* de foyer
- *r* фокусирующее действие *n*

F262 *e* focusing coil
- *d* Fokussierspule *f*, Fokussierungsspule *f*
- *f* bobine *f* de focalisation
- *r* фокусирующая катушка *f*

F263 *e* focusing length
- *d* Fokussierungslänge *f*
- *f* longueur *f* de focalisation
- *r* длина *f* фокусировки

F264	e	focusing lens		d	Kraft f
	d	Fokussierlinse f; Einstellobjektiv f		f	force f
	f	lentille f de focalisation		r	сила f, усилие n
	r	фокусирующая линза f	F278	e	forced convection
F265	e	focusing quadrupole		d	erzwungene Konvektion f
	d	Fokussierungsquadrupol m		f	convection f forcée
	f	quadripôle m de focalisation		r	вынужденная конвекция f
	r	фокусирующий квадруполь m	F279	e	forced motion
F266	e	focusing voltage		d	erzwungene Bewegung f
	d	Fokussierspannung f		f	mouvement m forcé
	f	tension f de focalisation		r	вынужденное движение n
	r	фокусирующее напряжение n	F280	e	forced oscillation
F267	e	focuson		d	erzwungene Schwingungen f pl
	d	Fokuson n		f	oscillations f pl forcées
	f	focuson m		r	вынужденные колебания n pl
	r	фокусон m (квазичастица)	F281	e	forced vibrations
F268	e	fog		d	erzwungene Schwingungen f pl
	d	1. Nebel m 2. Schleier m, photographischer Schleier m		f	oscillations f pl forcées
	f	1. brouillard m 2. voile m, voile m photographique		r	вынужденные колебания n pl
	r	1. туман m 2. вуаль f (в фотографии)	F282	e	force field
				d	Kraftfeld n, Kraftlinienfeld n
				f	champ m de forces
				r	силовое поле n
F269	e	foil	F283	e	forgeability
	d	Folie f		d	Schmiedbarkeit f
	f	feuille f		f	malléabilité f, ductilité f
	r	фольга f		r	ковкость f
F270	e	foil target	F284	e	forging
	d	Folientarget n		d	Schmieden n; Gesenkschmieden n
	f	cible f à feuille		f	forgeage m; estampage m
	r	фольговая мишень f		r	ковка f; штамповка f
F271	e	foot	F285	e	form
	d	Fuß m (Längeneinheit)		d	Form f
	f	pied m (unité de longueur)		f	forme f
	r	фут m (единица длины)		r	форма f
F272	e	forbidden band	F286	e	formal axiomatic method
	d	verbotenes Band n, verbotener Energiebereich m, verbotene Zone f		d	formale axiomatische Methode f
	f	bande f interdite		f	méthode f axiomatique formelle
	r	запрещённая зона f		r	формальный аксиоматический метод m
F273	e	forbidden line	F287	e	formalism
	d	verbotene Linie f (im Spektrum)		d	Formalismus m
	f	raie f interdite (en spectre)		f	formalisme m
	r	запрещённая линия f (в спектре)		r	формализм m
F274	e	forbidden mode	F288	e	form anisotropy
	d	verbotene Mode f		d	Formanisotropie f, Gestaltanisotropie f
	f	mode m interdit		f	anisotropie f de forme
	r	запрещённая мода f		r	анизотропия f формы
F275	e	forbidden zone see forbidden band	F289	e	formant
F276	e	Forbush decrease		d	Formant m
	d	Forbush-Abfall m		f	formant m
	f	décroissance f de Forbush		r	форманта f (в акустике)
	r	Форбуш-понижение n	F290	e	formation
F277	e	force		d	1. Formierung f; Formung f 2. Bildung f; Erzeugung f

FORMATION

- *f* formation *f*
- *r* 1. формирование *n* 2. образование *n*

F291 *e* formation of the Solar system
- *d* Sonnensystementwicklung *f*
- *f* formation *f* du système solaire
- *r* образование *n* Солнечной системы

F292 *e* form drag
- *d* Formwiderstand *m*
- *f* résistance *f* de forme
- *r* сопротивление *n* формы

F293 *e* form factor
- *d* Formfaktor *m*
- *f* facteur *m* de forme
- *r* форм-фактор *m*

F294 *e* forming
- *d* Formierung *f*
- *f* formation *f*
- *r* формирование *n*

F295 *e* formula
- *d* Formel *f*
- *f* formule *f*
- *r* формула *f*

F296 *e* forward scatter, forward scattering
- *d* Vorwärtsstreuung *f*
- *f* diffusion *f* en avant
- *r* рассеяние *n* вперёд

F297 *e* Foucault currents
- *d* Foucault-Ströme *pl*, Wirbelströme *pl*
- *f* courants *pl* de Foucault
- *r* токи *pl* Фуко

F298 *e* Foucault pendulum
- *d* Foucaultsches Pendel *n*
- *f* pendule *m* de Foucault
- *r* маятник *m* Фуко

F299 *e* fountain effect
- *d* Springbrunneneffekt *m*
- *f* effet *m* de fontaine
- *r* фонтанный эффект *m*

F300 *e* four-dimensional interval
- *d* vierdimensionales Intervall *n*
- *f* intervalle *m* quadridimensionnel
- *r* четырёхмерный интервал *m*

F301 *e* four-dimensional momentum
- *d* vierdimensionaler Drehimpuls *m*
- *f* quadri-impulsion *f*
- *r* четырёхмерный импульс *m*

F302 *e* four-dimensional potential
- *d* vierdimensionales Potential *n*
- *f* potentiel *m* quadridimensionnel
- *r* четырёхмерный потенциал *m*

F303 *e* four-dimensional vector
- *d* vierdimensionaler Vektor *m*
- *f* vecteur *m* quadridimensionnel
- *r* четырёхмерный вектор *m*

F304 *e* four-dimensional velocity
- *d* vierdimensionale Geschwindigkeit *f*
- *f* vitesse *f* quadridimensionnelle
- *r* четырёхмерная скорость *f*

F305 *e* four-fermion interaction
- *d* Vierfermionenwechselwirkung *f*
- *f* interaction *f* à quatre fermions
- *r* четырёхфермионное взаимодействие *n*

F306 *e* Fourier coefficient
- *d* Fourier-Koeffizient *m*
- *f* coefficient *m* de Fourier
- *r* коэффициент *m* Фурье

F307 *e* Fourier component
- *d* Fourier-Komponente *f*
- *f* composante *f* de Fourier
- *r* Фурье-компонента *f*, компонента *f* Фурье

F308 *e* Fourier integral
- *d* Fourier-Integral *n*, Fouriersches Integral *n*
- *f* intégrale *f* de Fourier
- *r* интеграл *m* Фурье

F309 *e* Fourier series
- *d* Fourier-Reihe *f*, Fouriersche Reihe *f*
- *f* série *f* de Fourier
- *r* ряд *m* Фурье

F310 *e* Fourier spectrometer
- *d* Fourier-Spektrometer *n*
- *f* spectromètre *m* de Fourier
- *r* Фурье-спектрометр *m*

F311 *e* Fourier spectroscopy
- *d* Fourier-Spektroskopie *f*
- *f* spectroscopie *f* de Fourier
- *r* Фурье-спектроскопия *f*

F312 *e* Fourier transform
- *d* Fourier-Transformation *f*
- *f* transformation *f* de Fourier
- *r* преобразование *n* Фурье

F313 *e* four-level laser
- *d* Vierniveaulaser *m*
- *f* laser *m* à quatre niveaux
- *r* четырёхуровневый лазер *m*

F314 *e* fourth sound
- *d* vierter Schall *m* (*im Helium*)
- *f* quatrième son *m* (*en hélium*)
- *r* четвёртый звук (*в гелии*)

F315 *e* four-velocity *see* four-dimensional velocity

F316 *e* FP interferometer *see* Fabry-Perot interferometer

F317 *e* fractal
- *d* Fraktal *n*

	f	fractal m
	r	фрактал m
F318	e	fractal cluster
	d	Fraktalcluster m
	f	cluster m de fractales
	r	кластер m фракталов, фрактальный кластер m
F319	e	fraction
	d	Fraktion f
	f	fraction f
	r	доля f; фракция f
F320	e	fracture
	d	1. Zerstörung f, Bruch m 2. Bruch m; Bruchfläche f
	f	1. destruction f 2. cassure f, fracture f, rupture f
	r	1. разрушение n 2. излом m
F321	e	fracture criterion
	d	Bruchkriterium n
	f	critère m de rupture
	r	критерий m разрушения
F322	e	fracture mechanism
	d	Bruchmechanismus m
	f	mécanisme m de rupture
	r	механизм m разрушения
F323	e	fragility
	d	Sprödigkeit f, Brüchigkeit f, Zerbrechlichkeit f
	f	fragilité f
	r	ломкость f; хрупкость f
F324	e	fragment
	d	Fragment n, Bruchstück n
	f	fragment m
	r	осколок m (напр. молекулы или ядра); фрагмент m
F325	e	fragmentation
	d	Fragmentierung f; Zertrümmerung f
	f	fragmentation f; désintégration f
	r	фрагментация f; расщепление n
F326	e	frame
	d	1. Bezugssystem n 2. Rahmen m 3. Bild n
	f	1. système m de référence 2. cadre m 3. image f
	r	1. система f отсчёта 2. рамка f 3. кадр m
F327	e	frame aerial
	d	Rahmenantenne f
	f	antenne f à cadre
	r	рамочная антенна f
F328	e	frame of reference
	d	Bezugssystem n
	f	système m de référence
	r	система f отсчёта
F329	e	francium, Fr
	d	Francium n, Franzium n, Frankium n
	f	francium m
	r	франций m
F330	e	Franck-Condon principle
	d	Franck-Condon-Prinzip n
	f	principe m de Franck et Condon
	r	принцип m Франца - Кондона
F331	e	Franck-Hertz experiment
	d	Franck-Hertz-Versuch m
	f	expérience f de Franck-Hertz
	r	опыт m Франца - Герца
F332	e	Franz-Keldysh effect
	d	Franz-Keldysh-Effekt m
	f	effet m de Franz-Keldysh
	r	эффект m Франца - Келдыша
F333	e	Fraunhofer diffraction
	d	Fraunhofersche Beugung f
	f	diffraction f de Fraunhofer
	r	дифракция f Фраунгофера
F334	e	Fraunhofer diffraction pattern
	d	Fraunhofersche Beugungsfigur f, Fraunhofersches Beugungsbild n
	f	phénomènes m pl de diffraction de Fraunhofer
	r	картина f дифракции Фраунгофера
F335	e	Fraunhofer lines
	d	Fraunhofer-Linien f pl, Fraunhofersche Linien f pl
	f	raies f pl de Fraunhofer
	r	фраунгоферовы линии f pl
F336	e	Fredholm equation
	d	Fredholmsche Gleichung f
	f	équation f de Fredholm
	r	уравнение n Фредгольма
F337	e	free carrier concentration
	d	Konzentration f freier Ladungsträger
	f	concentration f des porteurs libres
	r	концентрация f свободных носителей заряда
F338	e	free carriers
	d	freie Träger m pl, freie Ladungsträger m pl
	f	porteurs m pl libres
	r	свободные носители m pl, свободные носители m pl заряда
F339	e	free charge
	d	freie Ladung f
	f	charge f libre
	r	свободный заряд m
F340	e	free convection
	d	freie Konvektion f, natürliche Konvektion f
	f	convection f libre, convection f naturelle
	r	свободная конвекция f, естественная конвекция f

FREE

F341   e   free electron
      d   freies Elektron n, frei bewegliches Elektron n
      f   électron m libre
      r   свободный электрон m

F342   e   free electron laser
      d   Freielektronenlaser m
      f   laser m à électrons libres
      r   лазер m на свободных электронах

F343   e   free energy
      d   freie Energie f
      f   énergie f libre
      r   свободная энергия f

F344   e   free fall
      d   freier Fall m
      f   chute f libre
      r   свободное падение n

F345   e   free fall acceleration
      d   Fallbeschleunigung f, Schwerebeschleunigung f, Erdbeschleunigung f
      f   accélération f de la pesanteur
      r   ускорение n свободного падения, ускорение n силы тяжести

F346   e   free Lagrangian
      d   freies Lagrangian n
      f   lagrangien m libre
      r   свободный лагранжиан m

F347   e   free motion
      d   freie Bewegung f
      f   mouvement m libre
      r   свободное движение n

F348   e   free oscillation, free oscillations
      d   freie Schwingungen f pl, Eigenschwingungen f pl
      f   oscillations f pl libres
      r   свободные колебания n pl, собственные колебания n pl

F349   e   free path (of a particle)
      d   freie Weglänge f
      f   libre parcours m (d'une particule)
      r   длина f пробега (частицы)

F350   e   free pendulum
      d   freies Pendel n
      f   pendule m libre
      r   свободный маятник m

F351   e   free radical
      d   freies Radikal n
      f   radical m libre
      r   свободный радикал m

F352   e   free-running laser
      d   eigenerregter Laser m, selbsterregter Laser m
      f   laser m à auto-excitation
      r   лазер m, работающий в режиме свободной генерации

F353   e   free space
      d   freier Raum m
      f   espace m libre
      r   свободное пространство n

F354   e   free-space attenuation
      d   Freiraumdämpfung f
      f   atténuation f dans l'espace libre
      r   затухание n в свободном пространстве

F355   e   free-space wavelength
      d   Freiraumwellenlänge f
      f   longueur f d'onde dans l'espace libre
      r   длина f волны в свободном пространстве

F356   e   freezing
      d   Einfrieren n, Gefrieren n
      f   gel m, congélation f
      r   замерзание n

F357   e   freezing-in
      d   Einfrieren n
      f   gel m
      r   вмороженность f (магнитного поля)

F358   e   freezing point
      d   Gefrierpunkt m
      f   point m de congélation
      r   точка f замерзания, температура f замерзания

F359   e   F-region
      d   F-Gebiet n (der Ionosphäre)
      f   région f F (d'ionosphère)
      r   F-область f (ионосферы)

F360   e   Frenkel defects
      d   Frenkel-Defekte m pl, Frenkel-Fehlstellen f pl, Frenkel-Fehlordnungen f pl
      f   défauts m pl de Frenkel
      r   дефекты m pl Френкеля

F361   e   freon
      d   Freon n, Frigen n
      f   fréon m
      r   фреон m

F362   e   frequency
      d   Frequenz f
      f   fréquence f
      r   частота f

F363   e   frequency band
      d   Frequenzband n, Frequenzbereich m
      f   bande f de fréquences
      r   полоса f частот, диапазон m частот

F364   e   frequency conversion
      d   Frequenzumsetzung f
      f   conversion f de la fréquence
      r   преобразование n частоты

F365   e   frequency dependence

FREQUENCY

	d	Frequenzabhängigkeit f
	f	dépendance f fréquentielle
	r	частотная зависимость f, зависимость f от частоты

F366
- e frequency detection
- d Frequenzdemodulation f
- f détection f de fréquence
- r частотное детектирование n

F367
- e frequency deviation
- d Frequenzdeviation f, Frequenzabweichung f
- f déviation f de fréquence
- r девиация f частоты

F368
- e frequency distortion
- d Frequenzverzerrung f
- f distorsions f pl de fréquence
- r частотные искажения n pl

F369
- e frequency divider
- d Frequenzteiler m
- f diviseur m de fréquence
- r делитель m частоты

F370
- e frequency division
- d Frequenzteilung f
- f division f de fréquence
- r деление n частоты

F371
- e frequency drift
- d Frequenzdrift f, Frequenzabwanderung f
- f dérive f de fréquence
- r дрейф m частоты, частотный дрейф m

F372
- e frequency instability
- d Frequenzinstabilität f
- f instabilité f de la fréquence
- r нестабильность f частоты

F373
- e frequency jitter
- d Frequenzzittern n, Frequenzjitter m, n
- f sautillement m de fréquence
- r дрожание n частоты

F374
- e frequency locking
- d Frequenzmitnahme f
- f entraînement m de fréquence
- r захватывание n частоты

F375
- e frequency measurement
- d Frequenzmessung f
- f mesure f de fréquence
- r измерение n частоты

F376
- e frequency meter
- d Frequenzmesser m
- f fréquencemètre m
- r частотомер m, волномер m

F377
- e frequency-modulated oscillation
- d frequenzmodulierte Schwingungen f pl
- f oscillations f pl modulées en fréquence
- r частотно-модулированные колебания n pl

F378
- e frequency modulation, FM
- d Frequenzmodulation f, FM
- f modulation f en fréquence, M.F.
- r частотная модуляция f, ЧМ

F379
- e frequency multiplication
- d Frequenzverfielfachung f
- f multiplication f de fréquence
- r умножение n частоты

F380
- e frequency multiplicity (in accelerators)
- d Frequenzmultiplizität f (in Beschleunigern)
- f multiplicité f de fréquence (dans les accélérateurs)
- r кратность f частоты (в ускорителях)

F381
- e frequency multiplier
- d Frequenzvervielfacher m
- f multiplicateur m de fréquence
- r умножитель m частоты

F382
- e frequency pulling
- d Frequenzmitziehen n, Frequenzmitnahme f
- f entraînement m de fréquence
- r затягивание n частоты

F383
- e frequency range
- d Frequenzbereich m, Frequenzband n
- f gamme f de fréquences, bande f de fréquences
- r область f частот, диапазон m частот

F384
- e frequency response
- d Amplitudenfrequenz-Kennlinie f, Amplitudenfrequenzcharakteristik f
- f caractéristique f amplitude-fréquence
- r амплитудно-частотная характеристика f

F385
- e frequency selectivity
- d Frequenzselektivität f, Frequenztrennschärfe f
- f sélectivité f fréquentielle
- r избирательность f по частоте

F386
- e frequency spectrum
- d Frequenzspektrum n
- f spectre m de fréquences
- r частотный спектр m, спектр m частот

F387
- e frequency stability
- d Frequenzstabilität f
- f stabilité f de la fréquence
- r стабильность f частоты

F388
- e frequency stabilization
- d Frequenzstabilisierung f
- f stabilisation f de fréquence
- r стабилизация f частоты

F389
- e frequency standard
- d Frequenznormal n

155

FREQUENCY

	f	standard *m* de fréquence, étalon *m* de fréquence
	r	стандарт *m* частоты; эталон *m* частоты

F390   *e*   frequency sweep
      d   Frequenzhub *m*, Frequenzwobbelung *f*
      f   balayage *m* de fréquence
      r   качание *n* частоты

F391   *e*   frequency transformation
      d   Frequenzumformung *f*, Frequenztransformation *f*
      f   transformation *f* de fréquence
      r   преобразование *n* частоты

F392   *e*   frequency-tuned laser
      d   abstimmbarer Laser *m*
      f   laser *m* accordable
      r   перестраиваемый лазер *m*, лазер *m*, перестраиваемый по частоте

F393   *e*   Fresnel biprism
      d   Fresnelsches Doppelprisma *n*
      f   biprisme *m* de Fresnel
      r   бипризма *f* Френеля

F394   *e*   Fresnel diffraction
      d   Fresnelsche Beugung *f*
      f   diffraction *f* de Fresnel
      r   дифракция *f* Френеля

F395   *e*   Fresnel ellipsoid
      d   Fresnelsches Ellipsoid *n*
      f   ellipsoïde *m* de Fresnel
      r   эллипсоид *m* Френеля

F396   *e*   Fresnel integral
      d   Fresnelsches Integral *n*
      f   intégrale *f* de Fresnel
      r   интеграл *m* Френеля

F397   *e*   Fresnel lens
      d   Fresnel-Linse *f*, Fresnelsche Linse *f*
      f   lentille *f* de Fresnel
      r   линза *f* Френеля

F398   *e*   Fresnel mirrors
      d   Fresnelsche Spiegel *m pl*
      f   miroirs *m pl* de Fresnel
      r   зеркала *n pl* Френеля

F399   *e*   Fresnel zone
      d   Fresnel-Bereich *m*, Fresnelsche Beugungszone *f*
      f   zone *f* de Fresnel
      r   зона *f* Френеля

F400   *e*   friction
      d   Reibung *f*
      f   friction *f*, frottement *m*
      r   трение *n*

F401   *e*   frictional electricity
      d   Reibungselektrizität *f*
      f   tribo-électricité *f*
      r   трибоэлектричество *n*

F402   *e*   frictional electrification
      d   Reibungselektrisierung *f*
      f   électrisation *f* par frottement
      r   электризация *f* трением, электризация *f* при трении

F403   *e*   friction coefficient
      d   Reibungszahl *f*
      f   coefficient *m* de frottement
      r   коэффициент *m* трения

F404   *e*   friction damping
      d   Friktionsdämpfung *f*
      f   amortissement *m* à friction
      r   фрикционное демпфирование *n*

F405   *e*   friction factor *see* friction coefficient

F406   *e*   friction loss, friction losses
      d   Reibungsverluste *m pl*
      f   pertes *f pl* dues au frottement
      r   потери *f pl* на трение

F407   *e*   friction machine
      d   Reibungsprobemaschine *f*
      f   machine *f* d'essai de friction
      r   машина *f* трения, машина *f* для испытаний на трение

F408   *e*   Friedman model
      d   Friedman-Modell *n*
      f   modèle *m* de Friedman
      r   фридмановская модель *f* Вселенной, модель *f* Фридмана

F409   *e*   fringe
      d   Streifen *m*, Interferenzstreifen *m*
      f   frange *f*, frange *f* d'interférence
      r   полоса *f*, интерференционная полоса *f*

F410   *e*   front
      d   Flanke *f* (*Impuls*)
      f   front *m* (d'impulsion)
      r   фронт *f* (*волны или импульса*)

F411   *e*   frost point
      d   Reifpunkt *m*, Reifbildungstemperatur *f*
      f   point *m* de givre
      r   точка *f* образования инея (*температура равновесия твердой и газообразной фаз*)

F412   *e*   Froude number
      d   Froude-Zahl *f*, Froudesche Zahl *f*
      f   nombre *m* de Froude
      r   число *n* Фруда

F413   *e*   Froude pendulum
      d   Froudesches Pendel *n*, Reibungspendel *n*
      f   pendule *m* à friction, pendule *m* de Froude
      r   маятник *m* Фруда, фрикционный маятник *m*

F414   *e*   frustrated total internal reflection

	d	gestörte Totalreflexion *f*, verhinderte Totalreflexion *f*
	f	réflexion *f* totale interne frustrée
	r	нарушенное полное внутреннее отражение *n*
F415	*e*	fuel cell
	d	Brennstoffelement *n*
	f	pile *m* à combustible
	r	топливный элемент *m*
F416	*e*	fuel element
	d	Brennelement *n*
	f	cartouche *f* de combustible
	r	тепловыделяющий элемент *m* (ядерного реактора)
F417	*e*	fugacity
	d	Flüchtigkeit *f*
	f	fugacité *f*
	r	лстучость *f*
F418	*e*	fullerenes
	d	Fullerene *n pl*
	f	fullerenes *m pl*, cristaux *m pl* de fullerenes
	r	фуллерены *m pl*
F419	*e*	full radiator
	d	schwarzer Körper *m*, schwarzer Strahler *m*
	f	corps *m* noir, radiateur *m* intégral
	r	чёрное тело *n*, абсолютно чёрное тело *n*
F420	*e*	full-scale model
	d	Modell *n* in natürlicher Größe
	f	modèle *m* au naturel
	r	натурная модель *f*
F421	*e*	full-wave rectifier
	d	Zweiweggleichrichter *m*, Doppelweggleichrichter *m*
	f	redresseur *m* diphasé
	r	двухполупериодный выпрямитель *m*
F422	*e*	fully ionized atom
	d	vollständig ionisiertes Atom *n*
	f	atome *m* totalement ionisé
	r	полностью ионизированный атом *m*
F423	*e*	function
	d	Funktion *f*
	f	fonction *f*
	r	функция *f*
F424	*e*	functional
	d	Funktional *n*
	f	fonctionnelle *f*
	r	функционал *m*
F425	*e*	functional integration
	d	Funktionalintegration *f*
	f	intégration *f* fonctionelle
	r	функциональное интегрирование *n*
F426	*e*	functional relationschip

	d	funktionale Abhängigkeit *f*, funktionaler Zusammenhang *m*
	f	dépendance *f* fonctionelle
	r	функциональная зависимость *f*
F427	*e*	fundamental
	d	Grundschwingung *f*, Fundamentalschwingung *f*, Fundamentale *f*
	f	fondamentale *f*
	r	основное колебание *n*, основная гармоника *f*
F428	*e*	fundamental catalog
	d	Fundamentalkatalog *m*
	f	catalogue *m* fondamental
	r	фундаментальный каталог *m*
F429	*e*	fundamental length
	d	Fundamentallänge *f*
	f	longueur *f* fondamentale
	r	фундаментальная длина *f*
F430	*e*	fundamental mode
	d	Grundschwingungstyp *m*, Grundwelle *f*
	f	mode *m* fondamental
	r	основная мода *f*
F431	*e*	fundamental particles
	d	Elementarteilchen *n pl*
	f	particules *f pl* élémentaires
	r	элементарные частицы *f pl*
F432	*e*	fundamental physical constants
	d	Fundamentalkonstanten *f pl*
	f	constantes *f pl* physiques fondamentales
	r	фундаментальные физические постоянные *f pl*
F433	*e*	fundamental research
	d	Grundlagenforschung *f*
	f	recherche *f* fondamentale
	r	фундаментальные исследования *n pl*
F434	*e*	funnel
	d	Trichter *m*
	f	entonnoir *m*
	r	воронка *f*
F435	*e*	furnace
	d	Ofen *m*
	f	four *m*
	r	печь *f*
F436	*e*	fuse
	d	1. Schmelzsicherung *f* 2. Keim *m*, Kristallkeim *m*
	f	1. fusible *m* 2. amorce *f*
	r	1. плавкий предохранитель *m* 2. затравка *f* (*при выращивании кристаллов*)
F437	*e*	fusible plug
	d	Schmelzstöpsel *m*

FUSION

    f coup-circuit *m* à fusible
    r пробка *f* (плавкий предохранитель)

F438 *e* fusion
    d 1. Fusion *f* 2. Schmelzen *n*
    f 1. fusion *f* 2. fonte *f*
    r 1. ядерный синтез *m* 2. плавление *n*

G

G1 *e* Ga-As laser
    d GaAs-Laser *m*, Galliumarsenidlaser *m*
    f laser *m* à arséniure de gallium
    r лазер *m* на арсениде галлия

G2 *e* gadolinium, Gd
    d Gadolinium *n*
    f gadolinium *m*
    r гадолиний *m*

G3 *e* gage
    d 1. Eichung *f* 2. Meßgerät *n*, Meßinstrument *n*
    f 1. jauge *f* 2. instrument *m*
    r 1. калибровка *f* 2. измерительный прибор *m*

G4 *e* gage boson
    d Eichboson *n*
    f boson *m* jauge
    r калибровочный бозон *m*

G5 *e* gage factor
    d Eichfaktor *m*
    f facteur *m* d'étallonnage
    r калибровочный множитель *m*

G6 *e* gage fields
    d Eichfelder *n pl*
    f champs *m pl* de jauge
    r калибровочные поля *n pl*

G7 *e* gage invariance
    d Eichinvarianz *f*
    f invariance *f* de jauge
    r калибровочная инвариантность *f*

G8 *e* gage invariant
    d Eichinvariante *f*
    f invariant *m* de jauge
    r калибровочный инвариант *m*

G9 *e* gage symmetry
    d Eichsymmetrie *f*
    f symétrie *f* de jauge
    r калибровочная симметрия *f*

G10 *e* gage theories
    d Eichfeldtheorien *f pl*
    f théories *f pl* de jauge
    r калибровочные теории *f pl*

G11 *e* gage transformation
    d Eichtransformation *f*
    f transformation *f* de jauge
    r калибровочное преобразование *n*

G12 *e* gain
    d 1. Verstärkung *f* 2. Verstärkungskoeffizient *m*, Verstärkungsfaktor *m*
    f 1. gain *m* 2. coefficient *m* d'amplification, facteur *m* d'amplification
    r 1. усиление *n* 2. коэффициент *m* усиления

G13 *e* gain increment
    d Verstärkungsinkrement *n*
    f incrément *m* d'amplification
    r инкремент *m* усиления

G14 *e* gain saturation
    d Verstärkungssättigung *f*
    f saturation *f* d'amplification
    r насыщение *n* усиления

G15 *e* galactic center
    d galaktisches Zentrum *n*
    f centre *m* galactique
    r галактический центр *m*, центр *m* галактики

G16 *e* galactic cluster
    d galaktischer Haufen *m*, galaktischer Sternhaufen *m*
    f amas *m* galactique, amas *m* de galaxies
    r скопление *n* галактик

G17 *e* galactic cosmic rays
    d galaktische kosmische Strahlen *pl*
    f rayons *pl* cosmiques galactiques
    r галактические космические лучи *pl*

G18 *e* galactic disk
    d galaktische Scheibe *f*
    f disque *m* galactique
    r галактический диск *m*, диск *m* галактики

G19 *e* galactic halo
    d Halo *m*, galaktischer Halo *m*
    f halo *m* galactique
    r галактическое гало *n*

G20 *e* galactic maser
    d galaktischer Maser *m*
    f maser *m* galactique
    r галактический мазер *m*

G21 *e* galactic nucleus
    d galaktischer Kern *m*
    f noyau *m* galactique
    r ядро *n* галактики

G22 *e* galactic radiation
    d galaktische Strahlung *f*

	f	rayonnement m galactique
	r	галактическое излучение n
G23	e	**galactic rotation**
	d	galaktische Rotation f
	f	rotation f galactique
	r	вращение n галактики
G24	e	**galactic source**
	d	galaktische Quelle f
	f	source f galactique
	r	галактический источник m
G25	e	**galaxy**
	d	Galaxie f, Sternsystem n
	f	galaxie f
	r	галактика f
G26	e	**Galilean telescope**
	d	Galileisches Fernrohr n, Galilei-Fernrohr n
	f	lunette f de Galilée
	r	телескоп m Галилея
G27	e	**Galilean transformations**
	d	Galilei-Transformationen f pl
	f	transformations f pl de Galilée
	r	преобразования n pl Галилея
G28	e	**Galileo relativity principle**
	d	Galileisches Relativitätsprinzip n
	f	principe m de relativité de Galilée
	r	принцип m относительности Галилея
G29	e	**gallium, Ga**
	d	Gallium n
	f	gallium m
	r	галлий m
G30	e	**gallon**
	d	Gallone f
	f	gallon m
	r	галлон m
G31	e	**Galton whistle**
	d	Galtonsche Pfeife f
	f	sifflet m de Galton
	r	свисток m Гальтона
G32	e	**galvanoluminescence**
	d	Galvanolumineszenz f
	f	galvanoluminescence f
	r	гальванолюминесценция f
G33	e	**galvanomagnetic effects**
	d	galvanomagnetische Effekte m pl
	f	effets m pl galvanomagnétiques
	r	гальваномагнитные явления n pl
G34	e	**galvanometer**
	d	Galvanometer n
	f	galvanomètre m
	r	гальванометр m
G35	e	**gamma**
	d	Gamma n
	f	gamma m
	r	гамма f
G36	e	**gamma quantum**
	d	Gamma-Quant n
	f	quantum m gamma
	r	гамма-квант m
G37	e	**gamma radiation** see gamma rays
G38	e	**gamma-ray astronomy**
	d	Gamma-Astronomie f, Gamma-Strahlenastronomie f
	f	astronomie f au rayonnement gamma
	r	гамма-астрономия f
G39	e	**gamma-ray burst detector**
	d	Gammastrahlenausbruchdetektor m
	f	détecteur m des sursauts de rayons gamma
	r	детектор m гамма-всплесков
G40	e	**gamma-ray bursts**
	d	Gamma-Ausbrüche m pl
	f	sursauts m pl gamma, sursauts m pl de rayons gamma
	r	гамма-всплески m pl
G41	e	**gamma-ray burst source**
	d	Gammastrahlenausbruchquelle f
	f	source f de sursauts de rayons gamma
	r	источник m гамма-всплесков
G42	e	**gamma-ray flaw detection**
	d	Gamma-Defektoskopie f
	f	gammaradiographie f, contrôle m par rayons gamma
	r	гамма-дефектоскопия f
G43	e	**gamma-ray laser**
	d	Gammastrahlenlaser m
	f	laser m gamma
	r	гамма-лазер m
G44	e	**gamma rays**
	d	Gamma-Strahlung f, Gamma-Strahlen pl
	f	rayons pl gamma
	r	гамма-лучи pl, гамма-излучение n
G45	e	**gamma-ray source**
	d	Gammastrahlenquelle f, Gammaquelle f
	f	source f de rayons gamma
	r	источник m гамма-излучения
G46	e	**gamma-ray spectrometer**
	d	Gamma-Spektrometer n
	f	spectromètre m gamma
	r	гамма-спектрометр m
G47	e	**gamma-ray spectroscopy**
	d	Gamma-Spektroskopie f
	f	spectroscopie f gamma
	r	гамма-спектроскопия f
G48	e	**gamma-ray spectrum**

	d	Gamma-Spektrum *n*, Gamma-Strahlenspektrum *n*
	f	spectre *m* du rayonnement gamma
	r	спектр *m* гамма-излучения
G49	e	Gantmakher effect
	d	Gantmakher-Effekt *m*
	f	effet *m* Gantmakher
	r	эффект *m* Гантмахера (*радиочастотный размерный эффект*)
G50	e	gap
	d	Lücke *f*; Zwischenraum *m*; Spalt *m*; Schlitz *m*; Abstand *m*
	f	écartement *m*; fente *f*; interstice *m*
	r	зазор *m*; щель *f*; промежуток *m*
G51	e	garnet
	d	Granat *m*
	f	grenat *m*
	r	гранат *m*
G52	e	gas
	d	Gas *n*
	f	gaz *m*
	r	газ *m*
G53	e	gas amplification
	d	Gasverstärkung *f*
	f	amplification *f* gazeuse
	r	газовое усиление *n*, ионное усиление *n*
G54	e	gas analysis
	d	Gasanalyse *f*
	f	analyse *f* de gaz
	r	газовый анализ *m*
G55	e	gas analyzer
	d	Gasanalysator *m*
	f	analyseur *m* de gaz
	r	газоанализатор *m*
G56	e	gas constant
	d	Gaskonstante *f*
	f	constante *f* de gaz
	r	газовая постоянная *f*
G57	e	gas discharge
	d	Gasentladung *f*
	f	décharge *f* gazeuse, décharge *f* dans un gaz
	r	газовый разряд *m*
G58	e	gas-discharge chamber
	d	Gasentladungskammer *f*
	f	chambre *f* de décharge, chambre *f* de décharge gazeuse
	r	газоразрядная камера *f*
G59	e	gas-discharge contraction
	d	Gasentladungskontraktion *f*
	f	contraction *f* de la décharge gazeuse
	r	контракция *f* газового разряда
G60	e	gas-discharge device
	d	Gasentladungsgerät *n*
	f	appareil *m* à décharge gazeuse
	r	газоразрядный прибор *m*
G61	e	gas-discharge laser
	d	Gasentladungslaser *m*
	f	laser *m* à décharge gazeuse
	r	газоразрядный лазер *m*
G62	e	gas-discharge plasma
	d	Gasentladungsplasma *n*
	f	plasma *m* de décharge gazeuse
	r	газоразрядная плазма *f*
G63	e	gas-discharge source
	d	Gasentladungsquelle *f*, Gasentladungslichtquelle *f*
	f	source *f* à décharge gazeuse
	r	газоразрядный источник *m*, газоразрядный источник *m* света
G64	e	gas-dynamic laser
	d	dynamischer Gaslaser *m*
	f	laser *m* gazodynamique
	r	газодинамический лазер *m*
G65	e	gas dynamics
	d	Gasdynamik *f*
	f	dynamique *f* des gaz
	r	газовая динамика *f*, газодинамика *f*
G66	e	gaseous mixture
	d	Gasgemisch *n*
	f	mélange *m* des gaz
	r	газовая смесь *f*
G67	e	gaseous nebula
	d	Gasnebel *m*
	f	nébuleuse *f* gazeuse
	r	газовая туманность *f*
G68	e	gaseous phase
	d	Gasphase *f*; gasförmiger Zustand *m*
	f	phase *f* gazeuse
	r	газовая фаза *f*; газообразное состояние *n* вещества
G69	e	gaseous substance
	d	gasförmiger Stoff *m*
	f	substance *f* gazeuse
	r	газообразное вещество *n*
G70	e	gas-filled diode
	d	Gasdiode *f*, gasgefüllte Diode *f*
	f	diode *f* ionique à gaz
	r	газотрон *m*
G71	e	gas flow
	d	Gasströmung *f*
	f	flux *m* de gaz
	r	газовый поток *m*, течение *n* газа
G72	e	gas jet
	d	Gasstrahl *m*
	f	jet *m* de gaz
	r	газовая струя *f*

GENERALIZED

		d verallgemeinerte Koordinaten f pl
		f coordonnées f pl généralisées
		r обобщённые координаты f pl

G99 e generalized force
d verallgemeinerte Kraft f
f force f généralisée
r обобщённая сила f

G100 e generalized function
d verallgemeinerte Funktion f
f fonction f généralisée
r обобщённая функция f

G101 e generalized law
d verallgemeinertes Gesetz n
f loi f généralisée
r обобщённый закон m

G102 e generalized model
d verallgemeinertes Modell n
f modèle m généralisé
r обобщённая модель f (напр. ядра)

G103 e generalized momentum
d verallgemeinerter Impuls m
f impulsion f généralisée
r обобщённый импульс m

G104 e generalized susceptibility
d verallgemeinerte Suszeptibilität f
f susceptibilité f généralisée
r обобщённая восприимчивость f

G105 e generalized symmetry
d verallgemeinerte Symmetrie f
f symétrie f généralisée
r обобщённая симметрия f

G106 e generalized velocity
d verallgemeinerte Geschwindigkeit f
f vitesse f généralisée
r обобщённая скорость f

G107 e general relativity theory
d allgemeine Relativitätstheorie f
f théorie f de la relativité générale, relativité f générale
r общая теория f относительности

G108 e generation
d 1. Generierung f, Erzeugung f
   2. Entstehung f 3. Generation f
f 1. génération f 2. formation f
   3. génération f
r 1. генерация f, генерирование n
   2. образование n, рождение n
   3. поколение n

G109 e generation channel
d Generierungskanal m
f canal m de génération
r канал m генерации (лазера)

G110 e generation-recombination noise
d Generations-Rekombinations-Rauschen n
f bruit m de génération-recombinaison
r генерационно-рекомбинационный шум m

G111 e generator
d Generator m
f générateur m
r генератор m

G112 e genetically significant dose
d genetisch bedeutsame Dosis f
f dose f génétiquement significative
r генетически значимая доза f

G113 e geoacoustics
d Geoakustik f
f géoacoustique f
r геоакустика f

G114 e geochronology
d Geochronologie f
f géochronologie f
r геохронология f

G115 e geodesic
d geodätische Linie f, Geodätische f
f ligne f géodésique
r геодезическая линия f

G116 e geodesy
d Geodäsie f
f géodésie f
r геодезия f

G117 e geographical coordinates
d geographische Koordinaten f pl
f coordonnées f pl géographiques
r географические координаты f pl

G118 e geoid
d Geoid n
f géoïde m
r геоид m

G119 e geomagnetic coordinates
d geomagnetische Koordinaten f pl
f coordonnées f pl géomagnétiques
r геомагнитные координаты f pl

G120 e geomagnetic field
d geomagnetisches Feld n
f champ m géomagnétique
r геомагнитное поле n

G121 e geomagnetic latitude
d geomagnetische Breite f
f latitude f géomagnétique
r геомагнитная широта f

G122 e geomagnetic longitude
d geomagnetische Länge f
f longitude f géomagnétique
r геомагнитная долгота f

G123 e geomagnetic meridian
d geomagnetischer Meridian m

G73	e	gas laser
	d	Gaslaser m
	f	laser m à gaz
	r	газовый лазер m
G74	e	gas permeability
	d	Gasdurchlässigkeit f
	f	perméabilité f aux gaz
	r	газопроницаемость f
G75	e	gas phase see gaseous phase
G76	e	gas-phase chromatography
	d	Gaschromatographie f
	f	chromatographie f en phase gazeuse
	r	газовая хроматография f
G77	e	gas purification
	d	Gasreinigung f
	f	épuration f des gaz
	r	очистка f газов
G78	e	gas thermometer
	d	Gasthermometer n
	f	thermomètre m à gaz
	r	газовый термометр m
G79	e	gas turbine
	d	Gasturbine f
	f	turbine f à gaz
	r	газовая турбина f
G80	e	gate
	d	1. Gate n, Tor n, Gateelektrode f 2. logisches Element n 3. Selektorimpuls m
	f	1. gate m 2. élément m porte 3. impulsion f sélectrice
	r	1. затвор m 2. логический элемент m 3. селекторный импульс m
G81	e	gate pulse see gating pulse
G82	e	gating pulse
	d	Öffnungsimpuls m
	f	impulsion f de déblocage
	r	отпирающий импульс m
G83	e	gauge see gage
G84	e	gauss, Gs
	d	Gauß n
	f	gauss m
	r	гаусс m, Гс
G85	e	Gaussian distribution
	d	Gauß-Verteilung f, Normalverteilung f
	f	distribution f gaussienne
	r	распределение n Гаусса, нормальное распределение n
G86	e	Gaussian units
	d	Gaußsches Einheitensystem n
	f	système m d'unités de Gauss
	r	гауссова система f единиц
G87	e	Gauss meter
	d	Gaußmeter n
	f	gaussmètre m
	r	измеритель m магнитной индукции
G88	e	Gauss principle (of least constraint)
	d	Gaußsches Prinzip n (des kleinsten Zwanges)
	f	principe m de Gauss (le principe de la moindre contrainte)
	r	принцип m Гаусса (принцип наименьшего принуждения)
G89	e	Gauss profile
	d	Gauß-Profil n (einer Spektrallinie)
	f	profil m de Gauss
	r	гауссов контур m (спектральной линии)
G90	e	Gauss theorem
	d	Gaußscher Satz m
	f	théorème m de Gauss
	r	теорема f Гаусса
G91	e	Gay-Lussac law
	d	Gay-Lussacsches Gesetz n, Gay-Lussac-Gesetz n
	f	loi f de Gay-Lussac
	r	закон m Гей-Люссака
G92	e	Geiger-Müller counter
	d	Geiger-Müller-Zählrohr n
	f	compteur m de Geiger-Müller
	r	счётчик m Гейгера, счётчик m Гейгера - Мюллера
G93	e	Geiger-Nuttall rule
	d	Geiger-Nuttall-Regel f
	f	règle f de Geiger-Nuttall
	r	закон m Гейгера - Неттолла
G94	e	gel
	d	Gel n
	f	gel m
	r	гель m
G95	e	Gell-Mann matrices
	d	Gell-Mann-Matrizen f pl
	f	matrices f pl de Gell-Mann
	r	матрицы f pl Гелл-Мана
G96	e	Gell-Mann-Nishijima formula
	d	Gell-Mann-Nishijima-Formel f
	f	formule f de Gell-Mann-Nishijima
	r	формула f Гелл-Мана - Нишиджимы
G97	e	General Conference of Weights and Measures
	d	Generalkonferenz f für Maß und Gewicht
	f	Conférence f Générale des Poids et Mesures, CGPM
	r	Генеральная конференция f по мерам и весам
G98	e	generalized coordinates

f méridien *m* géomagnétique
r геомагнитный меридиан *m*

G124 *e* **geomagnetic pole**
d geomagnetischer Pol *m*
f pôle *m* géomagnétique
r геомагнитный полюс *m*

G125 *e* **geomagnetic storm**
d erdmagnetischer Sturm *m*, magnetischer Sturm *m*
f orage *m* géomagnétique
r геомагнитная буря *f*

G126 *e* **geomagnetic trap**
d geomagnetische Falle *f*
f piège *m* géomagnétique
r геомагнитная ловушка *f*

G127 *e* **geomagnetic variations**
d erdmagnetische Variationen *f pl*
f variations *f pl* géomagnétiques
r геомагнитные вариации *f pl*

G128 *e* **geomagnetism**
d Erdmagnetismus *m*, Geomagnetismus *m*
f géomagnétisme *m*
r земной магнетизм *m*, геомагнетизм *m*

G129 *e* **geometrical acoustics**
d geometrische Akustik *f*, Strahlenakustik *f*
f acoustique *f* géométrique
r геометрическая акустика *f*, лучевая акустика *f*

G130 *e* **geometrical cross-section**
d geometrischer Querschnitt *m*
f section *f* efficace géométrique
r геометрическое поперечное сечение *n*

G131 *e* **geometrical crystallography**
d geometrische Kristallographie *f*
f cristallographie *f* géométrique
r геометрическая кристаллография *f*

G132 *e* **geometrical isomer**
d geometrisches Isomer *n*, cis-trans-Isomer *n*
f isomère *m* géométrique, isomère *m* cis-trans
r геометрический изомер *m*, цис-транс-изомер *m*

G133 *e* **geometrical isomerism**
d geometrische Isomerie *f*, cis-trans-Isomerie *f*
f isomérie *f* géométrique, isomérie *f* cis-trans
r геометрическая изомерия *f*, цис-транс-изомерия *f*

G134 *e* **geometrical optics**
d geometrische Optik *f*, Strahlenoptik *f*
f optique *f* géométrique
r геометрическая оптика *f*, лучевая оптика *f*

G135 *e* **geometrical oscillations**
d geometrische Oszillationen *f pl*
f oscillations *f pl* géométriques
r геометрические осцилляции *f pl*

G136 *e* **geometric cross-section** *see* **geometrical cross-section**

G137 *e* **geometric factor**
d geometrischer Faktor *m*
f facteur *m* géométrique
r геометрический фактор *m*

G138 *e* **geometric interference**
d geometrische Interferenz *f*
f interférence *f* géométrique
r геометрическая интерференция *f*

G139 *e* **geometry**
d 1. Geometrie *f* 2. geometrische Anordnung *f*, geometrische Gestaltung *f*
f 1. géométrie *f* 2. configuration *f*
r 1. геометрия *f* 2. форма *f*, конфигурация *f*

G140 *e* **geophone**
d Geophon *n*
f géophone *m*
r геофон *m*

G141 *e* **geophysics**
d Geophysik *f*
f géophysique *f*
r геофизика *f*

G142 *e* **geostationary orbit**
d geostationäre Bahn *f*
f orbite *f* géostationnaire
r геостационарная орбита *f* (искусственного спутника Земли)

G143 *e* **geothermal energy**
d geothermische Energie *f*
f énergie *f* géothermique
r геотермическая энергия *f*

G144 *e* **geothermal gradient**
d geothermischer Gradient *m*
f gradient *m* géothermique
r геотермический градиент *m*

G145 *e* **geothermy**
d Geothermie *f*
f géothermie *f*
r геотермика *f*, геотермия *f*

G146 *e* **germanium, Ge**
d Germanium *n*
f germanium *m*
r германий *m*

GETTER

G147　e　getter
　　　d　Getter *m*
　　　f　getter *m*
　　　r　геттер *m*; газопоглотитель *m*

G148　e　getter pump
　　　d　Getterpumpe *f*
　　　f　pompe *f* à getter
　　　r　геттерный насос *m*

G149　e　g-factor
　　　d　g-Faktor *m*, Landescher g-Faktor *m*
　　　f　facteur *m* de Landé, facteur *m* g
　　　r　g-фактор *m*, множитель *m* Ланде

G150　e　ghosts
　　　d　Geister *m pl*, Gittergeister *m pl*, falsche Linien *f pl* (*im Spektrum*)
　　　f　raies *f pl* fantômes (*dans le spectre*)
　　　r　ду́хи *m pl* (*в спектре*)

G151　e　giant optical nonlinearity
　　　d　optische Riesennichtlinearität *f*
　　　f　non-linéarité *f* optique géante
　　　r　гигантская оптическая нелинейность *f*

G152　e　giant oscillations
　　　d　Riesenoszillationen *f pl*
　　　f　oscillations *f pl* géantes
　　　r　гигантские осцилляции *f pl*

G153　e　giant pulse (*in laser*)
　　　d　Riesenimpuls *m* (*Laser*)
　　　f　impulsion *f* géante (*au laser*)
　　　r　гигантский импульс *m* (*в лазере*)

G154　e　giant-pulse laser
　　　d　Riesenimpulslaser *m*
　　　f　laser *m* à impulsions géantes
　　　r　лазер *m*, работающий в режиме гигантских импульсов

G155　e　giant resonance
　　　d　Riesenresonanz *f*
　　　f　résonance *f* géante
　　　r　гигантский резонанс *m*

G156　e　giant star
　　　d　Riesenstern *m*, Riese *m*, Gigant *m*
　　　f　étoile *f* géante
　　　r　звезда-гигант *m*, гигант *m*

G157　e　Gibbs distribution
　　　d　Gibbssche Verteilung *f*, Gibbs-Verteilung *f*
　　　f　distribution *f* de Gibbs
　　　r　распределение *n* Гиббса

G158　e　Gibbs-Duhem equation
　　　d　Gibbs-Duhemsche Gleichung *f*
　　　f　équation *f* de Gibbs-Duhem
　　　r　уравнение *n* Гиббса - Дюгема

G159　e　Gibbs free energy
　　　d　Gibbssche freie Energie *f*, freie Enthalpie *f*
　　　f　énergie *f* libre de Gibbs
　　　r　энергия *f* Гиббса

G160　e　Gibbs-Helmholtz relations
　　　d　Gibbs-Helmholtzsche Gleichungen *f pl*
　　　f　relations *f pl* de Gibbs-Helmholtz
　　　r　уравнения *n pl* Гиббса - Гельмгольца

G161　e　Gibbs paradox
　　　d　Gibbssches Paradoxon *n*
　　　f　paradoxe *m* de Gibbs
　　　r　парадокс *m* Гиббса

G162　e　Gibbs phase rule
　　　d　Gibbssche Phasenregel *f*
　　　f　règle *f* des phases, règle *f* des phases de Gibbs
　　　r　правило *n* фаз, правило *n* фаз Гиббса

G163　e　Gibbs statistical assembly
　　　d　Gibbssche Gesamtheit *f*
　　　f　ensemble *m* statistique de Gibbs
　　　r　статистический ансамбль *m* Гиббса

G164　e　Gibbs thermodynamic potential
　　　d　Gibbssches thermodynamisches Potential *n*
　　　f　potentiel *m* thermodynamique de Gibbs, potentiel *m* de Gibbs
　　　r　термодинамический потенциал *m* Гиббса

G165　e　gilbert, Gb
　　　d　Gilbert *n*
　　　f　gilbert *m*, Gb
　　　r　гильберт *m*, Гб

G166　e　Ginsburg-Landau theory
　　　d　Ginsburg-Landausche Theorie *f*
　　　f　théorie *f* de Ginsburg-Landau
　　　r　теория *f* сверхпроводимости Гинзбурга - Ландау, теория *f* Гинзбурга - Ландау

G167　e　Glan-Thompson prism
　　　d　Glan-Thompson-Prisma *n*
　　　f　prisme *m* de Glan-Thompson
　　　r　поляризационная призма *f* Глана - Томсона

G168　e　glare
　　　d　Blendung *f*
　　　f　éblouissement *m*
　　　r　блескость *f*

G169　e　glass
　　　d　Glas *n*
　　　f　verre *m*
　　　r　стекло *n*

G170　e　glass fiber
　　　d　Glasfaser *f*
　　　f　fibre *f* de verre
　　　r　стеклянное волокно *n*, стекловолокно *n*

G171	e	**glass laser**
	d	Glaslaser *m*
	f	laser *m* à verre
	r	лазер *m* на стекле
G172	e	**glass-like semiconductors** *see* **glassy semiconductors**
G173	e	**glassy semiconductors**
	d	Glashalbleiter *m pl*, glasartiger Halbleiter *m pl*
	f	semi-conducteurs *m pl* vitreux
	r	стеклообразные полупроводники *m pl*
G174	e	**glassy state**
	d	Glaszustand *m*, glasartiger Zustand *m*
	f	état *m* vitreux
	r	стеклообразное состояние *n*
G175	e	**Glauber corrections**
	d	Glauber-Korrektionen *f pl*
	f	corrections *f pl* de Glauber
	r	глауберовские поправки *f pl* (в квантовой теории поля)
G176	e	**glide**
	d	Gleiten *n*
	f	glissement *m*
	r	скольжение *n*; проскальзывание *n*
G177	e	**glide plane**
	d	Gleitebene *f*
	f	plan *m* de glissement
	r	плоскость *f* скольжения
G178	e	**glitter**
	d	Glänzen *n*
	f	éclat *m*
	r	блеск *m*
G179	e	**global duality**
	d	globale Dualität *f*
	f	dualité *f* globale
	r	глобальная дуальность *f*
G180	e	**global instability**
	d	globale Instabilität *f*
	f	instabilité *f* globale
	r	глобальная неустойчивость *f*
G181	e	**global invariance**
	d	Globalinvarianz *f*
	f	invariance *f* globale
	r	глобальная инвариантность *f*
G182	e	**global symmetry**
	d	Globalsymmetrie *f*
	f	symétrie *f* globale
	r	глобальная симметрия *f*
G183	e	**globular star cluster**
	d	Kugelsternhaufen *m*
	f	amas *m* globulaire
	r	шаровое звёздное скопление *n*
G184	e	**glow**
	d	Glimmen *n*
	f	lueur *f*
	r	свечение *n*
G185	e	**glow discharge**
	d	Glimmentladung *f*
	f	décharge *f* à lueur, décharge *f* incandescente
	r	тлеющий разряд *m*
G186	e	**glow-discharge lamp**
	d	Glimmlampe *f*
	f	lampe *f* à décharge incandescente
	r	лампа *f* тлеющего разряда
G187	e	**glueball**
	d	Glueball *m*
	f	glueball *m*
	r	глюбол *m*
G188	e	**gluino**
	d	Gluino *n*
	f	gluino *m*
	r	глюино *n*
G189	e	**gluon**
	d	Gluon *n*
	f	gluon *m*
	r	глюон *m*
G190	e	**gluon bag**
	d	Gluonsack *m*, Gluonbag *m*
	f	poche *f* de gluon
	r	глюонный мешок *m*
G191	e	**gold, Au**
	d	Gold *n*
	f	or *m*
	r	золото *n*
G192	e	**Goldberger-Treiman relation**
	d	Goldberger-Treimansche Beziehung *f*
	f	relation *f* de Goldberger-Treiman
	r	соотношение *n* Голдбергера - Тримена
G193	e	**Goldstone boson**
	d	Goldstonesches Boson *n*, Goldstone-Boson *n*
	f	boson *m* de Goldstone
	r	голдстоуновский бозон *m*
G194	e	**Goldstone fermion**
	d	Goldstone-Fermion *n*
	f	fermion *m* de Goldstone
	r	голдстоуновский фермион *m*
G195	e	**Goldstone modes**
	d	Goldstone-Moden *f pl*
	f	modes *m pl* de Goldstone
	r	голдстоуновские моды *f pl*
G196	e	**goniometer**
	d	Goniometer *n*
	f	goniomètre *m*
	r	гониометр *m*

GONIOMETRY

G197　e　goniometry
　　　d　Goniometrie f
　　　f　goniométrie f
　　　r　гониометрия f

G198　e　gradation
　　　d　Gradation f, Stufe f
　　　f　gradation f
　　　r　градация f

G199　e　graded index fiber
　　　d　Gradientenfaser f
　　　f　fibre f à variation régulière de l'indice de réfraction
　　　r　градиентное волокно n, волокно n с плавным изменением показателя преломления

G200　e　gradient
　　　d　Gradient m
　　　f　gradient m
　　　r　градиент m

G201　e　gradient drift
　　　d　Gradientendrift f
　　　f　dérive f de gradient
　　　r　градиентный дрейф m

G202　e　gradient invariance
　　　d　Gradienteninvarianz f
　　　f　invariance f de gradient
　　　r　градиентная инвариантность f

G203　e　gradiometer
　　　d　Gradiometer n
　　　f　gradiomètre m
　　　r　градиометр m, градиентометр m

G204　e　graduation
　　　d　Eichung f
　　　f　graduation f
　　　r　градуировка f

G205　e　grain
　　　d　Korn n, Kristallkorn n
　　　f　grain m
　　　r　зерно n

G206　e　grain boundary
　　　d　Korngrenze f
　　　f　joint m de grains
　　　r　межзёренная граница f; граница f зерна

G207　e　graininess
　　　d　Kornstruktur f, Korngefüge n
　　　f　granulosité f
　　　r　зернистость f, зернистая структура f

G208　e　gram, g
　　　d　Gramm n
　　　f　gramme m
　　　r　грамм m

G209　e　gram-atom
　　　d　Grammatom n
　　　f　gramme-atome m
　　　r　грамм-атом m

G210　e　gram-molecule
　　　d　Grammolekül n, Mol n
　　　f　gramme-molécule m
　　　r　грамм-молекула f

G211　e　grand unification
　　　d　große Unifikation f
　　　f　grande unification f
　　　r　великое объединение n

G212　e　grand unified model
　　　d　Modell n der großen Unifikation
　　　f　modèle m de grande unification
　　　r　модель f великого объединения

G213　e　granularity
　　　d　Körnigkeit f
　　　f　granulosité f
　　　r　зернистость f (напр. фотоэмульсии)

G214　e　granulation
　　　d　Granulierung f, Granulation f
　　　f　granulation f
　　　r　грануляция f

G215　e　graph
　　　d　1. Grafik f, Diagramm n 2. Graph m
　　　f　1. abaque m, diagramme m 2. graphe m
　　　r　1. график m, диаграмма f 2. граф m

G216　e　graphical integration
　　　d　graphische Integration f
　　　f　intégration f graphique
　　　r　графическое интегрирование n

G217　e　graphical representation
　　　d　grafische Darstellung f
　　　f　représentation f graphique
　　　r　графическое представление n

G218　e　graphite
　　　d　Graphit m
　　　f　graphite m
　　　r　графит m

G219　e　graphite-moderated reactor
　　　d　graphitmoderierter Reaktor m, Graphitreaktor m
　　　f　réacteur m modéré au graphite, réacteur m à graphite
　　　r　графитовый реактор m

G220　e　graphite moderator
　　　d　Graphitmoderator m
　　　f　modérateur m au graphite
　　　r　графитовый замедлитель m

G221　e　graphite stacking
　　　d　Graphitkonstruktion f, Graphitstapel m, Graphitstruktur f
　　　f　empilement m de graphite
　　　r　графитовая кладка f (ядерного реактора)

GRAVITATIONAL

- G222   *e*   **Grashof number**
  - *d*   Grashof-Zahl *f*, Grashofsche Kennzahl *f*
  - *f*   nombre *m* de Grashof
  - *r*   число *n* Грасгофа

- G223   *e*   **Grassmann algebra**
  - *d*   Grassmann-Algebra *f*, Grassmannsche Algebra *f*
  - *f*   algèbre *f* de Grassemann
  - *r*   алгебра *f* Грассмана

- G224   *e*   **grating**
  - *d*   1. Beugungsgitter *n* 2. Gitter *n*
  - *f*   1. réseau *m* de diffraction 2. réseau *m*
  - *r*   1. дифракционная решётка *f* 2. решётка *f*

- G225   *e*   **grating compressor** (*of laser pulses*)
  - *d*   Gitterkompressor *m* (*von Laserimpulsen*)
  - *f*   compresseur *m* à réseau (*d'impulsions laser*)
  - *r*   решёточный компрессор *m* (*лазерных импульсов*)

- G226   *e*   **grating constant**
  - *d*   Gitterkonstante *f*
  - *f*   constante *f* de réseau
  - *r*   период *m* дифракционной решётки

- G227   *e*   **grating deflector**
  - *d*   Beugungsgitterablenker *m*
  - *f*   déflecteur *m* à réseau
  - *r*   решёточный дефлектор *m*, дефлектор *m* на дифракционной решётке

- G228   *e*   **grating interferometer**
  - *d*   Gitterinterferometer *n*
  - *f*   interféromètre *m* à réseau
  - *r*   дифракционный интерферометр *m*

- G229   *e*   **grating spectrometer**
  - *d*   Beugungsgitterspektrometer *n*
  - *f*   spectromètre *m* à réseau
  - *r*   дифракционный спектрометр *m*, спектрометр *m* с дифракционной решёткой

- G230   *e*   **gravimeter**
  - *d*   Gravimeter *n*
  - *f*   gravimètre *m*
  - *r*   гравиметр *m*

- G231   *e*   **gravimetry**
  - *d*   Gravimetrie *f*
  - *f*   gravimétrie *f*
  - *r*   гравиметрия *f*

- G232   *e*   **gravitating mass**
  - *d*   schwere Masse *f*
  - *f*   masse *f* lourde, masse *f* pesante, masse *f* gravitationnelle
  - *r*   гравитационная масса *f*, тяжёлая масса *f*

- G233   *e*   **gravitation**
  - *d*   Gravitation *f*, Massenanziehung *f*
  - *f*   gravitation *f*
  - *r*   тяготение *n*, гравитация *f*

- G234   *e*   **gravitational acceleration**
  - *d*   Gravitationsbeschleunigung *f*, Schwerebeschleunigung *f*, Fallbeschleunigung *f*, Erdbeschleunigung *f*
  - *f*   accélération *f* de la pesanteur
  - *r*   ускорение *n* силы тяжести, ускорение *n* свободного падения

- G235   *e*   **gravitational capture**
  - *d*   Gravitationseinfang *m*
  - *f*   capture *f* par gravitation
  - *r*   гравитационный захват *m*

- G236   *e*   **gravitational collapse**
  - *d*   Gravitationskollaps *m*
  - *f*   collapsus *m* gravitationnel
  - *r*   гравитационный коллапс *m*

- G237   *e*   **gravitational constant**
  - *d*   Gravitationskonstante *f*
  - *f*   constante *f* de gravitation
  - *r*   гравитационная постоянная *f*

- G238   *e*   **gravitational field**
  - *d*   Gravitationsfeld *n*, Schwerefeld *n*
  - *f*   champ *m* gravitationnel
  - *r*   гравитационное поле *n*, поле *n* тяготения

- G239   *e*   **gravitational focusing**
  - *d*   Gravitationsfokussierung *f*
  - *f*   focalisation *f* gravitationnelle
  - *r*   гравитационная фокусировка *f*

- G240   *e*   **gravitational instability**
  - *d*   Gravitationsinstabilität *f*
  - *f*   instabilité *f* gravitationnelle
  - *r*   гравитационная неустойчивость *f*

- G241   *e*   **gravitational instanton**
  - *d*   Gravitationsinstanton *n*
  - *f*   instanton *m* gravitationnel
  - *r*   гравитационный инстантон *m*

- G242   *e*   **gravitational interaction**
  - *d*   Gravitationswechselwirkung *f*, gravitative Wechselwirkung *f*
  - *f*   interaction *f* gravitationnelle
  - *r*   гравитационное взаимодействие *n*

- G243   *e*   **gravitational mass defect**
  - *d*   Gravitationsmassendefekt *m*
  - *f*   défaut *m* de masse gravitationnel
  - *r*   гравитационный дефект *m* массы

- G244   *e*   **gravitational paradox**
  - *d*   Gravitationsparadoxon *n*
  - *f*   paradoxe *m* de gravitation
  - *r*   гравитационный парадокс *m*

- G245   *e*   **gravitational radiation**

GRAVITATIONAL

	d Gravitationsstrahlung *f*
	f rayonnement *m* gravitationnel
	r гравитационное излучение *n*
G246	*e* gravitational radius
	d Gravitationsradius *m*
	f rayon *m* gravitationnel
	r гравитационный радиус *m*
G247	*e* gravitational shift
	d Gravitationsverschiebung *f*
	f déplacement *m* gravitationel
	r гравитационное смещение *n*
G248	*e* gravitational wave detection
	d Gravitationswellendetektion *f*
	f détection *f* des ondes gravitationnelles
	r детектирование *n* гравитационных волн
G249	*e* gravitational waves
	d Gravitationswellen *f pl*
	f ondes *f pl* gravitationelles
	r гравитационные волны *f pl*
G250	*e* gravitino
	d Gravitino *n*
	f gravitino *m*
	r гравитино *n*
G251	*e* graviton
	d Graviton *n*, Gravitationsquant *n*
	f graviton *m*
	r гравитон *m*
G252	*e* gravity
	d Schwerkraft *f*, Schwere *f*
	f force *f* de pesanteur; gravité *f*
	r сила *f* тяжести; тяготение *n*
G253	*e* gravity anomalies
	d Schwereanomalien *f pl*
	f anomalies *f pl* de la force de pesanteur, anomalies *f pl* de pesanteur, anomalies *f pl* de gravité
	r аномалии *f pl* силы тяжести
G254	*e* gravity waves
	d Gravitationswellen *f pl*
	f ondes *f pl* gravitationelles, ondes *f pl* de gravité
	r гравитационные волны *f pl*
G255	*e* Gray, Gy
	d Gray *n*
	f gray *m*
	r грэй *m*, Гр
G256	*e* grazing angular momentum
	d Drehimpuls *m* bei streifendem Einfall, «grazing»-Drehimpuls *m*
	f moment *m* angulaire à l'incidence rasante
	r импульс *m* при скользящем падении
G257	*e* grazing incidence
	d streifender Einfall *m*
	f incidence *f* rasante
	r скользящее падение *n* (*падение пучка частиц или излучения под малым углом к поверхности*)
G258	*e* grease
	d Schmierstoff *m*
	f graisse *f*, lubrifiant *m*
	r смазка *f*, смазочный материал *m*
G259	*e* Green functions
	d Greensche Funktionen *f pl*
	f fonctions *f pl* de Green
	r функции *f pl* Грина
G260	*e* greenhouse effect
	d Glashauseffekt *m*, Treibhauseffekt *m*
	f effet *m* de serre
	r парниковый эффект *m*, оранжерейный эффект *m*
G261	*e* Green-Kubo formulae
	d Green-Kubosche Formeln *f pl*
	f formules *f pl* de Green-Kubo
	r формулы *f pl* Грина - Кубо
G262	*e* grey body
	d grauer Körper *m*, grauer Strahler *m*, Graustrahler *m*
	f corps *m* gris
	r серое тело *n*
G263	*e* grey body radiation
	d Graustrahlung *f*, graue Strahlung *f*
	f rayonnement *m* du corps gris
	r излучение *n* серого тела, серое излучение *n*
G264	*e* grey radiation
	d Graustrahlung *f*, graue Strahlung *f*
	f rayonnement *m* gris
	r серое излучение *n*
G265	*e* grid
	d Gitter *n*
	f réseau *m*
	r 1. сетка *f* 2. решётка *f*
G266	*e* grid bias
	d Gittervorspannung *f*
	f tension *f* de grille
	r сеточное смещение *n*
G267	*e* grid detection
	d Gittergleichrichtung *f*
	f détection *f* à grille
	r сеточное детектирование *n*
G268	*e* grid focusing
	d Gitterfokussierung *f*
	f focalisation *f* par grille
	r сеточная фокусировка *f*
G269	*e* grid modulation
	d Gittermodulation *f*

	f	modulation f à grille
	r	сеточная модуляция f
G270	e	groove
	d	1. Furche f; Rille f 2. Furche f, Gitterfurche f, Strich m, Gitterstrich m
	f	rainure f
	r	1. канавка f 2. штрих m дифракционной решётки
G271	e	ground
	d	Erde f, Erdschluß m, Masse f
	f	mise f à la terre, terre f
	r	заземление n, земля f
G272	e	ground connection
	d	Erdung f
	f	mise f à la terre
	r	заземление n
G273	e	ground level
	d	Grundniveau n
	f	niveau m fondamental
	r	основной уровень m
G274	e	ground state
	d	Grundzustand m, Normalzustand m
	f	état m fondamental
	r	основное состояние n (напр. атома)
G275	e	ground wave
	d	Bodenwelle f
	f	onde f superficielle
	r	земная волна f; поверхностная волна f
G276	e	group
	d	Gruppe f
	f	groupe m
	r	группа f
G277	e	group delay
	d	Gruppenlaufzeit f, Gruppenverzögerung f
	f	retard m de groupe
	r	групповая задержка f, групповое запаздывание n
G278	e	group generator
	d	Gruppengenerator m
	f	générateur m de groupe
	r	генератор m группы
G279	e	group synchronism
	d	Gruppensynchronismus m
	f	synchronisme m de groupe
	r	групповой синхронизм m
G280	e	group-theoretical method
	d	gruppentheoretische Methode f
	f	méthode f de théorie des groupes
	r	теоретико-групповой метод m
G281	e	group velocity
	d	Gruppengeschwindigkeit f
	f	vitesse f de groupe
	r	групповая скорость f
G282	e	group velocity dispersion
	d	Gruppengeschwindigkeitsdispersion f
	f	dispersion f de la vitesse de groupe
	r	дисперсия f групповой скорости
G283	e	group velocity modulation
	d	Gruppengeschwindigkeitsmodulation f
	f	modulation f de la vitesse de groupe
	r	модуляция f групповой скорости
G284	e	growing
	d	Züchten n, Züchtung f (Kristallen)
	f	croissance f (des cristaux)
	r	выращивание n (кристаллов)
G285	e	growth
	d	Wachstum n
	f	croissance f
	r	1. рост m (кристаллов) 2. выращивание n (кристаллов)
G286	e	growth curve
	d	1. Wachstumskurve f, Zunahmekurve f 2. Nachbildungskurve f, Anstiegskurve f (Kernphysik)
	f	courbe f de croissance
	r	1. кривая f роста 2. кривая f накопления (изотопа)
G287	e	growth kinetics
	d	Wachstumskinetik f (Kristall)
	f	cinétique f de croissance (de cristal)
	r	кинетика f роста (кристалла)
G288	e	growth pyramid
	d	Wachstumspyramide f
	f	pyramide f de croissance
	r	пирамида f роста
G289	e	Grüneisen constant
	d	Grüneisen-Konstante f
	f	constante f de Grüneisen
	r	параметр m Грюнайзена
G290	e	Grüneisen law
	d	Grüneisensche Regel f
	f	loi f de Grüneisen, deuxième règle f de Grüneisen
	r	закон m Грюнайзена
G291	e	guide
	d	Wellenleiter m, Hohlleiter m
	f	guide m d'ondes
	r	волновод n
G292	e	guide wavelength
	d	Wellenlänge f im Hohlleiter
	f	longueur f d'onde dans le guide d'ondes
	r	длина f волны в волноводе
G293	e	guided mode
	d	Hohlleitermode f

GUIDED

  f   mode *m* de guide d'ondes
  r   волноводная мода *f*, волноводная волна *f*

G294   *e*   guided wave
  d   Hohlleiterwelle *f*
  f   onde *f* de guide d'ondes
  r   волноводная волна *f*

G295   *e*   guiding center
  d   Führungszentrum *n*
  f   centre *m* guide, centre *m* de guidance
  r   ведущий центр *m*

G296   *e*   guiding magnetic field
  d   magnetisches Führungsfeld *n*
  f   champ *m* magnétique guide
  r   ведущее магнитное поле *n*

G297   *e*   gun
  d   Elektronenkanone *f*; Elektronenstrahlerzeuger *m*
  f   canon *m* électronique
  r   электронная пушка *f*; электронный прожектор *m*

G298   *e*   Gunn diode
  d   Gunn-Diode *f*
  f   diode *f* Gunn, diode *f* à effet Gunn
  r   диод *m* Ганна

G299   *e*   Gunn domain
  d   Gunn-Domäne *f*
  f   domaine *m* de Gunn
  r   домен *m* Ганна

G300   *e*   Gunn effect
  d   Gunn-Effekt *m*
  f   effet *m* Gunn
  r   эффект *m* Ганна

G301   *e*   Gunn oscillator
  d   Gunn-Oszillator *m*
  f   oscillateur *m* de Gunn
  r   генератор *m* Ганна

G302   *e*   gyration
  d   Gyration *f*
  f   gyration *f*
  r   вращение *n*

G303   *e*   gyrator
  d   Gyrator *m*
  f   gyrateur *m*
  r   гиратор *m*

G304   *e*   gyromagnetic effects
  d   gyromagnetische Effekte *m pl*
  f   effets *m pl* gyromagnétiques
  r   гиромагнитные явления *n pl*, магнитомеханические явления *n pl*

G305   *e*   gyromagnetic frequency
  d   gyromagnetische Frequenz *f*
  f   fréquence *f* gyromagnétique
  r   гиромагнитная частота *f*

G306   *e*   gyromagnetic ratio
  d   gyromagnetisches Verhältnis *n*
  f   rapport *m* gyromagnétique
  r   гиромагнитное отношение *n*

G307   *e*   gyroscope
  d   Kreisel *m*
  f   gyroscope *m*
  r   гироскоп *m*

G308   *e*   gyroscopic forces
  d   Kreiselkräfte *f pl*, gyroskopische Kräfte *f pl*
  f   forces *f pl* gyroscopiques
  r   гироскопические силы *f pl*

G309   *e*   gyroscopic inertia
  d   Kreiselträgheit *f*
  f   inertie *f* de gyroscope
  r   инерция *f* гироскопа

G310   *e*   gyroscopic moment *see* gyroscopic torque

G311   *e*   gyroscopic torque
  d   Kreiselmoment *n*, Gyralmoment *n*
  f   moment *m* gyroscopique
  r   гироскопический момент *m*

G312   *e*   gyrostabilizer
  d   Stabilisierungskreisel *m*
  f   gyrostabilisateur *m*
  r   гиростабилизатор *m*

G313   *e*   gyrotron
  d   Gyrotron *n*
  f   gyrotron *m*
  r   гиротрон *m*

G314   *e*   gyrotropic crystal
  d   gyrotroper Kristall *m*
  f   cristal *m* gyrotrope
  r   гиротропный кристалл *m*

G315   *e*   gyrotropic medium
  d   gyrotropes Medium *n*
  f   milieu *m* gyrotrope
  r   гиротропная среда *f*

G316   *e*   gyrotropy
  d   Gyrotropie *f*
  f   gyrotropie *f*
  r   гиротропия *f*

H

H1   *e*   habit
  d   Habitus *m*, Kristallhabitus *m*
  f   faciès *m*
  r   форма *f* кристалла, габитус *m*

H2	e	hadrodynamics
	d	Hadrondynamik f
	f	dynamique f d'hadrons
	r	адродинамика f, динамика f адронов
H3	e	hadron
	d	Hadron n
	f	hadron m
	r	адрон m
H4	e	hadron collider
	d	Hadroncollider m
	f	collisionneur m hadronique
	r	адронный коллайдер m
H5	e	hadron current
	d	Hadronstrom m
	f	courant m hadronique
	r	адронный ток m
H6	e	hadronic atom
	d	hadronisches Atom n, Hadronatom n
	f	atome m hadronique
	r	адронный атом m
H7	e	hadronic bag
	d	Hadronensack m
	f	sac m hadronique
	r	адронный мешок m
H8	e	hadronic boiling
	d	hadronisches Sieden n
	f	bouillonnement m hadronique
	r	адронное кипение n
H9	e	hadronic calorimeter
	d	hadronisches Kalorimeter n
	f	calorimètre m hadronique
	r	адронный калориметр m
H10	e	hadronic charge
	d	Hadronenladung f
	f	charge f hadronique
	r	адронный заряд m
H11	e	hadronic decay
	d	hadronischer Zerfall m
	f	désintégration f hadronique
	r	адронный распад m
H12	e	hadronic fluid
	d	Hadronenflüssigkeit f
	f	fluide m hadronique
	r	адронная жидкость f
H13	e	half-amplitude duration
	d	Halbamplitudendauer f
	f	durée f à demi-amplitude
	r	длительность f импульса на уровне 0,5, длительность f импульса на полувысоте, длительность f импульса на уровне половинной амплитуды
H14	e	half-breadth (of a spectral line)
	d	Halbwertsbreite f (Spektrallinie)
	f	demi-largeur f (de raie spectrale)
	r	полуширина f (спектральной линии)
H15	e	half-life
	d	Halbwertszeit f
	f	période f de demi-vie
	r	период m полураспада
H16	e	half-plane
	d	Halbebene f
	f	demi-plan m
	r	полуплоскость f
H17	e	half-shadow
	d	Halbschatten m
	f	pénombre f
	r	полутень f
H18	e	half-shadow device
	d	Halbschattengerät n
	f	appareil m à pénombre
	r	полутеневой прибор m
H19	e	half-wave dipole
	d	Halbwellendipol m
	f	dipôle m à demi-onde
	r	полуволновой вибратор m
H20	e	half-wave line
	d	Halbwellenlinie f
	f	ligne f demi-onde
	r	полуволновая линия f
H21	e	half-wave plate
	d	Halbwellenplättchen n
	f	plaque f demi-onde
	r	полуволновая пластинка f
H22	e	half-wave rectifier
	d	Halbwellengleichrichter m, Einweggleichrichter m
	f	redresseur m à une alternance
	r	однополупериодный выпрямитель m
H23	e	half-width see half-breadth
H24	e	Hall coefficient
	d	Hall-Koeffizient m
	f	coefficient m de Hall
	r	коэффициент m Холла
H25	e	Hall effect
	d	Hall-Effekt m
	f	effet m Hall
	r	эффект m Холла
H26	e	Hall mobility
	d	Hall-Beweglichkeit f
	f	mobilité f de Hall
	r	холловская подвижность f
H27	e	Hall resistance quantization
	d	Hall-Widerstandsquantisierung f
	f	quantification f de la résistance de Hall
	r	квантование n холловского сопротивления

H28 e **Hall voltage**
 d Hall-Spannung *f*, Hall-Urspannung *f*
 f tension *f* d'effet Hall
 r холловское напряжение *n*, холловская эдс *f*

H29 e **halo**
 d Halo *m*
 f halo *m*
 r ореол *m*; гало *n*

H30 e **halogens**
 d Halogene *n pl*
 f halogènes *m pl*
 r галогены *m pl*

H31 e **Hamilton gage**
 d Hamilton-Eichung *f*
 f jauge *f* de Hamilton
 r гамильтонова калибровка *f*

H32 e **Hamiltonian**
 d Hamilton-Operator *m*, Hamiltonscher Operator *m*
 f hamiltonien *m*, opérateur *m* de Hamilton
 r гамильтониан *m*, оператор *m* Гамильтона

H33 e **Hamiltonian formalism**
 d Hamilton-Formalismus *m*, Hamiltonscher Formalismus *m*
 f formalisme *m* de Hamilton
 r гамильтонов формализм *m*

H34 e **Hamiltonian function**
 d Hamilton-Funktion *f*, Hamiltonsche Funktion *f*
 f fonction *f* de Hamilton
 r функция *f* Гамильтона

H35 e **Hamiltonian system**
 d Hamiltonsches System *n*
 f système *m* de Hamilton
 r гамильтонова система *f*

H36 e **Hamilton-Jacobi equation**
 d Hamilton-Jacobi-Gleichung *f*, Hamilton-Jacobische Differentialgleichung *f*
 f équation *f* de Hamilton-Jacobi
 r уравнение *n* Гамильтона - Якоби

H37 e **Hamilton principle**
 d Hamilton-Prinzip *n*, Hamiltonsches Prinzip *n*
 f principe *m* de Hamilton
 r принцип *m* Гамильтона

H38 e **Hankel functions**
 d Hankelsche Funktionen *f pl*, Hankel-Funktionen *f pl*
 f fonctions *f pl* de Hankel
 r функции *f pl* Ханкеля

H39 e **Hanle effect**
 d Hanle-Effekt *m*
 f effet *m* Hanle
 r эффект *m* Ханле

H40 e **Hanle magnetometer**
 d Hanle-Magnetometer *n*, Hanlesches Magnetometer *n*
 f magnétomètre *m* de Hanle
 r магнетометр *m* Ханле

H41 e **hard component**
 d harte Komponente *f*, durchdringende Komponente *f*
 f composante *f* dure
 r жёсткая компонента *f*

H42 e **hardening**
 d 1. Härten *n*, Härtung *f* 2. Verfestigung *f*
 f durcissement *m*
 r 1. закалка *f* 2. упрочнение *n*

H43 e **hard magnetic material**
 d hartmagnetischer Werkstoff *m*, Dauermagnetwerkstoff *m*
 f matériau *m* dur magnétique
 r магнитно-твёрдый материал *m*, магнитно-жёсткий материал *m*, жёсткий магнитный материал *m*

H44 e **hardness**
 d 1. Härte *f* 2. Durchdringungsvermögen *n*
 f dureté *f*
 r 1. твёрдость *f* 2. жёсткость *f*

H45 e **hardness test**
 d Härteprüfung *f*, Härtemessung *f*
 f essai *m* de dureté
 r испытание *n* на твёрдость

H46 e **hard quantum**
 d hartes Quant *n*
 f quantum *m* dur
 r жёсткий квант *m*

H47 e **hard radiation**
 d harte Strahlung *f*, durchdringende Strahlung *f*
 f rayonnement *m* dur
 r жёсткое излучение *n*

H48 e **harmonic**
 d Harmonische *f*; Oberwelle *f*, Oberschwingung *f*
 f harmonique *m*
 r гармоника *f*

H49 e **harmonic analyser**
 d harmonischer Analysator *m*
 f analyseur *m* harmonique
 r анализатор *m* гармоник

H50 e **harmonic analysis**
 d harmonische Analyse *f*, Fourier-Analyse *f*

	f	analyse f harmonique
	r	гармонический анализ m
H51	e	**harmonic distortion**
	d	harmonische Verzerrungen f pl, nichtlineare Verzerrungen f pl
	f	distorsion f harmonique
	r	нелинейные искажения n pl
H52	e	**harmonic function**
	d	harmonische Funktion f
	f	fonction f harmonique
	r	гармоническая функция f
H53	e	**harmonic generation**
	d	Oberwellenerzeugung f
	f	génération f d'harmoniques
	r	генерация f гармоник
H54	e	**harmonic generator**
	d	Oberwellengenerator m
	f	générateur m d'harmoniques
	r	генератор m гармоник
H55	e	**harmonic motion**
	d	harmonische Bewegung f, harmonische Schwingung f
	f	mouvement m harmonique
	r	гармоническое движение n, гармонические колебания n pl
H56	e	**harmonic oscillation**
	d	harmonische Schwingungen f pl
	f	oscillation f harmonique
	r	гармонические колебания n pl
H57	e	**harmonic oscillator**
	d	harmonischer Oszillator m
	f	oscillateur m harmonique
	r	гармонический осциллятор m
H58	e	**harmonic series**
	d	harmonische Reihe f
	f	série f harmonique
	r	гармонический ряд m
H59	e	**harmonic vibration** see **harmonic oscillation**
H60	e	**Hartmann diaphragm**
	d	Hartmann-Blende f
	f	diaphragme m de Hartmann
	r	диафрагма f Гартмана, гартмановская диафрагма f
H61	e	**Hartmann flow**
	d	Hartmann-Strömung f
	f	écoulement m de Hartmann
	r	гартмановское течение n
H62	e	**Hartmann number**
	d	Hartmann-Zahl f, Hartmannsche Kennzahl f, Hartmannsche Ähnlichkeitszahl f
	f	nombre m de Hartmann
	r	число n Гартмана
H63	e	**Hartmann oscillator**
	d	Hartmann-Generator m, Gasstromgenerator m, Hartmannsche Pfeife f
	f	oscillateur m de Hartmann
	r	генератор m Гартмана, газоструйный излучатель m
H64	e	**Hartree-Fock method**
	d	Hartree-Focksche Methode f
	f	méthode f de Hartree-Fock
	r	метод m Хартри - Фока, метод m самосогласованного поля
H65	e	**haze**
	d	leichter Nebel m; Dunst m
	f	brume f
	r	дымка f
H66	e	**head**
	d	1. Druckhöhe f; Staudruck m 2. Kopf m; Aufsatz m
	f	1. pression f 2. tête f
	r	1. напор m 2. головка f, насадка f
H67	e	**head-on collision**
	d	1. zentraler Stoß m, Zentralstoß m, gerader Stoß m 2. Frontalzusammenstoß m
	f	1. collision f centrale 2. collision f frontale
	r	1. центральное соударение n 2. лобовое столкновение n
H68	e	**head wave**
	d	Kopfwelle f
	f	onde f de choc de tête
	r	головная ударная волна f
H69	e	**healing of defects**
	d	Ausheilen n von Defekten
	f	élimination f des défauts
	r	залечивание n дефектов (*структуры*)
H70	e	**hearing**
	d	Gehör n
	f	ouïe f
	r	слух m
H71	e	**hearing threshold**
	d	Hörschwelle f
	f	seuil m d'audibilité
	r	порог m слышимости
H72	e	**heat**
	d	Wärme f
	f	chaleur f
	r	теплота f
H73	e	**heat balance**
	d	Wärmebilanz f
	f	bilan m de la chaleur
	r	тепловой баланс m
H74	e	**heat capacity**

HEAT

	d	Wärmekapazität *f*
	f	capacité *f* thermique
	r	теплоёмкость *f*

H75 e heat conduction
d Wärmeleitung *f*
f conductibilité *f* thermique
r теплопроводность *f*

H76 e heat conduction mechanism
d Wärmeleitungsmechanismus *m*
f mécanisme *m* de conductibilité thermique
r механизм *m* теплопроводности

H77 e heat conductivity
d Wärmeleitfähigkeit *f*, Wärmeleitzahl *f*
f coefficient *m* de conduction de chaleur
r коэффициент *m* теплопроводности, теплопроводность *f*

H78 e heat conductor
d Wärmeleiter *m*
f conducteur *m* de la chaleur
r проводник *m* тепла

H79 e heat content
d Enthalpie *f*
f enthalpie *f*
r энтальпия *f*, теплосодержание *n*

H80 e heat emission *see* heat radiation

H81 e heat engine
d Wärmekraftmaschine *f*
f moteur *m* thermique
r тепловой двигатель *m*

H82 e heater
d 1. Heizkörper *m*; Heizelement *n* 2. Katodenheizer *m*
f 1. réchauffeur *m*; élément *m* chauffant 2. réchauffeur *m* de cathode
r 1. нагреватель *m* 2. подогреватель *m*, подогреватель *m* катода

H83 e heat exchange
d Wärmetausch *m*, Wärmeaustausch *m*
f échange *m* de chaleur
r теплообмен *m*

H84 e heat exchanger
d Wärmetauscher *m*, Wärmeaustauscher *m*
f échangeur *m* de chaleur
r теплообменник *m*

H85 e heat flow, heat flow rate
d 1. Wärmedurchgang *m* 2. Wärmestrom *m*
f 1. transfert *m* thermique 2. flux *m* thermique
r 1. теплопередача *f* 2. тепловой поток *m*

H86 e heat flux
d Wärmestromdichte *f*
f densité *f* de flux thermique
r плотность *f* теплового потока

H87 e heating
d Heizen *n*, Heizung *f*; Erhitzen *n*, Erwärmung *f*
f chauffage *m*
r нагрев *m*, нагревание *n*

H88 e heat-insulating material
d Wärmedämmstoff *m*, Wärmeisolierstoff *m*
f isolant *m* thermique, calorifuge *m*
r теплоизоляционный материал *m*

H89 e heat insulation
d Wärmedämmung *f*, Wärmeschutzisolierung *f*
f calorifugeage *m*, isolation *f* calorifuge, isolation *f* thermique
r теплоизоляция *f*, тепловая изоляция *f*

H90 e heat of combustion
d Verbrennungswärme *f*
f chaleur *f* de combustion
r теплота *f* сгорания

H91 e heat of condensation
d Kondensationswärme *f*
f chaleur *f* de condensation
r теплота *f* конденсации

H92 e heat of evaporation *see* heat of vaporization

H93 e heat of melting
d Schmelzwärme *f*
f chaleur *f* de fusion
r теплота *f* плавления

H94 e heat of phase transition
d Umwandlungswärme *f*
f chaleur *f* de changement de phase
r теплота *f* фазового перехода

H95 e heat of vaporization
d Verdampfungswärme *f*, Verdunstungswärme *f*
f chaleur *f* de vaporisation, chaleur *f* d'évaporation
r теплота *f* испарения, теплота *f* парообразования

H96 e heat pipe
d Wärmerohr *n*
f tuyau *m* calorique, tube *m* calorique
r тепловая труба *f*

H97 e heat pump
d Wärmepumpe *f*
f pompe *f* à chaleur
r тепловой насос *m*

H98 e heat radiation

	d	Wärmestrahlung f, thermische Strahlung f, Temperaturstrahlung f
	f	rayonnement m thermique, radiation f thermique
	r	тепловое излучение n
H99	e	heat reservoir
	d	Wärmebehälter m
	f	réservoir m thermique
	r	тепловой резервуар m
H100	e	heat shield
	d	Wärmeschutzschirm m, Wärmeschutzabschirmung f
	f	écran m thermique; calorifugeage m
	r	тепловой экран m, теплозащита f
H101	e	heat source
	d	Wärmequelle f
	f	source f de chaleur
	r	источник m теплоты, источник m тепла, тепловой источник m
H102	e	heat transfer
	d	Wärmeübertragung f, Wärmetransport m
	f	transfert m de la chaleur, transport m de la chaleur
	r	теплообмен m, перенос m тепла
H103	e	heat-transfer agent
	d	Wärmeträger m, Wärmeübertragungsmittel n
	f	agent m de transfert de la chaleur, agent m d'échange thermique
	r	теплоноситель m
H104	e	heat transmission
	d	Wärmedurchgang m
	f	transfert m thermique
	r	теплопередача f
H105	e	heavy isotope
	d	schweres Isotop n
	f	isotope m lourd
	r	тяжёлый изотоп m
H106	e	heavy lepton
	d	schweres Lepton n
	f	lepton m lourd
	r	тяжёлый лептон m
H107	e	heavy meson
	d	schweres Meson n
	f	méson m lourd
	r	тяжёлый мезон m
H108	e	heavy particle
	d	schweres Teilchen n
	f	particule f lourde
	r	тяжёлая частица f
H109	e	heavy quark
	d	schweres Quark n
	f	quark m lourd
	r	тяжёлый кварк m
H110	e	heavy water
	d	Schwerwasser n, schweres Wasser n
	f	eau f lourde
	r	тяжёлая вода f
H111	e	heavy-water moderator
	d	Schwerwasser-Moderator m
	f	modérateur m en eau lourde
	r	замедлитель m на тяжёлой воде
H112	e	hectopascal, hPa
	d	Hektopaskal n
	f	hectopascal m, hPa
	r	гектопаскаль m, гПа
H113	e	HEED method see high-energy electron diffraction method
H114	e	height
	d	Höhe f
	f	hauteur f
	r	высота f
H115	e	height above sea level
	d	Höhe f über dem Meeresspiegel
	f	hauteur f au-dessus du niveau de la mer
	r	высота f над уровнем моря
H116	e	Heisenberg indeterminacy principle see Heisenberg uncertainty principle
H117	e	Heisenberg model
	d	Heisenberg-Modell n
	f	modèle m de Heisenberg
	r	модель f Гейзенберга, гейзенберговская модель f
H118	e	Heisenberg uncertainty principle
	d	Heisenbergsches Unbestimmtheitsprinzip n
	f	principe m d'incertitude de Heisenberg
	r	принцип m неопределённости Гейзенберга
H119	e	Heisenberg uncertainty relation
	d	Heisenberg's Unbestimmtheitsrelation f
	f	relation f d'incertitude de Heisenberg
	r	соотношение n неопределённостей Гейзенберга
H120	e	helical aerial, helical antenna
	d	Wendelantenne f
	f	antenne f hélicoïdale
	r	спиральная антенна f
H121	e	helical motion
	d	Schraubenbewegung f
	f	mouvement m hélicoïdal
	r	винтовое движение n, движение n по спирали
H122	e	helical structure
	d	Spiralstruktur f, Helikalstruktur f

HELICITY

	f	structure *f* hélicoïdale
	r	геликоидальная структура *f*
H123	*e*	**helicity**
	d	Helizität *f*, Schraubensinn *m*
	f	hélicité *f*
	r	спиральность *f*
H124	*e*	**helicon**
	d	Helicon *n*, Helikon *n*, Helikonwelle *f*
	f	hélicon *m*
	r	геликон *m*
H125	*e*	**heliocentric coordinates**
	d	heliozentrische Koordinaten *f pl*
	f	coordonnées *f pl* héliocentriques
	r	гелиоцентрические координаты *f pl*
H126	*e*	**heliograph**
	d	Heliograph *m*
	f	héliographe *m*
	r	гелиограф *m*
H127	*e*	**heliostat**
	d	Heliostat *m*
	f	héliostat *m*
	r	гелиостат *m*
H128	*e*	**helium, He**
	d	Helium *n*
	f	hélium *m*
	r	гелий *m*
H129	*e*	**helium cryostat**
	d	Heliumkryostat *m*
	f	cryostat *m* à hélium
	r	гелиевый криостат *m*
H130	*e*	**helium expansion machine**
	d	Heliumexpansionsmaschine *f*
	f	détendeur *m* d'hélium
	r	гелиевый детандер *m*
H131	*e*	**helium flare**
	d	Heliumeruption *f*, Heliumausbruch *m*
	f	éclair *m* d'hélium
	r	гелиевая вспышка *f*
H132	*e*	**helium magnetometer**
	d	Heliummagnetometer *n*
	f	magnétomètre *m* à hélium
	r	гелиевый магнитометр *m*
H133	*e*	**helium-neon laser**
	d	Helium-Neon-Laser *m*, He-Ne-Laser *m*
	f	laser *m* hélium-néon
	r	гелий-неоновый лазер *m*, He-Ne-лазер *m*
H134	*e*	**helix**
	d	Spirale *f*
	f	spirale *f*
	r	спираль *f*
H135	*e*	**Helmholtz coils**
	d	Helmholtzsche Spulen *f pl*, Helmholtz-Spulen *f pl*
	f	bobines *f pl* de Helmholtz
	r	катушки *f pl* Гельмгольца
H136	*e*	**Helmholtz free energy**
	d	Helmholtzsche freie Energie *f*, freie Energie *f*
	f	énergie *f* libre de Helmholtz, énergie *f* libre
	r	энергия *f* Гельмгольца, свободная энергия *f*
H137	*e*	**Helmholtz resonator**
	d	Helmholtz-Resonator *m*, Helmholtzscher Resonator *m*
	f	résonateur *m* de Helmholtz
	r	резонатор *m* Гельмгольца
H138	*e*	**He-Ne laser** see **helium-neon laser**
H139	*e*	**henry, H**
	d	Henry *n*
	f	henry *m*
	r	генри *m*, Гн
H140	*e*	**Henry law**
	d	Henrysches Gesetz *n*
	f	loi *f* de Henry
	r	закон *m* Генри
H141	*e*	**heptode**
	d	Heptode *f*, Siebenpolröhre *f*
	f	heptode *f*
	r	гептод *m*
H142	*e*	**Hermitian matrices**
	d	Hermitesche Matrizen *f pl*
	f	matrices *f pl* hermitiennes
	r	эрмитовы матрицы *f pl*
H143	*e*	**Hermitian operator**
	d	hermitescher Operator *m*
	f	opérateur *m* hermitien
	r	эрмитов оператор *m*
H144	*e*	**Hermitian polynomials**
	d	hermitesche Polynome *n pl*
	f	polynômes *m pl* hermitiens
	r	многочлены *m pl* Эрмита
H145	*e*	**hermiticity**
	d	Hermitezität *f*
	f	hermiticité *f*
	r	эрмитовость *f*
H146	*e*	**herpolhode**
	d	Herpolhodie *f*, Rastpolkurve *f*
	f	herpolodie *f*
	r	герполодия *f*
H147	*e*	**hertz, Hz**
	d	Hertz *n*
	f	hertz *m*
	r	герц *m*, Гц
H148	*e*	**Hertzian dipole**
	d	Hertzscher Oszillator *m*, Hertzscher Dipol *m*

	f	dipôle *m* de Hertz
	r	вибратор *m* Герца, диполь *m* Герца

H149
- e Hertzian vector
- d Hertzscher Vektor *m*
- f vecteur *m* de Hertz
- r вектор *m* Герца

H150
- e Hertzsprung-Russel diagram
- d Hertzsprung-Russel-Diagramm *n*
- f diagramme *m* d'Hertzsprung-Russel
- r диаграмма *f* Герцшпрунга - Рассела

H151
- e heterochromatic photometry
- d heterochrome Photometrie *f*, heterochromatische Photometrie *f*
- f photométrie *f* hétérochrome
- r гетерохромная фотометрия *f*

H152
- e heterodyne
- d Überlagerer *m*, Überlagerungsoszillator *m*
- f hétérodyne *f*
- r гетеродин *m*

H153
- e heterodyning of light
- d Lichtüberlagerung *f*
- f hétérodynage *m* de la lumière
- r гетеродинирование *n* света

H154
- e heterogeneity
- d Heterogenität *f*
- f hétérogénéité *f*
- r гетерогенность *f*

H155
- e heterogeneous catalysis
- d heterogene Katalyse *f*
- f catalyse *f* hétérogène
- r гетерогенный катализ *m*

H156
- e heterogeneous condensation
- d heterogene Kondensation *f* (*von Aerosolen*)
- f condensation *f* hétérogène (*d'aérosols*)
- r гетерогенная конденсация *f* (*аэрозолей*)

H157
- e heterogeneous reactor
- d heterogener Reaktor *m*, Heterogenreaktor *m*
- f réacteur *m* hétérogène
- r гетерогенный реактор *m*

H158
- e heterogeneous system
- d heterogenes System *n*
- f système *m* hétérogène
- r гетерогенная система *f*

H159
- e heterojunction
- d Heteroübergang *m*
- f jonction *f* hétérogène
- r гетеропереход *m*

H160 e heterojunction laser *see* heterolaser

H161
- e heterolaser
- d Laser *m* mit Heteroübergang, Heterolaser *m*
- f hétérolaser *m*
- r гетеролазер *m*, лазер *m* на гетеропереходе

H162
- e heterophase structure
- d heterophasige Struktur *f*
- f structure *f* hétérophase
- r гетерофазная структура *f*

H163
- e heteropolar bond
- d heteropolare Bindung *f*
- f liaison *f* hétéropolaire
- r гетерополярная связь *f*

H164
- e heterostructure
- d Heterostruktur *f*
- f hétérostructure *f*
- r гетероструктура *f*

H165 e heterostructure laser *see* heterolaser

H166
- e heterovalent isomorphism
- d heterovalente Isomorphie *f*
- f isomorphisme *m* hétérovalent
- r гетеровалентный изоморфизм *m*

H167
- e heuristic model
- d heuristisches Modell *n*
- f modèle *m* heuristique
- r эвристическая модель *f*

H168
- e hexagon
- d Sechseck *n*
- f hexagone *m*
- r шестиугольник *m*

H169
- e hexagonal close-packed structure
- d hexagonal dichteste Kugelpackung *f*, hexagonale Kugelpackung *f*
- f structure *f* hexagonale compacte
- r гексагональная плотноупакованная структура *f*

H170
- e hexagonal crystal
- d hexagonaler Kristall *m*
- f cristal *m* hexagonal
- r гексагональный кристалл *m*

H171
- e hexagonal system
- d hexagonales System *n*
- f système *m* hexagonal
- r гексагональная сингония *f*, гексагональная система *f*

H172
- e hexahedron
- d Hexaeder *n*, Sechsflächner *m*
- f hexaèdre *m*
- r шестигранник *m*

H173
- e hexode
- d Hexode *f*, Sechspolröhre *f*
- f hexode *f*
- r гексод *m*

H174 e HF *see* high frequencies

H175 e HF heating in cold container

	d	Hochfrequenzerwärmung f im Kaltcontainer
	f	chauffage m à haute fréquence dans le conteneur froid
	r	метод m высокочастотного нагрева в холодном контейнере
H176	e	hidden mass
	d	verdeckte Masse f
	f	masse f cacheé
	r	скрытая масса f (в астрофизике)
H177	e	hierarchy
	d	Hierarchie f
	f	hiérarchie f
	r	иерархия f
H178	e	Higgs boson
	d	Higgssches Boson n
	f	boson m de Higgs
	r	хиггсовский бозон m
H179	e	high-current accelerator
	d	Hochstrombeschleuniger m
	f	accélérateur m à courant d'intensité élevée
	r	сильноточный ускоритель m
H180	e	high-current electronics
	d	Hochstromelektronik m
	f	électronique f de courant d'intensité élevée
	r	сильноточная электроника f
H181	e	high-current implanter
	d	Hochstromimplantationsanlage f
	f	implanteur m à courant d'intensité élevée
	r	сильноточный имплантер m
H182	e	high-current source
	d	Hochstromquelle f
	f	source f de courant d'intensité élevée
	r	сильноточный источник m
H183	e	high-energy electron diffraction
	d	Hochenergie-Elektronenbeugung f
	f	diffraction f des électrons de haute énergie
	r	дифракция f быстрых электронов, дифракция f электронов высоких энергий
H184	e	high-energy electron diffraction method
	d	Hochenergie-Elektronendiffraktionsmethode f, HEED-Methode f
	f	méthode f de diffraction des électrons de haute énergie
	r	метод m дифракции электронов высоких энергий, метод m HEED
H185	e	high-energy ion implantation
	d	Implantation f von Hochenergieionen
	f	implantation f des ions de haute énergie
	r	имплантация f ионов высокой энергии
H186	e	high-energy physics
	d	Hochenergiephysik f
	f	physique f des hautes énergies
	r	физика f высоких энергий
H187	e	high-energy region
	d	Bereich m hoher Energien, Hochenergiegebiet n
	f	région f des hautes énergies
	r	область f высоких энергий
H188	e	higher harmonics
	d	höhere Harmonische f pl
	f	harmoniques m pl supérieurs
	r	высшие гармоники f pl
H189	e	higher levels
	d	höhere Niveaus n pl
	f	niveaux m pl supérieurs
	r	высшие уровни m pl
H190	e	higher order curve
	d	Kurve f höherer Ordnung
	f	courbe f d'ordre supérieur
	r	кривая f высшего порядка
H191	e	higher order modes
	d	Moden f pl höherer Ordnung
	f	modes m pl d'ordre supérieur
	r	моды f pl высшего порядка
H192	e	higher order moment
	d	Moment n höherer Ordnung
	f	moment m d'ordre supérieur
	r	момент m высшего порядка
H193	e	high fidelity
	d	hohe Wiedergabetreue f
	f	haute fidélité f
	r	высокая верность f воспроизведения
H194	e	high frequencies
	d	Hochfrequenzen f pl
	f	hautes fréquences f pl
	r	высокие частоты f pl
H195	e	high-frequency band
	d	Hochfrequenzband n
	f	bande f haute fréquence, gamme f haute fréquence
	r	высокочастотный диапазон m, диапазон m высоких частот
H196	e	high-frequency conduction
	d	Hochfrequenzleitfähigkeit f, HF-Leitfähigkeit f
	f	conduction f à haute fréquence
	r	высокочастотная проводимость f
H197	e	high-frequency discharge
	d	Hochfrequenzentladung f
	f	décharge f à haute fréquence
	r	высокочастотный разряд m

H198   e   **high-frequency oscillation**
       d   Hochfrequenzschwingungen $f\ pl$
       f   oscillation f à haute fréquence
       r   высокочастотные колебания $n\ pl$

H199   e   **highly excited state**
       d   hochangeregter Zustand m
       f   état m hautement excité
       r   высоковозбуждённое состояние n

H200   e   **high-pass filter**
       d   Hochpaßfilter n, Hochpaß m
       f   filtre m passe-haut
       r   фильтр m верхних частот

H201   e   **high-power electronics**
       d   Leistungselektronik f
       f   électronique f de puissance
       r   электроника f больших мощностей

H202   e   **high-power radiation**
       d   energiereiche Strahlung f
       f   rayonnement m de haute puissance
       r   мощное излучение n

H203   e   **high pressure**
       d   Hochdruck m, hoher Druck m
       f   haute pression f
       r   высокое давление n

H204   e   **high-pressure chamber**
       d   Hochdruckkammer f
       f   chambre f à haute pression
       r   камера f высокого давления

H205   e   **high-pressure physics**
       d   Hochdruckphysik f, Physik f der hohen Drücke
       f   physique f des hautes pressions
       r   физика f высоких давлений

H206   e   **high resolution**
       d   hohe Auflösung f
       f   haute résolution f
       r   высокое разрешение n

H207   e   **high-resolution interferometry**
       d   Interferometrie f hoher Auflösung
       f   interférométrie f à haute résolution
       r   интерферометрия f высокого разрешения

H208   e   **high-speed photography**
       d   Hochgeschwindigkeitsfotografie f
       f   photographie f ultra-rapide
       r   высокоскоростная фотография f

H209   e   **high-speed process**
       d   Hochgeschwindigkeitsprozeß m
       f   processus m à déroulement rapide
       r   быстропротекающий процесс m

H210   e   **high-spin state**
       d   Hochspinzustand m
       f   état m à haut spin
       r   высокоспиновое состояние n

H211   e   **high-symmetry crystal**
       d   hochsymmetrischer Kristall m
       f   cristal m de haut ordre de symétrie
       r   кристалл m высокой симметрии

H212   e   **high-temperature calorimetry**
       d   Hochtemperaturkalorimetrie f
       f   calorimétrie f à haute température
       r   высокотемпературная калориметрия f

H213   e   **high-temperature plasma**
       d   Hochtemperaturplasma n
       f   plasma m à haute température
       r   высокотемпературная плазма f, горячая плазма f

H214   e   **high temperatures**
       d   Hochtemperaturen $f\ pl$, hohe Temperaturen $f\ pl$
       f   hautes températures $f\ pl$
       r   высокие температуры $f\ pl$

H215   e   **high voltage**
       d   Hochspannung f
       f   haute tension f
       r   высокое напряжение n

H216   e   **high-voltage accelerator**
       d   Hochspannungsbeschleuniger m, Hochvoltbeschleuniger m
       f   accélérateur m de haut voltage
       r   высоковольтный ускоритель n

H217   e   **high-voltage cable**
       d   Hochspannungskabel n
       f   câble m à haute tension
       r   высоковольтный кабель m

H218   e   **high-voltage discharge**
       d   Hochspannungsentladung f
       f   décharge f à haute tension
       r   высоковольтный разряд m

H219   e   **high-voltage pulse**
       d   Hochspannungsimpuls m
       f   impulsion f à haute tension, impulsion f de haute tension
       r   высоковольтный импульс m

H220   e   **high-voltage source**
       d   Hochspannungsquelle f
       f   source f de haute voltage
       r   источник m высокого напряжения

H221   e   **Hilbert space**
       d   Hilbert-Raum m
       f   espace m de Hilbert
       r   гильбертово пространство n

H222   e   **Hilbert transform**
       d   Hilbert-Transformation f
       f   transformation f de Hilbert
       r   преобразование n Гильберта

H223   e   **histogram**
       d   Histogramm n

	f	histogramme m
	r	гистограмма f
H224	e	hodograph
	d	Hodograph m, Hodographenkurve f
	f	hodographe m
	r	годограф m
H225	e	hodograph method
	d	Hodographenmethode f
	f	méthode f de l'hodographe
	r	метод m годографа
H226	e	hodoscope
	d	Hodoskop n
	f	hodoscope m
	r	годоскоп m
H227	e	hole
	d	Loch n
	f	trou m
	r	дырка f
H228	e	hole burning
	d	Lochbrennen n
	f	brûlage m des trous
	r	выжигание n провала, выгорание n провала (в линии излучения)
H229	e	hole capture
	d	Locheinfang m
	f	capture f du trou
	r	захват m дырки
H230	e	hole concentration
	d	Löcherkonzentration f
	f	concentration f des trous
	r	концентрация f дырок
H231	e	hole conduction
	d	Löcherleitung f, Löcherleitfähigkeit f
	f	conduction f par trous
	r	дырочная проводимость f
H232	e	hole injection
	d	Löcherinjektion f
	f	injection f des trous
	r	инжекция f дырок
H233	e	hole injector
	d	Löcherinjektor m
	f	injecteur m des trous
	r	инжектор m дырок
H234	e	hole migration
	d	Löcherwanderung f
	f	migration f des trous
	r	миграция f дырок
H235	e	hole mobility
	d	Löcherbeweglichkeit f
	f	mobilité f des trous
	r	подвижность f дырок
H236	e	hole trapping see hole capture
H237	e	hollow cathode
	d	Hohlkatode f
	f	cathode f creuse
	r	полый катод m
H238	e	hollow cathode discharge
	d	Hohlkatodenentladung f
	f	décharge f de cathode creuse
	r	разряд m с полым катодом
H239	e	**Holmium, Ho**
	d	Holmium n
	f	holmium m
	r	гольмий m
H240	e	hologram
	d	Hologramm n
	f	hologramme m
	r	голограмма f
H241	e	hologram degradation
	d	Hologrammdegradation f
	f	dégradation f d'hologramme
	r	деградация f голограммы
H242	e	hologram synthesis
	d	Hologrammsynthese f
	f	synthèse f des hologrammes; synthèse f d'hologramme
	r	синтез m голограмм, синтез m голограммы
H243	e	holographic diagnostics
	d	holographische Diagnostik f
	f	diagnostic m holographique
	r	голографическая диагностика f
H244	e	holographic image
	d	holographische Darstellung f, holographisches Bild n
	f	image f holographique
	r	голографическое изображение n
H245	e	holographic image recognition
	d	holographische Mustererkennung f
	f	reconnaissance f holographique des images
	r	голографическое распознавание n образов
H246	e	holographic interferogram
	d	holographisches Interferogramm n
	f	interférogramme m holographique
	r	голографическая интерферограмма f
H247	e	holographic interferometer
	d	holographisches Interferometer n
	f	interféromètre m holographique
	r	голографический интерферометр m
H248	e	holographic interferometry
	d	holographische Interferometrie f, Hologramminterferometrie f
	f	interférométrie f holographique
	r	голографическая интерферометрия f
H249	e	holographic recording

	d	holographische Aufzeichnung *f*
	f	enregistrement *m* holographique
	r	голографическая запись *f*
H250	e	**holographic storage**
	d	holographischer Speicher *m*
	f	mémoire *f* holographique
	r	голографическое запоминающее устройство *n*, голографическое ЗУ *n*
H251	e	**holography**
	d	Holographie *f*
	f	holographie *f*
	r	голография *f*
H252	e	**holomorphic function**
	d	holomorphe Funktion *f*
	f	fonction *f* holomorphique
	r	голоморфная функция *f*, аналитическая функция *f*
H253	e	**holonomic system**
	d	holonomes System *n*
	f	système *m* holonome
	r	голономная система *f*
H254	e	**homocentric beam**
	d	homozentrisches Bündel *n*
	f	faisceau *m* homocentrique
	r	гомоцентрический пучок *m*
H255	e	**homogeneity**
	d	Homogenität *f*
	f	homogénéité *f*
	r	однородность *f*
H256	e	**homogeneity of the Universe**
	d	Homogenität *f* des Universums
	f	homogénéité *f* de l'Univers
	r	однородность *f* Вселенной
H257	e	**homogeneous catalysis**
	d	homogene Katalyse *f*
	f	catalyse *f* homogène
	r	гомогенный катализ *m*
H258	e	**homogeneous condensation**
	d	homogene Kondensation *f* (*von Aerosolen*)
	f	condensation *f* homogène (*d'aérosols*)
	r	гомогенная конденсация *f* (аэрозолей)
H259	e	**homogeneous function**
	d	homogene Funktion *f*
	f	fonction *f* homogène
	r	однородная функция *f*
H260	e	**homogeneous medium**
	d	homogenes Medium *n*
	f	milieu *m* homogène
	r	однородная среда *f*
H261	e	**homogeneous model**
	d	homogenes Modell *n*
	f	modèle *m* homogène
	r	однородная модель *f* (Вселенной), модель *f* однородной Вселенной
H262	e	**homogeneous reactor**
	d	homogener Reaktor *m*, Homogenreaktor *m*
	f	réacteur *m* homogène
	r	гомогенный реактор *m*
H263	e	**homogeneous system**
	d	homogenes System *n*, Einphasensystem *n*
	f	système *m* homogène
	r	гомогенная система *f*; однородная система *f*
H264	e	**homojunction**
	d	Homoübergang *m*
	f	jonction *f* homogène
	r	гомопереход *m*
H265	e	**homologous series**
	d	homologe Reihe *f*
	f	série *f* homologue
	r	гомологический ряд *m*
H266	e	**homology class**
	d	Homologieklasse *f*
	f	classe *f* d'homologies
	r	класс *m* гомологий
H267	e	**homopolar bond**
	d	homöopolare Bindung *f*
	f	liaison *f* homopolaire
	r	гомополярная связь *f*
H268	e	**Hooke law**
	d	Hookesches Gesetz *n*
	f	loi *f* de Hooke
	r	закон *m* Гука
H269	e	**horizon**
	d	Horizont *m*
	f	horizon *m*
	r	горизонт *m*
H270	e	**horizontally polarized radiation**
	d	horizontal polarisierte Strahlung *f*
	f	rayonnement *m* à polarisation horizontale
	r	горизонтально-поляризованное излучение *n*
H271	e	**horn**
	d	1. Schalltrichter *m*, Trichter *m* 2. Horn *n*, Hornstrahler *m*, Hornantenne *f*, Trichterantenne *f*
	f	1. pavillon *m* 2. antenne *f* à cornet
	r	1. рупор *m* 2. рупорная антенна *f*
H272	e	**horn aerial, horn antenna**
	d	Hornantenne *f*, Trichterantenne *f*
	f	antenne *f* à cornet
	r	рупорная антенна *f*
H273	e	**horse power**
	d	Pferdestärke *f*
	f	cheval-vapeur *m*, ch
	r	лошадиная сила *f*, л.с.

HOST

H274   e   host crystal
       d   Wirtskristall *m*
       f   cristal *m* fondamental
       r   кристалл-хозяин *m*, основной кристалл *m*

H275   e   hot carriers
       d   heiße Träger *m pl*, heiße Ladungsträger *m pl*
       f   porteurs *m pl* chauds
       r   горячие носители *m pl*, горячие носители *m pl* заряда

H276   e   hot cathode
       d   Thermokatode *f*
       f   cathode *f* thermo-électronique
       r   термокатод *m*

H277   e   hot channel
       d   Heißkanal *m*, heißer Kanal *m*
       f   canal *m* chaud
       r   горячий канал *m*, рабочий канал *m*

H278   e   hot electrons
       d   heiße Elektronen *n pl*, Heißelektronen *n pl*
       f   électrons *m pl* chauds
       r   горячие электроны *m pl*

H279   e   hot-hole maser
       d   Heißlöchermaser *m*
       f   maser *m* à trous chauds
       r   мазер *m* на горячих дырках

H280   e   hot holes
       d   heiße Löcher *n pl*
       f   trous *m pl* chauds
       r   горячие дырки *f pl*

H281   e   hot laboratory
       d   heißes Labor *n*
       f   laboratoire *m* chaud
       r   горячая лаборатория *f*

H282   e   hot luminescence
       d   Heißlumineszenz *f*
       f   luminescence *f* chaude
       r   горячая люминесценция *f*

H283   e   hot plasma
       d   heißes Plasma *n*
       f   plasma *m* chaud
       r   горячая плазма *f*, высокотемпературная плазма *f*

H284   e   hot plasma diagnostics
       d   Diagnostik *f* des heißen Plasmas
       f   diagnostic *m* du plasma chaud
       r   диагностика *f* горячей плазмы

H285   e   hot Universe
       d   heißes Universum *n*
       f   Univers *m* chaud
       r   горячая Вселенная *f*

H286   e   hot-wire anemometer
       d   Hitzdrahtanemometer *n*, Hitzdrahtwindmesser *m*
       f   anémomètre *m* à fil chaud
       r   термоанемометр *m*

H287   e   hour
       d   Stunde *f*
       f   heure *f*
       r   час *m*

H288   e   hour angle
       d   Stundenwinkel *m*
       f   angle *m* horaire
       r   часовой угол *m*

H289   e   h-quark *see* heavy quark

H290   e   Hubble constant
       d   Hubble-Konstante *f*, Hubblesche Konstante *f*
       f   constante *f* de Hubble
       r   постоянная *f* Хаббла

I

I1   e   ice
     d   Eis *n*
     f   glace *f*
     r   лёд *m*

I2   e   ice modifications
     d   Eismodifikationen *f pl*
     f   modifications *f pl* de glace
     r   модификации *f pl* льда

I3   e   ice point
     d   Eispunkt *m*
     f   point *m* de congélation d'eau
     r   точка *f* замерзания воды, температура *f* замерзания воды

I4   e   iconoscope
     d   Ikonoskop *n*, Bildspeicherröhre *f*
     f   iconoscope *m*
     r   иконоскоп *m*

I5   e   icosahedron
     d   Ikosaeder *n*, Zwanzigflächner *m*
     f   icosaèdre *m*
     r   икосаэдр *m*

I6   e   ideal fluid
     d   ideale Flüssigkeit *f*
     f   fluide *m* parfait
     r   идеальная жидкость *f*

I7   e   ideal gas
     d   ideales Gas *n*
     f   gaz *m* parfait
     r   идеальный газ *m*

I8   e   idealization
     d   Idealisierung *f*

　　　　f idéalisation *f*
　　　　r идеализация *f*

I9　　*e* idealized problem
　　　　d idealisiertes Problem *n*
　　　　f problème *m* idéalisé
　　　　r идеализированная задача *f*

I10　 *e* identification
　　　　d Identifizierung *f*, Erkennung *f*
　　　　f identification *f*
　　　　r идентификация *f*, распознавание *n*

I11　 *e* identity
　　　　d Identität *f*
　　　　f identité *f*
　　　　r идентичность *f*, тождественность *f*; тождество *n*

I12　 *e* idiomorphism
　　　　d Idiomorphie *f*
　　　　f idiomorphisme *m*
　　　　r идиоморфизм *m*

I13　 *e* idle component
　　　　d Blindanteil *m*
　　　　f composante *f* réactive
　　　　r реактивная составляющая *f*

I14　 *e* idle current
　　　　d Blindstrom *m*
　　　　f courant *m* réactif
　　　　r реактивный ток *m*

I15　 *e* idler wave
　　　　d Leerlaufwelle *f*
　　　　f onde *f* idling
　　　　r холостая волна *f*

I16　 *e* ignition
　　　　d Zündung *f*
　　　　f allumage *m*, amorçage *m*
　　　　r зажигание *n*

I17　 *e* ignition criterion
　　　　d Zündkriterium *n*
　　　　f critère *m* d'allumage
　　　　r критерий *m* зажигания

I18　 *e* ignition potential
　　　　d Zündspannung *f*, Zündpotential *n*
　　　　f tension *f* d'amorçage
　　　　r потенциал *m* зажигания

I19　 *e* ignitron
　　　　d Ignitron *n*
　　　　f ignitron *m*
　　　　r игнитрон *m*

I20　 *e* ill-posed problem
　　　　d inkorrekte Aufgabenstellung *f*
　　　　f problème *m* incorrectement posé, problème *m* incorrectement formulé
　　　　r некорректная задача *f*

I21　 *e* illuminance
　　　　d Beleuchtungsstärke *f*
　　　　f éclairement *m*, éclairement *m* lumineux
　　　　r освещённость *f*

I22　 *e* illumination
　　　　d 1. Beleuchtung *f*; Beleuchtungsstärke *f* 2. Einstrahlung *f*
　　　　f 1. éclairage *m* 2. irradiation *f*
　　　　r 1. освещение *n*; освещённость *f* 2. облучение *n*

I23　 *e* image
　　　　d Bild *n*, Abbildung *f*; Abbild *n*
　　　　f image *f*
　　　　r изображение *n*; отображение *n*; образ *m*

I24　 *e* image converter
　　　　d Bildwandler *m*
　　　　f convertisseur *m* d'image électronooptique
　　　　r электронно-оптический преобразователь *m*, ЭОП; преобразователь *m* изображения

I25　 *e* image converter camera
　　　　d Bildwandlerkamera *f*
　　　　f caméra *f* électronique optique
　　　　r электронно-оптическая камера *f*

I26　 *e* image correction
　　　　d Abbildungsfehlerkorrektur *f*
　　　　f correction *f* d'image
　　　　r коррекция *f* изображения

I27　 *e* image distortion
　　　　d Bildverzeichnung *f*
　　　　f défaut *m* de l'image, déformation *f* d'image
　　　　r искажение *n* изображения

I28　 *e* image iconoscope
　　　　d Superikonoskop *n*
　　　　f supericonoscope *m*
　　　　r суперикопоскоп *m*

I29　 *e* image intensifier
　　　　d Bildverstärker *m*
　　　　f renforçateur *m* d'image
　　　　r усилитель *m* яркости изображения

I30　 *e* image jitter
　　　　d Bildschwankung *f*
　　　　f tremblement *m* d'image, sautillement *m* d'image
　　　　r дрожание *n* изображения

I31　 *e* image method
　　　　d Methode *f* der Bilder, Bildermethode *f*
　　　　f méthode *f* des images, principe *m* des images
　　　　r метод *m* изображений

I32　 *e* image orthicon
　　　　d Superorthikon *n*

IMAGE

    f image-orthicon *m*
    r суперортикон *m*

I33 *e* image space
    d Bildraum *m*
    f espace *m* d'images
    r пространство *n* изображений

I34 *e* image theory
    d Abbildungstheorie *f*
    f théorie *f* de l'image
    r теория *f* изображения

I35 *e* imaginary number
    d imaginäre Zahl *f*
    f nombre *m* imaginaire
    r мнимое число *n*

I36 *e* imaging
    d Abbilden *n*; Bildererzeugung *f*
    f formation *f* d'images
    r формирование *n* изображений

I37 *e* immersion
    d Immersion *f*
    f immersion *f*
    r 1. иммерсия *f* 2. погружение *n*

I38 *e* immersion lens
    d Immersionslinse *f*
    f lentille *f* à immersion
    r иммерсионная линза *f*

I39 *e* immersion liquid
    d Immersionsflüssigkeit *f*
    f liquide *m* à immersion
    r иммерсионная жидкость *f*

I40 *e* immersion method
    d Immersionsmethode *f*
    f méthode *f* d'essai à immersion
    r иммерсионный метод *m*

I41 *e* impact
    d Stoß *m*, Zusammenstoß *m*, Kollision *f*
    f impact *m*
    r удар *m*, соударение *n*; столкновение *n*

I42 *e* impact broadening
    d Stoßverbreiterung *f*
    f élargissement *m* par collisions
    r ударное уширение *n*

I43 *e* impact grinding
    d Schlagmahlen *n*
    f broyage *m* par chocs
    r ударное измельчение *n*

I44 *e* impact ionization
    d Stoßionisation *f*, Stoßionisierung *f*
    f ionisation *f* par choc, ionisation *f* par impact
    r ударная ионизация *f*

I45 *e* impact load
    d schlagartige Beanspruchung *f*, Schlagbeanspruchung *f*; Stoßbeanspruchung *f*
    f charge *f* de choc
    r ударная нагрузка *f*

I46 *e* impact momentum
    d Schlagimpuls *m*, Stoßimpuls *m*
    f choc *m*, percussion *f*
    r ударный импульс *m*

I47 *e* impact parameter
    d Stoßparameter *m*
    f paramètre *m* d'impact
    r прицельный параметр *m*, параметр *m* удара

I48 *e* impact parameter method
    d Stoßparametermethode *f*
    f méthode *f* du paramètre d'impact
    r метод *m* прицельного параметра

I49 *e* impact strength
    d Schlagzähigkeit *f*
    f résilience *f*
    r ударная вязкость *f*

I50 *e* impact tests
    d Schlagversuche *m pl*
    f essais *m pl* de choc
    r ударные испытания *n pl*

I51 *e* impedance
    d Impedanz *f*, Scheinwiderstand *m*
    f impédance *f*
    r полное сопротивление *n*, импеданс *m*

I52 *e* imperfect crystal
    d Realkristall *m*, nichtidealer Kristall *m*
    f cristal *m* imparfait
    r неидеальный кристалл *m*, реальный кристалл *m*, несовершенный кристалл *m*

I53 *e* imperfect gas
    d nichtideales Gas *n*, Realgas *n*
    f gaz *m* réel
    r неидеальный газ *m*, реальный газ *m*

I54 *e* imperfection
    d Unvollkommenheit *f*; Fehler *m*
    f imperfection *f*; défaut *m*
    r несовершенство *n*; дефект *m*

I55 *e* implantation
    d Implantation *f*
    f implantation *f*
    r имплантация *f*; внедрение *n*

I56 *e* implanted ion
    d implantiertes Ion *n*
    f ion *m* implanté
    r имплантированный ион *m*

I57 *e* implanter
    d Implanter *m*, Implantationsanlage *f*

	f	implanteur m
	r	имплантер m
I58	e	implicit dependence
	d	implizite Abhängigkeit f
	f	dépendance f implicite
	r	неявная зависимость f
I59	e	importance
	d	Bedeutung f
	f	importance f
	r	1. значимость f 2. балл m (солнечной вспышки)
I60	e	imposition of boundary conditions
	d	Überlagerung f von Grenzbedingungen
	f	imposition f des conditions limites
	r	наложение n граничных условий
I61	e	impregnation
	d	Tränkung f
	f	imprégnation f
	r	пропитка f
I62	e	imprisonment
	d	Einfang m
	f	capture f
	r	пленение n (излучения)
I63	e	improper integral
	d	uneigentliches Integral n
	f	intégrale f impropre
	r	несобственный интеграл m
I64	e	impulse
	d	Impuls m
	f	impulsion f
	r	импульс m
I65	e	impulse approximation
	d	Impulsnäherung f
	f	approximation f des impulsions
	r	импульсное приближение n
I66	e	impulse generator
	d	Impulsgenerator m
	f	générateur m d'impulsions
	r	импульсный генератор m, генератор m импульсов
I67	e	impulse of force
	d	Kraftimpuls m
	f	impulsion f
	r	импульс m силы
I68	e	impulse photometry
	d	Impulsphotometrie f
	f	photométrie f impulsionnelle
	r	импульсная фотометрия f
I69	e	impulse representation
	d	Impulsdarstellung f
	f	représentation f impulsionnelle
	r	импульсное представление n
I70	e	impulse space
	d	Impulsraum m
	f	espace m de la quantité de mouvement
	r	импульсное пространство n
I71	e	impurity
	d	Verunreinigung f; Beimengung f; Störstelle f
	f	impureté f
	r	примесь f
I72	e	impurity atom
	d	Fremdatom n, Störstellenatom n, Störatom n
	f	atome m d'impureté
	r	примесный атом m
I73	e	impurity band
	d	Störstellenband n
	f	bande f d'impureté, zone f d'impureté
	r	примесная зона f
I74	e	impurity capture
	d	Störstelleneinfang m
	f	capture f d'impureté
	r	захват m примеси
I75	e	impurity center
	d	Störstellenzentrum n, Störzentrum n
	f	centre m d'impureté
	r	примесный центр m
I76	e	impurity concentration
	d	Störstellenkonzentration f, Störstellendichte f
	f	concentration f des impuretés
	r	концентрация f примесей
I77	e	impurity conduction
	d	Störstellenleitung f
	f	conduction f d'impureté
	r	примесная проводимость f
I78	e	impurity ion
	d	Störion n, Fremdion n
	f	ion m d'impureté
	r	примесный ион m
I79	e	impurity level
	d	Storstellenniveau n, Störniveau n
	f	niveau m d'impureté
	r	примесный уровень m
I80	e	impurity migration
	d	Störstellenwanderung f
	f	migration f des impuretés
	r	миграция f примесей
I81	e	impurity region
	d	Störstellengebiet n
	f	région f d'impureté
	r	примесная область f
I82	e	impurity trapping see impurity capture
I83	e	incandescent lamp

	d	Glühlampe *f*
	f	lampe *f* à incandescence
	r	лампа *f* накаливания
I84	e	inch
	d	Zoll *n*
	f	pouce *m*
	r	дюйм *m*
I85	e	incidence
	d	Einfall *m*
	f	incidence *f*
	r	падение *n*
I86	e	incident beam
	d	einfallender Strahl *m*
	f	faisceau *m* incident
	r	падающий пучок *m*
I87	e	incident radiation
	d	einfallende Strahlung *f*
	f	rayonnement *m* incident
	r	падающее излучение *n*
I88	e	incident ray
	d	einfallender Strahl *m*
	f	rayon *m* incident
	r	падающий луч *m*
I89	e	incident wave
	d	einlaufende Welle *f*, einfallende Welle *f*
	f	onde *f* incidente
	r	падающая волна *f*
I90	e	inclination
	d	1. Neigung *f*, Gefälle *n*, Steigung *f* 2. Inklination *f* 3. Bahnneigung *f*, Bahnebenennneigung.*f*
	f	inclinaison *f*
	r	1. наклон *m* 2. наклонение *n*
I91	e	inclinator
	d	Inklinator *m*
	f	boussole *f* d'inclinaison
	r	инклинатор *m*
I92	e	inclined beam
	d	Schrägstrahl *m*
	f	faisceau *m* incliné
	r	наклонный пучок *m*
I93	e	inclined plane
	d	schiefe Ebene *f*
	f	plan *m* incliné
	r	наклонная плоскость *f*
I94	e	inclusion
	d	Inklusion *f*, Einschluß *m*
	f	inclusion *f*
	r	1. инклюзия *f* 2. включение *n*, примесь *f*
I95	e	inclusive cross-section
	d	inklusiver Querschnitt *m*
	f	section *f* d'inclusion
	r	инклюзивное сечение *n*
I96	e	inclusive process
	d	inklusiver Prozeß *m*
	f	processus *m* d'inclusion
	r	инклюзивный процесс *m*
I97	e	incoherence
	d	Inkohärenz *f*, Nichtkohärenz *f*
	f	incohérence *f*
	r	некогерентность *f*
I98	e	incoherent emission *see* incoherent radiation
I99	e	incoherent oscillation, incoherent oscillations
	d	inkohärente Schwingungen *f pl*
	f	oscillations *f pl* incohérentes
	r	некогерентные колебания *n pl*
I100	e	incoherent radiation
	d	inkohärente Strahlung *f*
	f	rayonnement *m* incohérent
	r	некогерентное излучение *n*
I101	e	incoherent scattering
	d	inkohärente Streuung *f*
	f	diffusion *f* incohérente
	r	некогерентное рассеяние *n* (радиоволн в ионосфере)
I102	e	incoherent scatter technique
	d	inkohärentes Streuverfahren *n*
	f	méthode *f* de diffusion incohérente
	r	метод *m* некогерентного рассеяния
I103	e	incoherent source
	d	inkohärente Quelle *f*
	f	source *f* incohérente
	r	некогерентный источник *m*
I104	e	incommensurability
	d	Inkommensurabilität *f*
	f	incommensurabilité *f*
	r	несоизмеримость *f*, несоразмерность *f*
I105	e	incommensurate phases
	d	inkommensurable Phasen *f pl*
	f	phases *f pl* incommensurables
	r	несоразмерные фазы *f pl*
I106	e	incommensurate structure
	d	inkommensurable Struktur *f*
	f	structure *f* incommensurable
	r	несоразмерная структура *f*
I107	e	incompatibility
	d	Inkompatibilität *f*
	f	incompatibilité *f*
	r	несовместимость *f*
I108	e	incompressibility
	d	Inkompressibilität *f*
	f	incompressibilité *f*
	r	несжимаемость *f*
I109	e	incompressible flow

	d	inkompressible Strömung *f*
	f	flux *m* du milieu incompressible
	r	поток *m* несжимаемой среды
I110	e	**incompressible fluid**
	d	inkompressible Flüssigkeit *f*
	f	fluide *m* incompressible
	r	несжимаемая жидкость *f*
I111	e	**incompressible fluid dynamics**
	d	Dynamik *f* der inkompressiblen Flüssigkeit
	f	dynamique *f* du fluide incompressible
	r	динамика *f* несжимаемой жидкости
I112	e	**incorrectly formulated problem** *see* **ill-posed problem**
I113	e	**increment**
	d	Inkrement *n*
	f	incrément *m*
	r	инкремент *m*; приращение *n*
I114	e	**indefinite integral**
	d	unbestimmtes Integral *n*
	f	intégrale *f* indéfinie
	r	неопределённый интеграл *m*
I115	e	**indefinite metric**
	d	indefinite Metrik *f*
	f	métrique *f* indéfinie
	r	индефинитная метрика *f*
I116	e	**indentation**
	d	1. Eindrücken *n*, Eindringen *n* 2. Eindringstelle *f*
	f	1. pénétration *f* 2. empreinte *f*
	r	1. вдавливание *n* 2. вмятина *f*, ямка *f*, лунка *f*
I117	e	**indenter**
	d	Eindringkörper *m*
	f	pénétrateur *m*
	r	индентор *m*
I118	e	**independence**
	d	Unabhängigkeit *f*
	f	indépendance *f*
	r	независимость *f*
I119	e	**independent variable**
	d	unabhängige Variable *f*
	f	variable *f* indépendante
	r	независимая переменная *f*
I120	e	**indeterminacy principle**
	d	Unbestimmtheitsprinzip *n*
	f	principe *m* d'incertitude, principe *m* d'indétermination
	r	принцип *m* неопределённости
I121	e	**indeterminism**
	d	Indeterminismus *m*
	f	indéterminisme *m*
	r	индетерминизм *m*
I122	e	**index**
	d	1. Index *m*; Kennziffer *f* 2. Beiwert *m*, Faktor *m*
	f	indice *m*
	r	1. индекс *m* 2. коэффициент *m* 3. показатель *m*
I123	e	**index of Feynman diagram**
	d	Feynman-Diagrammindex *m*, Feynman-Graphindex *m*
	f	indice *m* du diagramme de Feynman
	r	индекс *m* диаграммы Фейнмана
I124	e	**indicator**
	d	Anzeiger *m*
	f	indicateur *m*
	r	индикатор *m*; указатель *m*
I125	e	**indicatrix of diffusion**
	d	Streuindikatrix *f*
	f	indicatrice *f* de diffusion
	r	индикатриса *f* диффузии
I126	e	**indirect heating**
	d	indirekte Heizung *f*
	f	chauffage *m* indirect
	r	косвенный накал *m*
I127	e	**indirectly heated cathode**
	d	indirekt geheizte Katode *f*
	f	cathode *f* à chauffage indirect
	r	катод *m* косвенного накала
I128	e	**indirect transitions**
	d	indirekte Übergänge *m pl*
	f	transitions *f pl* indirectes
	r	непрямые переходы *m pl*
I129	e	**indium, In**
	d	Indium *m*
	f	indium *m*
	r	индий *m*
I130	e	**induced activity**
	d	induzierte Aktivität *f*
	f	activité *f* induite
	r	наведённая активность *f*
I131	e	**induced anisotropy**
	d	induzierte Anisotropie *f*
	f	anisotropie *f* induite
	r	наведённая анизотропия *f*
I132	e	**induced birefringence**
	d	induzierte Doppelbrechung *f*
	f	biréfringence *f* induite
	r	наведённое двулучепреломление *n*, индуцированное двулучепреломление *n*
I133	e	**induced charge**
	d	Influenzladung *f*, influenzierte Ladung *f*
	f	charge *f* induite
	r	наведённый заряд *m*, индуцированный заряд *m*
I134	e	**induced current**

INDUCED

    d induzierter Strom *m*
    f courant *m* induit
    r наведённый ток *m*,
       индуцированный ток *m*

I135 e induced dispersion
    d induzierte Dispersion *f*
    f dispersion *f* induite
    r индуцированная дисперсия *f*

I136 e induced e.m.f.
    d induzierte EMK *f*
    f f.é.m. *f* induite
    r наведённая эдс *f*

I137 e induced emission
    d induzierte Emission *f*
    f émission *f* induite
    r вынужденное излучение *n*,
       индуцированное излучение *n*,
       стимулированное излучение *n*

I138 e induced field
    d induziertes Feld *n*
    f champ *m* induit
    r наведённое поле *n*

I139 e induced oscillation, induced oscillations
    d erzwungene Schwingungen *f pl*
    f oscillations *f pl* induites
    r вынужденные колебания *n pl*

I140 e induced population change
    d induzierte Besetzungsdichteänderung *f*, induzierte Besetzungsänderung *f*
    f changement *m* induit de la population
    r наведённое изменение *n* населённости

I141 e induced quantum
    d induziertes Quant *n*
    f quantum *m* induit
    r индуцированный квант *m*, стимулированный квант *m*

I142 e induced radiation *see* induced emission

I143 e induced radioactivity
    d induzierte Radioaktivität *f*
    f radioactivité *f* induite
    r искусственная радиоактивность *f*

I144 e induced refractive index change
    d erzwungene Brechzahländerung *f*
    f changement *m* induit de l'indice de réfraction
    r наведённое изменение *n* показателя преломления

I145 e inductance
    d Induktivität *f*
    f inductance *f*
    r индуктивность *f*

I146 e inductance coil
    d Induktivitätsspule *f*, Induktivität *f*
    f bobine *f* d'inductance
    r катушка *f* индуктивности, индуктивность *f*

I147 e induction
    d Induktion *f*
    f induction *f*
    r индукция *f*

I148 e induction accelerator
    d Induktionsbeschleuniger *m*
    f accélérateur *m* à induction
    r индукционный ускоритель *m*

I149 e induction coil
    d Induktionsspule *f*
    f bobine *f* d'induction
    r индукционная катушка *f*

I150 e induction heating
    d Induktionsheizung *f*, Induktionserwärmung *f*
    f chauffage *m* par induction
    r индукционный нагрев *m*

I151 e inductive coupling
    d induktive Kopplung *f*
    f couplage *m* inductif
    r индуктивная связь *f*, трансформаторная связь *f*

I152 e inductive diaphragm
    d induktive Blende *f*
    f diaphragme *m* inductif
    r индуктивная диафрагма *f*

I153 e inductive load
    d induktive Belastung *f*
    f charge *f* inductive
    r индуктивная нагрузка *f*

I154 e inductive sensor
    d induktiver Geber *m*; induktiver Sensor *m*
    f capteur *m* à induction
    r индуктивный датчик *m*

I155 e inductive storage
    d Induktionsspeicher *m*
    f accumulateur *m* inductif
    r индуктивный накопитель *m*

I156 e inductive transducer
    d induktiver Wandler *m*
    f convertisseur *m* inductif
    r индуктивный преобразователь *m*

I157 e inductor *see* inductance coil

I158 e inelastic bending, inelastic buckling
    d unelastische Biegung *f*
    f flexion *f* inélastique
    r неупругий изгиб *m*

I159 e inelastic channel
    d Kanal *m* der unelastischen Streuung

	f	canal *m* inélastique
	r	неупругий канал *m*, канал *m* неупругого рассеяния
I160	*e*	inelastic collisions
	d	unelastische Stöße *m pl*, inelastische Stöße *m pl*
	f	collisions *f pl* inélastiques
	r	неупругие столкновения *n pl*
I161	*e*	inelastic deformation
	d	unelastische Deformation *f*, unelastische Verformung *f*
	f	déformation *f* inélastique
	r	неупругая деформация *f*
I162	*e*	inelastic region *see* inelastic scattering region
I163	*e*	inelastic scattering
	d	unelastische Streuung *f*
	f	diffusion *f* inélastique
	r	неупругое рассеяние *n*
I164	*e*	inelastic scattering region
	d	Gebiet *n* der unelastischen Streuung
	f	région *f* de diffusion inélastique
	r	область *f* неупругого рассеяния
I165	*e*	inequality
	d	Ungleichung *f*; Ungleichheit *f*
	f	inégalité *f*
	r	неравенство *n*
I166	*e*	inert gas
	d	Inertgas *n*; Edelgas *n*
	f	gaz *m* inerte; gaz *m* noble
	r	инертный газ *m*; благородный газ *m*
I167	*e*	inertia
	d	Trägheit *f*, Beharrung *f*, Beharrungsvermögen *n*
	f	inertie *f*
	r	инерция *f*, инертность *f*; инерционность *f*
I168	*e*	inertia ellipsoid
	d	Trägheitsellipsoid *n*
	f	ellipsoïde *m* d'inertie
	r	эллипсоид *m* инерции
I169	*e*	inertial confinement
	d	Trägheitserhaltung *f*, Inertialeinschluß *m*
	f	confinement *m* inertiel
	r	инерциальное удержание *n* (плазмы)
I170	*e*	inertial forces
	d	Trägheitskräfte *f pl*
	f	forces *f pl* d'inertie
	r	силы *f pl* инерции, инерционные силы *f pl*
I171	*e*	inertial frame of reference
	d	Inertialsystem *n*, inertiales Koordinatensystem *n*
	f	système *m* de référence d'inertie
	r	инерциальная система *f* отсчёта
I172	*e*	inertial guidance
	d	Trägheitsnavigation *f*
	f	navigation *f* à inertie
	r	инерциальная навигация *f*
I173	*e*	inertial mass
	d	träge Masse *f*, Inertialmasse *f*
	f	masse *f* inerte
	r	инертная масса *f*, инерциальная масса *f*
I174	*e*	inertial motion
	d	Trägheitsbewegung *f*
	f	mouvement *m* d'inertie
	r	инерциальное движение *n*, движение *n* по инерции
I175	*e*	inert mass *see* inertial mass
I176	*e*	inertness
	d	1. Trägheit *f*, Beharrungsvermögen *n*; Massenwiderstand *m* 2. Reaktionsträgheit *f*, Inaktivität *f*
	f	inertie *f*
	r	инертность *f*
I177	*e*	inferior planets
	d	sonnennahe Planeten *m pl*
	f	planètes *f pl* telluriques, planètes *f pl* terrestres
	r	планеты *f pl* земной группы
I178	*e*	infinite interval
	d	unendliches Intervall *n*
	f	intervalle *m* infini
	r	бесконечный интервал *m*
I179	*e*	infinite series
	d	unendliche Reihe *f*
	f	série *f* infinie
	r	бесконечный ряд *m*
I180	*e*	infinitesimal change
	d	infinitesimale Änderung *f*, unendlich kleine Änderung *f*
	f	changement *m* infinitésimal
	r	бесконечно малое изменение *n*
I181	*e*	infinitesimal deformation
	d	infinitesimale Deformation *f*, infinitesimale Verformung *f*
	f	déformation *f* infinitésimale
	r	бесконечно малая деформация *f*
I182	*e*	infinity
	d	Unendlichkeit *f*
	f	infini *m*, infinité *f*
	r	бесконечность *f*
I183	*e*	inflation (*in cosmology*)
	d	Inflation *f* (*in der Kosmologie*)
	f	inflation *f* (*en cosmologie*)
	r	инфляция *f* (*в космологии*)

I184   e   **inflationary cosmology**
    d   Inflationskosmologie *f*
    f   cosmologie *f* d'inflation
    r   инфляционная космология *f*

I185   e   **inflation model**
    d   inflationäres Model *n*
    f   modèle *m* à inflation
    r   инфляционная модель *f*, модель *f* раздувающейся Вселенной

I186   e   **inflector**
    d   Inflektor *m*
    f   inflecteur *m*
    r   инфлектор *m*

I187   e   **influence**
    d   Einfluß *m*, Beeinfussung *f*, Einwirkung *f*
    f   influence *f*
    r   влияние *n*, воздействие *n*, действие *n*

I188   e   **in-focus image**
    d   fokussierte Abbildung *f*, scharfe Abbildung *f*
    f   image *f* focalisée
    r   сфокусированное изображение *n*

I189   e   **informatics**
    d   Informatik *f*, Informationswissenschaft *f*
    f   informatique *f*
    r   информатика *f*

I190   e   **information**
    d   Information *f*
    f   information *f*
    r   информация *f*

I191   e   **information channel**
    d   Informationskanal *m*
    f   voie *f* d'information
    r   информационный канал *m*

I192   e   **information coding**
    d   Informationskodierung *f*
    f   codage *m* de l'information
    r   кодирование *n* информации

I193   e   **information sciences** *see* informatics

I194   e   **information theory**
    d   Informationstheorie *f*
    f   théorie *f* de l'information
    r   теория *f* информации

I195   e   **infrared astronomy**
    d   Infrarotastronomie *f*
    f   astronomie *f* infrarouge
    r   инфракрасная астрономия *f*

I196   e   **infrared catastrophe**
    d   Infrarotkatastrophe *f*, IR-Katastrophe *f*
    f   catastrophe *f* infrarouge
    r   инфракрасная катастрофа *f*

I197   e   **infrared divergence**
    d   Infrarotdivergenz *f*, IR-Divergenz *f*
    f   divergence *f* infrarouge
    r   инфракрасная расходимость *f*

I198   e   **infrared emission** *see* infrared radiation

I199   e   **infrared multiphoton dissociation**
    d   Infrarot-Multiphotonendissoziation *f*
    f   dissociation *f* infrarouge multiphotonique
    r   инфракрасная многофотонная диссоциация *f*

I200   e   **infrared radiation**
    d   Infrarotstrahlung *f*, infrarote Strahlung *f*, IR-Strahlung *f*
    f   radiation *f* infrarouge, rayonnement *m* infrarouge
    r   инфракрасное излучение *n*, ИК-излучение *n*

I201   e   **infrared region**
    d   Infrarotbereich *m*, Infrarotgebiet *n*
    f   région *f* infrarouge
    r   инфракрасная область *f* спектра

I202   e   **infrared source**
    d   Infrarotstrahlungsquelle *f*, IR-Quelle *f*
    f   source *f* d'infrarouge
    r   источник *m* инфракрасного излучения

I203   e   **infrared spectroscopy**
    d   Infrarotspektroskopie *f*
    f   spectroscopie *f* infrarouge
    r   инфракрасная спектроскопия *f*

I204   e   **infrared waves**
    d   Infrarotwellen *f pl*
    f   ondes *f pl* infrarouges
    r   инфракрасные волны *f pl*

I205   e   **infrasonic vibration, infrasonic vibrations**
    d   Infraschallschwingungen *f pl*
    f   vibration *f* infrasonore
    r   инфразвуковые колебания *n pl*

I206   e   **infrasonic waves**
    d   Infraschallwellen *f pl*
    f   ondes *f pl* infrasonores
    r   инфразвуковые волны *f pl*

I207   e   **infrasound**
    d   Infraschall *m*
    f   infra-son *m*
    r   инфразвук *m*

I208   e   **inhomogeneity**
    d   Inhomogenität *f*
    f   inhomogénéité *f*
    r   неоднородность *f*

I209   e   **inhomogeneously broadened line**
    d   inhomogen verbreiterte Linie *f*

	f	raie *f* à élargissement inhomogène
	r	неоднородно уширенная линия *f* (в спектре)
I210	*e*	inhomogeneous medium
	d	inhomogenes Medium *n*
	f	milieu *m* inhomogène
	r	неоднородная среда *f*
I211	*e*	initial conditions
	d	Anfangsbedingungen *f pl*
	f	conditions *f pl* initiales
	r	начальные условия *n pl*
I212	*e*	initiating pulse
	d	Auslöseimpuls *m*, Startimpuls *m*
	f	impulsion *f* initiale
	r	запускающий импульс *m*, возбуждающий импульс *m*, инициирующий импульс *m*
I213	*e*	initiation
	d	Initiierung *f*, Anregung *f*, Auslösung *f*
	f	initiation *f*
	r	инициирование *n*
I214	*e*	initiation of the reaction
	d	Reaktionsstart *m*, Reaktionsbeginn *m*
	f	entraînement *m* de la réaction
	r	инициирование *n* реакции
I215	*e*	injection
	d	Injektion *f*; Einschuß *m*
	f	injection *f*
	r	инжекция *f*
I216	*e*	injection laser
	d	Injektionslaser *m*
	f	laser *m* à injection
	r	инжекционный лазер *m*
I217	*e*	injector
	d	Injektor *m*
	f	injecteur *m*
	r	инжектор *m*
I218	*e*	inner magnetosphere
	d	innere Magnetosphäre *f*
	f	magnétosphère *f* interne
	r	внутренняя магнитосфера *f*
I219	*e*	inner problem
	d	inneres Problem *n* (Elektrodynamik)
	f	problème *m* interne (électrodynamique)
	r	внутренняя задача *f* (в электродинамике)
I220	*e*	inner radiation belt
	d	innerer Strahlungsgürtel *m*
	f	ceinture *f* de radiation intérieure
	r	внутренний радиационный пояс *m*
I221	*e*	inner shell
	d	Innenschale *f* (Atom)
	f	couche *f* interne (de l'atome)
	r	внутренняя оболочка *f* (атома)
I222	*e*	inner shell ionization
	d	Innenschalenionisation *f*
	f	ionisation *f* des électrons internes
	r	ионизация *f* внутренней оболочки (атома)
I223	*e*	input circuit
	d	Eingangsstromkreis *m*, Eingangskreis *m*
	f	circuit *m* d'entrée
	r	входной контур *m*
I224	*e*	input impedance
	d	Eingangsimpedanz *f*
	f	impédance *f* d'entrée
	r	входной импеданс *m*
I225	*e*	input power
	d	Eingangsleistung *f*
	f	puissance *f* d'entrée
	r	входная мощность *f*
I226	*e*	input stage
	d	Eingangsstufe *f*
	f	étage *m* d'entrée
	r	входной каскад *m*
I227	*e*	input terminals
	d	Eingangsklemmen *f pl*
	f	bornes *f pl* d'entrée
	r	входные зажимы *m pl*
I228	*e*	input voltage
	d	Eingangsspannung *f*
	f	tension *f* d'entrée
	r	входное напряжение *n*
I229	*e*	insertion loss
	d	Einfügungsverlust *m*, Einfügungsdämpfung *f*
	f	pertes *f pl* d'insertion; amortissement *m* apporté
	r	вносимые потери *f pl*, вносимое затухание *n*
I230	*e*	in situ measurement
	d	In-Situ-Messung *f*
	f	mesure *f* in situ
	r	измерение *n* in situ, измерение *n* в месте нахождения
I231	*e*	insolation
	d	Insolation *f*, Sonneneinstrahlung *f*, Sonnenbestrahlung *f*
	f	insolation *f*
	r	инсоляция *f*
I232	*e*	insolubility
	d	Unlöslichkeit *f*
	f	insolubilité *f*
	r	нерастворимость *f*
I233	*e*	instability
	d	Instabilität *f*, Labilität *f*, Unbeständigkeit *f*

INSTABILITY

- *f* instabilité *f*
- *r* неустойчивость *f*; нестабильность *f*

I234
- *e* instability criterion
- *d* Instabilitätskriterium *n*
- *f* critère *m* d'instabilité
- *r* критерий *m* неустойчивости

I235
- *e* instability increment
- *d* Instabilitätsinkrement *n*
- *f* incrément *m* d'instabilité
- *r* инкремент *m* неустойчивости

I236
- *e* instantaneous center
- *d* Momentanpol *m*
- *f* centre *m* instantané
- *r* мгновенный центр *m*

I237
- *e* instantaneous value
- *d* Augenblickswert *m*, Momentanwert *m*
- *f* valeur *f* instantanée
- *r* мгновенное значение *n*

I238
- *e* instantaneous velocity
- *d* Momentangeschwindigkeit *f*
- *f* vitesse *f* instantanée
- *r* мгновенная скорость *f*

I239
- *e* instantaneous voltage
- *d* Augenblicksspannung *f*, Momentanspannung *f*
- *f* tension *f* instantanée
- *r* мгновенное напряжение *n*

I240
- *e* instant center *see* instantaneous center

I241
- *e* instanton
- *d* Instanton *n*
- *f* instanton *m*
- *r* инстантон *m*

I242
- *e* instrument
- *d* 1. Meßinstrument *n*; Meßgerät *n* 2. Instrument *n*, Gerät *n*, Apparat *m*
- *f* instrument *m*
- *r* измерительный прибор *m*; инструмент *m*

I243
- *e* instrumental distortion
- *d* Instrumentenverzerrung *f*, Geräteverzerrung *f*
- *f* distorsion *f* instrumentale
- *r* инструментальные искажения *n pl*

I244
- *e* instrumental errors
- *d* Instrumentenfehler *m pl*, Gerätefehler *m pl*
- *f* erreurs *f pl* instrumentales
- *r* погрешности *f pl* прибора, инструментальные погрешности *f pl*

I245
- *e* insulation
- *d* Isolation *f*; Isolierung *f*
- *f* isolement *m*; isolation *f*
- *r* изоляция *f*

I246
- *e* insulator
- *d* 1. Isolator *m*, Isolierkörper *m* 2. Dielektrikum *n*, Isolator *m*, Nichtleiter *m*
- *f* 1. isolant *m* 2. diélectrique *m*
- *r* 1. изолятор *m* 2. диэлектрик *m*

I247
- *e* integer
- *d* ganze Zahl *f*
- *f* nombre *m* entier
- *r* целое число *n*

I248
- *e* integral
- *d* Integral *n*
- *f* intégrale *f*
- *r* интеграл *m*

I249
- *e* integral equation
- *d* Integralgleichung *f*
- *f* équation *f* intégrale
- *r* интегральное уравнение *n*

I250
- *e* integral intensity
- *d* Gesamtintensität *f*
- *f* intensité *f* intégrale
- *r* интегральная интенсивность *f*, полная интенсивность *f*

I251
- *e* integral of motion
- *d* Bewegungsintegral *n*
- *f* intégrale *f* de mouvement
- *r* интеграл *m* движения

I252
- *e* integral over the optical path
- *d* Strahlengangintegral *n*
- *f* intégrale *f* du chemin optique
- *r* интеграл *m* по оптическому пути

I253
- *e* integral transform
- *d* Integraltransformation *f*
- *f* transformation *f* intégrale
- *r* интегральное преобразование *n*

I254
- *e* integrated circuit
- *d* integrierter Schaltkreis *m*
- *f* circuit *m* intégré
- *r* интегральная микросхема *f*, интегральная схема *f*

I255
- *e* integrated intensity *see* integral intensity

I256
- *e* integrated optics
- *d* integrierte Optik *f*
- *f* optique *f* intégrée
- *r* интегральная оптика *f*

I257
- *e* integrating circuit
- *d* Integrierschaltung *f*, Integrierkreis *m*
- *f* circuit *m* intégrateur
- *r* интегрирующая цепь *f*

I258
- *e* integrating ionization chamber
- *d* integrierende Ionisationskammer *f*
- *f* chambre *f* d'ionisation à intégration
- *r* интегрирующая ионизационная камера *f*

I259 e integrating photometer
      d Integralphotometer n
      f photomètre m intégrateur
      r интегрирующий фотометр m

I260 e integration
      d Integration f
      f intégration f
      r 1. интеграция f (в микроэлектронике)
        2. интегрирование n

I261 e intense radiation
      d intensive Strahlung f
      f rayonnement m intense
      r интенсивное излучение n, мощное излучение n

I262 e intensity
      d Intensität f, Stärke f
      f intensité f
      r 1. интенсивность f
        2. напряжённость f (поля)

I263 e intensity interferometer
      d Intensitätsinterferometer n
      f interféromètre m de l'intensité
      r интерферометр m интенсивности

I264 e intensity interferometry
      d Intensitätsinterferometrie f
      f interférométrie f de l'intensité
      r интерферометрия f интенсивности

I265 e intensity modulation
      d Helligkeitsmodulation f, Intensitätsmodulation f
      f modulation f de brillance
      r модуляция f яркости

I266 e intensity of a spectral line
      d Spektrallinienintensität f
      f intensité f d'une raie spectrale
      r интенсивность f спектральной линии

I267 e intensive parameters, intensive variables
      d intensive Zustandsgrößen f pl, intensive Größen f pl
      f paramètres m pl intensifs
      r интенсивные параметры m pl

I268 e interaction
      d Wechselwirkung f
      f interaction f
      r взаимодействие n

I269 e interaction area
      d Wechselwirkungsgebiet n
      f aire f d'interaction, région f d'interaction
      r область f взаимодействия

I270 e interaction constant
      d Wechselwirkungskonstante f
      f constante f d'interaction
      r константа f взаимодействия, константа f связи

I271 e interaction energy
      d Wechselwirkungsenergie f
      f énergie f d'interaction
      r энергия f взаимодействия

I272 e interaction factor
      d Wechselwirkungsfaktor m
      f facteur m d'interaction
      r коэффициент m взаимодействия

I273 e interaction Lagrangian
      d Wechselwirkungs-Lagrange-Dichte f
      f lagrangien m d'interaction
      r лагранжиан m взаимодействия

I274 e interaction locality
      d Wechselwirkungslokalität f
      f localité f d'interaction
      r локальность f взаимодействия

I275 e interaction operator
      d Wechselwirkungsoperator m
      f opérateur m d'interaction
      r оператор m взаимодействия

I276 e interaction region see interaction area

I277 e interatomic distance
      d interatomarer Abstand m, Atomabstand m
      f distance f interatomique
      r межатомное расстояние n

I278 e interatomic interaction
      d interatomare Wechselwirkung f
      f interaction f interatomique
      r межатомное взаимодействие n

I279 e interband transitions
      d Band-Band-Übergänge m pl, Interbandübergänge m pl
      f transitions f pl interbandes
      r межзонные переходы m pl

I280 e interband tunneling
      d Zwischenbandtunnelung f
      f effet m tunnel interbande
      r межзонное туннелирование n

I281 e intercalated compounds
      d schichtförmig ausgebildete Einlagerungsverbindungen f pl, lamellare Verbindungen f pl
      f composés m pl lamellaires
      r интеркалированные соединения n pl

I282 e interchange
      d Austausch m; Platzwechsel m
      f permutation f; échange m de places
      r перестановка f; обмен m местами

I283 e interchanging instability

INTERCOMBINATION

	d	Austauschinstabilität *f*
	f	instabilité *f* commutative
	r	перестановочная неустойчивость *f*
I284	e	intercombination lines
	d	Interkombinationslinien *f pl*
	f	raies *f pl* d'intercombinaison
	r	интеркомбинационные линии *f pl*
I285	e	intercombination transitions
	d	Interkombinationsübergänge *m pl*
	f	transitions *f pl* d'intercombinaison
	r	интеркомбинационные переходы *m pl*
I286	e	intercrystalline failure
	d	interkristalliner Bruch *m*, Korngrenzenbruch *m*
	f	rupture *f* intercristalline
	r	излом *m* по границам зёрен
I287	e	interdiffusion
	d	Interdiffusion *f*
	f	interdiffusion *f*
	r	взаимная диффузия *f*
I288	e	interdiffusion coefficient
	d	Interdiffusionskoeffizient *m*
	f	coefficient *m* d'interdiffusion
	r	коэффициент *m* взаимной диффузии
I289	e	interelectrode capacitance
	d	Zwischenelektrodenkapazität *f*
	f	capacité *f* interélectrode
	r	межэлектродная ёмкость *f*
I290	e	interface
	d	1. Interface *n*, Schnittstelle *f* 2. Grenzfläche *f*, Phasengrenzfläche *f*; Grenzschicht *f*
	f	1. interface *f* 2. surface *f* limite, surface *f* de séparation
	r	1. интерфейс *m* 2. граница *f* раздела
I291	e	interface region
	d	Grenzschichtgebiet *n*, Grenzschichtbereich *m*
	f	zone *f* de couche limite, région *f* de couche limite
	r	граничная область *f* (*двух сред*)
I292	e	interference
	d	1. Interferenz *f*, Überlagerung *f* 2. Störung *f*, störende Beeinflussung *f*
	f	1. interférence *f* 2. parasites *m pl*
	r	1. интерференция *f* 2. помехи *f pl*
I293	e	interference colors
	d	Interferenzfarben *f pl*
	f	couleurs *f pl* d'interférence
	r	интерференционные цвета *m pl*
I294	e	interference comparator
	d	Interferenzkomparator *m*
	f	comparateur *m* d'interférence
	r	интерференционный компаратор *m*
I295	e	interference figures
	d	Interferenzfiguren *f pl*
	f	images *f pl* d'interférence
	r	интерференционные фигуры *f pl*
I296	e	interference filter
	d	Interferenzfilter *n*
	f	filtre *m* interférentiel
	r	интерференционный фильтр *m*
I297	e	interference fringes
	d	Interferenzstreifen *m pl*
	f	franges *f pl* d'interférence
	r	интерференционные полосы *f pl*
I298	e	interference of light
	d	Interferenz *f* des Lichtes
	f	interférence *f* de la lumière
	r	интерференция *f* света, оптическая интерференция *f*
I299	e	interference of states
	d	Zustandsinterferenz *f*
	f	interférence *f* des états
	r	интерференция *f* состояний
I300	e	interference pattern
	d	Interferenzbild *n*, Interferenzfigur *f*
	f	image *f* d'interférences
	r	интерференционная картина *f*, интерферограмма *f*
I301	e	interference rings
	d	Interferenzringe *m pl*
	f	anneaux *m pl* d'interférence
	r	интерференционные кольца *n pl*
I302	e	interference source
	d	Störquelle *f*
	f	source *f* d'interférence
	r	источник *m* помех
I303	e	interferogram *see* interference pattern
I304	e	interferometer
	d	Interferometer *n*
	f	interféromètre *m*
	r	интерферометр *m*
I305	e	interferometer base
	d	Interferometerbasis *f*
	f	base *f* de l'interféromètre
	r	база *f* интерферометра
I306	e	interferometric compensator
	d	interferometrischer Kompensator *m*
	f	compensateur *m* interférométrique
	r	интерферометрический компенсатор *m*
I307	e	interferometric measurements
	d	interferometrische Messungen *f pl*
	f	mesures *f pl* interférométriques

	r	интерферометрические измерения *n pl*
I308	e	**interferometry**
	d	Interferometrie *f*
	f	interférométrie *f*
	r	интерферометрия *f*
I309	e	**intergalactic gas**
	d	intergalaktisches Gas *n*
	f	gaz *m* intergalactique
	r	межгалактический газ *m*
I310	e	**intermediate boson**
	d	intermediäres Boson *n*
	f	boson *m* intermédiaire
	r	промежуточный бозон *m*
I311	e	**intermediate-energy region**
	d	Mittelenergiebereich *m*
	f	région *f* d'énergies intermédiaires
	r	область *f* промежуточных энергий
I312	e	**intermediate frequency**
	d	Zwischenfrequenz *f*
	f	fréquence *f* intermédiaire
	r	промежуточная частота *f*
I313	e	**intermediate neutrons**
	d	mittelschnelle Neutronen *n pl*
	f	neutrons *m pl* intermédiaires
	r	промежуточные нейтроны *m pl*
I314	e	**intermediate state**
	d	Zwischenzustand *m*
	f	état *m* intermédiaire
	r	промежуточное состояние *n*
I315	e	**intermediate vector boson**
	d	intermediäres Vektorboson *n*
	f	boson *m* vecteur intermédiaire
	r	промежуточный векторный бозон *m*
I316	e	**intermetallic compounds**
	d	intermetallische Verbindungen *f pl*
	f	composés *m pl* intermétalliques
	r	интерметаллические соединения *n pl*, металлиды *m pl*
I317	e	**Intermodal interference**
	d	Zwischenmodeninterferenz *f*
	f	interférence *f* intermode
	r	межмодовая интерференция *f*
I318	e	**intermode conversion**
	d	Zwischenmodenkonversion *f*
	f	conversion *f* intermode
	r	межмодовая конверсия *f*
I319	e	**intermode dispersion**
	d	Zwischenmodendispersion *f*
	f	dispersion *f* intermode
	r	межмодовая дисперсия *f*
I320	e	**intermolecular interaction**
	d	intermolekulare Wechselwirkung *f*, zwischenmolekulare Wechselwirkung *f*
	f	interaction *f* intermoléculaire
	r	межмолекулярное взаимодействие *n*
I321	e	**internal conversion**
	d	innere Konversion *f*, innere Umwandlung *f*
	f	conversion *f* interne
	r	внутренняя конверсия *f*
I322	e	**internal energy**
	d	innere Energie *f*
	f	énergie *f* interne
	r	внутренняя энергия *f*
I323	e	**internal friction**
	d	Eigenreibung *f*, innere Reibung *f*
	f	frottement *m* interne
	r	внутреннее трение *n*
I324	e	**internal gravitational waves**
	d	innere Gravitationswellen *f pl*
	f	ondes *f pl* de gravité internes
	r	внутренние гравитационные волны *f pl*
I325	e	**internal photoelectric effect**
	d	innerer Photoeffekt *m*, innerer photoelektrischer Effekt *m*, innerer lichtelektrischer Effekt *m*
	f	effet *m* photo-électrique interne
	r	внутренний фотоэффект *m*
I326	e	**internal quantum number**
	d	innere Quantenzahl *f*
	f	nombre *m* quantique interne
	r	внутреннее квантовое число *n*
I327	e	**internal reflection**
	d	innere Reflexion *f*
	f	réflexion *f* interne
	r	внутреннее отражение *n*
I328	e	**internal rotation**
	d	innere Rotation *f*
	f	rotation *f* interne
	r	внутреннее вращение *n*
I329	e	**internal symmetry**
	d	innere Symmetrie *f*
	f	symétrie *f* interne
	r	внутренняя симметрия *f*
I330	e	**International System of Units**
	d	internationales Einheitensystem *n*, SI-System *n*, SI
	f	système *m* international d'unités, SI
	r	Международная система *f* единиц, СИ
I331	e	**interplanetary matter**
	d	interplanetare Materie *f*
	f	matière *f* interplanétaire
	r	межпланетное вещество *n*, межпланетная среда *f*
I332	e	**interplanetary space**
	d	interplanetarer Raum *m*

INTERPOLATION

	f	espace *m* interplanétaire
	r	межпланетное пространство *n*
I333	e	**interpolation**
	d	Interpolation *f*, Interpolierung *f*
	f	interpolation *f*
	r	интерполяция *f*, интерполирование *n*
I334	e	**interpretation**
	d	Interpretieren *n*, Interpretation *f*, Auslegung *f*
	f	interprétation *f*
	r	интерпретация *f*, истолкование *n*
I335	e	**interpretation of diffraction patterns**
	d	Beugungsbilderinterpretation *f*
	f	interprétation *f* des images de diffraction
	r	интерпретация *f* дифракционных картин
I336	e	**interpretation of spectra**
	d	Interpretation *f* der Spektren
	f	interprétation *f* de spectres
	r	интерпретация *f* спектров
I337	e	**intersection**
	d	Schneiden *n*; Schnitt *m*
	f	intersection *f*
	r	пересечение *n*
I338	e	**interstellar absorption**
	d	interstellare Absorption *f*
	f	absorption *f* interstellaire
	r	межзвёздное поглощение *n* (*света*)
I339	e	**interstellar dust**
	d	interstellarer Staub *m*
	f	poussière *f* interstellaire
	r	межзвёздная пыль *f*
I340	e	**interstellar emission**
	d	interstellare Strahlung *f*
	f	émission *f* interstellaire
	r	межзвёздное излучение *n*
I341	e	**interstellar gas**
	d	interstellares Gas *n*
	f	gaz *m* interstellaire
	r	межзвёздный газ *m*
I342	e	**interstellar hydrogen**
	d	interstellarer Wasserstoff *m*
	f	hydrogène *m* interstellaire
	r	межзвёздный водород *m*
I343	e	**interstellar matter**
	d	interstellare Materie *f*
	f	matière *f* interstellaire
	r	межзвёздное вещество *n*, межзвёздная среда *f*
I344	e	**interstellar space**
	d	interstellarer Raum *m*
	f	espace *m* interstellaire
	r	межзвёздное пространство *n*
I345	e	**interstitial atom**
	d	Zwischengitteratom *n*, Atom *n* auf Zwischengitterplatz
	f	atome *m* interstitiel
	r	межузельный атом *m*, атом *m* внедрения
I346	e	**interstitial defect**
	d	Zwischengitterfehlstelle *f*, Zwischengitterdefekt *m*
	f	défaut *m* interstitiel
	r	дефект *m* внедрения, межузельный дефект *m*
I347	e	**interstitial position** *see* **interstitial site**
I348	e	**interstitial site**
	d	Zwischengitterplatz *m*
	f	position *f* interstitielle
	r	междоузлие *n*
I349	e	**interval**
	d	Intervall *n*; Zwischenraum *m*, Abstand *m*
	f	intervalle *m*
	r	интервал *m*; промежуток *m*
I350	e	**intervalley transitions**
	d	Intervalley-Übergänge *m pl*
	f	transitions *f pl* intervalées
	r	междолинные переходы *m pl*
I351	e	**intraband transition**
	d	Intrabandübergang *m*
	f	transition *f* intrabande
	r	внутризонный переход *m*
I352	e	**intrabeam scattering**
	d	Intrastrahlstreuung *f*
	f	diffusion *f* au faisceau
	r	внутрипучковое рассеяние *n*
I353	e	**intracavity laser spectroscopy**
	d	Intracavity-Laserspektroskopie *f*
	f	spectroscopie *f* d'intracavité laser
	r	внутрирезонаторная лазерная спектроскопия *f*
I354	e	**intramode dispersion**
	d	Intramodendispersion *f*
	f	dispersion *f* intramode
	r	внутримодовая дисперсия *f*
I355	e	**intramolecular bonds**
	d	innermolekulare Bindungen *f pl*
	f	liaisons *f pl* intramoléculaires
	r	внутримолекулярные связи *f pl*
I356	e	**intramolecular interaction**
	d	innermolekulare Wechselwirkung *f*
	f	interaction *f* intramoléculaire
	r	внутримолекулярное взаимодействие *n*
I357	e	**intrinsic conduction**
	d	Eigenleitung *f*

	f	conduction f intrinsèque
	r	собственная проводимость f
I358	e	intrinsic energy *see* internal energy
I359	e	intrinsic parity
	d	innere Parität f
	f	parité f intrinsèque
	r	внутренняя чётность f
I360	e	intrinsic semiconductor
	d	Eigenhalbleiter m, Intrinsic-Halbleiter m
	f	semi-conducteur m intrinsèque
	r	собственный полупроводник m
I361	e	invar
	d	Invar n
	f	invar m
	r	инвар m
I362	e	invariance
	d	Invarianz f
	f	invariance f
	r	инвариантность f
I363	e	invariance violation
	d	Invarianzverletzung f
	f	violation f de l'invariance
	r	нарушение n инвариантности
I364	e	invariant
	d	1. Invariante f 2. Skalar m
	f	invariant m
	r	инвариант m
I365	e	invariant charge
	d	invariante Ladung f
	f	charge f d'invariant
	r	инвариантный заряд m
I366	e	invariant method
	d	Invariantenmethode f
	f	méthode f des invariants
	r	метод m инвариантов
I367	e	inverse Fourier transformation
	d	inverse Fourier-Transformation f, Fourier-Rücktransformation f
	f	transformation f de Fourier inverse
	r	обратное преобразование n Фурье
I368	e	inverse population
	d	inverse Besetzung f
	f	population f inverse
	r	инверсная населённость f
I369	e	inverse problem
	d	inverses Problem n
	f	problème m inverse
	r	обратная задача f
I370	e	inverse relationship
	d	inverse Abhängigkeit f
	f	rapport m inverse
	r	обратная зависимость f
I371	e	inverse scattering problem
	d	inverses Streuungsproblem n
	f	problème m de diffusion inverse
	r	обратная задача f рассеяния
I372	e	inverse voltage
	d	Rückspannung f
	f	tension f inverse
	r	обратное напряжение n
I373	e	inversion
	d	Inversion f; Umwandlung f
	f	inversion f
	r	инверсия f; обращение n
I374	e	inversion curve
	d	Inversionskurve f
	f	courbe f d'inversion
	r	кривая f инверсии
I375	e	inversion layer
	d	Inversionsschicht f
	f	couche f d'inversion
	r	инверсионный слой m
I376	e	inversion temperature
	d	Inversionstemperatur f
	f	température f d'inversion
	r	температура f инверсии
I377	e	inverter
	d	Inverter m
	f	inverteur m
	r	инвертор m
I378	e	invisible radiation
	d	unsichtbare Strahlung f
	f	rayonnement m invisible
	r	невидимое излучение n
I379	e	invited paper, invited report
	d	eingeladener Bericht m
	f	rapport m invité
	r	приглашённый доклад m
I380	e	iodine, I
	d	Iod n
	f	iode m
	r	иод m
I381	e	ion
	d	Ion n
	f	ion m
	r	ион m
I382	e	ion accelerator
	d	Ionenbeschleuniger m
	f	accélérateur m d'ions
	r	ускоритель m ионов
I383	e	ion-acoustic instability
	d	Ionenschallinstabilität f
	f	instabilité f acoustique ionique
	r	ионно-звуковая неустойчивость f
I384	e	ion-acoustic oscillation
	d	Ionenschall m, Ionenschallschwingungen f pl

ION

      f oscillations *f pl* acoustiques ioniques
      r ионно-звуковые колебания *n pl*

I385 *e* **ion beam**
      d Ionenstrahl *m*
      f faisceau *m* ionique
      r ионный пучок *m*

I386 *e* **ion-beam implantation**
      d Ionenimplantation *f*
      f implantation *f* à faisceau ionique
      r ионная имплантация *f*

I387 *e* **ion-beam lithography**
      d Ionenstrahllithographie *f*
      f lithographie *f* à faisceau ionique
      r ионно-лучевая литография *f*

I388 *e* **ion-beam modification**
      d Ionenstrahlmodifikation *f*
      f modification *f* de faisceau ionique
      r ионно-лучевая модификация *f*

I389 *e* **ion bombardment**
      d Ionenbeschuß *m*
      f bombardement *m* ionique
      r ионная бомбардировка *f*

I390 *e* **ion channeling**
      d Ionenkanalierung *f*
      f canalisation *f* d'ions
      r каналирование *n* ионов

I391 *e* **ion charge**
      d Ionenladung *f*
      f charge *f* de l'ion
      r заряд *m* иона, ионный заряд *m*

I392 *e* **ion cluster**
      d Ionencluster *m*, Ionenschwarm *m*
      f groupe *m* d'ions
      r ионный кластер *m*

I393 *e* **ion concentration**
      d Ionenkonzentration *f*
      f concentration *f* d'ions
      r концентрация *f* ионов, ионная концентрация *f*

I394 *e* **ion dechanneling**
      d Ionendekanalierung *f*
      f décanalisation *f* d'ions
      r деканалирование *n* ионов

I395 *e* **ion density** *see* **ion concentration**

I396 *e* **ion-electron emission**
      d Ion-Elektron-Emission *f*
      f émission ion-électron *f*
      r ионно-электронная эмиссия *f*

I397 *e* **ion-electron recombination**
      d Ion-Elektron-Rekombination *f*
      f recombinaison *f* ion-électron
      r ионно-электронная рекомбинация *f*

I398 *e* **ion emission**
      d Ionenemission *f*
      f émission *f* ionique
      r ионная эмиссия *f*

I399 *e* **ion-exchange catalysis**
      d Ionenaustauschkatalyse *f*
      f catalyse *f* à échange d'ions
      r ионообменный катализ *m*

I400 *e* **ion-exchange chromatography**
      d Ionenaustauschchromatographie *f*
      f chromatographie *f* par échange d'ions
      r ионообменная хроматография *f*

I401 *e* **ion gun**
      d Ionenkanone *f*
      f canon *m* ionique
      r ионный прожектор *m*, ионная пушка *f*

I402 *e* **ionic bond**
      d Ionenbindung *f*; heteropolare Bindung *f*
      f liaison *f* ionique
      r ионная связь *f*; гетерополярная связь *f*

I403 *e* **ionic conduction**
      d Ionenleitung *f*
      f conduction *f* ionique
      r ионная проводимость *f*, ионная электропроводность *f*

I404 *e* **ionic crystal**
      d Ionenkristall *m*
      f cristal *m* ionique
      r ионный кристалл *m*

I405 *e* **ionic devices**
      d Ionengeräte *n pl*
      f appareils *m pl* ioniques
      r ионные приборы *m pl*

I406 *e* **ionic etching**
      d Ionenätzung *f*
      f attaque *f* ionique
      r ионное травление *n*

I407 *e* **ionic radius**
      d Ionenradius *m*
      f rayon *m* ionique
      r ионный радиус *m*

I408 *e* **ionic sputtering**
      d Ionensputtering *n*, Ionensputtern *n*, Ionenzerstäubung *f*
      f pulvérisation *f* ionique
      r ионное распыление *n*

I409 *e* **ion implantation** *see* **ion-beam implantation**

I410 *e* **ion implantation chamber**
      d Ionenimplantationskammer *f*
      f chambre *f* à implantation d'ions
      r камера *f* для ионной имплантации

IONIZATION

I411   e   **ion-implantation doping**
      d   Ionendotierung *f*
      f   implantation *f* d'ions
      r   ионное легирование *n*

I412   e   **ion-ion emission**
      d   Ion-Ion-Emission *f*
      f   émission *f* ion-ion
      r   ионно-ионная эмиссия *f*

I413   e   **ionization**
      d   Ionisation *f*, Ionisierung *f*
      f   ionisation *f*
      r   ионизация *f*

I414   e   **ionization by collision**
      d   Stoßionisation *f*, Stoßionisierung *f*
      f   ionisation *f* par collision
      r   столкновительная ионизация *f*

I415   e   **ionization by electron impact**
      d   Elektronenstoßionisation *f*
      f   ionisation *f* par choc électronique
      r   ионизация *f* электронным ударом

I416   e   **ionization calorimeter**
      d   Ionisationskalorimeter *n*
      f   calorimètre *m* d'ionisation
      r   ионизационный калориметр *m*

I417   e   **ionization chamber**
      d   Ionisationskammer *f*
      f   chambre *f* d'ionisation
      r   ионизационная камера *f*

I418   e   **ionization channel**
      d   Ionisationskanal *m*
      f   canal *m* d'ionisation
      r   канал *m* ионизации

I419   e   **ionization coefficient**
      d   Ionisationskoeffizient *m*
      f   coefficient *m* d'ionisation
      r   коэффициент *m* ионизации

I420   e   **ionization continuum**
      d   Ionisationskontinuum *n*
      f   continuum *m* d'ionisation
      r   ионизационный континуум *m*

I421   e   **ionization cross-section**
      d   Ionisationsquerschnitt *m*
      f   section *f* d'ionisation, section *f* efficace d'ionisation
      r   сечение *n* ионизации

I422   e   **ionization curve**
      d   Ionisationskurve *f*
      f   courbe *f* d'ionisation
      r   ионизационная кривая *f*

I423   e   **ionization energy**
      d   Ionisierungsenergie *f*, Ionisationsenergie *f*
      f   énergie *f* d'ionisation
      r   энергия ионизации *f*

I424   e   **ionization equilibrium**
      d   Ionisationsgleichgewicht *n*, Ionisierungsgleichgewicht *n*
      f   équilibre *m* d'ionisation
      r   ионизационное равновесие *n*

I425   e   **ionization gage**
      d   Ionisationsmanometer *n*, Ionisationsvakuummesser *m*
      f   manomètre *m* à ionisation, jauge *f* à ionisation
      r   ионизационный манометр *m*

I426   e   **ionization instability**
      d   Ionisationsinstabilität *f*
      f   instabilité *f* d'ionisation
      r   ионизационная неустойчивость *f*

I427   e   **ionization losses**
      d   Ionisationsverluste *m pl*
      f   pertes *f pl* d'ionisation
      r   ионизационные потери *f pl*

I428   e   **ionization of atmosphere**
      d   Luftionisation *f*, atmosphärische Ionisation *f*
      f   ionisation *f* atmosphérique
      r   атмосферная ионизация *f*

I429   e   **ionization potential**
      d   Ionisierungsspannung *f*, Ionisationsspannung *f*
      f   potentiel *m* d'ionisation
      r   потенциал *m* ионизации, ионизационный потенциал *m*

I430   e   **ionization rate**
      d   Ionisierungsgeschwindigkeit *f*, Ionisationsgeschwindigkeit *f*
      f   taux *m* d'ionisation
      r   скорость *f* ионизации

I431   e   **ionization source**
      d   Ionisationsquelle *f*, Ionisierungsquelle *f*
      f   source *f* d'ionisation, source *f* ionisante
      r   источник *m* ионизации

I432   e   **ionization state**
      d   Ionisierungszustand *m*
      f   état *m* d'ionisation
      r   ионизованное состояние *n*, ионизированное состояние *n*

I433   e   **ionization temperature**
      d   Ionisationstemperatur *f*
      f   température *f* d'ionisation
      r   температура *f* ионизации

I434   e   **ionization vacuum gage**
      d   Ionisationsvakuummeter *n*
      f   jauge *f* du vide à ionisation
      r   ионизационный вакуумметр *m*

I435   e   **ionization waves**

IONIZED

	d Ionisationswellen *f pl*
	f ondes *f pl* d'ionisation
	r ионизационные волны *f pl*, волны *f pl* ионизации

I436 *e* **ionized atom**
d ionisiertes Atom *n*
f atome *m* ionisé
r ионизованный атом *m*

I437 *e* **ionized gas**
d ionisiertes Gas *n*
f gaz *m* ionisé
r ионизированный газ *m*, ионизованный газ *m*

I438 *e* **ionized molecule**
d ionisiertes Molekül *n*
f molécule *f* ionisée
r ионизованная молекула *f*

I439 *e* **ionizer**
d Ionisator *m*
f ioniseur *m*
r ионизатор *m*

I440 *e* **ionizing radiation**
d ionisierende Strahlung *f*
f rayonnement *m* ionisant
r ионизирующее излучение *n*

I441 *e* **ionizing radiation source**
d ionisierende Strahlungsquelle *f*
f source *f* de rayonnement ionisant
r источник *m* ионизирующего излучения

I442 *e* **ion laser**
d Ionenlaser *m*
f laser *m* à ions
r ионный лазер *m*

I443 *e* **ion microscope**
d Ionenmikroskop *n*
f microscope *m* ionique
r ионный микроскоп *m*

I444 *e* **ionogram**
d Ionogramm *n*, Ionosphärendurchdrehaufnahme *f*
f ionogramme *m*
r ионограмма *f*

I445 *e* **ionoluminescence**
d Ionolumineszenz *f*
f ionoluminescence *f*
r ионолюминесценция *f*

I446 *e* **ionosonde**
d Ionosonde *f*
f ionosonde *f*
r ионозонд *m*

I447 *e* **ionosphere**
d Ionosphäre *f*
f ionosphère *f*
r ионосфера *f*

I448 *e* **ionospheric channel**
d Ionosphärenkanal *m*
f canal *m* ionosphérique
r ионосферный канал *m*

I449 *e* **ionospheric data**
d ionosphärische Daten *pl*
f données *pl* ionosphériques
r ионосферные данные *pl*

I450 *e* **ionospheric disturbances**
d ionosphärische Störungen *f pl*, Ionosphärenstörungen *f pl*
f perturbations *f pl* ionosphériques
r ионосферные возмущения *n pl*

I451 *e* **ionospheric dynamo**
d Ionosphärendynamoeffekt *m*
f effet *m* dynamo ionosphérique
r ионосферное динамо *n*

I452 *e* **ionospheric irregularity**
d ionosphärische Ungleichheit *f*
f irrégularité *f* ionosphérique
r ионосферная неоднородность *f*

I453 *e* **ionospheric region**
d Ionosphärengebiet *n*
f région *f* ionosphérique
r область *f* ионосферы

I454 *e* **ionospheric scintillation**
d ionosphärische Szintillation *f*, ionosphärisches Flimmern *n*
f scintillations *f pl* ionosphériques
r ионосферные мерцания *n pl*

I455 *e* **ionospheric sounding**
d Ionosphärensondierung *f*
f sondage *m* ionosphérique
r зондирование *n* ионосферы

I456 *e* **ionospheric waveguide**
d Ionosphärenwellenleiter *m*
f guide *m* d'ondes ionosphérique
r ионосферный волновод *m*

I457 *e* **ion projector**
d Ionenprojektor *m*
f projecteur *m* ionique
r ионный проектор *m*

I458 *e* **ion sound**
d Ionenschall *m*, Ionenschallschwingung *f*
f son *m* ionique
r ионный звук *m* (в плазме)

I459 *e* **ion-sound oscillation** *see* **ion-acoustic oscillation**

I460 *e* **ion source**
d Ionenquelle *f*
f source *f* d'ions
r ионный источник *m*, источник *m* ионов

I461   e   ion temperature
        d   Ionentemperatur *f*
        f   température *f* ionique
        r   ионная температура *f*, температура *f* ионов

I462   e   ion thermonuclear fusion
        d   Ionenfusion *f*
        f   fusion *f* thermonucléaire ionique
        r   ионный термоядерный синтез *m*

I463   e   iridium, Ir
        d   Iridium *n*
        f   iridium *m*
        r   иридий *m*

I464   e   iris *see* iris diaphragm

I465   e   iris diaphragm
        d   Irisblende *f*
        f   diaphragme *m* iris
        r   ирисовая диафрагма *f*

I466   e   iron, Fe
        d   Eisen *n*
        f   fer *m*
        r   железо *n*

I467   e   iron-core coil
        d   Eisenkernspule *f*, Eisenkerndrossel *f*, Eisendrossel *f*
        f   bobine *f* à noyau de fer
        r   катушка *f* с железным сердечником

I468   e   iron losses
        d   Eisenkernverluste *m pl*
        f   pertes *f pl* au fer
        r   потери *f pl* в железе; потери *f pl* в сердечнике

I469   e   irradiance
        d   Bestrahlungsstärke *f*
        f   irradiance *f*
        r   облучённость *f*

I470   e   irradiation
        d   1. Bestrahlung *f* 2. Irradiation *f*
        f   irradiation *f*
        r   1. облучение *n* 2. иррадиация *f*

I471   e   IR radiation *see* infrared radiation

I472   e   irradiator
        d   Strahler *m*, Strahlungsquelle *f*
        f   irradiateur *m*
        r   облучатель *m*

I473   e   irrecoverable deformation *see* irreversible deformation

I474   e   irreducible diagram
        d   irreduzibles Diagramm *n*
        f   diagramme *m* irréductible
        r   неприводимая диаграмма *f*

I475   e   irreducible representation
        d   irreduzible Darstellung *f (einer Gruppe)*
        f   représentation *f* irréductible *(d'un groupe)*
        r   неприводимое представление *n* (группы)

I476   e   irregularity
        d   Irregularität *f*; Ungleichheit *f*; Inhomogenität *f*
        f   irrégularité *f*
        r   нерегулярность *f*; неоднородность *f*; неравномерность *f*

I477   e   irregular motion
        d   ungeordnete Bewegung *f*, regellose Bewegung *f*
        f   mouvement *m* irrégulier
        r   неравномерное движение *n*

I478   e   irreversibility
        d   Irreversibilität *f*, Nichtumkehrbarkeit *f*
        f   irréversibilité *f*
        r   необратимость *f*

I479   e   irreversible deformation
        d   bleibende Formänderung *f*
        f   déformation *f* irréversible
        r   необратимая деформация *f*

I480   e   irreversible process
        d   irreversibler Prozeß *m*, nichtumkehrbarer Prozeß *m*
        f   processus *m* irréversible
        r   необратимый процесс *m*

I481   e   irreversible thermodynamics
        d   irreversible Thermodynamik *f*, Thermodynamik *f* irreversibler Prozesse
        f   thermodynamique *f* des processus irréversibles
        r   термодинамика *f* необратимых процессов

I482   e   irreversible transformation
        d   irreversible Umwandlung *f*
        f   transformation *f* irréversible
        r   необратимое превращение *n*

I483   e   irrotational flow
        d   wirbelfreie Strömung *f*, Potentialströmung *f*
        f   écoulement *m* sans tourbillon, écoulement *m* potentiel
        r   безвихревое течение *n*, потенциальное течение *n*

I484   e   IR source *see* infrared source

I485   e   isallobar
        d   Isallobare *f*
        f   isallobare *f*
        r   изаллобара *f*

I486   e   isallotherm
        d   Isallotherme *f*

ISANEMONE

	f	isallotherme *f*
	r	изаллотерма *f*
I487	*e*	isanemone
	d	Isanemone *f*
	f	isanémone *f*
	r	изанемона *f*
I488	*e*	isanomal line, isanomalous line
	d	Isanomale *f*
	f	isanomale *f*, ligne *f* isanomale
	r	изаномала *f*
I489	*e*	isenthalpic process
	d	isenthalpischer Prozeß *m*, isenthalpische Zustandsänderung *f*
	f	processus *m* isenthalpique
	r	изоэнтальпийный процесс *m*
I490	*e*	isentropic process
	d	isentropischer Prozeß *m*, isentropische Zustandsänderung *f*
	f	processus *m* isentropique
	r	изоэнтропийный процесс *m*
I491	*e*	Ising model
	d	Ising-Modell *n*
	f	modèle *m* d'Ising
	r	модель *f* Изинга, изинговская модель *f*
I492	*e*	isobar
	d	1. Isobare *f*, Isobarenlinie *f* 2. Isobar *n*, Kernisobar *n*
	f	1. isobare *f* 2. noyau *m* isobare
	r	1. изобара *f* 2. изобар *m*
I493	*e*	isobaric line *see* isobar 1.
I494	*e*	isobaric process
	d	isobarer Prozeß *m*, Isobarenprozeß *m*
	f	processus *m* isobarique
	r	изобарный процесс *m*
I495	*e*	isobaric spin
	d	Isobarenspin *m*, isobarer Spin *m*, Isospin *m*
	f	spin *m* isobarique
	r	изобарический спин *m*
I496	*e*	isocandela curve, isocandela line
	d	Isokandelakurve *f*, Linie *f* gleicher Lichtstärke
	f	courbe *f* isocandela
	r	кривая *f* равной силы света, изокандела *f*
I497	*e*	isochasm
	d	Isochasme *f*
	f	isochasme *f*
	r	изохазма *f*
I498	*e*	isochore
	d	Isochore *f*
	f	isochore *f*
	r	изохора *f*
I499	*e*	isochoric process
	d	isochorer Prozeß *m*
	f	processus *m* isochore
	r	изохорный процесс *m*
I500	*e*	isochromatic curve, isochromatic line
	d	Isochromate *f*, isochromatische Kurve *f*
	f	ligne *f* isochromatique, courbe *f* isochromatique
	r	изохрома *f*
I501	*e*	isochrone
	d	Isochrone *f*
	f	isochrone *f*
	r	изохрона *f*
I502	*e*	isochrone pendulum
	d	Isochronenpendel *n*
	f	pendule *m* isochrone
	r	изохронный маятник *m*
I503	*e*	isochronism
	d	Isochronie *f*, Isochronismus *m*
	f	isochronisme *m*
	r	изохронность *f*
I504	*e*	isochronism of oscillation
	d	Schwingungsisochronismus *m*
	f	isochronisme *m* des oscillations
	r	изохронность *f* колебаний
I505	*e*	isochronism of pendulum
	d	Pendelisochronie *f*
	f	isochronisme *m* du pendule
	r	изохронность *f* маятника
I506	*e*	isochronous cyclotron
	d	Isochronzyklotron *n*
	f	cyclotron *m* isochrone
	r	изохронный циклотрон *m*
I507	*e*	isochronous motion
	d	isochrone Bewegung *f*
	f	mouvement *m* isochrone
	r	изохронное движение *n*
I508	*e*	isochronous vibration, isochronous vibrations
	d	isochrone Schwingungen *f pl*
	f	oscillations *f pl* isochrones
	r	изохронные колебания *n pl*
I509	*e*	isoclinic line
	d	Isokline *f*
	f	isocline *f*
	r	изоклина *f*
I510	*e*	isodence
	d	Isodense *f*
	f	isodense *f*
	r	изоденса *f*
I511	*e*	isodose
	d	Isodosenkurve *f*, Isodosis *f*
	f	isodose *f*
	r	изодоза *f*

I512 e isodynamic line
      d Isodyname f
      f ligne f isodynamique
      r изодинама f

I513 e isoelectronic sequence
      d isoelektronische Reihe f
      f séquence f isoélectronique, série f isoélectronique
      r изоэлектронный ряд m

I514 e isogon see isogonic line

I515 e isogonic line
      d Isogone f
      f ligne f isogonique, isogone f
      r изогона f

I516 e isogroup
      d Isogruppe f
      f isogroupe m
      r изогруппа f

I517 e isokinetic
      d Isokinetik f
      f isocinétique f
      r изокинета f

I518 e isolated dislocation
      d Einzelversetzung f, isolierte Dislokation f
      f dislocation f isolée
      r изолированная дислокация f, одиночная дислокация f

I519 e isolated system
      d isoliertes System n
      f système m isolé
      r изолированная система f, замкнутая система f

I520 e isolation
      d 1. Isolierung f, Isolation f 2. Entkopplung f, Trennung f
      f 1. isolation f 2. séparation f
      r 1. изоляция f 2. развязка f

I521 e isoline
      d Isolinie f
      f isoligne f
      r изолиния f

I522 e isoluminance curve
      d Kurve f gleicher Leuchtdichte
      f courbe f isophote de luminance
      r кривая f равной яркости

I523 e isolux curve
      d Isoluxe f, Isoluxkurve f
      f courbe f isoluxe
      r кривая f равной освещённости, изолюкс m

I524 e isomer
      d Isomer n, Isomeres n
      f isomère m
      r изомер m

I525 e isomerism
      d Isomerie f
      f isomérie f
      r изомерия f

I526 e isomerization
      d Isomerisation f
      f isomérisation f
      r изомеризация f

I527 e isomorphism
      d Isomorphie f; Isomorphismus m
      f isomorphisme m
      r изоморфизм m

I528 e isomultiplet
      d Isomultiplett n, Isotopenmultiplett n
      f isomultiplet m
      r изомультиплет m, изотопический мультиплет m

I529 e isophasal line
      d Isophase f (der Sonnenfinsternis)
      f isophase f (de l'éclipse solaire)
      r изофаза f (солнечного затмения)

I530 e isophot curve
      d Isophote f
      f isophote f
      r изофот m

I531 e isoplanatism
      d Isoplanasie f
      f isoplanatisme f
      r изопланатизм m

I532 e isopycnic, isopycnic line
      d Isopykne f
      f isopycne f
      r изопикна f

I533 e isoscalar
      d Isoskalar m
      f isoscalaire m
      r изоскаляр m

I534 e isosinglet
      d Isosingulett n, Isotopensingulett n
      f isosingulet m
      r изосинглет m

I535 e isospace
      d Isospinraum m, Iso-Raum m
      f espace m isobarique
      r изопространство n

I536 e isospin
      d Isospin m, Isotopenspin m
      f isospin m
      r изоспин m, изотопический спин m

I537 e isospin doublet
      d Isospindublett n, Isotopenspindublett n, Isodublett n
      f isodoublet m
      r изоспиновый дублет m, изотопический дублет m

I538   e   **isospin multiplet**
        d   Isospinmultiplett n, Isotopenspinmultiplett n, Isomultiplett n
        f   isomultiplet m
        r   изоспиновый мультиплет m, изотопический мультиплет m

I539   e   **isospin triplet**
        d   Isospintriplett n, Isotopenspintriplett n, Isotriplett n
        f   isotriplet m
        r   изоспиновый триплет m, изотопический триплет m

I540   e   **isostere**
        d   Isostere f, isostere Kurve f
        f   isostère f
        r   изостера f

I541   e   **isostructurality**
        d   Isostrukturalität f
        f   isotypie f
        r   изоструктурность f

I542   e   **isosymmetry**
        d   Isosymmetrie f
        f   isosymétrie f
        r   изосимметрия f

I543   e   **isotensor**
        d   Isotensor m
        f   isotenseur m
        r   изотензор m

I544   e   **isotherm**
        d   Isotherme f
        f   isotherme f
        r   изотерма f

I545   e   **isothermal expansion**
        d   isotherme Ausdehnung f
        f   expansion f isotherme
        r   изотермическое расширение n

I546   e   **isothermal process**
        d   isothermer Prozeß m, isotherme Zustandsänderung f
        f   processus m isotherme
        r   изотермический процесс m

I547   e   **isotone**
        d   Isoton n
        f   isotone m
        r   изотон m

I548   e   **isotope**
        d   Isotop n
        f   isotope m
        r   изотоп m

I549   e   **isotope chronology**
        d   Altersbestimmung f mit Radionukliden
        f   chronologie f isotopique
        r   изотопная хронология f; изотопная датировка f

I550   e   **isotope dilution method**
        d   Isotopenverdünnungsmethode f, Isotopenverdünnungsanalyse f
        f   méthode f de dilution isotopique
        r   метод m изотопного разведения

I551   e   **isotope effect**
        d   Isotopeneffekt m, Isotopieeffekt m
        f   effet m isotopique
        r   изотопический эффект m

I552   e   **isotope separation**
        d   Isotopentrennung f
        f   séparation f des isotopes
        r   разделение n изотопов

I553   e   **isotope shift**
        d   Isotopieverschiebung f
        f   écart m isotopique
        r   изотопический сдвиг m

I554   e   **isotope source**
        d   Isotopenquelle f
        f   source f d'isotopes
        r   изотопный источник m

I555   e   **isotopic abundance**
        d   Isotopenhäufigkeit f
        f   abondance f isotopique
        r   распространённость f изотопов

I556   e   **isotopically selective dissociation**
        d   isotopenselektive Dissoziation f
        f   dissociation f sélective d'isotopes
        r   изотопически селективная диссоциация f

I557   e   **isotopic doublet**
        d   Isotopendublett n, Isodublett n
        f   doublet m isotopique
        r   изотопический дублет m

I558   e   **isotopic index**
        d   Isotopieindex m, isotopischer Index m
        f   indice m isotopique
        r   изотопический индекс m

I559   e   **isotopic invariance**
        d   Isotopieinvarianz f, isotopische Invarianz f
        f   invariance f isotopique
        r   изотопическая инвариантность f

I560   e   **isotopic invariant**
        d   isotopische Invariante f
        f   invariant m isotopique
        r   изотопический инвариант m

I561   e   **isotopic method**
        d   Isotopenmethode f
        f   méthode f des atomes marqués
        r   изотопный метод m

I562   e   **isotopic multiplet**
        d   Isotopenmultiplett n, Isomultiplett n
        f   multiplet m isotopique
        r   изотопический мультиплет m

I563 e isotopic ratio
      d Isotopenverhältnis n
      f rapport m isotopique
      r изотопное отношение n

I564 e isotopic space
      d Isospinraum m, Iso-Raum m
      f espace m isotopique
      r изотопическое пространство n

I565 e isotopic spin *see* isospin

I566 e isotopic tag
      d Markierungsisotop n
      f marque f isotopique
      r изотопная метка f

I567 e isotopic tracer
      d Isotopenindikator m
      f traceur m isotopique
      r изотопный индикатор m

I568 e isotriplet
      d Isotopentriplett n, Isotriplett n
      f isotriplet m
      r изотриплет m

I569 e isotropic emission *see* isotropic radiation

I570 e isotropic material
      d isotropes Material n
      f matériau m isotrope
      r изотропный материал m

I571 e isotropic medium
      d isotropes Medium n
      f milieu m isotropique
      r изотропная среда f

I572 e isotropic model
      d isotropes Modell n
      f modèle m isotrope
      r изотропная модель f (Вселенной)

I573 e isotropic radiation
      d Isotropstrahlung f, isotrope Strahlung f
      f rayonnement m isotrope, radiation f isotrope
      r изотропное излучение n

I574 e isotropic radiator
      d isotroper Strahler m; Kugelstrahler m
      f radiateur m isotrope
      r изотропный излучатель m

I575 e isotropic substance
      d isotrope Substanz f
      f corps m isotrope
      r изотропное вещество n

I576 e isotropization
      d Isotropisierung f
      f isotropisation f
      r изотропизация f

I577 e isotropy
      d Isotropie f
      f isotropie f
      r изотропия f

I578 e isotropy of Universe
      d Isotropie f des Weltalls
      f isotropie f de l'Univers
      r изотропия f Вселенной

I579 e isovalent isomorphism
      d isovalenter Isomorhismus m
      f isomorphisme m isovalent
      r изовалентный изоморфизм m

I580 e isovector
      d Isovektor m
      f isovecteur m
      r изовектор m

I581 c ISWR *see* current standing wave ratio

I582 e iteration
      d Iteration f
      f itération f
      r итерация f

I583 e iteration technique
      d Iterationsverfahren n
      f méthode f d'itération
      r метод m итераций

J

J1 e jacobian
    d Jacobische Determinante f
    f jacobien m
    r якобиан m

J2 e Jacobi ellipsoid
    d Jacobisches Ellipsoid n, Jacobi-Ellipsoid n
    f ellipsoïde m de Jacobi
    r эллипсоид m Якоби

J3 e Jahn-Teller effect
    d Jahn-Teller-Effekt m
    f effet m de Jahn-Teller
    r эффект m Яна - Теллера

J4 e Jamin interferometer
    d Jamin-Interferometer n, Jaminscher Interferometer n
    f interféromètre m de Jamin
    r интерферометр m Жамена

J5 e Jansky, Jy
    d Jansky n
    f jansky m
    r янский m, Ян (внесистемная единица спектральной плотности

		потока космического радиоизлучения)
J6	e	Jaynes-Cummings model
	d	Jaynes-Cummings-Modell n
	f	modèle m de Jaynes-Cummings
	r	модель f Джейниса - Каммингса
J7	e	Jeans criterion
	d	Jeans-Kriterium n
	f	critère m de Jeans
	r	критерий m Джинса
J8	e	jet
	d	Strahl m; Schubstrahl m
	f	jet m
	r	струя f
J9	e	jet-edge generator
	d	Hartmann-Generator m
	f	générateur m de Hartmann, oscillateur m de Hartmann
	r	газоструйный излучатель m, генератор m Гартмана
J10	e	jet engine
	d	Strahltriebwerk n
	f	réacteur m
	r	реактивный двигатель m
J11	e	jet propulsion
	d	1. Rückstoßbewegung f 2. Strahlantrieb m
	f	propulsion f à réaction
	r	1. реактивное движение n 2. реактивная тяга f
J12	e	jitter
	d	Jitter m
	f	tremblement, m
	r	дрожание n (напр. частоты)
J13	e	Jones matrix method
	d	Jonessches Matrixverfahren n
	f	méthode f de matrice de Joncs
	r	матричный метод m Джонса
J14	e	Josephson contact
	d	Josephson-Kontakt m
	f	contact m de Josephson, contact m Josephson
	r	джозефсоновский контакт m
J15	e	Josephson effect
	d	Josephson-Effekt m
	f	effet m Josephson
	r	эффект m Джозефсона
J16	e	Josephson oscillation
	d	Josephson-Oszillation f
	f	oscillation f de Josephson
	r	джозефсоновские колебания n pl
J17	e	Joule, J
	d	Joule n
	f	joule m, J
	r	джоуль m, Дж
J18	e	Joule equivalent see mechanical equivalent of heat
J19	e	Joule heating
	d	Joulesche Aufheizung f, Joule-Effekt-Aufheizung f
	f	chauffage m de Joule
	r	джоулев нагрев m, омический нагрев m
J20	e	Joule law (in thermodynamics)
	d	Joulesches Gesetz n, Joulesches Gesetz n der Thermodynamik
	f	loi f de Joule (en thermodynamique)
	r	закон m Джоуля (в термодинамике)
J21	e	Joule law (of electrical heating)
	d	Joulesches Gesetz n
	f	loi f de Joule (de chauffage électrique)
	r	закон m Джоуля - Ленца
J22	e	Joule loss, Joule losses
	d	Joulesche Verluste m pl
	f	pertes f pl de Joule
	r	джоулевы потери f pl
J23	e	Joule-Thomson effect
	d	Joule-Thomson-Effekt m
	f	effet m Joule-Thomson
	r	эффект m Джоуля - Томсона
J24	e	jump
	d	Sprung m
	f	saut m
	r	скачок m
J25	e	junction
	d	1. Übergang m 2. Verbindung f, Anschluß m
	f	jonction f
	r	1. переход m 2. контакт m, соединение n
J26	e	junction region
	d	Übergangszone f
	f	zone f de jonction, zone f de transition
	r	область f перехода (в полупроводнике)
J27	e	Jupiter
	d	Jupiter m
	f	Jupiter m
	r	Юпитер m

K

K1	e	kaon
	d	Kaon n, K-Meson n

        f méson *m* K
        r каон *m*, K-мезон *m*

K2 *e* **Kapitza law**
        d Kapitzasches Gesetz *n*
        f loi *f* de Kapitza
        r закон *m* Капицы

K3 *e* **Kapitza temperature jump**
        d Kapitzascher Temperatursprung *m*
        f saut *m* de température de Kapitza
        r температурный скачок *m* Капицы

K4 *e* **Karman vortex street**
        d Karmansche Wirbelstraße *f*
        f chemin *m* de tourbillons de Karman
        r вихревая дорожка *f* Кармана

K5 *e* **K-capture**
        d K-Einfang *m*
        f capture *f* K
        r K-захват *m*

K6 *e* **Keldysh approximation**
        d Keldysh-Approximation *f*
        f approximation *f* de Keldych
        r приближение *n* Келдыша

K7 *e* **Kelvin, K**
        d Kelvin *n*
        f kelvin *m*
        r кельвин *m*, K

K8 *e* **Kelvin double bridge**
        d Thomson-Brücke *f*, Thomsonsche Doppelbrücke *f*
        f pont *m* double de Kelvin
        r двойной мост *m* Кельвина

K9 *e* **Kelvin temperature scale**
        d Kelvin-Skala *f*
        f échelle *f* de Kelvin
        r шкала *f* Кельвина

K10 *e* **Kennelly-Heaviside layer**
        d Heaviside-Kennelly-Schicht *f*, E-Schicht *f*
        f couche *f* de Kennelly-Heaviside
        r слой *m* Кеннели - Хевисайда, слой *m* E (ионосферы)

K11 *e* **kenotron**
        d Kenotron *n*, Hochvakuumgleichrichterröhre *f*
        f kénotron *m*
        r кенотрон *m*

K12 *e* **Kepler law**
        d Keplersches Gesetz *n*
        f loi *f* de Kepler
        r закон *m* Кеплера

K13 *e* **kerma**
        d Kerma *f*
        f kerma *m*
        r керма *f*

K14 *e* **kerma rate**
        d Kermaleistung *f*
        f débit *m* de kerma
        r мощность *f* кермы

K15 *e* **kernel**
        d Kern *m*
        f noyau *m*
        r ядро *m*; сердцевина *f*

K16 *e* **Kerr cell**
        d Kerr-Zelle *f*
        f cellule *f* de Kerr
        r ячейка *f* Керра

K17 *e* **Kerr effect**
        d Kerr-Effekt *m*
        f effet *m* Kerr
        r эффект *m* Керра

K18 *e* **Kerr space-time**
        d Kerrsche Raumzeit *f*
        f espace-temps *m* de Kerr
        r пространство-время *n* Керра

K19 *e* **ket vector**
        d ket-Vektor *m*, ket *n*
        f vecteur *m* ket
        r кет-вектор *n*

K20 *e* **key**
        d 1. Schlüssel *m* 2. Taste *f*, Drucktaste *f*
        f 1. clé *f* 2. touche *f*
        r 1. ключ *m* 2. клавиша *f*

K21 *e* **keyboard**
        d Tastatur *f*
        f clavier *m*
        r клавиатура *f*

K22 *e* **Kikoin-Noskov effect**
        d Kikoin-Noskov-Effekt *m*
        f effet *m* de Kikoin-Noskov
        r эффект *m* Кикоина - Носкова

K23 *e* **killer**
        d Lumineszenzgift *n*, Lumineszenzkiller *m*
        f destructeur *m* de luminescence, poison *m* de luminescence
        r тушитель *m* (люминесценции)

K24 *e* **kiloelectron-volt, keV**
        d Kiloelektronenvolt *n*
        f kiloélectron-volt *m*
        r килоэлектрон-вольт *m*, кэВ

K25 *e* **kilogram, kg**
        d Kilogramm *n*
        f kilogramme *m*
        r килограмм *m* , кг

K26 *e* **kilogram-force**
        d Kilopond *n*, kp
        f kilogramme-force *m*, kgf
        r килограмм-сила *f*, кгс

KILOGRAM-METER

K27   e   kilogram-meter per second
      d   Kilopond *n* je Sekunde, kp/s
      f   kilogrammètre *m* par seconde, kg·m/s
      r   килограмм-метр *m* в секунду, кг·м/с

K28   e   kiloparsec
      d   Kiloparsek *n*, Kiloparsec *n*
      f   kiloparsec *m*
      r   килопарсек *m*

K29   e   kinematic invariant
      d   kinematische Invariante *f*
      f   invariant *m* cinématique
      r   кинематический инвариант *m*

K30   e   kinematics
      d   Kinematik *f*, Bewegungslehre *f*
      f   cinématique *f*
      r   кинематика *f*

K31   e   kinematic screw
      d   kinematische Schraube *f*
      f   vis *f* cinématique
      r   кинематический винт *m*

K32   e   kinematics of a point
      d   Kinematik *f* eines Massepunktes
      f   cinématique *f* du point
      r   кинематика *f* точки

K33   e   kinematics of fluids
      d   Kinematik *f* der Flüssigkeiten und Gase, Strömungskinematik *f*
      f   cinématique *f* des fluides
      r   кинематика *f* жидкостей и газов

K34   e   kinematics of liquids
      d   Kinematik *f* der Flüssigkeiten
      f   cinématique *f* des liquides
      r   кинематика *f* жидкостей

K35   e   kinematics of rigid body
      d   Kinematik *f* des starren Körpers
      f   cinématique *f* du solide
      r   кинематика *f* твёрдого тела

K36   e   kinematic viscosity
      d   kinematische Viskosität *f*
      f   viscosité *f* cinématique
      r   кинематическая вязкость *f*

K37   e   kinescope
      d   Bildwiedergaberöhre *f*, Bildröhre *f*, Kineskop *n*
      f   kinescope *m*, cinescope *m*
      r   кинескоп *m*

K38   e   kinetic coefficient
      d   kinetischer Koeffizient *m*
      f   coefficient *m* cinétique
      r   кинетический коэффициент *m*

K39   e   kinetic energy
      d   kinetische Energie *f*
      f   énergie *f* cinétique
      r   кинетическая энергия

K40   e   kinetic equation
      d   kinetische Gleichung *f*
      f   équation *f* cinétique
      r   кинетическое уравнение *n*

K41   e   kinetic momentum
      d   Impulsmoment *n*, Drehimpuls *m*
      f   moment *m* cinétique
      r   кинетический момент *m*, момент *m* количества движения

K42   e   kinetic potential
      d   kinetisches Potential *n*, Lagrangesche Funktion *f*, Lagrange-Funktion *f*
      f   potentiel *m* cinétique
      r   кинетический потенциал *m*, функция *f* Лагранжа

K43   e   kinetics
      d   Kinetik *f*
      f   cinétique *f*
      r   кинетика *f*

K44   e   kinetics of chemical reactions
      d   Reaktionskinetik *f*
      f   cinétique *f* des réactions chimiques
      r   кинетика *f* химических реакций

K45   e   kinetics of evaporation
      d   Evaporationskinetik *f*
      f   cinétique *f* de l'évaporation
      r   кинетика *f* испарения

K46   e   kinetics of fluids
      d   Kinetik *f* der Flüssigkeiten und Gase
      f   cinétique *f* des fluides
      r   кинетика *f* жидкостей и газов

K47   e   kinetics of level population
      d   Besetzungskinetik *f*
      f   cinétique *f* de la population des niveaux
      r   кинетика *f* заселения уровней

K48   e   kinetics of magnetic phenomena
      d   Kinetik *f* der magnetischen Phänomene
      f   cinétique *f* des phénomènes magnétiques
      r   кинетика *f* магнитных явлений

K49   e   kinetics of nuclear reactor
      d   Kinetik *f* des Kernreaktors
      f   cinétique *f* du réacteur nucléaire
      r   кинетика *f* ядерного реактора

K50   e   kinetics of recrystallization
      d   Kinetik *f* der Rekristallisation, Rekristallisationskinetik *f*
      f   cinétique *f* de la recristallisation
      r   кинетика *f* рекристаллизации

K51   e   kinetic theory of gases
      d   kinetische Gastheorie *f*

	f	théorie *f* cinétique des gaz
	r	кинетическая теория *f* газов

K52 e kinetostatics
 d Kinetostatik *f*
 f cinétostatique *f*
 r кинетостатика *f*

K53 e kink
 d Knick *m*, Abknickung *f*; Knickstelle *f*
 f coude *m*
 r 1. излом *m*, перегиб *m* 2. кинк *m*

K54 e kink instability
 d Instabilität *f* gegen Knickung, Knickinstabilität *f*, «Kink»-Instabilität *f*
 f instabilité *f* à coques
 r шланговая неустойчивость *f*, винтовая неустойчивость *f* (плазмы)

K55 e kinoform
 d Kinoform *m*
 f kinoform *f*
 r киноформ *m*

K56 e Kirchhoff law
 d Kirchhoffsches Gesetz *n*
 f loi *f* de Kirchhoff
 r закон *m* Кирхгоффа

K57 e Kirchhoff method
 d Kirchhoffsche Methode *f*
 f méthode *f* de Kirchhoff
 r метод *m* Кирхгофа

K58 e Klebsch-Gordon coefficients
 d Klebsch-Gordon-Koeffizienten *m pl*
 f coefficients *m pl* de Klebsch-Gordon
 r коэффициенты *m pl* Клебша - Гордона

K59 e Klein-Gordon equation
 d Klein-Gordon-Gleichung *f*
 f équation *f* de Klein-Gordon
 r уравнение *n* Клейна - Гордона

K60 e Klein-Nishina formula
 d Klein-Nishina-Formel *f*
 f formule *f* de Klein-Nishina
 r формула *f* Клейна - Нишины

K61 e klystron
 d Klystron *n*
 f klystron *m*
 r клистрон *m*

K62 e K-meson
 d K-Meson *n*, Kaon *n*
 f méson *m* K
 r К-мезон *m*, каон *m*

K63 e Knudsen flow
 d Knudsen-Strömung *f*, Knudsensche Strömung *f*
 f flux *m* de Knudsen
 r поток *m* Кнудсена

K64 e Knudsen number
 d Knudsen-Zahl *f*
 f nombre *m* de Knudsen
 r число *n* Кнудсена

K65 e Kondo effect
 d Kondo-Effekt *m*
 f effet *m* Kondo
 r эффект *m* Кондо

K66 e Kondo lattice
 d Kondo-Gitter *n*
 f réseau *m* de Kondo
 r кондо-решётка *f*

K67 e Korteweg-de Vries equation
 d Korteweg-de Vries-Gleichung *f*
 f équation *f* de Korteweg-de Vries
 r уравнение *n* Кортевега - де Фриса

K68 e Kramers-Kronig relation
 d Kramers-Kronigsche Relation *f*, Kronig-Kramersche Beziehung *f*
 f relation *f* de Kramers-Kronig
 r соотношение *n* Крамерса - Кронига

K69 e Kramers theorem
 d Kramers-Theorem *n*
 f théorème *m* de Kramers
 r теорема *f* Крамерса

K70 e Kroneker symbols
 d Kroneker-Symbole *n pl*
 f symboles *m pl* de Kroneker
 r символы *m pl* Кронекера

K71 e Kruskal-Shafranov criterion
 d Kruskal-Schafranow-Bedingung *f*, Kruskal-Bedingung *f*
 f critère *m* de Kruskal-Schafranov
 r критерий *m* Крускала - Шафранова

K72 e krypton, Kr
 d Krypton *n*
 f krypton *m*
 r криптон *m*

K73 e kurchatovium, Ku
 d Kurtschatovium *n*
 f kourtchatovium *m*, kurtchatovium *m*
 r курчатовий *m*

L

L1 e label
 d 1. Markierung *f* 2. Etikett *n*
 f label *m*
 r 1. метка *f* 2. этикетка *f*

LABELLED

L2   e   labelled atom
       d   markiertes Atom n, Indikatoratom n, Traceratom n
       f   atome m marqué
       r   меченый атом m

L3   e   laboratory
       d   Laboratorium n, Labor n
       f   laboratoire m
       r   лаборатория f

L4   e   laboratory system of coordinates
       d   Laborkoordinatensystem n, Laborsystem n
       f   système m de référence du laboratoire, coordonnées $f\,pl$ du laboratoire
       r   лабораторная система f координат

L5   e   laboratory test
       d   Laboruntersuchung f, Laborversuch m, Laborprüfung f
       f   essai m de laboratoire
       r   лабораторные испытания $n\,pl$

L6   e   lag
       d   Nacheilung f; Verzögerung f; Zurückbleiben n; Verspätung f
       f   retard m, délai m
       r   отставание n, запаздывание n, задержка f, замедление n

L7   e   Lagrange coordinates
       d   Lagrangesche Koordinaten $f\,pl$, verallgemeinerte Koordinaten $f\,pl$
       f   coordonnées $f\,pl$ de Lagrange, coordonnées $f\,pl$ généralisées
       r   лагранжевы координаты $f\,pl$, обобщённые координаты $f\,pl$

L8   e   Lagrange equation
       d   Lagrange-Gleichungen $f\,pl$, Lagrangesche Gleichungen $f\,pl$
       f   équations $f\,pl$ de Lagrange
       r   уравнения $n\,pl$ Лагранжа

L9   e   Lagrangian
       d   Lagrange-Funktion f
       f   lagrangien m
       r   лагранжиан m; оператор m Лагранжа

L10   e   Lagrangian coordinates see Lagrange coordinates

L11   e   Lagrangian formalism
       d   Lagrange-Formalismus m, Lagrangescher Formalismus m
       f   formalisme m de Lagrange
       r   лагранжев формализм m

L12   e   Lagrangian function
       d   Lagrange-Funktion f, kinetisches Potential n
       f   fonction f de Lagrange
       r   функция f Лагранжа, кинетический потенциал m

L13   e   lambda doubling
       d   Lambda-Aufspaltung f, Lambda-Typ-Aufspaltung f
       f   duplication f lambda
       r   лямбда-удвоение n (уровней энергии)

L14   e   lambda hyperon, lambda particle
       d λ-Hyperon n, Lambda-Hyperon n
       f   hypéron m lambda
       r   лямбда-гиперон m, λ-гиперон m

L15   e   lambda point
       d   Lambda-Punkt m
       f   point m lambda
       r   лямбда-точка f

L16   e   Lamb dip
       d   Lamb-Dip m
       f   chute f de Lamb
       r   провал m Лэмба, лэмбовский провал m

L17   e   lambert, Lb
       d   Lambert n
       f   lambert m
       r   ламберт m, Лб

L18   e   Lambert law
       d   Lambertsches Gesetz n
       f   loi f de Lambert
       r   закон m Ламберта

L19   e   Lamb-Rutherford shift see Lamb shift

L20   e   Lamb shift
       d   Lamb-Verschiebung f, Lamb-Rutherford-Verschiebung f, Lamb-Shift m
       f   déplacement m de Lamb
       r   лэмбовский сдвиг m

L21   e   Lamb waves
       d   Lamb-Wellen $f\,pl$
       f   ondes $f\,pl$ de Lamb
       r   волны $f\,pl$ Лэмба

L22   e   Lamé constants
       d   Lamésche Konstanten $f\,pl$
       f   constantes $f\,pl$ de Lamé
       r   постоянные $f\,pl$ Ламе

L23   e   laminar flow
       d   laminare Strömung f, Laminarströmung f
       f   écoulement m laminaire
       r   ламинарное течение n

L24   e   laminarity
       d   Laminarität f
       f   laminarité f
       r   ламинарность f

L25   e   lamp
       d   Lampe f

	f	lampe f
	r	лампа f
L26	e	**lamp pumping**
	d	Pumpen n mittels Lampenlicht
	f	pompage m par lampe
	r	ламповая накачка f
L27	e	**Landau collision integral**
	d	Landau-Stoßintegral n
	f	intégrale f de collision de Landau
	r	интеграл m столкновений Ландау
L28	e	**Landau criterion**
	d	Landau-Kriterium n
	f	critère m de Landau
	r	критерий m Ландау
L29	e	**Landau damping**
	d	Landau-Dämpfung f
	f	amortissement m de Landau
	r	затухание n Ландау, бесстолкновительное затухание n
L30	e	**Landau damping coefficient**
	d	Landau-Dämpfungskoeffizient m
	f	coefficient m d'amortissement de Landau
	r	коэффициент m затухания Ландау
L31	e	**Landau diamagnetism**
	d	Landauscher Diamagnetismus m
	f	diamagnétisme m de Landau
	r	диамагнетизм m Ландау
L32	e	**Landau levels**
	d	Landau-Niveaus n pl
	f	niveaux m pl de Landau
	r	уровни m pl Ландау
L33	e	**Landau theory of phase transitions**
	d	Landau-Theorie f der Phasenumwandlungen
	f	théorie f de transitions de phase de Landau
	r	теория f фазовых переходов Ландау
L34	e	**Landé splitting factor**
	d	Landé-Faktor m, Landéscher Faktor m
	f	facteur m de Landé
	r	множитель m Ланде, фактор m магнитного расщепления, g-фактор m
L35	e	**Langmuir-Blodgett technique**
	d	Langmuir-Blodgett-Verfahren n
	f	technique f de Langmuir-Blodgett
	r	метод m Ленгмюра - Блоджетта (метод выращивания тонких плёнок)
L36	e	**Langmuir collapse**
	d	Langmuir-Kollaps m
	f	collapsus m de Langmuir
	r	ленгмюровский коллапс m
L37	e	**Langmuir frequency**
	d	Langmuir-Frequenz f
	f	fréquence f de Langmuir
	r	ленгмюровская частота f
L38	e	**Langmuir oscillations**
	d	Langmuir-Schwingungen f pl
	f	oscillations f pl de Langmuir
	r	плазменные колебания n pl, ленгмюровские колебания n pl
L39	e	**Langmuir probe**
	d	Langmuir-Sonde f
	f	sonde f de Langmuir
	r	ленгмюровский зонд m
L40	e	**Langmuir-Saha equation**
	d	Langmuir-Saha-Gleichung f
	f	équation f de Langmuir-Saha
	r	уравнение n Ленгмюра - Са́ха
L41	e	**Langmuir waves**
	d	Langmuir-Wellen f pl
	f	ondes f pl de Langmuir
	r	ленгмюровские волны f pl
L42	e	**lanthanides**
	d	Lanthanide n pl
	f	lanthanides m pl
	r	лантаноиды m pl, лантаниды m pl
L43	e	**lanthanum, La**
	d	Lanthan n
	f	lanthane m
	r	лантан m
L44	e	**Laplace equation**
	d	Laplacesche Differentialgleichung f
	f	équation f de Laplace
	r	уравнение n Лапласа
L45	e	**Laplace operator** see Laplacian
L46	e	**Laplace transform**
	d	Laplace-Transformation f, Laplacesche Transformation f
	f	transformation f de Laplace
	r	преобразование n Лапласа
L47	e	**Laplacian**
	d	Laplace-Operator m
	f	laplacien m, opérateur m laplacien
	r	лапласиан m, оператор m Лапласа
L48	e	**large canonical distribution**
	d	große kanonische Verteilung f
	f	large distribution f canonique
	r	большое каноническое распределение n
L49	e	**large kinematic invariant**
	d	große kinematische Invariante f
	f	large invariant m cinématique
	r	большой кинематический инвариант m
L50	e	**large-scale irregularity**

	d	weiträumige Irregularität *f*
	f	irrégularité *f* à large échelle
	r	крупномасштабная неоднородность *f*
L51	e	large-scale model
	d	großmaßstäbliches Modell *n*
	f	modèle *m* à large échelle
	r	крупномасштабная модель *f*
L52	e	Larmor frequency
	d	Larmor-Frequenz *f*
	f	fréquence *f* de Larmor
	r	ларморовская частота *f*
L53	e	Larmor precession
	d	Larmor-Präzession *f*, Larmorsche Präzession *f*
	f	précession *f* de Larmor
	r	прецессия *f* Лармора, ларморовская прецессия *f*
L54	e	laser
	d	Laser *m*
	f	laser *m*
	r	лазер *m*; оптический квантовый генератор *m*
L55	e	laser anemometer
	d	Laseranemometer *n*
	f	anémomètre *m* laser
	r	лазерный анемометр *m*
L56	e	laser annealing
	d	Laserausheilung *f*
	f	recuit *m* à laser *(des semiconducteurs)*
	r	лазерный отжиг *m* *(полупроводников)*
L57	e	laser beacon
	d	Laserbake *f*
	f	balise *f* laser
	r	лазерный маяк *m*
L58	e	laser beam
	d	Laserstrahl *m*
	f	faisceau *m* laser
	r	лазерный пучок *m*; лазерный луч *m*
L59	e	laser beam defocusing
	d	Laserstrahldefokussierung *f*
	f	défocalisation *f* du faisceau laser
	r	дефокусировка *f* лазерного пучка
L60	e	laser cell
	d	Laserzelle *f*
	f	cellule *f* laser
	r	лазерная кювета *f*
L61	e	laser chemistry
	d	Laserchemie *f*
	f	chimie *f* de laser
	r	лазерная химия *f*
L62	e	laser crystal
	d	Laserkristall *m*
	f	cristal *m* pour laser
	r	лазерный кристалл *m*
L63	e	laser cutting
	d	Laserschneiden *n*
	f	coupe *f* laser
	r	лазерная резка *f*
L64	e	laser deposition
	d	Laserbeschichtung *f*, Laseraufdampfung *f*
	f	déposition *f* par laser
	r	лазерное осаждение *n* *(плёнок)*, лазерное напыление *n*
L65	e	laser desorption
	d	Laserdesorption *f*
	f	désorption *f* par laser
	r	лазерная десорбция *f*
L66	e	laser desorption mass spectrometry
	d	Laser-Desorptions-Massenspektrometrie *f*
	f	spectrométrie *f* de masse à désorption par laser
	r	лазерная десорбционная масс-спектрометрия *f*
L67	e	laser detection
	d	Laserdetektion *f*, Laserdetektierung *f*
	f	détection *f* par laser
	r	лазерное детектирование *n*
L68	e	laser diagnostics
	d	Laserdiagnostik *f*
	f	diagnostic *m* laser
	r	лазерная диагностика *f*
L69	e	laser diode
	d	Laserdiode *f*
	f	diode *f* laser
	r	лазерный диод *m*, диодный лазер *m*
L70	e	laser emission
	d	Laseremission *f*
	f	émission *f* laser
	r	лазерное излучение *n*
L71	e	laser evaporation
	d	Laserverdampfung *f*
	f	évaporation *f* laser
	r	лазерное испарение *n*; лазерное напыление *n*
L72	e	laser focus
	d	Laserfokus *m*
	f	foyer *m* laser
	r	лазерный фокус *m*
L73	e	laser gate *see* laser shutter
L74	e	laser glasses
	d	Lasergläser *n pl*
	f	verres *m pl* laser
	r	лазерные стёкла *n pl*
L75	e	laser guidance

LASER

    d Laserlenkung *f*
    f guidage *m* laser
    r лазерное наведение *n*

L76 *e* laser gyroscope
    d Lasergyroskop *n*
    f gyroscope *m* à laser
    r лазерный гироскоп *m*

L77 *e* laser hardening
    d Laserhärtung *f*
    f trempe *f* au laser
    r лазерная закалка *f*

L78 *e* laser heterodyning
    d Laserheterodynierung *f*
    f hétérodynage *m* laser
    r лазерное гетеродинирование *n*

L79 *e* laser-induced phase transition
    d laserinduzierte Phasenumwandlung *f*
    f transition *f* de phase induite par laser
    r лазерно-индуцированный переход *m*

L80 *e* laser-induced spark *see* laser spark

L81 *e* laser initiation
    d Laseranregung *f*
    f initiation *f* de laser
    r инициирование *n* лазера

L82 *e* laser interferometer
    d Laserinterferometer *n*
    f interféromètre *m* laser
    r лазерный интерферометр *m*

L83 *e* laser interferometry
    d Laserinterferometrie *f*
    f interférométrie *f* laser
    r лазерная интерферометрия *f*

L84 *e* laser iridectomy
    d Laseriridektomie *f*
    f iridectomie *f* laser
    r лазерная иридэктомия *f*

L85 *e* laser isotope separation
    d Laserisotopentrennung *f*
    f séparation *f* des isotopes par laser
    r лазерное разделение *n* изотопов

L86 *e* laser labeling
    d Lasermarkierung *f*
    f marquage *m* laser
    r лазерная маркировка *f* (*атомов и молекул*)

L87 *e* laser medicine
    d Lasermedizin *f*
    f médecine *f* laser
    r лазерная медицина *f*

L88 *e* laser microsurgery
    d Lasermikrochirurgie *f*
    f microchirurgie *f* laser
    r лазерная микрохирургия *f*

L89 *e* laser mirror
    d Laserspiegel *m*
    f miroir *m* laser
    r лазерное зеркало *n*

L90 *e* laser ophthalmology
    d Laserophthalmologie *f*
    f ophthalmologie *f* laser
    r лазерная офтальмология *f*

L91 *e* laser photochemistry
    d Laserphotochemie *f*
    f photochimie *f* laser
    r лазерная фотохимия *f*

L92 *e* laser photoionization spectroscopy
    d Laser-Photoionisationsspektroskopie *f*
    f spectroscopie *f* à photo-ionisation laser
    r лазерная фотоионизационная спектроскопия *f*

L93 *e* laser pick-up
    d Laserabtaster *m*
    f pick-up *m* laser
    r лазерный звукосниматель *m*

L94 *e* laser plasma
    d Laserplasma *n*
    f plasma *m* laser
    r лазерная плазма *f*

L95 *e* laser plasma heating
    d Lasererhitzung *f* des Plasmas
    f chauffage *m* laser du plasma
    r лазерный нагрев *m* плазмы

L96 *e* laser processing
    d Laserbehandlung *f*
    f traitement *m* laser
    r лазерная обработка *f*

L97 *e* laser projection microscope
    d Laserprojektionsmikroskopie *f*
    f microscope *m* laser de projection
    r лазерный проекционный микроскоп *m*

L98 *e* laser pulse
    d Laserimpuls *m*
    f impulsion *f* laser
    r лазерный импульс *m*

L99 *e* laser pulse compression
    d Laserimpulskompression *f*
    f compression *f* des impulsions laser
    r сжатие *n* лазерных импульсов

L100 *e* laser pumping
    d Laserpumpen *n*
    f pompage *m* par laser
    r лазерная накачка *f*

L101 *e* laser radar
    d Laserradar *n*
    f radar *m* laser
    r лазерный локатор *m*

LASER

L102   *e*   **laser radiation** *see* **laser emission**

L103   *e*   **laser range finder**
       d   Laserentfernungsmesser *m*
       f   télémètre *m* laser
       r   лазерный дальномер *m*

L104   *e*   **laser ranging**
       d   Laserortung *f*
       f   localisation *f* laser
       r   лазерная локация *f*

L105   *e*   **laser selective detection**
       d   selektive Laserdetektion *f*
       f   détection *f* laser sélective
       r   лазерное селективное детектирование *n* (*атомов и молекул*)

L106   *e*   **laser shot** *see* **laser pulse**

L107   *e*   **laser shutter**
       d   Laserunterbrecher *m*
       f   obturateur *m* de laser
       r   лазерный затвор *m*

L108   *e*   **laser sounding**
       d   Lasersondierung *f*
       f   sondage *m* laser
       r   лазерное зондирование *n*

L109   *e*   **laser source**
       d   Laserquelle *f*
       f   source *f* laser
       r   лазерный источник *m*

L110   *e*   **laser spark**
       d   Laserfunken *m*
       f   étincelle *f* laser
       r   лазерная искра *f*

L111   *e*   **laser spectroscopy**
       d   Laserspektroskopie *f*
       f   spectroscopie *f* laser
       r   лазерная спектроскопия *f*

L112   *e*   **laser surgery**
       d   Laserchirurgie *f*
       f   chirurgie *f* laser
       r   лазерная хирургия *f*

L113   *e*   **laser switch** *see* **laser shutter**

L114   *e*   **laser target**
       d   Lasertarget *n*
       f   cible *f* laser
       r   лазерная мишень *f*

L115   *e*   **laser technology**
       d   Lasertechnik *f*
       f   technologie *f* laser
       r   лазерная технология *f*

L116   *e*   **laser therapy**
       d   Lasertherapie *f*
       f   thérapie *f* laser
       r   лазерная терапия *f*

L117   *e*   **laser thermochemistry**
       d   Laserthermochemie *f*
       f   thermochimie *f* laser
       r   лазерная термохимия *f*

L118   *e*   **laser thermonuclear fusion, laser thermonuclear synthesis**
       d   Laserfusion *f*
       f   fusion *f* thermonucléaire par laser
       r   лазерный термоядерный синтез *m*

L119   *e*   **laser transition**
       d   Laserübergang *m*
       f   transition *f* laser
       r   лазерный переход *m*

L120   *e*   **laser velocimeter** *see* **laser anemometer**

L121   *e*   **laser weapon**
       d   Laserwaffen *f pl*
       f   arme *f* laser, arme *f* à laser
       r   лазерное оружие *n*

L122   *e*   **laser welding**
       d   Laserschweißung *f*
       f   soudage *m* laser
       r   лазерная сварка *f*

L123   *e*   **lasing line**
       d   Laserlinie *f*
       f   raie *f* lasante
       r   линия *f* генерации лазера

L124   *e*   **latent heat**
       d   Umwandlungswärme *f*
       f   chaleur *f* spécifique
       r   удельная теплота *f*, скрытая теплота *f*, теплота *f* фазового перехода

L125   *e*   **latent image**
       d   latentes Bild *n*
       f   image *f* latente
       r   скрытое изображение *n*

L126   *e*   **lateral bending**
       d   Querbiegung *f*
       f   flexion *f* transversale
       r   поперечный изгиб *m*

L127   *e*   **lateral coherence**
       d   Querkohärenz *f*
       f   cohérence *f* transversale
       r   поперечная когерентность *f*

L128   *e*   **lateral mode** *see* **transverse mode**

L129   *e*   **lateral vibration, lateral vibrations**
       d   transversale Schwingungen *f pl*, Transversalschwingungen *f pl*
       f   oscillations *f pl* transversales
       r   поперечные колебания *n pl*

L130   *e*   **latitude**
       d   Breite *f*, geographische Breite *f*
       f   latitude *f*
       r   широта *f*

L131 e lattice
 d Gitter n, Kristallgitter n
 f réseau m, réseau m cristallin
 r решётка f, кристаллическая решётка f

L132 e lattice cell
 d Gitterbaustein m
 f cellule f de réseau
 r элементарная ячейка f

L133 e lattice conduction of heat
 d Gitterwärmeleitfähigkeit f, Gitterleitfähigkeit f
 f conductibilité f thermique due au réseau, conductibilité f du réseau
 r решёточная теплопроводность f

L134 e lattice constants
 d Gitterkonstanten f pl
 f constantes f pl du réseau
 r постоянные f pl решётки, параметры m pl решётки

L135 e lattice defect
 d Gitterbaufehler m, Gitterfehler m, Gitterstörstelle f, Gitterdefekt m
 f défaut m du réseau
 r дефект m решётки

L136 e lattice deformation
 d Gitterdeformation f
 f déformation f du réseau
 r деформация f решётки

L137 e lattice energy
 d Gitterenergie f
 f énergie f du réseau
 r энергия f кристаллической решётки

L138 e lattice heat capacity
 d Gitterwärmekapazität f
 f capacité f thermique du réseau
 r решёточная теплоёмкость f

L139 e lattice imperfection
 d Gitterbaufehler m, Gitterfehlordnung f, Gitterunegelmäßigkeit f
 f imperfection f du réseau, imperfection f du réseau cristallin
 r несовершенство n кристаллической решётки

L140 e lattice mode
 d Gittermode f
 f mode m de réseau
 r решёточная мода f

L141 e lattice parameters see lattice constants

L142 e lattice site
 d Gitterplatz m
 f site m (dans le réseau)
 r узел m кристаллической решётки

L143 e lattice vibration, lattice vibrations
 d Gitterschwingungen f pl
 f vibrations f pl du réseau
 r колебания n pl решётки

L144 e Laue method
 d Laue-Verfahren n, Laue-Methode f
 f méthode f de Laue
 r метод m Лауэ

L145 e Laue pattern
 d Laue-Diagramm n, Laue-Aufnahme f
 f diagramme m de Laue
 r лауэграмма f

L146 e launching mass
 d Startmasse f
 f masse f de lancement
 r стартовая масса f (космического аппарата)

L147 e Laurent series
 d Laurent-Reihe f, Laurentsche Reihe f
 f série f de Laurent
 r ряд m Лорана

L148 e Laval nozzle
 d Laval-Düse f
 f tuyère f de Laval
 r сопло n Лаваля

L149 e Laves phases
 d Laves-Phasen f pl
 f phases f pl de Laves
 r фазы f pl Лавеса

L150 e law
 d Gesetz n; Prinzip n; Satz m
 f loi f
 r закон m, правило n

L151 e law of action and reaction
 d Wechselwirkungsgesetz n
 f loi f de l'action et de la réaction
 r закон m действия и противодействия

L152 e law of chemical equilibrium
 d Gesetz n des chemischen Gleichgewichts
 f loi f de l'équilibre chimique
 r закон m химического равновесия

L153 e law of conservation of momentum
 d Impulserhaltungssatz m, Prinzip n von der Erhaltung der Bewegungsgröße
 f loi f de la conservation du moment
 r закон m сохранения количества движения

L154 e law of mass action
 d Massenwirkungsgesetz n
 f loi f d'action de masse
 r закон m действующих масс

L155 e Lawrence Livermore Laboratory (USA)
 d Lawrence-Livermore-Laboratorium n
 f laboratoire m Lawrence à Livermore

LAWRENCIUM

	r	Ливерморская лаборатория f им. Лоуренса (США)
L156	e	Lawrencium, Lr
	d	Lawrencium n
	f	lawrencium m
	r	лоуренсий m
L157	e	Lawson criterion
	d	Lawson-Kriterium n
	f	critère m de Lawson
	r	критерий m Лоусона
L158	e	layer
	d	Schicht f; Lage f
	f	couche f
	r	слой m
L159	e	LCAO method *see* method of linear combination of atomic orbitals
L160	e	lead, Pb
	d	Blei n
	f	plomb m
	r	свинец m
L161	e	leader
	d	Leader m
	f	leader m
	r	лидер m (в газовом разряде)
L162	e	leading edge
	d	1. Vorderflanke f 2. Vorderkante f, Anströmseite f
	f	1. fianc m avant (d'impulsion) 2. bord m d'attaque
	r	1. фронт m импульса 2. передняя кромка f; ребро обтекания
L163	e	leak
	d	Leck n, Leckstelle f; Undichtigkeit f, Undichtigkeitstelle f
	f	fuite f
	r	утечка f; течь f
L164	e	leak detector
	d	Lecksucher m, Leckprüfer m
	f	chercheur m de fuites
	r	течеискатель m
L165	e	leakage *see* leak
L166	e	leakage current
	d	Irrstrom m; Leckstrom m
	f	courant m de fuite
	r	ток m утечки
L167	e	least action
	d	kleinste Wirkung f
	f	moindre action f
	r	наименьшее действие n
L168	e	Le Chatelier principle
	d	Le Chatelier-Prinzip n
	f	principe m de Le Chatelier
	r	принцип m Ле-Шателье
L169	e	LEED method *see* low-energy electron diffraction method
L170	e	left-hand rule
	d	Linke-Hand-Regel f
	f	règle f de la main gauche, règle f des trois doigts de la main gauche
	r	правило n левой руки
L171	e	left quark
	d	Left-Quark n
	f	quark m gauche
	r	левый кварк m
L172	e	Legendre functions
	d	Legendresche Funktionen f pl
	f	fonctions f pl de Legendre
	r	функции f pl Лежандра
L173	e	Legendre polinomials
	d	Legendresche Polynome n pl
	f	polynômes m pl de Legendre
	r	полиномы m pl Лежандра
L174	e	length
	d	Länge f
	f	longueur f
	r	длина f
L175	e	lens
	d	1. Linse f 2. Objektiv n 3. Brillenglas n; Lupe f
	f	1.lentille f 2. objectif m 3. loupe f
	r	1. линза f 2. объектив m 3. лупа f
L176	e	lens aerial, lens antenna
	d	Linsenantenne f
	f	antenne f à lentille
	r	линзовая антенна f
L177	e	lens radiator, lens-type radiator
	d	Linsenstrahler m
	f	radiateur m à lentille
	r	линзовый излучатель m
L178	e	lens waveguide
	d	Linsenwellenleiter m
	f	guide m d'ondes à lentille
	r	линзовый волновод m
L179	e	Lenz law
	d	Lenzsche Regel f, Lenzsches Gesetz n
	f	loi f de Lenz
	r	правило n Ленца
L180	e	Leontowitch bounding conditions
	d	Leontowitsch-Grenzbedingungen f pl
	f	conditions f pl aux limites approximatives de Leontowitch
	r	граничные условия n pl Леонтовича
L181	e	lepton
	d	Lepton n
	f	lepton m
	r	лептон m
L182	e	lepton current

LIGHT

	d	Leptonenstrom *m*
	f	courant *m* leptonique
	r	лептонный ток *m*
L183	e	leptonic charge
	d	Leptonenladung *f*
	f	charge *f* leptonique
	r	лептонный заряд *m*
L184	e	leptonic decay
	d	leptonischer Zerfall *m*, Leptonenzerfall *m*
	f	désintégration *f* leptonique
	r	лептонный распад *m*
L185	e	leptoquark
	d	Leptoquark *n*
	f	leptoquark *m*
	r	лептокварк *m*
L186	e	level
	d	Niveau *n*
	f	niveau *m*
	r	уровень *m*
L187	e	level crossing
	d	Niveaukreuzung *f*
	f	croisement *m* des niveaux
	r	пересечение *n* уровней энергии
L188	e	level filling *see* level occupation
L189	e	level gage
	d	Füllstandmesser *m*, Standhöhenmesser *m*
	f	jauge *f* de niveau
	r	уровнемер *m*
L190	e	level occupation
	d	Niveaubesetzung *f*
	f	remplissage *m* des niveaux
	r	заполнение *n* уровней
L191	e	level population
	d	Niveaubesetzung *f*
	f	population *f* du niveau
	r	населённость *f* уровня
L192	e	level shift
	d	Niveauverschiebung *f*
	f	déplacement *m* des niveaux
	r	сдвиг *m* уровней
L193	e	Levi-Civita symbol
	d	Levi-Civita-Symbol *n*
	f	symbole *m* de Levi-Civita
	r	символ *m* Леви - Чивиты
L194	e	levitation
	d	Schweben *n*, Levitation *f*
	f	lévitation *f*
	r	левитация *f*
L195	e	libration of the Moon
	d	Mondlibration *f*
	f	libration *f* de la Lune
	r	либрация *f* Луны
L196	e	libron
	d	Libron *n* (*Quasiteilchen*)
	f	libron *m* (*quasi-particule*)
	r	либрон *m* (*квазичастица*)
L197	e	Lichtenberg figures
	d	Lichtenberg-Figuren *f pl*
	f	figures *f pl* de Lichtenberg
	r	фигуры *f pl* Лихтенберга
L198	e	lidar
	d	Lidar *m*
	f	lidar *m*, radar *m* optique
	r	лидар *m*
L199	e	Lie algebra
	d	Lie-Algebra *f*
	f	algèbre *f* de Lie
	r	алгебра *f* Ли
L200	e	life test
	d	Lebensdauerprüfung *f*
	f	essais *m pl* de durée de vie
	r	испытания *n pl* на срок службы, ресурсные испытания *n pl*
L201	e	life time
	d	Lebensdauer *f*
	f	1. vie *f* 2. durée *f* de vie
	r	1. время *n* жизни 2. срок *m* службы
L202	e	lift
	d	Auftrieb *m*
	f	force *f* ascensionelle, portance *f*
	r	подъёмная сила *f*
L203	e	ligands
	d	Ligande *m pl*
	f	ligands *m pl*
	r	лиганды *m pl*
L204	e	light
	d	Licht *n*
	f	lumière *f*
	r	свет *m*
L205	e	light absorption
	d	Lichtabsorption *f*
	f	absorption *f* de la lumière
	r	поглощение *n* света
L206	e	light adaptation
	d	Helladaption *f*
	f	adaptation *f* à la lumière
	r	световая адаптация *f*
L207	e	light amplification
	d	Lichtverstärkung *f*
	f	amplification *f* de la lumière
	r	усиление *n* света
L208	e	light attenuation coefficient
	d	Lichtschwächungskoeffizient *m*
	f	coefficient *m* d'atténuation de la lumière
	r	коэффициент *m* ослабления света

LIGHT

L209	e	light beam
	d	Lichtbündel n; Lichtstrahl m
	f	faisceau m lumineux
	r	световой пучок m, световой луч m

L210	e	light-beam oscillograph
	d	Lichtstrahloszillograph m
	f	oscillographe m à cadre, oscillographe m à boucle
	r	светолучевой осциллограф m

L211	e	light chopper
	d	1. Lichtmodulator m 2. Blende f
	f	1. modulateur m de lumière 2. obturateur m
	r	1. модулятор m света 2. обтюратор m

L212	e	light cone
	d	Lichtkegel m, Strahlenkegel m
	f	cône m de lumière
	r	световой конус m

L213	e	light curve
	d	Lichtkurve f
	f	courbe f de lumière
	r	кривая f блеска (переменной звезды)

L214	e	light detection
	d	Lichtempfang m, Lichtdetektierung f
	f	détection f de lumière
	r	детектирование n света

L215	e	light diffraction
	d	Lichtdiffraktion f
	f	diffraction f de lumière
	r	дифракция f света

L216	e	light emission
	d	Lichtemission f, Lichtstrahlung f
	f	émission f de lumière, émission f optique
	r	световое излучение n, оптическое излучение n

L217	e	light emitter
	d	Lichtstrahler m
	f	émetteur m de lumière
	r	излучатель m света

L218	e	light emitting diode
	d	Lichtemissionsdiode f, Lumineszenzdiode f, Leuchtdiode f
	f	diode f émettrice de lumière
	r	светодиод m, светоизлучающий диод m

L219	e	light field
	d	Lichtfeld n
	f	champ m lumineux
	r	световое поле n

L220	e	light filter
	d	Lichtfilter n
	f	filtre m de lumière
	r	светофильтр m

L221	e	light guide
	d	Lichtleiter m
	f	guide m de lumière, guide m d'ondes optiques
	r	световод m; оптический волновод m

L222	e	light-induced diffusion
	d	lichtinduzierte Diffusion f
	f	diffusion f induite par la lumière
	r	светоиндуцированная диффузия f

L223	e	light-induced drift
	d	lichtinduzierte Drift f, lichtinduzierte Driftbewegung f
	f	dérive f induite par la lumière
	r	светоиндуцированный дрейф m

L224	e	light-induced phase transition
	d	lichtinduzierte Phasenumwandlung f
	f	transition f de phase induite par la lumière
	r	светоиндуцированный фазовый переход m

L225	e	lighting
	d	Beleuchtung f
	f	éclairage m
	r	освещение n

L226	e	light intensity
	d	Lichtintensität f
	f	intensité f lumineuse
	r	интенсивность f света

L227	e	light microscope see optical microscope

L228	e	light modulation
	d	Lichtmodulation f
	f	modulation f de lumière
	r	модуляция f света

L229	e	light modulator see optical modulator

L230	e	lightning
	d	Blitz m
	f	éclair m
	r	молния f

L231	e	lightning arrester
	d	Überspannungsableiter m
	f	parafoudre m
	r	грозоразрядник m

L232	e	lightning channel
	d	Blitzkanal m
	f	canal m d'éclair
	r	канал m молнии, канал m разряда молнии

L233	e	lightning conductor
	d	1. Ableitung f 2. Blitzableiter m
	f	paratonnerre m
	r	1. токоотводящий спуск m (молниеотвода) 2. молниеотвод m

L234 e **lightning discharge**
 d Blitzentladung f
 f décharge f orageuse
 r грозовой разряд m

L235 e **lightning rod**
 d Blitzableiter m
 f paratonnerre m
 r молниеотвод m, стержневой молниеотвод m

L236 e **lightning stroke**
 d Blitzeinschlag m
 f coup m de foudre
 r удар m молнии

L237 e **light pressure**
 d Lichtdruck m
 f pression f de la lumière
 r давление n света, световое давление n

L238 e **light pulse**
 d Lichtimpuls m
 f impulsion f lumineuse
 r световой импульс m

L239 e **light quantum** see **photon**

L240 e **light ray** see **light beam**

L241 e **light scattering**
 d Lichtstreuung f
 f diffusion f de la lumière
 r рассеяние n света

L242 e **light-sensitive material**
 d lichtempfindliches Material n
 f matériel m photosensible
 r светочувствительный материал m

L243 e **light source**
 d Lichtquelle f
 f source f de lumière
 r источник m света, источник m оптического излучения

L244 e **light variation**
 d Lichtwechsel m (*Veränderung der scheinbaren Sternhelligkeit*)
 f variation f lumineuse (*d'une étoile*)
 r изменение n блеска (*звезды*)

L245 e **light waves**
 d Lichtwellen f pl
 f ondes f pl lumineuses
 r световые волны f pl

L246 e **light year**
 d Lichtjahr n
 f année-lumière f
 r световой год m

L247 e **limb**
 d Teilkreis m
 f limbe m
 r лимб m

L248 e **limit cycle**
 d Grenzzyklus m
 f cycle m limite
 r предельный цикл m

L249 e **limiter**
 d 1. Begrenzer m 2. Plasmabegrenzer m, Limiter m
 f limiteur m
 r 1. ограничитель m 2. диафрагма f (*в токамаке*)

L250 e **line**
 d Linie f
 f ligne f
 r линия f

L251 e **linear accelerator**
 d Linearbeschleuniger m
 f accélérateur m linéaire
 r линейный ускоритель m

L252 e **linear amplifier**
 d Linearverstärker m
 f amplificateur m linéaire
 r линейный усилитель m

L253 e **linear combination**
 d lineare Kombination f
 f combinaison f linéaire
 r линейная комбинация f

L254 e **linear defects**
 d lineare Defekte m pl
 f défauts m pl linéaires
 r линейные дефекты m pl

L255 e **linear deformation**
 d lineare Deformation f
 f déformation f linéaire
 r линейная деформация f

L256 e **linear dependence**
 d lineare Abhängigkeit f
 f relation f linéaire, rapport m linéaire
 r линейная зависимость f

L257 e **linear detection**
 d lineare Demodulation f
 f détection f linéaire
 r линейное детектирование n

L258 e **linear differential equations**
 d lineare Differentialgleichungen f pl
 f équations f pl différentielles linéaires
 r линейные дифференциальные уравнения n pl

L259 e **linear expansion**
 d lineare Ausdehnung f, Längenausdehnung f
 f expansion f linéaire
 r линейное расширение n

L260 e **linear law**
 d lineares Gesetz n

LINEARLY

	f	loi *f* linéaire
	r	линейный закон *m*
L261	*e*	**linearly polarized radiation**
	d	linear polarisierte Strahlung *f*
	f	radiation *f* linéairement polarisée
	r	линейно-поляризованное излучение *n*
L262	*e*	**linear measurements**
	d	Längenmessungen *f pl*; Streckenmessungen *f pl*
	f	mesures *f pl* de longueur
	r	линейные измерения *n pl*
L263	*e*	**linear molecule**
	d	Fadenmolekül *n*, Linearmolekül *n*
	f	molécule *f* linéaire
	r	линейная молекула *f*
L264	*e*	**linear motion**
	d	geradlinige Bewegung *f*
	f	mouvement *m* rectiligne
	r	линейное движение *n*, прямолинейное движение *n*
L265	*e*	**linear polarization**
	d	lineare Polarisation *f*, Linearpolarisation *f*
	f	polarisation *f* linéaire
	r	линейная поляризация *f*
L266	*e*	**linear problem**
	d	lineares Problem *n*
	f	problème *m* linéaire
	r	линейная задача *f*
L267	*e*	**linear system**
	d	lineares System *n*
	f	système *m* linéaire
	r	линейная система *f*
L268	*e*	**linear transformation**
	d	lineare Transformation *f*
	f	transformation *f* linéaire
	r	линейное преобразование *n*
L269	*e*	**line broadening**
	d	Linienverbreiterung *f*
	f	élargissement *m* de raie
	r	уширение *n* линии
L270	*e*	**line dislocation**
	d	Stufenversetzung *f*
	f	dislocation *f* en coins, dislocation *f* coin
	r	краевая дислокация *f*, линейная дислокация *f*
L271	*e*	**line intensity**
	d	Linienintensität *f*, Spektrallinienintensität *f*
	f	intensité *f* de la raie
	r	интенсивность *f* линии
L272	*e*	**line of action**
	d	Angriffslinie *f*, Kraftangriffslinie *f*, Wirkungslinie *f*
	f	ligne *f* d'action
	r	линия *f* действия
L273	*e*	**line of force**
	d	Kraftlinie *f*, Feldstärkelinie *f*
	f	ligne *f* de force
	r	силовая линия *f*
L274	*e*	**liner**
	d	Liner *m*
	f	liner *m*
	r	лайнер *m*
L275	*e*	**line saturation**
	d	Liniensättigung *f*
	f	saturation *f* de la ligne
	r	насыщение *n* линии
L276	*e*	**line spectrum**
	d	Linienspektrum *n*
	f	spectre *m* de raies
	r	линейчатый спектр *m*
L277	*e*	**line width**
	d	Spektrallinienbreite *f*
	f	largeur *f* de la raie
	r	ширина *f* спектральной линии
L278	*e*	**link**
	d	1. Verbindungsleitung *f* 2. Verbindung *f*
	f	1. ligne *f* de liaison 2. liaison *f*
	r	1. линия *f* связи 2. связь *f*
L279	*e*	**Liouville theorem**
	d	Liouvillescher Satz *m*
	f	théorème *m* de Liouville
	r	теорема *f* Лиувилля
L280	*e*	**liquefaction of gases**
	d	Gasverflüssigung *f*
	f	liquéfaction *f* des gaz
	r	ожижение *n* газов, сжижение *n* газов
L281	*e*	**liquid**
	d	Flüssigkeit *f*
	f	liquide *m*, fluide *m*
	r	жидкость *f*
L282	*e*	**liquid calorimeter**
	d	Flüssigkeitskalorimeter *n*
	f	calorimètre *m* à liquide
	r	жидкостный калориметр *m*
L283	*e*	**liquid crystal**
	d	flüssiger Kristall *m*, Flüssigkristall *m*
	f	cristal *m* liquide
	r	жидкий кристалл *m*
L284	*e*	**liquid dielectric**
	d	flüssiges Dielektrikum *n*
	f	diélectrique *m* liquide
	r	жидкий диэлектрик *m*
L285	*e*	**liquid-drop model**
	d	Flüssigkeitströpfchenmodell *n*, Tröpfchenmodell *n*

LOCAL

	f	modèle m de la goutte liquide *(du noyau)*
	r	жидкокапельная модель f *(ядра)*
L286	e	liquid-filled thermometer
	d	Flüssigkeitsthermometer n
	f	thermomètre m à liquide
	r	жидкостный термометр m
L287	e	liquid helium
	d	flüssiges Helium n
	f	hélium m liquide
	r	жидкий гелий m
L288	e	liquid-hydrogen bubble chamber
	d	Wasserstoffblasenkammer f
	f	chambre f à bulles de l'hydrogène liquide
	r	жидководородная пузырьковая камера f
L289	e	liquid laser
	d	Flüssigkeitslaser m
	f	laser m à fluide
	r	жидкостный лазер m
L290	e	liquid metal
	d	Metallschmelze f, Flüssigmetall n
	f	métal m liquide
	r	жидкий металл m
L291	e	liquid nitrogen
	d	Flüssigstickstoff m
	f	azote m liquide
	r	жидкий азот m
L292	e	liquid nitrogen cryostat
	d	Flüssigstickstoffkryostat m
	f	cryostat m à azote liquide
	r	азотный криостат m
L293	e	liquid outflow through a hole
	d	Flüssigkeitsausfluß m aus einem Loch
	f	écoulement m du liquide d'un trou
	r	истечение n жидкости из отверстия
L294	e	liquid oxygen
	d	Flüssigsauerstoff m
	f	oxygène m liquide
	r	жидкий кислород m
L295	e	liquid semiconductor
	d	Flüssighalbleiter m, flüssiger Halbleiter m
	f	semi-conducteur m liquide
	r	жидкий полупроводник m
L296	e	liquid state
	d	flüssiger Zustand m
	f	état m liquide
	r	жидкое состояние n
L297	e	liquid substance
	d	flüssige Substanz f
	f	substance f liquide
	r	жидкое вещество n
L298	e	liquidus, liquidus line
	d	Liquiduslinie f, Liquiduskurve f
	f	courbe f liquidus
	r	ликвидус m
L299	e	Lissajous figures
	d	Lissajous-Figuren f pl
	f	figures f pl de Lissajous
	r	фигуры f pl Лиссажу
L300	e	lithium, Li
	d	Lithium n
	f	lithium m
	r	литий m
L301	e	lithography
	d	Lithografie f
	f	lithographie f
	r	литография f
L302	e	litre, l
	d	Liter n
	f	litre m
	r	литр m, л
L303	e	load
	d	Belastung f, Last f
	f	charge f
	r	нагрузка f
L304	e	loaded line
	d	Lastlinie f
	f	ligne f de charge
	r	нагруженная линия f
L305	e	loaded Q factor
	d	belasteter Gütewert m, Gütefaktor m bei Belastung
	f	facteur m Q à pleine charge
	r	нагруженная добротность f
L306	e	load impedance
	d	Lastimpedanz f
	f	impédance f de charge
	r	импеданс m нагрузки
L307	e	loading
	d	1. Belastung f; Beanspruchung f 2. Beschickung f
	f	1. chargement m 2. empilement m
	r	1. нагружение n 2. загрузка f (ядерного реактора)
L308	e	lobe
	d	Lappen m, Keule f, Strahlungslappen m, Strahlungszipfel m
	f	lobe m
	r	лепесток m (диаграммы направленности антенны)
L309	e	local concentration
	d	lokale Konzentration f
	f	concentration f locale
	r	локальная концентрация f
L310	e	local density *see* local concentration

LOCAL

L311
- e local duality
- d lokale Dualität f
- f dualité f locale
- r локальная дуальность f

L312
- e local field
- d lokales Feld n, Lokalfeld n
- f champ m local
- r локальное поле n

L313
- e local gage invariance
- d lokale Eichinvarianz f
- f invariance f locale de jauge
- r локальная калибровочная инвариантность f

L314
- e local interaction
- d lokale Wechselwirkung f
- f interaction f locale
- r локальное взаимодействие n

L315
- e local ion implantation
- d lokale Ionenimplantation f
- f implantation f ionique locale
- r локальная ионная имплантация f

L316
- e locality
- d Lokalität f, Mikrokausalität f, Einstein-Kausalität f
- f localité f, microcausalité f
- r локальность f, микропричинность f

L317
- e localization
- d Lokalisierung f
- f localisation f
- r локализация f

L318
- e localized charge
- d lokalisierte Ladung f
- f charge f localisée
- r локализованный заряд m

L319
- e local observable
- d lokale Observable f
- f observable f locale
- r локальная наблюдаемая f

L320
- e local operator
- d Lokaloperator m
- f opérateur m local
- r локальный оператор m

L321
- e local symmetry
- d lokale Symmetrie f, Lokalsymmetrie f
- f symétrie f locale
- r локальная симметрия f

L322
- e local thermodynamic equilibrium
- d lokales thermodynamisches Gleichgewicht n
- f équilibre m thermodynamique local
- r локальное термодинамическое равновесие n

L323
- e local time
- d Ortszeit f
- f temps m local
- r местное время n

L324
- e locked-in detection see synchronous detection

L325
- e locking
- d 1. Synchronisation f, Synchronisierung f 2. Blockierung f 3. Frequenzmitnahme f
- f 1. synchronisation f 2. blocage m 3. accrochage m des fréquences
- r 1. синхронизация f 2. блокировка f 3. захватывание n частоты

L326
- e locus
- d Ort m, geometrischer Ort m
- f lieu m, lieu m géométrique
- r геометрическое место n (точек)

L327
- e logarithm
- d Logarithmus m
- f logarithme m
- r логарифм m

L328
- e logarithmic decrement
- d logarithmisches Dekrement n
- f décrément m logarithmique
- r логарифмический декремент m, логарифмический декремент m затухания

L329
- e logarithmic increment
- d logarithmisches Inkrement n
- f incrément m logarithmique
- r логарифмический инкремент m

L330
- e logarithmic law
- d logarithmisches Gesetz n
- f loi f logarithmique
- r логарифмический закон m

L331
- e logarithmic scale
- d logarithmischer Maßstab m
- f échelle f logarithmique
- r логарифмический масштаб m

L332
- e logic circuit
- d Logikschaltung f, logische Schaltung f
- f circuit m logique
- r логическая схема f

L333
- e Londons equation
- d London-Gleichung f, Londonsche Gleichung f
- f équation f des Londons
- r уравнение n Лондонов, уравнение n Ф. и Г. Лондонов

L334
- e long-base interferometer
- d Langbasisinterferometer n
- f interféromètre m à longue base
- r радиоинтерферометр m с длинной базой

L335
- e longitude
- d Länge f, geographische Länge f

	f	longitude f
	r	долгота f
L336	e	**longitudinal adiabatic invariant**
	d	longitudinale adiabatische Invariante f
	f	invariant m longitudinal adiabatique
	r	продольный адиабатический инвариант m
L337	e	**longitudinal coherence**
	d	longitudinale Kohärenz f
	f	cohérence f longitudinale
	r	продольная когерентность f
L338	e	**longitudinal deformation**
	d	Längsverformung f
	f	déformation f longitudinale
	r	продольная деформация f
L339	e	**longitudinal mode**
	d	longitudinale Mode f, longitudinaler Schwingungstyp m
	f	mode m longitudinal
	r	продольная мода f
L340	e	**longitudinal vibration, longitudinal vibrations**
	d	Längsschwingung f, Dehnungsschwingung f, Longitudinalschwingung f
	f	vibration f longitudinale
	r	продольные колебания n pl
L341	e	**longitudinal waves**
	d	Longitudinalwellen f pl, Längswellen f pl
	f	ondes f pl longitudinales
	r	продольные волны f pl
L342	e	**long line**
	d	1. lange Linie f 2. lange Leitung f
	f	longue ligne f
	r	длинная линия f
L343	e	**long-lived component**
	d	langlebige Komponente f
	f	composante f à longue période
	r	долгоживущая компонента f
L344	e	**long-lived isotope**
	d	langlebiges Isotop n
	f	isotope m à longue période
	r	долгоживущий изотоп m
L345	e	**long-period oscillation**
	d	langperiodische Schwingungen f pl
	f	oscillations f pl à longue période
	r	длиннопериодные колебания n pl
L346	e	**long-range component**
	d	fernwirkende Komponente f
	f	composante f à grand rayon d'action
	r	дальнодействующая компонента f
L347	e	**long-range interaction**
	d	Fernwirkung f
	f	interaction f à longue distance
	r	дальнодействие n
L348	e	**long-range order**
	d	Fernordnung f
	f	ordre m à longue distance
	r	дальний порядок m
L349	e	**long sight**
	d	Weitsichtigkeit f
	f	hypermétropie f
	r	дальнозоркость f
L350	e	**long-term instability**
	d	Langzeitinstabilität f
	f	instabilité f à long terme
	r	долговременная нестабильность f
L351	e	**long-term stability**
	d	Langzeitstabilität f
	f	stabilité f à long terme
	r	долговременная стабильность f
L352	e	**long-wavelength continuum**
	d	langwelliges Kontinuum n
	f	continuum m à ondes longues
	r	длинноволновый континуум m
L353	e	**long-wave radiation**
	d	langwellige Strahlung f, Langwellenstrahlung f
	f	rayonnement m à ondes longues, radiation f à ondes longues
	r	длинноволновое излучение n
L354	e	**long-wave range**
	d	Langwellenbereich m
	f	ondes f pl longues
	r	длинноволновый диапазон m
L355	e	**long-wave region**
	d	Langwellengebiet n
	f	domaine m à ondes longues
	r	длинноволновая область f (спектра)
L356	e	**long waves**
	d	lange Wellen f pl
	f	ondes f pl longues
	r	длинные волны f pl
L357	e	**loop**
	d	1. Schleife f 2. Rahmen m 3. Kreis m, geschlossener Kreis m
	f	1. boucle f 2. cadre m 3. circuit m
	r	1. петля f 2. рамка f 3. контур m, замкнутый контур m
L358	e	**loop antenna**
	d	Rahmenantenne f
	f	antenne f à cadre, antenne f en cadre
	r	рамочная антенна f
L359	e	**Lorentz force**
	d	Lorentz-Kraft f
	f	force f de Lorentz
	r	сила f Лоренца
L360	e	**Lorentz-Dirac equation**
	d	Lorentz-Dirac-Gleichung f

LORENTZ

	f équation f de Lorentz-Dirac
	r уравнение n Лоренца - Дирака
L361	e **Lorentz gage**
	d Lorentz-Konvention f, Lorentz-Eichung f
	f condition f de Lorentz
	r калибровка f Лоренца
L362	e **Lorentz group**
	d Lorentz-Gruppe f
	f groupe m de Lorentz
	r группа f Лоренца
L363	e **Lorentz invariance**
	d Lorentz-Invarianz f, relativistische Invarianz f
	f invariance f de Lorentz
	r лоренц-инвариантность f, релятивистская инвариантность f
L364	e **Lorentz-invariant**
	d Lorentz-Invariante f
	f invariant m de Lorentz
	r лоренц-инвариант m
L365	e **Lorentz lemma**
	d Lorentz-Lemma n
	f lemme m de Lorentz
	r лемма f Лоренца
L366	e **Lorentz line**
	d Lorentz-Linie f
	f ligne f de Lorentz
	r лоренцева линия f
L367	e **Lorentz-Lorenz formula**
	d Lorentz-Lorenzsche Formel f
	f formule f de Lorentz-Lorenz
	r формула f Лоренца - Лоренца
L368	e **Lorentz profile**
	d Lorentz-Profil n
	f profil m lorentzien
	r лоренцевский контур m (спектральной линии)
L369	e **Lorentz system**
	d Lorentz-System n
	f système m de Lorentz
	r система f Лоренца
L370	e **Lorentz transformation**
	d Lorentz-Transformation f
	f transformation f de Lorentz
	r преобразование n Лоренца
L371	e **Loschmidt number**
	d Loschmidt-Konstante f
	f nombre m de Loschmidt
	r постоянная f Лошмидта
L372	e **loss**
	d 1. Verluste m pl; Verlust m
	2. Dämpfung f
	f 1. pertes f pl, perte f
	2. amortissement m
r 1. потери f pl; потеря f
	2. затухание n
L373	e **loss angle**
	d dielektrischer Verlustwinkel m
	f angle m de pertes
	r угол m потерь
L374	e **loss cone**
	d Verlustkegel m
	f cône m de perte
	r конус m потерь
L375	e **loss cone instability**
	d Verlustkegelinstabilität f
	f instabilité f conique
	r конусная неустойчивость f
L376	e **loss factor**
	d dielektrischer Verlustfaktor m
	f facteur m de pertes
	r коэффициент m потерь
L377	e **loss-free dielectric**
	d verlustfreies Dielektrikum n, idealer Isolierstoff m
	f diélectrique m sans pertes
	r диэлектрик m без потерь
L378	e **loss of strength**
	d Entfestigung f
	f déconsolidation f
	r разупрочнение n
L379	e **losses** see **loss**
L380	e **loudness**
	d Lautstärke f
	f volume m de son, intensité f sonore
	r громкость f
L381	e **loudspeaker**
	d Lautsprecher m
	f haut-parleur m
	r громкоговоритель m
L382	e **Love wave**
	d Love-Welle f, Lovesche Welle f
	f onde f de Love
	r волна f Лява
L383	e **low-angle scattering**
	d Kleinwinkelstreuung f
	f diffusion f à angle réduit
	r малоугловое рассеяние n
L384	e **low-dimensional magnetic**
	d niederdimensionales Magnetikum n
	f magnétique m de faible encombremen
	r низкоразмерный магнетик m
L385	e **low energy electron diffraction**
	d Niederenergie-Elektronenbeugung f
	f diffraction f d'électrons lents
	r дифракция f медленных электронов, дифракция f электронов низких энергий

L386 *e* **low energy electron diffraction method**
      d LEED-Verfahren *n*
      f méthode *f* de diffraction des électrons lents
      r метод *m* дифракции электронов низких энергий, метод *m* LEED

L387 *e* **low energy region**
      d Niederenergiegebiet *n*
      f région *f* de faibles énergies
      r область *f* малых энергий

L388 *e* **lower band**
      d unteres Band *n*
      f zone *f* inférieure, bande *f* inférieure
      r нижняя зона *f*

L389 *e* **lower ionosphere**
      d niedere Ionosphäre *f*, tiefe Ionosphäre *f*
      f ionosphère *f* inférieure
      r нижняя ионосфера *f*

L390 *e* **lower sublevel**
      d unteres Subniveau *n*
      f sous-niveau *m* inférieur
      r нижний подуровень *m*

L391 *e* **lower yield point**
      d untere Streckgrenze *f*
      f limite *f* inférieure d'élasticité
      r нижний предел *m* текучести

L392 *e* **low frequencies**
      d Niederfrequenzen *f pl*
      f basses fréquences *f pl*
      r низкие частоты *f pl*

L393 *e* **low-frequency band**
      d Niederfrequenzband *n*
      f gamme *f* de basses fréquences
      r низкочастотный диапазон *m*, диапазон *m* низких частот

L394 *e* **low-frequency oscillation**
      d Niederfrequenzschwingungen *f pl*
      f oscillations *f pl* à basse fréquence
      r низкочастотные колебания *n pl*

L395 *e* **low-frequency radiation**
      d Niederfrequenzstrahlung *f*
      f rayonnement *m* à basse fréquence, radiation *f* à basse fréquence
      r низкочастотное излучение *n*, длинноволновое излучение *n*

L396 *e* **low-frequency region**
      d Niederfrequenzbereich *m*
      f domaine *m* de basses fréquences
      r область *f* низких частот, низкочастотная область *f*

L397 *e* **low-noise amplifier**
      d rauscharmer Verstärker *m*
      f amplificateur *m* à faible bruit
      r малошумящий усилитель *m*

L398 *e* **low-pass filter**
      d Tiefpaßfilter *n*, Tiefpaß *m*
      f filtre *m* passe-bas
      r фильтр *m* нижних частот

L399 *e* **low temperature**
      d tiefe Temperatur *f*, niedrige Temperatur *f*, Tieftemperatur *f*
      f basse température *f*
      r низкая температура *f*

L400 *e* **low-temperature calorimetry**
      d Tieftemperaturkalorimetrie *f*
      f calorimétrie *f* à basse température
      r низкотемпературная калориметрия *f*

L401 *e* **low-temperature chamber**
      d Tieftemperaturkammer *f*
      f chambre *f* à basse température
      r низкотемпературная камера *f*

L402 *e* **low-temperature container**
      d Tieftemperaturcontainer *m*
      f conteneur *m* à basse température
      r низкотемпературный контейнер *m*

L403 *e* **low-temperature physics**
      d Kryophysik *f*, Tieftemperaturphysik *f*
      f physique *f* de basses températures
      r физика *f* низких температур

L404 *e* **low-temperature plasma**
      d Niedertemperaturplasma *n*
      f plasma *m* à basse température
      r низкотемпературная плазма *f*

L405 *e* **low-voltage arc**
      d Niedervoltbogen *m*, Niederspannungsbogen *m*
      f arc *m* à basse tension
      r низковольтная дуга *f*

L406 *e* **LS-coupling** *see* **Russell-Saunders coupling**

L407 *e* **lubrication**
      d Schmieren *n*, Schmierung *f*
      f graissage *m*, lubrification *f*
      r смазывание *n*, смазка *f*

L408 *e* **Lüders lines**
      d Lüderssche Linien *f pl*, Gleitlinien *f pl*
      f lignes *f pl* de Lüders
      r линии *f pl* Людерса - Чернова, линии *f pl* скольжения

L409 *e* **lumen, lm**
      d Lumen *n*
      f lumen *m*
      r люмен *m*, лм

L410 *e* **lumen second, lm·s**
      d Lumensekunde *f*

LUMINANCE

- *f* lumen-seconde
- *r* люмен-секунда *f*, лм·с

L411
- *e* luminance
- *d* Leuchtdichte *f*
- *f* luminance *f*
- *r* яркость *f*

L412
- *e* luminance contrast
- *d* Leuchtdichtekontrast *m*
- *f* contraste *m* de luminance
- *r* яркостный контраст *m*

L413
- *e* luminance factor
- *d* Remissionsgrad *m*; Hellbezugswert *m* *(Farbmetrik)*
- *f* facteur *m* de luminance
- *r* коэффициент *m* яркости

L414
- *e* luminance temperature
- *d* schwarze Temperatur *f*
- *f* température *f* de luminance
- *r* яркостная температура *f*

L415
- *e* luminescence
- *d* Lumineszenz *f*
- *f* luminescence *f*
- *r* люминесценция *f*

L416
- *e* luminescence center
- *d* Lumineszenzzentrum *n*
- *f* centre *m* luminogène
- *r* центр *m* люминесценции

L417
- *e* luminescence decay
- *d* Lumineszenzabklingen *n*, Abklingen *n* der Lumineszenz
- *f* déclin *m* de la luminescence
- *r* затухание *n* люминесценции

L418
- *e* luminescence decay time
- *d* Lumineszenzabklingzeit *f*
- *f* temps *m* de déclin de la luminescence
- *r* время *n* затухания люминесценции

L419
- *e* luminescence depolarization
- *d* Lumineszenzdepolarisation *f*
- *f* dépolarisation *f* de la luminescence
- *r* деполяризация *f* люминесценции

L420
- *e* luminescence intensity
- *d* Lumineszenzintensität *f*, Lumineszenzstärke *f*
- *f* intensité *f* de luminescence
- *r* интенсивность *f* люминесценции

L421
- *e* luminescence quenching
- *d* Lumineszenzlöschen *n*
- *f* extinction *f* de la luminescence
- *r* тушение *n* люминесценции

L422
- *e* luminescence yield
- *d* Lumineszenzausbeute *f*
- *f* rendement *m* de luminescence
- *r* выход *m* люминесценции

L423
- *e* luminescent analysis
- *d* Lumineszenzanalyse *f*
- *f* analyse *f* par luminescence
- *r* люминесцентный анализ *m*

L424
- *e* luminescent image
- *d* Leuchtbild *n*, Lumineszenzbild *n*
- *f* image *f* luminescente
- *r* люминесцентное изображение *n*

L425
- *e* luminescent material
- *d* Lumineszenzstoff *m*
- *f* substance *f* luminescente, matière *f* luminescente
- *r* люминесцентное вещество *n*

L426
- *e* luminophor
- *d* Leuchtstoff *m*
- *f* luminophore *m*
- *r* люминофор *m*

L427
- *e* luminosity
- *d* Leuchtkraft *f (Stern)*
- *f* luminosité *f (d'une étoile)*
- *r* светимость *f (звезды)*

L428
- *e* luminosity class
- *d* Leuchtkraftklasse *f*
- *f* classe *f* de luminosité
- *r* класс *m* светимости *(звёзд)*

L429
- *e* luminous efficacy
- *d* 1. photometrisches Strahlungsäquivalent *n* der Gesamtstrahlung 2. Lichtausbeute *f*; Wirtschaftlichkeit *f* der Lichtquelle
- *f* efficacité *f* lumineuse
- *r* 1. световая эффективность *f* потока, световая эффективность *f* *(излучения)* 2. световая отдача *f* *(источника света)*

L430
- *e* luminous efficiency
- *d* visueller Wirkungsgrad *m*, visueller Nutzeffekt *m*
- *f* efficacité *f* lumineuse relative
- *r* спектральная чувствительность *f* *(глаза)*, относительная световая эффективность *f*

L431
- *e* luminous emittance, luminous exitance
- *d* spezifische Lichtausstrahlung *f*
- *f* émittance *f* lumineuse
- *r* светимость *f*

L432
- *e* luminous energy
- *d* Lichtenergie *f*
- *f* énergie *f* lumineuse
- *r* световая энергия *f*

L433
- *e* luminous exitance *see* luminous emittance

L434
- *e* luminous flux
- *d* Lichtstrom *m*

	f	flux *m* lumineux
	r	световой поток *m*
L435	e	**luminous intensity**
	d	Lichtstärke *f*
	f	intensité *f* lumineuse
	r	сила *f* света
L436	e	**Lummer-Brodhune cube**
	d	Lummer-Brodhune-Würfel *m*, Photometerwürfel *m*
	f	cube *m* photométrique
	r	кубик *m* Люммера - Бродхуна, фотометрический кубик *m*
L437	e	**lumped load**
	d	konzentrierte Belastung *f*, konzentrierte Last *f*
	f	charge *f* concentrée
	r	сосредоточенная нагрузка *f*
L438	e	**lumped-parameter system**
	d	System *n* mit konzentrierten Parametern
	f	système *m* à paramètres concentrés
	r	система *f* с сосредоточенными параметрами
L439	e	**lunar eclipse**
	d	Mondfinsternis *f*
	f	éclipse *f* de la Lune
	r	лунное затмение *n*
L440	e	**lunar laser ranging**
	d	Laserortung *f* des Mondes
	f	localisation *f* laser de la Lune
	r	лазерная локация *f* Луны
L441	e	**lunokhod**
	d	Mondfahrzeug *n*, Mondauto *n*
	f	lunakhode *m*
	r	луноход *m*
L442	e	**lutecium, Lu**
	d	Lutetium *n*
	f	lutécium *m*
	r	лютеций *m*
L443	e	**lux, lx**
	d	Lux *n*
	f	lux *m*
	r	люкс *m*, лк
L444	e	**Luxemburg effect**
	d	Luxemburg-Effekt *m*
	f	effet *m* Luxemburg
	r	Люксембург-Горьковский эффект *m*
L445	e	**luxmeter**
	d	Luxmeter *n*, Beleuchtungsstärkemesser *m*
	f	luxmètre *m*
	r	люксметр *m*
L446	e	**Lyman series**
	d	Lyman-Serie *f*

	f	série *f* de Lyman
	r	серия *f* Лаймана
L447	e	**lyophily**
	d	Lyophilie *f*
	f	lyophilie *f*
	r	лиофильность *f*
L448	e	**lyophoby**
	d	Lyophobie *f*
	f	lyophobie *f*
	r	лиофобность *f*
L449	e	**lyotropy**
	d	Lyotropie *f*
	f	lyotropie *f*
	r	лиотропия *f*

M

M1	e	**Mach angle**
	d	Machscher Winkel *m*, Mach-Winkel *m*
	f	angle *m* de Mach
	r	угол *m* Маха
M2	e	**Mach cone**
	d	Machscher Kegel *m*
	f	cône *m* de Mach, cône *m* de perturbation, front *m* de Mach
	r	конус *m* Маха
M3	e	**Mach number**
	d	Mach-Zahl *f*, Machsche Zahl *f*
	f	nombre *m* de Mach
	r	число *n* Маха
M4	e	**Mach-Zehnder interferometer**
	d	Mach-Zehnder-Interferometer *n*
	f	interféromètre *m* de Mach-Zehnder
	r	интерферометр *m* Маха - Цендера
M5	e	**Maclaurin series**
	d	Maclaurinsche Reihe *f*
	f	série *f* de Maclaurin
	r	ряд *m* Маклорена
M6	e	**macrocosm**
	d	Makrokosmos *m*
	f	macrocosmos *m*
	r	макромир *m*
M7	e	**macrokinetics**
	d	Makrokinetik *f*
	f	macrocinétique *f*
	r	макрокинетика *f*
M8	e	**macromolecule**
	d	Makromolekül *n*
	f	macromolécule *f*
	r	макромолекула *f*
M9	e	**macroparticle**

MACROSCOPIC

      d Makroteilchen *n*
      f macroparticule *f*
      r макрочастица *f*

M10 *e* **macroscopic chemical kinetics**
      d makroskopische chemische Kinetik *f*
      f cinétique *f* chimique macroscopique
      r макроскопическая химическая кинетика *f*

M11 *e* **macroscopic electromagnetic field**
      d makroskopisches elektromagnetisches Feld *n*
      f champ *m* électromagnétique macroscopique
      r макроскопическое электромагнитное поле *n*

M12 *e* **macroscopic quantum effects**
      d makroskopische Quanteneffekte *m pl*
      f effets *m pl* macroscopiques quantiques
      r макроскопические квантовые эффекты *m pl*

M13 *e* **macrostructure**
      d Makrogefüge *n*, Makrostruktur *f*
      f macrostructure *f*
      r макроструктура *f*

M14 *e* **macrouniverse** *see* **macrocosm**

M15 *e* **Maggi-Righi-Leduc effect**
      d Maggi-Righi-Leduc-Effekt *m*
      f effet *m* Maggi-Righi-Leduc
      r эффект *m* Маджи - Риги - Ледюка

M16 *e* **magic nuclei**
      d magische Kerne *m pl*
      f noyaux *m pl* à nombre magique
      r магические ядра *n pl*

M17 *e* **magnesium, Mg**
      d Magnesium *n*
      f magnésium *m*
      r магний *m*

M18 *e* **magnet**
      d 1. Magnet *m* 2. Magnetikum *n*
      f 1. aimant *m* 2. magnétique *m*
      r 1. магнит *m* 2. магнетик *m*

M19 *e* **magnetic accommodation**
      d magnetische Akkommodation *f*
      f accommodation *f* magnétique
      r магнитная аккомодация *f*

M20 *e* **magnetic after-effect**
      d magnetische Nachwirkung *f*
      f traînage *m* magnétique
      r магнитное последействие *n*

M21 *e* **magnetic aging**
      d magnetische Alterung *f*
      f vieillissement *m* magnétique
      r магнитное старение *n*

M22 *e* **magnetic alloys**
      d magnetische Legierungen *f pl*
      f alliages *m pl* magnétiques
      r магнитные сплавы *m pl*

M23 *e* **magnetic amplifier**
      d Magnetverstärker *m*
      f amplificateur *m* magnétique
      r магнитный усилитель *m*

M24 *e* **magnetic anisotropy**
      d magnetische Anisotropie *f*
      f anisotropie *f* magnétique
      r магнитная анизотропия *f*

M25 *e* **magnetic anomaly**
      d magnetische Anomalie *f*, Magnetanomalie *f*
      f anomalie *f* magnétique
      r магнитная аномалия *f*

M26 *e* **magnetic atomic structure**
      d magnetische Atomstruktur *f*
      f structure *f* atomique magnétique
      r магнитная атомная структура *f*

M27 *e* **magnetic balance**
      d Feldwaage *f*, magnetische Feldwaage *f*
      f balance *f* magnétique
      r магнитные весы *pl*

M28 *e* **magnetic breakdown**
      d magnetischer Durchbruch *m*
      f rupture *f* magnétique
      r магнитный пробой *m*

M29 *e* **magnetic cation**
      d magnetisches Kation *n*
      f cation *m* magnétique
      r магнитный катион *m*

M30 *e* **magnetic cell**
      d magnetische Zelle *f*
      f cellule *f* magnétique
      r магнитная ячейка *f*

M31 *e* **magnetic charge**
      d magnetische Ladung *f*
      f charge *f* magnétique
      r магнитный заряд *m*

M32 *e* **magnetic circuit**
      d magnetischer Kreis *m*, Magnetkreis *m*
      f circuit *m* magnétique
      r магнитная цепь *f*

M33 *e* **magnetic circular dichroism**
      d magnetischer Rotationsdichroismus *m*, magnetischer zirkularer Dichroismus *m*
      f dichroïsme *m* circulaire magnétique
      r магнитный круговой дихроизм *m*

M34 *e* **magnetic cluster**
      d magnetischer Cluster *m*
      f cluster *m* magnétique
      r магнитный кластер *m*

MAGNETIC

M35   e   **magnetic coil**
     d   Magnetspule f
     f   bobine f magnétique
     r   магнитная катушка f

M36   e   **magnetic conductance**
     d   magnetischer Leitwert m, magnetische Leitfähigkeit f
     f   conductivité f magnétique
     r   магнитная проводимость f

M37   e   **magnetic configuration**
     d   Magnetkonfiguration f
     f   configuration f magnétique
     r   магнитная конфигурация f

M38   e   **magnetic confinement**
     d   magnetische Einschließung f
     f   confinement m magnétique
     r   магнитное удержание n

M39   e   **magnetic cooling**
     d   magnetische Kühlung f
     f   refroidissement m magnétique
     r   магнитное охлаждение n

M40   e   **magnetic crochets**
     d   erdmagnetische Crochets n pl
     f   crochets m pl magnétiques
     r   магнитные кроше n pl

M41   e   **magnetic declination**
     d   magnetische Deklination f
     f   déclinaison f magnétique
     r   магнитное склонение n

M42   e   **magnetic deflector**
     d   Magnetdeflektor m, Magnetablenker m
     f   déflecteur m magnétique
     r   магнитный дефлектор m; магнитная отклоняющая система f

M43   e   **magnetic defocusing**
     d   magnetische Defokussierung f
     f   défocalisation f magnétique
     r   магнитная дефокусировка f

M44   e   **magnetic deviation**
     d   Deviation f, Magnetkompaßdeviation f
     f   déviation f du compas
     r   девиация f компаса

M45   e   **magnetic dielectric**
     d   magnetisches Dielektrikum n
     f   diélectrique m magnétique
     r   магнитный диэлектрик m

M46   e   **magnetic dip** see **magnetic inclination**

M47   e   **magnetic dipole**
     d   magnetischer Dipol m
     f   dipôle m magnétique
     r   магнитный диполь m

M48   e   **magnetic dipole moment**
     d   magnetisches Dipolmoment n
     f   moment m du dipôle magnétique
     r   дипольный магнитный момент m

M49   e   **magnetic dipole radiation**
     d   magnetische Dipolstrahlung f
     f   radiation f dipolaire magnétique
     r   магнитное дипольное излучение n

M50   e   **magnetic domain**
     d   magnetische Domäne f, Weißscher Bezirk m
     f   domaine m magnétique
     r   магнитный домен m

M51   e   **magnetic domain structure**
     d   magnetische Domänenstruktur f
     f   structure f magnétique de domaines
     r   магнитная доменная структура f

M52   e   **magnetic drift**
     d   magnetische Drift f
     f   dérive f magnétique
     r   магнитный дрейф m

M53   e   **magnetic energy**
     d   magnetische Energie f, Energie f des magnetischen Feldes
     f   énergie f magnétique
     r   магнитная энергия f

M54   e   **magnetic equator**
     d   magnetischer Äquator m, erdmagnetischer Äquator m
     f   équateur m magnétique, équateur m géomagnétique
     r   магнитный экватор m

M55   e   **magnetic field**
     d   Magnetfeld n, magnetisches Feld n
     f   champ m magnétique
     r   магнитное поле n

M56   e   **magnetic field configuration**
     d   Magnetfeldkonfiguration f
     f   configuration f du champ magnétique
     r   конфигурация f магнитного поля

M57   e   **magnetic field gradient**
     d   magnetischer Feldgradient m
     f   gradient m du champ magnétique
     r   градиент m магнитного поля

M58   e   **magnetic field-induced surface levels** see **magnetic surface levels**

M59   e   **magnetic field line** see **magnetic line of force**

M60   e   **magnetic field line reconnection**
     d   Neuverbinden n von magnetischen Feldstärkelinien
     f   reconnexion f de lignes de force magnétiques
     r   пересоединение n магнитных силовых линий

MAGNETIC

M61   e   **magnetic field nonuniformity**
     d   Magnetfeldinhomogenität *f*
     f   non-uniformité *f* du champ magnétique
     r   неоднородность *f* магнитного поля

M62   e   **magnetic field pattern**
     d   Magnetfeld-Linienbild *n*
     f   lignes *f* du champ magnétique
     r   картина *f* силовых линий магнитного поля

M63   e   **magnetic field pressure**
     d   Magnetfelddruck *m*
     f   pression *f* du champ magnétique
     r   давление *n* магнитного поля

M64   e   **magnetic field strength**
     d   magnetische Feldstärke *f*, Magnetfeldstärke *f*
     f   intensité *f* du champ magnétique
     r   напряжённость *f* магнитного поля

M65   e   **magnetic film**
     d   Magnetschicht *f*
     f   film *m* magnétique
     r   магнитная плёнка *f*

M66   e   **magnetic flux**
     d   magnetischer Fluß *m*
     f   flux *m* magnétique
     r   магнитный поток *m*

M67   e   **magnetic flux density** *see* **magnetic induction**

M68   e   **magnetic flux quantization**
     d   Magnetflußquantisierung *f*
     f   quantification *f* du flux magnétique
     r   квантование *n* магнитного потока

M69   e   **magnetic flux quantum**
     d   magnetisches Flußquant *n*
     f   quantum *m* du flux magnétique
     r   квант *m* магнитного потока

M70   e   **magnetic focusing**
     d   magnetische Fokussierung *f*
     f   focalisation *f* magnétique
     r   магнитная фокусировка *f*

M71   e   **magnetic form factor**
     d   magnetischer Formfaktor *m*
     f   facteur *m* de forme magnétique
     r   магнитный форм-фактор *m*

M72   e   **magnetic hardness**
     d   magnetische Härte *f*
     f   dureté *f* magnétique
     r   магнитная жёсткость *f*

M73   e   **magnetic hydrodynamics**
     d   Magnetohydrodynamik *f*
     f   hydrodynamique *f* magnétique
     r   магнитная гидродинамика *f*, магнитогидродинамика *f*

M74   e   **magnetic hyperfine structure**
     d   magnetische Hyperfeinstruktur *f*
     f   structure *f* magnétique hyperfine
     r   сверхтонкая магнитная структура *f*

M75   e   **magnetic hysteresis**
     d   magnetische Hysterese *f*, magnetische Hysteresis *f*
     f   hystérésis *f* magnétique
     r   магнитный гистерезис *m*

M76   e   **magnetic image**
     d   magnetisches Bild *n*
     f   image *f* magnétique
     r   магнитное изображение *n*

M77   e   **magnetic inclination**
     d   Inklination *f*, magnetische Inklination *f*
     f   inclinaison *f*, inclinaison *f* magnétique
     r   магнитное наклонение *n*

M78   e   **magnetic induction**
     d   magnetische Flußdichte *f*, magnetische Induktion *f*
     f   induction *f* magnétique, densité *f* de flux magnétique
     r   магнитная индукция *f*

M79   e   **magnetic inflector**
     d   magnetischer Inflektor *m*
     f   inflecteur *m* magnétique
     r   магнитный инфлектор *m*

M80   e   **magnetic insulation**
     d   magnetische Isolierung *f*, Magnetfeldisolierung *f*
     f   isolation *f* magnétique
     r   магнитная изоляция *f*

M81   e   **magnetic intensity** *see* **magnetic field strength**

M82   e   **magnetic interaction**
     d   magnetische Wechselwirkung *f*
     f   interaction *f* magnétique
     r   магнитное взаимодействие *n*

M83   e   **magnetic latitude**
     d   magnetische Breite *f*
     f   latitude *f* magnétique
     r   магнитная широта *f*

M84   e   **magnetic lens**
     d   magnetische Linse *f*
     f   lentille *f* magnétique
     r   магнитная линза *f*

M85   e   **magnetic line of force**
     d   magnetische Feldstärkelinie *f*, magnetische Kraftlinie *f*
     f   ligne *f* de force magnétique
     r   магнитная силовая линия *f*

M86   e   **magnetic liquid**
     d   magnetische Flüssigkeit *f*
     f   fluide *m* magnétique
     r   магнитная жидкость *f*

MAGNETIC

M87   e   magnetic long-range order
      d   magnetische Fernordnung f
      f   ordre m magnétique à grande distance
      r   дальний магнитный порядок m

M88   e   magnetic loss
      d   Magnetisierungsverluste $m\ pl$
      f   pertes $f\ pl$ magnétiques
      r   магнитные потери $f\ pl$

M89   e   magnetic loss factor
      d   Magnetisierungsverlustfaktor m
      f   coefficient m de pertes magnétiques
      r   коэффициент m магнитных потерь

M90   e   magnetic material
      d   magnetischer Werkstoff m, Magnetwerkstoff m
      f   matériau m magnétique
      r   магнитный материал m

M91   e   magnetic measurements
      d   magnetische Messungen $f\ pl$
      f   mesures $f\ pl$ magnétiques
      r   магнитные измерения $n\ pl$

M92   e   magnetic meridian
      d   magnetischer Meridian m
      f   méridien m magnétique
      r   магнитный меридиан m

M93   e   magnetic mirror
      d   magnetischer Spiegel m
      f   miroir m magnétique
      r   магнитное зеркало n

M94   e   magnetic moment
      d   magnetisches Moment n
      f   moment m magnétique
      r   магнитный момент m

M95   e   magnetic monopole
      d   magnetischer Monopol m
      f   monopôle m magnétique
      r   магнитный монополь m

M96   e   magnetic neutron diffraction analysis
      d   magnetische Neutronendiffraktometrie f, magnetische Neutronenbeugungsuntersuchung f, magnetische Neutronographie f
      f   analyse f par diffraction neutronique magnétique
      r   магнитная нейтронография f

M97   e   magnetic neutron scattering
      d   magnetische Neutronenstreuung f
      f   diffusion f magnétique des neutrons
      r   магнитное рассеяние n нейтронов

M98   e   magnetic nondestructive testing
      d   magnetische Werkstoffprüfung f, nichtzerstörende Werkstoffprüfung f
      f   contrôle m magnétoscopique non destructif
      r   магнитная дефектоскопия f

M99   e   magnetic order
      d   magnetische Ordnung f
      f   ordre m magnétique
      r   магнитный порядок m

M100   e   magnetic ordering
      d   magnetische Ordnung f
      f   ordonnancement m magnétique
      r   магнитное упорядочение n

M101   e   magnetic permeability
      d   Permeabilität f
      f   perméabilité f magnétique
      r   магнитная проницаемость f

M102   e   magnetic phase
      d   magnetische Phase f
      f   phase f magnétique
      r   магнитная фаза f

M103   e   magnetic phase transitions
      d   magnetische Phasenübergänge $m\ pl$
      f   transitions $f\ pl$ de phase magnétiques
      r   магнитные фазовые переходы $m\ pl$

M104   e   magnetic polarity
      d   magnetische Polarität f
      f   polarité f magnétique
      r   магнитная полярность f

M105   e   magnetic pole
      d   magnetischer Pol m
      f   pôle m magnétique
      r   магнитный полюс m

M106   e   magnetic potential
      d   magnetisches Potential n
      f   potentiel m magnétique
      r   магнитный потенциал m

M107   e   magnetic powder patterns
      d   Magnetpulverfiguren $f\ pl$
      f   figures $f\ pl$ à poudre magnétique
      r   порошковые фигуры $f\ pl$

M108   e   magnetic quadrupole
      d   magnetischer Quadrupol m
      f   quadripôle m magnétique
      r   магнитный квадруполь m

M109   e   magnetic quadrupole moment
      d   magnetisches Quadrupolmoment n
      f   moment m quadripolaire magnétique
      r   магнитный квадрупольный момент m

M110   e   magnetic quantum number
      d   magnetische Quantenzahl f
      f   nombre m quantique magnétique
      r   магнитное квантовое число n

M111   e   magnetic radiation
      d   magnetische Strahlung f
      f   radiation f magnétique
      r   магнитное излучение n

MAGNETIC

M112   e   **magnetic recording**
       d   magnetische Aufzeichnung *f*
       f   enregistrement *m* magnétique
       r   магнитная запись *f*

M113   e   **magnetic relaxation**
       d   magnetische Nachwirkung *f*, magnetische Relaxation *f*
       f   relaxation *f* magnétique
       r   магнитная релаксация *f*

M114   e   **magnetic reluctance**
       d   magnetischer Widerstand *m*, Reluktanz *f*
       f   résistance *f* magnétique
       r   магнитное сопротивление *n*

M115   e   **magnetic resonance**
       d   magnetische Resonanz *f*
       f   résonance *f* magnétique
       r   магнитный резонанс *m*

M116   e   **magnetic rigidity** *see* **magnetic hardness**

M117   e   **magnetic rotation**
       d   Magnetorotation *f*, Faraday-Effekt *m*
       f   rotation *f* magnétique, rotation *f* magnétique du plan de polarisation
       r   фарадеевское вращение *n*, эффект *m* Фарадея

M118   e   **magnetic saturation**
       d   magnetische Sättigung *f*
       f   saturation *f* magnétique
       r   магнитное насыщение *n*

M119   e   **magnetic screen**
       d   magnetischer Schirm *m*, magnetische Abschirmung *f*
       f   écran *m* magnétique
       r   магнитный экран *m*

M120   e   **magnetic screening**
       d   magnetische Abschirmung *f*
       f   blindage *m* magnétique
       r   магнитное экранирование *n*

M121   e   **magnetic semiconductors**
       d   magnetische Halbleiter *m pl*
       f   semi-conducteurs *m pl* magnétiques
       r   магнитные полупроводники *m pl*

M122   e   **magnetic shielding** *see* **magnetic screening**

M123   e   **magnetic spark chamber**
       d   magnetische Funkenkammer *f*
       f   chambre *f* à étincelles magnétique
       r   магнитная искровая камера *f*

M124   e   **magnetic spectrometer**
       d   Magnetspektrometer *n*
       f   spectromètre *m* magnétique
       r   магнитный спектрометр *m*

M125   e   **magnetic star**
       d   magnetischer Stern *m*
       f   étoile *f* magnétique
       r   магнитная звезда *f*

M126   e   **magnetic storm**
       d   magnetischer Sturm *m*, erdmagnetischer Sturm *m*
       f   orage *m* magnétique, orage *m* géomagnétique
       r   магнитная буря *f*

M127   e   **magnetic structure**
       d   magnetische Struktur *f*
       f   structure *f* magnétique
       r   магнитная структура *f*

M128   e   **magnetic sublattice**
       d   magnetisches Untergitter *n*
       f   sous-réseau *m* magnétique
       r   магнитная подрешётка *f*

M129   e   **magnetic substorm**
       d   Substurm *m*, Baystörung *f*, buchtähnliche magnetische Störung *f*
       f   sous-orage *m* magnétique, sous-orage *m* géomagnétique
       r   магнитная суббуря *f*

M130   e   **magnetic superconductors**
       d   magnetische Supraleiter *m pl*
       f   supraconducteurs *m pl* magnétiques
       r   магнитные сверхпроводники *m pl*

M131   e   **magnetic surface levels**
       d   magnetische Oberflächenniveaus *n pl*
       f   niveaux *m pl* superficiels magnétiques
       r   магнитные поверхностные уровни *m pl*

M132   e   **magnetic susceptibility**
       d   magnetische Suszeptibilität *f*
       f   susceptibilité *f* magnétique
       r   магнитная восприимчивость *f*

M133   e   **magnetic symmetry**
       d   magnetische Symmetrie *f*
       f   symétrie *f* magnétique
       r   магнитная симметрия *f*

M134   e   **magnetic texture**
       d   magnetische Textur *f*
       f   texture *f* magnétique
       r   магнитная текстура *f*

M135   e   **magnetic trap**
       d   magnetische Falle *f*
       f   piège *m* magnétique
       r   магнитная ловушка *f*

M136   e   **magnetic variations**
       d   magnetische Variationen *f pl*
       f   variations *f pl* magnétiques
       r   магнитные вариации *f pl*

M137   e   **magnetic variometer**
       d   Magnetvariometer *n*, magnetisches Variometer *n*

MAGNETOHYDRODYNAMIC

- *f* variomètre *m* magnétique
- *r* магнитный вариометр *m*

M138
- *e* **magnetic viscosity**
- *d* magnetische Viskosität *f*
- *f* viscosité *f* magnétique
- *r* магнитная вязкость *f*

M139
- *e* **magnetism**
- *d* Magnetismus *m*
- *f* magnétisme *m*
- *r* магнетизм *m*

M140
- *e* **magnetization**
- *d* Magnetisierung *f*
- *f* aimantation *f*
- *r* 1. намагниченность *f*
-    2. намагничивание *n*

M141
- *e* **magnetization by rotation**
- *d* Barnett-Effekt *m*
- *f* aimantation *f* par rotation, effet *m* Barnett
- *r* эффект *m* Барнетта, намагничивание *n* при вращении

M142
- *e* **magnetization curve**
- *d* Magnetisierungskurve *f*
- *f* courbe *f* d'aimantation
- *r* кривая *f* намагничивания

M143
- *e* **magnetization reversal**
- *d* Ummagnetisierung *f*
- *f* inversion *f* d'aimantation
- *r* перемагничивание *n*

M144
- *e* **magnetization vector**
- *d* Magnetisierungsvektor *m*
- *f* vecteur *m* de l'aimantation
- *r* вектор *m* намагниченности

M145
- *e* **magnetized area**
- *d* magnetisiertes Gebiet *n*
- *f* domaine *m* aimanté
- *r* намагниченная область *f*

M146
- *e* **magnetized body**
- *d* magnetisierter Körper *m*
- *f* corps *m* aimanté
- *r* намагниченное тело *n*

M147
- *e* **magnetized plasma**
- *d* Magnetoplasma *n*, magnetisches Plasma *n*
- *f* plasma *m* magnétisé
- *r* замагниченная плазма *f*

M148
- *e* **magnetoacoustic effect**
- *d* magnetoakustischer Effekt *m*
- *f* effet *m* magnéto-acoustique
- *r* магнитоакустический эффект *m*

M149
- *e* **magnetoacoustic resonance**
- *d* magnetoakustische Resonanz *f*
- *f* résonance *f* magnéto-acoustique
- *r* магнитоакустический резонанс *m*

M150
- *e* **magnetoacoustics**
- *d* Magnetoakustik *f*
- *f* magnéto-acoustique *f*
- *r* магнитоакустика *f*

M151
- *e* **magnetoacoustic waves**
- *d* magnetoakustische Wellen *f pl*
- *f* ondes *f pl* magnéto-acoustiques
- *r* магнитозвуковые волны *f pl*

M152
- *e* **magneto-bremsstrahlung**
- *d* magnetische Bremsstrahlung *f*, Magnetobremsstrahlung *f*
- *f* rayonnement *m* de freinage magnétique
- *r* магнитотормозное излучение *n*

M153
- *e* **magnetocaloric effect**
- *d* magnetokalorischer Effekt *m*
- *f* effet *m* magnétocalorique
- *r* магнитокалорический эффект *m*

M154
- *e* **magnetochemistry**
- *d* Magnetochemie *f*
- *f* magnétochimie *f*
- *r* магнитохимия *f*

M155
- *e* **magnetodielectric**
- *d* Magnetodielektrikum *n*
- *f* magnétodiélectrique *m*
- *r* магнитодиэлектрик *m*

M156
- *e* **magnetoelastic interaction**
- *d* magnetoelastische Wechselwirkung *f*
- *f* interaction *f* magnéto-élastique
- *r* магнитоупругое взаимодействие *n*

M157
- *e* **magnetoelastic waves**
- *d* magnetoelastische Wellen *f pl*
- *f* ondes *f pl* magnéto-élastiques
- *r* магнитоупругие волны *f pl*

M158
- *e* **magnetoelectric effect**
- *d* magnetoelektrischer Effekt *m*
- *f* effet *m* magnéto-électrique
- *r* магнитоэлектрический эффект *m*

M159
- *e* **magnetograph**
- *d* Magnetograph *m*
- *f* magnétographe *m*
- *r* магнитограф *m*

M160
- *e* **magnetohydrodynamic generator**
- *d* magnetohydrodynamischer Generator *m*, MHD-Generator *m*
- *f* générateur *m* magnétohydrodynamique, générateur *m* MHD
- *r* магнитогидродинамический генератор *m*, МГД-генератор *m*

M161
- *e* **magnetohydrodynamic instability**
- *d* magnetohydrodynamische Instabilität *f*, MHD-Instabilität *f*
- *f* instabilité *f* magnétohydrodynamique
- *r* магнитогидродинамическая

MAGNETOHYDRODYNAMIC

		неустойчивость f, МГД-неустойчивость f
M162	e	magnetohydrodynamic oscillation
	d	magnetohydrodynamische Schwingungen f pl
	f	oscillations f pl magnétohydrodynamiques
	r	магнитогидродинамические колебания n pl, МГД-колебания n pl
M163	e	magnetohydrodynamics
	d	Magnetohydrodynamik f
	f	magnétohydrodynamique f
	r	магнитная гидродинамика f
M164	e	magnetohydrodynamic waves
	d	magnetohydrodynamische Wellen f pl, MHD-Wellen f pl
	f	ondes f pl magnétohydrodynamiques
	r	магнитогидродинамические волны f pl, МГД-волны f pl
M165	e	magnetoionic theory
	d	magnetoionische Theorie f
	f	théorie f magnéto-ionique
	r	магнитоионная теория f (распространения радиоволн)
M166	e	magnetomechanical effects
	d	magnetomechanische Effekte m pl
	f	effets m pl magnétomécaniques
	r	магнитомеханические явления n pl
M167	e	magnetomechanic ratio
	d	magnetomechanisches Verhältnis n
	f	rapport m magnétomécanique
	r	магнитомеханическое отношение n
M168	e	magnetometer
	d	Magnetometer n
	f	magnétomètre m
	r	магнитометр m
M169	e	magnetomotive force
	d	magnetische Spannung f, magnetomotorische Kraft f
	f	force f magnétomotrice
	r	магнитодвижущая сила f, намагничивающая сила f
M170	e	magneton
	d	Magneton n
	f	magnéton m
	r	магнетон m
M171	e	magnetooptical deflector
	d	magnetooptischer Deflektor m
	f	déflecteur m magnéto-optique
	r	магнитооптический дефлектор m
M172	e	magnetooptical Kerr effect
	d	magnetooptischer Kerr-Effekt m
	f	effet m magnéto-optique de Kerr
	r	магнитооптический эффект m Керра
M173	e	magnetooptics
	d	Magnetooptik f
	f	magnéto-optique f
	r	магнитооптика f
M174	e	magnetopause
	d	Magnetopause f
	f	magnétopause f
	r	магнитопауза f
M175	e	magnetophonon resonance
	d	Magnetophononenresonanz f
	f	résonance f magnétophononique
	r	магнитофононный резонанс m
M176	e	magnetoplasma
	d	Magnetoplasma n
	f	plasma m magnétique
	r	магнитоплазма f
M177	e	magnetoplasma compressor
	d	Magnetoplasmakompressor m
	f	compresseur m à plasma magnétique
	r	магнитоплазменный компрессор m
M178	e	magnetoresistance
	d	Magnetowiderstand m
	f	magnétorésistance f
	r	магнетосопротивление n
M179	e	magnetoresistor
	d	Feldplatte f
	f	magnétorésistance f
	r	магниторезистор m
M180	e	magnetosheath
	d	magnetische Trennschicht f
	f	couche f intermédiaire magnétique
	r	магнитослой m, магнитный переходный слой m (магнитосферы Земли)
M181	e	magnetosonic wave see magnetoacoustic wave
M182	e	magnetosphere
	d	Magnetosphäre f
	f	magnétosphère f
	r	магнитосфера f
M183	e	magnetospheric convection
	d	magnetosphärische Konvektion f
	f	convection f magnétosphérique
	r	магнитосферная конвекция f
M184	e	magnetospheric disturbances
	d	magnetosphärische Störungen f pl
	f	perturbations f pl magnétosphériques
	r	магнитосферные возмущения n pl
M185	e	magnetospheric tail
	d	Magnetosphärenschweif m
	f	queue f de magnétosphère
	r	хвост m магнитосферы
M186	e	magnetostatic energy
	d	magnetostatische Energie f

	f	énergie f magnétostatique
	r	магнитостатическая энергия f
M187	e	magnetostatics
	d	Magnetostatik f
	f	magnétostatique f
	r	магнитостатика f
M188	e	magnetostatic waves
	d	magnetostatische Wellen f pl
	f	ondes f pl magnétostatiques
	r	магнитостатические волны f pl
M189	e	magnetostriction
	d	Magnetostriktion f
	f	magnétostriction f
	r	магнитострикция f
M190	e	magnetostriction transducer
	d	Magnetostriktionswandler m
	f	transducteur m magnétostrictif
	r	магнитострикционный преобразователь m
M191	e	magnetothermoelectric power
	d	magnetothermoelektrische Spannung f, Magnetothermo-EMK f
	f	puissance f magnétothermoélectrique
	r	магнитотермоэдс f
M192	e	magnetron
	d	Magnetron n
	f	magnétron m
	r	магнетрон m
M193	e	magnetron arcing
	d	Funkenbildung f im Magnetron, Magnetronfunkenbildung f
	f	formation f d'arc au magnétron
	r	искрение n в магнетроне
M194	e	magnetron target
	d	Magnetrontarget n
	f	cible f à magnétron
	r	магнетронная мишень f
M195	e	magnification
	d	Vergrößerung f
	f	pouvoir m amplificateur, pouvoir m grandissant
	r	увеличение n
M196	e	magnified image
	d	vergrößertes Bild n
	f	image f amplifiée
	r	увеличенное изображение n
M197	e	magnifying glass
	d	Vergrößerungsglas n, Lupe f
	f	loupe f
	r	лупа f
M198	e	magnitude
	d	1. Betrag m, Absolutwert m 2. Größe f 3. Amplitude f, Scheitelwert m
	f	1. module m 2. magnitude f 3. amplitude f
	r	1. модуль m, абсолютная величина f 2. величина f, размер m 3. амплитуда f
M199	e	magnon
	d	Magnon n
	f	magnon m
	r	магнон m (квантовый аналог спиновой волны в магнитоупорядоченных средах)
M200	e	Magnus effect
	d	Magnus-Effekt m
	f	effet m Magnus
	r	эффект m Магнуса
M201	e	Magnus expansion
	d	Magnus-Entwicklung f
	f	décomposition f de Magnus
	r	разложение n Магнуса
M202	e	main mirror see primary mirror
M203	e	main-sequence star
	d	Hauptreihenstern m
	f	étoile f de la série principale
	r	звезда f главной последовательности
M204	e	Majorana neutrino
	d	Majorana-Neutrino n
	f	neutrino m de Majorana
	r	майорановское нейтрино n
M205	e	Majorana neutrino mass
	d	Majorana-Neutrinomasse f
	f	masse f de Majorana du neutrino
	r	майорановская масса f нейтрино
M206	e	Majorana particle
	d	Majorana-Teilchen n
	f	particule f de Majorana
	r	майорановская частица f
M207	e	majority carrier
	d	Majoritätsträger m, Majoritätsladungsträger m
	f	porteur m majoritaire
	r	основной носитель m, основной носитель m заряда
M208	e	major maximum
	d	Hauptmaximum n
	f	maximum m principal
	r	главный максимум m
M209	e	majoron
	d	Majoron n
	f	majoron m
	r	майорон m (гипотетическая частица)
M210	e	Malus law
	d	Malusscher Satz m, Satz m von Malus
	f	loi f de Malus
	r	закон m Малюса
M211	e	Mandelstam representation

MANGANESE

	d	Mandelstam-Darstellung f
	f	représentation f de Mandelstam
	r	представление n Манделстама
M212	e	**manganese, Mn**
	d	Mangan n
	f	manganèse m
	r	марганец m
M213	e	**manifold**
	d	Mannigfaltigkeit f
	f	variété f, multiplicité f
	r	многообразие n
M214	e	**manipulator**
	d	Manipulator m
	f	manipulateur m
	r	манипулятор m
M215	e	**Manley-Rowe relations**
	d	Manley-Rowe-Gleichungen f pl
	f	relations f pl de Manley-Rowe, formules f pl de Manley-Rowe
	r	соотношения n pl Мэнли - Роу
M216	e	**manometer**
	d	Manometer n, Druckmesser m
	f	manomètre m
	r	манометр m
M217	e	**mantle**
	d	Mantel m
	f	manteau m
	r	мантия f
M218	e	**manual tuning**
	d	Handeinstellung f, manuelle Einstellung f
	f	accord m manuel
	r	ручная f настройка
M219	e	**many-body interaction** see many-particle interaction
M220	e	**many-body problem**
	d	Mehrkörperproblem n, Vielkörperproblem n
	f	problème m de plusieurs corps
	r	задача f многих тел
M221	e	**many-particle interaction**
	d	Mehrteilchenwechselwirkung f
	f	interaction f entre plusieurs particules
	r	многочастичное взаимодействие n
M222	e	**map, mapping**
	d	Abbildung f
	f	application f, transformation f, représentation f
	r	отображение n
M223	e	**margin of safety** see safety factor
M224	e	**mark**
	d	Marke f, Markierung f
	f	marque f, repère m
	r	метка f
M225	e	**Markov chains**
	d	Markowsche Ketten f pl
	f	châines f pl de Markov
	r	цепи f pl Маркова
M226	e	**Markovian process, Markov process**
	d	Markowscher Prozeß m
	f	processus m de Markov, processus m markovien
	r	марковский процесс m
M227	e	**Mars**
	d	Mars m
	f	Mars m
	r	Марс m
M228	e	**martensite**
	d	Martensit m
	f	martensite f
	r	мартенсит m
M229	e	**martensitic transformations**
	d	Martensitumwandlungen f pl
	f	transformations f pl martensitiques
	r	мартенситные превращения n pl
M230	e	**maser**
	d	Maser m
	f	maser m
	r	мазер m
M231	e	**maser effect**
	d	Masereffekt m, interstellarer Maserprozeß m
	f	effet m maser (à l'espace)
	r	мазерный эффект m (в космосе)
M232	e	**maser emission**
	d	Maserstrahlung f
	f	émission f maser
	r	мазерное излучение n
M233	e	**maser radiation** see maser emission
M234	e	**mask**
	d	Maske f
	f	cache m, masque m
	r	маска f
M235	e	**mass**
	d	Masse f
	f	masse f
	r	масса f
M236	e	**mass absorption coefficient**
	d	Massenabsorptionskoeffizient m
	f	coefficient m d'absorption de masse
	r	массовый коэффициент m поглощения
M237	e	**mass action law** see law of mass action
M238	e	**mass analyzer**
	d	Massenanalysator m
	f	analyseur m de masse
	r	масс-анализатор m

M239	e	mass at rest
	d	Ruhemasse f, Ruhmasse f
	f	masse f au repos
	r	масса f покоя

M240 e mass defect
d Massendefekt m, Massenschwund m
f défaut m de masse
r дефект m массы

M241 e mass-energy equivalence
d Masse-Energie-Äquivalenz f
f équivalence f masse-énergie
r эквивалентность f массы и энергии

M242 e mass force
d Massenkraft f; Volumenkraft f
f force f des masses; force f volumique
r массовая сила f; объёмная сила f

M243 e massless quark
d masseloses Quark n
f quark m sans masse
r безмассовый кварк m

M244 e mass-luminosity relation
d Masse-Leuchtkraft-Beziehung f, Masse-Helligkeits-Beziehung f
f relation f masse-luminosité
r зависимость f масса - светимость (зависимость абсолютной светимости звезд от их массы)

M245 e mass number
d Massenzahl f
f nombre m de masse
r массовое число n

M246 e mass of a particle
d Teilchenmasse f
f masse f d'une particule
r масса f частицы

M247 e mass operator
d Massenoperator m
f opérateur m de masse
r массовый оператор m

M248 e mass separator
d Massenseparator m
f séparateur m de masses
r масс-сепаратор m

M249 e mass spectrograph
d Massenspektrograph m
f spectrographe m de masse
r масс-спектрограф m

M250 e mass spectrometer
d Massenspektrometer n
f spectromètre m de masse
r масс-спектрометр m

M251 e mass spectrometry
d Massenspektrometrie f
f spectrométrie f de masse
r масс-спектрометрия f

M252 e mass spectroscopy
d Massenspektroskopie f
f spectroscopie f de masse
r масс-спектроскопия f

M253 e mass spectrum
d Massenspektrum n
f spectre m de masse
r масс-спектр m

M254 e mass transfer, mass transport
d Massentransport m
f transfert m de masse
r массоперенос m, массопередача f, перенос m массы

M255 e master oscillator
d Steueroszillator m, Steuergenerator m
f oscillateur m pilote
r задающий генератор m

M256 e matched filter
d angepaßtes Filter n
f filtre m adapté
r согласованный фильтр m

M257 e matched load
d angepaßte Last f
f charge f adaptée
r согласованная нагрузка f

M258 e matching diaphragm
d Anpassungsblende f
f diaphragme m d'adaptation
r согласующая диафрагма f

M259 e matching factor
d Anpassungsgrad m
f coefficient m d'adaptation
r коэффициент m согласования

M260 e material
d Stoff m, Material n
f matériau m
r материал m

M261 e material dispersion
d Materialdispersion f
f dispersion f du matériau
r дисперсия f материала; материальная дисперсия f

M262 e material modification by charged particle beams
d Stoffmodifikation f durch Strahlen geladener Teilchen
f modification f des matériaux par les faisceaux des particules chargées
r модификация f материалов пучками заряженных частиц

M263 e material particle
d 1. Massenpunkt m
   2. Materieteilchen n
f 1. point m matériel 2. particule f de matière

MATERIAL

	r	1. материальная точка f 2. частица f вещества
M264	e	**material point**
	d	Massenpunkt m
	f	point m matériel
	r	материальная точка f
M265	e	**material world**
	d	materielle Welt f
	f	monde m matériel
	r	материальный мир m
M266	e	**mathematical pendulum**
	d	mathematisches Pendel n
	f	pendule m mathématique
	r	математический маятник m
M267	e	**mathematical physics**
	d	mathematische Physik f
	f	physique f mathématique
	r	математическая физика f
M268	e	**Mathieu equation**
	d	Mathieusche Gleichung f
	f	équation f de Mathieu
	r	уравнение n Матьё
M269	e	**Mathieu function**
	d	Mathieusche Funktion f
	f	fonction f de Mathieu
	r	функция f Матьё
M270	e	**matrix**
	d	Matrix f
	f	matrice f
	r	матрица f
M271	e	**matrix deformation**
	d	Matrixdeformation f
	f	déformation f de matrice
	r	деформация f матрицы
M272	e	**matrix element**
	d	Matrixelement n
	f	élément m de matrice
	r	матричный элемент m
M273	e	**matrix mechanics**
	d	Matrizenmechanik f
	f	mécanique f matrice
	r	матричная механика f
M274	e	**matter**
	d	Materie f; Stoff m
	f	matière f
	r	материя f; вещество n
M275	e	**matter effluence**
	d	Massenabströmung f (aus dem Stern)
	f	écoulement m du matériau (de l'étoile)
	r	истечение n вещества (из звезды)
M276	e	**Matthiessen rule**
	d	Matthießensche Regel f
	f	règle f de Matthiessen
	r	правило n Маттисена
M277	e	**matt surface**
	d	matte Oberfläche f
	f	surface f mate
	r	матовая поверхность f
M278	e	**maximon**
	d	Maximon n
	f	maximon m
	r	максимон m (гипотетическая частица)
M279	e	**maximum**
	d	Maximum n
	f	maximum m
	r	максимум m
M280	e	**maximum likelihood method**
	d	Maximum-Likelihood-Methode f, Methode f der maximalen Stichprobenwahrscheinlichkeit
	f	méthode f du maximum de vraisemblance
	r	метод m максимального правдоподобия
M281	e	**maximum modulus theorem**
	d	Maximalmodulprinzip n, Satz m vom Maximum des Moduls
	f	principe m de maximum de module
	r	принцип m максимума модуля
M282	e	**maximum work** (in thermodynamics)
	d	maximale Arbeit f (in der Thermodynamik)
	f	travail m maximum (en thermodynamique)
	r	максимальная работа f (в термодинамике)
M283	e	**maxwell, Mx**
	d	Maxwell n
	f	maxwell m
	r	максвелл m, Мкс
M284	e	**Maxwell-Boltzmann distribution**
	d	Maxwell-Boltzmann-Verteilung f
	f	distribution f de Maxwell-Boltzmann
	r	распределение n Максвелла - Больцмана
M285	e	**Maxwell bridge**
	d	Maxwell-Brücke f, Maxwellsche Brücke f
	f	pont m de Maxwell
	r	мост m Максвелла
M286	e	**Maxwell color triangle**
	d	Maxwell-Helmholtzsches Farbendreieck n, Maxwellsches Dreieck n
	f	triangle m de couleurs de Maxwell
	r	треугольник m Максвелла

M287   e   Maxwell demon
        d   Maxwellscher Dämon m, Dämon m von Maxwell
        f   démon m de Maxwell
        r   демон m Максвелла

M288   e   Maxwell distribution
        d   Maxwell-Verteilung f, Maxwellsche Verteilung f, Maxwellsche Geschwindigkeitsverteilung f
        f   distribution f de Maxwell
        r   максвелловское распределение n

M289   e   Maxwell equations
        d   Maxwellsche Gleichungen f pl
        f   équations f pl de Maxwell
        r   уравнения n pl Максвелла

M290   e   Maxwellian distribution see Maxwell distribution

M291   e   Maxwellian stress tensor
        d   Maxwellscher Spannungstensor m
        f   tenseur m de contrainte de Maxwell
        r   тензор m напряжений Максвелла

M292   e   Maxwell relations
        d   Maxwellsche Beziehungen f pl
        f   relations f pl de Maxwell
        r   соотношения n pl Максвелла

M293   e   Mayer diagrams
        d   Mayer-Diagramme n pl
        f   diagrammes m pl de Mayer
        r   диаграммы f pl Майера

M294   e   Mayer equation
        d   Mayersche Beziehung f, Gleichung f von J. R. Mayer
        f   équation f de Mayer
        r   уравнение n Майера

M295   e   mean free path
        d   mittlere freie Weglänge f
        f   libre parcours m moyen
        r   средняя длина f свободного пробега

M296   e   mean life, mean lifetime
        d   mittlere Lebensdauer f
        f   vie f moyenne
        r   среднее время n жизни

M297   e   mean value see average value

M298   e   measure
        d   Maß n
        f   mesure f
        r   мера f

M299   e   measurement
        d   Messung f
        f   mesurage m, mesure f
        r   измерение n

M300   e   measurement errors
        d   Meßfehler m pl
        f   erreurs f pl de mesure
        r   погрешности f pl измерения

M301   e   measurement of atmospheric pressure
        d   Luftdruckmessung f, Barometrie f
        f   mesure f de la pression atmosphérique
        r   измерение n атмосферного давления

M302   e   measurement of radiation dose
        d   Strahlendosismessung f
        f   mesure f de la dose de radiation
        r   измерение n дозы излучения

M303   e   measure of dispersion
        d   Streuungsmaß n
        f   mesure f de dispersion
        r   мера f дисперсии

M304   e   measuring see measurement

M305   e   measuring microscope
        d   Meßmikroskop n; Feinmeßmikroskop n
        f   microscope m de mesure
        r   измерительный микроскоп m

M306   e   mechanical constraints
        d   mechanische Bindungen f pl
        f   liaisons f pl mécaniques
        r   механические связи f pl

M307   e   mechanical deformation
        d   mechanische Deformation f, mechanische Verformung f
        f   déformation f mécanique
        r   механическая деформация f

M308   e   mechanical determinism
        d   mechanischer Determinismus m
        f   déterminisme m mécanique
        r   механический детерминизм m

M309   e   mechanical efficiency
        d   mechanischer Wirkungsgrad m
        f   rendement m mécanique
        r   механический кпд m

M310   e   mechanical equilibrium
        d   mechanisches Gleichgewicht n
        f   équilibre m mécanique
        r   равновесие n механической системы

M311   e   mechanical equivalent of heat
        d   mechanisches Wärmeäquivalent n
        f   équivalent m mécanique de la chaleur
        r   механический эквивалент m теплоты

M312   e   mechanical equivalent of light
        d   mechanisches Lichtäquivalent n
        f   équivalent m mécanique de la lumière
        r   механический эквивалент m света

M313   e   mechanical hysteresis
        d   mechanische Hysterese f

MECHANICAL

	f	hystérésis f mécanique
	r	механический гистерезис m
M314	e	**mechanical inertia**
	d	Massenträgheit f
	f	inertie f mécanique
	r	механическая инерция f
M315	e	**mechanical motion**
	d	mechanische Bewegung f
	f	mouvement m mécanique
	r	механическое движение n
M316	e	**mechanical properties**
	d	mechanische Eigenschaften f pl
	f	propriétés f pl mécaniques
	r	механические свойства n pl
M317	e	**mechanical stress**
	d	mechanische Beanspruchung f
	f	contrainte f mécanique
	r	механическое напряжение n
M318	e	**mechanical testing**
	d	mechanische Prüfung f
	f	contrôle m mécanique
	r	механические испытания n pl
M319	e	**mechanical vibration, mechanical vibrations**
	d	mechanische Schwingungen f pl
	f	oscillations f pl mécaniques
	r	механические колебания n pl
M320	e	**mechanics**
	d	Mechanik f
	f	mécanique f
	r	механика f
M321	e	**mechanics of continua**
	d	Kontinuumsmechanik f, Mechanik f der Kontinua
	f	mécanique f des milieux continus
	r	механика f сплошных сред
M322	e	**mechanics of rigid bodies**
	d	Festkörpermechanik f, Mechanik f der festen Körper
	f	mécanique f des solides
	r	механика f твёрдого тела
M323	e	**mechanism of heat transfer**
	d	Mechanismus m der Wärmeübertragung
	f	mécanisme m de transmission de la chaleur
	r	механизм m теплопередачи
M324	e	**mechanocaloric effect**
	d	mechanokalorischer Effekt m
	f	effet m mécanocalorique
	r	механокалорический эффект m
M325	e	**mechanostriction**
	d	Mechanostriktion f
	f	mécanostriction f
	r	механострикция f
M326	e	**median**
	d	Mediane f
	f	médiane f
	r	медиана f
M327	e	**medical physics**
	d	medizinische Physik f
	f	physique f médicale
	r	медицинская физика f
M328	e	**medium frequencies**
	d	mittlere Frequenzen f pl, Mittelfrequenzen f pl
	f	fréquences f pl d'ondes moyennes
	r	средние частоты f pl
M329	e	**medium waves**
	d	Mittelwellen f pl
	f	ondes f pl moyennes
	r	средние волны f pl
M330	e	**megacycle per second** see megahertz
M331	e	**megaelectron-volt, MeV**
	d	Megaelektronvolt n
	f	méga-électron-volt m
	r	мегаэлектронвольт m, МэВ
M332	e	**megahertz, MHz**
	d	Megahertz n
	f	mégahertz m
	r	мегагерц m, МГц
M333	e	**megawatt, MW**
	d	Megawatt n
	f	mégawatt m
	r	мегаватт m, МВт
M334	e	**Meissner effect**
	d	Meißner-Effekt m
	f	effet m Meissner
	r	эффект m Мейснера
M335	e	**Mellin transform**
	d	Mellin-Transformation f, Mellinsche Transformation f
	f	transformation f de Mellin
	r	преобразование n Меллина
M336	e	**melting**
	d	Schmelzen n, Schmelzung f
	f	fusion f
	r	плавление n
M337	e	**melting curve**
	d	Schmelzkurve f
	f	courbe f des points de fusion
	r	линия f плавления, кривая f плавления
M338	e	**melting point**
	d	Schmelzpunkt m
	f	température f de fusion, point m de fusion
	r	температура f плавления
M339	e	**membrane**

	d 1. Membran *f* 2. Scheidewand *f*, Trennwand *f* *f* membrane *f* *r* 1. мембрана *f* 2. перегородка *f*	

M340 *e* **mendelevium, Md**
 d Mendelevium *n*
 f mendélévium *m*
 r менделевий *m*

M341 *e* **meniscus**
 d Meniskus *m*
 f ménisque *m*
 r мениск *m*

M342 *e* **meniscus telescope**
 d Meniskusteleskop *n*
 f télescope *m* à ménisque
 r менисковый телескоп *m*, телескоп *m* Максутова

M343 *e* **mercury, Hg**
 d Quecksilber *n*
 f mercure *m*
 r ртуть *f*

M344 *e* **Mercury**
 d Merkur *m*
 f Mercure *m*
 r Меркурий *m*

M345 *e* **mercury barometer**
 d Quecksilberbarometer *n*
 f baromètre *m* à mercure
 r ртутный барометр *m*

M346 *e* **mercury lamp**
 d Quecksilberdampflampe *f*
 f lampe *f* à vapeur de mercure
 r ртутная лампа *f*

M347 *e* **mercury thermometer**
 d Quecksilberthermometer *n*
 f thermomètre *m* à mercure
 r ртутный термометр *m*

M348 *e* **meridian**
 d Meridian *m*
 f méridien *m*
 r меридиан *m*

M349 *e* **Mermin-Wagner theorem**
 d Mermin-Wagner-Theorem *n*
 f théorème *m* de Mermin-Wagner
 r теорема *f* Мёрмина - Вагнера

M350 *e* **meromorphic function**
 d meromorphe Funktion *f*
 f fonction *f* méromorphique
 r мероморфная функция *f*

M351 *e* **mesa, mesa structure**
 d Mesastruktur *f*
 f structure *f* mesa
 r мезаструктура *f*

M352 *e* **mesic charge**
 d Mesonenladung *f*, mesonische Ladung *f*, mesische Ladung *f*
 f charge *f* mésonique
 r мезонный заряд *m*

M353 *e* **mesoatom**
 d Mesonenatom *n*, mesonisches Atom *n*, Mesoatom *n*, mesisches Atom *n*
 f atome *m* mésonique, atome *m* mésique
 r мезоатом *m*

M354 *e* **mesodynamics**
 d Mesodynamik *f*
 f mésodynamique *f*
 r мезодинамика *f*

M355 *e* **mesomolecule**
 d Mesomolekül *n*
 f molécule *f* mésonique, molécule *f* mésique
 r мезомолекула *f*

M356 *e* **mesomorphic state**
 d mesomorpher Zustand *m*
 f état *m* mésomorphique
 r мезоморфное состояние *n*

M357 *e* **mesomorphism**
 d Mesomorphie *f*
 f mésomorphie *f*
 r мезоморфизм *m*

M358 *e* **meson**
 d Meson *n*
 f méson *m*
 r мезон *m*

M359 *e* **meson chemistry**
 d Mesonenchemie *f*
 f chimie *f* mésonique
 r мезонная химия *f*

M360 *e* **meson facility**
 d Mesonenfabrik *f*
 f fabrique *f* de mésons
 r мезонная фабрика *f*

M361 *e* **mesonic atom** see **mesoatom**

M362 *e* **mesonic dynamics** see **mesodynamics**

M363 *e* **mesonic molecule** see **mesomolecule**

M364 *e* **mesonium**
 d Mesonium *n*
 f mésonium *m*
 r мезоний *m*

M365 *e* **mesopause**
 d Mesopause *f*
 f mésopause *f*
 r мезопауза *f*

M366 *e* **mesophase**
 d Mesophase *f*

MESOSCOPICS

	f	mésophase f
	r	мезофаза f

M367 e mesoscopics
　　　d Mesoskopik f
　　　f mésoscopique f
　　　r мезоскопика f

M368 e mesosphere
　　　d Mesosphäre f
　　　f mésosphère f
　　　r мезосфера f

M369 e metacenter
　　　d Metazentrum n
　　　f métacentre m
　　　r метацентр m

M370 e metacentric height
　　　d metazentrische Höhe f, Metazentrumhöhe f
　　　f hauteur f métacentrique
　　　r метацентрическая высота f

M371 e metacolor
　　　d Metafarbe f
　　　f métacouleur f
　　　r метацвет m (квантовое число)

M372 e metagalactic cosmic rays
　　　d metagalaktische Höhenstrahlung f
　　　f rayons pl cosmiques métagalactiques
　　　r метагалактические космические лучи pl

M373 e metagalaxy
　　　d Metagalaxis f
　　　f métagalaxie f
　　　r метагалактика f

M374 e metal
　　　d Metall n
　　　f métal m
　　　r металл m

M375 e metal ceramics
　　　d Metallkeramik f
　　　f métallocéramique f
　　　r металлокерамика f

M376 e metal crystal
　　　d metallischer Kristall m
　　　f cristal m métallique
　　　r металлический кристалл m

M377 e metal-insulator-semiconductor structure
　　　d MIS-Struktur f
　　　f structure f métal-diélectrique-semi-conducteur
　　　r МДП-структура f, структура f металл - диэлектрик - полупроводник

M378 e metallic bond
　　　d metallische Bindung f
　　　f liaison f métallique
　　　r металлическая связь f

M379 e metallic glass
　　　d metallisches Glas n, Glasmetall n
　　　f verre m métallique
　　　r металлическое стекло n, метглас m

M380 e metallic hydrogen
　　　d metallischer Wasserstoff m
　　　f hydrogène m métallique
　　　r металлический водород m

M381 e metallic line stars
　　　d Metalliniensterne m pl
　　　f étoiles f pl à raies métalliques
　　　r металлические звёзды f pl

M382 e metallic state
　　　d metallischer Zustand m
　　　f état m métallique
　　　r металлическое состояние n

M383 e metallization
　　　d Metallisierung f
　　　f métallisation f
　　　r металлизация f

M384 e metallography
　　　d Metallographie f
　　　f métallographie f
　　　r металлография f

M385 e metalloid
　　　d Nichtmetall n
　　　f métalloïde m
　　　r неметалл m

M386 e metallurgical microscope
　　　d Metallmikroskop n
　　　f microscope m métallographique
　　　r металлографический микроскоп m

M387 e metal optics
　　　d Metalloptik f
　　　f métallo-optique f
　　　r металлоптика f

M388 e metal-oxide-semiconductor structure
　　　d MOS-Struktur f
　　　f structure f métal-oxyde-semi-conducteur
　　　r МОП-структура f, структура f металл - оксид - полупроводник

M389 e metal-semiconductor contact
　　　d Halbleiter-Metall-Kontakt m
　　　f contact m métal - semi-conducteur
　　　r контакт m металл - полупроводник

M390 e metal vapor laser
　　　d Metalldampflaser m
　　　f laser m à vapeur métallique
　　　r лазер m на парáх металлов

M391 e metamagnetism
　　　d Metamagnetismus m

METRIC

M392   *f*   métamagnétisme *m*
    r   метамагнетизм *m*

M392   *e*   metamerism
    d   Metamerie *f*
    f   métamérie *f*
    r   метамерия *f*

M393   *e*   metamorphism
    d   Metamorphie *f*, Metamorphismus *m*
    f   métamorphisme *m*
    r   метаморфизм *m*

M394   *e*   metastability
    d   Metastabilität *f*
    f   métastabilité *f*
    r   метастабильность *f*

M395   *e*   metastable luminescence
    d   metastabile Lumineszenz *f*
    f   luminescence *f* métastable
    r   метастабильная люминесценция *f*

M396   *e*   metastable state
    d   metastabiler Zustand *m*
    f   état *m* métastable
    r   метастабильное состояние *n*

M397   *e*   meteor
    d   Meteor *n*
    f   météore *m*
    r   метеор *m*

M398   *e*   meteor communication
    d   Meteorkommunikation *f*
    f   communication *f* météorique
    r   метеорная радиосвязь *f*

M399   *e*   meteorite
    d   Meteorit *m*
    f   météorite *f*
    r   метеорит *m*

M400   *e*   meteor shower
    d   Meteorfall *m*, Sternschnuppenfall *m*
    f   pluie *f* météorique, pluie *f* d'étoiles filantes, averse *f* météorique
    r   метеорный дождь *m*, звёздный дождь *m*

M401   *e*   meter
    d   1. Meßgerät *n*, Meßinstrument *n*, Messer *m* 2. Meter *n*
    f   1. appareil *m* de mesure 2. mètre *m*
    r   1. измерительный прибор *m*; счётчик *m* 2. метр *m*

M402   *e*   meter waves
    d   Meterwellen *f pl*
    f   ondes *f pl* métriques
    r   метровые волны *f pl*

M403   *e*   method
    d   Methode *f*; Verfahren *n*; Technik *f*
    f   méthode *f*
    r   метод *m*, способ *m*

M404   *e*   method of characteristics
    d   Methode *f* der charakteristischen Kurven
    f   méthode *f* de caractéristiques
    r   метод *m* характеристик

M405   *e*   method of finite differences
    d   Differenzenverfahren *n*
    f   méthode *f* de différences finies
    r   метод *m* конечных разностей

M406   *e*   method of least squares
    d   Methode *f* der kleinsten Quadrate, Fehlerquadratmethode *f*
    f   méthode *f* des moindres carrés
    r   метод *m* наименьших квадратов

M407   *e*   method of linear combinations of atomic orbitals
    d   LCAO-Methode *f*
    f   méthode *f* des combinaisons linéaires des orbitales atomiques
    r   метод *m* ЛКАО, метод *m* линейных комбинаций атомных орбиталей

M408   *e*   method of molecular replacement
    d   Molekularaustauschmethode *f*
    f   méthode *f* de remplacement moléculaire
    r   метод *m* молекулярного замещения

M409   *e*   method of sequential approximations *see* method of successive approximations

M410   *e*   method of small perturbations
    d   Störungsmethode *f*
    f   méthode *f* perturbationnelle
    r   метод *m* малых возмущений

M411   *e*   method of steepest descent
    d   Methode *f* des steilsten Abstiegs
    f   méthode *f* de la plus rapide descente
    r   метод *m* наибыстрейшего спуска

M412   *e*   method of successive approximations
    d   Methode *f* der sukzessiven Approximationen
    f   méthode *f* des approximations successives
    r   метод *m* последовательных приближений

M413   *e*   metric
    d   Metrik *f*
    f   métrique *f*
    r   метрика *f*

M414   *e*   metrical tensor
    d   metrischer Tensor *m*, Meßtensor *m*
    f   tenseur *m* métrique
    r   метрический тензор *m*

M415   *e*   metric space
    d   metrischer Raum *m*

METRIC

    f espace *m* métrique
    r метрическое пространство *n*

M416 *e* metric system of units
    d metrisches System *n*, metrisches Einheitensystem *n*
    f système *m* métrique
    r метрическая система *f* мер

M417 *e* metric tensor *see* metrical tensor

M418 *e* metrology
    d Metrologie *f*
    f métrologie *f*
    r метрология *f*

M419 *e* MHD generator
    d MHD-Generator *m*, magnetohydrodynamischer Generator *m*
    f générateur *m* MHD, générateur *m* magnétohydrodynamique
    r МГД-генератор *m*

M420 *e* MHD oscillation *see* magneto-hydrodynamic oscillation

M421 *e* mica
    d Glimmer *m*
    f mica *m*
    r слюда *f*

M422 *e* Michelson echelon
    d Stufengitter *n*, Michelsonsches Stufengitter *n*, Echelon *n*
    f réseau *m* échelon, échelon *m* de Michelson
    r эшелон *m* Майкельсона

M423 *e* Michelson interferometer
    d Michelson-Interferometer *n*
    f interféromètre *m* de Michelson
    r интерферометр *m* Майкельсона

M424 *e* Michelson-Morley experiment
    d Interferenzversuch *m* von Michelson und Morley, Michelson-Morley-Versuch *m*
    f expérience *f* de Michelson-Morley
    r опыт *m* Майкельсона - Морли

M425 *e* microanalysis
    d Mikroanalyse *f*
    f micro-analyse *f*
    r микроанализ *m*

M426 *e* microanalyzer
    d Mikroanalysator *m*
    f micro-analyseur *m*
    r микроанализатор *m*

M427 *e* microbarograph
    d Mikrobarograph *m*
    f microbarographe *m*
    r микробарограф *m*

M428 *e* microbend, microbending
    d Mikrobiegung *f*
    f microflexion *f*
    r микроизгиб *m (оптического волокна)*

M429 *e* microcanonical assembly
    d mikrokanonische Gesamtheit *f*
    f ensemble *m* microcanonique
    r микроканонический ансамбль *m*

M430 *e* microcanonical distribution
    d mikrokanonische Verteilung *f*
    f distribution *f* microcanonique
    r микроканоническое распределение *n*

M431 *e* microcausality
    d Mikrokausalität *f*
    f microcausalité *f*
    r микропричинность *f*, локальность *f*

M432 *e* microcosm, microcosmos *see* microworld

M433 *e* microcrack
    d Mikroriß *m*
    f microfissure *f*
    r микротрещина *f*

M434 *e* microdensitometer
    d Mikrodensitometer *n*, Mikroschwärzungsmesser *m*
    f microdensitomètre *m*
    r микроденситометр *m*

M435 *e* microdiffraction
    d Mikrodiffraktion *f*
    f microdiffraction *f*
    r микродифракция *f*

M436 *e* microdosimetry
    d Mikrodosimetrie *f*
    f microdosimétrie *f*
    r микродозиметрия *f*

M437 *e* microelectronics
    d Mikroelektronik *f*
    f micro-électronique *f*
    r микроэлектроника *f*

M438 *e* microexplosion
    d Mikroexplosion *f*
    f micro-explosion *f*
    r микровзрыв *m*

M439 *e* microfield
    d Mikrofeld *n*
    f microchamp *m*
    r микрополе *n*

M440 *e* microhardness
    d Mikrohärte *f*
    f microdureté *f*
    r микротвёрдость *f*

M441 *e* microhardness test
    d Mikrohärteprüfung *f*

	f	essai *m* de microdureté
	r	испытание *n* на микротвёрдость
M442	e	microinclusion
	d	Mikroinklusion *f*
	f	micro-inclusion *f*
	r	микровключение *n*
M443	e	microinhomogeneity
	d	Mikroinhomogenität *f*
	f	micro-inhomogénéité *f*
	r	микронеоднородность *f*
M444	e	microinstability
	d	Mikroinstabilität *f*
	f	micro-instabilité *f*
	r	микронеустойчивость *f (плазмы)*
M445	e	microlens
	d	Mikroobjektiv *n*; Mikrolinse *f*
	f	micro-objectif *m*
	r	микрообъектив *m*; микролинза *f*
M446	e	microlithography
	d	Mikrolithographie *f*
	f	microlithographie *f*
	r	микролитография *f*
M447	e	micromagnetism
	d	Mikromagnetismus *m*
	f	micromagnétisme *m*
	r	микромагнетизм *m*
M448	e	micrometer
	d	Mikrometer *n*
	f	micromètre *m*
	r	1. микро́метр *m (инструмент для точных измерений)* 2. микрометр *m*, уст. микрон *m (единица измерения)*
M449	e	micrometer microscope
	d	Meßmikroskop *n*
	f	microscope *m* de mesure
	r	измерительный микроскоп *m*
M450	e	micron
	d	Mikron *n*, Mikrometer *n*
	f	micron *m*, micromètre *m*
	r	микрон *m*, микрометр *m*
M451	e	microparticle
	d	Mikroteilchen *n*
	f	microparticule *f*
	r	микрочастица *f*
M452	e	microparticle magnetism
	d	Mikroteilchenmagnetismus *m*
	f	magnétisme *m* des microparticules
	r	магнетизм *m* микрочастиц
M453	e	microphone
	d	Mikrophon *n*
	f	microphone *m*
	r	микрофон *m*
M454	e	microphotography
	d	Mikrophotographie *f*
	f	microphotographie *f*
	r	микрофотография *f*
M455	e	microphotometer
	d	Mikrophotometer *n*
	f	microphotomètre *m*
	r	микрофотометр *m*
M456	e	micropinch
	d	Mikropinch *m*
	f	micropincement *m*
	r	микропинч *m*
M457	e	microplasma
	d	Mikroplasma *n*
	f	microplasma *m*
	r	микроплазма *f*
M458	e	microprobe
	d	Mikrosonde *f*
	f	microsonde *f*
	r	микрозонд *m*
M459	e	microprocessor
	d	Mikroprozessor *m*
	f	microprocesseur *m*
	r	микропроцессор *m*
M460	e	microprojection
	d	Mikroprojektion *f*
	f	microprojection *f*
	r	микропроекция *f*
M461	e	micropulsation
	d	Mikropulsation *f*
	f	micropulsation *f*
	r	микропульсации *f pl*
M462	e	microrelief
	d	Mikrorelief *n*
	f	microrelief *m*
	r	микрорельеф *m (поверхности)*
M463	e	microscope
	d	Mikroskop *n*
	f	microscope *m*
	r	микроскоп *m*
M464	e	microscopy
	d	Mikroskopie *f*
	f	microscopie *f*
	r	микроскопия *f*
M465	e	microseism
	d	seismische Unruhe *f*, Mikrobeben *n*, mikroseismische Erschütterungen *f pl*
	f	microséisme *m*
	r	микросейсм *m*
M466	e	microspectrophotometer
	d	Mikrospektrophotometer *n*
	f	microspectrophotomètre *m*
	r	микроспектрофотометр *m*
M467	e	microstress
	d	Mikrospannung *f*

MICROSTRUCTURE

- *f* microtension *f*
- *r* микронапряжение *n*

M468 *e* microstructure
- *d* Mikrostruktur *f*
- *f* microstructure *f*
- *r* микроструктура *f*

M469 *e* microtarget
- *d* Mikrotarget *n*
- *f* microcible *f*
- *r* микромишень *f*

M470 *e* microtron
- *d* Mikrotron *n*
- *f* microtron *m*
- *r* микротрон *m*

M471 *e* microturbulence
- *d* Mikroturbulenz *f*
- *f* turbulence *f* microscopique
- *r* микротурбулентность *f*

M472 *e* microviscosity
- *d* Mikroviskosität *f*
- *f* microviscosité *f*
- *r* микровязкость *f*

M473 *e* microwave background radiation
- *d* Mikrowellen-Untergrundstrahlung *f*
- *f* radiation *f* ambiante de micro-ondes
- *r* микроволновое фоновое излучение *n*

M474 *e* microwave diagnostics
- *d* Mikrowellendiagnostik *f*
- *f* diagnostic *m* à hyperfréquence, diagnostic *m* à micro-ondes
- *r* СВЧ-диагностика *f*, микроволновая диагностика *f*

M475 *e* microwave discharge
- *d* Mikrowellenentladung *f*
- *f* décharge *f* en micro-ondes
- *r* сверхвысокочастотный разряд *m*, СВЧ-разряд *m*

M476 *e* microwave electronics
- *d* Mikrowellenelektronik *f*
- *f* électronique *f* de micro-ondes, électronique *f* d'hyperfréquence
- *r* микроволновая электроника *f*, электроника *f* СВЧ

M477 *e* microwave frequencies
- *d* Mikrowellenfrequenz *f*, Höchstfrequenzen *f pl*
- *f* ultra-hautes fréquences *f pl*
- *r* сверхвысокие частоты *f pl*, СВЧ

M478 *e* microwave measurements
- *d* Mikrowellenmessungen *f pl*
- *f* mesures *f pl* d'hyperfréquence
- *r* сверхвысокочастотные измерения *n pl*

M479 *e* microwave oscillation

- *d* Höchstfrequenzschwingungen *f pl*
- *f* oscillations *f pl* à hyperfréquence
- *r* СВЧ-колебания *n pl*

M480 *e* microwave pulse
- *d* Höchstfrequenzimpuls *m*
- *f* impulsion *f* à hyperfréquence
- *r* СВЧ-импульс *m*

M481 *e* microwave radiation
- *d* Mikrowellenstrahlung *f*
- *f* radiation *f* à hyperfréquence
- *r* микроволновое излучение *n*, СВЧ-излучение *n*

M482 *e* microwave range
- *d* Höchstfrequenzbereich *m*
- *f* gamme *f* à hyperfréquence
- *r* микроволновый диапазон *m*, диапазон *m* сверхвысоких частот, диапазон *m* СВЧ

M483 *e* microwaves
- *d* Mikrowellen *f pl*, Höchstfrequenzwellen *f pl*
- *f* micro-ondes *f pl*
- *r* микроволны *f pl*

M484 *e* microwave spectroscopy
- *d* Mikrowellenspektroskopie *f*
- *f* spectroscopie *f* en micro-ondes
- *r* микроволновая спектроскопия *f*

M485 *e* microworld
- *d* Mikrowelt *f*
- *f* microcosmos *m*, micro-univers *m*
- *r* микромир *m*

M486 *e* mictomagnetism
- *d* Miktomagnetismus *m*
- *f* mictomagnétisme *m*
- *r* миктомагнетизм *m*

M487 *e* Mie theory
- *d* Miesche Theorie *f*, Miesche Theorie *f* der Streustrahlung, Miesche Beugungstheorie *f*
- *f* théorie *f* de Mie
- *r* теория *f* Ми

M488 *e* migration
- *d* Wanderung *f*, Migration *f*
- *f* migration *f*
- *r* миграция *f*; перенос *m*

M489 *e* Milky way
- *d* Milchstraße *f*
- *f* Voie *f* lactée
- *r* Млечный путь *m*

M490 *e* Miller indices
- *d* Millersche Indizes *m pl*, Miller-Indizes *m pl*
- *f* indices *m pl* de Miller
- *r* миллеровские индексы *m pl*

M491 *e* Millikan experiment, Millikan oil-drop experiment

	d	Millikan-Versuch *m*, Millikanscher Öltröpfchenversuch *m*
	f	expérience *f* de Millikan
	r	опыт *m* Милликена
M492	*e*	millimeter, mm
	d	Millimeter *n*
	f	millimètre *m*, mm
	r	миллиметр *m*, мм
M493	*e*	millimeter of mercury
	d	Millimeter *n* Quecksilbersäule
	f	millimètre *m* de mercure
	r	миллиметр *m* ртутного столба
M494	*e*	millimeter of water column
	d	Millimeter *n* Wassersäule
	f	millimètre *m* de colonne d'eau, millimètre *m* d'eau
	r	миллиметр *m* водяного столба
M495	*e*	millimeter waves
	d	Millimeterwellen *f pl*
	f	ondes *f pl* millimétriques
	r	миллиметровые волны *f pl*
M496	*e*	Mills cross
	d	Mills-Kreuz *n*, Mills-Kreuzantenne *f*
	f	croix *f* de Mills
	r	крест *m* Миллса
M497	*e*	minimum
	d	Minimum *n*
	f	minimum *m*
	r	минимум *m*
M498	*e*	minitron
	d	Minitron *n*
	f	minitron *m*
	r	минитрон *m*
M499	*e*	Minkowski space-time
	d	Minkowskisches Raum-Zeit-Kontinuum *n*
	f	espace-temps *m* de Minkowski
	r	пространство-время *n* Минковского
M500	*e*	minority carrier injection
	d	Minoritätsträgerinjektion *f*
	f	injection *f* de porteurs minoritaires
	r	инжекция *f* неосновных носителей
M501	*e*	minority carriers
	d	Minoritätsträger *m pl*, Minoritätsladungsträger *m pl*
	f	porteurs *m pl* minoritaires
	r	неосновные носители *m pl*, неосновные носители *m pl* заряда
M502	*e*	minor planet
	d	Planetoid *n*, Asteroid *n*, Kleinplanet *m*
	f	petite planète *f*, astéroïde *m*
	r	малая планета *f*, астероид *m*
M503	*e*	minute
	d	Minute *f*
	f	minute *f*
	r	минута *f*
M504	*e*	mirage
	d	Luftspiegelung *f*
	f	mirage *m*
	r	мираж *m*
M505	*e*	mirror
	d	Spiegel *m*
	f	miroir *m*
	r	зеркало *n*
M506	*e*	mirror aerial *see* reflector aerial
M507	*e*	mirror image
	d	Spiegelbild *n*
	f	image *f* reflétée
	r	зеркальное изображение *n*
M508	*e*	mirror isobar
	d	Spiegelisobar *n*
	f	isobare *f* reflétée
	r	зеркальный изобар *m*
M509	*e*	mirror isomer
	d	Spiegelisomer *n*
	f	isomère *m* reflété
	r	зеркальный изомер *m*
M510	*e*	mirror loss, mirror losses
	d	Spiegelverluste *m pl*
	f	pertes *f pl* au miroir
	r	потери *f pl* на зеркале (*лазера*), потери *f pl* на отражение
M511	*e*	mirror nuclei
	d	Spiegelkerne *m pl*
	f	noyaux *m pl* miroirs
	r	зеркальные ядра *n pl*
M512	*e*	mirror plane
	d	Spiegelebene *f*
	f	plan *m* réflecteur
	r	зеркальная плоскость *f* симметрии
M513	*e*	mirror reflexion
	d	Spiegelung *f*
	f	réflexion *f* spéculaire
	r	зеркальное отражение *n*
M514	*e*	mirror symmetry
	d	Spiegelsymmetrie *f*
	f	symétrie *f* par réflexion
	r	зеркальная симметрия *f*
M515	*e*	mirror trap
	d	Spiegelfalle *f*
	f	piège *m* à miroir
	r	зеркальная магнитная ловушка *f*
M516	*e*	mitron
	d	Mitron *n*
	f	mitron *m*
	r	митрон *m*
M517	*e*	mixed dislocation

MIXED

- *d* gemischte Versetzung *f*
- *f* dislocation *f* mixte
- *r* смешанная дислокация *f*

M518 *e* mixed state
- *d* gemischter Zustand *m*
- *f* état *m* mixte
- *r* смешанное состояние *n*

M519 *e* mixer
- *d* Mischer *m*, Mischapparat *m*
- *f* mélangeur *m*
- *r* смеситель *m*

M520 *e* mixing
- *d* Mischen *n*, Mischung *f*; Vermischen *n*
- *f* mélange *m*
- *r* смешение *n*; смешивание *n*, перемешивание *n*

M521 *e* mixing chamber
- *d* Mischkammer *f*
- *f* chambre *f* de mélange
- *r* смесительная камера *f* (химического лазера)

M522 *e* mixing length
- *d* Mischungsweg *m*, Mischungslänge *f*
- *f* longueur *f* de mélange
- *r* длина *f* перемешивания

M523 *e* MKSA system of units
- *d* MKSA-System *n*
- *f* système *m* MKSA
- *r* система *f* единиц МКСА

M524 *e* mobility
- *d* Beweglichkeit *f*
- *f* mobilité *f*
- *r* подвижность *f*

M525 *e* modal dispersion
- *d* Modendispersion *f*
- *f* dispersion *f* de mode
- *r* модовая дисперсия *f*

M526 *e* mode
- *d* 1. Mode *f*, Schwingungsmodus *m* 2. Betriebsart *f*
- *f* mode *m*
- *r* 1. мода *f*, вид *m* колебаний 2. режим *m*

M527 *e* mode competition
- *d* Modenkonkurrenz *f*
- *f* compétition *f* de mode
- *r* конкуренция *f* мод, конкуренция *f* колебаний

M528 *e* mode conversion
- *d* Modenumwandlung *f*, Modenkonversion *f*
- *f* conversion *f* des modes
- *r* преобразование *n* мод

M529 *e* mode converter
- *d* Modenumwandler *m*, Modenkonverter *m*
- *f* convertisseur *m* des modes
- *r* преобразователь *m* мод

M530 *e* model
- *d* Modell *n*
- *f* modèle *m*
- *r* модель *f*

M531 *e* modeling
- *d* Simulation *f*
- *f* simulation *f*
- *r* моделирование *n*

M532 *e* mode-locked laser
- *d* modengekoppelter Laser *m*
- *f* laser *m* à verrouillage des modes
- *r* лазер *m* с синхронизацией мод

M533 *e* mode locking
- *d* Modenkopplung *f*, Mode-Locking *n*, Modensynchronisation *f*
- *f* verrouillage *m* des modes
- *r* синхронизация *f* мод

M534 *e* mode mixing
- *d* Modenmischung *f*
- *f* mélange *m* des modes
- *r* смешение *n* мод

M535 *e* moderated neutrons
- *d* abgebremste Neutronen *n pl*, Bremsneutronen *n pl*
- *f* neutrons *m pl* modérés
- *r* замедленные нейтроны *m pl*

M536 *e* moderation of neutrons
- *d* Neutronenbremsung *f*
- *f* modération *f* des neutrons, ralentissement *m* des neutrons
- *r* замедление *n* нейтронов

M537 *e* moderator
- *d* Moderator *m*, Bremsmittel *n*, Bremsstoff *m*
- *f* modérateur *m*
- *r* замедлитель *m*

M538 *e* moderator method
- *d* Moderator-Methode *f*
- *f* méthode *f* de modérateur
- *r* метод *m* замедлителя

M539 *e* mode selection
- *d* Modenselektion *f*, Modenauswahl *f*
- *f* sélection *f* des modes
- *r* селекция *f* мод

M540 *e* mode structure
- *d* Modenstruktur *f*
- *f* structure *f* de modes
- *r* модовая структура *f*

M541 *e* mode suppression
- *d* Modenunterdrückung *f*
- *f* suppression *f* de modes
- *r* подавление *n* мод

MOLECULAR

M542   *e*   modification
- *d*   Modifikation *f*, Modifizierung *f*
- *f*   modification *f*
- *r*   модификация *f*

M543   *e*   modulated oscillation
- *d*   modulierte Schwingungen *f pl*
- *f*   oscillations *f pl* modulées
- *r*   модулированные колебания *n pl*

M544   *e*   modulated radiation
- *d*   modulierte Strahlung *f*
- *f*   radiation *f* modulée
- *r*   модулированное излучение *n*

M545   *e*   modulated voltage
- *d*   modulierte Spannung *f*
- *f*   tension *f* modulée
- *r*   модулированное напряжение *n*

M546   *e*   modulation
- *d*   Modulation *f*
- *f*   modulation *f*
- *r*   модуляция *f*

M547   *e*   modulation depth *see* depth of modulation

M548   *e*   modulation factor *see* modulation index

M549   *e*   modulation index
- *d*   Modulationsgrad *m*
- *f*   indice *m* de modulation
- *r*   коэффициент *m* модуляции

M550   *e*   modulation instability
- *d*   Modulationinstabilität *f*
- *f*   instabilité *f* de modulation
- *r*   модуляционная неустойчивость *f*

M551   *e*   modulator
- *d*   Modulator *m*
- *f*   modulateur *m*
- *r*   модулятор *m*

M552   *e*   module
- *d*   Modul *m*; Modulbaustein *m*, Modulbauelement *n*
- *f*   module *m*
- *r*   модуль *m*; блок *m*; узел *m*

M553   *e*   modulus
- *d*   Modul *m*
- *f*   module *m*
- *r*   модуль *m*

M554   *e*   modulus of dilatation
- *d*   Kompressionsmodul *m*
- *f*   module *m* d'élasticité volumique
- *r*   модуль *m* всестороннего сжатия, модуль *m* объёмного сжатия

M555   *e*   modulus of elasticity
- *d*   Elastizitätsmodul *m*, E-Modul *m*
- *f*   module *m* d'élasticité
- *r*   модуль *m* упругости

M556   *e*   modulus of elongation
- *d*   linearer Elastizitätsmodul *m*, Youngscher Modul *m*
- *f*   module *m* d'élasticité, module *m* d'Young
- *r*   модуль *m* продольной упругости, модуль *m* Юнга

M557   *e*   modulus of rigidity
- *d*   Schubmodul *m*, Scherungsmodul *m*
- *f*   module *m* de cisaillement
- *r*   модуль *m* сдвига

M558   *e*   moiré
- *d*   Moiré *f*
- *f*   moirage *m*, moirure *f*
- *r*   муар *m*

M559   *e*   moiré fringes
- *d*   Moiréeffekt *m*, Moirèstreifen *m pl*, Moirémuster *n*, Moiréinterferenzmuster *n*
- *f*   franges *f pl* moirées
- *r*   муаровые узоры *m pl*, муаровые интерференционные полосы *f pl*

M560   *e*   moiré pattern
- *d*   Moiréeffekt *m*, Moirémuster *n*
- *f*   image *f* moirée
- *r*   муаровая картина *f*; муаровые узоры *m pl*

M561   *e*   moisture
- *d*   Feuchte *f*, Feuchtigkeit *f*
- *f*   humidité *f*
- *r*   влага *f*; влажность *f*

M562   *e*   mol *see* mole

M563   *e*   molality
- *d*   Molalität *f*
- *f*   molalité *f*
- *r*   моляльность *f*

M564   *e*   molarity
- *d*   Molarität *f*, molare Konzentration *f*, Stoffmengenkonzentration *f*
- *f*   molarité *f*
- *r*   мольность *f*, молярность *f*

M565   *e*   MO LCAO approximation
- *d*   LCAO-MO-Näherung *f*
- *f*   approximation *f* MO LCAO
- *r*   метод *m* МО ЛКАО (приближение молекулярных орбиталей в форме линейной комбинации атомных орбиталей)

M566   *e*   MO LCAO method *see* MO LCAO approximation

M567   *e*   mole
- *d*   Mol *n*
- *f*   mole *f*
- *r*   моль *m*

M568   *e*   molecular acoustics

MOLECULAR

        d Molekularakustik *f*
        f acoustique *f* moléculaire
        r молекулярная акустика *f*

M569 *e* **molecular beam**
        d Molekularstrahl *m*, Molekularstrahlenbündel *n*
        f faisceau *m* moléculaire
        r молекулярный пучок *m*

M570 *e* **molecular-beam epitaxy**
        d Molekularstrahlepitaxie *f*
        f épitaxie *f* à faisceau moléculaire
        r молекулярная эпитаксия *f*, молекулярно-пучковая эпитаксия *f*

M571 *e* **molecular-beam source**
        d Molekularstrahlquelle *f*
        f source *f* de faisceau moléculaire
        r источник *m* молекулярного пучка

M572 *e* **molecular collisions**
        d Zusammenstöße *m pl* der Moleküle
        f collisions *f pl* des molécules
        r столкновения молекул *n pl*

M573 *e* **molecular concentration**
        d molekulare Konzentration *f*, Molekularkonzentration *f*
        f concentration *f* moléculaire
        r концентрация *f* молекул

M574 *e* **molecular configuration**
        d Molekülkonfiguration *f*
        f configuration *f* des molécules; configuration *f* de molécule
        r конфигурация *f* молекул; конфигурация *f* молекулы

M575 *e* **molecular conformation**
        d Molekülkonformation *f*
        f conformation *f* des molécules
        r конформация *f* молекул

M576 *e* **molecular crystal**
        d Molekülkristall *m*, molekularer Kristall *m*
        f cristal *m* moléculaire
        r молекулярный кристалл *m*

M577 *e* **molecular diffusion**
        d Molekulardiffusion *f*
        f diffusion *f* moléculaire
        r молекулярная диффузия *f*

M578 *e* **molecular dissociation**
        d Moleküldissoziation *f*, molekulare Dissoziation *f*
        f dissociation *f* des molécules; dissociation *f* de molécule
        r диссоциация *f* молекул; диссоциация *f* молекулы

M579 *e* **molecular dynamics**
        d Molekulardynamik *f*
        f dynamique *f* moléculaire
        r молекулярная динамика *f*

M580 *e* **molecular energy levels**
        d molekulare Energieniveaus *n pl*
        f niveaux *m pl* énergétiques moléculaires
        r энергетические уровни *m pl* молекулы, уровни *m pl* энергии молекулы

M581 *e* **molecular exciton**
        d Molekularexciton *n*
        f exciton *m* moléculaire
        r молекулярный экситон *m*

M582 *e* **molecular field**
        d Molekularfeld *n*
        f champ *m* moléculaire
        r молекулярное поле *n*

M583 *e* **molecular flow**
        d Molekularströmung *f*, molekulare Strömung *f*
        f écoulement *m* moléculaire
        r молекулярное течение *n*

M584 *e* **molecular integral**
        d Molekularintegral *n*
        f intégrale *f* moléculaire
        r молекулярный интеграл *m*

M585 *e* **molecular ion**
        d Molekülion *n*
        f ion *m* moléculaire
        r молекулярный ион *m*

M586 *e* **molecular isomerism**
        d molekulare Isomerie *f*
        f isomérie *f* moléculaire
        r изомерия *f* молекул

M587 *e* **molecular laser**
        d Molekularlaser *m*
        f laser *m* moléculaire
        r молекулярный лазер *m*

M588 *e* **molecular maser**
        d Molekularmaser *m*
        f maser *m* moléculaire
        r молекулярный мазер *m*, молекулярный генератор *m*

M589 *e* **molecular mass**
        d Molekülmasse *f*
        f masse *f* moléculaire
        r молекулярная масса *f*

M590 *e* **molecular motion**
        d Molekularbewegung *f*
        f agitation *f* moléculaire
        r движение *n* молекул

M591 *e* **molecular orbital**
        d Molekülorbital *n*, molekulares Orbital *n*
        f orbitale *f* moléculaire
        r молекулярная орбиталь *f*

M592	e	**molecular orbital approximation**
	d	Molekülorbitalnäherung f
	f	méthode f des orbitales moléculaires
	r	метод m молекулярных орбиталей
M593	e	**molecular physics**
	d	Molekularphysik f, Molekülphysik f
	f	physique f moléculaire
	r	молекулярная физика f
M594	e	**molecular polarizability**
	d	molekulare Polarisierbarkeit f, Molekularpolarisation f
	f	polarisabilité f moléculaire
	r	поляризуемость f молекул
M595	e	**molecular pump**
	d	Molekularpumpe f, molekularkinetische Vakuumpumpe f
	f	pompe f moléculaire
	r	молекулярный насос m
M596	e	**molecular refraction**
	d	Molekularrefraktion f, Molrefraktion f
	f	réfraction f moléculaire
	r	молекулярная рефракция f
M597	e	**molecular replacement**
	d	Molekularaustausch m, Molekularsubstitution f
	f	substitution f moléculaire, remplacement m moléculaire
	r	молекулярное замещение n
M598	e	**molecular rotation**
	d	Molekülrotation f
	f	rotation f moléculaire
	r	молекулярное вращение n
M599	e	**molecular spectroscopy**
	d	Molekülspektroskopie f
	f	spectroscopie f moléculaire
	r	спектроскопия f молекул, молекулярная спектроскопия f
M600	e	**molecular spectrum**
	d	Molekülspektrum n
	f	spectre m moléculaire
	r	молекулярный спектр m
M601	e	**molecular structure**
	d	molekulare Struktur f, Molekularstruktur f
	f	structure f moléculaire; structure f de molécule
	r	структура f молекул; структура f молекулы
M602	e	**molecular substitution** see **molecular replacement**
M603	e	**molecular symmetry**
	d	Molekülsymmetrie f
	f	symétrie f des molécules
	r	симметрия f молекул
M604	e	**molecular vibration, molecular vibrations**
	d	Molekülschwingungen f pl
	f	vibration f moléculaire, vibration f des molécules
	r	колебания n pl молекул, молекулярные колебания n pl
M605	e	**molecule**
	d	Molekül n
	f	molécule f
	r	молекула f
M606	e	**Møller scattering**
	d	Møller-Streuung f, Elektron-Elektron-Streuung f
	f	diffusion f de Møller
	r	мёллеровское рассеяние n
M607	e	**molybdenum, Mo**
	d	Molybdän n
	f	molybdène m
	r	молибден m
M608	e	**moment**
	d	Moment n
	f	moment m
	r	момент m
M609	e	**moment of couple**
	d	Moment n des Kräftepaares
	f	moment m d'un couple
	r	момент m пары
M610	e	**moment of force**
	d	Kraftmoment n
	f	moment m de force
	r	момент m силы
M611	e	**moment of inertia**
	d	Trägheitsmoment n
	f	moment m d'inertie
	r	момент m инерции
M612	e	**moment of momentum**
	d	Impulsmoment n, Drehimpuls m
	f	moment m angulaire, moment m cinétique
	r	момент m импульса, момент m количества движения, кинетический момент m
M613	e	**momentum**
	d	Impuls m, Bewegungsgröße f
	f	impulsion f, quantité f de mouvement
	r	импульс m, количество n движения
M614	e	**momentum component**
	d	Impulskomponente f
	f	composante f d'une impulsion
	r	компонента f импульса
M615	e	**momentum conservation**
	d	Impulserhaltung f
	f	conservation f de l'impulsion, conservation f de la quantité de mouvement
	r	сохранение n импульса, сохранение n количества движения

MOMENTUM

M616   *e*   **momentum flux**
       d   Impulsfluß *m*
       f   flux *m* de la quantité de mouvement
       r   поток *m* импульса, поток *m* количества импульса

M617   *e*   **momentum quantization**
       d   Impulsquantisierung *f*, Impulsquantelung *f*
       f   quantification *f* d'une impulsion
       r   квантование *n* импульса

M618   *e*   **momentum space**
       d   Impulsraum *m*
       f   espace *m* des impulsions
       r   пространство *n* импульсов

M619   *e*   **momentum transfer**
       d   Impulstransport *m*, Impulsübertragung *f*
       f   transfert *m* de la quantité de mouvement
       r   передача *f* импульса

M620   *e*   **monitoring**
       d   1. Monitoring *m*, Überwachung *f* 2. Strahlenüberwachung *f*
       f   1. monitoring *m*, surveillance *f* 2. surveillance *f*, surveillance *f* des rayonnements
       r   1. мониторинг *m* 2. радиационный контроль *m*; дозиметрический контроль *m*

M621   *e*   **monochromaticity**
       d   Monochromasie *f*
       f   monochromatisme *m*
       r   монохроматичность *f*

M622   *e*   **monochromatic light**
       d   monochromatisches Licht *n*
       f   lumière *f* monochromatique
       r   монохроматический свет *m*

M623   *e*   **monochromatic radiation**
       d   monochromatische Strahlung *f*
       f   radiation *f* monochromatique
       r   монохроматическое излучение *n*

M624   *e*   **monochromatic source**
       d   monochromatische Lichtquelle *f*
       f   source *f* d'émission monochromatique
       r   монохроматический источник *m*

M625   *e*   **monochromatic waves**
       d   monochromatische Wellen *f pl*
       f   ondes *f pl* monochromatiques
       r   монохроматические волны *f pl*

M626   *e*   **monochromator**
       d   Monochromator *m*
       f   monochromateur *m*
       r   монохроматор *m*

M627   *e*   **monoclinic system**
       d   monoklines System *n*
       f   système *m* monoclinique
       r   моноклинная сингония *f*, моноклинная система *f*

M628   *e*   **mono crystal**
       d   Einkristall *m*
       f   monocristal *m*
       r   монокристалл *m*

M629   *e*   **monolayer**
       d   Monoschicht *f*; monomolekulare Schicht *f*
       f   monocouche *f*
       r   монослой *m* (*напр. молекул на поверхности*)

M630   *e*   **monomode fiber**
       d   Einmodenfaser *f*, Monomode-Faser *f*
       f   fibre *f* monomode
       r   одномодовое волокно *n*

M631   *e*   **monomolecular layer** *see* **monolayer**

M632   *e*   **monopole**
       d   Monopol *m*
       f   monopôle *m*
       r   монополь *m*

M633   *e*   **monostable multivibrator** *see* **single-shot multivibrator**

M634   *e*   **monotonic function**
       d   monotone Funktion *f*
       f   fonction *f* monotone
       r   монотонная функция *f*

M635   *e*   **Monte Carlo method**
       d   Monte-Carlo-Methode *f*
       f   méthode *f* de Monte-Carlo
       r   метод *m* Монте-Карло, метод *m* статистических испытаний

M636   *e*   **Monte Carlo study**
       d   Monte-Carlo-Methode *f*, Anwendung *f* der Monte-Carlo-Methode
       f   technique *f* de Monte-Carlo
       r   исследование *n* методом Монте-Карло, исследование *n* методом статистических испытаний

M637   *e*   **month**
       d   Monat *m*
       f   mois *m*
       r   месяц *m*

M638   *e*   **Moon**
       d   Mond *m*
       f   Lune *f*
       r   Луна *f*

M639   *e*   **Morin point**
       d   Morin-Punkt *m*
       f   point *m* de Morin
       r   точка *f* Морина

M640   *e*   **Morin transition**

	d Morin-Übergang *m*
	f transition *f* de Morin
	r переход *m* Морина
M641	e morphology
	d Morphologie *f*
	f morphologie *f*
	r морфология *f*
M642	e mosaic crystal
	d Mosaikkristall *m*
	f cristal *m* mosaïque
	r мозаичный кристалл *m*
M643	e mosaic structure
	d Mosaikstruktur *f*, Mosaiktextur *f* (*Kristall*)
	f structure *f* mosaïque (*des cristaux*)
	r мозаичность *f* (*кристаллов*)
M644	e Moseley law
	d Moseleysches Gesetz *n*
	f loi *f* de Moseley
	r закон *m* Мозли
M645	e Mössbauer effect
	d Mößbauer-Effekt *m*
	f effet *m* Mössbauer
	r эффект *m* Мёссбауэра
M646	e Mössbauer factor
	u Mößbauer-Faktor *m*
	f facteur *m* Mössbauer
	r фактор *m* Мёссбауэра
M647	e Mössbauer line
	d Mößbauer-Linie *f*
	f ligne *f* Mössbauer
	r мёссбауэровская линия *f*
M648	e Mössbauer spectrometer
	d Mößbauer-Spektrometer *n*
	f spectromètre *m* Mössbauer
	r мёссбауэровский спектрометр *m*
M649	e Mössbauer spectroscopy
	d Mößbauer-Spektroskopie *f*
	f spectroscopie *f* Mössbauer
	r мёссбауэровская спектроскопия *f*
M650	e Mössbauer spectrum
	d Mößbauer-Spektrum *n*
	f spectre *m* Mössbauer
	r мёссбауэровский спектр *m*
M651	e motion
	d Bewegung *f*
	f mouvement *m*
	r движение *n*
M652	e motion about fixed point
	d Bewegung *f* um einen Fixpunkt
	f mouvement *m* autour d'un point fixe
	r движение *n* вокруг неподвижной точки
M653	e motion of charged particles in crossed fields
	d Bewegung *f* der geladenen Teilchen in gekreuzten Feldern
	f mouvement *m* des particules chargées dans les champs croisés
	r движение *n* заряженных частиц в скрещённых полях
M654	e motion of rigid body
	d Starrkörperbewegung *f*
	f mouvement *m* du corps solide
	r движение *n* твёрдого тела
M655	e motion stability
	d Bewegungsstabilität *f*
	f stabilité *f* du mouvement
	r устойчивость *f* движения
M656	e motion under a force
	d Bewegung *f* unter Krafteinwirkung
	f mouvement *m* sous l'effet d'une force
	r движение *n* под действием силы
M657	e Mott detector
	d Mott-Detektor *m*
	f détecteur *m* de Mott
	r детектор *m* Мотта
M658	e Mott dielectrics
	d Mottsche Dielektrika *n pl*
	f diélectriques *m pl* de Mott
	r моттовские диэлектрики *m pl*
M659	e Mott scattering
	d Mottsche Streuung *f*
	f diffusion *f* de Mott
	r моттовское рассеяние *n*
M660	e Mott transition
	d Mottscher Übergang *m*
	f transition *f* de Mott
	r переход *m* Мотта
M661	e mounting
	d 1. Montierung *f* 2. Montage *f*
	f 1. monture *f* 2. montage *m*
	r 1. монтировка *f* (*телескопа*) 2. монтаж *m*
M662	e movement
	d 1. Bewegung *f*, Verschiebung *f* 2. Meßwerk *n*
	f 1. mouvement *m*, déplacement *m* 2. équipage *m* mobile
	r 1. движение *n*, перемещение *n* 2. механизм *m* (*измерительного прибора*)
M663	e moving charge
	d Bewegtladung *f*
	f charge *f* mobile
	r движущийся заряд *m*
M664	e moving coil
	d bewegliche Spule *f*; Drehspule *f*; Tauchspule *f*

MOVING

   f   bobine *f* mobile
   r   подвижная катушка *f*

M665   *e*   moving coil movement
   d   magnetelektrisches Drehspulmeßwerk *n*, magnetelektrisches Meßwerk *n*, Drehspulmeßwerk *n*
   f   équipage *m* à bobine mobile
   r   магнитоэлектрический механизм *m* (измерительного прибора)

M666   *e*   moving image
   d   bewegtes Bild *n*, Bewegtbild *n*
   f   image *f* mobile, image *f* dynamique
   r   движущееся изображение *n*; динамическое изображение *n*

M667   *e*   moving-iron movement
   d   Dreheisenmeßwerk *n*
   f   équipage *m* électromagnétique
   r   электромагнитный механизм *m* (измерительного прибора)

M668   *e*   moving-target selection
   d   Bewegtzielselektion *f*
   f   sélection *f* d'un objectif en mouvement
   r   селекция *f* движущейся цели

M669   *e*   moving-target simulator
   d   Bewegtzielsimulator *m*
   f   simulateur *m* d'un objectif mobile
   r   имитатор *m* движущейся цели

M670   *e*   Müller matrix
   d   Müller-Matrix *f*, Müllersche Matrix *f*
   f   matrice *f* de Müller
   r   матрица *f* Мюллера

M671   *e*   multibody state *see* multiparticle state

M672   *e*   multicavity magnetron
   d   Mehrkammermagnetron *n*
   f   magnétron *m* à cavités multiples
   r   многорезонаторный магнетрон *m*

M673   *e*   multichannel discriminator
   d   Vielkanaldiskriminator *m*, Mehrkanaldiskriminator *m*
   f   discriminateur *m* multicanal
   r   многоканальный дискриминатор *m*

M674   *e*   multicomponent order parameter
   d   mehrkomponentiger Ordnungsparameter *m*
   f   paramètre *m* d'ordre multicomposant
   r   многокомпонентный параметр *m* порядка

M675   *e*   multicomponent plasma
   d   Mehrkomponentenplasma *n*
   f   plasma *m* à plusieurs composants
   r   многокомпонентная плазма *f*

M676   *e*   multicomponent system
   d   Mehrkomponentensystem *n*

   f   système *m* multiple
   r   многокомпонентная система *f*

M677   *e*   multidimensional space
   d   mehrdimensionaler Raum *m*
   f   espace *m* multidimensionnel
   r   многомерное пространство *n*

M678   *e*   multielement interferometer
   d   Vielfachinterferometer *n*
   f   interféromètre *m* à éléments multiples
   r   многоэлементный интерферометр *m*

M679   *e*   multielement mirror
   d   Mehrelementspiegel *m*
   f   miroir *m* à plusieurs éléments
   r   многоэлементное зеркало *n*

M680   *e*   multilayer film
   d   Mehrschichtfilm *m*
   f   film *m* à plusieurs couches
   r   многослойная плёнка *f*

M681   *e*   multimode fiber
   d   Multimode-Faser *f*
   f   fibre *f* multimode
   r   многомодовое волокно *n*

M682   *e*   multimode laser
   d   Multimode-Laser *m*
   f   laser *m* multimode
   r   многомодовый лазер *m*

M683   *e*   multimode property
   d   Multimodenbildung *f*
   f   propriété *f* multimode
   r   многомодовость *f*

M684   *e*   multimode radiation
   d   Multimodenstrahlung *f*, Vielmodenstrahlung *f*
   f   radiation *f* multimode
   r   многомодовое излучение *n*

M685   *e*   multiparticle correlator
   d   Vielteilchenkorrelator *m*
   f   corrélateur *m* multiparticule
   r   многочастичный коррелятор *m*

M686   *e*   multiparticle dynamics
   d   Vielteilchendynamik *f*
   f   dynamique *f* multiparticule
   r   многочастичная динамика *f*

M687   *e*   multiparticle interaction
   d   Mehrteilchenwechselwirkung *f*
   f   interaction *f* multiparticule
   r   многочастичное взаимодействие *n*

M688   *e*   multiparticle production
   d   Mehrteilchenerzeugung *f*
   f   production *f* multiparticule
   r   множественное рождение *n* частиц

M689   *e*   multiparticle state
   d   Mehrteilchenzustand *m*
   f   état *m* multiparticule
   r   многочастичное состояние *n*

M690   e   **multipath interference** see **multi-beam interference**

M691   e   **multipath propagation**
      d   Mehrwegeausbreitung f, Mehrfachwegeeffekt m
      f   propagation f (d'ondes radio) sur trajets multiples
      r   многолучевое распространение n (радиоволн)

M692   e   **multiperipheral interaction**
      d   multiperiphere Wechselwirkung f
      f   interaction f multipériphérique
      r   мультипериферическое взаимодействие n

M693   e   **multiphase flow**
      d   Mehrphasenströmung f
      f   écoulement m multiphase
      r   многофазное течение n

M694   e   **multiphonon process**
      d   Mehrphononenprozeß m
      f   processus m multiphononique
      r   многофононный процесс m

M695   e   **multiphoton absorption**
      d   Mehrphotonenabsorption f
      f   absorption f multiphotonique
      r   многофотонное поглощение n

M696   e   **multiphoton dissociation**
      d   Mehrphotonendissoziation f
      f   dissociation f multiphotonique
      r   многофотонная диссоциация f

M697   e   **multiphoton excitation**
      d   Mehrphotonenanregung f
      f   excitation f multiphotonique
      r   многофотонное возбуждение n

M698   e   **multiphoton ionization**
      d   Mehrphotonenionisation f
      f   ionisation f multiphotonique
      r   многофотонная ионизация f

M699   e   **multiphoton isomerization**
      d   Mehrphotonenisomerisation f
      f   isomérisation f multiphotonique
      r   многофотонная изомеризация f

M700   e   **multiphoton photoelectric effect**
      d   Mehrphotonen-Photoeffekt m
      f   effet m photo-électrique à photons multiples
      r   многофотонный фотоэффект m

M701   e   **multiphoton process**
      d   Mehrphotonenprozeß m
      f   processus m multiphotonique
      r   многофотонный процесс m

M702   e   **multiphoton spectroscopy**
      d   Mehrphotonenspektroskopie f
      f   spectroscopie f multiphotonique
      r   многофотонная спектроскопия f

M703   e   **multiphoton transition**
      d   Mehrphotonenübergang m
      f   transition f multiphotonique
      r   многофотонный переход m

M704   e   **multiple-beam interference**
      d   Mehrstrahlinterferenz f, Mehrfachinterferenz f
      f   interférence f à faisceaux multiples, interférence f multiple
      r   многолучевая интерференция f

M705   e   **multiple-beam interferometer**
      d   Mehrstrahlinterferometer n, Vielstrahlinterferometer n
      f   interféromètre m à faisceaux multiples, interféromètre m multiple
      r   многолучевой интерферометр m

M706   e   **multiple-cavity klystron**
      d   Mehrkammerklystron n, Vielkammerklystron n
      f   klystron m multicavité, klystron m à multicavités
      r   многорезонаторный клистрон m

M707   e   **multiple interaction**
      d   Mehrfachwechselwirkung f
      f   interaction f multiple
      r   многократное взаимодействие n

M708   e   **multiple ionization**
      d   Mehrfachionisation f, Vielfachionisierung f
      f   ionisation f multiple
      r   многократная ионизация f

M709   e   **multiple process**
      d   Vielfachprozeß m, Mehrfachprozeß m
      f   processus m multiple
      r   множественный процесс m

M710   e   **multiple production** see **multiparticle production**

M711   e   **multiple scattering**
      d   Vielfachstreuung f
      f   diffusion f multiple
      r   многократное рассеяние n

M712   e   **multiplet**
      d   Multiplett n
      f   multiplet m
      r   мультиплет m

M713   e   **multiple units**
      d   Mehrfacheinheiten f pl
      f   unités f pl multiples
      r   кратные единицы f pl

M714   e   **multiplexer**
      d   Multiplexer m
      f   multiplexeur m
      r   мультиплексор m

M715   e   **multiplex holography**
      d   Multiplex-Holographie f

MULTIPLICATION

   f holographie *f* multiplex
   r мультиплексная голография *f*

M716 *e* multiplication
   d 1. Multiplikation *f* 2. Vervielfältigung *f*
   f multiplication *f*
   r 1. умножение *n* 2. размножение *n*

M717 *e* multiplication constant *see*
    multiplication factor

M718 *e* multiplication factor
   d Multiplikationsfaktor *m*,
    Vermehrungsfaktor *m*
   f facteur *m* de multiplication
   r коэффициент *m* размножения
    (*нейтронов*)

M719 *e* multiplicative quantum number
   d multiplikative Quantenzahl *f*
   f nombre *m* quantique multiplicatif
   r мультипликативное квантовое
    число *n*

M720 *e* multiplicity
   d Multiplizität *f*
   f multiplicité *f*
   r 1. множественность *f* (*частиц*) 2.
    мультипликативность *f*

M721 *e* multiplier
   d Vervielfacher *m*
   f multiplicateur *m*
   r умножитель *m*

M722 *e* multiply charged ion
   d mehrfach geladenes Ion *n*
   f ion *m* plusieurs fois chargé
   r многозарядный ион *m*

M723 *e* multiply connected contour
   d mehrfach gekoppelter Kreis *m*
   f circuit *m* à connexion multiple
   r многосвязный контур *m*

M724 *e* multiply connected region
   d mehrfach zusammenhängendes
    Gebiet *n*
   f région *f* à connexion multiple
   r многосвязная область *f*

M725 *e* multipolarity
   d Multipolordnung *f*, Multipolarität *f*
   f multipolarité *f*
   r мультипольность *f*

M726 *e* multipole
   d Multipol *m*
   f multipôle *m*
   r мультиполь *m*

M727 *e* multipole moment
   d Multipolmoment *n*
   f moment *m* multipôle
   r мультипольный момент *m*

M728 *e* multipole radiation

   d Multipolstrahlung *f*
   f rayonnement *m* multipolaire, radiation
    f multipolaire
   r мультипольное излучение *n*

M729 *e* multiquark state
   d Mehrquarkzustand *m*
   f état *m* multiquark
   r многокварковое состояние *n*

M730 *e* multiresonator magnetron *see*
    multicavity magnetron

M731 *e* multistability
   d Multistabilität *f*
   f multistabilité *f*
   r мультистабильность *f*

M732 *e* multistage ionization
   d mehrstufige Ionisation *f*,
    Mehrstufenionisation *f*
   f ionisation *f* à plusieurs étages
   r многоступенчатая ионизация *f*

M733 *e* multistage rocket
   d mehrstufige Rakete *f*
   f fusée *f* à plusieurs étages
   r многоступенчатая ракета *f*

M734 *e* multiturn injection
   d Injektion *f* über mehrere Umläufe
   f injection *f* à plusieurs tours
   r многооборотная инжекция *f* (*в
    ускорителе*)

M735 *e* multivalued function
   d mehrwertige Funktion *f*
   f fonction *f* multiforme
   r многозначная функция *f*

M736 *e* multivibrator
   d Multivibrator *m*
   f multivibrateur *m*
   r мультивибратор *m*

M737 *e* mu meson *see* muon

M738 *e* muon
   d Myon *n*, Müon *n*
   f muon *m*
   r мюон *m*, мю-мезон *m*, μ-мезон *m*

M739 *e* muonic atom
   d myonisches Atom *n*, Myonatom *n*,
    Müonatom *n*
   f atome *m* muonique
   r мюонный атом *m*

M740 *e* muonic catalysis
   d Myonkatalyse *f*, Myonenkatalyse *f*
   f catalyse *f* muonique
   r мюонный катализ *m*

M741 *e* muonic molecule
   d Myonmolekül *n*, Myonenmolekül *n*
   f molécule *f* muonique
   r мюонная молекула *f*

M742　e　muonic neutrino
　　　d　Myonneutrino *n*, Müonneutrino *n*
　　　f　neutrino *m* muonique
　　　r　мюонное нейтрино *n*

M743　e　muonic number
　　　d　Myonenzahl *f*
　　　f　nombre *m* muonique
　　　r　мюонное число *n*

M744　e　muonium
　　　d　Myonium *n*, Müonium *n*
　　　f　muonium *m*
　　　r　мюоний *m*

M745　e　muon spin relaxation
　　　d　Myonspinrelaxation *f*
　　　f　relaxation *f* spin-muon
　　　r　мюонная спиновая релаксация *f*

M746　e　musical acoustics
　　　d　Musikakustik *f*
　　　f　acoustique *f* musicale
　　　r　музыкальная акустика *f*

M747　e　mutual coherence
　　　d　gegenseitige Kohärenz *f*
　　　f　cohérence *f* mutuelle
　　　r　взаимная когерентность *f*

M748　e　mutual coherence function
　　　d　gegenseitige Kohärenzfunktion *f*
　　　f　fonction *f* de cohérence mutuelle
　　　r　функция *f* взаимной когерентности

M749　e　mutual correlation
　　　d　Kreuzkorrelation *f*
　　　f　corrélation *f* mutuelle
　　　r　взаимная корреляция *f*

M750　e　mutual inductance
　　　d　Gegeninduktivität *f*
　　　f　inductance *f* mutuelle
　　　r　взаимная индуктивность *f*

M751　e　mutual induction
　　　d　Gegeninduktion *f*
　　　f　induction *f* mutuelle
　　　r　взаимная индукция *f*

M752　e　myopia
　　　d　Kurzsichtigkeit *f*, Myopie *f*
　　　f　myopie *f*
　　　r　миопия *f*, близорукость *f*

N

N1　e　nabla
　　d　Nablaoperator *m*, Hamiltonoperator *m*
　　f　nabla *m*
　　r　набла *m*, набла-оператор *m*, оператор *m* Гамильтона

N2　e　nadir
　　d　Nadir *m*, Nadirpunkt *m*
　　f　nadir *m*
　　r　надир *m*

N3　e　naked-eye object
　　d　mit bloßem Auge sichtbares Objekt *n*
　　f　objet *m* visible à l'œil
　　r　объект *m*, видимый невооружённым глазом

N4　e　nanodiffraction
　　d　Nanodiffraktion *f*, Nanobeugung *f*
　　f　nanodiffraction *f*
　　r　нанодифракция *f*

N5　e　nanolithography
　　d　Nanolithographie *f*
　　f　nanolithographie *f*
　　r　нанолитография *f*

N6　e　nanosecond pulse
　　d　Nanosekundenimpuls *m*
　　f　impulsion *f* nanoseconde
　　r　наносекундный импульс *m*

N7　e　narrow-band filter
　　d　Schmalbandfilter *n*
　　f　filtre *m* à bande passante étroite
　　r　узкополосный фильтр *m*

N8　e　narrow-band radiation
　　d　Schmalbandstrahlung *f*
　　f　radiation *f* à bande étroite, rayonnement *m* à bande étroite
　　r　узкополосное излучение *n*

N9　e　narrow-band semiconductor
　　d　Schmalbandhalbleiter *m*
　　f　semi-conducteur *m* à bande étroite
　　r　узкозонный полупроводник *m*

N10　e　narrow beam
　　　d　schmales Bündel *n*
　　　f　faisceau *m* étroit
　　　r　узкий пучок *m*

N11　e　narrow peak
　　　d　schmale Spitze *f*
　　　f　sommet *m* étroit
　　　r　узкий пик *m*

N12　e　narrow resonance
　　　d　schmale Resonanz *f*
　　　f　résonance *f* étroite
　　　r　узкий резонанс *m*

N13　e　NASA *see* National Aeronautics and Space Administration

N14　e　National Aeronautics and Space Administration
　　　d　NASA *f* (*Weltraumbehörde der USA*)
　　　f　NASA *f* (*office national d'études et de recherches aérospatiales, USA*)
　　　r　Национальное управление *n* по аэронавтике и космонавтике (*США*)

NATURAL

N15   e   **natural breadth of spectral line**
      d   natürliche Spektrallinienbreite *f*
      f   largeur *f* naturelle de la raie spectrale
      r   естественная ширина *f* спектральной линии

N16   e   **natural convection**
      d   freie Konvektion *f*, natürliche Konvektion *f*
      f   convection *f* naturelle
      r   свободная конвекция *f*, естественная конвекция *f*

N17   e   **natural frequency**
      d   Eigenfrequenz *f*
      f   fréquence *f* propre
      r   собственная частота *f*

N18   e   **natural isotope**
      d   natürliches Isotop *n*
      f   isotope *m* naturel
      r   природный изотоп *m*

N19   e   **natural isotope abundance**
      d   natürliche Häufigkeit *f*, natürliche Isotopenhäufigkeit *f*
      f   abondance *f* naturelle
      r   распространённость *f* изотопов в природе

N20   e   **natural light**
      d   natürliches Licht *n*
      f   lumière *f* naturelle
      r   естественный свет *m*

N21   e   **natural logarithm, ln**
      d   natürlicher Logarithmus *m*, Neperscher Logarithmus *m*
      f   logarithme *m* naturel
      r   натуральный логарифм *m*

N22   e   **natural mode** *see* **normal mode**

N23   e   **natural system of units**
      d   natürliches Einheitensystem *n*
      f   système *m* d'unités naturel
      r   естественная система единиц *f*

N24   e   **Navier-Stokes equation**
      d   Navier-Stokessche Gleichung *f*
      f   équation *f* de Navier-Stokes
      r   уравнение *n* Навье - Стокса

N25   e   **navigation system**
      d   Navigationssystem *n*
      f   système *m* de navigation
      r   навигационная система *f*

N26   e   **Nd-glass laser** *see* **neodymium-glass laser**

N27   e   **Nd laser**
      d   Neodymlaser *m*
      f   laser *m* au néodyme
      r   неодимовый лазер *m*

N28   e   **near-electrode phenomena**
      d   elektrodennahe Erscheinungen *f pl*
      f   phénomènes *m pl* voisins de l'électrode
      r   приэлектродные явления *n pl*

N29   e   **near field**
      d   Nahfeld *n*
      f   champ *m* proche
      r   поле *n* в ближней зоне

N30   e   **near-field microscope**
      d   Nahfeldmikroskop *n*
      f   microscope *m* de champ proche
      r   микроскоп *m* ближнего поля

N31   e   **near-field zone**
      d   Nahzone *f*, Nahwirkungsgebiet *n*
      f   zone *f* proche
      r   ближняя зона *f*

N32   e   **near-infrared radiation**
      d   Infrarot-Hellstrahlung *f*, nahe Infrarotstrahlung *f*
      f   rayonnement *m* infrarouge proche
      r   ближнее инфракрасное излучение *n*

N33   e   **near-infrared region**
      d   nahes Infrarotgebiet *n*, nahes Infrarot *n*
      f   région *f* infrarouge proche *(du spectre)*
      r   ближняя инфракрасная область *f (спектра)*

N34   e   **near IR radiation** *see* **near-infrared radiation**

N35   e   **nearsightedness** *see* **myopia**

N36   e   **near space**
      d   naher Kosmos *m*
      f   espace *m* proche
      r   ближний космос *m*

N37   e   **nearultraviolet region**
      d   nahes Ultraviolettgebiet *n*, nahes Ultraviolett *n*
      f   région *f* ultraviolette proche *(du spectre)*
      r   ближняя ультрафиолетовая область *f (спектра)*

N38   e   **nebula**
      d   Nebel *m*
      f   nébuleuse *f*
      r   туманность *f*

N39   e   **Néel point, Néel temperature**
      d   Néel-Punkt *m*, Néel-Temperatur *f*
      f   point *m* de Néel
      r   точка *f* Нееля

N40   e   **Néel wall**
      d   Néel-Wand *f*
      f   paroi *f* de Néel
      r   стенка *f* Нееля

N41	e	negative absorption
	d	negative Absorption n
	f	absorption f négative
	r	отрицательное поглощение n
N42	e	negative charge
	d	negative Ladung f
	f	charge f négative
	r	отрицательный заряд m
N43	e	negative crystal
	d	negativer Kristall m
	f	cristal m négatif
	r	отрицательный кристалл m
N44	e	negative curvature
	d	negative Krümmung f
	f	courbure f négative
	r	отрицательная кривизна f
N45	e	negative differential resistance
	d	negativer Differentialwiderstand m
	f	résistance f différentielle négative
	r	отрицательное дифференциальное сопротивление n
N46	e	negative dispersion
	d	negative Dispersion f; normale Dispersion f
	f	dispersion f négative; dispersion f normale
	r	отрицательная дисперсия f; нормальная дисперсия f
N47	e	negative entropy see negentropy
N48	e	negative feedback
	d	Gegenkopplung f
	f	réaction f négative
	r	отрицательная обратная связь f
N49	e	negative image
	d	Negativ n, photographisches Negativ n; Negativbild
	f	négatif m; image f négative
	r	негативное изображение n
N50	e	negative ion
	d	negatives Ion n, negativgeladenes Ion n
	f	ion m négatif
	r	отрицательный ион m
N51	e	negative luminescence
	d	negative Lumineszenz f
	f	luminescence f négative
	r	отрицательная люминесценция f
N52	e	negative picture see negative image
N53	e	negative resistance
	d	negativer Widerstand m
	f	résistance f négative
	r	отрицательное сопротивление n
N54	e	negative temperature
	d	negative Temperatur f (in der Themodynamik)
	f	température f négative (en thermodynamique)
	r	отрицательная температура f (в термодинамике)
N55	e	negentropy
	d	Negentropie f, negative Entropie f
	f	néguentropie f, entropie f négative
	r	негэнтропия f
N56	e	neighboring level
	d	Nachbarniveau n
	f	niveau m voisin
	r	соседний уровень m
N57	e	nematic see nematic liquid crystal
N58	e	nematic liquid crysral
	d	nematischer flüssiger Kristall m
	f	cristal m liquide nématique
	r	нематический жидкий кристалл m
N59	e	nematic-smectic phase
	d	Phasenumwandlung f «nematisch-smektisch»
	f	transition f de phase «nématique-smectique»
	r	фазовый переход m нематик - смектик
N60	e	neoclassical diffusion
	d	neoklassische Diffusion f
	f	diffusion f néoclassique
	r	неоклассическая диффузия f
N61	e	neoclassic transport
	d	neoklassischer Transport m (im Plasma)
	f	transfert m néoclassique (au plasma)
	r	неоклассический перенос m (в плазме)
N62	e	neodymium, Nd
	d	Neodym n
	f	néodyme m
	r	неодим m
N63	e	neodymuim-glass laser
	d	Neodymglaslaser m
	f	laser m à verre dopé au néodyme
	r	лазер m на неодимовом стекле
N64	e	neon, Ne
	d	Neon n
	f	néon m
	r	неон m
N65	e	neper, Np
	d	Neper n
	f	néper m
	r	непер m, Нп
N66	e	nephelometer
	d	Nephelometer n, Trübungsmesser m
	f	néphélomètre m
	r	нефелометр m

NEPHELOMETRY

N67   e   nephelometry
       d   Nephelometrie f, Trübungsmessung f
       f   néphélométrie f
       r   нефелометрия f

N68   e   **Neptune**
       d   Neptun m
       f   Neptune m
       r   Нептун m

N69   e   **neptunium, Np**
       d   Neptunium n
       f   neptunium m
       r   нептуний m

N70   e   **Nernst effect**
       d   Nernst-Effekt m
       f   effet m Nernst
       r   эффект m Нернста

N71   e   **Nernst-Ettingshausen effect**
       d   Nernst-Ettingshausen-Effekt m
       f   effet m Nernst-Ettingshausen
       r   эффект m Нернста - Эттингсгаузена

N72   e   **Nernst heat theorem**
       d   Nernstscher Wärmesatz m, dritter Hauptsatz m der Thermodynamik
       f   troisième principe m de la thermodynamique, théorème m de Nernst, principe m de Nernst
       r   теорема f Нернста, третье начало n термодинамики

N73   e   **nerve cell**
       d   Nervenzelle f
       f   cellule f nerveuse
       r   нервная клетка f

N74   e   **nerve impulse**
       d   Nervenimpuls m
       f   impulsion f nerveuse
       r   нервный импульс m

N75   e   **net charge**
       d   Nettoladung f
       f   charge f nette
       r   результирующий заряд m

N76   e   **network analysis**
       d   1. Netzwerktheorie f 2. Schaltungsanalyse f
       f   1. théorie f des réseaux 2. analyse f de connexions
       r   1. теория f цепей 2. схемный анализ m

N77   e   **Neumann function**
       d   Neumann-Funktion f
       f   fonction f de Neumann
       r   функция f Неймана

N78   e   **Neumann principle**
       d   Neumannsches Prinzip n
       f   principe m de Neumann
       r   принцип m Неймана

N79   e   **Neumann problem**
       d   Neumannsches Problem n, Neumann-Problem n
       f   problème m de Neumann
       r   задача f Неймана

N80   e   **Neumann-Seeliger paradox**
       d   Neumann-Seeliger-Paradoxon n, Gravitationsparadoxon n
       f   paradoxe m de Neumann-Seeliger, paradoxe m de gravitation
       r   парадокс m Неймана - Зеелигера, гравитационный парадокс m

N81   e   **neuron**
       d   Neuron n
       f   neurone m
       r   нейрон m

N82   e   **neutral axis**
       d   neutrale Achse f
       f   axe m neutre
       r   нейтральная ось f

N83   e   **neutral component**
       d   neutrale Komponente f
       f   composante f neutre
       r   нейтральная компонента f

N84   e   **neutral current**
       d   Neutralstrom m, neutraler Strom m
       f   courant m neutre
       r   нейтральный ток m

N85   e   **neutral current sheet**
       d   Neutralstromschicht f
       f   couche f de courant neutre
       r   нейтральный токовый слой m

N86   e   **neutral density filter**
       d   Neutralfilter n, Graufilter n
       f   filtre m neutre
       r   нейтральный светофильтр m

N87   e   **neutral injection**
       d   Neutralteilcheneinschuß m
       f   injection f de neutres, injection f de particules neutres
       r   инжекция f нейтральных частиц

N88   e   **neutralization**
       d   Neutralisation f
       f   neutralisation f
       r   нейтрализация f

N89   e   **neutral kaon, neutral K-meson**
       d   neutrales Kaon n, neutrales K-Meson n
       f   méson m K neutre
       r   нейтральный каон m, нейтральный K-мезон m

N90   e   **neutral particle**
       d   neutrales Teilchen n

| | f | particule f neutre |
| | r | нейтральная частица f |

N91 e **neutral pion**
    d neutrales Pion n
    f pion m neutre
    r нейтральный пион m

N92 e **neutral point**
    d Nullpunkt m
    f point m neutre
    r нейтральная точка f, нейтраль f

N93 e **neutral vector meson**
    d neutrales Vektormeson n
    f méson m vectoriel neutre
    r нейтральный векторный мезон m

N94 e **neutral wedge**
    d Graukeil m, Neutralkeil m
    f coin m gris, coin m neutre
    r нейтральный клин m

N95 e **neutrino**
    d Neutrino n
    f neutrino m
    r нейтрино n

N96 e **neutrino astronomy**
    d Neutrinoastronomie f
    f astronomie f de neutrino, astronomie f neutrinique
    r нейтринная астрономия f

N97 e **neutrino astrophysics**
    d Neutrinoastrophysik f
    f astrophysique f de neutrino
    r нейтринная астрофизика f

N98 e **neutrino oscillation, neutrino oscillations**
    d Neutrinooszillationen f pl
    f oscillations f pl de neutrinos
    r осцилляции f pl нейтрино, нейтринные осцилляции f pl

N99 e **neutrino radiation**
    d Neutrinostrahlung f
    f rayonnement m à neutrino
    r нейтринное излучение n

N100 e **neutrino telescope**
     d Neutrinoteleskop n
     f télescope m à neutrino
     r нейтринный телескоп m

N101 e. **neutron**
     d Neutron n
     f neutron m
     r нейтрон m

N102 e **neutron absorption**
     d Neutronenabsorption f
     f absorption f de neutrons
     r поглощение n нейтронов

N103 e **neutron age**
     d Neutronenalter n
     f âge m des neutrons
     r возраст m нейтронов

N104 e **neutron albedo**
     d Neutronenalbedo f
     f albédo m neutronique
     r альбедо n нейтронов, нейтронное альбедо n

N105 e **neutron beam**
     d Neutronenstrahl m; Neutronenbündel n
     f faisceau m de neutrons
     r нейтронный пучок m

N106 e **neutron capture**
     d Neutroneneinfang m
     f capture f des neutrons
     r захват m нейтронов

N107 e **neutron channel**
     d Neutronenkanal m
     f canal m neutronique
     r нейтронный канал m

N108 e **neutron charge**
     d Neutronenladung
     f charge f du neutron
     r заряд m нейтрона

N109 e **neutron cross-section**
     d Neutronenquerschnitt m
     f section f neutronique
     r нейтронное сечение n

N110 e **neutron cycle**
     d Neutronenzyklus m
     f cycle m neutronique
     r нейтронный цикл m

N111 e **neutron decay**
     d Neutronenzerfall m
     f désintégration f du neutron
     r распад m нейтрона

N112 e **neutron deficit**
     d Neutronendefizit n, Neutronenmangel m
     f manque m de neutrons, déficit m neutronique
     r дефицит m нейтронов

N113 e **neutron-deficit isotope**
     d neutronendefizites Isotop n, Neutronenmangelisotop n
     f isotope m déficient en neutrons
     r нейтронно-дефицитный изотоп m

N114 e **neutron-deficit nuclei**
     d neutronendefizite Kerne m pl, Neutronenmangelkerne m pl
     f noyaux m pl déficients en neutrons
     r нейтронно-дефицитные ядра n pl

N115 e **neutron density**
     d Neutronendichte f,

NEUTRON

		Neutronenzahldichte f, Neutronenkonzentration f
	f	densité f de neutrons
	r	концентрация f нейтронов
N116	e	neutron detection
	d	Neutronendetektion f, Neutronennachweis m
	f	détection f de neutrons
	r	детектирование n нейтронов
N117	e	neutron detector
	d	Neutronendetektor m
	f	détecteur m de neutrons
	r	нейтронный детектор m
N118	e	neutron diffraction
	d	Neutronenbeugung f, Neutronenstrahlbeugung f, Neurtonendiffraktion f
	f	diffraction f de neutrons
	r	дифракция f нейтронов
N119	e	neutron diffraction analysis
	d	Neutronenbeugungsanalyse f, Neutronenbeugungsuntersuchung f
	f	diffractométrie f neutronique
	r	нейтронография f, нейтронографический анализ m
N120	e	neutron diffraction pattern
	d	Neutronenbeugungsbild n, Neurtonenbeugungsdiagramm n
	f	neutronogramme m
	r	нейтронограмма f
N121	e	neutron diffraction study
	d	Neutronenbeugungsuntersuchung f
	f	diffractométrie f neutronique
	r	нейтронографическое исследование n
N122	e	neutron diffractometer
	d	Neutronendiffraktometer n
	f	diffractomètre m neutronique
	r	нейтронограф m, нейтронный дифрактометр m
N123	e	neutron diffusion
	d	Neutronendiffusion f
	f	diffusion f des neutrons
	r	диффузия f нейтронов
N124	e	neutron-excess isotope
	d	Neutronenüberschußisotop n
	f	isotope m à excès de neutrons
	r	нейтронно-избыточный изотоп m
N125	e	neutron-excess nuclei
	d	Neutronenüberschußkerne m pl
	f	noyaux m pl à excès de neutrons
	r	нейтронно-избыточные ядра n pl
N126	e	neutron flux
	d	Neutronenfluß m
	f	flux m de neutrons
	r	поток m нейтронов
N127	e	neutron form-factor
	d	Neutronenformfaktor m
	f	facteur m de forme de neutron
	r	форм-фактор m нейтрона
N128	e	neutron generator
	d	Neutronengenerator m, Neutronenerzeuger m
	f	générateur m de neutrons
	r	нейтронный генератор m
N129	e	neutron guide
	d	Neutronenleiter m
	f	guide m de neutrons, conduit m de neutrons
	r	нейтроновод m
N130	e	neutron-impoverished isotope
	d	neutronenarmes Isotop n
	f	isotope m pauvre en neutrons
	r	нейтронно-обеднённый изотоп m
N131	e	neutron interferometer
	d	Neutroneninterferometer n
	f	interféromètre m neutronique
	r	нейтронный интерферометр m
N132	e	neutron interferometry
	d	Neutroneninterferometrie f
	f	interférométrie f neutronique
	r	нейтронная интерферометрия f
N133	e	neutronization
	d	Neutronisation f
	f	neutronisation f
	r	нейтронизация f
N134	e	neutronization threshold
	d	Neutronisationsschwelle f
	f	seuil m de neutronisation
	r	порог m нейтронизации
N135	e	neutron lens
	d	Neutronenlinse f
	f	lentille f neutronique
	r	нейтронная линза f
N136	e	neutron magnetic moment
	d	magnetisches Neutronenmoment n
	f	moment m magnétique du neutron
	r	магнитный момент m нейтрона
N137	e	neutron moderation
	d	Neutronenbremsung f
	f	ralentissement m des neutrons
	r	замедление n нейтронов
N138	e	neutron moderator
	d	Neutronenmoderator m, Neutronenbremsmittel n
	f	ralentisseur m de neutrons
	r	замедлитель m нейтронов

N139　*e*　**neutron monitor**
　　　d　Neutronenmonitor *m*
　　　f　moniteur *m* à neutrons
　　　r　нейтронный монитор *m*

N140　*e*　**neutron monochromator**
　　　d　Neutronenmonochromator *m*
　　　f　monochromateur *m* neutronique
　　　r　нейтронный монохроматор *m*

N141　*e*　**neutron multiplication**
　　　d　Neutronenmultiplikation *f*,
　　　　　Neutronenvermehrung *f*
　　　f　multiplication *f* des neutrons
　　　r　размножение *n* нейтронов

N142　*e*　**neutron optics**
　　　d　Neutronenoptik *f*
　　　f　optique *f* neutronique
　　　r　нейтронная оптика *f*

N143　*e*　**neutron physics**
　　　d　Neutronenphysik *f*
　　　f　physique *f* neutronique
　　　r　нейтронная физика *f*

N144　*e*　**neutron polarization**
　　　d　Neutronenpolarisation *f*
　　　f　polarisation *f* de neutrons
　　　r　поляризация *f* нейтронов

N145　*e*　**neutron powder diffractometer**
　　　d　Pulver-Neutronendiffraktometer *n*
　　　f　diffractomètre *m* neutronique à poudre
　　　r　порошковый нейтронограф *m*

N146　*e*　**neutron prism**
　　　d　Neutronenprisma *n*
　　　f　prisme *m* neutronique
　　　r　нейтронная призма *f*

N147　*e*　**neutron radiation**
　　　d　Neutronenstrahlung *f*
　　　f　rayonnement *m* à neutrons,
　　　　　rayonnement *m* neutronique
　　　r　нейтронное излучение *n*

N148　*e*　**neutron radiography**
　　　d　Neutronenradiographie *f*
　　　f　radiographie *f* neutronique
　　　r　нейтронная радиография *f*

N149　*e*　**neutron resonance**
　　　d　Neutronenresonanz *f*
　　　f　résonance *f* neutronique
　　　r　нейтронный резонанс *m*

N150　*e*　**neutron-rich isotope**
　　　d　neutronenreiches Isotop *n*,
　　　　　Neutronenüberschußisotop *n*
　　　f　isotope *m* riche en neutrons
　　　r　нейтронно-обогащённый изотоп *m*

N151　*e*　**neutron-rich nuclei** *see* **neutron-excess nuclei**

N152　*e*　**neutron scattering**
　　　d　Neutronenstreuung *f*
　　　f　diffusion *f* neutronique
　　　r　рассеяние *n* нейтронов

N153　*e*　**neutron source**
　　　d　Neutronenquelle *f*
　　　f　source *f* de neutron
　　　r　источник *m* нейтронов, нейтронный источник *m*

N154　*e*　**neutron spectrometer**
　　　d　Neutronenspektrometer *n*
　　　f　spectromètre *m* neutronique
　　　r　нейтронный спектрометр *m*

N155　*e*　**neutron spectrometry**
　　　d　Neutronenspektrometrie *f*
　　　f　spectrométrie *f* neutronique
　　　r　нейтронная спектрометрия *f*

N156　*e*　**neutron spin**
　　　d　Neutronenspin *m*
　　　f　spin *m* du neutron
　　　r　спин *m* нейтрона

N157　*e*　**neutron star**
　　　d　Neutronenstern *m*
　　　f　étoile *f* à neutrons, étoile *f* neutronique
　　　r　нейтронная звезда *f*

N158　*e*　**neutron structure**
　　　d　Neutronenstruktur *f*
　　　f　structure *f* du neutron
　　　r　структура *f* нейтрона

N159　*e*　**neutron temperature**
　　　d　Neutronentemperatur *f*
　　　f　température *f* de neutrons
　　　r　температура *f* нейтронов

N160　*e*　**neutron velocity distribution**
　　　d　Neutronengeschwindigkeitsverteilung *f*
　　　f　distribution *f* des neutrons d'après la vitesse
　　　r　распределение *n* нейтронов по скоростям

N161　*e*　**neutron wave**
　　　d　Neutronenwelle *f*
　　　f　onde *f* neutronique
　　　r　нейтронная волна *f*

N162　*e*　**neutron width**
　　　d　Neutronenbreite *f*
　　　f　largeur *f* neutronique
　　　r　нейтронная ширина *f*, нейтронная ширина *f* резонанса

N163　*e*　**neutron yield**
　　　d　Neutronenausbeute *f*
　　　f　rendement *m* de neutrons
　　　r　выход *m* нейтронов

N164　*e*　**newton, N**
　　　d　Newton *n*

NEWTONIAN

    f newton *m*
    r ньютон *m*, Н

N165 *e* **Newtonian liquid**
    d Newtonsche Flüssigkeit *f*
    f fluide *m* newtonien
    r ньютоновская жидкость *f*

N166 *e* **Newtonian mechanics** *see* **classical mechanics**

N167 *e* **Newton law of gravitation**
    d Newtonsches Gravitationsgesetz *n*
    f loi *f* de l'attraction universelle de Newton
    r закон *m* всемирного тяготения Ньютона

N168 *e* **Newton laws of motion**
    d Newtonsche Axiome *n pl*, Newtonsche Gesetze *n pl* der Mechanik
    f lois *f pl* de Newton
    r законы *m pl* механики Ньютона

N169 *e* **Newton rings**
    d Newtonsche Ringe *m pl*, Newton-Ringe *m pl*
    f anneaux *m pl* de Newton, cercles *m pl* de Newton, halos *m pl* de Newton
    r кольца *n pl* Ньютона

N170 *e* **nickel, Ni**
    d Nickel *n*
    f nickel *m*
    r никель *m*

N171 *e* **Nicol prism**
    d Nicol-Prisma *n*, Nicolsches Prisma *n*
    f prisme *m* de Nicol
    r призма *f* Николя

N172 *e* **nilpotent group**
    d nilpotente Gruppe *f*
    f groupe *m* nilpotent
    r нильпотентная группа *f*

N173 *e* **nilsbohrium, Ns**
    d Nilsbohrium *n*
    f nilsbohrium *m*
    r нильсборий *m*

N174 *e* **niobium, Nb**
    d Niob *n*
    f niobium *m*
    r ниобий *m*

N175 *e* **nit, nt**
    d Nit *n*
    f nit *m*
    r нит *m*, нт (*устаревшее наименование единицы яркости*)

N176 *e* **nitrogen, N**
    d Stickstoff *m*
    f nitrogène *m*
    r азот *m*

N177 *e* **NMR magnetometer** *see* **nuclear magnetic resonance magnetometer**

N178 *e* **nobelium, No**
    d Nobelium *n*
    f nobélium *m*
    r нобелий *m*

N179 *e* **noble gas**
    d Edelgas *n*
    f gaz *m* inerte
    r инертный газ *m*, благородный газ *m*

N180 *e* **noble metals**
    d Edelmetalle *n pl*
    f métaux *m pl* nobles
    r благородные металлы *m pl*

N181 *e* **nodal plane**
    d Knotenebene *f*
    f plan *m* nodal
    r узловая плоскость *f*

N182 *e* **node**
    d Knoten *m*
    f nœud *m*
    r узел *m*

N183 *e* **Noether theorem**
    d Noetherscher Satz *m*, Noethersches Theorem *n*
    f théorème *m* de Noether
    r теорема *f* Нётер

N184 *e* **noise**
    d Lärm *m*; Rauschen *n*; Geräusch *n*
    f bruit *m*
    r шум *m*, шумы *m pl*

N185 *e* **noise factor**
    d Rauschfaktor *m*, Rauschzahl *f*
    f facteur *m* de bruit, coefficient *m* de bruit
    r шум-фактор *m*, коэффициент *m* шума

N186 *e* **noise figure** *see* **noise factor**

N187 *e* **noise generator**
    d Rauschgenerator *m*, Rauscherzeuger *m*
    f générateur *m* de bruit, générateur *m* de bruits
    r шумовой генератор *m*, генератор *m* шума

N188 *e* **noise immunity**
    d Störfestigkeit *f*
    f insensibilité *f* aux parasites, immunité *f* contre les brouillages
    r помехозащищённость *f*, помехоустойчивость *f*

N189 *e* **noise level**
    d Störpegel *m*; Rauschpegel *m*
    f niveau *m* de bruit
    r уровень *m* шумов, уровень *m* помех

N190	e	noise measurement	
	d	Rauschmessung f	
	f	mesure f de bruit	
	r	измерение n шумов	

N191   e   **noise power**
d   Rauschleistung f
f   puissance f du bruit, puissance f de bruit
r   мощность f шума

N192   e   **noise source**
d   Rauschquelle f
f   source f de brouillages
r   источник m шума

N193   e   **noise spectrum**
d   Rauschspektrum n
f   spectre m de bruits
r   спектр m шумов

N194   e   **noise temperature**
d   Rauschtemperatur f
f   température f de bruit
r   шумовая температура f

N195   e   **nomogram**
d   Nomogramm n, Kurventafel f
f   nomogramme m, abaque m
r   номограмма f

N196   e   **non-Abelian gage field**
d   nichtabelsches Eichfeld n
f   champ m de jauge non abélien
r   неабелево калибровочное поле n

N197   e   **nonadiabatic transition**
d   nichtadiabatischer Übergang m
f   transition f non adiabatique
r   неадиабатический переход m

N198   e   **noncentral force**
d   nichtzentrale Kraft f
f   force f non centrale
r   нецентральная сила f

N199   e   **noncharged particle**
d   nicht geladenes Teilchen n
f   particule f non chargée
r   незаряженная частица f

N200   e   **noncoherence**
d   Inkohärenz f
f   incohérence f
r   некогерентность f

N201   e   **noncoherent emission** see noncoherent radiation

N202   e   **noncoherent emitters** see noncoherent radiators

N203   e   **noncoherent radiation**
d   nichtkohärente Strahlung f
f   radiation f non cohérente, rayonnement m non cohérent
r   некогерентное излучение n

N204   e   **noncoherent radiators**
d   nichtkohärente Strahler m pl
f   radiateurs m pl non cohérents
r   некогерентные излучатели m pl

N205   e   **noncommuting operators**
d   nicht kommutierende Operatoren m pl
f   opérateurs m pl non commutatifs
r   некоммутирующие операторы m pl

N206   e   **nonconservation**
d   Nichterhaltung f
f   non-conservation f
r   несохранение n

N207   e   **nonconservative force**
d   nichtkonservative Kraft f
f   force f non conservative
r   неконсервативная сила f

N208   e   **nonconservative system**
d   nichtkonservatives System n
f   système m non conservatif
r   неконсервативная система f

N209   e   **nondegenerate oscillation**
d   nichtentartete Schwingungen f pl
f   oscillations f pl non dégénérées
r   невырожденные колебания n pl

N210   e   **nondestructive technique**
d   zerstörungsfreie Methode f
f   méthode f de contrôle non destructif
r   неразрушающий метод m

N211   e   **nondestructive test, nondestructive testing**
d   zerstörungsfreie Werkstoffprüfung f
f   essai m non destructif
r   1. дефектоскопия f 2. неразрушающие испытания n pl, неразрушающий контроль m

N212   e   **nondissipative nonlinearity**
d   nichtdissipative Nichtlinearität f
f   non-linéarité f non dissipative
r   недиссипативная нелинейность f

N213   e   **nonelastic cross-section**
d   Querschnitt m der nichtelastischen Streuung
f   section f de diffusion non élastique
r   сечение n неупругого рассеяния

N214   e   **nonelastic interaction**
d   nichtelastische Wechselwirkung f
f   interaction f non élastique
r   неупругое взаимодействие n

N215   e   **nonequilibrium carriers**
d   Nichtgleichgewichtsträger m pl, Nichtgleigewichtsträger m pl
f   porteurs m pl non équilibrés
r   неравновесные носители m pl, неравновесные носители m pl заряда

NONEQUILIBRIUM

N216   e   **nonequilibrium concentration**
      d   Nichtgleichgewichtsdichte f, Nichtgleichgewichtskonzentration f
      f   concentration f non équilibrée
      r   неравновесная концентрация f (носителей заряда)

N217   e   **nonequilibrium flow**
      d   Nichtgleichgewichtsströmung f
      f   flux m non équilibré
      r   неравновесное течение n

N218   e   **nonequilibrium phase transitions**
      d   Nichtgleichgewichtsphasenübergänge $m\ pl$
      f   transitions $f\ pl$ de phase non équilibrées
      r   неравновесные фазовые переходы $m\ pl$

N219   e   **nonequilibrium plasma**
      d   Nichtgleichgewichtsplasma n
      f   plasma m hors d'équilibre
      r   неравновесная плазма f

N220   e   **nonequilibrium population**
      d   Nichtgleichgewichtsbesetzung f
      f   population f non équilibrée
      r   неравновесная населённость f

N221   e   **nonequilibrium-process kinetics**
      d   Nichtgleichgewichtskinetik f, Kinetik f nichtstatischer Prozesse
      f   cinétique f de non-équilibre
      r   кинетика f неравновесных процессов

N222   e   **nonequilibrium state**
      d   Nichtgleichgewichtszustand m
      f   état m non équilibré
      r   неравновесное состояние n

N223   e   **nonet**
      d   Nonett n
      f   nonet m
      r   нонет m

N224   e   **non-Euclidian geometry**
      d   nichteuklidische Geometrie f
      f   géométrie f non euclidienne
      r   неевклидова геометрия f

N225   e   **nonexcited atom**
      d   nichtangeregtes Atom n
      f   atome m non excité
      r   невозбуждённый атом m

N226   e   **nonholonomic system**
      d   nichtholonomes System n
      f   système m non holonomique
      r   неголономная система f

N227   e   **nonhomogeneous medium**
      d   inhomogenes Medium n
      f   milieu m hétérogène
      r   неоднородная среда f

N228   e   **nonideal gas** see real gas

N229   e   **nonideal plasma**
      d   nichtideales Plasma n
      f   plasma m non idéal
      r   неидеальная плазма f

N230   e   **noninertial frame**
      d   nichtinertiales Trägheitssystem n
      f   système m de référence non inertiel
      r   неинерциальная система f отсчёта

N231   e   **noninteracting particle**
      d   nichtwechselwirkendes Teilchen n
      f   particule f de non-interaction
      r   невзаимодействующая частица f

N232   e   **nonleptonic process**
      d   nichtleptonischer Prozeß m
      f   processus m non leptonique
      r   нелептонный процесс m

N233   e   **nonlinear absorption**
      d   nichtlineare Absorption f
      f   absorption f non linéaire
      r   нелинейное поглощение n

N234   e   **nonlinear acoustics**
      d   nichtlineare Akustik f
      f   acoustique f non linéaire
      r   нелинейная акустика f

N235   e   **nonlinear capacitance**
      d   nichtlineare Kapazität f
      f   capacité f non linéaire
      r   нелинейная ёмкость f

N236   e   **nonlinear compression**
      d   nichtlineare Impulsverdichtung f
      f   compression f non linéaire
      r   нелинейное сжатие n (импульса)

N237   e   **nonlinear dependence**
      d   nichtlineare Abhängigkeit f
      f   relation f non linéaire, rapport m non linéaire
      r   нелинейная зависимость f

N238   e   **nonlinear detection**
      d   nichtlineare Demodulation f
      f   détection f non linéaire
      r   нелинейное детектирование n

N239   e   **nonlinear dispersion**
      d   nichtlineare Dispersion f
      f   dispersion f non linéaire
      r   нелинейная дисперсия f

N240   e   **nonlinear distortion**
      d   nichtlineare Verzerrungen $f\ pl$, Klirrverzerrungen $f\ pl$
      f   distorsions $f\ pl$ non linéaires
      r   нелинейные искажения $n\ pl$

N241   e   **nonlinear dynamics**
      d   nichtlineare Dynamik f

  f   dynamique *f* non linéaire
  r   нелинейная динамика *f*

N242   *e*   nonlinear effects
  d   nichtlineare Effekte *m pl*
  f   effets *m pl* non linéaires
  r   нелинейные эффекты *m pl*

N243   *e*   nonlinear equation
  d   nichtlineare Gleichung *f*
  f   équation *f* non linéaire
  r   нелинейное уравнение *n*

N244   *e*   nonlinear filtering
  d   nichtlineare Filtration *f*
  f   filtration *f* non linéaire
  r   нелинейная фильтрация *f*

N245   *e*   nonlinear inductance
  d   nichtlineare Induktivität *f*
  f   inductance *f* non linéaire
  r   нелинейная индуктивность *f*

N246   *e*   nonlinear interaction
  d   nichtlineare Wechselwirkung *f*
  f   interaction *f* non linéaire
  r   нелинейное взаимодействие *n*

N247   *e*   nonlinearity
  d   Nichtlinearität *f*
  f   non-linéairité *f*
  r   нелинейность *f*

N248   *e*   nonlinear Landau damping
  d   nichtlineare Landau-Dämpfung *f*
  f   amortissement *m* non linéaire de Landau
  r   нелинейное затухание *n* Ландау

N249   *e*   nonlinear materials
  d   nichtlineare Werkstoffe *m pl*
  f   matériaux *m pl* non linéaires
  r   нелинейные материалы *m pl*

N250   *e*   nonlinear mechanics
  d   nichtlineare Mechanik *f*
  f   mécanique *f* non linéaire
  r   нелинейная механика *f*

N251   *e*   nonlinear medium
  d   nichtlineares Medium *n*
  f   milieu *m* non linéaire
  r   нелинейная среда *f*

N252   *e*   nonlinear optical absorption
  d   nichtlineare optische Absorption *f*
  f   absorption *f* optique non linéaire
  r   нелинейное оптическое поглощение *n*

N253   *e*   nonlinear optical activity
  d   nichtlineare optische Aktivität *f*
  f   activité *f* optique non linéaire
  r   нелинейная оптическая активность *f*

N254   *e*   nonlinear optical crystal
  d   nichtlinear-optischer Kristall *m*
  f   cristal *m* optique non linéaire
  r   нелинейно-оптический кристалл *m*

N255   *e*   nonlinear optical phase conjugation
  d   Lichtwellenfrontkonjugation *f* im nichtlinearen Medium
  f   conjugaison *f* du front d'onde du rayonnement optique en milieu non linéaire
  r   обращение *n* волнового фронта оптического излучения в нелинейной среде

N256   *e*   nonlinear optics
  d   nichtlineare Optik *f*
  f   optique *f* non linéaire
  r   нелинейная оптика *f*

N257   *e*   nonlinear oscillation
  d   nichtlineare Schwingungen *f pl*
  f   oscillations *f pl* non linéaires
  r   нелинейные колебания *n pl*

N258   *e*   nonlinear phase conjugation *see* nonlinear optical phase conjugation

N259   *e*   nonlinear phenomena (*in plasma*)
  d   nichtlineare Erscheinungen *f pl* (*im Plasma*)
  f   phénomènes *m pl* non linéaires (*au plasma*)
  r   нелинейные явления *n pl* (*в плазме*)

N260   *e*   nonlinear polarization
  d   nichtlineare Polarisation *f*
  f   polarisation *f* non linéaire
  r   нелинейная поляризация *f*

N261   *e*   nonlinear quantum field theory
  d   nichtlineare Quantenfeldtheorie *f*
  f   théorie *f* quantique du champ non linéaire
  r   нелинейная квантовая теория *f* поля

N262   *e*   nonlinear response
  d   nichtlineare Antwort *f*
  f   réponse *f* non linéaire
  r   нелинейный отклик *m*

N263   *e*   nonlinear spectroscopy
  d   nichtlineare Spektroskopie *f*
  f   spectroscopie *f* non linéaire
  r   нелинейная спектроскопия *f*

N264   *e*   nonlinear susceptibility
  d   nichtlineare Suszeptibilität *f*
  f   susceptibilité *f* non linéaire
  r   нелинейная восприимчивость *f*

N265   *e*   nonlinear system
  d   nichtlineares System *n*
  f   système *m* non linéaire
  r   нелинейная система *f*

N266   *e*   nonlinear transformation

NONLINEAR

	d	nichtlineare Transformation f
	f	transformation f non linéaire
	r	нелинейное преобразование n
N267	e	**nonlinear vibration** *see* **nonlinear oscillation**
N268	e	**nonlinear waves**
	d	nichtlineare Wellen $f\ pl$
	f	ondes $f\ pl$ non linéaires
	r	нелинейные волны $f\ pl$
N269	e	**nonlocal interaction**
	d	nichtlokale Wechselwirkung f
	f	interaction f non locale
	r	нелокальное взаимодействие n
N270	e	**nonlocality**
	d	Nichtlokalität f
	f	non-localité f
	r	нелокальность f
N271	e	**nonlocal quantum field theory**
	d	nichtlokale Quantenfeldtheorie f
	f	théorie f quantique du champ non locale
	r	нелокальная квантовая теория f поля
N272	e	**nonmetal**
	d	Nichtmetall n
	f	non-métal m
	r	неметалл m
N273	e	**nonmonochromaticity**
	d	Nichtmonochromasie f
	f	non-monochromatisme m
	r	немонохроматичность f
N274	e	**non-Newtonian liquid**
	d	nichtnewtonsche Flüssigkeit f
	f	liquide m non newtonien
	r	неньютоновская жидкость f
N275	e	**nonparametric method**
	d	nichtparametrisches Verfahren n
	f	méthode f non paramétrique
	r	непараметрический метод m
N276	e	**nonperiodic oscillation, nonperiodic oscillations**
	d	aperiodische Schwingungen $f\ pl$
	f	oscillations $f\ pl$ apériodiques
	r	непериодические колебания $n\ pl$
N277	e	**nonperiodic process**
	d	aperiodischer Prozeß m
	f	processus m apériodique
	r	непериодический процесс m
N278	e	**nonpolar molecules**
	d	nichtpolare Moleküle $n\ pl$
	f	molécules $f\ pl$ non polaires
	r	неполярные молекулы $f\ pl$
N279	e	**nonpolynomial quantum field theory**
	d	nichtpolynomiale Quantenfeldtheorie f
	f	théorie f du champ quantique non polynomiale
	r	неполиномиальная квантовая теория f поля
N280	e	**nonpotentiality**
	d	Wirbelfreiheit f (Feld)
	f	non-potentialité f
	r	непотенциальность f (поля)
N281	e	**nonproliferation of nuclear weapon**
	d	Nichtweiterverbreitung f von Kernwaffen
	f	non-prolifération f des armes nucléaires
	r	нераспространение n ядерного оружия
N282	e	**nonradiative recombination**
	d	strahlungslose Rekombination f
	f	recombinaison f non radiative
	r	безызлучательная рекомбинация f
N283	e	**nonradiative transfer**
	d	strahlungslose Übertragung f
	f	transfert m non radiatif
	r	безызлучательный перенос m
N284	e	**nonradiative transition**
	d	strahlungsloser Übergang m
	f	transition f non radiative
	r	безызлучательный переход m
N285	e	**nonreciprocal element**
	d	nichtumkehrbares Element n
	f	élément m non réciproque
	r	невзаимный элемент m
N286	e	**nonreciprocal phase shifter**
	d	nichtreziproker Phasenschieber m
	f	déphaseur m non réciproque
	r	невзаимный фазовращатель m
N287	e	**nonreciprocity**
	d	Nichtreziprozität f
	f	non-réciprocité f
	r	невзаимность f
N288	e	**nonreducible representation**
	d	irreduzible Darstellung f
	f	représentation f irréductible
	r	неприводимое представление n
N289	e	**nonrelativistic mechanics**
	d	nichtrelativistische Mechanik f, Newtonsche Mechanik f
	f	mécanique f non relativiste, mécanique f newtonienne
	r	нерелятивистская механика f, механика f Ньютона
N290	e	**nonrelativistic momentum**
	d	nichtrelativistischer Impuls m
	f	moment m non relativiste
	r	нерелятивистский импульс m
N291	e	**nonrelativistic motion**

NORMAL

- d nichtrelativistische Bewegung *f*
- f mouvement *m* non relativiste
- r нерелятивистское движение *n*

N292 e **nonrelativistic particle radiation**
- d nichtrelativistische Teilchenstrahlung *f*
- f radiation *f* des particules non relativistes
- r излучение *n* нерелятивистских частиц

N293 e **nonrenormalizability**
- d Nichtrenormierbarkeit *f*
- f non-rénormalisabilité *f*
- r неперенормируемость *f*

N294 e **nonrenormalizable quantum field theory**
- d nichtrenormierbare Quantenfeldtheorie *f*
- f théorie *f* de champ quantique non rénormalisable
- r неперенормируемая квантовая теория *f* поля

N295 e **nonresonant scattering**
- d Nichtresonanzstreuung *f*
- f diffusion *f* non résonnante
- r нерезонансное рассеяние *n*

N296 e **nonreversible change**
- d irreversible Änderung *f*
- f changement *m* irréversible
- r необратимое изменение *n*

N297 e **nonselective receiver**
- d nichtselektiver Empfänger *m*
- f récepteur *m* non sélectif
- r неселективный приёмник *m*

N298 e **nonselfsustaining discharge**
- d unselbständige Entladung *f*
- f décharge *f* semi-autonome
- r несамостоятельный разряд *m*

N299 e **nonsphericity**
- d Nichtkugelförmigkeit *f (Kern)*
- f non-sphéricité *f (noyau)*
- r несферичность *f (ядра)*

N300 e **nonstationary flow**
- d nichtstationäre Strömung *f*
- f écoulement *m* non stationnaire
- r нестационарное течение *n*, неустановившееся течение *n*

N301 e **nonstationary interference**
- d nichtstationäre Interferenz *f*
- f interférence *f* non stationnaire, interférence *f* non permanente
- r нестационарная интерференция *f*

N302 e **nonstationary motion**
- d nichtstationäre Bewegung *f*
- f mouvement *m* non stationnaire, mouvement *m* non permanent
- r нестационарное движение *n*, неустановившееся движение *n*

N303 e **nonstationary problem**
- d nichtstationäres Problem *n*
- f problème *m* non stationnaire
- r нестационарная задача *f*

N304 e **nonstationary process**
- d nichtstationärer Prozeß *m*
- f processus *m* non stationnaire
- r нестационарный процесс *m*, неустановившийся процесс *m*

N305 e **nonstationary self-focusing**
- d nichtstationäre Selbstfokussierung *f*
- f autofocalisation *f* non stationnaire
- r нестационарная самофокусировка *f*

N306 e **nonsymmetrical junction**
- d nichtsymmetrischer Übergang *m*
- f jonction *f* asymétrique
- r несимметричный переход *m*

N307 e **nonuniform broadening**
- d ungleichmäßige Verbreiterung *f*
- f élargissement *m* non uniforme
- r неоднородное уширение *n*

N308 e **nonuniformity**
- d Ungleichförmigkeit *f*; Ungleichmäßigkeit *f*
- f non-uniformité *f*
- r 1. неоднородность *f* 2. неравномерность *f*

N309 e **nonuniform motion**
- d ungleichförmige Bewegung *f*
- f mouvement *m* irrégulier
- r неравномерное движение *n*

N310 e **nonvanishing mass** *see* **nonzero mass**

N311 e **nonvertical transition**
- d indirekter Übergang *m*
- f transition *f* indirecte
- r непрямой переход *m*

N312 e **nonvisible radiation**
- d unsichtbare Strahlung *f*
- f radiation *f* invisible
- r невидимое излучение *n*

N313 e **nonzero mass**
- d von Null verschiedene Masse *f*
- f masse *f* autre que nulle
- r ненулевая масса *f*

N314 e **normal**
- d Senkrechte *f*, Lot *n*, Normale *f*
- f normale *f*
- r нормаль *f*, перпендикуляр *m*

N315 e **normal acceleration**
- d Normalbeschleunigung *f*
- f accélération *f* normale, accélération *f* centripète

NORMAL

	r	нормальное ускорение n, центростремительное ускорение n
N316	e	normal dispersion see negative dispersion
N317	e	normal distribution
	d	Normalverteilung f, Gaußsche Verteilung f
	f	distribution f normale, distribution f de Gauss
	r	нормальное распределение n, распределение n Гаусса
N318	e	normal incidence
	d	senkrechter Einfall m, normaler Einfall m, Normaleinfall m
	f	incidence f normale
	r	нормальное падение n
N319	e	normalization
	d	Normierung f
	f	normalisation f
	r	нормировка f
N320	e	normalized amplitude
	d	normierte Amplitude f
	f	amplitude f normalisée
	r	нормированная амплитуда f
N321	e	normalized distribution
	d	normierte Verteilung f
	f	distribution f normalisée
	r	нормированное распределение n
N322	e	normalizing
	d	Normalglühen, Normalisierung f
	f	normalisation f (traitement thermique du métal)
	r	нормализация f (металла)
N323	e	normalizing factor
	d	Normierungsfaktor m
	f	facteur m de normalisation
	r	нормирующий множитель m
N324	e	normal mode
	d	Normalschwingung f, normale Mode f, Normalmode f
	f	mode m normal
	r	нормальная мода f, собственная мода f
N325	e	normal oscillation, normal oscillations
	d	normale Schwingungen f pl
	f	oscillations f pl normales
	r	нормальные колебания n pl
N326	e	normal product
	d	Normalprodukt n
	f	produit m normal
	r	нормальное произведение n (операторов)
N327	e	normal temperature and pressure
	d	Normalbedingungen f pl
	f	conditions f pl normales
	r	нормальные условия n pl
N328	e	normal tone
	d	Normalton m
	f	ton m normal
	r	нормальный тон m
N329	e	normal vibration, normal vibrations
	d	Normalschwingungen f pl
	f	oscillations f pl normales
	r	нормальные колебания n pl
N330	e	normal waves
	d	Normalwellen f pl
	f	ondes f pl normales
	r	нормальные волны f pl, собственные волны f pl
N331	e	normal Zeeman effect
	d	normaler Zeeman-Effekt m
	f	effet m normal de Zeeman
	r	нормальный эффект m Зеемана
N332	e	notation
	d	Notation f
	f	notation f
	r	система f обозначений (спектральных термов)
N333	e	notch
	d	Kerbe f, Einschnitt m
	f	entaille f
	r	надрез m
N334	e	Nöther theorem see Noether theorem
N335	e	Nottingham effect
	d	Nottingham-Effekt m
	f	effet m de Nottingham
	r	эффект m Ноттингема
N336	e	nova
	d	Nova f
	f	nova f, étoile f nouvelle
	r	новая f, новая звезда f
N337	e	nozzle
	d	Düse f
	f	tuyère f
	r	сопло n
N338	e	n-photon absorption
	d	n-Photonen-Absorption f
	f	absorption f de n-photons
	r	n-фотонное поглощение n
N339	e	n-region
	d	n-Gebiet n, n-leitende Zone f
	f	région f n
	r	n-область f, область f электронной проводимости
N340	e	N.T.P. see normal temperature and pressure

NUCLEAR

N341   e   **n-type semiconductor**
        d   n-Halbleiter *m*,
            Überschußhalbleiter *m*
        f   semi-conducteur *m* de n-type
        r   электронный полупроводник *m*,
            полупроводник *m* n-типа

N342   e   **nuclear acoustic resonance**
        d   akustische Kernresonanz *f*
        f   résonance *f* acoustique nucléaire
        r   ядерный акустический резонанс *m*

N343   e   **nuclear adiabatic demagnetization**
        d   adiabatische Kernentmagnetisierung *f*
        f   démagnétisation *f* nucléaire adiabatique
        r   ядерное адиабатическое размагничивание *n*

N344   e   **nuclear astrophysics**
        d   Astrokernphysik *f*
        f   astrophysique *f* nucléaire
        r   ядерная астрофизика *f*

N345   e   **nuclear bomb**
        d   Atombombe *f*, Kernbombe *f*, Kernspaltungsbombe *f*
        f   bombe *f* nucléaire
        r   атомная бомба *f*, ядерная бомба *f*

N346   e   **nuclear cascade**
        d   Kernkaskade *f*
        f   cascade *f* nucléaire
        r   ядерный каскад *m*

N347   e   **nuclear chain reaction**
        d   Kernkettenreaktion *f*
        f   réaction *f* en chaîne nucléaire
        r   ядерная цепная реакция *f*

N348   e   **nuclear charge**
        d   Kernladung *f*
        f   charge *f* du noyau, charge *f* nucléaire
        r   заряд *m* ядра

N349   e   **nuclear chemistry**
        d   Kernchemie *f*
        f   chimie *f* nucléaire
        r   ядерная химия *f*

N350   e   **nuclear decay**
        d   Kernzerfall *m*
        f   désintégration *f* nucléaire
        r   ядерный распад *m*

N351   e   **nuclear deformation**
        d   Kerndeformation *f*
        f   déformation *f* nucléaire
        r   деформация *f* ядра

N352   e   **nuclear demagnetization cryostat**
        d   Kernentmagnetisierungskryostat *m*
        f   cryostat *m* de démagnétisation nucléaire
        r   криостат *m* ядерного размагничивания

N353   e   **nuclear density**
        d   Dichte *f* der Kernmaterie, Kerndichte *f*
        f   densité *f* nucléaire
        r   ядерная плотность *f*

N354   e   **nuclear disintegration** see **nuclear decay**

N355   e   **nuclear electronics**
        d   Kernelektronik *f*
        f   électronique *f* nucléaire
        r   ядерная электроника *f*

N356   e   **nuclear emulsion**
        d   Kernemulsion *f*, Kernspuremulsion *f*
        f   émulsion *f* nucléaire
        r   ядерная эмульсия *f*

N357   e   **nuclear energy**
        d   Kernenergie *f*, Atomkernenergie *f*
        f   énergie *f* nucléaire
        r   атомная энергия *f*, ядерная энергия *f*

N358   e   **nuclear energy level**
        d   Kernniveau *n*, Kernenergieniveau *n*
        f   terme *m* nucléaire, niveau *m* nucléaire
        r   ядерный энергетический уровень *m*

N359   e   **nuclear explosion**
        d   Kernexplosion *f*
        f   explosion *f* nucléaire
        r   ядерный взрыв *m*

N360   e   **nuclear ferromagnetism**
        d   Kernferromagnetismus *m*
        f   ferromagnétisme *m* nucléaire
        r   ядерный ферромагнетизм *m*

N361   e   **nuclear fission**
        d   Kernspaltung *f*
        f   fission *f* nucléaire
        r   деление *n* атомного ядра

N362   e   **nuclear forces**
        d   Kernkräfte *pl*, Kernfeldkräfte *pl*
        f   forces *pl* nucléaires
        r   ядерные силы *pl*

N363   e   **nuclear fuel**
        d   Kernbrennstoff *m*
        f   combustible *m* nucléaire
        r   ядерное топливо *n*

N364   e   **nuclear fuel conversion**
        d   Konversion *f* von Kernbrennstoff
        f   conversion *f* du combustible nucléaire
        r   воспроизводство *n* ядерного топлива

N365   e   **nuclear fusion**
        d   Kernfusion *f*, Fusion *f*
        f   fusion *f* nucléaire
        r   ядерный синтез *m*

N366   e   **nuclear gyroscope**
        d   Kerngyroskop *n*, Kernspingyroskop *n*

NUCLEAR

	f	gyroscope *m* nucléaire
	r	ядерный гироскоп *m*

N367 *e* **nuclear isobar**
    d Kernisobar *n*
    f isobare *f* nucléaire
    r ядерный изобар *m*

N368 *e* **nuclear isomer**
    d Kernisomer *n*
    f isomère *m* nucléaire
    r ядерный изомер *m*

N369 *e* **nuclear isomerism**
    d Kernisomerie *f*
    f isomérie *f* nucléaire
    r ядерная изомерия *f*, изомерия *f* атомных ядер

N370 *e* **nuclear isospin**
    d Kernisospin *m*
    f isospin *m* nucléaire
    r изоспин *m* ядра

N371 *e* **nuclear magnetic moment**
    d magnetisches Kernmoment *n*
    f moment *m* magnétique nucléaire
    r магнитный момент *m* ядра, ядерный магнитный момент *m*

N372 *e* **nuclear magnetic resonance**
    d magnetische Kernresonanz *f*
    f résonance *f* magnétique nucléaire
    r ядерный магнитный резонанс *m*, ЯМР

N373 *e* **nuclear magnetic resonance magnetometer**
    d NMR-Magnetometer *n*, magnetisches Kernresonanzmagnetometer *n*
    f magnétomètre *m* à résonance nucléaire magnétique
    r ЯМР-магнитометр *m*, магнитометр *m* ядерного магнитного резонанса

N374 *e* **nuclear magnetism**
    d Kernmagnetismus *m*, Magnetismus *m* des Atomkerns
    f magnétisme *m* nucléaire
    r ядерный магнетизм *m*

N375 *e* **nuclear magneton**
    d Kernmagneton *n*
    f magnéton *m* nucléaire
    r ядерный магнетон *m*

N376 *e* **nuclear matter**
    d Kernmaterie *f*
    f matière *f* nucléaire
    r ядерная материя *f*

N377 *e* **nuclear models**
    d Kernmodelle *n pl*
    f modèles *m pl* nucléaires
    r модели *f pl* ядра, ядерные модели *f pl*

N378 *e* **nuclear moment**
    d Kernmoment *n*, Moment *n* des Atomkerns
    f moment *m* nucléaire
    r ядерный момент *m*

N379 *e* **nuclear orientation**
    d Kernorientierung *f*, Kernausrichtung *f*
    f orientation *f* nucléaire
    r ориентация *f* ядер

N380 *e* **nuclear paramagnetism**
    d Kernparamagnetismus *m*, Paramagnetismus *m* des Atomkerns
    f paramagnétisme *m* nucléaire
    r ядерный парамагнетизм *m*

N381 *e* **nuclear photoelectric effect**
    d Kernphotoeffekt *m*
    f effet *m* photo-électrique nucléaire
    r ядерный фотоэффект *m*

N382 *e* **nuclear physics**
    d Kernphysik *f*
    f physique *f* nucléaire
    r ядерная физика *f*

N383 *e* **nuclear polarizability**
    d Kernpolarisierbarkeit *f*
    f polarisabilité *f* nucléaire
    r поляризуемость *f* ядер

N384 *e* **nuclear polarization**
    d Kernpolarisation *f*
    f polarisation *f* nucléaire
    r поляризация *f* ядер

N385 *e* **nuclear potential**
    d Kernpotential *n*
    f potentiel *m* nucléaire
    r ядерный потенциал *m*

N386 *e* **nuclear power**
    d 1. Kernenergie *f*, Kernkraft *f* 2. Kernenergetik *f*
    f 1. énergie *f* nucléaire 2. énergétique *f* nucléaire
    r 1. ядерная энергия *f* 2. ядерная энергетика *f*

N387 *e* **nuclear precession**
    d Kernpräzession *f*
    f précession *f* nucléaire
    r ядерная прецессия *f*

N388 *e* **nuclear pumping**
    d nukleares Pumpen *n*
    f pompage *m* nucléaire
    r ядерная накачка *f*

N389 *e* **nuclear quadrupole resonance**
    d Kernquadrupolresonanz *f*
    f résonance *f* quadripolaire nucléaire
    r ядерный квадрупольный резонанс *m*, ЯКР

N390 *e* **nuclear radiation**

NUCLEOSYNTHESIS

	d	Kernstrahlung f
	f	radiation f nucléaire, rayonnement m nucléaire
	r	ядерное излучение n
N391	e	nuclear radius
	d	Kernradius m
	f	rayon m du noyau, rayon m nucléaire
	r	радиус m атомного ядра
N392	e	nuclear reaction
	d	Kernreaktion f
	f	réaction f nucléaire
	r	ядерная реакция f
N393	e	nuclear reaction channel
	d	Kernreaktionskanal m
	f	canal m de réaction nucléaire
	r	канал m ядерной реакции
N394	e	nuclear reaction cross-section
	d	Reaktionsquerschnitt m, Wirkungsquerschnitt m für eine Kernreaktion
	f	section f de réaction nucléaire
	r	сечение n ядерной реакции
N395	e	nuclear reactor
	d	Kernreaktor m, Reaktor m
	f	réacteur m nucléaire, réacteur m
	r	ядерный реактор m
N396	e	nuclear refraction
	d	Kernrefraktion f
	f	réfraction f nucléaire
	r	ядерная рефракция f
N397	e	nuclear relaxation
	d	Kernrelaxation f
	f	relaxation f nucléaire
	r	ядерная релаксация f
N398	e	nuclear saturation see saturation of nuclear forces
N399	e	nuclear shell
	d	Kernschale f
	f	couche f nucléaire
	r	ядерная оболочка f
N400	e	nuclear spectroscopy
	d	Kernspektroskopie f
	f	spectroscopie f nucléaire
	r	ядерная спектроскопия f
N401	e	nuclear spin
	d	Kernspin m, Kerndrehimpuls m
	f	spin m nucléaire
	r	ядерный спин m, спин m ядра
N402	e	nuclear spin alignment
	d	Kernspinausrichtung f
	f	alignement m des spins nucléaires
	r	выстраивание n ядерных спинов
N403	e	nuclear sublattice
	d	Kernuntergitter n
	f	sous-réseau m nucléaire
	r	ядерная подрешётка f
N404	e	nuclear target
	d	Target n
	f	cible f nucléaire
	r	ядерная мишень f
N405	e	nuclear weapon
	d	Kernwaffe f
	f	arme f nucléaire
	r	ядерное оружие n
N406	e	nucleate boiling
	d	Blasensieden n, Blasenverdampfung f, Bläschensieden n
	f	ébullition f de bulles
	r	пузырьковое кипение n
N407	e	nucleation
	d	Keimbildung f
	f	nucléation f
	r	1. зародышеобразование n 2. нуклеация f (зарождение аэрозольной частицы) 3. зарождение n
N408	e	nucleation center
	d	Kristallisationskeim m
	f	germe m
	r	зародыш m кристаллизации, зародыш m
N409	e	nucleon
	d	Nukleon n
	f	nucléon m
	r	нуклон m
N410	e	nucleon association
	d	Nukleonenassoziation f
	f	association f nucléonique
	r	нуклонная ассоциация f
N411	e	nucleon bag
	d	Sack-Nukleon n
	f	poche-nucléon f
	r	мешок-нуклон m
N412	e	nucleon charge
	d	Nukleonenladung f
	f	charge f de nucléon
	r	заряд m нуклона, нуклонный заряд m
N413	e	nucleonic cluster
	d	Nukleonencluster m
	f	cluster m à nucléons
	r	нуклонный кластер m
N414	e	nucleon pairing
	d	Nukleonenpaarung f, Nukleonenpaarbildung f
	f	création f des paires de nucléons
	r	спаривание n нуклонов
N415	e	nucleosynthesis
	d	Nukleosynthese f

NUCLEUS

      f synthèse *f* nucléon
      r нуклеосинтез *m*

N416 *e* **nucleus**
      d 1. Kern *m*, Atomkern *m*
         2. Keim *m*
      f 1. noyau *m* 2. germe *m*
      r 1. ядро *n* 2. зародыш *m* (*кристалла*)

N417 *e* **nucleus coagulation**
      d Keimkoagulation *f*
      f coagulation *f* des germes
      r коагуляция *f* зародышей

N418 *e* **nuclide**
      d Nuklid *n*
      f nucléide *m*
      r нуклид *m*

N419 *e* **null charge**
      d Nulladung *f*
      f charge *f* nulle
      r нуль-заряд *m*

N420 *e* **null indicator**
      d Nullanzeiger *m*, Nullindikator *m*
      f indicateur *m* de zéro
      r нуль-индикатор *m*

N421 *e* **number**
      d 1. Zahl *f* 2. Nummer *f*
      f nombre *m*
      r 1. число *n* 2. номер *m*

N422 *e* **number of degrees of freedom**
      d Anzahl *f* der Freiheitsgrade, Zahl *f* der Freiheitsgrade
      f nombre *m* de degrés de liberté
      r число *n* степеней свободы

N423 *e* **numerical aperture**
      d numerische Apertur *f*
      f ouverture *f* numérique
      r числовая апертура *f*

N424 *e* **numerical integration**
      d numerische Integration *f*
      f intégration *f* numérique
      r численное интегрирование *n*

N425 *e* **Nusselt number**
      d Nußelt-Zahl *f*, Nußeltsche Zahl *f*
      f nombre *m* de Nusselt
      r число *n* Нуссельта

N426 *e* **nutation**
      d Nutation *f*
      f nutation *f*
      r нутация *f*

N427 *e* **Nyquist formula**
      d Nyquist-Formel *f*
      f formule *f* de Nyquist
      r формула *f* Найквиста

O

O1 *e* **object beam**
     d Objektbündel *n*
     f faisceau *m* d'objet
     r предметный пучок *m*, объектный пучок *m* (*в голографии*)

O2 *e* **objective**
     d Objektiv *n*
     f objectif *m*
     r объектив *m*

O3 *e* **object space**
     d Objektraum *m*, Dingraum *m*, Gegenstandsraum *m*
     f espace *m* d'objets
     r пространство *n* предметов

O4 *e* **object wave**
     d Objektwelle *f*
     f onde *f* d'objets
     r предметная волна *f*, объектная волна *f*

O5 *e* **oblateness**
     d Abplattung *f*
     f aplatissement *m*
     r сплющенность *f*, сплюснутость *f*

O6 *e* **oblique incidence**
     d Schrägeinfall *m*, schräger Einfall *m*
     f incidence *f* oblique
     r наклонное падение *n*

O7 *e* **obliquity** (*of the ecliptic*)
     d Schiefe *f* der Ekliptik
     f obliquité *f* (*d'écliptique*)
     r наклон *m* (*эклиптики*)

O8 *e* **observable**
     d Observable *f*, beobachtbare Größe *f*
     f observable *f*, *m*, grandeur *f* observable
     r наблюдаемая *f* (*в квантовой механике*)

O9 *e* **observations**
     d Beobachtungen *f pl*
     f observations *f pl*
     r наблюдения *f pl*

O10 *e* **observatory**
      d Observatorium *n*
      f observatoire *m*
      r обсерватория *f*

O11 *e* **observed data**
      d Beobachtungsdaten *pl*
      f données *pl* d'observation
      r данные *pl* наблюдений

O12 *e* **obstacle**

                d   Hindernis n
                f   obstacle m
                r   препятствие n; помеха f

O13   e   occlusion
                d   Okklusion f
                f   occlusion f
                r   окклюзия f

O14   e   occultation
                d   Bedeckung f
                f   occultation f
                r   покрытие n (в астрономии)

O15   e   occupancy of states
                d   Auffüllung f von Zuständen,
                      Besetzung f von Zuständen
                f   remplissage m des états
                r   заполнение n состояний

O16   e   occupation
                d   Besetzung f
                f   occupation f
                r   заполнение n, заполненность f;
                      населённость f, заселённость f

O17   e   occupied band
                d   besetztes Band n
                f   bande f occupée, bande f pleine
                r   заполненная зона f

O18   e   occupied level
                d   besetztes Niveau n, besetztes
                      Energieniveau n
                f   niveau m occupé
                r   занятый уровень m, заполненный
                      уровень m

O19   e   occurrence
                d   1. Ereignis n; Fall m; Erscheinung f,
                      Erscheinen n 2. Häufigkeit f
                f   1. événement m 2. abondance f
                r   1. событие n, случай m, появление
                      n 2. распространённость f

O20   e   oceanology
                d   Meeresforschung f, Ozeanologie f
                f   océanologie f
                r   океанология f

O21   e   octahedron
                d   Oktaeder n, Achtflach n,
                      Achtflächner m
                f   octaèdre m
                r   октаэдр m

O22   e   octave
                d   Oktave f
                f   octave f
                r   октава f

O23   e   octet
                d   Oktett n
                f   octet m
                r   октет m

O24   e   octupole

                d   Oktupol m, Oktopol m
                f   octopôle m
                r   октуполь m

O25   e   octupole moment
                d   Oktupolmoment n
                f   moment m octupolaire
                r   октупольный момент m

O26   e   ocular see eyepiece

O27   e   odd states
                d   ungerade Zustände m pl
                f   états m pl impairs
                r   нечётные состояния n pl

O28   e   oersted, Oe
                d   Oersted n
                f   œrsted m
                r   эрстед m, Э

O29   e   off-axis beam
                d   außeraxialer Strahl m
                f   faisceau m hors d'axe
                r   внеосевой пучок m

O30   e   off-axis hologram
                d   achsenentferntes Hologramm n
                f   hologramme m hors d'axe
                r   внеосевая голограмма f

O31   e   off-resonance state
                d   Off-Resonanz-Zustand m;
                      resonanzferner Zustand m
                f   état m d'absence de résonance; état m
                      hors de résonance
                r   нерезонансное состояние n;
                      состояние n, далёкое от резонанса

O32   e   offset
                d   Offset m
                f   décalage m; déplacement m
                r   смещение n, сдвиг m

O33   e   offset beam
                d   Offsetstrahl m
                f   faisceau m décalé
                r   смещённый пучок m

O34   e   ohm, Ω
                d   Ohm n
                f   ohm m
                r   ом m, Ом

O35   e   ohmic contact
                d   ohmscher Kontakt m
                f   contact m ohmique
                r   омический контакт m

O36   e   ohmic heating see Joule heating

O37   e   ohmic loss
                d   ohmscher Verlust m
                f   pertes f pl ohmiques
                r   омические потери f pl, джоулевы
                      потери f pl

O38
- *e* **Ohm law**
- *d* ohmsches Gesetz *n*
- *f* loi *f* d'Ohm
- *r* закон *m* Ома

O39
- *e* **ohmmeter**
- *d* Ohmmeter *n*
- *f* ohmmètre *m*
- *r* омметр *m*

O40
- *e* **oil pump**
- *d* Ölpumpe *f*
- *f* pompe *f* à huile
- *r* масляный насос *m*

O41
- *e* **omega particles**
- *d* Omegateilchen *n pl*, ω-Teilchen *n pl*
- *f* particules *f pl* oméga
- *r* омега-частицы *f pl*

O42
- *e* **omegatron**
- *d* Omegatron *n*
- *f* omégatron *m*
- *r* омегатрон *m*

O43
- *e* **omnidirectional aerial**
- *d* Rundstrahlantenne *f*
- *f* antenne *f* omnidirectionnelle
- *r* всенаправленная антенна *f*, ненаправленная антенна *f*

O44
- *e* **omnidirectional radiation**
- *d* ungerichtete Strahlung *f*, Rundstrahlung *f*
- *f* radiation *f* omnidirectionnelle
- *r* всенаправленное излучение *n*

O45
- *e* **omnidirectional radiator**
- *d* Rundstrahler *m*
- *f* radiateur *m* omnidirectionnel
- *r* всенаправленный излучатель *m*

O46
- *e* **one-body model** *see* **one-particle model**

O47
- *e* **one-dimensional model**
- *d* eindimensionales Modell *n*
- *f* modèle *m* unidimensionnel
- *r* одномерная модель *f*

O48
- *e* **one-dimensional motion**
- *d* eindimensionale Bewegung *f*
- *f* mouvement *m* unidimensionnel
- *r* одномерное движение *n*

O49
- *e* **one-electron approximation**
- *d* Einelektronenannäherung *f*
- *f* approximation *f* à électron unique
- *r* одноэлектронное приближение *n*

O50
- *e* **one-loop Feynman diagram**
- *d* Einschleifen-Feynman-Diagramm *n*
- *f* diagramme *m* à boucle unique de Feynman
- *r* однопетлевая диаграмма *f* Фейнмана

O51
- *e* **one-parameter representation**
- *d* einparametrige Darstellung *f*
- *f* représentation *f* à paramètre unique
- *r* однопараметрическое представление *n*

O52
- *e* **one-particle approximation**
- *d* Einteilchenannäherung *f*
- *f* approximation *f* à particule unique
- *r* одночастичное приближение *n*

O53
- *e* **one-particle model** (*of atomic nucleus*)
- *d* Einteilchenmodell *n*
- *f* modèle *m* à particule unique (*de noyau atomique*)
- *r* одночастичная модель *f* (*атомного ядра*)

O54
- *e* **one-photon absorption**
- *d* Einzelphotonenabsorption *f*
- *f* absorption *f* à photon unique
- *r* однофотонное поглощение *n*

O55
- *e* **Onsager reciprocity relations**
- *d* Onsagersche Reziprozitätsbedingungen *f pl*
- *f* relations *f pl* d'Onsager
- *r* соотношения *n pl* взаимности Онсагера

O56
- *e* **Onsager theorem**
- *d* Onsagerscher Reziprozitätssatz *m*
- *f* théorème *m* d'Onsager
- *r* теорема *f* Онсагера

O57
- *e* **opacity**
- *d* Lichtundurchlässigkeit *f*
- *f* opacité *f*
- *r* непрозрачность *f*

O58
- *e* **opalescence**
- *d* Opaleszenz *f*
- *f* opalescence *f*
- *r* опалесценция *f*

O59
- *e* **opaque plasma**
- *d* undurchlässiges Plasma *n*
- *f* plasma *m* opaque
- *r* непрозрачная плазма *f*

O60
- *e* **open-circuit voltage**
- *d* Leerlaufspannung *f*
- *f* tension *f* en circuit ouvert, f.é.m. *f* en circuit ouvert
- *r* напряжение *n* холостого хода

O61
- *e* **open cluster**
- *d* offener Sternhaufen *m*
- *f* amas *m* ouvert
- *r* рассеянное скопление *n* (*звёзд*)

O62
- *e* **open configuration**
- *d* offene Konfiguration *f*
- *f* configuration *f* ouverte
- *r* открытая конфигурация *f*

O63
- *e* **open curve**

```
        d  offene Kurve f
        f  courbe f ouverte
        r  незамкнутая кривая f

O64  e  open cycle
        d  offener Zyklus m
        f  cycle m ouvert
        r  незамкнутый цикл m

O65  e  opening
        d  Öffnung f; Loch n
        f  orifice m ; trou m
        r  отверстие n

O66  e  open model
        d  offenes Weltmodell n, offene Welt f
        f  Univers m ouvert, modèle m ouvert
        r  открытая модель (Вселенной),
           модель f открытой Вселенной

O67  e  open resonator
        d  offener Resonator m
        f  résonateur m ouvert
        r  открытый резонатор m

O68  e  open system (in thermodynamics)
        d  offenes System n (in der
           Thermodynamik)
        f  système m ouvert (en
           thermodynamique)
        r  открытая система f (в
           термодинамике)

O69  e  open trap
        d  offene Falle f
        f  piège m ouvert
        r  открытая ловушка f

O70  e  operation
        d  Operation f
        f  opération f
        r  операция f

O71  e  operational amplifier
        d  Operationsverstärker m
        f  amplificateur m opérationnel
        r  операционный усилитель m

O72  e  operational calculus
        d  Operatorenrechnung f
        f  calcul m opérationnel
        r  операционное исчисление n

O73  e  operator
        d  Operator m
        f  opérateur m
        r  оператор m

O74  e  operator expansion
        d  Operatorentwicklung f
        f  expansion f d'opérateurs
        r  операторное разложение n

O75  e  operator field
        d  Operatorfeld n
        f  champ m d'opérateurs
        r  операторное поле n

O76  e  operator isometry
        d  Operatorenisometrie f
        f  isométrie f d'opérateurs
        r  изометрия f операторов

O77  e  Oppenheimer-Phillips process
        d  Oppenheimer-Phillips-Prozeß m
        f  processus m d'Oppenheimer-Phillips
        r  процесс m Оппенгеймера -
           Филлипса

O78  e  opposite direction see backward
        direction

O79  e  opposition (of a celestial body)
        d  Opposition f, Gegenschein m
        f  opposition f (du corps céleste)
        r  противостояние n (небесного тела)

O80  e  optic-acoustic receiver
        d  optisch-akustischer Empfänger m
        f  récepteur m optique-acoustique
        r  оптико-акустический приёмник m

O81  e  optical absorption
        d  optische Absorption f
        f  absorption f optique
        r  оптическое поглощение n

O82  e  optical absorption edge
        d  optischer Absorptionsrand m
        f  bord m d'absorption optique
        r  край m оптичсского поглощения

O83  e  optical activator
        d  optischer Aktivator m
        f  activateur m optique
        r  активатор m люминофора

O84  e  optical activity
        d  optische Aktivität f, optisches
           Drehvermögen n
        f  activité f optique
        r  оптическая активность f

O85  e  optical amplifier
        d  optischer Verstärker m
        f  amplificateur m optique
        r  оптический усилитель m

O86  e  optical anisotropy
        d  optische Anisotropie f
        f  anisotropie f optique
        r  оптическая анизотропия f

O87  e  optical antipodes
        d  optische Antipoden m pl
        f  antipodes m pl optiques
        r  оптические антиподы m pl

O88  e  optical axis
        d  optische Achse f
        f  axe m optique
        r  оптическая ось f (линзы)

O89  e  optical bench
        d  optische Bank f
```

OPTICAL

        f   banc *m* optique
        r   оптическая скамья *f*

O90   *e*   optical bistability
        d   optische Bistabilität *f*
        f   bistabilité *f* optique
        r   оптическая бистабильность *f*

O91   *e*   optical breakdown
        d   optischer Durchschlag *m*
        f   rupture *f* optique
        r   оптический пробой *m*

O92   *e*   optical capture (*of atoms*)
        d   optischer Einfang *m*, optischer Atomeinfang *m*
        f   capture *f* optique (*d'atomes*)
        r   оптический захват *m* (*атомов*)

O93   *e*   optical cavity *see* optical resonator

O94   *e*   optical channel
        d   optischer Nachrichtenkanal *m*
        f   canal *m* optique
        r   оптический канал *m*, оптический канал *m* связи

O95   *e*   optical chopper *see* light chopper

O96   *e*   optical clock
        d   optische Uhr *f*
        f   horloge *f* optique
        r   оптические часы *pl*

O97   *e*   optical communication
        d   optische Nachrichtenübermittlung *f*, optische Kommunikation *f*
        f   communication *f* optique
        r   оптическая связь *f*

O98   *e*   optical comparator
        d   optischer Komparator *m*
        f   comparateur *m* optique
        r   оптический компаратор *m*

O99   *e*   optical compensator
        d   optischer Kompensator *m*
        f   compensateur *m* optique
        r   оптический компенсатор *m*

O100   *e*   optical compressor
        d   optischer Verdichter *m*
        f   compresseur *m* optique
        r   оптический компрессор *m*

O101   *e*   optical computer
        d   lichtoptische Rechenanlage *f*
        f   ordinateur *m* optique
        r   оптический компьютер *m*, оптическая ЭВМ *f*

O102   *e*   optical constant
        d   optische Konstante *f*
        f   constante *f* optique
        r   оптическая постоянная *f*

O103   *e*   optical contact
        d   optischer Kontakt *m*
        f   contact *m* optique
        r   оптический контакт *m*

O104   *e*   optical contrast
        d   optischer Kontrast *m*
        f   contraste *m* optique
        r   оптический контраст *m*

O105   *e*   optical cooling
        d   optische Abkühlung *f* (*von Atomkernen*)
        f   refroidissement *m* optique (*de noyaux*)
        r   оптическое охлаждение *n* (*ядер*)

O106   *e*   optical correlator
        d   optischer Korrelator *m*
        f   corrélateur *m* optique
        r   оптический коррелятор *m*

O107   *e*   optical cryostat
        d   optischer Kryostat *m*
        f   cryostat *m* optique
        r   оптический криостат *m*

O108   *e*   optical data processing
        d   optische Informationsverarbeitung *f*
        f   traitement *m* optique de l'information
        r   оптическая обработка *f* информации

O109   *e*   optical density
        d   optische Dichte *f*
        f   densité *f* optique
        r   оптическая плотность *f*

O110   *e*   optical depth
        d   1. optische Dicke *f* 2. optische Tiefe *f*
        f   1. épaisseur *f* optique 2. profondeur *f* optique
        r   1. оптическая толщина *f*, оптическая толща *f* 2. оптическая глубина *f*

O111   *e*   optical detection
        d   optische Detektion *f*
        f   détection *f* optique
        r   оптическое детектирование *n*, детектирование *n* света

O112   *e*   optical detectors
        d   optische Empfänger *m pl*; Lichtempfänger *m pl*, Lichtdetektoren *m pl*
        f   détecteurs *m pl* optiques
        r   приёмники *m pl* оптического излучения; фотоприёмники *m pl*

O113   *e*   optical diffraction *see* light diffraction

O114   *e*   optical discharge
        d   optische Entladung *f*
        f   décharge *f* optique
        r   оптический разряд *m*

OPTICAL

O115   *e*   **optical dispersion**
       d   Lichtdispersion *f*, Lichtzerlegung *f*
       f   dispersion *f* de lumière
       r   дисперсия *f* света

O116   *e*   **optical extinction**
       d   optische Extinktion *f*
       f   extinction *f* optique
       r   оптическая экстинция *f*

O117   *e*   **optical fiber**
       d   Lichtleitfaser *f*
       f   fibre *m* optique
       r   оптическое волокно *n*, световод *m*

O118   *e*   **optical fiber communication line**
       d   faseroptische Nachrichtenstrecke *f*
       f   ligne *f* de communication à fibre optique
       r   волоконно оптическая линия *f* связи

O119   *e*   **optical filter**
       d   Lichtfilter *n*
       f   filtre *m* optique
       r   оптический фильтр *m*

O120   *e*   **optical fluorescence**
       d   optische Fluoreszenz *f*
       f   fluorescence *f* optique
       r   оптическая флуоресценция *f*

O121   *e*   **optical frequency converter**
       d   optischer Frequenzwandler *m*
       f   convertisseur *m* de fréquence optique
       r   оптический преобразователь *m* частоты

O122   *e*   **optical frequency multiplier**
       d   optischer Frequenzvervielfacher *m*
       f   multiplicateur *m* de fréquence optique
       r   оптический умножитель *m* частоты

O123   *e*   **optical frequency standard**
       d   optischer Frequenzstandard *m*, optisches Frequenznormal *n*
       f   étalon *m* de fréquence optique
       r   оптический стандарт *m* частоты

O124   *e*   **optical gain**
       d   optische Verstärkung *f*
       f   amplification *f* optique
       r   оптическое усиление *n*

O125   *e*   **optical gate** *see* **optical shutter**

O126   *e*   **optical glass**
       d   optisches Glas *n*, Linsenglas *n*
       f   verre *m* optique
       r   оптическое стекло *n*

O127   *e*   **optical gyroscope**
       d   optischer Kreisel *m*; Laserkreisel *m*
       f   gyroscope *m* optique; gyroscope *m* laser
       r   оптический гироскоп *m*; лазерный гироскоп *m*

O128   *e*   **optical harmonics**
       d   optische Harmonischen *f pl*
       f   harmoniques *m pl* optiques
       r   оптические гармоники *f pl*

O129   *e*   **optical homogeneity**
       d   optische Homogenität *f*
       f   homogénéité *f* optique
       r   оптическая однородность *f*

O130   *e*   **optical hysteresis**
       d   optische Hysterese *f*
       f   hystérésis *f* optique
       r   оптический гистерезис *m*

O131   *e*   **optical illusions**
       d   optische Täuschungen *f pl*
       f   illusions *f pl* optiques
       r   оптические иллюзии *f pl*, зрительные иллюзии *f pl*

O132   *e*   **optical image**
       d   optisches Bild *n*
       f   image *f* optique
       r   оптическое изображение *n*

O133   *e*   **optical indicatrix**
       d   Indikatrix *f*, Indexellipsoid *n*
       f   indicatrice *f* optique
       r   оптическая индикатриса *f*

O134   *e*   **optical information**
       d   optische Information *f*
       f   information *f* optique
       r   оптическая информация *f*

O135   *e*   **optical information processing** *see* **optical data processing**

O136   *e*   **optical inhomogeneity**
       d   optische Inhomogenität *f*
       f   inhomogénéité *f* optique
       r   оптическая неоднородность *f*

O137   *e*   **optical interference**
       d   optische Interferenz *f*, Lichtinterferenz *f*
       f   interférence *f* optique, interférence *f* de lumière
       r   оптическая интерференция *f*, интерференция *f* света

O138   *e*   **optical interferometer**
       d   optisches Interferometer *n*
       f   interféromètre *m* optique
       r   оптический интерферометр *m*

O139   *e*   **optical isomer**
       d   optisches Isomer *n*, Spiegelbildisomer *n*
       f   isomère *m* optique
       r   оптический изомер *m*

O140   *e*   **optical isomerism**
       d   optische Isomerie *f*, Spiegelbildisomerie *f*

OPTICAL

	f	isomérie f optique
	r	оптическая изомерия f
O141	e	**optical isotropy**
	d	optische Isotropie f
	f	isotropie f optique
	r	оптическая изотропия f
O142	e	**optical Kerr effect**
	d	optischer Kerr-Effekt m
	f	effet m optique de Kerr
	r	оптический эффект m Керра
O143	e	**optical Kerr shutter**
	d	Kerr-Zellen-Verschluß m
	f	obturateur m à cellule de Kerr
	r	оптический затвор m на ячейке Керра
O144	e	**optical klystron**
	d	optisches Klystron n
	f	klystron m optique
	r	оптический клистрон m
O145	e	**optical length** see optical path
O146	e	**optical levitation**
	d	optisches Schweben n, optische Levitation f
	f	lévitation f optique
	r	оптическая левитация f
O147	e	**optical logic unit**
	d	optische Logikeinheit f
	f	unité f logique optique
	r	оптическое логическое устройство n
O148	e	**optically active substance**
	d	optisch aktive Substanz f
	f	substance f optiquement active
	r	оптически активное вещество n
O149	e	**optically thick media**
	d	optisch dicke Medien n pl
	f	milieux m pl optiquement épais
	r	оптически толстые среды f pl
O150	e	**optically thick plasma radiation**
	d	Strahlung f des optisch dicken Plasmas
	f	radiation f du plasma optiquement épais
	r	излучение n оптически толстой плазмы
O151	e	**optically thin media**
	d	optisch dünne Medien n pl
	f	milieux m pl optiquement minces
	r	оптически тонкие среды n pl
O152	e	**optically thin plasma radiation**
	d	Strahlung f des optisch dünnen Plasmas
	f	radiation f du plasma optiquement mince
	r	излучение n оптически тонкой плазмы
O153	e	**optical magnification**
	d	optische Vergrößerung f
	f	grossissement m optique
	r	оптическое увеличение n
O154	e	**optical measurements**
	d	optische Messungen f pl
	f	mesures f pl optiques
	r	оптические измерения n pl
O155	e	**optical memory**
	d	optischer Speicher m
	f	mémoire f optique
	r	оптическая память f, оптическое запоминающее устройство n
O156	e	**optical microscope**
	d	Lichtmikroskop n, optisches Mikroskop n
	f	microscope m optique
	r	оптический микроскоп m
O157	e	**optical mixing**
	d	optische Mischung f
	f	mélange m optique
	r	оптическое смещение n
O158	e	**optical model** (*of nucleus*)
	d	optisches Modell n, optisches Kernmodell n
	f	modèle m optique, modèle m optique du noyau
	r	оптическая модель f (*ядра*)
O159	e	**optical modulator**
	d	Lichtmodulator m
	f	modulateur m optique, modulateur m de lumière
	r	оптический модулятор m, модулятор m света
O160	e	**optical monochromator**
	d	optischer Monochromator m
	f	monochromateur m optique
	r	оптический монохроматор m
O161	e	**optical multiplication**
	d	optische Vervielfachung f
	f	multiplication f optique
	r	оптическое увеличение n
O162	e	**optical multistability**
	d	optische Multistabilität f
	f	multistabilité f optique
	r	оптическая мультистабильность f
O163	e	**optical nonlinearity**
	d	optische Nichtlinearität f
	f	non-linéarité f optique
	r	оптическая нелинейность f
O164	e	**optical nutation**
	d	optische Nutation f
	f	nutation f optique
	r	оптическая нутация f
O165	e	**optical orientation**

OPTICAL

- *d* optische Orientierung *f*
- *f* orientation *f* optique
- *r* оптическая ориентация *f*

O166 *e* **optical path**
- *d* optische Weglänge *f*
- *f* chemin *m* optique, trajet *m* optique
- *r* оптическая длина *f* пути; оптический путь *m*

O167 *e* **optical phase conjugation**
- *d* optische Phasenkonjugation *f*
- *f* conjugaison *f* du front d'onde optique
- *r* обращение *n* волнового фронта оптического излучения

O168 *e* **optical phonon**
- *d* optisches Phonon *n*
- *f* phonon *m* optique
- *r* оптический фонон *m*

O169 *e* **optical plasmatron**
- *d* optisches Plasmatron *n*
- *f* plasmatron *m* optique
- *r* оптический плазматрон *m*

O170 *e* **optical potential**
- *d* optisches Potential *n*
- *f* potentiel *m* optique
- *r* оптический потенциал *m*

O171 *e* **optical power**
- *d* Brechwert *m*, Brechkraft *f*
- *f* puissance *f* (p. e. d'une lentille)
- *r* оптическая сила *f* (напр. линзы)

O172 *e* **optical probe technique**
- *d* Lichtsondenmethode *f*
- *f* méthode *f* de sonde optique
- *r* метод *m* оптического зонда

O173 *e* **optical processor**
- *d* optischer Prozessor *m*
- *f* processeur *m* optique
- *r* оптический процессор *m*

O174 *e* **optical propagation**
- *d* Lichtwellenausbreitung *f*
- *f* propagation *f* d'ondes lumineuses
- *r* распространение *n* световых волн

O175 *e* **optical properties**
- *d* optische Eigenschaften *f pl*
- *f* propriétés *f pl* optiques
- *r* оптические свойства *n pl*

O176 *e* **optical pulse**
- *d* optischer Impuls *m*
- *f* impulsion *f* optique
- *r* оптический импульс *m*

O177 *e* **optical pumping**
- *d* optisches Pumpen *n*
- *f* pompage *m* optique
- *r* оптическая накачка *f*

O178 *e* **optical pyrometer**
- *d* optisches Pyrometer *n*
- *f* pyromètre *m* optique
- *r* оптический пирометр *m*

O179 *e* **optical pyrometry**
- *d* optische Pyrometrie *f*
- *f* pyrométrie *f* optique
- *r* оптическая пирометрия *f*

O180 *e* **optical radar**
- *d* optisches Radar *n*, Laserradar *n*, Lidar *n*
- *f* radar *m* optique, lidar *m*
- *r* оптический локатор *m*

O181 *e* **optical radiation**
- *d* Strahlung *f* im optischen Spektralbereich; optische Strahlung *f*, sichtbare Strahlung *f*
- *f* radiation *f* optique, rayonnement *m* optique
- *r* оптическое излучение *n*

O182 *e* **optical rangefinder**
- *d* optischer Entfernungsmesser *m*
- *f* télémètre *m* optique
- *r* оптический дальномер *m*, светодальномер *m*

O183 *e* **optical recording**
- *d* optische Aufzeichnung *f*
- *f* enregistrement *m* optique
- *r* оптическая запись *f*

O184 *e* **optical rectification** see **optical detection**

O185 *e* **optical reflection** see **reflection of light**

O186 *e* **optical registration**
- *d* Lichtregistrierung *f*, Lichtstrahlregistrierung *f*
- *f* enregistrement *m* optique
- *r* оптическая регистрация *f*

O187 *e* **optical resonator**
- *d* optischer Resonator *m*
- *f* résonateur *m* optique
- *r* оптический резонатор *m*

O188 *e* **optical rotary dispersion**
- *d* Rotationsdispersion *f*
- *f* dispersion *f* rotatoire
- *r* дисперсия *f* оптического вращения

O189 *e* **optical rotation**
- *d* optische Drehung *f*
- *f* rotation *f* du plan de polarisation de lumière
- *r* вращение *n* плоскости поляризации света

O190 *e* **optical shutter**
- *d* Lichtverschluß *m*
- *f* obturateur *m* optique
- *r* оптический затвор *m*

OPTICAL

O191 e optical soliton
  d optisches Soliton n
  f soliton m optique
  r оптический солитон m

O192 e optical source
  d optische Strahlungsquelle f
  f source f optique
  r источник m света, источник m оптического излучения

O193 e optical spectrometer
  d optisches Spektrometer n
  f spectromètre m optique
  r оптический спектрометр m

O194 e optical spectroscopy
  d Spektroskopie f im Sichtbaren
  f spectroscopie f optique
  r оптическая спектроскопия

O195 e optical spectrum
  d Lichtspektrum n, optisches Spektrum n
  f spectre m optique
  r оптический спектр m

O196 e optical Stark effect
  d optischer Stark-Effekt m
  f effet m optique de Stark
  r оптический эффект m Штарка

O197 e optical strength
  d Lichtstrahlfestigkeit f
  f résistance f du rayon lumineux
  r лучевая прочность f

O198 e optical surface
  d optische Oberfläche f
  f surface f optique
  r оптическая поверхность f

O199 e optical switch
  d Lichtschalter m
  f commutateur m optique
  r оптический переключатель m

O200 e optical switching
  d optische Kommutation f, optische Schaltung f
  f commutation f optique
  r оптическая коммутация f, оптическое переключение n

O201 e optical system
  d optisches System n
  f système m optique
  r оптическая система f

O202 e optical telescope
  d optisches Fernrohr n
  f télescope m optique
  r оптический телескоп m

O203 e optical theorem (in quantum theory)
  d optischer Satz m, optisches Theorem n (Quantentheorie)
  f théorème m optique (en théorie quantique)
  r оптическая теорема f (в квантовой теории)

O204 e optical thickness see optical depth 1.

O205 e optical transducer
  d optischer Meßumformer m
  f convertisseur m optique
  r оптический преобразователь m

O206 e optical transistor
  d Optotransistor m
  f optotransistor m
  r оптический транзистор m, оптотранзистор m

O207 e optical transition
  d optischer Übergang m
  f transition f optique
  r оптический переход m

O208 e optical trigger
  d optischer Trigger m
  f trigger m optique
  r оптический триггер m

O209 e optical waves
  d optische Wellen f pl, Lichtwellen f pl
  f ondes f pl optiques, ondes f pl de lumière
  r оптические волны f pl, световые волны f pl

O210 e optical wedge
  d Keil m, optischer Keil m
  f coin m optique
  r оптический клин m

O211 e optic axis
  d optische Achse f (Kristall)
  f axe m optique (du cristal)
  r оптическая ось (кристалла)

O212 e optics
  d Optik f
  f optique f
  r оптика f

O213 e optics of inhomogeneous media
  d Optik f inhomogener Medien
  f optique f des milieux inhomogènes
  r оптика f неоднородных сред

O214 e optics of moving media
  d Optik f bewegter Medien
  f optique f des milieux mouvants
  r оптика f движущихся сред

O215 e optics of thin layers
  d Dünnschichtoptik f, Optik f dünner Schichten
  f optique f des couches minces
  r оптика f тонких слоёв

O216 e opto-acoustic effect
  d optoakustischer Effekt m

ORDER

	f	effet *m* opto-acoustique
	r	оптоакустический эффект *m*
O217	*e*	opto-acoustic spectroscopy
	d	optoakustische Spektroskopie *f*
	f	spectroscopie *f* opto-acoustique
	r	оптоакустическая спектроскопия *f*
O218	*e*	optoelectronic devices
	d	optoelektronische Geräte *n pl*
	f	instruments *m pl* opto-électroniques
	r	оптоэлектронные приборы *m pl*
O219	*e*	optoelectronics
	d	Optoelektronik *f*
	f	opto-électronique *f*
	r	оптоэлектроника *f*
O220	*e*	optron
	d	Optokoppler *m*, Optron *n*
	f	optron *m*
	r	оптрон *m*
O221	*e*	orbit
	d	Umlaufbahn *f*, Orbit *m*
	f	orbite *f*
	r	орбита *f*
O222	*e*	orbital
	d	Orbital *n*
	f	orbitale *f*
	r	орбиталь *f*
O223	*e*	orbital angular momentum
	d	Bahndrehimpuls *m*
	f	moment *m* cinétique orbital
	r	орбитальный момент *m* количества движения
O224	*e*	orbital flight
	d	Orbitalflug *m*
	f	vol *m* orbital
	r	орбитальный полёт *m*
O225	*e*	orbital moment
	d	Bahnmoment *n*
	f	moment *m* orbital
	r	орбитальный момент *m*
O226	*e*	orbital moment quenching
	d	Quenchen *n* von Bahnmomenten
	f	congélation *f* des moments orbitaux
	r	замораживание *n* орбитальных моментов
O227	*e*	orbital motion
	d	Orbitalbewegung *f*; Bahnbewegung *f*
	f	mouvement *m* orbital
	r	орбитальное движение *n*
O228	*e*	orbital quantum number
	d	Bahndrehimpuls-Quantenzahl *f*, azimutale Quantenzahl *f*
	f	nombre *m* quantique orbital
	r	орбитальное квантовое число *n*
O229	*e*	orbital velocity
	d	Bahngeschwindigkeit *f*
	f	vitesse *f* orbitale
	r	орбитальная скорость *f*; первая космическая скорость *f*
O230	*e*	orbit diameter
	d	Bahndurchmesser *m*
	f	diamètre *m* de l'orbite
	r	диаметр *m* орбиты
O231	*e*	orbit parameter
	d	Bahnparameter *m*
	f	paramètre *m* de l'orbite
	r	параметр *m* орбиты
O232	*e*	orbit plane
	d	Bahnebene *f*
	f	plan *m* de l'orbite
	r	плоскость *f* орбиты
O233	*e*	orbit quantization
	d	Bahnenquantelung *f*
	f	quantification *f* des orbites
	r	квантование *n* орбит
O234	*e*	order
	d	Ordnung *f*
	f	ordre *m*
	r	порядок *m*
O235	*e*	order-disorder transformation, order-disorder transition
	d	Ordnungs-Unordnungs-Umwandlung *f*, Ordnungs-Unordnungs-Übergang *m*
	f	transformation *f* ordre-désordre
	r	переход *m* порядок - беспорядок
O236	*e*	ordered phase
	d	geordnete Phase *f*
	f	phase *f* ordonnée
	r	упорядоченная фаза *f*
O237	*e*	ordering
	d	Ordnen *n*, Ordnung *f*
	f	ordonnancement *m*
	r	упорядочение *n*
O238	*e*	order of interference
	d	Ordnung *f* der Interferenz, Ordnungszahl *f* der Interferenz
	f	ordre *m* d'interférence
	r	порядок *m* интерференции
O239	*e*	order of magnitude
	d	Größenordnung *f*
	f	ordre *m* de grandeur
	r	порядок *m* величины
O240	*e*	order of reflection
	d	Reflexionsordnung *f*
	f	ordre *m* de réflexion
	r	порядок *m* отражения
O241	*e*	order of spectrum
	d	Ordnung *f* des Spektrums, Ordnungszahl *f* des Spektrums

ORDER

	f	ordre *m* de spectre
	r	порядок *m* спектра

O242 *e* order parameter
d Ordnungsparameter *n*
f paramètre *m* d'ordre
r параметр *m* порядка

O243 *e* ordinary ray
d ordentlicher Strahl *m*
f rayon *m* ordinaire
r обыкновенный луч *m*

O244 *e* ordinary wave
d ordentliche Welle *f*
f onde *f* ordinaire
r обыкновенная волна *f*

O245 *e* ordinate
d Ordinate *f*
f ordonnée *f*
r ордината *f*

O246 *e* organic conductors
d organische Leiter *m pl*
f conducteurs *m pl* organiques
r органические проводники *m pl*

O247 *e* organic crystal
d organischer Kristall *m*
f cristal *m* organique
r органический кристалл *m*

O248 *e* organic semiconductors
d organische Halbleiter *m pl*
f semi-conducteurs *m pl* organiques
r органические полупроводники *m pl*

O249 *e* organic superconductors
d organische Supraleiter *m pl*
f supraconducteurs *m pl* organiques
r органические сверхпроводники *m pl*

O250 *e* orientation
d Orientierung *f*
f orientation *f*
r ориентация *f*; ориентирование *n*

O251 *e* orientation phase transitions
d Orientierungsphasenübergänge *m pl*
f transitions *f pl* de phase d'orientation
r ориентационные фазовые переходы *m pl*

O252 *e* origin
d 1. Koordinatenursprung *m*
2. Ursprung *m*
f origine *f*
r 1. начало *n* координат
2. происхождение *n*

O253 *e* Ornstein-Uhlenbeck statistics
d Ornstein-Uhlenbeck-Statistik *f*
f statistique *f* d'Ornstein-Uhlenbeck
r статистика *f* Орнштейна - Уленбека

O254 *e* Ornstein-Zernike formula
d Ornstein-Zernike-Formel *f*
f formule *f* d'Ornstein-Zernike
r формула *f* Орнштейна - Цернике

O255 *e* orthicon
d Orthikon *n*
f orthicon *m*
r ортикон *m*

O256 *e* orthogonal basis
d orthogonale Basis *f*
f base *f* orthogonale
r ортогональный базис *m*

O257 *e* orthogonal functions
d Orthogonalfunktionen *f pl*
f fonctions *f pl* orthogonales
r ортогональные функции *f pl*

O258 *e* orthogonality
d Orthogonalität *f*
f orthogonalité *f*
r ортогональность *f*

O259 *e* orthogonalization
d Orthogonalisation *f*
f orthogonalisation *f*
r ортогонализация *f*

O260 *e* orthogonal modes
d orthogonale Moden *f pl*
f modes *m pl* orthogonaux
r ортогональные моды *f pl*

O261 *e* orthogonal polynomials
d orthogonale Polynome *n pl*
f polynômes *m pl* orthogonaux
r ортогональные полиномы *m pl*

O262 *e* orthogonal states
d Orthogonalzustände *m pl*
f états *m pl* orthogonaux
r ортогональные состояния *n pl*

O263 *e* orthohelium
d Orthohelium *n*
f orthohélium *m*
r ортогелий *m*

O264 *e* orthohydrogen
d Orthowasserstoff *m*
f orthohydrogène *m*
r ортоводород *m*

O265 *e* orthonormal system
d Orthonormalsystem *n*, normiertes Orthogonalsystem *n*
f système *m* orthonormal
r ортонормированная система *f*

O266 *e* orthopositronium
d Orthopositronium *n*
f orthopositronium *m*
r ортопозитроний *m*

O267 *e* orthorhombic system
d rhombisches Kristallsystem *n*

    f système *m* romboïdal
    r ромбическая система *f*

O268 *e* orthostate
    d Orthozustand *m*
    f ortho-état *m*
    r ортосостояние *n*

O269 *e* oscillating particle
    d oszillierendes Teilchen *n*
    f particule *f* oscillante
    r осциллирующая частица *f*

O270 *e* oscillating tube
    d Generatorröhre *f*, Oszillatorröhre *f*
    f tube *m* oscillateur
    r генераторная лампа *f*

O271 *e* oscillation
    d 1. Schwingungen *f pl* 2. Oszillation *f*, Oszillationen *f pl*
    f oscillations *f pl*
    r 1. колебания *n pl* 2. осцилляции *f pl*

O272 *e* oscillation amplitude
    d Schwingungsamplitude *f*
    f amplitude *f* d'oscillations
    r амплитуда *f* колебаний

O273 *e* oscillation damping
    d Schwingungsdämpfung *f*
    f évanouissement *m* des oscillations
    r демпфирование *n* колебаний; затухание *n* колебаний

O274 *e* oscillation depth
    d Oszillationstiefe *f*
    f profondeur *f* d'oscillations
    r глубина *f* осцилляций

O275 *e* oscillation frequency
    d Schwingungsfrequenz *f*
    f fréquence *f* d'oscillations
    r частота *f* колебаний

O276 *e* oscillation length
    d Oszillationslänge *f*
    f longueur *f* d'oscillations
    r длина *f* осцилляций

O277 *e* oscillation period
    d Schwingungsperiode *f*, Schwingungsdauer *f*
    f période *f* d'oscillations
    r период *m* колебаний; период *m* осцилляций

O278 *e* oscillation phase
    d Schwingungsphase *f*
    f phase *f* d'oscillation
    r фаза *f* колебания

O279 *e* oscillations
    d Oszillationen *f pl*
    f oscillations *f pl*
    r осцилляции *f pl*

O280 *e* oscillation stability
    d Schwingungsstabilität *f*
    f stabilité *f* d'oscillations
    r устойчивость *f* колебаний

O281 *e* oscillation threshold
    d Generationsschwelle *f*
    f seuil *m* d'oscillation
    r порог *m* генерации

O282 *e* oscillator
    d Oszillator *m*; Generator *m*
    f oscillateur *m*
    r 1. осциллятор *m* 2. генератор *m*

O283 *e* oscillator strength
    d Oszillatorstärke *f*
    f force *f* d'oscillateur
    r сила *f* осциллятора

O284 *e* oscillatory circuit
    d Schwingkreis *m*, Resonanzkreis *m*
    f circuit *m* oscillant
    r колебательный контур *m*

O285 *e* oscillatory motion *see* vibrational motion

O286 *e* oscillistor
    d Oszillistor *m*
    f oscillistor *m*
    r осциллистор *m*

O287 *e* oscillogram
    d Oszillogramm *n*
    f oscillogramme *m*
    r осциллограмма *f*

O288 *e* oscillograph *see* oscilloscope

O289 *e* oscilloscope
    d Oszilloskop *n*, Oszillograph *m*
    f oscilloscope *m*, oscillographe *m*
    r осциллограф *m*

O290 *e* osmium, Os
    d Osmium
    f osmium *m*
    r осмий *m*

O291 *e* osmometer
    d Osmometer *n*
    f osmomètre *m*
    r осмометр *m*

O292 *e* osmosis
    d Osmose *f*
    f osmose *f*
    r осмос *m*

O293 *e* osmotic pressure
    d osmotischer Druck *m*
    f pression *f* osmotique
    r осмотическое давление *n*

O294 *e* Otto cycle
    d Ottoscher Kreisprozeß *m*

OUTBURSTS

- *f* cycle *m* d'Otto
- *r* цикл *m* Отто

O295 *e* outbursts (*of solar radio emission*)
- *d* solare Radiofrequenzstrahlungsausbrüche *m pl*
- *f* sursauts *m pl* solaires, sursauts *m pl* radio-solaires
- *r* всплески *m pl* (*солнечного радиоизлучения*), радиовсплески *m pl*

O296 *e* outer magnetosphere
- *d* äußere Magnetosphäre *f*
- *f* magnétosphère *f* externe
- *r* внешняя магнитосфера *f*

O297 *e* outer planets
- *d* äußere Planeten *m pl* (*von Jupiter bis Pluto*)
- *f* planètes *f pl* extérieures
- *r* планеты *f pl* группы Юпитера, внешние планеты *f pl*

O298 *e* outer problem
- *d* äußeres Problem *n* (*Elektrodynamik*)
- *f* problème *m* externe (*en électrodynamique*)
- *r* внешняя задача *f* (*в электродинамике*)

O299 *e* outer radiation belt
- *d* äußerer Strahlungsgürtel *m*
- *f* ceinture *f* de radiation extérieure
- *r* внешний радиационный пояс *m*

O300 *e* outer shell
- *d* Außenschale *f*
- *f* couche *f* externe, couche *f* périphérique
- *r* внешняя оболочка *f* (*атома*)

O301 *e* outer shell ionization
- *d* Ionisation *f* äußerer Schale, Außenschalenionisation *f*
- *f* ionisation *f* de la couche périphérique
- *r* ионизация *f* внешней оболочки (*атома*)

O302 *e* outgassing see degassing

O303 *e* output circuit
- *d* Ausgangskreis *m*, Ausgangsstromkreis *m*
- *f* circuit *m* de sortie
- *r* выходной контур *m*

O304 *e* output power
- *d* Ausgangsleistung *f*
- *f* puissance *f* de sortie
- *r* выходная мощность *f*

O305 *e* output stage
- *d* Endstufe *f*
- *f* étage *m* de sortie
- *r* выходной каскад *m*

O306 *e* output terminals
- *d* Ausgangsklemmen *f pl*
- *f* bornes *f pl* de sortie
- *r* выходные зажимы *m pl*

O307 *e* output voltage
- *d* Ausgangsspannung *f*
- *f* tension *f* de sortie
- *r* выходное напряжение *n*

O308 *e* overcooling
- *d* Unterkühlung *f*
- *f* sous-refroidissement *m*
- *r* переохлаждение *n*

O309 *e* overexcitation
- *d* Übererregung *f*
- *f* surexcitation *f*
- *r* перевозбуждение *n*

O310 *e* Overhauser effect
- *d* Overhauser-Effekt *m*
- *f* effet *m* Overhauser
- *r* эффект *m* Оверхаузера

O311 *e* overheating
- *d* Überhitzung *f*
- *f* surchauffage *m*, surchauffe *f*
- *r* перегрев *m*

O312 *e* overlap
- *d* Überlappung *f*
- *f* recouvrement *m*
- *r* перекрытие *n*; наложение *n*

O313 *e* overlap integral
- *d* Überlappungsintegral *n*
- *f* intégrale *f* de recouvrement
- *r* интеграл *m* перекрытия

O314 *e* overlapping see overlap

O315 *e* overlapping bands
- *d* überlappende Energiebänder *n pl*
- *f* bandes *f pl* de recouvrement
- *r* перекрывающиеся зоны *f pl*

O316 *e* overlapping fields
- *d* überlappende Felder *n pl*
- *f* champs *m pl* de recouvrement
- *r* перекрывающиеся поля *n pl*

O317 *e* overload indicator
- *d* Überlastungsanzeiger *m*
- *f* indicateur *m* de surcharge
- *r* индикатор *m* перегрузки

O318 *e* over-the-horizon propagation
- *d* Über-Horizont-Ausbreitung *f*
- *f* propagation *f* transhorizon
- *r* загоризонтное распространение *n* (*радиоволн*)

O319 *e* overtone

	d	Oberton *m*, Oberschwingung *f*
	f	son *m* harmonique
	r	обертон *m*

O320 e overvoltage
  d Überspannung *f*
  f surtension *f*
  r перенапряжение *n*

O321 e **Ovshinsky effect**
  d Ovshinsky-Effekt *m*
  f effet *m* d'Ovshinsky
  r эффект *m* Овшинского

O322 e oxidation
  d Oxidation *f*, Oxydation *f*
  f oxydation *f*
  r окисление *n*

O323 e oxide
  d Oxid *n*
  f oxyde *m*
  r оксид *m*; окисел *m*

O324 e oxide cathode
  d Oxidkatode *f*
  f cathode *f* à oxyde
  r оксидный катод *m*

O325 e **oxide high-temperature superconductors**
  d Hochtemperatur-Oxidsupraleiter *m pl*
  f supraconducteurs *m pl* à oxyde à haute température
  r оксидные высокотемпературные сверхпроводники *m pl*

O326 e oxygen, O
  d Sauerstoff *m*
  f oxygène *m*
  r кислород *m*

O327 e ozone, Oz
  d Ozon *n*
  f ozone *m*
  r озон *m*

O328 e ozone absorption
  d Ozonabsorption *f*
  f absorption *f* par ozone
  r поглощение *n* озоном, поглощение *n* в озоновом слое

O329 e ozone layer
  d Ozonschicht *f*
  f couche *f* d'ozone
  r озоновый слой *n*

O330 e ozonizer
  d Ozonisator *m*
  f ozoniseur *m*
  r озонатор *m*; генератор *m* озона

P

P1 e packet blooming
  d Paketverbreiterung *f*
  f flou *m* du packet
  r расплывание *n* пакета

P2 e packing coefficient
  d Packungskoeffizient *m*
  f facteur *m* de tassement
  r коэффициент *m* упаковки

P3 e Padé approximation
  d Padé-Approximation *f*
  f approximation *f* de Padé
  r аппроксимация *f* Паде

P4 e Painlevé equations
  d Painlevé-Gleichungen *f pl*
  f équations *f pl* de Painlevé
  r уравнения *n pl* Пенлеве

P5 e Painlevé functions
  d Painlevé-Funktionen *f pl*
  f fonctions *f pl* de Painlevé
  r функции *f pl* Пенлеве

P6 e pair collision
  d Paarkollision *f*
  f collision *f* de paire
  r парное столкновение *n*

P7 e pair conversion
  d Paarkonversion *f*, Paarumwandlung *f*
  f conversion *f* de paire
  r парная конверсия *f*

P8 e pair correlation
  d Paarkorrelation *f*
  f corrélation *f* des paires
  r парная корреляция *f*

P9 e pair-correlation function
  d Paarkorrelationsfunktion *f*
  f fonction *f* de corrélation des paires
  r парная корреляционная функция *f*

P10 e pair creation
  d Paarbildung *f*, Paarerzeugung *f*
  f création *f* de paires, formation *f* de paires
  r рождение *n* пар, образование *n* пар

P11 e pairing
  d Paarung *f*, Elektronenpaarung *f*
  f pairage *m* (*des électrons*)
  r спаривание *n* (*электронов*)

P12 e pair production *see* pair creation

P13 e pair spectrometer
  d Paarspektrometer *n*
  f spectromètre *m* à paires
  r парный спектромет

PALEOMAGNETISM

P14   e   paleomagnetism
      d   Paläomagnetismus *m*
      f   paléomagnétisme *m*
      r   палеомагнетизм *m*

P15   e   palladium, Pd
      d   Palladium *n*
      f   palladium *m*
      r   палладий *m*

P16   e   paper chromatography
      d   Papierchromatographie *f*
      f   chromatographie *f* sur papier
      r   бумажная хроматография *f*

P17   e   parabola
      d   Parabel *f*
      f   parabole *f*
      r   парабола *f*

P18   e   parabolic aerial, parabolic antenna
      d   Parabolantenne *f*
      f   antenne *f* parabolique
      r   параболическая антенна *f*

P19   e   parabolic cylinder functions
      d   Funktionen *f pl* des parabolischen Zylinders, parabolische Zylinderfunktionen *f pl*
      f   fonctions *f pl* du cylindre parabolique
      r   функции *f pl* параболического цилиндра

P20   e   parabolic equation
      d   parabolische Differentialgleichung *f*
      f   équation *f* parabolique
      r   параболическое уравнение *n*

P21   e   parabolic mirror, parabolic reflector
      d   Parabolspiegel *m*
      f   miroir *m* parabolique
      r   параболическое зеркало *n*

P22   e   parabolic velocity
      d   parabolische Geschwindigkeit *f*
      f   vitesse *f* parabolique; vitesse *f* d'évasion, vitesse *f* de libération
      r   параболическая скорость *f*; вторая космическая скорость *f*

P23   e   paraboloid
      d   Paraboloid *n*
      f   paraboloïde *m*
      r   параболоид *m*

P24   e   para-Bose statistics
      d   Para-Bose-Statistik *f*
      f   parastatistique *f* de Bose
      r   парабозе-статистика *f*

P25   e   paracommutation relations
      d   Paravertauschungsrelationen *f pl*
      f   relations *f pl* de paracommutation
      r   паракоммутационные соотношения *n pl*

P26   e   paraconductivity
      d   Paraleitfähigkeit *f*
      f   paraconductibilité *f*
      r   парапроводимость *f*

P27   e   paradox
      d   Paradoxon *n*
      f   paradoxe *m*
      r   парадокс *m*

P28   e   paraelectric
      d   Paraelektrikum *n*
      f   para-électrique *m*
      r   параэлектрик *m*

P29   e   paraelectric resonance
      d   paraelektrische Resonanz *f*
      f   résonance *f* para-électrique
      r   параэлектрический резонанс *m*

P30   e   para-Fermi statistics
      d   Para-Fermi-Statistik *f*
      f   parastatistique *f* de Fermi
      r   параферми-статистика *f*

P31   e   parafields
      d   Parafelder *n pl*
      f   parachamps *m pl*
      r   параполя *n pl*

P32   e   parahydrogen
      d   Parawasserstoff *m*
      f   parahydrogène *m*
      r   параводород *m*

P33   e   parallactic angle
      d   parallaktischer Winkel *m*, Parallaxenwinkel *m*
      f   angle *m* parallactique
      r   параллактический угол *m*

P34   e   parallax
      d   Parallaxe *f*
      f   parallaxe *f*
      r   параллакс *m*

P35   e   parallel
      d   Parallele *f*
      f   parallèle *f*
      r   параллель *f*

P36   e   parallel circuit
      d   Parallelkreis *m*
      f   circuit *m* parallèle
      r   параллельный контур *m*

P37   e   parallel connection
      d   Parallelschaltung *f*
      f   couplage *m* en parallèle
      r   параллельное соединение *n* (в электрической цепи)

P38   e   parallel data transfer
      d   parallele Datenübertragung *f*
      f   transfert *m* parallèle des données
      r   параллельная передача *f* данных

P39   e   parallel injection

PARAMETRIC

    d Parallelinjektion *f*
    f injection *f* parallèle
    r параллельная инжекция *f*

P40 *e* parallelogram of forces
    d Parallelogramm *n* der Kräfte, Kräfteparallelogramm *n*
    f parallélogramme *m* des forces
    r параллелограмм *m* сил

P41 *e* parallel resonance
    d Parallelresonanz *f*, Stromresonanz *f*
    f résonance *f* parallèle, résonance *f* des courants
    r параллельный резонанс *m*, резонанс *m* токов

P42 *e* parallel transfer
    d Parallelübertragung *f*
    f transfert *m* parallèle
    r параллельная передача *f*

P43 *e* paramagnet
    d Paramagnetikum *n*, paramagnetischer Stoff *m*
    f paramagnétique *m*
    r парамагнетик *m*

P44 *e* paramagnetic crystal
    d paramagnetischer Kristall *m*
    f cristal *m* paramagnétique
    r парамагнитный кристалл *m*

P45 *e* paramagnetic ion
    d paramagnetisches Ion *n*
    f ion *m* paramagnétique
    r парамагнитный ион *m*

P46 *e* paramagnetic materials
    d Paramagnetika *n pl*, paramagnetische Stoffe *m pl*
    f paramagnétiques *m pl*, matériaux *m pl* paramagnétiques
    r парамагнетики *m pl*, парамагнитные материалы *m pl*

P47 *e* paramagnetic relaxation
    d paramagnetische Relaxation *f*
    f relaxation *f* paramagnétique
    r парамагнитная релаксация *f*

P48 *e* paramagnetic resonance
    d paramagnetische Resonanz *f*
    f résonance *f* paramagnétique
    r парамагнитный резонанс *m*

P49 *e* paramagnetic susceptibility
    d paramagnetische Suszeptibilität *f*
    f susceptibilité *f* paramagnétique
    r парамагнитная восприимчивость *f*

P50 *e* paramagnetism
    d Paramagnetismus *m*
    f paramagnétisme *m*
    r парамагнетизм *m*

P51 *e* parameter
    d Parameter *m*
    f paramètre *m*
    r параметр *m*

P52 *e* parametric amplification
    d parametrische Verstärkung *f*
    f amplification *f* paramétrique
    r параметрическое усиление *n*

P53 *e* parametric amplifier
    d parametrischer Verstärker *m*
    f amplificateur *m* paramétrique
    r параметрический усилитель *m*

P54 *e* parametric conversion
    d parametrische Umwandlung *f*
    f conversion *f* paramétrique
    r параметрическое преобразование *n*

P55 *e* parametric converter
    d parametrischer Wandler *m*
    f convertisseur *m* paramétrique
    r параметрический преобразователь *m*

P56 *e* parametric coupling
    d parametrische Kopplung *f*
    f liaison *f* paramétrique
    r параметрическая связь *f*

P57 *e* parametric emission
    d parametrische Strahlung *f*
    f émission *f* paramétrique
    r параметрическое излучение *n*

P58 *e* parametric emitter
    d parametrischer Strahler *m*
    f émetteur *m* paramétrique
    r параметрический излучатель *m*

P59 *e* parametric excitation
    d parametrische Erregung *f*
    f excitation *f* paramétrique
    r параметрическое возбуждение *n*

P60 *e* parametric fluorescense
    d parametrische Fluoreszenz *f*
    f fluorescence *f* paramétrique
    r параметрическая флуоресценция *f*

P61 *e* parametric four-wave mixing
    d parametrische Vierwellenmischung *f*
    f mélange *m* paramétrique de quatre ondes
    r параметрическое четырёхволновое смешение *n*

P62 *e* parametric generation
    d parametrische Generation *f*
    f génération *f* paramétrique
    r параметрическая генерация *f*

P63 *e* parametric instability
    d parametrische Instabilität *f*
    f instabilité *f* paramétrique
    r параметрическая неустойчивость *f*

PARAMETRIC

P64
- e parametric interaction
- d parametrische Wechselwirkung *f*
- f interaction *f* paramétrique
- r параметрическое взаимодействие *n*

P65
- e parametric light oscillator
- d parametrischer optischer Oszillator *m*
- f oscillateur *m* de lumière paramétrique
- r параметрический генератор *m* света

P66
- e parametric luminescence
- d parametrische Lumineszenz *f*
- f luminescence *f* paramétrique
- r параметрическая люминесценция *f*

P67
- e parametric mixing
- d parametrische Mischung *f*
- f mélange *m* paramétrique
- r параметрическое смешение *n*

P68
- e parametric oscillation, parametric oscillations
- d parametrische Schwingungen *f pl*
- f oscillations *f pl* paramétriques
- r параметрические колебания *n pl*

P69
- e parametric oscillator
- d parametrischer Oszillator *m*
- f oscillateur *m* paramétrique
- r параметрический генератор *m*

P70
- e parametric pumping
- d parametrisches Pumpen *n*
- f pompage *m* paramétrique
- r параметрическая накачка *f*

P71
- e parametric radiation *see* parametric emission

P72
- e parametric receiver
- d parametrischer Empfänger *m*
- f récepteur *m* paramétrique
- r параметрический приёмник *m*

P73
- e parametric resonance
- d parametrische Resonanz *f*
- f résonance *f* paramétrique
- r параметрический резонанс *m*

P74
- e parametric scattering
- d parametrische Streuung *f*, parametrische Lichtstreuung *f*
- f diffusion *f* paramétrique *(de la lumière)*
- r параметрическое рассеяние *n (света)*

P75
- e parametric soliton
- d parametrisches Soliton *n*
- f soliton *m* paramétrique
- r параметрический солитон *m*

P76
- e parametric superfluorescence
- d parametrische Superfluoreszenz *f*
- f superfluorescence *f* paramétrique
- r параметрическая суперфлуоресценция *f*

P77
- e parametrization
- d Parametrisierung *f*
- f paramétrisation *f*
- r параметризация *f*

P78
- e parametron
- d Parametron *n*
- f paramétron *m*
- r параметрон *m*

P79
- e parapositronium
- d Parapositronium *n*
- f parapositronium *m*
- r парапозитроний *m*

P80
- e paraprocess
- d Paraprozeß *m*, wahre Magnetisierung *f*
- f aimantation *f* vraie
- r парапроцесс *m (истинное намагничивание)*

P81
- e parasitic capacitance *see* stray capacitance

P82
- e parastate
- d Parazustand *m*
- f para-état *m*
- r парасостояние *n*

P83
- e parastatistic parameter
- d Parastatistikparameter *m*
- f paramètre *m* de parastatistique
- r параметр *m* парастатистики

P84
- e parastatistics
- d Parastatistik *f*
- f parastatistique *f*
- r парастатистика *f*

P85
- e paraxial beam
- d paraxiales Bündel *n*, Paraxialbündel *n*
- f faisceau *m* paraxial
- r параксиальный пучок *m*

P86
- e paraxial image
- d paraxiales Bild *n*
- f image *f* paraxiale
- r параксиальное изображение *n*

P87
- e paraxial ray
- d paraxialer Strahl *m*, Paraxialstrahl *m*
- f rayon *m* paraxial
- r параксиальный луч *m*

P88
- e parent particle
- d Ausgangsteilchen *n*, Mutterteilchen *n*
- f particule *f* père, particule *f* parent
- r материнская частица *f*

P89
- e parhelium
- d Parhelium *n*, Parahelium *n*
- f parahélium *m*
- r парагелий *m*

P90
- e parity
- d Parität *f*

PARTICLE

	f	parité f
	r	чётность f
P91	e	parity-even interaction
	d	«Parität + 1»-Wechselwirkung f
	f	interaction f à parité paire, interaction f à parité positive
	r	чётное взаимодействие n
P92	e	parity-forbidden transition
	d	paritätsverbotener Übergang m
	f	transition f interdite par parité
	r	переход m, запрещённый по чётности
P93	e	parity nonconservation
	d	Nichterhaltung f der Parität
	f	non-conservation f de la parité
	r	несохранение n чётности
P94	e	parity-odd interaction
	d	«Parität - 1»-Wechselwirkung f
	f	interaction f à parité impaire, interaction f à parité négative
	r	нечётное взаимодействие n
P95	e	parity violation
	d	Paritätsverletzung f
	f	violation f de la parité
	r	нарушение n чётности
P96	e	parsec
	d	Parsec n, Parsek n, Parallaxensekunde f
	f	parsec m
	r	парсек m
P97	e	partial coherence
	d	partielle Kohärenz f
	f	cohérence f partielle
	r	частичная когерентность f
P98	e	partial conservation of axial current
	d	partielle Erhaltung f des Axialstromes
	f	conservation f partielle du courant axial
	r	частичное сохранение n аксиального тока
P99	e	partial cross-section
	d	partieller Wirkungsquerschnitt m
	f	section f partielle
	r	парциальное сечение n
P100	e	partial differential equations
	d	partielle Differentialgleichungen f pl
	f	équations f pl différentielles partielles
	r	дифференциальные уравнения n pl в частных производных
P101	e	partial entropy
	d	Partialentropie f
	f.	entropie f partielle
	r	парциальная энтропия f
P102	e	partial filling
	d	teilweise Besetzung f
	f	remplissage m partiel
	r	частичное заполнение n (зоны)
P103	e	partial inversion
	d	Teilinversion f, teilweise Inversion f
	f	inversion f partielle
	r	частичная инверсия f
P104	e	partially polarized light
	d	teilweise polarisiertes Licht n
	f	lumière f partiellement polarisée
	r	частично поляризованный свет m
P105	e	partial polarization
	d	Teilpolarisation f, teilweise Polarisation f
	f	polarisation f partielle
	r	частичная поляризация f
P106	e	partial pressure
	d	Partialdruck m
	f	pression f partielle
	r	парциальное давление n
P107	e	partial reflection technique
	d	Teilreflexionverfahren n
	f	méthode f de réflexions partielles
	r	метод m частичных отражений
P108	e	partial solution
	d	partielle Lösung f
	f	solution f partielle
	r	частное решение n
P109	e	partial wave
	d	Teilwelle f, Partialwelle f
	f	onde f partielle
	r	парциальная волна f
P110	e	partial width
	d	Partialbreite f
	f	largeur f partielle
	r	парциальная ширина f
P111	e	particle
	d	Teilchen n, Partikel f
	f	particule f
	r	частица f
P112	e	particle acceleration
	d	Teilchenbeschleunigung f
	f	accélération f de particules
	r	ускорение n частиц
P113	e	particle accelerator
	d	Teilchenbeschleuniger m
	f	accélérateur m des particules chargées
	r	ускоритель m заряженных частиц
P114	e	particle-antiparticle pair
	d	Teilchen-Antiteilchen-Paar n
	f	paire f particule-antiparticule
	r	пара f частица - античастица
P115	e	particle beam
	d	Teilchenstrahl m

PARTICLE

	f	faisceau *m* de particules
	r	пучок *m* частиц
P116	*e*	particle classification
	d	Teilchenklassifizierung *f*
	f	classification *f* des particules
	r	классификация *f* частиц
P117	*e*	particle collision
	d	Teilchenkollision *f*, Teilchenzusammenstoß *m*
	f	collision *f* de particules
	r	столкновение *n* частиц
P118	*e*	particle concentration
	d	Teilchenkonzentration *f*, Teilchendichte *f*
	f	concentration *f* des particules
	r	концентрация *f* частиц
P119	*e*	particle counter
	d	Teilchenzähler *m*
	f	compteur *m* de particules
	r	счётчик *m* частиц
P120	*e*	particle deflection
	d	Teilchenablenkung *f*
	f	déflexion *f* de particules
	r	отклонение *n* частиц
P121	*e*	particle density *see* particle concentration
P122	*e*	particle detector
	d	Teilchendetektor *m*
	f	détecteur *m* de particules
	r	детектор *m* частиц
P123	*e*	particle diffraction
	d	Teilchenbeugung *f*, Beugung *f* von Teilchen
	f	diffraction *f* de particules
	r	дифракция *f* частиц
P124	*e*	particle dynamics
	d	Teilchendynamik *f*, Dynamik *f* der Teilchen
	f	dynamique *f* des particules
	r	динамика *f* материальной точки; динамика *f* частицы
P125	*e*	particle emission
	d	Partikelstrahlung *f*, Teilchenstrahlung *f*, Korpuskularstrahlung *f*
	f	émission *f* des particules
	r	испускание *n* частиц; корпускулярное излучение *n*
P126	*e*	particle flare
	d	Teilchenausbruch *m*
	f	éruption *f* des particules
	r	вспышка *f* частиц
P127	*e*	particle fluence
	d	Teilchenfluenz *f*
	f	fluence *f* des particules
	r	интегральная плотность *f* потока частиц
P128	*e*	particle flux density
	d	Teilchenflußdichte *f*
	f	densité *f* du flux des particules
	r	плотность *f* потока частиц
P129	*e*	particle focusing
	d	Teilchenbündelung *f*
	f	focalisation *f* des particules
	r	фокусировка *f* частиц (*в ускорителе*)
P130	*e*	particle identification
	d	Teilchenidentifizierung *f*
	f	identification *f* des particules
	r	идентификация *f* частиц
P131	*e*	particle injection
	d	Teilcheninjektion *f*
	f	injection *f* des particules
	r	инжекция *f* частиц
P132	*e*	particle injector
	d	Teilcheninjektor *m*
	f	injecteur *m* des particules
	r	инжектор *m* частиц
P133	*e*	particle kinematics
	d	Massenpunktkinematik *f*
	f	cinématique *f* du point matériel
	r	кинематика *f* материальной точки
P134	*e*	particle mechanics
	d	Mechanik *f* der Massenpunkte, Punktmechanik *f*
	f	mécanique *f* du point matériel
	r	механика *f* материальной точки
P135	*e*	particle momentum
	d	Teilchenimpuls *m*
	f	impulsion *f* de la particule
	r	импульс *m* частицы
P136	*e*	particle motion
	d	Bewegung *f* des freien Massenpunktes
	f	mouvement *m* du point matériel
	r	движение *n* материальной точки
P137	*e*	particle optics
	d	Korpuskularoptik *f*
	f	optique *f* corpusculaire
	r	оптика *f* частиц, корпускулярная оптика *f*
P138	*e*	particle orbit
	d	Teilchenbahn *f*
	f	orbite *f* de la particule
	r	орбита *f* частицы
P139	*e*	particle path *see* particle trajectory
P140	*e*	particle phase
	d	Teilchenphase *f*, Phase *f* eines Teilchens
	f	phase *f* de la particule
	r	фаза *f* частицы (*в ускорителе*)
P141	*e*	particle precipitation

	d	Teilchenpräzipitation *f*
	f	précipitation *f* de particules
	r	высыпание *n* частиц (в магнитосфере)

P142 e particle production
d Teilchenerzeugung *f*
f production *f* de particules
r рождение *n* частиц

P143 e particle radiation
d Partikelstrahlung *f*, Teilchenstrahlung *f*, Korpuskularstrahlung *f*
f radiation *f* des particules, émission *f* des particules
r излучение *f* частиц, испускание *n* частиц; испускание *n* частицы

P144 e particle range
d Teilchenweg *m*
f parcours *m* d'une particule
r пробег *m* частицы

P145 e particle scattering
d Teilchenstreuung *f*
f diffusion *f* des particules
r рассеяние *n* частиц

P146 e particle trajectory
d Teilchenbewegungsbahn *f*
f trajectoire *f* d'une particule
r траектория *f* частицы

P147 e particle-wave dualism see wave-corpuscle duality

P148 e partition chromatography
d Verteilungschromatographie *f*
f chromatographie *f* de partage
r распределительная хроматография *f*

P149 e partition function
d Verteilungsfunktion *f*
f fonction *f* de répartition
r функция *f* распределения

P150 e parton
d Parton *n*
f parton *m*
r партон *m*

P151 e part per million, ppm
d Teil *m* pro Million
f part *f* par million
r миллионная доля *f*

P152 e pascal, Pa
d Paskal *n*
f pascal *m*
r паскаль *m*, Па

P153 e Pascal law
d Pascal-Gesetz *n*
f principe *m* de Pascal
r закон *m* Паскаля

P154 e Paschen-Back effect
d Paschen-Back-Effekt *m*
f effet *m* Paschen-Back
r эффект *m* Пашена - Бака

P155 e Paschen law
d Paschensches Gesetz *n*
f loi *f* de Paschen
r закон *m* Пашена

P156 e Paschen series
d Paschen-Serie *f*
f série *f* de Paschen
r серия *f* Пашена

P157 e passage
d Durchgang *m*
f passage *m*
r прохождение *n*

P158 e pass band
d Durchlässigkeitsbereich *m*, Durchlässigkeitsband *n*
f bande *f* passante
r полоса *f* пропускания

P159 e passive parton
d passives Parton *n*
f parton *m* passif
r пассивный партон *m*

P160 e passive Q-switching
d passive Gütemodulation *f*
f commutation *f* passive en Q
r пассивная модуляция *f* добротности

P161 e passive quantum frequency standard
d passiver Quantenfrequenzstandard *m*
f étalon *m* de fréquence quantique passif
r пассивный квантовый стандарт *m* частоты

P162 e passive resistance
d passiver Widerstand *m*
f résistance *f* passive
r пассивное сопротивление *n*

P163 e passive shutter
d passiver Lichtverschluß *m*
f obturateur *m* optique passif
r пассивный оптический затвор *m*, пассивный затвор *m*

P164 e path
d Weg *m*; Bahn *f*
f trajectoire *f*; chemin *m*
r траектория *f*; путь *m*

P165 e path difference
d Gangunterschied *m*
f différence *f* de marche
r разность *f* хода (лучей)

P166 e path integral
d Bahnintegral *n*
f intégrale *f* de trajectoire
r интеграл *m* по траектории

PATH

P167   *e*   path length
     d   1. Weglänge *f* 2. Bahnlänge *f*, Bahnumfang *m*
     f   1. longueur *f* de la voie 2. parcours *m*, longueur *f* de parcours
     r   1. длина *f* пути 2. длина *f* пробега

P168   *e*   pattern
     d   1. Bild *n*, Muster *n* 2. Diagramm *n* 3. Struktur *f*
     f   1. image *f* 2. diagramme *m* 3. structure *f*
     r   1. картина *f* 2. диаграмма *f* 3. структура *f*

P169   *e*   Patterson function
     d   Pattersonsche Funktion *f*, Patterson-Funktion *f*
     f   fonction *f* de Patterson
     r   функция *f* Паттерсона

P170   *e*   Pauli equation
     d   Pauli-Gleichung *f*
     f   équation *f* de Pauli
     r   уравнение *n* Паули

P171   *e*   Pauli exclusion principle
     d   Pauli-Verbot *n*, Paulisches Ausschließungsprinzip *n*
     f   principe *m* d'exclusion de Pauli, principe *m* de Pauli
     r   принцип *m* Паули, принцип *m* запрета

P172   *e*   Pauli paramagnetism
     d   Pauli-Paramagnetismus *m*, Paulischer Paramagnetismus *m*
     f   paramagnétisme *m* de Pauli
     r   парамагнетизм *m* Паули

P173   *e*   Pauli spin matrix
     d   Paulische Spinmatrix *f*
     f   matrice *f* de spin de Pauli
     r   спиновая матрица *f* Паули

P174   *e*   Pauli theorem
     d   Pauli-Theorem *n*
     f   théorème *m* de Pauli
     r   теорема *f* Паули

P175   *e*   peaceful use of atomic energy
     d   friedliche Nutzung *f* der Kernenergie, Anwendung *f* der Kernenergie für friedliche Zwecke
     f   utilisation *f* pacifique de l'énergie atomique
     r   использование *n* атомной энергии в мирных целях

P176   *e*   peak
     d   Peak *m*, Maximum *n*, Spitze *f*
     f   pic *m*, maximum *m*
     r   пик *m*, максимум *m*

P177   *e*   peak power
     d   Spitzenleistung *f*
     f   puissance *f* de crête
     r   пиковая мощность *f*; импульсная мощность *f*

P178   *e*   peak value
     d   Spitzenwert *m*, Scheitelwert *m*, Amplitude *f*
     f   valeur *f* de crête
     r   максимальное значение *n*, амплитуда *f*

P179   *e*   pearlite
     d   Perlit *m*
     f   perlite *f*
     r   перлит *m*

P180   *e*   Péclet number
     d   Péclet-Zahl *f*, Pécletsche Kennzahl *f*
     f   nombre *m* de Péclet
     r   число *n* Пекле

P181   *e*   peculiarity
     d   Besonderheit *f*
     f   particularité *f*
     r   особенность *f*

P182   *e*   peculiar star
     d   Pekuliarstern *m*
     f   étoile *f* particulière
     r   пекулярная звезда *f*; необычная звезда *f*

P183   *e*   Pedersen conductivity
     d   Pedersen-Leitfähigkeit *f*
     f   conductivité *f* de Pedersen
     r   проводимость *f* Педерсена

P184   *e*   Pedersen current
     d   Pedersen-Strom *m*
     f   courant *m* de Pedersen
     r   ток *m* Педерсена

P185   *e*   Pedersen ray
     d   Pedersen-Strahl *m*
     f   rayon *m* de Pedersen
     r   луч *m* Педерсена

P186   *e*   pedestal
     d   Schulter *f*
     f   piédestal *m*
     r   пьедестал *m* (импульса)

P187   *e*   pedestal method
     d   Pjedestal-Verfahren *n*
     f   méthode *f* de piédestal
     r   метод *m* пьедестала (выращивания кристаллов)

P188   *e*   Peierls dielectric
     d   Peierls-Dielektrikum *n*, Peierlssches Dielektrikum *n*
     f   diélectrique *m* de Peierls
     r   пайерлсовский диэлектрик *m*

P189   *e*   Peierls theorem

	d	Peierlsscher Satz *m*
	f	théorème *m* de Peierls
	r	теорема *f* Пайерлса
P190	e	**Peierls transition**
	d	Peierls-Übergang *m*
	f	transition *f* de Peierls
	r	переход *m* Пайерлса
P191	e	**pellet injection**
	d	Tabletteninjektion *f*, Kernbrennstofftabletteninjektion *f*
	f	injection *f* des pellets
	r	инжекция *f* таблеток
P192	e	**pellet injector**
	d	Tabletteninjektor *m*
	f	injecteur *m* des pellets
	r	инжектор *m* таблеток
P193	e	**Peltier coefficient**
	d	Peltier-Koeffizient *m*
	f	coefficient *m* de Peltier
	r	коэффициент *m* Пельтье
P194	e	**Peltier effect**
	d	Peltier-Effekt *m*
	f	effet *m* Peltier
	r	эффект *m* Пельтье
P195	e	**Peltier heat**
	d	Peltier-Wärme *f*
	f	chaleur *f* de Peltier
	r	теплота *f* Пельтье
P196	e	**pencil**
	d	schmaler Lichtstrahl *m*
	f	faisceau *m* étroit de lumière
	r	узкий пучок *m* (*света*)
P197	e	**pencil-beam pattern**
	d	Supercharakteristik *f*
	f	diagramme *m* de directivité en crayon
	r	игольчатая диаграмма *f* направленности (*антенны*)
P198	e	**pendulum**
	d	Pendel *n*
	f	pendule *n*
	r	маятник *m*
P199	e	**penetrability**
	d	Durchdringungsfähigkeit *f*; Durchdringbarkeit *f*; Durchlässigkeit *f*
	f	pénétrabilité *f*
	r	проницаемость *f*
P200	e	**penetrating radiation**
	d	durchdringende Strahlung *f*; harte Strahlung *f*
	f	rayonnement *m* pénétrant, rayonnement *m* dur
	r	проникающее излучение *n*; жёсткое излучение *n*
P201	e	**penetration**
	d	Durchdringung *f*
	f	pénétration *f*
	r	проникновение *n*
P202	e	**penetration depth**
	d	Eindringtiefe *f*
	f	profondeur *f* de pénétration
	r	глубина *f* проникновения
P203	e	**penguin diagram**
	d	Pinguindiagramm *n*
	f	diagramme *m* pingouin
	r	пингвинная диаграмма *f*
P204	e	**Penning discharge**
	d	Penning-Entladung *f*
	f	décharge *f* de Penning
	r	разряд *m* Пеннинга
P205	e	**Penning effect**
	d	Penning-Effekt *m*
	f	effet *m* Penning
	r	эффект *m* Пеннинга
P206	e	**Penrose tiling**
	d	Penrose-Tiling *n* (*in der nichtlinearen Dynamik*)
	f	«tiling» *m* de Penrose (*en dynamique nonlinéaire*)
	r	паркет *m* Пенроуза (*в нелинейной динамике*)
P207	e	**pentagonal prism** see **pentaprism**
P208	e	**pentaprism**
	d	Pentaprisma *n*, Fünfseitenprisma *n*
	f	pentaprisme *m*
	r	пентапризма *f*
P209	e	**pentode**
	d	Pentode *f*
	f	penthode *f*
	r	пентод *m*
P210	e	**penumbra**
	d	Halbschatten *m*
	f	demi-ombre *f*
	r	полутень *f*
P211	e	**percentage test**
	d	Stichprobenprüfung *f*
	f	essai *m* pourcentuel
	r	выборочные испытания *n pl*
P212	e	**percolation**
	d	Perkolation *f*
	f	percolation *f*
	r	перколяция *f*; протекание *n*, просачивание *n*
P213	e	**percolation transition**
	d	Perkolationsübergang *m*
	f	transition *f* de percolation
	r	перколяционный переход *m*
P214	e	**Percus-Yevick equation**
	d	Percus-Yevick-Gleichung *f*

PERFECT

	f équation *f* de Percus-Yevick	
	r уравнение *n* Перкуса - Йевика	

P215 *e* perfect crystal
d Idealkristall *m*, idealer Kristall *m*, ungestörter Kristall *m*
f cristal *m* idéal, cristal *m* parfait
r идеальный кристалл *m*, совершенный кристалл *m*

P216 *e* perfect dielectric
d ideales Dielektrikum *n*
f diélectrique *m* parfait
r идеальный диэлектрик *m*

P217 *e* perfect gas
d ideales Gas *n*, vollkommenes Gas *n*
f gaz *m* idéal, gaz *m* parfait
r идеальный газ *m*

P218 *e* perfect gas laws
d Zustandsgleichung *f* der idealen Gase
f lois *f pl* de gaz parfait
r законы *m pl* для идеального газа

P219 *e* perfection
d Vollkommenheit *f*
f perfection *f*
r совершенство *n*

P220 *e* perfect liquid
d ideale Flüssigkeit *f*
f liquide *m* parfait
r идеальная жидкость *f*

P221 *e* perfect optical system
d ideales optisches System *n*
f système *m* optique parfait
r идеальная оптическая система *f*

P222 *e* perfect plasma
d ideales Plasma *n*
f plasma *m* parfait
r идеальная плазма *f*

P223 *e* perfect plasticity
d vollkommene Plastizität *f*
f plasticité *f* parfaite
r идеальная пластичность *f*

P224 *e* perfect radiator
d idealer Temperaturstrahler *m*
f radiateur *m* parfait
r полный излучатель *m*, чёрное тело *n*, излучатель *m* Планка

P225 *e* perfect vacuum
d absolutes Vakuum *n*
f vide *m* parfait
r абсолютный вакуум *m*

P226 *e* periastron
d Periastron *n*, Sternnähe *f*
f périastre *m*
r периастр *m*

P227 *e* perigee
d Perigäum *n*, Erdnähe *f*
f périgée *m*
r перигей *m*

P228 *e* perihelion
d Perihel *n*, Perihelium *n*, Sonnennähe *f*
f périhélie *m*
r перигелий *m*

P229 *e* period
d Periode *f*, Periodendauer *f*
f période *f*
r период *m*

P230 *e* periodicity
d Periodizität *f*
f périodicité *f*
r периодичность *f*

P231 *e* periodic motion
d periodische Bewegung *f*
f mouvement *m* périodique
r периодическое движение *n*

P232 *e* periodic oscillation, periodic oscillations
d periodische Schwingungen *f pl*
f oscillations *f pl* périodiques
r периодические колебания *n pl*

P233 *e* periodic system of the elements
d Periodensystem *n* der Elemente
f classification *f* périodique des éléments
r периодическая система *f* элементов

P234 *e* periodic table of the elements see periodic system of the elements

P235 *e* period-luminosity law
d Periode-Leuchtkraft-Beziehung *f*, Perioden-Leuchtkraft-Beziehung *f*
f relation *f* période-luminosité (*pour les céphéides*)
r зависимость *f* период - светимость (*для цефеид*)

P236 *e* period measurement
d Periodenmessung *f*, Periodendauermessung *f*
f mesure *f* de la période
r измерение *n* периода

P237 *e* peripheral interaction
d periphere Wechselwirkung *f*
f interaction *f* périphérique
r периферическое взаимодействие *n*

P238 *e* periphery
d Peripherie *f*
f périphérie *f*
r периферия *f*

P239 *e* periscope
d Periskop *n*
f périscope *m*
r перископ *m*

P240   e   peritectic
         d   Peritektikum *m*
         f   péritectique *f*
         r   перитектика *f*

P241   e   permalloy
         d   Permalloy *n*
         f   permalloy *m*
         r   пермаллой *m*

P242   e   permanent deformation *see* residual deformation

P243   e   permanent magnet
         d   Permanentmagnet *m*, Dauermagnet *m*
         f   aimant *m* permanent
         r   постоянный магнит *m*

P244   e   permeability
         d   1. magnetische Permeabilität *f*, magnetische Durchlässigkeit *f*
             2. Permeabilität *f*, Durchlässigkeit *f*
         f   perméabilité *f*
         r   1. магнитная проницаемость *f*
             2. проницаемость *f*

P245   e   permeability of free space
         d   magnetische Feldkonstante *f*, Permeabilität *f* des leeren Raumes, Permeabilität *f* des Vakuums
         f   perméabilité *f* du vide
         r   магнитная проницаемость *f* вакуума, магнитная постоянная *f*

P246   e   permeameter
         d   Permeabilitätsmesser *m*, Permeameter *n*
         f   perméamètre *m*
         r   пермеаметр *m*

P247   e   permeance
         d   magnetischer Leitwert *f*; magnetische Leitfähigkeit *f*
         f   perméance *f*
         r   магнитная проводимость *f*

P248   e   permissible dose
         d   Toleranzdosis *f*, zulässige Dosis *f*, zulässige Strahlungsdosis *f*
         f   dose *f* admissible *(de la radiation ionisante)*
         r   допустимая доза *f (ионизирующего излучения)*

P249   e   permissible overload
         d   zulässige Überlastung *f*
         f   surcharge *f* admissible
         r   допустимая перегрузка *f*

P250   e   permitted band
         d   erlaubte Zone *f*, erlaubtes Band *m*
         f   bande *f* permise
         r   разрешённая зона *f*

P251   e   permitted transition
         d   erlaubter Übergang *m*
         f   transition *f* permise
         r   разрешённый переход *m*

P252   e   permittivity
         d   Dielektrizitätskonstante *f*
         f   permittivité *f*
         r   диэлектрическая проницаемость *f*, диэлектрическая постоянная *f*

P253   e   permittivity of free space
         d   elektrische Feldkonstante *f*
         f   permittivité *f* du vide
         r   диэлектрическая проницаемость *f* вакуума, электрическая постоянная *f*

P254   e   permutation
         d   Permutation *f*
         f   permutation *f*
         r   перестановка *f*

P255   e   permutation functions
         d   Permutationsfunktionen *f pl*
         f   fonctions *f pl* de la permutation
         r   перестановочные функции *f pl*

P256   e   permutation group
         d   Permutationsgruppe *f*
         f   groupe *m* de permutations
         r   группа *f* перестановок

P257   e   permutation relations
         d   Permutationsbeziehungen *f pl*
         f   relations *f pl* de permutation
         r   перестановочные соотношения *n pl*

P258   e   perovskite
         d   Perowskit *m*
         f   perowskite *f*
         r   перовскит *m*

P259   e   perovskite structure
         d   Perowskitstruktur *f*
         f   structure *f* du type perowskite
         r   структура *f* типа перовскита

P260   e   perpetual motion
         d   Perpetuum *n* mobile
         f   perpetuum *m* mobile
         r   вечный двигатель *m*

P261   e   perpetual motion of the first kind
         d   Perpetuum *n* mobile erster Art
         f   perpetuum *m* mobile de la première sorte, perpetuum *m* mobile de première espèce
         r   вечный двигатель *m* первого рода

P262   e   perpetual motion of the second kind
         d   Perpetuum *n* mobile zweiter Art
         f   perpetuum *m* mobile de la deuxième sorte, perpetuum *m* mobile de seconde espèce
         r   вечный двигатель *m* второго рода

P263   e   perpetuum mobile *see* perpetual motion

P264 e persistence
      d Nachleuchten n
      f postluminescence f
      r послесвечение n

P265 e persistence of vision
      d Trägheit f der Sehempfindung, Augenträgheit f, Visionspersistenz f
      f persistance f de vision
      r инерционность f зрительного восприятия

P266 e personal dosimeter
      d Personendosimeter n, Individualdosimeter n
      f dosimètre m individuel
      r индивидуальный дозиметр m

P267 e perturbation
      d 1. Störung f 2. Perturbation f (Astronomie)
      f perturbation f
      r возмущение n

P268 e perturbation theory
      d Störungstheorie f
      f théorie f des perturbations
      r теория f возмущений

P269 e perturbed motion
      d gestörte Bewegung f
      f mouvement m perturbé
      r возмущённое движение n

P270 e perturbed problem
      d gestörtes Problem n
      f problème m perturbé
      r возмущённая задача f

P271 e perturbing force
      d störende Kraft f, Störkraft f
      f force f perturbante
      r возмущающая сила f

P272 e perveance
      d Raumladungskonstante f, Perveanz f
      f pervéance f
      r первеанс m

P273 e Petschek mechanism
      d Petschek-Mechanismus m
      f méchanisme m de Petschek
      r механизм m Петчека

P274 e Petzval surface
      d Petzval-Fläche f
      f surface f de Petzval
      r поверхность f Петцваля

P275 e Pfund series
      d Pfund-Serie f
      f série f de Pfund
      r серия f Пфунда

P276 e pH
      d pH-Wert m
      f valeur f pH
      r водородный показатель m, pH

P277 e phantastron
      d Phantastron n
      f phantastron m, circuit m phantastron
      r фантастрон m

P278 e phantom
      d Phantom n
      f fantôme m
      r фантом m (устройство, заменяющее облучаемый объект)

P279 e phase
      d Phase f
      f phase f
      r фаза f

P280 e phase aberrations see phase distortion

P281 e phase analysis
      d Phasenanalyse f
      f analyse f de phases
      r фазовый анализ m

P282 e phase angle
      d Phasenwinkel m
      f angle m de phase
      r фазовый угол m

P283 e phase boundary
      d Phasengrenze f
      f interface f
      r граница f раздела фаз

P284 e phase change see phase transition

P285 e phase characteristic
      d Phasengang m
      f caractéristique f phase-fréquence
      r фазовая характеристика f, фазочастотная характеристика f

P286 e phase coherence
      d Phasenkohärenz f
      f cohérence f de phase-cohérence f en phase
      r фазовая когерентность f

P287 e phase comparator
      d Phasenvergleicher m, Phasenkomparator m
      f comparateur m de phase
      r фазовый компаратор m

P288 e phase-conjugate Brillouin mirror
      d SBS-Umkehrspiegel m
      f miroir m Brillouin à conjugaison des phases
      r обращающее ВРМБ-зеркало n

P289 e phase-conjugate mirror
      d Umkehrspiegel m
      f miroir m à conjugaison des phases
      r обращающее зеркало n, ОВФ-зеркало n

P290 e phase-conjugate wave
      d phasenkonjugierte Welle f
      f onde f conjuguée en phase
      r обращённая волна f

P291 e phase conjugation
      d Umkehrung f der Wellenfront
      f conjugaison f du front d'onde
      r обращение n волнового фронта

P292 e phase constant
      d Phasenkonstante f
      f constante f de phase
      r фазовая постоянная f

P293 e phase contrast
      d Phasenkontrast m
      f contraste m de phase
      r фазовый контраст m

P294 e phase-contrast microscope
      d Phasenkontrastmikroskop n
      f microscope m à contraste de phase
      r фазово-контрастный микроскоп m

P295 e phase corrector
      d Phasenentzerrer m
      f correcteur m de phase
      r фазовый корректор m

P296 e phase correlation
      d Phasenkorrelation f
      f corrélation f par la phase
      r фазовая корреляция f

P297 e phased array
      d phasiertes Antennengitter n
      f réseau m d'antennes phasé
      r фазированная антенная решётка f

P298 e phase delay
      d Phasenverzögerung f
      f retard m de phase
      r запаздывание n по фазе

P299 e phase detection
      d Phasendemodulation f
      f détection f de phase
      r фазовое детектирование n

P300 e phase deviation
      d Phasenhub m
      f déviation f de phase
      r фазовый сдвиг m

P301 e phase diagram
      d Phasendiagramm n, Zustandsdiagramm n
      f diagramme m de phase, diagramme m de phases
      r фазовая диаграмма f; диаграмма f состояния, диаграмма f равновесия

P302 e phase difference
      d Phasenunterschied m, Phasendifferenz f
      f différence f des phases
      r разность f фаз

P303 e phase distortion
      d Phasenverzerrung f
      f distorsion f de phase
      r фазовые искажения n pl

P304 e phase equation
      d Phasengleichung f
      f équation f de phase
      r фазовое уравнение n

P305 e phase equilibrium
      d Phasengleichgewicht n
      f équilibre m des phases
      r фазовое равновесие n

P306 e phase equilibrium curve
      d Phasengleichgewichtskurve f
      f courbe f d'équilibre des phases
      r кривая f фазового равновесия

P307 e phase extent
      d Phasenausdehnung f
      f extension f de phase
      r фазовая протяжённость f (сгустка частиц)

P308 e phase fluctuations
      d Phasenschwankungen f pl
      f fluctuations f pl de phase
      r фазовые флуктуации f pl, флуктуации фазы f pl

P309 e phase focusing
      d Phasenfokussierung f
      f focalisation f de phase
      r фазовая фокусировка f

P310 e phase front
      d Phasenfront f
      f front m de phase
      r фазовый фронт m

P311 e phase integral
      d Phasenintegral n
      f intégrale f de phase
      r фазовый интеграл m

P312 e phase inverter
      d Phaseninverter m
      f inverseur m de phase
      r фазоинвертор m

P313 e phase lag see phase delay

P314 e phase locking
      d Phasenfrequenznachstimmung f
      f commande f automatique de la fréquence par la phase
      r фазовая автоподстройка f частоты

P315 e phase matching see phase synchronism

P316 e phase-matching direction

PHASE

	d	Phasenanpassungsrichtung f
	f	direction f de concordance des phases
	r	направление n фазового синхронизма
P317	e	phase memory
	d	Phasenspeicher m
	f	mémoire f de phase
	r	фазовая память f (в оптике)
P318	e	phase meter
	d	Phasenmesser m, Phasenmeßgerät n
	f	phasemètre m
	r	фазометр m
P319	e	phase modulation
	d	Phasenmodulation f
	f	modulation f de phase
	r	фазовая модуляция f
P320	e	phase oscillation
	d	Phasenschwingungen f pl
	f	oscillations f pl de phase
	r	фазовые колебания n pl
P321	e	phase path
	d	Phasenweg m
	f	trajectoire f de phase
	r	фазовая траектория f, фазовый путь f, фазовая длина f пути
P322	e	phase plane
	d	Phasenebene f
	f	plan m de phase
	r	фазовая плоскость f
P323	e	phase plate
	d	Phasenplatte f
	f	lame f de phase, plaque f de phase
	r	фазовая пластинка f
P324	e	phase polar
	d	Phasenpolare f
	f	polaire f de phase
	r	фазовая поляра f
P325	e	phase portrait
	d	Phasenbild n
	f	portrait m de phase
	r	фазовый портрет m
P326	e	phase ring
	d	Phasenring m
	f	anneau m de phase
	r	фазовое кольцо n
P327	e	phase rule
	d	Gibbssche Phasenregel f
	f	règle f des phases
	r	правило n фаз
P328	e	phase self-modulation
	d	Phasenselbstmodulation f
	f	automodulation f de phase
	r	фазовая автомодуляция f
P329	e	phase shift
	d	Phasenverschiebung f
	f	déphasage m
	r	фазовый сдвиг m
P330	e	phase-shift bridge
	d	Phasenschieberbrücke f
	f	pont m déphaseur
	r	фазосдвигающий мост m
P331	e	phase shifter
	d	Phasenschieber m
	f	déphaseur m, variateur m de phase
	r	фазовращатель m
P332	e	phase-shifting plate
	d	Phasenschieberplatte f
	f	plaque f de déphasage
	r	фазосдвигающая пластинка f
P333	e	phase space
	d	Phasenraum m
	f	espace m de phase
	r	фазовое пространство n
P334	e	phase-space cell
	d	Phasenraumzelle f
	f	cellule f d'espace de phase
	r	клетка f фазового пространства
P335	e	phase-space coordinates
	d	Phasenraumkoordinaten f pl
	f	coordonnées f pl d'espace de phase
	r	координаты f pl в фазовом пространстве
P336	e	phase-space volume
	d	Phasenvolumen n
	f	volume m d'extension en phase
	r	фазовый объём m
P337	e	phase stability
	d	1. Phasenstabilität f, Autophasierung f, automatische Phasenstabilisierung f 2. Phasenstabilität f
	f	1. autophasage m 2. stabilité f de phase
	r	1. автофазировка f (в ускорителях) 2. стабильность f фазы
P338	e	phase state
	d	Phasenzustand m
	f	état m de phase
	r	фазовое состояние n
P339	e	phase structure function
	d	Phasenstrukturfunktion f
	f	fonction f de structure de phase
	r	структурная функция f фазы
P340	e	phase synchronism
	d	Phasensynchronismus m
	f	synchronisme m des phases
	r	фазовый синхронизм m
P341	e	phase-switched interferometer
	d	Phasenschaltinterferometer n
	f	interféromètre m à commutation de phase

	r	интерферометр m с переключением фазы

P342 e phase trajectory
  d Phasenbahn f
  f trajectoire f de phase
  r фазовая траектория f

P343 e phase transformation heat
  d Phasenübergangswärme f
  f chaleur f de la transformation de phases
  r теплота f фазового превращения

P344 e phase transformations
  d Phasenumwandlungen f pl, Phasenübergänge m pl
  f transformations f pl de phases
  r фазовые переходы m pl, фазовые превращения n pl

P345 e phase transition
  d Phasenübergang m
  f transition f de phase
  r фазовый переход m

P346 e phase transition kinetics
  d Phasenübergangskinetik f
  f cinétique f des transitions de phase
  r кинетика f фазовых переходов

P347 e phase transition model
  d Phasenübergangsmodell n
  f modèle m de transition de phase
  r модель f фазового перехода

P348 e phase transition of the first order
  d Phasenübergang m 1. Art, diskontinuierlicher Phasenübergang m
  f transition f de phase du premier ordre
  r фазовый переход m первого рода

P349 e phase transition of the second order
  d Phasenübergang m 2. Art, kontinuierlicher Phasenübergang m
  f transition f de phase du deuxième ordre
  r фазовый переход m второго рода

P350 e phase velocity
  d Phasengeschwindigkeit f
  f vitesse f de phase, vitesse f de propagation de phase
  r фазовая скорость f

P351 e phase volume
  d Phasenvolumen n
  f volume m de phase
  r фазовый объём m

P352 e phasing
  d 1. Phaseneinstellung f, In-Phase-Bringen n 2. Phasensynchronisation f
  f 1. phasage m 2. synchronisation f en phase
  r 1. фазирование n 2. синхронизация f

P353 e phasitron
  d Phasitron n
  f phasitron m
  r фазитрон m

P354 e phason
  d Phason n (Quasiteilchen)
  f phason m (quasi-particule)
  r фазон m (квазичастица)

P355 e phasotron
  d Phasotron n
  f phasotron m
  r фазотрон m

P356 e phenomenological model
  d phänomenologisches Modell n
  f modèle m phénoménologique
  r феноменологическая модель f

P357 e phenomenological theory
  d phänomenologische Theorie f
  f théorie f phénoménologique
  r феноменологическая теория f

P358 e phenomenon
  d Erscheinung f, Phänomen n
  f phénomène m
  r явление n

P359 e phon
  d Phon n
  f phone m
  r фон m (единица громкости)

P360 e phonon
  d Phonon n, Schallquant n
  f phonon m
  r фонон m

P361 e phonon decay
  d Phononzerfall m
  f désintégration f du phonon
  r распад m фонона

P362 e phonon distribution function
  d Phononenverteilungsfunktion f
  f fonction f de distribution des phonons
  r функция f распределения фононов

P363 e phonon drag
  d Phononen-Drag m, Phononenmitreißen n
  f entraînement m (des électrons) par les phonons
  r увлечение n (электронов) фононами

P364 e phonon drag effect
  d Phononen-Drageffekt m, Effekt m des Phononmitreißens, Effekt m des Mitreißens der Elektrone durch die Phononen
  f effet m d'entraînement (des électrons) par les phonons
  r эффект m увлечения электронов фононами

PHONON

P365   e   phonon energy
      d   Phononenergie f
      f   énergie f de phonon
      r   энергия f фонона

P366   e   phonon focusing
      d   Phononenbündelung f
      f   focalisation f de phonon
      r   фононная фокусировка f

P367   e   phonon free path
      d   freie Weglänge f von Phononen
      f   longueur f du parcours libre des phonons
      r   длина f свободного пробега фононов

P368   e   phonon gas
      d   Phononengas n
      f   gaz m de phonons
      r   фононный газ m

P369   e   phononless line
      d   phononenlose Linie f
      f   ligne f sans phonons
      r   бесфононная линия f

P370   e   phonon mode
      d   Phononenmode f
      f   mode m phononique
      r   фононная мода f

P371   e   phonon momentum
      d   Phononimpuls m
      f   impulsion f du phonon
      r   импульс m фонона

P372   e   phonon-phonon collisions
      d   Phonon-Phonon-Zusammenstöße m pl
      f   collisions f pl phonon-phonon
      r   фонон-фононные столкновения n pl

P373   e   phonon-phonon interaction
      d   Phonon-Phonon-Wechselwirkung f
      f   interaction f phonon-phonon
      r   фонон-фононное взаимодействие n

P374   e   phonon quasi-momentum
      d   Phonon-Quasiimpuls m
      f   quasi-impulsion f du phonon
      r   квазиимпульс m фонона

P375   e   phonon scattering
      d   Phononenstreuung f
      f   diffusion f de phonons
      r   рассеяние n фононов

P376   e   phonon spectrum
      d   Phononenspektrum n
      f   spectre m de phonons, spectre m phononique
      r   фононный спектр m

P377   e   phosphate glass laser
      d   Phosphatglaslaser m
      f   laser m à verre de phosphate
      r   лазер m на фосфатном стекле

P378   e   phosphor
      d   Leuchtstoff m
      f   luminophore m
      r   люминофор m

P379   e   phosphor activator
      d   Leuchtstoffaktivator m
      f   activateur m de luminophore
      r   активатор m люминофора

P380   e   phosphorescence
      d   Phosphoreszenz f
      f   phosphorescence f
      r   фосфоресценция f

P381   e   phosphoroscope
      d   Phosphoroskop n
      f   phosphoroscope m
      r   фосфороскоп m

P382   e   phosphor persistence
      d   Nachleuchten n des Leuchtstoffs
      f   persistance f de luminophore
      r   послесвечение n люминофора

P383   e   phosphorus, P
      d   Phosphor m
      f   phosphore m
      r   фосфор m

P384   e   phot
      d   Phot n
      f   phot m
      r   фот m

P385   e   photoabsorption see photoelectric absorption

P386   e   photoacoustical effects
      d   photoakustische Effekte m pl
      f   effets m pl photo-acoustiques
      r   фотоакустические явления n pl

P387   e   photocatalysis
      d   Photokatalyse f, photochemische Katalyse f
      f   photocatalyse f
      r   фотокатализ m

P388   e   photocathode
      d   Photokatode f
      f   photocathode f
      r   фотокатод m

P389   e   photocell
      d   Photoelement n; Photozelle f
      f   cellule f photo-électrique
      r   фотоэлемент m; фотоприёмник m

P390   e   photochemical dissociation
      d   Photodissoziation f, photochemische Dissoziation f
      f   dissociation f photochimique, photodissociation f
      r   фотохимическая диссоциация f, фотодиссоциация f

PHOTOELECTRIC

P391   e   **photochemical equivalence**
      d   photochemische Äquivalenz *f*
      f   équivalence *f* photochimique
      r   фотохимическая эквивалентность *f*

P392   e   **photochemical process**
      d   photochemischer Vorgang *m*
      f   processus *m* photochimique
      r   фотохимический процесс *m*

P393   e   **photochemistry**
      d   Photochemie *f*
      f   photochimie *f*
      r   фотохимия *f*

P394   e   **photochromic material**
      d   photochromer Stoff *m*
      f   matière *f* photochrome
      r   фотохромный материал *m*

P395   e   **photochromism**
      d   Photochromie *f*
      f   photochromisme *m*
      r   фотохромизм *m*

P396   e   **photocolorimeter**
      d   Photokolorimeter *n*
      f   photocolorimètre *m*
      r   фотоколориметр *m*

P397   e   **photoconduction**
      d   Photoleitung *f*; Photoleitfähigkeit *f*
      f   photoconduction *f*
      r   фотопроводимость *f*

P398   e   **photoconductive cell**
      d   Widerstandsphotozelle *f*, Widerstandszelle *f*
      f   cellule *f* photoconductrice
      r   фотоэлемент *m* с внутренним фотоэффектом

P399   e   **photoconductivity** *see* **photoconduction**

P400   e   **photoconductor**
      d   Photoleiter *m*
      f   photoconducteur *m*
      r   фоторезистор *m*

P401   e   **photocurrent**
      d   Photostrom *m*, photoelektrischer Strom *m*
      f   courant *m* photo-électrique
      r   фототок *m*

P402   e   **photodesorption** *see* **photostimulated desorption**

P403   e   **photodetachment**
      d   Photoablösung *f (von Elektronen)*
      f   photodétachement *m (d'électrons)*
      r   фотоотлипание *n* (электронов), фотоотрыв *m*

P404   e   **photodetector**
      d   Photodetektor *m*, lichtelektrischer Strahlungsempfänger *m*
      f   photodétecteur *m*, détecteur *m* de lumière
      r   фотоприёмник *m*; фотодетектор *m*

P405   e   **photodetector array**
      d   Photodetektormatrix *f*
      f   matrice *f* de photodétecteurs
      r   матрица *f* фотоприёмников

P406   e   **photodielectric effect**
      d   photodielektrischer Effekt *m*
      f   effet *m* photodiélectrique
      r   фотодиэлектрический эффект *m*

P407   e   **photodiffusion effect**
      d   Photodiffusionseffekt *m*, Dember-Effekt *m*, Kristall-Photoeffekt *m*
      f   effet *m* Dember
      r   эффект *m* Дембера

P408   e   **photodiode**
      d   Photodiode *f*
      f   photodiode *f*
      r   фотодиод *m*

P409   e   **photodisintegration**
      d   Kernphotoeffekt *m*, Photozerfall *m*, Photokernreaktion *f*
      f   photodésintégration *f*
      r   фотоделение *n*, фоторасщепление *n* (ядра)

P410   e   **photodissociation**
      d   Photodissoziation *f*, photochemische Dissoziation *f*
      f   photodissociation *f*
      r   фотодиссоциация *f*

P411   e   **photodissociation laser**
      d   Photodissoziationslaser *m*
      f   laser *m* à photodissociation
      r   фотодиссоциационный лазер *m*

P412   e   **photodynamic effect**
      d   photodynamischer Effekt *m*
      f   effet *m* photodynamique
      r   фотодинамический эффект *m*

P413   e   **photoeffect** *see* **photoelectric effect**

P414   e   **photoelasticity**
      d   Photoelastizität *f*
      f   photo-élasticité *f*
      r   фотоупругость *f*

P415   e   **photoelectret**
      d   Photoelektret *n*
      f   photo-électret *m*
      r   фотоэлектрет *m*

P416   e   **photoelectric absorption**
      d   Photoabsorption *f*, photoelektrische Absorption *f*, lichtelektrische Absorption *f*
      f   photo-absorption *f*, absorption *f* photo-électrique

PHOTOELECTRIC

	r	фотоэлектрическое поглощение *n*, фотопоглощение *n*
P417	*e*	photoelectric cell *see* photocell
P418	*e*	photoelectric current *see* photocurrent
P419	*e*	photoelectric effect
	d	Photoeffekt *m*, lichtelektrischer Effekt *m*
	f	effet *m* photo-électrique
	r	фотоэффект *m*
P420	*e*	photoelectric electron emission *see* photoemission
P421	*e*	photoelectric photometry
	d	lichtelektrische Photometrie *f*
	f	photométrie *f* photo-électrique
	r	фотоэлектрическая фотометрия *f*
P422	*e*	photoelectric pyrometer
	d	Photoelementpyrometer *n*
	f	pyromètre *m* photo-électrique
	r	фотоэлектрический пирометр *m*
P423	*e*	photoelectric spectroscopy
	d	lichtelektrische Spektroskopie *f*, photoelektrische Spektroskopie *f*
	f	spectroscopie *f* photo-électrique
	r	фотоэлектрическая спектроскопия *f*
P424	*e*	photoelectric threshold
	d	Photoschwelle *f*, Grenzenergie *f* des äußeren Photoeffekts, photoelektrische Schwellenenergie *f*
	f	seuil *m* photo-électrique, seuil *m* d'énergie photo-électrique
	r	порог *m* фотоэффекта
P425	*e*	photoelectromotive force
	d	Photo-EMK *f*, photoelektromotorische Kraft *f*, Photospannung *f*
	f	force *f* photo-électromotrice
	r	фотоэдс *f*
P426	*e*	photoelectron
	d	Photoelektron *n*
	f	photo-électron *m*
	r	фотоэлектрон *m*
P427	*e*	photoelectron detector
	d	Photoelektronendetektor *m*
	f	détecteur *m* photo-électronique
	r	фотоэлектронный детектор *m*
P428	*e*	photoelectron image
	d	photoelektronisches Bild *n*, Photoemissionsbild *n*
	f	image *f* photo-électronique
	r	изображение *n* в фотоэлектронах
P429	*e*	photoelectron microscope
	d	Photoelektronenmikroskop *n*
	f	microscope *m* à photo-électrons
	r	фотоэлектронный микроскоп *m*
P430	*e*	photoelectron spectroscopy
	d	Photoelektronenspektroskopie *f*
	f	spectroscopie *f* de photo-électrons
	r	фотоэлектронная спектроскопия *f*
P431	*e*	photoemission
	d	Photoemission *f*, äußerer Photoeffekt *m*, äußerer lichtelektrischer Effekt *m*
	f	émission *f* photo-électrique; effet *m* photo-électrique externe
	r	фотоэлектронная эмиссия *f*; внешний фотоэффект *m*
P432	*e*	photoemissive cell
	d	Photozelle *f*
	f	cellule *f* photo-émissive
	r	фотоэлемент *m* с внешним фотоэффектом
P433	*e*	photoemissive detector
	d	Emissionsphotozelle *f*; Photoemissionsdetektor *m*
	f	cellule *f* photo-émissive; photodétecteur *m* à effet photo-électrique externe
	r	фотоэлектронный приёмник *m*, фотоприёмник *m* на внешнем фотоэффекте
P434	*e*	photoemissive effect
	d	äußerer Photoeffekt *m*, äußerer lichtelektrischer Effekt *m*
	f	effet *m* photo-émetteur
	r	внешний фотоэффект *m*
P435	*e*	photoemissive sensor *see* photoemissive detector
P436	*e*	photoexcitation
	d	Photoanregung *f*
	f	photo-excitation *f*, photo-amorçage *m*
	r	фотовозбуждение *n*
P437	*e*	photofission
	d	Photospaltung *f*
	f	photodésintégration *f*
	r	фотоделение *n*
P438	*e*	photogalvanic effect
	d	Sperrschichtphotoeffekt *m*
	f	effet *m* photovoltaïque
	r	фотогальванический эффект *m*, фотовольтаический эффект *m*, вентильный фотоэффект *m*
P439	*e*	photogalvanomagnetic effects
	d	photoelektromagnetische Effekte *m pl*, photogalvanomagnetische Effekte *m pl*
	f	effets *m pl* photo-électromagnétiques
	r	фотогальваномагнитные явления *n pl*
P440	*e*	photogrammetry
	d	Photogrammetrie *f*
	f	photogrammétrie *f*
	r	фотограмметрия *f*

P441   e   **photographic density**
     d   Schwärzung *f*
     f   densité *f* photographique
     r   плотность *f* почернения, фотографическая плотность *f*

P442   e   **photographic development**
     d   photographische Entwicklung *f*
     f   développement *m* photographique
     r   фотографическое проявление *n*

P443   e   **photographic emulsion**
     d   Photoemulsion *f*, photographische Emulsion *f*, lichtempfindliche Emulsion *f*
     f   émulsion *f* photographique
     r   фотографическая эмульсия *f*, фотоэмульсия *f*

P444   e   **photographic exposure**
     d   Photobelichtung *f*
     f   exposition *f* photographique
     r   фотографическая экспозиция *f*

P445   e   **photographic image**
     d   photographisches Bild *n*
     f   image *f* photographique
     r   фотографическое изображение *n*

P446   e   **photographic magnitude** *(of a star)*
     d   photographische Helligkeit *f (Gestirn)*
     f   magnitude *f* stellaire photographique
     r   фотографическая звёздная величина *f*

P447   e   **photographic photometry**
     d   photographische Photometrie *f*
     f   photométrie *f* photographique
     r   фотографическая фотометрия *f*

P448   e   **photographic sensitometry**
     d   photographische Sensitometrie *f*
     f   sensitométrie *f* photographique
     r   фотографическая сенситометрия *f*

P449   e   **photographic spectrometry**
     d   photographische Spektrometrie *f*
     f   spectrométrie *f* photographique
     r   фотографическая спектрометрия *f*

P450   e   **photography**
     d   Photographie *f*
     f   photographie *f*
     r   фотография *f*

P451   e   **photoinduced drift**
     d   photoinduzierte Drift *f*
     f   photodérive *f*
     r   светоиндуцированный дрейф *m*, СИД

P452   e   **photoinduced Friedericksz transition**
     d   photoinduzierter Friedericksz-Übergang *m*
     f   transition *f* photo-induite de Friedericksz
     r   светоиндуцированный переход *m* Фредерикса

P453   e   **photoinduced isomerization**
     d   photoinduzierte Isomerisation *f*, Photoisomerisation *f*
     f   photo-isomérisation *f*
     r   фотоиндуцированная изомеризация *f*

P454   e   **photoinduced light absorption**
     d   photoinduzierte Lichtabsorption *f*
     f   absorption *f* de lumière photo-induite
     r   фотоиндуцированное поглощение *n* света

P455   e   **photoionization**
     d   Photoionisation *f*, lichtelektrische Ionisation *f*, photoelektrische Ionisation *f*
     f   photo-ionisation *f*
     r   фотоионизация *f*

P456   e   **photoionization chamber**
     d   Photoionisationskammer *f*
     f   chambre *f* à photo-ionisation
     r   фотоионизационная камера *f*

P457   e   **photoionization detection**
     d   Photoionisationsdetektierung *f*
     f   détection *f* par photo-ionisation
     r   фотоионизационное детектирование *n (атомов и молекул)*

P458   e   **photoionization rate**
     d   Photoionisationsrate *f*
     f   vitesse *f* de photo-ionisation
     r   скорость *f* фотоионизации

P459   e   **photoionization spectroscopy**
     d   Photoionisationsspektroskopie *f*
     f   spectroscopie *f* par photo-ionisation
     r   фотоионизационная спектроскопия *f*

P460   e   **photoion microscope**
     d   Photoionenmikroskop *n*
     f   microscope *m* à photo-ions
     r   фотоионный микроскоп *m*

P461   e   **photolithography**
     d   Photolitographie *f*
     f   photolithographie *f*
     r   фотолитография *f*

P462   e   **photoluminescence**
     d   Photolumineszenz *f*
     f   photoluminescence *f*
     r   фотолюминесценция *f*

P463   e   **photolysis**
     d   Photolyse *f*
     f   photolyse *f*
     r   фотолиз *m*

P464   e   **photolytical dissociation**
     d   photolytische Dissoziation *f*

PHOTOLYTIC

   f   dissociation *f* photolytique
   r   фотолитическая диссоциация *f*

P465   *e*   **photolytic initiation**
   d   photolytische Initiierung *f*
   f   initiation *f* photolytique
   r   фотолитическое инициирование *n*

P466   *e*   **photomagnetic effect**
   d   photomagnetischer Effekt *m*
   f   effet *m* photomagnétique
   r   фотомагнитный эффект *m*

P467   *e*   **photomagnetoelectric effect**
   d   photomagnetoelektrischer Effekt *m*
   f   effet *m* photomagnéto-électrique
   r   фотомагнитоэлектрический эффект *m*, эффект *m* Кикоина - Носкова

P468   *e*   **photomeson**
   d   Photomeson *n*
   f   photoméson *m*
   r   фотомезон *m*

P469   *e*   **photometer**
   d   Photometer *n*
   f   photomètre *m*
   r   фотометр *m*

P470   *e*   **photometer bench**
   d   Photometerbank *f*
   f   banc *m* photométrique
   r   фотометрическая скамья *f*

P471   *e*   **photometer head**
   d   Photometerkopf *m*
   f   tête *f* photométrique
   r   фотометрическая головка *f*

P472   *e*   **photometric cube**
   d   Photometerwürfel *m*
   f   cube *m* photométrique
   r   фотометрический кубик *m*, кубик *m* Люммера - Бродхуна

P473   *e*   **photometric measurements**
   d   photometrische Messungen *f pl*, Lichtmessungen *f pl*
   f   mesures *f pl* photométriques
   r   фотометрические измерения *n pl*

P474   *e*   **photometric paradox**
   d   photometrisches Paradoxon *n*
   f   paradoxe *m* photométrique
   r   фотометрический парадокс *m*

P475   *e*   **photometric parallax**
   d   photometrische Parallaxe *f*
   f   parallaxe *f* photométrique
   r   фотометрический параллакс *m*

P476   *e*   **photometric studies**
   d   photometrische Untersuchungen *f pl*
   f   études *f pl* photométriques
   r   фотометрические исследования *n pl*

P477   *e*   **photometric units**
   d   photometrische Einheiten *f pl*
   f   unités *f pl* photométriques
   r   фотометрические единицы *f pl*

P478   *e*   **photometric wedge**
   d   photometrischer Keil *m*
   f   coin *m* photométrique, coin *m* optique
   r   фотометрический клин *m*

P479   *e*   **photometry**
   d   Photometrie *f*
   f   photométrie *f*
   r   фотометрия *f*

P480   *e*   **photomultiplication factor**
   d   Photovervielfachungskoeffizient *m*, Photomultiplikationsfaktor *m*
   f   facteur *m* de photomultiplication
   r   коэффициент *m* фотоумножения

P481   *e*   **photomultiplier**
   d   Photovervielfacher *m*
   f   photomultiplicateur *m*
   r   фотоумножитель *m*

P482   *e*   **photon**
   d   Photon *n*; Lichtquant *n*
   f   photon *m*; quantum *m* de lumière
   r   фотон *m*; квант *m* света

P483   *e*   **photon antibunching**
   d   Photon-Antibunching *n*
   f   «antibunching» *m* des photons
   r   антигруппировка *f* фотонов

P484   *e*   **photon bunching**
   d   Photonbunching *n*
   f   «bunching» *m* des photons
   r   группировка *f* фотонов

P485   *e*   **photon drag**
   d   Photonen-Drag *m*, Photonenmitreißen *n*
   f   entraînement *m* (*d'électrons*) par les photons
   r   увлечение *n* (*электронов*) фотонами

P486   *e*   **photon echo**
   d   Photonenecho *n*
   f   écho *m* photonique
   r   фотонное эхо *n*

P487   *e*   **photon emission**
   d   Photonenemission *f*
   f   rayonnement *m* photonique
   r   испускание *n* фотонов

P488   *e*   **photon engine**
   d   Photonenantrieb *m*
   f   propulseur *m* photonique
   r   фотонный двигатель *m*

P489   *e*   **photoneutrino**
   d   Photoneutrino *n*
   f   photoneutrino *m*
   r   фотонейтрино *n*

P490   e   **photoneutron**
         d   Photoneutron *n*
         f   photoneutron *m*
         r   фотонейтрон *m*

P491   e   **photon gas**
         d   Photonengas *n*
         f   gaz *m* photonique
         r   фотонный газ *m*

P492   e   **photon momentum**
         d   Photonenimpuls *m*
         f   impulsion *f* du photon
         r   импульс *m* фотона

P493   e   **photon-photon interactions**
         d   Photon-Photon-Wechselwirkungen *f pl*
         f   interactions *f pl* photon-photon
         r   фотон-фотонные взаимодействия *n pl*

P494   e   **photon propagator**
         d   Photonenpropagator *m*
         f   propagateur *m* à photons
         r   фотонный пропагатор *m*

P495   e   **photon radiation**
         d   Photonenstrahlung *f*
         f   rayonnement *m* photonique
         r   фотонное излучение *n*

P496   e   **photon scattering**
         d   Photonenstreuung *f*
         f   diffusion *f* des photons
         r   рассеяние *n* фотонов

P497   e   **photon source**
         d   Photonenquelle *f*
         f   source *f* de photons
         r   источник *m* фотонов

P498   e   **photon statistics**
         d   Photonenstatistik *f*
         f   statistique *f* de photons
         r   статистика *f* фотонов

P499   e   **photonuclear reactions**
         d   photonukleare Reaktionen *f pl*
         f   réactions *f pl* photonucléaires
         r   фотоядерные реакции *f pl*

P500   e   **photophoresis**
         d   Photophorese *f*
         f   photophorèse *f*
         r   фотофорез *m*

P501   e   **photophysical process**
         d   photophysikalischer Prozeß *m*
         f   processus *m* photophysique
         r   фотофизический процесс *m*

P502   e   **photopiezoelectric effect**
         d   photopiezoelektrischer Effekt *m*
         f   effet *m* photopiézo-électrique
         r   фотопьезоэлектрический эффект *m*

P503   e   **photopolymerization**
         d   Photopolymerisation *f*
         f   photopolymérisation *f*
         r   фотополимеризация *f*

P504   e   **photoproduction of particles**
         d   Photoerzeugung *f* von Teilchen
         f   photoproduction *f* de particules
         r   фоторождение *n* частиц

P505   e   **photorecombination**
         d   Photorekombination *f*
         f   photorecombinaison *f*
         r   фоторекомбинация *f*

P506   e   **photorecombination radiation**
         d   Photorekombinationsstrahlung *f*
         f   rayonnement *m* de photorecombinaison
         r   фоторекомбинационное излучение *n*

P507   e   **photoresist**
         d   Photoresist *n*, Photolack *m*
         f   photorésist *m*
         r   фоторезист *m*

P508   e   **photoresistive cell** *see* **photoconductive cell**

P509   e   **photoresistor**
         d   Photowiderstand *m*
         f   photorésistance *f*
         r   фоторезистор *m*

P510   e   **photoresonance plasma**
         d   Photoresonanzplasma *n*
         f   plasma *m* à photorésonance
         r   фоторезонансная плазма *f*

P511   e   **photosensitive material**
         d   lichtempfindlicher Stoff *m*
         f   matière *f* photosensible
         r   фоточувствительный материал *m*

P512   e   **photosensitization**
         d   Photosensibilisierung *f*
         f   photosensibilisation *f*
         r   фотосенсибилизация *f*

P513   e   **photosphere**
         d   Photosphäre *f*
         f   photosphère *f*
         r   фотосфера *f (Солнца, звезды)*

P514   e   **photospheric faculae**
         d   photosphärische Fackeln *f pl*
         f   facules *f pl* photosphériques
         r   фотосферные факелы *m pl*

P515   e   **photospheric granulation**
         d   Granulation *f* der Photosphäre
         f   granulation *f* photosphérique
         r   фотосферная грануляция *f*

P516   e   **photospheric oscillations**
         d   photosphärische Oszillationen *f pl*
         f   oscillations *f pl* photosphériques
         r   фотосферные осцилляции *f pl*

PHOTOSPHERIC

P517   e   photospheric radiation
        d   photosphärische Strahlung *f*,
             Photosphärenstrahlung *f*
        f   rayonnement *m* photosphérique
        r   излучение *n* фотосферы *(Солнца)*

P518   e   photospheric supergranulation
        d   Supergranulation *f* der Photosphäre
        f   supergranulation *f* photosphérique
        r   фотосферная супергрануляция *f*

P519   e   photostimulated desorption
        d   photoinduzierte Desorption *f*
        f   désorption *f* photostimulée
        r   фотостимулированная десорбция *f*,
             фотодесорбция *f*

P520   e   photostimulated light absorption *see*
            photoinduced light absorption

P521   e   photosynthesis
        d   Photosynthese *f*
        f   photosynthèse *f*
        r   фотосинтез *m*

P522   e   photothyristor
        d   Photothyristor *m*
        f   photothyristor *m*
        r   фототиристор *m*

P523   e   phototransistor
        d   Phototransistor *m*
        f   phototransistor *m*
        r   фототранзистор *m*

P524   e   phototropy *see* photochromism

P525   e   phototube
        d   Vakuumphotozelle *f*
        f   cellule *f* photo-électrique à vide
        r   вакуумный фотоэлемент *m*

P526   e   photovoltaic effect
        d   Sperrschichtphotoeffekt *m*
        f   effet *m* photovoltaïque
        r   фотогальванический эффект *m*,
             фотовольтаический эффект *m*,
             вентильный фотоэффект *m*

P527   e   physical chemistry
        d   physikalische Chemie *f*
        f   chimie *f* physique
        r   физическая химия *f*

P528   e   physical constants
        d   physikalische Konstanten *f pl*
        f   constantes *f pl* physiques
        r   физические константы *m pl*,
             физические постоянные *f pl*

P529   e   physical instruments
        d   physikalische Geräte *n pl*
        f   instruments *m pl* physiques
        r   физические приборы *m pl*

P530   e   physical kinetics
        d   physikalische Kinetik *f*
        f   cinétique *f* physique
        r   физическая кинетика *f*

P531   e   physical laboratory
        d   physikalisches Laboratorium *n*
        f   laboratoire *m* physique
        r   физическая лаборатория *f*

P532   e   physical measurements
        d   physikalische Messungen *f pl*
        f   mesures *f pl* physiques
        r   физические измерения *n pl*

P533   e   physical oceanography
        d   physikalische Ozeanograpie *f*
        f   océanographie *f* physique
        r   физическая океанография *f*

P534   e   physical optics
        d   physikalische Optik *f*
        f   optique *f* physique
        r   физическая оптика *f*

P535   e   physical pendulum
        d   physikalisches Pendel *n*
        f   pendule *m* physique
        r   физический маятник *m*

P536   e   physical photometer
        d   physikalisches Photometer *n*
        f   photomètre *m* physique
        r   физический фотометр *m*

P537   e   physical quantity
        d   physikalische Größe *f*
        f   grandeur *f* physique
        r   физическая величина *f*

P538   e   physical research
        d   physikalische Forschungen *f pl*
        f   recherches *f pl* physiques
        r   физические исследования *n pl*

P539   e   physical statistics
        d   physikalische Statistik *f*
        f   statistique *f* physique
        r   физическая статистика *f*

P540   e   physical units
        d   physikalische Einheiten *f pl*
        f   unités *f pl* physiques
        r   единицы *f pl* физических величин

P541   e   physics
        d   Physik *f*
        f   physique *f*
        r   физика *f*

P542   e   physics of high-speed phenomena
        d   Physik *f* der kurzzeitigen Prozesse
        f   physique *f* des phénomènes ultra-
             rapides
        r   физика *f* быстропротекающих
             процессов

P543 e physics of metals
d Metallphysik f
f physique f des métaux
r физика f металлов, металлофизика f

P544 e physiological acoustics
d physiologische Akustik f
f acoustique f physiologique
r физиологическая акустика f

P545 e physiological optics
d physiologische Optik f
f optique f physiologique
r физиологическая оптика f

P546 e pickup
d 1. Sensor m 2. Tonabnehmer m
f 1. capteur m 2. phonocapteur m
r 1. датчик m 2. звукосниматель m

P547 e picosecond laser
d Pikosekundenlaser m
f laser m picoseconde
r пикосекундный лазер m

P548 e picosecond pulse
d Pikosekundenimpuls m
f impulsion f picoseconde
r пикосекундный импульс m

P549 e picosecond spectroscopy
d Pikosekundenspektroskopie f
f spectroscopie f picoseconde
r пикосекундная спектроскопия f

P550 e picture
d 1. Abbildung f; Bild n 2. Aufnahme f, Bild n
f image f
r 1. изображение n 2. снимок m

P551 e piecewise-smooth dependence
d stückweise glatte Abhängigkeit f
f dépendance f lisse par morceaux
r кусочно-гладкая зависимость f

P552 e pi electron
d pi-Elektron n
f électron m pi
r пи-электрон m

P553 e Pierce gun
d Pierce-Kanone f
f canon m de Pierce
r пушка f Пирса

P554 e piezoceramics see piezoelectric ceramics

P555 e piezocrystal
d Piezokristall m, piezoelektrischer Kristall m
f piézocristal m, cristal m piézo-électrique
r пьезокристалл m, пьезоэлектрический кристалл m

P556 e piezoeffect see piezoelectric effect

P557 e piezoelectric
d Piezoelektrikum n, piezoelektrischer Stoff m
f piézo-électrique m
r пьезоэлектрик m

P558 e piezoelectric cell
d Piezoelement n, piezoelektrisches Element n
f cellule f piézo-électrique
r пьезоэлемент m

P559 e piezoelectric ceramics
d piezoelektrische Keramik f, Piezokeramik f
f céramique f piézo-électrique
r пьезокерамика f, пьезоэлектрическая керамика f

P560 e piezoelectric coupling coefficient see electromechanical coupling coefficient

P561 e piezoelectric crystal see piezocrystal

P562 e piezoelectric deflector
d piezoelektrischer Deflektor m
f déflecteur m piézo-électrique
r пьезоэлектрический дефлектор m

P563 e piezoelectric effect
d piezoelektrischer Effekt m, Piezoeffekt m
f effet m piézo-électrique
r пьезоэффект m

P564 e piezoelectric film
d piezoelektrische Schicht f
f film m piézo-électrique
r пьезоэлектрическая плёнка f

P565 e piezoelectricity
d Piezoelektrizität f
f piézo-électricité f
r пьезоэлектричество n

P566 e piezoelectric materials
d piezoelektrische Stoffe m pl, Piezoelektrika n pl
f matériaux m pl piézo-électriques
r пьезоэлектрические материалы m pl, пьезоэлектрики m pl

P567 e piezoelectric mirror
d piezoelektrischer Spiegel m
f miroir m piézo-électrique
r пьезоэлектрическое зеркало n

P568 e piezoelectric pickup
d piezoelektrischer Tonabnehmer m, Kristalltonabnehmer m
f lecteur m piézo-électrique
r пьезоэлектрический звукосниматель m

PIEZOELECTRIC

P569   e   piezoelectric polarization
         d   piezoelektrische Polarisation f
         f   polarisation f piézo-électrique
         r   пьезоэлектрическая поляризация f

P570   e   piezoelectric pressure gage
         d   piezoelektrisches Manometer n
         f   manomètre m piézo-électrique
         r   пьезоэлектрический манометр m

P571   e   piezoelectric resonator
         d   piezoelektrischer Resonator m
         f   résonateur m piézo-électrique
         r   пьезоэлектрический резонатор m

P572   e   piezoelectric semiconductor
         d   Piezohalbleiter m, piezoelektrischer Halbleiter m
         f   semi-conducteur m piézo-électrique
         r   пьезополупроводник m

P573   e   piezoelectric sensor
         d   piezoelektrischer Geber m, Piezogeber m; piezoelektrischer Sensor m
         f   capteur m piézo-électrique
         r   пьезоэлектрический датчик m

P574   e   piezoelectric substrate
         d   piezoelektrisches Substrat n
         f   substrat m piézo-électrique
         r   пьезоэлектрическая подложка f

P575   e   piezoelectric tensor
         d   piezoelektrischer Tensor m
         f   tenseur m piézo-électrique
         r   пьезоэлектрический тензор m

P576   e   piezoelectric transducer
         d   piezoelektrischer Wandler m; piezoelektrischer Umformer m
         f   convertisseur m piézo-électrique
         r   пьезоэлектрический преобразователь m

P577   e   piezomagnetic crystal
         d   piezomagnetischer Kristall m
         f   cristal m piézomagnétique
         r   пьезомагнитный кристалл m

P578   e   piezomagnetic effect
         d   piezomagnetischer Effekt m
         f   effet m piézomagnétique
         r   пьезомагнитный эффект m

P579   e   piezomagnetism
         d   Piezomagnetismus m
         f   piézomagnétisme m
         r   пьезомагнетизм m

P580   e   piezometer
         d   Piezometer n
         f   piézomètre m
         r   пьезометр m

P581   e   piezooptic effect
         d   piezooptischer Effekt m
         f   effet m piézo-optique
         r   пьезооптический эффект m

P582   e   piezoquartz
         d   Schwingquarz m
         f   quartz m piézo-électrique
         r   пьезокварц m

P583   e   pilot plant
         d   Versuchsbetrieb m, Versuchsanlage f
         f   usine f pilote
         r   опытный завод m; СКБ (специальное конструкторское бюро)

P584   e   pi meson, π meson
         d   pi-Meson n, Pion n
         f   méson m π, méson m pi, pion m
         r   пи-мезон m, π-мезон m, пион m

P585   e   pi mode
         d   pi-Mode f
         f   mode m pi
         r   пи-вид m (колебаний в магнетроне), π-вид m

P586   e   pinacoid
         d   Pinakoid n
         f   pinacoïde m
         r   пинакоид m

P587   e   pinch, pinch discharge
         d   Pinchentladung f, Pinch m
         f   décharge f à autostriction
         r   самостягивающийся разряд m, пинч m

P588   e   pinch effect
         d   Pincheffekt m, Einschnüreffekt m
         f   effet m de pincement
         r   пинч-эффект m

P589   e   pincushion distorsion
         d   kissenförmige Verzeichnung f, Kissenverzeichnung f
         f   distorsion f en coussinet
         r   подушкообразная дисторсия f, положительная дисторсия f

P590   e   pin diode, p-i-n diode
         d   pin-Diode f
         f   diode f pin
         r   pin-диод m

P591   e   pinning
         d   Pinning n, Flußverankerung f
         f   piégeage m
         r   пиннинг m, зацепление n

P592   e   pion
         d   Pion n, pi-Meson n
         f   pion m, méson m pi
         r   пион m, пи-мезон m

P593   e   pionic atom
         d   Pionatom n, Pionenatom n, pi-mesisches Atom n, pi-mesonisches Atom n

        f   atome *m* pionique, atome *m* pi-mésonique
        r   пионный атом *m*

P594 *e*   **pionic decay**
        d   Pionzerfall *m*
        f   désintégration *f* du pion
        r   распад *m* пиона

P595 *e*   **pionic pole**
        d   Pionenpol *m*
        f   pôle *m* de pion
        r   пионный полюс *m*, пи-мезонный полюс *m*

P596 *e*   **pionic production** *see* pion production

P597 *e*   **pionium**
        d   Pionium *n*, pi-Mesonium *n*
        f   pionium *n*
        r   пионий *m*

P598 *e*   **pion photoproduction**
        d   Pionenphotoerzeugung *f*
        f   photocréation *f* de pions
        r   фоторождение *n* пионов

P599 *e*   **pion production**
        d   Pionenerzeugung *f*
        f   création *f* de pions
        r   образование *n* пионов

P600 *e*   **pipe**
        d   1. Rohr *n* 2. Wellenleiter *m*
        f   1. tube *m* 2. guide *m* d'ondes
        r   1. труба *f* 2. волновод *m*

P601 *e*   **Pippard equation**
        d   Pippard-Gleichung *f*
        f   équation *f* de Pippard
        r   уравнение *n* Пиппарда

P602 *e*   **pi pulse**
        d   pi-Impuls *m*
        f   impulsion *f* pi
        r   пи-импульс *m*, π-импульс *m*

P603 *e*   **Pirani pressure gage**
        d   Pirani-Manometer *n*
        f   manomètre *m* de Pirani
        r   манометр *m* Пирани

P604 *e*   **Pirson criterion**
        d   Pirson-Kriterium *n*
        f   critère *m* de Pirson
        r   критерий *m* Пирсона

P605 *e*   **piston attenuator**
        d   Kolbendämpfungsglied *n*
        f   atténuateur *m* à piston
        r   поршневой аттенюатор *m*

P606 *e*   **pitch angle**
        d   Pitchwinkel *m*, Steigungswinkel *m*
        f   inclinaison *f*
        r   питч-угол *m* (угол вхождения частицы в магнитное поле)

P607 *e*   **pitch-angle diffusion**
        d   Pitchwinkeldiffusion *f*
        f   diffusion *f* à inclinaison
        r   питч-угловая диффузия *f*

P608 *e*   **pitch-angle distribution**
        d   Pitchwinkelverteilung *f*
        f   distribution *f* à inclinaison
        r   питч-угловое распределение *n*

P609 *e*   **pitch-angle instability**
        d   Pitchwinkelinstabilität *f*
        f   instabilité *f* à inclinaison
        r   питч-угловая неустойчивость *f*

P610 *e*   **pitch-angle scattering**
        d   Pitchwinkelstreuung *f*
        f   diffusion *f* à inclinaison
        r   питч-угловое рассеяние *n*

P611 *e*   **pitch of a screw**
        d   Ganghöhe *f*
        f   pas *m* de vis
        r   шаг *m* винта

P612 *e*   **pitch of sound**
        d   Tonhöhe *f*
        f   hauteur *f* du son
        r   высота *f* звука

P613 *e*   **Pitot tube**
        d   Pitot-Rohr *n*, Pitotsches Rohr *n*
        f   tube *m* de Pitot
        r   трубка *f* Пито

P614 *e*   **plages**
        d   Fackeln *f pl*, chromosphärische Fackeln *f pl*, Chromosphärenfackeln *f pl*
        f   plages *f pl* faculaires, facules *f pl* chromosphériques
        r   флоккулы *f pl* (в хромосфере Солнца)

P615 *e*   **planar channel**
        d   Planarkanal *m*
        f   canal *m* plan
        r   плоскостной канал *m*

P616 *e*   **planar channeling**
        d   Planarkanalierung *f*
        f   canalisation *f* plane
        r   плоскостное каналирование *n*

P617 *e*   **planar epitaxial device**
        d   Epiplanargerät *n*, Epitaxial-Planargerät *n*
        f   dispositif *m* planaire épitaxial
        r   планарный эпитаксиальный прибор *m*

P618 *e*   **Planck constant**
        d   Planck-Konstante *f*, Plancksche Konstante *f*, Plancksches Wirkungsquantum *n*
        f   constante *f* de Planck

PLANCK

	r	постоянная f Планка, квант m действия

P619   e   **Planck length**
      d   Planck-Länge f
      f   longueur f de Planck
      r   планковская длина f

P620   e   **Planck mass**
      d   Planck-Masse f
      f   masse f de Planck
      r   планковская масса f

P621   e   **Planck radiation formula**
      d   Plancksches Strahlungsgesetz n; Plancksche Strahlungsformel f
      f   loi f de Planck; formule f de Planck, formule f du rayonnement de Planck
      r   закон m излучения Планка, формула f Планка

P622   e   **Planck time interval**
      d   Plancksches Zeitintervall n
      f   intervalle m de temps de Planck
      r   планковский промежуток m времени

P623   e   **plane**
      d   Ebene f
      f   plan m
      r   плоскость f

P624   e   **plane mirror**
      d   Planspiegel m, Flachspiegel m
      f   miroir m plan
      r   плоское зеркало n

P625   e   **plane of polarization**
      d   Polarisationsebene f
      f   plan m de polarisation
      r   плоскость f поляризации

P626   e   **plane of symmetry**
      d   Symmetrieebene f
      f   plan m de symétrie
      r   плоскость f симметрии

P627   e   **plane-parallel motion**
      d   planparallele Bewegung f
      f   mouvement m plan, mouvement m à deux dimensions
      r   плоскопараллельное движение n

P628   e   **plane-parallel plate**
      d   planparallele Platte f
      f   plaque f à faces parallèles
      r   плоскопараллельная пластинка f

P629   e   **plane-polarized radiation**
      d   planpolarisierte Strahlung f
      f   rayonnement m plan-polarisé
      r   плоскополяризованное излучение n

P630   e   **plane-stratified medium**
      d   planargeschichtetes Medium n
      f   milieu m plan-stratifié
      r   плоско-слоистая среда f

P631   e   **planet**
      d   Planet m
      f   planète f
      r   планета f

P632   e   **planetary atmosphere**
      d   Planetenatmosphäre f
      f   atmosphère f planétaire
      r   планетная атмосфера f

P633   e   **planetary model**
      d   Planetenmodell n, Rutherfordsches Atommodell n
      f   modèle m planétaire, modèle m planétaire d'atome
      r   планетарная модель f (атома)

P634   e   **planetary nebula**
      d   planetarischer Nebel m
      f   nébuleuse f planétaire
      r   планетарная туманность f

P635   e   **planetary parallax**
      d   Planetenparallaxe f
      f   parallaxe f planétaire
      r   параллакс m планеты

P636   e   **planetary precession**
      d   Planetenpräzession f
      f   précession f planétaire
      r   планетная прецессия f

P637   e   **plane wave**
      d   ebene Welle f, Planwelle f
      f   onde f plane
      r   плоская волна f

P638   e   **plano-concave lens**
      d   plankonkave Linse f
      f   lentille f plan-concave
      r   плоско-вогнутая линза f

P639   e   **plano-convex lens**
      d   plankonvexe Linse f
      f   lentille f plan-convexe
      r   плоско-выпуклая линза f

P640   e   **plasma**
      d   Plasma n
      f   plasma m
      r   плазма f

P641   e   **plasma accelerator**
      d   Plasmabeschleuniger m
      f   accélérateur m de plasma
      r   плазменный ускоритель m

P642   e   **plasma-beam discharge**
      d   Plasmastrahlentladung f
      f   décharge f à faisceau de plasma
      r   плазменно-пучковый разряд m

P643   e   **plasma cathode**
      d   Plasmakatode f

    f cathode *f* à plasma
    r плазменный катод *m*

P644 *e* **plasma channel**
    d Plasmakanal *m*
    f colonne *f* de plasma, canal *m* de plasma
    r плазменный канал *m*

P645 *e* **plasma-chemical reaction**
    d plasmachemische Reaktion *f*
    f réaction *f* plasmochimique
    r плазмохимическая реакция *f*

P646 *e* **plasma chemistry**
    d Plasmachemie *f*
    f plasmochimie *f*
    r плазмохимия *f*, химия *f* плазмы

P647 *e* **plasma coating**
    d Plasmabeschichtung *f*
    f revêtement *m* à plasma
    r плазменное покрытие *n*

P648 *e* **plasma conductivity**
    d Plasmaleitfähigkeit *f*
    f conductibilité *f* du plasma
    r проводимость *f* плазмы

P649 *e* **plasma configuration**
    d Plasmakonfiguration *f*
    f configuration *f* à plasma
    r плазменная конфигурация *f*

P650 *e* **plasma confinement**
    d Plasmaeinschließung *f*, Plasmahalterung *f*
    f confinement *m* du plasma
    r удержание *n* плазмы

P651 *e* **plasma containment** *see* **plasma confinement**

P652 *e* **plasma contamination**
    d Plasmaverunreinigung *f*
    f contamination *f* du plasma
    r загрязнение *n* плазмы

P653 *e* **plasma convection**
    d Plasmakonvektion *f*
    f convection *f* du plasma
    r конвекция *f* плазмы

P654 *e* **plasma diagnostics**
    d Plasmadiagnostik *f*
    f diagnostic *m* du plasma
    r диагностика *m* плазмы

P655 *e* **plasma diamagnetism**
    d Plasmadiamagnetismus *m*
    f diamagnétisme *m* du plasma
    r диамагнетизм *m* плазмы

P656 *e* **plasma dynamics**
    d Plasmadynamik *f*
    f dynamique *f* du plasma
    r динамика *f* плазмы

P657 *e* **plasma electronics**
    d Plasmaelektronik *f*
    f électronique *f* du plasma
    r плазменная электроника *f*

P658 *e* **plasma engine**
    d Plasmaantrieb *m*
    f propulseur *m* à plasma
    r плазменный двигатель *m*

P659 *e* **plasma equilibrium**
    d Plasmagleichgewicht *n*
    f équilibre *m* du plasma
    r равновесие *n* плазмы

P660 *e* **plasma field**
    d Plasmafeld *n*
    f champ *m* de plasma
    r плазменное поле

P661 *e* **plasma filament**
    d Plasmafaden *m*, Plasmafilament *n*
    f filament *m* de plasma, cordon *m* de plasma
    r плазменный шнур *m*, плазменный виток *m*

P662 *e* **plasma filament deformation**
    d Plasmafadendeformation *f*
    f déformation *f* du filament de plasma, déformation *f* du cordon de plasma
    r деформация *f* плазменного шнура

P663 *e* **plasma focus**
    d Plasmafokus *m*
    f foyer *m* du plasma
    r плазменный фокус *m*

P664 *e* **plasma frequency**
    d Plasmafrequenz *f*
    f fréquence *f* de plasma
    r плазменная частота *f*

P665 *e* **plasma generator**
    d Plasmagenerator *m*
    f générateur *m* de plasma
    r генератор *m* плазмы

P666 *e* **plasma heating**
    d Plasmaaufheizung *f*
    f chauffage *m* du plasma
    r нагрев *m* плазмы

P667 *e* **plasma hydrodynamics**
    d Hydrodynamik *f* des Plasmas
    f hydrodynamique *f* de plasma
    r гидродинамика *f* плазмы

P668 *e* **plasma injection**
    d Plasmainjektion *f*, Plasmaeinschuß *m*
    f injection *f* du plasma
    r инжекция *f* плазмы

P669 *e* **plasma injector**
    d Plasmainjektor *m*
    f injecteur *m* du plasma
    r инжектор *m* плазмы

PLASMA

P670   e   plasma instability
         d   Plasmainstabilität f
         f   instabilité f du plasma
         r   неустойчивость f плазмы, плазменная неустойчивость f

P671   e   plasma kinetics
         d   Plasmakinetik f
         f   cinétique f du plasma
         r   кинетика f плазмы

P672   e   plasma kink
         d   Plasmafadenabknickung f
         f   cassure f du cordon de plasma
         r   излом m плазменного шнура

P673   e   plasma laser
         d   Plasmalaser m
         f   laser m à plasma
         r   плазменный лазер m

P674   e   plasma lens
         d   Plasmalinse f
         f   lentille f à plasma
         r   плазменная линза f

P675   e   plasma mantle
         d   Plasmamantel m (Magnitosphäre)
         f   manteau m de plasma (en magnétosphère)
         r   плазменная мантия f (в магнитосфере)

P676   e   plasma optics
         d   Plasmaoptik f
         f   optique f de plasma
         r   плазмооптика f

P677   e   plasma oscillation, plasma oscillations
         d   Plasmaschwingungen f pl
         f   oscillations f pl de plasma
         r   плазменные колебания n pl, ленгмюровские колебания n pl

P678   e   plasmapause
         d   Plasmapause f
         f   plasmopause f
         r   плазмопауза f

P679   e   plasma permittivity
         d   Plasmadielektrizitätskonstante f
         f   permittivité f du plasma
         r   диэлектрическая проницаемость f плазмы

P680   e   plasma physics
         d   Plasmaphysik f
         f   physique f du plasma
         r   физика f плазмы

P681   e   plasma pressure
         d   Plasmadruck m
         f   pression f du plasma
         r   давление n плазмы

P682   e   plasma probing
         d   Plasmasondierung f
         f   sondage m du plasma
         r   зондирование n плазмы

P683   e   plasma quasi-neutrality
         d   Plasma-Quasineutralität f
         f   quasi-neutralité f du plasma
         r   квазинейтральность f плазмы

P684   e   plasma radiation
         d   Plasmastrahlung f
         f   rayonnement m de plasma
         r   излучение n плазмы

P685   e   plasma resonance
         d   Plasmaresonanz f
         f   résonance f du plasma
         r   плазменный резонанс m

P686   e   plasma source
         d   Plasmaquelle f
         f   source f du plasma
         r   плазменный источник m

P687   e   plasmasphere
         d   Plasmasphäre f
         f   plasmosphère f
         r   плазмосфера f

P688   e   plasma spraying
         d   Plasmaspritzen n
         f   déposition f par pulvérisation du plasma
         r   плазменное напыление n

P689   e   plasma stability
         d   Plasmastabilität f
         f   stabilité f du plasma
         r   устойчивость f плазмы

P690   e   plasma target
         d   Plasmatarget n
         f   cible f de plasma
         r   плазменная мишень f

P691   e   plasma technology
         d   Plasmatechnik f, Plasmatechnologie f
         f   technologie f à plasma
         r   плазменная технология f

P692   e   plasma trap
         d   Plasmatrap m
         f   piège m à plasma
         r   плазменная ловушка f

P693   e   plasmatron
         d   Plasmatron n
         f   plasmatron m
         r   плазматрон m

P694   e   plasma turbulence
         d   Plasmaturbulenz f
         f   turbulence f du plasma
         r   турбулентность f плазмы

P695   e   plasma wave
         d   Plasmawelle f

		f onde *f* de plasma
		r плазменная волна *f*

P696 *e* **plasma waveguide**
d Plasmawellenleiter *m*
f guide *m* d'ondes à plasma
r плазменный волновод *m*

P697 *e* **plasmoid**
d Plasmoid *n*
f plasmoïde *m*
r плазмоид *m*

P698 *e* **plasmon**
d Plasmon *n*
f plasmon *m*
r плазмон *m*

P699 *e* **plastic deformation**
d plastische Verformung *f*, bleibende Verformung *f*
f déformation *f* plastique
r пластическая деформация *f*

P700 *e* **plastic flow**
d plastisches Fließen *n*
f écoulement *m* plastique
r пластическое течение *n*

P701 *e* **plasticity**
d Plastizität *f*, Bildsamkeit *f*
f plasticité *f*
r пластичность *f*

P702 *e* **plate**
d 1. Platte *f* 2. Anode *f*
f 1. plaque *f* 2. anode *f*
r 1. пластинка *f* 2. анод *m*

P703 *e* **plate bending**
d Plattenbiegung *f*
f flexion *f* de la plaque
r изгиб *m* пластины

P704 *e* **platinotron**
d Platinotron *n*
f platinotron *m*
r платинотрон *m*

P705 *e* **platinum, Pt**
d Platin *n*
f platine *m*
r платина *f*

P706 *e* **playback**
d Wiedergabe *f*
f reproduction *f*
r воспроизведение *n* (*звукозаписи*)

P707 *e* **pleochroism**
d Pleochroismus *m*
f pléochroïsme *m*
r плеохроизм *m*

P708 *e* **plot**
d graphische Darstellung *f*; Kurvenbild *n*; Diagramm *n*

f graphique *m*
r график *m*; диаграмма *f*

P709 *e* **plumbum, Pb**
d Blei *n*
f plomb *m*
r свинец *m*

P710 *e* **Pluto**
d Pluto *m*
f Pluton *m*
r Плутон *m*

P711 *e* **plutonium, Pu**
d Plutonium *n*
f plutonium *m*
r плутоний *m*

P712 *e* **p-n junction**
d p-n-Übergang *m*
f jonction *f* p-n
r р—n-переход *m*

P713 *e* **Pockels cell**
d Pockels-Zelle *f*
f cellule *f* de Pockels
r ячейка *f* Поккельса

P714 *e* **Pockels effect**
d Pockels-Effekt *m*, elektrooptischer Längseffekt *m*
f effet *m* Pockels
r эффект *m* Поккельса

P715 *e* **Poincaré group**
d Poincaré-Gruppe *f*
f groupe *m* de Poincaré
r группа *f* Пуанкаре

P716 *e* **point**
d Punkt *m*
f point *m*
r точка *f*

P717 *e* **point charge**
d Punktladung *f*, punktförmige Ladung *f*
f charge *f* ponctuelle
r точечный заряд *m*

P718 *e* **point contact**
d Punktkontakt *m*, Spitzenkontakt *m*
f contact *m* ponctuel
r точечный контакт *m*

P719 *e* **point defect**
d Punktdefekt *m*, punktförmige Störstelle *f*, Punktfehlstelle *f*
f défaut *m* ponctuel
r точечный дефект *m*

P720 *e* **point groups**
d Punktgruppen *f pl*, Punktsymmetriegruppen *f pl*
f groupes *m pl* ponctuels, groupes *m pl* ponctuels de symétrie
r точечные группы *f pl* (*симметрии кристаллов*)

POINT

P721   e   point momentum
      d   Punktimpuls m
      f   moment m d'un point
      r   импульс m точки

P722   e   point object
      d   Punktobjekt n
      f   objet m ponctuel
      r   точечный объект m

P723   e   point source
      d   Punktquelle f, punktförmige Quelle f
      f   source f ponctuelle
      r   точечный источник m

P724   e   Poise, P
      d   Poise n
      f   poise f
      r   пуаз m, П (единица вязкости)

P725   e   Poiseuille equation
      d   Hagen-Poiseuillesches Gesetz n,
           Hagen-Poiseuillesche Gleichung f,
           Poiseuillesches Gesetz n,
           Poiseuillesche Gleichung f
      f   loi f de Poiseuille
      r   закон m Пуазейля

P726   e   Poiseuille flow
      d   Poiseuille-Strömung f, Poiseuillesche Rohrströmung f
      f   écoulement m de Poiseuille
      r   течение n Пуазейля

P727   e   Poisson distribution
      d   Poisson-Verteilung f, Poissonsche Verteilung f
      f   distribution f de Poisson
      r   распределение n Пуассона

P728   e   Poisson equation
      d   Poisson-Gleichung f, Poissonsche Gleichung f
      f   équation f de Poisson
      r   уравнение n Пуассона

P729   e   Poisson integral
      d   Poissonsches Integral n
      f   intégrale f de Poisson
      r   интеграл m Пуассона

P730   e   Poisson ratio
      d   Poisson-Zahl f
      f   rapport m de Poisson, coefficient m de Poisson
      r   коэффициент m Пуассона

P731   e   polar
      d   Polare f
      f   polaire f
      r   поляра f

P732   e   polar caps
      d   Polkappen f pl
      f   calottes f pl polaires
      r   полярные шапки f pl

P733   e   polar circle
      d   Polarkreis m
      f   cercle m polaire
      r   полярный круг m

P734   e   polar coordinates
      d   Polarkoordinaten f pl
      f   coordonnées f pl polaires
      r   полярные координаты f pl

P735   e   polar diagram
      d   Polardiagramm n
      f   diagramme m polaire
      r   полярная диаграмма f

P736   e   polarimeter
      d   Polarimeter n
      f   polarimètre m
      r   поляриметр m

P737   e   polarimetry
      d   Polarimetrie f
      f   polarimétrie f
      r   поляриметрия f

P738   e   polar ionosphere
      d   Polarionosphäre f
      f   ionosphère f polaire
      r   полярная ионосфера f

P739   e   polariscope
      d   Polariskop n
      f   polariscope m
      r   полярископ m

P740   e   polariton
      d   Polariton n
      f   polariton m
      r   поляритон m

P741   e   polariton luminescence
      d   Polaritonlumineszenz f
      f   luminescence f à polariton
      r   поляритонная люминесценция f

P742   e   polarity
      d   Polarität f; Polung f
      f   polarité f
      r   полярность f

P743   e   polarizability
      d   Polarisierbarkeit f
      f   polarisabilité f
      r   поляризуемость f

P744   e   polarization
      d   Polarisation f, Polarisierung f
      f   polarisation f
      r   поляризация f

P745   e   polarization compensator
      d   Polarisationskompensator m
      f   compensateur m à polarisation
      r   поляризационный компенсатор m

P746   e   polarization measurements
      d   Polarisationsmessungen f pl

POLARIZING

	f	mesures *f pl* de polarisation
	r	поляризационные измерения *n pl*

P747 *e* polarization microscope
d Polarisationsmikroskop *n*
f microscope *m* polarisant
r поляризационный микроскоп *m*

P748 *e* polarization microscopy
d Polarisationsmikroskopie *f*
f microscopie *f* à polarisation
r поляризационная микроскопия *f*

P749 *e* polarization of electromagnetic radiation
d Polarisation *f* der elektromagnetischen Strahlung
f polarisation *f* du rayonnement électromagnétique
r поляризация *f* электромагнитного излучения

P750 *e* polarization of light
d Polarisation *f* des Lichtes
f polarisation *f* de la lumière
r поляризация *f* света

P751 *e* polarization of matter
d Polarisation *f* des Mediums
f polarisation *f* du milieu
r поляризация *f* среды

P752 *e* polarization of particles
d Teilchenpolarisation *f*
f polarisation *f* des particules
r поляризация *f* частиц

P753 *e* polarization of radio waves
d Radiowellenpolarisation *f*
f polarisation *f* des ondes radio
r поляризация *f* радиоволн

P754 *e* polarization of waves
d Wellenpolarisation *f*
f polarisation *f* des ondes
r поляризация *f* волн

P755 *e* polarization vector
d Polarisationsvektor *m*
f vecteur *m* de polarisation
r вектор *m* поляризации

P756 *e* polarized beam
d polarisierter Strahl *m*
f faisceau *m* polarisé
r поляризованный пучок *m*, поляризованный луч *m*

P757 *e* polarized beam interference
d Interferenz *f* der polarisierten Strahlen
f interférence *f* des rayons polarisés
r интерференция *f* поляризованных лучей

P758 *e* polarized crystal
d polarisierter Kristall *m*
f cristal *m* polarisé
r поляризованный кристалл *m*

P759 *e* polarized dielectric
d polarisiertes Dielektrikum *n*
f diélectrique *m* polarisé
r поляризованный диэлектрик *m*

P760 *e* polarized light
d polarisiertes Licht *n*
f lumière *f* polarisée
r поляризованный свет *m*

P761 *e* polarized luminescence
d polarisierte Lumineszenz *f*
f luminescence *f* polarisée
r поляризованная люминесценция *f*

P762 *e* polarized neutrons
d polarisierte Neutronen *n pl*
f neutrons *m pl* polarisés
r поляризованные нейтроны *m pl*

P763 *e* polarized nuclei
d polarisierte Kerne *m pl*
f noyaux *m pl* polarisés
r поляризованные ядра *n pl*

P764 *e* polarized radiation
d polarisierte Strahlung *f*
f rayonnement *m* polarisé
r поляризованное излучение *n*

P765 *e* polarized target
d polarisiertes Target *n*
f cible *f* polarisée
r поляризованная мишень *f*

P766 *e* polarized wave
d polarisierte Welle *f*
f onde *f* polarisée
r поляризованная волна *f*

P767 *e* polarizer
d Polarisator *m*
f polarisateur *m*, polariseur *m*
r поляризатор *m*

P768 *e* polarizing angle
d Polarisationswinkel *m*, Brewster-Winkel *m*
f angle *m* de polarisation, angle *m* de Brewster
r угол *m* Брюстера, угол *m* полной поляризации

P769 *e* polarizing filter
d Polarisationsfilter *n*
f filtre *m* polarisant
r поляризационный светофильтр *m*; поляроид *m*

P770 *e* polarizing prism
d Polarisationsprisma *n*
f prisme *m* polariseur
r поляризационная призма *f*

POLAR

P771	e	polar lights *see* aurora
P772	e	polar molecule
	d	polares Molekül n
	f	molécule f polaire
	r	полярная молекула f
P773	e	polarogram
	d	Polarogramm n
	f	polarogramme m
	r	полярограмма f
P774	e	polarograph
	d	Polarograph m
	f	polarographe m
	r	полярограф m
P775	e	polarography
	d	Polarographie f
	f	polarographie f
	r	полярография f
P776	e	polaron
	d	Polaron n
	f	polaron m
	r	полярон m
P777	e	pole
	d	Pol m
	f	pôle m
	r	полюс m
P778	e	pole piece, pole tip
	d	Polschuh m
	f	pièce f polaire
	r	полюсный наконечник m
P779	e	polhode
	d	Polhodie f, Gangpolkurve f
	f	polhodie f
	r	полодия f
P780	e	polonium, Po
	d	Polonium n
	f	polonium m
	r	полоний m
P781	e	polycrystals
	d	Polykristalle m pl
	f	polycristaux m pl
	r	поликристаллы m pl
P782	e	polygon
	d	Polygon n, Vieleck n
	f	polygone m
	r	многоугольник m
P783	e	polygon of forces
	d	Kräftepolygon n, Kräftevieleck n
	f	polygone m des forces
	r	многоугольник m сил
P784	e	polyhedron
	d	Polyeder n, Vielflach n, Vielflächner m
	f	polyèdre m
	r	многогранник m
P785	e	polymer crystal
	d	Polymerkristall m
	f	cristal m polymérique
	r	полимерный кристалл m
P786	e	polymer destruction
	d	Polymerabbau m, Abbau m von Polymeren
	f	destruction f des polymères
	r	деструкция f полимеров
P787	e	polymerization
	d	Polymerisation f, Polymerisierung f
	f	polymérisation f
	r	полимеризация f
P788	e	polymers
	d	Polymere n pl
	f	polymères m pl
	r	полимеры m pl
P789	e	polymorphism
	d	Polymorphie f, Polymorphismus m
	f	polymorphisme m
	r	полиморфизм m
P790	e	polynomial
	d	Polynom n
	f	polynôme m
	r	многочлен m, полином m
P791	e	polynomial distribution
	d	Polynomialverteilung f
	f	distribution f polynomiale
	r	полиномиальное распределение n
P792	e	polytrope
	d	Polytrope f
	f	polytrope f
	r	политропа f
P793	e	polytropic process
	d	polytroper Prozeß m, polytropische Zustandsänderung f
	f	transformation f polytropique
	r	политропический процесс m
P794	e	polytypism
	d	Polytypie f
	f	polytypisme m
	r	политипия f, политипизм m
P795	e	Pomeranchuk particle *see* pomeron
P796	e	Pomeranchuk theorem
	d	Pomerantschuk-Theorem n, Pomerantschuksches Theorem n
	f	théorème m de Pomerantchouk
	r	теорема f Померанчука
P797	e	pomeron
	d	Pomeron n
	f	pomeron m
	r	померон m
P798	e	ponderomotive action
	d	ponderomotorische Wirkung f

	f	action *f* pondéromotrice
	r	пондеромоторное действие *n*
P799	*e*	ponderomotive force
	d	ponderomotorische Kraft *f*
	f	force *f* pondéromotrice
	r	пондеромоторная сила *f*
P800	*e*	population
	d	Besetzung *f*
	f	population *f*
	r	населённость *f*, заселённость *f*, заселение *n*; население *n*
P801	*e*	population inversion
	d	Besetzungsinversion *f*
	f	inversion *f* de population
	r	инверсия *f* населённостей
P802	*e*	population saturation
	d	Besetzungssättigung *f*
	f	saturation *f* de population
	r	насыщение *n* населённости
P803	*e*	pores
	d	Poren *f pl*
	f	pores *m pl*
	r	поры *f pl*
P804	*e*	porosity
	d	Porosität *f*, Porigkeit *f*
	f	porosité *f*
	r	пористость *f*
P805	*e*	porous catalyst
	d	poröser Katalysator *m*
	f	catalyseur *m* poreux
	r	пористый катализатор *m*
P806	*e*	position isomerism
	d	Stellungsisomerie *f*, Substitutionsisomerie *f*
	f	isomérie *f* de position
	r	изомерия *f* положения
P807	*e*	position sensor
	d	Positionsgeber *m*
	f	capteur *m* de position
	r	датчик *m* положения
P808	*e*	positive charge
	d	positive Ladung *f*
	f	charge *f* positive
	r	положительный заряд *m*
P809	*e*	positive column
	d	positive Säule *f*
	f	colonne *f* positive
	r	положительный столб *m* (*разряда*)
P810	*e*	positive crystal
	d	positiver Kristall *m*
	f	cristal *m* positif
	r	положительный кристалл *m*
P811	*e*	positive curvature
	d	positive Krümmung *f*
	f	courbure *f* positive
	r	положительная кривизна *f*
P812	*e*	positive direction
	d	positive Richtung *f*
	f	direction *f* positive
	r	положительное направление *n*
P813	*e*	positive image
	d	Positivbild *n*
	f	image *f* positive
	r	позитивное изображение *n*
P814	*e*	positive ion
	d	positives Ion *n*, positiv geladenes Ion *n*
	f	ion *m* positif
	r	положительный ион *m*
P815	*e*	positively definite form
	d	positiv bestimmte Form *f*
	f	forme *f* positivement définie
	r	положительно определённая форма *f*
P816	*e*	positive picture *see* positive image
P817	*e*	positron
	d	Positron *n*
	f	positron *m*
	r	позитрон *m*
P818	*e*	positron channeling
	d	Positronenkanalierung *f*
	f	canalisation *f* des positrons
	r	каналирование *n* позитронов
P819	*e*	positronium
	d	Positronium *n*
	f	positronium *m*
	r	позитроний *m*
P820	*e*	potassium, K
	d	Kalium *n*
	f	potassium *m*
	r	калий *m*
P821	*e*	potassium dihydrogen phosphate
	d	Kaliumdihydrophosphat *n*
	f	dihydrophosphate *m* de potassium
	r	дигидрофосфат *m* калия (*нелинейный кристалл*)
P822	*e*	potential
	d	Potential *n*
	f	potentiel *m*
	r	потенциал *m*
P823	*e*	potential barrier
	d	Potentialwall *m*, Potentialschwelle *f*, Potentialbarriere *f*
	f	barrière *f* de potentiel
	r	потенциальный барьер *m*
P824	*e*	potential difference
	d	Potentialdifferenz *f*, Potentialunterschied *m*

POTENTIAL

	f	différence f des potentiels
	r	разность f потенциалов

P825 e potential energy
      d potentielle Energie f
      f énergie f potentielle
      r потенциальная энергия f

P826 e potential field
      d Potentialfeld n
      f champ m potentiel
      r потенциальное поле n

P827 e potential flow
      d Potentialströmung f
      f écoulement m potentiel
      r потенциальное течение n

P828 e potential forces
      d Potentialkräfte f pl
      f forces f pl potentielles
      r потенциальные силы f pl

P829 e potential function
      d Potentialfunktion f
      f fonction f potentielle
      r потенциальная функция f

P830 e potential gage
      d Potentialeichung f
      f calibrage m du potentiel
      r калибровка f потенциала

P831 e potential gradient
      d Potentialgradient m
      f gradient m du potentiel
      r градиент m потенциала

P832 e potential motion
      d Potentialbewegung f
      f mouvement m potentiel
      r потенциальное движение n

P833 e potential relief
      d Potentialgebirge n
      f relief m potentiel
      r потенциальный рельеф m

P834 e potential scattering
      d Potentialstreuung f (von Teilchen)
      f diffusion f potentielle (des particules)
      r потенциальное рассеяние n (частиц)

P835 e potential surface
      d Potentialfläche f
      f surface f potentielle
      r потенциальная поверхность f

P836 e potential temperature
      d potentielle Temperatur f
      f température f potentielle
      r потенциальная температура f

P837 e potential well
      d Potentialtopf m, Potentialsenke f, Potentialmulde f
      f puits m de potentiel
      r потенциальная яма f

P838 e potentiometer
      d Potentiometer n
      f potentiomètre m
      r потенциометр m

P839 e powder image
      d Pulverbild n
      f image f en poudre
      r порошковое изображение n

P840 e powder method
      d Pulvermethode f, Debye-Scherrer-Methode f, Polykristallmethode f
      f méthode f de Debye et Scherrer, méthode f des poudres
      r порошковый метод m (рентгеноструктурного анализа), метод m Дебая - Шеррера

P841 e powder X-ray camera
      d Pulverröntgenkamera f
      f chambre f de diffraction X à poudre
      r порошковая рентгеновская камера f

P842 e power
      d 1. Leistung f 2. Leistungsvermögen n; Arbeitsvermögen n 3. Potenz f
      f puissance f
      r 1. мощность f 2. энергия f 3. степень f (в математике)

P843 e power factor
      d Leistungsfaktor m
      f coefficient m de puissance
      r коэффициент m мощности, $\cos \varphi$

P844 e power law
      d Potenzgesetz n
      f loi f exponentielle
      r степенная зависимость f, степенной закон m

P845 e power source see power supply

P846 e power spectral density
      d spektrale Leistungsdichte f
      f densité f de puissance spectrale
      r спектральная плотность f мощности

P847 e power supply
      d Stromversorgung f
      f source f d'alimentation
      r источник m питания

P848 e Poynting theorem
      d Poyntingscher Satz m
      f théorème m de Poynting
      r теорема f Пойнтинга

P849 e Poynting vector
      d Poyntingscher Vektor m
      f vecteur m de Poynting
      r вектор m Пойнтинга, вектор m Умова - Пойнтинга

PRESSURE

P850 e Prandtl-Meyer flow
      d Prandtl-Meyersche Strömung f
      f écoulement m de Prandtl-Meyer
      r течение n Прандтля - Мейера

P851 e Prandtl number
      d Prandtl-Zahl f, Prandtlsche Kennzahl f
      f nombre m de Prandtl
      r число n Прандтля

P852 e praseodymium, Pr
      d Praseodym n
      f praséodyme m
      r празеодим m

P853 e precession
      d Präzession f
      f précession f
      r прецессия f

P854 e precession period
      d Präzessionsperiode f
      f période f de précession
      r период m прецессии

P855 e precipitate
      d Niederschlag m; Präzipität n
      f précipitation f
      r осадок m

P856 e precipitating electrons
      d Präzipitationselektronen m pl
      f électrons m pl de précipitation
      r высыпающиеся электроны m pl

P857 e precipitating ions
      d Präzipitationsionen f pl
      f ions m pl de précipitation
      r высыпающиеся ионы m pl

P858 e precipitation
      d 1. Präzipitation f 2. Ausfällung f 3. Niederschlag m (Meteorologie)
      f 1. précipitation f 2. précipitation f 3. précipitations f pl (en météorologie)
      r 1. высыпание n (частиц в магнитосфере) 2. осаждение n, выпадение n осадка 3. осадки m pl (в метеорологии)

P859 e precipitation hardening
      d Ausscheidungshärtung f
      f durcissement m par précipitation
      r дисперсионное твердение n

P860 e precise measurement
      d Präzisionsmessung f
      f mesure f précise
      r прецизионное измерение n, точное измерение n

P861 e precision
      d Genauigkeit f (eines Meßgerätes)
      f précision f (d'un instrument de mesure)
      r точность f (измерительного прибора)

P862 e precursor pulse
      d Vorimpuls m
      f impulsion f prédécesseuse
      r предшествующий импульс m

P863 e predissociation
      d Prädissoziation f
      f prédissociation f
      r предварительная диссоциация f

P864 e preferred orientation
      d bevorzugte Richtung f, Vorzugsrichtung f, bevorzugte Orientation f
      f orientation f préférée
      r преимущественная ориентация f, предпочтительная ориентация f

P865 e p-region
      d p-Gebiet n, p-leitende Zone f
      f région f p
      r p-область f, дырочная область f, область f дырочной проводимости

P866 e preionization
      d Präionisierung f, Präionisation f
      f préionisation f
      r предварительная ионизация f

P867 e preliminary data
      d vorläufige Werte m pl, vorläufige Daten pl
      f données pl préliminaires
      r предварительные данные pl

P868 e pressure
      d Druck m
      f pression f
      r давление n

P869 e pressure broadening
      d Druckverbreiterung f
      f élargissement m par pression
      r столкновительное уширение n (спектральных линий)

P870 e pressure excess
      d Drucküberschuß m
      f excès m de pression
      r избыток m давления

P871 e pressure gage
      d Manometer n
      f manomètre m
      r манометр m

P872 e pressure gradient
      d Druckgefälle n, Druckgradient m
      f gradient m de pression
      r градиент m давления

P873 e pressure head
      d Staudruck m

PRESSURE

	f	pression f hydrostatique
	r	гидростатический напор m
P874	e	pressure of light
	d	Lichtdruck m
	f	pression f de lumière
	r	давление n света
P875	e	pressure of radiation
	d	Strahlungsdruck m
	f	pression f de rayonnement
	r	давление n излучения
P876	e	pressure of sound
	d	Schalldruck m
	f	pression f acoustique
	r	давление n звука
P877	e	pressure range
	d	Druckbereich m
	f	gamme f de pressions
	r	диапазон m давлений
P878	e	primary colors
	d	Grundfarben f pl, Primärfarben f pl
	f	couleurs f pl primaires
	r	основные цвета m pl
P879	e	primary cosmic rays
	d	kosmische Primärstrahlung f, Primärkomponente f der kosmischen Strahlung
	f	rayons pl cosmiques primaires
	r	первичные космические лучи pl
P880	e	primary mirror
	d	Hauptspiegel m (Fernrohr)
	f	grand miroir m (du télescope)
	r	главное зеркало n (телескопа)
P881	e	primary radiation
	d	Primärstrahlung f
	f	rayonnement m primaire
	r	первичное излучение n
P882	e	primary radiator
	d	Primärstrahler m
	f	radiateur m primaire
	r	первичный излучатель m
P883	e	primary standard
	d	Urnormal n
	f	étalon m prototype, étalon m primaire
	r	первичный эталон m
P884	e	primary voltage
	d	Primärspannung f
	f	tension f primaire
	r	первичное напряжение n
P885	e	primitive cell
	d	Elementarzelle f, Einheitszelle f
	f	cellule f élémentaire
	r	примитивная ячейка f
P886	e	primitive lattice
	d	primitives Gitter n
	f	réseau m primitif
	r	примитивная решётка f
P887	e	principal axis of inertia
	d	Hauptträgheitsachse f, Trägheitshauptachse f
	f	axe m principal d'inertie
	r	главная ось f инерции
P888	e	principal axis of strain
	d	Hauptdilatationsachse f, Hauptachse f des Verformungszustandes
	f	axe m principal de déformation
	r	главная ось f деформации
P889	e	principal axis of stress
	d	Hauptspannungsachse f, Hauptachse f des Spannungszustandes
	f	axe m principal de contrainte
	r	главная ось f напряжения
P890	e	principal direction
	d	Hauptrichtung f
	f	direction f principale
	r	главное направление n
P891	e	principal focus
	d	Hauptbrennpunkt m
	f	foyer m principal
	r	главный фокус m
P892	e	principal maximum
	d	Hauptmaximum n
	f	maximum m primaire
	r	главный максимум m
P893	e	principal mode see fundamental mode
P894	e	principal moment of inertia
	d	Hauptträgheitsmoment n
	f	moment m d'inertie principal
	r	главный момент m инерции
P895	e	principal planes (of an optical system)
	d	Hauptebenen f pl (eines optischen Systems)
	f	plans m pl principaux (d'un système optique)
	r	главные плоскости f pl (оптической системы)
P896	e	principal quantum number
	d	Hauptquantenzahl f
	f	nombre m quantique principal
	r	главное квантовое число n
P897	e	principal series
	d	Hauptserie f
	f	série f principale
	r	главная серия f, главная спектральная серия f
P898	e	principal stress
	d	Hauptspannung f
	f	contrainte f principale
	r	главное напряжение n

P899	e	principle of complementarity
	d	Komplementaritätsprinzip n
	f	principe m de complémentarité
	r	принцип m дополнительности
P900	e	principle of detailed balancing
	d	Prinzip n des detaillierten Gleichgewichts
	f	principe m du bilan détaillé
	r	принцип m детального равновесия
P901	e	principle of duality
	d	Dualitätsprinzip n
	f	principe m de dualité
	r	принцип m двойственности
P902	e	principle of equivalence of mass and energy
	d	Masse-Energie-Äquivalenzprinzip n, Prinzip n der Äquivalenz von Masse und Energie
	f	principe m d'équivalence masse-énergie, principe m d'équivalence de masse et énergie
	r	закон m эквивалентности массы и энергии
P903	e	principle of least action
	d	Prinzip n der kleinsten Wirkung
	f	principe m de la moindre action
	r	принцип m наименьшего действия
P904	e	prism
	d	Prisma n
	f	prisme m
	r	призма f
P905	e	prismatic monochromator
	d	Prismenmonochromator m
	f	monochromateur m prismatique
	r	призменный монохроматор m
P906	e	prismatic spectrograph
	d	Prismenspektrograph m
	f	spectrographe m à prisme, spectrographe m à prismes
	r	призменный спектрограф m
P907	e	probability
	d	Wahrscheinlichkeit f
	f	probabilité f
	r	вероятность f
P908	e	probability amplitude
	d	Wahrscheinlichkeitsamplitude f
	f	amplitude f de probabilité
	r	амплитуда f вероятности
P909	e	probability current density
	d	Wahrscheinlichkeitsstromdichte f
	f	densité f de courant de probabilité
	r	плотность f потока вероятности
P910	e	probability density
	d	Wahrscheinlichkeitsdichte f
	f	densité f de probabilité
	r	плотность f вероятности
P911	e	probability measure
	d	Wahrscheinlichkeitsmaß n
	f	mesure f de probabilité
	r	вероятностная мера f
P912	e	probability of collision see collision probability
P913	e	probability theory
	d	Wahrscheinlichkeitstheorie f
	f	calcul m des probabilités, théorie f des probabilités
	r	теория f вероятностей
P914	e	probability waves
	d	Wahrscheinlichkeitswellen f pl
	f	ondes f pl de probabilité
	r	волны f pl вероятности
P915	e	probe
	d	1. Sonde f 2. Fühler m; Taster m
	f	1. sonde f 2. jauge f; essayeur m
	r	1. зонд m 2. щуп m, пробник m
P916	e	probe charge
	d	Probeladung f
	f	charge f d'essai
	r	пробный заряд m
P917	e	probe diagnostics
	d	Sondendiagnostik f
	f	diagnostic m à sonde (du plasma)
	r	зондовая диагностика f (плазмы)
P918	e	probe measurements
	d	Sondenmessungen f pl
	f	mesures f pl à sonde
	r	зондовые измерения n pl
P919	e	probe method
	d	Sondenmethode f
	f	méthode f de sonde
	r	зондовый метод m
P920	e	probe pulse
	d	Sondenimpuls m, Abtastimpuls m
	f	impulsion f de pilotage
	r	зондирующий импульс m
P921	e	probing see sounding
P922	e	problem
	d	Problem n
	f	problème m
	r	задача f; проблема f
P923	e	procedure
	d	Verfahren n; Technik f; Methode f; Prozedur f
	f	procédé m; méthode f
	r	методика f, процедура f; процесс m; метод m
P924	e	processor
	d	Prozessor m

PRODUCTION

	f	processeur *m*
	r	процессор *m*
P925	*e*	production channel
	d	Erzeugungskanal *m*, Teilchenerzeugungskanal *m*
	f	canal *m* de production *(des particules)*
	r	канал *m* рождения *(частиц)*
P926	*e*	production operator
	d	Erzeugungsoperator *m*, Teilchenerzeugungsoperator *m*
	f	opérateur *m* création, créateur *m*
	r	оператор *m* рождения *(частиц)*
P927	*e*	profiled crystal
	d	Profilkristall *m*
	f	cristal *m* profilé
	r	профилированный кристалл *m*
P928	*e*	profile drag
	d	Profilwiderstand *m*
	f	résistance *f* de profil
	r	профильное сопротивление *n*
P929	*e*	progressive motion
	d	fortschreitende Bewegung *f*
	f	mouvement *m* de translation
	r	поступательное движение *n*
P930	*e*	projectile
	d	Beschußteilchen *n*; auftreffendes Teilchen *n*; einfallendes Teilchen *n*
	f	particule *f* projectile
	r	налетающая частица *f*
P931	*e*	projectile motion
	d	Wurfbewegung *f*; Geschoßbewegung *f*
	f	mouvement *m* du projectile
	r	движение *n* брошенного тела, баллистическое движение *n*
P932	*e*	projectile particle *see* projectile
P933	*e*	projection microscope
	d	Projektionsmikroskop *n*
	f	microscope *m* de projection, microscope *m* à projection
	r	проекционный микроскоп *m*
P934	*e*	projector
	d	1. Scheinwerfer *m* 2.Bildwerfer *m*, Projektor *m*
	f	projecteur *m*
	r	1. прожектор *m* 2. проектор *m*
P935	*e*	prominence
	d	Protuberanz *f*
	f	protubérance *f*
	r	протуберанец *m*
P936	*e*	prompt neutrons
	d	prompte Neutronen *n pl*, Promptneutronen *n pl*
	f	neutrons *m pl* instantanés, neutrons *m pl* instantanés de fission
	r	мгновенные нейтроны *m pl* деления
P937	*e*	propagation vector
	d	Kreiswellenvektor *m*, Kreiswellenzahlvektor *m*, Ausbreitungsvektor *m*
	f	vecteur *m* d'onde circulaire, vecteur *m* de nombre d'onde circulaire, vecteur *m* de propagation
	r	волновой вектор *m*
P938	*e*	propagator
	d	Propagator *m*
	f	propagateur *m*
	r	пропагатор *m*
P939	*e*	propane bubble chamber
	d	Propanblasenkammer *f*
	f	chambre *f* de bulles à propane
	r	пропановая пузырьковая камера *f*
P940	*e*	proper motion
	d	Eigenbewegung *f*
	f	mouvement *m* propre
	r	собственное движение *n*
P941	*e*	proper time
	d	Eigenzeit *f*
	f	temps *m* propre
	r	собственное время *n* *(для движущейся частицы)*
P942	*e*	proportional chamber
	d	Proportionalionisationskammer *f*
	f	chambre *f* proportionnelle
	r	пропорциональная камера *f*
P943	*e*	proportional counter
	d	Proportionalzählrohr *n*, Proportionalzähler *m*
	f	compteur *m* proportionnel
	r	пропорциональный счётчик *m*
P944	*e*	proportionality coefficient, proportionality factor
	d	Proportionalitätsfaktor *m*
	f	coefficient *m* de proportionnalité
	r	коэффициент *m* пропорциональности
P945	*e*	proportionality limit
	d	Proportionalitätsgrenze *f*
	f	limite *f* de proportionnalité
	r	предел *m* пропорциональности
P946	*e*	propulsion
	d	Propulsion *f*; Rückstoßbewegung *f*
	f	propulsion *f*
	r	тяга *f*, реактивное движение *n*
P947	*e*	protactinium, Pa
	d	Protaktinium *n*
	f	protactinium *m*
	r	протактиний *m*
P948	*e*	protection
	d	Schutz *m*

	f	protection f
	r	защита f
P949	e	protection against ionizing radiation
	d	Schutz m gegen ionisierende Strahlung
	f	protection f contre la radiation ionisante
	r	защита f от облучения, защита f от ионизирующих излучений
P950	e	protective action
	d	Schutzwirkung f, Schutzeffekt m
	f	action f protective
	r	защитное действие n
P951	e	protein
	d	Eiweiß n; Protein n
	f	protéine f
	r	белок m
P952	e	protium
	d	Protium n
	f	protium m
	r	протий m
P953	e	protogalaxy
	d	Protogalaxis f
	f	protogalaxie f
	r	протогалактика f
P954	e	proton
	d	Proton n
	f	proton m
	r	протон m
P955	e	proton accelerator
	d	Protonenbeschleuniger m
	f	accélérateur m de protons
	r	протонный ускоритель m
P956	e	proton belt
	d	Protonengürtel m
	f	ceinture f de protons
	r	пояс m протонов
P957	e	proton channel
	d	Protonenkanal m
	f	canal m à protons
	r	протонный канал m
P958	e	proton channeling
	d	Protonenkanalierung f
	f	canalisation f des protons
	r	канaлирование n протонов
P959	e	proton flare
	d	Protonenflash n, Protonenfackel f
	f	éruption f protonique, flash m protonique
	r	протонная вспышка f
P960	e	proton magnetometer
	d	Protonenpräzessionsmagnetometer n
	f	magnétomètre m à protons
	r	протонный магнитометр m
P961	e	proton-proton chain
	d	Proton-Proton-Kette f
	f	chaîne f proton-proton
	r	протон-протонная цепочка f
P962	e	proton radiation
	d	Protonenstrahlung f
	f	rayonnement m protonique
	r	протонное излучение n
P963	e	proton radioactivity
	d	Protonenaktivität f
	f	radioactivité f protonique
	r	протонная радиоактивность f
P964	e	proton synchrotron
	d	Protonensynchrotron n
	f	synchrotron m à protons
	r	протонный синхротрон m
P965	e	protoplanets
	d	Protoplaneten m pl
	f	protoplanètes f pl
	r	протопланеты f pl
P966	e	protostars
	d	Protosterne m pl
	f	proto-étoiles f pl
	r	протозвёзды f pl
P967	e	pseudo-Euclidean space
	d	pseudoeuklidischer Raum m
	f	espace m pseudo-euclidien
	r	псевдоевклидово пространство n
P968	e	pseudoscalar
	d	Pseudoskalar m, pseudoskalare Größe f
	f	pseudo-scalaire f
	r	псевдоскаляр m
P969	e	pseudotensor
	d	Pseudotensor m
	f	pseudo-tenseur m
	r	псевдотензор m
P970	e	pseudovector
	d	Pseudovektor m
	f	pseudo-vecteur m
	r	псевдовектор m, аксиальный вектор m
P971	e	psi particle
	d	Psi-Teilchen n, Psion n
	f	particule f psi
	r	пси-частица f
P972	e	psychrometer
	d	Psychrometer n
	f	psychromètre m
	r	психрометр m
P973	e	p-type semiconductor
	d	p-Halbleiter m
	f	semi-conducteur m p
	r	дырочный полупроводник m, полупроводник m p-типа

P974	e	pulley
	d	Treibscheibe f
	f	poulie f
	r	шкив m
P975	e	pulsar
	d	Pulsar m
	f	pulsar m
	r	пульсар m
P976	e	pulsar magnetosphere
	d	Pulsarmagnetosphäre f
	f	magnétosphère f de pulsar
	r	магнитосфера f пульсара
P977	e	pulsation
	d	Pulsation f, Pulsationen f pl
	f	pulsation f
	r	пульсация f, пульсации f pl
P978	e	pulse
	d	Impuls m
	f	impulsion f
	r	импульс m
P979	e	pulse amplifier
	d	Impulsverstärker m
	f	amplificateur m d'impulsions
	r	импульсный усилитель m
P980	e	pulse amplitude
	d	Impulsamplitude f, Impulshöhe f, Impulsgröße f
	f	amplitude f d'impulsion
	r	амплитуда f импульса
P981	e	pulse-amplitude analyzer see pulse-height analyzer
P983	e	pulse-amplitude modulation
	d	Pulsamplitudenmodulation f, PAM
	f	modulation f d'impulsions en amplitude
	r	амплитудно-импульсная модуляция f
P985	e	pulse-code modulation
	d	Pulscodemodulation f, PCM
	f	modulation f par impulsions codées, modulation f par codes d'impulsions
	r	импульсно-кодовая модуляция f
P986	e	pulsed discharge
	d	Stoßentladung f, Impulsentladung f
	f	décharge f impulsionnelle
	r	импульсный разряд m
P987	e	pulsed injection
	d	gepulste Injektion f
	f	injection f impulsionnelle
	r	импульсная инжекция f
P988	e	pulsed laser
	d	Impulslaser m, gepulster Laser m, pulsierender Laser m
	f	laser m pulsé
	r	импульсный лазер m
P989	e	pulsed reactor
	d	Impulsreaktor m
	f	réacteur m à impulsions
	r	импульсный реактор m
P990	e	pulsed source
	d	Impulsquelle f, pulsierende Quelle f
	f	source f à impulsions
	r	импульсный источник m
P991	e	pulse duration
	d	Impulsdauer f, Pulsdauer f, Impulsbreite f, Impulslänge f
	f	durée f d'impulsion
	r	длительность f импульса
P992	e	pulse-duration modulation
	d	Pulsdauermodulation f, Pulsbreitenmodulation f
	f	modulation f de durée d'impulsions
	r	широтно-импульсная модуляция f
P993	e	pulse forming
	d	Impulsformung f
	f	formation f des impulsions
	r	формирование n импульса
P994	e	pulse-frequency modulation
	d	Pulsfrequenzmodulation f
	f	modulation f d'impulsions en fréquence
	r	частотно-импульсная модуляция f
P995	e	pulse generator
	d	Impulsgenerator m
	f	générateur m d'impulsions
	r	генератор m импульсов, импульсный генератор m
P996	e	pulse-height analyzer
	d	Impulshöhenanalysator m, Amplitudenanalysator m
	f	analyseur m de la hauteur d'impulsions, analyseur m d'impulsions
	r	амплитудный анализатор m импульсов
P997	e	pulse initiation
	d	Impulsinitiierung f
	f	initiation f par impulsions
	r	импульсное инициирование n
P998	e	pulse injector
	d	Impulsinjektor m
	f	injecteur m des impulsions (du plasma)
	r	импульсный инжектор m (плазмы)
P999	e	pulse jitter

	d	Impulsinstabilität f, Jitter m
	f	tremblement m d'impulsion
	r	дрожание n импульса
P1000	e	pulse modulation
	d	Pulsmodulation f, Impulsmodulation f
	f	modulation f d'impulsions
	r	импульсная модуляция f
P1001	e	pulse-periodic laser
	d	Impulsperiodenlaser m
	f	laser m à impulsion périodique
	r	импульсно-периодический лазер m
P1002	e	pulse-phase modulation
	d	Pulslagemodulation f, Pulsphasenmodulation f
	f	modulation f d'impulsions en phase, modulation f d'impulsions en position
	r	фазово-импульсная модуляция f
P1003	e	pulse power
	d	Impulsleistung f
	f	puissance f d'impulsion
	r	импульсная мощность f, мощность f импульса
P1004	e	pulse repetition frequency
	d	Impulsfolgefrequenz f
	f	fréquence f de répétition des impulsions
	r	частота f повторения импульсов, частота f следования импульсов
P1005	e	pulse rise time
	d	Impulsanstiegszeit f
	f	temps m de montée de l'impulsion
	r	длительность f фронта импульса
P1006	e	pulse separation
	d	Impulsabstand m, Impulsintervall n
	f	intervalle m d'impulsions
	r	интервал m между импульсами
P1007	e	pulse series see pulse train
P1008	e	pulse sequence
	d	Impulsfolge f
	f	train m d'impulsions
	r	импульсная последовательность f
P1009	e	pulse shape distortion
	d	Impulsformverzerrung f, Impulsverformung f
	f	distorsion f de la forme d'impulsion
	r	искажения n pl формы импульса
P1010	e	pulse shaper
	d	Impulsformerschaltung f
	f	formateur m d'impulsions
	r	формирователь m импульсов
P1011	e	pulse train
	d	Impulsreihe f; Impulsfolge f
	f	série f d'impulsions; train m d'impulsions
	r	серия f импульсов; импульсная последовательность f
P1012	e	pulse width see pulse duration
P1013	e	pump
	d	1. Pumpe f 2. Pumpen n
	f	1. pompe f 2. pompage m
	r	1. насос m 2. накачка f
P1014	e	pump depletion
	d	Pumpentleerung f, Pumpentvölkerung f
	f	déplétion f de pompage
	r	истощение n накачки
P1015	e	pumping
	d	Pumpen n
	f	pompage m
	r	накачка f (лазера)
P1016	e	pumping intensity see pump intensity
P1017	e	pumping power see pump power
P1018	e	pumping pulse see pump pulse
P1019	e	pumping source see pump source
P1020	e	pumping radiation see pump radiation
P1021	e	pump intensity
	d	Pumpintensität f
	f	intensité f de pompage
	r	интенсивность f накачки
P1022	e	pump lamp
	d	Pumplichtquelle f, Pumplampe f
	f	lampe f de pompage
	r	лампа f накачки
P1023	e	pump power
	d	Pumpleistung f
	f	puissance f de pompage
	r	мощность f накачки
P1024	e	pump pulse
	d	Pumpimpuls m
	f	impulsion f de pompage
	r	импульс m накачки
P1025	e	pump radiation
	d	Pumpstrahlung f
	f	rayonnement m de pompage
	r	излучение n накачки
P1026	e	pump saturation
	d	Pumpsättigung f
	f	saturation f de pompage
	r	насыщение n накачки
P1027	e	pump source
	d	Pumpquelle f
	f	source f de pompage
	r	источник m накачки
P1028	e	pure physics see theoretical physics
P1029	e	pure substance

	d	Reinstoff *m*
	f	substance *f* pure
	r	чистое вещество *n*
P1030	e	**pycnonuclear reactions**
	d	druckinduzierte Kernreaktionen *f pl*, pyknonukleare Reaktionen *f pl*
	f	réactions *f pl* pycnonucléaires
	r	пикноядерные реакции *f pl*
P1031	e	**pycnometer**
	d	Pyknometer *n*
	f	pycnomètre *m*
	r	пикнометр *m*
P1032	e	**pyroelectric**
	d	Pyroelektrikum *n*
	f	pyro-électrique *m*
	r	пироэлектрик *m*
P1033	e	**pyroelectric constant**
	d	pyroelektrische Konstante *f*
	f	constante *f* pyro-électrique
	r	пироэлектрический коэффициент *m*
P1034	e	**pyroelectric effect**
	d	pyroelektrischer Effekt *m*
	f	effet *m* pyro-électrique
	r	пироэлектрический эффект *m*
P1035	e	**pyroelectricity**
	d	Pyroelektrizität *f*
	f	pyro-électricité *f*
	r	пироэлектричество *n*
P1036	e	**pyrometer**
	d	Pyrometer *n*
	f	pyromètre *m*
	r	пирометр *m*
P1037	e	**pyrometry**
	d	Pyrometrie *f*
	f	pyrométrie *f*
	r	пирометрия *f*

Q

Q1	e	**Q**
	d	Gütefaktor *m*, Güte *f*, Q-Faktor *m*
	f	facteur *m* de qualité, facteur *m* Q
	r	добротность *f*
Q2	e	**Q factor** *see* **Q**
Q3	e	**Q factor of oscillatory system**
	d	Schwingsystemgüte *f*, Schwingungssystemgüte *f*
	f	facteur *m* Q du système oscillant
	r	добротность *f* колебательной системы
Q4	e	**Q meter**
	d	Gütefaktormesser *m*, Q-Meter *n*
	f	acuimètre *m*, Q-mètre *m*
	r	куметр *m*, измеритель *m* добротности
Q5	e	**Q switch**
	d	Güteschalter *m*, Q-Schalter *m*
	f	modulateur *m* de Q
	r	модулятор *m* добротности
Q6	e	**Q-switched laser**
	d	gütegeschalteter Laser *m*
	f	laser *m* à modulation de Q
	r	лазер *m* с модулированной добротностью
Q7	e	**Q-switching**
	d	Gütemodulation *f*
	f	modulation *f* de qualité, modulation *f* de facteur Q
	r	модуляция *f* добротности
Q8	e	**quadrant**
	d	Quadrant *m*
	f	quadrant *m*
	r	квадрант *m*
Q9	e	**quadratic dependence**
	d	quadratische Abhängigkeit *f*
	f	dépendance *f* quadratique
	r	квадратичная зависимость *f*
Q10	e	**quadratic phase corrector**
	d	quadratischer Phasenentzerrer *m*
	f	correcteur *m* de phase quadratique
	r	квадратичный фазовый корректор *m*
Q11	e	**quadrature**
	d	Quadratur *f*
	f	quadrature *f*
	r	квадратура *f*
Q12	e	**quadruple**
	d	Quadrupel *n*
	f	quadruple *m*
	r	квадруплет *m*
Q13	e	**quadrupole**
	d	Quadrupol *m*
	f	quadripôle *m*
	r	квадруполь *m*
Q14	e	**quadrupole focusing**
	d	Quadrupolfokussierung *f*
	f	focalisation *f* quadripolaire
	r	квадрупольная фокусировка *f*
Q15	e	**quadrupole interaction**
	d	Quadrupolwechselwirkung *f*
	f	interaction *f* quadripolaire
	r	квадрупольное взаимодействие *n*
Q16	e	**quadrupole lens**
	d	Quadrupollinse *f*
	f	lentille *f* quadripolaire
	r	квадрупольная линза *f*

Q17 e quadrupole moment
     d Quadrupolmoment n
     f moment m quadripolaire
     r квадрупольный момент m

Q18 e quadrupole radiation
     d Quadrupolstrahlung f
     f rayonnement m quadripolaire
     r квадрупольное излучение n

Q19 e quadrupole radiator
     d Quadrupolstrahler m
     f radiateur m quadripolaire
     r квадрупольный излучатель m

Q20 e qualitative analysis
     d qualitative Analyse f
     f analyse f qualitative
     r качественный анализ m

Q21 e qualitative interpretation
     d qualitative Interpretation f
     f interprétation f qualitative
     r качественная интерпретация f

Q22 e quality
     d Qualität f
     f qualité f
     r качество n

Q23 e quality factor
     d Qualitätsfaktor m
     f facteur m de qualité
     r коэффициент m качества излучения

Q24 e quantitative analysis
     d quantitative Analyse f
     f analyse f quantitative
     r количественный анализ m

Q25 e quantitative interpretation
     d quantitative Interpretation f
     f interprétation f quantitative
     r количественная интерпретация f

Q26 e quantity
     d 1. Größe f 2. Menge f, Quantität f, Anzahl f
     f quantité f
     r 1. количество n 2. величина f

Q27 e quantity of electricity
     d Elektrizitätsmenge f; elektrische Ladung f
     f quantité f d'électricité; charge f électrique
     r количество n электричества; заряд m

Q28 e quantity of heat
     d Wärmemenge f
     f quantité f de chaleur
     r количество n теплоты

Q29 e quantization
     d Quantisierung f, Quantelung f

Q30 f quantification f
     r квантование n

     e quantization noise
     d Quantisierungsrauschen n
     f bruit m de quantification
     r шум m квантования

Q31 e quantized vortex
     d gequantelter Wirbel m
     f tourbillon m quantifié
     r квантованный вихрь m

Q32 e quantometer
     d Quantometer n
     f quantimètre f
     r квантометр m

Q33 e quantron
     d Quantron n
     f quantron m
     r квантрон m

Q34 e quantum
     d Quant n
     f quantum m
     r квант m

Q35 e quantum chemistry
     d Quantenchemie f
     f chimie f quantique
     r квантовая химия f

Q36 e quantum chromodynamics
     d Quantenchromodynamik f
     f chromodynamique f quantique
     r квантовая хромодинамика f

Q37 e quantum clock
     d Quantenuhr f
     f horloge f quantique
     r квантовые часы pl

Q38 e quantum coherence
     d Quantenkohärenz f
     f cohérence f quantique
     r квантовая когерентность f

Q39 e quantum crystal
     d Quantenkristall m
     f cristal m quantique
     r квантовый кристалл m

Q40 e quantum defect
     d Quantendefekt m
     f défaut m quantique
     r квантовый дефект m

Q41 e quantum delocalization
     d Quantendelokalisierung f
     f délocalisation f quantique
     r квантовая делокализация f

Q42 e quantum diffusion
     d Quantendiffusion f
     f diffusion f quantique
     r квантовая диффузия f

QUANTUM

Q43   *e*   **quantum dimensional effect**
       d   quantendimensioneller Effekt *m*
       f   effet *m* dimensionnel quantique
       r   квантовый размерный эффект *m*

Q44   *e*   **quantum dynamics**
       d   Quantendynamik *f*
       f   dynamique *f* quantique
       r   квантовая динамика *f*

Q45   *e*   **quantum effect**
       d   Quanteneffekt *m*
       f   effet *m* quantique
       r   квантовый эффект *m*

Q46   *e*   **quantum efficiency**
       d   Quantenausbeute *f*,
           Quantenwirkungsgrad *m*
       f   rendement *m* quantique
       r   квантовый КПД *m*, квантовый выход *m*

Q47   *e*   **quantum electrodynamics**
       d   Quantenelektrodynamik *f*
       f   électrodynamique *f* quantique
       r   квантовая электродинамика *f*

Q48   *e*   **quantum electronics**
       d   Quantenelektronik *f*
       f   électronique *f* quantique
       r   квантовая электроника *f*

Q49   *e*   **quantum field theory**
       d   Quantenfeldtheorie *f*
       f   théorie *f* des quanta du champ
       r   квантовая теория *f* поля

Q50   *e*   **quantum fluid** *see* **quantum liquid**

Q51   *e*   **quantum frequency standard**
       d   Quantenfrequenzstandard *m*
       f   fréquence *f* standard quantique
       r   квантовый стандарт *m* частоты

Q52   *e*   **quantum gas**
       d   Quantengas *n*
       f   gaz *m* quantique
       r   квантовый газ *m*

Q53   *e*   **quantum interference**
       d   Quanteninterferenz *f*
       f   interférence *f* quantique
       r   квантовая интерференция *f*

Q54   *e*   **quantum interferometer**
       d   Quanteninterferometer *n*
       f   interféromètre *m* quantique
       r   квантовый интерферометр *m*

Q55   *e*   **quantum kinetics**
       d   Quantenkinetik *f*
       f   cinétique *f* quantique
       r   квантовая кинетика *f*

Q56   *e*   **quantum liquid**
       d   Quantenflüssigkeit *f*
       f   liquide *m* quantique
       r   квантовая жидкость *f*

Q57   *e*   **quantum magnetometer**
       d   Quantenmagnetometer *n*
       f   magnétomètre *m* quantique
       r   квантовый магнитометр *m*

Q58   *e*   **quantum mechanics**
       d   Quantenmechanik *f*
       f   mécanique *f* quantique
       r   квантовая механика *f*

Q59   *e*   **quantum metrology**
       d   Quantenmetrologie *f*
       f   métrologie *f* quantique
       r   квантовая метрология *f*

Q60   *e*   **quantum number**
       d   Quantenzahl *f*
       f   nombre *m* quantique
       r   квантовое число *n*

Q61   *e*   **quantum of action** *see* **Planck constant**

Q62   *e*   **quantum optics**
       d   Quantenoptik *f*
       f   optique *f* quantique
       r   квантовая оптика *f*

Q63   *e*   **quantum oscillations** (*in magnetic field*)
       d   Quantenoszillationen *f pl*
       f   oscillations *f pl* quantiques (*dans le champ magnétique*)
       r   квантовые осцилляции *f pl* (*в магнитном поле*)

Q64   *e*   **quantum oscillator**
       d   Quantenoszillator *m*
       f   oscillateur *m* quantique
       r   квантовый осциллятор *m*; квантовый генератор *m*

Q65   *e*   **quantum paramagnetic amplifier**
       d   paramagnetischer Quantenverstärker *m*
       f   amplificateur *m* paramagnétique quantique
       r   квантовый парамагнитный усилитель *m*

Q66   *e*   **quantum physics**
       d   Quantenphysik *f*
       f   physique *f* quantique
       r   квантовая физика *f*

Q67   *e*   **quantum Poisson brackets**
       d   quantenmechanische Poisson-Klammern *f pl*
       f   parenthèses *f pl* de Poisson en mécanique quantique
       r   квантовые скобки Пуассона *f pl*

Q68   *e*   **quantum radiophysics**
       d   Quantenradiophysik *f*

	f	radiophysique f quantique
	r	квантовая радиофизика f
Q69	e	quantum state
	d	Quantenzustand m
	f	état m quantique
	r	квантовое состояние n
Q70	e	quantum statistics
	d	Quantenstatistik f
	f	statistique f quantique
	r	квантовая статистика f
Q71	e	quantum system
	d	Quantensystem n
	f	système m quantique
	r	квантовая система f
Q72	e	quantum system radiation
	d	Quantensystemstrahlung f
	f	rayonnement m du système quantique
	r	излучение n квантовой системы
Q73	e	quantum theory
	d	Quantentheorie f
	f	théorie f quantique
	r	квантовая теория f
Q74	e	quantum transition
	d	Quantenübergang m, quantenmechanischer Übergang m
	f	transition f quantique
	r	квантовый переход n
Q75	e	quantum well
	d	Quantenwanne f, Quantenmulde f
	f	puits m quantique
	r	квантовая яма f
Q76	e	quantum-well laser
	d	Quantenmuldenlaser m, Quantenwannenlaser m
	f	laser m à puits quantique
	r	лазер m на квантовой яме
Q77	e	quantum wire
	d	Quantendraht m
	f	fil m quantique
	r	квантовая нить f (одномерная квантово-размерная структура)
Q78	e	quantum yield
	d	Quantenausbeute f
	f	rendement m quantique
	r	квантовый выход m
Q79	e	quark
	d	Quark n
	f	quark m
	r	кварк m
Q80	e	quark bag
	d	Quarkbag n, m
	f	poche f de quark
	r	кварковый мешок m
Q81	e	quark classification
	d	Quarkklassifikation f
	f	classification f des quarks
	r	классификация кварков f
Q82	e	quark combinatorics
	d	Quarkkombinatorik f
	f	calcul m combinatoire des quarks
	r	кварковая комбинаторика f
Q83	e	quark confinement
	d	Quark confinement n
	f	confinement m des quarks
	r	удержание n кварков, невылетание n кварков, кварковый конфайнмент n
Q84	e	quark diagram
	d	Quarkdiagramm n
	f	diagramme m des quarks
	r	кварковая диаграмма f
Q85	e	quark dynamics
	d	Quarkdynamik f
	f	dynamique f des quarks
	r	кварковая динамика f
Q86	e	quark-hadron duality
	d	Quark-Hadron-Dualität f
	f	dualité f quark-hadron
	r	кварк-адронная дуальность f
Q87	e	quark model (of hadrons)
	d	Quarkmodell n
	f	modèle m des quarks (de hadrons)
	r	кварковая модель f (адронов)
Q88	e	quarkonium
	d	Quarkonium n
	f	quarkonium m
	r	кварконий m
Q89	e	quarter-wave choke
	d	Viertelwellendrossel f
	f	bobine f quart d'onde
	r	четвертьволновый дроссель m
Q90	e	quarter-wave line
	d	Viertelwellenleitung f
	f	ligne f quart d'onde
	r	четвертьволновая линия f
Q91	e	quarter-wave plate
	d	Viertelwellenlängenplättchen n
	f	lame f quart d'onde
	r	пластинка f в четверть длины волны
Q92	e	quartet
	d	Quartett n
	f	quartet m
	r	квартет m
Q93	e	quartz
	d	Quarz m
	f	quartz m
	r	кварц m

QUARTZ

Q94   *e*   **quartz clock**
       d   Quarzuhr *f*
       f   horloge *f* à quartz
       r   кварцевые часы *pl*

Q95   *e*   **quartz crystal**
       d   Quarzkristall *m*
       f   cristal *m* de quartz
       r   кварцевый кристалл *m*

Q96   *e*   **quartz fiber**
       d   Quarzfaser *f*
       f   fibre *f* de quartz
       r   кварцевое волокно *n*

Q97   *e*   **quartz wedge**
       d   Quarzkeil *m*
       f   coin *m* de quartz, coin *m* à quartz
       r   кварцевый клин *m*

Q98   *e*   **quasag** (*quasi-stellar galaxy*)
       d   Quasage *f*, Quasag *m*, quasistellare Galaxis *f*
       f   quasag *m*, galaxie *f* quasi stellaire
       r   квазаг *m*, квазизвёздная галактика *f*

Q99   *e*   **quasar** (*quasi-stellar radio source*)
       d   Quasar *m*, quasistellare Radioquelle *f*
       f   quasar *m*, objet *m* quasistellaire
       r   квазар *m*

Q100   *e*   **quasi-classical approximation**
       d   WKB-Näherung *f*, quasiklassische Näherung *f*
       f   approximation *f* quasi classique
       r   квазиклассическое приближение *n*, метод *m* ВКБ

Q101   *e*   **quasi-closed subsystem**
       d   quasiabgeschlossenes Untersystem *n*
       f   subsystème *m* quasi fermé
       r   квазизамкнутая подсистема *f*

Q102   *e*   **quasi-coordinates**
       d   Quasikoordinaten *f pl*, Pseudokoordinaten *f pl*
       f   quasi-coordonnées *f pl*
       r   квазикоординаты *f pl*

Q103   *e*   **quasi-crystal**
       d   Quasikristall *m*
       f   quasi-cristal *m*
       r   квазикристалл *m*

Q104   *e*   **quasi-deuteron**
       d   Quasideuteron *n*
       f   quasi-deutéron *m*
       r   квазидейтрон *m*

Q105   *e*   **quasi-elastic force**
       d   quasielastische Kraft *f*
       f   force *f* quasi élastique
       r   квазиупругая сила *f*

Q106   *e*   **quasi-elastic scattering**
       d   quasielastische Streuung *f*
       f   diffusion *f* quasi élastique
       r   квазиупругое рассеяние *n*

Q107   *e*   **quasi-energy**
       d   Quasienergie *f*
       f   quasi-énergie *f*
       r   квазиэнергия *f*

Q108   *e*   **quasi-equilibrium**
       d   Quasigleichgewicht *n*
       f   quasi-équilibre *m*
       r   квазиравновесие *n*

Q109   *e*   **quasi-ergodic hypothesis**
       d   Quasi-Ergodenhypothese *f*
       f   hypothèse *f* quasi ergodique
       r   квазиэргодическая гипотеза *f*

Q110   *e*   **quasi-Fermi level**
       d   Quasi-Fermi-Niveau *n*
       f   quasi-niveau *m* de Fermi
       r   квазиуровень *m* Ферми

Q111   *e*   **quasi-hole**
       d   Quasiloch *n*
       f   quasi-trou *m*
       r   квазидырка *f*

Q112   *e*   **quasi-level**
       d   Quasiniveau *n*
       f   quasi-niveau *m*
       r   квазиуровень *m*

Q113   *e*   **quasi-linear theory** (*of plasma*)
       d   quasilineare Plasmatheorie *f*
       f   théorie *f* quasi linéaire (*du plasma*)
       r   квазилинейная теория *f* (*плазмы*)

Q114   *e*   **quasi-mode**
       d   Quasimode *f*
       f   quasi-mode *m*
       r   квазимода *f*

Q115   *e*   **quasi-molecule**
       d   Quasimolekül *n*
       f   quasi-molécule *f*
       r   квазимолекула *f*

Q116   *e*   **quasi-momentum**
       d   Quasiimpuls *m*, Pseudoimpuls *m*
       f   quasi-impulsion *f*
       r   квазиимпульс *m*

Q117   *e*   **quasi-neutrality**
       d   Quasineutralität *f*
       f   quasi-neutralité *f*
       r   квазинейтральность *f* (*плазмы*)

Q118   *e*   **quasi-optical line**
       d   quasioptische Linie *f*
       f   ligne *f* quasi optique
       r   квазиоптическая линия *f*

Q119   *e*   **quasi-optics**
       d   Quasioptik *f*
       f   quasi-optique *f*
       r   квазиоптика *f*

Q120　e　quasi-particle
　　　d　Quasiteilchen n
　　　f　quasi-particule f
　　　r　квазичастица f

Q121　e　quasi-periodic motion
　　　d　quasiperiodische Bewegung f
　　　f　mouvement m quasi périodique
　　　r　квазипериодическое движение n

Q122　e　quasi-periodic oscillation
　　　d　quasiperiodische Schwingungen f pl
　　　f　oscillations f pl quasi périodiques
　　　r　квазипериодические колебания n pl

Q123　e　quasi-potential
　　　d　Quasipotential n
　　　f　quasi-potentiel m
　　　r　квазипотенциал m

Q124　e　**quasi-resonance**
　　　d　Quasiresonanz f
　　　f　quasi-résonance f
　　　r　квазирезонанс m

Q125　e　quasi-static process
　　　d　quasistatischer Prozeß m
　　　f　processus m quasi statique
　　　r　квазистатический процесс m

Q126　e　quasi-stationary current
　　　d　quasistationärer Strom m
　　　f　courant m quasi stationnaire
　　　r　квазистационарный ток m

Q127　e　quasi-stationary process
　　　d　quasistationärer Prozeß m
　　　f　processus m quasi stationnaire
　　　r　квазистационарный процесс m

Q128　e　quasi-stellar galaxy see quasag

Q129　e　quasi-stellar object
　　　d　quasistellares Objekt n, Quasar m
　　　f　objet m quasi stellaire, quasar m
　　　r　квазизвёздный объект m, квазар m

Q130　e　quasi-stellar source
　　　d　quasistellare Quelle f
　　　f　source f quasi stellaire
　　　r　квазизвёздный источник m

Q131　e　quaternion
　　　d　Quaternion n
　　　f　quaternion m
　　　r　кватернион m

Q132　e　quencher
　　　d　Lumineszenzgift m
　　　f　destructeur m de luminescence, poison m de luminescence
　　　r　тушитель m, гаситель m (люминесценции)

Q133　e　quenching
　　　d　1. Löschung f, Löschen n
　　　　　2. Abschrecken n 3. Unterdrückung f
　　　f　1. extinction f 2. trempe f
　　　　　3. suppression f
　　　r　1. тушение n, гашение n 2. закалка f
　　　　　3. подавление n

Q134　e　quenching agent see quencher

Q135　e　quenching of luminescence
　　　d　Löschen n der Lumineszenz, Lumineszenzlöschen n
　　　f　exctinction f de la luminescence
　　　r　тушение n люминесценции

Q136　e　quiet day
　　　d　ruhiger Tag m
　　　f　jour m calme
　　　r　спокойный день m

Q137　e　quiet ionosphere
　　　d　ruhige Ionosphäre f
　　　f　ionosphère f calme
　　　r　невозмущённая ионосфера f, спокойная ионосфера f

Q138　e　quiet Sun
　　　d　ruhige Sonne f
　　　f　Soleil m calme
　　　r　спокойное Солнце n

Q139　e　quintet
　　　d　Quintett n
　　　f　quintet m
　　　r　квинтет m

Q140　e　Q value see Q

R

R1　e　**Rabi frequency**
　　d　Rabi-Frequenz f
　　f　fréquence f de Rabi
　　r　частота f Раби

R2　e　**Rabi oscillations**
　　d　Rabi-Oszillationen f pl
　　f　oscillations f pl de Rabi
　　r　осцилляции f pl Раби

R3　e　**Racah coefficients**
　　d　Racah-Koeffizienten m pl
　　f　coefficients m pl de Racah
　　r　коэффициенты m pl Рака

R4　e　**rad**
　　d　Rad n
　　f　rad m
　　r　рад m (единица поглощённой дозы ионизирующего излучения)

R5　e　**radar**
　　d　1. Radar n 2. Radargerät n
　　f　radar m

RADAR

- r 1. радиолокация f
- 2. радиолокатор m

R6 e radar astronomy
- d Radarastronomie f
- f astronomie f radar
- r радиолокационная астрономия f

R7 e radial injection
- d Radialinjektion f
- f injection f radiale
- r радиальная инжекция f

R8 e radial quantum number
- d radiale Quantenzahl f, Radialquantenzahl f
- f nombre m quantique radial
- r радиальное квантовое число n

R9 e radian
- d Radiant m
- f radian m
- r радиан m

R10 e radiance
- d Strahldichte f
- f radiance f, luminance f énergétique
- r лучистость f, энергетическая яркость f

R11 e radiance temperature
- d schwarze Temperatur f
- f température f de luminance
- r яркостная температура f

R12 e radiant emittance, radiant exitance
- d spezifische Ausstrahlung f
- f émittance f énergétique, émittance f lumineuse
- r излучательность f, энергетическая светимость f

R13 e radiant energy
- d Strahlungsenergie f
- f énergie f rayonnante
- r энергия f излучения, лучистая энергия f

R14 e radiant exposure
- d Bestrahlung f
- f exposition f énergétique, exposition f lumineuse
- r лучистая экспозиция f, энергетическая экспозиция f; доза f

R15 e radiant flux
- d Strahlungsfluß m
- f flux m rayonnant, flux m énergétique
- r поток m излучения, лучистый поток m

R16 e radiant flux density
- d Strahlungsflußdichte f
- f densité f de flux rayonnant, densité f de flux énergétique
- r поверхностная плотность f потока излучения

R17 e radiant heating
- d Strahlungsheizung f
- f chauffage m par radiation
- r радиационный нагрев m, нагрев m излучением

R18 e radiant intensity
- d Strahlstärke f
- f intensité f énergétique de rayonnement
- r сила f излучения

R19 e radiant power see radiant flux

R20 e radiated power
- d Strahlungsleistung f
- f puissance f de rayonnement
- r излучаемая мощность f, мощность f излучения

R21 e radiating system
- d Strahlungssystem n, strahlendes System n
- f système m radiant
- r излучающая система f

R22 e radiation
- d Strahlung f; Ausstrahlung f
- f radiation f, rayonnement m
- r 1. излучение n; лучеиспускание n
- 2. радиация f

R23 e radiation background see background radiation

R24 e radiation balance
- d Strahlungsbilanz f
- f bilan m de rayonnement
- r радиационный баланс m

R25 e radiation belts
- d Strahlungsgürtel m pl
- f ceintures f pl de radiation
- r радиационные пояса m pl

R26 e radiation-chemical protection
- d chemischer Strahlenschutz m
- f protection f radiochimique
- r радиационно-химическая защита f

R27 e radiation chemistry
- d Strahlungschemie f, Radiochemie f
- f chimie f de radiation
- r радиационная химия f

R28 e radiation corrections
- d Strahlungskorrekturen f pl
- f corrections f pl de rayonnement
- r радиационные поправки f pl

R29 e radiation damage
- d Strahlungsschaden m
- f dommage m par rayonnements
- r радиационное повреждение n

R30 e radiation defects
- d strahleninduzierte Gitterfehlstellen f pl

RADIATION

- *f* défauts *m pl* de rayonnement
- *r* радиационные дефекты *m pl*

R31
- *e* radiation detector
- *d* Strahlungsempfänger *m*, Strahlungsdetektor *m*
- *f* détecteur *m* de rayonnement
- *r* детектор *m* излучения; приёмник *m* излучения

R32
- *e* radiation diffusion
- *d* Strahlungsdiffusion *f*
- *f* diffusion *f* de rayonnement
- *r* диффузия *f* излучения

R33
- *e* radiation directivity
- *d* Strahlungsbündelung *f*
- *f* directivité *f* de rayonnement
- *r* направленность *f* излучения

R34
- *e* radiation dose
- *d* Strahlungsdosis *f*
- *f* dose *f* de rayonnement
- *r* доза *f* излучения

R35
- *e* radiation effect
- *d* Strahlungswirkung *f*, Strahleneffekt *m*
- *f* effet *m* de rayonnement
- *r* действие *n* излучения

R36
- *e* radiation flux *see* radiant flux

R37
- *e* radiation hardness
- *d* Strahlungshärte *f*
- *f* dureté *f* de rayonnement
- *r* жёсткость *f* излучения

R38
- *e* radiation hazard
- *d* Strahlungsrisiko *n*, Strahlengefährdung *f*
- *f* dangers *m pl* de rayonnement, risque *m* d'irradiation
- *r* радиационная опасность *f*

R39
- *e* radiation imprisonment *see* radiation trapping

R40
- *e* radiation-induced defects *see* radiation defects

R41
- *e* radiation injury
- *d* biologischer Strahlenschaden *m*, biologische Strahlenschädigung *f*
- *f* radiolésion *f*, lésion *f* due aux rayonnements ionisants
- *r* радиационное поражение *n*

R42
- *e* radiation intensity
- *d* Strahlungsintensität *f*, Strahlenintensität *f*
- *f* intensité *f* de rayonnement
- *r* интенсивность *f* излучения

R43
- *e* radiation isotropy
- *d* Strahlungsisotropie *f*
- *f* isotropie *f* de rayonnement
- *r* изотропия *f* излучения

R44
- *e* radiation laws
- *d* Strahlungsgesetze *n pl*
- *f* lois *f pl* de rayonnement
- *r* законы *m pl* излучения

R45
- *e* radiation length
- *d* Strahlungslänge *f*
- *f* longueur *f* de radiation
- *r* радиационная длина *f*

R46
- *e* radiationless transition
- *d* strahlungsloser Übergang *m*
- *f* transition *f* sans radiation
- *r* безызлучательный переход *m*

R47
- *e* radiation loss
- *d* Strahlungsverlust *m*
- *f* pertes *f pl* par rayonnement
- *r* радиационные потери *f pl*, потери *f pl* на излучение

R48
- *e* radiation monitoring
- *d* Strahlungskontrolle *f*, Strahlenüberwachung *f*
- *f* surveillance *f* des rayonnements, contrôle *m* du niveau de rayonnement
- *r* радиационный контроль *m*, дозиметрический контроль *m*

R49
- *e* radiation pattern *see* directional pattern

R50
- *e* radiation pressure
- *d* Strahlungsdruck *m*
- *f* pression *f* de rayonnement, pression *f* de radiation
- *r* давление *n* излучения, радиационное давление *n*

R51
- *e* radiation protection *see* protection against ionizing radiation

R52
- *e* radiation pyrometer
- *d* Strahlungspyrometer *n*
- *f* pyromètre *m* optique, pyromètre *m* à radiation
- *r* радиационный пирометр *m*

R53
- *e* radiation quantum
- *d* Strahlungsquant *n*
- *f* quantum *m* de rayonnement
- *r* квант *m* излучения

R54
- *e* radiation resistance
- *d* 1. Strahlungswiderstand *m* 2. Strahlungsbeständigkeit *f*
- *f* 1. résistance *f* de rayonnement 2. résistance *f* au rayonnement
- *r* 1. сопротивление *n* излучения 2. радиационная стойкость *f*

R55
- *e* radiation source
- *d* Strahlungsquelle *f*, Strahlenquelle *f*
- *f* source *f* de rayonnement
- *r* источник *m* излучения

R56
- *e* radiation spectrum

RADIATION

       d   Strahlungsspektrum *n*
       f   spectre *m* de rayonnement
       r   спектр *m* излучения

R57   e   **radiation temperature**
       d   Strahlungstemperatur *f*
       f   température *f* de rayonnement, température *f* de radiation
       r   радиационная температура *f*

R58   e   **radiation transfer**
       d   Strahlungsübertragung *f*
       f   transfert *m* du rayonnement
       r   перенос *m* излучения

R59   e   **radiation trapping, radiative capture**
       d   Strahlungseinfang *m*, strahlender Einfang *m*
       f   capture *f* radiative
       r   радиационный захват *m*

R60   e   **radiative equilibrium**
       d   Strahlungsgleichgewicht *n*
       f   équilibre *m* radiatif
       r   лучистое равновесие *n*

R61   e   **radiative friction**
       d   Strahlungsreibung *f*
       f   frottement *m* radiatif
       r   радиационное трение *n*

R62   e   **radiative heat exchange**
       d   Wärmeübertragung *f* durch Strahlung
       f   échange *m* de chaleur radiatif
       r   лучистый теплообмен *m*

R63   e   **radiative recombination**
       d   Strahlungsrekombination *f*
       f   recombinaison *f* radiative
       r   излучательная рекомбинация *f*

R64   e   **radiative recombination coefficient**
       d   Strahlungsrekombinationskoeffizient *m*
       f   coefficient *m* de recombinaison radiative
       r   коэффициент *m* излучательной рекомбинации

R65   e   **radiative transfer** *see* **radiation transfer**

R66   e   **radiative transition**
       d   Strahlungsübergang *m*, strahlender Übergang *m*
       f   transition *f* radiative
       r   излучательный переход *m*

R67   e   **radiator**
       d   1. Strahler *m* 2. Radiator *m*
       f   radiateur *m*
       r   1. излучатель *m* 2. радиатор *m*

R68   e   **radioactivation analysis**
       d   Aktivierungsanalyse *f*
       f   analyse *f* par activation, analyse *f* par radioactivation
       r   радиоактивационный анализ *m*, активационный анализ *m*

R69   e   **radioactive ash**
       d   radioaktive Asche *f*
       f   cendres *f pl* radioactives
       r   радиоактивный пепел *m*

R70   e   **radioactive chain** *see* **radioactive series**

R71   e   **radioactive contamination**
       d   radioaktive Kontamination *f*, radioaktive Verseuchung *f*
       f   contamination *f* radioactive
       r   радиоактивное загрязнение *n*

R72   e   **radioactive decay, radioactive disintegration**
       d   radioaktiver Zerfall *m*
       f   désintégration *f* radioactive
       r   радиоактивный распад *m*

R73   e   **radioactive dust**
       d   radioaktiver Staub *m*
       f   poussière *f* radioactive
       r   радиоактивная пыль *f*

R74   e   **radioactive effluent** *see* **radioactive waste**

R75   e   **radioactive fall-out**
       d   Fallout *m*, radioaktive Niederschläge *m pl*
       f   dépôts *m pl* radioactifs
       r   радиоактивные осадки *m pl*

R76   e   **radioactive family**
       d   radioaktive Zerfallsfamilie *f*, Zerfallsfamilie *f*
       f   famille *f* radioactive
       r   радиоактивное семейство *n*

R77   e   **radioactive half-life**
       d   Halbwertzeit *f*
       f   période *f* de demi-vie
       r   период *m* полураспада

R78   e   **radioactive indicator**
       d   Radioindikator *m*, radioaktiver Indikator *m*, radioaktiver Tracer *m*
       f   indicateur *m* radioactif, traceur *m* radioactif
       r   изотопный индикатор *m*

R79   e   **radioactive intensity**
       d   Intensität *f* der radioaktiven Strahlung
       f   intensité *f* de rayonnement radioactif
       r   интенсивность *f* радиоактивного излучения

R80   e   **radioactive isotope**
       d   radioaktives Isotop *n*, Radioisotop *n*
       f   isotope *m* radioactif, radio-isotope *m*
       r   радиоактивный изотоп *m*, радиоизотоп *m*

R81   e   **radioactive logging**
       d   radiometrische Bohrlochmessung *f*

	f	diagraphie *f* nucléaire
	r	радиоактивный каротаж *m*
R82	*e*	radioactive nuclide
	d	Radionuklid *n*, radioaktives Nuklid *n*
	f	radionucléide *m*, nucléide *m* radioactif
	r	радиоактивный изотоп *m*, радиоизотоп *m*, радионуклид *m*
R83	*e*	radioactive radiation
	d	radioaktive Strahlung *f*
	f	rayonnement *m* radioactif
	r	радиоактивное излучение *n*
R84	*e*	radioactive series
	d	radioaktive Zerfallsreihe *f*, Zerfallsreihe *f*
	f	série *f* radioactive
	r	радиоактивный ряд *m*
R85	*e*	radioactive source
	d	radioaktive Strahlenquelle *f*, radioaktive Strahlungsquelle *f*, radioaktive Quelle *f*
	f	source *f* radioactive
	r	радиоактивный источник *m*
R86	*e*	radioactive source isotropism
	d	Strahlungsquellenisotropie *f*
	f	isotropie *f* de la source radioactive
	r	изотропность *f* радиоактивного источника
R87	*e*	radioactive substance
	d	radioaktiver Stoff *m*
	f	substance *f* radioactive
	r	радиоактивное вещество *n*
R88	*e*	radioactive tracer *see* radioactive indicator
R89	*e*	radioactive waste
	d	radioaktive Abfälle *m pl*
	f	déchets *m pl* radioactifs
	r	радиоактивные отходы *m pl*
R90	*e*	radioactivity
	d	Radioaktivität *f*
	f	radioactivité *f*
	r	радиоактивность *f*
R91	*e*	radio altimeter
	d	Radiohöhenmesser *m*
	f	radioaltimètre *m*
	r	радиовысотомер *m*
R92	*e*	radio astronomy, radioastronomy
	d	Radioastronomie *f*
	f	radioastronomie *f*
	r	радиоастрономия *f*
R93	*e*	radiobiology
	d	Radiobiologie *f*
	f	radiobiologie *f*
	r	радиобиология *f*
R94	*e*	radio burst
	d	Strahlungsausbruch *m*, Burst *m*
	f	sursaut *m* radioélectrique
	r	радиовсплеск *m*, всплеск *m* радиоизлучения
R95	*e*	radiocarbon dating
	d	Radiokohlenstoffdatierung *f*, Kohlenstoffdatierung *f*, Altersbestimmung *f* nach der Kohlenstoffmethode
	f	datation *f* par le radiocarbone
	r	радиоуглеродное датирование *n*, датирование *n* по радиоуглероду
R96	*e*	radiocarbon method
	d	Radiokohlenstoffdatierung *f*, Radiokarbonmethode *f*, Kohlenstoffmethode *f*
	f	méthode *f* du radiocarbone
	r	радиоуглеродный метод *m* (определения возраста)
R97	*e*	radiochemical analysis
	d	radiochemische Analyse *f*
	f	analyse *f* radiochimique
	r	радиохимический анализ *m*
R98	*e*	radiochemistry
	d	Radiochemie *f*
	f	radiochimie *f*
	r	радиохимия *f*
R99	*e*	radio direction finder
	d	Funkpeiler *m*
	f	radiogoniomètre *m*
	r	радиопеленгатор *m*
R100	*e*	radio distance finder
	d	Funkentfernungsmesser *m*
	f	radiotélémètre *m*
	r	радиодальномер *m*
R101	*e*	radio disturbances
	d	Funkstörungen *f pl*
	f	parasites *m pl* radioélectriques
	r	радиопомехи *f pl*, помехи *f pl* радиоприёму
R102	*e*	radio echo
	d	Funkecho *n*
	f	écho *m* radioélectrique
	r	радиоэхо *n*
R103	*e*	radio electronics
	d	Radioelektronik *f*
	f	radiotechnique *f*
	r	радиоэлектроника *f*
R104	*e*	radio engineering
	d	Funktechnik *f*
	f	radio-ingénierie *f*
	r	радиотехника *f*
R105	*e*	radio-frequency band *see* high-frequency band
R106	*e*	radio-frequency focusing

RADIO-FREQUENCY

	d	Hochfrequenzfokussierung f
	f	focalisation f haute fréquence
	r	высокочастотная фокусировка f
R107	e	radio-frequency measurements
	d	radiotechnische Messungen f pl
	f	mesures f pl radioélectriques
	r	радиоизмерения n pl
R108	e	radio-frequency pulse
	d	Hochfrequenzimpuls m, HF-Impuls m
	f	impulsion f à haute fréquence
	r	радиоимпульс m
R109	e	radio galaxy
	d	Radiogalaxie f
	f	radiogalaxie f
	r	радиогалактика f
R110	e	radio holography
	d	Radioholographie f
	f	radioholographie f
	r	радиоголография f
R111	e	radio interference
	d	Funkstörung f
	f	radio-interférence f
	r	радиопомехи f pl
R112	e	radio interferometer
	d	Radiointerferometer n
	f	radio-interféromètre m
	r	радиоинтерферометр m
R113	e	radio interferometry
	d	Radiointerferometrie f
	f	radio-interférométrie f
	r	радиоинтерферометрия f
R114	e	radioisotope
	d	Radioisotop n, radioaktives Isotop n
	f	radio-isotope m, isotope m radioactif
	r	радиоизотоп m, радиоактивный изотоп m
R115	e	radioisotope diagnostics
	d	Radioisotopendiagnostik f
	f	diagnostic m radio-isotopique
	r	радиоизотопная диагностика f
R116	e	radiolocation see radar 1.
R117	e	radiology
	d	Radiologie f
	f	radiologie f
	r	радиология f
R118	e	radioluminescence
	d	Radiolumineszenz f
	f	radioluminescence f
	r	радиолюминесценция f
R119	e	radiolysis
	d	Radiolyse f
	f	radiolyse f
	r	радиолиз m
R120	e	radiometer
	d	Radiometer n, Strahlungsmesser m
	f	radiomètre m
	r	радиометр m
R121	e	radiometry
	d	Radiometrie f, Strahlungsmessung f
	f	radiométrie f
	r	радиометрия f
R122	e	radio navigation
	d	Funknavigation f
	f	radionavigation f
	r	радионавигация f
R123	e	radionuclide see radioactive nuclide
R124	e	radiophysics
	d	Radiophysik f
	f	radiophysique f
	r	радиофизика f
R125	e	radio pill
	d	Radiopille f
	f	endoémetteur m
	r	радиопилюля f
R126	e	radio radiation
	d	Radiofrequenzstrahlung f, Radiostrahlung f
	f	rayonnement m radioélectrique, émission f radioélectrique
	r	радиоизлучение n, излучение n радиоволн
R127	e	radio receiver
	d	Funkempfänger m; Rundfunkempfänger m; Funkempfängsgerät n
	f	récepteur m radio
	r	радиоприёмник m, радиоприёмное устройство n
R128	e	radiosensitivity
	d	Strahlungsempfindlichkeit f
	f	radiosensibilité f
	r	радиочувствительность f
R129	e	radio signal
	d	Funksignal n; Rundfunksignal n
	f	radiosignal m
	r	радиосигнал m
R130	e	radiosonde
	d	Radiosonde f, Funksonde f
	f	radiosonde f
	r	радиозонд m
R131	e	radio source
	d	Radioquelle f
	f	radiosource f
	r	источник m радиоизлучения
R132	e	radio spectroscope
	d	Radiospektroskop n
	f	radiospectroscope m
	r	радиоспектроскоп m

R133   e   **radio spectroscopy**
- d   Radiospektroskopie *f*
- f   radiospectroscopie *f*
- r   радиоспектроскопия *f*

R134   e   **radiosurgery**
- d   Radiochirurgie *f*
- f   radiochirurgie *f*
- r   радиохирургия *f*

R135   e   **radio telemetry**
- d   Funkfernmessung *f*
- f   radiotélémétrie *f*
- r   радиотелеметрия *f*

R136   e   **radio telescope**
- d   Radioteleskop *n*
- f   radiotélescope *m*
- r   радиотелескоп *m*

R137   e   **radiotherapy**
- d   Radiotherapie *f*, Strahlentherapie *f*
- f   radiothérapie *f*
- r   радиотерапия *f*

R138   e   **radio transmitter**
- d   Sender *m*; Rundfunksender *m*
- f   radiotransmetteur *m*
- r   радиопередатчик *m*, радиопередающее устройство *n*

R139   e   **radio wave attenuation**
- d   Funkwellendämpfung *f*, Radiowellendämpfung *f*
- f   amortissement *m* des ondes radioélectriques
- r   затухание *n* радиоволн

R140   e   **radio wave diffraction**
- d   Radiowellenbeugung *f*
- f   diffraction *f* des ondes radioélectriques
- r   дифракция *f* радиоволн

R141   e   **radio wave interference**
- d   Radiowelleninterferenz *f*
- f   interférence *f* des ondes radioélectriques
- r   интерференция *f* радиоволн

R142   e   **radio wave propagation**
- d   Funkwellenausbreitung *f*
- f   propagation *f* des ondes radioélectriques
- r   распространение *n* радиоволн

R143   e   **radio waves**
- d   Funkwellen *f pl*, Radiowellen *f pl*
- f   ondes *f pl* radioélectriques
- r   радиоволны *f pl*

R144   e   **radio wave scattering**
- d   Funkwellenstreuung *f*, Radiowellenstreuung *f*
- f   diffusion *f* des ondes radioélectriques
- r   рассеяние *n* радиоволн

R145   e   **radium, Ra**
- d   Radium *n*
- f   radium *m*
- r   радий *m*

R146   e   **radius**
- d   Radius *m*, Halbmesser *m*
- f   rayon *m*
- r   радиус *m*

R147   e   **radius of curvature**
- d   Krümmungsradius *m*, Krümmungshalbmesser *m*
- f   rayon *m* de courbure
- r   радиус *m* кривизны

R148   e   **radius of gyration** *see* **radius of inertia**

R149   e   **radius of inertia**
- d   Trägheitsradius *m*, Trägheitshalbmesser *m*
- f   rayon *m* d'inertie
- r   радиус *m* инерции

R150   e   **radon**
- d   Radon *n*
- f   radon *m*
- r   радон *m*

R151   e   **Raman amplifier**
- d   Raman-Verstärker *m*
- f   amplificateur *m* de Raman
- r   комбинационный усилитель *m*, рамановский усилитель *m*

R152   e   **Raman effect**
- d   Raman-Effekt *m*
- f   effet *m* Raman
- r   комбинационное рассеяние *n* света; эффект *m* Рамана

R153   e   **Raman emission**
- d   Raman-Emission *f*
- f   émission *f* Raman
- r   комбинационное излучение *n*, рамановское излучение *n*

R154   e   **Raman laser**
- d   Raman-Laser *m*
- f   laser *m* Raman
- r   комбинационный лазер *m*, ВКР-лазер *m*, рамановский лазер *m*

R155   e   **Raman light scattering**
- d   Raman-Streuung *f*, Ramansche Lichtstreuung *f*
- f   diffusion *f* Raman
- r   комбинационное рассеяние *n* света

R156   e   **Raman line**
- d   Raman-Linie *f*
- f   raie *f* Raman
- r   линия *f* комбинационного рассеяния (*света*)

R157   e   **Raman radiation** *see* **Raman emission**

RAMAN

R158   e   **Raman scattering** *see* **Raman light scattering**

R159   e   **Raman spectroscopy**
           d   Raman-Spektroskopie f
           f   spectroscopie f Raman
           r   спектроскопия f комбинационного рассеяния

R160   e   **Raman spectrum**
           d   Raman-Spektrum n
           f   spectre m Raman
           r   спектр m комбинационного рассеяния (*света*)

R161   e   **Ramsauer effect**
           d   Ramsauer-Effekt m
           f   effet m Ramsauer
           r   эффект m Рамзауэра

R162   e   **random dependence**
           d   Zufallsabhängigkeit f
           f   dépendance f fortuite, dépendance f accidentelle
           r   случайная зависимость f

R163   e   **random error**
           d   zufälliger Fehler m
           f   erreur f fortuite, erreur f accidentelle
           r   случайная погрешность f

R164   e   **random fluctuations**
           d   zufällige Schwankungen f pl
           f   fluctuations f pl accidentelles, fluctuations f pl aléatoires
           r   случайные флуктуации f pl

R165   e   **random motion**
           d   ungeordnete Bewegung f, chaotische Bewegung f
           f   mouvement m désordonné
           r   хаотическое движение n, беспорядочное движение n

R166   e   **random oscillation**
           d   Zufallsschwingungen f pl
           f   oscillations f pl aléatoires
           r   хаотические колебания n pl, случайные колебания n pl

R167   e   **random pulse**
           d   Zufallsimpuls m
           f   impulsion f aléatoire
           r   случайный импульс m

R168   e   **random signal detection**
           d   Zufallssignaldemodulation f
           f   détection f des signaux aléatoires
           r   детектирование n случайных сигналов

R169   e   **random variable**
           d   Zufallsvariable f, Zufallsgröße f
           f   variable f aléatoire, aléa m numérique
           r   случайная величина f

R170   e   **random variance**
           d   Zufallsvariablendispersion f
           f   variance f de grandeur aléatoire
           r   дисперсия f случайной величины

R171   e   **range**
           d   1. Bereich m, Gebiet n; Intervall n 2. Reichweite f 3. Schwingungsweite f, Amplitude f 4. Wertebereich m; Wertevorrat m
           f   1. gamme f 2. portée f 3. parcours m 4. amplitude f, étendue f 5. ensemble m des valeurs
           r   1. диапазон m; интервал m 2. дальность f 3. пробег m 4. размах m 5. область f значений

R172   e   **rangefinder**
           d   Entfernungsmesser m, Distanzmesser m
           f   télémètre m
           r   дальномер m

R173   e   **range of definition** *see* **domain of definition**

R174   e   **range of visibility**
           d   Sichtweite f, Sicht f
           f   portée f de vision
           r   дальность f видимости

R175   e   **ranger** *see* **rangefinder**

R176   e   **Rankine cycle**
           d   Rankinescher Kreißprozeß m, Rankine-Prozeß m, Rankine-Clausius-Prozeß m
           f   cycle m de Rankine
           r   цикл m Ранкина

R177   e   **rank of a matrix**
           d   Rang m einer Matrix
           f   rang m de la matrice
           r   ранг m матрицы

R178   e   **rare-earth ion**
           d   Seltenerdion n
           f   ion m de terre rare
           r   редкоземельный ион m

R179   e   **rare-earth magnet**
           d   Seltenerdmagnet m
           f   aimant m de terre rare
           r   редкоземельный магнетик m

R180   e   **rare-earth metals**
           d   Seltenerdmetalle n pl
           f   métaux m pl de terres rares
           r   редкоземельные металлы m pl

R181   e   **rare earths**
           d   seltene Erden f pl, Seltenerden f pl
           f   terres f pl rares
           r   редкоземельные элементы m pl, редкие земли f pl

R182   e   **rarefied gas**
           d   verdünntes Gas n

	f	gaz *m* raréfié
	r	разрежённый газ *m*
R183	*e*	rarefied gas dynamics
	d	Dynamik *f* der stark verdünnten Gase, Superaerodynamik *f*
	f	dynamique *f* des gaz raréfiés
	r	динамика *f* разрежённых газов
R184	*e*	raster
	d	Raster *m*
	f	trame *f*
	r	растр *m*
R185	*e*	rate
	d	1. Geschwindigkeit *f* 2. Häufigkeit *f*; Rate *f*
	f	1. vitesse *f* 2. fréquence *f*
	r	1. скорость *f* 2. частота *f*
R186	*e*	rate meter *see* counting-rate meter
R187	*e*	rate of flow
	d	Durchsatz *m*; Durchflußmenge *f*
	f	débit *m*
	r	расход *m*; скорость *f* течения
R188	*e*	ratio
	d	Verhältnis *n*; Verhältniszahl *f*
	f	rapport *m*
	r	1. отношение *n* 2. коэффициент *m*
R189	*e*	ray
	d	Strahl *m*
	f	rayon *m*
	r	луч *m*
R190	*e*	ray ellipsoid
	d	Fresnelsches Ellipsoid *n*
	f	ellipsoïde *m* de Fresnel
	r	эллипсоид *m* Френеля
R191	*e*	Rayleigh criterion
	d	Rayleigh-Zahl *f*, Rayleighsche Kennzahl *f*
	f	critère *m* de Rayleigh
	r	критерий *m* Рэлея
R192	*e*	Rayleigh disk
	d	Rayleigh-Scheibe *f*, Rayleighsche Scheibe *f*
	f	disque *m* de Rayleigh
	r	диск *m* Рэлея
R193	*e*	Rayleigh interferometer
	d	Rayleigh-Interferometer *n*
	f	interféromètre *m* de Rayleigh
	r	интерферометр *m* Рэлея
R194	*e*	Rayleigh-Jeans law
	d	Rayleigh-Jeanssches Strahlungsgesetz *n*
	f	principe *m* de Rayleigh-Jeans
	r	закон *m* излучения Рэлея - Джинса
R195	*e*	Rayleigh line
	d	Rayleigh-Linie *f*
	f	ligne *f* de Rayleigh
	r	линия *f* Рэлея
R196	*e*	Rayleigh line wing
	d	Rayleigh-Linienflügel *m*
	f	aile *f* de ligne de Rayleigh
	r	крыло *n* линии Рэлея
R197	*e*	Rayleigh radiation
	d	Rayleigh-Strahlung *f*
	f	rayonnement *m* de Rayleigh
	r	рэлеевское излучение *n*
R198	*e*	Rayleigh scattering
	d	Rayleigh-Streuung *f*, Rayleighsche Streuung *f*
	f	diffusion *f* de Rayleigh
	r	рэлеевское рассеяние *n*
R199	*e*	Rayleigh waves
	d	Rayleigh-Wellen *f pl*, Rayleighsche Wellen *f pl*
	f	ondes *f pl* de Rayleigh
	r	волны *f pl* Рэлея
R200	*e*	ray optics *see* geometrical optics
R201	*e*	ray optics method *see* geometrical optics method
R202	*e*	ray velocity
	d	Strahlengeschwindigkeit *f*
	f	vitesse *f* de rayon
	r	лучевая скорость *f*
R203	*e*	R-C generator
	d	RC-Generator *m*
	f	générateur *m* R.C.
	r	*RC*-генератор *m*
R204	*e*	reabsorption
	d	Reabsorption *f*
	f	réabsorption *f*
	r	перепоглощение *n*, реабсорбция *f*
R205	*e*	reactance
	d	Blindwiderstand *m*
	f	réactance *f*
	r	реактивное сопротивление *n*
R206	*e*	reaction
	d	Reaktion *f*
	f	réaction *f*
	r	реакция *f*
R207	*e*	reaction channel
	d	Reaktionskanal *m*, Kanal *m* einer Kernreaktion
	f	canal *m* de la réaction
	r	канал *m* реакции
R208	*e*	reaction kinematics
	d	Reaktionskinematik *f*
	f	cinématique *f* de réaction
	r	кинематика *f* реакции
R209	*e*	reaction kinetics

REACTION

	d	Reaktionskinetik *f*
	f	cinétique *f* de réaction
	r	кинетика *f* реакции
R210	e	reaction rate
	d	Reaktionsgeschwindigkeit *f*
	f	vitesse *f* de réaction
	r	скорость *f* реакции
R211	e	reaction rate constant
	d	Reaktionsgeschwindigkeitskonstante *f*
	f	constante *f* de la vitesse de réaction
	r	константа *f* скорости реакции
R212	e	reaction threshold
	d	Reaktionsschwelle *f*
	f	seuil *m* de la réaction
	r	порог *m* реакции
R213	e	reaction yield
	d	Reaktionsausbeute *f*
	f	rendement *m* de réaction
	r	выход *m* реакции
R214	e	reactive current
	d	Blindstrom *m*
	f	courant *m* réactif
	r	реактивный ток *m*
R215	e	reactive force
	d	Rückwirkungskraft *f*
	f	force *f* réactive
	r	реактивная сила *f*
R216	e	reactive load
	d	Blindlast *f*, Blindbelastung *f*, reaktive Last *f*
	f	charge *f* réactive
	r	реактивная нагрузка *f*
R217	e	reactive power
	d	Blindleistung *f*
	f	puissance *f* réactive
	r	реактивная мощность *f*
R218	e	reactive voltage
	d	Blindspannung *f*
	f	tension *f* réactive
	r	реактивное напряжение *n*
R219	e	reactivity of nuclear reactor
	d	Kernreaktorreaktivität *f*
	f	réactivité *f* du réacteur nucléaire
	r	реактивность *f* ядерного реактора
R220	e	reactor
	d	Reaktor *m*
	f	réacteur *m*, pile *f*
	r	реактор *m*
R221	e	reactor channel
	d	Reaktorkanal *m*, Kanal *m* im Reaktor
	f	canal *m* du réacteur
	r	канал *m* реактора
R222	e	reactor charge
	d	Brennstoffladung *f*
	f	charge *f* du réacteur
	r	загрузка *f* реактора
R223	e	reactor core
	d	Spaltzone *f*, aktive Zone *f*, Reaktorkern *m*
	f	cœur *m* du réacteur
	r	активная зона *f* реактора
R224	e	reactor dismantling
	d	Demontage *f* eines Reaktors
	f	désassemblage *m* du réacteur
	r	демонтаж *m* реактора
R225	e	reactor loading *see* reactor charge
R226	e	reactor vessel
	d	Reaktorbehälter *m*
	f	cuve *f* du réacteur
	r	корпус *m* реактора
R227	e	real gas
	d	reales Gas *n*, Realgas *n*
	f	gaz *m* réel
	r	реальный газ *m*
R228	e	real image
	d	reelles Bild *n*, wirkliches Bild *n*
	f	image *f* réelle
	r	действительное изображение *n*
R229	e	real-time processing
	d	Echtzeitdatenverarbeitung *f*
	f	traitement *m* des données en temps réel
	r	обработка *f* данных в реальном времени
R230	e	Réaumur scale
	d	Réaumur-Skala *f*
	f	échelle *f* Réaumur
	r	шкала *f* Реомюра
R231	e	receiving tube
	d	Empfangsverstärkerröhre *f*
	f	tube *m* amplificateur de réception
	r	приёмно-усилительная лампа *f*
R232	e	reciprocating motion
	d	hin- und hergehende Bewegung *f*, Hin- und Herbewegung *f*
	f	mouvement *m* alternatif, mouvement *m* de va-et-vient
	r	возвратно-поступательное движение *n*
R233	e	reciprocity
	d	Reziprozität *f*, Gegenseitigkeit *f*
	f	réciprocité *f*
	r	взаимность *f*
R234	e	reciprocity principle, reciprocity theorem
	d	Reziprozitätsprinzip *n*
	f	principe *m* de réciprocité
	r	принцип *m* взаимности, теорема *f* взаимности

R235 e recognition
      d Erkennung f; Wiedererkennung f;
         Identifizierung f
      f reconnaissance f; identification f
      r распознавание n, идентификация f

R236 e recoil
      d Rückstoß m, Rückprall m,
         Rückschlag m
      f recul m
      r отдача f

R237 e recoil atom
      d Rückstoßatom n
      f atome m de recul
      r атом m отдачи

R238 e recoil curve
      d Rückkehrkurve f
      f courbe f de recul
      r кривая f возврата

R239 e recoil ion
      d Rückstoßion n
      f ion m de recul
      r ион m отдачи

R240 e recoil momentum
      d Rückstoßimpuls m
      f impulsion f de recul
      r импульс m отдачи

R241 e recoil nucleus
      d Rückstoßkern m
      f noyau m de recul
      r ядро n отдачи

R242 e recombination
      d Rekombination f
      f recombinaison f
      r рекомбинация f

R243 e recombination center
      d Rekombinationszentrum n
      f centre m de recombinaison
      r рекомбинационный центр m, центр
         m рекомбинации

R244 e recombination coefficient
      d Rekombinationskoeffizient m,
         Rekombinationsbeiwert m
      f coefficient m de recombinaison
      r коэффициент m рекомбинации

R245 e recombination cross-section
      d Rekombinationsquerschnitt m
      f section f de recombinaison
      r сечение n рекомбинации

R246 e recombination luminescence
      d Rekombinationslumineszenz f,
         Rekombinationsleuchten n
      f luminescence f de recombinaison
      r рекомбинационная
         люминесценция f

R247 e recombination of holes and
         electrons
      d Elektron-Loch-Rekombination f
      f recombinaison f électron-trou
      r электронно-дырочная рекомбинация
         f, рекомбинация f электронов и
         дырок

R248 e recombination radiation
      d Rekombinationsstrahlung f
      f rayonnement m de recombinaison
      r рекомбинационное излучение n

R249 e recombination transition
      d Rekombinationsübergang m
      f transition f de recombinaison
      r рекомбинационный переход m

R250 e recombination waves
      d Rekombinationswellen f pl
      f ondes f pl de recombinaison
      r рекомбинационные волны f pl

R251 e reconnection
      d Neuschließen n (von magnetischen
         Kraftlinien)
      f reconnexion f des lignes de champ
         magnétique
      r пересоединение n, перезамыкание n
         (магнитных силовых линий)

R252 e reconstructed image
      d rekonstruiertes Bild n
      f image f restaurée
      r восстановленное изображение n

R253 e reconstructing beam
      d rekonstruierender Strahl m
      f rayon m de reconstruction
      r восстанавливающий луч m

R254 e reconstructing source
      d rekonstruierende Quelle f
      f source f de reconstruction
      r восстанавливающий источник m (в
         голографии)

R255 e reconstruction of a hologram
      d Hologrammrekonstruktion f
      f reconstruction f de hologramme
      r реконструкция f голограммы

R256 e reconstruction of an image
      d Bildrekonstruktion f
      f reconstruction f d'image, restauration
         f d'image
      r восстановление n изображения

R257 e recorded image
      d aufgezeichnetes Bild n, gespeichertes
         Bild n
      f image f enregistrée
      r записанное изображение n

R258 e recoverable deformation see
         reversible deformation

R259 e recovery time
      d Wiederherstellungszeit f,
         Erholungszeit f

RECRYSTALLIZATION

	f	durée f de rétablissement
	r	время n восстановления, время n возврата
R260	e	recrystallization
	d	Rekristallisation f
	f	recristallisation f
	r	рекристаллизация f
R261	e	rectangular coordinates
	d	rechtwinklige Koordinaten f pl
	f	coordonnées f pl rectangulaires
	r	прямоугольные координаты f pl
R262	e	rectangular pulse
	d	Rechteckimpuls m
	f	impulsion f rectangulaire
	r	прямоугольный импульс m
R263	e	rectangular waveguide
	d	Rechteckhohlleiter m
	f	guide m d'ondes rectangulaire
	r	прямоугольный волновод m
R264	e	rectification
	d	Gleichrichtung f
	f	redressement m
	r	выпрямление n (электрического тока)
R265	e	rectifier
	d	Gleichrichter m
	f	redresseur m
	r	выпрямитель m
R266	e	rectilinear motion
	d	geradlinige Bewegung f
	f	mouvement m rectiligne
	r	прямолинейное движение n
R267	e	recuperator
	d	Rekuperator m
	f	récupérateur m
	r	рекуператор m
R268	e	recurrence phenomena
	d	Rekurrenzerscheinungen f pl
	f	phénomènes m pl de récurrence
	r	рекуррентные явления n pl
R269	e	red dwarf
	d	roter Zwerg m
	f	naine f rouge
	r	красный карлик m
R270	e	red giant
	d	roter Riese m
	f	géante f rouge
	r	красный гигант m
R271	e	red shift
	d	Rotverschiebung f
	f	décalage m vers le rouge
	r	красное смещение n
R272	e	reduced coordinates
	d	reduzierte Koordinaten f pl

	f	coordonnées f pl réduites
	r	приведённые координаты f pl
R273	e	reduced equation of state
	d	reduzierte Zustandsgleichung f
	f	équation f d'état réduite
	r	приведённое уравнение n состояния
R274	e	reduced mass
	d	reduzierte Masse f
	f	masse f réduite
	r	приведённая масса f
R275	e	reduced momentum
	d	reduzierter Impuls m
	f	impulsion f réduite
	r	приведённый импульс m
R276	e	reduced temperature
	d	reduzierte Temperatur f
	f	température f réduite
	r	приведённая температура f
R277	e	reducible diagram
	d	reduzibles Diagramm n
	f	diagramme m réductible
	r	приводимая диаграмма f
R278	e	reducible representation of a transformation group
	d	reduzible Darstellung f der Transformationsgruppe
	f	représentation f réductible du groupe de transformations
	r	приводимое представление n группы преобразований
R279	e	reduction
	d	1. Reduktion f, Reduzierung f 2. (chemische) Reduktion f
	f	réduction f
	r	1. приведение n 2. восстановление n
R280	e	reduction of forces
	d	Reduktion f der Kräfte
	f	réduction f des forces
	r	приведение n сил
R281	e	reference beam
	d	Vergleichsstrahl m, Referenzstrahl m
	f	faisceau m de référence
	r	опорный луч m, опорный пучок m
R282	e	reference diode
	d	Referenzdiode f
	f	diode f de référence
	r	опорный диод m
R283	e	reference source
	d	Vergleichsquelle f, Standardquelle f
	f	source f de référence
	r	опорный источник m
R284	e	reference star
	d	Haltestern m, Leitstern m
	f	étoile f de référence
	r	опорная звезда f

R285   e   reference voltage
   d   Bezugsspannung *f*,
     Vergleichsspannung *f*
   f   tension *f* de référence
   r   опорное напряжение *n*

R286   e   reference wave
   d   Bezugsquelle *f*
   f   onde *f* de référence
   r   опорная волна *f*

R287   e   reflectance *see* reflectivity

R288   e   reflected pulse
   d   Echoimpuls *m*
   f   impulsion *f* réfléchie
   r   отражённый импульс *m*, эхо-импульс *m*

R289   e   reflected radiation
   d   Reflexionsstrahlung *f*, reflektierte Strahlung *f*
   f   rayonnement *m* réfléchi
   r   отражённое излучение *n*

R290   e   reflected ray
   d   reflektierter Strahl *m*
   f   rayon *m* réfléchi
   r   отражённый луч *m*

R291   e   reflected wave
   d   reflektierte Welle *f*
   f   onde *f* réfléchie
   r   отражённая волна *f*

R292   e   reflecting telescope
   d   Spiegelteleskop *n*, Reflektor *m*
   f   télescope *m* à miroir, télescope *m* réflecteur, réflecteur *m*
   r   зеркальный телескоп *m*, телескоп-рефлектор *m*

R293   e   reflection
   d   Reflexion *f*, Rückstrahlung *f*
   f   réflexion *f*
   r   отражение *n*

R294   e   reflection coefficient
   d   Reflexionskoeffizient *m*, Reflexionsgrad *m*
   f   coefficient *m* de réflexion
   r   коэффициент *m* отражения

R295   e   reflection electron microscope
   d   Reflexionsmikroskop *n*, Reflexionselektronenmikroskop *n*
   f   microscope *m* électronique à réflexion
   r   отражательный электронный микроскоп *m*

R296   e   reflection factor *see* reflection coefficient

R297   e   reflection high-energy electron diffraction method
   d   Hochenergie-Elektronendiffraktionsmethode *f*, RHEED-Methode *f*
   f   méthode *f* de diffraction des électrons de haute énergie par réflexion
   r   метод *m* дифракции электронов высоких энергий на отражение, метод *m* RHEED

R298   e   reflection hologram
   d   Reflexionshologramm *n*
   f   hologramme *m* par réflexion, hologramme *m* de réflexion
   r   отражательная голограмма *f*

R299   e   reflection loss
   d   Reflexionsverlust *m*
   f   pertes *f pl* par réflexion
   r   потери *f pl* на отражение

R300   e   reflection of light
   d   Lichtreflexion *f*
   f   réflexion *f* de la lumière
   r   отражение *n* света

R301   e   reflection of radio waves
   d   Radiowellenreflexion *f*
   f   réflexion *f* des ondes radioélectriques
   r   отражение *n* радиоволн

R302   e   reflection prism
   d   Reflexionsprisma *n*
   f   prisme *m* de réflexion
   r   отражательная призма *f*

R303   e   reflection spectrum
   d   Reflexionsspektrum *n*
   f   spectre *m* de réflexion
   r   спектр *m* отражения

R304   e   reflective coating
   d   Reflexionsschicht *f*
   f   revêtement *m* réflecteur
   r   отражающее покрытие *n*

R305   e   reflectivity
   d   Reflexionsgrad *m*, Reflexionskoeffizient *m*
   f   réflexibilité *f*
   r   отражательная способность *f*, коэффициент *m* отражения

R306   e   reflector
   d   Reflektor *m*; Rückstrahler *m*; Spiegel *m*
   f   réflecteur *m*
   r   1. отражатель *m* 2. зеркало *n* 3. рефлектор *m*

R307   e   reflector aerial, reflector antenna
   d   Spiegelantenne *f*
   f   antenne *f* à réflecteur
   r   зеркальная антенна *f*

R308   e   reflector voltage
   d   Reflektorspannung *f*
   f   tension *f* de réflecteur
   r   напряжение *n* отражателя (клистрона)

REFLEX

R309 e **reflex klystron**
   d Reflexklystron n, Spiegelklystron n
   f klystron m à réflexion
   r отражательный клистрон m

R310 e **refracted beam** see **refracted ray**

R311 e **refracted ray**
   d gebrochener Strahl m
   f rayon m réfracté
   r преломлённый луч m

R312 e **refracted wave**
   d gebrochene Welle f
   f onde f réfractée
   r преломлённая волна f

R313 e **refracting telescope**
   d Refraktor m
   f réfracteur m, lunette f
   r телескоп-рефрактор m, линзовый телескоп m

R314 e **refraction**
   d Brechung f; Refraktion f
   f réfraction f
   r 1. преломление n 2. рефракция f

R315 e **refraction index** see **refractive index**

R316 e **refraction of light**
   d Lichtbrechung f, Refraktion f des Lichtes
   f réfraction f de la lumière
   r преломление n света; рефракция f света

R317 e **refraction of radio waves**
   d Funkwellenbrechung f, Radiowellenbrechung f
   f réfraction f des ondes radioélectriques
   r рефракция f радиоволн; преломление n радиоволн

R318 e **refraction of sound**
   d Schallbrechung f
   f réfraction f du son
   r рефракция f звука

R319 e **refractive index**
   d Brechungsindex m, Brechzahl f
   f indice m de réfraction
   r показатель m преломления

R320 e **refractive index irregularity**
   d Irregularität f der Brechzahl
   f irrégularité f de l'indice de réfraction
   r неоднородность f показателя преломления

R321 e **refractometer**
   d Refraktometer n, Brechzahlmesser m
   f réfractomètre m
   r рефрактометр m

R322 e **refractometry**
   d Refraktometrie f, Brechzahlbestimmung f
   f réfractométrie f
   r рефрактометрия f

R323 e **refractor** see **refracting telescope**

R324 e **refrigeration**
   d 1. Kühlung f, Abkühlung f 2. Gefrieren n
   f 1. refroidissement m 2. réfrigération f
   r 1. охлаждение n
    2. замораживание n

R325 e **refringence**
   d Brechung f, Strahlenbrechung f, Refraktion f
   f réfraction f
   r лучепреломление n

R326 e **regeneration**
   d Regeneration f, Regenerierung f
   f régénération f
   r 1. регенерация f; воспроизводство n
    2. восстановление n

R327 e **regeneration reception**
   d Regenerativempfang m, Rückkopplungsempfang m
   f réception f par réaction
   r регенеративный приём m

R328 e **Regge diagram**
   d Regge-Diagramm n
   f diagramme m de Regge
   r реджевская диаграмма f

R329 e **reggeon**
   d Reggeon n
   f reggeon m
   r реджеон m

R330 e **Regge pole**
   d Regge-Pol m
   f pôle m de Regge
   r полюс m Редже

R331 e **Regge pole method**
   d Regge-Polenmethode f
   f méthode f des pôles de Regge
   r метод m полюсов Редже

R332 e **region**
   d Bereich m, Gebiet n; Zone f
   f région f
   r область f; зона f

R333 e **regression**
   d Regression f
   f régression f
   r регрессия f

R334 e **regular function** see **analytic function**

R335 e **regularization method**
   d Regularisationsmethode f
   f méthode f de régularisation
   r метод m регуляризации, метод m сглаживания

RELATIVISTIC

R336　e　**regular motion**
　　　d　reguläre Bewegung f
　　　f　mouvement m régulier
　　　r　регулярное движение n

R337　e　**Rehbinder effect**
　　　d　Rehbinder-Effekt m
　　　f　effet m Rehbinder
　　　r　эффект m Ребиндера

R338　e　**reinforcement**
　　　d　1. Verstärkung f; Versteifung f 2. Armierung f, Bewehrung f
　　　f　1. renforcement m 2. armement m
　　　r　1. усиление n 2. укрепление n, армирование n, упрочнение n

R339　e　**relation, relationship**
　　　d　Abhängigkeit f, Beziehung f; Zusammenhang m; Verhältnis n
　　　f　relation f
　　　r　зависимость f; соотношение n

R340　e　**relative change**
　　　d　relative Änderung f
　　　f　changement m relatif
　　　r　относительное изменение n

R341　e　**relative concentration**
　　　d　relative Konzentration f
　　　f　concentration f relative
　　　r　относительная концентрация f

R342　e　**relative deformation**
　　　d　relative Deformation f
　　　f　déformation f relative
　　　r　относительная деформация f

R343　e　**relative equilibrium**
　　　d　relatives Gleichgewicht n
　　　f　équilibre m relatif
　　　r　относительное равновесие n

R344　e　**relative line intensity**
　　　d　relative Linienintensität f
　　　f　intensité f relative de la ligne
　　　r　относительная интенсивность f линии

R345　e　**relative motion**
　　　d　Relativbewegung f, relative Bewegung f
　　　f　mouvement m relatif
　　　r　относительное движение n

R346　e　**relative permittivity**
　　　d　relative Permeabilität f, Permeabilitätszahl f
　　　f　permittivité f relative
　　　r　относительная диэлектрическая проницаемость f

R347　e　**relativistically invariant gages**
　　　d　relativistisch invariante Eichungen $f\ pl$
　　　f　calibrages $m\ pl$ à invariance relativiste
　　　r　релятивистски инвариантные калибровки $f\ pl$

R348　e　**relativistic astrophysics**
　　　d　relativistische Astrophysik f
　　　f　astrophysique f relativiste
　　　r　релятивистская астрофизика f

R349　e　**relativistic cosmology**
　　　d　relativistische Kosmologie f
　　　f　cosmologie f relativiste
　　　r　релятивистская космология f

R350　e　**relativistic dynamics**
　　　d　relativistische Dynamik f, Relativitätsdynamik f
　　　f　dynamique f relativiste
　　　r　релятивистская динамика f

R351　e　**relativistic effects**
　　　d　relativistische Effekte $m\ pl$
　　　f　effets $m\ pl$ relativistes
　　　r　релятивистские эффекты $m\ pl$

R352　e　**relativistic electrodynamics**
　　　d　relativistische Elektrodynamik f
　　　f　électrodynamique f relativiste
　　　r　релятивистская электродинамика f

R353　e　**relativistic generalization**
　　　d　relativistische Verallgemeinerung f
　　　f　généralisation f relativiste
　　　r　релятивистское обобщение n

R354　e　**relativistic invariance**
　　　d　relativistische Invarianz f, Lorentz-Invarianz f
　　　f　invariance f relativiste
　　　r　релятивистская инвариантность f, лоренц-инвариантность f

R355　e　**relativistic invariant**
　　　d　relativistische Invariante f
　　　f　invariant m relativiste
　　　r　релятивистский инвариант m

R356　e　**relativistic kinematics**
　　　d　relativistische Kinematik f, Relativitätskinematik f
　　　f　cinématique f relativiste
　　　r　релятивистская кинематика f

R357　e　**relativistic mass**
　　　d　relativistische Masse f
　　　f　masse f relativiste
　　　r　релятивистская масса f

R358　e　**relativistic mass variation**
　　　d　relativistische Massenänderung f
　　　f　variation f relativiste de la masse
　　　r　релятивистское изменение n массы

R359　e　**relativistic mechanics**
　　　d　relativistische Mechanik f, Relativitätsmechanik f
　　　f　mécanique f relativiste
　　　r　релятивистская механика f

R360　e　**relativistic momentum**
　　　d　relativistischer Impuls m

RELATIVISTIC

	f	impulsion *f* relativiste
	r	релятивистский импульс *m*
R361	*e*	relativistic motion
	d	relativistische Bewegung *f*
	f	mouvement *m* relativiste
	r	релятивистское движение *n*
R362	*e*	relativistic particle
	d	relativistisches Teilchen *n*
	f	particule *f* relativiste
	r	релятивистская частица *f*
R363	*e*	relativistic plasma
	d	relativistisches Plasma *n*
	f	plasma *m* relativiste
	r	релятивистская плазма *f*
R364	*e*	relativistic region
	d	relativistischer Bereich *m*
	f	domaine *m* relativiste
	r	релятивистская область *f*
R365	*e*	relativistic thermodynamics
	d	relativistische Thermodynamik *f*
	f	thermodynamique *f* relativiste
	r	релятивистская термодинамика *f*
R366	*e*	relativistic velocity
	d	relativistische Geschwindigkeit *f*
	f	vitesse *f* relativiste
	r	релятивистская скорость *f*
R367	*e*	relativity
	d	1. Relativität *f* 2. Relativitätstheorie *f*
	f	relativité *f*
	r	1. относительность *f* 2. теория *f* относительности
R368	*e*	relativity principle
	d	Relativitätsprinzip *n*
	f	principe *m* de la relativité
	r	принцип *m* относительности
R369	*e*	relativity theory
	d	Relativitätstheorie *f*
	f	théorie *f* de relativité
	r	теория *f* относительности
R370	*e*	relaxation
	d	Relaxation *f*
	f	relaxation *f*
	r	релаксация *f*
R371	*e*	relaxation channel
	d	Relaxationskanal *m*
	f	canal *m* de relaxation
	r	канал *m* релаксации
R372	*e*	relaxation curve
	d	Relaxationskurve *f*
	f	courbe *f* de relaxation
	r	релаксационная кривая *f*
R373	*e*	relaxation distance *see* relaxation length

R374	*e*	relaxation length
	d	Relaxationslänge *f*, Relaxationsweglänge *f*
	f	longueur *f* de relaxation
	r	длина *f* релаксации
R375	*e*	relaxation oscillation
	d	Relaxationsschwingungen *f pl*, Kippschwingungen *f pl*
	f	oscillations *f pl* de relaxation
	r	релаксационные колебания *n pl*
R376	*e*	relaxation oscillator
	d	Kippschwingungsgenerator *m*, Kippschwinger *m*, Relaxationsgenerator *m*
	f	oscillateur *m* de relaxation
	r	релаксационный генератор *m*
R377	*e*	relaxation time
	d	Relaxationszeit *f*
	f	temps *m* de relaxation
	r	время *n* релаксации
R378	*e*	relaxation transitions
	d	Relaxationsübergänge *m pl*
	f	transitions *f pl* à relaxation
	r	релаксационные переходы *m pl*
R379	*e*	reliability
	d	Zuverlässigkeit *f*
	f	fiabilité *f*
	r	1. надёжность *f* 2. надёжность *f*, достоверность *f* (*результатов, данных*)
R380	*e*	reliability test
	d	Zuverlässigkeitsprüfung *f*
	f	essai *m* de fiabilité
	r	испытание *n* на надёжность
R381	*e*	relict neutrino
	d	Reliktneutrino *n*
	f	neutrino *m* de relique
	r	реликтовое нейтрино *n*
R382	*e*	relict quark
	d	Reliktquark *n*
	f	quark *m* de relique
	r	реликтовый кварк *m*
R383	*e*	relict radiation
	d	Reliktstrahlung *f*
	f	rayonnement *m* de relique
	r	реликтовое излучение *n*
R384	*e*	relict radiation isotropy
	d	Reliktstrahlungsisotropie *f*
	f	isotropie *f* du rayonnement de relique
	r	изотропия *f* реликтового излучения
R385	*e*	reluctance
	d	magnetischer Widerstand *m*
	f	résistance *f* magnétique
	r	магнитное сопротивление *n*
R386	*e*	reluctivity

	d	spezifischer magnetischer Widerstand *m*
	f	résistance *f* magnétique spécifique
	r	удельное магнитное сопротивление *n*
R387	e	rem *see* roentgen-equivalent-man
R388	e	remanence
	d	Restmagnetisierung *f*, magnetische Remanenz *f*
	f	induction *f* magnétique rémanente
	r	остаточная магнитная индукция *f*
R389	e	remanent magnetization
	d	remanente Magnetisierung *f*
	f	aimantation *f* rémanente, aimantation *f* résiduelle
	r	остаточная намагниченность *f*
R390	e	remanent polarization
	d	Restpolarisation *f*
	f	polarisation *f* rémanente
	r	остаточная поляризация *f*
R391	e	remote measurement
	d	Fernmessung *f*
	f	mesure *f* à distance
	r	дистанционное измерение *n*
R392	e	remote sensing
	d	Fernsondierung *f*, Fernabtastung *f*
	f	sondage *m* à distance
	r	дистанционное зондирование *n*
R393	e	remote sensor
	d	Ferngeber *m*
	f	capteur *m* à distance
	r	дистанционный датчик *m*
R394	e	renewable source
	d	erneuerbare Quelle *f*
	f	source *f* renouvelable
	r	возобновляемый источник *m*
R395	e	renormalizability
	d	Renormierbarkeit *f*
	f	rénormalisabilité *f*
	r	перенормируемость *f*
R396	e	renormalizable theory
	d	renormierbare Theorie *f*
	f	théorie *f* rénormalisable
	r	перенормируемая теория *f*
R397	e	renormalization
	d	Renormierung *f*
	f	rénormalisation *f*
	r	перенормировка *f*
R398	e	renormalization group
	d	Renormierungsgruppe *f*
	f	groupe *m* de rénormalisation
	r	ренормализационная группа *f*, ренормгруппа *f*
R399	e	renormalization invariance
	d	Renormierungsinvarianz *f*
	f	invariance *f* de rénormalisation
	r	ренормализационная инвариантность *f*
R400	e	renormalized perturbation theory
	d	renormierbare Störungstheorie *f*
	f	théorie *f* des perturbations rénormalisée
	r	перенормированная теория *f* возмущений
R401	e	reorientation
	d	Reorientierung *f*
	f	réorientation *f*
	r	переориентация *f*
R402	e	repeatability *see* reproducibility
R403	e	repetition rate
	d	Folgefrequenz *f*
	f	fréquence *f* de répétition
	r	частота *f* повторения
R404	e	replica
	d	Abdruck *m*, Replik *f*
	f	réplique *f*
	r	реплика *f* (в электронной микроскопии)
R405	e	reprocessing
	d	Wiederaufarbeitung *f* (*von abgebranntem Kernbrennstoff*)
	f	régénération *f* (*du combustible nucléaire*)
	r	регенерация *f* (ядерного топлива)
R406	e	reproducibility
	d	Reproduzierbarkeit *f*
	f	reproductibilité *f*
	r	воспроизводимость *f*; повторяемость *f*
R407	e	repulsion
	d	Abstoßung *f*, Repulsion *f*
	f	répulsion *f*
	r	отталкивание *n*, расталкивание *n*
R408	e	research laboratory
	d	Forschungslaboratorium *n*, Forschungslabor *n*
	f	laboratoire *m* de recherches
	r	научно-исследовательская лаборатория *f*
R409	e	residual activity
	d	Restaktivität *f*
	f	radioactivité *f* résiduelle
	r	остаточная радиоактивность *f*
R410	e	residual deformation
	d	bleibende Verformung *f*, Formänderungsrest *m*
	f	déformation *f* résiduelle
	r	остаточная деформация *f*
R411	e	residual magnetization *see* remanent magnetization

RESIDUAL

R412	e	residual range
	d	Restreichweite f
	f	parcours m résiduel
	r	остаточный пробег m
R413	e	residual stress
	d	Restspannung f
	f	contrainte f résiduelle
	r	остаточное напряжение n
R414	e	residue
	d	1. Rückstand m 2. Rest m
	f	résidu m
	r	1. остаток m 2. вычет m
R415	e	resistance
	d	1. Widerstand m 2. Wirkwiderstand m
	f	résistance f
	r	1. сопротивление n 2. активное сопротивление n
R416	e	resistance gage
	d	Widerstandsdehnungsmeßstreifen m
	f	jauge f de contrainte
	r	тензорезистор m
R417	*e	resistance thermometer
	d	Widerstandsthermometer n
	f	thermomètre m à résistance
	r	термометр m сопротивления
R418	e	resistive load
	d	Wirklast f, Wirkbelastung f
	f	charge f résistive, charge f active
	r	активная нагрузка f
R419	e	resistivity
	d	spezifischer Widerstand m
	f	résistivité f
	r	удельное сопротивление n
R420	e	resistor
	d	Widerstand m
	f	résistance f
	r	резистор m
R421	e	resolution
	d	1. Auflösung f 2. Zerlegung f (Vektor)
	f	1. résolution f 2. partition f (du vecteur)
	r	1. разрешение n, разрешающая способность f 2. разложение n (вектора)
R422	e	resolved line
	d	aufgelöste Linie f
	f	raie f résolue
	r	разрешённая линия f
R423	e	resolving power
	d	Auflösungsvermögen n
	f	pouvoir m de résolution
	r	разрешающая способность f, разрешающая сила f
R424	e	resonance
	d	Resonanz f
	f	résonance f
	r	резонанс m
R425	e	resonance absorber
	d	Resonanzabsorber m
	f	absorbeur m par résonance
	r	резонансный поглотитель m
R426	e	resonance absorption
	d	Resonanzabsorption f
	f	absorption f par résonance
	r	резонансное поглощение n
R427	e	resonance amplifier
	d	Resonanzverstärker m
	f	amplificateur m à résonance
	r	резонансный усилитель m
R428	e	resonance broadening
	d	Resonanzverbreiterung f
	f	élargissement m par résonance
	r	резонансное уширение n
R429	e	resonance capture
	d	Resonanzeinfang m
	f	capture f de résonance
	r	резонансный захват m
R430	e	resonance channel
	d	Resonanzkanal m
	f	canal m de résonance
	r	резонансный канал m
R431	e	resonance cross-section
	d	Resonanzquerschnitt m
	f	section f de résonance
	r	резонансное сечение n
R432	e	resonance curve
	d	Resonanzkurve f
	f	courbe f de résonance
	r	резонансная кривая f
R433	e	resonance emission see resonance radiation
R434	e	resonance energy
	d	Resonanzenergie f
	f	énergie f de résonance
	r	резонансная энергия f
R435	e	resonance escape
	d	Resonanzflucht f, Vermeiden n des Resonanzeinfangs
	f	échappement m de résonance
	r	избежание n резонансного захвата
R436	e	resonance fluorescence
	d	Resonanzfluoreszenz f
	f	fluorescence f de résonance
	r	резонансная флуоресценция f
R437	e	resonance frequency
	d	Resonanzfrequenz f
	f	fréquence f de résonance
	r	резонансная частота f

R438　e　resonance level
　　　d　Resonanzniveau n
　　　f　niveau m de résonance
　　　r　резонансный уровень m

R439　e　resonance line
　　　d　Resonanzlinie f
　　　f　raie f de résonance
　　　r　резонансная линия f

R440　e　resonance luminescence
　　　d　Resonanzlumineszenz f
　　　f　luminescence f de résonance
　　　r　резонансная люминесценция f

R441　e　resonance neutrons
　　　d　Resonanzneutronen n pl
　　　f　neutrons m pl de résonance
　　　r　резонансные нейтроны m pl

R442　e　resonance oscillation
　　　d　Resonanzschwingungen f pl
　　　f　oscillations f pl de résonance
　　　r　резонансные колебания n pl

R443　e　resonance particle
　　　d　Resonanzteilchen n
　　　f　particule f de résonance
　　　r　резонанс m (резонансная частица)

R444　e　resonance radiation
　　　d　Resonanzstrahlung f
　　　f　rayonnement m de résonance, radiation f de résonance
　　　r　резонансное излучение n

R445　e　resonance scattering
　　　d　Resonanzstreuung f
　　　f　diffusion f résonnante, diffusion f de résonance
　　　r　резонансное рассеяние n

R446　e　resonance vibration see resonance oscillation

R447　e　resonant accelerator
　　　d　Resonanzbeschleuniger m
　　　f　accélérateur m de résonance
　　　r　резонансный ускоритель m

R448　e　resonant circuit
　　　d　Resonanzkreis m, Resonanzstromkreis m
　　　f　circuit m résonnant
　　　r　резонансный контур m

R449　e　resonant frequency see resonance frequency

R450　e　resonant ionization
　　　d　Resonanzionisation f
　　　f　ionisation f de résonance
　　　r　резонансная ионизация f

R451　e　resonant transition
　　　d　Resonanzübergang m; Resonanzdurchtritt m
　　　f　transition f de résonance
　　　r　резонансный переход m

R452　e　resonator
　　　d　Resonator m
　　　f　résonateur m
　　　r　резонатор m

R453　e　resonator selectivity
　　　d　Resonatorselektivität f
　　　f　sélectivité f du résonateur
　　　r　избирательность f резонатора

R454　e　response
　　　d　1. Antwort f, Reaktion f; Rückwirkung f; Ansprechen n 2. Kennlinie f, Charakteristik f
　　　f　réponse f
　　　r　1. отклик m, реакция f
　　　　 2. характеристика f

R455　e　response function
　　　d　Antwortfunktion f
　　　f　fonction f de réponse
　　　r　функция f отклика

R456　e　response time
　　　d　Antwortzeit f
　　　f　temps m de réponse
　　　r　постоянная f времени

R457　e　rest energy
　　　d　Ruheenergie f, Ruhenergie f
　　　f　énergie f au repos, énergie f en repos
　　　r　собственная энергия f, энергия f покоя

R458　e　rest mass see mass at rest

R459　e　restoring couple see restoring moment

R460　e　restoring moment
　　　d　Rückstellmoment n, Richtmoment n, Rückführmoment n
　　　f　moment m redresseur
　　　r　возвращающий момент m, восстанавливающий момент m

R461　e　restraint
　　　d　1. Begrenzung f 2. Begrenzer m 3. Dämpfer m
　　　f　1. limitation f 2. limiteur m 3. amortisseur m
　　　r　1. ограничение n 2. ограничитель m 3. демпфер m

R462　e　restricted motion
　　　d　unfreie Bewegung f, gebundene Bewegung f, eingeschränkte Bewegung f
　　　f　mouvement m restreint
　　　r　ограниченное движение n

R463　e　resultant
　　　d　Resultierende f

RESULTANT

    f   résultante *f*
    r   равнодействующая *f*

R464   *e*   **resultant force**
    d   resultierende Kraft *f*, Resultierende *f*
    f   force *f* résultante
    r   равнодействующая сила *f*, результирующая сила *f*

R465   *e*   **retardation**
    d   Verzögerung *f*; Nacheilung *f*
    f   retardation *f*
    r   замедление *n*, запаздывание *n*, отставание *n*

R466   *e*   **retarded action**
    d   verzögerte Wirkung *f*
    f   action *f* retardée
    r   замедленное действие *n*

R467   *e*   **retarded motion** *see* **decelerated motion**

R468   *e*   **retarded potential**
    d   retardiertes Potential *n*
    f   potentiel *m* retardé
    r   запаздывающий потенциал *m*

R469   *e*   **retrograde motion**
    d   Rückläufigkeit *f*
    f   mouvement *m* rétrograde *(du corps céleste)*
    r   возвратное движение *n* *(небесного тела)*

R470   *e*   **retroreflector**
    d   Reflexreflektor *m*, Rückstrahler *m*
    f   rétroréflecteur *m*
    r   уголковый отражатель *m*; катафот *m*

R471   *e*   **reverberation**
    d   Nachhall *m*
    f   réverbération *f*
    r   реверберация *f*

R472   *e*   **reverberation chamber**
    d   Hallraum *m*, Echoraum *m*, Nachhallraum *m*
    f   chambre *f* de réverbération
    r   реверберационная камера *f*

R473   *e*   **reverberation time**
    d   Nachhallzeit *f*, Nachhalldauer *f*
    f   temps *m* de réverbération
    r   время *n* реверберации

R474   *e*   **reversal**
    d   Umkehrung *f*, Richtungsumkehr *m*
    f   inversion *f*; conjugaison *f* *(du front d'onde)*
    r   изменение *n* направления на обратное; обращение *n* *(волнового фронта)*

R475   *e*   **reversal of spectral lines**
    d   Linienumkehr *f*, Umkehr *f* der Spektrallinien
    f   renversement *m* des raies du spectre, inversion *f* des raies spectrales
    r   обращение *n* спектральных линий

R476   *e*   **reverse direction** *see* **backward direction**

R477   *e*   **reverse voltage** *see* **back voltage**

R478   *e*   **reversible change**
    d   reversible Änderung *f*
    f   changement *m* réversible
    r   обратимое изменение *n*

R479   *e*   **reversible cycle**
    d   reversibler Zyklus *m*
    f   cycle *m* réversible
    r   обратимый цикл *m*

R480   *e*   **reversible deformation**
    d   reversible Deformation *f*
    f   déformation *f* réversible
    r   обратимая деформация *f*

R481   *e*   **reversible process**
    d   reversibler Prozeß *m*. umkehrbarer Prozeß *m*
    f   procédé *m* réversible
    r   обратимый процесс *m*

R482   *e*   **reversible transition**
    d   reversibler Übergang *m*
    f   transition *f* réversible
    r   обратимый переход *m*

R483   *e*   **reversing layer**
    d   umkehrende Schicht *f*
    f   couche *f* d'inversion
    r   обращающий слой *m*

R484   *e*   **revolutions per second**
    d   Umdrehungen *f pl* je Sekunde
    f   nombre *m* de révolutions par seconde
    r   обороты *m pl* в секунду

R485   *e*   **Reynolds number**
    d   Reynolds-Zahl *f*, Reynoldssche Zahl *f*
    f   nombre *m* de Reynolds
    r   число *n* Рейнольдса

R486   *e*   **rf plasma heating**
    d   Hochfrequenz-Plasmaaufheizung *f*
    f   chauffage *m* à haute fréquence du plasma
    r   высокочастотный нагрев *m* плазмы

R487   *e*   **rf radiation**
    d   hochfrequente Strahlung *f*, Hochfrequenzstrahlung *f*, HF-Strahlung *f*
    f   rayonnement *m* à haute fréquence
    r   высокочастотное излучение *n*

R488   *e*   **RHEED method** *see* **reflection high-energy electron diffraction method**

R489   *e*   **rhenium, Re**

	d	Rhenium n
	f	rhénium m
	r	рений m
R490	e	rheology
	d	Rheologie f
	f	rhéologie f
	r	реология f
R491	e	rheostat
	d	Regelwiderstand m, veränderbarer Widerstand m
	f	rhéostat m
	r	реостат m
R492	e	rheostat amplifier
	d	Widerstandsverstärker m
	f	amplificateur m à résistances
	r	рсостатный усилитель m
R493	e	rhodium, Rh
	d	Rhodium n
	f	rhodium m
	r	родий m
R494	e	rhombic aerial, rhombic antenna
	d	Rhombusantenne f
	f	antenne f en losange
	r	ромбическая антенна f
R495	e	rhombic crystal
	d	rhombischer Kristall m
	f	cristal m rhombique
	r	ромбический кристалл m
R496	e	rhombic system
	d	rhombisches Kristallsystem n
	f	système m rhomboïdal
	r	ромбическая сингония f, ромбическая система f
R497	e	rhombohedral system
	d	rhomboedrisches Kristallsystem n
	f	système m rhomboédrique
	r	ромбоэдрическая сингония f, ромбоэдрическая система f, тригональная система f
R498	e	Ricci tensor
	d	Ricci-Tensor m
	f	tenseur m de Ricci
	r	тензор m Риччи
R499	e	Richardson equation
	d	Richardson-Gleichung f, Richardsonsche Gleichung f
	f	équation f de Richardson
	r	формула f Ричардсона
R500	e	Richter scale
	d	Richter-Skala f
	f	échelle f de Richter
	r	шкала f Рихтера
R501	e	Riemannian space
	d	Riemannscher Raum m
	f	espace m de Riemann
	r	риманово пространство n
R502	e	Riemann invariant
	d	Riemannsche Invariante f
	f	invariant m de Riemann
	r	инвариант m Римана
R503	e	Riemann wave
	d	Riemannsche Welle f
	f	onde f de Riemann, onde f riemannienne
	r	волна f Римана, риманова волна f
R504	e	Righi-Leduc effect
	d	Righi-Leduc-Effekt m
	f	effet m Righi-Leduc
	r	эффект m Риги - Ледюка
R505	e	right-hand rule
	d	Rechte-Hand-Regel f, Dreifingerregel f der rechten Hand
	f	règle f de la main droite
	r	правило n правой руки
R506	e	right quark
	d	rechtes Quark n
	f	quark m droit
	r	правый кварк m
R507	e	rigid body
	d	starrer Körper m
	f	corps m rigide
	r	жёсткое тело n
R508	e	rigid construction
	d	starre Konstruktion f, Starrkonstruktion f, steife Konstruktion f
	f	construction f rigide
	r	жёсткая конструкция f
R509	e	rigid dynamics
	d	Dynamik f starrer Körper
	f	dynamique f des corps rigides
	r	динамика f неизменяемых систем
R510	e	rigid rotation
	d	starre Drehung f, starre Rotation f
	f	rotation f rigide
	r	жёсткое вращение n, вращение n неизменяемой системы
R511	e	rigid rotator
	d	starrer Rotator m
	f	rotateur m rigide
	r	жёсткий ротатор m
R512	e	ring
	d	Ring m
	f	anneau m, bague f
	r	кольцо n
R513	e	ring accelerator
	d	Ringbeschleuniger m
	f	accélérateur m annulaire
	r	кольцевой ускоритель m

RING

R514　e　ring interferometer
　　　d　Ringinterferometer n
　　　f　interféromètre m annulaire
　　　r　кольцевой интерферометр m

R515　e　ring laser
　　　d　Ringlaser m
　　　f　laser m annulaire
　　　r　кольцевой лазер m

R516　e　ring resonator
　　　d　Ringresonator m
　　　f　résonateur m annulaire
　　　r　кольцевой резонатор m

R517　e　rise time
　　　d　Anstiegszeit f
　　　f　temps m de montée
　　　r　1. время n нарастания 2. инерционность f

R518　e　r.m.s. value see root-mean-square value

R519　e　Roche limit
　　　d　Rochesche Grenze f
　　　f　limite f de Roche
　　　r　предел m Роша

R520　e　rocket dynamics
　　　d　Raketendynamik f
　　　f　dynamique f de fusées
　　　r　динамика f ракет

R521　e　rocket engine
　　　d　Raketenantrieb m; Raketentriebwerk n
　　　f　moteur-fusée m
　　　r　ракетный двигатель m

R522　e　rocket sounding
　　　d　Raketensondierung f
　　　f　sondage f par fusées
　　　r　ракетное зондирование n

R523　e　Rockwell hardness
　　　d　Rockwell-Härte f
　　　f　dureté f de Rockwell
　　　r　твёрдость f по Роквеллу

R524　e　rod
　　　d　1. Rundstab m, Stange m, Stab m 2. Stäbchen n
　　　f　1. tige f; barre f 2. bâtonnet m
　　　r　1. стержень m, брусок m 2. палочка f (сетчатки глаза)

R525　e　rod deformation
　　　d　Stabdeformation f
　　　f　déformation f d'une tige
　　　r　деформация f стержня

R526　e　rod torsion
　　　d　Stabverdrehung f
　　　f　torsion f des tiges
　　　r　кручение n стержней

R527　e　rod vibration, rod vibrations
　　　d　Stabvibrationen f pl
　　　f　vibrations f pl des tiges
　　　r　колебания n pl стержней

R528　e　roentgen
　　　d　Röntgen n, Röntgeneinheit f
　　　f　rœntgen m, röntgen m
　　　r　рентген m (единица экспозиционной дозы)

R529　e　roentgen-equivalent-man
　　　d　Rem n, Rem-Einheit f, biologisches Röntgenäquivalent n
　　　f　équivalent m biologique du rœntgen, rem
　　　r　биологический эквивалент m рентгена, бэр

R530　e　roentgenoluminescence
　　　d　Röntgenlumineszenz f
　　　f　rœntgenoluminescence f
　　　r　рентгенолюминесценция f

R531　e　rolling friction
　　　d　Wälzreibung f, Rollreibung f
　　　f　frottement m de roulement
　　　r　трение n качения

R532　e　room-temperature laser
　　　d　Raumtemperatur-Laser m, Zimmertemperatur-Laser m
　　　f　laser m émettant à la température ambiante
　　　r　лазер m, работающий при комнатной температуре

R533　e　root-mean-square value
　　　d　quadratischer Mittelwert m
　　　f　valeur f moyenne quadratique, valeur f efficace
　　　r　среднеквадратичное значение n

R534　e　rotamer see rotational isomer

R535　e　rotary dispersion
　　　d　Rotationsdispersion f
　　　f　dispersion f rotatoire
　　　r　вращательная дисперсия f, дисперсия f оптического вращения

R536　e　rotary inertia
　　　d　Rotationsträgheit f
　　　f　inertie f de rotation
　　　r　инерция f вращения

R537　e　rotary motion
　　　d　Drehbewegung f, Rotationsbewegung f
　　　f　mouvement m rotatoire
　　　r　вращательное движение n

R538　e　rotating crystal method
　　　d　Drehkristallmethode f
　　　f　méthode f des cristaux tournants
　　　r　метод m вращения образца (кристалла)

R539　e　rotating dumbbell

ROTATORY

- *d* rotierende Hantel *f*
- *f* haltère *m* rotatif
- *r* вращающаяся гантель *f (источник гравитационных волн)*

R540 *e* rotating stars
- *d* rotierende Sterne *m pl*
- *f* étoiles *f pl* rotatives
- *r* вращающиеся звёзды *f pl*

R541 *e* rotation
- *d* Rotation *f*, Drehung *f*; Umdrehung *f*
- *f* rotation *f*
- *r* вращение *n*; поворот *m*

R542 *e* rotation about an axis
- *d* Drehung *f* um eine Achse, Rotation *f* um eine Achse
- *f* rotation *f* autour d'un axe
- *r* вращение *n* вокруг оси, вращательное движение *n* вокруг оси

R543 *e* rotation about a point
- *d* Drehung *f* um einen Punkt, Rotation *f* um einen Punkt
- *f* rotation *f* autour d'un point
- *r* вращение *n* вокруг точки, вращательное движение *n* вокруг точки

R544 *e* rotational band
- *d* Rotationsbande *f*
- *f* bande *f* de rotation
- *r* вращательная полоса *f*

R545 *e* rotational constant
- *d* Rotationskonstante *f*
- *f* constante *f* de rotation
- *r* постоянная *f* вращения, вращательная постоянная *f*

R546 *e* rotational energy
- *d* Rotationsenergie *f*
- *f* énergie *f* de rotation
- *r* вращательная энергия *f*

R547 *e* rotational isomer
- *d* Rotationsisomer *n*
- *f* isomère *m* rotationnel
- *r* поворотный изомер *m*

R548 *e* rotational isomerism
- *d* Rotationsisomerie *f*
- *f* isomérie *f* de rotation
- *r* поворотная изомерия *f*

R549 *e* rotational level
- *d* Rotationsniveau *n*, Rotationsenergieniveau *n*
- *f* niveau *m* rotationnel
- *r* вращательный уровень *m*

R550 *e* rotational line
- *d* Rotationslinie *f*
- *f* raie *f* de rotation, raie *f* rotationnelle
- *r* вращательная линия *f*

R551 *e* rotational motion
- *d* Drehbewegung *f*, Rotationsbewegung *f*
- *f* mouvement *m* rotatif
- *r* вращательное движение *n*, вращение *n*

R552 *e* rotational quantum
- *d* Rotationsquant *n*, Drehimpulsquant *n*
- *f* quantum *m* de rotation
- *r* вращательный квант *m*

R553 *e* rotational quantum number
- *d* Rotationsquantenzahl *f*
- *f* nombre *m* quantique de rotation
- *r* вращательное квантовое число *n*

R554 *e* rotational spectrum
- *d* Rotationsspektrum *n*
- *f* spectre *m* de rotation, spectre *m* rotationnel
- *r* вращательный спектр *m*

R555 *e* rotational temperature
- *d* Rotationstemperatur *f*
- *f* température *f* rotationnelle, température *f* de rotation
- *r* вращательная температура *f*

R556 *e* rotational transition
- *d* Rotationsübergang *m*
- *f* transition *f* rotatoinnelle, transition *f* de rotation
- *r* вращательный переход *m*

R557 *e* rotational wave *see* shear wave

R558 *e* rotation axis
- *d* Drehachse *f*, Rotationsachse *f*
- *f* axe *m* de rotation
- *r* ось *f* вращения

R559 *e* rotation by magnetization *see* Einstein-de Haas effect

R560 *e* rotation group
- *d* Drehgruppe *f*, Drehungsgruppe *f*
- *f* groupe *m* des rotations
- *r* группа *f* вращений

R561 *e* rotation of the plane of polarization
- *d* Polarisationsdrehung *f*, Drehung *f* der Polarisationsebene
- *f* rotation *f* du plan de polarisation
- *r* вращение *n* плоскости поляризации

R562 *e* rotator
- *d* Rotator *m*
- *f* rotateur *m*
- *r* ротатор *m*

R563 *e* rotatory dispersion *see* rotary dispersion

R564 *e* rotatory polarization

	d	zirkulare Polarisation f, Zirkularpolarisation f
	f	polarisation f rotatoire
	r	круговая поляризация f
R565	e	roton
	d	Roton n
	f	roton m
	r	ротон m (квазичастица)
R566	e	rotor
	d	Läufer m, Rotor m
	f	rotor m
	r	ротор m
R567	e	rough correction
	d	Grobkorrektion f
	f	correction f approximative
	r	грубая корректировка f
R568	e	rubidium, Rb
	d	Rubidium n
	f	rubidium m
	r	рубидий m
R569	e	ruby
	d	Rubin m
	f	rubis m
	r	рубин m
R570	e	ruby crystal
	d	Rubinkristall m
	f	cristal m de rubis
	r	кристалл m рубина
R571	e	ruby laser
	d	Rubinlaser m
	f	laser m à rubis
	r	рубиновый лазер m
R572	e	runaway electrons
	d	Runawayelektronen n pl, Runaway-Elektronen n pl
	f	électrons m pl découplés
	r	убегающие электроны m pl
R573	e	rust protection see corrosion protection
R574	e	ruthenium, Ru
	d	Ruthenium n
	f	ruthénium m
	r	рутений m
R575	e	rutherford
	d	Rutherford n, Rutherford-Einheit f
	f	rutherford m
	r	резерфорд m (единица активности)
R576	e	Rutherford scattering
	d	Rutherford-Streuung f, Rutherfordsche Streuung f
	f	diffusion f de Rutherford
	r	резерфордовское рассеяние n
R577	e	rydberg
	d	Rydberg n
	f	rydberg m, unité f rydberg
	r	ридберг m (единица энергии)
R578	e	Rydberg atom
	d	Rydbergsches Atom n
	f	atome m de Rydberg
	r	атом m Ридберга
R579	e	Rydberg constant
	d	Rydberg-Konstante f
	f	constante f de Rydberg
	r	постоянная f Ридберга
R580	e	Rydberg series
	d	Rydberg-Serie f
	f	série f de Rydberg
	r	серия f Ридберга
R581	e	Rydberg spectrometer
	d	Rydberg-Spektrometer n
	f	spectromètre m de Rydberg
	r	спектрометр m Ридберга

S

S1	e	Sabatier effect
	d	Sabatier-Effekt m
	f	effet m Sabatier
	r	эффект m Сабатье
S2	e	sabin
	d	Sabin n
	f	sabin m
	r	сэбин m (внесистемная единица поглощения звука)
S3	e	saccharimeter
	d	Sacharimeter n, Saccharimeter n
	f	saccharimètre m
	r	сахариметр m
S4	e	saccharimetry
	d	Sacharimetrie f, Saccharimetrie f
	f	saccharimétrie f
	r	сахариметрия f
S5	e	saddle point
	d	Sattelpunkt m
	f	point m du col
	r	точка f перевала, седловая точка f
S6	e	saddle point method
	d	Sattelpunktmethode f
	f	méthode f du col, méthode f des points du col
	r	метод m перевала, метод m седловых точек
S7	e	safe concentration
	d	gefahrlose Konzentration f

	f	concentration *f* sûre
	r	безопасная концентрация *f*
S8	*e*	safe dose
	d	Sicherheitsdosis *f*
	f	dose *f* de sécurité
	r	безопасная доза *f*
S9	*e*	safety channel
	d	Sicherheitskanal *m*
	f	canal *m* de sécurité
	r	канал *m* аварийной защиты (ядерного реактора)
S10	*e*	safety factor
	d	Sicherheitsfaktor *m*, Sicherheitsgrad *m*
	f	coefficient *m* de sécurité, facteur *m* de sécurité
	r	запас *m* прочности; коэффициент *m* безопасности
S11	*e*	Sagnac experiment
	d	Sagnacscher Versuch *m*, Sagnac-Versuch *m*
	f	expérience *f* de Sagnac
	r	опыт *m* Саньяка
S12	*e*	Sagnac interferometer
	d	Sagnac-Interferometer *n*
	f	interféromètre *m* de Sagnac
	r	интерферометр *m* Саньяка
S13	*e*	Saha equation
	d	Saha-Gleichung *f*
	f	formule *f* de Saha
	r	формула *f* Caxa
S14	*e*	samarium, Sm
	d	Samarium *n*
	f	samarium *m*
	r	самарий *m*
S15	*e*	sample
	d	1. Probe *f* 2. Stichprobe *f*
	f	échantillon *m*
	r	1. образец *m*; проба *f* 2. выборка *f*
S16	*e*	sampling interval
	d	Abtastintervall *n*
	f	intervalle *m* de discrétisation
	r	интервал *m* дискретизации
S17	*e*	sampling oscilloscope
	d	Sampling-Oszilloskop *n*, Abtastoszillograph *m*
	f	oscilloscope *m* à échantillonnage
	r	стробоскопический осциллограф *m*
S18	*e*	satellite
	d	1. Satellit *m*, Trabant *m* 2. Satellit *m*
	f	satellite *m*
	r	1. спутник *m* (планеты) 2. сателлит *m* (спектральная линия)
S19	*e*	satellite laser ranging
	d	Satellitenlaserortung *f*
	f	localisation *f* à laser des satellites
	r	лазерная локация *f* искусственных спутников
S20	*e*	saturable dye
	d	sättigungsfähiger Farbstoff *m*
	f	colorant *m* saturable
	r	насыщающийся краситель *m*
S21	*e*	saturated solution
	d	gesättigte Lösung *f*
	f	solution *f* saturée
	r	насыщенный раствор *m*
S22	*e*	saturated vapor
	d	Sattdampf *m*, gesättigter Dampf *m*
	f	vapeur *f* saturée
	r	насыщенный пар *m*
S23	*e*	saturated vapor pressure
	d	Sättigungsdruck *m*, Sättigungsdampfdruck *m*
	f	pression *f* de vapeur saturée
	r	давление *n* насыщенного пара
S24	*e*	saturation
	d	Sättigung *f*
	f	saturation *f*
	r	насыщение *n*
S25	*e*	saturation curve
	d	Sättigungskurve *f*, Sättigungslinie *f*
	f	courbe *f* de saturation
	r	кривая *f* насыщения
S26	*e*	saturation magnetization
	d	Sättigungsmagnetisierung *f*
	f	aimantation *f* de saturation
	r	намагниченность *f* насыщения
S27	*e*	saturation of an ionization chamber
	d	Ionisationskammersättigung *f*
	f	saturation *f* de la chambre d'ionisation
	r	насыщение *n* ионизационной камеры
S28	*e*	saturation of a solution
	d	Lösungssättigung *f*
	f	saturation *f* de la solution
	r	насыщенность *f* раствора
S29	*e*	saturation of color
	d	Farbsättigung *f*
	f	saturation *f* de couleur
	r	насыщенность *f* цвета
S30	*e*	saturation of nuclear forces
	d	Kernkräftesättigung *f*
	f	saturation *f* des forces nucléaires
	r	насыщение *n* ядерных сил
S31	*e*	saturation vapor pressure *see* saturated vapor pressure
S32	*e*	Saturn
	d	Saturn *m*

	f	Saturne m
	r	Сатурн m
S33	e	Savart plate
	d	Savartsche Doppelplatte f, Savartsche Platte f, Savartsches Polariskop n
	f	plaque f de Savart, biplaque f de Savart, polariscope m de Savart
	r	пластинка f Савара
S34	e	SAW see surface acoustic waves
S35	e	sawtooth generator
	d	Sägezahngenerator m
	f	générateur m en dents de scie
	r	генератор m пилообразного напряжения
S36	e	sawtooth voltage
	d	Sägezahnspannung f
	f	tension f en dents de scie
	r	пилообразное напряжение n
S37	e	SBS cell
	d	SBS-Zelle f
	f	cellule f à SBS
	r	ВРМБ-кювета f
S38	e	SBS laser
	d	SBS-Laser m
	f	laser m SBS
	r	ВРМБ-лазер m
S39	e	SBS stimulated see Brillonin scattering
S40	e	scalar
	d	Skalar m, skalare Größe f
	f	scalaire m
	r	скаляр m
S41	e	scalar field
	d	Skalarfeld n, skalares Feld n
	f	champ m scalaire
	r	скалярное поле n
S42	e	scalar meson
	d	skalares Meson n
	f	méson m scalaire
	r	скалярный мезон m
S43	e	scalar particle
	d	skalares Teilchen n
	f	particule f scalaire
	r	скалярная частица f
S44	e	scalar photon
	d	skalares Photon n
	f	photon m scalaire
	r	скалярный фотон m
S45	e	scalar potential
	d	skalares Potential n, Skalarpotential n
	f	potentiel m scalaire
	r	скалярный потенциал m
S46	e	scalar product
	d	Skalarprodukt n, skalares Produkt n
	f	produit m scalaire
	r	скалярное произведение n
S47	e	scale
	d	1. Maßstab m 2. Skala f
	f	échelle f
	r	1. масштаб m 2. шкала f
S48	e	scale division
	d	Skalenteilung f, Skalenteilstrichabstand m
	f	division f d'échelle
	r	деление n шкалы
S49	e	scale factor
	d	Maßstabsfaktor m
	f	facteur m de réduction, facteur m d'échelle
	r	масштабный множитель m, масштабный фактор m
S50	e	scale invariance
	d	Maßstabinvarianz f; Scaling n
	f	invariance f d'échelle
	r	масштабная инвариантность f; скейлинг m
S51	e	scale of the Universe
	d	Größenmaßstab m des Universums
	f	échelle f de l'Univers
	r	масштабы m pl Вселенной
S52	e	scale of turbulence
	d	Turbulenzlänge f, Turbulenzgrad m
	f	échelle f de turbulence, degré m de turbulence
	r	масштаб m турбулентности
S53	e	scaling
	d	Scaling n; Maßstabinvarianz f
	f	invariance f d'échelle
	r	скейлинг m; масштабная инвариантность f
S54	e	scaling law
	d	Maßstabgesetz n
	f	loi f de similitude
	r	закон m подобия
S55	e	scandium, Sc
	d	Skandium n
	f	scandium m
	r	скандий m
S56	e	scanner
	d	Abtaster m, Abtastgerät n, Scanner m
	f	dispositif m de balayage
	r	сканер m
S57	e	scanning
	d	1. Abtastung f 2. Bildzerlegung f
	f	1. exploration f 2. balayage m
	r	1. сканирование n 2. развёртка f
S58	e	scanning high-energy electron diffraction

	d	Raster-Hochenergie-Elektronendiffraktion f, Rasterdiffraktion f hochenergischer Elektronen
	f	diffraction f à trame des électrons durs
	r	растровая дифракция f быстрых электронов
S59	e	scanning microscope
	d	Rastermikroskop n
	f	microscope m à balayage
	r	сканирующий микроскоп m, растровый микроскоп m
S60	e	scanning optics
	d	Abtastoptik f
	f	optique f des treillis
	r	растровая оптика f
S61	e	scatter see scattering
S62	e	scattered neutrons
	d	Streuneutronen n pl, gestreute Neutronen n pl
	f	neutrons m pl diffusés
	r	рассеянные нейтроны m pl
S63	e	scattered quantum
	d	Streuquant n, gestreutes Quant n
	f	quantum m diffusé
	r	рассеянный квант m
S64	e	scattered radiation
	d	Streustrahlung f, gestreute Strahlung f, diffuse Strahlung f
	f	rayonnement m diffusé
	r	рассеянное излучение n
S65	e	scattered wave
	d	Streuwelle f, gestreute Welle f
	f	onde f diffusée
	r	рассеянная волна f
S66	e	scattering
	d	Streuung f
	f	diffusion f
	r	рассеяние n
S67	e	scattering amplitude
	d	Streuamplitude f, Streuungsamplitude f
	f	amplitude f de diffusion
	r	амплитуда f рассеяния
S68	e	scattering angle
	d	Streuwinkel m
	f	angle m de diffusion
	r	угол m рассеяния
S69	e	scattering channel
	d	Streukanal m
	f	voie f de diffusion
	r	канал m рассеяния
S70	e	scattering coefficient
	d	Streukoeffizient m, Streuungskoeffizient m
	f	coefficient m de diffusion
	r	коэффициент m рассеяния
S71	e	scattering cross-section
	d	Streuquerschnitt m, Streuungsquerschnitt m
	f	section f efficace de diffusion
	r	сечение n рассеяния
S72	e	scattering diagram
	d	Streuungsdiagramm n
	f	diagramme m de diffusion
	r	диаграмма f рассеяния
S73	e	scattering factor see scattering coefficient
S74	e	scattering indicatrix
	d	Streuindikatrix f
	f	indicatrice f de diffusion
	r	индикатриса f рассеяния
S75	e	scattering integral
	d	Streuungsintegral n
	f	intégrale f de diffusion
	r	интеграл m рассеяния
S76	e	scattering length
	d	Streulänge f
	f	longueur f de diffusion
	r	длина f рассеяния
S77	e	scattering matrix
	d	Streumatrix f, S-Matrix f
	f	matrice f de diffusion
	r	матрица f рассеяния
S78	e	scattering phase
	d	Streuphase f
	f	phase f de diffusion
	r	фаза f рассеяния
S79	e	schlieren method
	d	Schlierenmethode f
	f	méthode f des stries
	r	шлирен-метод m, метод m Тёплера
S80	e	Schottky barrier
	d	Schottky-Barriere f
	f	barrière f de Schottky
	r	барьер m Шотки
S81	e	Schottky effect
	d	Schottky-Effekt m
	f	effet m Schottky
	r	эффект m Шотки
S82	e	Schrödinger equation
	d	Schrödinger-Gleichung f, Schrödingersche Wellengleichung f
	f	équation f de Schrödinger
	r	уравнение n Шрёдингера
S83	e	Schwartzschild radius
	d	Schwartzschild-Radius m, Gravitationsradius m
	f	rayon m de Schwartzschild

SCIENTIFIC

	r	радиус m Шварцшильда, гравитационный радиус m
S84	e	scientific research
	d	wissenschaftliche Forschung f
	f	recherches $f\ pl$ scientifiques
	r	научные исследования $n\ pl$
S85	e	scintillation
	d	Szintillation f
	f	scintillation f
	r	сцинтилляция f
S86	e	scintillation chamber
	d	Szintillationskammer f
	f	caméra f à scintillation
	r	сцинтилляционная камера f
S87	e	scintillation counter
	d	Szintillationszähler m
	f	compteur m à scintillation
	r	сцинтилляционный счётчик m
S88	e	scintillation detector
	d	Szintillationsdetektor m
	f	détecteur m à scintillation
	r	сцинтилляционный детектор m
S89	e	scintillator
	d	Szintillator m
	f	scintillateur m
	r	сцинтиллятор m
S90	e	sclerometer
	d	Sklerometer n, Ritzhärteprüfer m
	f	scléromètre m
	r	склерометр m
S91	e	scleroscope see sclerometer
S92	e	screen
	d	Schirm m; Schutzschirm m
	f	écran m
	r	экран m; защита f
S93	e	screening
	d	Abschirmung f
	f	action f d'écran, effet m d'écran, blindage m
	r	экранирование n, экранировка f
S94	e	screening constant
	d	Abschirmungskonstante f, Abschirmkonstante f
	f	constante f d'effet d'écran, constante f d'écran
	r	постоянная f экранирования
S95	e	screw axis
	d	Schraubenachse f
	f	axe m hélicoïdal
	r	винтовая ось f
S96	e	screw dislocation
	d	Schraubenversetzung f, Burgers-Versetzung f
	f	dislocation f vis, dislocation f hélicoïdale
	r	винтовая дислокация f, дислокация f Бюргера
S97	e	screw instability
	d	Schraubeninstabilität f
	f	instabilité f hélicoïdale
	r	винтовая неустойчивость f
S98	e	screw motion
	d	Schraubenbewegung f, schraubenförmige Bewegung f
	f	mouvement m hélicoïdal, déplacement m hélicoïdal
	r	винтовое движение n
S99	e	sealed source
	d	umschlossene Quelle f
	f	source f scellée
	r	закрытый источник m, закрытый радионуклидный источник m
S100	e	sea level
	d	Meeresspiegel m
	f	niveau m de la mer
	r	уровень m моря
S101	e	sea quark
	d	Seequark n
	f	quark m marin
	r	морской кварк m
S102	e	second
	d	Sekunde f
	f	seconde f
	r	секунда f
S103	e	secondary cosmic rays
	d	kosmische Sekundärstrahlung f, sekundäre Höhenstrahlung f
	f	rayons pl cosmiques secondaires
	r	вторичные космические лучи pl
S104	e	secondary electron emission, secondary emission
	d	Sekundärelektronenemission f, Sekundäremission f
	f	émission f secondaire
	r	вторичная электронная эмиссия f, вторичная эмиссия f
S105	e	secondary emission coefficient
	d	Sekundäremissionskoeffizient m
	f	coefficient m d'émission secondaire
	r	коэффциент m вторичной эмиссии
S106	e	secondary emission image
	d	Sekundäremissionsbild n
	f	image f en émission secondaire
	r	изображение n во вторичных электронах
S107	e	secondary ion mass spectrometry
	d	Sekundärionenmassenspektrometrie f, SIMS
	f	spectrométrie f de masse des ions secondaires

SELECTION

- *r* масс-спектрометрия *f* вторичных ионов

S108   *e*   **secondary mirror**
     d   Sekundärspiegel *m*
     f   petit miroir *m*, miroir *m* secondaire
     r   вторичное зеркало *n*, вспомогательное зеркало *n* (*телескопа*)

S109   *e*   **secondary quantization**
     d   zweite Quantisierung *f*
     f   quantification *f* secondaire
     r   вторичное квантование *n*

S110   *e*   **secondary radiation**
     d   Sekundärstrahlung *f*
     f   rayonnement *m* secondaire, radiation *f* secondaire
     r   вторичное излучение *n*

S111   *e*   **secondary radiator**
     d   Sekundärstrahler *m*
     f   émetteur *m* secondaire
     r   вторичный излучатель *m*

S112   *e*   **secondary standard**
     d   Sekundärnormal *n*
     f   étalon *m* secondaire
     r   вторичный эталон *m*

S113   *e*   **secondary voltage**
     d   Sekundärspannung *f*
     f   tension *f* secondaire
     r   вторичное напряжение *n*

S114   *e*   **second law of thermodynamics**
     d   zweiter Hauptsatz *m* der Thermodynamik, Entropiesatz *m*
     f   second principe *m* de la thermodynamique
     r   второе начало *n* термодинамики

S115   *e*   **second-order curve**
     d   Kurve *f* zweiter Ordnung
     f   courbe *f* de deuxième ordre
     r   кривая *f* второго порядка

S116   *e*   **second sound**
     d   zweiter Schall *m*
     f   deuxième son *m*, second son *m*
     r   второй звук *m* (*в гелии*)

S117   *e*   **section**
     d   1. Schnitt *m* 2. Abschnitt *m*, Teil *m*
     f   section *f*
     r   1. сечение *n*, разрез *m* 2. участок *m*, отрезок *m*, часть *f*

S118   *e*   **sector velocity**
     d   Flächengeschwindigkeit *f*
     f   vitesse *f* aréolaire
     r   секторная скорость *f*

S119   *e*   **secular parallax**
     d   säkulare Parallaxe *f*, Säkularparallaxe *f*
     f   parallaxe *f* séculaire
     r   вековой параллакс *m*

S120   *e*   **secular variations**
     d   säkulare Variationen *f pl*, Säkularvariation *f*
     f   variations *f pl* séculaires
     r   вековые вариации *f pl*

S121   *e*   **sediment** *see* precipitate

S122   *e*   **sedimentation**
     d   Sedimentation *f*
     f   sédimentation *f*
     r   седиментация *f*; осаждение *n*

S123   *e*   **sedimentation analysis**
     d   Sedimentationsanalyse *f*
     f   analyse *f* de sédimentation
     r   седиментационный анализ *m*, седиментометрический анализ *m*

S124   *e*   **Seeback effect**
     d   Seeback-Effekt *m*
     f   effet *m* Seeback
     r   эффект *m* Зеебека

S125   *e*   **seed**
     d   Impfkristall *m*, Kristallkeim *m*
     f   germe *m* (*du cristal*)
     r   затравка *f* (*кристалла*)

S126   *e*   **Seifert galaxies**
     d   Seifert-Galaxien *f pl*
     f   galaxies *f pl* de Seifert
     r   сейфертовские галактики *f pl*

S127   *e*   **seismicity**
     d   Seismizität *f*, Erdbebenaktivität *f*
     f   séismicité *f*
     r   сейсмичность *f*

S128   *e*   **seismic waves**
     d   seismische Wellen *f pl*, Erdbebenwellen *f pl*
     f   ondes *f pl* séismiques
     r   сейсмические волны *f pl*

S129   *e*   **seismic zone**
     d   seismische Zone *f*, erdbebenaktive Zone *f*
     f   région *f* séismique
     r   сейсмическая зона *f*

S130   *e*   **seismology**
     d   Seismik *f*, Seismologie *f*
     f   séismologie *f*
     r   сейсмология *f*

S131   *e*   **selection**
     d   1. Selektion *f*; Auswahl *f* 2. Wahl *f*, Wählen *n*
     f   sélection *f*
     r   1. селекция *f* 2. выделение *n*, выбор *m*

S132   *e*   **selection rules**

SELECTIVE

	d	Auswahlregeln *f pl*
	f	règles *f pl* de sélection
	r	правила *n pl* отбора
S133	e	selective absorption
	d	selektive Absorption *f*
	f	absorption *f* sélective
	r	селективное поглощение *n*, избирательное поглощение *n*
S134	e	selective detection
	d	selektive Detektion *f*, selektive Detektierung *f (von Atomen)*
	f	détection *f* sélective *(des atomes)*
	r	селективное детектирование *n (атомов)*
S135	e	selective dissociation
	d	selektive Dissoziation *f*
	f	dissociation *f* sélective
	r	селективная диссоциация *f*
S136	e	selective extraction
	d	selektive Extraktion *f*
	f	extraction *f* sélective
	r	селективное извлечение *n*
S137	e	selective ionization
	d	selektive Ionisation *f*
	f	ionisation *f* sélective
	r	селективная ионизация *f*
S138	e	selective mirror
	d	selektiver Spiegel *m*
	f	miroir *m* sélectif
	r	селективное зеркало *n*
S139	e	selective radiator
	d	Selektivstrahler *m*, selektiver Strahler *m*
	f	radiateur *m* sélectif
	r	селективный излучатель *m*
S140	e	selective transmission
	d	selektive Durchlässigkeit *f*
	f	transmission *f* sélective
	r	селективное пропускание *n*
S141	e	selectivity
	d	Selektivität *f*
	f	sélectivité *f*
	r	избирательность *f*
S142	e	selenium, Se
	d	Selen *n*
	f	sélénium *m*
	r	селен *m*
S143	e	selenium rectifier
	d	Selengleichrichter *m*
	f	redresseur *m* au sélénium
	r	селеновый выпрямитель *m*
S144	e	self-absorption
	d	Selbstabsorption *f*
	f	auto-absorption *f*
	r	самопоглощение *n*
S145	e	self-acceleration
	d	Selbstbeschleunigung *f*
	f	auto-accélération *f*
	r	самоускорение *n*
S146	e	self-action
	d	Selbstwirkung *f*
	f	auto-action *f*
	r	самовоздействие *n*
S147	e	self-annealing ion implantation
	d	Ionenimplantation *f* mit Selbstausheilung
	f	implantation *f* ionique à autorecuit
	r	самоотжиговая ионная имплантация *f*
S148	e	self-channeling
	d	Selbstkanalierung *f*
	f	self-canalisation *f*
	r	самоканалирование *n*
S149	e	self-conjugate operator
	d	selbstkonjugierter Operator *m*
	f	opérateur *m* self-conjugué
	r	самосопряжённый оператор *m*
S150	e	self-consistent field
	d	selbstkonsistentes Feld *n*
	f	champ *m* autoconsistant
	r	самосогласованное поле *n*
S151	e	self-consistent field method
	d	Methode *f* des selbstkonsistenten Feldes, Hartree-Fock-Methode *f*
	f	méthode *f* du champ autoconsistant, méthode *f* de Hartree-Fock
	r	метод *m* самосогласованного поля, метод *m* Хартри - Фока
S152	e	self-contraction
	d	Selbstkontraktion *f*
	f	autocontraction *f*
	r	самосжатие *n*
S153	e	self-defocusing
	d	Selbstdefokussierung *f*, Eigendefokussierung *f*
	f	autodéfocalisation *f*
	r	самодефокусировка *f*
S154	e	self-diffusion
	d	Selbstdiffusion *f*, Eigendiffusion *f*
	f	autodiffusion *f*
	r	самодиффузия *f*
S155	e	self-diffusion plasticity
	d	Selbstdiffusionsplastizität *f*
	f	plasticité *f* d'autodiffusion
	r	самодиффузионная пластичность *f*
S156	e	self-discharge
	d	Selbstentladung *f*
	f	autodécharge *f*
	r	саморазряд *m*
S157	e	self-energy

SEMICONDUCTOR

    d Eigenenergie *f*
    f auto-énergie *f*, self-énergie *f*, énergie *f* propre
    r собственная энергия *f*

S158 *e* self-excitation
    d Selbsterregung *f*, Eigenerregung *f*
    f auto-excitation *f*
    r самовозбуждение *n*

S159 *e* self-excited oscillations
    d selbsterregte Schwingungen *f pl*
    f oscillations *f pl* auto-entretenues, auto-oscillations *f pl*
    r автоколебания *n pl*

S160 *e* self-focusing
    d Selbstfokussierung *f*
    f autofocalisation *f*
    r самофокусировка *f (света)*

S161 *e* self-focusing ring
    d selbstfokussierender Ring *m*
    f anneau *m* d'autofocalisation
    r самофокусировочное кольцо *n*

S162 *e* self-induced emission
    d selbstinduzierte Strahlung *f*
    f émission *f* auto-induite
    r самоиндуцированное излучение *n*

S163 *e* self-induced transparency
    d selbstinduzierte Transparenz *f*
    f transparence *f* auto-induite
    r самоиндуцированная прозрачность *f*

S164 *e* self-inductance
    d 1. Eigeninduktivität *f*
        2. Selbstinduktivität *f*, Selbstinduktionskoeffizient *m*
    f 1. auto-inductance *f* 2. coefficient d'auto-induction
    r 1. собственная индуктивность *f*
        2. коэффициент *m* самоиндукции, индуктивность *f*

S165 *e* self-induction
    d Selbstinduktion *f*
    f auto-induction *f*
    r самоиндукция *f*

S166 *e* self-maintained discharge *see* self-sustaining discharge

S167 *e* self-maintained flow
    d selbstähnliche Strömung *f*
    f écoulement *m* auto-entretenu
    r автомодельное течение *n*

S168 *e* self-mode-locked laser
    d Laser *m* mit Modenselbstsynchronisation
    f laser *m* à autosynchronisation des modes
    r лазер *m* с самосинхронизацией мод

S169 *e* self-modulation
    d Selbstmodulation *f*
    f automodulation *f*
    r 1. самомодуляция *f (света)*
        2. автомодуляция *f*

S170 *e* self-reversal
    d Selbstumkehrung *f*, Selbstumkehr *f*
    f autorenversement *m*
    r самообращение *n*

S171 *e* self-screening *see* self-shielding

S172 *e* self-shielding
    d Selbstabschirmung *f*
    f autoprotection *f*
    r самоэкранирование *n*

S173 *e* self-similar flow *see* self-maintained flow

S174 *e* self-similarity
    d Selbstähnlichkeit *f*
    f autosimilarité *f*
    r автомодельность *f*

S175 *e* self-similar motion
    d selbstähnliche Bewegung *f*
    f mouvement *m* autosemblable
    r автомодельное движение *n*

S176 *e* self-sustained oscillations *see* self-excited oscillations

S177 *e* self-sustaining discharge
    d selbständige Entladung *f*
    f décharge *f* autonome, décharge *f* auto-entretenue
    r самостоятельный разряд *m*

S178 *e* semiconductor
    d Halbleiter *m*
    f semi-conducteur *m*
    r полупроводник *m*, полупроводниковый материал *m*

S179 *e* semiconductor amplifier
    d Halbleiterverstärker *m*
    f amplificateur *m* à semi-conducteur
    r полупроводниковый усилитель *m*

S180 *e* semiconductor bolometer
    d Halbleiterbolometer *n*
    f bolomètre *m* à semi-conducteur
    r полупроводниковый болометр *m*

S181 *e* semiconductor crystal
    d Halbleiterkristall *m*
    f cristal *m* semi-conducteur
    r полупроводниковый кристалл *m*

S182 *e* semiconductor degradation
    d Halbleiterentartung *f*
    f dégradation *f* des semi-conducteurs
    r деградация *f* полупроводников

S183 *e* semiconductor detector
    d Halbleiterdetektor *m*

SEMICONDUCTOR

	f	détecteur m semi-conducteur
	r	полупроводниковый детектор m
S184	e	semiconductor devices
	d	Halbleitergeräte n pl
	f	dispositifs m pl à semi-conducteur
	r	полупроводниковые приборы m pl
S185	e	semiconductor diode
	d	Halbleiterdiode f
	f	diode f à semi-conducteur, diode f semi-conductrice
	r	полупроводниковый диод m
S186	e	semiconductor doping
	d	Halbleiterdotierung f
	f	dopage m des semi-conducteurs
	r	легирование n полупроводников
S187	e	semiconductor electronics
	d	Halbleiterelektronik f
	f	électronique f des semi-conducteurs
	r	полупроводниковая электроника f
S188	e	semiconductor laser
	d	Halbleiterlaser m
	f	laser m semi-conducteur
	r	полупроводниковый лазер m
S189	e	semiconductor-metal transition
	d	Halbleiter-Metall-Übergang m
	f	jonction f semi-conducteur-métal
	r	переход m полупроводник - металл
S190	e	semiconductor microelectronics
	d	Halbleitermikroelektronik f
	f	microélectronique f des semi-conducteurs
	r	полупроводниковая микроэлектроника f
S191	e	semiconductor photodiode
	d	Halbleiterphotodiode f
	f	photodiode f à semi-conducteur
	r	полупроводниковый фотодиод m
S192	e	semiconductor sensor
	d	Halbleitergeber m, Halbleitersensor m
	f	capteur m à semi-conducteur
	r	полупроводниковый датчик m
S193	e	semileptonic decay
	d	semileptonischer Zerfall m
	f	désintégration f semi-leptonique
	r	полулептонный распад m (частицы)
S194	e	semimetal
	d	Halbmetall n
	f	semi-métal m
	r	полуметалл m
S195	e	semipermeable membrane
	d	halbdurchlässige Membran f
	f	membrane f semi-perméable
	r	полупроницаемая мембрана f
S196	e	semireflecting mirror see semitransparent mirror
S197	e	semitransparent mirror
	d	halbdurchlässiger Spiegel m
	f	miroir m semi-transparent
	r	полупрозрачное зеркало n
S198	e	sensation
	d	Empfindung f
	f	sensation f
	r	ощущение n; восприятие n
S199	e	sense of rotation
	d	Drehsinn m, Drehrichtung f, Rotationsrichtung f
	f	sens m de rotation
	r	направление n вращения
S200	e	sensitivity
	d	Empfindlichkeit f
	f	sensibilité f
	r	чувствительность f
S201	e	sensitization
	d	Sensibilisierung f
	f	sensibilisation f
	r	сенсибилизация f
S202	e	sensitized luminescence
	d	sensibilisierte Lumineszenz f
	f	luminescence f sensibilisée
	r	сенсибилизированная люминесценция f
S203	e	sensitometry
	d	Sensitometrie f
	f	sensitométrie f
	r	сенситометрия f
S204	e	sensor
	d	Geber m; Fühlglied n
	f	capteur m; élément m sensible
	r	датчик m; чувствительный элемент m
S205	e	separated isotopes
	d	getrennte Isotope n pl
	f	isotopes m pl séparés
	r	разделённые изотопы m pl
S206	e	separation factor
	d	Trennfaktor m, Isotopentrennfaktor m
	f	coefficient m de séparation
	r	коэффициент m разделения (изотопов)
S207	e	series
	d	Reihe f
	f	série f
	r	ряд m; серия f
S208	e	series circuit
	d	Serienstromkreis m, Serienkreis m, Reihenkreis m
	f	circuit m en série
	r	последовательный контур m

S209　e　series connection
　　　d　Reihenschaltung f, Hintereinanderschaltung f
　　　f　connexion f en série
　　　r　последовательное соединение n (в электрической цепи)

S210　e　series resonance
　　　d　Reihenresonanz f, Serienresonanz f
　　　f　résonance f en série
　　　r　последовательный резонанс m, резонанс m напряжений

S211　e　set
　　　d　1. Satz m, Garnitur f 2. Reihe f, Serie f 3. Gerät n, Apparat m; Aggregat n
　　　f　1. ensemble m, jeu m 2. système m 3. dispositif m
　　　r　1. множество n; набор m 2. серия f; система f 3. установка f

S212　e　shadow cone
　　　d　Schattenkegel m
　　　f　cône m d'ombre
　　　r　конус m тени

S213　e　shadow method
　　　d　Schattenverfahren n, Schattenmethode f
　　　f　méthode f des ombres
　　　r　теневой метод m

S214　e　shadow pattern
　　　d　Schattenbild n
　　　f　image f d'ombre
　　　r　теневая картина f

S215　e　shallow trap
　　　d　flache Haftstelle f
　　　f　piège m bas
　　　r　мелкая ловушка f

S216　e　shape
　　　d　Form f; Gestalt f
　　　f　forme f
　　　r　форма f

S217　e　shape anisotropy
　　　d　Formanisotropie f, Gestaltanisotropie f
　　　f　anisotropie f de la forme
　　　r　анизотропия f формы

S218　e　shape isomer
　　　d　Formisomer n
　　　f　isomère m de forme
　　　r　изомер m формы

S219　e　sharp image
　　　d　scharfes Bild n
　　　f　image f nette
　　　r　резкое изображение n, чёткое изображение n

S220　e　sharpness of vision see visual acuity

S221　e　shear
　　　d　Scherung f; Schub m
　　　f　cisaillement m
　　　r　сдвиг m (вид механической деформации)

S222　e　shear deformation
　　　d　Schubdeformation f, Scherdeformation f, Schubverformung f, Scherverformung f
　　　f　déformation f de cisaillement
　　　r　деформация f сдвига, сдвиговая деформация f

S223　e　shear fracture
　　　d　Scherbruch m, Schubbruch m
　　　f　fracture f de cisaillement
　　　r　излом m при сдвиге

S224　e　shear modulus
　　　d　Schubmodul m, Scherungsmodul m
　　　f　module m d'élasticité au cisaillement
　　　r　модуль m сдвига

S225　e　shear rigidity
　　　d　Scherungssteifigkeit f
　　　f　rigidité f au cisaillement
　　　r　сдвиговая жёсткость f, жёсткость f при сдвиге

S226　e　shear strength
　　　d　Schubfestigkeit f, Scherfestigkeit f
　　　f　résistance f au cisaillement
　　　r　сдвиговая прочность f, предел m прочности при сдвиге

S227　e　shear stress
　　　d　Schubspannung f; Scherspannung f
　　　f　tension f de cisaillement
　　　r　напряжение n сдвига, сдвиговое напряжение n

S228　e　shear vibration
　　　d　Scherschwingung f, Scherungsschwingung f
　　　f　vibration f de cisaillement
　　　r　сдвиговые колебания n pl

S229　e　shear wave
　　　d　Scherungswelle f, Schubwelle f
　　　f　onde f de cisaillement
　　　r　сдвиговая волна f

S230　e　sheet
　　　d　Blatt n; Schicht f; Platte f, Schiebe f
　　　f　feuille f, couche f
　　　r　лист m; слой m

S231　e　shell
　　　d　Schale f; Hülle f
　　　f　couche f
　　　r　оболочка f

S232　e　shell model
　　　d　Schalenmodell n (Atomkern)
　　　f　modèle m des couches (du noyau), modèle m à couches, modèle m du noyau à couches
　　　r　оболочечная модель f (ядра)

SHELL

S233   *e*   shell target
       d   Schalentarget *n*
       f   cible *f* de couche
       r   оболочечная мишень *f*

S234   *e*   shield *see* screen

S235   *e*   shielded chamber
       d   abgeschirmte Kammer *f*
       f   chambre *f* blindée
       r   экранированная камера *f*

S236   *e*   shielded coil
       d   abgeschirmte Spule *f*
       f   bobine *f* blindée
       r   экранированная катушка *f*

S237   *e*   shielding
       d   1. Abschirmung *f* 2. Schutz *m*
       f   1. protection *f*; blindage *m*
           2. protection *f*
       r   1. экранирование *n* 2. защита *f*

S238   *e*   shift
       d   Versetzung *f*; Verschiebung *f*
       f   décalage *m*
       r   сдвиг *m*, смещение *n*

S239   *e*   shock
       d   1. Verdichtungsstoß *m*; Stoßwelle *f*
           2. Schlag *m*, Stoß *m*
       f   choc *m*
       r   1. ударная волна *f*; скачок *m* уплотнения 2. удар *m*

S240   *e*   shock excitation
       d   Stoßanregung *f*, Stoßerregung *f*
       f   excitation *f* par choc
       r   ударное возбуждение *n*

S241   *e*   shock front
       d   Stoßfront *f*, Stoßwellenfront *f*
       f   front *m* de choc, front *m* d'onde de choc
       r   фронт *m* ударной волны

S242   *e*   Shockley diode
       d   Shockley-Diode *f*
       f   diode *f* de Shockley
       r   диод *m* Шокли

S243   *e*   shock load *see* impact load

S244   *e*   shock polar
       d   Stoßpolare *f*
       f   polaire *f* de choc
       r   ударная поляра *f*

S245   *e*   shock resistance
       d   Schlagzähigkeit *f*
       f   résistance *f* au choc
       r   ударная прочность *f*

S246   *e*   shock tube, shock tunnel
       d   Stoßwellenrohr *n*
       f   tube *m* de choc
       r   ударная труба *f*

S247   *e*   shock wave
       d   Stoßwelle *f*
       f   onde *f* de choc
       r   ударная волна *f*

S248   *e*   short circuit
       d   Kurzschluß *m*
       f   court-circuit *m*
       r   короткое замыкание *n*

S249   *e*   short-circuited line
       d   kurzgeschlossene Leitung *f*
       f   ligne *f* court-circuitée
       r   короткозамкнутая линия *f*

S250   *e*   short-circuit voltage
       d   Kurzschlußspannung *f*
       f   tension *f* de court-circuit
       r   напряжение *n* короткого замыкания

S251   *e*   short-focus lens
       d   kurzbrennweitige Linse *f*, Kurzfokuslinse *f*
       f   lentille *f* à courte longueur focale
       r   короткофокусная линза *f*, короткофокусный объектив *m*

S252   *e*   short-lived component
       d   kurzlebige Komponente *f*
       f   composante *f* à vie courte
       r   короткоживущая компонента *f*

S253   *e*   short-lived isotope
       d   kurzlebiges Isotop *n*
       f   isotope *m* à vie courte
       r   короткоживущий изотоп *m*

S254   *e*   short-lived nucleus
       d   kurzlebiger Kern *m*
       f   noyau *m* à vie courte
       r   короткоживущее ядро *n*

S255   *e*   short-periodic variations
       d   kurzperiodische Variationen *f pl*
       f   variations *f pl* de courte période
       r   короткопериодические вариации *f pl*

S256   *e*   short pulse
       d   kurzzeitiger Impuls *m*, Kurzzeitimpuls *m*
       f   impulsion *f* courte
       r   короткий импульс *m*

S257   *e*   short-range force
       d   Nahwirkungskraft *f*
       f   force *f* à courte distance
       r   короткодействующая сила *f*, близкодействующая сила *f*

S258   *e*   short-range interaction
       d   Nahwirkung *f*, kurzreichweitige Wechselwirkung *f*
       f   interaction *f* à courte distance
       r   близкодействие *n*

S259   *e*   short-range order

SIGN-ALTERNATING

    d Nahordnung *f*
    f ordre *m* proche voisin
    r ближний порядок *m*

S260 *e* short-term instability
    d kurzzeitige Instabilität *f*
    f instabilité *f* de durée réduite
    r кратковременная нестабильность *f*

S261 *e* short-term stability
    d kurzzeitige Stabilität *f*
    f stabilité *f* de durée réduite
    r кратковременная стабильность *f*

S262 *e* short-wave radiation
    d kurzwellige Strahlung *f*
    f radiation *f* sur ondes courtes
    r коротковолновое излучение *n*

S263 *e* short-wave range
    d Kurzwellenbereich *m*
    f gamme *f* des ondes courtes
    r коротковолновый диапазон *m*

S264 *e* short-wave region
    d kurzwelliges Spektrumgebiet *n*
    f gamme *f* des ondes courtes
    r коротковолновая область *f* (*спектра*)

S265 *e* short waves
    d Kurzwellen *f pl*
    f ondes *f pl* courtes
    r короткие волны *f pl*

S266 *e* shot
    d Schuß *m*
    f impulsion *f*
    r импульс *m* (*в лазере или токамаке*)

S267 *e* shot noise
    d Schrotrauschen *n*, Schroteffekt *m*
    f effet *m* grenaille, effet *m* de grenaille
    r дробовой шум *m*

S268 *e* shower
    d Schauer *m*
    f gerbe *f*
    r ливень *m*

S269 *e* shower chamber
    d Schauerkammer *f*
    f chambre *f* à gerbe
    r ливневая камера *f*

S270 *e* Shubnikov-de Haas effect
    d Schubnikow-de Haas-Effekt *m*
    f effet *m* Shubnikov-de Haas
    r эффект *m* Шубникова - де Хааза

S271 *e* shunt
    d Nebenschluß *m*, Shunt *m*
    f shunt *m*
    r шунт *m*

S272 *e* shutter
    d Verschluß *m*; Verschlußblende *f*
    f obturateur *m*
    r затвор *m* (*оптический, фотографический*), прерыватель *m*

S273 *e* SID *see* sudden ionospheric disturbance

S274 *e* side band
    d Seitenband *n*
    f bande *f* latérale
    r боковая полоса *f* (*частот*)

S275 *e* side frequency
    d Seitenfrequenz *f*
    f fréquence *f* latérale
    r боковая частота *f*

S276 *e* side-mode suppression ratio
    d Seitenmodenunterdrückungsverhältnis *n*
    f coefficient *m* de suppression du mode latéral
    r коэффициент *m* подавления боковой моды (*в лазере*)

S277 *e* siderial time
    d Sternzeit *f*, siderische Zeit *f*
    f temps *m* sidéral
    r звёздное время *n*, сидерическое время *n*

S278 *e* siderial year
    d Sternjahr *n*, Sternenjahr *n*
    f année *f* sidérale
    r звёздный год *m*

S279 *e* siemens, S
    d Siemens *n*
    f siemens *m*
    r сименс *m*, См (*единица проводимости СИ*)

S280 *e* sievert, Sv
    d Sievert *n*
    f sievert *m*
    r зиверт *m*, Зв (*единица эквивалентной дозы излучения СИ*)

S281 *e* sight *see* viewfinder

S282 *e* sign
    d 1. Zeichen *n*; Symbol *m*
       2. Vorzeichen *n*
    f signe *m*
    r знак *m*

S283 *e* signal attenuation
    d Signalabschwächung *f*, Signaldämpfung *f*
    f amortissement *m* du signal
    r затухание *n* сигнала

S284 *e* sign-alternating focusing
    d Fokussierung *f* mit alternierenden Feldern

SIGN-ALTERNATING

	f focalisation *f* par champs alternants
	r знакопеременная фокусировка *f*
S285	*e* sign-alternating phasing
	d alternierende Phasierung *f*
	f mise *f* en phase alternée
	r знакопеременная фазировка *f*
S286	*e* signal-to-noise ratio
	d Signal-Rausch-Verhältnis *n*
	f rapport *m* signal/bruit
	r отношение *n* сигнал/шум
S287	*e* signature
	d Signatur *f*
	f signature *f*
	r сигнатура *f* (квантовое число)
S288	*e* sign-constant focusing
	d Fokussierung *f* mit Gleichfeldern
	f focalisation *f* par champs constants
	r знакопостоянная фокусировка *f*
S289	*e* significance
	d Signifikanz *f*
	f signification *f*
	r 1. значение *n*; значимость *f* 2. достоверность *f*
S290	*e* silent discharge
	d stille Entladung *f*
	f décharge *f* silencieuse
	r тихий разряд *m*
S291	*e* silicates
	d Silikate *n pl*
	f silicates *m pl*
	r силикаты *m pl*
S292	*e* silicon, Si
	d Silizium *n*
	f silicium *m*
	r кремний *m*
S293	*e* similarity
	d Ähnlichkeit *f*
	f similitude *f*
	r подобие *n*
S294	*e* similarity criterion
	d Ähnlichkeitskriterium *n*
	f critère *m* de similitude
	r критерий *m* подобия
S295	*e* similarity law *see* scaling law
S296	*e* similarity theory
	d Ähnlichkeitstheorie *f*
	f théorie *f* de la similitude
	r теория *f* подобия
S297	*e* similitude *see* similarity
S298	*e* simple pendulum *see* mathematical pendulum
S299	*e* simple torsion
	d einfache Torsion *f*
	f torsion *f* simple, torsion *f* pure
	r свободное кручение *n*, нестеснённое кручение *n*
S300	*e* simulation
	d 1. Modellierung *f*; Nachbildung *f* 2. Simulation *f*
	f simulation *f*
	r 1. моделирование *n* 2. имитация *f*
S301	*e* sine curve
	d Sinuslinie *f*, Sinuskurve *f*, Sinusoide *f*
	f sinusoïde *f*, courbe *f* sinusoïdale
	r синусоида *f*, синусоидальная кривая *f*
S302	*e* sine-Gordon equation
	d Sinus-Gordon-Gleichung *f*
	f équation *f* de sinus Gordon
	r уравнение *n* синус-Гордона
S303	*e* sine oscillation *see* sinusoidal oscillation
S304	*e* single crystal
	d Einkristall *m*
	f monocristal *m*
	r монокристалл *m*
S305	*e* single crystal diffractometer
	d Einkristalldiffraktometer *n*
	f diffractomètre *m* à monocristaux
	r монокристальный дифрактометр *m*
S306	*e* single crystal growing *see* single crystal growth
S307	*e* single crystal growth
	d Einkristallzüchtung *f*
	f croissance *f* des monocristaux
	r выращивание *n* монокристаллов
S308	*e* single crystal laser
	d Einkristall-Laser *m*
	f laser *m* à monocristal
	r лазер *m* на монокристалле
S309	*e* single dislocation *see* isolated dislocation
S310	*e* single-domain particle
	d Einbereichsteilchen *n*
	f particule *f* de la dimension du domaine unique, particule *f* monodomaine
	r однодоменная частица *f*
S311	*e* single-frequency laser
	d Einfrequenzlaser *m*
	f laser *m* à fréquence unique
	r одночастотный лазер *m*
S312	*e* single-mode laser
	d Einmodenlaser *m*
	f laser *m* monomode
	r одномодовый лазер *m*

S313   *e*   single-mode pulse
       d   Einmodenimpuls *m*
       f   impulsion *f* monomode
       r   одномодовый импульс *m*

S314   *e*   single-mode radiation
       d   Einmodenstrahlung *f*
       f   rayonnement *m* monomode
       r   одномодовое излучение *n*

S315   *e*   single-particle motion
       d   Einzelteilchenbewegung *f* (*Atomkern*)
       f   mouvement *m* de particule unique (*du noyau*)
       r   одночастичное движение *n* (*ядра*)

S316   *e*   single-particle problem
       d   Einteilchenproblem *n*
       f   problème *m* à une particule
       r   одночастичная задача *f*

S317   *e*   single-photon ionization
       d   Einphotonenionisation *f*
       f   ionisation *f* à photon unique
       r   однофотонная ионизация *f*

S318   *e*   single pulse
       d   Einzelimpuls *m*, diskreter Impuls *m*
       f   impulsion *f* unique
       r   одиночный импульс *m*

S319   *e*   single shot *see* single pulse

S320   *e*   single-shot multivibrator
       d   monostabiler Multivibrator *m*, Univibrator *m*
       f   univibrateur *m*
       r   одновибратор *m*

S321   *e*   singlet
       d   Singulett *n*
       f   singulet *m*
       r   синглет *m*

S322   *e*   singlet state
       d   Singulettzustand *m*
       f   état *m* singulet
       r   синглетное состояние *n*

S323   *e*   single-turn injection
       d   Single-Turn-Injektion *f*
       f   injection *f* en tour unique
       r   однооборотная инжекция *f* (*в ускорителе заряженных частиц*)

S324   *e*   singly-charged ion
       d   einfach geladenes Ion *n*
       f   ion *m* monochargé
       r   однозарядный ион *m*

S325   *e*   singly-ionized atom
       d   einfach ionisiertes Atom *n*
       f   atome *m* une fois ionisé
       r   однократно ионизованный атом *m*

S326   *e*   singly-ionized molecule
       d   einfach ionisiertes Molekül *n*
       f   molécule *f* une fois ionisée
       r   однократно ионизованная молекула *f*

S327   *e*   singularity
       d   Singularität *f*; singulärer Punkt *m*
       f   singularité *f*
       r   сингулярность *f*; особая точка *f*

S328   *e*   sink
       d   Senke *f*
       f   puits *m*
       r   сток *m*

S329   *e*   sinusoid *see* sine curve

S330   *e*   sinusoidal oscillation
       d   sinusförmige Schwingungen *f pl*, Sinusschwingungen *f pl*
       f   oscillations *f pl* sinusoïdales
       r   синусоидальные колебания *n pl*, гармонические колебания *n pl*

S331   *e*   siren
       d   Sirene *f*
       f   sirène *f*
       r   сирена *f*

S332   *e*   SI units
       d   SI-Einheiten *f pl*
       f   unités *f pl* SI
       r   единицы *f pl* СИ

S333   *e*   size effect
       d   dimensioneller Effekt *m*
       f   effet *m* dimensionnel
       r   размерный эффект *m*

S334   *e*   size quantization
       d   dimensionelle Quantisierung *f*
       f   quantification *f* dimensionnelle
       r   размерное квантование *n*

S335   *e*   skin effect
       d   Skineffekt *m*, Hauteffekt *m*, Stromverdrängungseffekt *m*
       f   effet *m* de peau
       r   скин-эффект *m*

S336   *e*   sky wave
       d   Raumwelle *f*
       f   onde *f* radio ionosphérique
       r   ионосферная радиоволна *f*, ионосферная волна *f*

S337   *e*   sliding friction
       d   Gleitreibung *f*
       f   frottement *m* de glissement
       r   трение *n* скольжения

S338   *e*   slip
       d   Gleiten, Gleitung *f*; Schlupf *m*
       f   glissement *m*
       r   скольжение *n*; проскальзывание *n*

S339   *e*   slip band *see* slip line

S340   *e*   slip line
       d   Gleitlinie *f*, Gleitspur *f*

SLIT

	f	ligne *f* de glissement
	r	линия *f* скольжения
S341	*e*	slit *see* slot
S342	*e*	slit diaphragm *see* slotted diaphragm
S343	*e*	slope
	d	Neigung *f*; Gefälle *n*; Abfall *m*
	f	pente *f*
	r	наклон *m*; уклон *m*
S344	*e*	slot
	d	Schlitz *m*; Spalt *m*
	f	fente *f*
	r	щель *f*
S345	*e*	slot aerial, slot antenna
	d	Schlitzantenne *f*
	f	antenne *f* à fente
	r	щелевая антенна *f*
S346	*e*	slotted diaphragm
	d	Schlitzblende *f*, Spaltblende *f*
	f	diaphragme *m* à fente
	r	щелевая диафрагма *f*
S347	*e*	slotted line, slotted section
	d	geschlitzte Meßleitung *f*
	f	ligne *f* à fente
	r	измерительная линия *f*; волноводная измерительная линия *f*
S348	*e*	slowing-down *see* deceleration
S349	*e*	slowing structure *see* slow wave structure
S350	*e*	slow neutrons
	d	langsame Neutronen *n pl*
	f	neutrons *m pl* lents
	r	медленные нейтроны *m pl*
S351	*e*	slow-wave structure
	d	Verzögerungssystem *n*
	f	structure *f* décélératrice
	r	замедляющая структура *f*; замедляющая система *f*
S352	*e*	sluggishness
	d	Trägheit *f*
	f	inertie *f*
	r	инерционность *f*, инертность *f*
S353	*e*	small-amplitude oscillation
	d	Schwingungen *f pl* geringer Amplitude
	f	oscillations *f pl* à petite amplitude
	r	колебания *n pl* малой амплитуды
S354	*e*	small-angle scattering
	d	Kleinwinkelstreuung *f*
	f	diffusion *f* à petits angles
	r	малоугловое рассеяние *n*
S355	*e*	small-scale irregularity
	d	kleinmaßstäbliche Inhomogenität *f*
	f	irrégularité *f* en échelle réduite, irrégularité *f* en échelle microscopique
	r	мелкомасштабная неоднородность *f*
S356	*e*	S-matrix *see* scattering matrix
S357	*e*	smectic liquid crystal
	d	smektischer Flüssigkristall *m*
	f	cristal *m* liquide smectique
	r	смектический жидкий кристалл *m*
S358	*e*	smooth curve
	d	glatte Kurve *f*
	f	courbe *f* lisse
	r	гладкая кривая *f*
S359	*e*	Snell law
	d	Snelliussches Brechungsgesetz *n*, Gesetz *n* von Snellius
	f	relation *f* de Descartes-Snell *(de réfraction)*
	r	закон *m* Снеллиуса *(преломления света)*
S360	*e*	sodium, Na
	d	Natrium *n*
	f	sodium *m*
	r	натрий *m*
S361	*e*	soft component
	d	weiche Komponente *f*
	f	composante *f* molle
	r	мягкая компонента *f*
S362	*e*	soft excitation
	d	weiche Erregung *f*
	f	excitation *f* molle
	r	мягкое возбуждение *n*
S363	*e*	soft magnetic material
	d	weichmagnetischer Werkstoff *m*
	f	matériau *m* magnétiquement doux
	r	магнитно-мягкий материал *m*, мягкий магнитный материал *m*
S364	*e*	soft radiation
	d	weiche Strahlung *f*
	f	rayonnement *m* mou, radiation *f* molle
	r	мягкое излучение *n*
S365	*e*	soft X-rays
	d	weiche Röntgenstrahlung *f*
	f	rayons *pl* X mous
	r	мягкое рентгеновское излучение *n*
S366	*e*	sol
	d	Sol *n*
	f	sol *m*
	r	золь *m*
S367	*e*	solar activity
	d	Sonnenaktivität *f*, Sonnentätigkeit *f*
	f	activité *f* solaire
	r	солнечная активность *f*
S368	*e*	solar activity index

	d	Sonnenaktivitätsindex *m*
	f	indice *m* d'activité solaire
	r	индекс *m* солнечной активности
S369	*e*	**solar atmosphere**
	d	Sonnenatmosphäre *f*
	f	atmosphère *f* solaire
	r	солнечная атмосфера *f*, атмосфера *f* Солнца
S370	*e*	**solar battery**
	d	Sonnenbatterie *f*
	f	batterie *f* solaire
	r	солнечная батарея *f*
S371	*e*	**solar chromosphere**
	d	Sonnenchromosphäre *f*
	f	chromosphère *f* solaire
	r	солнечная хромосфера *f*, хромосфера *f* Солнца
S372	*e*	**solar concentrator**
	d	Sonnenstrahlungskonzentrator *m*
	f	concentrateur *m* des rayons solaires
	r	концентратор *m* солнечного излучения
S373	*e*	**solar constant**
	d	Solarkonstante *f*
	f	constante *f* solaire
	r	солнечная постоянная *f*
S374	*e*	**solar corona**
	d	Sonnenkorona *f*
	f	couronne *f* solaire
	r	солнечная корона *f*
S375	*e*	**solar cosmic rays**
	d	solare kosmische Strahlung *f*
	f	rayons *pl* cosmiques du Soleil
	r	солнечные космические лучи *pl*
S376	*e*	**solar cycle**
	d	Zyklus *m* der Sonnenaktivität
	f	cycle *m* solaire
	r	солнечный цикл *m*
S377	*e*	**solar data**
	d	Sonnendaten *pl*
	f	données *pl* solaires
	r	солнечные данные *pl*
S378	*e*	**solar day**
	d	Sonnentag *m*
	f	jour *m* solaire
	r	солнечные сутки *pl*
S379	*e*	**solar eclipse**
	d	Sonnenfinsternis *f*
	f	éclipse *f* solaire, éclipse *f* du Soleil
	r	солнечное затмение *n*
S380	*e*	**solar eclipse isochrone**
	d	Sonnenfinsternisisochrone *f*
	f	icochrone *f* d'éclipses solaires
	r	изохрона *f* солнечных затмений
S381	*e*	**solar energy**
	d	Sonnenenergie *f*
	f	énergie *f* solaire
	r	солнечная энергия *f*
S382	*e*	**solar escape velocity**
	d	dritte kosmische Geschwindigkeit *f*
	f	vitesse *f* de libération solaire
	r	третья космическая скорость *f*
S383	*e*	**solar flare**
	d	Sonneneruption *f*
	f	éruption *f* solaire
	r	солнечная вспышка *f*
S384	*e*	**solar flare model**
	d	Sonneneruptionsmodell *n*
	f	modèle *m* d'éruption solaire
	r	модель *f* солнечной вспышки
S385	*e*	**solar flux**
	d	Sonnenstrahlungsfluß *m*
	f	flux *m* de rayonnement solaire
	r	поток *m* солнечного излучения
S386	*e*	**solar gamma rays**
	d	solare Gammastrahlung *f*
	f	rayonnement *m* gamma du Soleil
	r	солнечное гамма-излучение *n*
S387	*e*	**solar granulation**
	d	Sonnengranulation *f*
	f	granulation *f* solaire
	r	солнечная грануляция *f*
S388	*e*	**solar magnetic field**
	d	Sonnenmagnetfeld *n*
	f	champ *m* magnétique du Soleil
	r	солнечное магнитное поле *n*, магнитное поле *n* Солнца
S389	*e*	**solar magnetograph**
	d	Sonnenmagnetograph *m*
	f	magnétographe *m* solaire
	r	солнечный магнитограф *m*
S390	*e*	**solar maximum**
	d	Sonnenaktivitätsmaximum *n*
	f	maximum *m* solaire, maximum *m* d'activité solaire
	r	максимум *m* солнечной активности
S391	*e*	**solar minimum**
	d	Sonnenaktivitätsminimum *n*
	f	minimum *m* solaire, minimum *m* d'activité solaire
	r	минимум *m* солнечной активности
S392	*e*	**solar neutrino**
	d	solares Neutrino *n*
	f	neutrino *m* solaire
	r	солнечное нейтрино *n*
S393	*e*	**solar photosphere**
	d	Sonnenphotosphäre *f*

SOLAR

| | f | photosphère f solaire |
| | r | солнечная фотосфера f |

S394 e solar physics
 d Sonnenphysik f
 f physique f du Soleil
 r физика f Солнца

S395 e solar plasma
 d Sonnenplasma n
 f plasma m solaire
 r солнечная плазма f

S396 e solar prominence
 d Sonnenprotuberanz f
 f protubérance f solaire
 r солнечный протуберанец m

S397 e solar pumping
 d Solarpumpen n
 f pompage m solaire
 r накачка f солнечным излучением, солнечная накачка f

S398 e solar radiation
 d Sonnenstrahlung f
 f rayonnement m solaire, radiation f solaire
 r солнечное излучение n

S399 e solar radio emission, solar radio noise
 d solare Radiostrahlung f
 f rayonnement m radio du Soleil
 r радиоизлучение n Солнца

S400 e solar spectrum
 d Sonnenspektrum n
 f spectre m solaire
 r солнечный спектр m

S401 e solar system
 d Sonnensystem n
 f système m solaire
 r солнечная система f

S402 e solar-terrestrial physics
 d Sonnen-Erden-Physik f, solar-terrestrische Physik f
 f physique f solaire-terrestre
 r солнечно-земная физика f

S403 e solar wind
 d Sonnenwind m
 f vent m solaire
 r солнечный ветер m

S404 e solar wind pressure
 d Sonnenwinddruck m
 f pression f du vent solaire
 r давление n солнечного ветра

S405 e solar X-rays
 d Sonnenröntgenstrahlung f
 f rayons pl X du Soleil
 r солнечное рентгеновское излучение n

S406 e solenoid
 d Solenoid n, Solenoidspule f
 f solénoïde m
 r соленоид m

S407 e solenoidal field
 d solenoidales Feld n
 f champ m solénoïdal
 r соленоидальное поле n

S408 e sol gel method
 d Sol-Gel-Verfahren n
 f méthode f sol-gel
 r золь-гель-метод m (нанесения пленки)

S409 e solid
 d Festkörper m, fester Körper m
 f corps m solide, solide m
 r твёрдое тело n

S410 e solid angle
 d Raumwinkel m, räumlicher Winkel m
 f angle m solide
 r телесный угол m

S411 e solid electrolyte
 d fester Elektrolyt m, Festelektrolyt m
 f électrolyte m solide
 r твёрдый электролит m

S412 e solid helium
 d festes Helium n
 f hélium m solide
 r твёрдый гелий m

S413 e solidification
 d Erstarrung f
 f solidification f
 r затвердевание n

S414 e solid solution
 d feste Lösung f, Festlösung f
 f solution f solide
 r твёрдый раствор m

S415 e solid-state laser
 d Festkörperlaser m
 f laser m solide
 r твердотельный лазер m

S416 e solid-state microelectronics
 d Festkörpermikroelektronik f
 f microélectronique f des corps solides
 r твердотельная микроэлектроника f

S417 e solid-state physics
 d Festkörperphysik f
 f physique f du corps solide
 r физика f твёрдого тела

S418 e solid-state plasma
 d Festkörperplasma n
 f plasma m d'état solide
 r твердотельная плазма f, плазма f твёрдого тела

S419 e solid substance
d Feststoff m
f solide m, substance f solide, matière f solide
r твёрдое вещество n

S420 e solidus, solidus line
d Soliduslinie f, Soliduskurve f
f solidus m
r солидус m

S421 e solidus surface
d Solidusfläche f
f surface f de solidus
r поверхность f солидуса

S422 e soliton
d Soliton n
f soliton m
r солитон m; уединённая волна f

S423 e soliton laser
d Solitonlaser m
f laser m à soliton
r солитонный лазер m

S424 e solubility
d Lösbarkeit f
f solubilité f
r растворимость f

S425 e solute
d Gelöstes n, aufgelöster Stoff m
f soluté m
r растворённое вещество n

S426 e solution
d Lösung f
f solution f
r 1. раствор m; растворение n 2. решение n

S427 e solution concentration
d Lösungskonzentration f, Lösungsstärke f
f concentration f de la solution
r концентрация f раствора

S428 e solvatation
d Solvatation f, Solvatisierung f
f solvatation f
r сольватация f

S429 e solvent
d Lösungsmittel n
f solvant m
r растворитель m

S430 e Sommerfeld theory of metals
d Sommerfeldsche Theorie f
f théorie f de Sommerfeld
r теория f металлов Зоммерфельда

S431 e sonar
d Sonar n
f sonage m sous-marin; sonar m
r гидролокация f; гидролокатор m

S432 e sonde
d Sonde f
f sonde f
r зонд m

S433 e sonic barrier
d Schallmauer f
f barrière f du son, mur m du son, mur m sonique
r звуковой барьер m

S434 e sonic waves see acoustic waves

S435 e sonoluminescence
d Sonolumineszenz f
f sonoluminescence f
r звуколюминесценция f

S436 e sorption
d Sorption f
f sorption f
r сорбция f

S437 e sorting chamber
d Sortierkammer f
f chambre f de triage
r сортирующая камера f (масс-спектрометра)

S438 e sound
d 1. Schall m; Ton m; Klang m 2. Sonde f
f 1. son m 2. sonde f
r 1. звук m 2. зонд m

S439 e sound absorber see acoustic absorber

S440 e sound-absorbing material
d Schallschluckstoff m, Schallabsorptionsstoff m
f absorbant m du son, absorbant m acoustique
r звукопоглощающий материал m

S441 e sound absorption
d Schallabsorption f, Schallschluckung f
f absorption f du son
r поглощение n звука

S442 e sound analysis
d Schallanalyse f, Klanganalyse f; Tonanalyse f
f analyse f des sons
r анализ m звука

S443 e sound attenuation
d Schalldämpfung f
f affaiblissement m sonore
r затухание n звука

S444 e sound barrier see sonic barrier

S445 e sound diffraction
d Schalldiffraktion f
f diffraction f du son
r дифракция f звука

SOUND

S446   *e* sound energy
        d Schallenergie *f*
        f énergie *f* sonore
        r звуковая энергия *f*

S447   *e* sound energy density
        d Schallenergiedichte *f*
        f densité *f* d'énergie sonore
        r плотность *f* звуковой энергии

S448   *e* sound energy flux
        d Schallenergiefluß *m*
        f flux *m* d'énergie sonore
        r поток *m* звуковой энергии

S449   *e* sound energy flux density *see* sound intensity

S450   *e* sound field
        d Schallfeld *n*
        f champ *m* acoustique, champ *m* sonore
        r звуковое поле *n*, акустическое поле *n*

S451   *e* sound field visualization
        d Sichtbarmachung *f* der Schallfelder
        f visualisation *f* des champs acoustiques
        r визуализация *f* звуковых полей

S452   *e* sound focusing
        d Schallfokussierung *f*, Schallbündelung *f*, Schallkonzentration *f*
        f focalisation *f* du son, concentration *f* du son
        r фокусировка *f* звука

S453   *e* sounding
        d Sondierung *f*
        f sondage *m*
        r зондирование *n*

S454   *e* sounding pulse
        d Abtastimpuls *m*, Sondenimpuls *m*
        f impulsion *f* de sondage
        r зондирующий импульс *m*

S455   *e* sound-insulating material
        d Schalldämmstoff *m*
        f isolant *m* acoustique
        r звукоизоляционный материал *m*

S456   *e* sound insulation
        d Schalldämmung *f*, Schallisolierung *f*
        f insonorisation *f*
        r звуковая изоляция *f*, звукоизоляция *f*

S457   *e* sound intensity
        d Schallintensität *f*, Schallstärke *f*
        f intensité *f* du son
        r интенсивность *f* звука, сила *f* звука

S458   *e* sound interference *see* acoustical interference

S459   *e* sound lens *see* acoustic lens

S460   *e* sound level meter
        d Schallpegelmesser *m*, Lautstärkemesser *m*
        f sonomètre *m*
        r шумомер *m*

S461   *e* sound oscillation *see* sound vibration

S462   *e* sound power *see* acoustic power

S463   *e* sound pressure
        d Schalldruck *m*
        f pression *f* sonore, pression *f* acoustique
        r звуковое давление *n*

S464   *e* sound proofing *see* sound insulation

S465   *e* sound propagation
        d Schallausbreitung *f*
        f propagation *f* du son
        r распространение *n* звука

S466   *e* sound pulse
        d Schallimpuls *m*
        f impulsion *f* sonore
        r звуковой импульс *m*, акустический импульс *m*

S467   *e* sound radiation
        d Schallstrahlung *f*
        f rayonnement *m* acoustique
        r излучение *n* звука

S468   *e* sound rangefinder, sound ranger
        d akustischer Entfernungsmesser *m*
        f télémètre *m* acoustique
        r акустический дальномер *m*

S469   *e* sound ranging
        d Schallortung *f*, Schallradar *n*, akustische Ortung *f*
        f localisation *f* sonore
        r звуколокация *f*

S470   *e* sound reflection
        d Schallreflexion *f*
        f réflexion *f* acoustique
        r отражение *n* звука

S471   *e* sound scattering
        d Schallstreuung *f*
        f diffusion *f* acoustique
        r рассеяние *n* звука

S472   *e* sound source
        d Schallquelle *f*
        f source *f* sonore
        r источник *m* звука

S473   *e* sound spectrum
        d Schallspektrum *n*
        f spectre *m* sonore, spectre *m* acoustique
        r спектр *m* звука

S474   *e* sound velocity dispersion

	d	Schallgeschwindigkeitsdispersion *f*	
	f	dispersion *f* de la vitesse du son	
	r	дисперсия *f* скорости звука	
S475	e	sound vibration, sound vibrations	
	d	Schallschwingungen *f pl*, akustische Schwingungen *f pl*	
	f	oscillations *f pl* acoustiques, vibrations *f pl* acoustiques	
	r	звуковые колебания *n pl*, акустические колебания *n pl*	
S476	e	sound waves *see* acoustic waves	
S477	e	source	
	d	1. Quelle *f* 2. Sourceelektrode *f*, Quellenelektrode *f*	
	f	source *f*	
	r	1. источник *m* 2. исток *m* (*полевого транзистора*)	
S478	e	source activity	
	d	Quellenaktivität *f*	
	f	activité *f* de la source	
	r	активность *f* источника	
S479	e	source power	
	d	Quellenleistung *f*	
	f	puissance *f* de la source	
	r	мощность *f* источника	
S480	e	source strength	
	d	Quellenstärke *f*	
	f	intensité *f* de la source	
	r	интенсивность *f* источника	
S481	e	space	
	d	1. Raum *m* 2. Weltraum *m*, kosmischer Raum *m*	
	f	espace *m*	
	r	1. пространство *n* 2. космос *m*	
S482	e	space charge	
	d	Raumladung *f*	
	f	charge *f* d'espace, charge *f* spatiale	
	r	пространственный заряд *m*; объёмный заряд *m*	
S483	e	space-charge cloud	
	d	Raumladungswolke *f*	
	f	nuage *m* de charge d'espace	
	r	облако *n* пространственного заряда	
S484	e	space-charge compensation	
	d	Raumladungskompensation *f*	
	f	compensation *f* de la charge d'espace	
	r	компенсация *f* пространственного заряда	
S485	e	space-charge density	
	d	Raumladungsdichte *f*	
	f	densité *f* de la charge d'espace	
	r	плотность *f* пространственного заряда	
S486	e	space charge neutralization	
	d	Raumladungsneutralisation *f*	

f	neutralisation *f* de la charge d'espace
r	нейтрализация *f* пространственного заряда
S487	e	space-charge region
d	Raumladungsgebiet *n*, Raumladungszone *f*
f	zone *f* de charge d'espace
r	область *f* пространственного заряда
S488	e	space coherence
d	Raumkohärenz *f*
f	cohérence *f* spatiale
r	пространственная когерентность *f*
S489	e	space craft *see* space vehicle
S490	e	space curvature
d	Raumkrümmung *f*
f	courbure *f* de l'espace
r	искривлённость *f* пространства, кривизна *f* пространства
S491	e	space data
d	kosmische Daten *pl*
f	données *pl* spatiales
r	космические данные *pl*
S492	e	space flight
d	Raumflug *m*
f	vol *m* spatial
r	космический полёт *m*
S493	e	space groups
d	Raumgruppen *f pl*, Raumsymmetriegruppen *f pl*
f	groupes *m pl* spatiaux (*en symétrie cristalline*)
r	пространственные группы *f pl* (*симметрии кристаллов*)
S494	e	space harmonic
d	räumliche Harmonische *f*, Raumharmonische *f*
f	harmonique *m* spatial
r	пространственная гармоника *f*
S495	e	space inversion
d	räumliche Inversion *f*, Rauminversion *f*, Raumspiegelung *f*
f	inversion *f* d'espace
r	пространственная инверсия *f*
S496	e	space lattice
d	Raumgitter *n*, dreidimensionales Gitter *n*
f	réseau *m* spatial
r	пространственная решётка *f*
S497	e	space-like interval
d	raumartiges Intervall *n*
f	intervalle *m* du genre espace
r	пространственноподобный интервал *m*
S498	e	space-like vector
d	raumartiger Vektor *m*

SPACE

- *f* vecteur *m* du genre espace
- *r* пространственноподобный вектор *m*

S499
- *e* space navigation
- *d* Raumnavigation *f*, Weltraumnavigation *f*
- *f* navigation *f* spatiale, navigation *f* dans l'espace
- *r* космическая навигация *f*

S500
- *e* space quantization
- *d* räumliche Quantelung *f*, Raumquantelung *f*, räumliche Quantisierung *f*, Raumquantisierung *f*
- *f* quantification *f* spatiale
- *r* пространственное квантование *n*

S501
- *e* space research
- *d* Weltraumforschung *f*, Raumforschung *f*
- *f* recherches *f pl* cosmiques, exploration *f* cosmique, exploration *f* d'espace
- *r* космические исследования *n pl*

S502
- *e* space-time
- *d* Raumzeit *f*, Raum-Zeit *f*
- *f* espace-temps *m*
- *r* пространство-время *n*

S503
- *e* space-time correlation
- *d* zeitlich-räumliche Korrelation *f*, räumlich-zeitliche Korrelation *f*, Raum-Zeit-Korrelation *f*
- *f* corrélation *f* espace-temps
- *r* пространственно-временная корреляция *f*

S504
- *e* space-time curvature
- *d* Raumzeitkrümmung *f*
- *f* courbure *f* espace-temps
- *r* кривизна *f* пространства-времени

S505
- *e* space-time isotropy
- *d* Raum-Zeit-Isotropie *f*
- *f* isotropie *f* de l'espace-temps
- *r* изотропия *f* пространства-времени

S506
- *e* space-time light modulator
- *d* Raum-Zeit-Lichtmodulator *m*
- *f* modulateur *m* de lumière espace-temps
- *r* пространственно-временной модулятор *m* света

S507
- *e* space-time metric
- *d* Raum-Zeit-Metrik *f*
- *f* métrique *f* de l'espace-temps
- *r* метрика *f* пространства-времени

S508
- *e* space-time quantization
- *d* Raum-Zeit-Quantelung *f*, Raum-Zeit-Quantisierung *f*
- *f* quantification *f* de l'espace-temps
- *r* квантование *n* пространства-времени

S509
- *e* space vehicle
- *d* Raumflugkörper *m*, Raumfahrzeug *n*
- *f* astronef *m*, véhicule *m* aérospatial, véhicule *m* cosmique
- *r* космический корабль *m*

S510
- *e* spark
- *d* Funke *m*
- *f* étincelle *f*
- *r* искра *f*, искровой разряд *m*

S511
- *e* spark chamber
- *d* Funkenkammer *f*
- *f* chambre *f* à étincelles
- *r* искровая камера *f*

S512
- *e* spark channel
- *d* Funkenkanal *m*
- *f* canal *m* d'étincelle
- *r* канал *m* искры

S513
- *e* spark counter
- *d* Funkenzähler *m*
- *f* compteur *m* à étincelles
- *r* искровой счётчик *m*

S514
- *e* spark discharge
- *d* Funkenladung *f*
- *f* décharge *f* par étincelles, décharge *f* à étincelles
- *r* искровой разряд *m*

S515
- *e* spark gap
- *d* Funkenstrecke *f*
- *f* éclateur *m*; distance *f* entre électrodes
- *r* искровой разрядник *m*; искровой промежуток *m*

S516
- *e* spark photography
- *d* Funkenphotographie *f*
- *f* photographie *f* à étincelles
- *r* искровая фотография *f*

S517
- *e* spark source
- *d* Funkenquelle *f*
- *f* source *f* d'étincelles
- *r* искровой источник *m*

S518
- *e* spark spectrum
- *d* Funkenspektrum *n*
- *f* spectre *m* d'étincelle
- *r* искровой спектр *m*

S519
- *e* spatial coherence *see* space coherence

S520
- *e* spatial configuration
- *d* räumliche Konfiguration *f*
- *f* configuration *f* spatiale
- *r* пространственная конфигурация *f*

S521
- *e* spatial dispersion
- *d* räumliche Dispersion *f*
- *f* dispersion *f* spatiale
- *r* пространственная дисперсия *f*

S522
- *e* spatial filtration

	d	Raumfiltration *f*
	f	filtration *f* spatiale
	r	пространственная фильтрация *f*
S523	*e*	**spatial frequency**
	d	Raumfrequenz *f*
	f	fréquence *f* spatiale
	r	пространственная частота *f*
S524	*e*	**spatial homogeneity**
	d	räumliche Homogenität *f*
	f	homogénéité *f* spatiale
	r	пространственная однородность *f*
S525	*e*	**spatial inhomogeneity**
	d	räumliche Inhomogenität *f*
	f	inhomogénéité *f* spatiale
	r	пространственная неоднородность *f*
S526	*e*	**spatial inversion** *see* **space inversion**
S527	*e*	**spatial period**
	d	räumliche Periode *f*, Raumperiode *f*
	f	période *f* spatiale
	r	пространственный период *m*
S528	*e*	**spatial quantization** *see* **space quantization**
S529	*e*	**spatial-temporal coherence**
	d	räumlich-zeitliche Kohärenz *f*
	f	cohérence *f* spatiale dans le temps
	r	пространственно-временная когерентность *f*
S530	*e*	**special relativity theory, special theory of relativity**
	d	spezielle Relativitätstheorie *f*
	f	théorie *f* spéciale de la relativité
	r	специальная теория *f* относительности
S531	*e*	**specific concentration**
	d	spezifische Konzentration *f*
	f	concentration *f* spécifique
	r	удельная концентрация *f*
S532	*e*	**specific conductivity**
	d	spezifische Leitfähigkeit *f*
	f	conductibilité *f* spécifique
	r	удельная электропроводность *f*
S533	*e*	**specific gravity**
	d	spezifisches Gewicht *n*
	f	poids *m* spécifique
	r	удельный вес *m*
S534	*e*	**specific heat, specific heat capacity**
	d	spezifische Wärmekapazität *f*
	f	capacité *f* thermique spécifique
	r	удельная теплоёмкость *f*
S535	*e*	**specific refraction**
	d	spezifische Refraktion *f*
	f	réfraction *f* spécifique
	r	удельная рефракция *f*
S536	*e*	**specific resistance**
	d	spezifischer Widerstand *m*
	f	résistance *f* spécifique
	r	удельное сопротивление *n*
S537	*e*	**specific rotation**
	d	spezifische Drehung *f*
	f	rotation *f* spécifique
	r	удельное вращение *n*
S538	*e*	**specific volume**
	d	spezifisches Volumen *n*
	f	volume *m* spécifique
	r	удельный объём *m*
S539	*e*	**specimen**
	d	Probe *f*; Probekörper *m*, Prüfkörper *m*
	f	échantillon *m*
	r	образец *m* (*напр. для испытаний*)
S540	*e*	**speckle interferometry**
	d	Speckle-Interferometrie *f*
	f	interférométrie *f* tachetée
	r	спекл-интерферометрия *f*
S541	*e*	**spectator**
	d	Spektator *m*
	f	spectateur *m*
	r	частица-наблюдатель *m*, частица-спектатор *m* (*в ядерной физике*)
S542	*e*	**spectator nucleon**
	d	Spektator-Nukleon *n*
	f	nucléon *m* spectateur
	r	нуклон-спектатор *m*, нуклон-наблюдатель *m*
S543	*e*	**spectator quark**
	d	Spektator-Quark *n*
	f	quark *m* spectateur
	r	кварк-спектатор *m*, спектаторный кварк *m*
S544	*e*	**spectral analysis**
	d	Spektralanalyse *f*
	f	analyse *f* spectrale
	r	спектральный анализ *m*
S545	*e*	**spectral band**
	d	Spektralbande *f*
	f	bande *f* spectrale
	r	спектральная полоса *f*
S546	*e*	**spectral classes of stars**
	d	Spektralklassen *f pl* der Sterne, Spektraltypen *m pl*
	f	classes *f pl* spectrales des étoiles
	r	спектральные классы *m pl* звёзд
S547	*e*	**spectral classification**
	d	Spektralklassifikation *f*
	f	classification *f* spectrale
	r	спектральная классификация *f*
S548	*e*	**spectral correlator**
	d	Spektralkorrelator *m*

SPECTRAL

S549
- f corrélateur *m* spectral
- r спектральный коррелятор *m*

S549
- e spectral density
- d Spektraldichte *f*
- f densité *f* spectrale
- r спектральная плотность *f* (излучения)

S550
- e spectral distribution
- d spektrale Verteilung *f*, Spektralverteilung *f*
- f répartition *f* spectrale
- r спектральное распределение *n*

S551
- e spectral doublet
- d Spektraldublett *n*
- f doublet *m* spectral
- r спектральный дублет *m*

S552
- e spectral ghosts
- d Spektralgeister *n pl*
- f fantômes *m pl* spectraux, ghosts *m pl*
- r спектральные духи *m pl*

S553
- e spectral index
- d Spektralindex *m*
- f indice *m* de spectre
- r спектральный индекс *m*

S554
- e spectral intensity
- d spektrale Intensität *f*, Spektralintensität *f*
- f intensité *f* spectrale
- r спектральная интенсивность *f*

S555
- e spectral line
- d Spektrallinie *f*
- f raie *f* spectrale
- r спектральная линия *f*

S556
- e spectral line intensity
- d Spektrallinienintensität *f*, Intensität *f* der Spektrallinie
- f intensité *f* d'une raie spectrale
- r интенсивность *f* спектральной линии

S557
- e spectral line profile
- d Spektrallinienprofil, Spektrallinienform *f*, Spektrallinienkontur *f*
- f profil *m* de la raie spectrale
- r контур *m* спектральной линии

S558
- e spectral line Q, spectral line Q-factor
- d Spektrallinienguüte *f*
- f coefficient *m* de qualité de la raie spectrale
- r добротность *f* спектральной линии

S559
- e spectrally limited pulse
- d spektralbegrenzter Impuls *m*
- f impulsion *f* spectroscopiquement limitée
- r спектрально-ограниченный импульс *m*

S560
- e spectral measurements
- d Spektralmessungen *f pl*
- f mesures *f pl* spectrales
- r спектральные измерения *n pl*

S561
- e spectral pyrometer *see* optical pyrometer

S562
- e spectral quartet
- d Spektralquartett *n*
- f quartet *m* spectral
- r спектральный квартет *m*

S563
- e spectral quintet
- d Spektralquintett *n*
- f quintet *m* spectral
- r спектральный квинтет *m*

S564
- e spectral radiation
- d Spektralstrahlung *f*
- f rayonnement *m* spectral
- r спектральное излучение *n*

S565
- e spectral range
- d Spektralbereich *m*
- f région *f* spectrale, domaine *m* spectral
- r спектральный интервал *m*, спектральный диапазон *m*

S566
- e spectral region
- d Spektralbereich *m*, Spektralgebiet *n*
- f partie *f* spectrale, région *f* spectrale
- r спектральная область *f*

S567
- e spectral representation
- d spektrale Darstellung *f*
- f représentation *f* spectrale
- r спектральное представление *n*

S568
- e spectral sensitivity
- d spektrale Empfindlichkeit *f*, Spektralempfindlichkeit *f*
- f sensibilité *f* spectrale
- r спектральная чувствительность *f*

S569
- e spectral sensitivity curve
- d spektrale Empfindlichkeitskurve *f*
- f courbe *f* de sensibilité spectrale
- r кривая *f* спектральной чувствительности

S570
- e spectral series
- d Spektralserien *f pl*
- f séries *f pl* spectrales
- r спектральные серии *f pl*

S571
- e spectral terms
- d Spektralterme *m pl*
- f termes *m pl* spectraux
- r спектральные термы *m pl*

S572
- e spectrofluorimeter
- d Spektrofluorometer *n*
- f spectrofluoromètre *m*
- r спектрофлуориметр *m*

S573
- e spectrogram

	d	Spektrogramm *n*
	f	spectrogramme *m*
	r	спектрограмма *f*
S574	*e*	**spectrograph**
	d	Spektrograph *m*
	f	spectrographe *m*
	r	спектрограф *m*
S575	*e*	**spectrograph camera**
	d	Spektrographenkammer *f*
	f	chambre *f* du spectrographe
	r	камера *f* спектрографа
S576	*e*	**spectroheliograph**
	d	Spektroheliograph *m*
	f	spectrohéliographe *m*
	r	спектрогелиограф *m*
S577	*e*	**spectrometer**
	d	Spektrometer *n*
	f	spectromètre *m*
	r	спектрометр *m*
S578	*e*	**spectrometric source**
	d	Spektrometerquelle *f*
	f	source *f* spectrométrique
	r	спектрометрический источник *m*
S579	*e*	**spectrometry**
	d	Spektrometrie *f*
	f	spectrométrie *f*
	r	спектрометрия *f*
S580	*e*	**spectrophotometer**
	d	Spektralphotometer *n*
	f	spectrophotomètre *m*
	r	спектрофотометр *m*
S581	*e*	**spectrophotometer curve**
	d	Spektrophotometerkurve *f*
	f	courbe *f* spectrophotométrique
	r	спектрофотометрическая кривая *f*
S582	*e*	**spectrophotometric analysis**
	d	spektralphotometrische Analyse *f*
	f	analyse *f* spectrophotométrique
	r	спектрофотометрический анализ *m*
S583	*e*	**spectrophotometry**
	d	Spektralphotometrie *f*
	f	spectrophotométrie *f*
	r	спектрофотометрия *f*
S584	*e*	**spectropolarimeter**
	d	Spektropolarimeter *n*
	f	spectropolarimètre *m*
	r	спектрополяриметр *m*
S585	*e*	**spectroradiometer**
	d	Spektroradiometer *n*
	f	spectroradiomètre *m*
	r	спектрорадиометр *m*
S586	*e*	**spectroscope**
	d	Spektroskop *n*
	f	spectroscope *m*
	r	спектроскоп *m*
S587	*e*	**spectroscopic analysis** see **spectral analysis**
S588	*e*	**spectroscopic diagnostics**
	d	spektroskopische Diagnostik *f*, Spektraldiagnostik *f*
	f	diagnostic *m* spectroscopique
	r	спектроскопическая диагностика *f*
S589	*e*	**spectroscopic parallax**
	d	spektroskopische Parallaxe *f*
	f	parallaxe *f* spectroscopique
	r	спектральный параллакс *m*, спектроскопический параллакс *m*
S590	*e*	**spectroscopic prism**
	d	Spektralprisma *n*
	f	prisme *m* spectroscopique
	r	спектральная призма *f*
S591	*e*	**spectroscopic studies**
	d	Spektralforschungen *f pl*, spektroskopische Forschungen *f pl*
	f	études *f pl* spectroscopiques
	r	спектроскопические исследования *n pl*
S592	*e*	**spectroscopy**
	d	Spektroskopie *f*
	f	spectroscopie *f*
	r	спектроскопия *f*
S593	*e*	**spectrum**
	d	Spektrum *n*
	f	spectre *m*
	r	спектр *m*
S594	*e*	**spectrum analysis** see **spectral analysis**
S595	*e*	**spectrum analyzer**
	d	Spektralanalysator *m*
	f	analyseur *m* des spectres
	r	анализатор *m* спектра, спектроанализатор *m*
S596	*e*	**spectrum line** see **spectral line**
S597	*e*	**spectrum-luminosity diagram** see **Hertzsprung-Russel diagram**
S598	*e*	**specular reflection**
	d	spiegelnde Reflexion *f*, Spiegelung *f*, regelmäßige Reflexion *f*
	f	réflexion *f* régulière
	r	зеркальное отражение *n*
S599	*e*	**speech analyzer**
	d	Sprachanalysator *m*
	f	analyseur *m* de voix
	r	анализатор *m* речи
S600	*e*	**speed**
	d	Geschwindigkeit *f*

SPHERE

	f	vitesse *f*
	r	скорость *f*
S601	*e*	sphere
	d	Kugel *f*; Sphäre *f*
	f	sphère *f*
	r	сфера *f*; шар *m*
S602	*e*	spherical aberration
	d	sphärische Aberration *f*
	f	aberration *f* sphérique
	r	сферическая аберрация *f*
S603	*e*	spherical coordinates
	d	Kugelkoordinaten *f pl*, sphärische Koordinaten *f pl*
	f	coordonnées *f pl* sphériques
	r	сферические координаты *f pl*
S604	*e*	spherical function
	d	Kugelfunktion *f*
	f	fonction *f* sphérique
	r	сферическая функция *f*
S605	*e*	spherical harmonic
	d	Kugelharmonische *f*, sphärische Harmonische *f*
	f	harmonique *m* sphérique
	r	сферическая гармоника *f*
S606	*e*	spherically symmetric field
	d	kugelsymmetrisches Feld *n*
	f	champ *m* sphérosymétrique
	r	сферически-симметричное поле *n*
S607	*e*	spherically symmetric radiation
	d	sphärosymmetrische Strahlung *f*
	f	rayonnement *m* sphérosymétrique
	r	сферически симметричное излучение *n*
S608	*e*	spherical mirror
	d	sphärischer Spiegel *m*, Kugelspiegel *m*
	f	miroir *m* sphérique
	r	сферическое зеркало *n*
S609	*e*	spherical pendulum
	d	sphärisches Pendel *n*, Kugelpendel *n*
	f	pendule *m* sphérique
	r	сферический маятник *m*
S610	*e*	spherical spinor
	d	Kugelspinor *m*
	f	spineur *m* sphérique
	r	шаровой спинор *m*
S611	*e*	spherical target
	d	sphärisches Target *n*
	f	cible *f* sphérique
	r	сферическая мишень *f*
S612	*e*	spherical wave
	d	Kugelwelle *f*
	f	onde *f* sphérique
	r	сферическая волна *f*
S613	*e*	spheroid
	d	Sphäroid *n*
	f	sphéroïde *m*
	r	сфероид *m*
S614	*e*	spherometer
	d	Sphärometer *n*
	f	sphéromètre *m*
	r	сферометр *m*
S615	*e*	spherulite
	d	Sphärolith *m*
	f	sphérolite *m*
	r	сферолит *m*
S616	*e*	spicules
	d	Spicula *n pl*, Spikulen *f pl*
	f	spicules *f pl*
	r	спикулы *f pl*
S617	*e*	spike
	d	Zacken *m*; Spitze *f*, kurzzeitiger Ausschlag *m*
	f	pointe *f*; spike *m*
	r	узкий импульс *m*; выброс *m*; пичок *m* (в лазере)
S618	*e*	spike cathode
	d	Haarnadelkatode *f*, Nadelkatode *f*
	f	cathode *f* de spike
	r	игольчатый катод *m*
S619	*e*	spin
	d	Spin *m*
	f	spin *m*
	r	спин *m*
S620	*e*	spin correlation
	d	Spinkorrelation *f*
	f	corrélation *f* de spin
	r	спиновая корреляция *f*
S621	*e*	spin diffusion
	d	Spindiffusion *f*
	f	diffusion *f* de spin
	r	спиновая диффузия *f*
S622	*e*	spin dynamics
	d	Spindynamik *f*
	f	dynamique *f* de spin
	r	спиновая динамика *f*
S623	*e*	spin echo
	d	Spinecho *n*
	f	écho *m* de spin, spin-écho *m*
	r	спиновое эхо *n*
S624	*e*	spinel
	d	Spinell *m*
	f	spinelle *f*
	r	шпинель *m*
S625	*e*	spin flip
	d	Umklappen *n* des Spins, Spinumkehr *f*, Spinumkehrung *f*
	f	retournement *m* du spin, basculement *m* du spin
	r	переворот *m* спина

S626	e	spin-flip transition
	d	Spinumkehrübergang m
	f	transition f avec retournement de spin
	r	переход m с переворотом спина
S627	e	spin flop, spin flop-over
	d	Umorientierung f des Spins
	f	réorientation f du spin
	r	переориентация f спина
S628	e	spin glasses
	d	Spingläser n pl
	f	verres m pl de spin
	r	спиновые стёкла n pl
S629	e	spin-lattice interaction
	d	Spin-Gitter-Wechselwirkung f
	f	interaction f spin-réseau
	r	спин-решёточное взаимодействие n
S630	e	spin-lattice relaxation
	d	Spin-Gitter-Relaxation f
	f	relaxation f spin-réseau
	r	спин-решёточная релаксация f
S631	e	spinless particle
	d	spinloses Teilchen n, Spin-0-Teilchen n, Teilchen n mit dem Spin 0
	f	particule f de spin zéro, particule f de spin 0, particule f sans spin
	r	бесспиновая частица f
S632	e	spin magnetism
	d	Spinmagnetismus m
	f	magnétisme m de spin
	r	спиновый магнетизм m
S633	e	spin matrix
	d	Spinmatrix f, Paulische Spinmatrix f
	f	matrice f de spin, matrice f de spin de Pauli
	r	спиновая матрица f
S634	e	spin moment
	d	Spinmoment n
	f	moment m de spin
	r	спиновый момент m
S635	e	spinor
	d	Spinor m
	f	spineur m
	r	спинор m
S636	e	spin orbital
	d	Spinorbital n, Spinwellenfunktion f
	f	orbitale f avec spin, fonction f d'onde de spin
	r	спин-орбиталь f, спиновая волновая функция f
S637	e	spin-orbit coupling see spin-orbit interaction
S638	e	spin-orbit coupling constant
	d	Konstante f der Spin-Bahn-Kopplung, Spin-Bahn-Kopplungskonstante f
	f	constante f de couplage spin-orbite
	r	константа f спин-орбитальной связи
S639	e	spin-orbit interaction
	d	Spin-Bahn-Wechselwirkung f
	f	interaction f spin-orbite
	r	спин-орбитальное взаимодействие n
S640	e	spinor electrodynamics
	d	Spinor-Elektrodynamik f
	f	électrodynamique f de spin
	r	спинорная электродинамика f
S641	e	spinor field
	d	Spinorfeld n
	f	champ m spinoriel
	r	спинорное поле n
S642	e	spinor particle
	d	Spinorteilchen n
	f	particule f spinorielle
	r	спинорная частица f
S643	e	spin-phonon coupling see spin-phonon interaction
S644	e	spin-phonon interaction
	d	Spin-Phonon-Wechselwirkung f
	f	interaction f spin-phonon
	r	спин-фононное взаимодействие n
S645	e	spin polarization
	d	Spinpolarisation f
	f	polarisation f de spin
	r	спиновая поляризация f
S646	e	spin quantization
	d	Spinquantisierung f
	f	quantification f des spins
	r	квантование n спинов
S647	e	spin quantum number
	d	Spinquantenzahl f
	f	nombre m quantique de spin
	r	спиновое квантовое число n
S648	e	spin resonance
	d	Spinresonanz f
	f	résonance f de spin
	r	спиновый резонанс m
S649	e	spin-spin coupling see spin-spin interaction
S650	e	spin-spin interaction
	d	Spin-Spin-Wechselwirkung f
	f	interaction f spin-spin
	r	спин-спиновое взаимодействие n
S651	e	spin temperature
	d	Spintemperatur f
	f	température f de spin
	r	спиновая температура f
S652	e	spinthariscope
	d	Spinthariskop n

SPIN

	f	spinthariscope *m*
	r	спинтарископ *m*
S653	e	**spin transition**
	d	Spinübergang *m*
	f	transition *f* de spin
	r	спиновый переход *m*
S654	e	**spin wave**
	d	Spinwelle *f*
	f	onde *f* de spin
	r	спиновая волна *f*
S655	e	**spin-wave delay line**
	d	Spinwellen-Verzögerungsleitung *f*
	f	ligne *f* à retard à ondes de spin
	r	линия *f* задержки на спиновых волнах
S656	e	**spin wave function** *see* **spin orbital**
S657	e	**spiral**
	d	Spirale *f*
	f	spirale *f*
	r	спираль *f*
S658	e	**spiral galaxy**
	d	Spiralgalaxie *f*, Spiralnebel *m*
	f	galaxie *f* spirale
	r	спиральная галактика *f*
S659	e	**spiral instability** *see* **screw instability**
S660	e	**spirality**
	d	Spiralität *f (Quantenzahl)*
	f	hélicisme *m*
	r	спиральность *f (квантовое число)*
S661	e	**split lens**
	d	Spaltlinse *f*
	f	lentille *f* fendue
	r	билинза *f*
S662	e	**splitting**
	d	Aufspaltung *f*
	f	subdivision *f*; désintégration *f*; fission *f*; dédoublement *m*
	r	расщепление *n*
S663	e	**splitting factor**
	d	Aufspaltungsfaktor *m*
	f	facteur *m* de subdivision
	r	коэффициент *m* расщепления; фактор *m* магнитного расщепления
S664	e	**spontaneous boiling**
	d	spontanes Sieden *n*
	f	bouillonnement *m* spontané
	r	спонтанное кипение *n*
S665	e	**spontaneous breaking of symmetry**
	d	spontane Symmetriebrechung *f*
	f	brisure *f* de symétrie spontanée
	r	спонтанное нарушение *n* симметрии
S666	e	**spontaneous dissociation**
	d	spontane Dissoziation *f*
	f	dissociation *f* spontanée
	r	спонтанная диссоциация *f*
S667	e	**spontaneous emission**
	d	spontane Emission *f*, Spontanemission *f*
	f	émission *f* spontanée
	r	спонтанное излучение *n*; самопроизвольное излучение *n*
S668	e	**spontaneous fission**
	d	spontane Spaltung *f*, Spontanspaltung *f*
	f	fission *f* spontanée
	r	спонтанное деление *n*, самопроизвольное деление *n*
S669	e	**spontaneous luminescence**
	d	spontane Lumineszenz *f*, Spontanlumineszenz *f*
	f	luminescence *f* spontanée
	r	спонтанная люминесценция *f*
S670	e	**spontaneous magnetization**
	d	spontane Magnetisierung *f*, Spontanmagnetisierung *f*
	f	aimantation *f* spontanée
	r	спонтанная намагниченность *f*, самопроизвольная намагниченность *f*
S671	e	**spontaneous polarization**
	d	spontane Polarisation *f*, spontane Polarisierung *f*
	f	polarisation *f* spontanée
	r	спонтанная поляризация *f*
S672	e	**spontaneous radiation** *see* **spontaneous emission**
S673	e	**spontaneous reconnection**
	d	spontanes Neuverbinden *n*
	f	reconnexion *f* spontanée
	r	спонтанное пересоединение *n* (*магнитных силовых линий*)
S674	e	**spontaneous symmetry violation** *see* **spontaneous breaking of symmetry**
S675	e	**spontaneous transition**
	d	spontaner Übergang *m*
	f	transition *f* spontanée
	r	спонтанный переход *m*
S676	e	**spot**
	d	Fleck *m*
	f	spot *m*
	r	пятно *n*
S677	e	**spray discharge**
	d	Sprühentladung *f*
	f	décharge *f* en aigrette
	r	кистевой разряд *m*
S678	e	**spraying** *see* **sputtering**

S679   e   **spurion**
       d   Spurion *n (Quasiteilchen)*
       f   spurion *m (quasi-particule)*
       r   шпурион *m (квазичастица)*

S680   e   **spur of a matrix**
       d   Matrixspur *f*
       f   trace *f* d'une matrice
       r   след *m* матрицы

S681   e   **sputtering**
       d   Sputtern *n*
       f   pulvérisation *f* ionique; déposition *f* par pulvérisation
       r   напыление *n*, распыление *n*

S682   e   **square**
       d   Quadrat *n*
       f   carré *m*
       r   квадрат *m*

S683   e   **square-law detection**
       d   quadratische Gleichrichtung *f*, quadratische Demodulation *f*
       f   détection *f* quadratique
       r   квадратичное детектирование *n*

S684   e   **square meter**, m^2
       d   Quadratmeter *n*
       f   mètre *m* carré
       r   квадратный метр *m*, м^2

S685   e   **square root**
       d   Quadratwurzel *f*
       f   racine *f* carrée
       r   квадратный корень *m*

S686   e   **s-quark** *see* **strange quark**

S687   e   **squeezed states**
       d   Quetschzustände *m pl*
       f   états *m pl* serrés
       r   сжатые состояния *n pl (в квантовой оптике)*

S688   e   **squid**
       d   Squid *n*
       f   squid *m*
       r   сквид *m (сверхпроводящий квантовый интерференционный датчик)*

S689   e   **SRS radiation**
       d   SRS-Strahlung *f*
       f   rayonnement *m* SRS
       r   ВКР-излучение *n*

S690   e   **stability**
       d   Stabilität *f*; Beständigkeit *f*
       f   stabilité *f*
       r   1. устойчивость *f* 2. стабильность *f*

S691   e   **stability diagram**
       d   Stabilitätsdiagramm *n*
       f   diagramme *m* de stabilité
       r   диаграмма *f* устойчивости

S692   e   **stability margin**
       d   Stabilitätsreserve *f*
       f   marge *f* de stabilité
       r   запас *m* устойчивости

S693   e   **stability of bounding layer**
       d   Grenzschichtstabilität *f*
       f   stabilité *f* de couche limite
       r   устойчивость *f* пограничного слоя

S694   e   **stability of equilibrium**
       d   Gleichgewichtsstabilität *f*
       f   stabilité *f* d'équilibre
       r   устойчивость *f* равновесия

S695   e   **stability region**
       d   Stabilitätsbereich *m*, Stabilitätsgebiet *n*
       f   région *f* de stabilité
       r   область *f* устойчивости

S696   e   **stabilization**
       d   Stabilisierung *f*, Stabilisation *f*
       f   stabilisation *f*
       r   стабилизация *f*

S697   e   **stabilizer**
       d   Stabilisator *m*
       f   stabilisateur *m*
       r   стабилизатор *m*

S698   e   **stabilizer tube** *see* **voltage-reference tube**

S699   e   **stable equilibrium**
       d   stabiles Gleichgewicht *n*
       f   équilibre *m* stable
       r   устойчивое равновесие *n*

S700   e   **stable isotope**
       d   stabiles Isotop *n*
       f   isotope *m* stable
       r   стабильный изотоп *m*, устойчивый изотоп *m*

S701   e   **stable modification**
       d   stabile Modifikation *f*
       f   modification *f* stable
       r   устойчивая модификация *f*

S702   e   **stable region** *see* **stability region**

S703   e   **stacked optical integration**
       d   gestapelte optische Integration *f*
       f   intégration *f* à empilement optique
       r   пакетная оптическая интеграция *f*

S704   e   **stacking fault**
       d   Stapelfehler *m*, Stapelfehlordnung *f*
       f   défaut *m* d'empilement, faute *f* d'empilement
       r   дефект *m* упаковки

S705   e   **stage**
       d   Stufe *f*
       f   étage *m*
       r   каскад *m*, ступень *f*

STAGNATION

S706   e   stagnation point
        d   Staupunkt *m*
        f   point *m* de stagnation
        r   точка *f* застоя

S707   e   standard
        d   1. Etalon *m*; Eichmaß *n*; Normal *n* 2. Standard *m*; Norm *f*
        f   1. étalon *m* 2. standard *m*
        r   1. эталон *m* 2. стандарт

S708   e   standard atmosphere
        d   Standardatmosphäre *f*
        f   atmosphère *f* standard
        r   стандартная атмосфера *f*

S709   e   standard colorimetric system
        d   Normvalenzsystem *n*, farbmeßtechnisches Normalsystem *n*
        f   système *m* de référence colorimétrique
        r   стандартная колориметрическая система *f*

S710   e   standard conditions
        d   Normalbedingungen *f pl*
        f   conditions *f pl* normales
        r   нормальные условия *n pl*

S711   e   standard deviation
        d   Standardabweichung *f*, mittlere quadratische Abweichung *f*
        f   écart *m* quadratique moyen, déviation *f* standard
        r   среднеквадратичное отклонение *n*, стандартное отклонение *n*

S712   e   standard laboratory
        d   metrologisches Laboratorium *n*
        f   laboratoire *m* de métrologie
        r   метрологическая лаборатория *f*

S713   e   standard observer
        d   Normalbeobachter *m*
        f   observateur *m* de référence
        r   стандартный наблюдатель *m*

S714   e   standard signal generator
        d   Standardsignalgenerator *m*, Meßgenerator *m*, Meßsender *m*
        f   générateur *m* de signaux standard
        r   генератор *m* стандартных сигналов, измерительный генератор *m*

S715   e   standard source
        d   Standardquelle *f*
        f   source *f* étalon
        r   эталонный источник *m*, стандартный источник *m*

S716   e   standing wave meter
        d   Stehwellenmesser *m*
        f   détecteur *m* d'ondes stationnaires
        r   измеритель *m* коэффициента стоячей волны, измеритель *m* КСВ

S717   e   standing wave ratio
        d   Stehwellenverhältnis *n*
        f   taux *m* d'ondes stationnaires, TOS
        r   коэффициент *m* стоячей волны, КСВ

S718   e   standing waves
        d   stehende Wellen *f pl*, Stehwellen *f pl*
        f   ondes *f pl* stationnaires
        r   стоячие волны *f pl*

S719   e   star
        d   Stern *m*
        f   étoile *f*
        r   звезда *f*

S720   e   star association *see* stellar association

S721   e   star catalog, star catalogue
        d   Sternkatalog *m*, Sternverzeichnis *n*
        f   catalogue *m* des étoiles
        r   звёздный каталог *m*

S722   e   star cluster
        d   Sternhaufen *m*
        f   amas *m* d'étoiles
        r   звёздное скопление *n*

S723   e   star formation
        d   Sternentstehung *f*, Sternbildung *f*
        f   formation *f* des étoiles
        r   звёздообразование *n*

S724   e   star image
        d   Sternenbild *n*
        f   image *f* d'étoile
        r   изображение *n* звезды

S725   e   Stark broadening
        d   Stark-Verbreiterung *f*, Stark-Effekt-Verbreiterung *f*
        f   élargissement *m* de Stark
        r   штарковское уширение *n* (спектральных линий)

S726   e   Stark effect
        d   Stark-Effekt *m*
        f   effet *m* Stark
        r   эффект *m* Штарка

S727   e   Stark splitting
        d   Stark-Aufspaltung *f*
        f   désintégration *f* de Stark, fission *f* de Stark, dédoublement *m* de Stark
        r   штарковское расщепление *n* (спектральных линий)

S728   e   Stark sublevel
        d   Stark-Unterniveau *n*, Stark-Teilniveau *n*
        f   sous-niveau *m* de Stark
        r   штарковский подуровень *m*

S729   e   state
        d   Zustand *m*
        f   état *m*
        r   состояние *n*

STATISTICAL

S730　e　state function
　　　d　Zustandsfunktion f
　　　f　fonction f d'état
　　　r　функция f состояния

S731　e　state identification
　　　d　Zustandsidentifikation f, Identifikation f der Zustände
　　　f　identification f des états
　　　r　идентификация f состояний

S732　e　state matrix
　　　d　Zustandsmatrix f
　　　f　matrice f des états
　　　r　матрица f состояний

S733　e　state of aggregation
　　　d　Aggregatzustand m
　　　f　état m d'agrégation
　　　r　агрегатное состояние n (вещества)

S734　e　state parameters
　　　d　Zustandsgrößen f pl
　　　f　paramètres m pl d'état
　　　r　параметры m pl состояния

S735　e　state probability
　　　d　Zustandswahrscheinlichkeit f
　　　f　probabilité f d'état
　　　r　вероятность f состояния

S736　e　state vector
　　　d　Zustandsvektor m
　　　f　vecteur m d'état
　　　r　вектор m состояния

S737　e　static charge
　　　d　statische Ladung f
　　　f　charge f statique
　　　r　статический заряд m

S738　e　static electricity
　　　d　statische Elektrizität f
　　　f　électricité f statique
　　　r　статическое электричество n

S739　e　static friction
　　　d　Haftreibung f
　　　f　frottement m de repos
　　　r　трение n покоя, статическое трение n

S740　e　static load
　　　d　statische Belastung f
　　　f　charge f statique
　　　r　статическая нагрузка f

S741　e　static pressure
　　　d　statischer Druck m, ruhender Druck m, Ruhedruck m
　　　f　pression f statique
　　　r　статическое давление n

S742　e　statics
　　　d　Statik f
　　　f　statique f
　　　r　статика f

S743　e　stationary boiling
　　　d　stationäres Sieden n
　　　f　bouillonnement m stationnaire
　　　r　стационарное кипение n

S744　e　stationary interference
　　　d　stationäre Interferenz f
　　　f　interférence f stationnaire
　　　r　стационарная интерференция f

S745　e　stationary model
　　　d　stationäres Modell n
　　　f　modèle m stationnaire
　　　r　стационарная модель f (Вселенной)

S746　e　stationary motion
　　　d　stationäre Bewegung f
　　　f　mouvement m stationnaire, mouvement m permanent
　　　r　стационарное движение n, установившееся движение n

S747　e　stationary oscillation
　　　d　stationäre Schwingungen f pl
　　　f　oscillations f pl stationnaires, oscillations f pl permanentes
　　　r　установившиеся колебания n pl, стационарные колебания n pl

S748　e　stationary process
　　　d　stationärer Prozeß m
　　　f　processus m stationnaire
　　　r　стационарный процесс m

S749　e　stationary source
　　　d　stationäre Quelle f
　　　f　source f stationnaire
　　　r　стационарный источник m

S750　e　stationary state
　　　d　stationärer Zustand m
　　　f　état m stationnaire
　　　r　стационарное состояние n

S751　e　stationary target see fixed target

S752　e　stationary Universe
　　　d　stationäres Universum n
　　　f　Univers m stationnaire
　　　r　стационарная Вселенная f

S753　e　stationary waves see standing waves

S754　e　statistical bootstrap
　　　d　statistischer Bootstrap m
　　　f　bootstrap m statistique
　　　r　статистический бутстрап m (в квантовой хромодинамике)

S755　e　statistical criterion
　　　d　statistisches Kriterium n
　　　f　critère m statistique
　　　r　статистический критерий m

S756　e　statistical distribution
　　　d　statistische Verteilung f

STATISTICAL

	f	distribution *f* statistique
	r	статистическое распределение *n*

S757   *e*   statistical ensemble
        d   statistische Gesamtheit *f*
        f   ensemble *m* statistique
        r   статистический ансамбль *m*

S758   *e*   statistical equilibrium
        d   statistisches Gleichgewicht *n*
        f   équilibre *m* statistique
        r   статистическое равновесие *n*

S759   *e*   statistical integral
        d   statistisches Integral *n*
        f   intégrale *f* statistique
        r   статистический интеграл *m*

S760   *e*   statistical interpretation
        d   statistische Interpretation *f*
        f   interprétation *f* statistique
        r   статистическая интерпретация *f*

S761   *e*   statistical mechanics
        d   statistische Mechanik *f*
        f   mécanique *f* statistique
        r   статистическая механика *f*

S762   *e*   statistical model
        d   statistisches Modell *n*
        f   modèle *m* statistique
        r   статистическая модель *f* (ядра)

S763   *e*   statistical optics
        d   statistische Optik *f*
        f   optique *f* statistique
        r   статистическая оптика *f*

S764   *e*   statistical physics
        d   statistische Physik *f*
        f   physique *f* statistique
        r   статистическая физика *f*

S765   *e*   statistical radiophysics
        d   statistische Radiophysik *f*
        f   radiophysique *f* statistique
        r   статистическая радиофизика *f*

S766   *e*   statistical thermodynamics
        d   statistische Thermodynamik *f*
        f   thermodynamique *f* statistique
        r   статистическая термодинамика *f*

S767   *e*   statistical weight
        d   statistisches Gewicht *n*
        f   poids *m* statistique
        r   статистический вес *m*

S768   *e*   statistics
        d   Statistik *f*
        f   statistique *f*
        r   статистика *f*

S769   *e*   steady flow
        d   stationäre Strömung *f*, stationärer Strom *m*
        f   écoulement *m* stationnaire, écoulement *m* permanent
        r   стационарное течение *n*, установившееся течение *n*

S770   *e*   steady motion *see* stationary motion

S771   *e*   steady state *see* stationary state

S772   *e*   steady-state current
        d   stationärer Strom *m*
        f   courant *m* stationnaire
        r   стационарный ток *m*, установившийся ток *m*

S773   *e*   steady-state interference *see* stationary interference

S774   *e*   steam
        d   Wasserdampf *m*
        f   vapeur *f* d'eau
        r   водяной пар *m*

S775   *e*   steam chamber
        d   Dampfkammer *f*
        f   chambre *f* de vapeur
        r   паровая камера *f*

S776   *e*   steam pressure *see* vapor pressure

S777   *e*   steepest descent method
        d   Methode *f* des steilsten Abstiegs
        f   méthode *f* de la plus profonde descente
        r   метод *m* быстрейшего спуска, метод *m* перевала

S778   *e*   steepness
        d   Steilheit *f*
        f   raideur *f*
        r   крутизна *f*

S779   *e*   **Stefan-Boltzmann law**
        d   Stefan-Boltzmann-Strahlungsgesetz *n*
        f   loi *f* de Stefan-Boltzmann
        r   закон *m* излучения Стефана - Больцмана

S780   *e*   stellar aberration
        d   Sternaberration *f*
        f   aberration *f* stellaire
        r   звёздная аберрация *f*

S781   *e*   stellar activity
        d   Sternaktivität *f*
        f   activité *f* stellaire
        r   звёздная активность *f*

S782   *e*   stellar association
        d   Sternassoziation *f*
        f   association *f* stellaire
        r   звёздная ассоциация *f*

S783   *e*   stellar atmosphere
        d   Sternatmosphäre *f*
        f   atmosphère *f* stellaire
        r   звёздная атмосфера *f*

S784   *e*   stellarator
        d   Stellarator *m*

	f	stellarateur m
	r	стелларатор m
S785	e	stellar brightness
	d	Sternhelligkeit f
	f	éclat m stellaire
	r	блеск m звезды
S786	e	stellar distances
	d	Sternabstände m pl
	f	distances f pl stellaires
	r	расстояния n pl звёзд
S787	e	stellar dynamics
	d	Sterndynamik f, Stellardynamik f
	f	dynamique f stellaire
	r	звёздная динамика f
S788	e	stellar evolution
	d	Sternentwicklung f
	f	évolution f stellaire
	r	звёздная эволюция f
S789	e	stellar image see star image
S790	e	stellar interferometer
	d	Sterninterferometer n
	f	interféromètre m stellaire
	r	звёздный интерферометр m
S791	e	stellar interiors
	d	Sterninneres n
	f	intérieur m stellaire
	r	недра pl звёзд
S792	e	stellar luminosity
	d	Leuchtkraft f des Gestirns
	f	luminosité f stellaire
	r	светимость f звезды
S793	e	stellar magnitude
	d	Sterngröße f
	f	magnitude f stellaire
	r	звёздная величина f
S794	e	stellar parallax
	d	Sternparallaxe f
	f	parallaxe f stellaire
	r	параллакс m звезды
S795	e	stellar photometry
	d	Sternphotometrie f
	f	photométrie f stellaire
	r	звёздная фотометрия f
S796	e	stellar population
	d	Sternpopulation f
	f	population f stellaire
	r	звёздное население n
S797	e	stellar radiation
	d	Sternstrahlung f
	f	rayonnement m stellaire
	r	звёздное излучение n
S798	e	stellar rotation
	d	Sternrotation f
	f	rotation f stellaire
	r	вращение n звёзд
S799	e	stellar scintillation
	d	Sternszintillieren n, Sternflimmern n
	f	scintillement m stellaire
	r	мерцание n звёзд
S800	e	stellar spectra
	d	Sternspektren n pl
	f	spectres m pl stellaires
	r	спектры m pl звёзд
S801	e	stellar wind
	d	Sternwind m
	f	vent m stellaire
	r	звёздный ветер m
S802	e	step-by-step excitation
	d	stufenweise Anregung f
	f	excitation f par échelon, excitation f par gradins
	r	ступенчатое возбуждение n
S803	e	step index fiber
	d	Stufenprofilfaser f
	f	fibre f à indice de réfraction variant par gradins
	r	волокно n со ступенчатым изменением показателя преломления
S804	e	step ionization
	d	Stufenionisation f
	f	ionisation f par gradins
	r	ступенчатая ионизация f
S805	e	stepwise transition
	d	abrupter Übergang m
	f	transition f par gradins
	r	ступенчатый переход m
S806	e	steradian
	d	Steradiant m
	f	stéradian m
	r	стерадиан m
S807	e	stereobetatron
	d	Stereobetatron n
	f	stéréobêtatron m
	r	стереобетатрон m
S808	e	stereochemistry
	d	Stereochemie f
	f	stéréochimie f
	r	стереохимия f
S809	e	stereographic projection
	d	stereographische Projektion f
	f	projection f stéréographique
	r	стереографическая проекция f
S810	e	stereoisomerism
	d	Stereoisomerie f, Raumisomerie f
	f	stéréo-isomérie f
	r	пространственная изомерия f, стереоизомерия f

STEREOPHONY

S811　e　stereophony
　　　d　Stereophonie f
　　　f　stéréophonie f
　　　r　стереофония f

S812　e　stereoscopic vision
　　　d　stereoskopisches Sehen n, räumliches Sehen n
　　　f　vision f stéréoscopique
　　　r　стереоскопическое зрение n

S813　e　stereoscopy
　　　d　Stereoskopie f
　　　f　stéréoscopie f
　　　r　стереоскопия f

S814　e　stiffness
　　　d　Steifigkeit f, Steifheit f
　　　f　raideur f, rigidité f
　　　r　жёсткость f

S815　e　stigmatic image
　　　d　stigmatische Abbildung f
　　　f　image f stigmatique
　　　r　стигматическое изображение n

S816　e　stilb, sb
　　　d　Stilb n
　　　f　stilb m
　　　r　стильб m, сб (единица яркости в СГС)

S817　e　stimulated absorption
　　　d　stimulierte Absorption f
　　　f　absorption f stimulée
　　　r　вынужденное поглощение n, индуцированное поглощение n

S818　e　stimulated amplification
　　　d　stimulierte Verstärkung f
　　　f　amplification f stimulée
　　　r　вынужденное усиление n

S819　e　stimulated Brillouin scattering
　　　d　stimulierte Brillouin-Streuung f, SBS
　　　f　diffusion f de Brillouin stimulée
　　　r　вынужденное рассеяние n Мандельштама - Бриллюэна, ВРМБ

S820　e　stimulated Compton scattering
　　　d　stimulierte Compton-Streuung f, SCS
　　　f　diffusion f de Compton stimulée
　　　r　вынужденное комптоновское рассеяние n

S821　e　stimulated desorption
　　　d　stimulierte Desorption f
　　　f　désorption f stimulée
　　　r　вынужденная десорбция f

S822　e　stimulated diffusion
　　　d　stimulierte Diffusion f
　　　f　diffusion f stimulée
　　　r　вынужденная диффузия f

S823　e　stimulated emission
　　　d　induzierte Emission f, erzwungene Emission f, stimulierte Emission f
　　　f　émission f stimulée, émission f induite, émission f forcée
　　　r　вынужденное излучение n, индуцированное излучение n, стимулированное излучение n, вынужденное испускание n

S824　e　stimulated light scattering
　　　d　stimulierte Lichtstreuung f
　　　f　diffusion f stimulée de la lumière
　　　r　вынужденное рассеяние n света

S825　e　stimulated luminescence
　　　d　stimulierte Lumineszenz f
　　　f　luminescence f stimulée
　　　r　вынужденная люминесценция f

S826　e　stimulated oscillation
　　　d　erzwungene Schwingungen f pl
　　　f　oscillations f pl forcées
　　　r　вынужденные колебания n pl

S827　e　stimulated quantum
　　　d　stimuliertes Quant n
　　　f　quantum m stimulé, quantum m induit
　　　r　стимулированный квант m, индуцированный квант m

S828　e　stimulated radiation see stimulated emission

S829　e　stimulated Raman scattering
　　　d　stimulierter Raman-Effekt m, stimulierte Raman-Streuung f
　　　f　effet m Raman stimulé, effet m Raman induit
　　　r　вынужденное комбинационное рассеяние n, ВКР

S830　e　stimulated temperature scattering
　　　d　stimulierte Temperaturstreuung f
　　　f　diffusion f de température stimulée
　　　r　вынужденное температурное рассеяние n

S831　e　stimulated transition
　　　d　induzierter Übergang m, erzwungener Übergang m
　　　f　transition f stimulée
　　　r　вынужденный переход m

S832　e　Stirling cycle
　　　d　Stirlingscher Kreisprozeß m, Stirling-Prozeß m
　　　f　cycle m de Stirling
　　　r　цикл m Стирлинга

S833　e　Stirling formula
　　　d　Stirlingsche Formel f, Stirling-Formel f
　　　f　formule f de Stirling
　　　r　формула f Стирлинга

S834　e　stochastic acceleration
　　　d　stochastische Beschleunigung f
　　　f　accélération f stochastique
　　　r　стохастическое ускорение n

S835   e   stochastic dependence *see* random dependence

S836   e   stochasticity
- d   Stochastizität *f*
- f   stochasticité *f*
- r   стохастичность *f*

S837   e   stochastic oscillation
- d   stochastische Schwingungen *f pl*
- f   oscillations *f pl* stochastiques
- r   стохастические колебания *n pl*

S838   e   stochastic process
- d   stochastischer Prozeß *m*, Zufallsprozeß *m*
- f   processus *m* stochastique, processus *m* aléatoire
- r   стохастический процесс *m*, случайный процесс *m*, вероятностный процесс *m*

S839   e   stochastic variable *see* random variable

S840   e   stochastization
- d   Stochastisierung *f*
- f   stochastisation *f*
- r   стохастизация *f*

S841   e   stoichiometric coefficient
- d   stöchiometrischer Faktor *m*, stöchiometrischer Koeffizient *m*
- f   coefficient *m* stœchiométrique
- r   стехиометрический коэффициент *m*

S842   e   stoichiometric defect
- d   stöchiometrischer Defekt *m*
- f   défaut *m* stœchiométrique
- r   стехиометрический дефект *m*

S843   e   stoichiometry
- d   Stöchiometrie *f*
- f   stœchiométrie *f*
- r   стехиометрия *f*

S844   e   stokes, St
- d   Stokes *n*
- f   stokes *m*
- r   стокс *m*, Ст *(единица кинематической вязкости в СГС)*

S845   e   Stokes component
- d   Stokessche Komponente *f*
- f   composante *f* de Stokes
- r   стоксова компонента *f*

S846   e   Stokes law
- d   Stokessches Gesetz *n*
- f   loi *f* de Stokes
- r   закон *m* Стокса

S847   e   Stokes line
- d   Stokessche Linie *f*
- f   raie *f* de Stokes, ligne *f* de Stokes
- r   стоксова линия *f (спектра)*

S848   e   Stokes parameter
- d   Stokesscher Parameter *m*
- f   paramètre *m* de Stokes
- r   параметр *m* Стокса

S849   e   stop
- d   Blende *f*
- f   diaphragme *m*
- r   диафрагма *f*

S850   e   stopping power
- d   Bremsvermögen *n*
- f   pouvoir *m* d'arrêt
- r   тормозная способность *f (вещества)*

S851   e   storage
- d   Speicher *m*
- f   mémoire *f*
- r   1. накопитель *m* 2. память *f*

S852   e   storage oscilloscope
- d   Speicheroszilloskop *n*
- f   oscilloscope *m* à mémoire
- r   запоминающий осциллограф *m*

S853   e   storage ring
- d   Speicherring *m*
- f   anneau *m* de stockage
- r   накопитель *m*, накопительное кольцо *n (в ускорителе)*

S854   e   straggling
- d   Streuung *f*
- f   dispersion *f*
- r   разброс *m (параметров)*

S855   e   strain
- d   1. Spannung *f*, Beanspruchung *f* 2. Deformation *f*, Verformung *f*
- f   1. contrainte *f* 2. déformation *f*
- r   1. напряжение *n* 2. деформация *f*

S856   e   strain annealing method
- d   Streck-Anlaß-Methode *f*
- f   méthode *f* d'allongement-recuit
- r   метод *m* деформационного отжига

S857   e   strain deviator
- d   Deformationsdeviator *m*, Deviator *m* der Streckung
- f   déviateur *m* des déformations
- r   девиатор *m* деформаций

S858   e   strain gage
- d   Dehnungsmeßgeber *m*, Dehnungsmeßstreifen *m*
- f   extensomètre *m*, jauge *f* de contrainte
- r   тензодатчик *m*

S859   e   strain hardening
- d   Kaltverfestigung *f*
- f   durcissement *m* par écrouissage, durcissement *m* par déformation
- r   деформационное упрочнение *n*

STRAIN

S860   e   strain intensity
      d   Deformationsintensität f
      f   intensité f de déformation
      r   интенсивность f деформации

S861   e   strain tensor
      d   Verformungstensor m, Deformationstensor m
      f   tenseur m des déformations
      r   тензор m деформаций

S862   e   strange attractor
      d   seltsamer Attraktor m
      f   attracteur m étrange
      r   странный аттрактор m

S863   e   strangeness
      d   Strangeness f
      f   étrangeté f
      r   странность f (квантовое число)

S864   e   strangeness oscillation
      d   Strangeness-Oszillationen $f\,pl$
      f   oscillations $f\,pl$ d'étrangeté
      r   осцилляции $f\,pl$ странности

S865   e   strange particles
      d   seltsame Teilchen $n\,pl$
      f   particules $f\,pl$ étranges
      r   странные частицы $f\,pl$

S866   e   strange quark
      d   s-Quark n, Strangeness-Quark n
      f   quark m étrange
      r   странный кварк m

S867   e   strapped magnetron
      d   Magnetron n mit Kopplungsbügeln
      f   magnétron m strappé
      r   магнетрон m со связками

S868   e   strata
      d   Schichten $f\,pl$, Strata $n\,pl$
      f   strates $f\,pl$
      r   страты $f\,pl$, слои $m\,pl$

S869   e   stratification
      d   Stratifizierung f
      f   stratification f
      r   расслоение n, стратификация f

S870   e   stratified atmosphere
      d   geschichtete Atmosphäre f
      f   atmosphère f stratifiée
      r   слоистая атмосфера f

S871   e   stratopause
      d   Stratopause f
      f   stratopause f
      r   стратопауза f

S872   e   stratosphere
      d   Stratosphäre f
      f   stratosphère f
      r   стратосфера f

S873   e   stray capacitance
      d   Streukapazität f; Störkapazität f
      f   capacité f parasite
      r   паразитная ёмкость f

S874   e   streak camera
      d   Schlierenkammer f
      f   chambre f strioscopique
      r   электронно-оптическая камера f; фотохронограф m

S875   e   stream
      d   Strömung f
      f   courant m
      r   поток m, течение n

S876   e   streamer
      d   Streamer m
      f   streamer m
      r   стример m

S877   e   streamer chamber
      d   Streamerkammer f
      f   chambre f à streamers
      r   стримерная камера f

S878   e   streamer channel
      d   Streamerkanal m
      f   canal m de streamer
      r   стримерный канал m

S879   e   streamer discharge *see* streamer

S880   e   stream function
      d   Stromfunktion f, Strömungsfunktion f
      f   fonction f de courant
      r   функция f тока

S881   e   streaming *see* stream

S882   e   streamline
      d   Stromlinie f, Strömungslinie f
      f   ligne f de courant
      r   линия f тока

S883   e   streamline flow *see* laminar flow

S884   e   strength
      d   1. Intensität f 2. Stärke f 3. Festigkeit f
      f   1. intensité f 2. force f 3. résistance f
      r   1. напряжённость f 2. сила f 3. прочность f

S885   e   strength test
      d   Festigkeitsprüfung f
      f   essai m de résistance
      r   испытание n на прочность

S886   e   stress
      d   Spannung f, mechanische Spannung f; Beanspruchung f
      f   tension f; contrainte f, effort m
      r   напряжение n; усилие n

S887   e   stress concentration
      d   Spannungskonzentration f

STRUCTURAL

	f	concentration f des contraintes
	r	концентрация f напряжений
S888	e	stress corrosion
	d	Spannungskorrosion f
	f	corrosion f sous tension
	r	коррозия f под напряжением, коррозия f, вызванная напряжением
S889	e	stress deviator
	d	Spannungsdeviator m
	f	déviateur m des contraintes
	r	девиатор m напряжений
S890	e	stress field
	d	Spannungsfeld n
	f	champ m de tension, champ m des contraintes
	r	поле n напряжений
S891	e	stress intensity
	d	Spannungsintensität f
	f	intensité f des efforts, intensité f des tensions
	r	интенсивность f напряжений
S892	e	stress relaxation
	d	Spannungsrelaxation f
	f	relaxation f des tensions
	r	релаксация f напряжений
S893	e	stress-strain curve
	d	Spannungs-Dehnungs-Kurve f
	f	courbe f tension-déformation
	r	кривая f напряжение - деформация, диаграмма f напряжений
S894	e	stress-strain diagram
	d	Spannungs-Dehnungs-Diagramm n
	f	diagramme m tension-déformation
	r	диаграмма f напряжений
S895	e	stress tensor
	d	Spannungstensor m
	f	tenseur m des tensions, tenseur m des contraintes
	r	тензор m напряжений
S896	e	stretching deformation see tensile deformation
S897	e	string
	d	Saite f
	f	corde f
	r	струна f
S898	e	string model
	d	Saitenmodell n
	f	modèle m à corde
	r	струнная модель f (адронов)
S899	e	string polygon
	d	Seilpolygon n, Seileck n
	f	polygone m funiculaire
	r	верёвочный многоугольник m
S900	e	string tension
	d	Saitenspannung f
	f	tension f de corde
	r	натяжение n струны
S901	e	stringy instanton
	d	Saiteninstanton n
	f	instanton m à corde
	r	струнный инстантон m
S902	e	strip line
	d	Streifenleitung f
	f	ligne f à strip
	r	полосковая линия f
S903	e	stripping reaction
	d	Strippingreaktion f, Abstreifreaktion f
	f	réaction f de stripage
	r	реакция f срыва, срыв m
S904	e	stroboscope
	d	Stroboskop n
	f	stroboscope m
	r	стробоскоп m
S905	e	stroboscopic effect
	d	stroboskopischer Effekt m, Stroboskopeffekt m
	f	effet m stroboscopique
	r	стробоскопический эффект m
S906	e	strong coupling method
	d	Methode f der starken Kopplung
	f	méthode f de couplage fort
	r	метод m сильной связи
S907	e	strong field
	d	starkes Feld n
	f	champ m fort
	r	сильное поле n
S908	e	strong focusing
	d	starke Fokussierung f
	f	forte focalisation f, focalisation f intense
	r	сильная фокусировка f, жёсткая фокусировка f
S909	e	strong interaction
	d	starke Wechselwirkung f
	f	interaction f forte
	r	сильное взаимодействие n
S910	e	strongly nonideal plasma
	d	stark nichtideales Plasma n
	f	plasma m fortement non idéal
	r	сильно неидеальная плазма f
S911	e	strontium, Sr
	d	Strontium n
	f	strontium m
	r	стронций m
S912	e	structural analysis
	d	Strukturanalyse f
	f	analyse f structurale
	r	структурный анализ m

STRUCTURAL

S913   e   structural crystallography
         d   Kristallstrukturbestimmung f
         f   cristallographie f structurale
         r   структурная кристаллография f

S914   e   structural defect
         d   Strukturfehler m; Gefügefehler m
         f   défaut m de structure
         r   дефект m структуры

S915   e   structural imperfection
         d   Strukturfehler, Strukturstörung f
         f   imperfection f de structure
         r   несовершенство n структуры

S916   e   structural isomer
         d   Strukturisomer n
         f   isomère m de constitution
         r   структурный изомер m

S917   e   structural isomerism
         d   Strukturisomerie f
         f   isomérie f de constitution
         r   структурная изомерия f

S918   e   structural phase transitions
         d   Strukturphasenübergänge m pl
         f   transitions f pl de phase structurales
         r   структурные фазовые переходы m pl

S919   e   structural transformation
         d   Strukturumwandlung f; Gefügeumwandlung f
         f   transformation f structurale
         r   структурное превращение n

S920   e   structural viscosity
         d   Strukturviskosität f
         f   viscosité f structurale
         r   структурная вязкость f

S921   e   structure amplitude
         d   Strukturamplitude f
         f   amplitude f de structure
         r   структурная амплитуда f

S922   e   structure factor
         d   Strukturfaktor m
         f   facteur m de structure
         r   структурный множитель m, структурный фактор m

S923   e   structure function
         d   Strukturfunktion f
         f   fonction f de structure
         r   структурная функция f

S924   e   Sturm-Liouville equation
         d   Sturm-Liouvillesche Differentialgleichung f
         f   équation f de Sturm-Liouville
         r   задача f Штурма - Лиувилля

S925   e   subatomic particle
         d   subatomares Teilchen n
         f   particule f subatomuqie
         r   субатомная частица f

S926   e   subcritical assembly
         d   unterkritische Anordnung f
         f   ensemble m sous-critique
         r   подкритическая сборка f

S927   e   subgroup
         d   Untergruppe f
         f   sous-groupe m
         r   подгруппа f

S928   e   subharmonic
         d   Subharmonische f, Unterharmonische f
         f   sous-harmonique m
         r   субгармоника f

S929   e   subharmonic cascade
         d   subharmonische Kaskade f
         f   cascade f sous-harmonique
         r   субгармонический каскад m

S930   e   sublattice
         d   Untergitter n
         f   sous-réseau m
         r   подрешётка f

S931   e   sublattice magnetization
         d   Untergittermagnetisierung f
         f   aimantation f du sous-réseau
         r   намагниченность f подрешётки

S932   e   sublayer
         d   Unterschicht f
         f   sous-couche f
         r   подслой m

S933   e   sublevel
         d   Unterniveau n, Subniveau n
         f   sous-niveau m
         r   подуровень m

S934   e   sublimation
         d   Sublimation f
         f   sublimation f
         r   возгонка f, сублимация f

S935   e   submersion
         d   Eintauchen n; Untertauchen n
         f   immersion f, submersion f
         r   погружение n

S936   e   submillimeter spectroscopy
         d   Submillimeterspektroskopie f
         f   spectroscopie f submillimétrique
         r   субмиллиметровая спектроскопия f

S937   e   submillimeter waves
         d   Submillimeterwellen f pl
         f   ondes f pl submillimétriques
         r   субмиллиметровые волны f pl

S938   e   submultiple units
         d   Teileinheiten f pl, Teile m pl der Einheiten

SUDDEN

	f	unités f pl sous-multiples, sous-multiples m pl
	r	дольные единицы f pl
S939	e	**subordinate series**
	d	Nebenserie f
	f	série f secondaire
	r	побочная серия f
S940	e	**subquark**
	d	Unterquark n, Subquark n
	f	sous-quark m
	r	субкварк m
S941	e	**subshell**
	d	Unterschale f
	f	sous-couche f
	r	подоболочка f
S942	e	**subsonic flight**
	d	Unterschallflug m
	f	vol m subsonique
	r	полёт m с дозвуковой скоростью
S943	e	**subsonic flow**
	d	Unterschallströmung f
	f	écoulement m subsonique
	r	дозвуковое течение n, дозвуковой поток m
S944	e	**subspace**
	d	Unterraum m, Teilraum m
	f	sous-espace m
	r	подпространство n
S945	e	**substance**
	d	Stoff m; Werkstoff m; Substanz f; Material n
	f	substance f
	r	вещество n; материал m
S946	e	**substitution**
	d	Substitution f, Einsetzung f
	f	substitution f
	r	замещение n; подстановка f
S947	e	**substitutional imperfection**
	d	Substitutionsstörstelle f
	f	défaut m de substitution
	r	дефект m замещения
S948	e	**substitutional solid solution**
	d	Substitutionsmischkristall m
	f	solution f solide de substitution
	r	твёрдый раствор m замещения
S949	e	**substitution of variables** see change of variables
S950	e	**substorm**
	d	Untersturm m
	f	sous-tempête f
	r	суббуря f
S951	e	**substrate**
	d	Substrat n
	f	substrat m
	r	подложка f
S952	e	**substructure**
	d	Unterstruktur f, Substruktur f
	f	sous-structure f
	r	субструктура f
S953	e	**subsystem**
	d	Untersystem n
	f	sous-système m
	r	подсистема f
S954	e	**subtractive color filter**
	d	subtraktives Farbfilter n
	f	filtre m soustractif
	r	субтрактивный светофильтр m
S955	e	**successive ionization**
	d	sukzessive Ionisation f
	f	ionisation f successive
	r	последовательная ионизация f
S956	e	**sudden commencement**
	d	plötzlicher Anfang m
	f	commencement m brusque
	r	внезапное начало n (в геофизике)
S957	e	**sudden cosmic noise absorption**
	d	SCNA-Effekt m, plötzliche Verminderung f des kosmischen Störpegels
	f	absorption f brusque du bruit cosmique
	r	внезапное поглощение n космического радиоизлучения
S958	e	**sudden disturbance**
	d	plötzliche Störung f
	f	perturbation f brusque
	r	внезапное возмущение n
S959	e	**sudden enhancement of atmospherics**
	d	SEA-Effekt m, plötzliche Erhöhung f des atmosphärischen Störpegels
	f	renforcement m brusque des atmosphériques
	r	внезапное усиление n атмосфериков
S960	e	**sudden field anomaly**
	d	SFA-Effekt m, plötzliche Feldanomalie f
	f	anomalie f brusque du champ
	r	внезапная аномалия f поля
S961	e	**sudden frequency deviation**
	d	SFD-Effekt m, kurzzeitige Frequenzabweichung f
	f	déviation f brusque de la fréquence
	r	внезапная девиация f частоты
S962	e	**sudden ionospheric disturbance**
	d	SID-Effekt, plötzliche Ionosphärenstörung f
	f	perturbation f ionosphérique brusque

SUDDEN

    r внезапное ионосферное возмущение *n*

S963 *e* sudden perturbation method
       d Methode *f* der plötzlichen Störungen
       f méthode *f* de perturbations brusques
       r метод *m* внезапных возмущений

S964 *e* sudden phase anomaly
       d SPA-Effekt, plötzliche Phasenanomalie *f*
       f anomalie *f* de phase à début brusque
       r внезапное изменение *n* фазы

S965 *e* sulphur, S
       d Schwefel *m*
       f soufre *m*
       r сера *f*

S966 *e* summation rule
       d Summenregel *f*
       f règle *f* de sommes
       r правило *n* сумм

S967 *e* summation tones
       d Summationstöne *m pl*
       f sons *m pl* résultants
       r комбинационные тона *m pl* суммарной частоты, суммовые тона *m pl*

S968 *e* sum rule *see* summation rule

S969 *e* Sun
       d Sonne *f*
       f Soleil *m*
       r Солнце *n*

S970 *e* sunspot
       d Sonnenfleck *m*
       f tache *f* solaire
       r солнечное пятно *n*

S971 *e* sunspot number
       d Sonnenfleckenzahl *f*
       f nombre *m* des taches solaires
       r число *n* солнечных пятен, число *n* Вольфа

S972 *e* supercalibration model
       d Supereichmodell *n*
       f modèle *m* de supercalibrage
       r суперкалибровочная модель *f*

S973 *e* superconducting alloy
       d supraleitende Legierung *f*
       f alliage *m* supraconducteur
       r сверхпроводящий сплав *m*

S974 *e* superconducting cable
       d Supraleitungskabel *n*, supraleitendes Kabel *n*
       f câble *m* supraconducteur
       r сверхпроводящий кабель *m*

S975 *e* superconducting ceramics
       d supraleitende Keramik *f*
       f céramique *f* supraconductrice
       r сверхпроводящая керамика *f*

S976 *e* superconducting channel
       d Supraleitungskanal *m*, supraleitender Kanal *m*
       f canal *m* supraconducteur
       r сверхпроводящий канал *m*

S977 *e* superconducting coil
       d Supraleitungsspule *f*, supraleitende Spule *f*
       f bobine *f* supraconductrice
       r сверхпроводящая катушка *f*, сверхпроводящая обмотка *f*

S978 *e* superconducting component
       d supraleitende Komponente *f*
       f composante *f* supraconductive
       r сверхпроводящая компонента *f*

S979 *e* superconducting domain
       d Supraleitungsdomäne *f*, supraleitende Domäne *f*
       f domaine *m* supraconducteur
       r сверхпроводящий домен *m*

S980 *e* superconducting film
       d supraleitende Schicht *f*
       f film *m* supraconducteur
       r сверхпроводящая плёнка *f*

S981 *e* superconducting magnet
       d supraleitender Magnet *m*
       f aimant *m* supraconducteur
       r сверхпроводящий магнит *m*

S982 *e* superconducting magnetometer
       d supraleitendes Magnetometer *n*
       f magnétomètre *m* supraconducteur
       r сверхпроводящий магнетометр *m*

S983 *e* superconducting quantum interference device
       d Quanteninterferometer *n*, Squid *n*
       f squid *m*
       r сверхпроводящий квантовый интерференционный датчик *m*, сквид *m*

S984 *e* superconducting quantum interferometer *see* superconducting quantum interference device

S985 *e* superconducting solenoid
       d supraleitendes Solenoid *n*
       f solénoïde *m* supraconducteur
       r сверхпроводящий соленоид *m*

S986 *e* superconducting superlattice
       d supraleitendes Übergitter *n*
       f superréseau *m* supraconducteur
       r сверхпроводящая сверхрешётка *f*

S987 *e* superconducting suspension
       d supraleitende Aufhängung *f*

	f	suspension *f* supraconductrice
	r	сверхпроводящий подвес *m*
S988	*e*	**superconducting transition**
	d	Supraleitungsübergang *m*
	f	transition *f* à l'état supraconducteur
	r	сверхпроводящий переход *m*, переход *m* в сверхпроводящее состояние
S989	*e*	**superconductivity**
	d	Supraleitfähigkeit *f*
	f	supraconductibilité *f*
	r	сверхпроводимость *f*
S990	*e*	**superconductor**
	d	Supraleiter *m*, supraleitender Stoff *m*
	f	supraconducteur *m*
	r	сверхпроводник *m*
S991	*e*	**supercooled liquid**
	d	unterkühlte Flüssigkeit *f*
	f	liquide *m* sous-réfrigéré
	r	переохлаждённая жидкость *f*
S992	*e*	**supercooling**
	d	Unterkühlung *f*
	f	surfusion *f*, sous-refroidissement *m*
	r	переохлаждение *n*
S993	*e*	**supercritical assembly**
	d	überkritische Anordnung *f*
	f	ensemble *m* surcritique
	r	надкритическая сборка *f*, сверхкритическая сборка *f*
S994	*e*	**superdense matter**
	d	superdichte Materie *f*
	f	matière *f* superdense
	r	сверхплотная материя *f*
S995	*e*	**superdense plasma**
	d	superdichtes Plasma *n*
	f	plasma *m* superdense
	r	сверхплотная плазма *f*
S996	*e*	**superelastic collision**
	d	superelastischer Stoß *m*, überelastischer Stoß *m*
	f	choc *m* superélastique, collision *f* superélastique
	r	сверхупругое столкновение *n*, сверхупругое соударение *n*
S997	*e*	**superfield**
	d	Superfeld *n*
	f	superchamp *m*
	r	суперполе *n*
S998	*e*	**superfluid**
	d	Supraflüssigkeit *f*
	f	liquide *m* superfluide
	r	сверхтекучая жидкость *f*
S999	*e*	**superfluid component**
	d	suprafluide Komponente *f*
	f	composante *f* superfluide
	r	сверхтекучая компонента *f*
S1000	*e*	**superfluid Fermi liquid**
	d	superfluide Fermi-Flüssigkeit *f*
	f	superfluide liquide *m* de Fermi
	r	сверхтекучая ферми-жидкость *f*
S1001	*e*	**superfluid 3He**
	d	superfluides Helium III *n*
	f	hélium *m* superfluide 3He
	r	сверхтекучий 3He *m*, сверхтекучий гелий-3 *m*
S1002	*e*	**superfluid 4He**
	d	superfluides Helium IV *n*
	f	hélium *m* superfluide 4He
	r	сверхтекучий 4He *m*, сверхтекучий гелий-4 *m*
S1003	*e*	**superfluidity**
	d	Superfluidität *f*, Suprafluidität *f*
	f	superfluidité *f*
	r	сверхтекучесть *f*
S1004	*e*	**superfluid state**
	d	superfluider Zustand *m*
	f	état *m* superfluide
	r	сверхтекучее состояние *n*
S1005	*e*	**superfluid transition**
	d	Superfluiditätsübergang *m*
	f	transition *f* à l'état superfluide
	r	переход *m* в сверхтекучее состояние
S1006	*e*	**supergage transformation**
	d	Supereichtransformation *f*
	f	transformation *f* de superjauge
	r	суперкалибровочное преобразование *n*
S1007	*e*	**super-Gaussian profile**
	d	super-Gaußsches Profil *n*
	f	profil *m* supergaussien
	r	супергауссов профиль *m*
S1008	*e*	**supergiant, supergiant star**
	d	Überriese *m*
	f	supergéante *f*
	r	сверхгигант *m*, звезда-сверхгигант *f*
S1009	*e*	**supergravity**
	d	Supergravitation *f*
	f	supergravitation *f*
	r	супергравитация *f*
S1010	*e*	**superheated vapor**
	d	überhitzter Dampf *m*
	f	vapeur *f* surchauffée
	r	перегретый пар *m*
S1011	*e*	**superheating**
	d	Überhitzung *f*
	f	surchauffage *m*, surchauffe *f*
	r	перегрев *m*
S1012	*e*	**superheterodyne**

SUPERINTENSE

	d	Superheterodynempfänger m
	f	superhétérodyne f
	r	супергетеродин m

S1013 e **superintense magnetic fields**
    d superstarke Magnetfelder n pl
    f champs m pl magnétiques superintenses
    r сверхсильные магнитные поля n pl

S1014 e **superionic conductor**
    d Superionenleiter m
    f conducteur m supra-ionique, supra-ioniqie m
    r суперионный проводник m

S1015 e **superlattice**
    d Übergitter n, Überstrukturgitter n
    f superréseau m
    r сверхрешётка f

S1016 e **superlattice laser**
    d Supergitterlaser m
    f laser m à superréseau
    r лазер m на сверхрешётке

S1017 e **superluminal speed**
    d Überlichtgeschwindigkeit f
    f vitesse f dépassant celle de la lumière
    r сверхсветовая скорость f

S1018 e **superluminescence**
    d Superlumineszenz f
    f superluminescence f
    r сверхлюминесценция f, суперлюминесценция f

S1019 e **superluminescent amplifier**
    d Superlumineszenzverstärker m
    f amplificateur m à superluminescence
    r суперлюминесцентный усилитель m

S1020 e **supermultiplet**
    d Supermultiplett n
    f supermultiplet m
    r супермультиплет m

S1021 e **supernova, supernova star**
    d Supernova f
    f supernova f
    r сверхновая f, сверхновая звезда f

S1022 e **supernova explosion**
    d Supernovaausbruch m
    f explosion f de supernova
    r взрыв m сверхновой

S1023 e **supernova remnant**
    d Supernovaüberrest m
    f reste m de la supernova
    r остаток m вспышки сверхновой

S1024 e **superparamagnetism**
    d Superparamagnetismus m
    f superparamagnétisme m
    r суперпарамагнетизм m

S1025 e **superplasticity**
    d Superplastizität f
    f superplasticité f
    r сверхпластичность f

S1026 e **superposition of states**
    d Superposition f der Zustände
    f superposition f des états
    r суперпозиция f состояний

S1027 e **superposition of waves**
    d Wellensuperposition f, Wellenüberlagerung f
    f superposition f des ondes
    r суперпозиция f волн

S1028 e **superposition principle**
    d Superpositionsprinzip n
    f principe m de superposition
    r принцип m суперпозиции

S1029 e **superradiant fluorescence**
    d Superstrahlungsfluoreszenz f
    f fluorescence f superrayonnante
    r сверхизлучательная флуоресценция f

S1030 e **superradiant transition**
    d Superstrahlungsübergang m
    f transition f superradiante
    r сверхизлучательный переход m

S1031 e **superrefraction**
    d Superrefraktion f
    f superréfraction f
    r сверхрефракция f

S1032 e **supersaturated solution**
    d übersättigte Lösung f
    f solution f sursaturée
    r пересыщенный раствор m

S1033 e **supersaturated vapor**
    d übersättigter Dampf m
    f vapeur f sursaturée
    r пересыщенный пар m

S1034 e **supersonic flow**
    d Überschallströmung f; Überschallumströmung f
    f écoulement m supersonique
    r сверхзвуковое течение n, сверхзвуковое обтекание n

S1035 e **supersonic motion**
    d Überschallbewegung f
    f mouvement m supersonique
    r сверхзвуковое движение n, движение n со сверхзвуковой скоростью

S1036 e **supersonic speed**
    d Überschallgeschwindigkeit f
    f vitesse f supersonique
    r сверхзвуковая скорость f

S1037 e **superspace**

	d	Überraum *m*
	f	superespace *m*
	r	суперпространство *n*
S1038	*e*	**superstring**
	d	Übersaite *f*
	f	supercorde *f*
	r	суперструна *f*
S1039	*e*	**superstructure**
	d	Überstruktur *f*
	f	superstructure *f*
	r	сверхструктура *f*
S1040	*e*	**supersymmetrical model**
	d	supersymmetrisches Modell *n*
	f	modèle *m* supersymétrique
	r	суперсимметричная модель *f*
S1041	*e*	**supersymmetry**
	d	Supersymmetrie *f*
	f	supersymétrie *f*
	r	суперсимметрия *f*
S1042	*e*	**superunification**
	d	Superunifikation *f*
	f	superunification *f*
	r	суперобъединение *n* (в квантовой теории поля)
S1043	*e*	**supply power**
	d	Versorgungsleistung *f*
	f	puissance *f* d'alimentation
	r	мощность *f* питания
S1044	*e*	**support**
	d	1. Auflager *m*; Stütze *f* 2. Halterung *f*, Halter *m*
	f	support *m*
	r	1. опора *f*, подставка *f* 2. держатель *m*, крепление *n*
S1045	*e*	**supraluminal object**
	d	Überlichtobjekt *n*; Objekt *n* mit Überlichtgeschwindigkeit
	f	objet *m* à vitesse dépassant celle de la lumière
	r	сверхсветовой объект *m*; объект *m*, движущийся со сверхсветовой скоростью
S1046	*e*	**surfacant** *see* **surface active substance**
S1047	*e*	**surface-acoustic-wave delay line**
	d	SAW-Verzögerungsleitung *f*, Verzögerungsleitung *f* mit akustischen Oberflächenwellen
	f	ligne *f* à retard à ondes acoustiques de surface
	r	линия *f* задержки на поверхностных акустических волнах
S1048	*e*	**surface-acoustic-wave filter**
	d	SAW-Filter *n*, akustisches Oberflächenwellenfilter *n*
	f	filtre *m* à ondes acoustiques de surface
	r	фильтр *m* на поверхностных акустических волнах, фильтр *m* на ПАВ
S1049	*e*	**surface acoustic waves**
	d	akustische Oberflächenwellen *f pl*
	f	ondes *f pl* acoustiques de surface
	r	поверхностные акустические волны *f pl*, ПАВ
S1050	*e*	**surface active material**
	d	oberflächenaktiver Stoff *m*
	f	matériau *m* tensio-actif
	r	поверхностно-активный материал *m*
S1051	*e*	**surface active substance**
	d	oberflächenaktive Substanz *f*
	f	substance *f* tensio-active
	r	поверхностно-активное вещество *n*
S1052	*e*	**surface activity**
	d	Oberflächenaktivität *f*
	f	activité *f* superficielle
	r	поверхностная активность *f*
S1053	*e*	**surface atom detection**
	d	Oberflächendetektion *f* der Atome
	f	détection *f* des atomes sur la surface
	r	детектирование *n* атомов на поверхности
S1054	*e*	**surface boiling**
	d	Oberflächensieden *n*
	f	ébullition *f* superficielle
	r	поверхностное кипение *n*
S1055	*e*	**surface breakdown**
	d	Überschlag *m*; Oberflächendurchbruch *m*
	f	rupture *f* de surface
	r	поверхностный пробой *m*
S1056	*e*	**surface charge**
	d	Oberflächenladung *f*
	f	charge *f* superficielle
	r	поверхностный заряд *m*
S1057	*e*	**surface charge density**
	d	Ladungsoberflächendichte *f*
	f	densité *f* superficielle de charge
	r	поверхностная плотность *f* заряда
S1058	*e*	**surface concentration**
	d	Oberflächenkonzentration *f*
	f	concentration *f* superficielle
	r	поверхностная концентрация *f*
S1059	*e*	**surface conductivity**
	d	Oberflächenleitfähigkeit *f*
	f	conductivité *f* superficielle
	r	поверхностная электропроводность *f*
S1060	*e*	**surface curvature**
	d	Oberflächenkrümmung *f*

SURFACE

- f courbure f de surface
- r кривизна f поверхности

S1061 e surface density
- d Oberflächendichte f
- f densité f superficielle
- r поверхностная плотность f

S1062 e surface diffusion
- d Oberflächendiffusion f
- f diffusion f superficielle
- r поверхностная диффузия f

S1063 e surface drag
- d Oberflächenwiderstand m
- f résistance f superficielle
- r поверхностное сопротивление n

S1064 e surface energy
- d Oberflächenenergie f
- f énergie f superficielle
- r поверхностная энергия f

S1065 e surface film
- d Oberflächenschicht f
- f film m de surface
- r поверхностная плёнка f

S1066 e* surface finish quality
- d Oberflächenbearbeitungsgüte f
- f qualité f du fini de surface
- r качество n обработки поверхности

S1067 e surface force
- d Oberflächenkraft f
- f force f superficielle
- r поверхностная сила f

S1068 e surface hardening
- d Oberflächenhärtung f
- f trempe f superficielle
- r поверхностная закалка f

S1069 e surface heating
- d Oberflächenerwärmung f
- f chauffage m superficiel
- r поверхностный нагрев m

S1070 e surface impedance
- d Oberflächenimpedanz f
- f impédance f superficielle
- r поверхностный импеданс m

S1071 e surface integral
- d Oberflächenintegral n, Randintegral n
- f intégrale f de surface
- r поверхностный интеграл m, интеграл m по поверхности

S1072 e surface ionization
- d Oberflächenionisierung f, Oberflächenionisation f
- f ionisation f superficielle
- r поверхностная ионизация f

S1073 e surface magnetism
- d Oberflächenmagnetismus m
- f magnétisme m superficiel
- r поверхностный магнетизм m

S1074 e surface modification
- d Oberflächenmodifikation f
- f modification f de surface
- r модификация f поверхности

S1075 e surface optical waves
- d optische Oberflächenwellen f pl
- f ondes f pl optiques de surface
- r поверхностные оптические волны f pl

S1076 e surface phenomena
- d Oberflächenerscheinungen f pl, Oberflächenphänomene m pl
- f phénomènes m pl superficiels
- r поверхностные явления n pl

S1077 e surface plasmon
- d Oberflächenplasmon n
- f plasmon m superficiel
- r поверхностный плазмон m

S1078 e surface polariton
- d Oberflächenpolariton n
- f polariton m superficiel
- r поверхностный поляритон m

S1079 e surface pressure
- d Oberflächendruck m
- f pression f superficielle
- r поверхностное давление n

S1080 e surface resonance
- d Oberflächenresonanz f
- f résonance f superficielle
- r поверхностный резонанс m

S1081 e surface scattering
- d Oberflächenstreuung f
- f diffusion f superficielle
- r поверхностное рассеяние n

S1082 e surface states
- d Oberflächenzustände m pl
- f états m pl de surface
- r поверхностные состояния n pl

S1083 e surface tension
- d Oberflächenspannung f
- f tension f superficielle
- r поверхностное натяжение n

S1084 e surface tension coefficient
- d Oberflächenspannungskoeffizient m
- f coefficient m de tension de surface
- r коэффициент m поверхностного натяжения

S1085 e surface wave
- d Oberflächenwelle f
- f onde f de surface
- r поверхностная волна f

S1086 e susceptance

	d	Suszeptanz *f*
	f	susceptance *f*
	r	реактивная проводимость *f*
S1087	e	susceptibility
	d	Suszeptibilität *f*
	f	susceptibilité *f*
	r	восприимчивость *f*
S1088	e	suspension
	d	1. Suspension *f* 2. Aufhängung *f*
	f	suspension *f*
	r	1. суспензия *f*, взвесь *f* 2. подвес *m*
S1089	e	sweep
	d	Abtastung *f*
	f	balayage *m*
	r	развёртка *f*
S1090	e	sweeper *see* sweep generator
S1091	e	sweep generator
	d	Wobbelfrequenzgenerator *m*, Wobbelgenerator *m*
	f	générateur *m* à balayage de fréquence
	r	свип-генератор *m*, генератор *m* качающейся частоты
S1092	e	swelling
	d	Schwellen *n*, Schwellung *f*, Anschwellen *n*
	f	gonflement *m*
	r	набухание *n*
S1093	e	swept-frequency generator *see* sweep generator
S1094	e	switch
	d	1. Schalter *m*; Taste *f* 2. Schalter *m*; Ausschalter *m* 3. Schalter *m*, Umschalter *m*
	f	1. disjoncteur *m* 2. interrupteur *m* 3. commutateur *m*
	r	1. ключ *m* 2. выключатель *m* 3. переключатель *m*
S1095	e	symmetrical load *see* balanced load
S1096	e	symmetric bending
	d	symmetrische Biegung *f*
	f	courbure *f* symétrique
	r	симметричный изгиб *m*
S1097	e	symmetric configuration
	d	symmetrische Konfiguration *f*
	f	configuration *f* symétrique
	r	симметричная конфигурация *f*
S1098	e	symmetric molecule
	d	symmetrisches Molekül *n*
	f	molécule *f* symétrique
	r	симметричная молекула *f*
S1099	e	symmetric rotator
	d	symmetrischer Rotator *m*
	f	rotateur *m* symétrique
	r	симметричный ротатор *m*
S1100	e	symmetric top molecule
	d	symmetrisches Kreiselmolekül *n*, symmetrischer Kreisel *m*
	f	molécule *f* du type toupie symétrique
	r	молекула *f* типа симметричного волчка
S1101	e	symmetric wave function
	d	symmetrische Wellenfunktion *f*
	f	fonction *f* d'onde symétrique
	r	симметричная волновая функция *f*
S1102	e	symmetry
	d	Symmetrie *f*
	f	symétrie *f*
	r	симметрия *f*
S1103	e	symmetry breaking
	d	Symmetriebrechung *f*
	f	violation *f* de symétrie
	r	нарушение *n* симметрии
S1104	e	symmetry class
	d	Symmetrieklasse *f*
	f	classe *f* de symétrie
	r	класс *m* симметрии
S1105	e	symmetry groups
	d	Symmetriegruppen *f pl*
	f	groupes *m pl* de symétrie
	r	группы *f pl* симметрии
S1106	e	symmetry of wave function
	d	Wellenfunktionssymmetrie *f*
	f	symétrie *f* de la fonction d'onde
	r	симметрия *f* волновой функции
S1107	e	symmetry operation
	d	Symmetrieoperation *f*, Deckoperation *f*
	f	opération *f* de symétrie
	r	операция *f* симметрии
S1108	e	symmetry transformation
	d	Symmetrietransformation *f*
	f	transformation *f* de symétrie
	r	преобразование *n* симметрии
S1109	e	symmetry violation *see* symmetry breaking
S1110	e	synchrocyclotron
	d	Synchrozyklotron *n*
	f	synchrocyclotron *m*
	r	синхроциклотрон *m*, фазотрон *m*
S1111	e	synchronism
	d	Synchronismus *m*, Gleichlauf *m*
	f	synchronisme *m*
	r	синхронизм *m*
S1112	e	synchronization
	d	Synchronisation *f*, Synchronisierung *f*
	f	synchronisation *f*
	r	синхронизация *f*
S1113	e	synchronizing channel
	d	Synchronisierkanal *m*, Synchronkanal *m*

SYNCHRONIZING

	f	canal m de synchronisation
	r	канал m синхронизации

S1114   e   synchronizing pulse
      d   Synchronisierimpuls m
      f   impulsion f de synchronisation
      r   синхронизирующий импульс m

S1115   e   synchronous detection
      d   synchrone Demodulation f, Synchrondemodulation f
      f   détection f synchrone
      r   синхронное детектирование n

S1116   e   synchronous detector
      d   Synchrondemodulator m, Synchrondetektor m
      f   détecteur m synchrone
      r   синхронный детектор m

S1117   e   synchrophasotron
      d   Synchrophasotron n
      f   synchrophasotron m
      r   синхрофазотрон m

S1118   e   synchrotron
      d   Synchrotron n
      f   synchrotron m
      r   синхротрон m

S1119   e   synchrotron oscillation
      d   Synchrotronschwingungen f pl
      f   oscillations f pl synchrotron
      r   синхротронные колебания n pl

S1120   e   synchrotron radiation
      d   Synchrotronstrahlung f
      f   rayonnement m synchrotron
      r   синхротронное излучение n, магнитотормозное излучение n

S1121   e   synchrotron radiation source
      d   Synchrotronstrahlungsquelle f
      f   source f de rayonnement synchrotron
      r   источник m синхротронного излучения

S1122   e   synergetics
      d   Synergetik f
      f   synergétique f
      r   синергетика f

S1123   e   synodic period
      d   synodische Umlaufzeit f, synodischer Umlauf m
      f   période f synodique, révolution f synodique
      r   синодический период m, период m обращения

S1124   e   synthesis
      d   Synthese f
      f   synthèse f
      r   синтез m

S1125   e   synthesized aperture
      d   synthetisierte Apertur f
      f   ouverture f synthétisée
      r   синтезированная апертура f

S1126   e   synthesized image
      d   synthetisiertes Bild n
      f   image f synthétisée
      r   синтезированное изображение n

S1127   e   synthetic crystal
      d   synthetischer Kristall m
      f   cristal m synthétique
      r   синтетический кристалл m

S1128   e   synthetic diamond
      d   synthetischer Diamant m
      f   diamant m artificiel
      r   синтетический алмаз m

S1129   e   synthetic quartz
      d   synthetischer Quarz m
      f   quartz m synthétique
      r   синтетический кварц m

S1130   e   system
      d   System n
      f   système m
      r   1. система f 2. сингония f (кристаллов)

S1131   e   systematic error
      d   systematischer Fehler m
      f   erreur f systématique
      r   систематическая погрешность f

S1132   e   system of coordinates
      d   Koordinatensystem n
      f   système m de coordonnées
      r   система f координат

S1133   e   system of units
      d   Einheitensystem n
      f   système m d'unités
      r   система f единиц

S1134   e   Szilard-Chalmers reaction
      d   Szilard-Chalmers-Effekt m
      f   effet m de Szilard-Chalmers
      r   эффект m Сциларда - Чалмерса

T

T1   e   tachyon
     d   Tachyon n
     f   tachyon m
     r   тахион m

T2   e   tadpole
     d   «Kaulquappe» f
     f   «têtard» m
     r   «головастик» m (тип всплеска солнечного радиоизлучения)

T3	e	tag *see* label	T16	e	target
				d	Target *n*; Ziel *n*
T4	e	tail of comet		f	cible *f*
	d	Kometenschweif *m*		r	мишень *f*; цель *f*
	f	queue *f* de la comète			
	r	хвост *m* кометы	T17	e	target at rest *see* fixed target
T5	e	Tamm-Dancoff method	T18	e	tautomerism
	d	Tamm-Dancoff-Methode *f*		d	Tautomerie *f*
	f	méthode *f* de Tamm-Dancoff		f	tautomérie *f*
	r	метод *m* Тамма - Данкова		r	таутомерия *f*
T6	e	Tamm levels	T19	e	Taylor series
	d	Tamm-Niveaus *n pl*		d	Taylor-Serie *f*
	f	niveaux *m pl* de Tamm		f	série *f* de Taylor
	r	уровни *m pl* Тамма		r	ряд *m* Тейлора
T7	e	Tamm states	T20	e	technetium, Tc
	d	Tamm-Zustände *m pl*		d	Technetium *n*
	f	états *m pl* de Tamm		f	technétium *m*
	r	таммовские состояния *n pl*		r	технеций *m*
T8	e	tandem	T21	e	technicolor
	d	1. Tandem *n*		d	Technicolor *m*
		2. Tandembeschleuniger *m*		f	technicolor *m*
	f	1. tandem *m* 2. accélérateur *m* tandem		r	техницвет *m*
	r	1. тандем *m* 2. перезарядный ускоритель *m*	T22	e	technicolor interaction
				d	Technicolor-Wechselwirkung *f*
				f	interaction *f* technicolor
				r	техницветное взаимодействие *n*
T9	e	tangent			
	d	1. Tangente *f* 2. Tangens *m*	T23	e	technigluon
	f	tangente *f*		d	Technigluon *n*
	r	1. касательная *f* 2. тангенс *m*		f	technigluon *m*
				r	технеглюон *m*
T10	e	tangential acceleration			
	d	Tangentialbeschleunigung *f*	T24	e	techniquark
	f	accélération *f* tangentielle		d	Techniquark *n*
	r	касательное ускорение *n*, тангенциальное ускорение *n*		f	techniquark *m*
				r	техникварк *m*
T11	e	tangential plane	T25	e	technique
	d	Tangentialebene *f*		d	1. Verfahren *n*; Methode *f* 2. Technik *f*, Technologie *f*
	f	plan *m* tangentiel		f	technique *f*
	r	касательная плоскость *f*		r	1. метод *m*, способ *m* 2. технология *f*
T12	e	tangential stress			
	d	Schubspannung *f*, Scherspannung *f*	T26	e	telemetry
	f	effort *m* tangentiel, tension *f* tangentielle		d	Fernmessung *f*; Telemetrie *f*
	r	касательное напряжение *n*, тангенциальное напряжение *n*		f	télémesure *f*, télémétrie *f*
				r	телеметрия *f*
T13	e	tantalum, Ta	T27	e	telescope
	d	Tantal *n*		d	Fernrohr *n*; Teleskop *n*
	f	tantale *m*		f	télescope *m*
	r	тантал *m*		r	телескоп *m*; зрительная труба *f*
T14	e	tape	T28	e	television
	d	Band *n*; Streifen *m*		d	Fernsehen *n*
	f	bande *f*, ruban *m*		f	télévision *f*
	r	лента *f*		r	телевидение *n*
T15	e	taper	T29	e	telluric currents
	d	Kegel *m*		d	tellurische Erdströme *pl*, induzierte Erdströme *pl*
	f	cône *m*			
	r	конус *m*; сужение *n*			

TELLURIC

	f	courants *pl* telluriques
	r	теллурические токи *pl*
T30	*e*	telluric lines
	d	tellurische Linien *f pl*, terrestrische Linien *f pl*
	f	raies *f pl* telluriques, lignes *f pl* telluriques
	r	теллурические линии *f pl*
T31	*e*	tellurium, Te
	d	Tellur *n*
	f	tellure *m*
	r	теллур *m*
T32	*e*	temperature
	d	Temperatur *f*
	f	température *f*
	r	температура *f*
T33	*e*	temperature coefficient of frequency
	d	Temperaturkoeffizient *m* der Frequenz
	f	coefficient *m* de température de la fréquence
	r	температурный коэффициент *m* частоты
T34	*e*	temperature coefficient of resistance
	d	Temperaturkoeffizient *m* des Widerstandes
	f	coefficient *m* de température de la résistance
	r	температурный коэффициент *m* сопротивления
T35	*e*	temperature compensation
	d	Temperaturkompensation *f*; Temperaturausgleich *m*; Temperaturkorrektur *f*
	f	compensation *f* thermique
	r	температурная компенсация *f*
T36	*e*	temperature dependence
	d	Temperaturabhängigkeit *f*
	f	dépendance *f* de température
	r	температурная зависимость *f*
T37	*e*	temperature difference
	d	Temperaturdifferenz *f*
	f	différence *f* de température
	r	разность *f* температур, температурный перепад *m*
T38	*e*	temperature gradient
	d	Temperaturgradient *m*, Temperaturgefälle *n*
	f	gradient *m* de température
	r	градиент *m* температуры, температурный градиент *m*
T39	*e*	temperature inversion
	d	Temperaturinversion *f*, Temperaturumkehr *f*
	f	inversion *f* de température
	r	температурная инверсия *f*
T40	*e*	temperature measurement
	d	Temperaturmessung *f*
	f	mesure *f* de température
	r	измерение *n* температуры
T41	*e*	temperature radiation
	d	Temperaturstrahlung *f*
	f	radiation *f* thermique, rayonnement *m* thermique
	r	температурное излучение *n*, тепловое излучение *n*
T42	*e*	temperature radiator
	d	Temperaturstrahler *m*, Wärmestrahler *m*
	f	radiateur *m* thermique
	r	тепловой излучатель *m*, температурный излучатель *m*
T43	*e*	temperature range
	d	Temperaturbereich *m*, Temperaturintervall *n*
	f	gamme *f* des températures
	r	интервал *m* температур
T44	*e*	temperature scale
	d	Temperaturskala *f*
	f	échelle *f* de température
	r	температурная шкала *f*
T45	*e*	temperature sensor
	d	Temperaturfühler *m*, Temperatursensor *m*
	f	capteur *m* de température, transmetteur *m* de température
	r	датчик *m* температуры
T46	*e*	temperature viscosity coefficient
	d	Temperatur-Viskositätskoeffizient *m*
	f	coefficient *m* thermique de viscosité
	r	температурный коэффициент *m* вязкости
T47	*e*	temperature waves
	d	Temperaturwellen *f pl*
	f	ondes *f pl* de température
	r	температурные волны *f pl*
T48	*e*	temporal coherence *see* time coherence
T49	*e*	temporal evolution
	d	Zeitevolution *f*, zeitliche Evolution *f*
	f	évolution *f* dans le temps
	r	эволюция *f* во времени, временная эволюция *f*
T50	*e*	tensile deformation
	d	Zugverformung *f*, Zugdehnung *f*
	f	déformation *f* de traction
	r	деформация *f* растяжения
T51	*e*	tensile fracture *see* tension fracture
T52	*e*	tensile strength
	d	Zugfestigkeitsgrenze *f*; Zugfestigkeit *f*
	f	résistance *f* à la traction

	r	предел *m* прочности на растяжение; прочность *f* на растяжение
T53	e	**tensile stress**
	d	Zugspannung *f*, Zugbeanspruchung *f*
	f	contrainte *f* de tension
	r	растягивающее напряжение *n*, напряжение *n* при растяжении
T54	e	**tension**
	d	Spannung *f*, Zugspannung *f*, Zug *m*
	f	tension *f*
	r	растяжение *n*, натяжение *n*; напряжение *n*
T55	e	**tension fracture**
	d	Dehnungsbruch *m*, Zugbruch *m*
	f	cassure *f* à la traction, rupture *f* à la traction
	r	разрыв *m* при растяжении
T56	e	**tensometer**
	d	Tensometer *n*
	f	tensomètre *m*
	r	тензометр *m*
T57	e	**tensor**
	d	Tensor *m*
	f	tenseur *m*
	r	тензор *m*
T58	e	**tensor calculus**
	d	Tensorrechung *f*
	f	calcul *m* tensoriel
	r	тензорное исчисление *n*
T59	e	**tensoresistive effect**
	d	tensoelektrischer Effekt *m*, Tensowiderstandseffekt *m*
	f	effet *m* tensorésistif
	r	тензорезистивный эффект *m*
T60	e	**tensor field**
	d	Tensorfeld *n*
	f	champ *m* tenseur, champ *m* de tenseur
	r	тензорное поле *n*
T61	e	**tephigram**
	d	Tephigramm *n*
	f	téphigramme *m*
	r	тефиграмма *f*
T62	e	**terbium, Tb**
	d	Terbium *n*
	f	terbium *m*
	r	тербий *m*
T63	e	**term**
	d	1. Term *m*, Spektralterm *m* 2. Term *m*
	f	1. terme *m* spectral 2. terme *m*
	r	1. терм *m*, спектральный терм *m* 2. член *m*
T64	e	**terminal**
	d	1. Terminal *n* 2. Klemme *f*
	f	1. terminal *m* 2. borne *f*
	r	1. терминал *m* 2. зажим *m*
T65	e	**terrestrial magnetism**
	d	Geomagnetismus *m*, Erdmagnetismus *m*
	f	magnétisme *m* terrestre, géomagnétisme *m*
	r	земной магнетизм *m*, геомагнетизм *m*
T66	e	**tesla, T**
	d	Tesla *n*
	f	tesla *m*
	r	тесла *m*, Тл
T67	e	**teslameter**
	d	Teslameter *n*
	f	teslamètre *m*
	r	тесламетр *m*
T68	e	**test**
	d	Prüfung *f*, Versuch *m*, Test *m*
	f	essai *m*
	r	испытание *n*, проверка *f*
T69	e	**test charge**
	d	Probeladung *f*
	f	charge *f* de test
	r	пробный заряд *m*
T70	e	**testing** *see* **test**
T71	e	**test particle**
	d	Testteilchen *n*
	f	particule *f* témoin, particule *f* d'épreuve
	r	пробная частица *f*
T72	e	**tetragonal system**
	d	tetragonales Kristallsystem *n*
	f	système *m* tétragonal
	r	тетрагональная сингония *f*; тетрагональная система *f*
T73	e	**tetrode**
	d	Tetrode *f*
	f	tétrode *f*
	r	тетрод *m*
T74	e	**texture**
	d	Textur *f*
	f	texture *f*
	r	текстура *f*
T75	e	**thallium, Tl**
	d	Thallium *n*
	f	thallium *m*
	r	таллий *m*
T76	e	**theoretical curve**
	d	theoretische Kurve *f*
	f	courbe *f* théorique
	r	теоретическая кривая *f*
T77	e	**theoretical physics**
	d	theoretische Physik *f*

THEORETICAL

    f   physique *f* théorique
    r   теоретическая физика *f*

T78   *e*   theoretical research
      d   theoretische Forschungen *f pl*
      f   recherche *f* théorique
      r   теоретические исследования *n pl*

T79   *e*   theory of elasticity
      d   Elastizitätstheorie *f*
      f   théorie *f* de l'élasticité
      r   теория *f* упругости

T80   *e*   theory of errors
      d   Fehlertheorie *f*
      f   calcul *m* des erreurs
      r   теория *f* ошибок

T81   *e*   theory of relativity
      d   Relativitätstheorie *f*
      f   théorie *f* de la relativité
      r   теория *f* относительности

T82   *e*   thermal analysis
      d   thermische Analyse *f*
      f   analyse *f* thermique, thermo-analyse *f*
      r   термический анализ *m*

T83   *e*   thermal balance *see* heat balance

T84   *e*   thermal boundary layer
      d   Temperaturgrenzschicht *f*, thermische Grenzschicht *f*
      f   couche *f* limite de température
      r   тепловой пограничный слой *m*

T85   *e*   thermal branching mechanism
      d   thermischer Verzweigungsmechanismus *m (Kettenreaktion)*
      f   mécanisme *m* de branchement thermique
      r   тепловой механизм *m* разветвления *(цепной реакции)*

T86   *e*   thermal breakdown
      d   Wärmedurchschlag *m*; Wärmedurchbruch *m*
      f   claquage *m* thermique
      r   тепловой пробой *m*

T87   *e*   thermal broadening
      d   thermische Verbreiterung *f*
      f   élargissement *m* thermique
      r   тепловое уширение *n*

T88   *e*   thermal capacitance *see* heat capacity

T89   *e*   thermal conductivity coefficient
      d   Wärmeleitzahl *f*
      f   coefficient *m* de conductibilité thermique, coefficient *m* de conductibilité calorique, coefficient *m* de conductibilité de chaleur
      r   коэффициент *m* теплопроводности

T90   *e*   thermal conductance *see* thermal conduction

T91   *e*   thermal conduction
      d   Wärmeleitung *f*
      f   conductibilité *f* thermique
      r   теплопроводность *f*

T92   *e*   thermal conduction of metals
      d   Wärmeleitung *f* der Metalle
      f   conductibilité *f* thermique des métaux
      r   теплопроводность *f* металлов

T93   *e*   thermal conductivity
      d   Wärmeleitfähigkeit *f*
      f   conductibilité *f* thermique spécifique
      r   удельная теплопроводность *f*

T94   *e*   thermal contact
      d   Wärmekontakt *m*, Thermokontakt *m*
      f   contact *m* thermique
      r   термический контакт *m*

T95   *e*   thermal convection
      d   Wärmekonvektion *f*
      f   convection *f* thermique
      r   тепловая конвекция *f*

T96   *e*   thermal crisis
      d   thermische Krise *f (im chemischen Laser)*
      f   crise *f* thermique *(au laser chimique)*
      r   тепловой кризис *m (в химическом лазере)*

T97   *e*   thermal defocusing
      d   thermische Defokussierung *f*
      f   défocalisation *f* thermique
      r   тепловая дефокусировка *f*

T98   *e*   thermal depolarization
      d   thermische Depolarisation *f*
      f   dépolarisation *f* thermique
      r   тепловая деполяризация *f*

T99   *e*   thermal detector
      d   Wärmedetektor *m*
      f   détecteur *m* thermique
      r   тепловой приёмник *m*

T100   *e*   thermal diffusion
       d   Thermodiffusion *f*
       f   diffusion *f* thermique
       r   термодиффузия *f*

T101   *e*   thermal diffusion coefficient
       d   Thermodiffusionskoeffizient *m*
       f   coefficient *m* de diffusion thermique
       r   коэффициент *m* термодиффузии

T102   *e*   thermal diffusivity
       d   Temperaturleitfähigkeit *f*
       f   diffusivité *f* thermique
       r   температуропроводность *f*

T103   *e*   thermal dilatation *see* thermal expansion

T104   *e*   thermal dissociation
       d   thermische Dissoziation *f*

	f	dissociation f thermique
	r	термическая диссоциация f, тепловая диссоциация f
T105	e	thermal drift
	d	Wärmedrift f
	f	dérive f thermique
	r	температурный дрейф m, тепловой дрейф m
T106	e	thermal effect *see* heating effect
T107	e	thermal efficiency
	d	thermischer Wirkungsgrad m, Wärmewirkungsgrad m
	f	rendement m thermique
	r	тепловой КПД m
T108	e	thermal electromotive force
	d	Thermospannung f, thermoelektromotorische Kraft f, Thermo-EMK f
	f	force f thermo-électromotrice
	r	термоэдс f
T109	e	thermal electron
	d	Glühelektron n, Thermoelektron n
	f	thermo-électron m
	r	термоэлектрон m
T110	e	thermal e.m.f. *see* thermal electromotive force
T111	e	thermal energy
	d	Wärmeenergie f, thermische Energie f
	f	énergie f thermique
	r	тепловая энергия f
T112	e	thermal engine *see* heat engine
T113	e	thermal equilibrium
	d	thermisches Gleichgewicht n
	f	équilibre m thermique
	r	тепловое равновесие n
T114	e	thermal expansion
	d	Wärmeausdehnung f
	f	dilatation f thermique, expansion f thermique
	r	тепловое расширение n
T115	e	thermal expansion coefficient
	d	Wärmeausdehnungskoeffizient m
	f	coefficient m de la dilatation thermique
	r	коэффициент m теплового расширения
T116	e	thermal explosion
	d	Wärmeexplosion f
	f	explosion f thermique
	r	тепловой взрыв m
T117	e	thermal fatigue
	d	thermische Ermüdung f
	f	fatigue f thermique
	r	термическая усталость f
T118	e	thermal flow
	d	Wärmestrom m
	f	écoulement m thermique
	r	тепловой поток m
T119	e	thermal fluctuations
	d	thermische Schwankungen f pl, Wärmefluktuationen f pl
	f	fluctuations f pl thermiques
	r	тепловые флуктуации f pl
T120	e	thermal flux *see* thermal flow
T121	e	thermal head
	d	Wärmegefälle n
	f	chute f de la chaleur
	r	тепловой напор m
T122	e	thermal image
	d	Wärmebild n, Intrarotbild n
	f	image f thermique
	r	тепловизионное изображение n
T123	e	thermal imager
	d	Thermovisor m
	f	thermoviseur m
	r	тепловизор m
T124	e	thermal imagimg
	d	Thermovision f
	f	thermovision f
	r	тепловидение n
T125	e	thermal inertia
	d	Wärmeträgheit f, thermische Trägheit f
	f	inertie f thermique, inertie f calorifique
	r	тепловая инерция f
T126	e	thermal insulation
	d	Wärmeisolierung f; Thermoisolation f
	f	isolement m thermique
	r	теплоизоляция f, термоизоляция f
T127	e	thermal ionization
	d	thermische Ionisation f, thermische Ionisierung f
	f	ionisation f thermique
	r	термическая ионизация f, тепловая ионизация f
T128	e	thermalization length
	d	Thermalisierungslänge f
	f	longueur f de thermalisation
	r	длина f термализации
T129	e	thermalization of neutrons
	d	Thermalisierung f der Neutronen
	f	thermalisation f des neutrons
	r	термализация f нейтронов
T130	e	thermalized positrons
	d	thermalisierte Positronen n pl
	f	positrons m pl thermalisés
	r	термализованные позитроны m pl

THERMAL

T131   e   thermal lag *see* **thermal inertia**

T132
- e   thermally insulated container
- d   wärmeisolierter Container *m*
- f   conteneur *m* isothermique
- r   изотермический контейнер *m*

T133
- e   thermal motion
- d   Wärmebewegung *f*
- f   mouvement *m* thermique
- r   тепловое движение *n*

T134
- e   thermal neutrons
- d   thermische Neutronen *n pl*
- f   neutrons *m pl* thermiques
- r   тепловые нейтроны *m pl*

T135
- e   thermal neutron source
- d   thermische Neutronenquelle *f*, Quelle *f* der thermischen Neutronen
- f   source *f* de neutrons thermiques
- r   источник *m* тепловых нейтронов

T136
- e   thermal noise
- d   Wärmerauschen *n*
- f   bruit *m* thermique
- r   тепловой шум *m*

T137
- e   thermal pumping
- d   thermisches Pumpen *n*
- f   pompage *m* thermique
- r   тепловая накачка *f*

T138
- e   thermal radiation
- d   Wärmestrahlung *f*, Temperaturstrahlung *f*
- f   radiation *f* thermique, rayonnement *m* thermique
- r   тепловое излучение *n*, температурное излучение *n*

T139
- e   thermal radiator
- d   Temperaturstrahler *m*, Wärmestrahler *m*
- f   radiateur *m* thermique
- r   тепловой излучатель *m*

T140
- e   thermal relaxation
- d   thermische Relaxation *f*
- f   relaxation *f* thermique
- r   тепловая релаксация *f*

T141
- e   thermal resistance
- d   thermischer Widerstand *m*, Wärmewiderstand *m*
- f   résistance *f* thermique
- r   термическое сопротивление *n*, термосопротивление *n*

T142
- e   thermal resistivity
- d   spezifischer Wärmewiderstand *m*
- f   résistivité *f* thermique
- r   удельное термическое сопротивление *n*

T143
- e   thermal stress
- d   Wärmespannung *f*, thermische Spannung *f*
- f   contrainte *f* thermique
- r   температурное напряжение *n*

T144
- e   thermal switch
- d   Wärmeschalter *m*
- f   commutateur *m* thermique
- r   тепловой ключ *m*, тепловой затвор *m*

T145
- e   thermal treatment
- d   Wärmebehandlung *f*
- f   traitement *m* thermique
- r   термическая обработка *f*

T146
- e   thermal vibrations
- d   Wärmeschwingungen *f pl*
- f   oscillations *f pl* thermiques
- r   тепловые колебания *n pl*

T147   e   thermal waves *see* **temperature waves**

T148
- e   thermionic cathode
- d   Glühkatode *f*
- f   cathode *f* thermo-ionique
- r   термоэлектрический катод *m*, термокатод *m*

T149
- e   thermionic emission
- d   thermische Elektronenemission *f*, Glühemission *f*
- f   émission *f* thermo-ionique
- r   термоэлектронная эмиссия *f*

T150
- e   thermistor
- d   Thermistor *m*
- f   thermistance *f*, thermistor *m*
- r   термистор *m*

T151
- e   thermocouple
- d   Thermopaar *n*
- f   thermocouple *m*
- r   термопара *f*

T152
- e   thermocouple calorimeter
- d   Kalorimeter *n* mit Thermoelementen
- f   calorimètre *m* à thermocouples
- r   термопарный калориметр *m*

T153   e   thermodiffusion *see* **thermal diffusion**

T154
- e   thermodynamic cycle
- d   thermodynamischer Kreisprozeß *m*
- f   cycle *m* thermodynamique
- r   термодинамический цикл *m*

T155
- e   thermodynamic diagram
- d   thermodynamisches Diagramm *n*
- f   diagramme *m* thermodynamique
- r   термодинамическая диаграмма *f*

T156
- e   thermodynamic equilibrium
- d   thermodynamisches Gleichgewicht *n*
- f   équilibre *m* thermodynamique
- r   термодинамическое равновесие *n*

T157	e	thermodynamic limit
	d	thermodynamische Grenze f
	f	limite f thermodynamique
	r	термодинамический предел m
T158	e	thermodynamic paradox
	d	thermodynamisches Paradoxon n
	f	paradoxe m thermodynamique
	r	термодинамический парадокс m
T159	e	thermodynamic parameter
	d	thermodynamischer Parameter m
	f	paramètre m thermodynamique
	r	термодинамический параметр m
T160	e	thermodynamic potential
	d	thermodynamisches Potential n
	f	potentiel m thermodynamique
	r	термодинамический потенциал m
T161	e	thermodynamic probability
	d	thermodynamische Wahrscheinlichkeit f
	f	probabilité f thermodynamique
	r	термодинамическая вероятность f
T162	e	thermodynamic process
	d	thermodynamischer Prozeß m
	f	processus m thermodynamique
	r	термодинамический процесс m
T163	e	thermodynamics
	d	Thermodynamik f
	f	thermodynamique f
	r	термодинамика f
T164	e	thermodynamic similarity
	d	thermodynamische Ähnlichkeit f
	f	similitude f thermodynamique
	r	термодинамическое подобие n
T165	e	thermodynamics of irreversible processes see irreversible thermodynamics
T166	e	thermodynamic state
	d	thermodynamischer Zustand m
	f	état m thermodynamique
	r	термодинамическое состояние n
T167	e	thermodynamic system
	d	thermodynamisches System n
	f	système m thermodynamique
	r	термодинамическая система f
T168	e	thermodynamic temperature
	d	thermodynamische Temperatur f
	f	température f thermodynamique
	r	термодинамическая температура f
T169	e	thermodynamic temperature scale
	d	thermodynamische Temperaturskala f
	f	échelle f thermodynamique des températures, échelle f thermodynamique
	r	термодинамическая температурная шкала f
T170	e	thermoelasticity
	d	Thermoelastizität f
	f	thermo-élasticité f
	r	термоупругость f
T171	e	thermoelastic stress
	d	thermoelastische Spannung f
	f	tension f thermo-élastique
	r	термоупругое напряжение n
T172	e	thermoelectric cooling
	d	thermoelektrische Kühlung f
	f	refroidissement m thermo-électrique
	r	термоэлектрическое охлаждение n
T173	e	thermoelectric effects
	d	thermoelektrische Erscheinungen f pl, thermoelektrische Effekte m pl
	f	effets m pl thermo-électriques
	r	термоэлектрические явления n pl
T174	e	thermoelectric generator
	d	Thermogenerator m, thermoelektrischer Generator m
	f	générateur m thermo-électrique
	r	термоэлектрический генератор m
T175	e	thermoelectric pyrometer
	d	thermoelektrisches Pyrometer n
	f	pyromètre m thermo-électrique
	r	термоэлектрический пирометр m
T176	e	thermoelectric refrigerator
	d	thermoelektrische Kälteanlage f
	f	réfrigérateur m thermo-électrique
	r	термоэлектрический холодильник m
T177	e	thermoelectron image
	d	Glühelektronenbild n, Thermoelektronenbild n
	f	image f à thermo-électrons
	r	изображение n в термоэлектронах
T178	e	thermogalvanomagnetic effects
	d	thermogalvanomagnetische Erscheinungen f pl, thermogalvanomagnetische Effekte m pl
	f	effets m pl thermogalvanomagnétiques
	r	термогальваномагнитные явления n pl
T179	e	thermogravimetric analysis
	d	thermogravimetrische Analyse f
	f	analyse f thermogravimétrique
	r	термогравиметрический анализ m
T180	e	thermoluminescence
	d	Thermolumineszenz f
	f	thermoluminescence f
	r	термолюминесценция f
T181	e	thermomagnetic effects
	d	thermomagnetische Erscheinungen f pl, thermomagnetische Effekte m pl

THERMOMAGNETIC

    f effets *m pl* thermomagnétiques
    r термомагнитные явления *n pl*

T182 *e* **thermomagnetic insulation**
    d thermomagnetische Isolation *f*
    f isolement *m* thermomagnétique
    r магнитная термоизоляция *f*

T183 *e* **thermomechanical effect**
    d thermomechanischer Effekt *m*
    f effet *m* thermomécanique
    r термомеханический эффект *m*

T184 *e* **thermometer**
    d Thermometer *n*
    f thermomètre *m*
    r термометр *m*

T185 *e* **thermometry**
    d Thermometrie *f*
    f thermométrie *f*
    r термометрия *f*

T186 *e* **thermonuclear energy**
    d Thermonuklearenergie *f*, thermonukleare Energie *f*
    f énergie *f* thermonucléaire
    r термоядерная энергия *f*

T187 *e* **thermonuclear fusion**
    d thermonukleare Kernfusion *f*
    f fusion *f* thermonucléaire
    r термоядерный синтез *m*

T188 *e* **thermonuclear plasma**
    d thermonukleares Plasma *n*
    f plasma *m* thermonucléaire
    r термоядерная плазма *f*

T189 *e* **thermonuclear reaction**
    d thermonukleare Reaktion *f*
    f réaction *f* thermonucléaire
    r термоядерная реакция *f*

T190 *e* **thermonuclear reactor**
    d Fusionsreaktor *m*
    f réacteur *m* thermonucléaire
    r термоядерный реактор *m*

T191 *e* **thermonuclear target**
    d thermonukleares Target *n*
    f cible *f* thermonucléaire
    r термоядерная мишень *f*

T192 *e* **thermoplastic material**
    d Thermoplast *m*, thermoplastischer Kunststoff *m*
    f matière *f* thermoplastique
    r термопластичный материал *m*

T193 *e* **thermoregulator**
    d Temperaturregler *m*
    f thermorégulateur *m*
    r терморегулятор *m*

T194 *e* **thermosphere**
    d Thermosphäre *f*
    f thermosphère *f*
    r термосфера *f*

T195 *e* **thermostat**
    d Thermostat *m*
    f thermostat *m*
    r термостат *m*

T196 *e* **thermostated cell**
    d thermostatierte Küvette *f*
    f cellule *f* thermostatisée
    r термостатированная кювета *f*

T197 *e* **thermostriction**
    d Thermostriktion *f*
    f thermostriction *f*
    r термострикция *f*

T198 *e* **theta pinch**
    d Theta-Pinch *m*
    f pincement *m* orthogonal, striction *f* orthogonal, thêta-pinch *m*
    r тета-пинч *m*, ϑ-пинч *m*

T199 *e* **thick film**
    d Dickschicht *f*, Dickfilm *m*
    f film *m* épais
    r толстая плёнка *f*

T200 *e* **thickness**
    d Dicke *f*; Stärke *f*
    f épaisseur *f*
    r толщина *f*

T201 *e* **thickness gage**
    d Dickenlehre *f*
    f jauge *f* d'épaisseur
    r толщиномер *m*

T202 *e* **thin film**
    d Dünnschicht *f*, Dünnfilm *m*
    f film *m* mince, couche *f* mince
    r тонкая плёнка *f*

T203 *e* **thin-film electronics**
    d Dünnschichtelektronik *f*, Dünnfilmelektronik *f*
    f électronique *f* à film mince, électronique *f* à couche mince
    r плёночная электроника *f*, тонкоплёночная электроника *f*

T204 *e* **thin-film filter**
    d Dünnfilmfilter *n*
    f filtre *m* à film mince, filtre *m* à couche mince
    r тонкоплёночный фильтр *m*

T205 *e* **thin-film interferometer**
    d Dünnschichtinterferometer *n*
    f interféromètre *m* à film mince, interféromètre *m* à couche mince
    r тонкоплёночный интерферометр *m*

T206 *e* **thin-film laser**
    d Dünnfilmlaser *m*, Dünnschichtlaser *m*
    f laser *m* à couche mince
    r тонкоплёночный лазер *m*

THRESHOLD

T207   e   thin lens
       d   dünne Linse f, kurze Linse f
       f   lentille f mince
       r   тонкая линза f

T208   e   thin plate
       d   dünne Platte f
       f   plaque f mince
       r   тонкая пластинка f

T209   e   third law of thermodynamics
       d   dritter Hauptsatz m der Thermodynamik, Nernstscher Wärmesatz m
       f   troisième principe m de la thermodynamique
       r   третье начало n термодинамики

T210   e   third sound
       d   dritter Schall m
       f   troisième son m
       r   третий звук m (в гелии)

T211   e   thixotropy
       d   Thixotropie f
       f   thixotropie f
       r   тиксотропия f

T212   e   Thomson scattering
       d   Thomson-Streuung f, Thomsonsche Streuung f
       f   diffusion f de Thomson
       r   томсоновское рассеяние n

T213   e   thorium, Th
       d   Thorium n
       f   thorium m
       r   торий m

T214   e   three-body problem
       d   Dreikörperproblem n
       f   problème m des trois corps
       r   задача f трёх тел

T215   e   three-component sensor
       d   Dreikomponentengeber m, Dreikomponentensensor m
       f   capteur m à trois composantes
       r   трёхкомпонентный датчик m

T216   e   three-dimensional image, 3-D image
       d   räumliches Bild n, Dreidimensionalabbildung f
       f   image f à trois dimensions
       r   трёхмерное изображение n, объёмное изображение n, пространственное изображение n

T217   e   three-dimensional model
       d   dreidimensionales Modell n, räumliches Modell n
       f   modèle m à trois dimensions, modèle m spatial
       r   трёхмерная модель f, пространственная модель f

T218   e   three-dimensional space
       d   dreidimensionaler Raum m
       f   espace m à trois dimensions
       r   трёхмерное пространство n

T219   e   three-halves power law
       d   Drei-Halbe-Gesetz n, Langmuirsches Raumladungsgesetz n
       f   loi f de puissance 3/2
       r   закон m трёх вторых

T220   e   three-level laser
       d   Dreiniveaulaser m, Laser m mit drei Energieniveaus
       f   laser m à trois niveaux
       r   трёхуровневый лазер m

T221   e   three-level maser
       d   Dreiniveaumaser m
       f   maser m à trois niveaux
       r   трёхуровневый мазер m

T222   e   three-phase current
       d   Drehstrom m
       f   courant m triphasé
       r   трёхфазный ток m

T223   e   threshold
       d   Schwelle f
       f   seuil m
       r   порог m

T224   e   threshold intensity
       d   Schwellenintensität f
       f   intensité f de seuil
       r   пороговая интенсивность f

T225   e   threshold of hearing
       d   Hörschwelle f
       f   seuil m d'audibilité
       r   порог m слышимости

T226   e   threshold of pain
       d   obere Hörschwelle f, Schmerzschwelle f
       f   seuil m supérieur d'audibilité (en acoustique)
       r   порог m болевого ощущения (в акустике)

T227   e   threshold of power
       d   Grenzleistung f
       f   puissance f de seuil
       r   пороговая мощность f

T228   e   threshold of vision
       d   Sichtbarkeitsschwelle f
       f   seuil m de la visibilité
       r   порог m зрительного ощущения, порог m видимости

T229   e   threshold of visual perception see threshold of vision

T230   e   threshold voltage
       d   Schwellenspannung f

THRESHOLD

	f	tension f de seuil
	r	пороговое напряжение n
T231	e	threshold wavelength
	d	obere Grenzwellenlänge f, Grenzwellenlänge f
	f	longueur f d'onde de seuil
	r	пороговая длина f волны
T232	e	throttling
	d	Drosseln n, Drosselung f
	f	étranglement m
	r	дросселирование n
T233	e	thulium, Th
	d	Thulium n
	f	thulium m
	r	тулий m
T234	e	thyratron
	d	Thyratron n
	f	thyratron m
	r	тиратрон m
T235	e	thyristor
	d	Thyristor m
	f	thyristor m
	r	тиристор m
T236	e	tidal motion
	d	Gezeitenbewegung f, Tidenbewegung f
	f	mouvement m dû aux marées
	r	приливное движение n
T237	e	tide
	d	Flut f
	f	marée f
	r	прилив m
T238	e	tilt see slope
T239	e	timbre
	d	Klangfarbe f
	f	timbre m
	r	тембр m
T240	e	time
	d	Zeit f
	f	temps m
	r	время n
T241	e	time averaging
	d	Zeitmittelwertbildung f, zeitliches Mitteln n
	f	moyennage m sur le temps
	r	усреднение n по времени
T242	e	time base
	d	Zeitbasis f, Zeitachse f, Zeitlinie f
	f	base f de balayage
	r	развёртка f (в осциллографе)
T243	e	time coherence
	d	Zeitkohärenz f, zeitliche Kohärenz f
	f	cohérence f temporelle
	r	временна́я когерентность f
T244	e	time constant
	d	Zeitkonstante f
	f	constante f du temps
	r	постоянная f времени
T245	e	time delay
	d	Zeitverzögerung f, zeitliche Verzögerung f
	f	retard m, délai m
	r	временна́я задержка f, запаздывание n
T246	e	time dependence
	d	Zeitabhängigkeit f, zeitliche Abhängigkeit f
	f	fonction f du temps
	r	зависимость f от времени, временна́я зависимость f
T247	e	time evolution see temporal evolution
T248	e	time interval
	d	Zeitintervall n
	f	intervalle m m de temps
	r	временной интервал m, интервал m времени
T249	e	time-interval measurement
	d	Zeitintervallmessung f
	f	mesure f des intervalles de temps
	r	измерение n интервалов времени
T250	e	time inversion
	d	Zeitumkehr f
	f	inversion f de temps
	r	обращение n времени
T251	e	time irreversibility
	d	Zeitirreversibilität f
	f	irréversibilité f du temps
	r	необратимость f времени
T252	e	time lag, timelag see time delay
T253	e	time-like interval
	d	zeitartiges Intervall n
	f	intervalle m du genre temps
	r	времениподобный интервал m
T254	e	time measurement
	d	Zeitmessung f
	f	mesure f de temps
	r	измерение n времени
T255	e	time-of-flight mass spectrometer
	d	Laufzeitmassenspektrometer n
	f	spectromètre m de masse à temps de transit
	r	времяпролётный масс-спектрометр m
T256	e	time-of-flight spectrometer
	d	Laufzeitspektrometer n
	f	spectromètre m à temps de transit
	r	времяпролётный спектрометр m

T257 e **time resolution**
d Zeitauflösung f, zeitliches Auflösungsvermögen n, Zeitauflösungsvermögen n
f pouvoir m de résolution dans le temps
r временнóе разрешение n, разрешающая способность f по времени

T258 e **time-resolved spectroscopy**
d Zeitauflösungsspektroskopie f
f spectroscopie f à pouvoir de résolution dans le temps
r спектроскопия f с временным разрешением

T259 e **time reversal**
d Zeitumkehr f
f inversion f de temps
r обращение n времени

T260 e **time reversal invariance**
d T-Invarianz f
f invariance f par rapport à l'inversion de temps
r инвариантность f относительно обращения времени

T261 e **time variation**
d Zeitveränderlichkeit f, Zeitvariabilität f
f variation f avec le temps
r изменение n во времени

T262 e **timing**
d Zeitsteuerung f; Synchronisierung f
f minutage m; synchronisation f
r хронирование n; синхронизация f

T263 e **tin, Sn**
d Zinn n
f étain m
r олово

T264 e **T-invariance** see time reversal invariance

T265 e **titanium, Ti**
d Titan n
f titane m
r титан m

T266 e **tokamak**
d Tokamak m
f tokamak m
r токамак m

T267 e **tolerance dose**
d zulässige Dosis f, Toleranzdosis f, zulässige Dosisleistung f, verträgliche Dosisleistung f
f dose f tolérée (d'irradiation)
r допустимая доза f (облучения)

T268 e **tomographic image**
d Tomographenbild n
f image f tomographique
r томографическое изображение n

T269 e **tomography**
d Tomographie f
f tomographie f
r томография f

T270 e **tone**
d Ton m
f son m, ton m
r тон m

T271 e **tonne, t**
d Tonne f
f tonne f
r тонна f

T272 e **top**
d 1. Kreisel m 2. Spitze f
f 1. rotateur m, toupie f 2. sommet m
r 1. волчок m 2. вершина f

T273 e **topological invariance**
d topologische Invarianz f
f invariance f topologique
r топологическая инвариантность f

T274 e **topological invariant**
d topologische Invariante f
f invariant m topologique
r топологический инвариант m

T275 e **topological structure**
d topologische Struktur f
f structure f topologique
r топологическая структура f

T276 e **topological transformation**
d topologische Transformation f
f représentation f topologique
r топологическое преобразование n

T277 e **topology**
d Topologie f
f topologie f
r топология f

T278 e **toponium**
d Toponium n
f toponium m
r топоний m

T279 e **top quark**
d t-Quark n
f quark m t
r верхний кварк m, t-кварк m

T280 e **torch discharge**
d Torch-Entladung f
f décharge f en torche
r факельный разряд m

T281 e **toroidal chamber**
d Toroidkammer f
f chambre f toroïdale
r тороидальная камера f

TOROIDAL

T282   e   toroidal configuration
         d   Toroidkonfiguration f
         f   configuration f toroïdale
         r   тороидальная конфигурация f

T283   e   toroidal divertor
         d   toroidaler Divertor m
         f   diverteur m toroïdal
         r   тороидальный дивертор m

T284   e   toroidal magnetic field
         d   toroidales magnetisches Feld n
         f   champ m toroïdal magnétique
         r   тороидальное магнитное поле n

T285   e   toroidal pinch
         d   toroidaler Pinch m, Toroidpinch m
         f   pincement m toroïdal, striction f toroïdale
         r   тороидальный пинч m

T286   e   toroidal system
         d   toroidales System n
         f   système m toroïdal
         r   тороидальная система f

T287   e   torque
         d   Drehmoment n, Moment n des Kräftepaares
         f   couple m, moment m du couple
         r   вращающий момент m; крутящий момент m

T288   e   torque magnetometer
         d   Torsionsmagnetometer n, Drehmagnetometer n
         f   magnétomètre m à torsion
         r   магнитный анизометр m

T289   e   torr
         d   Torr n
         f   torr m
         r   торр m (единица давления)

T290   e   Torricellian vacuum
         d   Torricellische Leere f
         f   vide m de Torricelli
         r   торричеллиева пустота f

T291   e   torsion
         d   Torsion f, Verdrehung f
         f   torsion f
         r   кручение n; скручивание n

T292   e   torsional rigidity
         d   Torsionssteifigkeit f, Verdrehungssteifigkeit f, Verdrehsteifigkeit f
         f   rigidité f de torsion
         r   крутильная жёсткость f

T293   e   torsional strain
         d   Torsionsverzerrung f, Torsionsdeformation f, Verdrehungsverformung f, Verdrehverformung f
         f   déformation f due à la torsion
         r   деформация f кручения

T294   e   torsional vibrations
         d   Torsionsschwingungen $f\ pl$
         f   vibrations $f\ pl$ de torsion
         r   крутильные колебания $n\ pl$, торсионные колебания $n\ pl$

T295   e   torsion balance
         d   Torsionswaage f
         f   balance f de torsion
         r   крутильные весы pl

T296   e   torsion modulus
         d   Torsionsmodul m
         f   module m de torsion
         r   модуль m кручения

T297   e   torsion pendulum
         d   Torsionspendel n, Drehpendel n
         f   pendule m à torsion
         r   крутильный маятник m

T298   e   total absorption
         d   Gesamtabsorption f, Totalabsorption f
         f   absorption f totale
         r   полное поглощение n

T299   e   total cross-section
         d   Gesamtquerschnitt m
         f   section f totale
         r   полное сечение n

T300   e   total cross-section for scattering
         d   Streuungsgesamtquerschnitt m
         f   section f efficace totale de la diffusion
         r   полное сечение n рассеяния

T301   e   total eclipse
         d   totale Finsternis f, vollständige Verfinsterung f
         f   éclipse f totale
         r   полное затмение n

T302   e   total intensity
         d   Gesamtintensität f
         f   intensité f totale
         r   полная интенсивность f, интегральная интенсивность f

T303   e   total internal reflection
         d   innere Totalreflexion f
         f   réflexion f interne totale
         r   полное внутреннее отражение n

T304   e   total quantum number *see* principal quantum number

T305   e   total radiator
         d   schwarzer Strahler m
         f   radiateur m total
         r   полный излучатель m, чёрное тело n, абсолютно чёрное тело n

T306   e   total reflection
         d   Totalreflexion f, totale Reflexion f

	f	réflexion *f* totale
	r	полное отражение *n*
T307	*e*	**Townsend coefficient**
	d	Townsend-Koeffizient *m*
	f	coefficient *m* de Townsend
	r	коэффициент *m* Таунсенда
T308	*e*	**Townsend discharge**
	d	Townsend-Entladung *f*
	f	décharge *f* Townsend, décharge *f* de Townsend
	r	разряд *m* Таунсенда, таунсендовский разряд *m*
T309	*e*	**tracer**
	d	Radioindikator *m*, Tracer *m*, Leitisotop *n*, Isotopenindikator *m*
	f	atome *m* marqué; indicateur *m* atomique
	r	меченый атом *m*; изотопный индикатор *m*
T310	*e*	**tracer isotope**
	d	Tracerisotop *n*, Leitisotop *n*
	f	isotope *m* indicateur
	r	изотоп-индикатор *m*
T311	*e*	**tracer method**
	d	Indikatormethode *f*, Tracermethode *f*
	f	méthode *f* des éléments traceurs, méthode *f* des traceurs
	r	метод *m* изотопных индикаторов, метод *m* меченых атомов
T312	*e*	**track**
	d	Spur *f*, Teilchenspur *f*
	f	trace *f*
	r	трек *m* (*частицы*)
T313	*e*	**track chamber**
	d	Spurenkammer *f*
	f	chambre *f* à trace
	r	трековая камера *f*
T314	*e*	**track detector**
	d	Spurdetektor *m*, Kernspurdetektor *m*
	f	détecteur *m* à trace
	r	трековый детектор *m*
T315	*e*	**track membrane**
	d	Spurmembran *f*
	f	membrane *f* à trace
	r	трековая мембрана *f*, ядерный фильтр *m*
T316	*e*	**trailing edge**
	d	1. Hinterkante *f*, Abströmkante *f* 2. Rückflanke *f*, Impulsrückflanke *f*
	f	1. bord *m* de fuite 2. flanc *m* arrière (d'impulsion)
	r	1. задняя кромка *f* 2. срез *m* (импульса)
T317	*e*	**trajectory**
	d	Bahn *f*; Bahnkurve *f*, Bahnlinie *f*
	f	trajectoire *f*
	r	траектория *f*
T318	*e*	**trajectory perturbations**
	d	Bahnstörungen *f pl*
	f	perturbances *f pl* des trajectoires
	r	возмущения *n pl* траекторий
T319	*e*	**transcrystalline fracture**
	d	intrakristalliner Bruch *m*
	f	cassure *f* intragranulaire, cassure *f* intracristalline
	r	внутризёренный излом *m*
T320	*e*	**transducer**
	d	Meßumformer *m*
	f	transducteur *m* de mesure; capteur *m*
	r	измерительный преобразователь *m*; датчик *m*
T321	*e*	**transfer**
	d	Übertragung *f*
	f	transfert
	r	1. перенос *m* 2. передача *f*
T322	*e*	**transfer function**
	d	Übertragungsfunktion *f*
	f	fonction *f* de transfert
	r	передаточная функция *f*
T323	*e*	**transform, transformation**
	d	Transformation *f*
	f	transformation *f*
	r	преобразование *n*
T324	*e*	**transformation ratio**
	d	Übersetzungsverhältnis *n*
	f	rapport *m* de transformation
	r	коэффициент *m* трансформации
T325	*e*	**transformer**
	d	Transformator *m*, Trafo *m*
	f	transformateur *m*
	r	трансформатор *m*
T326	*e*	**transgranular fracture** see **transcrystalline fracture**
T327	*e*	**transient** see **transient process**
T328	*e*	**transient motion** see **nonstationary motion**
T329	*e*	**transient oscillation**
	d	Übergangsschwingungen *f pl*
	f	oscillations *f pl* transitoires
	r	неустановившиеся колебания *n pl*, переходные колебания *n pl*
T330	*e*	**transient process**
	d	Übergangsvorgang *m*, Übergangsprozeß *m*
	f	processus *m* de transition
	r	переходный процесс *m*; установившийся процесс *m*
T331	*e*	**transient radiation** see **transition radiation**

TRANSIENT

T332   e transient response
        d Sprungcharakteristik *f*
        f caractéristique *f* transitoire
        r переходная характеристика *f*

T333   e trans-isomer
        d trans-Form *f*, trans-Isomer *n*
        f isomère *m* trans
        r *транс*-изомер *m*

T334   e transistor
        d Transistor *m*
        f transistor *m*
        r транзистор *m*

T335   e transition
        d Übergang *m*
        f transition *f*
        r переход *m*

T336   e transition identification
        d Übergangsidentifikation *f*
        f indentification *f* des transitions
        r идентификация *f* переходов

T337   e transition intensity
        d Übergangsintensität *f*
        f intensité *f* de la transition
        r интенсивность *f* перехода

T338   e transition metal
        d Übergangsmetall *n*
        f métal *m* de transition
        r переходный металл *m*

T339   e transition operator
        d Übergangsoperator *m*
        f opérateur *m* de transition
        r оператор *m* перехода

T340   e transition probability
        d Übergangswahrscheinlichkeit *f*
        f probabilité *f* de transition
        r вероятность *f* перехода

T341   e transition radiation
        d Übergangsstrahlung *f*
        f rayonnement *m* de transition
        r переходное излучение *n*

T342   e transition region
        d Übergangsgebiet *n*, Übergangszone *f*
        f zone *f* de transition
        r переходная область *f*, область *f* перехода

T343   e transition saturation
        d Übergangssättigung *f*
        f saturation *f* de la transition
        r насыщение *n* перехода

T344   e transition state
        d Übergangszustand *m*
        f état *m* de transition
        r переходное состояние *n*

T345   e transit time
        d Laufzeit *f*
        f temps *m* de vol
        r время *n* пролёта

T346   e translation
        d 1. Translation *f*, Schiebung *f*
           2. Verschiebung *f*; Bewegung *f*
           3. Translationsbewegung *f*
        f translation *f*
        r 1. трансляция *f*; параллельный перенос *m* 2. перемещение *n* 3. поступательное движение *n*

T347   e translational invariance
        d Translationsinvarianz *f*
        f invariance *f* de translation
        r трансляционная инвариантность *f*

T348   e translational motion
        d Translationsbewegung *f*
        f mouvement *m* de translation
        r 1. переносное движение *n* 2. поступательное движение *n*

T349   e translational symmetry
        d Translationssymmetrie *f*
        f symétrie *f* de translation
        r трансляционная симметрия *f*

T350   e transmission
        d 1. Durchlassung *f*, Transmission *f* 2. Fortleitung *f* 3. Übertragung *f*; Senden *n*
        f transmission *f*
        r 1. пропускание *n (излучения)* 2. распространение *n* 3. передача *f*

T351   e transmission coefficient
        d Durchlaßkoeffizient *m*, Durchlaßgrad *m*, Transmissionsgrad *m*
        f coefficient *m* de transmission
        r коэффициент *m* пропускания

T352   e transmission curve
        d Durchlässigkeitskurve *f*
        f courbe *f* de transmission
        r кривая *f* пропускания

T353   e transmission electron microscope
        d Durchstrahlungselektronenmikroskop *n*, Transmissionselektronenmikroskop *n*
        f microscope *m* électronique à transmission
        r просвечивающий электронный микроскоп *m*

T354   e transmission factor *see* transmission coefficient

T355   e transmission line
        d Übertragungsleitung *f*
        f ligne *f* de transmission
        r линия *f* передачи

T356   e transmittance *see* transmission coefficient

T357   e   transmitter
        d   Sender *m*
        f   transmetteur *m*
        r   передатчик *m*

T358   e   transmutation
        d   Umwandlung *f*
        f   transmutation *f (des éléments)*
        r   превращение *n (элементов)*

T359   e   transonic flight
        d   transsonischer Flug *m*, schallnaher Flug *m*
        f   vol *m* à vitesse transsonique
        r   полёт *m* с околозвуковой скоростью

T360   e   transonic flow
        d   schallnahe Strömung *f*, transsonische Strömung *f*
        f   écoulement *m* transsonique
        r   околозвуковое течение *n*

T361   e   transonic transition
        d   Schalldurchgang *m*
        f   passage *m* transsonique
        r   переход *m* через звуковую скорость

T362   e   transparency
        d   Transparenz *f*
        f   transparence *f*
        r   1. прозрачность *f* 2. коэффициент *m* пропускания 3. транспарант *m*

T363   e   transparent crystal
        d   durchsichtiger Kristall *m*
        f   cristal *m* transparent
        r   прозрачный кристалл *m*

T364   e   transparent dielectric
        d   durchsichtiges Dielektrikum *n*
        f   diélectrique *m* transparent
        r   прозрачный диэлектрик *m*

T365   e   transparent dye
        d   durchlässiger Farbstoff *m*
        f   colorant *m* transparent
        r   прозрачный краситель *m*

T366   e   transparent film
        d   transparenter Film *m*
        f   film *m* transparent
        r   прозрачная плёнка *f*

T367   e   transparent plasma
        d   transparentes Plasma *n*
        f   plasma *m* transparent
        r   прозрачная плазма *f*

T368   e   transport
        d   Transport *m*
        f   transport *m*
        r   перенос *m*

T369   e   transport coefficient
        d   Transportfaktor *m*, Transportkoeffizient *m*
        f   coefficient *m* de transport
        r   коэффициент *m* переноса

T370   e   transport cross-section
        d   Transportwirkungsquerschnitt *m*, Wirkungsquerschnitt *m* des Transports
        f   section *f* efficace de transport
        r   сечение *n* переноса, транспортное сечение *n*

T371   e   transport factor *see* kinetic coefficient

T372   e   transport phenomena
        d   Transporterscheinungen *f pl*, Transportphänomene *m pl*
        f   phénomènes *m pl* de transfert, phénomènes *m pl* de transport
        r   явления *n pl* переноса

T373   e   transport processes
        d   Transportprozesse *m pl*
        f   processus *m pl* de transport
        r   процессы *m pl* переноса

T374   e   transuranium element
        d   Transuran *n*
        f   élément *m* transuranien
        r   трансурановый элемент *m*

T375   e   transverse adiabatic invariant
        d   transversale adiabatische Invariante *f*
        f   invariant *m* adiabatique transversal
        r   поперечный адиабатический инвариант *m*

T376   e   transverse coherence
        d   transversale Kohärenz *f*
        f   cohérence *f* transversale
        r   поперечная когерентность *f*

T377   e   transverse diffusion
        d   Transversaldiffusion *f*
        f   diffusion *f* transversale
        r   поперечная диффузия *f*

T378   e   transverse electromagnetic wave
        d   transversalelektromagnetische Welle *f*, TEM-Welle *f*
        f   onde *f* électromagnétique transversale
        r   поперечная электромагнитная волна *f*, TEM-волна *f*

T379   e   transverse field
        d   Transversalfeld *n*
        f   champ *m* transversal
        r   поперечное поле *n*

T380   e   transverse mode
        d   Transversalmode *f*, transversale Mode *f*
        f   mode *m* transversal
        r   поперечная мода *f*

T381   e   transverse oscillation *see* transverse vibration

TRANSVERSE

T382
- e transverse pumping
- d Transversalpumpen n
- f pompage m transversal
- r поперечная накачка f

T383
- e transverse sound
- d transversaler Schall m, Transversalschall m
- f son m transversal
- r поперечный звук m

T384
- e transverse vibration
- d transversale Schwingungen f pl
- f oscillations f pl transversales
- r поперечные колебания n pl

T385
- e transverse wave
- d Transversalwelle f
- f onde f transversale
- r поперечная волна f

T386
- e trap
- d Haftstelle f, Trap m
- f piège m
- r ловушка f

T387
- e trap density
- d Haftstellendichte f
- f concentration f des pièges
- r концентрация f ловушек

T388
- e trapped particle fraction
- d Anteil m der eingefangenen Teilchen
- f fraction f des particules captées
- r доля f захваченных частиц

T389
- e trapped particles
- d eingefangene Teilchen n pl
- f particules f pl piégées
- r захваченные частицы f pl

T390
- e trapped radiation
- d eingefangene Strahlung f
- f radiation f piégée
- r пленённое излучение n

T391
- e trapping
- d Einfang m; Fangen n; Auffangen n
- f capture f, captage m
- r захват m; улавливание n

T392
- e traveling ionospheric disturbance
- d ionosphärische Wanderstörung f
- f perturbation f ionosphérique mobile
- r перемещающееся ионосферное возмущение n

T393
- e traveling wave
- d Wanderwelle f, fortschreitende Welle f
- f onde f progressive
- r бегущая волна f

T394
- e traveling-wave aerial, traveling-wave antenna
- d Wanderwellenantenne f
- f antenne f à onde progressive
- r антенна f бегущей волны

T395
- e traveling-wave factor
- d Wanderwellenkoeffizient m
- f taux m d'ondes progressives
- r коэффициент m бегущей волны, КБВ

T396
- e traveling-wave tube
- d Wanderfeldröhre f
- f tube m à onde progressive
- r лампа f бегущей волны

T397
- e travelling see traveling

T398
- e trial-and-error method
- d Trial-and-error-Methode f, Probiermethode f
- f méthode f d'essai et d'erreur
- r метод m проб и ошибок

T399
- e triangular pulse
- d Dreieckimpuls m
- f impulsion f triangulaire
- r треугольный импульс m, импульс m треугольной формы

T400
- e triboelectricity
- d Reibungselektrizität f, Triboelektrizität f
- f tribo-électricité f
- r трибоэлектричество n

T401
- e triboelectrization
- d Reibungselektrisierung f
- f électrisation f par frottement
- r электризация f трением

T402
- e tribology
- d Tribologie f, Reibungslehre f
- f tribologie f
- r трибология f (наука о трении)

T403
- e triboluminescence
- d Tribolumineszenz f, Reibungslumineszenz f
- f triboluminescence f
- r триболюминесценция f

T404
- e trichromatic colorimetry
- d trichromatische Kolorimetrie f, Dreifarbenmessung f
- f colorimétrie f trichrome
- r трёхцветная колориметрия f

T405
- e triclinic system
- d triklines Kristallsystem n, triklines System n
- f système m triclinique
- r триклинная сингония f, триклинная система f

T406
- e trigatron
- d Trigatron n
- f trigatron m
- r тригатрон m

T407
- e trigger
- d 1. Trigger m 2. Triggersignal n

TUNING

	f	trigger *m*, basculeur *m*
	r	1. триггер *m* 2. запускающий сигнал *m*
T408	*e*	trigger pulse
	d	Triggerimpuls *m*, Auslöseimpuls *m*
	f	impulsion *f* de démarrage
	r	запускающий импульс *m*
T409	*e*	trigonal system
	d	trigonales Kristallsystem *n*
	f	système *m* trigonal
	r	тригональная сингония *f*; тригональная система *f*
T410	*e*	triode
	d	Triode *f*
	f	triode *f*
	r	триод *m*
T411	*e*	triple point
	d	Tripelpunkt *m*
	f	triple point *m*
	r	тройная точка *f*
T412	*e*	triplet
	d	Triplett *n*
	f	triplet *m*
	r	триплет *m*
T413	*e*	tritium, T
	d	Tritium *n*
	f	tritium *m*
	r	тритий *m*
T414	*e*	tritium target
	d	Tritiumtarget *n*
	f	cible *f* de tritium
	r	тритиевая мишень *f*
T415	*e*	triton
	d	Triton *n*
	f	triton *m*
	r	тритон *m*
T416	*e*	trochotron
	d	Trochotron *n*
	f	trochotron *m*
	r	трохотрон *m*
T417	*e*	tropical year
	d	tropisches Jahr *n*
	f	année *f* tropique
	r	тропический год *m*
T418	*e*	tropopause
	d	Tropopause *f*
	f	tropopause *f*
	r	тропопауза *f*
T419	*e*	troposphere
	d	Troposphäre *f*
	f	troposphère *f*
	r	тропосфера *f*
T420	*e*	tropospheric wave
	d	troposphärische Welle *f*, Troposphärenwelle *f*
	f	onde *f* troposphérique
	r	тропосферная волна *f*
T421	*e*	true absorption *see* proper absorption
T422	*e*	true neutral meson
	d	wahres Neutronmeson *n*
	f	méson *m* neutre vrai
	r	истинно нейтральный мезон *m*
T423	*e*	true neutral particle
	d	wahres Neutralteilchen *n*
	f	particule *f* neutre vraie
	r	абсолютно нейтральная частица *f*, истинно нейтральная частица *f*
T424	*e*	true quark
	d	wahres Quark *n*
	f	quark *m* vrai
	r	истинный кварк *m*
T425	*e*	tube
	d	Röhre *f*
	f	tube *m*
	r	1. трубка *f* 2. электронная лампа *f*
T426	*e*	tube of current
	d	Stromröhre *f*
	f	tube *m* de courant
	r	трубка *f* тока
T427	*e*	tunable laser
	d	durchstimmbarer Laser *m*
	f	laser *m* accordable
	r	перестраиваемый лазер *m*
T428	*e*	tunable magnetron
	d	durchstimmbares Magnetron *n*
	f	magnétron *m* accordable
	r	перестраиваемый магнетрон *m*
T429	*e*	tungsten, W
	d	Wolfram *n*
	f	tungstène *m*
	r	вольфрам *m*
T430	*e*	tuning
	d	Abstimmung *f*
	f	accord *m*
	r	настройка *f*
T431	*e*	tuning fork
	d	Stimmgabel *f*
	f	diapason *m*
	r	камертон *m*
T432	*e*	tuning indicator
	d	Abstimmanzeigeröhre *f*
	f	indicateur *m* de syntonisation, indicateur *m* d'accord
	r	индикатор *m* настройки
T433	*e*	tuning range
	d	Abstimmbereich *m*; Durchstimmbereich *m*
	f	étendue *f* d'accord, plage *f* d'accord
	r	диапазон *m* перестройки

TUNNEL

T434   e   tunnel current
      d   Tunnelstrom m
      f   courant m tunnel
      r   туннельный ток m

T435   e   tunnel diode
      d   Tunneldiode f
      f   diode f tunnel
      r   туннельный диод m

T436   e   tunnel effect
      d   Tunneleffekt m
      f   effet m tunnel
      r   туннельный эффект m

T437   e   tunnel electron microscope
      d   Tunnelmikroskop n
      f   microscope m tunnel
      r   туннельный электронный микроскоп m

T438   e   tunnel emission
      d   Tunnelemission f
      f   émission f tunnel
      r   туннельная эмиссия f

T439   e   tunneling
      d   Tunneln n, Durchtunnelung f
      f   effet m tunnel
      r   туннелирование n

T440   e   tunnel injection
      d   Tunnelinjektion f
      f   injection f par effet tunnel
      r   туннельная инжекция f

T441   e   tunnel microscope see tunnel electron microscope

T442   e   tunnel transition
      d   Tunnelübergang m
      f   transition f tunnel
      r   туннельный переход m

T443   e   turbidity
      d   Trübung f
      f   turbidité f
      r   мутность f (среды)

T444   e   turbid medium
      d   trübes Medium n
      f   milieu m trouble
      r   мутная среда f

T445   e   turbine
      d   Turbine f
      f   turbine f
      r   турбина f

T446   e   turbulence
      d   Turbulenz f
      f   turbulence f
      r   турбулентность f

T447   e   turbulent boundary layer
      d   turbulente Grenzschicht f
      f   couche f limite turbulente
      r   турбулентный пограничный слой m

T448   e   turbulent diffusion
      d   Turbulenzdiffusion f
      f   diffusion f turbulente
      r   турбулентная диффузия f

T449   e   turbulent flow
      d   turbulente Strömung f
      f   écoulement m turbulent
      r   турбулентное течение n

T450   e   turbulent heating
      d   turbulente Aufheizung f
      f   chauffage m turbulent
      r   турбулентный нагрев m

T451   e   turbulent mixing
      d   turbulente Durchmischung f, turbulente Mischung f, Turbulenzmischung f
      f   mélange m turbulent
      r   турбулентное перемешивание n

T452   e   turbulent motion
      d   turbulente Bewegung f, Turbulenzbewegung f
      f   mouvement m turbulent
      r   турбулентное движение n

T453   e   turbulent plasma
      d   turbulentes Plasma n
      f   plasma m turbulent
      r   турбулентная плазма f

T454   e   turbulent plasma heating
      d   turbulente Plasmaaufheizung f
      f   chauffage m turbulent du plasma
      r   турбулентный нагрев m плазмы

T455   e   Turing machine
      d   Turing-Maschine f
      f   machine f de Turing
      r   машина f Тьюринга

T456   e   turn
      d   1. Windung f 2. Umdrehung f
      f   1. spire f 2. tour m
      r   1. виток m 2. оборот m

T457   e   twin
      d   Zwilling m, Zwillingskristall m
      f   macle f, cristal m maclé
      r   двойник m (кристалла)

T458   e   twin boundary
      d   Zwillingsgrenze f
      f   joint m de macles
      r   двойниковая граница f

T459   e   twin calorimeter
      d   Differentialkalorimeter n, Zwillingskalorimeter n
      f   calorimètre m double
      r   двойной калориметр m

T460　e　twinkling
　　　　d　Funkeln n
　　　　f　scintillation f (des étoiles)
　　　　r　мерцание (звёзд)

T461　e　twinning
　　　　d　Zwillingsbildung f, Verzwilligung f
　　　　f　maclage m, hémitropie f
　　　　r　двойникование n

T462　e　twinning plane
　　　　d　Zwillingsebene f
　　　　f　plan m double, plan m de macle
　　　　r　плоскость f двойникования

T463　e　twin paradox
　　　　d　Zwillingsparadoxon n
　　　　f　paradoxe m de voyageurs de Langevin
　　　　r　парадокс m близнецов, парадокс m часов

T464　e　twist, twisting
　　　　d　Torsion f, Verdrehung f
　　　　f　torsion f
　　　　r　кручение n

T465　e　two-band model
　　　　d　Zweibändermodell n
　　　　f　modèle m à deux bandes
　　　　r　двухзонная модель f

T466　e　two-base diode
　　　　d　Doppelbasisdiode f
　　　　f　diode f à deux bases
　　　　r　двухбазовый диод m

T467　e　two-beam interference
　　　　d　Zweistrahlinterferenz f
　　　　f　interférence f à deux rayons
　　　　r　двухлучевая интерференция f

T468　e　two-beam interferometer
　　　　d　Zweistrahlinterferometer n
　　　　f　interféromètre m à deux rayons
　　　　r　двухлучевой интерферометр m

T469　e　two-body problem
　　　　d　Zweikörperproblem n
　　　　f　problème m des deux corps
　　　　r　задача f двух тел

T470　e　two-component liquid
　　　　d　Zweikomponentenflüssigkeit f
　　　　f　liquide m à deux composantes
　　　　r　двухкомпонентная жидкость f

T471　e　two-component plasma
　　　　d　Zweikomponentenplasma n
　　　　f　plasma m à deux composantes
　　　　r　двухкомпонентная плазма f

T472　e　two-component plasma kinetics
　　　　d　Kinetik f der Zweikomponentenplasma
　　　　f　cinétique f du plasma à deux composantes
　　　　r　кинетика f двухкомпонентной плазмы

T473　e　two-dimensional electron gas
　　　　d　zweidimensionales Elektronengas n
　　　　f　gaz m d'électrons bidimensionnel
　　　　r　двумерный электронный газ m

T474　e　two-dimensional image, 2-D image
　　　　d　zweidimensionales Bild n, Zweidimensionalabbildung f
　　　　f　image f bidimensionnelle
　　　　r　двумерное изображение n, плоское изображение n

T475　e　two-dimensional model
　　　　d　zweidimensionales Modell n
　　　　f　modèle m bidimensionnel
　　　　r　двумерная модель f

T476　e　two-dimensional spectral classification
　　　　d　zweidimensionale Spektralklassifikation f
　　　　f　classification f spectrale bidimensionnelle
　　　　r　двумерная спектральная классификация f

T477　e　two-element interferometer
　　　　d　Zweielementeninterferometer n
　　　　f　interféromètre m à deux éléments
　　　　r　двухэлементный интерферометр m, суммирующий интерферометр m

T478　e　two-fluid model
　　　　d　Zweiflüssigkeitenmodell n (vom Helium)
　　　　f　modèle m à deux fluides (d'hélium)
　　　　r　двухжидкостная модель f (гелия)

T479　e　two-level atom
　　　　d　Zweiniveauatom n
　　　　f　atome m à deux niveaux
　　　　r　двухуровневый атом m

T480　e　two-level laser
　　　　d　Zweiniveaulaser m
　　　　f　laser m à deux niveaux
　　　　r　двухуровневый лазер m

T481　e　two-level maser
　　　　d　Zweiniveaumaser m
　　　　f　maser m à deux niveaux
　　　　r　двухуровневый мазер m

T482　e　two-level model
　　　　d　Zweiniveaumodell n
　　　　f　modèle m à deux niveaux
　　　　r　двухуровневая модель f

T483　e　two-liquid hydrodynamics
　　　　d　Zweiflüssigkeiten-Hydrodynamik f (des Plasmas)
　　　　f　hydrodynamique f à deux liquides (du plasma)
　　　　r　двухжидкостная гидродинамика f (плазмы)

TWO-MAGNON

T484　e　**two-magnon absorption**
　　　d　Zweimagnonenabsorption *f*
　　　f　absorption *f* à deux magnons
　　　r　двухмагнонное поглощение *n*

T485　e　**two-path interference** *see* **two-beam interference**

T486　e　**two-phase flow**
　　　d　Zweiphasenströmung *f*
　　　f　écoulement *m* à deux phases
　　　r　двухфазное течение *n*

T487　e　**two-photon absorption**
　　　d　Zweiphotonenabsorption *f*
　　　f　absorption *f* à deux photons
　　　r　двухфотонное поглощение *n*

T488　e　**two-photon dissociation**
　　　d　Zweiphotonendissoziation *f*
　　　f　dissociation *f* à deux photons
　　　r　двухфотонная диссоциация *f*

T489　e　**two-photon radiation**
　　　d　Zweiphotonenstrahlung *f*
　　　f　rayonnement *m* de deux photons
　　　r　двухфотонное излучение *n*

T490　e　**two-photon transition**
　　　d　Zweiphotonenübergang *m*
　　　f　transition *f* de deux photons
　　　r　двухфотонный переход *m*

T491　e　**two-step ionization**
　　　d　Zweistufenionisation *f*
　　　f　ionisation *f* à deux étapes
　　　r　двухступенчатая ионизация *f*

T492　e　**Tyndall effect**
　　　d　Tyndall-Effekt *m*
　　　f　effet *m* Tyndall
　　　r　эффект *m* Тиндаля

U

U1　e　**UFO** *see* **unidentified flying object**

U2　e　**ultimate density**
　　　d　Grenzdichte *f*
　　　f　densité *f* limite
　　　r　предельная плотность *f*

U3　e　**ultimate strength**
　　　d　Bruchfestigkeit *f*
　　　f　résistance *f* limite
　　　r　предел *m* прочности

U4　e　**ultimate tensile stress**
　　　d　Bruchspannung *f*
　　　f　contrainte *f* de rupture
　　　r　разрывное напряжение *n*,
　　　　 разрушающее напряжение *n*

U5　e　**ultra-cold neutrons**
　　　d　ultrakalte Neutronen *n pl*
　　　f　neutrons *m pl* ultrafroids
　　　r　ультрахолодные нейтроны *m pl*

U6　e　**ultrahigh pressure**
　　　d　Höchstdruck *m*
　　　f　très haute pression *f*
　　　r　сверхвысокое давление *n*

U7　e　**ultrahigh vacuum**
　　　d　Ultrahochvakuum *n*, Höchstvakuum *n*
　　　f　ultravide *m*, ultra-haut vide *m*
　　　r　сверхвысокий вакуум *m*

U8　e　**ultralong-distance propagation of radio waves**
　　　d　Überreichweite *f* der Radiowellen
　　　f　propagation *f* hyperlointaine des ondes radioélectriques
　　　r　сверхдальнее распространение *n* радиоволн

U9　e　**ultramicroscope**
　　　d　Ultramikroskop *n*
　　　f　ultra-microscope *m*
　　　r　ультрамикроскоп *m*

U10　e　**ultrashort pulse**
　　　d　Ultrakurzimpuls *m*
　　　f　impulsion *f* ultra-courte
　　　r　ультракороткий импульс *m*,
　　　　 сверхкороткий импульс *m*

U11　e　**ultrashort waves**
　　　d　Ultrakurzwellen *f pl*
　　　f　ondes *f pl* ultra-courtes
　　　r　ультракороткие волны *f pl*

U12　e　**ultrasonic absorption**
　　　d　Ultraschallabsorption *f*
　　　f　absorption *f* ultrasonore
　　　r　поглощение *n* ультразвука

U13　e　**ultrasonic amplification**
　　　d　Ultraschallverstärkung *f*
　　　f　amplification *f* ultrasonore
　　　r　усиление *n* ультразвука

U14　e　**ultrasonic attenuation**
　　　d　Ultraschalldämpfung *f*,
　　　　 Ultraschallabschwächung *f*
　　　f　amortissement *m* ultrasonore
　　　r　затухание *n* ультразвука

U15　e　**ultrasonic bubble chamber**
　　　d　Ultraschall-Blasenkammer *f*
　　　f　chambre *f* à bulles ultrasonore
　　　r　ультразвуковая пузырьковая камера *f*

U16　e　**ultrasonic cavitation**
　　　d　Ultraschallkavitation *f*
　　　f　cavitation *f* à ultra-son
　　　r　ультразвуковая кавитация *f*

U17　e　**ultrasonic cleaning**

	d	Ultraschallreinigung *f*
	f	purification *f* par ultra-son
	r	ультразвуковая очистка *f*
U18	e	ultrasonic cutting
	d	Ultraschallschneiden *n*
	f	coupe *f* par ultra-son
	r	ультразвуковое резание *n*
U19	e	ultrasonic delay line
	d	Ultraschallverzögerungsleitung *f*
	f	ligne *f* à retard à ultra-son
	r	ультразвуковая линия *f* задержки
U20	e	ultrasonic diagnostics
	d	Ultraschalldiagnostik *f*
	f	diagnostic *m* à ultra-son
	r	ультразвуковая диагностика *f*
U21	e	ultrasonic dispersion
	d	Ultraschalldispergierung *f*
	f	dispersion *f* ultrasonique
	r	ультразвуковое диспергирование *n*
U22	e	ultrasonic emulsification
	d	Ultraschallemulgierung *f*
	f	émulsification *f* ultrasonique
	r	ультразвуковое эмульгирование *n*
U23	e	ultrasonic flaw detection
	d	Ultraschallprüfung *f*, Ultraschalldefektoskopie *f*
	f	détection *f* des défauts ultrasonique
	r	ультразвуковая дефектоскопия *f*
U24	e	ultrasonic flaw detector
	d	Ultraschallprüfgerät *n*, Ultraschalldefektoskop *n*
	f	détecteur *m* des défauts ultrasonique
	r	ультразвуковой дефектоскоп *m*
U25	e	ultrasonic light diffraction
	d	Lichtbeugung *f* durch Ultraschall
	f	diffraction *f* de la lumière par ultra-son
	r	дифракция *f* света на ультразвуке; акустооптическая дифракция *f*
U26	e	ultrasonic light modulator
	d	Ultraschall-Lichtmodulator *m*
	f	modulateur *m* de lumière ultrasonique
	r	ультразвуковой модулятор *m* света
U27	e	ultrasonic radiation
	d	Ultraschallstrahlung *f*
	f	rayonnement *m* ultrasonore
	r	ультразвуковое излучение *n*
U28	e	ultrasonic radiator
	d	Ultraschallstrahler *m*
	f	radiateur *m* ultrasonore
	r	излучатель *m* ультразвука, ультразвуковой излучатель *m*
U29	e	ultrasonics
	d	Ultraschallehre *f*, Ultraschallakustik *f*
	f	ultrasonique *f*, ultra-acoustique *f*
	r	ультраакустика *f*; ультразвук *m*
U30	e	ultrasonic source *see* ultrasonic radiator
U31	e	ultrasonic sputtering
	d	Ultraschallzerstäubung *f*
	f	pulvérisation *f* par ultra-son
	r	ультразвуковое распыление *n*
U32	e	ultrasonic surgery
	d	Ultraschallchirurgie *f*
	f	chirurgie *f* ultrasonique
	r	ультразвуковая хирургия *f*
U33	e	ultrasonic testing *see* ultrasonic flaw detection
U34	e	ultrasonic therapy
	d	Ultraschalltherapie *f*
	f	thérapie *f* ultrasonique
	r	ультразвуковая терапия *f*
U35	e	ultrasonic vibrations
	d	Ultraschallschwingungen *f pl*
	f	vibrations *f pl* ultrasonores
	r	ультразвуковые колебания *n pl*
U36	e	ultrasonic waves
	d	Ultraschallwellen *f pl*
	f	ondes *f pl* ultra-sonores
	r	ультразвуковые волны *f pl*
U37	e	ultrasound
	d	Ultraschall *m*
	f	ultra-son *m*
	r	ультразвук *m*
U38	e	ultraviolet *see* ultraviolet radiation
U39	e	ultraviolet catastrophe
	d	Ultraviolettkatastrophe *f*
	f	catastrophe *f* ultraviolette
	r	ультрафиолетовая катастрофа *f*
U40	e	ultraviolet divergence
	d	Ultraviolettdivergenz *f*
	f	divergence *f* ultraviolette
	r	ультрафиолетовая расходимость *f*
U41	e	ultraviolet microscope
	d	Ultraviolettmikroskop *n*
	f	microscope *m* ultraviolet
	r	ультрафиолетовый микроскоп *m*
U42	e	ultraviolet preionization
	d	Ultraviolettvorionisation *f*
	f	préionisation *f* ultraviolette
	r	ультрафиолетовая предыонизация *f*
U43	e	ultraviolet radiation
	d	Ultraviolettstrahlung *f*
	f	rayonnement *m* ultraviolet, radiation *f* ultraviolette
	r	ультрафиолетовое излучение *n*
U44	e	ultraviolet region

ULTRAVIOLET

- d Ultraviolettgebiet *n*, UV-Gebiet *n*
- f région *f* ultraviolette
- r ультрафиолетовая область *f* (*спектра*)

U45 e **ultraviolet source**
- d Ultraviolettstrahler *m*
- f source *f* d'ultraviolet
- r источник *m* ультрафиолетового излучения

U46 e **ultraviolet spectroscopy**
- d Ultraviolettspektroskopie *f*, UV-Spektroskopie *f*
- f spectroscopie *f* ultraviolette
- r ультрафиолетовая спектроскопия *f*

U47 e **umklapp process**
- d Umklapp-Prozeß *m*
- f processus *m* de renversement
- r процесс *m* переброса, переброс *m*

U48 e **uncertainty**
- d Unbestimmtheit *f*
- f incertitude *f*, indétermination *f*
- r неопределённость *f*

U49 e **uncertainty principle**
- d Unbestimmtheitsprinzip *n*
- f principe *m* d'incertitude
- r принцип *m* неопределённости

U50 e **uncertainty relation**
- d Unbestimmtheitsrelation *f*, Unschärferelation *f*
- f relation *f* d'incertitude
- r соотношение *n* неопределённостей

U51 e **undersea sound channel**
- d unterseeischer Schallkanal *m*
- f canal *m* sonore sous-marin
- r подводный звуковой канал *m*

U52 e **underwater acoustics**
- d Hydroakustik *f*, Unterwasserakustik *f*
- f acoustique *f* sous-marine
- r подводная акустика *f*

U53 e **undisturbed plasma**
- d ruhiges Plasma *n*
- f plasma *m* calmé
- r невозмущённая плазма *f*

U54 e **undulator**
- d Undulator *m*
- f ondulateur *m*
- r ондулятор *m*

U55 e **undulatory radiation**
- d Undulatorstrahlung *f*
- f rayonnement *m* ondulatoire, radiation *f* ondulatoire
- r ондуляторное излучение *n*

U56 e **unfavoured transition**
- d erschwerter Übergang *m*, nichtbegünstigter Übergang *m*
- f transition *f* non favorisée
- r затруднённый переход *m*

U57 e **unforbidden transition**
- d nichtverbotener Übergang *m*
- f transition *f* non défendue
- r незапрещённый переход *m*

U58 e **uniaxial crystal**
- d uniaxialer Kristall *m*, einachsiger Kristall *m*
- f cristal *m* uniaxe, cristal *m* uniaxial
- r одноосный кристалл *m*

U59 e **unidentified flying object**
- d unidentifiziertes fliegendes Objekt *n*, UFO *n*
- f objet *m* volant non identifié, OVNI *m*
- r неопознанный летающий объект *m*, НЛО

U60 e **unification**
- d Unifikation *f*
- f unification *f*
- r объединение *n* (*взаимодействий в физике высоких энергий*)

U61 e **unified field theory**
- d einheitliche Feldtheorie *f*
- f théorie *f* des champs unifée
- r единая теория *f* поля

U62 e **uniform compression deformation**
- d Deformation *f* bei dreiachsiger Druckbeanspruchung
- f déformation *f* de compression triaxiale, déformation *f* de compression volumétrique
- r деформация *f* всестороннего сжатия

U63 e **uniform dependence**
- d monotone Abhängigkeit *f*
- f dépendance *f* uniforme
- r монотонная зависимость *f*

U64 e **uniform field** *see* **homogeneous field**

U65 e **uniformity**
- d 1. Uniformität *f*, Einheitlichkeit *f*, Homogenität *f* 2. Gleichförmigkeit *f*, Gleichmäßigkeit *f*
- f uniformité *f*
- r 1. однородность *f* 2. равномерность *f*

U66 e **uniformly accelerated motion**
- d gleichförmig beschleunigte Bewegung *f*
- f mouvement *m* uniformément accéléré
- r равноускоренное движение *n*, равномерно ускоренное движение *n*

U67 e **uniformly decelerated motion**
- d gleichmäßig verzögerte Bewegung *f*
- f mouvement *m* uniformément retardé
- r равнозамедленное движение *n*, равномерно замедленное движение *n*

U68　e　**uniformly variable motion**
　　　d　gleichformig veränderliche Bewegung *f*
　　　f　mouvement *m* uniformément varié
　　　r　равнопеременное движение *n*

U69　e　**uniform motion**
　　　d　gleichförmige Bewegung *f*
　　　f　mouvement *m* uniforme
　　　r　равномерное движение *n*

U70　e　**unipolar induction**
　　　d　Unipolarinduktion *f*
　　　f　induction *f* unipolaire
　　　r　униполярная индукция *f*

U71　e　**uniqueness theorem**
　　　d　Eindeutigkeitssatz *m*
　　　f　théorème *m* d'unicité
　　　r　теорема *f* единственности

U72　e　**unit**
　　　d　1. Maßeinheit *f*, Einheit *f* 2. Aggregat *n*; Anlage *f* 3. Baueinheit *f*; Baustein *m*
　　　f　unité *f*
　　　r　1. единица *f* измерения 2. установка *f* 3. блок *m*; узел *m*

U73　e　**unitarity condition**
　　　d　Unitaritätsbedingung *f*
　　　f　condition *f* d'unitarité
　　　r　условие *n* унитарности

U74　e　**unitary limit**
　　　d　unitäre Grenze *f*
　　　f　limite *f* unitaire
　　　r　унитарный предел *m*

U75　e　**unitary symmetry**
　　　d　unitäre Symmetrie *f*
　　　f　symétrie *f* unitaire
　　　r　унитарная симметрия *f*

U76　e　**unit cell** *see* **lattice cell**

U77　e　**unit cube**
　　　d　Einheitswürfel *m*
　　　f　cube *m* unitaire
　　　r　элементарный куб *m*

U78　e　**unit impulse**
　　　d　Einheitsimpuls *m*, Dirac-Impuls *m*
　　　f　impulsion *f* unitaire
　　　r　единичный импульс *m*, дельта-функция *f* (Дирака)

U79　e　**unit interval**
　　　d　Einheitsintervall *n*
　　　f　intervalle *m* unitaire
　　　r　единичный интервал *m*

U80　e　**unit vector**
　　　d　Einheitsvektor *m*
　　　f　vecteur *m* unitaire
　　　r　единичный вектор *m*

U81　e　**unit volume**
　　　d　Volumeneinheit *f*, Volumeinheit *f*
　　　f　unité *f* de volume
　　　r　единичный объём *m*

U82　e　**universal decimal classification**
　　　d　Dezimalklassifkation *f*
　　　f　classification *f* décimale universelle
　　　r　универсальная десятичная классификация *f*, УДК

U83　e　**universal time**
　　　d　Weltzeit *f*
　　　f　temps *m* universel
　　　r　всемирное время *n*

U84　e　**Universe**
　　　d　Universum *n*
　　　f　Univers *m*
　　　r　Вселенная *f*

U85　e　**Universe baryon asymmetry**
　　　d　Baryonenasymmetrie *f* des Universums
　　　f　asymétrie *f* baryonique de l'Univers
　　　r　барионная асимметрия *f* Вселенной

U86　e　**univibrator** *see* **single-shot multivibrator**

U87　e　**unmatched load**
　　　d　nichtangepaßte Belastung *f*
　　　f　charge *f* non accordée
　　　r　несогласованная нагрузка *f*

U88　e　**unreflecting load** *see* **matched load**

U89　e　**unresolved line**
　　　d　nichtaufgelöste Linie *f*
　　　f　raie *f* non résolue
　　　r　неразрешённая линия *f*

U90　e　**unsaturated absorption**
　　　d　ungesättigte Absorption *f*
　　　f　absorption *f* non saturée
　　　r　ненасыщенное поглощение *n*

U91　e　**unstable equilibrium**
　　　d　instabiles Gleichgewicht *n*
　　　f　équilibre *m* instable
　　　r　неустойчивое равновесие *n*

U92　e　**unstable isotope**
　　　d　instabiles Isotop *n*
　　　f　isotope *m* instable
　　　r　неустойчивый изотоп *m*

U93　e　**unsteady flow** *see* **nonstationary flow**

U94　e　**unsteady motion** *see* **nonstationary motion**

U95　e　**unsymmetrical bending**
　　　d　unsymmetrische Biegung *f*
　　　f　courbure *f* non symétrique
　　　r　несимметричный изгиб *m*

U96　e　**up conversion**
　　　d　Konversion *f* mit der Frequenzerhöhung

UP

	f	conversion *f* à augmentation de la fréquence
	r	преобразование *n* с повышением частоты
U97	*e*	up converter
	d	Aufwärtswandler *m*
	f	convertisseur *m* à augmentation de la fréquence
	r	преобразователь *m* с повышением частоты
U98	*e*	upper band
	d	obere Zone *f*
	f	zone *f* supérieure
	r	верхняя зона *f*
U99	*e*	upper ionosphere
	d	hohe Ionosphäre *f*
	f	ionosphère *f* supérieure
	r	верхняя ионосфера *f*
U100	*e*	upper limit
	d	Obergrenze *f*
	f	limite *f* supérieure
	r	верхний предел *m*
U101	*e*	upper quark, up quark
	d	u-Quark *n*
	f	quark *m* u
	r	верхний кварк *m*, u-кварк *m*
U102	*e*	upper sublevel
	d	oberes Unterniveau *n*
	f	sous-niveau *m* supérieur
	r	верхний подуровень *m*
U103	*e*	upper yield point
	d	obere Streckgrenze *f*, obere Fließgrenze *f*
	f	limite *f* d'écoulement supérieure
	r	верхний предел *m* текучести
U104	*e*	uranium, U
	d	Uran *n*
	f	uranium *m*
	r	уран *m*
U105	*e*	Uranus
	d	Uranus *m*
	f	Uranus *m*
	r	Уран *m*
U106	*e*	utilisation coefficient, utilisation factor
	d	Ausnutzungsfaktor *m*, Ausnutzungsgrad *m*
	f	facteur *m* d'utilisation
	r	коэффициент *m* использования
U107	*e*	utilisation of beam
	d	Strahlbündelausnutzung *f*
	f	utilisation *f* du faisceau
	r	использование *n* пучка (в ускорителе)
U108	*e*	UV radiation *see* ultraviolet radiation

V

V1	*e*	vacancy
	d	Leerstelle *f*, Gitterlücke *f*
	f	vacance *f*
	r	вакансия *f*
V2	*e*	vacancy cluster
	d	Leerstellencluster *m*
	f	cluster *m* de vacances, agglomération *f* de vacances
	r	вакансионный кластер *m*
V3	*e*	vacancy creep
	d	Leerstellenkriechen *n*
	f	fluage *m* de vacances
	r	вакансионная ползучесть *f*
V4	*e*	vacancy migration
	d	Leerstellenwanderung *f*
	f	migration *f* de vacances
	r	миграция *f* вакансий
V5	*e*	vacansion
	d	Vakansion *n*
	f	vacansion *m*
	r	вакансион *m*
V6	*e*	vacant lattice site *see* vacancy
V7	*e*	vacuum
	d	Vakuum *n*
	f	vide *m*
	r	вакуум *m*
V8	*e*	vacuum annealing
	d	Vakuumglühen *n*
	f	recuit *m* dans le vide, recuit *m* sous vide, recuit *m* au vide
	r	вакуумный отжиг *m*
V9	*e*	vacuum arc
	d	Vakuumbogen *m*, Vakuumlichtbogen *m*
	f	arc *m* dans le vide
	r	вакуумная дуга *f*
V10	*e*	vacuum average
	d	Vakuummittel *n*
	f	moyenne *f* de vide
	r	вакуумное среднее *n*
V11	*e*	vacuum breakdown
	d	Vakuumdurchschlag *m*
	f	disruption *f* dans le vide
	r	вакуумный пробой *m*
V12	*e*	vacuum chamber
	d	Vakuumkammer *f*
	f	chambre *f* à vide
	r	вакуумная камера *f*
V13	*e*	vacuum condensate
	d	Vakuumkondensat *n*
	f	condensat *m* dans le vide
	r	вакуумный конденсат *m*

V14	e	**vacuum degeneration**
	d	Vakuumentartung f
	f	dégénération f du vide
	r	вырождение n вакуума
V15	e	**vacuum deposition**
	d	Vakuumaufdampfung f
	f	déposition f sous vide
	r	вакуумное напыление n
V16	e	**vacuum deterioration**
	d	Vakuumfehler m
	f	défaut m du vide
	r	нарушение n вакуума
V17	e	**vacuum diode**
	d	Vakuumdiode f
	f	diode f à vide
	r	вакуумный диод m
V18	e	**vacuum discharge**
	d	Vakuumentladung f
	f	décharge f dans le vide
	r	разряд m в вакууме
V19	e	**vacuum evaporation method**
	d	Vakuumverdampfungsmethode f
	f	méthode f d'évaporation à vide
	r	метод m испарения в вакууме
V20	e	**vacuum flask** see Dewar vessel
V21	e	**vacuum gage**
	d	Vakuummeter n, Vakuummeßgerät n
	f	vacuomètre m
	r	вакуумметр m
V22	e	**vacuum insulation**
	d	Vakuumisolation f
	f	isolation f par le vide
	r	вакуумная изоляция f
V23	e	**vacuum invariance**
	d	Vakuuminvarianz f
	f	invariance f du vide
	r	инвариантность f вакуума
V24	e	**vacuum materials**
	d	Vakuummaterialien n pl
	f	matériaux m pl de vide
	r	вакуумные материалы m pl
V25	e	**vacuum monochromator**
	d	Vakuummonochromator m
	f	monochromateur m à vide
	r	вакуумный монохроматор m
V26	e	**vacuum polarization**
	d	Vakuumpolarisation f, Polarisation f des Vakuums
	f	polarisation f du vide
	r	поляризация f вакуума
V27	e	**vacuum pump**
	d	Vakuumpumpe f
	f	pompe f à vide
	r	вакуумный насос m
V28	e	**vacuum spectroscopy**
	d	Vakuumspektroskopie f
	f	spectroscopie f à vide
	r	вакуумная спектроскопия f
V29	e	**vacuum system**
	d	Vakuumsystem n
	f	système m à vide
	r	вакуумная система f
V30	e	**vacuum ultraviolet**
	d	Vakuumultraviolett n, Vakuum-UV n
	f	ultraviolet m à vide
	r	вакуумный ультрафиолет m
V31	e	**vacuum ultraviolet spectroscopy**
	d	Vakuumultraviolettspektroskopie f
	f	spectroscopie f d'ultraviolet à vide
	r	спектроскопия f вакуумного ультрафиолета
V32	e	**valence** see valency
V33	e	**valence angle**
	d	Valenzwinkel m, Bindungswinkel m
	f	angle m de valence, angle m de liaison
	r	валентный угол m
V34	e	**valence band**
	d	Valenzband n
	f	bande f de valence
	r	валентная зона f
V35	e	**valence bond**
	d	Valenzbindung f
	f	liaison f de valence
	r	валентная связь f
V36	e	**valence bond method**
	d	Valenzbindungsmethode f
	f	méthode f des liaisons de valence
	r	метод m валентных связей
V37	e	**valence electron**
	d	Valenzelektron n
	f	électron m de valence
	r	валентный электрон m
V38	e	**valence quark**
	d	Valenzquark n
	f	quark m valent
	r	валентный кварк m
V39	e	**valence state**
	d	Valenzzustand m
	f	état m de valence
	r	валентное состояние n
V40	e	**valence vibrations**
	d	Valenzschwingungen f pl
	f	vibrations f pl de valence
	r	валентные колебания n pl
V41	e	**valency**
	d	Valenz f, chemische Wertigkeit f

	f	valence f
	r	валентность f
V42	e	valley
	d	Tal n
	f	vallée f
	r	долина f
V43	e	value
	d	Wert m; Größe f
	f	valeur f
	r	значение n; величина f
V44	e	valve
	d	1. Röhre f, Elektronenröhre f
		2. Ventil n
	f	1. tube m 2. valve f
	r	1. электронная лампа f 2. вентиль m; клапан m
V45	e	vanadium, V
	d	Vanadin n, Vanadium n
	f	vanadium m
	r	ванадий m
V46	e	Van Allen belts see radiation belts
V47	e	Van de Graaff accelerator
	d	Van-de-Graaff-Beschleuniger m
	f	accélérateur m de Van de Graaff
	r	ускоритель m Ван-де-Граафа, электростатический ускоритель m
V48	e	Van der Waals forces
	d	Van-der-Waalssche Kräfte f pl
	f	forces f pl de Van der Waals
	r	Ван-дер-Ваальсовы силы f pl
V49	e	vapor
	d	Dampf m
	f	vapeur f
	r	пар m
V50	e	vapor condensation
	d	Dampfkondensation f
	f	condensation f de la vapeur
	r	конденсация f пара
V51	e	vaporization
	d	Verdampfung f
	f	vaporisation f, évaporation f
	r	испарение n, парообразование n
V52	e	vaporization curve
	d	Verdampfungskurve f
	f	courbe f de vaporisation
	r	кривая f парообразования
V53	e	vapor-liquid equilibrium
	d	Dampf-Flüssigkeit-Gleichgewicht n
	f	équilibre m liquide-vapeur
	r	парожидкостное равновесие n, равновесие n между паром и жидкостью
V54	e	vapor pressure
	d	Verdampfungsdruck m
	f	pression f de vapeur
	r	давление n пара
V55	e	vapour see vapor
V56	e	VAr
	d	Var n, Blindvoltampere n, Blindwatt n
	f	var m, voltampère m réactif
	r	вар m (единица реактивной мощности в системе СИ)
V57	e	variable I
	d	Variable f
	f	variable f
	r	переменная f
V58	e	variable II see variable star
V59	e	variable inductance
	d	veränderliche Induktivität f
	f	inductance f variable
	r	переменная индуктивность f
V60	e	variable mass mechanics
	d	Mechanik f der Körper veränderlicher Masse
	f	mécanique f des corps à masse variable
	r	механика f тел переменной массы
V61	e	variable star
	d	Veränderlicher m, veränderlicher Stern m
	f	variable f, étoile f variable
	r	переменная f, переменная звезда f
V62	e	variance
	d	1. Varianz f, Dispersion f 2. Freiheitsgrad m
	f	1. variance f 2. nombre m de degrés de liberté
	r	1. дисперсия f 2. число n степеней свободы
V63	e	variational principles
	d	Variationsprinzipien n pl
	f	principes m pl variationnels
	r	вариационные принципы m pl (механики)
V64	e	variation method
	d	Variationsmethode f
	f	méthode f des variations
	r	вариационный метод m
V65	e	variations
	d	Variationen f pl
	f	variations f pl
	r	вариации f pl
V66	e	varicap
	d	Kapazitätsdiode f, Varicap f
	f	varicap m
	r	варикап m
V67	e	varifocal lens
	d	Objektiv n mit veränderlicher Brennweite, Varioobjektiv n

VELOCITY

	f	objectif *m* à focale variable
	r	трансфокатор *m*, объектив *m* с переменным фокусным расстоятнием

V68   *e*   variometer
        d   Variometer *n*
        f   variomètre *m*
        r   вариометр *m*

V69   *e*   varistor
        d   Varistor *m*, spannungsabhängiger Widerstand *m*
        f   varistance *f*
        r   варистор *m*

V70   *e*   vector
        d   Vektor *m*
        f   vecteur *m*
        r   вектор *m*

V71   *e*   vector analysis
        d   Vektoranalyse *f*
        f   analyse *f* vectorielle
        r   векторный анализ *m*

V72   *e*   vector boson
        d   Vektorboson *n*
        f   boson *m* vectoriel
        r   векторный бозон *m*

V73   *e*   vector component *see* component of a vector

V74   *e*   vector current
        d   Vektorstrom *m*
        f   courant *m* vectoriel
        r   векторный ток *m*

V75   *e*   vector diagram
        d   Vektordiagramm *n*
        f   diagramme *m* vectoriel
        r   векторная диаграмма *f*

V76   *e*   vector field
        d   Vektorfeld *n*
        f   champ *m* vectoriel
        r   векторное поле *n*

V77   *e*   vector flux
        d   Vektorfluß *m*
        f   flux *m* du vecteur
        r   поток *m* вектора

V78   *e*   vector gluon
        d   Vektorgluon *n*
        f   gluon *m* vectoriel
        r   векторный глюон *m*

V79   *e*   vector magnetometer
        d   Vektormagnetometer *n*
        f   magnétomètre *m* à vecteur
        r   векторный магнитометр *m*

V80   *e*   vector meson
        d   Vektormeson *n*, vektorielles Meson *n*
        f   méson *m* vectoriel
        r   векторный мезон *m*

V81   *e*   vector norm
        d   Vektornorm *f*
        f   norme *f* du vecteur
        r   норма *f* вектора

V82   *e*   vector of state
        d   Zustandsvektor *m*
        f   vecteur *m* d'état
        r   вектор *m* состояния

V83   *e*   vector particle
        d   Vektorteilchen *n*, vektorielles Teilchen *n*, Vekton *n*
        f   particule *f* vectorielle
        r   векторная частица *f*

V84   *e*   vector polygon
        d   Vektorpolygon *n*
        f   polygone *m* des vecteurs
        r   векторный многоугольник *m*

V85   *e*   vector potential
        d   Vektorpotential *n*
        f   potentiel-vecteur *m*
        r   векторный потенциал *m*

V86   *e*   vector product
        d   Vektorprodukt *n*
        f   produit *m* vectoriel
        r   векторное произведение *n*

V87   *e*   vector space
        d   Vektorraum *m*
        f   espace *m* vectoriel
        r   векторное пространство *n*

V88   *e*   velocimeter
        d   Geschwindigkeitsmesser *m*
        f   compteur *m* de vitesse
        r   измеритель *m* скорости

V89   *e*   velocity
        d   Geschwindigkeit *f*
        f   vitesse *f*
        r   скорость *f*

V90   *e*   velocity circulation
        d   Geschwindigkeitszirkulation *f*
        f   circulation *f* de la vitesse
        r   циркуляция *f* скорости

V91   *e*   velocity distribution
        d   Geschwindigkeitsverteilung *f*
        f   distribution *f* des vitesses
        r   распределение *n* по скоростям, распределение *n* скоростей

V92   *e*   velocity field
        d   Geschwindigkeitsfeld *n*
        f   champ *m* de vitesse
        r   поле *n* скоростей

V93   *e*   velocity head
        d   Staudruck *m*

VELOCITY

	f	pression f dynamique
	r	скоростной напор m
V94	e	velocity measurement
	d	Geschwindigkeitsmessung f
	f	mesure f de la vitesse
	r	измерение n скорости
V95	e	velocity modulation
	d	Geschwindigkeitsmodulation f
	f	modulation f de la vitesse
	r	модуляция f скорости
V96	e	velocity of light
	d	Lichtgeschwindigkeit f
	f	vitesse f de la lumière
	r	скорость f света
V97	e	velocity of sound
	d	Schallgeschwindigkeit f
	f	vitesse f du son
	r	скорость f звука
V98	e	velocity potential
	d	Geschwindigkeitspotential n
	f	potentiel m des vitesses
	r	потенциал m скоростей
V99	e	velocity profile
	d	Geschwindigkeitsprofil n
	f	profil m des vitesses
	r	профиль m скоростей
V100	e	velocity range
	d	Geschwindigkeitsbereich m
	f	gamme f des vitesses
	r	интервал m скоростей, диапазон m скоростей
V101	e	velocity space
	d	Geschwindigkeitsraum m
	f	espace m des vitesses
	r	пространство n скоростей
V102	e	Venturi tube
	d	Venturi-Rohr n
	f	tube m Venturi, tube m de Venturi
	r	трубка f Вентури
V103	e	Venus
	d	Venus f
	f	Vénus f
	r	Венера f
V104	e	Verdet constant
	d	Verdetsche Konstante f, Verdet-Konstante f
	f	constante f de Verdet
	r	постоянная f Верде, удельное магнитное вращение n
V105	e	Verneuil method
	d	Verneuil-Verfahren n
	f	méthode f de Verneuil
	r	метод m Вернейля (выращивания кристаллов)
V106	e	vertex function
	d	Vertexfunktion f
	f	fonction f de sommet
	r	вершинная функция f
V107	e	vertical ionospheric sounding
	d	vertikale Ionosphärecholotung f
	f	sondage m ionosphérique vertical
	r	вертикальное зондирование n ионосферы
V108	e	vertically polarized radiation
	d	vertikal polarisierte Strahlung f
	f	radiation f à polarisation verticale
	r	вертикально-поляризованное излучение n
V109	e	vertical transition
	d	Vertikalübergang m
	f	transition f verticale
	r	прямой переход m (между зонами)
V110	e	very-long-baseline interferometer
	d	Interferometer n mit sehr großer Basis
	f	interféromètre m à base très longue
	r	интерферометр m со сверхдлинной базой
V111	e	very long waves
	d	Längstwellen f pl
	f	ondes f pl très longues
	r	сверхдлинные волны f pl
V112	e	vibration
	d	1. Vibration f 2. s. vibrations
	f	1. vibration f 2. v. vibrations
	r	1. вибрация f 2. см. vibrations
V113	e	vibrational band
	d	Schwingungsbande f
	f	bande f de vibration
	r	колебательная полоса f
V114	e	vibrational energy
	d	Schwingungsenergie f
	f	énergie f de vibration
	r	колебательная энергия f
V115	e	vibrational level
	d	Schwingungsniveau n
	f	niveau m de vibration
	r	колебательный уровень m
V116	e	vibrational line
	d	Schwingungslinie f
	f	raie f de vibration
	r	колебательная линия f (спектра)
V117	e	vibrationally excited molecule
	d	schwingend-angeregtes Molekül n
	f	molécule f activée par vibration
	r	колебательно-возбуждённая молекула f
V118	e	vibrational motion
	d	schwingende Bewegung f, Schwingungsbewegung f

	f	mouvement *m* oscillatoire
	r	колебательное движение *n*
V119	*e*	**vibrational quantum**
	d	Schwingungsquant *n*
	f	quantum *m* oscillatoire
	r	колебательный квант *m*
V120	*e*	**vibrational quantum number**
	d	Schwingungsquantenzahl *f*
	f	nombre *m* quantique vibrationnel, nombre *m* quantique de vibration
	r	колебательное квантовое число *n*
V121	*e*	**vibrational-rotational band**
	d	Rotationsschwingungsbande *f*
	f	bande *f* de rotation-vibration
	r	колебательно-вращательная полоса *f*
V122	*e*	**vibrational-rotational interaction**
	d	Rotationsschwingungswechselwirkung *f*
	f	interaction *f* de rotation-vibration
	r	колебательно-вращательное взаимодействие *n*
V123	*e*	**vibrational-rotational sublevel**
	d	Rotationsschwingungsunterniveau *n*
	f	sous-niveau *m* de rotation-vibration
	r	колебательно-вращательный подуровень *m*
V124	*e*	**vibrational-rotational transition**
	d	Rotationsschwingungsübergang *m*
	f	transition *f* de rotation-vibration
	r	колебательно-вращательный переход *m*
V125	*e*	**vibrational spectrum**
	d	Schwingungsspektrum *n*
	f	spectre *m* de vibration
	r	колебательный спектр *m*
V126	*e*	**vibrational sublevel**
	d	Schwingungsunterniveau *n*
	f	sous-niveau *m* de vibration
	r	колебательный подуровень *m*
V127	*e*	**vibrational temperature**
	d	Schwingungstemperatur *f*
	f	température *f* de vibration
	r	колебательная температура *f*
V128	*e*	**vibrational velocity**
	d	Schwingungsgeschwindigkeit *f*
	f	vitesse *f* de vibration
	r	колебательная скорость *f* (*частиц*)
V129	*e*	**vibration damping** *see* **oscillation damping**
V130	*e*	**vibration frequency**
	d	Schwingungsfrequenz *f*, Schwingungszahl *f*
	f	fréquence *f* d'oscillations
	r	частота *f* колебаний
V131	*e*	**vibration of a string**
	d	Saitenschwingung *f*
	f	vibration *f* d'une corde
	r	колебания *n pl* струны
V132	*e*	**vibrations**
	d	Schwingungen *f pl*
	f	oscillations *f pl*
	r	колебания *n pl*
V133	*e*	**vibrator**
	d	Vibrator *m*
	f	vibrateur *m*
	r	вибратор *m*
V134	*e*	**vibron**
	d	Vibron *m*
	f	vibron *m*
	r	виброн *m*
V135	*e*	**vibronic excitation**
	d	vibronische Anregung *f*, Elektronenschwingungsanregung *f*
	f	excitation *f* vibronique
	r	вибронное возбуждение *n*
V136	*e*	**vibronic interaction**
	d	vibronische Wechselwirkung *f*
	f	interaction *f* vibronique
	r	вибронное взаимодействие *n*
V137	*e*	**vibronic spectra**
	d	vibronische Spektren *n pl*
	f	spectres *m pl* vibroniques
	r	вибронные спектры *m pl*
V138	*e*	**vicinal**
	d	Vizinalfläche *f*, Vizinalebene *f*
	f	face *f* vicinale
	r	вициналь *f*
V139	*e*	**Vickers hardness**
	d	Vickers-Härte *f*
	f	dureté *f* Vickers
	r	твёрдость *f* по Виккерсу
V140	*e*	**video pulse**
	d	Videoimpuls *m*
	f	impulsion *f* vidéo
	r	видеоимпульс *m*
V141	*e*	**vidicon**
	d	Vidikon *n*, Vidicon *n*
	f	vidicon *m*
	r	видикон *m*
V142	*e*	**viewfinder**
	d	Visiereinrichtung *f*, Sucher *m*, Bildsucher *m*
	f	viseur *m*
	r	визир *m*; видоискатель *m*
V143	*e*	**vignetting**
	d	Abschattung *f*, Vignettierung *f*
	f	vignettage *m*
	r	виньетирование *n*

VILLARI

V144   *e*   Villari effect
      d   Villari-Effekt *m*
      f   effet *m* Villari
      r   эффект *m* Виллари, магнитоупругий эффект *m*

V145   *e*   violation
      d   Verletzung *f*
      f   violation *f*
      r   нарушение *n* (физического закона)

V146   *e*   virial coefficients
      d   Virialkoeffizienten *m pl*
      f   coefficients *m pl* viriels
      r   вириальные коэффициенты *m pl*

V147   *e*   virial expansion
      d   Virialentwicklung *f*
      f   expansion *f* virielle
      r   вириальное разложение *n*

V148   *e*   virial theorem
      d   Virialsatz *m*, Virialgleichung *f*
      f   théorème *m* du viriel
      r   теорема *f* вириала

V149   *e*   virtual cathode
      d   virtuelle Katode *f*
      f   cathode *f* virtuelle
      r   виртуальный катод *m*

V150   *e*   virtual displacement
      d   virtuelle Verschiebung *f*
      f   déplacement *m* virtuel
      r   возможное перемещение *n*, виртуальное перемещение *n*

V151   *e*   virtual image
      d   virtuelles Bild *n*, scheinbares Bild *n*
      f   image *f* virtuelle
      r   мнимое изображение *n*

V152   *e*   virtual level
      d   virtuelles Niveau *n*
      f   niveau *m* virtuel
      r   виртуальный уровень *m*

V153   *e*   virtual meson
      d   virtuelles Meson *n*
      f   méson *m* virtuel
      r   виртуальный мезон *m*

V154   *e*   virtual particles
      d   virtuelle Teilchen *n pl*
      f   particules *f pl* virtuelles
      r   виртуальные частицы *f pl*

V155   *e*   virtual state
      d   virtueller Zustand *m*
      f   état *m* virtuel
      r   виртуальное состояние *n*

V156   *e*   virtual transition
      d   virtueller Übergang *m*
      f   transition *f* virtuelle
      r   виртуальный переход *m*

V157   *e*   viscoelastic deformation
      d   viskoelastische Deformation *f*
      f   déformation *f* viscoélastique
      r   вязкоупругая деформация *f*

V158   *e*   viscoelasticity
      d   Viskoelastizität *f*
      f   viscoélasticité *f*
      r   вязкоупругость *f*

V159   *e*   viscoelastic liquid
      d   viskoelastische Flüssigkeit *f*
      f   liquide *m* viscoélastique, fluide *m* viscoélastique
      r   вязкоупругая жидкость *f*, упруговязкая жидкость *f*

V160   *e*   viscometer
      d   Viskosimeter *n*
      f   viscosimètre *m*
      r   вискозиметр *m*

V161   *e*   viscometry
      d   Viskosimetrie *f*
      f   viscosimétrie *f*
      r   вискозиметрия *f*

V162   *e*   viscosity
      d   Viskosität *f*, Zähigkeit *f*
      f   viscosité *f*
      r   вязкость *f*

V163   *e*   viscous damping
      d   Reibungsdämpfung *f*
      f   amortissement *m* visqueux
      r   вязкостное демпфирование *n*, вязкое демпфирование *n*

V164   *e*   viscous drag *see* viscous resistance

V165   *e*   viscous flow
      d   zähe Strömung *f*, viskose Strömung *f*
      f   écoulement *m* visqueux
      r   вязкий поток *m*, вязкое течение *n*

V166   *e*   viscous fluid *see* viscous liquid

V167   *e*   viscous liquid
      d   viskose Flüssigkeit *f*, zähe Flüssigkeit *f*, reibungsbehaftete Flüssigkeit *f*
      f   liquide *m* visqueux, fluide *m* visqueux
      r   вязкая жидкость *f*

V168   *e*   viscous resistance
      d   Zähigkeitswiderstand *m*, Viskositätswiderstand *m*
      f   résistance *f* visqueuse, résistance *f* due à la viscosité
      r   вязкостное сопротивление *n*

V169   *e*   visible image
      d   sichtbares Bild *n*
      f   image *f* visible
      r   видимое изображение *n*

V170   *e*   visible object
      d   sichtbares Objekt *n*

	f	objet *m* visible
	r	видимый объект *m*
V171	*e*	visible radiation
	d	sichtbare Strahlung *f*, Licht *n*
	f	rayonnement *m* visible, lumière *f*
	r	видимое излучение *n*, свет *m*
V172	*e*	visible region
	d	sichtbares Spektralgebiet *n*, sichtbarer Spektralbereich *m*
	f	région *f* visible
	r	видимая область *f* (спектра)
V173	*e*	vision
	d	Sehen *n*; Vision *f*
	f	vision *f*
	r	зрение *n*
V174	*e*	visual acuity
	d	Sehschärfe *f*
	f	acuité *f* visuelle
	r	острота *f* зрения
V175	*e*	visual contrast
	d	Sehkontrast *m*
	f	contraste *m* visuel
	r	зрительный контраст *m*
V176	*e*	visual image *see* visible image
V177	*e*	visualization
	d	Sichtbarmachung *f*
	f	visualisation *f*
	r	визуализация *f*
V178	*e*	visual method
	d	visuelle Methode *f*
	f	méthode *f* visuelle
	r	визуальный метод *m*
V179	*e*	visual object *see* visible object
V180	*e*	visual observations
	d	visuelle Beobachtungen *f pl*
	f	observations *f pl* visuelles
	r	зрительные наблюдения *n pl*, визуальные наблюдения *n pl*
V181	*e*	visual perception
	d	Gesichtswahrnehmung *f*, optische Wahrnehmung *f*
	f	perception *f* visuelle
	r	зрительное восприятие *n*
V182	*e*	visual photometer
	d	visuelles Photometer *n*
	f	photomètre *m* visuel
	r	визуальный фотометр *m*
V183	*e*	visual source
	d	optische Quelle *f*
	f	source *f* lumineuse
	r	оптический источник *m* (в астрономии)
V184	*e*	Vlasov equations
	d	Wlassow-Gleichungen *f pl*, Vlasov-Gleichungen *f pl*
	f	équations *f pl* de Vlasov
	r	уравнения *n pl* Власова
V185	*e*	void
	d	Hohlraum *m*
	f	vide *m*, vacuité *f*; cavité *f*
	r	пустота *f*, полость *f*
V186	*e*	volatile component
	d	flüchtige Komponente *f*
	f	composante *f* volatile
	r	летучая компонента *f*
V187	*e*	volatility
	d	Flüchtigkeit *f*
	f	volatilité *f*
	r	летучесть *f*
V188	*e*	volcanic eruption
	d	Vulkanausbruch *m*
	f	éruption *f* volcanique
	r	извержение *n* вулкана
V189	*e*	volt, V
	d	Volt *n*
	f	volt *m*
	r	вольт *m*, В
V190	*e*	voltage
	d	Spannung *f*, elektrische Spannung *f*
	f	tension *f*
	r	напряжение *n*; электрическое напряжение *n*
V191	*e*	voltage divider
	d	Spannungsteiler *m*
	f	diviseur *m* de tension
	r	делитель *m* напряжения
V192	*e*	voltage division
	d	Spannungsteilung *f*
	f	division *f* de tension
	r	деление *n* напряжения
V193	*e*	voltage fluctuations
	d	Spannungsschwankungen *f pl*
	f	fluctuations *f pl* de tension
	r	флуктуации *f pl* напряжения
V194	*e*	voltage-reference diode
	d	Z-Diode *f*
	f	tube *m* stabilovolt
	r	стабилитрон *m*
V195	*e*	voltage-reference tube
	d	Stabilisatorröhre *f*
	f	tube *m* régulateur de tension à vide
	r	электровакуумный стабилитрон *m*
V196	*e*	voltage source
	d	Spannungsquelle *f*
	f	source *f* de tension
	r	источник *m* напряжения
V197	*e*	voltage stabilization

VOLTAGE

- d Spannungsstabilisation *f*
- f stabilisation *f* de tension
- r стабилизация *f* напряжения

V198
- e voltage standing-wave ratio
- d Spannungsstehwellenverhältnis *n*
- f taux *m* d'ondes stationnaires de tension, TOST
- r коэффициент *m* стоячей волны по напряжению, КСВН

V199
- e voltage-tunable magnetron *see* mitron

V200
- e volt-ampere characteristic
- d Strom-Spannungs-Kennlinie *f*, Strom-Spannungs-Charakteristik *f*
- f caractéristique *f* intensité-tension
- r вольт-амперная характеристика *f*, BAX

V201
- e Volterra equation
- d Volterrasche Gleichung *f*
- f équation *f* de Volterra
- r уравнение *n* Вольтерры

V202
- e voltmeter
- d Voltmeter *n*, Spannungsmesser *m*
- f voltmètre *m*
- r вольтметр *m*

V203
- e volume
- d Volumen *n*, Volum *n*
- f volume *m*
- r объём *m*

V204
- e volume charge *see* space charge

V205
- e volume charge density
- d Raumladungsdichte *f*
- f densité *f* de charge volumique
- r объёмная плотность *f* заряда

V206
- e volume deformation
- d Volumendeformation *f*
- f déformation *f* de volume
- r объёмная деформация *f*

V207
- e volume elasticity *see* bulk elasticity

V208
- e volumetric analysis
- d Maßanalyse *f*, Volumetrie *f*
- f analyse *f* volumétrique
- r объёмный анализ *m*

V209
- e volume velocity
- d Schallfluß *m*, Schallenergiefluß *m*, Volumenschnelle *f*
- f vitesse *f* volumique
- r объёмная скорость *f*

V210
- e volume viscosity
- d Volumenviskosität *f*, zweite Viskosität *f*
- f viscosité *f* volumétrique
- r вторая вязкость *f*, объёмная вязкость *f*

V211
- e vortex
- d Wirbel *m*
- f tourbillon *m*
- r вихрь *m*

V212
- e vortex core
- d Wirbelkern *m*
- f noyau *m* tourbillonnaire
- r ядро *n* вихря, сердцевина *f* вихря

V213
- e vortex field
- d Wirbelfeld *n*
- f champ *m* tourbillonnaire
- r вихревое поле *n*

V214
- e vortex lattice
- d Wirbelgitter *n*
- f réseau *m* de tourbillon
- r решётка *f* вихрей, решётка *f* квантованных вихрей, вихревая решётка *f*

V215
- e vortex motion
- d Wirbelbewegung *f*
- f mouvement *m* tourbillonnaire
- r вихревое движение *n*

V216
- e vortex pair
- d Wirbelpaar *n*
- f paire *f* de tourbillons
- r пара *f* вихрей

V217
- e vortex ring
- d Wirbelring *m*
- f anneau *m* tourbillonnaire, anneau *m* de tourbillon
- r вихревое кольцо *n*

V218
- e vortex sheet
- d Wirbelschicht *f*
- f couche *f* tourbillonnaire
- r вихревой слой *m*

V219
- e vortex street
- d Wirbelstraße *f*
- f piste *f* tourbillonnaire
- r вихревая дорожка *f*

V220
- e vortex trail *see* vortex street

V221
- e vorticity
- d Wirbelzustand *m*
- f tourbillonnement *m*
- r завихренность *f*, система *f* вихрей

V222
- e vorticity source
- d Wirbelquelle *f*
- f source *f* de tourbillonnement
- r источник *m* вихреобразования

W

W1
- e wafer
- d Wafer *m*
- f tranche *f*

	r	полупроводниковая пластина f, подложка f
W2	e	waist
	d	Einschnürung f
	f	constriction f
	r	перетяжка f (каустики)
W3	e	wake
	d	Nachlauf m, Nachstrom m
	f	sillage m, sillage m arrière, sillage m dormant
	r	спутный след m, спутная струя f
W4	e	wall
	d	Wand f
	f	paroi f
	r	стенка f
W5	e	Wannier-Mott exciton
	d	Wannier-Mott-Exciton n
	f	exciton m de Wannier-Mott
	r	экситон m Ванье-Мотта
W6	e	water
	d	Wasser n
	f	eau f
	r	вода f
W7	e	water-cooled and water-moderated reactor
	d	Wasser-Wasser-Reaktor m, wassergekühlter wassermoderierter Reaktor m
	f	pile f modérée et refroidie par eau
	r	водо-водяной реактор m
W8	e	water vapor
	d	Wasserdampf m
	f	vapeur f d'eau
	r	водяной пар m
W9	e	water waves
	d	Wasserwellen $f\ pl$
	f	ondes $f\ pl$ d'eau
	r	волны $f\ pl$ на воде
W10	e	watt, W
	d	Watt n
	f	watt m
	r	ватт m, Вт
W11	e	wattmeter
	d	Wattmeter n, Leistungsmesser m
	f	wattmètre m
	r	ваттметр m
W12	e	wave
	d	Welle f
	f	onde f
	r	волна f
W13	e	wave absorption
	d	Wellenabsorption f
	f	absorption f d'ondes
	r	поглощение n волн
W14	e	wave-corpuscle duality
	d	Welle-Teilchen-Dualismus m
	f	dualité f onde-corpuscule
	r	корпускулярно-волновой дуализм m
W15	e	wave damping
	d	Wellendämpfung f
	f	amortissement m des ondes
	r	затухание n волн
W16	e	wave diffraction
	d	Wellenbeugung f
	f	diffraction f des ondes
	r	дифракция f волн
W17	e	wave dispersion
	d	Wellendispersion f
	f	dispersion f d'ondes
	r	дисперсия f волн
W18	e	wave equation
	d	Wellengleichung f
	f	équation f d'onde
	r	волновое уравнение n
W19	e	wave front
	d	Wellenfront f, Wellenfläche f
	f	front m d'onde
	r	фронт m волны, волновой фронт m
W20	e	wave front compensation see wave front correction
W21	e	wave front correction
	d	Wellenfrontkorrektion f
	f	correction f du front d'onde
	r	коррекция f волнового фронта
W22	e	wave front corrector
	d	Wellenfrontkorrektor m
	f	correcteur m du front d'onde
	r	корректор m волнового фронта
W23	e	wave front curvature
	d	Wellenfrontkrümmung f
	f	courbure f du front d'onde
	r	кривизна f волнового фронта
W24	e	wave front reversal see phase conjugation
W25	e	wave front reversing mirror see phase-conjugate mirror
W26	e	wave function
	d	Wellenfunktion f
	f	fonction f d'onde
	r	волновая функция f
W27	e	wave function normalization
	d	Wellenfunktionsnormierung f
	f	normalisation f de la fonction d'onde
	r	нормировка f волновой функции
W28	e	waveguide

WAVEGUIDE

           d   Wellenleiter *m*
           f   guide *m* d'ondes
           r   волновод *m*

W29   e   **waveguide bend**
           d   Wellenleiterknie *n*; Hohlleiterkniestück *n*, Hohlleiterkrümmer *m*
           f   courbure *f* du guide d'ondes
           r   изгиб *m* волновода

W30   e   **waveguide channel**
           d   Wellenleiterkanal *m*
           f   canal *m* du guide d'ondes
           r   волноводный канал *m*

W31   e   **waveguide dispersion**
           d   Wellenleiterdispersion *f*; Hohlleiterdispersion *f*
           f   dispersion *f* du guide d'ondes
           r   волноводная дисперсия *f*

W32   e   **waveguide elbow** *see* **waveguide bend**

W33   e   **waveguide laser**
           d   wellenleitergeführter Laser *m*
           f   laser *m* à guide d'ondes
           r   волноводный лазер *m*

W34   e   **waveguide mode**
           d   Hohlleitermode *f*
           f   mode *m* du guide d'ondes
           r   волноводная мода *f*

W35   e   **waveguide propagation**
           d   Wellenleiterausbreitung *f*
           f   propagation *f* par guide d'ondes
           r   волноводное распространение *n* (радиоволн)

W36   e   **waveguide radiator**
           d   Hohlleiterstrahler *m*
           f   radiateur *m* à guide d'ondes
           r   волноводный излучатель *m*

W37   e   **waveguide switch**
           d   Wellenleiterschalter *m*
           f   commutateur *m* de guide d'ondes
           r   волноводный переключатель *m*

W38   e   **waveguide window**
           d   Wellenleiterfenster *n*
           f   fenêtre *f* de guide d'ondes
           r   волноводное окно *n*

W39   e   **wave hierarchy**
           d   Wellenhierarchie *f*
           f   hiérarchie *f* des ondes
           r   иерархия *f* волн

W40   e   **wave impedance**
           d   Wellenwiderstand *m*, Wellenimpedanz *f*, Kennwiderstand *m*, Kennimpedanz *f*
           f   impédance *f* d'ondes
           r   волновой импеданс *m*, характеристический импеданс *m*

W41   e   **wave interaction**
           d   Wellenwechselwirkung *f*
           f   interaction *f* d'ondes
           r   взаимодействие *n* волн

W42   e   **wave interference**
           d   Welleninterferenz *f*
           f   interférence *f* d'ondes
           r   интерференция *f* волн

W43   e   **wavelength, wave length**
           d   Wellenlänge *f*
           f   longueur *f* d'onde
           r   длина *f* волны

W44   e   **wavelength range**
           d   Wellenbereich *m*, Wellenlängenbereich *m*; Wellenband *n*
           f   gamme *f* de longueurs d'onde
           r   диапазон *m* длин волн

W45   e   **wave mechanics**
           d   Wellenmechanik *f*
           f   mécanique *f* ondulatoire
           r   волновая механика *f*

W46   e   **wavemeter**
           d   Wellenmesser *m*; Frequenzmesser *m*
           f   ondemètre *m*
           r   волномер *m*; частотомер *m*

W47   e   **wave motion**
           d   Wellenbewegung *f*
           f   mouvement *m* ondulatoire
           r   волновое движение *n*

W48   e   **wave node**
           d   Knoten *m* der stehenden Welle, Wellenknoten *m*
           f   nœud *m* d'onde stationnaire
           r   узел *m* стоячей волны

W49   e   **wave normal**
           d   Wellennormale *f*, Wellenflächennormale *f*
           f   normale *f* d'onde
           r   волновая нормаль *f*

W50   e   **wave number**
           d   Wellenzahl *f*
           f   nombre *m* d'onde
           r   волновое число *n*

W51   e   **wave optics**
           d   Wellenoptik *f*
           f   optique *f* d'ondes
           r   волновая оптика *f*

W52   e   **wave packet**
           d   Wellenpaket *n*, Wellengruppe *f*
           f   paquet *m* d'ondes
           r   волновой пакет *m*

W53   e   **wave-particle interaction**
           d   Wellen-Teilchen-Wechselwirkung *f*
           f   interaction *f* onde-particule
           r   взаимодействие *n* частиц с волнами

W54	e	wave pattern
	d	Wellenbild n
	f	image f d'onde
	r	волновая картина f
W55	e	wave profile
	d	Wellenprofil n
	f	profil m d'onde
	r	профиль m волны
W56	e	wave reflection
	d	Wellenreflexion f
	f	réflexion f d'onde
	r	отражение n волн
W57	e	wave refraction
	d	Wellenbrechung f, Wellenrefraktion f
	f	réfraction f d'ondes
	r	преломление n волн; рефракция f волн
W58	e	wave resistance
	d	Wellenwiderstand m
	f	résistance f d'onde
	r	волновое сопротивление n (в механике)
W59	e	wave scattering
	d	Wellenstreuung f
	f	diffusion f d'ondes
	r	рассеяние n волн
W60	e	wave self-action
	d	Wellenselbstbeeinflussung f, Wellenselbsteinwirkung f
	f	auto-action f d'ondes
	r	самовоздействие n волн
W61	e	wave surface
	d	Wellenfläche f
	f	surface f d'onde
	r	волновая поверхность f
W62	e	wave transformation
	d	Wellentransformation f, Wellenumwandlung f
	f	transformation f d'ondes
	r	трансформация f волн; преобразование n волн
W63	e	wave vector
	d	Wellenvektor m
	f	vecteur m d'onde
	r	волновой вектор m
W64	e	wave zone
	d	Wellenzone f
	f	zone f d'onde
	r	волновая зона f
W65	e	weak coupling method
	d	Methode f der schwachen Kopplung
	f	méthode f de couplage faible
	r	метод m слабой связи
W66	e	weak ferromagnetism
	d	schwacher Ferromagnetismus m
	f	ferromagnétisme m faible
	r	слабый ферромагнетизм m
W67	e	weak field
	d	schwaches Feld n
	f	champ m faible
	r	слабое поле n
W68	e	weak focusing
	d	schwache Fokussierung f
	f	focalisation f faible
	r	слабая фокусировка f
W69	e	weak hypercharge
	d	schwache Hyperladung f
	f	hypercharge f faible
	r	слабый гиперзаряд m
W70	e	weak interaction
	d	schwache Wechselwirkung f
	f	interaction f faible
	r	слабое взаимодействие n
W71	e	weak interaction constant
	d	Konstante f der schwachen Wechselwirkung
	f	constante f d'interaction faible
	r	константа f слабого взаимодействия
W72	e	weak interaction quantum
	d	Quant n der schwachen Wechselwirkung
	f	quantum m d'interaction faible
	r	квант m слабого взаимодействия
W73	e	«weak» isospin
	d	«schwacher» Isospin m
	f	isospin m «faible»
	r	«слабый» изоспин m
W74	e	weak isotopic doublet
	d	schwaches Isodublett n, schwaches Isotopendublett n
	f	doublet m isotopique faible
	r	слабый изотопический дублет m
W75	e	weakly forbidden transition
	d	schwach verbotener Übergang m
	f	transition f faiblement défendue
	r	слабо запрещённый переход m
W76	e	weakly ionized plasma
	d	schwach ionisiertes Plasma n
	f	plasma m faiblement ionisé
	r	слабо ионизованная плазма f
W77	e	weakly nonideal plasma
	d	schwach nichtideales Plasma n
	f	plasma m faiblement non idéal
	r	слабо неидеальная плазма f
W78	e	weak transition
	d	schwacher Übergang m
	f	transition f faible
	r	слабый переход m
W79	e	wear cavitation see cavitation wear

WEAR

W80   e   wear resistance
       d   Verschleißfestigkeit f, Verschleißbeständigkeit f
       f   résistance f à l'usure
       r   износостойкость f

W81   e   wear-resistant coating
       d   verschleißfester Überzug m
       f   revêtement m résistant à l'usure
       r   износостойкое покрытие n

W82   e   wear-resistant material
       d   verschleißfester Stoff m
       f   matériau m résistant à l'usure
       r   износостойкий материал m

W83   e   wear strength *see* wear resistance

W84   e   weber, Wb
       d   Weber n
       f   weber m
       r   вебер m, Вб

W85   e   wedge
       d   Keil m
       f   coin m
       r   клин m

W86   e   wedge aerofoil
       d   keilförmiges Profil n
       f   profil m en coin
       r   клиновидный профиль m (крыла)

W87   e   weight
       d   Gewicht n
       f   poids m
       r   вес m

W88   e   weighted average
       d   gewichtetes Mittel n
       f   moyenne f pondérée
       r   взвешенное среднее n

W89   e   weight factor
       d   Gewichtsfaktor m, Wichtungsfaktor m
       f   facteur m de pondération
       r   весовой множитель m

W90   e   weighting
       d   Wichtung f
       f   pondération f
       r   взвешивание n

W91   e   weighting factor *see* weight factor

W92   e   Weinberg-Salam theory
       d   Weinberg-Salam-Theorie f
       f   théorie f de Weinberg-Salam
       r   теория f Вайнберга - Салама

W93   e   Weiss field
       d   Weisssches Molekularfeld n, inneres Weisssches Feld n
       f   champ m de Weiss, champ m moléculaire de Weiss
       r   поле n Вейса

W94   e   Weiss indices
       d   Weißsche Indizes m pl
       f   indices m pl de Weiss
       r   индексы m pl Вейса

W95   e   Weisskopf-Wigner approximation
       d   Weisskopf-Wigner-Approximation f, Weisskopf-Wigner-Näherung f
       f   approximation f de Weisskopf-Wigner
       r   аппроксимация f Вайскопфа - Вигнера

W96   e   Weizsäcker formula
       d   Weizsäcker-Formel f
       f   formule f de Weizsäcker
       r   формула f Вайцзеккера

W97   e   welding
       d   Schweißen n, Schweißung f
       f   soudage m
       r   сварка f

W98   e   Wentzel-Kramers-Brillouin method
       d   Wentzel-Kramers-Brillouin-Methode f, WKB-Methode f
       f   méthode f de Wentzel-Kramers-Brillouin
       r   метод m Венцеля - Крамерса - Бриллюэна, метод m ВКБ

W99   e   wetting
       d   Netzen n, Benetzen n, Benetzung f
       f   mouillage m
       r   смачивание n

W100   e   wet vapor
       d   Naßdampf m
       f   vapeur f humide
       r   влажный пар m

W101   e   Weyl equation
       d   Weylsche Gleichung f
       f   équation f de Weyl
       r   уравнение n Вейля

W102   e   Wheatstone bridge
       d   Wheatstone-Brücke f
       f   pont m de Wheatstone
       r   мост m Уитстона

W103   e   Wheeler-de Witt equation
       d   Wheeler-de Witt-Gleichung f
       f   équation f de Wheeler-de Witt
       r   уравнение n Уилера - де Витта

W104   e   whisker
       d   Whisker m, Haarkristall m, Fadenkristall m
       f   cristal m filamenteux
       r   нитевидный кристалл m

W105   e   whispering gallery
       d   Flüstergalerie f, Flüstergewölbe n
       f   voûte f acoustique, «whispering gallery» m
       r   шепчущая галерея f

W106 e whistler
 d Whistler m, atmosphärische Pfeifstörung f
 f siffleur m, atmosphérique m siffleur
 r свистящий атмосферик m, вистлер m

W107 e white dwarf
 d weißer Zwerg m
 f naine f blanche
 r белый карлик m

W108 e white hole
 d weißes Loch n (im Universum)
 f trou m blanc
 r белая дыра f (во Вселенной)

W109 e white light
 d weißes Licht n
 f lumière f blanche
 r белый свет m

W110 e white noise
 d weißes Rauschen n
 f bruit m blanc
 r белый шум m

W111 e white radiation
 d weiße Strahlung f
 f rayonnement m blanc
 r белое излучение n

W112 e Wick theorem
 d Wickscher Satz
 f théorème m de Wick
 r теорема f Вика

W113 e wide-angle lens
 d Weitwinkelobjektiv n
 f objectif m à grand angle de champ, grand-angulaire m
 r широкоугольный объектив m

W114 e Wideroe condition see betatron condition

W115 e width
 d Breite f
 f largeur f
 r ширина f

W116 e Wiedemann-Franz law
 d Wiedemann-Franzsches Gesetz n
 f loi f de Wiedemann-Franz
 r закон m Видемана - Франца

W117 e Wien bridge
 d Wien-Brücke f
 f pont m de Wien
 r мост m Вина

W118 e Wiener experiment
 d Wiener-Versuch m
 f expériment m de Wiener
 r опыт m Винера

W119 e Wiener-Hopf method
 d Wiener-Hopf-Verfahren n
 f méthode f de Wiener-Hopf
 r метод m Винера - Хопфа

W120 e Wien radiation law
 d Wiensches Gesetz n, thermodynamisches Gesetz n von Wien
 f loi f de Wien, loi f de Wien de la radiation
 r закон m излучения Вина

W121 e Wigner crystal
 d Wigner-Kristall m
 f cristal m de Wigner
 r вигнеровский кристалл m

W122 e Wigner functions
 d Wigner-Funktionen f pl
 f fonctions f pl de Wigner
 r функции f pl Вигнера

W123 e Wigner-Seitz cell
 d Wigner-Seitz-Zelle f
 f cellule f de Wigner-Seitz
 r ячейка f Вигнера - Зейтца

W124 e Wilson chamber
 d Wilson-Kammer f, Wilsonsche Nebelkammer f
 f chambre f de Wilson
 r камера f Вильсона

W125 e wind
 d Wind m
 f vent m
 r ветер m

W126 e wind-generated waves
 d Windwellen f pl
 f ondes f pl de vent
 r ветровые волны f pl (на воде)

W127 e winding
 d Wicklung f
 f enroulement m
 r обмотка f

W128 e window
 d Fenster n
 f fenêtre f
 r окно n

W129 e wind tunnel
 d Windkanal m
 f soufflerie f, tunnel m aérodynamique
 r аэродинамическая труба f

W130 e wing
 d Flügel m
 f aile f
 r крыло n

W131 e wing absorption
 d Flügelabsorption f
 f absorption f dans l'aile
 r поглощение n в крыле (спектральной линии)

WING

W132　e　wing of resonance curve
　　　d　Resonanzkurvenflügel m
　　　f　branche f de la courbe de résonance
　　　r　крыло n резонансной кривой

W133　e　wire chamber
　　　d　Drahtelektroden-Funkenkammer f
　　　f　chambre f à filament
　　　r　проволочная камера f

W134　e　withdrawal of the rod
　　　d　Ausfahren n des Regelstabs
　　　f　extraction f de la barre
　　　r　извлечение n стержня (из реактора)

W135　e　WKB approximation
　　　d　WKB-Approximation f, WKB-Näherung f
　　　f　approximation f W.K.B.
　　　r　приближение n ВКБ, приближение n Венцеля - Крамера - Бриллюэна

W136　e　WKB method see Wentzel-Kramers-Brillouin method

W137　e　Wolf numbers
　　　d　Wolfsche Zahlen f pl, Fleckenrelativzahlen f pl
　　　f　nombres m pl de Wolf
　　　r　числа n pl Вольфа, числа n pl солнечных пятен

W138　e　wolframium, W
　　　d　Wolfram n
　　　f　tungstène m
　　　r　вольфрам m

W139　e　Wolf-Rayet stars
　　　d　Wolf-Rayet-Sterne m pl
　　　f　étoiles f pl de Wolf-Rayet
　　　r　звёзды f pl Вольфа - Райе

W140　e　Wollaston prism
　　　d　Wollaston-Prisma n
　　　f　prisme m de Wollaston
　　　r　призма f Волластона

W141　e　work
　　　d　Arbeit f
　　　f　travail m
　　　r　работа f

W142　e　world
　　　d　Welt f
　　　f　monde m
　　　r　мир m (в космологии)

W143　e　world interval
　　　d　Weltintervall n
　　　f　intervalle m mondial
　　　r　мировой интервал m

W144　e　world line
　　　d　Weltlinie f
　　　f　ligne f d'Univers
　　　r　мировая линия f

W145　e　wrench
　　　d　Bewegungsschraube f, Kraftschraube f, Dyname f
　　　f　torseur m
　　　r　динамический винт m

W146　e　Wulff surface
　　　d　Wulffsche Fläche f
　　　f　surface f de Wulff
　　　r　поверхность f Вульфа

W147　e　wurtzite structure
　　　d　Wurtzitstruktur f
　　　f　structure f de wurtzite
　　　r　структура f вюрцита

X

X1　e　xenon, Xe
　　d　Xenon n
　　f　xénon m
　　r　ксенон m

X2　e　xi particle
　　d　Xi-Teilchen n
　　f　particule f xi
　　r　кси-частица f

X3　e　X-ray absorption
　　d　Röntgenabsorption f
　　f　absorption f des rayons X
　　r　поглощение n рентгеновского излучения

X4　e　X-ray absorption analysis
　　d　Röntgenabsorptionsspektralanalyse f
　　f　analyse f spectroscopique d'absorption par rayons X
　　r　абсорбционный рентгено-спектральный анализ m

X5　e　X-ray absorption spectroscopy
　　d　Röntgenabsorptionsspektroskopie f
　　f　spectroscopie f d'absorption par rayons X
　　r　абсорбционная рентгеновская спектроскопия f

X6　e　X-ray absorption spectrum
　　d　Röntgenabsorptionsspektrum n
　　f　spectre m d'absorption X, spectre m d'absorption des rayons X
　　r　рентгеновский спектр m поглощения

X7　e　X-ray astronomy
　　d　Röntgenastronomie f
　　f　astronomie f aux rayons X
　　r　рентгеновская астрономия f

X8　e　X-ray binary
　　d　Röntgen-Doppelsternsystem n

X-RAY

	f	binaire *m* à rayons X, système *m* stellaire binaire à rayons X
	r	рентгеновская двойная *f*, рентгеновская двойная звёздная система *f*

X9   *e*   **X-ray camera**
     d   Röntgenkammer *f*
     f   chambre *f* à rayons X
     r   рентгеновская камера *f*

X10   *e*   **X-ray crystallographic analysis**
     d   Röntgenstrukturanalyse *f*, Röntgenkristallstrukturanalyse *f*
     f   analyse *f* radiocristallographique
     r   рентгеноструктурный анализ *m*

X11   *e*   **X-ray crystallography**
     d   Röntgenkristallstrukturanalyse *f*
     f   radiocristallographie *f*
     r   рентгеновская кристаллография *f*

X12   *e*   **X-ray diagnostics**
     d   Röntgendiagnostik *f*
     f   diagnostic *m* à rayons X
     r   рентгеновская диагностика *f*

X13   *e*   **X-ray diffraction**
     d   Röntgenbeugung *f*, Röntgendiffraktion *f*, Beugung *f* von Röntgenstrahlen
     f   diffraction *f* des rayons X
     r   дифракция *f* рентгеновских лучей, рентгеновская дифракция *f*

X14   *e*   **X-ray diffraction analysis** see X-ray crystallographic analysis

X15   *e*   **X-ray diffraction method**
     d   Röntgenbeugungsmethode *f*, Röntgendiffraktionsmethode *f*
     f   méthode *f* de diffraction des rayons X, méthode *f* de diffraction à rayons X
     r   рентгенодифракционный метод *m*, метод *m* рентгеноструктурного анализа

X16   *e*   **X-ray diffraction pattern**
     d   Röntgendiagramm *n*, Röntgenbeugungsbild *n*
     f   diagramme *m* à rayons X
     r   рентгенограмма *f*

X17   *e*   **X-ray diffractometer**
     d   Röntgendiffraktometer *n*, Röntgenbeugungsgerät *n*
     f   diffractomètre *m* à rayons X, radiodiffractomètre *m*
     r   рентгеновский дифрактометр *m*

X18   *e*   **X-ray diffractometry**
     d   Röntgendiffraktometrie *f*
     f   diffractométrie *f* aux rayons X
     r   рентгеновская дифрактометрия *f*

X19   *e*   **X-ray emission**
     d   Röntgenstrahlung *f*
     f   rayonnement *m* X
     r   рентгеновское излучение *n*

X22   *e*   **X-ray emission spectroscopy**
     d   Röntgenemissionsspektroskopie *f*
     f   analyse *f* spectroscopique d'émission par rayons X
     r   эмиссионная рентгеновская спектроскопия *f*

X21   *e*   **X-ray emission spectrum**
     d   Röntgenemissionsspektrum *n*
     f   spectre *m* d'émission X, spectre *m* d'émission des rayons X
     r   рентгеновский спектр *m* испускания

X22   *e*   **X-ray flare**
     d   Röntgenausbruch *m*
     f   éruption *f* X
     r   рентгеновская солнечная вспышка *f*, рентгеновская вспышка *f*

X23   *e*   **X-ray flaw detection**
     d   Röntgendefektoskopie *f*
     f   contrôle *m* radiographique, contrôle *m* aux rayons X
     r   рентгеновская дефектоскопия *f*

X24   *e*   **X-ray fluorescence**
     d   Röntgenfluoreszenz *f*
     f   fluorescence *f* de rayons X
     r   рентгеновская флуоресценция *f*

X25   *e*   **X-ray fluorescence analysis**
     d   Röntgenfluoreszenzanalyse *f*
     f   analyse *f* par fluorescence de rayons X
     r   рентгеновский флуоресцентный анализ *m*

X26   *e*   **X-ray goniometer**
     d   Röntgengoniometer *n*
     f   radiogoniomètre *m* X
     r   рентгеновский гониометр *m*

X27   *e*   **X-ray hardness**
     d   Röntgenhärte *f*
     f   dureté *f* de rayons X
     r   жёсткость *f* рентгеновского излучения

X28   *e*   **X-ray image**
     d   Röntgenbild *n*
     f   image *f* radiographique
     r   изображение *n* в рентгеновских лучах

X29   *e*   **X-ray intensity**
     d   Röntgenstrahlenintensität *f*
     f   intensité *f* du rayonnement X
     r   интенсивность *f* рентгеновского излучения

X30   *e*   **X-ray interference**
     d   Röntgeninterferenz *f*, Röntgenstrahleninterferenz *f*

X-RAY

	f	interférence f des rayons X
	r	интерференция f рентгеновского излучения
X31	e	X-ray interferometry
	d	Röntgeninterferometrie f
	f	interférométrie f aux rayons X
	r	рентгеновская интерферометрия f
X32	e	X-ray laboratory
	d	Röntgenlaboratorium n, Röntgenlabor n
	f	laboratoire m à rayons X
	r	рентгеновская лаборатория f
X33	e	X-ray laser
	d	Röntgenlaser m, X-laser m
	f	laser m à rayons X
	r	рентгеновский лазер m
X34	e	X-ray lens
	d	Röntgenlinse f
	f	lentille f à rayons X
	r	рентгеновская линза f
X35	e	X-ray lithography
	d	Röntgenlithographie f
	f	lithographie f aux rayons X
	r	рентгеновская литография f, рентгенолитография f
X36	e	X-ray microscope
	d	Röntgenmikroskop n
	f	microscope m à rayons X
	r	рентгеновский микроскоп m
X37	e	X-ray microscopy
	d	Röntgenmikroskopie f
	f	microscopie f aux rayons X
	r	рентгеновская микроскопия f
X38	e	X-ray mirror
	d	Röntgenspiegel m
	f	miroir m à rayons X
	r	рентгеновское зеркало n
X39	e	X-ray monochromator
	d	Röntgenstrahlenmonochromator m
	f	monochromateur m de rayons X
	r	рентгеновский монохроматор m
X40	e	X-ray optics
	d	Röntgenoptik f
	f	optique f des rayons X
	r	рентгеновская оптика f
X41	e	X-ray pulsar
	d	Röntgenpulsar m
	f	pulsar m à rayons X
	r	рентгеновский пульсар m
X42	e	X-ray quantum
	d	Röntgenquant n, Röntgenstrahlungsquant n
	f	quantum m de rayonnement X
	r	рентгеновский квант m
X43	e	X-ray radiography
	d	Röntgenradiographie f
	f	radiographie f aux rayons X
	r	рентгенография f
X44	e	X-rays
	d	Röntgenstrahlen m pl; Röntgenstrahlung f
	f	rayonnement m X, rayons m pl X
	r	рентгеновское излучение n; рентгеновские лучи pl
X45	e	X-ray scattering
	d	Röntgenstreuung f, Röntgenstrahlenstreuung f
	f	diffusion f de rayons X, diffusion f X
	r	рассеяние n рентгеновских лучей
X46	e	X-ray source
	d	Röntgenstrahlenquelle f, Röntgenquelle f
	f	source f de rayons X, source f X
	r	рентгеновский источник m, источник m рентгеновского излучения
X47	e	X-ray spectrometer
	d	Röntgenspektrometer n
	f	spectromètre m à rayons X
	r	рентгеновский спектрометр m
X48	e	X-ray spectroscopic analysis
	d	Röntgenspektralanalyse f
	f	analyse f spectroscopique par rayons X
	r	рентгеноспектральный анализ m
X49	e	X-ray spectroscopy
	d	Röntgenspektroskopie f
	f	spectroscopie f aux rayons X
	r	рентгеновская спектроскопия f
X50	e	X-ray spectrum
	d	Röntgenspektrum n
	f	spectre m des rayons X
	r	рентгеновский спектр m
X51	e	X-ray star
	d	Röntgenstern m
	f	étoile f X
	r	рентгеновская звезда f
X52	e	X-ray structural analysis
	d	Röntgenstrukturanalyse f
	f	analyse f radiocristallographique
	r	рентгеноструктурный анализ m
X53	e	X-ray telescope
	d	Röntgenteleskop n
	f	télescope m à rayons X, lunette f à rayons X
	r	рентгеновский телескоп m
X54	e	X-ray tomography
	d	Röntgentomographie f

	f tomographie *f* aux rayons X
	r рентгеновская томография *f*
X55	*e* X-ray topography
	d Röntgentopographie *f*
	f topographie *f* aux rayons X
	r рентгеновская топография *f*
X56	*e* X-ray tube
	d Röntgenröhre *f*
	f tube *m* à rayons X
	r рентгеновская трубка *f*

Y

Y1	*e* Yagi aerial, Yagi antenna
	d Yagi-Antenne *f*
	f antenne *f* Yagi
	r директорная антенна *f*, антенна *f* типа «волновой канал»
Y2	*e* YAG-laser
	d YAG-Laser *m*, Yttrium-Aluminium-Granat-Laser *m*
	f laser *m* à grenat d'yttrium et d'aluminium
	r ИАГ-лазер *m*, лазер *m* на иттрий-алюминиевом гранате
Y3	*e* Yang-Mills fields
	d Yang-Mills-Felder *n pl*
	f champs *m pl* de Yang-Mills
	r поля *n pl* Янга - Миллса
Y4	*e* year
	d Jahr *n*
	f année *f*, an *m*
	r год *m*
Y5	*e* yield point, yield stress
	d Fließgrenze *f*
	f limite *f* d'écoulement
	r предел *m* текучести
Y6	*e* YIG-laser
	d YIG-Laser *m*
	f laser *m* YIG
	r ЖИГ-лазер *m*, лазер *m* на железо-иттриевом гранате
Y7	*e* Young modulus
	d Elastizitätsmodul *m*, E-Modul *m*, Youngscher Elastizitätsmodul *m*
	f module *m* d'élasticité, module *m* d'élasticité d'Young
	r модуль *m* Юнга
Y8	*e* Y particle *see* ypsilon
Y9	*e* ypsilon, ypsilon particle
	d Y-Teilchen *n*

	f particule *f* upsilon, particule *f* Y
	r ипсилон-частица *f*
Y10	*e* yrast band
	d Yrast-Band *n*
	f bande *f* yrast
	r ираст-полоса *f*
Y11	*e* yrast level
	d Yrast-Niveau *n*
	f niveau *m* yrast
	r ираст-уровень *m*
Y12	*e* yrast line
	d Yrast-Linie *f*
	f ligne *f* yrast
	r ираст-линия *f*
Y13	*e* yrast trap
	d Yrast-Trap *m*
	f piège *m* yrast
	r ираст-ловушка *f*
Y14	*e* ytterbium, Yb
	d Ytterbium *n*
	f ytterbium *m*
	r иттербий *m*
Y15	*e* yttrium, Y
	d Yttrium *n*
	f yttrium *m*
	r иттрий *m*
Y16	*e* yttrium aluminium garnet
	d Yttrium-Aluminium-Granat *m*
	f grenat *m* d'yttrium et d'aluminium
	r алюмо-иттриевый гранат *m*, иттрий-алюминиевый гранат *m*
Y17	*e* yttrium iron garnet
	d Yttrium-Eisen-Granat *m*
	f grenat *m* de fer et d'yttrium
	r железо-иттриевый гранат *m*, феррит-гранат *m* иттрия
Y18	*e* Yukawa potential
	d Yukawa-Potential *n*
	f potentiel *m* de Yukawa
	r потенциал *m* Юкавы

Z

Z1	*e* Zeeman effect
	d Zeeman-Effekt *m*
	f effet *m* Zeeman
	r эффект *m* Зеемана
Z2	*e* Zeeman splitting
	d Zeeman-Aufspaltung *f*
	f séparation *f* Zeeman, dédoublement *m* Zeeman
	r зеемановское расщепление *n*

ZEEMAN

Z3   e   **Zeeman splitting constant**
      d   Zeeman-Aufspaltungskonstante f
      f   constante f de séparation Zeeman
      r   константа f зеемановского расщепления

Z4   e   **Zeeman sublevel**
      d   Zeeman-Unterniveau n
      f   sous-niveau m Zeeman
      r   зеемановский подуровень m

Z5   e   **Zener diode**
      d   Z-Diode f
      f   diode f Zener
      r   стабилитрон m

Z6   e   **zenith**
      d   Zenit m
      f   zénith m
      r   зенит m

Z7   e   **zenith angle, zenith distance**
      d   Zenitdistanz f
      f   distance f zénithale, coaltitude f
      r   зенитный угол m, зенитное расстояние n

Z8   e   **Zernike polynomial**
      d   Zernikesches Polynom n, Zernikesches Orthogonalpolynom n
      f   polynôme m de Zernike, polynôme m orthogonal de Zernike
      r   многочлен m Цернике

Z9   e   **zero-gap semiconductor**
      d   energielückenloser Halbleiter m
      f   semi-conducteur m à gap zéro
      r   бесщелевой полупроводник m

Z10   e   **zero gravity**
      d   Schwerelosigkeit f
      f   apesanteur f
      r   невесомость f

Z11   e   **zero-point energy**
      d   Nullpunktsenergie f
      f   énergie f au zéro absolu
      r   нулевая энергия f

Z12   e   **zero-point oscillations**
      d   Nullpunktsschwingungen $f\ pl$
      f   oscillations $f\ pl$ au zéro absolu
      r   нулевые колебания $n\ pl$

Z13   e   **zero sound**
      d   Nullpunktschall m
      f   son m au zéro absolu
      r   нулевой звук m (в гелии)

Z14   e   **Zhukovski profile**
      d   Joukowski-Profil n, Joukowski-Flügelprofil n
      f   profil m Joukowski
      r   профиль m Жуковского

Z15   e   **zinc, Zn**
      d   Zink n
      f   zinc m
      r   цинк m

Z16   e   **zirconium, Zr**
      d   Zirkonium n
      f   zirconium m
      r   цирконий m

Z17   e   **zodiacal light**
      d   Zodiakallicht n, Tierkreislicht n
      f   lumière f zodiacale
      r   зодиакальный свет m

Z18   e   **zone**
      d   1. Zone f; Gebiet n 2. Band n, Energieband n
      f   zone f
      r   зона f; область f

Z19   e   **zone filling** see zone occupation

Z20   e   **zone magnetism**
      d   Zonenmagnetismus m
      f   magnétisme m de zone
      r   зонный магнетизм m

Z21   e   **zone melting**
      d   Zonenschmelzen n; Zonenschmelzverfahren n
      f   fusion f à zone; méthode f de la zone fondue
      r   зонная плавка f; метод m зонной плавки

Z22   e   **zone occupation**
      d   Energiebandbesetzung f
      f   remplissage m des zones
      r   заполнение n зон

Z23   e   **zone plate**
      d   Zonenplatte f
      f   plaque f zonale
      r   зонная пластинка f, пластинка f Cope

Z24   e   **zoom lens** see varifocal lens

Z25   e   **z-pinch**
      d   z-Pinch m
      f   pincement m z
      r   z-пинч m

Z26   e   **Zweig rule**
      d   Zweigsche Regel f
      f   règle f de Zweig
      r   правило n Цвейга

DEUTSCH

A

Abbau D194
~ von Polymeren P786
Abbe-Refraktometer A1
Abbesche Zahl C627
Abbesches Refraktometer A1
Abbild I23
Abbilden I36
Abbildung I23, M222, P550
~ in absorbierten Elektronen A30
~ in rückgestreuten Elektronen B11
Abbildungsfehler A2
Abbildungsfehlerkorrektur I26
Abbildungstheorie I34
Abbildungstiefe D179
Abbrand B378
Abbrennen D86
Abdruck R404
Aberration A2
~ des Fixsternlichts A3
Aberrationen des Auges F542
~ der Elektronenlinsen A4
Aberrationsfehler der optischen Systeme A5
Aberregung D78
Abfall D51, S343
abgebremste Neutronen M535
abgeleitete Einheit D184
abgelenkter Strahl D87
abgelenktes Strahlenbündel D87
abgelöste Strömung D199
abgeschirmte Kammer S235
~ Spule S236
abgeschlossene Menge C338
~ Schale C339
abgeschlossenes Intervall C335
~ System C340
Abhängigkeit D162, R339
Abklingen D9, D51
~ der Lumineszenz L417
abklingende Schwingungen D7
Abklingkonstante D10
Abklingkurve D53
Abklingzeit D57, D57
Abknickung K53
Abkühlen C698
Abkühlung C698, R324
Ablation A6
Ableitung D183, L233
ablenkende Spule D88
Ablenkplatten D89
Ablenkspannung D90

Ablenkspule D88
Ablenkung D91, D216
Ablenkungswinkel D92
Ablösung der Elektronen D200
Abmessung D346, D346
Abplattung O5
Abpumpen E428
Abrieb A8
Abrikosov-Gitter A11
abrupter Übergang S805
Abschalten D74
Abschattung V143
Abscheiden D174
Abscheidung D174
Abschirmkonstante S94
Abschirmung S93, S237
Abschirmungskonstante S94
Abschnitt S117
Abschrecken Q133
Abschwächer A651
Absolutbetrag A25
absolute Dielektrizitätskonstante A19
~ Einheiten A24
~ Feuchtigkeit A14
~ Größenklasse A21
~ Helligkeit A21
~ Instabilität A15
~ Labilität A15
~ Messung A17
~ Permeabilität A18
~ Temperatur A22
~ Zeit A23
absoluter Fehler A13
~ Nullpunkt A26
~ Strahler A20
~ Temperaturnullpunkt A26
absolutes Instabilitätskriterium A16
~ Labilitätskriterium A16
~ Vakuum P225
Absolutwert A25, M198
Absorbat A28
Absorbens A33
Absorber A34
absorbierender Stoff A33
absorbierte Dosis A29
~ Strahlung A32
absorbierter Stoff A28
absorbiertes Quant A31
Absorptiometer A37
Absorption A38
Absorptionsanalyse A39

Absorptionsapparat A34
Absorptionsbande A40
Absorptionsgrad A36
Absorptionsintensität A47
Absorptionskante A45
Absorptionskoeffizient A36
Absorptionskurve A44
Absorptionslänge A49
Absorptionslinie A50
Absorptionsmessung A52
Absorptionsmittel A33
Absorptionsquerschnitt A43
Absorptionsspektralanalyse A39
Absorptions-Spektralphotometrie A54
Absorptionsspektroskopie A55
Absorptionsspektrum A56
Absorptionssprung A48
Absorptionsverluste A51
Absorptionsvermögen A35, A57, A58
Absorptionswirkungsquerschnitt C872
Absorptionszahl A36
Absorptionszelle A41
Abstand D484, G50, I349
absteigender Knoten D186
Abstimmanzeigeröhre T432
abstimmbarer Laser F392
Abstimmbereich T433
Abstimmung T430
Abstoßung R407
Abstreifreaktion S903
Abströmkante T316
Abszisse A12
Abtaster S56
Abtastgerät S56
Abtastimpuls P920, S454
Abtastintervall S16
Abtastoptik S60
Abtastoszillograph S17
Abtastung S57, S1089
Abweichung D216, E406
Abzweigung B309
Achromat A92
achromatische Farbe A91
~ Linse A92
Achromatisierung eines Linsensystems A93
Achse A712
achsenentferntes Hologramm O30
Achsenfläche A718

Achtflach O21
Achtflächner O21
Actinium A162
Actinoid A163
Adaptation A190
adaptive Kompensation A191
~ Optik A193
adaptiver Spiegel A192
adaptives System A194
Adaptometer A195
Addition von Geschwindigkeiten C513
additive Quantenzahl A197
Additivität A198
Adhäsion A199
Adhäsionskontakt A200
Adiabate A201
adiabatische Änderung A204
~ Entmagnetisierung A206
~ Erwärmung A208
~ Falle A215
~ Fluktuationen A207
~ Hülle A214
~ Invariante A210
~ Invariantenmethode A211
~ Isolierung A209
~ Kernentmagnetisierung N343
~ Näherung A202
~ Störung A212
adiabatischer Prozeß A213
adiabatisches Isolieren A209
~ Kalorimeter A203
Admittanz A218
Adsorbat A220
Adsorbens A221
adsorbierender Stoff A221
adsorbierter Stoff A220
Adsorption A222
Adsorptionschromatographie A224
Adsorptionsgleichgewicht A225
Adsorptionsindikator A226
Adsorptionsisostere A227
Adsorptionsisotherme A228
Adsorptionskatalyse A223
Adsorptionskinetik A229
Adsorptionsmittel A221
Adsorptionspumpe A230
Adsorptiv A220
A/D-Umsetzer A365
Advektion A232
AE A567
Aerodynamik A249
aerodynamische Beiwerte A241
~ Eigenschaft A240
~ Erwärmung A243
~ Kraft A242
~ Messungen A245
aerodynamischer Neutralpunkt A239
~ Widerstand A248
aerodynamisches Moment A246
~ Rauschen A247

Aeroelastizität A252
Aerohydrodynamik F217
Aerologie A253
Aeronomie A254
Aerosol A255
Aerosolkoagulation A256
Aerostatik A257
affiner Raum A258
Affinität A259
Agglomerieren A267
Agglutination A268
Aggregat A269, S211, U72
Aggregation A270
Aggregatzustand S733
Aggregatzustandsänderung C182
Ahlidade A285
Ähnlichkeit S293
Ähnlichkeitskriterium S294
Ähnlichkeitstheorie S296
Airysches Integral A280
~ Regenbogenintegral A280
Akkommodation A79
~ des Auges A81
Akkommodationskoeffizient A80
Akkretion A83
Akkretionsscheibe A84
akkrezierender weißer Zwerg A82
Akkumulation A85
Akkumulator A86
Akkumulatorzelle C144
Aktinid A163
aktinisches Licht A159
Aktinität A161
Aktinium A162
Aktinoid A163
Aktinometer A164
Aktinometrie A165
Aktivator A175
aktive Güteschaltung A183
~ Katode A169
~ Modenkopplung A181
~ Substanz A185
~ Tage A177
~ Zone C719, R223
aktiver Dipol A178
~ Stoff A185
aktives Medium A179
aktivierte Katode A169
Aktivierung A171
Aktivierungsanalyse A172, R68
Aktivierungsenergie A173
Aktivierungsmethode A174
Aktivierungsmittel A175
Aktivität A187
Aktivitätsgebiet A184
Akustik A137
~ der bewegten Medien A138
akustische Abbildung A111
~ Bilderzeugung A112
~ Holographie A110
~ Impedanz A113

AKZEPTORZENTRUM

~ Interferenz A114
~ Kernresonanz N342
~ Koagulation A98
~ Leitfähigkeit A100
~ Linse A116
~ magnetische Kernresonanz A122
~ magnetische Resonanz A124
~ Messung A117
~ Messungen A117
~ Nichtlinearität A121
~ NMR A122
~ Oberflächenwellen S1049
~ Ortung S469
~ paramagnetische Resonanz A124
~ Relaxation A134
~ Schwingungen A141, S475
~ Strömung A108
~ Verzögerung A101
~ Verzögerungsleitung A102
~ Wellen A95
akustischer Dipol A104
~ Durchschlag A96
~ Entfernungsmesser S468
~ Impuls A128
~ Konzentrator A99
~ Quadrupol A129
~ Reflektor A133
~ Resonator A136
~ Spiegel A119
~ Strahler A130
~ Wellenleiter A143
~ Widerstand A135
~ Wind A145
akustisches Bild A111
~ Echolot A139
~ Filter A107
~ Gitter A109
~ Interferometer A115
~ Mikroskop A118
~ Oberflächenwellenfilter S1048
~ Rauschen A120
akustoelektrische Domäne A146
~ Wechselwirkung A148
akustoelektrischer Effekt A147
Akustoelektronik A149
Akustooptik A157
akustooptische Modulation A154
~ Qualität A156
~ Spektroskopie A158
~ Wechselwirkung A151
akustooptischer Ablenker A150
~ Deflektor A150
~ Effekt A153
~ Korrelator A152
~ Modulator A155
Akzeptor A73
Akzeptoratom A74
Akzeptorniveau A76
Akzeptorterm A76
Akzeptorverunreinigung A73
Akzeptorzentrum A75

ALBEDO

Albedo A281
~ der kosmischen Strahlung C768
Alexandrit A282
Alfvénsche Wellen A283
Alfvén-Wellen A283
Algebra A284
Alkalimetall A287
All C786
Allfaserkomponenten A288
allgemeine Relativitätstheorie G107
Allobar A289
allotrope Kristallmodifikation A291
~ Modifikation A291
Allotropie A292
alpha-aktives Isotop A297
Alphaquelle A304
Alphaspektrometer A305
Alphaspektroskopie A306
alpha-stabiles Isotop A307
Alphastrahlen A303
alpha-strahlendes Isotop A297
Alphastrahlung A300, A301
Alphastrahlungsquelle A304
Alphateilchen A299
Alphateilchenemission A300
Alphaumwandlung A298
Alphazerfall A298
Alter des Universums A266
alternative Energiequellen A311
alternierende Phasierung S285
Altersbestimmung A263
~ mit Radionukliden I549
~ nach der Kohlenstoffmethode R95
Alterung A265
Aluminium A315
Alychne A316
AM A362
ambipolare Diffusion A320
ambipolarer Diffussionskoeffizient A321
AM-Demodulator A354
Americium A322
Amerizium A322
Amici-Prisma A323
Aminosäure A325
Ammoniakmaser A326
Ammoniumdihydrogenorthophosphat A327
Ammoniumdihydrogenphosphat A327
amorphe Substanz A336
amorpher Cluster A329
~ Schwarm A329
~ Stoff A336
~ Zustand A335
amorphes Kondensat A330
~ Magnetikum A331
~ Material A332
~ Metall A333

~ Silicium A334
Ampere A337
Amperesches Gesetz A339
Ampermeter A324
Amperwindungen A340
Ampholyt A342
amphoteres Elektrolyt A342
Amplitude A351, M198, P178, R171
Amplitudenanalysator P996
Amplitudenbegrenzer A360
Amplitudencharakteristik A352
Amplitudendemodulator A354
Amplitudendetektierung A353
Amplitudendetektion A353
Amplitudendiskriminator A355
Amplitudenfrequenzcharakteristik F384
Amplitudenfrequenz-Kennlinie F384
Amplitudenhologramm A359
Amplitudenkennlinie A352
Amplitudenmodulation A362
amplitudenmodulierte Schwingungen A361
Amplitudenteilung A357
Amplitudenverzerrung A356
Amplitudenwert C838
amu A625
Analog-Digital-Umsetzer A365
Analogfilter A364
Analogie A366
Analysator A375
Analyse A367
Analysenwaage A368
Analysis A367
analytische Abhängigkeit A369
~ Fortsetzung A370
~ Funktion A371
~ Methode A373
analytisches Massenspektrometer A372
~ Signal A374
anamorphotische Linse A377
anamorphotischer Objektivvorsatz A376
Anamorphotvorsatz A376
Anastigmat A378
Anderson-Lokalisierung A379
Anemometer A383
Aneroidbarometer A384
Anfangsbedingungen I211
angepaßte Last M257
angepaßtes Filter M256
angeregter Zustand E465
angeregtes Atom E462
~ Ion E463
~ Molekül E464
angereichertes Isotop E338
~ Material E340
angewandte Forschung A506
~ Optik A504
~ Physik A505

Angriffslinie L272
Angström A393
Angström-Einheit A393
Anhalten A199
anharmonische Oszillation A410
anharmonischer Oszillator A411
anharmonisches Molekül A409
Anharmonizität A408
Anhäufung A85
Anion A412
anisotrope Strahlung A414
~ Streuung A417
~ Substanz A418
anisotroper Kristall A413
anisotropes Medium A415
~ Modell A416
Anisotropie A419
~ von elastischen Eigenschaften A421
~ von magnetischen Eigenschaften A422
Anisotropieenergie A420
Anker A528
Anlage U72
Anlagerung A645
~ von Elektronen A645
ANL-Laboratorium A525
Annäherung A509
Annahme A545
Annihilation A425
Annihilationsstrahlung A428
Annihilationsverluste A426
Anode A431, P702
Anodencharakteristik A432
Anodendetektierung A435
Anodendetektion A435
Anodendunkelraum A434
Anodenfall A437
Anodengebiet A439
Anodenglimmlicht A438
Anodenraum A439
Anodenspannung A440
Anodenstrom A433
anodische Behandlung A441
Anodisieren A441
anomale Brechung A446
~ Dispersion A443
~ Refraktion A446
~ Strahlung A445
~ Viskosität A447
anomaler Zeeman-Effekt A448
anomales magnetisches Moment A444
Anomalie A449
Anomalon A442
Anordnung A539
Anpassung A190
Anpassungsblende M258
Anpassungsgrad M259
Anregung E453, I213
Anregungsenergie E457
Anregungsimpuls E460
Anregungskanal E454

Anregungskinetik E458
Anregungskurve E456
Anregungsmethode E459
Anregungsquelle E461
Anregungsquerschnitt E455
Anreicherung E341
Anreicherungsschichtkontakt E339
Anschluß A645, J25
Anschwellen S1092
Ansprechen R454
Anstellwinkel A386
Anstiegskurve G286
Anstiegszeit R517
Anströmseite L162
Anströmwinkel A386
Anteil der eingefangenen Teilchen T388
Antenne A234
Antennengewinn A454
Antennengltter A235
Antennengruppe A235
Antennenrauschen A237
Antennenspeiseleitung A453
Antennentemperatur A238
Antennenverstärkung A454
Antennenwirklänge A452
Antennenzuleitung A453
anthropisches Prinzip A456
Antibaryon A457
Antiferroelektrikum A465
antiferroelektrischer Bezirk A467
~ Stoff A465
Antiferromagnetikum A466
antiferromagnetische Domäne A467
~ Ordnung A468
~ Resonanz A469
antiferromagnetischer Stoff A466
Antiferromagnetismus A470
Antikatode A458
Antikoinzidenzschaltung A459
Antikoinzidenzverfahren A461
Antikoinzidenzzähler A460
Antikommutator A462
Antimaterie A471
Antimon A472
Antineutrino A473
Antineutron A474
Antinukleon A476
antiparallele Injektion A477
Antiproton A479
Antiquark A480
Antireflexbelag A481
Anti-Stokes-Komponente A482
Anti-Stokes-Linie A483
antistokessche Komponente A482
~ Linie A483
Antisymmetrie A484
Antiteilchen A478

Antizyklon A464
Antwort R454
Antwortfunktion R455
Antwortzeit R456
Anwendung der Kernenergie für friedliche Zwecke P175
~ der Monte-Carlo-Methode M636
Anwendungsbereich F104
Anzahl Q26
~ der Freiheitsgrade N422
Anzeiger I124
Anziehung A652
Anziehungsbereich D529
Anzünden F142
AO A628
Äolsharfe A233
aperiodische Bewegung A487
~ Schwingungen A488, N276
aperiodischer Kreis A485
~ Prozeß N277
Aperiodizität A486
Apertur A489
Aperturblende A490
Aperturintegrator A492
Apertur-Synthese A495
Aperturverzerrungen A491
Aperturwinkel A395
Apex A496
Aplanat A499
aplanatische Linse A499
aplanatisches Objektiv A499
Apochromat A501
apochromatische Linse A501
apochromatisches Objektiv A501
Apodization A502
Apogäum A503
Apparat I242, S211
Apparatur E389
Approximation A509
Approximierung A509
Aquadag A510
Äquator E368
äquatoriale Fernrohrmontierung E370
~ Montierung E370
Äquatorialionosphäre E369
Äquipotentialfläche E393
Äquipotentialkreis E391
Äquipotentialkurve E392
Äquivalent E396
äquivalente Dosis E398
Äquivalenz E394
Äquivalenzprinzip E395
Aräometer A521, D150
Arbeit W141
Arbeitsvermögen P842
Archimedisches Gesetz A515
Argon A523
Argonlaser A524
Ar-Laser A524
Arm A526

ATMOSPHÄRISCHE

Armco-Eisen A529
Armierung R338
Arsen A530
asphärische Optik A538
assoziative Ionisation A542
~ Recombination A543
Assoziativität A544
assoziierte Paarerzeugung A541
Astat A546
Asterismus A547
Asteroid A548, M502
Astigmatismus A549
~ des Auges A551
Astigmatismusberichtigung A550
Astigmatismuskorrektion A550
Astonscher Dunkelraum A552
Astrobiologie A553
Astrograph A556
Astrokamera A556
Astrokernphysik N344
Astroklima A554
Astrolabium A558
Astrometrie A559
Astronomie A568
astronomische Einheit A567
~ Instrumente A562
~ Kolorimetrie A561
~ Koordinaten C139
astronomischer Kalender A560
astronomisches Fernrohr A566
~ Observatorium A563
Astrophotometrie A564
Astrophysik A569
Astrospektrometrie A565
Asymmetrie A572
Asymmetriefehler C469
asymmetrisches Molekül A570
Asymptote A573
asymptotische Abhängigkeit A574
~ Entwicklung A575
~ Freiheit A576
~ Reihe A577
Äther E419
Ätherwind E420
Atmosphäre A578
Atmosphärenverschmutzung A277
atmosphärische Absorption A580
~ Beugung A584
~ Dämpfung A581
~ Diffusion A585
~ Dynamik A579
~ Gezeiten A598
~ Inhomogenität A588
~ Ionisation A587, I428
~ Konvektion A583
~ Optik A590
~ Pfeifstörung W106
~ Refraktion A595
~ Störungen A596
~ Strahlenbrechung A595

ATMOSPHÄRISCHE

~ Strahlung A594
~ Streuung A597
~ Turbulenz A600
~ Zirkulation A582
atmosphärischer Druck A593
~ Wellenleiter A601
atmosphärisches Ozon A591
Atmospherics A596
Atom A603
~ auf dem Zwischengitterplatz I345
Atom- und Molekülspektroskopie A606
Atomabstand I277
atomare Absorption A605
~ Masseneinheit A625
~ Polarisierbarkeit A630
Atombau A639
Atombindung C819
Atombombe N345
Atomdetektierung A615
Atomdetektion A615
Atomformfaktor A618
Atomgewicht A642
Atom-g-Faktor A622
Atomgitterkristall A614
Atominterferometer A620
Atomion A621
Atomkern A626, N416
Atomkernenergie N357
Atomkristall A614, C820
Atommasse A624, A642
Atommaßstab A634
Atomniveaus A617
Atomnummer A627
Atomorbital A628
Atomphysik A629
Atompolarisation A631
Atompolarisierbarkeit A630
Atomradius A633
Atomrumpf A613
Atomsonde A632
Atomspektren A636
Atomspektroskopie A637
Atomstandard A638
Atomstöße A612
Atomstrahl A607
Atomstrahlfrequenzstandard A608
Atomstrahlquelle A609
Atomuhr A611
Atomzeit A640
Atomzeitstandard A641
Attachment A645
Attraktion A652
Attraktionsdomäne D529
Attraktor A653
Attraktorkrise C839
Ätzen E416
Ätzgraben E415
Ätzgruben E417
Ätzgrubenverfahren E418
Ätzung E416

Audiometer A659
Aufdampfen D174
Auffangen T391
Auffinden von Einzelatomen D203
~ von Einzelmolekülen D204
Aufflackern F173
Auffüllung von Zuständen O15
aufgelöste Linie R422
aufgelöster Stoff S425
aufgezeichnetes Bild R257
Aufhängung S1088
Auflager S1044
Auflösung D481, R421
Auflösungskammer D482
Auflösungsvermögen R423
Aufnahme P550
Aufnahmekammer C24
Aufsatz H66
Aufspaltung F150, S662
Aufspaltungsfaktor S663
aufsteigender Knoten A535
Auftragen D174
auftreffendes Teilchen P930
Auftrieb A244, B372, B373, E282, L202
Auftriebskraft B373
Aufwärtswandler U97
Auge E539
Augenabbildungsfehler E542
Augenblicksspannung I239
Augenblickswert I237
Augenoptik E540
Augenträgheit P265
Auger-Effekt A660
Auger-Elektronen A662
Auger-Elektronenabbildung A661
Auger-Elektronenbild A661
Auger-Spektroskopie A663
Aureole A665
Aurorabogen A669
Auroraionisation A670
Auroraionisierung A670
Auroralinie A672
Auroraspektrallinie A672
ausbleichbarer Farbstoff B225
Ausbleichen B224, B224
~ von Kristallen C894
Ausbreitungsrichtung D387
Ausbreitungsvektor P937
Ausbrennen des Wasserstoffs E476
Ausbruch B380
Ausdehnung E487, E519
Ausdehnungskoeffizient C361, E489
Ausdehnungskurve E490
Ausdehnungszahl E489
Außenschale O300
Außenschalenionisation O301
Außentriggerung E524
außeraxialer Strahl O29

äußere Atmosphäre E482
~ Kräfte E521
~ lichtelektrischer Effekt
~ Magnetosphäre O296
~ Planeten O297
~ Reibung E522
äußerer lichtelektrischer Effekt E523, P431, P434
~ Photoeffekt E523, P431, P434
~ photoelektrischer Effekt E523
~ Strahlungsgürtel O299
äußeres Problem O298
außerordentliche Welle E531
außerordentlicher Strahl E530
Außer-Phase-Bringen D164
Ausfahren des Regelstabs W134
Ausfall F14
Ausfällung P858
Ausführungskanal E527
Ausgangsklemmen O306
Ausgangskreis O303
Ausgangsleistung O304
Ausgangsspannung O307
Ausgangsstromkreis O303
Ausgangsteilchen P88
ausgedehnte Quelle E518
Ausgleich C496
Ausheilen von Defekten H69
Auslegung I334
Auslenken des Strahls B100
Auslenkspule D88
Auslenkvorrichtung D93
Auslöschung D197, E525
Auslöseimpuls I212, T408
Auslösung I213
Ausnutzungsfaktor U106
Ausnutzungsgrad U106
Ausrichtung A286
Ausrüstung E389
Ausschalter S1094
Ausscheidungshärtung A264, P859
Ausschleusungskanal E527
Ausstattung E389
Aussteuerungsgrad D180
Aussteuerungstiefe D180
Ausstrahlung E287, R22
Austausch E444, I282
Austauschentartung E446
Austauschinstabilität I283
Austauschintegral E448
Austauschkonstante E445
Austauschkräfte E447
Austauschmode E450
Austauschmodell E451
Austauschwechselwirkung E449
Austenit A677
Austenitkorn A678
Austritt E410
Austrittsöffnung E479
Austrittspupille E479
Austrittsrichtung E411

Austrittsspiegel E478
Auswahl S131
Auswahlregeln S132
Autoionisation A686
Autokatalyse A679
Autoklav A680
Autokollimation A681
Autokollimationsfernrohr A682
Autokorrelation A683
Autokorrelationsfunktion A684
automatische Abstimmung A687
~ Phasenstabilisierung P337
Autophasierung P337
Autoradiographie A688
avanciertes Potential A231
Avogadro-Konstante A699
Avogadro-Zahl A699
axiale Deformation A702
~ Eichung A703
~ Kanalierung A700
~ Verformung A702
axialer Quadrupol A706
~ Vektor A707
axiales Hologramm A704
Axialstrom A701
Axialstromdivergenz D516
axialsymmetrisches Feld A705
Axiom A708
axiomatische Methode A709
~ Quantenfeldtheorie A710
Axion A711
Axoid A718
Azbel-Kaner-Effekt A719
Azimut A720
azimutale Montierung A308
~ Quantenzahl A721, O228

B

Babinet-Prinzip B1
Bahn P164, T317
Bahnbewegung O227
Bahndrehimpuls O223
Bahndrehimpuls-Quantenzahl O228
Bahndurchmesser O230
Bahnebene O232
Bahnebenenneigung I90
Bahnenquantelung O233
Bahngeschwindigkeit O229
Bahnintegral P166
Bahnkurve T317
Bahnlänge P167
Bahnlinie T317
Bahnmoment O225
Bahnneigung I90
Bahnparameter O231
Bahnstörungen T318
Bahnumfang P167
Balance B20
Balken B88

Balkenbiegung B134
Ball B23
Ballistik B27
ballistische Kurve B24
ballistisches Galvanometer B25
~ Phonon B26
Ballon B29
Ballonastronomie B30
Ballooninstabilität B31
Ballung B365
Balmer-Serie B33
Balmer-Sprung B32
Banach-Raum B34
Band B35, B35, T14, Z18
Band-Band-Übergänge I279
Bandbreite B44
Bandbreitenmessung B45
Bandenintensität B37
Bandenspektren B41
Bändermodell B39
Bänderstruktur B42
Bändertheorie B43
Bandfilter B40
Bandpaß B40
Bandunterkante B36
Bandverbiegung B136
Bar B46
Bardeen-Cooper-Schrieffer-Modell B47
Barium B51
Barkhausen-Effekt B52
Barkhausen-Kurz-Generator B53
Barn B54
Barnett-Effekt B55, M141
Barograph B56
Barometer B57
Barometerformel B58
Barometrie M301
barometrische Höhenformel B58
barometrischer Druck A593
barotropes Phänomen A60
barotropisches Phänomen A60
Barren B46
Barretter B62
Barriere B63
Baryon B70
Baryonenasymmetrie des Universums U85
~ des Weltalls B71
Baryonendekuplett B73
Baryonenladung B72
Baryonenzahl B72
Baryonium B75
Base B79
Basis B79, B82
Basisfläche B78
Batterie B83
Bauch der stehender Welle A475
Baueinheit U72
Bauform C578
Baugruppe A539

Baumkristall D149
Bauschinger-Effekt B84
Baustein U72
Baystörung M129
Beanspruchung L307, S855, S886
Beauty B128
Beauty-Meson B126
Beauty-Quark B127
Becquerel B129
Bedeckung O14
Bedeckungsveränderlicher E19
Bedeutung I59
Bedingung C558
Beeinflussung I187
Begrenzer L249, R461
Begrenzung R461
Behälter C635
Beharrung I167
Beharrungsvermögen I167, I176
Beimengung I71
Beiwert F8, I122
Bel B130
belasteter Gütewert L305
Belastung L303, L307
Beleuchtung I22, L225
Beleuchtungsstärke I21, I22
Beleuchtungsstärkemesser L445
Belichtung E516
Benetzen W99
Benetzung W99
beobachtbare Größe O8
Beobachtungen O9
Beobachtungsdaten O11
Berechnung C8
Bereich A520, B35, R171, R332
~ der elastischen Streuung E66
~ hoher Energien H187
Berkelium B142
Bernoullische Differentialgleichung B143
Bernsteinsche Mode B144
Berührungsspannung C633
Beryllium B145
Berylliumkeramik B146
Beschichtung F123
Beschickung L307
Beschießung B258
beschleunigendes Feld A62
Beschleuniger A69, C215
Beschleunigertarget A71
beschleunigte Bewegung A61
Beschleunigung A66
Beschleunigungsfeld A62
Beschleunigungskanal A70
Beschleunigungsmechanismus A67
Beschleunigungsmesser A72
Beschleunigungsrohr A64
Beschleunigungsspannung A65
Beschleunigungsspeicher-komplex A63

BESCHREIBUNG

Beschreibung D187
Beschuß B258
Beschußteilchen P930
besetzte Schale C339
besetztes Band F116, O17
~ Energieband F116
~ Energieniveau O18
~ Niveau O18
Besetzung O16, P800
~ von Zuständen O15
Besetzungsinversion P801
Besetzungskinetik K47
Besetzungssättigung P802
Besonderheit P181
Besselfunktionen B147
Beständigkeit C643, S690
BE-Statistik B280
bestimmtes Integral D85
Bestimmungsgröße D206
Bestrahlung E516, I470, R14
Bestrahlungsstärke I469
betaaktives Isotop B149
Beta-Dickenmesser B152
Betaphase B154
Beta-Quelle B159
Beta-Spektrometer B160
Beta-Spektroskopie B161
Beta-Spektrum B162
betastabiles Isotop B166
Betastrahlen B158
Betastrahlendetektor B156
Betastrahlentherapie B163
Beta-Strahler B151
Betastrahlung B158
Beta-Strahlungsquelle B159
Betateilchen B153
Betatron B167
Betatronbedingung B168
Betatronbeschleunigungsmechanismus B170
Betatronschwingungen B171
Betatronstrahlung B172
Betaumwandlung B150
Betazerfall B150
Bethe-Salpeter-Gleichung B173
Betrag M198
Betriebsart M526
Beugung D275
~ am Kristall D278
~ am Spalt D279
~ an kreisrundem Loch D277
~ an einer runden Blende D277
~ an einer Spaltblende D279
~ von Atomen und Molekülen D290
~ von Röntgenstrahlen X13
~ von Teilchen P123
Beugungsanalyse D276
beugungsbegrenzter Laser D286
Beugungsbild D285, D300
Beugungsbilderinterpretation I335

Beugungsdiagramm D300, D304
Beugungsdissoziation D281
Beugungsdivergenz D282
Beugungsfigur D300
Beugungsgerät D305
Beugungsgitter D284, G224
Beugungsgitterablenker G227
Beugungsgitterspektrometer G229
Beugungskoppler D280
Beugungsmaximum D287
Beugungsminimum D289
Beugungsring D302
Beugungsstreifen D283
Beugungsstreuung D303
Beugungsuntersuchung D276
Beutelmodell B19
bevorzugte Orientation P864
~ Richtung P864
bewegliche Spule M664
Beweglichkeit M524
Bewegtbild M666
bewegtes Bild M666
Bewegtladung M663
Bewegtzielselektion M668
Bewegtzielsimulator M669
Bewegung M651, M662, T346
~ des freien Massenpunktes P136
~ der geladenen Teilchen in gekreuzten Feldern M653
~ um einen Fixpunkt M652
~ unter Krafteinwirkung M656
Bewegungsgröße M613
Bewegungsintegral I251
Bewegungslehre K30
Bewegungsschraube W145
Bewegungsstabilität D630, M655
Bewehrung R338
Beziehung R339
Bezugsquelle R286
Bezugsspannung R285
Bezugssystem F326, F328
Bichromatgelatine D246
bichromatisches Pyrometer B177
Biegebeanspruchung B138
Biegedeformation B132
Biegemoment B133
Biegeschwingungen B140, F194
Biegespannung B138
Biegesteifigkeit B137, F193
Biegetorsion B139
Biegeverdrehung B139
Biegeverformung B132
Biegeversuch B141
Biegewelle F195
biegsamer Spiegel F190
Biegung B131
Biegungsdeformation B132
Biegungsfestigkeit F193

Biegungswelle F195
Biexciton B180
Bifilarwicklung B181
Bifurkation B182
Bifurkationsdiagramm B183
Bikonkavlinse B178
Bikonvexlinse B179
Bild F326, I23, P168, P550, P550
Bildbrennpunkt B3
Bildermethode I31
Bilderzeugung I36
Bildfeldblende F108
Bildraum I33
Bildrekonstruktion R256
Bildröhre K37
Bildsamkeit P701
Bildschwankung I30
bildseitiger Brennpunkt B3
Bildspeicherröhre I4
Bildsucher V142
Bildung F290
Bildverstärker I29
Bildverzeichnung I27
Bildwandler E224, I24
Bildwandlerkamera I25
Bildwerfer P934
Bildwiedergaberöhre K37
Bildzerlegung S57
Bimetallstreifen B186
Binär-Pulsar B187
Binauraleffekt B190
Bindemittel B191
Bindung B260, B262, C625
Bindungsabstand B265
Bindungsenergie B192, B261
Bindungskraft B263
Bindungslänge B265
Bindungsorbitale B264
Bindungsordnung B266
Bindungssättigung B267
Bindungswinkel V33
binokulares Sehen B194
Binomialkoeffizient B195
Binomialverteilung B196
Binomialzahl B195
Binormale B197
Bioakustik B198
Biochemie B199
bioelektrische Potentiale B201
Bioelektrizität B200
biologische Abschirmung B204
~ Kristalle B202
~ Strahlenschädigung R41
~ Strahlenwirkung B203
~ Wirkung der Strahlung B203
biologischer Schild B204
~ Strahlenschaden R41
~ Strahlungseffekt B203
biologisches Röntgenäquivalent R529
Biolumineszenz B205
Biophysik B206

Biot-Savartsches Gesetz B207
Biprisma B208
bistabiles Interferometer B213
Bistabilität B212
Bit B214
Blanket B221
Bläschensieden B361, N406
Blase B352, B352
Blasenbildung B355
Blasendomäne B352
Blasenkammer B354
Blasenkavitation B353
Blasensieden B361, N406
Blasenverdampfung B361, N406
Blatt S230
Blauhimmelkatastrophe B235
Blei L160, P709
bleibende Formänderung I479
~ Verformung P699, R410
Bleichen B224
Blende A489, D239, L211, S849
Blendenöffnung A489
Blendenzahl F245
Blendung G168
Bleustein-Gulyaev-Wellen B226
Blindanteil I13
Blindbelastung R216
Blindlast R216
Blindleistung R217
Blindspannung R218
Blindstrom I14, R214
Blindvoltampere V56
Blindwatt V56
Blindwiderstand R205
Blitz L230
Blitzableiter L233, L235
Blitzeinschlag L236
Blitzentladung L234
Blitzkanal L232
Blitzlampe F178
Blitzlichtphotolyse F180
Blitzlichtphotolyse-Initiierung F181
Bloch-Kurve B227
Bloch-Linie B230
Blochsche Funktionen B228
~ Kurve B227
~ Linie B230
Blochsches Gesetz B229
~ Theorem B231
Bloch-Wand B232
Blockdiagramm B233
Blockierung L325
Blockschaltbild B233
Blockschema B233
Bodenwelle G275
Bogen A513
Bogenentladung A514
Bogenlampe A518
Bohrsche Bahn B244
Bohrscher Radius B245
Bohrsches Atommodell B242

~ Korrespondenzprinzip C752
~ Magneton B243
Bolid B251
Bolometer B252
bolometrische Helligkeit B254
~ Korrektion B253
Boltzmann-Konstante B255
Boltzmannsche Verteilung B256
Boltzmann-Statistik B257
Boltzmann-Verteilung B256
Bombenkalorimeter B259
Boolesche Algebra B269
Booster B270
Bootstrap B271
Bor B273
Borkarbid B274
Bornsche Näherung B272
Bose-Einstein-Kondensat B277
Bose-Einstein-Kondensation B278
Bose-Einstein-Statistik B280
Bose-Flüssigkeit B279
Bose-Gas B281
Bose-Kondensat B277
Bose-Kondensation B278
Bose-Teilchen B283
Boson B283
Bouguer-Lambert-Beer-Gesetz B286
Boyle-Mariottesches Gesetz B300
Boylesches Gesetz B300
b-Quark B285
Brachistochrone B301
Brachystochrone B301
Brackett-Serie B302
Bragg-Gleichung B305
Bragg-Reflexion B307
Braggsche Beugung B304
~ Gleichung B305
~ Reflexion B307
Braggscher Winkel B303
Bragg-Winkel B303
Brand B378
Bravais-Gitter B313
Brechkraft F250, O171
Brechung R314, R325
Brechungsindex R319
Brechungsindexdispersion D449
Brechungswinkel A391
Brechwert F250, O171
Brechzahl R319
Brechzahlbestimmung R322
Brechzahldispersion D449
Brechzahlmesser R321
Breitbandantenne B342
Breitbandstrahlung B344
Breitbandverstärker B343
Breite L130, W115
~ des Energieniveaus E323
Breit-Wigner-Formel B326
Bremsmittel M537
Bremsneutronen M535

Bremsstoff M537
Bremsstrahlung B327
Bremsung D580
Bremsvermögen S850
Brennebene F249
Brennelement F416
Brennen B378, B378, C477
Brennfläche F252
Brennfleck C112
Brennkammer C478
Brennpunkt F255
Brennstoffelement F415
Brennstoffladung R222
Brennweite F247
Brennwert C19
Brewster-Fenster B329
Brewsterscher Winkel B328
Brewstersches Gesetz B330
Brewster-Winkel P768
Bridgman-Methode B332
Briggscher Logarithmus D64
Brillenglas L175
Brillouinsche Zone B337
Brillouin-Streuung B336
Brillouin-Zone B337
Brinell-Härte B338
Brom B348
Bronze B349
Brownsche Bewegung B350
~ Molekularbewegung B350
Bruch F320, F320
Bruchfestigkeit B319, U3
Bruchfläche F320
Brüchigkeit F323
Bruchkriterium F321
Bruchmechanismus F322
Bruchspannung B320, U4
Bruchstück F324
Bruchverformung B318
Brücke B331
Brüten B322
Brüter B321
Brutfaktor B325
Brutgewinn B324
Brutmantel B221
Brutrate B325
Brutreaktor B321
Brutverhältnis B325
buchtähnliche magnetische Störung M129
Budkerscher Ring B357
Bugwelle B299
Buncher B366
Bündel B88, B368
Bündelerzeugung B103
Bündelung B367, F261
Bündelzerstreuer D40
Bündelzerstreuung D41
Bunsen-Brenner B370
Bunsen-Photometer B371
Bürette B374

Burgers-Vektor B376
Burgers-Versetzung S96
Burst B380, R94
Burster B381
Bus B382
Büschelentladung B351

C

Cabibbo-Winkel C1
Cadmium C3
Cadmiumgrenze C4
Caesium C5
Caesiumfrequenznormal C6
Calcium C7
Californium C14
Calutron C22
CAMAC-System C23
Camera obscura C25
Candela C28
Carathéodorysches Prinzip der adiabatischen Unerreichbarkeit C62
~ Unerreichbarkeitsaxiom C62
Carcinotron B17, C69
Carnot-Prozeß C73
Carnotscher Kreisprozeß C73
Carnotsches Prinzip C74
~ Theorem C74
Cassegrain-Reflektor C92
Cauchyscher Integralsatz C119
Cavendish-Versuch C123
CCD-Array C204
CCD-Bauelement C203
CCD-Matrix C204
Celsius-Skala C145
Cepheiden C171
Cepstrum C172
CERN E425
CGS-Einheiten C178
Chaos C187
chaotische Bewegung R165
chaotischer Zustand C188
Charakteristik C189, R454
charakteristische Funktion C192
~ Gleichung C191
~ Strahlung C194
charakteristisches Spektrum C195
Charlessches Gesetz C231
Charme C232
Charmezahl C232
Charmonium C235
Charm-Quark C234
Charm-Teilchen C233
Chemie C254
Chemilumineszenz C252
chemische Adsorption C253
~ Affinität C237
~ Bindung C238
~ Dissoziation C240

~ Elemente C241
~ Formel C242
~ Inaktivität C243
~ Isomerie C245
~ Kettenreaktion C239
~ Kinetik C246
~ Physik C248
~ Reaktion C250
~ Reduktion R279
~ Trägheit C243
~ Wertigkeit V41
chemischer Laser C247
~ Strahlenschutz R26
chemisches Isomer C244
~ Potential C249
Chemisorption C253
Chemosorption C253
Chip C261
Chi-Quadrat-Verteilung C267
chirale Invarianz C263
~ Symmetrie C265
chiraler Beutel C344
chirales Feld C262
Chiralität C264, E308
Chladnische Klangfiguren C268
Chlor C269
Choke-Nut C270
cholesterischer Flüssigkristall C271
Chopper B90
Christoffelsche Symbole C274
Chrom C283
chromatische Aberration C275
~ Polarisation C279
Chromatograph C281
Chromatographie C282
Chromodynamik C285
Chromosphäre C286
Chromosphärenfackeln P614
chromosphärische Eruption C287
~ Fackeln P614
Chronograph C288
Chronometrie C289
CIE-Normalquelle C291
C-Invarianz C292
cis-trans-Isomer C307, G132
cis-trans-Isomerie C308, G133
Clapeyron-Gleichung C310
Clapeyronsche Gleichung C310
Clausius-Gleichung C320
Clausiussche Gleichung C320
Cleanroom C321
Cluster C345
Clusterbildung C348
Clusterion C347
Clustermodell C349
Coelostat C372
CO-Laser C402, C403
Collider C421
Color-Quark C462
Compoundkern C515
Compton-Effekt C532

Compton-Elektron C533
Compton-Laser C534
Compton-Streuung C535
Compton-Wellenlänge C536
Computer C538
Computer-Holographie D334
Confinement C584
Container C635
Cooper-Paar C705
Corbino-Scheibe C717
Coriolis-Beschleunigung C721
Coriolis-Kraft C722
Cornu-Prisma C725
Cornusche Spirale C726
Cornusches Prisma C725
Cornu-Spirale C726
Cosinus C761
Cotton-Effekt C298
Cotton-Mouton-Effekt C788
Cottrellsche Versetzungswolke C789
Cottrell-Wolke C789
Couette-Taylor-Strömung C790
Coulomb C791
Coulomb-Anregung C794
Coulomb-Barriere C792
Coulomb-Kraft C796
Coulomb-Logarithmus C799
Coulombsche Wechselwirkung C797
Coulombscher Logarithmus C799
~ Potentialwall C792
Coulombsches Gesetz C798
~ Stoßintegral C793
Coulomb-Spaltung C795
Coulomb-Streuung C801
Coulomb-Verluste C800
Coulomb-Wechselwirkung C797
CP-Invarianz C825
CP-Paritätsverletzung C475
CPT-Invarianz C826
CPT-Theorem C827
Crookesscher Dunkelraum C864
Crossrelaxation C870
Crowdion C880
Curie C956
Curie-Punkt C957
Curie-Temperatur C957
Curium C959
Curie-Weisssches Gesetz C958
Czochralski-Methode C1012

D

d'Alembertscher Operator D2
d'Alembertsches Prinzip D3
Daltonismus D4
Daltonsches Gesetz D5
Dämon von Maxwell M287

Dampf V49
Dämpfer D8, R461
Dampf-Flüssigkeit-
  Gleichgewicht V53
Dampfkammer S775
Dampfkondensation V50
Dämpfung A646, D9, L372
Dämpfungsdekrement D71
Dämpfungsfaktor A647
Dämpfungsglied A651
Dämpfungskoeffizient D10
Dämpfungsverhältnis D71
Dämpfungsvorrichtung D8
Dämpfungszahl D10
Darcy-Weisbachsche Formel
  D13
Darcysches Gesetz D12
Darwin-Fowler-Methode D21
Darwin-Fowlersche Methode
  D21
Daten D22
Datenverarbeitung D23
Datierung A263
Dauer D609
Dauermagnet P243
Dauermagnetwerkstoff H43
Dauerschwingfestigkeit F36
Dauerschwingfestigkeitskoef-
  fizient F38
Dauerschwingungsbruch F35
Dauerschwingversuch F39
Dauerstrahlung C654
Dauerstrichlaser C657
D/A-Umsetzer D339
Dauphinéer Zwilling D26
Davisson-Germer-Versuch D27
Dawydow-Aufspaltung D28
DBR-Laser D496
Deaktivator D35
Deaktivierung D34
de-Broglie-Wellen D39
de-Broglie-Wellenlänge D38
Debuncher D40
Debunching D41
Debye D42
Debye-Einheit D42
Debye-Frequenz D43
Debye-Länge D44
Debyesche Festkörpertheorie
  D48
~ Frequenz D43
Debye-Scherrer-Aufnahme D46
Debye-Scherrer-Diagramm D46
Debye-Scherrer-Methode P840
Debye-Scherrer-Verfahren D45
Debye-Temperatur D47
Debye-Waller-Faktor D50
Debye-Wallerscher Faktor D50
~ Temperaturfaktor D50
Dechanneling D61
Deckoperation S1107
Dee D73
Defekt D79, F185

Defektbildung D82
Defekt-Dekanalierung D62
Defektdelokalisierung D81
Defekton D84
Defektoskop F187
Defektoskopie F186
Definitionsbereich D530
Deflagration D86
Deflektor D93
Defokussierung D94
Deformation D97, S855
~ bei dreiachsiger
  Druckbeanspruchung U62
~ des Energiebereiches D98
Deformationsdeviator S857
Deformationsintensität S860
Deformationspotential D99
Deformationsschwingungen
  D100
Deformationstensor S861
Deformierbarkeit D95
deformierter Kern D101
Deformierung D97
de-Haas-Van-Alphen-Effekt
  D122
Dehnung E286, E519
Dehnungsachse A716
Dehnungsbruch T55
Dehnungsmeßgeber S858
Dehnungsmeßstreifen S858
Dehnungsschwingung L340
Deionisierung D123
Dekadenzählröhre D125
dekadische Zählröhre D125
dekadischer Logarithmus D64
~ Logarithmus des
  Absorptionsvermögens A27
Dekanalierung D61
Dekanalierungseffekt D61
Dekatron D125
Deklination D66
Dekoder D67
Dekodierer D67
Dekontaminationszelle D68
Dekorieren D69
Dekorierverfahren D70
Dekrement D71
Delbrück-Streuung D133
D-Elektrode D73
delokalisierter Defekt D134
Deltaelektron D135
Deltafunktion D136
Deltastrahlen D137
Dember-Effekt D144, P407
Demodulation D145, D202
Demodulator D146
Demontage eines Reaktors
  R224
Demultiplexer D147
Dendrit D148
dendritischer Kristall D149
Densimetrie D151
Densimeter D152

Densitometrie D153
Depinning D165
Depolarisator D172
Depression D175
Desakkommodation D185
Desaktivator D35
Desaktivierung D34
Desensibilisator D189
Desensibilisierung D188
de-Sittersche Raum-Zeit D190
de-Sitter-Welt D191
Desorption D192
Desorptionskinetik D193
Desoxyribonukleinsäure D161
Destillation D488
destilliertes Wasser D489
Destruktion D194
destrukturierende Zugabe A328
Desublimation D198
Detander E491
Detektion D202
Detektor D205
Determinante D206
Determinismus D208
Detonation B222, D209
Detonationswelle B223, D210
Deuteride D211
Deuterium D212
Deuteriumkern D214
Deuteriumtarget D213
Deuteron D214
Deuton D214
Deviation D91, D216, M44
Deviator D217
~ der Streckung S857
Dewar-Gefäß D220
Dezibel D63
Dezimalklassifkation U82
Dezimeterwellen D65
DFB-Laser D498
D-Gebiet D584
Diagnose D222
Diagnostik des heißen Plasmas
  H284
Diagonale D223
Diagramm D224, G215, P168,
  P708
Dialyse D227
Diamagnetikum D229
diamagnetische Suszeptibilität
  D230
diamagnetischer Stoff D229
Diamagnetismus D231
Diamant D233
Diamantamboß D234
Diamantdetektor D235
Diamanteindringkörper D236
Diamantgitter D238
Diamantgitterkristall D237
Diamantstruktur D238
Diaphragma D239
Diastereoisomer D240
Diastereomer D240

Diathermie D241
Dibaryon D243
Dichroismus D245
dichroitischer Spiegel D244
Dichte D154
~ der Kernmaterie N353
dichte Packung C341
Dichtebestimmung D151
Dichteinversion D155
Dichtematrix D156
Dichtemesser D150
Dichtemessung D151
Dichteoperator D156
Dichteumfang D159
Dichtewellen D160
Dichtpackung C341
Dicke T200
Dickenlehre T201
Dickfilm T199
Dickschicht T199
Dielektrikum D247, I246
Dielektrikum-Metall-Übergang D256
dielektrische Absorption D248
~ Antenne D249
~ Hysterese D252
~ Polarisation D258
~ Suszeptibilität D260
~ Verluste D253
dielektrischer Durchschlag D250
~ Spiegel D257
~ Verlustfaktor L376
~ Verlustwinkel D254, L373
~ Wellenleiter D261
Dielektrizitätskonstante P252
dielektronische Rekombination D262
Diesel-Prozeß D263
Dieselscher Kreisprozeß D263
Differential D265
Differential- und Integralrechnung C9
Differentialanalysator D266
Differentialgleichung D268
Differentialkalorimeter T459
Differentialmanometer D269
Differentialoperator D270
Differentialquerschnitt D267
Differentiation D272
differentieller Wirkungsquerschnitt D267
Differenzverfahren M405
Differenzierschaltung D271
Differenzierung D182
Differenztöne D264
Diffraktion D275
~ der teilweise kohärenten Felder D296
Diffraktionsmethode D288
Diffraktionsstreuung D303
Diffraktometer D305
diffuse Entladung D306

~ Mesastruktur D307
~ Quelle D314
~ Reflexion D312
~ Strahlung D311, S64
~ Streuung D313
Diffusion D315
~ durch Stoß C432
~ in Festkörpern D325
~ in Flüssigkeiten D324
~ in Gasen D323
~ der Minoritätsladungsträger D328
Diffusionsfaktor D333
Diffusionsgleichung D321
Diffusionskapazität D316
Diffusionslänge D326
Diffusionsnebelkammer D317
Diffusionspotential D330
Diffusionspumpe D331
Diffusionsstrom D319, D322
Diffusionszone D332
Diffusor D310
Digital-Analog-Umsetzer D339
Digitaldarstellung D335
Digitaldarstellungsgerät D340
digitale Elektromeßgeräte D336
~ Holographie D334
Digitalisiergerät D340
Digitalmessungen D337
Digitaloszilloskop D338
Dilatation D341
Dilatometer D342
Dilatometrie D343
Dilepton D344
Dimension D346
dimensionelle Quantisierung D348, S334
dimensioneller Effekt S333
Dimensionsanalyse D347
Dimensionslose D352
dimensionslose Größe D352
~ Konstante D349
~ Koordinaten D350
dimensionsloser Faktor D351
Dimer D353
Dimeres D353
Dimerisation D354
Dimorphie D355
Dingraum O3
Diocotroneffekt D356
Diode D357
Diodendemodulation D358
Diodenlaser D359
Diodenpumpen D360
Dioptrie D361
Dioptrik D362
Dipol D364, D364
Dipolantenne D364, D365
Dipol-Dipol-Wechselwirkung D366
Dipolmoment D367
Dipolstrahler D369
Dipolstrahlung D368

Dirac-Feld D372
Dirac-Funktion D136, D370
Dirac-Gleichung D371
Dirac-Impuls U78
Dirac-Quantelung D375
Dirac-Quantisierung D375
Diracsche δ-Funktion D136
~ Deltafunktion D370
~ Matrix D373
~ Spinmatrix D373
Diracscher Monopol D374
direkte Heizung D379
~ Kernreaktion D393
~ Übergänge D395
direktgeheizte Katode D392
Direktor D394
Direktumwandlung der Wärmeenergie in die elektrische Energie D376
Dirichletproblem D396
Dirichletsches Problem D396
Disk D421
Disklination D405
diskontinuierliche Schwingungen D411
diskontinuierlicher Phasenübergang P348
Diskontinuität D406
Diskontinuitätslinie D407
diskrete Radioquelle D413
diskreter Impuls S318
diskretes Filter D412
~ Spektrum D414
Diskretfilter D412
Diskretisierung D415
Diskriminator D416
Dispergiermittel D437, D453
Dispergierung D439
Dispergierungsmittel D437
Dispersion D439, V62
~ eines Instrumenten D446
Dispersionsanalyse D440
Dispersionsbeziehungen D450
Dispersionsformel für isoliertes Resonanzniveau B326
Dispersionsgesetz D445
Dispersionsgleichung D442
Dispersionsinterferometer D443
Dispersionsinterferometerverfahren D444
Dispersionskurve D441
Dispersionsmittel D437
Dispersionsprisma D438
Dispersionsverzögerungsleitung D452
Dispersität D451
dispersiver Resonator D455
Display D461
Dissektor D464
Dissipation D465
Dissipationsfunktion D469
dissipative Instabilität D470

DÜNNSCHICHT

~ Kräfte D468
dissipativer Beschleunigungsmechanismus D467
dissipatives Medium D471
~ System D472
Dissonanz D483
Dissoziation D473
Dissoziationsenergie D476
Dissoziationsgleichgewicht D477
Dissoziationskanal D474
Dissoziationskonstante D475
Dissoziationslaser D478
dissoziative Ionisation D479
~ Rekombination D480
Distanzmesser R172
Distorsion D492
divergenter Strahl D518
divergentes Strahlenbündel D518
Divergenz D515
Divertor D521
Dividieren D523
Division D523
DNS D161
DNS-Lasermodifikation D524
Domäne D525
Domänenenergie D527
Domänengrenze D526, D532
Domänengrenzfläche B232
Domänenmagnetisierung D528
Domänenwand D526, D532
Domänenwandbewegung D534
Domänenwandbiegung D533
Donator D535
Donatorniveau D538
Donatorstörstelle D537
Donatorterm D538
Donatorzentrum D536
Doppelbasisdiode T466
Doppelbild D567
Doppelbindung D560
Doppelbrechung B209, D573
Doppelelektronenanregung D565
Doppelinjektion D568
Doppelinterferometer D569
Doppelmonochromator D571
Doppelprisma B208
Doppelquantenübergang D572
Doppelresonanz D574
Doppelspiegelmonochromator D571
Doppelstern D575
Doppelsystem B189
doppelt gerader Kern E435
doppelter Beta-Zerfall D559
doppeltionisiertes Atom D578
Doppelweggleichrichter F421
Doppler-Effekt D546
Doppler-Linie D547
Doppleron D548
Doppler-Profil D549

Doppler-Sondierung D551
Doppler-Verbreiterung D545
Doppler-Verfahren D552
Doppler-Verschiebung D550
Dosimeter D557
Dosimetrie D558
Dosis D553
Dosisäquivalent D554
Dosisleistung D556
Dosismeßgerät D557
Dosismessung D558
Dotant D544
Dotierstoff D544
dotierter Halbleiter D540
~ Kristall D539
dotiertes Silizium D541
Dotierung D542
Dotierungskonzentration D543
Dotierungsstoff D544
Down-Quark D579
dpt D361
d-Quark D579
Drahtelektroden-Funkenkammer W133
Drain D583
Drehachse A715, R558
Drehbewegung R537, R551
Dreheisenmeßwerk M667
Drehgruppe R560
Drehimpuls A402, K41, M612
~ bei streifendem Einfall G256
Drehimpulserhaltung C610
Drehimpulsquant R552
Drehkristallmethode R538
Drehmagnetometer T288
Drehmoment T287
Drehpendel T297
Drehpol C158
Drehpunkt C158
Drehrichtung S199
Drehsinn S199
Drehspule M664
Drehspulmeßwerk M665
Drehstrom T222
Drehung R541
~ der Polarisationsebene R561
~ um eine Achse R542
~ um einen Punkt R543
Drehungsgruppe R560
Drehzentrum C158
Dreidimensionalabbildung T216
dreidimensionaler Raum T218
dreidimensionales Gitter S496
~ Modell T217
Dreieckimpuls T399
Dreifarbenmessung T404
Dreifingerregel der rechten Hand R505
Drei-Halbe-Gesetz T219
Dreikomponentengeber T215
Dreikomponentensensor T215
Dreikörperproblem T214
Dreiniveaulaser T220

Dreiniveaumaser T221
Drift D585
~ von geladenen Teilchen C220
Driftbewegung D590
Driftgeschwindigkeit D592
Driftinstabilität D588
Driftkammer D586
Driftröhre D591
Driftstrom D587
Driftwellen D593
dritte kosmische Geschwindigkeit S382
dritter Hauptsatz der Thermodynamik N72, T209
~ Schall T210
Drosseln T232
Drosselung T232
Druck P868
Druckbeanspruchung C528
Druckbelastung C528
Druckbereich P877
Druckfestigkeit C530
Druckgefälle P872
Druckgradient P872
Druckhöhe H66
druckinduzierte Kernreaktionen P1030
Druckknopf B383
Druckmesser M216
Druckmittelpunkt C157
Druckpunkt C157
Drucktaste K20
Drucküberschuß P870
Druckverbreiterung P869
Druckverformung C523
Druckwelle B223
Druckzentrum C157
Drudesche Gleichung D599
Drudesches Gesetz D599
Dualismus D601, D602
Dualität D602
Dualitätsintervall D603
Dualitätsprinzip D604, P901
Duant D73
Dublett D576
Duct A601
Dukt A601
Duktilität D606
Dulong-Petitsches Gesetz D607
Dunkeladaptation D14
Dunkelfeldverfahren D18
Dunkelleitfähigkeit D15
Dunkelraum D20
Dunkelstrom D16
dunkle Materie D19
dünne Linse T207
~ Platte T208
~ Schicht F119
Dünnfilm T202
Dünnfilmelektronik T203
Dünnfilmfilter T204
Dünnfilmlaser T206
Dünnschicht T202

455

Dünnschichtelektronik T203
Dünnschichtinterferometer T205
Dünnschichtlaser T206
Dünnschichtoptik O215
Dunst H65
Duoplasmatronquelle D608
Durchdringbarkeit P199
durchdringende Komponente H41
~ Strahlung H47, P200
Durchdringung P201
Durchdringungsfähigkeit P199
Durchdringungsvermögen H44
Durchflußmenge R187
Durchgang P157
Durchlaßgrad T351
Durchlaßkoeffizient T351
durchlässiger Farbstoff T365
Durchlässigkeit P199, P244
~ des Potentialwalls B69
Durchlässigkeitsband P158
Durchlässigkeitsbereich P158
Durchlässigkeitskurve T352
Durchlassung T350
Durchmesser D232
Durchsatz R187
Durchschlag B314
Durchschlagmechanismus B315
Durchschlagsfestigkeit D259
Durchschlagsspannung B317
Durchschlagsstern D6
durchsichtiger Kristall T363
durchsichtiges Dielektrikum T364
durchstimmbarer Laser T427
durchstimmbares Magnetron T428
Durchstimmbereich T433
Durchstrahlungselektronenmikroskop T353
Durchtunneln E197
Durchtunnelung T439
Düse N337
Dyn D637
Dyname W145
Dynamik D626
~ der deformierbaren Festkörper D627
~ der inkompressiblen Flüssigkeit I111
~ kompressibler Flüssigkeiten C520
~ der stark verdünnten Gase D628, R183
~ starrer Körper D629, R509
~ der Teilchen P124
Dynamikbereich D625
Dynamikumfang D625
dynamische Belastung D622
~ Holographie D618
~ Induktivität D620
~ Instabilität D621
~ Polarisation D623

~ Spannung D631
~ Symmetrie D632
~ Viskosität D634
~ Zähigkeit D634
dynamischer Gaslaser G64
~ Lastwert D622
~ Reibungskoeffizient C359
dynamisches Gleichgewicht D616
~ System D633
Dynamo D635
Dynamometer D636
Dynode D638
Dysprosium D639

E

Ebene P623
ebene Welle P637
Ebenheit F183
Ebullioskopie E8
Echelettegitter E10
Echellegitter E11
Echelon E12, M422
Echo E13
Echoimpuls R288
Echolotung E14
Echoraum R472
Echosignal E13
Echtzeitdatenverarbeitung R229
Eddington-Grenze E21
Eddingtonsche Leuchtkraft C851
Edelgas I166, N179
Edelmetalle N180
Effekt E26
~ erster Ordnung F145
~ des Mitreißens der Elektrone durch die Phononen P364
~ des Phononmitreißens P364
~ von Aharonov und Bohm A271
effektive Antennenhöhe E29
~ Antennenlänge A452
~ Ladung E27
~ Masse E30
~ Spannung E33
~ Temperatur E31
effektiver Wert E32
~ Wirkungsquerschnitt E28
Effektivität E34
Effektivspannung E33
Effektivwert E32
Effusion E35
E-Gebiet E402
Eichboson G4
Eichfaktor G5
Eichfelder G6
Eichfeldtheorien G10
Eichinvariante G8

Eichinvarianz G7
Eichkurve C12
Eichmaß E414, S707
Eichquelle C13
Eichsymmetrie G9
Eichtransformation G11
Eichung C11, G3, G204
Eigenbewegung P940
Eigendefokussierung S153
Eigendiffusion S154
Eigenenergie S157
eigenerregter Laser F352
Eigenerregung S158
Eigenfrequenz N17
Eigenfunktion E36
Eigenfunktionsaufgabe E38
Eigenhalbleiter I360
Eigeninduktivität S164
Eigenleitung I357
Eigenmoden E40
Eigenreibung I323
Eigenschwingungen F348
Eigenschwingungsmoden E40
Eigenstrahlung C194
Eigenvektor E43
Eigenwert E41
Eigenwertaufgabe E42
Eigenwertproblem E42
Eigenzeit P941
Eikonal E44
einachsiger Kristall U58
Einbereichsteilchen S310
Eindeutigkeitssatz U71
eindimensionale Bewegung O48
eindimensionales Modell O47
Eindringen I116
Eindringkegel C597
Eindringkörper I117
Eindringstelle I116
Eindringtiefe D181, P202
Eindrücken I116
Einelektronenannäherung O49
einfach geladenes Ion S324
~ ionisiertes Atom S325
~ ionisiertes Molekül S326
einfache Torsion S299
Einfachgleitung E6
Einfall I85
einfallende Strahlung I87
~ Welle I89
einfallender Strahl I86, I88
einfallendes Teilchen P930
Einfallswinkel A388
Einfang I62, T391
~ von geladenen Teilchen C59, C223
Einfanggrenze im Cadmium C4
Einfangquerschnitt C58, C873
Einfluß E26, I187
Einfrequenzlaser S311
Einfrieren F356, F357
Einfügungsdämpfung I229
Einfügungsverlust I229

ELEKTROMAGNETISCHER

Eingangsimpedanz I224
Eingangsklemmen I227
Eingangskreis I223
Eingangsleistung I225
Eingangsspannung I228
Eingangsstromkreis I223
Eingangsstufe I226
eingefangene Strahlung T390
~ Teilchen T389
eingeladener Bericht I379
eingeschränkte Bewegung R462
Eingriff A166
Einheit U72
Einheitensystem S1133
einheitliche Feldtheorie U61
Einheitlichkeit U65
Einheitsimpuls U78
Einheitsintervall U79
Einheitsvektor U80
Einheitswürfel U77
Einheitszelle P885
Einhüllende E350
Einkristall M628, S304
Einkristalldiffraktometer S305
Einkristall-Laser S308
Einkristallzüchtung S307
einlaufende Welle I89
Einmodenfaser M630
Einmodenimpuls S313
Einmodenlaser S312
Einmodenstrahlung S314
einparametrige Darstellung O51
Einphasensystem H263
Einphotonenionisation S317
Einregelung A217
Einschleifen-Feynman-
  Diagramm O50
Einschließung C584, C636
~ von geladenen Teilchen C218
Einschluß I94
Einschnitt N333
Einschnüreffekt P588
Einschnürung C663, W2
Einschränkung C625
Einschuß I215
Einsetzung S946
Einstein-de-Haas-Effekt E46
Einsteinium E47
Einstein-Kausalität L316
Einstein-Koeffizienten E45
Einstellobjektiv F264
Einstellung A217
Einstrahlung I22
Eintauchen S935
Einteilchennäherung O52
Einteilchenmodell O53
Einteilchenproblem S316
Eintrittsöffnung E346
Eintrittspupille E346
Einweggleichrichter H22
Einwirkung A166, E26, I187
Einzelimpuls S318
Einzelphotonenabsorption O54

Einzelteilchenbewegung S315
Einzelversetzung I518
Eis I1
Eisen I466
Eisendrossel I467
Eisenkern C719
Eisenkerndrossel I467
Eisenkernspule I467
Eisenkernverluste I468
Eismodifikationen I2
Eispunkt I3
Eiweiß P951
Ejektor E48
Ekliptik E20
elastische Anisotropie A421, E50
~ Biegung E51
~ Deformation E56
~ Flüssigkeit E60
~ Hysterese E57
~ Nachwirkung E49
~ Schwingungen E67
~ Stöße E53
~ Streuung E64
~ Verformung E56
~ Wellen E68
elastischer Stoff E61
~ Werkstoff E61
Elastizität E58
Elastizitätsgrenze E59
Elastizitätskonstante C360, E54
Elastizitätsmodul E62, M555, Y7
Elastizitätstheorie T79
Elastomer E69
elastoplastische Biegung E70
~ Welle E72
elastoplastischer Stoff E71
Elektret E75
elektrische Belastung E88
~ Digitalmeßgeräte D336
~ Doppelschicht D563, E85
~ Doppelsonde D564
~ Drift E104
~ Elektronenlinse E267
~ Energie E105
~ Entladung E99
~ Feldkonstante P253
~ Feldstärke E107
~ Festigkeitsprüfung B316
~ Flußdichte E83, E109
~ Influenz E265
~ Instabilität E110
~ Isolation E87
~ Kapazität C36
~ Kraftlinie E112
~ Ladung C196, E96, Q27
~ Leistung E114
~ Leitfähigkeit E80
~ Messungen E89
~ Messungen von
  nichtelektrischen Größen E90

~ Polarisation des Dielektrikums D258
~ Schaltung E91
~ Spannung V190
~ Verbindung E81
~ Verschiebung D458, E83, E109
elektrischer Dipol E98
~ Durchschlag E76
~ Isolierstoff E134
~ Kontakt E82
~ Strom C961, E97
~ Stromkreis E77
~ Widerstand E93
elektrisches Feld E106
~ Meßgerät E86
~ Moment E113
~ Potential E92
~ Signal E94
Elektrisierung E116
Elektrizität E111
Elektrizitätsmenge Q27
Elektroakustik E118
elektroakustische Analogie E117
Elektrochemie E124
elektrochemisches Äquivalent E122
~ Potential E123
Elektrode E125
elektrodenlose Entladung E126
elektrodennahe Erscheinungen N28
Elektrodynamik E129
~ der bewegten Medien E130
elektrodynamisches
  Meßinstrument E128
Elektroenergie E105
Elektroenzephalographie E131
Elektroerosionsverschleiß E132
Elektrogyration E133
Elektroionisationslaser E135
Elektroisolierstoff E134
elektrokalorischer Effekt E119
Elektrokardiographie E120
elektrokinetische Effekte E136
~ Erscheinungen E136
Elektrolumineszenz E137
Elektrolumineszenzquelle E139
Elektrolyse E140
Elektrolyt E141
Elektromagnet E142
elektromagnetische Feldenergie E143
~ Feldinvarianten E145
~ Induktion E148
~ Inkompatibilität E147
~ Schwingungen E151
~ Strahlung E152
~ Wechselwirkung E150
~ Wellen E154
elektromagnetischer Feldimpuls E146
~ Induktionsfaktor E149

457

ELEKTROMAGNETISCHER

~ Wellendruck E153
elektromagnetisches Feld E144
elektromechanischer Umwandlungsfaktor E155
Elektrometer E156
elektromotorische Kraft E157
Elektron E158
Elektronegativität E192
Elektron-Elektron-Streuung M606
Elektron-Elektron-Wechselwirkung E193
Elektronenablösung E186
Elektronenaffinität E160
Elektronenanlagerung E161
Elektronenbahn E226
Elektronenbeschleuniger E159
Elektronenbeugung E187
~ in Festkörpern D292
Elektronenbeugungsanalyse E188
Elektronenbeugungsaufnahme E189
Elektronenbeugungsbild E189
Elektronenbeugungsgerät E191
Elektronenbeugungsuntersuchung E190
Elektronenbeweglichkeit E221
Elektronenbündel E163
Elektronendichte E181, E185
Elektronendurchtunnelung E247
Elektroneneinfang E176
~ durch den Kern C60
Elektronenemission E194
Elektronenenergieniveau E196
Elektronenenergieverteilung E195
Elektronenfalle E244
Elektronengas E198
Elektronenimpuls E222
Elektroneninjektion E212
Elektroneninjektor E213
Elektronenionisation E214
Elektronenkanalierung E177
Elektronenkanone E199, G297
Elektronenkollektivierung E180
Elektronenkonfiguration E184
Elektronenkonzentration E181, E185
Elektronenladung E178
Elektronenlawine E162
Elektronenleitung E182
Elektronenlinse E216
Elektronen-Löcher-Flüssigkeit E202
Elektronen-Löcher-Übergang E201
Elektronenlochtropfen E200
Elektronenmasse E217
Elektronenmeßgerät E205
Elektronenmikroskop E218
Elektronenoptik E225

elektronenoptische Aberration E223
Elektronenpaarbindung C819
Elektronenpaarung P11
Elektronenprojektor E231
Elektronenquelle E238
Elektronenradiographie E233
Elektronenradius E234
Elektronenröhre E246, V44
Elektronenschale E237
Elektronenschwingungsanregung V135
Elektronen-Schwingungsspektren E210
Elektronensonde E230
Elektronenspektren E208
Elektronenspiegel E220
Elektronenspin E239
Elektronenspinresonanz E240
Elektronenstoß E211
Elektronenstoßionisation I415
Elektronenstrahl E163
Elektronenstrahlaufdampfen E164
Elektronenstrahlaufzeichnung E174
Elektronenstrahlbearbeitung E172
Elektronenstrahlerhitzung E167
Elektronenstrahlerwärmung E167
Elektronenstrahlerzeuger E199, G297
Elektronenstrahlgeräte E165
Elektronenstrahlinitiierung E168
Elektronenstrahlinterferenz E169
Elektronenstrahllithographie E170
Elektronenstrahloszillograph C108
Elektronenstrahlpumpen E173
Elektronenstrahlröhre C110, E175
Elektronenstrahlschmelzen E171
Elektronenstrahlung E232
Elektronenstrahlverdampfung E166
Elektronenstreuung E236
Elektronentemperatur E241
Elektronentheorie E242
Elektronenübergang E243
Elektronenvolt E249
Elektronenwanderung E219
Elektronen-Wärmekapazität E203
Elektronen-Wärmeleitfähigkeit E183, E204
Elektronen-Wärmeleitung E183, E204
Elektronenwolke E179

Elektronik E207
Elektron-Ion-Rekombination E215
elektronisches Relais E206
Elektron-Loch-Rekombination R247
Elektron-Phonon-Wechselwirkung E228
Elektron-Positron-Paar E229
Elektronvolt E249
Elektrooptik E256
elektrooptischer Deflektor E254
~ Effekt E251
~ Kerr-Effekt E251
~ Koeffizient E250
~ Kristall E253
~ Längseffekt P714
~ Modulator E255
~ Verschluß E252
Elektrophorese E257
Elektrophysik E258
Elektropositivität E259
elektroschwache Wechselwirkung E272
Elektroskop E260
Elektrostatik E270
elektrostatische Fokussierung E262
~ Induktion E265
~ Linse E267
elektrostatischer Generator E263
~ Quadrupol E269
elektrostatisches Bild E264
~ Feld E261
~ Meßinstrument E266
~ Potential E268
Elektrostriktion E271
Element E275
elementare Anregung E277
Elementarladung E276
Elementarlänge E278
Elementarteilchen E280, F431
Elementarteilchenphysik E279
Elementarzelle P885
Elementenaufbau E281
Elementenentstehung E281
Elementensynthese E281
Ellipsometer E283
Ellipsometrie E284
elliptische Polarisation E285
Emission E287
Emissionselektronik E288
Emissionsgrad E297
Emissionsintensität E289
Emissionslinie E290
Emissionsmaß E291
Emissionsmikroskop E292
Emissionsphotozelle P433
Emissionsspektroskopie E293
Emissionsspektrum E294
Emissionsvermögen E295
Emittanz E297

ERMÜDUNGSDEFORMATION

Emitter E299
Emitterelektrode E299
Emitterübergang E300
emittiertes Quant E298
EMK E157
E-Modul M555, Y7
Empfangsverstärkerröhre R231
Empfindlichkeit S200
Empfindung S198
empirische Abhängigkeit E301
empirisches Modell E302
Emulgator E304
Emulsion E305
Emulsionskammer E306
Enantiomer E307
Enantiomorphie E308
Endlagerung radioaktiver Abfälle B377
~ von radioaktiven Abfällen D462
endliche Bewegung F138
~ Deformation F135
endliches Intervall F137
Endlichkeit des Universums F139
Endstufe F130, O305
Energie E309
~ des elektromagnetischen Feldes E143
~ des magnetischen Feldes M53
Energieabgabe E331
Energieaustausch E318
Energieband B35, E311, Z18
Energiebandbesetzung Z22
Energiebanddeformation D98
Energiebändermodell B39
Energiebereich B35, E329, E330
Energiedegradation D117
Energiedichte E315
Energiedissipation D466
Energieerhaltung C612
Energieerhaltungssatz E313
Energiefluß E319
Energiefreisetzung E331
Energiegleichverteilung E388
Energiegleichverteilungssatz E387
Energie-Impuls-Tensor E327
Energieintervall E329, E330
Energiekanalierung E312
Energielücke E320
energielückenloser Halbleiter Z9
Energiemessung E325
Energieniveaus E322
~ des Atoms A617
Energieniveauschema E321
Energiequantelung E328
Energiequantisierung E328
Energiequelle E332
energiereiche Strahlung H202
Energiespeicher E310

Energiespektrum E333
Energietransport E335
Energieüberschuß E442
Energieumformung E314
Energieverlust E316, E324
Energieverteilung E317
~ im Spektrum D509
Energiewanderung E326
Energiezerstreuung E316
Energiezustände E334
Ensemble E342
entartete Mode D112
~ Schwingungen D113
~ Zone D109
entarteter Halbleiter D114
~ Heliumzwerg D111
~ Zustand D115
entartetes Gas D110
Entartung D103
~ des Energieniveaus D105
Entartungsgrad D107
Entartungstemperatur D108
Entfärbung B224
entferntes Objekt D487
Entfernung D484
Entfernungsmesser R172
Entfernungsmessung D485
Entfestigung L378
Entgasung D102
entgegengerichtete Injektion A477
Enthalpie E345, H79
Entionisierung D123
Entionisierungszeit D124
Entkopplung I520
Entkristallisation D72
Entladekammer E100
Entladekanal D399
Entladung D398
Entladungsinitiierung D402
Entladungskammer E100
Entladungskanal D399
Entladungslaser E102
Entladungszündung D401
Entleeren D173
Entleerung D166
entmagnetisierendes Feld D143
Entmagnetisierung D138
Entmagnetisierungsfaktor D141
Entmagnetisierungsfeld D143
Entmagnetisierungskurve D140
Entropie E347
~ des Weltalls E349
Entropiesatz S114
Entspannungskurve A424
Entstehung G108
Entweichungsgeschwindigkeit E412
Entwicklung D215, E439, E487
~ nach Eigenmoden E39
Entwicklungsmethode nach Eigenfunktionen E37
Entwicklungsmodell E440

Entzünden F142
Enveloppe E350
Eötvös E355
Eötvös-Drehwaage E356
Eötvös-Einheit E355
Eötvössche Drehwaage E356
Ephemeride E357
Ephemeridenzeit E358
Epidiaskop E360
Epiplanargerät P617
Epitaxialfilm E361
Epitaxialisolation E362
Epitaxiallaser E363
Epitaxial-Planargerät P617
Epitaxialverfahren E364
Epitaxie E365
Epitaxieisolation E362
Epitaxielaser E363
Epitaxieschicht E361
Epitaxieverfahren E364
Epizentrum E359
Erbium E399
Erdbeben E5
erdbebenaktive Zone S129
Erdbebenaktivität S127
Erdbebenwellen S128
Erdbeschleunigung A68, F345, G234
Erde E2, E3, G271
erdmagnetische Crochets M40
~ Variationen G127
erdmagnetischer Äquator M54
~ Sturm G125, M126
Erdmagnetismus G128, T65
Erdnähe P227
Erdschluß E2, G271
Erdströme E4
Erdung G272
Ereignis E437, O19
Ereignishorizont E438
Erg E403
Ergänzungsfarben C501
Ergodenhypothese E404
Ergodizität E405
Erhaltung der Baryonenzahl B77
~ des Drehimpulses C610
~ des Impulses C613
~ der Masse C614
~ des Vektorstroms C615
Erhaltungsmasse C619
Erhaltungssätze C609
Erhitzen H87
Erholungszeit R259
Erkennung I10, R235
erlaubte Linie A294
~ Zone P250
erlaubter Energiebereich A293
~ Übergang A295, P251
erlaubtes Band A293, P250
Ermüdung F33
Ermüdungsbruch F35
Ermüdungsdeformation F34

459

ERMÜDUNGSFESTIGKEIT

Ermüdungsfestigkeit F37
Ermüdungsverschleiß F40
Ermüdungsversuch F39
erneuerbare Quelle R394
Erregung E453
Ersatzschaltbild E397
Erscheinen O19
Erscheinung O19, P358
Erschöpfung D166
erschwerter Übergang U56
Erstarrung S413
erster Hauptsatz der
   Thermodynamik F144
~ Schall F146
Eruption F173
Erwärmung H87
erweiterte Methode der ebenen
   Wellen A664
Erweiterung E519
Erzeugung F290, G108
Erzeugungskanal P925
Erzeugungsoperator C836,
   P926
erzwungene Bewegung F279
~ Brechzahländerung I144
~ Emission S823
~ Konvektion F278
~ Schwingungen F280, F281,
   I139, S826
erzwungener Übergang S831
E-Schicht E74, K10
Etalon E414, S707
Etikett L1
Ettingshausen-Effekt E421
euklidische Geometrie E422
euklidischer Raum E423
Eulersche Gleichungen E424
Europäische Organisation für
   Kernforschung E425
Europium E426
Eutektik E427
Evakuieren E428
Evakuierung E428
Evakuierungskammer E429
Evaporationskinetik K45
Evaporimeter E434
Excimerlaser E452
Exciton E467
Excitonenkondensation E468
Excitonenwanderung E472
Excitonflüssigkeit E471
Excitonmolekül E470
Exciton-Phonon-
   Wechselwirkung E473
Excitonspektroskopie E474
Excitontropfen E469
Existenzbereich D531
Existenzbeweis E477
Exoelektron E480
Exoelektronenemission E481
Exosphäre E482
exotherme Reaktion E483
expandierendes Weltall E486

Expansion E487
Expansionsmaschine E491
Expansionsnebelkammer E488
Expansionswelle E492
Experiment E493
Experimentalphysik E500
experimentelle Abhängigkeit
   E497
~ Erforschung E499
~ Untersuchung E499
Experimentierkanal E494
explizite Abhängigkeit E501
explodierende Drähte E502
Explosion B222, F503
Explosionselektronenemission
   E505
Explosionsinstabilität E507
Explosionsnukleosynthese E508
Explosionssieden E504
Explosionsverdampfung E506
Explosionswelle E509
Exponentialfunktion E514
Exponentialgesetz E515
Exponentialkurve E510
exponentielle Abhängigkeit
   E513
exponentieller Abfall E512
Exponierung E516
Exposition E516, E517
extensive Größen E520
~ Zustandsgrößen E520
Extinktion E525
extragalaktische Quelle E529
~ Strahlung E528
Extraktion E526
Extraktionskanal E527
Extrapolation E532
extraterrestrische Astronomie
   E533
~ Strahlung E535
~ Zivilisationen E534
Extremum E536
Extremwert E536
Extrusion E538
Exzentrizität E9
Exziton E467

F

Fabry-Perot-Etalon F1
Fabry-Perot-Interferometer F2
Facettenkristall F6
Facettieren F7
Fackeln P614
Faden F114
Fadenkristall W104
Fadenmolekül L263
Fading F11
Fahrenheit-Skala F13
Faktor F8, I122
Faktorisierungsmethode F10

Fakultät F9
Fall F15, O19
Fallbeschleunigung A68, F345,
   G234
fallende Kennlinie F16
Fallout R75
falsche Linien G150
Faltung C696
Fangen T391
Farad F17
Faraday F18
Faraday-Effekt F21, M117
Faraday-Käfig F19
Faraday-Konstante F18
Faradayscher Dunkelraum F20
~ Käfig F19
Faradaysches Induktionsgesetz
   F23
Faraday-Zahl F18
Farbart C276
Farbatlas C445
Farbbild C454
Farbblindheit C446
Farbdreieck C278
Farbe C444
Farbeinschließung C450
Farbempfindung C280
Farbenblindheit C446
Farbenexzeß C452
Farbenindex C458
Farbenkarte C445
Farbensehen C467
Farbenwiedergabe C463
Farbexzeß C452
Farbfilter C453
farbiges Quark C462
Farbkontrast C451
Farbladung C449
Farbmaßzahl C276
farbmeßtechnisches
   Normalsystem S709
Farbphotographie C459
Farbpyrometer C461
Farbsättigung S29
Farbstoff D613
Farbstoffküvette D614
Farbstofflaser D615
Farbsymmetrie C464
Farbtafel C278
Farbtemperatur C465
Farbton C276
Farbwahrnehmung C467
Farbwertanteile C277
Farbzentrenlaser C448
Farbzentrum C447
Faser F87
Faseroptik F93
faseroptische
   Nachrichtenstrecke O118
faseroptischer Laser F89
~ Nachrichtenkanal F91
faseroptisches Interferometer
   F92

~ Kabel F90
Faserverbundstoff F88
Feeder F46
Fehler D79, E406, F185, I54
Fehlerfunktion E408
Fehlerintegral E409
Fehlerkurve E407
Fehlerquadratmethode M406
Fehlertheorie T80
fehlgeordneter Kristall D432
Fehlordnung D431, D435
Fehlstellenerzeugung D82
Fehlstellenwanderung D83
Feinmechanik F131
Feinmeßmikroskop M305
Feinstruktur F133
Feinstrukturkonstante F134
Feinwaage A368
Feld F95
Felddesorption F98
Feldeffekttransistor F111
Feldemission F99
Feldinvarianten F101
Feldionisation F102
Feldionisierung F102
Feldkomponenten F96
Feldkrümmung F97
Feld-Lagrange-Funktion F103
Feld-Lagrangian F103
Feldlinse C411
Feldplatte M179
Feldquantelung F107
Feldquantisierung F107
Feldstärke F109
Feldstärkelinie L273
Feldtheorie F110
Feldwaage M27
Femtosekunde F48
Femtosekundenimpuls F50
Femtosekundenlaser F49
Fenster W128
~ der Atmosphäre A599
Fermatsches Prinzip F51
Fermi-Alter F53
Fermi-Beschleunigung F52
Fermi-Dirac-Statistik F54
Fermi-Energie F55
Fermi-Fläche F61
Fermi-Flüssigkeit F58
Fermi-Gas F56
Fermi-Niveau F57
Fermi-Oberfläche F61
Fermion F59
Fermische Energie F55
Fermi-Teilchen F59
Fermium F62
Fernabtastung R392
ferne Infrarotstrahlung F26
ferner Gegenstand D487
fernes Infrarot F27
Fernfeldzone F25
Ferngeber R393
Fernglas B193

Fernmeldeleitung C486
Fernmessung R391, T26
Fernordnung L348
Fernrohr T27
Fernsehen T28
Fernsondierung R392
fernwirkende Komponente L346
Fernwirkung A167, L347
Ferrimagnetikum F63
ferrimagnetische Resonanz F64
ferrimagnetischer Stoff F63
Ferrimagnetismus F65
Ferrit F66
Ferritkernspule F68
Ferritring F69
Ferritzirkulator F67
Ferroelektrikum F72
ferroelektrische Hysteresis F75
ferroelektrischer Bezirk F74
~ Kristall F73
Ferroelektrizität F76
Ferrohydrodynamik F78
Ferromagnetikum F79
ferromagnetische Flüssigkeit F77
~ Resonanz F82
ferromagnetischer Bezirk F81
~ Kristall F80
~ Stoff F79
Ferromagnetismus F83
Ferrometer F84
feste Lösung S414
Festelektrolyt S411
fester Elektrolyt S411
~ Körper S409
festes Helium S412
~ Target F167
Festigkeit S884
Festigkeitsprüfung S885
Festkörper S409
Festkörperlaser S415
Festkörpermechanik M322
Festkörpermikroelektronik S416
Festkörperphysik S417
Festkörperplasma S418
Festlandsockel C640
Festlösung S414
Festspule F166
feststehende Spule F166
Feststoff S419
Feuchte M561
Feuchtigkeit M561
Feuer F140
Feuerball F141
Feuerkugel B251
Feynman-Diagramm D225, F85
Feynman-Diagrammindex I123
Feynman-Eichung F86
Feynman-Graph D225, F85
Feynman-Graphindex I123
F-Gebiet F359
Filamentkanal F115
Film F119

Filmkondensation F122
Filmsieden F120
Filmverdampfung F120
Filter F126
Filtration F129
Filtrierung F129
Finit-Element-Methode F136
Finsternis E15
Fizeauscher Interferenzversuch F168
~ Versuch F168
Fjodorow-Gruppen F43
Fläche A520
flache Haftstelle S215
Flächengeschwindigkeit S118
Flächeninhalt A520
flächenzentrierter Würfel F3
flächenzentriertes Gitter F5
Flachspiegel P624
Flackereffekt F196
Flackerphotometer F197
Flackerstern F176
Flamme F169
Flammenfortpflanzungsgeschwindigkeit B379
Flammenfront F170
Flammenphotometrie F171
Flammenspektrum F172
Flanke F410
Flattern F233
Flavor F184
Fleck S676
Fleckenrelativzahlen W137
Flexibilität F189
Flickereffekt F196
Fliehkraft C165
Fließen F204
Fließgrenze Y5
Flimmerphotometer F197
Flocculi F202
Flocken F202
Flotation F203
flüchtige Komponente V186
Flüchtigkeit F417, V187
Fluenz F215
Flügel W130
Flügelabsorption W131
Flughöhenmessung A313
Fluid F216
Fluidität F219
Fluidströmung F218
Fluktuationen F213
Fluktuon F214
Fluor F229
Fluoreszenz F222
Fluoreszenzanalyse F227
Fluoreszenzausbeute F223
Fluoreszenzlichtquelle F224
Fluoreszenzstrahlung F225
Fluorimeter F226
Fluorometer F226
Fluorometrie F228
Fluß C961, F204, F234

FLUSSDICHTE

Flußdichte F235
Flußmesser F238
Flußquant F242
Flußquantisierung F241
flüssige Substanz L297
flüssiger Halbleiter L295
~ Kristall L283
~ Zustand L296
flüssiges Dielektrikum L284
~ Helium L287
Flüssighalbleiter L295
Flüssigkeit L281
Flüssigkeitsausfluß aus einem Loch L293
Flüssigkeitscharakter F219
Flüssigkeitskalorimeter L282
Flüssigkeitslaser L289
Flüssigkeitsthermometer L286
Flüssigkeitströpfchenmodell L285
Flüssigkristall L283
Flüssigmetall L290
Flüssigsauerstoff L294
Flüssigstickstoff L291
Flüssigstickstoffkryostat L292
Flüstergalerie W105
Flüstergewölbe W105
Flußverankerung P591
Flut T237
Fluxmeter F238
Fluxoid F239
Fluxoidquantisierung F240
FM F378
Fock-Raum F253
Fokalebene F249
Fokalfläche F252
Fokalgebiet F251
Fokalkonus F254
Fokon F254
Fokus F255
Fokuson F267
Fokussator F256
Fokussierlinse F264
Fokussierspannung F266
Fokussierspule F262
fokussierte Abbildung I188
~ Strahlung F258
Fokussierung F260, F261
~ mit alternierenden Feldern S284
~ mit Gleichfeldern S288
~ von geladenen Teilchen C221
Fokussierungslänge F263
Fokussierungsquadrupol F265
Fokussierungsspule F262
Folgeatom D25
Folgefrequenz R403
Folie F269
Folientarget F270
Folienwandler F125
Forbush-Abfall F276
Form F285, S216
~ der Erde F112

formale axiomatische Methode F286
Formalismus F287
Formänderungsfähigkeit D95
Formänderungsrest R410
Formänderungsvermögen D95
Formanisotropie F288, S217
Formant F289
Formel F295
Formfaktor F293
Formierung F290, F294
Formisomer S218
Formung F290
Formwiderstand F292
Forschungen auf dem Gebiet der gesteuerten Kernfusion C669
Forschungslabor R408
Forschungslaboratorium R408
Fortleitung T350
Fortpflanzungsrichtung D387
fortschreitende Bewegung P929
~ Welle T393
Fortsetzung E519
Fotoapparat C24
Foucault-Ströme F297
Foucaultsches Pendel F298
Fourier-Analyse H50
Fourier-Integral F308
Fourier-Koeffizient F306
Fourier-Komponente F307
Fourier-Reihe F309
Fourier-Rücktransformation I367
Fouriersche Reihe F309
Fouriersches Integral F308
Fourier-Spektrometer F310
Fourier-Spektroskopie F311
Fourier-Transformation F312
Fragment F324
Fragmentierung F325
Fraktal F317
Fraktalcluster F318
Fraktion F319
Francium F329
Franck-Condon-Prinzip F330
Franck-Hertz-Versuch F331
Frankium F329
Franzium F329
Franz-Keldysh-Effekt F332
Fraunhofer-Linien F335
Fraunhofersche Beugung F333
~ Beugungsfigur F334
~ Linien F335
Fraunhofersches Beugungsbild F334
Fredholmsche Gleichung F336
frei bewegliches Elektron F341
freie Bewegung F347
~ Elektron F341
~ Energie F343, H136
~ Enthalpie G159
~ Konvektion F340, N16

~ Ladung F339
~ Ladungsträger F338
~ Schwingungen F348
~ Träger F338
~ Weglänge F349
~ Weglänge von Phononen P367
Freielektronenlaser F342
freier Raum F353
~ Fall F344
freies Lagrangian F346
~ Pendel F350
~ Radikal F351
Freiheitsgrad D120, V62
Freiraumdämpfung F354
Freiraumwellenlänge F355
Fremdatom I72
Fremdion I78
Frenkel-Defekte F360
Frenkel-Fehlordnungen F360
Frenkel-Fehlstellen F360
Freon F361
Frequenz F362
Frequenzabhängigkeit F365
Frequenzabwanderung F371
Frequenzabweichung F367
Frequenzband B35, F363, F383
Frequenzbereich F363, F383
Frequenzdemodulation F366
Frequenzdeviation F367
Frequenzdrift F371
Frequenzhub F390
Frequenzinstabilität F372
Frequenzjitter F373
Frequenzmesser F376, W46
Frequenzmessung F375
Frequenzmitnahme F374, F382, L325
Frequenzmitziehen F382
Frequenzmodulation F378
frequenzmodulierte Schwingungen F377
Frequenzmultiplizität F380
Frequenznormal F389
Frequenzselektivität F385
Frequenzspektrum F386
Frequenzstabilisierung F388
Frequenzstabilität F387
Frequenzteiler F369
Frequenzteilung F370
Frequenztransformation F391
Frequenztrennschärfe F385
Frequenzumformung F391
Frequenzumsetzung F364
Frequenzvervielfachung F379
Frequenzvervielfacher F381
Frequenzverzerrung F368
Frequenzwobbelung F390
Frequenzzittern F373
Fresnel-Bereich F399
Fresnel-Linse F397
Fresnelsche Beugung F394
~ Beugungszone F399

~ Linse F397
~ Spiegel F398
Fresnelsches Doppelprisma F393
~ Ellipsoid F395, R190
~ Integral F396
friedliche Nutzung der Kernenergie P175
Friedman-Modell F408
Frigen F361
Friktionsdämpfung F404
Frontalzusammenstoß H67
Froudesche Zahl F412
Froudesches Pendel F413
Froude-Zahl F412
F-Schicht F188
Fühler P915
Fühlglied S204
Führungszentrum G295
Fullerene F418
Füllstandmesser L189
Fundamentale F427
Fundamentalkatalog F428
Fundamentalkonstanten F432
Fundamentallänge F429
Fundamentalschwingung F427
Fundamentalwechselwirkung B80
Fünfseitenprisma P208
Funkbake B86
Funke S510
Funkecho R102
Funkeleffekt F196
Funkeln T460
Funkempfänger R127
Funkempfängsgerät R127
Funkenbildung im Magnetron M193
Funkenkammer S511
Funkenkanal S512
Funkenladung S514
Funkenphotographie S516
Funkenquelle S517
Funkenspektrum S518
Funkenstrecke S515
Funkentfernungsmesser R100
Funkenzähler S513
Funkfernmessung R135
Funknavigation R122
Funkpeiler R99
Funksignal R129
Funksonde R130
Funkstörung R111
Funkstörungen R101
Funktechnik R104
Funktion F423
δ-Funktion D136
Funktional F424
funktionale Abhängigkeit F426
funktionaler Zusammenhang F426
Funktionalintegration F425

Funktionen des parabolischen Zylinders P19
Funkwellen R143
Funkwellenausbreitung R142
Funkwellenbrechung R317
Funkwellendämpfung R139
Funkwellendiffraktion D297
Funkwellenstreuung R144
Furche G270, G270
Fuß F271
Fusion F438, N365
Fusionsreaktor T190
F-Zentrenlaser C448
F-Zentrum C447, F41
F-Zentrumlaser F42

G

GaAs-Laser G1
Gabelung B182
Gadolinium G2
galaktische kosmische Strahlen G17
~ Quelle G24
~ Rotation G23
~ Scheibe G18
~ Strahlung G22
galaktischer Halo G19
~ Haufen G16
~ Kern G21
~ Maser G20
~ Sternhaufen G16
galaktisches Zentrum G15
Galaxie G25
Galilei-Fernrohr G26
Galileisches Fernrohr G26
~ Relativitätsprinzip G28
Galilei-Transformationen G27
Gallium G29
Galliumarsenidlaser G1
Gallone G30
Galtonsche Pfeife G31
galvanische Zelle C144, E121
galvanisches Element C144, E121
Galvanolumineszenz G32
galvanomagnetische Effekte G33
Galvanometer G34
Gamma G35
Gamma-Astronomie G38
Gamma-Ausbrüche G40
Gamma-Defektoskopie G42
Gamma-Quant G36
Gammaquelle G45
Gamma-Spektrometer G46
Gamma-Spektroskopie G47
Gamma-Spektrum G48
Gamma-Strahlen G44
Gamma-Strahlenastronomie G38

Gammastrahlenausbruchdetektor G39
Gammastrahlenausbruchquelle G41
Gammastrahlenlaser G43
Gammastrahlenquelle G45
Gamma-Strahlenspektrum G48
Gamma-Strahlung G44
Ganghöhe P611
Gangpolkurve P779
Gangunterschied P165
Gantmakher-Effekt G49
ganze Zahl I247
Garnitur S211
Gas G52
Gasanalysator G55
Gasanalyse G54
Gasaustreibung D102
Gaschromatographie G76
Gasdiffusionstrennkaskade C85
Gasdiode G70
Gasdurchlässigkeit G74
Gasdynamik G65
Gasentladung G57
Gasentladungsgerät G60
Gasentladungskammer G58
Gasentladungskontraktion G59
Gasentladungslampe D403
Gasentladungslaser G61
Gasentladungslichtquelle G63
Gasentladungsplasma G62
Gasentladungsquelle G63
Gasentladungsröhre D404
gasförmiger Stoff G69
~ Zustand G68
gasgefüllte Diode G70
Gasgemisch G66
Gaskonstante G56
Gaslaser G73
Gasnebel G67
Gasphase G68
Gasreinigung G77
Gasstrahl G72
Gasstromgenerator H63
Gasströmung G71
Gasthermometer G78
Gasturbine G79
Gasverflüssigung L280
Gasverstärkung G53
Gate G80
Gateelektrode G80
Gauß G84
Gaußmeter G87
Gauß-Profil G89
Gaußsche Verteilung N317
Gaußscher Satz G90
Gaußsches Einheitensystem G86
~ Prinzip G88
Gauß-Verteilung G85
Gay-Lussac-Gesetz G91
Gay-Lussacsches Gesetz G91
Geber S204

GEBEUGTE

gebeugte Strahlung D274
gebeugter Strahl D273
Gebiet A520, R171, R332, Z18
~ der elastischen Streuung E66
~ der unelastischen Streuung I164
gebrochene Symmetrie B347
~ Welle R312
gebrochener Strahl R311
gebündelte Strahlung F258
gebündelter Strahl F259
Gebunden-Gebunden-Übergang B292
gebundene Bewegung F138, R462
~ Energie B295
~ Ladung B293
gebundener Wirbel B297
~ Zustand B296
gebundenes Elektron B294
gedämpfte Schwingungen D7
gefahrlose Konzentration S7
Gefälle I90, S343
gefalteter Hohlleiter C760
Gefrieren F356, R324
Gefrierpunkt F358
Gefrierpunkterniedrigung D176
Gefügefehler S914
Gefügeumwandlung S919
gegeneinandergeführte Strahlen C422
gegeneinanderlaufende Strahlen C422
Gegeninduktion M751
Gegeninduktivität M750
Gegenkopplung N48
Gegenrichtung B15
Gegenschein O79
gegenseitige Kohärenz M747
~ Kohärenzfunktion M748
~ Korrelation C865
Gegenseitigkeit R233
Gegenspannung B14
Gegenstandsraum O3
Gegentaktverstärker B21
Gehör H70
Gehörschärfe A188
Geiger-Müller-Zählrohr G92
Geiger-Nuttall-Regel G93
Geister G150
gekoppelte Kreise C810
~ Moden C811
~ Schwingungen C812
~ Systeme C813
gekreuzte Felder C866
gekrümmter Raum C980
Gel G94
geladene Komponente C205
geladener Strom C206
geladenes Kaon C211
~ K-Meson C211
~ Lepton C212
~ Meson C213

~ Teilchen C214
Gell-Mann-Matrizen G95
Gell-Mann-Nishijima-Formel G96
Gelöstes S425
gemeinsamer Faktor C483
gemischte Versetzung M517
gemischter Zustand M518
genaue Messung A89
Genauigkeit P861
Genauigkeitsklasse A87
Generalkonferenz für Maß und Gewicht G97
Generation G108
Generations-Rekombinations-Rauschen G110
Generationsschwelle O281
Generator G111, O282
Generatorröhre O270
Generierung G108
Generierungskanal G109
genetisch bedeutsame Dosis G112
Geoakustik G113
Geochronologie G114
Geodäsie G116
Geodätische G115
geodätische Linie G115
geographische Breite L130
~ Koordinaten G117
~ Länge L335
Geoid G118
geomagnetische Breite G121
~ Falle G126
~ Koordinaten G119
~ Länge G122
geomagnetischer Meridian G123
~ Pol G124
geomagnetisches Feld G120
Geomagnetismus G128, T65
Geometrie G139
geometrische Akustik G129
~ Anordnung G139
~ Gestaltung G139
~ Interferenz G138
~ Isomerie C308, G133
~ Kristallographie G131
~ Optik G134
~ Oszillationen G135
geometrischer Faktor G137
~ Ort L326
~ Querschnitt G130
geometrisches Isomer C307, G132
Geophon G140
Geophysik G141
geordnete Phase O236
geostationäre Bahn G142
Geothermie G145
geothermische Energie G143
geothermischer Gradient G144
gepulste Injektion P987
gepulster Laser P988

gequantelter Wirbel Q31
Gerade-gerade-Kern E435
gerader Stoß H67
Gerade-ungerade-Kern E436
geradlinige Bewegung L264, R266
Gerät D218, I242, S211
Gerätefehler I244
Geräteverzerrung I243
Geräusch N184
gerichtete Strahlung D384
Gerinnung C350
Germanium G146
Gesamtabsorption T298
Gesamtintensität I250, T302
Gesamtquerschnitt T299
gesättigte Lösung S21
gesättigter Dampf S22
geschichtete Atmosphäre S870
geschlitzte Meßleitung S347
geschlossene Konfiguration C331
~ Kurve C333
~ Linie C336
geschlossener Kreis C330, L357
~ Kreislauf C334
~ Stromkreis C330
geschlossenes Modell C337
Geschoßbewegung P931
Geschwindigkeit R185, S600, V89
~ der chemischen Reaktion C251
Geschwindigkeitsbereich V100
Geschwindigkeitsfeld V92
Geschwindigkeitsmesser V88
Geschwindigkeitsmessung V94
Geschwindigkeitsmodulation V95
Geschwindigkeitspotential V98
Geschwindigkeitsprofil V99
Geschwindigkeitsraum V101
Geschwindigkeitsverteilung V91
Geschwindigkeitszirkulation V90
Gesenkschmieden F284
Gesetz L150
~ des chemischen Gleichgewichts L152
~ der Partialdrücke D5
~ von Snellius S359
Gesichtsfeld F106
Gesichtsfeldblende F108
Gesichtswahrnehmung V181
Gesichtswinkel A392
gespeichertes Bild R257
Gestalt C578, S216
Gestaltanisotropie F288, S217
gestapelte optische Integration S703
gesteuerte Kernfusionsreaktionen C671
~ thermonukleare Fusion C670

gestörte Bewegung P269
~ Ionosphäre D512
~ Totalreflexion F414
gestörter Tag D511
gestörtes Gebiet D513
~ Problem P270
gestreute Neutronen S62
~ Strahlung S64
~ Welle S65
gestreutes Quant S63
getrennte Isotope S205
Getter G147
Getterpumpe G148
Gewicht W87
gewichtetes Mittel W88
Gewichtsfaktor W89
Gezeitenbewegung T236
g-Faktor G149
gg-Kern E435
Gibbs-Duhemsche Gleichung G158
Gibbs-Helmholtzsche Gleichungen G160
Gibbssche freie Energie G159
~ Gesamtheit G163
~ Phasenregel G162, P327
~ Verteilung G157
Gibbssches Paradoxon G161
~ thermodynamisches Potential G164
Gibbs-Verteilung C30, G157
Gießen C93
Gigant G156
Gilbert G165
Ginsburg-Landausche Theorie G166
Gitter G224, G265, L131
Gitterbaufehler L135, L139
Gitterbaustein L132
Gitterdefekt L135
Gitterdeformation L136
Gitterenergie L137
Gitterfehler L135
Gitterfehlordnung L139
Gitterfokussierung G268
Gitterfurche G270
Gittergeister G150
Gittergleichrichtung G267
Gitterinterferometer G228
Gitterkompressor G225
Gitterkonstante G226
Gitterkonstanten L134
Gitterleitfähigkeit L133
Gitterlücke V1
Gittermode L140
Gittermodulation G269
Gitterparameter C909
Gitterplatz A644, L142
Gitterschwingungen L143
Gitterstelle A644
Gitterstörstelle L135
Gitterstrich G270
Gitterunregelmäßigkeit L139

Gittervorspannung G266
Gitterwärmekapazität L138
Gitterwärmeleitfähigkeit L133
Glan-Thompson-Prisma G167
Glänzen G178
Glas G169
glasartiger Halbleiter G173
~ Zustand G174
Glasfaser G170
Glasfaseroptik F93
Glashalbleiter G173
Glashauseffekt G260
Glaslaser G171
Glasmetall M379
Glaszustand G174
glatte Kurve S358
Glauber-Korrektionen G175
gleichförmig beschleunigte Bewegung U66
~ veränderliche Bewegung U68
gleichförmige Bewegung U69
Gleichförmigkeit U65
Gleichgewicht B20, E371
Gleichgewichtsbahn E379
Gleichgewichtsbesetzung E382
Gleichgewichtsdichte E373
Gleichgewichtsionisation E378
Gleichgewichtskonfiguration E374
Gleichgewichtskonzentration E373
Gleichgewichtskurve E375
Gleichgewichtsladungsträger E372
Gleichgewichtsphase E380
Gleichgewichtsplasma E381
Gleichgewichtsprozeß E383
Gleichgewichtsstabilität S694
Gleichgewichtsträger E372
Gleichgewichtsverteilung E377
Gleichgewichtszustand E385
Gleichklang C620
Gleichlauf S1111
gleichmäßig verzögerte Bewegung U67
Gleichmäßigkeit U65
Gleichrichter R265
Gleichrichtung D202, R264
Gleichspannung D33
Gleichstrom D377
Gleichstrommagnetisierung D32
Gleichstromverstärker D31, D378
Gleichung von J. R. Mayer M294
Gleichverteilung der Energie E388
Gleichverteilungssatz E387
Gleitebene G177
Gleiten G176, S338
Gleitlinie S340
Gleitlinien L408
Gleitreibung S337

Gleitreibungszahl C359
Gleitspur S340
Gleitung S338
Gleitverschleiß A10
Glimmen G184
Glimmentladung G185
Glimmer M421
Glimmlampe G186
globale Dualität G179
~ Instabilität G180
Globalinvarianz G181
Globalsymmetrie G182
Glueball G187
Glühelektron T109
Glühelelektronenbild T177
Glühemission T149
Glühen A423
Glühfaden F114
Glühkatode T148
Glühlampe I83
Gluino G188
Gluon G189
Gluonbag G190
Gluonsack G190
Gold G191
Goldberger-Treimansche Beziehung G192
Goldstone-Boson G193
Goldstone-Fermion G194
Goldstone-Moden G195
Goldstonesches Boson G193
Goniometer G196
Goniometrie G197
Grad D118
~ der Entartung D107
Gradation G198
Gradient G200
Gradientendrift G201
Gradientenfaser G199
Gradienteninvarianz G202
Gradiometer G203
Grafik G215
grafische Darstellung G217
Gramm G208
Grammatom G209
Grammolekül G210
Granat G51
Granulation G214
~ der Photosphäre P515
Granulierung G214
Graph G215
graphische Darstellung D224, P708
~ Integration G216
Graphit G218
Graphitkonstruktion G221
Graphitmoderator G220
graphitmoderierter Reaktor G219
Graphitreaktor G219
Graphitstapel G221
Graphitstruktur G221
Grashof-Zahl G222

GRASHOFSCHE

Grashofsche Kennzahl G222
Grassmann-Algebra G223
Grassmannsche Algebra G223
graue Strahlung G263, G264
grauer Körper G262
~ Strahler G262
Graufilter N86
Graukeil N94
Graustrahler G262
Graustrahlung G263, G264
Gravimeter G230
Gravimetrie G231
Gravitation G233
Gravitationsbeschleunigung G234
Gravitationseinfang G235
Gravitationsfeld G238
Gravitationsfokussierung G239
Gravitationsinstabilität G240
Gravitationsinstanton G241
Gravitationskollaps G236
Gravitationskonstante G237
Gravitationsmassendefekt G243
Gravitationsparadoxon G244, N80
Gravitationsquant G251
Gravitationsradius G246, S83
Gravitationsstrahlung G245
Gravitationsverschiebung G247
Gravitationswechselwirkung G242
Gravitationswellen G249, G254
Gravitationswellendetektion G248
gravitative Wechselwirkung G242
Gravitino G250
Graviton G251
Gray G255
«grazing»-Drehimpuls G256
Green-Kubosche Formeln G261
Greensche Funktionen G259
Grenzbedingungen B288
Grenzdichte U2
Grenze B287
Grenzenergie des äußeren Photoeffekts P424
Grenzfläche I290
Grenzfrequenz C985
Grenzleistung T227
Grenzschicht B289, I290
Grenzschichtbereich I291
Grenzschichtgebiet I291
Grenzschichtkapazität B66
Grenzschichtstabilität S693
Grenzwellenlänge T231
Grenzwinkel C841
Grenzzyklus L248
Grobkorrektion R567
Größe D346, M198, Q26, V43

große kanonische Verteilung L48
~ kinematische Invariante L49
~ Unifikation G211
Größenart D346
Größenmaßstab des Universums S51
Größenordnung O239
großmaßstäbliches Modell L51
Grundfarben P878
Grundfläche A520, B78
Grundlage B79, B82
Grundlagenforschung B81, F433
Grundniveau G273
Grundpunkte C70
Grundschwingung F427
Grundschwingungtyp F430
Grundwelle F430
Grundzustand G274
Grüneisen-Konstante G289
Grüneisensche Regel G290
Gruppe G276
Gruppengenerator G278
Gruppengeschwindigkeit G281
Gruppengeschwindigkeitsdispersion G282
Gruppengeschwindigkeitsmodulation G283
Gruppenlaufzeit G277
Gruppensynchronismus G279
gruppentheoretische Methode G280
Gruppenverzögerung G277
gu-Kern E436
Gunn-Diode G298
Gunn-Domäne G299
Gunn-Effekt G300
Gunn-Oszillator G301
Gußeisen C94
Güte F113, Q1
Gütefaktor Q1
~ bei Belastung L305
~ des Hohlraumresonators C134
Gütefaktormesser Q4
gütegeschalteter Laser Q6
Gütemodulation Q7
Güteschalter Q5
Gütezahl F113
Gyralmoment G311
Gyration G302
Gyrator G303
gyromagnetische Effekte G304
~ Frequenz G305
gyromagnetisches Verhältnis G306
gyroskopische Kräfte G308
Gyrotron G313
gyrotroper Kristall G314
gyrotropes Medium G315
Gyrotropie G316

H

Haarkristall W104
Haarkristalle C942
Haarnadelkatode S618
Habitus H1
Hadron H3
Hadronatom H6
Hadroncollider H4
Hadrondynamik H2
Hadronenflüssigkeit H12
Hadronenladung H10
Hadronensack H7
hadronischer Zerfall H11
hadronisches Atom H6
~ Kalorimeter H9
~ Sieden H8
Hadronstrom H5
Haftglas C630
Haftreibung S739
Haftschale C630
Haftstelle T386
Haftstellendichte T387
Hagen-Poiseuillesche Gleichung P725
Hagen-Poiseuillesches Gesetz P725
Halbamplitudendauer H13
halbdurchlässige Membran S195
halbdurchlässiger Spiegel S197
Halbebene H16
Halbleiter S178
Halbleiterbolometer S180
Halbleiterdetektor S183
Halbleiterdiode S185
Halbleiterdotierung S186
Halbleiterelektronik S187
Halbleiterentartung S182
Halbleitergeber S192
Halbleitergeräte S184
Halbleiterkristall S181
Halbleiterlaser S188
Halbleiter-Metall-Kontakt M389
Halbleiter-Metall-Übergang S189
Halbleitermikroelektronik S190
Halbleiterphotodiode S191
Halbleitersensor S192
Halbleiterverstärker S179
Halbmesser R146
Halbmetall S194
Halbschatten H17, P210
Halbschattengerät H18
Halbwellendipol H19
Halbwellengleichrichter H22
Halbwellenlinie H20
Halbwellenplättchen H21
Halbwertsbreite H14
Halbwertszeit H15
Halbwertzeit D56, R77
Hall-Beweglichkeit H26

Hall-Effekt H25
Hall-Koeffizient H24
Hallraum R472
Hall-Spannung H28
Hall-Urspannung H28
Hall-Widerstandsquantisierung H27
Halo G19, H29
Halogene H30
Halter S1044
Halterung S1044
Haltestern R284
Hamilton-Eichung H31
Hamilton-Formalismus H33
Hamilton-Funktion H34
Hamilton-Jacobi-Gleichung H36
Hamilton-Jacobische Differentialgleichung H36
Hamilton-Operator H32, N1
Hamilton-Prinzip H37
Hamiltonsche Funktion H34
~ Gleichungen der Dynamik C32
Hamiltonscher Formalismus H33
~ Operator H32
Hamiltonsches Prinzip H37
~ System H35
Handeinstellung M218
Hankel-Funktionen H38
Hankelsche Funktionen H38
Hanle-Effekt H39
Hanle-Magnetometer H40
Hanlesches Magnetometer H40
Harmonische H48
harmonische Analyse H50
~ Bewegung H55
~ Funktion H52
~ Reihe H58
~ Schwingung H55
~ Schwingungen H56
~ Verzerrungen H51
harmonischer Analysator H49
~ Oszillator H57
Härte H44
harte Komponente H41
~ Strahlung H47, P200
Härtemessung H45
Härten H42
Härteprüfung H45
hartes Quant H46
hartmagnetischer Werkstoff H43
Hartmann-Blende H60
Hartmann-Generator H63, J9
Hartmannsche Ähnlichkeitszahl H62
~ Kennzahl H62
~ Pfeife H63
Hartmann-Strömung H61
Hartmann-Zahl H62
Hartree-Fock-Methode S151

Hartree-Focksche Methode H64
Härtung H42
Häufigkeit O19, R185
~ von Isotopen A59
Hauptachse des Spannungszustandes P889
~ des Verformungszustandes P888
Hauptbrennpunkt P891
Hauptdilatationsachse P888
Hauptebenen P895
Hauptmaximum M208, P892
Hauptquantenzahl P896
Hauptreihenstern M203
Hauptrichtung P890
Hauptserie P897
Hauptspannung P898
Hauptspannungsachse P889
Hauptspiegel P880
Haupträgheitsachse P887
Haupträgheitsmoment P894
Hauteffekt S335
Havariedosis A78
Heaviside-Kennelly-Schicht K10
Hebel A526
HEED-Methode H184
heiße Elektronen H278
~ Ladungsträger H275
~ Löcher H280
~ Träger H275
Heißelektronen H278
Heisenberg-Modell H117
Heisenberg's Unbestimmtheitsrelation H119
Heisenbergsches Unbestimmtheitsprinzip H118
heißer Kanal H277
heißes Labor H281
~ Plasma H283
~ Universum H285
Heißkanal H277
Heißlöchermaser H279
Heißlumineszenz H282
Heizelement H82
Heizen H87
Heizfaden F114
Heizkörper H82
Heizung H87
Heizwert C19
Hektopaskal H112
Helicon H124
Helikalstruktur H122
Helikon H124
Helikonwelle H124
Heliograph H126
Heliostat H127
heliozentrische Koordinaten H125
Helium H128
Heliumausbruch H131
Heliumeruption H131

Heliumexpansionsmaschine H130
Heliumkryostat H129
Heliummagnetometer H132
Helium-Neon-Laser H133
Helizität H123
Helladaption L206
Hellbezugswert L413
Helligkeit B333, B335, B335
Helligkeitsmodulation I265
Helmholtz-Resonator H137
Helmholtzsche freie Energie H136
~ Spulen H135
Helmholtz-Spulen H135
Helmholtzscher Resonator H137
Hemmung D580
He-Ne-Laser H133
Henry H139
Henrysches Gesetz H140
Heptode H141
Herausführung E526
Herauslösen E526
Herausziehen E526
Herleiten D182
Hermitesche Matrizen H142
hermitesche Polynome H144
hermitescher Operator H143
Hermitezität H145
Herpolhodie H146
Hertz C991, H147
Hertzscher Dipol H148
~ Oszillator H148
~ Vektor H149
Hertzsprung-Russel-Diagramm H150
heterochromatische Photometrie H151
heterochrome Photometrie H151
heterogene Katalyse H155
~ Kondensation H156
heterogener Reaktor H157
heterogenes System H158
Heterogenität H154
Heterogenreaktor H157
Heterolaser H161
heterophasige Struktur H162
heteropolare Bindung H163, I402
Heterostruktur H164
Heteroübergang H159
heterovalente Isomorphie H166
heuristisches Modell H167
Hexaeder H172
hexagonal dichteste Kugelpackung H169
hexagonale Kugelpackung H169
hexagonaler Kristall H170
hexagonales System H171
Hexode H173
HF-Impuls R108

HF-Leitfähigkeit H196
HF-Strahlung R487
Hierarchie H177
Higgssches Boson H178
Hilbert-Raum H221
Hilbert-Transformation H222
Himmelsäquator C140
Himmelskugel C143
Himmelsmechanik C141
Himmelsmeridian C142
Hin- und Herbewegung R232
hin- und hergehende Bewegung R232
Hindernis O12
Hintereinanderschaltung S209
hinterer Brennpunkt B3
Hintergrund B4
Hinterkante T316
Histogramm H223
Hitzdrahtanemometer H286
Hitzdrahtwindmesser H286
hochangeregter Zustand H199
Hochdruck H203
Hochdruckkammer H204
Hochdruckphysik H205
Hochenergie-Elektronenbeugung H183
Hochenergie-Elektronendiffraktionsmethode H184, R297
Hochenergiegebiet H187
Hochenergiephysik H186
hochfrequente Strahlung R487
Hochfrequenzband H195
Hochfrequenzen H194
Hochfrequenzentladung H197
Hochfrequenzerwärmung im Kaltcontainer H175
Hochfrequenzfokussierung R106
Hochfrequenzimpuls R108
Hochfrequenzleitfähigkeit H196
Hochfrequenz-Plasmaaufheizung R486
Hochfrequenzschwingungen H198
Hochfrequenzstrahlung R487
Hochgeschwindigkeitsfotografie H208
Hochgeschwindigkeitsprozeß H209
Hochpaß H200
Hochpaßfilter H200
Hochspannung H215
Hochspannungsbeschleuniger H216
Hochspannungsentladung H218
Hochspannungsimpuls H219
Hochspannungskabel H217
Hochspannungsquelle H220
Hochspinzustand H210

Höchstdruck U6
Höchstfrequenzbereich M482
Höchstfrequenzen M477
Höchstfrequenzimpuls M480
Höchstfrequenzschwingungen M479
Höchstfrequenzwellen M483
Hochstrombeschleuniger H179
Hochstromelektronik H180
Hochstromimplantationsanlage H181
Hochstromquelle H182
Höchstvakuum U7
hochsymmetrischer Kristall H211
Hochtemperaturen H214
Hochtemperaturkalorimetrie H212
Hochtemperatur-Oxidsupraleiter O325
Hochtemperaturplasma H213
Hochvakuumgleichrichterröhre K11
Hochvoltbeschleuniger H216
Hodograph H224
Hodographenkurve H224
Hodographenmethode H225
Hodoskop H226
Höhe A314, H114
hohe Auflösung H206
~ Ionosphäre U99
Höhe des Potentialwalls B64
hohe Temperaturen H214
Höhe über dem Meeresspiegel H115
hohe Wiedergabetreue H193
Höhenmesser A312
Höhenstrahlen C772
Höhenstrahlung C772
Höhenstrahlungsintensität C770
Höhenstrahlungsschauer C773
Höhenstrahlungsvariationen C775
hoher Druck H203
höhere Harmonische H188
~ Niveaus H189
Hohlkatode H237
Hohlkatodenentladung H238
Hohlleiter G291
Hohlleiterdispersion W31
Hohlleiterkniestück W29
Hohlleiterkrümmer W29
Hohlleitermode G293, W34
Hohlleiterstrahler W36
Hohlleiterwelle G294
Hohlraum C132, V185
Hohlraummagnetron C133
Hohlraumresonator C132, C136
Hohlraumstrahler C502
Hohlraumstrahlung B217, C135, E384

Hohlspiegel C540
Holmium H239
Hologramm H240
Hologrammdegradation H241
Hologramminterferometrie H248
Hologrammrekonstruktion R255
Hologrammsynthese H242
Holographie H251
holographische Aufzeichnung H249
~ Darstellung H244
~ Diagnostik H243
~ Interferometrie H248
~ Mustererkennung H245
holographischer Speicher H250
holographisches Bild H244
~ Interferogramm H246
~ Interferometer H247
holomorphe Funktion H252
holonomes System H253
homogene Funktion H259
~ Katalyse H257
~ Kondensation H258
homogener Reaktor H262
homogenes Medium H260
~ Modell H261
~ System H263
Homogenität H255, U65
~ des Universums H256
Homogenreaktor H262
homologe Reihe H265
Homologieklasse H266
homöopolare Bindung H267
Homoübergang H264
homozentrisches Bündel H254
Hookesches Gesetz H268
Hörbarkeit A654
Hörfrequenzband A657
Hörfrequenzen A656
Horizont H269
horizontal polarisierte Strahlung H270
Horn H271
Hornantenne H271, H272
Hornstrahler H271
Hörschärfemesser A659
Hörschwelle H71, T225
Hörschwellenmeßgerät A659
Hubble-Konstante H290
Hubblesche Konstante H290
Hülle S231
Hüllkurve E350
Hüllkurvengleichrichtung E351
Hydroakustik U52
Hydrodynamik des Plasmas P667
hydrostatischer Auftrieb B372
~ Druck F221
λ-Hyperon L14
Hystereseverlustkoeffizient C363
Hz C991

I

ideale Flüssigkeit I6, P220
idealer Isolierstoff L377
~ Kristall P215
~ Temperaturstrahler P224
ideales Dielektrikum P216
~ Gas I7, P217
~ optisches System P221
~ Plasma P222
idealisiertes Problem I9
Idealisierung I8
Idealkristall P215
Identifikation der Zustände S731
Identifizierung I10, R235
Identität I11
Idiomorphie I12
Ignitron I19
Ikonoskop I4
Ikosaeder I5
imaginäre Zahl I35
Immersion I37
Immersionsflüssigkeit I39
Immersionslinse I38
Immersionsmethode I40
Impedanz I51
Impfkristall S125
Implantation I55
~ von Hochenergieionen H185
Implantationsanlage I57
Implanter I57
implantiertes Ion I56
implizite Abhängigkeit I58
Impuls I64, M613, P978
~ des elektromagnetischen Feldes E146
Impulsabstand P1006
Impulsamplitude P980
Impulsanstiegszeit P1005
Impulsbreite P991
Impulsdarstellung I69
Impulsdauer P991
Impulsdichte C807
Impulsdichtemesser C808
Impuls-Energie-Tensor E327
Impulsentladung P986
Impulserhaltung C613, M615
Impulserhaltungssatz L153
Impulsfluß M616
Impulsfolge P1008, P1011
Impulsfolgefrequenz P1004
Impulsformerschaltung P1010
Impulsformung P993
Impulsformverzerrung P1009
Impulsgenerator I66, P995
Impulsgröße P980
Impulshöhe P980
Impulshöhenanalysator P996
Impulsinitiierung P997
Impulsinjektor P998
Impulsinstabilität P999

Impulsintervall P1006
Impulskomponente M614
Impulslänge P991
Impulslaser P988
Impulsleistung P1003
Impulsmodulation P1000
Impulsmoment K41, M612
Impulsnäherung I65
Impulsperiodenlaser P1001
Impulsphotometrie I68
Impulsquantelung M617
Impulsquantisierung M617
Impulsquelle P990
Impulsrate C807
Impulsraum I70, M618
Impulsreaktor P989
Impulsreihe P1011
Impulsröhrenpumpen F179
Impulsrückflanke T316
Impulstransport M619
Impulsübertragung M619
Impulsverformung P1009
Impulsverstärker P979
Inaktivität I176
indefinite Metrik I115
Indeterminismus I121
Index I122
Indexellipsoid O133
Indikatoratom L2
Indikatormethode T311
Indikatrix O133
indirekt geheizte Katode I127
indirekte Heizung I126
~ Übergänge I128
indirekter Übergang N311
Indium I129
Individualdosimeter P266
Induktion I147
Induktionsbeschleuniger I148
Induktionserwärmung I150
Induktionsgesetz F23
~ von Faraday F23
Induktionsheizung I150
Induktionsspeicher I155
Induktionsspule I149
induktive Belastung I153
~ Blende I152
~ Kopplung I151
induktiver Geber I154
~ Sensor I154
~ Wandler I156
Induktivität I145, I146
Induktivitätsspule I146
induzierte Aktivität I130
~ Anisotropie I131
~ Besetzungsänderung I140
~ Besetzungsdichteänderung I140
~ Dispersion I135
~ Doppelbrechung I132
~ Emission I137, S823
~ EMK I136
~ Erdströme T29

~ Radioaktivität I143
induzierter Strom I134
~ Übergang S831
induziertes Feld I138
~ Quant I141
inelastische Stöße I160
Inelastizität A382
Inertgas I166
Inertialeinschluß I169
inertiales Koordinatensystem I171
Inertialmasse I173
Inertialsystem I171
infinitesimale Änderung I180
~ Deformation I181
~ Verformung I181
Inflation I183
inflationäres Model I185
Inflationskosmologie I184
Inflektor I186
Influenz E265
influenzierte Ladung I133
Influenzladung I133
Informatik I189
Information I190
Informationskanal I191
Informationskodierung I192
Informationstheorie I194
Informationswissenschaft I189
Infrarotastronomie I195
Infrarotbereich I201
Infrarotbild T122
Infrarotdivergenz I197
infrarote Strahlung I200
Infrarotgebiet I201
Infrarot-Hellstrahlung N32
Infrarotkatastrophe I196
Infrarot-Multiphotonendissoziation I199
Infrarotspektroskopie I203
Infrarotstrahlung I200
Infrarotstrahlungsquelle I202
Infrarotwellen I204
Infraschall I207
Infraschallschwingungen I205
Infraschallwellen I206
inhomogen verbreiterte Linie I209
inhomogenes Medium I210, N227
Inhomogenität I208, I476
Initiierung I213
~ mit elektrischer Entladung E101
Injektion I215
~ des Strahls B105
~ über mehrere Umläufe M734
~ von geladenen Teilchen C222
Injektionslaser I216
Injektor I217
Inklination I90, M77
Inklinator I91
Inklusion I94

INKLUSIVER

inklusiver Prozeß I96
~ Querschnitt I95
inkohärente Quelle I103
~ Schwingungen I99
~ Strahlung I100
~ Streuung I101
inkohärentes Streuverfahren I102
Inkohärenz I97, N200
Inkommensurabilität I104
inkommensurable Phasen I105
~ Struktur I106
Inkompatibilität I107
Inkompressibilität I108
inkompressible Flüssigkeit I110
~ Strömung I109
inkorrekte Aufgabenstellung I20
Inkrement I113
Innenschale I221
Innenschalenionisation I222
innere Energie I322
~ Gravitationswellen I324
~ Konversion I321
~ Magnetosphäre I218
~ Parität I359
~ Quantenzahl I326
~ Reflexion I327
~ Reibung I323
~ Rotation I328
~ Symmetrie I329
~ Totalreflexion T303
~ Umwandlung I321
innerer lichtelektrischer Effekt I325
~ Photoeffekt I325
~ photoelektrischer Effekt I325
~ Strahlungsgürtel I220
inneres Kontaktpotential F200
~ Problem I219
~ Weisssches Feld W93
innermolekulare Bindungen I355
~ Wechselwirkung I356
In-Phase-Bringen P352
In-Situ-Messung I230
Insolation I231
instabiles Gleichgewicht U91
~ Isotop U92
Instabilität I233
~ durch Anregung von Driftwellen D588
~ gegen Knickung K54
Instabilitätsinkrement I235
Instabilitätskriterium I234
Instanton I241
Instrument I242
Instrumentenfehler I244
Instrumentenverzerrung I243
Integral I248
Integralgleichung I249
Integralphotometer I259
Integralsatz von Cauchy C119
Integraltransformation I253

Integration I260
~ nach der geschlossenen Kurve C332
integrierende Ionisationskammer I258
Integrierkreis I257
Integrierschaltung I257
integrierte Optik I256
integrierter Schaltkreis I254
Intensität I262, S884
~ der Absorption A47
~ der kosmischen Strahlung C770
~ der radioaktiven Strahlung R79
~ der Spektrallinie S556
Intensitätsinterferometer I263
Intensitätsinterferometrie I264
Intensitätsmodulation I265
intensive Größen I267
~ Strahlung I261
~ Zustandsgrößen I267
interatomare Wechselwirkung I278
interatomarer Abstand I277
Interbandübergänge I279
Interdiffusion I287
Interdiffusionskoeffizient I288
Interface I290
Interferenz I292
~ der entarteten Zustände D116
~ des Lichtes I298
~ der polarisierten Strahlen P757
~ der schwachen und der elektromagnetischen Wechselwirkungen E273
Interferenzbild I300
Interferenzfarben I293
Interferenzfigur I300
Interferenzfiguren I295
Interferenzfilter I296
Interferenzkomparator I294
Interferenzringe I301
Interferenzstreifen F409, I297
Interferenzversuch von Michelson und Morley M424
Interferometer I304
~ mit sehr großer Basis V110
Interferometerbasis I305
Interferometrie I308
~ hoher Auflösung H207
interferometrische Messungen I307
interferometrischer Kompensator I306
intergalaktisches Gas I309
Interkombinationslinien I284
Interkombinationsübergänge I285
interkristalliner Bruch I286
intermediäres Boson I310
~ Vektorboson I315

intermetallische Verbindungen I316
intermolekulare Wechselwirkung I320
internationales Einheitensystem I330
interplanetare Materie I331
interplanetarer Raum I332
Interpolation I333
Interpolierung I333
Interpretation I334
~ der Spektren I336
Interpretieren I334
interstellare Absorption I338
~ Materie I343
~ Strahlung I340
interstellarer Maserprozeß M231
~ Raum I344
~ Staub I339
~ Wasserstoff I342
interstellares Gas I341
Intervall I349, R171
Intervalley-Übergänge I350
Intrabandübergang I351
Intracavity-Laserspektroskopie I353
intrakristalliner Bruch T319
Intramodendispersion I354
Intrastrahlstreuung I352
Intrinsic-Halbleiter I360
Invar I361
Invariante I364
invariante Ladung I365
Invariantenmethode I366
Invarianz I362
Invarianzverletzung I363
inverse Abhängigkeit I370
~ Besetzung I368
~ Fourier-Transformation I367
inverses Problem I369
~ Streuungsproblem I371
Inversion I373
Inversionskurve I374
Inversionsschicht I375
Inversionstemperatur I376
Inverter I377
Iod I380
Ion I381
Ion-Elektron-Emission I396
Ion-Elektron-Rekombination I397
Ionenätzung I406
Ionenaustauschchromatographie I400
Ionenaustauschkatalyse I399
Ionenbeschleuniger I382
Ionenbeschuß I389
Ionenbindung I402
Ionencluster I392
Ionendekanalierung I394
Ionendotierung I411
Ionenemission I398

Ionenfusion I462
Ionengeräte I405
Ionenimplantation I386
~ mit Selbstausheilung S147
Ionenimplantationskammer I410
Ionenkanalierung I390
Ionenkanone I401
Ionenkonzentration I393
Ionenkristall I404
Ionenladung I391
Ionenlaser I442
Ionenleitung I403
Ionenmikroskop I443
Ionenprojektor I457
Ionenquelle I460
Ionenradius I407
Ionenschall I384, I458
Ionenschallinstabilität I383
Ionenschallschwingung I458
Ionenschallschwingungen I384
Ionenschwarm I392
Ionensputtering I408
Ionensputtern I408
Ionenstrahl I385
Ionenstrahllithographie I387
Ionenstrahlmodifikation I388
Ionentemperatur I461
Ionenzerstäubung I408
Ion-Ion-Emission I412
Ionisation I413
~ der Atmosphäre A587
~ äußerer Schale O301
Ionisationsenergie I423
Ionisationsgeschwindigkeit I430
Ionisationsgleichgewicht I424
Ionisationsgrad D121
Ionisationsinstabilität I426
Ionisationskalorimeter I416
Ionisationskammer I417
Ionisationskammersättigung S27
Ionisationskanal I418
Ionisationskoeffizient I419
Ionisationskontinuum I420
Ionisationskurve I422
Ionisationsmanometer I425
Ionisationsquelle I431
Ionisationsquerschnitt I421
Ionisationsspannung I429
Ionisationstemperatur I433
Ionisationsvakuummesser I425
Ionisationsvakuummeter I434
Ionisationsverluste I427
Ionisationswellen I435
Ionisator I439
ionisierende Strahlung I440
~ Strahlungsquelle I441
ionisiertes Atom I436
~ Gas I437
~ Molekül I438
Ionisierung I413
Ionisierungsenergie I423
Ionisierungsgeschwindigkeit I430

Ionisierungsgleichgewicht I424
Ionisierungsgrad D121
Ionisierungsquelle I431
Ionisierungsspannung I429
Ionisierungszustand I432
Ionogramm I444
Ionolumineszenz I445
Ionosonde I446
Ionosphäre I447
Ionosphärendurchdrehaufnahme I444
Ionosphärendynamoeffekt I451
Ionosphärengebiet I453
Ionosphärenkanal I448
Ionosphärensondierung I455
Ionosphärenstörungen I450
Ionosphärenwellenleiter I456
ionosphärische Daten I449
~ Störungen I450
~ Szintillation I454
~ Ungleichheit I452
~ Wanderstörung T392
ionosphärisches Flimmern I454
IR-Divergenz I197
Iridium I463
Irisblende I465
IR-Katastrophe I196
IR-Quelle I202
Irradiation I470
irreduzible Darstellung I475, N288
irreduzibles Diagramm I474
Irregularität I476
~ der Brechzahl R320
Irreversibilität I478
irreversible Änderung N296
~ Thermodynamik I481
~ Umwandlung I482
irreversibler Prozeß I480
Irrstrom L166
IR-Strahlung I200
Isallobare I485
Isallotherme I486
Isanemone I487
Isanomale I488
isenthalpische Zustandsänderung I489
isenthalpischer Prozeß I489
isentropische Zustandsänderung I490
isentropischer Prozeß I490
Ising-Modell I491
Isobar I492
Isobare I492
Isobarenlinie I492
Isobarenprozeß I494
Isobarenspin I495
isobarer Prozeß I494
~ Spin I495
Isochasme I497
Isochore I498
isochorer Prozeß I499
Isochromate I500

ISOTOPENMETHODE

isochromatische Kurve I500
Isochrone I501
isochrone Bewegung I507
~ Schwingungen I508
Isochronenpendel I502
Isochronie I503
Isochronismus I503
Isochronzyklotron I506
Isodense I510
Isodosenkurve I511
Isodosis I511
Isodublett I537, I557
Isodyname I512
isoelektronische Reihe I513
Isogone I515
Isogruppe I516
Isokandelakurve I496
Isokinetik I517
Isokline I509
Isolation I245, I520
Isolator D247, I246, I246
Isolierkörper I246
isolierte Dislokation I518
isoliertes System I519
Isolierung I245, I520
Isolinie I521
Isoluxe I523
Isoluxkurve I523
Isomer I524
Isomeres I524
Isomerie I525
Isomerisation I526
Isomorphie I527
Isomorphismus I527
Isomultiplett I528, I538, I562
Isophase I529
Isophote I530
Isoplanasie I531
Isopykne I532
Iso-Raum I535, I564
Isosingulett I534
Isoskalar I533
Isospin I495, I536
Isospindublett I537
Isospinmultiplett I538
Isospinraum I535, I564
Isospintriplett I539
Isostere I540
isostere Kurve I540
Isostrukturalität I541
Isosymmetrie I542
Isotensor I543
Isotherme I544
isotherme Ausdehnung I545
~ Zustandsänderung I546
isothermer Prozeß I546
Isoton I547
Isotop I548
Isotopendublett I557
Isotopeneffekt I551
Isotopenhäufigkeit I555
Isotopenindikator I567, T309
Isotopenmethode I561

ISOTOPENMULTIPLETT

Isotopenmultiplett I528, I562
Isotopenquelle I554
isotopenselektive Dissoziation I556
Isotopensingulett I534
Isotopenspin I536
Isotopenspindublett I537
Isotopenspinmultiplett I538
Isotopenspintriplett I539
Isotopentrennfaktor S206
Isotopentrennung I552
Isotopentriplett I568
Isotopenverdünnungsanalyse I550
Isotopenverdünnungsmethode I550
Isotopenverhältnis I563
Isotopieeffekt I551
Isotopieindex I558
Isotopieinvarianz I559
Isotopieverschiebung I553
isotopische Invariante I560
~ Invarianz I559
isotopischer Index I558
Isotriplett I539, I568
isotrope Strahlung I573
~ Substanz I575
isotroper Strahler I574
isotropes Material I570
~ Medium I571
~ Modell I572
Isotropie I577
~ des Weltalls I578
Isotropisation der kosmischen Strahlung C771
Isotropisierung I576
Isotropstrahlung I573
isovalenter Isomorhismus I579
Isovektor I580
Iteration I582
Iterationsverfahren I583

J

Jacobi-Ellipsoid J2
Jacobische Determinante J1
Jacobisches Ellipsoid J2
Jahn-Teller-Effekt J3
Jahr Y4
jährliche Aberration A429
~ Änderung A430
Jamin-Interferometer J4
Jaminscher Interferometer J4
Jansky J5
Jaynes-Cummings-Modell J6
Jeans-Kriterium J7
Jitter J12, P999
Jonessches Matrixverfahren J13
Josephson-Effekt J15
Josephson-Kontakt J14
Josephson-Oszillation J16

Joukowski-Flügelprofil Z14
Joukowski-Profil Z14
Joule J17
Joule-Effekt-Aufheizung J19
Joulesche Aufheizung J19
~ Verluste J22
Joulesches Gesetz J20, J21
~ Gesetz der Thermodynamik J20
Joule-Thomson-Effekt J23
Jupiter J27
Justierung A217, A286
Justierungsmechanismus A216

K

Kabel C2
Kadmium C3
Kalibrierquelle C13
Kalibrierung C11
Kalibrierungsquelle C13
Kalifornium C14
Kalium P820
Kaliumdihydrophosphat P821
Kalkül C9
Kaloreszenz C16
Kalorie C18
Kalorimeter C20
~ mit Thermoelementen T152
~ mit veränderlicher Temperatur A203
Kalorimetrie C21
kalorimetrische Bombe B259
Kaltcontainer C406
kalte Katode C405
~ Neutronen C409
~ Träger C404
Kaltkatode C405
Kalttiegelverfahren C407
Kaltverfestigung S859
Kalzium C7
Kamera C24
Kammer C24, C181
~ für kontinuierliche Evakuierung C649
Kanadabalsam C26
Kanal C184
~ der elastischen Streuung E52
~ im Reaktor R221
~ einer Kernreaktion R207
~ der unelastischen Streuung I159
Kanalierung geladener Teilchen C186
~ im Einkristall C185
Kanalstrahlen C27
kanonische Abbildung C34
~ Bewegungsgleichungen C32
~ Gesamtheit C31
~ Transformation C34
~ Verteilung C30

kanonischer Impuls C33
Kantenfokussierung E25
Kaon K1, K62
Kapazität C36, C44
Kapazitätsdiode V66
Kapazitätsmanometer C48
Kapazitätsmesser C37
kapazitive Belastung C40
~ Blende C39
~ Kopplung C38
kapazitiver Geber C41
~ Sensor C41
~ Speicher C42
~ Widerstand C36
Kapillardruck C54
Kapillare C49
Kapillarerscheinungen C53
Kapillarkondensation C50
Kapillarkonvektion C51
Kapillarkräfte C52
Kapillarphänomene C53
Kapillarröhrchen C49
Kapillarröhre C49
Kapillarwellen C55
Kapitzascher Temperatursprung K3
Kapitzasches Gesetz K2
Kapsel C56
Karat C61
Karbonado C64
Kardinalpunkte C70
Kardioidkondensor C71
Karmansche Wirbelstraße K4
Karmatron C72
kartesische Koordinaten C84
Karzinotron B17, C69
Kaskade C85
~ von Bifurkationen C89
Kaskadengenerator C87
Kaskadenschaltung C86
Kaskadenschauer C91
Kaskadenteilchen C90
Kaskadenverflüssigung C88
katadioptrisches Objektiv C95
Katalysator C97
Katalyse C96
Kataphorese C99
Katastrophe C100
Kation C117
Katode C101
Katodendunkelraum C103, C864
Katodenfall C105
Katodenfleck C112
Katodenfolger C106
Katodenfolgeschaltung C106
Katodengebiet C111
Katodenglimmlicht C107
Katodenheizer H82
Katodenkrater C102
Katodenlicht C107
Katodenluminophor C116
Katodenraum C111

KLASSISCHES

Katodenspannungsabfall C105
Katodenstrahlen C109
Katodenstrahlröhre E175
Katodenverstärker C106
Katodenzerstäubung C113
Katodolumineszenz C114
Katodolumineszenz-Lichtquelle C115
Katodoluminophor C116
Katoptrik C118
«Kaulquappe» T2
Kausalität C120
Kaustikfläche C121
kaustische Fläche C121
Kavitation C124
Kavitationsblase C125
Kavitationsdruck C129
Kavitationshohlraum C126
Kavitationsparameter C128
Kaviton C131
Kegel C571, T15
kegelförmige Strömung C572
Kegelpendel C598
Kegelschnitt C595
Kehrpunkt C983
Keil O210, W85
keilförmiges Profil W86
Keim F436, N416
Keimbildung N407
Keimkoagulation N417
K-Einfang K5
Keldysh-Approximation K6
Kelvin K7
Kelvin-Skala K9
Kennimpedanz C193, W40
Kennlinie C189, C190, C979, R454
Kennwiderstand W40
Kennziffer I122
Kenotron K11
Keplersches Gesetz K12
Keramik C174
Kerbe N333
Kerma K13
Kermaleistung K14
Kern A626, C719, C719, K15, N416
~ des Kometen C480
Kernausrichtung N379
Kernbombe N345
Kernbrennstoff N363
Kernbrennstofftabletteninjektion P191
Kernchemie N349
Kerndeformation N351
Kerndichte N353
Kerndrehimpuls N401
Kerneinsatz C720
Kernelektronik N355
Kernemulsion N356
Kernenergetik N386
Kernenergie N357, N386
Kernenergieniveau N358

Kernentmagnetisierungskryostat N352
Kernexplosion N359
Kernfeldkräfte N362
Kernferromagnetismus N360
Kernfusion N365
Kerngyroskop N366
Kernisobar I492, N367
Kernisomer N368
Kernisomerie N369
Kernisospin N370
Kernkaskade N346
Kernkettenreaktion N347
Kernkraft N386
Kernkräfte N362
Kernkräftesättigung S30
Kernladung C720, N348
Kernladungszahl A627
Kernmagnetismus N374
Kernmagneton N375
Kernmaterie N376
Kernmodelle N377
Kernmoment N378
Kernniveau N358
Kernorientierung N379
Kernparamagnetismus N380
Kernphotoeffekt N381, P409
Kernphysik N382
Kernpolarisation N384
Kernpolarisierbarkeit N383
Kernpotential N385
Kernpräzession N387
Kernquadrupolresonanz N389
Kernradius N391
Kernreaktion N392
Kernreaktionskanal N393
Kernreaktor N395
Kernreaktorreaktivität R219
Kernrefraktion N396
Kernrelaxation N397
Kernsättigungsmagnetometer F237
Kernschale N399
Kernspaltung F150, N361
Kernspaltungsbombe N345
Kernspektroskopie N400
Kernspin N401
Kernspinausrichtung N402
Kernspingyroskop N366
Kernspurdetektor T314
Kernspuremulsion N356
Kernstrahlung N390
Kernuntergitter N403
Kernwaffe N405
Kernzerfall N350
Kerr-Effekt K17
Kerrsche Raumzeit K18
Kerr-Zelle K16
Kerr-Zellen-Verschluß E252, O143
ket K19
Kette C179
Kettenreaktion C180

ket-Vektor K19
Keule L308
KI A532
Kikoin-Noskov-Effekt K22
Kiloelektronenvolt K24
Kilogramm K25
Kiloparsec K28
Kiloparsek K28
Kilopond K26
~ je Sekunde K27
Kinematik K30
~ des deformierbaren Mediums D96
~ der Flüssigkeiten K34
~ der Flüssigkeiten und Gase K33
~ eines Massepunktes K32
~ des starren Körpers K35
kinematische Invariante K29
~ Schraube K31
~ Viskosität K36
Kineskop K37
Kinetik K43
~ der Flüssigkeiten und Gase K46
~ des Kernreaktors K49
~ der magnetischen Phänomene K48
~ nichtstatischer Prozesse N221
~ der Rekristallisation K50
~ der Zweikomponentenplasma T472
kinetische Energie K39
~ Gastheorie K51
~ Gleichung K40
kinetischer Koeffizient K38
kinetisches Potential K42, L12
Kinetostatik K52
«Kink»-Instabilität K54
Kinoform K55
Kippschwinger R376
Kippschwingungen R375
Kippschwingungsgenerator R376
Kirchhoffsche Methode K57
Kirchhoffsches Gesetz K56
kissenförmige Verzeichnung P589
Kissenverzeichnung P589
Klang S438
Klanganalyse S442
Klangfarbe T239
klassische Diffusion C311
~ Dynamik C312
~ Elektrodynamik C313
~ Mechanik C315
~ Physik C318
~ Statistik C319
klassischer Elektronenradius C314
~ Oszillator C317
klassisches Model C316

473

KLEBSCH-GORDON-KOEFFIZIENTEN

Klebsch-Gordon-Koeffizienten K58
Klein-Gordon-Gleichung K59
kleinmaßstäbliche Inhomogenität S355
Klein-Nishina-Formel K60
Kleinplanet M502
kleinste Wirkung L167
Kleinwinkelstreuung L383, S354
Klemme T64
Klimaprüfung E354
Klimatisierung A273
Klirrfaktor D493
Klirrfaktormesser D494
Klirrverzerrungen N240
Klystron K61
K-Meson K1, K62
Knick K53
Knickinstabilität K54
Knickstelle K53
Knickung B356
Knopf B383
Knoten N182
~ der stehenden Welle W48
Knotenebene N181
Knudsensche Strömung K63
Knudsen-Strömung K63
Knudsen-Zahl K64
Koagulation C350
Koaleszenz C351
Koaxialkabel C354
Koaxialmagnetron C355
Koaxkabel C354
Kobalt C356
Koeffizient F8
~ der ambipolaren Diffusion A321
Koerzimeter C373
Koerzitivfeldstärke C374, C375
Koerzitivkraft C374, C375
kohärente anti-Stokessche Raman-Spektroskopie C384
~ anti-Stokessche Raman-Streuung C383
~ Lichtquelle C394
~ Schwingungen C389
~ Spektroskopie C395
~ Strahlung C391
~ Streuung C393
~ Zustände C396
kohärenter Impuls C390
~ Strahler C392
Kohärentgleichrichtung C385
Kohärenz C376
Kohärenzabstand C378
Kohärenzgebiet C377
Kohärenzgrad D119
Kohärenzlänge C378
Kohärenzmatrix C379
Kohärenzvolumen C382
Kohärenzzeit C381
Kohäsion C397
Kohlenbogen C65

Kohlendioxid C66
Kohlendioxidlaser C403
Kohlenmonoxidlaser C402
Kohlenstoff C63
Kohlenstoffdatierung R95
Kohlenstoffmethode R96
Kohlenstoffstahl C68
Kohlenstoff-Stickstoffzyklus C67
Kohlenstoffzyklus C67
Koinzidenzmethode C401
Koinzidenzschaltung C399
Koinzidenzzähler C400
Kolbendämpfungsglied P605
Kollaps C410
Kollektivbeschleunigung C413
kollektive Elektronen C414
~ Methode C416
~ Phänomene C418
~ Strahlung C419
~ Wechselwirkung C415
Kollektivlinse C411
Kollektor C420
Kollektorelektrode C420
kollidierende Impulse C424
~ Strahlen C422
Kollimation C426
Kollimator C427
kollimierte Strahlung C425
Kollinearität C428
Kollision C429, I41
Kolloid C443
Kolorimeter C455
Kolorimetrie C456, C457
Koma C469
Kombination C470
Kombinationsfrequenz C471
Kombinationstöne C472
kombinierte Inversion C473
~ Parität C474
~ Resonanz C476
Komet C479
Kometenkern C480
Kometenschweif C481, T4
kommensurable Phase C482
Kommunikationsleitung C486
kommunizierende Gefäße C484
~ Röhren C484
Kommutation C487
Kommutator C489
Kommutierung C487
Komparator C490
Kompatibilität C494
Kompensation C496
Kompensationshalbleiter C495
Kompensator C497
Komplementärfarben C501
Komplementarität C499
Komplementaritätsprinzip C500, P899
Komplex C505
komplexe Konjugation C506
Komplexion C347

Komplexone C507
Kompressibilität C518
kompressible Flüssigkeit C519
Kompression C522
Kompressionsbruch C525
Kompressionsmodul B363, M554
Kompressionswelle C529
Kompressor C531
komprimierter Impuls C517
Kondensat C547
Kondensation C548
Kondensationskern C551
Kondensationskinetik C550
Kondensationskoeffizient C549
Kondensationsstoß C552
Kondensationswärme H91
Kondensator C44, C557
Kondensatorbelag C46
Kondensatorladung C45
kondensierte Materie C553
~ Phase C555
kondensierter Zustand C556
kondensiertes Medium C554
Kondensor C557
Kondo-Effekt K65
Kondo-Gitter K66
Konduktanz C559
Konfidenz C576
Konfidenzintervall C577
Konfiguration C578
~ der ersten Wand F147
Konfigurationsdarstellung C579
Konfigurationsintegral C581
Konfigurationsraum C580
Konfigurationswechselwirkung C582
konfokaler Resonator C585
Konformation C589
Konformationsisomer C592
Konformationsisomerie C591
konforme Abbildung C587
~ Invarianz C586
~ Transformation C588
Konformer C592
Konfusor C593
Kongruenz C594
konische Refraktion C599
~ Strömung C572
konisches Pendel C598
Konjugation C605
konjugierte Bilder C603
~ Brennpunkte C602
~ Doppelbindungen C601
~ Punkte C604
konkaves Beugungsgitter C539
Konkavspiegel C540
Konkurrenzmoden C498
konkurrierende Moden C498
Konoskopie C608
konoskopische Figuren C607
Konservatismus C616
konservative Kraft C617

konservatives System C618
Konsole C35
Konsonanz C620
Konstante C621
konstante Größe C621
Konstante der schwachen Wechselwirkung W71
~ der Spin-Bahn-Kopplung S638
Konstellation C589
konstituentes Quark C622
konstruktive Interferenz C628
Kontakt C629
Kontaktglas C630
kontaktlose Plasmadiagnostik C631
Kontaktpotentialdifferenz C632, C634
Kontaktschale C630
Kontaktspannung C632, C634
Kontaktstoff C97
Kontinentaldrift C639
Kontinentalschelf C640
kontinuales Medium C652
kontinuelle Integration C642
kontinuelles Integral C641
kontinuierliche Absorption C645
~ Schwingungen C653
~ Strahlung C654
kontinuierlicher Phasenübergang P349
kontinuierliches Spektrum C655, C658
Kontinuität C643
Kontinuitätsgleichung C644
Kontinuitätsintegral C641
Kontinuitätsintegration C642
Kontinuum C652, C658, C658
Kontinuumintensität C659
Kontinuumsmechanik M321
Kontinuum-Strömung C650
kontrahierte Ladung C662
Kontraktion C663
Kontrast C664
Kontrastphotometer C666
kontrastreiches Bild C665
Kontravarianz C667
Konus C571
Konvektion C672
Konvektionsgleichgewicht C676
Konvektionsheizung C678
Konvektionskern C673
Konvektionsstrom C674
Konvektionszone C683
konvektive Bewegung C682
~ Instabilität C680
konvektiver Wärmeübergang C679
konvektives Gleichgewicht C676
konvektiver Wärmeaustausch C677
konvergentes Strahlbündel C686

Konvergenz C684
Konvergenzgrenze C685
Konversion C689
~ mit der Frequenzerhöhung U96
~ von Kernbrennstoff N364
Konversionselektronen C691
Konversionskoeffizient C690
Konverter C693
Konvertierung C689
Konvexspiegel C694
Konvolver C697
Konzentration C542, D154
~ freier Ladungsträger F337
~ der geladenen Teilchen C217
Konzentrationsabschreckung C543
Konzentrationsauslöschung C543
Konzentrationsüberschuß F.441
Konzentrator C545
konzentrierte Belastung L437
~ Last L437
konzentrische Ringe C546
kooperative Erscheinungen C704
~ Lumineszenz C702
~ Strahlung C701
Koordinate C706
Koordinatensystem C708, S1132
Koordinatenursprung O252
Koordinationsbindung C709
Koordinationschemie C710
Koordinationspolyeder C712
Koordinationszahl C711
Koordinationsziffer C711
koordinative Bindung C709
Kopernikanisches System C713
Kopf H66
Kopfwelle B298, H68
Koppelelement C814
Kopplung C815
Kopplungsfaktor C816
Kopplungsglied C814
Kopplungskonstante C817
Korkenzieherregel C723
Korn G205
Korngefüge G207
Korngrenze G206
Korngrenzenbruch I286
Körnigkeit G213
Kornstruktur G207
Korona C727
Koronaentladung C728
koronale Kondensation C730
Koronaloch C731
Koronastrahl C732
Koronograph C729
Körper B237
~ mit hohem Strömungswiderstand B236
Körperkinematik B241

KOSMOLOGIE

Korpuskel C733
Korpuskularoptik C736, P137
Korpuskularstrahlung C737, P125, P143
Korpuskulartheorie des Lichtes C738
Korrektion der atmosphärischen Verzerrung C741
Korrektionslinse C740
Korrektionsspule C739
Korrektor C742
Korrektureinrichtung C742
Korrekturspule C739
Korrelation C743
~ von Fluktuationen F212
Korrelationsanalysator C750
Korrelationsenergie C745
Korrelationsfunktion C747
Korrelationskoeffizient C744
Korrelationslänge C748
Korrelationsmesser C750, C751
Korrelationsradius C749
Korrelator C750
Korrespondenzprinzip C752
korrespondierende Zustände C753
Korrosion C754
Korrosionsabnutzung C759
korrosionsbeständiger Stoff C758
Korrosionsermüdung C755
korrosionsfester Stoff C758
Korrosionshemmstoff C756
Korrosionsschutz C757
Korrosionsschutzmittel C756
Korrosionsschutzstoff A463
Korrosionsverzögerer C756
korrosiver Verschleiß C759
Korteweg-de Vries-Gleichung K67
Kosinus C761
kosmische Daten S491
~ Häufigkeit eines Elementes C762
~ Myonen C765
~ Primärstrahlung P879
~ Quelle C776
~ Radioquelle C767
~ Röntgenquelle C777
~ Röntgenstrahlungsquelle C777
~ Sekundärstrahlung S103
~ Strahlen C772
~ Strahlung C772
~ Strahlungsquelle C774
~ Untergrundstrahlung C763
~ Urstrahlung C763
kosmischer Körper C764
~ Raum S481
Kosmochronologie C778
Kosmogonie C779
Kosmologie C785

KOSMOLOGIE

~ der Frühphase des Weltalls E1
kosmologische Konstante C781
~ Nukleosynthese C783
~ Strahlung C784
kosmologischer Baryonenüberschuß C780
kosmologisches Modell C782
Kosmos C786
kovalente Bindung C819
kovalenter Kristall C820
~ Radius C821
Kovalenz C818
kovariante Ableitung C823
Kovarianz C822
Kovektor C824
kp K26
kp/s K27
Krabbennebel C830
Kraft F277
Kraftangriffslinie L272
Kraftarm A527
Kräfteaddition C512
Kräftepaar C809
Kräfteparallelogramm P40
Kräftepolygon P783
Kräftevieleck P783
Kräftezusammensetzung C512
Kraftfeld F282
Kraftimpuls I67
Kraftlinie L273
Kraftlinienfeld F282
Kraftmesser D636
Kraftmoment M610
Kraftschraube W145
Kragträger C35
Kramers-Kronigsche Relation K68
Kramers-Theorem K69
Kranzerscheinung A665
Krater C835
Kräuselwellen C55
Kreis C293, C296, L357
Kreisbahn C302
Kreisbeschleuniger C297
Kreisbewegung C301
Kreisdiagramm C294
Kreisel G307, T272
Kreiselhorizont A531
Kreiselkräfte G308
Kreiselmoment G311
Kreiselträgheit G309
kreisförmige Bewegung C301
~ Umlaufbahn C302
Kreislinie C293
Kreiswellenvektor P937
Kreiswellenzahlvektor P937
Kreiszylinderwelle C1010
Kreuzinterferometer C879
Kreuzkorrelation C865, M749
Kreuzmodulation C868
Kreuzrelaxation C870
Kriechen C837

Kristall C889
Kristallachse C924
Kristallachsenmessung C608
Kristallakustik C890
Kristallanisotropie C892
Kristallaser C905
Kristallbaufehler C899, C903
Kristallbeugung D278
Kristallbiegung C893
Kristallbildung C915
Kristallchemie C896
Kristalldefekt C903
Kristallebene C935
Kristallfeld C911
Kristallgefüge C937
Kristallgitter C906, L131
Kristallgitterbasis C907
Kristallgitterdynamik C908
Kristallgitterparameter C909
Kristallgittervibration C910
Kristallhabitus H1
Kristallhalterung C902
kristalliner Stoff C913
~ Zustand C912
Kristallisation C915
~ aus der Dampfphase C919
~ aus der Lösung C917
~ aus der Schmelze C916
Kristallisationsfrontkrümmung C920
Kristallisationsisotherme C921
Kristallisationskeim C147, N408
Kristallisationskinetik C922
Kristallisationswellen C923
Kristallisationszentrum C147
Kristallisieren C915
Kristallit C914
Kristallkeim F436, S125
Kristallklassen C897
Kristallkorn G205
Kristallkunde C927
Kristallographie C927
kristallographische Achse C924
~ Anisotropieenergie A420
~ Indizes C904
~ Richtung C925
kristallographischer Index C926
Kristalloid C928
Kristalloptik C929
Kristallphosphor C932
Kristall-Photoeffekt P407
Kristallphysik C933
Kristallrichtung C925
Kristallspektroskopie C936
Kristallstörstelle C899
Kristallstruktur C937
Kristallstrukturanalyse C891
Kristallstrukturbestimmung D207, S913
Kristallsymmetrie C938
Kristallsymmetriegruppen C939
Kristallsystem C940
Kristalltonabnehmer P568

Kristallunvollkommenheit C903
Kristallwachstum C901
Kristallwasser C941
Kristallzähler C898
Kristallzüchtung C901
~ nach dem Czochralski-Verfahren C1012
Kriterium C840
~ der konvektiven Instabilität C681
Kritikalität C850
kritische Anordnung C842
~ Beladung C843
~ Dämpfung C845
~ Dichte C846
~ Dynamik C847
~ Erscheinungen C855
~ Frequenz C848
~ Geschwindigkeit C862
~ Größe C859
~ Indizes C849
~ Leuchtkraft C851
~ magnetische Feldstärke C852
~ Masse C853
~ Mode C986
~ Opaleszenz C854
~ Phänomene C855
~ Stromstärke C844
~ Temperatur C861
kritischer Druck C857
~ Punkt C856
~ Radius C858
~ Zustand C850, C860
kritisches Volumen C863
Kritizität C850
Kroneker-Symbole K70
Kronig-Kramersche Beziehung K68
krummlinige Bewegung C982
~ Koordinaten C981
Krümmung B131, C978
Krümmungshalbmesser R147
Krümmungsradius R147
Kruskal-Bedingung K71
Kruskal-Schafranow-Bedingung K71
Kryoelektronik C882
Kryoflüssigkeit C885
kryogene Flüssigkeit C883
Kryogenik C884
Kryophysik C886, L403
Kryostat C887
Kryotron C888
Krypton K72
Kubikmeter C947
kubisch dichte Kugelpackung C944
~ dichteste Kugelpackung C944
kubische Gleichung C946
~ Nichtlinearität C948
~ Struktur C949
kubischer Ausdehnungskoeffizient C371

~ Kristall C945
kubisches Kristallsystem C950
kubisch-flächenzentrierter
 Kristall F4
Kugel B23, S601
Kugelblitz B28
Kugelfunktion S604
Kugelharmonische S605
Kugelkoordinaten S603
Kugelpendel S609
Kugelspiegel S608
Kugelspinor S610
Kugelsternhaufen G183
Kugelstrahler I574
kugelsymmetrisches Feld S606
Kugelwelle S612
Kühlflüssigkeit C700
Kühlung C698, R324
~ durch adiabatische
 Entmagnetisierung C699
Kulmination C951
Kumulation C952
kumulative Ladung C953
~ Wirkung C954
kumulativer Prozeß C952
künstliche Intelligenz A532
~ Radioaktivität A533
künstlicher Horizont A531
~ Satellit A534
Kupfer C714
Kupferdampflaser C716
Kuproxgleichrichter C715
Kupfer(I)-oxidgleichrichter
 C715
Kurtschatovium K73
Kurve C979
~ gleicher Leuchtdichte I522
~ höherer Ordnung H190
~ zweiter Ordnung S115
Kurvenbild P708
Kurventafel N195
kurzbrennweitige Linse S251
kurze Linse T207
Kurzfokuslinse S251
kurzgeschlossene Leitung S249
kurzlebige Komponente S252
kurzlebiger Kern S254
kurzlebiges Isotop S253
kurzperiodische Variationen
 S255
kurzreichweitige
 Wechselwirkung S258
Kurzschluß S248
Kurzschlußspannung S250
Kurzsichtigkeit M752
Kurzwellen S265
Kurzwellenbereich S263
kurzwellige Strahlung S262
kurzwelliges Spektrumgebiet
 S264
kurzzeitige Frequenzabweichung
 S961
~ Instabilität S260

~ Stabilität S261
kurzzeitiger Ausschlag S617
~ Impuls S256
Kurzzeitimpuls S256
Kuspidalpunkt C983
Küstenbrechung C352
Küvette C144
Kybernetik C989

L

Labilität I233
Labor L3
Laboratorium L3
Laborkoordinatensystem L4
Laborprüfung L5
Laborsystem L4
Laboruntersuchung L5
Laborversuch L5
Ladung C196
Ladungsaustausch C224
Ladungsdichte C207
Ladungsdichtewelle C208
Ladungsdiskretheit C209
Ladungseinfang C197
Ladungserhaltung C611
Ladungserhaltungssatz C202
ladungsgekoppeltes
 Halbleiterbauelement C203
Ladungsinvarianz C225, C292
Ladungskonjugation C201
Ladungsneutralisation C227
Ladungsnichterhaltung C228
Ladungsoberflächendichte
 S1057
Ladungsparität C229
Ladungsteilchen C214
Ladungsteilchendichte C217
Ladungsteilchendrift C220
Ladungsteilchenkonzentration
 C217
Ladungsträger C75, C199,
 C964
Ladungsträgeraustrierung C78
Ladungsträgerbeweglichkeit
 C81
Ladungsträgerdichte C76
Ladungsträgerdiffusion C198
Ladungsträgerdrift C77
Ladungsträgereinfang C82
Ladungsträgerinjektion C80
Ladungsträgerkonzentration
 C76
Ladungstransfer C230
Ladungstransport C230
Ladungsverteilung C210
Ladungswanderung C226
Ladungswolke C200
Lage L158
Lagenraum C580
Lager B122

Lagrange-Formalismus L11
Lagrange-Funktion K42, L9,
 L12
Lagrange-Gleichungen L8
Lagrangesche Funktion K42
~ Gleichungen L8
~ Koordinaten L7
Lagrangescher Formalismus L11
Lambda-Aufspaltung L13
Lambda-Hyperon L14
Lambda-Punkt L15
Lambda-Typ-Aufspaltung L13
Lamb-Dip L16
Lambert L17
Lambertsches Gesetz L18
Lamb-Rutherford-Verschiebung
 L20
Lamb-Shift L20
Lamb-Verschiebung L20
Lamb-Wellen L21
lamellare Verbindungen I281
Lamesche Konstanten L22
laminare Strömung L23
Laminarität L24
Laminarströmung L23
Lampe L25
Landau-Dämpfung C436, L29
Landau-Dämpfungskoeffizient
 L30
Landau-Kriterium L28
Landau-Niveaus L32
Landauscher Diamagnetismus
 L31
Landau-Stoßintegral L27
Landau-Theorie der
 Phasenumwandlungen L33
Lande-Faktor L34
Landescher Faktor L34
~ g-Faktor A622, G149
Langbasisinterferometer L334
Länge L174, L335
lange Leitung L342
~ Linie L342
~ Wellen L356
Längeausdehnungskoeffizient
 C365
Längenausdehnung L259
Längenmessungen L262
langlebige Komponente L343
langlebiges Isotop L344
Langmuir-Blodgett-Verfahren
 L35
Langmuir-Frequenz L37
Langmuir-Kollaps L36
Langmuir-Saha-Gleichung L40
Langmuirsches
 Raumladungsgesetz T219
Langmuir-Schwingungen L38
Langmuir-Sonde L39
Langmuir-Wellen L41
langperiodische Schwingungen
 L345
langsame Neutronen S350

LÄNGSSCHWINGUNG

Längsschwingung L340
Längstwellen V111
Längsverformung L338
Längswellen L341
Langwellenbereich L354
Langwellengebiet L355
Langwellenstrahlung L353
langwellige Strahlung L353
langwelliges Kontinuum L352
Langzeitinstabilität L350
Langzeitstabilität L351
Lanthan L43
Lanthanide L42
Laplace-Operator L47
Laplacesche Differentialgleichung L44
~ Transformation L46
Laplace-Transformation L46
Lappen L308
Lärm N184
Larmor-Frequenz L52
Larmor-Präzession L53
Larmorsche Präzession L53
Laser L54
~ mit drei Energieniveaus T220
~ mit Heteroübergang H161
~ mit Modenselbstsynchronisation S168
Laserabtaster L93
Laseranemometer L55
Laseranregung L81
Laseraufdampfung L64
Laserausheilung L56
Laserbake L57
Laserbehandlung L96
Laserbeschichtung L64
Laserchemie L61
Laserchirurgie L112
Laserdesorption L65
Laser-Desorptions-Massenspektrometrie L66
Laserdetektierung L67
Laserdetektion L67
Laserdiagnostik L68
Laserdiode L69
Laseremission L70
Laserentfernungsmesser L103
Lasererhitzung des Plasmas L95
Laserfokus L72
Laserfunken L110
Laserfusion L118
Lasergläser L74
Lasergyroskop L76
Laserhärtung L77
Laserheterodynierung L78
Laserimpuls L98
Laserimpulskompression L99
laserinduzierte Phasenumwandlung L79
Laserinterferometer L82
Laserinterferometrie L83
Laseriridektomie L84
Laserisotopentrennung L85

Laserkreisel O127
Laserkristall L62
Laserlenkung L75
Laserlinie L123
Lasermarkierung L86
Lasermedizin L87
Lasermikrochirurgie L88
Laserophthalmologie L90
Laserortung L104
~ des Mondes L440
Laserphotochemie L91
Laserplasma L94
Laserprojektionsmikroskopie L97
Laserpumpen L100
Laserquelle L109
Laserradar L101, O180
Laserschneiden L63
Laserschweißung L122
Lasersondierung L108
Laserspektroskopie L111
Laserspiegel L89
Laserstrahl L58
Laserstrahldefokussierung L59
Lasertarget L114
Lasertechnik L115
Lasertherapie L116
Laserthermochemie L117
Laserübergang L119
Laserunterbrecher L107
Laserverdampfung L71
Laserwaffen L121
Laserzelle L60
Last L303
Lastimpedanz L306
Lastlinie L304
latentes Bild L125
Laue-Aufnahme L145
Laue-Diagramm L145
Laue-Methode B9, L144
Laue-Verfahren L144
Läufer R566
Laufzeit T345
Laufzeitmassenspektrometer T255
Laufzeitspektrometer T256
Laurent-Reihe L147
Laurentsche Reihe L147
Lautsprecher L381
Lautstärke L380
Lautstärkemesser S460
Lautstärkeumfang D625
Laval-Düse L148
Laves-Phasen L149
Lawine A689
Lawinendurchbruch A690
Lawinenentladung A692
Lawinenionisation A693
Lawinenkammer A691
Lawinenlaufzeitdiode A694
Lawrence-Livermore-Laboratorium L155
Lawrencium L156

Lawson-Kriterium L157
LCAO-Methode M407
LCAO-MO-Näherung M565
Le Chatelier-Prinzip L168
Leader L161
Lebensdauer L201
Lebensdauerprüfung L200
Leck L163
Leckprüfer L164
Leckstelle L163
Leckstrom L166
Lecksucher L164
LEED-Verfahren L386
Leerlaufspannung O60
Leerlaufwelle I15
Leerstelle V1
Leerstellencluster V2
Leerstellenkriechen V3
Leerstellenwanderung V4
Left-Quark L171
Legendresche Funktionen L172
~ Polynome L173
Legierung A296
leichter Nebel H65
Leistung P842
Leistungselektronik H201
Leistungsfaktor P843
Leistungsmesser W11
Leistungsvermögen P842
leitender Kanal C566
Leiter C570
Leitfähigkeit E80
Leitfähigkeitsellipsoid C569
Leitisotop T309, T310
Leitstern R284
Leitung C561, C718
Leitungsband C562
Leitungsbandtal C563
Leitungselektron C565
Leitungskabel C2
Leitungsstrom C564
Lenzsche Regel L179
Lenzsches Gesetz L179
Leontowitsch-Grenzbedingungen L180
Lepton L181
Leptonenladung L183
Leptonenstrom L182
Leptonenzerfall L184
leptonischer Zerfall L184
Leptoquark L185
Leuchtbild L424
Leuchtdichte B333, L411
Leuchtdichtekontrast L412
Leuchtdiode L218
Leuchtfeuer B86
Leuchtkraft L427
~ des Gestirns S792
Leuchtkraftklasse L428
Leuchtstoff L426, P378
Leuchtstoffaktivator P379
Levi-Civita-Symbol L193
Levitation L194

Libron L196
Licht L204, V171
Lichtaberration A3
Lichtabsorption L205
Lichtausbeute L429
Lichtbeugung D293
~ an den Ultraschallwellen D294
~ durch Ultraschall U25
Lichtbogen E95
Lichtbogenentladung A514
Lichtbogenspektrum A519
Lichtbrechung R316
Lichtbündel L209
Lichtdepolarisation D171
Lichtdetektierung L214
Lichtdetektoren O112
Lichtdiffraktion L215
Lichtdiffusor D310
Lichtdispersion O115
Lichtdruck L237, P874
lichtelektrische Absorption P416
~ Ionisation P455
~ Photometrie P421
~ Spektroskopie P423
lichtelektrischer Effekt P419
~ Strahlungsempfänger P404
Lichtemission L216
Lichtemissionsdiode L218
Lichtempfang L214
Lichtempfänger O112
lichtempfindliche Emulsion P443
lichtempfindlicher Stoff P511
lichtempfindliches Material L242
Lichtenberg-Figuren L197
Lichtenergie L432
Lichtfeld L219
Lichtfilter L220, O119
Lichtgeschwindigkeit V96
Lichtimpuls L238
lichtinduzierte Diffusion L222
~ Drift L223
~ Driftbewegung L223
~ Phasenumwandlung L224
Lichtintensität L226
Lichtinterferenz O137
Lichtjahr L246
Lichtkamera C25
Lichtkegel L212
Lichtkohärenz C380
Lichtkurve L213
Lichtleiter L221
Lichtleitfaser O117
Lichtleitfaserkabel F90
Lichtmessungen P473
Lichtmikroskop O156
Lichtmodulation L228
Lichtmodulator L211, O159
lichtoptische Rechenanlage O101
Lichtquant P482

Lichtquelle L243
Lichtreflexion R300
Lichtregistrierung O186
Lichtschalter O199
Lichtschwächungskoeffizient L208
Lichtsondenmethode O172
Lichtspektrum O195
Lichtstärke L435
Lichtstrahl L209
Lichtstrahler L217
Lichtstrahlfestigkeit O197
Lichtstrahloszillograph L210
Lichtstrahlregistrierung O186
Lichtstrahlung L216
Lichtstreuung L241
Lichtstrom L434
Lichtüberlagerung H153
Lichtundurchlässigkeit O57
Lichtverschluß O190
Lichtverstärkung L207
Lichtwechsel L244
Lichtwellen L245, O209
Lichtwellenausbreitung O174
Lichtwellenfrontkonjugation im nichtlinearen Medium N255
Lichtwellenleiterhülle C309
Lichtzerlegung O115
Lidar L198, O180
Lie-Algebra L199
Ligande L203
Limiter L249
linear polarisierte Strahlung L261
Linearbeschleuniger L251
lineare Abhängigkeit L256
~ Ausdehnung L259
~ Defekte L254
~ Deformation L255
~ Demodulation L257
~ Differentialgleichungen L258
~ Kombination L253
~ Polarisation L265
~ Transformation L268
linearer Ausdehnungskoeffizient C365
~ Elastizitätsmodul M556
~ FM-Impuls C266
~ frequenzmodulierter Impuls C266
lineares Gesetz L260
~ Problem L266
~ System L267
Linearmolekül L263
Linearpolarisation L265
Linearverstärker L252
Liner L274
Linie L250
~ gleicher Lichtstärke I496
Linienintensität L271
Liniensättigung L275
Linienspektrum L276
Linienumkehr R475

Linienverbreiterung L269
~ durch Stoßdämpfung C430
Linke-Hand-Regel L170
Linkspolarisation C804
Linse L175
Linsenantenne L176
Linsenglas O126
Linsenstrahler L177
Linsenwellenleiter L178
Liouvillescher Satz L279
Liquiduskurve L298
Liquiduslinie L298
Lissajous-Figuren L299
Liter L302
Lithium L300
Lithografie L301
Loch H227, O65
Lochbrennen H228
Locheinfang H229
Löcherbeweglichkeit H235
Löcherinjektion H232
Löcherinjektor H233
Löcherkonzentration H230
Löcherleitfähigkeit H231
Löcherleitung H231
Löcherwanderung H234
logarithmischer Maßstab L331
logarithmisches Dekrement L328
~ Gesetz L330
~ Inkrement L329
Logarithmus L327
Logikschaltung L332
logische Schaltung L332
logisches Element G80
lokale Dualität L311
~ Eichinvarianz L313
~ Ionenimplantation L315
~ Konzentration L309
~ Observable L319
~ Symmetrie L321
~ Wechselwirkung L314
lokales Feld L312
~ thermodynamisches Gleichgewicht L322
Lokalfeld L312
lokalisierte Ladung L318
Lokalisierung L317
Lokalität L316
Lokaloperator L320
Lokalsymmetrie L321
London-Gleichung L333
Londonsche Gleichung L333
longitudinale adiabatische Invariante L336
~ Kohärenz L337
~ Mode L339
longitudinaler Schwingungstyp L339
Longitudinalschwingung L340
Longitudinalwellen L341
Lorentz-Dirac-Gleichung L360
Lorentz-Eichung L361

LORENTZ-GRUPPE

Lorentz-Gruppe L362
Lorentz-Invariante L364
Lorentz-Invarianz L363, R354
Lorentz-Konvention L361
Lorentz-Kraft L359
Lorentz-Lemma L365
Lorentz-Linie L366
Lorentz-Lorenzsche Formel L367
Lorentz-Profil L368
Lorentz-System L369
Lorentz-Transformation L370
Lösbarkeit S424
Löschen Q133
~ der Lumineszenz Q135
Loschmidt-Konstante L371
Löschung E525, Q133
Lose C322
Lösung S426
Lösungskonzentration S427
Lösungsmittel S429
Lösungssättigung S28
Lösungsstärke S427
Lot N314
Lovesche Welle L382
Love-Welle L382
Lücke G50
Lüderssche Linien L408
Luft A272, C322
Luftballon B29
Luftdruckmessung M301
Luftelektrizität A586
Luftfeuchtigkeit A276
Lufthülle A578
Luftionisation A587, I428
Luftionisierung A587
Luftkonvektion A583
Luftkraft A242
Luftkreislauf A582
Luftschauer A279
Luftspalt A274
Luftspiegelung M504
Luftstrahlung A594
Lufttrübung A589
Luftverunreinigungskontrolle A278
Luftverunreinigungsüberwachung A278
Lumen L409
Lumensekunde L410
Luminanztemperatur B334
Lumineszenz L415
Lumineszenzabklingen L417
Lumineszenzabklingzeit L418
Lumineszenzanalyse L423
Lumineszenzausbeute L422
Lumineszenzbild L424
Lumineszenzdepolarisation L419
Lumineszenzdiode L218
Lumineszenzgift K23, Q132
Lumineszenzintensität L420
Lumineszenzkiller K23

Lumineszenzlöschen L421, Q135
Lumineszenzstärke L420
Lumineszenzstoff L425
Lumineszenzzentrum L416
Lummer-Brodhune-Würfel L436
Lupe L175, M197
Lutetium L442
Lux L443
Luxemburg-Effekt L444
Luxmeter L445
Lyman-Serie L446
Lyophilie L447
Lyophobie L448
Lyotropie L449

M

Machsche Zahl M3
Machscher Kegel M2
~ Winkel M1
Mach-Winkel M1
Mach-Zahl M3
Mach-Zehnder-Interferometer M4
Maclaurinsche Reihe M5
Maggi-Righi-Leduc-Effekt M15
magische Kerne M16
Magnesium M17
Magnet M18
Magnetablenker M42
Magnetanomalie M25
Magnetblase C1009
Magnetdeflektor M42
magnetelektrisches Drehspulmeßwerk M665
~ Meßwerk M665
Magnetfeld M55
Magnetfelddruck M63
Magnetfeldinhomogenität M61
Magnetfeldisolierung M80
Magnetfeldkonfiguration M56
Magnetfeld-Linienbild M62
Magnetfeldstärke M64
Magnetflußquantisierung M68
Magnetikum M18
magnetische Abschirmung M119, M120
~ Akkommodation M19
~ Alterung M21
~ Anisotropie M24
~ Anomalie M25
~ Atomstruktur M26
~ Aufzeichnung M112
~ Breite M83
~ Bremsstrahlung M152
~ Defokussierung M43
~ Deklination M41
~ Dipolstrahlung M49
~ Domäne M50
~ Domänenstruktur M51

~ Doppelresonanz D570
~ Drift M52
~ Durchlässigkeit P244
~ Einschließung M38
~ Energie M53
~ Falle M135
~ Feldkonstante P245
~ Feldstärke M64
~ Feldstärkelinie M85
~ Feldwaage M27
~ Fernordnung M87
~ Flußdichte M78
~ Flüssigkeit M86
~ Fokussierung M70
~ Funkenkammer M123
~ Halbleiter M121
~ Härte M72
~ Hyperfeinstruktur M74
~ Hysterese M75
~ Hysteresis M75
~ Induktion M78
~ Inklination M77
~ Isolierung M80
~ Kernresonanz N372
~ Kraftlinie M85
~ Kühlung M39
~ Ladung M31
~ Legierungen M22
~ Leitfähigkeit M36, P247
~ Linse M84
~ Messungen M91
~ Nachwirkung M20, M113
~ Neutronenbeugungsuntersuchung M96
~ Neutronendiffraktometrie M96
~ Neutronenstreuung M97
~ Neutronographie M96
~ Oberflächenniveaus M131
~ Ordnung M99, M100
~ Permeabilität P244
~ Phase M102
~ Phasenübergänge M103
~ Polarität M104
~ Quantenzahl M110
~ Relaxation M113
~ Remanenz R388
~ Resonanz M115
~ Sättigung M118
~ Spannung M169
~ Strahlung M111
~ Struktur M127
~ Supraleiter M130
~ Suszeptibilität M132
~ Symmetrie M133
~ Textur M134
~ Trennschicht M180
~ Variationen M136
~ Viskosität M138
~ Vorzugsrichtung D386, E7
~ Wechselwirkung M82
~ Werkstoffprüfung M98
~ Zelle M30
magnetischer Äquator M54

~ Cluster M34
~ Dipol M47
~ Durchbruch M28
~ Feldgradient M57
~ Fluß M66
~ Formfaktor M71
~ Inflektor M79
~ Kreis M32
~ Leitwert M36, P247
~ Meridian M92
~ Monopol D374, M95
~ Pol M105
~ Quadrupol M108
~ Rotationsdichroismus M33
~ Schirm M119
~ Spiegel M93
~ Stern M125
~ Sturm G125, M126
~ Werkstoff M90
~ Widerstand M114, R385
~ zirkularer Dichroismus M33
magnetisches Bild M76
~ Dielektrikum M45
~ Dipolmoment M48
~ Feld M55
~ Flußquant F242, M69
~ Führungsfeld G296
~ Kation M29
~ Kernmoment N371
~ Kernresonanzmagnetometer N373
~ Moment M94
~ Moment des Atoms A623
~ Neutronenmoment N136
~ Plasma M147
~ Potential M106
~ Quadrupolmoment M109
~ Untergitter M428
~ Variometer M137
magnetisierter Körper M146
magnetisiertes Gebiet M145
Magnetisierung M140
Magnetisierungskurve M142
Magnetisierungsvektor M144
Magnetisierungsverluste M88
Magnetisierungsverlustfaktor M89
Magnetismus M139
~ des Atomkerns N374
Magnetkompaßdeviation M44
Magnetkonfiguration M37
Magnetkreis M32
Magnetoakustik M150
magnetoakustische Resonanz M149
~ Wellen M151
magnetoakustischer Effekt M148
Magnetobremsstrahlung M152
Magnetochemie M154
Magnetodielektrikum M155
magnetoelastische Wechselwirkung M156

~ Wellen M157
magnetoelektrischer Effekt M158
Magnetograph M159
Magnetohydrodynamik M73, M163
magnetohydrodynamische Instabilität M161
~ Schwingungen M162
~ Wellen M164
magnetohydrodynamischer Generator M160, M419
magnetoionische Theorie M165
magnetokalorischer Effekt M153
magnetomechanische Effekte M166
magnetomechanisches Verhältnis M167
Magnetometer M168
magnetomotorische Kraft M169
Magneton M170
Magnetooptik M173
magnetooptischer Deflektor M171
~ Kerr-Effekt M172
Magnetopause M174
Magnetophononenresonanz M175
Magnetoplasma M147, M176
Magnetoplasmakompressor M177
Magnetorotation F21, M117
Magnetosphäre M182
Magnetosphärenschweif M185
magnetosphärische Konvektion M183
~ Störungen M184
Magnetostatik M187
magnetostatische Energie M186
~ Wellen M188
Magnetostriktion M189
Magnetostriktionswandler M190
Magnetothermo-EMK M191
magnetothermoelektrische Spannung M191
Magnetowiderstand M178
Magnetpulverfiguren M107
Magnetron M192
~ mit Kopplungsbügeln S867
Magnetronfunkenbildung M193
Magnetrontarget M194
Magnetschicht M65
Magnetspektrometer M124
Magnetspule M35
Magnetvariometer M137
Magnetverstärker M23
Magnetwerkstoff M90
Magnon M199
Magnus-Effekt M200
Magnus-Entwicklung M201
Majorana-Neutrino M204
Majorana-Neutrinomasse M205
Majorana-Teilchen M206

Majoritätsladungsträger M207
Majoritätsträger M207
Majoron M209
Makrogefüge M13
Makrokinetik M7
Makrokosmos M6
Makromolekül M8
makroskopische chemische Kinetik M10
~ Quanteneffekte M12
makroskopisches elektromagnetisches Feld M11
Makrostruktur M13
Makroteilchen M9
Malusscher Satz M210
Mandelstam-Darstellung M211
Mangan M212
Manipulator M214
Manley-Rowe-Gleichungen M215
Mannigfaltigkeit M213
Manometer M216, P871
Mantel M217
manuelle Einstellung M218
Marke M224
markiertes Atom L2
Markierung L1, M224
Markierungsisotop I566
Markowsche Ketten M225
Markowscher Prozeß M226
Mars M227
Martensit M228
Martensitumwandlungen M229
Maschine E336
Maser M230
Masereffekt M231
Maserstrahlung M232
Maske M234
Maß M298
Maßanalyse V208
Masse E2, G271, M235
Masse-Energie-Äquivalenz M241
Masse-Energie-Äquivalenzprinzip P902
Masseerhaltung C614
Masse-Helligkeits-Beziehung M244
Maßeinheit U72
Masse-Leuchtkraft-Beziehung M244
masseloses Quark M243
Massenabsorptionskoeffizient M236
Massenabströmung M275
Massenanalysator M238
Massenanziehung G233
Massendefekt M240
Massenkraft M242
Massenmittelpunkt C151
Massenmittelpunktbewegung C152
Massenmittelpunktsystem C153

Massenoperator M247
Massenpunkt M263, M264
Massenpunktkinematik P133
Massenschwund M240
Massenseparator M248
Massenspektrograph M249
Massenspektrometer M250
Massenspektrometrie M251
Massenspektroskopie M252
Massenspektrum M253
Massenträgheit M314
Massentransport M254
Massenwiderstand I176
Massenwirkungsgesetz L154
Massenzahl M245
Maßstab S47
Maßstabgesetz S54
Maßstabinvarianz S50, S53
Maßstabsfaktor S49
Material M260, S945
Materialdispersion D456, M261
Materie M274
materielle Welt M265
Materieteilchen C733, M263
Materiewellen D39
mathematische Physik M267
mathematisches Pendel M266
~ Teilchen B49
Mathieusche Funktion M269
~ Gleichung M268
Matrix M270
Matrixdeformation M271
Matrixelement M272
Matrixspur S680
Matrizenmechanik M273
matte Oberfläche M277
Matthießensche Regel M276
maximale Arbeit M282
Maximalmodulprinzip M281
Maximon M278
Maximum M279, P176
Maximum-Likelihood-Methode M280
Maxwell M283
Maxwell-Boltzmann-Statistik C319
Maxwell-Boltzmann-Verteilung M284
Maxwell-Brücke M285
Maxwell-Helmholtzsches Farbendreieck M286
Maxwellsche Beziehungen M292
~ Brücke M285
~ Geschwindigkeitsverteilung M288
~ Gleichungen M289
~ Verteilung M288
Maxwellscher Dämon M287
~ Spannungstensor M291
Maxwellsches Dreieck M286
Maxwell-Verteilung M288
Mayer-Diagramme M293
Mayersche Beziehung M294

Mechanik M320
~ der festen Körper M322
~ der Flüssigkeiten und Gase F220
~ der Kontinua M321
~ der Körper veränderlicher Masse V60
~ der Massenpunkte P134
mechanische Beanspruchung M317
~ Bewegung M315
~ Bindungen M306
~ Deformation M307
~ Eigenschaften M316
~ Hysterese M313
~ Prüfung M318
~ Schwingungen M319
~ Spannung S886
~ Verformung M307
mechanischer Determinismus M308
~ Wirkungsgrad M309
mechanisches Gleichgewicht M310
~ Lichtäquivalent M312
~ Wärmeäquivalent M311
Mechanismus der Wärmeübertragung M323
mechanokalorischer Effekt M324
Mechanostriktion M325
Mediane M326
medizinische Physik M327
Meeresforschung O20
Meeresspiegel S100
Megaelektronvolt M331
Megahertz M332
Megawatt M333
Mehrdeutigkeit A319
mehrdimensionaler Raum M677
Mehrelementspiegel M679
mehrfach gekoppelter Kreis M723
~ geladenes Ion M722
~ zusammenhängendes Gebiet M724
Mehrfachbeschleuniger C992
Mehrfacheinheiten M713
Mehrfachinterferenz M704
Mehrfachionisation M708
Mehrfachprozeß M709
Mehrfachwechselwirkung M707
Mehrfachwegeeffekt M691
Mehrkammerklystron M706
Mehrkammermagnetron M672
Mehrkanaldiskriminator M673
Mehrkomponentenplasma M675
Mehrkomponentensystem M676
mehrkomponentiger Ordnungsparameter M674
Mehrkörperproblem M220
Mehrphasenströmung M693
Mehrphononenprozeß M694

Mehrphotonen-Photoeffekt M700
Mehrphotonenabsorption M695
Mehrphotonenanregung M697
Mehrphotonendissoziation M696
Mehrphotonenionisation M698
Mehrphotonenisomerisation M699
Mehrphotonenprozeß M701
Mehrphotonenspektroskopie M702
Mehrphotonenübergang M703
Mehrquarkzustand M729
Mehrschichtfilm M680
Mehrstrahlinterferenz M704
Mehrstrahlinterferometer M705
Mehrstufenionisation M732
mehrstufige Ionisation M732
~ Rakete M733
Mehrteilchenerzeugung M688
Mehrteilchenwechselwirkung M221, M687
Mehrteilchenzustand M689
Mehrwegeausbreitung M691
mehrwertige Funktion M735
Meißner-Effekt M334
Mellin-Transformation M335
Mellinsche Transformation M335
Membran D239, M339
Mendelevium M340
Menge Q26
Mengenmeßgerät F209
Meniskus M341
Meniskusteleskop M342
Meridian M348
Merkur M344
Mermin-Wagner-Theorem M349
meromorphe Funktion M350
Mesastruktur M351
mesische Ladung M352
mesisches Atom M353
Mesoatom M353
Mesodynamik M354
Mesomolekül M355
mesomorpher Zustand M356
Mesomorphie M357
Meson M358
Mesonenatom M353
Mesonenchemie M359
Mesonenfabrik M360
Mesonenladung M352
mesonische Ladung M352
mesonisches Atom M353
Mesonium M364
Mesopause M365
Mesophase M366
Mesoskopik M367
Mesosphäre M368
Meßbrücke B331
Messer M401
Meßfehler M300
Meßgenauigkeit A88

Meßgenerator S714
Meßgerät G3, I242, M401
Messing B312
Meßinstrument G3, I242, M401
Meßmikroskop M305, M449
Meßsender S714
Meßtensor M414
Meßumformer T320
Messung M299
Meßwerk M662
Metafarbe M371
metagalaktische Höhenstrahlung M372
Metagalaxis M373
Metall M374
Metalldampflaser M390
Metallfilmkatode F121
Metalliniensterne M381
metallische Bindung M378
metallischer Kristall M376
~ Wasserstoff M380
~ Zustand M382
metallisches Glas M379
Metallisierung M383
Metallkeramik M375
Metallmikroskop M386
Metallographie M384
Metalloptik M387
Metallphysik P543
Metallschmelze L290
Metamagnetismus M391
Metamerie M392
Metamorphie M393
Metamorphismus M393
metastabile Lumineszenz M395
metastabiler Zustand M396
Metastabilität M394
metazentrische Höhe M370
Metazentrum M369
Metazentrumhöhe M370
Meteor M397
Meteorfall M400
Meteorit M399
Meteorkommunikation M398
Meter M401
Meterwellen M402
Methode M403, P923, T25
~ der Bilder I31
~ der charakteristischen Kurven M404
~ der gegeneinandergeführten Strahlen C423
~ der kleinsten Quadrate M406
~ der kollidierenden Strahlen C423
~ der maximalen Stichprobenwahrscheinlichkeit M280
~ der plötzlichen Störungen S963
~ der schnellen Fourier-Transformation F29

~ der schwachen Kopplung W65
~ des selbstkonsistenten Feldes S151
~ der starken Kopplung S906
~ des steilsten Abstiegs M411, S777
~ der sukzessiven Approximationen M412
Metrik M413
metrischer Raum M415
~ Tensor M414
metrisches Einheitensystem M416
~ Karat C61
~ System M416
Metrologie M418
metrologisches Laboratorium S712
MHD Generator M160, M419
MHD-Instabilität M161
MHD-Wellen M164
Michelson-Gitter E12
Michelson-Interferometer M423
Michelson-Morley-Versuch M424
Michelsonsches Stufengitter M422
Miesche Beugungstheorie M487
~ Theorie M487
~ Theorie der Streustrahlung M487
Migration M488
Mikroanalysator M426
Mikroanalyse M425
Mikrobarograph M427
Mikrobeben M465
Mikrobiegung M428
Mikrodensitometer M434
Mikrodiffraktion M435
Mikrodosimetrie M436
Mikroelektronik M437
Mikroexplosion M438
Mikrofeld M439
Mikrohärte M440
Mikrohärteprüfung M441
Mikroinhomogenität M443
Mikroinklusion M442
Mikroinstabilität M444
mikrokanonische Gesamtheit M429
~ Verteilung M430
Mikrokausalität L316, M431
Mikrolinse M445
Mikrolithographie M446
Mikromagnetismus M447
Mikrometer M448, M450
Mikron M450
Mikroobjektiv M445
Mikrophon M453
Mikrophotographie M454
Mikrophotometer M455
Mikropinch M456

Mikroplasma M457
Mikroprojektion M460
Mikroprozessor M459
Mikropulsation M461
Mikrorelief M462
Mikroriß M433
Mikroschwärzungsmesser M434
mikroseismische Erschütterungen M465
Mikroskop M463
Mikroskopie M464
Mikrosonde M458
Mikrospannung M467
Mikrospektrophotometer M466
Mikrostruktur M468
Mikrotarget M469
Mikroteilchen M451
Mikroteilchenmagnetismus M452
Mikrotron M470
Mikroturbulenz M471
Mikroviskosität M472
Mikrowellen M483
Mikrowellen-Untergrundstrahlung M473
Mikrowellendiagnostik M474
Mikrowellenelektronik M476
Mikrowellenentladung M475
Mikrowellenfrequenz M477
Mikrowellenmessungen M478
Mikrowellenspektroskopie M484
Mikrowellenstrahlung M481
Mikrowellenzirkulator C306
Mikrowelt M485
Miktomagnetismus M486
Milchstraße M489
Miller-Indizes M490
Millersche Indizes M490
Millikanscher Öltröpfchenversuch M491
Millikan-Versuch M491
Millimeter M492
~ Quecksilbersäule M493
~ Wassersäule M494
Millimeterwellen M495
Mills-Kreuz M496
Mills-Kreuzantenne M496
Minimum M497
Minitron M498
Minkowskisches Raum-Zeit-Kontinuum M499
Minoritätsladungsträger M501
Minoritätsträger M501
Minoritätsträgerinjektion M500
Minute M503
5-Minuten-Schwingungen F165
Mischapparat M519
Mischen M520
Mischer M519
Mischkammer M521
Mischung M520
Mischungslänge M522
Mischungsweg M522
MIS-Struktur M377

mit bloßem Auge sichtbares Objekt N3
Mitführungskoeffizient D581
Mitreißen D580
Mitron M516
Mitschleppen D580
Mitte C146
Mittel A696
Mittelenergiebereich I311
Mittelfrequenzen M328
Mitteln A697
Mittelpunkt C146
mittelschnelle Neutronen I313
Mittelung A697
Mittelwellen M329
Mittelwert A696
Mittelwertbildung A697
mittlere freie Diffusionsweglänge D327
~ freie Weglänge M295
~ Frequenzen M328
~ Lebensdauer M296
~ quadratische Abweichung S711
mittlerer quadratischer Wert E32
MKSA-System M523
Mode M526
Modell M530
~ der elektroschwachen Wechselwirkung E274
~ des expandierenden Weltalls E485
~ der großen Unifikation G212
~ in natürlicher Größe F420
Modellierung S300
Mode-Locking M533
Moden höherer Ordnung H191
Modenauswahl M539
Modendispersion M525
modengekoppelter Laser M532
Modenkonkurrenz M527
Modenkonversion M528
Modenkonverter M529
Modenkopplung M533
Modenmischung M534
Modenselektion M539
Modenstruktur M540
Modensynchronisation M533
Modenumwandler M529
Modenumwandlung M528
Modenunterdrückung M541
Moderator M537
Moderator-Methode M538
Modifikation M542
Modifizierung M542
Modul M552, M553
Modulation M546
Modulationsinstabilität M550
Modulationsgrad M549
Modulator C272, M551
Modulbauelement M552
Modulbaustein M552

modulierte Schwingungen M543
~ Spannung M545
~ Strahlung M544
Moiré M558
Moiréeffekt M559, M560
Moiréinterferenzmuster M559
Moirémuster M559, M560
Moiréstreifen M559
Mol G210, M567
Molalität M563
molare Konzentration M564
Molarität M564
Molekül M605
~ vom Typ des unsymmetrischen Kreisels A571
Molekularakustik M568
Molekularaustausch M597
Molekularaustauschmethode M408
Molekularbewegung M590
Molekulardiffusion M577
Molekulardynamik M579
molekulare Dissoziation M578
~ Energieniveaus M580
~ Isomerie M586
~ Konzentration M573
~ Polarisierbarkeit M594
~ Strömung M583
~ Struktur M601
molekularer Kristall M576
molekulares Orbital M591
Molekularexciton M581
Molekularfeld M582
Molekularintegral M584
molekularkinetische Vakuumpumpe M595
Molekularkonzentration M573
Molekularlaser M587
Molekularmaser M588
Molekularphysik M593
Molekularpolarisation M594
Molekularpumpe M595
Molekularrefraktion M596
Molekularstrahl M569
Molekularstrahlenbündel M569
Molekularstrahlepitaxie M570
Molekularstrahlquelle M571
Molekularströmung M583
Molekularstruktur M601
Molekularsubstitution M597
Moleküldissoziation M578
Molekülion M585
Molekülkonfiguration M574
Molekülkonformation M575
Molekülkristall M576
Molekülmasse M589
Molekülorbital M591
Molekülorbitalnäherung M592
Molekülphysik M593
Molekülrotation M598
Molekülschwingungen M604
Molekülspektroskopie M599
Molekülspektrum M600

Molekülsymmetrie M603
Møller-Streuung M606
Molrefraktion M596
Molybdän M607
Moment M608
~ des Atomkerns N378
~ höherer Ordnung H192
~ des Kräftepaares M609, T287
Momentangeschwindigkeit I238
Momentanpol I236
Momentanspannung I239
Momentanwert I237
Monat M637
Mond M638
Mondauto L441
Mondfahrzeug L441
Mondfinsternis L439
Mondlibration L195
Monitor der Strahlposition B112
Monitoring M620
Monochromasie M621
monochromatische Lichtquelle M624
~ Strahlung M623
~ Wellen M625
monochromatisches Licht M622
Monochromator M626
monoklines System M627
Monomode-Faser M630
monomolekulare Schicht M629
Monopol M632
Monoschicht M629
monostabiler Multivibrator S320
monotone Abhängigkeit U63
~ Funktion M634
Montage A539, M661
Monte-Carlo-Methode M635, M636
Montierung M661
Morin-Punkt M639
Morin-Übergang M640
Morphologie M641
Mosaikkristall M642
Mosaikstruktur M643
Mosaiktextur M643
Moseleysches Gesetz M644
Mößbauer-Effekt M645
Mößbauer-Faktor M646
Mößbauer-Linie M647
Mößbauer-Spektrometer M648
Mößbauer-Spektroskopie M649
Mößbauer-Spektrum M650
MOS-Struktur M388
Motor E336
Mott-Detektor M657
Mottsche Dielektrika M658
~ Streuung M659
Mottscher Übergang M660
Müller-Matrix M670
Müllersche Matrix M670
Multimode-Faser M681
Multimode-Laser M682
Multimodenbildung M683

Multimodenstrahlung M684
multiperiphere Wechselwirkung M692
Multiplett M712
Multiplexer M714
Multiplex-Holographie M715
Multiplikation M716
Multiplikationsfaktor F156, M718
multiplikative Quantenzahl M719
Multiplizität M720
Multipol M726
Multipolarität M725
Multipolmoment M727
Multipolordnung M725
Multipolstrahlung M728
Multistabilität M731
Multivibrator M736
Müon M738
Müonatom M739
Müonium M744
Müonneutrino M742
Musikakustik M746
Muster P168
Mutterteilchen P88
Myon M738
Myonatom M739
Myonen der kosmischen Strahlung C765
Myonenkatalyse M740
Myonenmolekül M741
Myonenzahl M743
myonisches Atom M739
Myonium M744
Myonkatalyse M740
Myonmolekül M741
Myonneutrino M742
Myonspinrelaxation M745
Myopie M752

N

Nablaoperator N1
Nachbarniveau N56
Nachbild A262
Nachbildung S300
Nachbildungskurve G286
Nacheilung L6, R465
Nachgiebigkeit C508
Nachhall R471
Nachhalldauer R473
Nachhallraum R472
Nachhallzeit R473
Nachlauf A250, W3
Nachleuchten A261, P264
~ des Leuchtstoffs P382
Nachrichtenkanal C485
Nachrichtenübertragungskanal C485
Nachstrom A250, W3

Nachthimmelleuchten A275
Nachweis D202
Nachwirkung A260
Nachwirkungseffekt A260
nackter Kern B48
nacktes Teilchen B49
Nadelkatode S618
Nadir N2
Nadirpunkt N2
nahe Infrarotstrahlung N32
naher Kosmos N36
Näherungsmethode A507
Näherungsverfahren A507
Näherungswert A508
nahes Infrarot N33
~ Infrarotgebiet N33
~ Ultraviolett N37
~ Ultraviolettgebiet N37
Nahfeld N29
Nahfeldmikroskop N30
Nahordnung S259
Nahwirkung S258
Nahwirkungsgebiet N31
Nahwirkungskraft S257
Nahzone N31
Nanobeugung N4
Nanodiffraktion N4
Nanolithographie N5
Nanosekundenimpuls N6
NASA N14
Naßdampf W100
Natrium S360
natürliche Häufigkeit N19
~ Isotopenhäufigkeit N19
~ Konvektion F340, N16
~ Spektrallinienbreite N15
natürlicher Logarithmus N21
natürliches Einheitensystem N23
~ Isotop N18
~ Licht N20
Navier-Stokessche Gleichung N24
Navigationssystem N25
Nobel F268, N38
Nebelkammer C343, E488
Nebenquantenzahl A721
Nebenschluß S271
Nebenserie S939
Nebensprechen C878
Neel-Punkt N39
Neel-Temperatur N39
Neel-Wand N40
Negativ N49
Negativbild N49
negative Absorption N41
~ Dispersion N46
~ Entropie N55
~ Krümmung N44
~ Ladung N42
~ Lumineszenz N51
~ Temperatur N54

negativer Differentialwiderstand N45
~ Kristall N43
~ Widerstand N53
negatives Ion N50
negativgeladenes Ion N50
Negentropie N55
Neigung D363, I90, S343
nematischer flüssiger Kristall N58
Neodym N62
Neodymglaslaser N63
Neodymlaser N27
neoklassische Diffusion N60
neoklassischer Transport N61
Neon N64
Neper N65
Neperscher Logarithmus N21
Nephelometer N66
Nephelometrie N67
Neptun N68
Neptunium N69
Nernst-Effekt N70
Nernst-Ettingshausen-Effekt N71
Nernstscher Wärmesatz N72, T209
Nervenimpuls N74
Nervenzelle N73
Nettoladung N75
Netzen W99
Netzwerk E91
Netzwerktheorie E78, N76
Neumann-Funktion N77
Neumann-Problem N79
Neumannsches Prinzip N78
~ Problem N79
Neumann-Seeliger-Paradoxon N80
Neuron N81
Neurtonenbeugungsdiagramm N120
Neurtonendiffraktion N118
Neuschließen R251
neutrale Achse N82
~ Komponente N83
~ Zone D37
neutraler Strom N84
neutrales Kaon N89
~ K-Meson N89
~ Pion N91
~ Teilchen N90
~ Vektormeson N93
Neutralfilter N86
Neutralisation N88
Neutralkeil N94
Neutralstrom N84
Neutralstromschicht N85
Neutralteilcheneinschuß N87
Neutrino N95
Neutrinoastronomie N96
Neutrinoastrophysik N97
Neutrinooszillationen N98

NEUTRINOSTRAHLUNG

Neutrinostrahlung N99
Neutrinoteleskop N100
Neutron N101
Neutronenabsorption N102
Neutronenalbedo N104
Neutronenalter N103
neutronenarmes Isotop N130
Neutronenausbeute N163
Neutronenbeugung N118
Neutronenbeugungsanalyse N119
Neutronenbeugungsbild N120
Neutronenbeugungsuntersuchung N119, N121
Neutronenbreite N162
Neutronenbremsmittel N138
Neutronenbremsung M536, N137
Neutronenbündel N105
Neutronendefizit N112
neutronendefizite Kerne N114
neutronendefizites Isotop N113
Neutronendetektion N116
Neutronendetektor N117
Neutronendichte N115
Neutronendiffraktometer N122
Neutronendiffusion D329, N123
Neutroneneinfang N106
Neutronenerzeuger N128
Neutronenfluß N126
Neutronenformfaktor N127
Neutronengenerator N128
Neutronengeschwindigkeitsverteilung N160
Neutroneninterferometer N131
Neutroneninterferometrie N132
Neutronenkanal N107
Neutronenkonzentration N115
Neutronenladung N108
Neutronenleiter N129
Neutronenlinse N135
Neutronenmangel N112
Neutronenmangelisotop N113
Neutronenmangelkerne N114
Neutronenmoderator N138
Neutronenmonitor N139
Neutronenmonochromator N140
Neutronenmultiplikation N141
Neutronennachweis N116
Neutronenoptik N142
Neutronenphysik N143
Neutronenpolarisation N144
Neutronenprisma N146
Neutronenquelle N153
Neutronenquerschnitt N109
Neutronenradiographie N148
neutronenreiches Isotop N150
Neutronenresonanz N149
Neutronenspektrometer N154
Neutronenspektrometrie N155
Neutronenspin N156
Neutronenstern N157
Neutronenstrahl N105

Neutronenstrahlbeugung N118
Neutronenstrahlung N147
Neutronenstreuung N152
Neutronenstruktur N158
Neutronentemperatur N159
Neutronenüberschußisotop N124, N150
Neutronenüberschußkerne N125
Neutronenvermehrung N141
Neutronenwelle N161
Neutronenzahldichte N115
Neutronenzerfall N111
Neutronenzyklus N110
Neutronisation N133
Neutronisationsschwelle N134
Neuverbinden von magnetischen Feldstärkelinien M60
Newton N164
Newton-Ringe N169
Newtonsche Axiome N168
~ Dynamik C312
~ Flüssigkeit N165
~ Gesetze der Mechanik N168
~ Mechanik C315, N289
~ Ringe N169
Newtonsches Gravitationsgesetz N167
n-Gebiet N339
n-Halbleiter N341
nicht geladenes Teilchen N199
~ kommutierende Operatoren N205
nichtabelsches Eichfeld N196
nichtadiabatischer Übergang N197
nichtangepaßte Belastung U87
nichtangeregtes Atom N225
nichtaufgelöste Linie U89
nichtaxialer Kern D101
nichtbegünstigter Übergang U56
nichtdissipative Nichtlinearität N212
nichtelastische Wechselwirkung N214
nichtentartete Schwingungen N209
Nichterhaltung N206
~ der kombinierten Parität C475
~ der Parität P93
nichteuklidische Geometrie N224
Nichtgleichgewichtsbesetzung N220
Nichtgleichgewichtsdichte N216
Nichtgleichgewichtskinetik N221
Nichtgleichgewichtskonzentration N216
Nichtgleichgewichtsphasenübergänge N218
Nichtgleichgewichtsplasma N219
Nichtgleichgewichtsströmung N217

Nichtgleichgewichtsträger N215
Nichtgleichgewichtszustand N222
Nichtgleigewichtsladungsträger N215
nichtholonomes System N226
nichtidealer Kristall I52
nichtideales Gas I53
~ Plasma N229
nichtinertiales Trägheitssystem N230
nichtkohärente Strahler N204
~ Strahlung N203
Nichtkohärenz I97
nichtkonservative Kraft N207
nichtkonservatives System N208
Nichtkontinuum-Strömung D409
Nichtkugelförmigkeit N299
Nichtleiter D247, I246
nichtleptonischer Prozeß N232
nichtlineare Abhängigkeit N237
~ Absorption N233
~ Akustik N234
~ Antwort N262
~ Demodulation N238
~ Dispersion N239
~ Dynamik N241
~ Effekte N242
~ Erscheinungen N259
~ Filtration N244
~ Gleichung N243
~ Impulsverdichtung N236
~ Induktivität N245
~ Kapazität N235
~ Landau-Dämpfung N248
~ Mechanik N250
~ Optik N256
~ optische Absorption N252
~ optische Aktivität N253
~ Polarisation N260
~ Quantenfeldtheorie N261
~ Schwingungen N257
~ Spektroskopie N263
~ Suszeptibilität N264
~ Transformation N266
~ Verzerrungen H51, N240
~ Wechselwirkung N246
~ Wellen N268
~ Werkstoffe N249
nichtlineares Medium N251
~ System N265
Nichtlinearität N247
nichtlinear-optischer Kristall N254
nichtlokale Quantenfeldtheorie N271
~ Wechselwirkung N269
Nichtlokalität N270
Nichtmetall M385, N272
Nichtmonochromasie N273
nichtnewtonsche Flüssigkeit N274

nichtparametrisches Verfahren N275
nichtpolare Moleküle N278
nichtpolynomiale Quantenfeldtheorie N279
nichtrelativistische Bewegung N291
~ Mechanik N289
~ Teilchenstrahlung N292
nichtrelativistischer Impuls N290
nichtrenormierbare Quantenfeldtheorie N294
Nichtrenormierbarkeit N293
Nichtresonanzstreuung N295
nichtreziproker Phasenschieber N286
Nichtreziprozität N287
nichtselektiver Empfänger N297
nichtstationäre Bewegung N302
~ Interferenz N301
~ Selbstfokussierung N305
~ Strömung N300
nichtstationärer Prozeß N304
nichtstationäres Problem N303
nichtsymmetrischer Übergang N306
nichtumkehrbarer Prozeß I480
nichtumkehrbares Element N285
Nichtumkehrbarkeit I478
nichtverbotener Übergang U57
nichtwechselwirkendes Teilchen N231
Nichtweiterverbreitung von Kernwaffen N281
nichtzentrale Kraft N198
nichtzerstörende Werkstoffprüfung M98
Nickel N170
Nicol-Prisma N171
Nicolsches Prisma N171
niederdimensionales Magnetikum L384
niedere Ionosphäre L389
Niederenergie-Elektronenbeugung L385
Niederenergiegebiet L387
Niederfrequenzband L393
Niederfrequenzbereich L396
Niederfrequenzen L392
Niederfrequenzschwingungen L394
Niederfrequenzstrahlung L395
Niederschlag P855, P858
Niederspannungsbogen L405
Niedertemperaturplasma L404
Niedervoltbogen L405
niedrige Temperatur L399
nilpotente Gruppe N172
Nilsbohrium N173
Niob N174
Nit N175

Niveau L186
Niveaubesetzung F118, L190, L191
Niveaubreite E323
Niveaukreuzung L187
Niveauverschiebung L192
n-leitende Zone N339
NMR-Magnetometer N373
Nobelium N178
Noetherscher Satz N183
Noethersches Theorem N183
Nomogramm N195
Nonett N223
nördliches Polarlicht A668
Nordlicht A668
Nordlichtoval A673
Norm S707
Normal E414, S707
Normalbedingungen N327, S710
Normalbeobachter S713
Normalbeschleunigung N315
Normale N314
normale Dispersion N46
~ Mode N324
~ Schwingungen N325
Normaleinfall N318
normaler Einfall N318
~ Zeeman-Effekt N331
Normalglühen N322
Normalisierung N322
Normalmaß E414
Normalmode N324
Normalprodukt N326
Normalschwingung N324
Normalschwingungen N329
Normalschwingungsmoden E40
Normalton N328
Normalverteilung G85, N317
Normalwellen N330
Normalzustand G274
normierte Amplitude N320
~ Verteilung N321
normiertes Orthogonalsystem O265
Normierung N319
Normierungsfaktor N323
Normvalenzsystem S709
Notation N332
Nottingham-Effekt N335
Nova N336
n-Photonen-Absorption N338
nukleares Pumpen N388
Nukleogenese E281
Nukleon N409
Nukleonenassoziation N410
Nukleonencluster N413
Nukleonenladung N412
Nukleonenpaarbildung N414
Nukleonenpaarung N414
Nukleosynthese N415
Nuklid N418
Nulladung N419

Nullanzeiger N420
Nullindikator N420
Nullpunkt N92
Nullpunktschall Z13
Nullpunktsenergie Z11
Nullpunktsschwingungen Z12
numerische Apertur N423
~ Integration N424
Nummer N421
Nußeltsche Zahl N425
Nußelt-Zahl N425
Nutation N426
Nutzeffekt E34
Nyquist-Formel N427

O

obere Fließgrenze U103
~ Grenzwellenlänge T231
~ Hörschwelle T226
~ Streckgrenze U103
~ Zone U98
oberes Unterniveau U102
oberflächenaktive Substanz S1051
oberflächenaktiver Stoff S1050
Oberflächenaktivität S1052
Oberflächenbearbeitungsgüte S1066
Oberflächendetektion der Atome S1053
Oberflächendichte S1061
Oberflächendiffusion S1062
Oberflächendruck S1079
Oberflächendurchbruch S1055
Oberflächenenergie S1064
Oberflächenerscheinungen S1076
Oberflächenerwärmung S1069
Oberflächenhärtung S1068
Oberflächenimpedanz S1070
Oberflächenintegral S1071
Oberflächenionisation S1072
Oberflächenionisierung S1072
Oberflächenkonzentration S1058
Oberflächenkraft S1067
Oberflächenkrümmung S1060
Oberflächenladung S1056
Oberflächenleitfähigkeit S1059
Oberflächenmagnetismus S1073
Oberflächenmodifikation S1074
Oberflächenphänomene S1076
Oberflächenplasmon S1077
Oberflächenpolariton S1078
Oberflächenresonanz S1080
Oberflächenschicht S1065
Oberflächensieden S1054
Oberflächenspannung S1083
Oberflächenspannungskoeffizient S1084

OBERFLÄCHENSTREUUNG

Oberflächenstreuung S1081
Oberflächenunebenheit A537
Oberflächenwelle S1085
Oberflächenwiderstand S1063
Oberflächenzustände S1082
Obergrenze U100
Oberschwingung H48, O319
Oberton O319
Oberwelle H48
Oberwellenerzeugung H53
Oberwellengenerator H54
Objekt mit Überlichtgeschwindigkeit S1045
Objektbündel O1
Objektiv L175, O2
~ mit veränderlicher Brennweite V67
Objektraum O3
Objektwelle O4
Observable O8
Observatorium O10
Oersted O28
Ofen F435
offene Falle O69
~ Konfiguration O62
~ Kurve O63
~ Radionuklidquelle B50
~ Welt O66
offener Resonator O67
~ Sternhaufen O61
~ Zyklus O64
offenes System O68
~ Weltmodell O66
Öffnung O65
Öffnungsblende A490
Öffnungsimpuls G82
Öffnungsverhältnis A493
Öffnungsweite A489
Öffnungswinkel A395
Off-Resonanz-Zustand O31
Offset O32
Offsetstrahl O33
Ohm O34
Ohmmeter O39
ohmscher Kontakt O35
~ Verlust O37
ohmsches Gesetz O38
Okklusion O13
Oktaeder O21
Oktave O22
Oktett O23
Oktopol O24
Oktupol O24
Oktupolmoment O25
Okular E541
Ölpumpe O40
Omegateilchen O41
Omegatron O42
Onsagersche Reziprozitätsbedingungen O55
Onsagerscher Reziprozitätssatz O56

Opaleszenz O58
Operation O70
Operationsverstärker O71
Operator O73
Operatorenisometrie O76
Operatorenrechnung O72
Operatorentwicklung O74
Operatorfeld O75
Oppenheimer-Phillips-Prozeß O77
Opposition O79
Optik O212
~ der Atmosphäre A590
~ bewegter Medien O214
~ dünner Schichten O215
~ inhomogener Medien O213
optisch aktive Substanz O148
~ dicke Medien O149
~ dünne Medien O151
optisch-akustischer Empfänger O80
optische Abkühlung O105
~ Absorption O81
~ Achse O88, O211
~ Aktivität O84
~ Anisotropie O86
~ Antipoden O87
~ Aufzeichnung O183
~ Bank O89
~ Bistabilität O90
~ Detektion O111
~ Dichte D154, O109
~ Dicke O110
~ Drehung O189
~ Eigenschaften O175
~ Empfänger O112
~ Entladung O114
~ Extinktion O116
~ Fluoreszenz O120
~ Harmonischen O128
~ Homogenität O129
~ Hysterese O130
~ Information O134
~ Informationsverarbeitung O108
~ Inhomogenität O136
~ Interferenz O137
~ Isomerie O140
~ Isotropie O141
~ Kommunikation O97
~ Kommutation O200
~ Konstante O102
~ Levitation O146
~ Logikeinheit O147
~ Messungen O154
~ Mischung O157
~ Multistabilität O162
~ Nachrichtenübermittlung O97
~ Nichtlinearität O163
~ Nutation O164
~ Oberfläche O198
~ Oberflächenwellen S1075
~ Orientierung O165

~ Phasenkonjugation O167
~ Pyrometrie O179
~ Quelle V183
~ Riesennichtlinearität G151
~ Schaltung O200
~ Strahlung O181
~ Strahlungsquelle O192
~ Täuschungen O131
~ Tiefe O110
~ Uhr O96
~ Vergrößerung O153
~ Verstärkung O124
~ Vervielfachung O161
~ Wahrnehmung V181
~ Weglänge O166
~ Wellen O209
optischer Absorptionsrand O82
~ Aktivator O83
~ Atomeinfang O92
~ Durchschlag O91
~ Einfang O92
~ Entfernungsmesser O182
~ Frequenzstandard O123
~ Frequenzvervielfacher O122
~ Frequenzwandler O121
~ Impuls O176
~ Keil O210
~ Kerr-Effekt O142
~ Komparator O98
~ Kompensator O99
~ Kontakt O103
~ Kontrast O104
~ Korrelator O106
~ Kreisel O127
~ Kryostat O107
~ Meßumformer O205
~ Monochromator O160
~ Nachrichtenkanal O94
~ Prozessor O173
~ Resonator O187
~ Satz O203
~ Speicher O155
~ Stark-Effekt O196
~ Trigger O208
~ Übergang O207
~ Verdichter O100
~ Verstärker O85
optisches Bild O132
~ Drehvermögen O84
~ Fernrohr O202
~ Frequenznormal O123
~ Glas O126
~ Interferometer O138
~ Isomer E307, O139
~ Kernmodell O158
~ Klystron O144
~ Mikroskop O156
~ Modell O158
~ Phonon O168
~ Plasmatron O169
~ Potential O170
~ Pumpen O177
~ Pyrometer O178

~ Radar O180
~ Schweben O146
~ Soliton O191
~ Spektrometer O193
~ Spektrum O195
~ System O201
~ Theorem O203
optoakustische Spektroskopie O217
optoakustischer Effekt O216
Optoelektronik O219
optoelektronische Geräte O218
Optokoppler O220
Optotransistor O206
Optron O220
Orbit O221
Orbital O222
Orbitalbewegung O227
Orbitalflug O224
ordentliche Welle O244
ordentlicher Strahl O243
Ordinate O245
Ordnen O237
Ordnung O234, O237
~ der Bindung B266
~ der Interferenz O238
~ des Spektrums O241
Ordnungsparameter O242
Ordnungs-Unordnungs-Übergang O235
Ordnungs-Unordnungs-Umwandlung O235
Ordnungszahl der Interferenz O238
~ des Spektrums O241
organische Halbleiter O248
~ Leiter O246
~ Supraleiter O249
organischer Kristall O247
Orientierung A286, O250
Orientierungsphasenübergänge O251
Ornstein-Uhlenbeck-Statistik O253
Ornstein-Zernike-Formel O254
Ort L326
Orthikon O255
orthogonale Basis O256
~ Moden O260
~ Polynome O261
Orthogonalfunktionen O257
Orthogonalisation O259
Orthogonalität O258
Orthogonalzustände O262
Orthohelium O263
Orthonormalsystem O265
Orthopositronium O266
Orthowasserstoff O264
Orthozustand O268
Ortszeit L323
Osmium O290
Osmometer O291
Osmose O292

osmotischer Druck O293
Oszillation O271
Oszillationen O271, O279
Oszillationslänge O276
Oszillationstiefe O274
Oszillator O282
Oszillatorröhre O270
Oszillatorstärke O283
oszillierendes Teilchen O269
Oszillistor O286
Oszillogramm O287
Oszillograph O289
Oszilloskop O289
Ottoscher Kreisprozeß O294
Overhauser-Effekt O310
Ovshinsky-Effekt O321
Oxid O323
Oxidation O322
Oxidkatode O324
Oxydation O322
Ozeanologie O20
Ozon O327
Ozonabsorption O328
Ozonisator O330
Ozonschicht O329

P

Paarbildung P10
Paarerzeugung P10
Paarkollision P6
Paarkonversion P7
Paarkorrelation P8
Paarkorrelationsfunktion P9
Paarspektrometer P13
Paarumwandlung P7
Paarung P11
Packungskoeffizient P2
Pade-Approximation P3
Painleve-Funktionen P5
Painleve-Gleichungen P4
Paket B365
Paketverbreiterung P1
Paläomagnetismus P14
Palladium P15
Papierchromatographie P16
Parabel P17
Parabolantenne P18
parabolische Differentialgleichung P20
~ Geschwindigkeit P22
~ Zylinderfunktionen P19
Paraboloid P23
Parabolspiegel P21
Para-Bose-Statistik P24
Paradoxon P27
Paraelektrikum P28
paraelektrische Resonanz P29
Parafelder P31
Para-Fermi-Statistik P30
Parahelium P89

Paraleitfähigkeit P26
parallaktische Fernrohrmontierung E370
~ Montierung E370
parallaktischer Winkel P33
Parallaxe P34
Parallaxensekunde P96
Parallaxenwinkel P33
Parallele P35
parallele Datenübertragung P38
Parallelinjektion P39
Parallelkreis P36
Parallelogramm der Kräfte P40
Parallelresonanz P41
Parallelschaltung P37
Parallelübertragung P42
Paramagnetika P46
Paramagnetikum P43
paramagnetische Elektronenresonanz E227
~ Relaxation P47
~ Resonanz P48
~ Stoffe P46
~ Suszeptibilität P49
paramagnetischer Kristall P44
~ Quantenverstärker Q65
~ Stoff P43
paramagnetisches Ion P45
Paramagnetismus P50
~ des Atomkerns N380
Parameter P51
parametrische Erregung P59
~ Fluoreszenz P60
~ Generation P62
~ Instabilität P63
~ Kopplung P56
~ Lichtstreuung P74
~ Lumineszenz P66
~ Mischung P67
~ Resonanz P73
~ Schwingungen P68
~ Strahlung P57
~ Streuung P74
~ Superfluoreszenz P76
~ Umwandlung P54
~ Verstärkung P52
~ Vierwellenmischung P61
~ Wechselwirkung P64
parametrischer Empfänger P72
~ optischer Oszillator P65
~ Oszillator P69
~ Strahler P58
~ Verstärker P53
~ Wandler P55
parametrisches Pumpen P70
~ Soliton P75
Parametrisierung P77
Parametron P78
Parapositronium P79
Paraprozeß P80
Parastatistik P84
Parastatistikparameter P83

PARAVERTAUSCHUNGSRELATIONEN

Paravertauschungsrelationen P25
Parawasserstoff P32
Paraxialbündel P85
paraxialer Strahl P87
paraxiales Bild P86
~ Bündel P85
Paraxialstrahl P87
Parazustand P82
Parhelium P89
Parität P90
«Parität + 1»-Wechselwirkung P91
«Parität — 1»-Wechselwirkung P94
paritätsverbotener Übergang P92
Paritätsverletzung P95
Parsec P96
Parsek P96
Partialbreite P110
Partialdruck P106
Partialentropie P101
Partialwelle P109
partielle Differentialgleichungen P100
~ Erhaltung des Axialstromes P98
~ Kohärenz P97
~ Lösung P108
partieller Wirkungsquerschnitt P99
Partikel P111
Partikelstrahlung P125, P143
Parton P150
Pascal-Gesetz P153
Paschen-Back-Effekt P154
Paschensches Gesetz P155
Paschen-Serie P156
Paskal P152
passive Gütemodulation P160
passiver Lichtverschluß P163
~ Quantenfrequenzstandard P161
~ Widerstand P162
passives Parton P159
Patterson-Funktion P169
Pattersonsche Funktion P169
Pauli-Gleichung P170
Pauli-Paramagnetismus P172
Pauli-Prinzip E475
Paulische Spinmatrix P173, S633
Paulischer Paramagnetismus P172
Paulisches Ausschließungsprinzip P171
Pauli-Theorem P174
Pauli-Verbot E475, P171
Peak P176
Pecletsche Kennzahl P180
Peclet-Zahl P180
Pedersen-Leitfähigkeit P183

Pedersen-Strahl P185
Pedersen-Strom P184
Peierls-Dielektrikum P188
Peierlsscher Satz P189
Peierlssches Dielektrikum P188
Peierls-Übergang P190
Pekuliarstern P182
Peltier-Effekt P194
Peltier-Koeffizient P193
Peltier-Wärme P195
Pendel P198
Pendelisochronie I505
Penning-Effekt P205
Penning-Entladung P204
Penrose-Tiling P206
Pentaprisma P208
Pentode P209
Percus-Yevick-Gleichung P214
Periastron P226
Perigäum P227
Perihel P228
Perihelium P228
Periode C990, P229
Periode-Leuchtkraft-Beziehung P235
Periodendauer P229
Periodendauermessung P236
Perioden-Leuchtkraft-Beziehung P235
Periodenmessung P236
Periodensystem der Elemente P233
periodische Bewegung P231
~ Schwingungen P232
Periodizität P230
periphere Wechselwirkung P237
Peripherie P238
Periskop P239
Peritektikum P240
Perkolation P212
Perkolationsübergang P213
Perlit P179
Perlschnurblitz B87
Permalloy P241
Permanentmagnet P243
Permeabilität M101, P244
~ des leeren Raumes P245
~ des Vakuums P245
Permeabilitätsmesser P246
Permeabilitätszahl R346
Permeameter P246
Permittivität A19
~ des Vakuums A19
Permutation P254
Permutationsbeziehungen P257
Permutationsfunktionen P255
Permutationsgruppe P256
Perowskit P258
Perowskitstruktur P259
Perpetuum mobile P260
~ mobile erster Art P261
~ mobile zweiter Art P262
Personendosimeter P266

Perturbation D510, P267
Perveanz P272
Petschek-Mechanismus P273
Petzval-Fläche P274
Pferdestärke H273
Pfund-Serie P275
p-Gebiet P865
p-Halbleiter P973
Phänomen P358
phänomenologische Theorie P357
phänomenologisches Modell P356
Phantastron P277
Phantom P278
Phase P279
~ eines Teilchens P140
Phasenanalyse P281
Phasenanpassungsrichtung P316
Phasenausdehnung P307
Phasenbahn P342
Phasenbild P325
Phasendemodulation P299
Phasendiagramm E376, P301
Phasendifferenz P302
Phasenebene P322
Phaseneinstellung P352
Phasenentbündeler D40
Phasenentzerrer P295
Phasenfokussierung P309
Phasenfrequenznachstimmung P314
Phasenfront P310
Phasengang P285
Phasengeschwindigkeit P350
Phasengleichgewicht P305
Phasengleichgewichtskurve P306
Phasengleichung P304
Phasengrenze P283
Phasengrenzfläche I290
Phasenhub P300
Phasenintegral P311
Phaseninverter P312
Phasenkohärenz P286
Phasenkomparator P287
phasenkonjugierte Welle P290
Phasenkonstante P292
Phasenkontrast P293
Phasenkontrastmikroskop P294
Phasenkorrelation P296
Phasenmeßgerät P318
Phasenmesser P318
Phasenmodulation P319
Phasenplatte P323
Phasenpolare P324
Phasenraum P333
Phasenraumkoordinaten P335
Phasenraumzelle P334
Phasenring P326
Phasenschaltinterferometer P341

Phasenschieber P331
Phasenschieberbrücke P330
Phasenschieberplatte P332
Phasenschwankungen P308
Phasenschwingungen P320
Phasenselbstmodulation P328
Phasenspeicher P317
Phasenstabilität P337, P337
Phasenstrukturfunktion P339
Phasensynchronisation P352
Phasensynchronismus P340
Phasensynchronismuswinkel A389
Phasenübergang P345
~ 1. Art P348
~ 2. Art P349
Phasenübergänge P344
Phasenübergangskinetik P346
Phasenübergangsmodell P347
Phasenübergangswärme P343
Phasenumwandlung «nematisch-smektisch» N59
Phasenumwandlungen P344
Phasenunterschied P302
Phasenvergleicher P287
Phasenverschiebung D164, P329
Phasenverzerrung P303
Phasenverzögerung P298
Phasenverzögerungslinse D130
Phasenvolumen P336, P351
Phasenweg P321
Phasenwinkel P282
Phasenzustand P338
phasiertes Antennengitter P297
Phasitron P353
Phason F214, P354
Phasotron P355
Phon P359
Phonon P360
Phononenbündelung P366
Phononen-Drag P363
Phononen-Drageffekt P364
Phononenenergie P365
Phononengas P368
phononenlose Linie P369
Phononenmitreißen P363
Phononenmode P370
Phononenspektrum P376
Phononenstreuung P375
Phononenverteilungsfunktion P362
Phononimpuls P371
Phonon-Phonon-Wechselwirkung P373
Phonon-Phonon-Zusammenstöße P372
Phonon-Quasiimpuls P374
Phononzerfall P361
Phosphatglaslaser P377
Phosphor P383
Phosphoreszenz P380
Phosphoroskop P381

Phot P384
Photoablösung P403
Photoabsorption P416
photoakustische Effekte P386
Photoanregung P436
Photobelichtung P444
Photochemie P393
photochemische Äquivalenz P391
~ Dissoziation P390, P410
~ Katalyse P387
photochemischer Vorgang P392
photochromer Stoff P394
Photochromie P395
Photodetektor P404
Photodetektormatrix P405
photodielektrischer Effekt P406
Photodiffusionseffekt P407
Photodiode P408
Photodissoziation P390, P410
Photodissoziationslaser P411
photodynamischer Effekt P412
Photoeffekt P419
Photoelastizität P414
Photoelektret P415
photoelektrische Absorption P416
~ Ionisation P455
~ Schwellenenergie P424
~ Spektroskopie P423
photoelektrischer Strom P401
photoelektromagnetische Effekte P439
photoelektromotorische Kraft P425
Photoelektron P426
Photoelektronendetektor P427
Photoelektronenmikroskop P429
Photoelektronenspektroskopie P430
photoelektronisches Bild P428
Photoelement P389
Photoelementpyrometer P422
Photoemission P431
Photoemissionsbild P428
Photoemissionsdetektor P433
Photoemissionseffekt E523
Photo-EMK P425
Photoemulsion P443
Photoerzeugung von Teilchen P504
photogalvanomagnetische Effekte P439
Photogrammetrie P440
Photographie P450
photographische Emulsion P443
~ Entwicklung P442
~ Helligkeit P446
~ Photometrie P447
~ Sensitometrie P448
~ Spektrometrie P449
photographischer Refraktor A556

PHOTONENQUELLE

~ Schleier F268
photographisches Bild P445
~ Negativ N49
photoinduzierte Desorption P519
~ Drift P451
~ Isomerisation P453
~ Lichtabsorption P454
photoinduzierter Friedericksz-Übergang P452
Photoionenmikroskop P460
Photoionisation P455
Photoionisationsdetektierung P457
Photoionisationskammer P456
Photoionisationsrate P458
Photoionisationsspektroskopie P459
Photoisomerisation P453
Photokatalyse P387
Photokatode P388
Photokernreaktion P409
Photokolorimeter P396
Photolack P507
Photoleiter P400
Photoleitfähigkeit P397
Photoleitung P397
Photolitographie P461
Photolumineszenz P462
Photolyse P463
photolytische Dissoziation P464
~ Initiierung P465
photomagnetischer Effekt P466
photomagnetoelektrischer Effekt P467
Photomeson P468
Photometer P469
Photometerbank P470
Photometerkopf P471
Photometerwürfel L436, P472
Photometrie P479
photometrische Einheiten P477
~ Messungen P473
~ Parallaxe P475
~ Untersuchungen P476
photometrischer Keil P478
photometrisches Paradoxon P474
~ Strahlungsäquivalent der Gesamtstrahlung L429
Photomultiplikationsfaktor P480
Photon P482
Photon-Antibunching P483
Photonbunching P484
Photonenantrieb P488
Photonen-Drag P485
Photonenecho P486
Photonenemission P487
Photonengas P491
Photonenimpuls P492
Photonenmitreißen P485
Photonenpropagator P494
Photonenquelle P497

491

Photonenstatistik P498
Photonenstrahlung P495
Photonenstreuung P496
Photoneutrino P489
Photoneutron P490
Photon-Photon-Wechselwirkungen P493
photonukleare Reaktionen P499
Photophorese P500
photophysikalischer Prozeß P501
photopiezoelektrischer Effekt P502
Photopolymerisation P503
Photorekombination P505
Photorekombinationsstrahlung P506
Photoresist P507
Photoresonanzplasma P510
Photoschwelle P424
Photosensibilisierung P512
Photospaltung P437
Photospannung P425
Photosphäre P513
Photosphärenstrahlung P517
photosphärische Fackeln P514
~ Oszillationen P516
~ Strahlung P517
Photostrom P401
Photosynthese P521
Photothyristor P522
Phototransistor P523
Photovervielfacher P481
Photovervielfachungskoeffizient P480
Photowiderstand P509
Photozelle P389, P432
Photozerfall P409
pH-Wert P276
Physik P541
~ der hohen Drücke H205
~ der kurzzeitigen Prozesse P542
physikalische Chemie P527
~ Einheiten P540
~ Forschungen P538
~ Geräte P529
~ Größe P537
~ Kinetik P530
~ Konstanten P528
~ Messungen P532
~ Optik P534
~ Ozeanograpie P533
~ Statistik P539
physikalisches Laboratorium P531
~ Pendel P535
~ Photometer P536
physiologische Akustik P544
~ Optik P545
pi-Elektron P552
Pierce-Kanone P553
Piezoeffekt P563

Piezoelektrika P566
Piezoelektrikum P557
piezoelektrische Keramik P559
~ Polarisation P569
~ Schicht P564
~ Stoffe P566
piezoelektrischer Deflektor P562
~ Effekt P563
~ Geber P573
~ Halbleiter P572
~ Kristall P555
~ Resonator P571
~ Sensor P573
~ Spiegel P567
~ Stoff P557
~ Tensor P575
~ Tonabnehmer P568
~ Umformer P576
~ Wandler P576
piezoelektrisches Element P558
~ Manometer P570
~ Substrat P574
Piezoelektrizität P565
Piezoelement P558
Piezogeber P573
Piezohalbleiter P572
Piezokeramik P559
Piezokristall P555
piezomagnetischer Effekt P578
~ Kristall P577
Piezomagnetismus P579
Piezometer P580
piezooptischer Effekt P581
pi-Impuls P602
Pikosekundenimpuls P548
Pikosekundenlaser P547
Pikosekundenspektroskopie P549
pi-mesisches Atom P593
pi-Meson P584, P592
pi-mesonisches Atom P593
pi-Mesonium P597
pi-Mode P585
Pinakoid P586
Pinch P587
Pincheffekt P588
Pinchentladung P587
pin-Diode P590
Pinguindiagramm P203
Pinning P591
Pion P584, P592
Pionatom P593
Pionenatom P593
Pionenerzeugung P599
Pionenphotoerzeugung P598
Pionenpol P595
Pionium P597
Pionzerfall P594
Pippard-Gleichung P601
Pirani-Manometer P603
Pirson-Kriterium P604
Pitchwinkel P606

Pitchwinkeldiffusion P607
Pitchwinkelinstabilität P609
Pitchwinkelstreuung P610
Pitchwinkelverteilung P608
Pitot-Rohr P613
Pitotsches Rohr P613
Pjedestal-Verfahren P187
planargeschichtetes Medium P630
Planarkanal P615
Planarkanalierung P616
Planck-Konstante P618
Planck-Länge P619
Planck-Masse P620
Plancksche Konstante P618
~ Strahlungsformel P621
Plancksches Strahlungsgesetz P621
~ Wirkungsquantum P618
~ Zeitintervall P622
Planet P631
planetarischer Nebel P634
Planetenatmosphäre P632
Planetenmodell P633
Planetenparallaxe P635
Planetenpräzession P636
Planetoid A548, M502
plankonkave Linse C638
plankonvexe Linse C695, P639
Plankonvexlinse C695
planparallele Bewegung P627
~ Platte P628
planpolarisierte Strahlung P629
Planspiegel P624
Planwelle P637
Plasma P640
Plasmaantrieb P658
Plasmaaufheizung P666
Plasmabegrenzer L249
Plasmabeschichtung P647
Plasmabeschleuniger P641
Plasmachemie P646
Plasmadiagnostik P654
Plasmadiamagnetismus P655
Plasmadielektrizitätskonstante P679
Plasmadruck P681
Plasmadynamik P656
Plasmaeinschließung P650
Plasmaeinschuß P668
Plasmaelektronik P657
Plasmafaden P661
Plasmafadenabknickung P672
Plasmafadendeformation P662
Plasmafeld P660
Plasmafilament P661
Plasmafokus P663
Plasmafrequenz P664
Plasmagenerator P665
Plasmagleichgewicht P659
Plasmahalterung P650
Plasmainjektion P668
Plasmainjektor P669

POTENTIALSTREUUNG

Plasmainstabilität P670
Plasmakanal P644
Plasmakatode P643
Plasmakinetik P671
Plasmakonfiguration P649
Plasmakonvektion P653
Plasmalaser P673
Plasmaleitfähigkeit P648
Plasmalinse P674
Plasmamantel P675
Plasmaoptik P676
Plasmapause P678
Plasmaphysik P680
Plasma-Quasineutralität P683
Plasmaquelle P686
Plasmaresonanz P685
Plasmaschwingungen P677
Plasmasondierung P682
Plasmasphäre P687
Plasmaspritzen P688
Plasmastabilität P689
Plasmastrahl F114
Plasmastrahlentladung P642
Plasmastrahlung P684
Plasmatarget P690
Plasmatechnik P691
Plasmatechnologie P691
Plasmatrap P692
Plasmatron P693
Plasmaturbulenz P694
Plasmaverunreinigung P652
Plasmawelle P695
Plasmawellenleiter P696
plasmochemische Reaktion P645
Plasmoid P697
Plasmon P698
plastische Verformung P699
plastisches Fließen P700
Plastizität P701
Platin P705
Platinotron P704
Platte P702, S230
Plattenbiegung B135, P703
Platzwechsel I282
p-leitende Zone P865
Pleochroismus P707
plötzliche Erhöhung des atmosphärischen Störpegels S959
~ Feldanomalie S960
~ Ionosphärenstörung S962
~ Phasenanomalie S964
~ Störung S958
~ Verminderung des kosmischen Störpegels S957
plötzlicher Anfang S956
Pluto P710
Plutonium P711
p-n-Übergang E201, P712
Pockels-Effekt P714
Pockels-Zelle P713
Poincare-Gruppe P715

Poise P724
Poiseuillesche Gleichung P725
~ Rohrströmung P726
Poiseuillesches Gesetz P725
Poiseuille-Strömung P726
Poisson-Gleichung P728
Poissonsche Gleichung P728
~ Verteilung P727
Poissonsches Integral P729
Poisson-Verteilung P727
Poisson-Zahl P730
Pol P777
Polardiagramm P735
Polare P731
polares Molekül P772
Polarimeter P736
Polarimetrie P737
Polarionosphäre P738
Polarisation P744
~ der elektromagnetischen Strahlung P749
~ des Lichtes P750
~ des Mediums P751
~ des Vakuums V26
Polarisationsdrehung R561
Polarisationsebene P625
Polarisationsfilter P769
Polarisationskompensator P745
Polarisationsladung B293
Polarisationsmessungen P746
Polarisationsmikroskop P747
Polarisationsmikroskopie P748
Polarisationsprisma P770
Polarisationsvektor P755
Polarisationswinkel P768
Polarisator P767
Polarisierbarkeit P743
polarisierte Kerne P763
~ Lumineszenz P761
~ Neutronen P762
~ Strahlung P764
~ Welle P766
polarisierter Kristall P758
~ Strahl P756
polarisiertes Dielektrikum P759
~ Licht P760
~ Target P765
Polarisierung P744
Polariskop P739
Polarität P742
Polariton P740
Polaritonlumineszenz P741
Polarkoordinaten P734
Polarkreis P733
Polarlicht A666
Polarlichtionosphäre A671
Polarlichtoval A673
Polarlicht-Röntgenstrahlung A675
Polarlichtzonen A676
Polarogramm P773
Polarograph P774
Polarographie P775

Polaron P776
Polarradioreflexionen A674
Polhodie C169, P779
Polkappen P732
Polonium P780
Polschuh P778
Polung P742
Polyeder P784
Polygon P782
Polykristalle P781
Polykristallmethode P840
Polymerabbau P786
Polymere P788
Polymerisation P787
Polymerisierung P787
Polymerkristall P785
Polymorphie P789
Polymorphismus P789
Polynom P790
Polynomialverteilung P791
Polytrope P792
polytroper Prozeß P793
polytropische Zustandsänderung P793
Polytypie P794
Pomerantschuksches Theorem P796
Pomerantschuk-Theorem P796
Pomeron P797
ponderomotorische Kraft P799
~ Wirkung P798
Poren P803
Porigkeit P804
poröser Katalysator P805
Porosität P804
Positionsgeber P807
positiv bestimmte Form P815
~ geladenes Ion P814
Positivbild P813
positive Krümmung P811
~ Ladung P808
~ Richtung P812
~ Säule P809
positiver Kristall P810
positives Ion P814
Positron P817
Positronenkanalierung P818
Positronium P819
Potential P822
Potentialbarriere P823
Potentialbewegung P832
Potentialdifferenz P824
Potentialeichung P830
Potentialfeld P826
Potentialfläche P835
Potentialfunktion P829
Potentialgebirge P833
Potentialgradient P831
Potentialkräfte P828
Potentialmulde P837
Potentialschwelle P823
Potentialsenke P837
Potentialstreuung P834

POTENTIALSTRÖMUNG

Potentialströmung I483, P827
Potentialtopf P837
Potentialunterschied P824
Potentialwall P823
potentielle Energie P825
~ Temperatur P836
Potentiometer P838
Potenz P842
Potenzgesetz P844
Poyntingscher Satz P848
~ Vektor P849
Prädissoziation P863
Präionisation P866
Präionisierung P866
Prallplatte B18
Prandtl-Meyersche Strömung P850
Prandtlsche Kennzahl P851
Prandtl-Zahl P851
Praseodym P852
Präzession P853
Präzessionsperiode P854
Präzipität P855
Präzipitation P858
Präzipitationselektronen P856
Präzipitationsionen P857
Präzisionsmessung P860
Primärfarben P878
Primärkomponente der kosmischen Strahlung P879
Primärspannung P884
Primärstrahler P882
Primärstrahlung P881
primitives Gitter P886
Prinzip L150
~ der Äquivalenz von Masse und Energie P902
~ des detaillierten Gleichgewichtes D201
~ des detaillierten Gleichgewichts P900
~ der kleinsten Wirkung P903
~ des kürzesten Weges F51
~ von Archimedes A515
~ von der Erhaltung der Bewegungsgröße L153
Prisma P904
Prismenmonochromator P905
Prismenspektrograph P906
Probe S15, S539
Probekörper S539
Probeladung P916, T69
Probiermethode T398
Problem P922
Profilkristall P927
Profilsehne C273
Profilwiderstand P928
Projektionsmikroskop P933
Projektor P934
prompte Neutronen P936
Promptneutronen P936
Propagator P938
Propanblasenkammer P939

Proportionalionisationskammer P942
Proportionalitätsfaktor P944
Proportionalitätsgrenze P945
Proportionalzähler P943
Proportionalzählrohr P943
Propulsion P946
Protaktinium P947
Protein P951
Protium P952
Protogalaxis P953
Proton P954
Protonenaktivität P963
Protonenbeschleuniger P955
Protonenfackel P959
Protonenflash P959
Protonengürtel P956
Protonenkanal P957
Protonenkanalierung P958
Protonenpräzessionsmagnetometer P960
Protonenstrahlung P962
Protonensynchrotron P964
Proton-Proton-Kette P961
Protoplaneten P965
Protosterne P966
Protuberanz P935
Prozedur P923
Prozessor P924
Prüfkörper S539
Prüfung T68
pseudoeuklidischer Raum P967
Pseudoimpuls Q116
Pseudokoordinaten Q102
Pseudoskalar P968
pseudoskalare Größe P968
Pseudotensor P969
Pseudovektor P970
Psion P971
Psi-Teilchen P971
Psychrometer P972
Pufferlösung B359
Pufferstufe B360
Pufferwirkung B358
Pulsamplitudenmodulation P983
Pulsar P975
Pulsarmagnetosphäre P976
Pulsation P977
Pulsationen P977
Pulsbreitenmodulation P992
Pulscodemodulation P985
Pulsdauer P991
Pulsdauermodulation P992
Pulsfrequenzmodulation P994
pulsierende Quelle P990
pulsierender Laser P988
Pulslagemodulation P1002
Pulsmodulation P1000
Pulsphasenmodulation P1002
Pulverbeugungsaufnahme D46
Pulverbild P839
Pulvermethode P840

Pulver-Neutronendiffraktometer N145
Pulverröntgenkamera P841
Pumpe P1013
Pumpen P1013, P1015
~ mittels Lampenlicht L26
Pumpentleerung P1014
Pumpentvölkerung P1014
Pumpimpuls P1024
Pumpintensität P1021
Pumplampe P1022
Pumpleistung P1023
Pumplichtquelle P1022
Pumpquelle P1027
Pumpsättigung P1026
Pumpstrahlung P1025
Pumpwellenverarmung D169
Punkt P716
Punktdefekt P719
Punktfehlstelle P719
punktförmige Ladung P717
~ Quelle P723
~ Störstelle P719
Punktgruppen P720
Punktimpuls P721
Punktkontakt P718
Punktladung P717
Punktmechanik P134
Punktobjekt P722
Punktquelle D413, P723
Punktsymmetriegruppen P720
Pyknometer P1031
pyknonukleare Reaktionen P1030
Pyroelektrikum P1032
pyroelektrische Konstante P1033
pyroelektrischer Effekt P1034
Pyroelektrizität P1035
Pyrometer P1036
Pyrometrie P1037

Q

Q-Faktor Q1
Q-Meter Q4
Q-Schalter Q5
Quadrant Q8
Quadrat S682
quadratische Abhängigkeit Q9
~ Demodulation S683
~ Gleichrichtung S683
quadratischer Mittelwert E32, R533
~ Phasenentzerrer Q10
Quadratmeter S684
Quadratur Q11
Quadratwurzel S685
Quadrupel Q12
Quadrupol Q13
Quadrupolfokussierung Q14

Quadrupollinse Q16
Quadrupolmoment Q17
Quadrupolstrahler Q19
Quadrupolstrahlung Q18
Quadrupolwechselwirkung Q15
Qualität Q22
qualitative Analyse Q20
~ Interpretation Q21
Qualitätsfaktor Q23
Quant Q34
~ der schwachen Wechselwirkung W72
Quantelung Q29
Quantenausbeute Q46, Q78
Quantenchemie Q35
Quantenchromodynamik Q36
Quantendefekt Q40
Quantendelokalisierung Q41
Quantendiffusion Q42
quantendimensioneller Effekt Q43
Quantendraht Q77
Quantendynamik Q44
Quanteneffekt Q45
Quantenelektrodynamik Q47
Quantenelektronik Q48
Quantenfeldtheorie Q49
Quantenflüssigkeit Q56
Quantenfrequenzstandard Q51
Quantengas Q52
Quanteninterferenz Q53
Quanteninterferometer Q54, S983
Quantenkinetik Q55
Quantenkohärenz Q38
Quantenkristall Q39
Quantenmagnetometer Q57
Quantenmechanik Q58
quantenmechanische Poisson-Klammern Q67
quantenmechanischer Übergang Q74
Quantenmetrologie Q59
Quantenmulde Q75
Quantenmuldenlaser Q76
Quantenoptik Q62
Quantenoszillationen Q63
Quantenoszillator Q64
Quantenphysik Q66
Quantenradiophysik Q68
Quantenstatistik Q70
Quantensystem Q71
Quantensystemstrahlung Q72
Quantentheorie Q73
Quantenübergang Q74
Quantenuhr Q37
Quantenwanne Q75
Quantenwannenlaser Q76
Quantenwirkungsgrad Q46
Quantenzahl Q60
Quantenzustand Q69
Quantisierung Q29
Quantisierungsrauschen Q30

Quantität Q26
quantitative Analyse Q24
~ Interpretation Q25
Quantometer Q32
Quantron Q33
Quark Q79
~ mit Farbquantenzahl C462
Quarkbag Q80
Quarkconfinement Q83
Quarkdiagramm Q84
Quarkdynamik Q85
Quark-Hadron-Dualität Q86
Quarkklassifikation Q81
Quarkkombinatorik Q82
Quarkmodell Q87
Quarkonium Q88
Quartett Q92
Quarz Q93
Quarzeicher C895
Quarzeichoszillator C895
Quarzfaser Q96
Quarzkeil Q97
Quarzkristall Q95
Quarzoszillator C930
Quarzuhr Q94
Quasag Q98
Quasage Q98
Quasar Q99, Q129
quasiabgeschlossenes Untersystem Q101
Quasideuteron Q104
quasielastische Kraft Q105
~ Streuung Q106
Quasienergie Q107
Quasi-Ergodenhypothese Q109
Quasi-Fermi-Niveau Q110
Quasigleichgewicht Q108
Quasiimpuls Q116
quasiklassische Näherung Q100
Quasikoordinaten Q102
Quasikristall Q103
quasilineare Plasmatheorie Q113
Quasiloch Q111
Quasimode Q114
Quasimolekül Q115
Quasineutralität Q117
Quasiniveau Q112
Quasioptik Q119
quasioptische Linie Q118
quasiperiodische Bewegung Q121
~ Schwingungen Q122
Quasipotential Q123
Quasiresonanz Q124
quasistationärer Prozeß Q127
~ Strom Q126
quasistatischer Prozeß Q125
quasistellare Galaxis Q98
~ Quelle Q130
~ Radioquelle Q99
quasistellares Objekt Q129
Quasiteilchen Q120

Quaternion Q131
Quecksilber M343
Quecksilberbarometer M345
Quecksilberdampflampe M346
Quecksilberthermometer M347
Quelle S477
~ der thermischen Neutronen T135
Quellenaktivität S478
Quellenelektrode S477
Quellenleistung S479
Quellenspannung E157
Quellenstärke S480
Quenchen von Bahnmomenten O226
Querbiegung L126
Querkohärenz L127
Querkraftmittelpunkt F191
Querschnitt C871
~ der nichtelastischen Streuung N213
Quetschzustände S687
Quintett Q139

R

Rabi-Frequenz R1
Rabi-Oszillationen R2
Racah-Koeffizienten R3
Rad R4
Radar R5
Radarastronomie R6
Radargerät R5
radiale Quantenzahl R8
Radialinjektion R7
Radialquantenzahl R8
Radiant R9
Radiator R67
radioaktive Abfälle R89
~ Asche R69
~ Kontamination R71
~ Niederschläge R75
~ Quelle R85
~ Strahlenquelle R85
~ Strahlung R83
~ Strahlungsquelle R85
~ Verseuchung C638, R71
~ Zerfallsfamilie R76
~ Zerfallskonstante D52, D418
~ Zerfallsreihe R84
radioaktiver Indikator R78
~ Staub R73
~ Stoff R87
~ Tracer R78
~ Zerfall R72
radioaktives Isotop R80, R114
~ Nuklid R82
Radioaktivität R90
Radioastronomie R92
Radiobiologie R93
Radiochemie R27, R98

RADIOCHEMISCHE

radiochemische Analyse R97
Radiochirurgie R134
Radioelektronik R103
Radiofrequenzstrahlung R126
Radiogalaxie R109
Radiohöhenmesser R91
Radioholographie R110
Radioindikator R78, T309
Radiointerferometer R112
Radiointerferometrie R113
Radioisotop R80, R114
Radioisotopendiagnostik R115
Radiokarbonmethode R96
Radiokohlenstoffdatierung R95, R96
Radiologie R117
Radiolumineszenz R118
Radiolyse R119
Radiometer R120
Radiometrie R121
radiometrische Altersbestimmung D24
~ Bohrlochmessung R81
Radionuklid R82
Radiophysik R124
Radiopille R125
Radioquelle R131
Radiosonde R130
Radiospektroskop R132
Radiospektroskopie R133
Radiostrahlung R126
radiotechnische Messungen R107
Radioteleskop R136
Radiotherapie R137
Radiowellen R143
Radiowellenbeugung R140
Radiowellenbrechung R317
Radiowellendämpfung R139
Radiowelleninterferenz R141
Radiowellenpolarisation P753
Radiowellenreflexion R301
Radiowellenstreuung R144
Radium R145
Radius R146
~ der ersten Bohrschen Bahn B245
Radkurve C997
Radlinie C997
Radon R150
Rahmen F326, L357
Rahmenantenne F327, L358
Raketenantrieb R521
Raketendynamik R520
Raketensondierung R522
Raketentriebwerk R521
Raman-Effekt R152
Raman-Emission R153
Raman-Laser R154
Raman-Linie R156
Ramansche Lichtstreuung R155
Raman-Spektroskopie R159
Raman-Spektrum R160

Raman-Streuung R155
Raman-Verstärker R151
Ramsauer-Effekt R161
Randauflockerung D308
Randfokussierung E25
Randintegral S1071
Randverdunkelung D17
Randverschmierung D308
Randwert B290
Randwertaufgabe B291
Randwertproblem B291
Rang einer Matrix R177
Rankine-Clausius-Prozeß R176
Rankine-Prozeß R176
Rankinescher Kreißprozeß R176
Raster R184
Rasterdiffraktion hochenergischer Elektronen S58
Raster-Hochenergie-Elektronendiffraktion S58
Rastermikroskop S59
Rastpolkurve H146
Rate R185
Ratemeter C808
Rauheit A537
Raum C181, C786, S481
Raum- und Bauakustik A517
Raumakustik A517
raumartiger Vektor S498
raumartiges Intervall S497
Raumfahrzeug S509
Raumfiltration S522
Raumflug S492
Raumflugkörper S509
Raumforschung S501
Raumfrequenz S523
Raumgitter S496
Raumgruppen S493
Raumharmonische S494
Rauminversion S495
Raumisomerie S810
Raumkohärenz S488
Raumkrümmung S490
Raumladung S482
Raumladungsdichte S485, V205
Raumladungsgebiet S487
Raumladungskompensation S484
Raumladungskonstante P272
Raumladungsneutralisation S486
Raumladungswolke S483
Raumladungszone S487
räumliche Anordnung C578
~ Dispersion S521
~ Harmonische S494
~ Homogenität S524
~ Inhomogenität S525
~ Inversion S495
~ Konfiguration S520
~ Periode S527
~ Quantelung S500

~ Quantisierung S500
räumlicher Winkel S410
räumliches Bild T216
~ Modell T217
~ Sehen S812
räumlich-zeitliche Kohärenz S529
~ Korrelation S503
Raumnavigation S499
Raumperiode S527
Raumquantelung S500
Raumquantisierung S500
Raumspiegelung S495
Raumsymmetriegruppen S493
Raumtemperatur-Laser R532
Raumwelle S336
Raumwellen A602
Raumwinkel S410
Raumzeit S502
Raum-Zeit-Isotropie S505
Raum-Zeit-Korrelation S503
Raumzeitkrümmung S504
Raum-Zeit-Lichtmodulator S506
Raum-Zeit-Metrik S507
Raum-Zeit-Quantelung S508
Raum-Zeit-Quantisierung S508
raumzentrierter kubischer Kristall B239
~ Würfel B238
raumzentriertes Gitter B240
rauscharmer Verstärker L397
Rauschen N184
Rauscherzeuger N187
Rauschfaktor N185
Rauschgenerator N187
Rauschleistung N191
Rauschmessung N190
Rauschpegel N189
Rauschquelle N192
Rauschspektrum N193
Rauschtemperatur N194
Rauschzahl N185
Rayleigh-Interferometer R193
Rayleigh-Jeanssches Strahlungsgesetz R194
Rayleigh-Linie R195
Rayleigh-Linienflügel R196
Rayleighsche Kennzahl R191
~ Scheibe R192
~ Streuung R198
~ Wellen R199
Rayleigh-Scheibe R192
Rayleigh-Strahlung R197
Rayleigh-Streuung R198
Rayleigh-Wellen R199
Rayleigh-Zahl R191
RC-Generator R203
Reabsorption R204
Reaktion R206, R454
Reaktionsausbeute R213
Reaktionsbeginn I214
Reaktionsgeschwindigkeit R210

Reaktionsgeschwindigkeitskonstante R211
Reaktionskanal R207
Reaktionskinematik R208
Reaktionskinetik K44, R209
Reaktionsquerschnitt N394
Reaktionsschwelle R212
Reaktionsstart I214
Reaktionsträgheit I176
reaktive Last R216
Reaktor N395, R220
Reaktorbehälter R226
Reaktorkanal R221
Reaktorkern R223
reales Gas R227
Realgas I53, R227
Realkristall I52
Reaumur-Skala R230
Rechner C538
rechnergestützte Tomographie C537
Rechteckhohlleiter R263
Rechteckimpuls R262
Rechte-Hand-Regel R505
rechtes Quark R506
rechtwinklige Koordinaten R261
Reduktion R279
~ der Kräfte R280
reduzible Darstellung der Transformationsgruppe R278
reduzibles Diagramm R277
reduzierte Koordinaten R272
~ Masse R274
~ Temperatur R276
~ Zustandsgleichung R273
reduzierter Impuls R275
Reduzierung R279
reelles Bild R228
Referenzdiode R282
Referenzstrahl R281
reflektierte Strahlung R289
~ Welle R291
reflektierter Strahl R290
Reflektor R292, R306
Reflektorspannung R308
Reflexion R293
Reflexionsbedingung von Bragg B305
Reflexionselektronenmikroskop R295
reflexionsfreier Raum A380
Reflexionsgrad R294, R305
Reflexionshologramm R298
Reflexionskoeffizient R294, R305
Reflexionsmikroskop R295
Reflexionsordnung O240
Reflexionsprisma R302
Reflexionsschicht R304
Reflexionsspektrum R303
Reflexionsstrahlung R289
Reflexionsverlust R299
Reflexionswinkel A390

Reflexklystron R309
reflexmindernde Schicht A481
Reflexreflektor R470
Refraktion R314, R325
~ des Lichtes R316
Refraktionswinkel A391
Refraktometer R321
Refraktometrie R322
Refraktor R313
regellose Bewegung I477
Regellosigkeit D431
regelmäßige Reflexion S598
regelmäßiges Kristallsystem C950
Regelung C668
Regelwiderstand R491
Regenbogenintegral von Airy A280
Regeneration R326
Regenerativempfang R327
Regenerierung R326
Regge-Diagramm R328
Reggeon R329
Regge-Pol R330
Regge-Polenmethode R331
Regression R333
reguläre Bewegung R336
Regularisationsmethode R335
Rehbinder-Effekt R337
Reibung F400
reibungsbehaftete Flüssigkeit V167
Reibungsdämpfung V163
Reibungselektrisierung F402, T401
Reibungselektrizität F401, T400
Reibungskegel C573
Reibungskoeffizient C362
Reibungslehre T402
Reibungslumineszenz T403
Reibungspendel F413
Reibungsprobemaschine F407
Reibungsverluste F406
Reibungswinkel A387
Reibungszahl C362, F403
~ der Bewegung C359
Reichweite D484, R171
Reifbildungstemperatur F411
Reifpunkt F411
Reihe S207, S211
Reihenentwicklung E487
Reihenkreis S208
Reihenresonanz S210
Reihenschaltung S209
Reinstoff P1029
Rekombination R242
Rekombinationsbeiwert R244
Rekombinationskoeffizient R244
Rekombinationsleuchten R246
Rekombinationslumineszenz R246
Rekombinationsquerschnitt C876, R245

Rekombinationsstrahlung R248
Rekombinationsübergang R249
Rekombinationswellen R250
Rekombinationszentrum R243
rekonstruierende Quelle R254
rekonstruierender Strahl R253
rekonstruiertes Bild R252
Rekristallisation R260
Rekristallisationskinetik K50
Rekuperator R267
Rekurrenzerscheinungen R268
Relativbewegung R345
relative Änderung R340
~ Atommasse A624, A642
~ Bewegung R345
~ Deformation R342
~ Dispersion D454
~ Elementenhäufigkeit im Kosmos C762
~ Konzentration R341
~ Linienintensität R344
~ Öffnung A493
~ Permeabilität R346
relatives Gleichgewicht R343
relativistisch invariante Eichungen R347
relativistische Astrophysik R348
~ Bewegung R361
~ Dynamik R350
~ Effekte R351
~ Elektrodynamik R352
~ Geschwindigkeit R366
~ Invariante R355
~ Invarianz L363, R354
~ Kinematik R356
~ Kosmologie R349
~ Masse R357
~ Massenänderung R358
~ Mechanik R359
~ Thermodynamik R365
~ Verallgemeinerung R353
relativistischer Bereich R364
~ Impuls R360
relativistisches Plasma R363
~ Teilchen R362
Relativität R367
Relativitätsdynamik R350
Relativitätskinematik R356
Relativitätsmechanik R359
Relativitätsprinzip R368
Relativitätstheorie R367, R369, T81
Relaxation D78, R370
Relaxationsgenerator R376
Relaxationskanal R371
Relaxationskurve R372
Relaxationslänge R374
Relaxationsschwingungen R375
Relaxationsübergänge R378
Relaxationsweglänge R374
Relaxationszeit R377
Reliktneutrino R381
Reliktquark R382

RELIKTSTRAHLUNG

Reliktstrahlung C763, R383
Reliktstrahlungsisotropie R384
Reluktanz M114
Rem R529
remanente Magnetisierung R389
Rem-Einheit R529
Remissionsgrad L413
renormierbare Störungstheorie R400
~ Theorie R396
Renormierbarkeit R395
Renormierung R397
Renormierungsgruppe R398
Renormierungsinvarianz R399
Reorientierung R401
Replik R404
Reproduktionsfaktor F156
Reproduzierbarkeit R406
Repulsion R407
Resonanz R424
Resonanzabsorber R425
Resonanzabsorption R426
Resonanzbeschleuniger R447
Resonanzdurchtritt R451
Resonanzeinfang R429
Resonanzenergie R434
resonanzferner Zustand O31
Resonanzflucht R435
Resonanzfluoreszenz R436
Resonanzfrequenz R437
Resonanzionisation R450
Resonanzkanal R430
Resonanzkreis O284, R448
Resonanzkurve R432
Resonanzkurvenflügel W132
Resonanzlinie R439
Resonanzlumineszenz R440
Resonanzneutronen R441
Resonanzniveau R438
Resonanzquerschnitt R431
Resonanzschwingungen R442
Resonanzstrahlung R444
Resonanzstreuung R445
Resonanzstromkreis R448
Resonanzteilchen R443
Resonanzübergang R451
Resonanzverbreiterung R428
Resonanzverstärker R427
Resonator R452
Resonatorselektivität R453
Rest R414
Restaktivität R409
Restmagnetisierung R388
Restpolarisation R390
Restreichweite R412
Restspannung R413
Resultierende R463, R464
resultierende Kraft R464
retardierende Spannung D59
retardiertes Potential R468
reversible Änderung R478
~ Deformation R480
reversibler Prozeß R481

~ Übergang R482
~ Zyklus R479
Reynoldssche Zahl R485
Reynolds-Zahl R485
Reziprozität R233
Reziprozitätsprinzip R234
RHEED-Methode R297
Rhenium R489
Rheologie R490
Rhodium R493
rhombischer Kristall R495
rhombisches Kristallsystem O267, R496
rhomboedrisches Kristallsystem R497
Rhombusantenne R494
Ricci-Tensor R498
Richardson-Gleichung R499
Richardsonsche Gleichung R499
Richtdiagramm D383
Richter-Skala R500
Richtfähigkeit D391
Richtfaktor D391
Richtkoppler D381
Richtmoment R460
Richtstrahler D390
Richtstrahlung D384
Richtung D380
~ der leichtesten Magnetisierbarkeit A713, D386, E7
Richtungscosinusse D385
Richtungskorrelation A396
Richtungsumkehr R474
Richtungsverteilung A398
Richtverhältnis D391
Richtvermögen D391
Riemannsche Invariante R502
~ Welle R503
Riemannscher Raum R501
Riese G156
Riesenimpuls G153
Riesenimpulslaser G154
Riesenoszillationen G152
Riesenresonanz G155
Riesenstern G156
Righi-Leduc-Effekt R504
Rille G270
Ring R512
Ringbeschleuniger C297, R513
Ringinterferometer R514
Ringlaser R515
Ringnut C300
Ringresonator R516
Rinneninstabilität F232
Rippelwellen C55
Riß F185
Rißbildung C832
Rißende C834
Risseprüfer F187
Rißkeim C833
Rißspitze C834

Ritzhärteprüfer S90
Rochesche Grenze R519
Rockwell-Härte R523
Rohr P600
Röhre T425, V44
Rollreibung R531
Röntgen R528
Röntgenabsorption X3
Röntgenabsorptionsspektralanalyse X4
Röntgenabsorptionsspektroskopie X5
Röntgenabsorptionsspektrum X6
Röntgenastronomie X7
Röntgenausbruch X22
Röntgenbeugung X13
Röntgenbeugungsbild X16
Röntgenbeugungsgerät X17
Röntgenbeugungsmethode X15
Röntgenbild X28
Röntgendefektoskopie X23
Röntgendiagnostik X12
Röntgendiagramm X16
Röntgendiffraktion X13
Röntgendiffraktionsmethode X15
Röntgendiffraktometer X17
Röntgendiffraktometrie X18
Röntgen-Doppelsternsystem X8
Röntgeneinheit R528
Röntgenemissionsspektroskopie X22
Röntgenemissionsspektrum X21
Röntgenfluoreszenz X24
Röntgenfluoreszenzanalyse X25
Röntgengoniometer X26
Röntgenhärte X27
Röntgeninterferenz X30
Röntgeninterferometrie X31
Röntgenkammer X9
Röntgenkristallstrukturanalyse X10, X11
Röntgenlabor X32
Röntgenlaboratorium X32
Röntgenlaser X33
Röntgenlinse X34
Röntgenlithographie X35
Röntgenlumineszenz R530
Röntgenmikroskop X36
Röntgenmikroskopie X37
Röntgenoptik X40
Röntgenpulsar X41
Röntgenquant X42
Röntgenquelle X46
Röntgenradiographie X43
Röntgenröhre X56
Röntgenschirmbildphotographie F230
Röntgenspektralanalyse X48
Röntgenspektrometer X47
Röntgenspektroskopie X49
Röntgenspektrum X50
Röntgenspiegel X38

Röntgenstern X51
Röntgenstrahlen X44
Röntgenstrahlenintensität X29
Röntgenstrahleninterferenz X30
Röntgenstrahlenmonochromator X39
Röntgenstrahlenquelle X46
Röntgenstrahlenstreuung X45
Röntgenstrahlung X19, X44
Röntgenstrahlungsquant X42
Röntgenstreuung X45
Röntgenstrukturanalyse X10, X52
Röntgenteleskop X53
Röntgentomographie X54
Röntgentopographie X55
Rotamer C592
Rotation C960, R541
~ um eine Achse R542
~ um einen Punkt R543
Rotationsachse R558
Rotationsbande R544
Rotationsbewegung R537, R551
Rotationsdichroismus C298
Rotationsdispersion O188, R535
Rotationsenergie R546
Rotationsenergieniveau R549
Rotationsisomer C592, R547
Rotationsisomerie C591, R548
Rotationskonstante R545
Rotationslinie R550
Rotationsniveau R549
Rotationsquant R552
Rotationsquantenzahl R553
Rotationsrichtung S199
Rotationsschwingungsbande V121
Rotationsschwingungsübergang V124
Rotationsschwingungsunterniveau V123
Rotationsschwingungswechselwirkung V122
Rotationsspektrum R554
Rotationstemperatur R555
Rotationsträgheit R536
Rotationsübergang R556
Rotationszentrum C158
Rotator R562
roter Riese R270
~ Zwerg R269
rotierende Hantel R539
~ Sterne R540
Roton R565
Rotor R566
Rotverschiebung R271
Rubidium R568
Rubin R569
Rubinkristall R570
Rubinlaser R571
Rückflanke T316
Rückführmoment R460
Rückkehrkoeffizient C368

Rückkehrkurve R238
Rückkehrpunkt C983
Rückkopplung F44
Rückkopplungsempfang R327
Rückkopplungsfaktor F45
rücklaufende Welle B16
Rückläufigkeit R469
Rückprall R236
Rückschlag R236
Rückspannung B14, I372
Rückstand R414
Rückstellmoment R460
Rückstoß R236
Rückstoßatom R237
Rückstoßbewegung J11, P946
Rückstoßimpuls R240
Rückstoßion R239
Rückstoßkern R241
Rückstrahler R306, R470
Rückstrahl-Laue-Methode B9
Rückstrahlung R293
Rückstrahlvermögen A281
Rückstreuung B10
Rückstreuungs-Ionosphärensondierung B13
Rückwärtswelle B16
Rückwärtswellenmagnetron C72
Rückwärtswellenröhre B17, C69
Rückwirkung R454
Rückwirkungskraft R215
Ruhedruck S741
Ruheenergie R457
Ruhemasse M239
ruhender Druck S741
Ruhenergie R457
ruhige Ionosphäre Q137
~ Sonne Q138
ruhiger Tag Q136
ruhiges Plasma U53
Ruhmasse M239
Runaway-Effekt E410
Runaway-Elektronen E413, R572
Rundfunkempfänger R127
Rundfunksender R138
Rundfunksignal R129
Rundstab R524
Rundstrahlantenne O43
Rundstrahler O45
Rundstrahlung O44
Runzelleiter C760
Ruthenium R574
Rutherford R575
Rutherford-Einheit R575
Rutherfordsche Streuung R576
Rutherfordsches Atommodell P633
Rutherford-Streuung R576
Rydberg R577
Rydberg-Konstante R579
Rydbergsches Atom R578
Rydberg-Serie R580
Rydberg-Spektrometer R581

S

Sabatier-Effekt S1
Sabin S2
Saccharimeter S3
Saccharimetrie S4
Sacharimeter S3
Sacharimetrie S4
Sack-Nukleon N411
Sägezahngenerator S35
Sägezahnspannung S36
Sagnac-Interferometer S12
Sagnacscher Versuch S11
Sagnac-Versuch S11
Saha-Gleichung S13
Saite S897
Saiteninstanton S901
Saitenmodell S898
Saitenschwingung V131
Saitenspannung S900
säkulare Parallaxe S119
~ Variationen S120
Säkularparallaxe S119
Säkularvariation S120
Salpeter-Bethe-Zweinukleonengleichung B173
Samarium S14
Sammellinse C411, C687
Sammelschiene B382
Sammelspiegel C412
Sampling-Oszilloskop S17
Satellit S18, S18
Satellitenlaserortung S19
Sattdampf S22
Sattelpunkt S5
Sattelpunktmethode S6
Sättigung S24
Sättigungsdampfdruck S23
Sättigungsdichte D157
Sättigungsdruck S23
sättigungsfähiger Farbstoff S20
Sättigungskurve S25
Sättigungslinie S25
Sättigungsmagnetisierung S26
Saturationskernsonde F236
Saturn S32
Satz L150, S211
~ über die Entropiezunahme E348
~ vom Maximum des Moduls M281
~ von Clausius C320
~ von der Erhaltung der Ladung C202
~ von Malus M210
~ von der Vermehrung der Entropie E348
Sauerstoff O326
Savartsche Doppelplatte S33
~ Platte S33
Savartsches Polariskop S33

SAW-FILTER

SAW-Filter S1048
SAW-Verzögerungsleitung S1047
SBS S819
SBS-Laser S38
SBS-Umkehrspiegel P288
SBS-Zelle S37
Scaling S50, S53
Scanner S56
Schale S231
Schalenkreuzanemometer C955
Schalenmodell S232
Schalentarget S233
Schall S438
Schallabsorption S441
Schallabsorptionsstoff S440
Schallanalyse S442
Schallausbreitung S465
Schallbild A111
Schallbrechung R318
Schallbündelung S452
Schalldämmstoff S455
Schalldämmung S456
Schalldämpfung S443
Schalldiffraktion D298, S445
Schalldruck A126, P876, S463
Schalldurchgang T361
Schalleistung A125
Schallempfänger A103
Schallenergie A105, S446
Schallenergiedichte S447
Schallenergiefluß S448, V209
Schallfeld S450
Schallfluß V209
Schallfokussierung S452
Schallgeschwindigkeit V97
Schallgeschwindigkeitsdispersion S474
Schallimpuls S466
Schallintensität S457
Schallisolierung S456
Schallkonzentration S452
Schallkonzentrator A99
Schallmauer S433
schallnahe Strömung T360
schallnaher Flug T359
Schallortung S469
Schallpegelmesser S460
Schallquant P360
Schallquelle S472
Schallradar S469
Schallreflexion S470
schallschluckender Stoff A94
schallschluckendes Material A94
Schallschlucker A94
Schallschluckstoff A94, S440
Schallschluckung S441
Schallschwingungen S475
Schallsonde A127
Schallspektroskopie A140
Schallspektrum S473
Schallstärke S457
Schallstrahler A130

Schallstrahlung S467
Schallstrahlungsdruckmesser A131
Schallstreuung S471
schalltoter Raum A380
Schalltrichter H271
Schallwaage A131
Schallwelle A142
Schallwellen A95
Schallwellenimpuls A144
Schallwelleninterferenz A114
Schallwellenwiderstand A135
Schalter C987, S1094
Schaltung C296
Schaltungsanalyse N76
scharfe Abbildung I188
Schärfentiefe D179
scharfes Bild S219
Scharmittel E343
Scharmittelwert E343
Scharmittelwertbildung E344
Schattenbild S214
Schattenkegel S212
Schattenmethode S213
Schattenverfahren S213
Schauer C769, C773, S268
~ der kosmischen Strahlung C769, C773
Schauerkammer S269
Schaum F246
Scheibe D421
Scheidewand M339
scheinbares Bild V151
Scheinleitwert A218
Scheinwerfer P934
Scheinwiderstand I51
Scheitelwert M198, P178
Scherbruch S223
Scherdeformation S222
Scherfestigkeit S226
Scherschwingung S228
Scherspannung S227, T12
Scherung S221
Scherungsmodul M557, S224
Scherungsschwingung S228
Scherungssteifigkeit S225
Scherungswelle S229
Scherverformung S222
Schicht F119, L158, S230
Schichtaufdampfen F123
Schichten S868
schichtförmig ausgebildete Einlagerungsverbindungen I281
Schiebe S230
Schiebung T346
schiefe Ebene I93
Schiefe der Ekliptik O7
Schirm S92
Schirmbildaufnahme F230
Schlag S239
schlagartige Beanspruchung I45
Schlagbeanspruchung I45

Schlagimpuls I46
Schlagmahlen I43
Schlagversuche I50
Schlagzähigkeit I49, S245
Schleier F268
Schleife L357
Schleifmittel A9
Schleuderkraft C165
Schlierenkammer S874
Schlierenmethode S79
Schlitz G50, S344
Schlitzantenne S345
Schlitzblende S346
Schlupf S338
Schlüssel K20
Schmalbandfilter N7
Schmalbandhalbleiter N9
Schmalbandstrahlung N8
schmale Resonanz N12
~ Spitze N11
schmaler Lichtstrahl P196
schmales Bündel N10
Schmelzen F438, M336
Schmelzkurve M337
Schmelzpunkt M338
Schmelzsicherung F436
Schmelzstöpsel F437
Schmelzung M336
Schmelzwärme H93
Schmerzschwelle T226
schmiedbares Metall D605
Schmiedbarkeit F283
Schmieden F284
Schmieren L407
Schmierstoff G258
Schmierung L407
Schneiden I337
schnelle Neutronen F31
schneller Reaktor F30
schnelles Untersystem F32
Schnitt C984, I337, S117
Schnittstelle I290
Schnur C718
schönes Meson B126
Schottky-Barriere S80
Schottky-Effekt S81
Schrägeinfall O6
schräger Einfall O6
Schrägstrahl I92
Schranke B63
Schraubenachse S95
Schraubenbewegung H121, S98
schraubenförmige Bewegung S98
Schraubeninstabilität S97
Schraubensinn H123
Schraubenversetzung S96
Schrödinger-Gleichung S82
Schrödingersche Wellengleichung S82
Schroteffekt S267
Schrotrauschen S267
Schub S221

SELBSTENTLADUNG

Schubbruch S223
Schubdeformation S222
Schubfestigkeit S226
Schubmittelpunkt F191
Schubmodul M557, S224
Schubnikow-de-Haas-Effekt S270
Schubspannung S227, T12
Schubstrahl J8
Schubverformung S222
Schubwelle S229
Schulter P186
Schuß S266
Schutz P948, S237
~ gegen ionisierende Strahlung P949
Schutzeffekt P950
Schutzschirm S92
Schutzwirkung P950
schwach ionisiertes Plasma W76
~ nichtideales Plasma W77
~ verbotener Übergang W75
schwache Fokussierung W68
~ Hyperladung W69
~ Wechselwirkung W70
schwacher Ferromagnetismus W66
«schwacher» Isospin W73
schwacher Übergang W78
schwaches Feld W67
~ Isodublett W74
~ Isotopendublett W74
Schwächung A646
Schwächungsfaktor A647
Schwächungskoeffizient A647
Schwächungslänge A650
Schwankungen F213
Schwankungskorrelation F212
Schwartzschild-Radius S83
schwarze Strahlung C135, E384
~ Temperatur B334, L414, R11
schwarzer Körper B216, F419
~ Strahler B216, C502, F419, T305
schwarzes Loch B220
Schwarzkörperstrahlung B217, E384
Schwärzung B218, P441
Schwärzungsbereich D159
Schwärzungsdichte D154
Schwärzungsmesser D152
Schwärzungsmessung D153
Schwärzungsumfang D159
Schweben L194
Schwebungen B125
Schwebungseinhüllende B123
Schwebungsfrequenz B124
Schwefel S965
Schweigekegel C574
Schweißen W97
Schweißung W97
Schwelle T223
Schwellen S1092

Schwellenintensität T224
Schwellenspannung T230
Schwellung S1092
Schwere G252
schwere Masse G232
Schwereanomalien G253
Schwerebeschleunigung F345, G234
Schwerefeld G238
Schwerelosigkeit Z10
schwerer Wasserstoff D212
schweres Isotop H105
~ Lepton H106
~ Meson H107
~ Quark H109
~ Teilchen H108
~ Wasser H110
Schwerkraft G252
Schwerpunkt C148
Schwerpunktsystem C150
Schwerwasser H110
Schwerwasser-Moderator H111
Schwimmen F199
Schwingbeanspruchung C994
schwingend-angeregtes Molekül V117
schwingende Bewegung V118
Schwingkreis O284
Schwingquarz P582
Schwingsystemgüte Q3
Schwingungen O271, V132
~ geringer Amplitude S353
Schwingungsamplitude O272
Schwingungsbande V113
Schwingungsbauch A475
Schwingungsbewegung V118
Schwingungsdämpfung O273
Schwingungsdauer O277
Schwingungsdekrement D71
Schwingungsenergie V114
Schwingungsfiguren C268
Schwingungsfrequenz O275, V130
Schwingungsgeschwindigkeit V128
Schwingungsisochronismus I504
Schwingungslinie V116
Schwingungsmittelpunkt C154
Schwingungsmodus M526
Schwingungsniveau V115
Schwingungsperiode O277
Schwingungsphase O278
Schwingungsquant V119
Schwingungsquantenzahl V120
Schwingungsspektrum V125
Schwingungsstabilität O280
Schwingungssystemgüte Q3
Schwingungstemperatur V127
Schwingungsunterniveau V126
Schwingungsweite A351, R171
Schwingungszahl V130
Schwund F11
Schwungrad F244

SCNA-Effekt S957
SCS S820
SEA-Effekt S959
Sechseck H168
Sechsflächner H172
Sechspolröhre H173
Sedimentation S122
Sedimentationsanalyse S123
Seeback-Effekt S124
Seequark S101
Sehen V173
Sehfeld F106
Sehfeldblende F108
Sehkontrast V175
Sehne C273
Sehschärfe A188, V174
Sehwinkel A392
Seifert-Galaxien S126
Seignetteelastikum F70
Seignetteelastizität F71
seignetteelektrischer Bezirk F74
~ Kristall F73
Seignetteelektrizität F76
Seileck S899
Seilpolygon S899
Seismik S130
seismische Unruhe M465
~ Wellen S128
~ Zone S129
Seismizität S127
Seismologie S130
Seitenband S274
Seitenfrequenz S275
Seitenmodenunterdrückungs- verhältnis S276
sekundäre Höhenstrahlung S103
Sekundärelektronenemission S104
Sekundäremission S104
Sekundäremissionsbild S106
Sekundäremissionskoeffizient S105
Sekundärionenmassenspektro- metrie S107
Sekundärnormal S112
Sekundärspannung S113
Sekundärspiegel S108
Sekundärstrahler S111
Sekundärstrahlung S110
Sekunde S102
Selbstabschirmung S172
Selbstabsorption S144
selbstähnliche Bewegung S175
~ Strömung S167
Selbstähnlichkeit S174
selbständige Entladung S177
Selbstauslöschung C543
Selbstbeschleunigung S145
Selbstdefokussierung S153
Selbstdiffusion S154
Selbstdiffusionsplastizität S155
Selbstentladung S156

selbsterregte Schwingungen S159
selbsterregter Laser F352
Selbsterregung S158
selbstfokussierender Ring S161
Selbstfokussierung S160
Selbstinduktion S165
Selbstinduktionskoeffizient S164
Selbstinduktivität S164
selbstinduzierte Strahlung S162
~ Transparenz S163
Selbstionisation A686
Selbstkanalierung S148
selbstkonjugierter Operator S149
selbstkonsistentes Feld S150
Selbstkontraktion S152
Selbstmodulation S169
Selbstumkehr S170
Selbstumkehrung S170
Selbstwirkung S146
Selektion S131
selektive Absorption S133
~ Detektierung S134
~ Detektion S134
~ Dissoziation S135
~ Durchlässigkeit S140
~ Extraktion S136
~ Ionisation S137
~ Laserdetektion L105
selektiver Spiegel S138
~ Strahler S139
Selektivität S141
~ des Filters F127
Selektivstrahler S139
Selektorimpuls G80
Selen S142
Selengleichrichter S143
seltene Erden R181
Seltenerden R181
Seltenerdion R178
Seltenerdmagnet R179
Seltenerdmetalle R180
seltsame Teilchen S865
seltsamer Attraktor S862
semileptonischer Zerfall S193
Senden T350
Sender R138, T357
Senke D583, S328
Senkrechte N314
senkrechter Einfall N318
sensibilisierte Lumineszenz S202
Sensibilisierung S201
Sensitometrie S203
Sensor P546
Serie S211
Serienkreis S208
Serienresonanz S210
Serienstromkreis S208
SFA-Effekt S960
SFD-Effekt S961
Shockley-Diode S242
Shunt S271

SI I330
Sicherheitsdosis S8
Sicherheitsfaktor S10
Sicherheitsgrad S10
Sicherheitskanal S9
Sicht R174
sichtbare Strahlung O181, V171
sichtbarer Spektralbereich V172
sichtbares Bild V169
~ Objekt V170
~ Spektralgebiet V172
Sichtbarkeitsschwelle T228
Sichtbarmachung V177
~ der Schallfelder S451
~ der Strömung F211
Sichtweite R174
SID-Effekt S962
siderische Zeit S277
Siebenpolröhre H141
Siedekrise B247
Sieden B246
siedende Flüssigkeit B248
Siedepunkt B249
Siedetemperatur B249
SI-Einheiten S332
Siemens S279
Sievert S280
Signalabschwächung S283
Signaldämpfung S283
Signal-Rausch-Verhältnis S286
Signatur S287
Signifikanz S289
Silber A522
Silikate S291
Silizium S292
SIMS S107
Simulation M531, S300
Single-Turn-Injektion S323
singulärer Punkt S326
Singularität S326
Singulett S321
Singulettzustand S322
Sinn D380
Sintern A267
Sinterung F142
Sinterwerkstoff C173
sinusförmige Schwingungen S330
Sinus-Gordon-Gleichung S302
Sinuskurve S301
Sinuslinie S301
Sinusoide S301
Sinusschwingungen S330
Sirene S331
SI-System I330
Skala S47
Skalar I364, S40
skalare Größe S40
skalares Feld S41
~ Meson S42
~ Photon S44
~ Potential S45

~ Produkt S46
~ Teilchen S43
Skalarfeld S41
Skalarpotential S45
Skalarprodukt S46
Skale D226
Skalenteilstrichabstand S48
Skalenteilung D523, S48
Skandium S55
Skineffekt S335
Sklerometer S90
SK-Magnetometer F237
SK-Sonde F236
S-Matrix S77
smektischer Flüssigkristall S357
Snelliussches Brechungsgesetz S359
Sogverschleiß C130
Sol S366
solare Gammastrahlung S386
~ kosmische Strahlung S375
~ Radiofrequenzstrahlungsausbrüche O295
~ Radiostrahlung S399
solares Neutrino S392
Solarkonstante S373
Solarpumpen S397
solar-terrestrische Physik S402
Solenoid S406
solenoidales Feld S407
Solenoidspule S406
Sol-Gel-Verfahren S408
Solidusfläche S421
Soliduskurve S420
Soliduslinie S420
Soliton S422
Solitonlaser S423
Solvatation S428
Solvatisierung S428
Sommerfeldsche Theorie S430
Sonar S431
Sonde P915, P915, S432, S438
Sondendiagnostik P917
Sondenimpuls P920, S454
Sondenmessungen P918
Sondenmethode P919
Sondierung S453
Sonne S969
Sonnenaktivität S367
Sonnenaktivitätsindex S368
Sonnenaktivitätsmaximum S390
Sonnenaktivitätsminimum S391
Sonnenatmosphäre S369
Sonnenbatterie S370
Sonnenbestrahlung I231
Sonnenchromosphäre S371
Sonnendaten S377
Sonneneinstrahlung I231
Sonnenenergie S381
Sonnen-Erden-Physik S402
Sonneneruption F173, S383
Sonneneruptionsklasse F174
Sonneneruptionsmodell S384

Sonnenferne A497
Sonnenfinsternis S379
Sonnenfinsternisisochrone S380
Sonnenfleck S970
Sonnenfleckenzahl S971
Sonnengranulation S387
Sonnenkorona S374
Sonnenmagnetfeld S388
Sonnenmagnetograph S389
Sonnennähe P228
sonnennahe Planeten I177
Sonnenphotosphäre S393
Sonnenphysik S394
Sonnenplasma S395
Sonnenprotuberanz S396
Sonnenröntgenstrahlung S405
Sonnenspektrum S400
Sonnenstrahlung S398
Sonnenstrahlungsfluß S385
Sonnenstrahlungskonzentrator S372
Sonnensystem S401
Sonnensystementwicklung F291
Sonnentag S378
Sonnentätigkeit S367
Sonnenwind S403
Sonnenwinddruck S404
Sonolumineszenz S435
Sorption S436
Sortierkammer S437
Sourceelektrode S477
SPA-Effekt S964
Spalt C322, G50, S344
spaltbares Material F151
Spaltbarkeit C323
Spaltbarriere F153
Spaltblende S346
Spaltbruch C324
Spaltbruchstücke F157
spaltendes Isomer F159
spaltfähiger Kern F152
Spaltfläche C325
Spaltfragmente F157
Spaltkammer F154
Spaltlinse S661
Spaltneutronen F161
Spaltproduktkontamination F163
Spaltquerschnitt F155
Spaltschwelle F164
Spaltung C324, F150
Spaltungsbarriere F153
Spaltungsisomerie F160
Spaltungskammer F154
Spaltungsquerschnitt F155
Spaltungsschwelle F164
Spaltwahrscheinlichkeit F162
Spaltzone C719, R223
Spaltzonenbeladung C720
Spannung S855, S886, T54, V190
spannungsabhängiger Widerstand V69

Spannungs-Dehnungs-Diagramm S894
Spannungs-Dehnungs-Kurve S893
Spannungsdeviator S889
Spannungsfeld S890
Spannungsintensität S891
Spannungskonzentration S887
Spannungskorrosion S888
Spannungsmesser V202
Spannungsquelle V196
Spannungsrelaxation S892
Spannungsschwankungen V193
Spannungsstabilisation V197
Spannungsstehwellenverhältnis V198
Spannungsteiler V191
Spannungsteilung V192
Spannungstensor S895
Speckle-Interferometrie S540
Speicher A86, S851
Speicheroszilloskop S852
Speicherring S853
Speiseleitung F46
Spektator S541
Spektator-Nukleon S542
Spektator-Quark S543
Spektralanalysator S595
Spektralanalyse S544
Spektralbande S545
spektralbegrenzter Impuls S559
Spektralbereich S565, S566
Spektraldiagnostik S588
Spektraldichte S549
Spektraldublett S551
spektrale Darstellung S567
~ Empfindlichkeit S568
~ Empfindlichkeitskurve S569
~ Intensität S554
~ Leistungsdichte P846
~ Verteilung S550
Spektralempfindlichkeit S568
Spektralforschungen S591
Spektralgebiet S566
Spektralgeister S552
Spektralindex S553
Spektralintensität S554
Spektralklassen der Sterne S546
Spektralklassifikation S547
Spektralkorrelator S548
Spektrallinie S555
Spektrallinienbreite L277
Spektrallinienform S557
Spektrallinienmgüte S558
Spektrallinienintensität I266, L271, S556
Spektrallinienkontur S557
Spektrallinienprofil S557
Spektrallinienverbreiterung B346
Spektralmessungen S560
Spektralphotometer S580
Spektralphotometrie S583

SPHÄRISCHES

spektralphotometrische Analyse S582
Spektralprisma S590
Spektralquartett S562
Spektralquintett S563
Spektralserien S570
Spektralstrahlung S564
Spektralterm T63
Spektralterme S571
Spektraltypen S546
Spektralverteilung S550
Spektrofluorometer S572
Spektrogramm S573
Spektrograph S574
Spektrographenkammer S575
Spektroheliograph S576
Spektrometer S577
Spektrometerquelle S578
Spektrometrie S579
Spektrophotometerkurve S581
Spektropolarimeter S584
Spektroradiometer S585
Spektroskop S586
Spektroskopie S592
~ im Sichtbaren O194
spektroskopische Diagnostik S588
~ Forschungen S591
~ Parallaxe S589
Spektrum S593
Sperre B63
Sperrichtung B15
Sperrschicht B65
Sperrschichtgleichrichtung B67
Sperrschichtkapazität B66
Sperrschichtphotoeffekt P438, P526
Sperrschwinger B234
Sperrspannung B14
spezielle Relativitätstheorie S530
spezifische Ausstrahlung E297, R12
~ Drehung S537
~ Konzentration S531
~ Leitfähigkeit C567, S532
~ Lichtausstrahlung L431
~ Refraktion S535
~ Wärmekapazität S534
spezifischer Leitwert C567
~ magnetischer Widerstand R386
~ Wärmewiderstand T142
~ Widerstand R419, S536
spezifisches Gewicht S533
~ Volumen S538
Sphäre S601
sphärische Aberration S602
~ Harmonische S605
~ Koordinaten S603
sphärischer Spiegel S608
sphärisches Pendel S609
~ Target S611

503

SPHÄROID

Sphäroid S613
Sphärolith S615
Sphärometer S614
sphärosymmetrische Strahlung S607
Spicula S616
Spiegel M505, R306
Spiegelantenne R307
Spiegelbild M507
Spiegelbildisomer E307, O139
Spiegelbildisomerie O140
Spiegelebene M512
Spiegelfalle S515
Spiegelisobar M508
Spiegelisomer M509
Spiegelkerne M511
Spiegelklystron R309
spiegelnde Reflexion S598
Spiegelsymmetrie M514
Spiegelteleskop R292
Spiegelung M513, S598
Spiegelverluste M510
Spiel C322
Spikulen S616
Spin S619
Spin-Bahn-Kopplungskonstante S638
Spin-Bahn-Wechselwirkung S639
Spindiffusion S621
Spindynamik S622
Spinecho S623
Spinell S624
Spin-Gitter-Relaxation S630
Spin-Gitter-Wechselwirkung S629
Spingläser S628
Spinkorrelation S620
spinloses Teilchen S631
Spinmagnetismus S632
Spinmatrix S633
Spinmoment S634
Spinor S635
Spinorbital S636
Spinor-Elektrodynamik S640
Spinorfeld S641
Spinorteilchen S642
Spin-Phonon-Wechselwirkung S644
Spinpolarisation S645
Spinquantenzahl S647
Spinquantisierung S646
Spinresonanz S648
Spin-Spin-Wechselwirkung S650
Spin-0-Teilchen S631
Spintemperatur S651
Spinthariskop S652
Spinübergang S653
Spinumkehr S625
Spinumkehrübergang S626
Spinumkehrung S625
Spinwelle S654

Spinwellen-Verzögerungsleitung S655
Spinwellenfunktion S636
Spirale H134, S657
Spiralgalaxie S658
Spiralität S660
Spiralnebel S658
Spiralstruktur H122
Spitze C983, P176, S617, T272
Spitzenkontakt P718
Spitzenleistung P177
Spitzenwert C838, P178
spontane Dissoziation S666
~ Emission S667
~ Lumineszenz S669
~ Magnetisierung S670
~ Polarisation S671
~ Polarisierung S671
~ Spaltung S668
~ Symmetriebrechung S665
Spontanemission S667
spontaner Übergang S675
spontanes Neuverbinden S673
~ Sieden S664
Spontanlumineszenz S669
Spontanmagnetisierung S670
Spontanspaltung S668
Sprachanalysator S599
Spreizdruck D420
Springbrunneneffekt F299
Sprödbruch B340
spröder Bruch B340
Sprödigkeit B341, F323
Sprühentladung S677
Sprung J24
Sprungcharakteristik T332
Spule C398
Spur T312
Spurdetektor T314
Spurenkammer T313
Spurion S679
Spurmembran T315
Sputtern S681
s-Quark S866
Squid S688, S983
SRS-Strahlung S689
SSWV C975
Stab B46, R524
Stäbchen R524
Stabdeformation R525
stabile Modifikation S701
stabiles Gleichgewicht S699
~ Isotop S700
Stabilisation S696
Stabilisator S697
Stabilisatorröhre V195
Stabilisierung S696
Stabilisierungskreisel G312
Stabilität S690
Stabilitätsbereich S695
Stabilitätsdiagramm S691
Stabilitätsgebiet S695
Stabilitätsreserve S692

Stabverdrehung R526
Stabvibrationen R527
Standard S707
Standardabweichung S711
Standardatmosphäre S708
Standardquelle R283, S715
Standardsignalgenerator S714
Standhöhenmesser L189
Stange R524
Stapelfehler S704
Stapelfehlordnung S704
stark nichtideales Plasma S910
Stark-Aufspaltung S727
Stärke D177, I262, S884, T200
starke Fokussierung S908
~ Wechselwirkung S909
Stark-Effekt S726
Stark-Effekt-Verbreiterung S725
starkes Feld S907
Stark-Teilniveau S728
Stark-Unterniveau S728
Stark-Verbreiterung S725
starre Drehung R510
~ Konstruktion R508
~ Rotation R510
starrer Körper R507
~ Rotator R511
Starrkonstruktion R508
Starrkörperbewegung M654
Startimpuls I212
Startmasse L146
Statik S742
stationäre Bewegung S746
~ Interferenz S744
~ Quelle S749
~ Schwingungen S747
~ Strömung S769
stationärer Prozeß S748
~ Strom S769, S772
~ Zustand S750
stationäres Modell S745
~ Sieden S743
~ Target F167
~ Universum S752
statische Belastung S740
~ Elektrizität S738
~ Ladung S737
statischer Druck S741
Statistik S768
statistische Gesamtheit S757
~ Interpretation S760
~ Mechanik S761
~ Optik S763
~ Physik S764
~ Radiophysik S765
~ Thermodynamik S766
~ Verteilung S756
statistischer Bootstrap S754
statistisches Gewicht S767
~ Gleichgewicht S758
~ Integral S759
~ Kriterium S755

STRAHLENBRECHUNG

~ Modell S762
Staub D610
staubfreier Raum C321
Staubwolke D611
Staudruck D624, H66, P873, V93
Staupunkt S706
Stefan-Boltzmann-Strahlungsgesetz S779
stehende Wellen S718
Stehwellen S718
Stehwellenmesser S716
Stehwellenverhältnis S717
steife Konstruktion R508
Steifheit S814
Steifigkeit S814
Steigung I90
Steigungswinkel P606
Steilheit S778
Stellarator S784
Stellardynamik S787
Stellungsisomerie P806
Steradiant S806
Stereobetatron S807
Stereochemie S808
stereographische Projektion S809
Stereoisomerie S810
Stereophonie S811
Stereoskopie S813
stereoskopisches Sehen S812
Stern S719
Sternaberration S780
Sternabstände S786
Sternaktivität S781
Sternassoziation S782
Sternatmosphäre S783
Sternbildung S723
Sterndynamik S787
Sternenbild S724
Sternenjahr S278
Sternentstehung S723
Sternentwicklung S788
Sternflimmern S799
Sterngröße S793
Sternhaufen S722
Sternhelligkeit B335, S785
Sterninneres S791
Sterninterferometer S790
Sternjahr S278
Sternkatalog S721
Sternnähe P226
Sternparallaxe S794
Sternphotometrie A564, S795
Sternpopulation S796
Sternrotation S798
Sternschnuppenfall M400
Sternspektren S800
Sternspektroskopie A565
Sternstrahlung S797
Sternsystem G25
Sternszintillieren S799
Sternverzeichnis S721

Sternwind S801
Sternzeit S277
stetige Abhängigkeit C647
~ Funktion C651
Stetigkeit C643
Steuergenerator M255
Steueroszillator M255
Steuerung C668
Stichprobe S15
Stichprobenprüfung P211
Stickstoff N176
stigmatische Abbildung S815
Stilb S816
stille Entladung S290
Stimmgabel T431
stimulierte Absorption S817
~ Brillouin-Streuung S819
~ Compton-Streuung S820
~ Desorption S821
~ Diffusion S822
~ Emission S823
~ Lichtstreuung S824
~ Lumineszenz S825
~ Raman-Streuung S829
~ Temperaturstreuung S830
~ Verstärkung S818
stimulierter Raman-Effekt S829
stimuliertes Quant S827
Stirling-Formel S833
Stirling-Prozeß S832
Stirlingsche Formel S833
Stirlingscher Kreisprozeß S832
stochastische Beschleunigung S834
~ Schwingungen S837
stochastischer Prozeß S838
Stochastisierung S840
Stochastizität S836
Stöchiometrie S843
stöchiometrischer Defekt S842
~ Faktor S841
~ Koeffizient S841
Stoff M260, M274, S945
Stoffmengenkonzentration M564
Stoffmodifikation durch Strahlen geladener Teilchen M262
Stokes S844
Stokessche Komponente S845
~ Linie S847
Stokesscher Parameter S848
Stokessches Gesetz S846
Störatom I72
störende Beeinflussung I292
~ Kraft P271
Störfestigkeit N188
Störion I78
Störkapazität S873
Störkraft P271
Störniveau I79
Störpegel N189
Störquelle I302
Störstelle D79, I71

Störstellenatom I72
Störstellenband I73
Störstellendichte D80, I76
Störstelleneinfang I74
Störstellengebiet I81
Störstellenhalbleiter E537
Störstellenkonzentration I76
Störstellenleitung I77
Störstellenniveau I79
Störstellenwanderung I80
Störstellenzentrum I75
Störung D510, I292, P267
Störungsmethode M410
Störungstheorie P268
Störwellenmethode D491
Störzentrum I75
Stoß C429, I41, S239
~ erster Art C440
~ zweiter Art C441
Stoßanregung S240
Stoßbeanspruchung I45
Stoßdiffusion C432
Stoßentladung P986
Stoßerregung S240
stoßfreie Dämpfung C436
~ Dissoziation C437
~ Stoßwellen C438
Stoßfrequenz C433
Stoßfront S241
Stoßimpuls I46
Stoßintegral C434
Stoßionisation C435, I44, I414
Stoßionisierung I44, I414
Stoßkoeffizient C368
Stoßparameter I47
Stoßparametermethode I48
Stoßpolare S244
Stoßquerschnitt C875
Stoßverbreiterung C430, I42
Stoßverlust C439
Stoßwahrscheinlichkeit C442
Stoßwelle S239, S247
Stoßwellen im stoßfreien Plasma C438
Stoßwellenfront S241
Stoßwellenrohr S246
Stoßwirkungsquerschnitt C431
Stoßzahl C368
Stoßzentrum C156
Strahl B88, J8, R189
Strahlantrieb J11
Strahlausblendung B97
Strahlauslenkvorrichtung B101
Strahlbegrenzung B97
Strahlbündelausnutzung U107
Strahldefokussierung B96
Strahldichte R10
Strahldivergenz A407, B98
Strahlejektion B100
Strahlenablenker B95
Strahlenakustik G129
Strahlenbelastung E517
Strahlenbrechung R325

STRAHLENBÜNDEL

Strahlenbündel B369
Strahlenbündelung B102
Strahlencrossover B93
Strahlendeflektor B95
strahlender Einfang R59
~ Übergang R66
strahlendes System R21
Strahlendosismessung M302
Strahleneffekt R35
Strahlenfokussierung B102
Strahlengangintegral I252
Strahlengefährdung R38
Strahlengeschwindigkeit R202
strahleninduzierte Gitterfehlstellen R30
Strahlenintensität R42
Strahlenkanal B89
Strahlenkegel L212
Strahlenkreuzungspunkt B93
Strahlenkühlung B92
Strahlenoptik G134
Strahlenquelle R55
Strahlenspaltung B117
Strahlentbündelung B96
Strahlenteiler B116
Strahlenteilung B117
Strahlenteilungswürfel B118
Strahlentherapie R137
Strahlenüberwachung M620, R48
Strahler E299, I472, R67
Strahlformung B103
Strahlformungskanal B115
Strahlimpedanz B104
Strahlinjektion B105
Strahlinjektionsvorrichtung B106
Strahlinjektor B106
Strahlinstabilität B107
Strahlintensität B108
Strahlkollimator B91
Strahlkontrolle B113
Strahlkreuzungspunkt C869
Strahlmodulation B109
Strahl-Plasma-Entladung B110
Strahlpositionsmonitor B112
Strahlquerschnitt B94
Strahlscanning B114
Strahlschwenkung B120
Strahlsensor B111
Strahlspaltung B117
Strahlstärke B108, R18
Strahlstreuung B119
Strahlteiler B99, B116
Strahlteilung B117
Strahltransportkanal B121
Strahltriebwerk J10
Strahlüberwachung B113
Strahlung R22
~ im optischen Spektralbereich O181
~ des optisch dicken Plasmas O150
~ des optisch dünnen Plasmas O152
Strahlungsausbruch R94
Strahlungsbeständigkeit R54
Strahlungsbilanz R24
Strahlungsbündelung R33
Strahlungschemie R27
Strahlungsdetektor R31
Strahlungsdiffusion R32
Strahlungsdosis R34
Strahlungsdruck P875, R50
Strahlungseinfang R59
Strahlungsempfänger R31
Strahlungsempfindlichkeit R128
Strahlungsenergie R13
Strahlungsfluß R15
Strahlungsflußdichte R16
Strahlungsgesetze R44
Strahlungsgleichgewicht R60
Strahlungsgürtel R25
Strahlungshärte R37
Strahlungsheizung R17
Strahlungsintensität R42
Strahlungsisotropie R43
Strahlungskontrolle R48
Strahlungskorrekturen R28
Strahlungslänge R45
Strahlungslappen L308
Strahlungsleistung R20
strahlungslose Rekombination N282
~ Übertragung N283
strahlungsloser Übergang N284, R46
Strahlungsmesser R120
Strahlungsmessung R121
Strahlungspyrometer R52
Strahlungsquant R53
Strahlungsquelle I472, R55
Strahlungsquellenisotropie R86
Strahlungsreibung R61
Strahlungsrekombination R63
Strahlungsrekombinationskoeffizient R64
Strahlungsrisiko R38
Strahlungsschaden R29
Strahlungsspektrum R56
Strahlungssystem R21
Strahlungstemperatur R57
Strahlungsübergang R66
Strahlungsübertragung R58
Strahlungsverlust R47
Strahlungswiderstand R54
Strahlungswirkung R35
Strahlungszipfel L308
Strahlunterbrecher B90
Strangeness S863
Strangeness-Oszillationen S864
Strangeness-Quark S866
Strangpressen E538
Strata S868
Stratifizierung S869
Stratopause S871
Stratosphäre S872
Streamer S876
Streamerkammer S877
Streamerkanal S878
Streck-Anlaß-Methode S856
streckbares Metall D605
Strecke D484
Streckenmessung D485
Streckenmessungen L262
Streifen F409, T14
streifender Einfall G257
Streifenleitung S902
Streuamplitude S67
Streuindikatrix I125, S74
Streukanal S69
Streukapazität S873
Streukoeffizient D318, S70
Streukörper D310
Streukreis C295
Streulänge S76
Streulinse D519
Streumatrix S77
Streuneutronen S62
Streuphase S78
Streuquant S63
Streuquerschnitt C877, S71
Streustrahlung D311, S64
Streustrahlungsquelle D314
Streuung S66, S854
Streuungsamplitude S67
Streuungsdiagramm S72
Streuungsgesamtquerschnitt T300
Streuungsintegral S75
Streuungskoeffizient S70
Streuungskreis C295
Streuungsmaß M303
Streuungsquerschnitt S71
Streuwelle S65
Streuwinkel S68
Strich G270
Strippingreaktion S903
Stroboskop S904
Stroboskopeffekt S905
stroboskopischer Effekt S905
Strom C961, F234
Stromalgebra C962
Stromblatt C972
Stromdichte C966
Strömen F204
Stromfläche C972
Stromfunktion S880
Strominjektion C967
Strominstabilität C968
Stromkanal C965
Stromknoten C970
Stromkonstanthaltung C974
Stromkreis C296, E77
Stromlinie C969, S882
Stromlinienbild F210
Stromlosmachen D74
Strommesser A324
Stromquark C971

Stromquelle C973
Stromresonanz P41
Stromrohr F243
Stromröhre F243, T426
Strom-Spannungs-Charakteristik V200
Strom-Spannungs-Kennlinie V200
Stromstabilisierung C974
Stromstärke C961
Strom-Stehwellenverhältnis C975
Stromtransformator C976
Strömung C961, S875
Strömungsbild F207, F210
Strömungsdiagramm F207
Strömungsdynamik F217
Strömungsfunktion S880
Strömungskinematik K33
Strömungskontinuität F206
Strömungslinie S882
Strömungsmechanik F220
Strömungswiderstand A248
Stromverdrängungseffekt S335
Stromversorgung P847
Stromwaage C963
Stromwindungsdeformation C977
Strontium S911
Struktur P168
Strukturamplitude S921
Strukturanalyse S912
Strukturfaktor S922
Strukturfehler S914, S915
Strukturfunktion S923
Strukturisomer S916
Strukturisomerie S917
Strukturphasenübergänge S918
Strukturstörung S915
Strukturumwandlung S919
Strukturviskosität S920
stückweise glatte Abhängigkeit P551
Stufe G198, S705
Stufengitter E12, M422
Stufenionisation S804
Stufenprofilfaser S803
Stufenversetzung E24, L270
stufenweise Anregung S802
Stunde H287
Stundenwinkel H288
Sturm-Liouvillesche Differentialgleichung S924
Stütze B122, S1044
subatomares Teilchen S925
Subharmonische S928
subharmonische Kaskade S929
Sublimation S934
Submillimeterspektroskopie S936
Submillimeterwellen S937
Subniveau S933
Subquark S940

Substanz S945
Substitution D458, S946
Substitutionsisomerie P806
Substitutionsmischkristall S948
Substitutionsstörstelle S947
Substrat S951
Substruktur S952
Substurm M129
subtraktives Farbfilter S954
Sucher V142
südliches Polarlicht A667
Südlicht A667
Südlichtoval A673
sukzessive Ionisation S955
Summationstöne S967
Summenregel S966
Summierinterferometer A196
Superaerodynamik D628, R183
Supercharakteristik P197
superdichte Materie S994
superdichtes Plasma S995
Supereichmodell S972
Supereichtransformation S1006
superelastischer Stoß S996
Superfeld S997
superfluide Fermi-Flüssigkeit S1000
superfluider Zustand S1004
superfluides Helium III S1001
~ Helium IV S1002
Superfluidität S1003
Superfluiditätsübergang S1005
super-Gaußsches Profil S1007
Supergitterlaser S1016
Supergranulation der Photosphäre P518
Supergravitation S1009
Superheterodynempfänger S1012
Superikonoskop I28
Superionenleiter S1014
Superlumineszenz S1018
Superlumineszenzverstärker S1019
Supermultiplett S1020
Supernova S1021
Supernovaausbruch S1022
Supernovaüberrest S1023
Superorthikon I32
Superparamagnetismus S1024
Superplastizität S1025
Superposition der Zustände S1026
Superpositionsprinzip S1028
Superrefraktion S1031
superstarke Magnetfelder S1013
Superstrahlungsfluoreszenz S1029
Superstrahlungsübergang S1030
Supersymmetrie S1041
supersymmetrisches Modell S1040
Superunifikation S1042

Supraaerodynamik D628
suprafluide Komponente S999
Suprafluidität S1003
Supraflüssigkeit S998
supraleitende Aufhängung S987
~ Domäne S979
~ Keramik S975
~ Komponente S978
~ Legierung S973
~ Schicht S980
~ Spule S977
supraleitender Kanal S976
~ Magnet S981
~ Stoff S990
supraleitendes Kabel S974
~ Magnetometer S982
~ Solenoid S985
~ Übergitter S986
Supraleiter S990
Supraleitfähigkeit S989
Supraleitungsdomäne S979
Supraleitungskabel S974
Supraleitungskanal S976
Supraleitungsspule S977
Supraleitungsübergang S988
Suspension S1088
Suszeptanz S1086
Suszeptibilität S1087
Symbol S282
Symmetrie S1102
Symmetrieachse A717
Symmetriebrechung S1103
Symmetrieebene P626
Symmetriegruppen S1105
Symmetrieklasse S1104
Symmetrieoperation S1107
Symmetrietransformation S1108
Symmetriezentrum C159
symmetrische Belastung B22
~ Biegung S1096
~ Konfiguration S1097
~ Wellenfunktion S1101
symmetrischer Kreisel S1100
~ Rotator S1099
symmetrisches Kreiselmolekül S1100
~ Molekül S1098
Synchrondemodulation S1115
Synchrondemodulator S1116
Synchrondetektor S1116
synchrone Demodulation S1115
Synchronisation L325, S1112
Synchronisierimpuls S1114
Synchronisierkanal S1113
Synchronisierung L325, S1112, T262
Synchronismus S1111
Synchronkanal S1113
Synchrophasotron S1117
Synchrotron S1118
Synchrotronschwingungen S1119
Synchrotronstrahlung S1120

SYNCHROTRONSTRAHLUNGSQUELLE

Synchrotronstrahlungsquelle S1121
Synchrozyklotron S1110
Synergetik S1122
Syngonie C940
synodische Umlaufzeit S1123
synodischer Umlauf S1123
Synthese S1124
synthetischer Diamant S1128
~ Kristall S1127
~ Quarz S1129
synthetisierte Apertur S1125
synthetisiertes Bild S1126
System S1130
~ mit konzentrierten Parametern L438
~ mit verteilten Parametern D501
systematischer Fehler S1131
Szilard-Chalmers-Effekt S1134
Szintillation S85
Szintillationsdetektor S88
Szintillationskammer S86
Szintillationszähler S87
Szintillator S89

T

Tabletteninjektion P191
Tabletteninjektor P192
Tachyon T1
Tag D29
Tagesgang D1
Tageslichtlampe D30
Tagesschwankungen D514
Tagesvariation D1
Tagesvariationen D514
Tag-und-Nacht-Gleiche E386
Taktimpuls C328
Tal V42
Tamm-Dancoff-Methode T5
Tamm-Niveaus T6
Tamm-Zustände T7
Tandem T8
Tandembeschleuniger T8
Tangens T9
Tangente T9
Tangentialbeschleunigung T10
Tangentialebene T11
Tantal T13
Target N404, T16
Tastatur K21
Taste B383, K20, S1094
Taster P915
Tau D219
Tauchen D363
Tauchspule M664
Taupunkt D221
Tautomerie T18
Taylor-Serie T19
T-Belag A481

Technetium T20
Technicolor T21
Technicolor-Wechselwirkung T22
Technigluon T23
Technik M403, P923, T25
Techniquark T24
Technologie T25
Teil S117
~ pro Million P151
Teilchen C733, P111
~ mit Charm C233
~ mit dem Spin 0 S631
ω-Teilchen O41
Teilchenablenkung P120
Teilchen-Antiteilchen-Paar P114
Teilchenausbruch P126
Teilchenbahn P138
Teilchenbeschleuniger A69, C215, P113
Teilchenbeschleunigung P112
Teilchenbeugung P123
Teilchenbewegungsbahn P146
Teilchenbündelung P129
Teilchendetektor P122
Teilchendichte P118
Teilchendynamik P124
Teilchenerzeugung P142
Teilchenerzeugungskanal P925
Teilchenerzeugungsoperator P926
Teilchenfluenz P127
Teilchenflußdichte P128
Teilchenidentifizierung P130
Teilchenimpuls P135
Teilcheninjektion P131
Teilcheninjektor P132
Teilchenklassifizierung P116
Teilchenkollision P117
Teilchenkonzentration P118
Teilchenmasse M246
Teilchenphase P140
Teilchenpolarisation P752
Teilchenpräzipitation P141
Teilchenspur T312
Teilchenstrahl P115
Teilchenstrahlung C737, P125, P143
Teilchenstreuung P145
Teilchenweg P144
Teilchenzähler P119
Teilchenzusammenstoß P117
Teile der Einheiten S938
Teileinheiten S938
Teilinversion P103
Teilkopf D522
Teilkreis L247
Teilpolarisation P105
Teilraum S944
Teilreflexionsverfahren P107
Teilung D523
teilweise Besetzung P102

~ Inversion P103
~ Polarisation P105
~ polarisiertes Licht P104
Teilwelle P109
Telegraphengleichungen E367
Telemetrie T26
Teleskop T27
Tellur T31
tellurische Erdströme T29
~ Linien T30
Temperatur T32
Temperaturabhängigkeit T36
~ der Viskosität D163
Temperaturausgleich T35
Temperaturbereich T43
Temperaturdifferenz T37
Temperaturfühler T45
Temperaturgefälle T38
Temperaturgradient T38
Temperaturgrenzschicht T84
Temperaturintervall T43
Temperaturinversion T39
Temperaturkoeffizient der Frequenz T33
~ des Widerstandes T34
Temperaturkompensation T35
Temperaturkorrektur T35
Temperaturleitfähigkeit D333, T102
Temperaturleitzahl D333
Temperaturmessung T40
Temperaturregler T193
Temperatursensor T45
Temperaturskala T44
Temperaturstrahler T42, T139
Temperaturstrahlung H98, T41, T138
Temperaturumkehr T39
Temperatur-Viskositätskoeffizient T46
Temperaturwellen T47
Tempern A423
TEM-Welle T378
tensoelektrischer Effekt T59
Tensometer T56
Tensor T57
Tensorfeld T60
Tensorrechung T58
Tensowiderstandseffekt T59
Tephigramm T61
Terbium T62
Term T63, T63
Terminal T64
Termschema E321
terrestrische Linien T30
Tesla T66
Teslameter T67
Test T68
Testteilchen T71
tetragonales Kristallsystem T72
Tetrode T73
Textur T74
Thallium T75

theoretische Forschungen T78
~ Kurve T76
~ Physik T77
thermalisierte Positronen T130
Thermalisierung der Neutronen T129
Thermalisierungslänge T128
thermische Analyse T82
~ Defokussierung T97
~ Depolarisation T98
~ Dissoziation T104
~ Elektronenemission T149
~ Energie T111
~ Ermüdung T117
~ Grenzschicht T84
~ Ionisation T127
~ Ionisierung T127
~ Krise T96
~ Neutronen T134
~ Neutronenquelle T135
~ Relaxation T140
~ Schwankungen T119
~ Spannung T143
~ Strahlung H98
~ Trägheit T125
~ Verbreiterung T87
thermischer Verzweigungs-
  mechanismus T85
~ Widerstand T141
~ Wirkungsgrad T107
thermisches Gleichgewicht T113
~ Pumpen T137
Thermistor T150
Thermodiffusion T100
Thermodiffusionskoeffizient T101
Thermodynamik T163
~ irreversibler Prozesse I481
thermodynamische Ähnlichkeit T164
~ Grenze T157
~ Temperatur T168
~ Temperaturskala T169
~ Wahrscheinlichkeit T161
thermodynamischer Kreisprozeß T154
~ Parameter T159
~ Prozeß T162
~ Zustand T166
thermodynamisches Diagramm T155
~ Gesetz von Wien W120
~ Gleichgewicht T156
~ Paradoxon T158
~ Potential T160
~ System T167
thermoelastische Spannung T171
Thermoelastizität T170
thermoelektrische Effekte T173
~ Erscheinungen T173
~ Kälteanlage T176
~ Kühlung T172

thermoelektrischer Generator T174
thermoelektrisches Pyrometer T175
thermoelektromotorische Kraft T108
Thermoelektron T109
Thermoelektronenbild T177
Thermo-EMK T108
thermogalvanomagnetische Effekte T178
~ Erscheinungen T178
Thermogenerator T174
thermogravimetrische Analyse T179
Thermoisolation T126
Thermokatode H276
Thermokontakt T94
Thermolumineszenz T180
thermomagnetische Effekte T181
~ Erscheinungen T181
~ Isolation T182
thermomechanischer Effekt T183
Thermometer T184
Thermometrie T185
thermonukleare Energie T186
~ Kernfusion T187
~ Reaktion T189
Thermonuklearenergie T186
thermonukleares Plasma T188
~ Target T191
Thermopaar T151
Thermoplast T192
thermoplastischer Kunststoff T192
Thermospannung T108
Thermosphäre T194
Thermostat T195
thermostatierte Küvette T196
Thermostriktion T197
Thermovision T124
Thermovisor T123
Theta-Pinch T198
Thixotropie T211
Thomson-Brücke K8
Thomsonsche Doppelbrücke K8
~ Streuung T212
Thomson-Streuung T212
Thorium T213
Thulium T233
Thyratron T234
Thyristor T235
Tidenbewegung T236
Tiefdruckgebiet C998
Tiefe D177
tiefe Haftstelle D77
~ Ionosphäre L389
~ Temperatur L399
Tiefenschärfe D179
tiefinelastische Streuung D76
tiefinelastischer Prozeß D75

tiefliegende Haftstelle D77
Tiefpaß L398
Tiefpaßfilter L398
Tieftemperatur L399
Tieftemperaturcontainer L402
Tieftemperaturkalorimetrie L400
Tieftemperaturkammer L401
Tieftemperaturphysik L403
Tieftemperaturschaltelement C888
Tieftemperaturthermostat C887
tiefunelastische Streuung D76
tiefunelastischer Prozeß D75
tiegelfreies Verfahren C881
~ Zonenschmelzen F201
~ Züchtungsverfahren C881
Tierkreislicht Z17
T-Invarianz T260
Titan T265
Tochteratom D25
Tokamak T266
Toleranzdosis P248, T267
Tomographenbild T268
Tomographie T269
Ton S438, T270
Tonabnehmer P546
Tonanalyse S442
Tonecholot A139
Tonfrequenzband A657
Tonfrequenzen A656
Tonhöhe P612
Tonlot A139
Tonmaskierung A658
Tonne T271
tonnenförmige negative Ver-
  zeichnung B61
~ Verzeichnung B61
Tonnenverzeichnung B61
Tonnenverzerrung B61
Topologie T277
topologische Invariante T274
~ Invarianz T273
~ Struktur T275
~ Transformation T276
Toponium T278
Tor G80
Torch-Entladung T280
toroidaler Divertor T283
~ Pinch T285
toroidales magnetisches Feld T284
~ System T286
Toroidkammer T281
Toroidkonfiguration T282
Toroidpinch T285
Torr T289
Torricellische Leere T290
Torsion T291, T464
Torsionsdeformation T293
Torsionsmagnetometer T288
Torsionsmodul T296
Torsionspendel T297
Torsionsschwingungen T294

TORSIONSSTEIFIGKEIT

Torsionssteifigkeit T292
Torsionsverzerrung T293
Torsionswaage T295
Totalabsorption T298
totale Finsternis T301
~ Reflexion T306
Totalreflexion T306
tote Zone D37
Totzeit D36
Totzone D37
Townsend-Entladung T308
Townsend-Koeffizient T307
t-Quark T279
Trabant S18
Tracer T309
Traceratom L2
Tracerisotop T310
Tracermethode T311
Trafo T325
träge Masse I173
Träger B88, C75, C75
Trägerfrequenz C75
Trägerhaftung C82
Trägheit I167, I176, S352
~ der Sehempfindung P265
Trägheitsachse A714
Trägheitsbewegung I174
Trägheitsellipsoid I168
Trägheitserhaltung I169
Trägheitshalbmesser R149
Trägheitshauptachse P887
Trägheitskräfte I170
Trägheitsmittelpunktbewegung C152
Trägheitsmoment M611
Trägheitsnavigation I172
Trägheitsradius R149
Tränkung I61
trans-Form T333
Transformation T323
Transformator T325
trans-Isomer T333
Transistor T334
Translation T346
Translationsbewegung T346, T348
Translationsinvarianz T347
Translationssymmetrie T349
Transmission T350
Transmissionselektronenmikroskop T353
Transmissionsgrad T351
transparenter Film T366
transparentes Plasma T367
Transparenz T362
Transport T368
Transporterscheinungen T372
Transportfaktor T369
Transportkoeffizient T369
Transportphänomene T372
Transportprozesse T373
Transportwirkungsquerschnitt T370

transsonische Strömung T360
transsonischer Flug T359
Transuran T374
Transversaldiffusion T377
transversale adiabatische Invariante T375
~ Kohärenz T376
~ Mode T380
~ Schwingungen L129, T384
transversalelektromagnetische Welle T378
transversaler Schall T383
Transversalfeld T379
Transversalmode T380
Transversalpumpen T382
Transversalschall T383
Transversalschwingungen L129
Transversalwelle T385
Trap T386
Treibhauseffekt G260
Treibscheibe P974
Trennfaktor S206
Trennkaskade C85
Trennschärfe des Filters F127
Trennschleuder C166
Trennung I520
Trennungsbruch C324
Trennungsfläche C325
Trennwand M339
Trial-and-error-Methode T398
Triboelektrizität T400
Tribologie T402
Triboluminszenz T403
trichromatische Kolorimetrie T404
Trichter F434, H271
Trichterantenne H271, H272
Triftröhre D589
Trigatron T406
Trigger T407
Triggerimpuls T408
Triggersignal T407
trigonales Kristallsystem T409
triklines Kristallsystem T405
~ System T405
Triode T410
Tripelpunkt T411
Triplett T412
Tritium T413
Tritiumtarget T414
Triton T415
Trochotron T416
Tröpfchenkernmodell D596
Tröpfchenmodell L285
Tropfen D594
~ im freien Fall D595
Tropfenkondensation D598
tropisches Jahr T417
Tropopause T418
Troposphäre T419
Troposphärenwelle T420
troposphärische Welle T420
trübes Medium T444

Trübung T443
Trübungsmesser N66
Trübungsmessung N67
Tscherenkov-Detektor C257
Tscherenkov-Effekt C258
Tscherenkov-Kegel C255
Tscherenkov-Strahler C260
Tscherenkov-Strahlung C259
Tscherenkov-Zähler C256
Tunneldiode T435
Tunneleffekt T436
Tunnelemission T438
Tunnelinjektion T440
Tunnelmikroskop T437
Tunneln T439
Tunnelstrom T434
Tunnelübergang T442
Turbine T445
turbulente Aufheizung T450
~ Bewegung T452
~ Durchmischung T451
~ Grenzschicht T447
~ Mischung T451
~ Plasmaaufheizung T454
~ Strömung T449
turbulentes Plasma T453
Turbulenz T446
Turbulenzbewegung T452
Turbulenzdiffusion T448
Turbulenzgrad S52
Turbulenzlänge S52
Turbulenzmischung T451
Turing-Maschine T455
Tyndall-Effekt T492

U

übereinstimmende Zustände C753
überelastischer Stoß S996
Übererregung O309
Übergang J25, T335
Übergangsgebiet T342
Übergangsidentifikation T336
Übergangsintensität T337
Übergangsmetall T338
Übergangsoperator T339
Übergangsprozeß T330
Übergangssättigung T343
Übergangsschwingungen T329
Übergangsstrahlung T341
Übergangsvorgang T330
Übergangswahrscheinlichkeit T340
Übergangszone J26, T342
Übergangszustand T344
Übergitter S1015
überhitzter Dampf S1010
Überhitzung O311, S1011
Über-Horizont-Ausbreitung O318

Überkreuzungspunkt C869
überkritische Anordnung S993
Überlagerer H152
Überlagerung I292
~ von Grenzbedingungen I60
Überlagerungsoszillator H152
überlappende Energiebänder O315
~ Felder O316
Überlappung O312
Überlappungsintegral O313
Überlastungsanzeiger O317
Überlichtgeschwindigkeit S1017
Überlichtobjekt S1045
Überraum S1037
Überreichweite der Radiowellen U8
Überriese S1008
Übersaite S1038
übersättigte Lösung S1032
übersättigter Dampf S1033
Überschallbewegung S1035
Überschallgeschwindigkeit S1036
Überschallströmung S1034
Überschallumströmung S1034
Überschlag S1055
Überschußbesetzung E443
Überschußhalbleiter N341
Überschußkonzentration E441
Übersetzungsverhältnis T324
Überspannung O320
Überspannungsableiter L231
Überstruktur S1039
Überstrukturgitter S1015
Übertragung T321, T350
Übertragungsfunktion T322
Übertragungskanal C485
Übertragungsleitung T355
Überwachung C668, M620
Überwindung der Potentialschwelle durch das Elektron E197
UFO U59
Uhr C326
Uhrenparadoxon C327
Uhrzeigerregel C723
Ultrahochvakuum U7
ultrakalte Neutronen U5
Ultrakurzimpuls U10
Ultrakurzwellen U11
Ultramikroskop U9
Ultraschall U37
Ultraschallabschwächung U14
Ultraschallabsorption U12
Ultraschallakustik U29
Ultraschall-Blasenkammer U15
Ultraschallchirurgie U32
Ultraschalldämpfung U14
Ultraschalldefektoskop U24
Ultraschalldefektoskopie U23
Ultraschalldiagnostik U20
Ultraschalldispergierung U21

Ultraschallehre U29
Ultraschallemulgierung U22
Ultraschallkavitation A97, U16
Ultraschall-Lichtmodulator U26
Ultraschallprüfgerät U24
Ultraschallprüfung U23
Ultraschallreinigung U17
Ultraschallschneiden U18
Ultraschallschwingungen U35
Ultraschallstrahler U28
Ultraschallstrahlung U27
Ultraschalltherapie U34
Ultraschallverstärkung U13
Ultraschallverzögerungsleitung U19
Ultraschallwellen U36
Ultraschallzerstäubung U31
Ultraviolettdivergenz U40
Ultraviolettgebiet U44
Ultraviolettkatastrophe U39
Ultraviolettmikroskop U41
Ultraviolettspektroskopie U46
Ultraviolettstrahler U45
Ultraviolettstrahlung U43
Ultraviolettvorionisation U42
Umdrehung R541, T456
Umdrehungen je Sekunde R484
Umgebungstemperatur A318
Umhüllende E350
Umkehr der Spektrallinien R475
umkehrbarer Prozeß R481
umkehrende Schicht R483
Umkehrprisma E400
Umkehrspiegel P289
Umkehrsystem E401
Umkehrung R474
~ der Wellenfront P291
Umkippen F198
Umklapp-Prozeß U47
Umklappen des Spins S625
Umladungsquerschnitt C874
Umladungswirkungsquerschnitt C874
Umlaufbahn O221
Umlaufintegral C660
Umlaufintegration C661
Ummagnetisierung M143
Umorientierung des Spins S627
Umrechnungsfaktor C692
Umschalter S1094
umschlossene Quelle S99
Umströmen F205
Umströmung F205
Umwandlung C689, I373, T358
~ spröde-duktil B339
Umwandlungskoeffizient C690
Umwandlungswärme H94, L124
Umweltschutz E353
Umweltverschmutzung E352
unabhängige Variable I119
Unabhängigkeit I118
unbesetztes Band E303

~ Energieband E303
Unbeständigkeit I233
unbestimmtes Integral I114
Unbestimmtheit U48
Unbestimmtheitsprinzip I120, U49
Unbestimmtheitsrelation U50
unbewegliches Target F167
unbunte Farbe A91
Undichtigkeit L163
Undichtigkeitsstelle L163
Undulator U54
Undulatorstrahlung U55
undurchlässiges Plasma O59
uneigentliches Integral I63
unelastische Biegung I158
~ Deformation I161
~ Stöße I160
~ Streuung I163
~ Verformung I161
Unempfindlichkeitsbereich D37
unendlich kleine Änderung I180
unendliche Reihe I179
unendliches Intervall I178
Unendlichkeit I182
unfreie Bewegung R462
ungedämpfte Schwingungen C653
~ Welle C656
ungeordnete Bewegung I477, R165
ungeordneter magnetischer Werkstoff D433
~ Zustand D435
ungeordnetes System D434
ungerade Zustände O27
ungerichtete Strahlung O44
ungesättigte Absorption U90
ungestörter Kristall P215
ungleichförmige Bewegung N309
Ungleichförmigkeit N308
Ungleichheit I165, I476
ungleichmäßige Verbreiterung N307
Ungleichmäßigkeit N308
Ungleichung I165
unharmonischer Oszillator A411
uniaxialer Kristall U58
unidentifiziertes fliegendes Objekt U59
Unifikation U60
Uniformität U65
Unipolarinduktion U70
unitäre Grenze U74
~ Symmetrie U75
Unitaritätsbedingung U73
Universum U84
Universumsentropie E349
Univibrator S320
Unlöslichkeit I232
Unordnung D431
Unschärfekreis C295, D422

511

UNSCHÄRFERELATION

Unschärferelation U50
unscharfes Bild D309
unselbständige Entladung N298
unsichtbare Materie D19
~ Strahlung I378, N312
unstetige Funktion D410
Unstetigkeit D406
Unstetigkeitslinie D407
Unstetigkeitsstelle D408
Unsymmetrie A572
unsymmetrische Biegung U95
Unterdrückung Q133
untere Streckgrenze L391
unteres Band L388
~ Subniveau L390
Untergitter S930
Untergittermagnetisierung S931
Untergrund B4
Untergrundintensität B6
Untergrundkontamination B5
Untergrundstrahlung B8
Untergruppe S927
Unterharmonische S928
Unterkante des Energiebandes B284
unterkritische Anordnung S926
unterkühlte Flüssigkeit S991
Unterkühlung O308, S992
Unterniveau S933
Unterquark S940
Unterraum S944
Unterschale S941
Unterschallflug S942
Unterschallströmung S943
Unterschicht S932
unterseeischer Schallkanal U51
Unterstruktur S952
Untersturm S950
Untersystem S953
Untertauchen S935
Unterwasserakustik U52
Unvollkommenheit I54
u-Quark U101
Uran U104
Uranus U105
Urknall B184
Urnormal P883
Urspannung E157
Ursprung O252
UV Ceti-Stern F176
~ Ceti-Veränderlicher F176
UV-Gebiet U44
UV-Spektroskopie U46

V

Vakansion V5
Vakuum V7
Vakuumaufdampfung V15
Vakuumbogen V9
Vakuumdiode V17
Vakuumdurchschlag V11
Vakuumentartung D106, V14
Vakuumentladung V18
Vakuumfehler V16
Vakuumglühen V8
Vakuuminvarianz V23
Vakuumisolation V22
Vakuumkammer V12
Vakuumkondensat V13
Vakuumlichtbogen V9
Vakuummaterialien V24
Vakuummeßgerät V21
Vakuummeter V21
Vakuummittel V10
Vakuummonochromator V25
Vakuumphotozelle P525
Vakuumpolarisation V26
Vakuumpumpe V27
Vakuumspektroskopie V28
Vakuumsystem V29
Vakuumultraviolett V30
Vakuumultraviolettspektroskopie V31
Vakuum-UV V30
Vakuumverdampfungsmethode V19
Valenz V41
Valenzabstand B265
Valenzband V34
Valenzbindung V35
Valenzbindungsmethode V36
Valenzelektron V37
Valenzquark V38
Valenzschwingungen V40
Valenzwinkel V33
Valenzzustand V39
Vanadin V45
Vanadium V45
Van-de-Graaff-Beschleuniger V47
Van-der-Waalssche Kräfte V48
Var V56
Variable V57
Variablentransformation C183
Varianz V62
Variationen V65
Variationsmethode V64
Variationsprinzipien V63
Variationsrechnung C10
Varicap V66
Variometer V68
Varioobjektiv V67
Varistor V69
Vekton V83
Vektor V70
Vektoranalyse V71
Vektorboson V72
Vektordiagramm V75
Vektordivergenz D517
Vektorfeld V76
Vektorfluß V77
Vektorgluon V78
vektorielles Meson V80
~ Teilchen V83
Vektorkomponente C509
Vektormagnetometer V79
Vektormeson V80
Vektornorm V81
Vektorpolygon V84
Vektorpotential V85
Vektorprodukt V86
Vektorraum V87
Vektorstrom V74
Vektorteilchen V83
Ventil V44
Venturi-Rohr V102
Venus V103
verallgemeinerte Funktion G100
~ Geschwindigkeit G106
~ Koordinaten G98, L7
~ Kraft G99
~ Suszeptibilität G104
~ Symmetrie G105
verallgemeinerter Impuls G103
verallgemeinertes Gesetz G101
~ Modell G102
Verallgemeinerung E519
veränderbarer Widerstand R491
veränderliche Induktivität V59
Veränderlicher V61
veränderlicher Stern V61
Verarmung D166
Verarmungsbereich D170
Verarmungsgebiet D170
Verarmungsschicht D167
Verarmungsschichtkontakt D168
Verbiegung D97
Verbindung B262, C514, C606, J25, L278
Verbindungsleitung L278
Verbindungsschnur C718
verbotene Linie F273
~ Mode F274
~ Zone E320, F272
verbotener Energiebereich F272
verbotenes Band F272
Verbrauchsmesser F209
verbreiterte Linie B345
Verbrennen C477
~ des Wasserstoffs E476
Verbrennungskammer C478
Verbrennungsraum C478
Verbrennungswärme H90
Verbundkern C515
Verbundstoff C510
Verbundwerkstoff C510
Verchromung C284
Verdampfung E430, V51
~ von schwarzen Löchern E432
Verdampfungsdruck V54
Verdampfungsgeschwindigkeit E433
Verdampfungskammer E431
Verdampfungskurve V52
Verdampfungsrate E433
Verdampfungswärme H95

VIERTELWELLENDROSSEL

verdeckte Masse H176
Verdet-Konstante V104
Verdetsche Konstante V104
Verdichter C531
Verdichtungskurve C524
Verdichtungsstoß C527, S239
verdrängte Flüssigkeit D457
Verdrehsteifigkeit T292
Verdrehung T291, T464
Verdrehungssteifigkeit T292
Verdrehungsverformung T293
Verdrehverformung T293
verdünntes Gas R182
Verdünnung D345
Verdunstungswärme H95
Vereinigung C351
Verfahren M403, P923, T25
Verfestigung H42
Verfinsterung E15
Verformung D97, S855
Verformungstensor S861
Vergleichslampe C491
Vergleichsquelle R283
Vergleichsspannung R285
Vergleichsstrahl R281
Vergleichstest C492
vergrößertes Bild M196
Vergrößerung E337, M195
Vergrößerungsglas M197
Vergütung A481
Verhältnis R188, R339
Verhältniszahl R188
verhinderte Totalreflexion F414
Verklebung A268
Verknüpfung C470
Verlängerung E286
Verletzung V145
~ der kombinierten Parität C475
Verlust L372
Verluste L372
Verlustfaktor D255
verlustfreies Dielektrikum L377
Verlustkegel L374
Verlustkegelinstabilität L375
Vermehrungsfaktor F156, M718
Vermeiden des Resonanzeinfangs R435
Vermischen M520
Verneuil-Verfahren V105
Vernichtung A425
~ von Elektron-Positron-Paaren A427
Vernichtungsoperator D195
Vernichtungsstrahlung A428
Verpuffung D86
Versagen F14
Verschiebung D458, M662, S238, T346
Verschiebungsgeber D460
Verschiebungsstrom D459, E84
Verschleiß A10
~ durch Auswaschung C130

Verschleißbeständigkeit W80
verschleißfester Stoff W82
~ Überzug W81
Verschleißfestigkeit W80
Verschluß S272
Verschlußblende S272
Verschmelzung C351
Verschmutzung C638
verschwommenes Bild D309
Versetzung D423, S238
Versetzungsdynamik D425
Versetzungseinsetzung D428
versetzungsfreier Einkristall D427
~ Kristall D426
Versetzungskeimbildung D428
Versetzungskonzentration D424
Versetzungsquelle D429
Versetzungswand D430
Verseuchung C638
Versorgungsleistung S1043
Verspätung L6
Verstärker A348
Verstärkerklystron A349
Verstärkerstufe A346
verstärkte Emission A347
Verstärkung A343, G12, R338
Verstärkungsfaktor A345, G12
Verstärkungsinkrement G13
Verstärkungskoeffizient A345, G12
Verstärkungssättigung G14
Verstärkungsstufe A346
Versteifung R338
Versuch E493, T68
Versuchsanlage P583
Versuchsbetrieb P583
Versuchsdaten E496
Versuchskanal E494
Versuchskurve E495
Vertauschung C487
Vertauschungsrelationen C488
verteilte Belastung D500
~ Induktivität D499
~ Ladung D497
~ Last D500
~ Quelle D503
verteilter Reflektor D502
verteiltes System D504
Verteilung D505
Verteilungschromatographie P148
Verteilungsfunktion D508, P149
Verteilungskoeffizient D506
Verteilungskurve D507
Vertexfunktion V106
vertikal polarisierte Strahlung V108
vertikale Ionosphärenecholotung V107
Vertikalübergang V109
verträgliche Dosisleistung T267
Vertrauensbereich C577

Verunreinigung C638, I71
~ der Luft A277
Verunreinigungskonzentration D80
Vervielfacher M721
Vervielfältigung M716
verzeichnetes Bild D490
Verzeichnung D492
verzerrtes Bild D490
Verzerrung D97, D492
~ von optischen Bildern D495
verzögerte Bewegung D58
~ Neutronen D129
~ Wirkung D128, R466
Verzögerung D60, D126, L6, R465
Verzögerungsfaktor D127
Verzögerungsleitung D131
~ mit akustischen Oberflächenwellen S1047
Verzögerungsspannung D59
Verzögerungssystem S351
Verzögerungszeit D132
Verzug D126
Verzugszeit D132
Verzweigung B310
Verzweigungsstelle B311
Verzwilligung T461
Vibration F233, V112
Vibrator V133
Vibron V134
vibronische Anregung V135
~ Spektren V137
~ Wechselwirkung V136
Vickers-Härte V139
Videoimpuls V140
Vidicon V141
Vidikon V141
Vieleck P782
Vielfachinterferometer M678
Vielfachionisierung M708
Vielfachprozeß M709
Vielfachstreuung M711
Vielflach P784
Vielflächner P784
Vielkammerklystron M706
Vielkanaldiskriminator M673
Vielkörperproblem M220
Vielmodenstrahlung M684
Vielstrahlinterferometer M705
Vielteilchendynamik M686
Vielteilchenkorrelator M685
vierdimensionale Geschwindigkeit F304
vierdimensionaler Drehimpuls F301
~ Vektor F303
vierdimensionales Intervall F300
~ Potential F302
Vierfermionenwechselwirkung F305
Vierniveaulaser F313
Viertelwellendrossel Q89

VIERTELWELLENLÄNGENPLÄTTCHEN

Viertelwellenlängenplättchen Q91
Viertelwellenleitung Q90
vierter Schall F314
Vignettierung V143
Villari-Effekt V144
Virialentwicklung V147
Virialgleichung V148
Virialkoeffizienten V146
Virialsatz V148
virtuelle Katode V149
~ Teilchen V154
~ Verschiebung V150
virtueller Übergang V156
~ Zustand V155
virtuelles Bild V151
~ Meson V153
~ Niveau V152
Visiereinrichtung W142
Vision V173
Visionspersistenz P265
viskoelastische Deformation V157
~ Flüssigkeit V159
Viskoelastizität V158
viskose Flüssigkeit V167
~ Strömung V165
Viskosimeter V160
Viskosimetrie V161
Viskosität C370, V162
Viskositätskoeffizient C370
Viskositätswiderstand V168
visuelle Beobachtungen V180
~ Methode V178
visueller Nutzeffekt L430
~ Wirkungsgrad L430
visuelles Photometer V182
Vizinalebene V138
Vizinalfläche V138
Vlasov-Gleichungen V184
voll optische Komponenten A290
vollbesetzte Schale C339, F117
vollkommene Plastizität P223
vollkommenes Gas P217
Vollkommenheit P219
vollständig ionisiertes Atom F422
vollständige Verfinsterung T301
vollständiges System von Eigenzuständen C503
vollständliges System von Quantenzahlen C504
Volt V189
Volterrasche Gleichung V201
Voltmeter V202
Volum V203
Volumausdehnungskoeffizient C371
Volumeinheit U81
Volumen V203
Volumendeformation V206
Volumeneinheit U81

Volumenelastizität B362
Volumenelastizitätsmodul B363
Volumenkraft M242
Volumenschnelle V209
Volumenviskosität V210
Volumetrie V208
von Null verschiedene Masse N313
Voraussetzung A545, C558
Vorderflanke L162
Vorderkante L162
Vorimpuls P862
vorläufige Daten P867
~ Werte P867
Vormagnetisierung B174
Vormagnetisierungsspannung B175
Vorspannung B174, B175
Vorwärtsstreuung F296
Vorzeichen S282
Vorzugsrichtung P864
Vulkanausbruch V188

W

Waage B20
Waagebalken B88
Wachsen A83
Wachstum G285
Wachstumskinetik G287
Wachstumskurve G286
Wachstumspyramide G288
Wafer W1
Wahl S131
Wählen S131
wahre Magnetisierung P80
wahres Neutralteilchen T423
~ Neutronmeson T422
~ Quark T424
Wahrscheinlichkeit P907
Wahrscheinlichkeitsamplitude P908
Wahrscheinlichkeitsdichte P910
Wahrscheinlichkeitsmaß P911
Wahrscheinlichkeitsstromdichte P909
Wahrscheinlichkeitstheorie P913
Wahrscheinlichkeitswellen P914
Wälzreibung R531
Wand W4
Wanderfeldröhre T396
Wanderung M488
Wanderwelle T393
Wanderwellenantenne T394
Wanderwellenkoeffizient T395
Wandler C693
Wannier-Mott-Exciton W5
Wärme H72
Wärmeausdehnung T114

Wärmeausdehnungskoeffizient C369, T115
Wärmeausdehnungszahl C369
Wärmeaustausch H83
Wärmeaustauscher H84
Wärmebehälter H99
Wärmebehandlung T145
Wärmebewegung T133
Wärmebilanz H73
Wärmebild T122
Wärmedämmstoff H88
Wärmedämmung H89
Wärmedetektor T99
Wärmedrift T105
Wärmedurchbruch T86
Wärmedurchgang H85, H104
Wärmedurchschlag T86
Wärmeenergie T111
Wärmeexplosion T116
Wärmefluktuationen T119
Wärmegefälle T121
Wärmeisolierstoff H88
wärmeisolierter Container T132
Wärmeisolierung T126
Wärmekapazität H74
Wärmekontakt T94
Wärmekonvektion T95
Wärmekraftmaschine H81
Wärmeleiter H78
Wärmeleitfähigkeit H77, T93
Wärmeleitung H75, T91
~ der Metalle T92
Wärmeleitungsmechanismus H76
Wärmeleitzahl H77, T89
Wärmemenge Q28
Wärmemengenmesser C20
Wärmemesser C20
Wärmemessung C21
Wärmepumpe H97
Wärmequelle H101
Wärmerauschen T136
Wärmerohr H96
Wärmeschalter T144
Wärmeschutzabschirmung H100
Wärmeschutzisolierung H89
Wärmeschutzschirm H100
Wärmeschwingungen T146
Wärmespannung T143
Wärmestrahler T42, T139
Wärmestrahlung H98, T138
Wärmestrom H85, T118
Wärmestromdichte H86
Wärmetausch H83
Wärmetauscher H84
Wärmeträger H103
Wärmeträgheit T125
Wärmetransport H102
Wärmeübertragung H102
~ durch Konvektion C677
~ durch Strahlung R62
Wärmeübertragungsmittel H103
Wärmewiderstand T141

Wärmewirkungsgrad T107
Wasser W6
Wasserdampf S774, W8
wassergekühlter wassermoderierter Reaktor W7
Wasserstoffblasenkammer L288
Wasserstoffbrennen E476
Wasser-Wasser-Reaktor W7
Wasserwellen W9
Watt W10
Wattmeter W11
Weber W84
Wechsel E444
Wechselspannung A189
Wechselstrom A309
Wechselwirkung I268
Wechselwirkungsenergie I271
Wechselwirkungsfaktor I272
Wechselwirkungsgebiet I269
Wechselwirkungsgesetz L151
Wechselwirkungskonstante I270
Wechselwirkungs-Lagrange-Dichte I273
Wechselwirkungslokalität I274
Wechselwirkungsoperator I275
Weg P164
Weglänge P167
weiche Erregung S362
~ Komponente S361
~ Röntgenstrahlung S365
~ Strahlung S364
weichmagnetischer Werkstoff S363
Weinberg-Salam-Theorie W92
weiße Strahlung W111
weißer Zwerg W107
weißes Licht W109
~ Loch W108
~ Rauschen W110
Weisskopf-Wigner-Approximation W95
Weisskopf-Wigner-Näherung W95
Weißsche Indizes W94
Weißscher Bezirk F81, M50
Weißsches Molekularfeld W93
weiträumige Irregularität L50
Weitsichtigkeit L349
Weitwinkelobjektiv W113
Weizsäcker-Formel W96
Welle W12
Wellenabsorption W13
Wellenband W44
Wellenbauch A475
Wellenbereich W44
Wellenbeugung W16
Wellenbewegung W47
Wellenbild W54
Wellenbrechung W57
Wellendämpfung W15
Wellendispersion W17
Wellenfläche W19, W61

Wellenflächennormale W49
Wellenfront W19
Wellenfrontkorrektion W21
Wellenfrontkorrektor W22
Wellenfrontkrümmung W23
Wellenfunktion W26
Wellenfunktionsnormierung W27
Wellenfunktionssymmetrie S1106
Wellengleichung W18
Wellengruppe W52
Wellenhierarchie W39
Wellenimpedanz W40
Welleninterferenz W42
Wellenknoten W48
Wellenlänge W43
~ im Hohlleiter G292
Wellenlängenbereich W44
Wellenleiter G291, P600, W28
Wellenleiterausbreitung W35
Wellenleiterdispersion W31
Wellenleiterfenster W38
wellenleitergeführter Laser W33
Wellenleiterkanal W30
Wellenleiterknie W29
Wellenleiterschalter W37
Wellenmechanik W45
Wellenmesser W46
Wellennormale W49
Wellenoptik W51
Wellenpaket W52
Wellenpolarisation P754
Wellenprofil W55
Wellenreflexion W56
Wellenrefraktion W57
Wellenrichter D394
Wellenselbstbeeinflussung W60
Wellenselbsteinwirkung W60
Wellenstreuung W59
Wellensuperposition S1027
Wellen-Teilchen-Wechselwirkung W53
Wellentransformation W62
Wellenüberlagerung S1027
Wellenumwandlung W62
Wellenvektor W63
Wellenwechselwirkung W41
Wellenwiderstand C193, W40, W58
Wellenzahl W50
Wellenzone W64
Welle-Teilchen-Dualismus W14
Welt W142
Weltäther E419
Weltintervall W143
Weltlinie W144
Weltraum C786, S481
Weltraumforschung S501
Weltraumnavigation S499
Weltzeit U83
Wendelantenne H120

Wentzel-Kramers-Brillouin-Methode W98
Werkstoff S945
Wert V43
Wertebereich R171
Wertevorrat R171
Weylsche Gleichung W101
Wheatstone-Brücke W102
Wheeler-de Witt-Gleichung W103
Whisker W104
Whiskers C942
Whistler W106
Wichtung W90
Wichtungsfaktor W89
Wicklung W127
Wickscher Satz W112
Wideröe-Bedingung B168
Widerstand D580, R415, R420
~ gegen die Kugelbewegung D582
Widerstandsdehnungsmeßstreifen R416
Widerstandsphotozelle P398
Widerstandsthermometer R417
Widerstandsverstärker R492
Widerstandszelle P398
Wiedemann-Franzsches Gesetz W116
Wiederaufarbeitung R405
Wiedererkennung R235
Wiedergabe P706
Wiedergabegüte F94
Wiedergabetreue F94
Wiederherstellungszeit R259
Wien-Brücke W117
Wiener-Hopf-Verfahren W119
Wiener-Versuch W118
Wiensches Gesetz W120
Wigner-Funktionen W122
Wigner-Kristall W121
Wigner-Seitz-Zelle W123
willkürliche Einheiten A511
willkürlicher Wert A512
Wilson-Kammer C343, W124
Wilsonsche Nebelkammer C343, W124
Wind W125
Windkanal W129
Windmesser A383
Windung T456
Windwellen W126
Winkel A385
Winkelabhängigkeit A397
Winkelauflösung A405
Winkelbeschleunigung A394
Winkelbewegung A403
Winkelbreite A407
Winkelfrequenz A400
Winkelgeschwindigkeit A406
Winkelhalbierende B210
Winkelkorrelation A396
Winkelmessungen A401

WINKELREFLEKTOR

Winkelreflektor C724
Winkelspiegel C724
Winkelverteilungsisotropie A399
Winkelverteilung A398
Wirbel C960, E22, V211
Wirbelbewegung V215
Wirbelfeld V213
wirbelfreie Strömung I483
Wirbelfreiheit N280
Wirbelgitter V214
Wirbelkern V212
Wirbelpaar V216
Wirbelquelle V222
Wirbelring V217
Wirbelschicht V218
Wirbelstraße V219
Wirbelströme E23, F297
Wirbelzustand V221
Wirkbelastung R418
Wirklast R418
Wirkleistung A182
Wirkleitwert C559
wirkliches Bild R228
wirksame Antennenhöhe E29
~ Antennenlänge A452
~ Masse E30
wirksamer Wert E32
Wirksamkeit E34
Wirkspannung A186
Wirkstrom A176
Wirkung A166, E26
Wirkungsgrad E34
Wirkungsintegral A168
Wirkungslinie L272
Wirkungsquerschnitt des Einfangs C58
~ für Absorption C872
~ für Anregung E455
~ für Einfang C873
~ für elastische Streuung E65
~ für eine Kernreaktion N394
~ für Stoß C875
~ für Streuung C877
~ des Transports T370
Wirkwiderstand R415
Wirtschaftlichkeit der Lichtquelle L429
Wirtskristall H274
Wismut B211
wissenschaftliche Forschung S84
WKB-Approximation W135
WKB-Methode W98
WKB-Näherung Q100, W135
Wlassow-Gleichungen V184
Wobbelfrequenzgenerator S1091
Wobbelgenerator S1091
Wolfram T429, W138
Wolf-Rayet-Sterne W139
Wolfsche Zahlen W137
Wolke C342
Wollaston-Prisma W140

Wulffsche Fläche W146
Wurfbewegung P931
Würfel C943
Wurtzitstruktur W147

X

Xenon X1
Xi-Teilchen X2
X-laser X33

Y

Y-Teilchen Y9
YAG-Laser Y2
Yagi-Antenne Y1
Yang-Mills-Felder Y3
YIG-Laser Y6
Youngscher Elastizitätsmodul Y7
~ Modul M556
Yrast-Band Y10
Yrast-Linie Y12
Yrast-Niveau Y11
Yrast-Trap Y13
Ytterbium Y14
Yttrium Y15
Yttrium-Aluminium-Granat Y16
Yttrium-Aluminium-Granat-Laser Y2
Yttrium-Eisen-Granat Y17
Yukawa-Potential Y18

Z

Zacken S617
zähe Flüssigkeit V167
~ Strömung V165
Zähigkeit V162
Zähigkeitswiderstand V168
Zahl N421
~ der Freiheitsgrade N422
Zählen C802, C806
Zähler C803, C803
Zählerteleskop C805
Zählrate C807
Zählratenmesser C808
Zählrohr C803
Zählrohrteleskop C805
Zählwerk C803
Zäpfchen C575
Zäsium C5
Z-Diode V194, Z5
Zeeman-Aufspaltung Z2
Zeeman-Aufspaltungskonstante Z3
Zeeman-Effekt Z1

Zeeman-Unterniveau Z4
Zehnerlogarithmus D64
Zeichen S282
Zeiger A526
Zeit T240
Zeitabhängigkeit T246
Zeitachse T242
zeitartiges Intervall T253
Zeitauflösung T257
Zeitauflösungsspektroskopie T258
Zeitauflösungsvermögen T257
Zeitbasis T242
Zeitdauer D609
Zeitevolution T49
Zeitintervall T248
Zeitintervallmessung T249
Zeitirreversibilität T251
Zeitkohärenz T243
Zeitkonstante T244
zeitlich-räumliche Korrelation S503
zeitliche Abhängigkeit T246
~ Evolution T49
~ Kohärenz T243
~ Verzögerung T245
zeitliches Auflösungsvermögen T257
~ Mitteln T241
Zeitlinie T242
Zeitmessung C289, T254
Zeitmittelwertbildung T241
Zeitsteuerung T262
Zeitumkehr T250, T259
Zeitvariabilität T261
Zeitveränderlichkeit T261
Zeitverzögerung T245
Zelle C122, C144, C144
Zenit Z6
Zenitdistanz Z7
Zentimeter C160
Zentimeterwellen C161
zentraler Stoß H67
Zentralkräfte C162
Zentralstoß H67
zentralsymmetrischer Kristall C170
Zentrifugalbeschleunigung C164
Zentrifugalkraft C165
Zentrifuge C166
Zentripetalbeschleunigung C167
Zentripetalkraft C168
Zentroide C169
Zentrum C146
~ der parallelen Kräfte C155
Zer C176
Zerbrechlichkeit F323
Zerfall D51, D417
Zerfallsfamilie R76
Zerfallsinstabilität D54
Zerfallskinematik D55
Zerfallskonstante D52, D418
Zerfallskurve D53

Zerfallsrate D419
Zerfallsreihe R84
Zerfallszeit D57, D57
Zerhacker C272
Zerlegung R421
Zernikesches
 Orthogonalpolynom Z8
~ Polynom Z8
Zerstäubung A643
zerstörende Werkstoffprüfung
 D196
Zerstörung D194, F320
zerstörungsfreie Methode N210
~ Werkstoffprüfung N211
Zerstörungsprüfung D196
Zerstreuung D439, D465
Zerstreuungskreis D422
Zerstreuungslinse D519
Zertrümmerung F325
Ziehen D580
Ziel T16
Zimmertemperatur-Laser R532
Zink Z15
Zinn T263
Zirkonium Z16
zirkulare Polarisation C303,
 R564
zirkularer Dichroismus C298
Zirkularpolarisation C303,
 R564
Zirkulation C304
~ des Vektorfeldes C305
Zirkulator C306
Zodiakallicht Z17
Zoll I84
Zölostat C372
Zone A520, B35, R332, Z18
~ der radioaktiven Verseuchung
 C637
Zonen der Polarlichter A676
Zonenmagnetismus B38, Z20
Zonenplatte Z23
Zonenschmelzen Z21
Zonenschmelzverfahren Z21
z-Pinch Z25
Züchten G284
Züchtung G284
zufällige Schwankungen R164
zufälliger Fehler R163
Zufallsabhängigkeit R162
Zufallsgröße R168
Zufallsimpuls R167
Zufallsprozeß S838
Zufallsschwingungen R166
Zufallssignaldemodulation R168
Zufallsvariable R168
Zufallsvariablendispersion R170
Zufallszählung A77
Zug T54
Zugbeanspruchung T53
Zugbruch T55
Zugdehnung T50
zugeordnete Legendre-

Funktionen A540
Zugfestigkeit T52
Zugfestigkeitsgrenze T52
Zugspannung T53, T54
Zugverformung T50
zulässige Dosis P248, T267
~ Dosisleistung T267
~ Strahlungsdosis P248
~ Überlastung P249
Zunahme A83
Zunahmekurve G286
Zündkriterium I17
Zündpotential I18
Zündspannung I18
Zündung F142, I16
Zurückbleiben L6
Zusammenballung B365
Zusammenbau A539
Zusammenbruch B314, C410
Zusammendrücken C522
Zusammenfließen C351
zusammengesetzer Zeeman-
 Effekt A448
Zusammenhang R339
Zusammenprall C429
Zusammensetzung C511
Zusammenstoß C429, I41
Zusammenstöße der Moleküle
 M572
~ von Atomen A612
zusammenstoßende Impulse
 C424
Zusammensturz C410
Zusammenziehung C663
Zustand S729
Zustandsänderung C182
Zustandsdiagramm C623, E376,
 P301
Zustandsdichte D158
Zustandsfunktion S730
Zustandsgleichung E366
~ der idealen Gase P218
Zustandsgrößen S734
Zustandsidentifikation S731
Zustandsinterferenz I299
Zustandsmatrix S732
Zustandsvektor S736, V82
Zustandswahrscheinlichkeit
 S735
Zuverlässigkeit R379
Zuverlässigkeitsprüfung R380
Zuwachs A83
Zwang C625
Zwangskräfte C626
Zwanzigflächner I5
zweiachsiger Kristall B176
zweiatomiges Molekül D242
zweiäugiges Sehen B194
Zweibändermodell T465
Zweideutigkeit A319
Zweidimensionalabbildung T474
zweidimensionale
 Spektralklassifikation T476

zweidimensionales Bild T474
~ Elektronengas T473
~ Modell T475
Zweielektronenrekombination
 D262
Zweielementeninterferometer
 T477
Zweiflüssigkeiten-
 Hydrodynamik T483
Zweiflüssigkeitenmodell T478
Zweifrequenzinterferometer
 D566
Zweig B309
Zweigsche Regel Z26
Zweikammerklystron D562
Zweikomponentenflüssigkeit
 T470
Zweikomponentenplasma T471
Zweikörperproblem T469
Zweikreisklystron D562
Zweimagnonenabsorption T484
Zweiniveauatom T479
Zweiniveaulaser T480
Zweiniveaumaser T481
Zweiniveaumodell T482
Zweiphasenströmung T486
Zweiphotonenabsorption T487
Zweiphotonendissoziation T488
Zweiphotonenstrahlung T489
Zweiphotonenübergang T490
Zweistrahlinterferenz T467
Zweistrahlinterferometer T468
Zweistrahloszilloskop D600
Zweistufenionisation T491
zweite kosmische
 Geschwindigkeit E412
~ Quantisierung S109
~ Viskosität V210
zweiteiliges Objektiv D577
zweiter Hauptsatz der Thermo-
 dynamik S114
~ Katodendunkelraum C864,
 F20
~ Schall S116
Zweiweggleichrichter F421
Zwerg D612
Zwilling T457
Zwillingsbildung T461
Zwillingsebene T462
Zwillingsgrenze T458
Zwillingskalorimeter D561,
 T459
Zwillingskristall T457
Zwillingsparadoxon T463
Zwischenbandtunneln I280
Zwischenelektrodenkapazität
 I289
Zwischenfrequenz I312
Zwischengitteratom I345
Zwischengitterdefekt I346
Zwischengitterfehlstelle I346
Zwischengitterplatz I348
Zwischenkern C515

ZWISCHENMODENDISPERSION

Zwischenmodendispersion I319
Zwischenmodeninterferenz I317
Zwischenmodenkonversion I318
zwischenmolekulare
    Wechselwirkung I320
Zwischenraum C322, G50, I349
Zwischenstufe B360
Zwischenzustand I314
zyklische Entmagnetisierung
    C993
zyklischer Beschleuniger C992

Zyklogramm C995
Zyklograph C996
Zykloide C997
Zykloidenkurve C997
Zyklone C998
Zykloskop C996
Zyklotron C999
Zyklotronfrequenz C1000
Zyklotronresonanz C1003
Zyklotronresonanzfrequenz
    C1000

Zyklotronresonanzmaser C1004
Zyklotronschwingungen C1001
Zyklotronstrahlung C1002
Zyklus C990
~ der Sonnenaktivität S376
Zylinder C1005
Zylinderwelle C1010
zylindrische Funktion C1008
~ Koordinaten C1007
~ Linse C1006
zylindrischer Hohlleiter C1011

FRANÇAIS

A

abaissement du point de congélation D176
abaque G215, N195
aberration A2
~ annuelle A429
~ chromatique C275
~ de la lumière A3
~ sphérique S602
~ stellaire S780
aberrations électrono-optiques E223
~ des lentilles électroniques A4
~ de l'œil E542
~ d'ouverture A491
~ des systèmes optiques A5
ablation A6
abondance O19
~ cosmique C762
~ isotopique I555
~ naturelle N19
abrasif A9
abrasion A8
abscisse A12
absorbance A27
absorbant A33
~ acoustique S440
~ du son S440
absorbat A28
absorbeur A34
~ acoustique A94
~ par résonance R425
absorptiomètre A37
absorption A38
~ dans l'aile W131
~ atmosphérique A580
~ atomique A605
~ brusque du bruit cosmique S957
~ continue C645
~ à deux magnons T484
~ à deux photons T487
~ diélectrique D248
~ interstellaire I338
~ de la lumière L205
~ de lumière photo-induite P454
~ multiphotonique M695
~ de n-photons N338
~ négative N41
~ de neutrons N102
~ non linéaire N233
~ non saturée U90
~ d'ondes W13

~ optique O81
~ optique non linéaire N252
~ par ozone O328
~ photo-électrique P416
~ à photon unique O54
~ des rayons X X3
~ par résonance R426
~ sélective S133
~ du son S441
~ stimulée S817
~ totale T298
~ ultrasonore U12
absorptivité A58
accélérateur A69
~ annulaire R513
~ circulaire C297
~ à courant d'intensité élevée H179
~ cyclique C992
~ d'électrons E159
~ de haut voltage H216
~ à induction I148
~ d'ions I382
~ linéaire L251
~ de particules A69
~ des particules chargées C215, P113
~ de plasma P641
~ de protons P955
~ de résonance R447
~ tandem T8
~ de Van de Graaff V47
accélération A66
~ angulaire A394
~ centrifuge C164
~ centripète C167, N315
~ collective C413
~ de Coriolis C721
~ de Fermi F52
~ normale N315
~ de particules P112
~ de la pesanteur A68, F345, G234
~ stochastique S834
~ tangentielle T10
accéléromètre A72
accepteur A73
accommodation A79
~ magnétique M19
~ de l'œil A81
accord T430
~ automatique A687
~ manuel M218

~ secondaire A286
accrétion A83
accrochage des fréquences L325
accumulateur A86
~ capacitif C42
~ d'énergie E310
~ inductif I155
accumulation A85
achromatisation des systèmes de lentilles A93
acide aminé A325
~ désoxyribonucléique D161
acier au carbone C68
acoustique A137
~ architecturale A517
~ géométrique G129
~ des milieux en mouvement A138
~ moléculaire M568
~ musicale M746
~ non linéaire N234
~ physiologique P544
~ sous-marine U52
acousto-électronique A149
acousto-optique A157
actinide A163
actinisme A161
actinité A161
actinium A162
actinomètre A164
actinométrie A165
action A166, E26
~ à distance A167
~ d'écran S93
~ pondéromotrice P798
~ protective P950
~ retardée D128, R466
~ tampon B358
actions biologiques de la radiation B203
activateur A175
~ de luminophore P379
~ optique O83
activation A171
activité A187
~ induite I130
~ optique O84
~ optique non linéaire N253
~ solaire S367
~ de la source S478
~ stellaire S781
~ superficielle S1052

ANALYSE

acuimètre Q4
acuité auditive A188
~ visuelle A188, V174
adaptation A190
~ à la lumière L206
~ à l'obscurité D14
adapteur anamorphotique A376
adaptomètre A195
addition méttant en état
   amorphe A328
additivité A198
adhérence de l'électron E161
adhésion A199
adiabatique A201
admittance A218
ADN D161
adsorbant A221
adsorbat A220
adsorption A222
advection A232
aéro-élasticité A252
aérodynamique A249
aérologie A253
aéronomie A254
aérosol A255
aérostatique A257
affaiblissement A646, A646, D9
~ dans l'atmosphère A581
~ sonore S443
affaiblisseur A651
afficheur visuel D461
affinité A259
~ chimique C237
~ électronique E160
âge de Fermi F53
~ des neutrons N103
~ de l'Univers A266
agent de dispersion D437
~ d'échange thermique H103
~ émulsifiant E304
~ de transfert de la chaleur
   H103
agglomération A267
~ de vacances V2
agglutination A268
agitation moléculaire M590
agrandissement E337
agrégat A269
agrégation A270
aiguille A526
aile U130
~ de ligne de Rayleigh R196
aimant M18
~ désordonné D433
~ permanent P243
~ supraconducteur S981
~ de terre rare R179
aimantation M140
~ des domaines D528
~ rémanente R389
~ résiduelle R389
~ par rotation M141
~ de saturation S26

~ du sous-réseau S931
~ spontanée S670
~ vraie P80
air A272
aire A520
~ d'interaction I269
ajustage A217
ajustement A217
albédo A281
~ neutronique N104
~ des rayons cosmiques C768
aléa numérique R169
alexandrite A282
algèbre A284
~ de Boole B269
~ des courants C962
~ de Grassemann G223
~ de Lie L199
alidade A285
alignement A286
~ des spins nucléaires N402
alimentateur d'antenne A453
alliage A296
~ supraconducteur S973
alliages magnétiques M22
allobar A289
allongement E286
allotropie A292
allumage F142, I16
altimètre A312
altimétrie A313
altitude A314
aluminium A315
alychne A316
amas d'étoiles S722
~ galactique G16
~ de galaxies G16
~ globulaire G183
~ ouvert O61
ambiguïté A319
américium A322
amorçage I16
amorce F436
amortissement A646, D9, L372
~ apporté I229
~ critique C845
~ à friction F404
~ de Landau L29
~ non collisionnel C436
~ non linéaire de Landau N248
~ des ondes W15
~ des ondes radioélectriques
   R139
~ du signal S283
~ ultrasonore U14
~ visqueux V163
amortisseur D8, R461
ampère A337
ampère-tours A340
ampèremètre A324
ampholyte A342
amplificateur A348
~ cathodique C106

~ compensé B21
~ à courant continu D31, D378
~ à faible bruit L397
~ d'impulsions P979
~ à large bande B343
~ linéaire L252
~ magnétique M23
~ opérationnel O71
~ optique O85
~ paramagnétique quantique
   Q65
~ paramétrique P53
~ de Raman R151
~ à résistances R492
~ à résonance R427
~ à semi-conducteur S179
~ à superluminescence S1019
amplification A343
~ gazcusc G53
~ de la lumière L207
~ optique O124
~ paramétrique P52
~ stimulée S818
~ ultrasonore U13
amplitude A351, M198, R171
~ de diffusion S67
~ d'impulsion P980
~ normalisée N320
~ d'oscillations O272
~ de probabilité P908
~ de structure S921
an Y4
analogie A366
~ électro-acoustique E117
analyse A367
~ par activation A172, R68
~ de connexions N76
~ cristallographique C891
~ par diffraction D276
~ par diffraction électronique
   E188
~ par diffraction neutronique
   magnétique M96
~ de dimensions D347
~ dispersive D440
~ par fluorescence F227
~ par fluorescence de rayons X
   X25
~ de gaz G54
~ harmonique H50
~ par luminescence L423
~ de phases P281
~ qualitative Q20
~ quantitative Q24
~ par radioactivation R68
~ radiochimique R97
~ radiocristallographique X10,
   X52
~ de sédimentation S123
~ des sons S442
~ spectrale S544
~ spectrale absorptive A39
~ spectrophotométrique S582

ANALYSE

~ spectroscopique d'absorption par rayons X X4
~ spectroscopique d'émission par rayons X X22
~ spectroscopique par rayons X X48
~ structurale S912
~ thermique T82
~ thermogravimétrique T179
~ vectorielle V71
~ volumétrique V208
analyseur A375
~ différentiel D266
~ de gaz G55
~ harmonique H49
~ de la hauteur d'impulsions P996
~ d'impulsions P996
~ de masse M238
~ des spectres S595
~ de voix S599
anastigmat A378
anastigmatique A378
anémomètre A383
~ à coquilles C955
~ à fil chaud H286
~ laser L55
angle A385
~ adapté à la phase A389
~ d'attaque A386
~ de Bragg B303
~ de Brewster B328, P768
~ de Cabibbo C1
~ critique C841
~ de déviation D92
~ de diffusion S68
~ de frottement A387
~ horaire H288
~ d'incidence A388
~ de liaison V33
~ de Mach M1
~ parallactique P33
~ de pertes L373
~ de pertes diélectriques D254
~ de phase P282
~ de polarisation P768
~ de réflexion A390
~ de réfraction A391
~ solide S410
~ de valence V33
~ visuel A392
angstrœm A393
anharmonicité A408
anion A412
anisotropie A419
~ cristalline C892
~ élastique A421, E50
~ de la forme F288, S217
~ induite I131
~ magnétique M24
~ optique O86
~ des propriétés élastiques A421

~ des propriétés magnétiques A422
anneau R512
~ d'autofocalisation S161
~ de Budker B357
~ de diffraction D302
~ en ferrite F69
~ de phase P326
~ de stockage S853
~ de tourbillon V217
~ tourbillonnaire V217
anneaux concentriques C546
~ d'interférence I301
~ de Newton N169
année Y4
année sidérale S278
~ tropique T417
année-lumière L246
annihilation A425
~ de paires électron-positron A427
anode A431, P702
anodisation A441
anomalie A449
~ brusque du champ S960
~ magnétique M25
~ de phase à début brusque S964
anomalies de la force de pesanteur G253
~ de gravité G253
~ de pesanteur G253
anomalon A442
antenne A234
~ à barreau diélectrique D249
~ à cadre F327, L358
~ en cadre L358
~ à cornet H271, H272
~ dipôle D365
~ à fente S345
~ hélicoïdale H120
~ à large bande B342
~ à lentille L176
~ en losange R494
~ omnidirectionnelle O43
~ à onde progressive T394
~ parabolique P18
~ à réflecteur R307
~ Yagi Y1
antibaryon A457
«antibunching» des photons P483
anticathode A458
anticommutateur A462
anticyclone A464
antiferroélectrique A465
antiferromagnétique A466
antiferromagnétisme A470
antimatière A471
antimoine A472
antineutrino A473
antineutron A474
antinœud A475

antinucléon A476
antiparticule A478
antipodes optiques O87
antiproton A479
antiquark A480
antisymétrie A484
apériodicité A486
apesanteur Z10
apex A496
aphélie A497
aplanat A499
aplanétique A499
aplatissement O5
apochromat A501
apochromatique A501
apodisation A502
apogée A503
appareil D218
~ à décharge gazeuse G60
~ de diffraction électronique E191
~ électrodynamique E128
~ de mesure M401
~ mesureur électrique E86
~ mesureur électrostatique E266
~ à pénombre H18
appareils à faisceau électronique E165
~ ioniques I405
appauvrissement D166
application M222
approximation A509
~ adiabatique A202
~ de Born B272
~ à électron unique O49
~ des impulsions I65
~ de Keldych K6
~ MO LCAO M565
~ de Padé P3
~ à particule unique O52
~ quasi classique Q100
~ de Weisskopf-Wigner W95
~ W.K.B. W135
aquadag A510
arc A513
~ auroral A669
~ à basse tension L405
~ au charbon C65
~ électrique E95
~ dans le vide V9
aréomètre A521
argent A522
argon A523
armature du condensateur C46
arme laser L121
~ à laser L121
~ nucléaire N405
armement R338
arsenic A530
aspérité A537
assemblage A539, A539
~ critique C842
association nucléonique N410

~ stellaire S782
associativité A544
assombrissement au bord solaire D17
astate A546
astérisme A547
astéroïde A548, M502
astigmatisme A549
~ de l'œil A551
astrobiologie A553
astroclimat A554
astrographe A556
astrolabe A558
astrométrie A559
astronef S509
astronomie A568
~ extraterrestre E533
~ infrarouge I195
~ neutrinique N96
~ de neutrino N96
~ radar R6
~ au rayonnement gamma G38
~ aux rayons X X7
~ stratosphérique B30
astrophotométrie A564
astrophysique A569
~ de neutrino N97
~ nucléaire N344
~ relativiste R348
astrospectroscopie A565
asymétrie A572
~ baryonique de l'Univers B71, U85
asymptote A573
atlas des couleurs C445
atmosphère A578
~ planétaire P632
~ solaire S369
~ standard S708
~ stellaire S783
~ stratifiée S870
atmosphérique siffleur W106
atmosphériques A596
atome A603
~ accepteur A74
~ deux fois ionisé D578
~ à deux niveaux T479
~ excité E462
~ fils D25
~ une fois ionisé S325
~ hadronique H6
~ d'impureté I72
~ interstitiel I345
~ ionisé I436
~ marqué L2, T309
~ mésique M353
~ mésonique M353
~ muonique M739
~ non excité N225
~ pi-mésonique P593
~ pionique P593
~ produit D25
~ de recul R237

~ de Rydberg R578
~ totalement ionisé F422
atomisation A643
attachement A645
~ d'électrons A645
attaque ionique I406
atténuateur A651
~ à piston P605
atténuation A646
~ dans l'espace libre F354
attracteur A653
~ étrange S862
attraction A652
audibilité A654
audiofréquences A656
audiomètre A659
auréole A665
aurore australe A667
~ boréale A668
~ polaire A666
austénite A677
auto-absorption S144
auto-accélération S145
auto-action S146
~ d'ondes W60
autocatalyse A679
autoclave A680
autocollimateur A682
autocollimation A681
autocontraction S152
autocorrélation A683
autodécharge S156
autodéfocalisation S153
autodiffusion S154
auto-énergie S157
auto-excitation S158
auto-inductance S164
auto-induction S165
auto-ionisation A686
autofocalisation S160
~ non stationnaire N305
automodulation S169
~ de phase P328
auto-oscillations S159
autophasage P337
autoprotection S172
autoradiographie A688
autorenversement S170
autosimilarité S174
avalanche A689
~ électronique E162
averse météorique M400
axe A712
~ d'aimantation facile A713, D386, E7
~ cristallographique C924
~ de déformation A716
~ hélicoïdal S95
~ d'inertie A714
~ neutre N82
~ optique O88, O211
~ principal de contrainte P889

~ principal de déformation P888
~ principal d'inertie P887
~ de rotation A715, R558
~ de symétrie A717
axiome A708
axion A711
azimut A720
azote liquide L291

B

bague R512
balance B20
~ d'Ampère C963
~ d'analyse A368
~ d'Eötvös E356
~ électrométrique C963
~ magnétique M27
~ de torsion T295
balayage S57, S1089
~ du faisceau B114, B120
~ de fréquence F390
balise B86
~ laser L57
balistique B27
ballon B29
banc optique O89
~ photométrique P470
bande B35, T14
~ d'absorption A40
~ de conduction C562
~ énergétique E311
~ de fréquences F363, F383
~ haute fréquence H195
~ d'impureté I73
~ inférieure L388
~ interdite F272
~ latérale S274
~ occupée F116, O17
~ passante P158
~ permise P250
~ pleine O17
~ de rotation R544
~ de rotation-vibration V121
~ spectrale S545
~ de valence V34
~ de vibration V113
~ vide E303
~ yrast Y10
bandes de recouvrement O315
bar B46
barn B54
barographe B56
baromètre B57
~ anéroïde A384
~ à mercure M345
barre B46, B382, R524
barretter B62
barrière B63
~ de Coulomb C792
~ de fission F153

BARRIÈRE

~ de potentiel P823
~ de Schottky S80
~ du son S433
baryon B70
baryonium B75
baryum B51
basculement du spin S625
basculeur T407
base B79, B82
~ de balayage T242
~ de l'interféromètre I305
~ orthogonale O256
~ du réseau cristallin C907
basse température L399
basses fréquences L392
bâtonnet R524
battements B125
batterie B83
~ solaire S370
baume du Canada C26
beau méson B126
~ quark B127
beauté B128
becquerel B129
bel B130
berkélium B142
béryllium B145
bêtatron B167
biexciton B180
bifurcation B182
big bang B184
bilame B186
bilan B20
~ de la chaleur H73
~ de rayonnement R24
bille B23
binaire à rayons X X8
binormale B197
bioacoustique B198
biochimie B199
bioélectricité B200
bioluminescence B205
biophysique B206
biplaque de Savart S33
biprisme B208
~ de Fresnel F393
biréfringence B209, D573
~ induite I132
bismuth B211
bissectrice B210
bistabilité B212
~ optique O90
bit B214
blanchiment B224
~ du cristal C894
bleutage d'optique A481
blindage S93, S237
~ magnétique M120
blocage L325
bobine C398
~ blindée S236
~ de compensation C739
~ de correction C739

~ de déviation D88
~ fixe F166
~ de focalisation F262
~ d'inductance I146
~ d'induction I149
~ magnétique M35
~ mobile M664
~ à noyau de fer I467
~ à noyau en ferrite F68
~ quart d'onde Q89
~ supraconductrice S977
bobines de Helmholtz H135
bolide B251
bolomètre B252
~ à semi-conducteur S180
bombardement B258
~ ionique I389
bombe calorimétrique B259
~ nucléaire N345
booster B270
bootstrap B271
~ statistique S754
bord d'absorption A45
~ d'absorption optique O82
~ d'attaque L162
~ diffusé D308
~ de fuite T316
bore B273
borne T64
bornes d'entrée I227
~ de sortie O306
boson B283
~ de Goldstone G193
~ de Higgs H178
~ intermédiaire I310
~ jauge G4
~ vecteur intermédiaire I315
~ vectoriel V72
boucle L357
bouillonnement explosif E504
~ en film F120
~ hadronique H8
~ en pellicule F120
~ au sein de liquide B361
~ spontané S664
~ stationnaire S743
boule de feu F141
boussole d'inclinaison I91
bouton B383
b-quark B285
brachystochrone B301
branche B309
~ de la courbe de résonance W132
branchement B310
bras A526
~ de levier du couple A527
breeder B321
bremsstrahlung B327
brillance B333, B335
brisure de symétrie spontanée S665
brome B348

bronze B349
brouillard F268
broyage par chocs I43
bruit N184
~ acoustique A120
~ aérodynamique A247
~ d'antenne A237
~ blanc W110
~ de génération-recombinaison G110
~ de quantification Q30
~ thermique T136
brûlage B378
~ des trous H228
brûleur Bunsen B370
brume H65
bulle B352, C1009
~ de cavitation C125
«bunching» des photons P484
burette B374
burst B380
burster B381
bus B382

C

câble C2, C718
~ coaxial C354
~ de fibres optiques F90
~ à haute tension H217
~ supraconducteur S974
cache M234
cadence de comptage C807
cadmium C3
cadran D226
cadre F326, L357
cæsium C5
cage de Faraday F19
calcium C7
calcul C8, C9
~ combinatoire des quarks Q82
~ des erreurs T80
~ opérationnel O72
~ des probabilités P913
~ tensoriel T58
~ des variations C10
calendrier astronomique A560
calibrage C11
~ axial A703
~ du potentiel P830
calibrages à invariance relativiste R347
calibrateur piézo-électrique C895
californium C14
calorescence C16
calorie C18
calorifuge H88
calorifugeage H89, H100
calorimètre C20
~ adiabatique A203

CELLULE

~ double D561, T459
~ hadronique H9
~ d'ionisation I416
~ à liquide L282
~ à thermocouples T152
calorimétrie C21
~ à basse température L400
~ à haute température H212
calottes polaires P732
calutron C22
caméra C24
~ astrographique A556
~ électronique optique I25
~ à scintillation S86
camouflage aural A658
canal C184
~ accélérateur A70
~ chaud H277
~ de communication à fibres optiques F91
~ conducteur C566
~ de courant C965
~ de décharge D399
~ de diffusion élastique E52
~ de dissociation D474
~ d'éclair L232
~ d'étincelle S512
~ d'excitation E454
~ expérimental E494
~ d'extraction E527
~ de faisceau B89
~ des filaments F115
~ de formation du faisceau B115
~ de génération G109
~ du guide d'ondes W30
~ inélastique I159
~ d'ionisation I418
~ ionosphérique I448
~ neutronique N107
~ optique O94
~ plan P615
~ de plasma P644
~ de production P925
~ à protons P957
~ du réacteur R221
~ de la réaction R207
~ de réaction nucléaire N393
~ de relaxation R371
~ de résonance R430
~ de sécurité S9
~ sonore sous-marin U51
~ de streamer S878
~ supraconducteur S976
~ de synchronisation S1113
~ de transport du faisceau B121
canalisation axiale A700
~ des électrons E177
~ de l'énergie E312
~ d'ions I390
~ dans les monocristaux C185
~ des particules chargées C186
~ plane P616

~ des positrons P818
~ des protons P958
candela C28
canon électronique E199, G297
~ ionique I401
~ de Pierce P553
capacimètre C37
capacitance C36
capacité C36
~ de la couche d'arrêt B66
~ de diffusion D316
~ interélectrode I289
~ non linéaire N235
~ parasite S873
~ thermique H74
~ thermique électronique E203
~ thermique du réseau L138
~ thermique spécifique S534
capillaire C49
capsule C56
captage T391
~ de la charge C197
capteur P546, S204, T320
~ capacitif C41
~ de déplacement D460
~ à distance R393
~ à induction I154
~ piézo-électrique P573
~ de position P807
~ à semi-conducteur S192
~ de température T45
~ à trois composantes T215
capture I62, T391
~ électronique E176
~ de l'électron par un noyau C60
~ par gravitation G235
~ d'impureté I74
~ K K5
~ des neutrons N106
~ optique O92
~ des particules chargées C59, C223
~ des porteurs C82
~ radiative R59
~ de résonance R429
~ du trou H229
caractéristique C189
~ amplitude-amplitude A352
~ amplitude-fréquence F384
~ décroissante F16
~ intensité-tension V200
~ phase-fréquence P285
~ de plaque A432
~ transitoire T332
carat C61
carbonado C64
carbone C63
carbure de bore B274
carcinotron C69
carmatron C72
carré S682
cartouche de combustible F416

cascade C85
~ de bifurcations C89
~ nucléaire N346
~ des rayons cosmiques C769
~ sous-harmonique S929
cassure F320
~ du cordon de plasma P672
~ intracristalline T319
~ intragranulaire T319
~ à la traction T55
catalogue des étoiles S721
~ fondamental F428
catalyse C96
~ d'adsorption A223
~ à échange d'ions I399
~ hétérogène H155
~ homogène H257
~ muonique M740
catalyseur C97
~ poreux P805
cataphorèse C99
catastrophe C100
~ du ciel bleu B235
~ infrarouge I196
~ ultraviolette U39
cathode C101
~ activée A169
~ à chauffage direct D392
~ à chauffage indirect I127
~ à couche rapportée F121
~ creuse H237
~ froide C405
~ à oxyde O324
~ à plasma P643
~ de spike S618
~ thermo-électronique H276
~ thermo-ionique T148
~ virtuelle V149
cathodoluminescence C114
cathodoluminophore C116
cation C117
~ magnétique M29
catoptrique C118
causalité C120
caustique C121
cavitation C124
~ à bulles B353
~ à ultra-son U16
~ ultrasonique A97
cavité C132, V185
~ de cavitation C126
caviton C131
ceinture de protons P956
~ de radiation extérieure O299
~ de radiation intérieure I220
ceintures de radiation R25
cellule C122, C144
~ d'absorption A41
~ élémentaire P885
~ d'espace de phase P334
~ de Kerr K16
~ laser L60
~ magnétique M30

CELLULE

~ nerveuse N73
~ photo-électrique P389
~ photo-électrique à vide P525
~ photo-émissive P432, P433
~ photoconductrice P398
~ piézo-électrique P558
~ de Pockels P713
~ de réseau L132
~ à SBS S37
~ thermostatisée T196
~ de Wigner-Seitz W123
cendres radioactives R69
centimètre C160
centralisation E519
centre C146
~ accepteur A75
~ aérodynamique A239
~ de compression C157
~ de couleur C447
~ de cristallisation C147
~ donateur D536
~ donneur D536
~ F F41
~ de flexion F191
~ des forces parallèles C155
~ galactique G15
~ de gravité C148
~ de guidance G295
~ guide G295
~ d'impureté I75
~ instantané I236
~ luminogène L416
~ de masse C151
~ d'oscillation C154
~ de percussion C156
~ de recombinaison R243
~ de rotation C158
~ de symétrie C159
centrifugeuse C166
centroïde C169
céphéides C171
cepstrum C172
céramet C173
céramique C174
~ à béryllium B146
~ à métal C173
~ piézo-électrique P559
~ supraconductrice S975
cercle C293, D421
~ de confusion C295, D422
~ de diffusion D422
~ de moindre diffusion D422
~ polaire P733
cercles de Newton N169
cérium C176
CERN E425
césium C5
CGPM G97
chaîne C179
~ proton-proton P961
chaînes de Markov M225
chaleur H72
~ de changement de phase H94

~ de combustion H90
~ de condensation H91
~ d'évaporation H95
~ de fusion H93
~ Peltier P195
~ spécifique L124
~ de la transformation de phases P343
~ de vaporisation H95
chambre C181
~ anéchoïde A380
~ à avalanche A691
~ à basse température L401
~ blindée S235
~ à bulles B354
~ à bulles de l'hydrogène liquide L288
~ de bulles à propane P939
~ à bulles ultrasonore U15
~ de combustion C478
~ de décharge G58
~ à décharge électrique E100
~ de décharge gazeuse G58
~ de décontamination D68
~ de dérive D586
~ de diffraction X à poudre P841
~ à diffusion D317
~ de dissolution D482
~ sans échos A380
~ d'émulsion E306
~ à étincelles S511
~ à étincelles magnétique M123
~ d'évacuation E429
~ d'évacution continue C649
~ d'évaporation E431
~ d'expansion E488
~ à filament W133
~ à fission F154
~ à gerbe S269
~ à haute pression H204
~ à implantation d'ions I410
~ d'ionisation I417
~ d'ionisation à intégration I258
~ de mélange M521
~ à nuage C343
~ à nuages C343
~ obscure C25
~ à photo-ionisation P456
~ proportionnelle P942
~ à rayons X X9
~ de réverbération R472
~ du spectrographe S575
~ à streamers S877
~ strioscopique S874
~ toroïdale T281
~ à trace T313
~ de triage S437
~ de vapeur S775
~ à vide V12
~ de Wilson E488, W124
champ F95
~ d'accélération A62

~ acoustique S450
~ autoconsistant S150
~ chiral C262
~ des contraintes S890
~ cristallin C911
~ de démagnétisation D143
~ de Dirac D372
~ électrique E106
~ électromagnétique E144
~ électromagnétique macroscopique M11
~ électrostatique E261
~ éloigné F25
~ faible W67
~ de forces F282
~ fort S907
~ géomagnétique G120
~ gravitationnel G238
~ induit I138
~ de jauge non abélien N196
~ local L312
~ lumineux L219
~ magnétique M55
~ magnétique critique C852
~ magnétique guide G296
~ magnétique du Soleil S388
~ moléculaire M582
~ moléculaire de Weiss W93
~ d'opérateurs O75
~ de plasma P660
~ potentiel P826
~ proche N29
~ scalaire S41
~ solénoïdal S407
~ sonore S450
~ sphérosymétrique S606
~ spinoriel S641
~ symétrique axial A705
~ tenseur T60
~ de tenseur T60
~ de tension S890
~ toroïdal magnétique T284
~ tourbillonnaire V213
~ transversal T379
~ vectoriel V76
~ de vision F106
~ de vitesse V92
~ de Weiss W93
champs croisés C866
~ de jauge G6
~ magnétiques superintenses S1013
~ de recouvrement O316
~ de Yang-Mills Y3
changement canonique C34
~ de l'état C182
~ de forme D97
~ induit de l'indice de réfraction I144
~ induit de la population I140
~ infinitésimal I180
~ irréversible N296
~ relatif R340

CIRCUIT

~ réversible R478
~ des variables C183
chaos C187
charge C196, L303
~ active R418
~ adaptée M257
~ baryonique B72
~ capacitive C40
~ de choc I45
~ compensée B22
~ concentrée L437
~ du condensateur C45
~ de couleur C449
~ creuse C953
~ critique C843
~ cyclique C994
~ distribuée D500
~ dynamique D622
~ effective E27
~ électrique E88, E96, Q27
~ d'électron E178
~ élémentaire E276
~ d'espace S482
~ d'essai P916
~ hadronique H10
~ inductive I153
~ induite I133
~ d'invariant I365
~ de l'ion I391
~ leptonique L183
~ libre F339
~ liée B293
~ localisée L318
~ magnétique M31
~ mésonique M352
~ mobile M663
~ négative N42
~ nette N75
~ du neutron N108
~ non accordée U87
~ du noyau N348
~ nucléaire N348
~ de nucléon N412
~ nulle N419
~ de polarisation B293
~ ponctuelle P717
~ positive P808
~ du réacteur R222
~ réactive R216
~ répartie D497, D500
~ résistive R418
~ spatiale S482
~ statique S737, S740
~ superficielle S1056
~ de test T69
chargement L307
~ du cœur C720
charme C232
charmonium C235
chauffage H87
~ adiabatique A208
~ par convection C678
~ direct D379

~ par faisceau électronique E167
~ à haute fréquence dans le conteneur froid H175
~ à haute fréquence du plasma R486
~ indirect I126
~ par induction I150
~ de Joule J19
~ laser du plasma L95
~ du plasma P666
~ par radiation R17
~ superficiel S1069
~ turbulent T450
~ turbulent du plasma T454
chemin P164
~ optique O166
~ de tourbillons de Karman K4
chercheur de fuites L164
cheval-vapeur H273
chicane B18
chimie C254
~ de coordination C710
~ des cristaux C896
~ de laser L61
~ mésonique M359
~ nucléaire N349
~ physique P527
~ quantique Q35
~ de radiation R27
chimiluminescence C252
chimisorption C253
chip C261
chiralité C264, E308
chirurgie laser L112
~ ultrasonique U32
chlore C269
choc I46, S239
~ de compression C527
~ de condensation C552
~ de deuxième espèce C441
~ électronique E211
~ de première espèce C440
~ superélastique S996
chromaticité C276
chromatographe C281
chromatographie C282
~ par adsorption A224
~ par échange d'ions I400
~ sur papier P16
~ de partage P148
~ en phase gazeuse G76
chrome C283
chromisation C284
chromodynamique C285
~ quantique Q36
chromosphère C286
~ solaire S371
chronographe C288
chronologie cosmique C778
~ isotopique I549
chronométrie C289
chute F15

~ anodique A437
~ cathodique C105
~ de la chaleur T121
~ de Lamb L16
~ libre F344
cible T16
~ d'accélérateur A71
~ de couche S233
~ de deutérium D213
~ à feuille F270
~ fixe F167
~ laser L114
~ à magnétron M194
~ nucléaire N404
~ de plasma P690
~ polarisée P765
~ sphérique S611
~ thermonucléaire T191
~ de tritium T414
cinématique K30
~ du corps B241
~ de désintégration D55
~ des fluides K33
~ des liquides K34
~ du milieu déformable D96
~ du point K32
~ du point matériel P133
~ de réaction R208
~ relativiste R356
~ du solide K35
cinescope K37
cinétique K43
~ d'adsorption A229
~ chimique C246
~ chimique macroscopique M10
~ de condensation C550
~ de cristallisation C922
~ de croissance G287
~ de désorption D193
~ de l'évaporation K45
~ d'excitation E458
~ des fluides K46
~ de non-équilibre N221
~ des phénomènes magnétiques K48
~ physique P530
~ du plasma P671
~ du plasma à deux composantes T472
~ de la population des niveaux K47
~ quantique Q55
~ du réacteur nucléaire K49
~ de réaction R209
~ des réactions chimiques K44
~ de la recristallisation K50
~ des transitions de phase P346
cinétostatique K52
C-invariance C292
circonférence C293
circuit C296, L357
~ à anticoïncidences A459
~ apériodique A485

CIRCUIT

~ de coïncidences C399
~ à connexion multiple M723
~ de différentiation D271
~ électrique E77, E91
~ d'entrée I223
~ équivalent E397
~ fermé C330
~ intégrateur I257
~ intégré I254
~ logique L332
~ magnétique M32
~ oscillant O284
~ parallèle P36
~ phantastron P277
~ résonnant R448
~ en série S208
~ de sortie O303
circuits couplés C810
circulateur C306
~ à ferrite F67
circulation C304
~ atmosphérique A582
~ du champ vecteur C305
~ de la vitesse V90
cisaillement S221
civilisations extraterrestres E534
claquage B314
~ en avalanche A690
~ électrique E76
~ thermique T86
classe d'éruption solaire F174
~ d'homologies H266
~ de luminosité L428
~ de précision A87
~ de symétrie S1104
classes cristallographiques C897
~ de cristaux C897
~ spectrales des étoiles S546
classification décimale universelle U82
~ des particules P116
~ périodique des éléments P233
~ des quarks Q81
~ spectrale S547
~ spectrale bidimensionnelle T476
clavier K21
clé K20
clean-room C321
climatisation A273
clivage C323
cloison de Bloch B232
cluster C345
~ amorphe A329
~ de fractales F318
~ magnétique M34
~ à nucléons N413
~ de vacances V2
coagulation C350
~ acoustique A98
~ des aérosols A256
~ des germes N417
coalescence C351

coaltitude Z7
cobalt C356
codage de l'information I192
coefficient d'absorption de masse M236
~ d'accommodation A80
~ d'adaptation M259
~ d'amortissement A647, D10
~ d'amortissement de Landau L30
~ d'amplification A345, G12
~ d'atténuation de la lumière L208
~ d'auto-induction S164
~ binomial B195
~ de bruit N185
~ cinétique K38
~ de condensation C549
~ de conductibilité calorique T89
~ de conductibilité de chaleur T89
~ de conductibilité thermique D333, T89
~ de conduction de chaleur H77
~ de conversion C690
~ de corrélation C744
~ de couplage C816
~ de couplage électromécanique E155
~ de diffusion D318, D333, S70
~ de diffusion ambipolaire A321
~ de diffusion thermique T101
~ de dilatation C361, E489
~ de dilatation linéaire C365
~ de dilatation thermique C369, T115
~ de dilatation volumétrique C371
~ de directivité D391
~ de distribution D506
~ d'élasticité C360
~ électro-optique E250
~ d'émission secondaire S105
~ d'entraînement D581
~ d'expansion E489
~ de Fourier F306
~ de frottement C362, F403
~ de frottement dynamique C359
~ de Hall H24
~ d'induction électromagnétique E149
~ d'interdiffusion I288
~ d'ionisation I419
~ de multiplication F156
~ de Peltier P193
~ de pertes D255
~ de pertes diélectriques D255
~ des pertes par hystérésis C363

~ de pertes magnétiques M89
~ de Poisson P730
~ de proportionnalité P944
~ de puissance P843
~ de qualité de la raie spectrale S558
~ de réaction F45
~ de recombinaison R244
~ de recombinaison radiative R64
~ de réflexion R294
~ de régénération B325
~ de résistance à la fatigue F38
~ de restitution C368
~ de retard D127
~ de sécurité S10
~ de séparation S206
~ stœchiométrique S841
~ de suppression du mode latéral S276
~ de température de la fréquence T33
~ de température de la résistance T34
~ de tension de surface S1084
~ thermique de viscosité T46
~ de Townsend T307
~ de transmission T351
~ de transport T369
~ de viscosité C370
coefficients aérodynamiques A241
~ d'Einstein E45
~ de Klebsch-Gordon K58
~ de Racah R3
~ viriels V146
cœlostat C372
coercibilité C375
coercimètre C373
cohérence C376
~ longitudinale L337
~ de la lumière C380
~ mutuelle M747
~ partielle P97
~ de phase-cohérence en phase P286
~ quantique Q38
~ spatiale S488
~ spatiale dans le temps S529
~ temporelle T243
~ transversale L127, T376
cohésion C397
coin W85
~ gris N94
~ neutre N94
~ optique O210, P478
~ photométrique P478
~ de quartz Q97
~ à quartz Q97
collapsus C410
~ gravitationnel G236
~ de Langmuir L36
collecteur C420

CONDUCTIBILITÉ

collectivisation des électrons E180
collimateur C427
~ du faisceau B91
collimation C426
collinéarité C428
collision C429
~ centrale H67
~ frontale H67
~ de paire P6
~ de particules P117
~ superélastique S996
collisionneur C421
~ hadronique H4
collisions atomiques A612
~ élastiques E53
~ inélastiques I160
~ des molécules M572
~ phonon-phonon P372
colloïde C443
colonne de plasma P644
~ positive P809
colorant D613
~ blanchissable B225
~ saturable S20
~ transparent T365
colorimètre C455
colorimétrie C456, C457
~ astronomique A561
~ trichrome T404
coma C469
combinaison C470
~ linéaire L253
combustible nucléaire N363
combustion B378, C477
comète C479
commande C668
~ automatique de la fréquence par la phase P314
commencement brusque S956
communication météorique M398
~ optique O97
commutateur C489, S1094
~ de guide d'ondes W37
~ optique O199
~ thermique T144
commutation C487
~ active en Q A183
~ optique O200
~ passive en Q P160
comparateur C490
~ d'interférence I294
~ optique O98
~ de phase P287
compartiment cathodique C111
compatibilité C494
compensateur C497
~ interférométrique I306
~ optique O99
~ à polarisation P745
compensation C496
~ adaptive A191

~ de la charge d'espace S484
~ thermique T35
compétition de mode M527
complémentarité C499
complexe C505
complexons C507
composante antistokes A482
~ chargée C205
~ dure H41
~ de Fourier F307
~ à grand rayon d'action L346
~ d'une impulsion M614
~ à longue période L343
~ molle S361
~ neutre N83
~ réactive I13
~ de Stokes S845
~ supraconductive S978
~ superfluide S999
~ d'un vecteur C509
~ à vie courte S252
~ volatile V186
composants du champ F96
~ optiques purs A290
~ toute-fibre A288
composé C514
composés intermétalliques I316
~ lamellaires I281
composite C510
composition C511
~ en fibres F88
~ des forces C512
~ des vitesses C513
compresseur C531
~ optique O100
~ à plasma magnétique M177
~ à réseau G225
compressibilité C518
compression C522
~ des impulsions laser L99
~ non linéaire N236
comptage C806
compte C802, C806
compteur C803
~ à anticoïncidences A460
~ de Cherenkov C256
~ de coïncidences C400
~ à cristal C898
~ à étincelles S513
~ de Geiger-Müller G92
~ de particules P119
~ proportionnel P943
~ à scintillation S87
~ de vitesse V88
concentrateur C545
~ acoustique A99
~ des rayons solaires S372
concentration C542, D154
~ des contraintes S887
~ des défauts D80
~ des dislocations D424
~ de dopage D543
~ électronique E181, E185

~ d'équilibre E373
~ excessive E441
~ des impuretés I76
~ d'ions I393
~ locale L309
~ moléculaire M573
~ non équilibrée N216
~ des particules P118
~ des particules chargées C217
~ des pièges T387
~ des porteurs C76
~ des porteurs libres F337
~ relative R341
~ de la solution S427
~ du son S452
~ spécifique S531
~ superficielle S1058
~ sûre S7
~ des trous H230
condensat C547
~ amorphe A330
~ de Bose B277
~ de Bose-Einstein B277
~ dans le vide V13
condensateur C44, C557
condensation C548
~ de Bose B278
~ de Bose-Einstein B278
~ capillaire C50
~ coronale C730
~ d'excitons E468
~ en film F122
~ sous forme de gouttes D598
~ hétérogène H156
~ homogène H258
~ de la vapeur V50
condenseur C557
~ cardioïde C71
condition C558
~ bêtatron B168
~ de Bragg B305
~ de Lorentz L361
~ d'unitarité U73
conditions initiales I211
~ limites B288
~ aux limites approximatives de Leontowitch L180
~ normales N327, S710
conductance C559
~ acoustique A100
conducteur C570
~ de la chaleur H78
~ supra-ionique S1014
conducteurs organiques O246
conductibilité électrique E80
~ du plasma P648
~ du réseau L133
~ spécifique S532
~ thermique H75, T91
~ thermique due au réseau L133
~ thermique électronique E183, E204

529

CONDUCTIBILITÉ

~ thermique des métaux T92
~ thermique spécifique T93
conduction C561
~ par électrons E182
~ à haute fréquence H196
~ d'impureté I77
~ intrinsèque I357
~ ionique I403
~ d'obscurité D15
~ par trous H231
conductivité C567
~ magnétique M36
~ de Pedersen P183
~ superficielle S1059
conduit de neutrons N129
cône C571, T15
~ de Cherenkov C255
~ focalisateur F254
~ de frottement C573
~ de lumière L212
~ de Mach M2
~ d'ombre S212
~ de perte L374
~ de perturbation M2
~ de silence C574
cônes C575
Conférence Générale des Poids et Mesures G97
confiance C576
configuration C578, G139
~ du champ magnétique M56
~ électronique E184
~ d'équilibre E374
~ fermée C331
~ magnétique M37
~ des molécules M574, M574
~ ouverte O62
~ à plasma P649
~ de la première paroi F147
~ spatiale S520
~ symétrique S1097
~ toroïdale T282
confinement C584, C636
~ de couleur C450
~ inertiel I169
~ magnétique M38
~ des particules chargées C218
~ du plasma P650
~ des quarks Q83
conformation C589
~ des molécules M575
conformère C592
congélation des moments orbitaux O226
congruence C594
conique C595
conjugaison C605, R474
~ de charge C201
~ complexe C506
~ du front d'onde P291
~ du front d'onde optique O167
~ du front d'onde du rayonnement optique en milieu non linéaire N255
connexion C606
~ électrique E81
~ en série S209
conoscopie C608
Conseil Européen pour Recherche Nucléaire E425
conservation de la charge C611
~ du courant de vecteur C615
~ de l'énergie C612
~ de l'impulsion C613, M615
~ de la masse C614
~ du moment cinétique C610
~ du nombre baryonique B77
~ partielle du courant axial P98
~ de la quantité de mouvement C613, M615
conservatisme C616
console C35
consonance C620
constante C621
~ d'Avogadro A699
~ de Boltzmann B255
~ cosmologique C781
~ de couplage C817
~ de couplage spin-orbite S638
~ de désintégration D52, D418
~ de dissociation D475
~ d'échange E445
~ d'écran S94
~ d'effet d'écran S94
~ d'élasticité E54
~ élastique E54
~ de gaz G56
~ de gravitation G237
~ de Grüneisen G289
~ de Hubble H290
~ d'interaction I270
~ d'interaction faible W71
~ non dimensionnelle D349
~ optique O102
~ de phase P292
~ de Planck P618
~ pyro-électrique P1033
~ de réseau G226
~ du réseau cristallin C909
~ de rotation R545
~ de Rydberg R579
~ de séparation Zeeman Z3
~ solaire S373
~ de structure fine F134
~ du temps T244
~ de Verdet V104
~ de la vitesse de réaction R211
constantes de Lamé L22
~ physiques P528
~ physiques fondamentales F432
~ du réseau L134
constriction W2
constringence C627
construction rigide R508
contact C629
~ d'adhésion A200
~ à couche enrichie E339
~ avec la couche épuisée D168
~ électrique E82
~ de Josephson J14
~ Josephson J14
~ métal - semi-conducteur M389
~ ohmique O35
~ optique O103
~ ponctuel P718
~ thermique T94
contamination C638
~ de fond B5
~ du plasma P652
~ par les produits de fission F163
~ radioactive R71
conteneur C635
~ à basse température L402
~ froid C406
~ isothermique T132
continuité C643
~ du courant F206
continuum C658
~ d'ionisation I420
~ à ondes longues L352
contour équipotentiel E391
contraction C663
~ de la décharge gazeuse G59
contrainte C625, S855, S886
~ de compression C528
~ de contact C633
~ mécanique M317
~ principale P898
~ résiduelle R413
~ de rupture B320, U4
~ de tension T53
~ thermique T143
contraste C664
~ des couleurs C451
~ de luminance L412
~ optique O104
~ de phase P293
~ visuel V175
contravariance C667
contrôle C668
~ magnétoscopique non destructif M98
~ mécanique M318
~ du niveau de rayonnement R48
~ de la pollution atmosphérique A278
~ de la pollution de l'air A278
~ de position du faisceau B113
~ radiographique X23
~ par rayons gamma G42
~ aux rayons X X23
convection C672
~ atmosphérique A583
~ capillaire C51

COURANT

~ forcée F278
~ libre F340
~ magnétosphérique M183
~ naturelle F340, N16
~ du plasma P653
~ thermique T95
convergence C684
convergent C593
conversion C689
~ à augmentation de la fréquence U96
~ du combustible nucléaire N364
~ directe chaleur/électricité D376
~ d'énergie E314
~ de la fréquence F364
~ intermode I318
~ interne I321
~ des modes M528
~ de paire P7
~ paramétrique P54
convertisseur C693
~ analogique-digital A365
~ à augmentation de la fréquence U97
~ digital-analogique D339
~ à film F125
~ de fréquence optique O121
~ d'image électrono-optique E224, I24
~ inductif I156
~ des modes M529
~ optique O205
~ paramétrique P55
~ piézo-électrique P576
convolution C696
convolver C697
coordinance C709
coordonnée C706
coordonnées cartésiennes C84
~ célestes C139
~ de chromaticité C277
~ curvilignes C981
~ cylindriques C1007
~ d'espace de phase P335
~ généralisées G98, L7
~ géographiques G117
~ géomagnétiques G119
~ héliocentriques H125
~ du laboratoire L4
~ de Lagrange L7
~ non dimensionnelles D350
~ polaires P734
~ rectangulaires R261
~ réduites R272
~ sphériques S603
corde C273, C718, S897
cordes explosives E502
cordon de plasma P661
coronographe C729
corps B237
~ aimanté M146

~ cosmique C764
~ gris G262
~ isotrope I575
~ noir B216, F419
~ obtus B236
~ rigide R507
~ solide S409
corpuscule C733
correcteur C742
~ du front d'onde W22
~ de phase P295
~ de phase quadratique Q10
correction approximative R567
~ de l'astigmatisme A550
~ bolométrique B253
~ des distorsions atmosphériques C741
~ du front d'onde W21
~ d'image I26
corrections de Glauber G175
~ de rayonnement R28
corrélateur C750
~ acousto-optique A152
~ multiparticule M685
~ optique O106
~ spectral S548
corrélation C743
~ angulaire A396
~ espace-temps S503
~ des fluctuations F212
~ mutuelle C865, M749
~ des paires P8
~ par la phase P296
~ de spin S620
corrélomètre C751
corrosion C754
~ sous tension S888
cosinus C761
~ directeurs D385
cosmogonie C779
cosmologie C785
~ d'inflation I184
~ relativiste R349
~ de l'Univers primitif E1
cosmos C786
couche L158, S230, S231
~ antiréfléchissante A481
~ d'arrêt B65
~ bipolaire D563, E85
~ complète C339
~ de courant C972
~ de courant neutre N85
~ E E74
~ électronique E237
~ épuisée D167
~ d'épuisement D170
~ externe O300
~ F F188
~ intermédiaire magnétique M180
~ interne I221
~ d'inversion I375, R483
~ Kennelly-Heaviside K10

~ limite B289
~ limite de température T84
~ limite turbulente T447
~ mince T202
~ nucléaire N399
~ d'ozone O329
~ périphérique O300
~ pleine C339
~ remplie C339, F117
~ saturée C339, F117
~ tourbillonnaire V218
coude K53
coulage C93
couleur C444
~ achromatique A91
couleurs complémentaires C501
~ d'interférence I293
~ primaires P878
coulomb C791
coup accidentel A77
~ de foudre L236
coup-circuit à fusible F437
coupe laser L63
~ par ultra-son U18
couplage C815
~ capacitif C38
~ en cascade C86
~ inductif I151
~ en parallèle P37
couple C809, T287
~ de forces C809
coupleur C814
~ de diffraction D280
~ directif D381
~ directionnel D381
cœur C719
~ d'un atome A613
~ du réacteur R223
courant C961, S875
~ actif A176
~ alternatif A309
~ anodique A433
~ axial A701
~ chargé C206
~ de conduction C564
~ continu D377
~ de convection C674
~ critique C844
~ de déplacement D459
~ de déplacement électrique E84
~ de dérive D587
~ de diffusion D319, D322
~ électrique E97
~ de fuite L166
~ hadronique H5
~ induit I134
~ leptonique L182
~ neutre N84
~ d'obscurité D16
~ de Pedersen P184
~ photo-électrique P401
~ quasi stationnaire Q126

531

COURANT

~ réactif I14, R214
~ stationnaire S772
~ triphasé T222
~ tunnel T434
~ vectoriel V74
courants de Foucault F297
~ telluriques T29
~ de terre E4
~ tourbillonnaires E23
courbe C979
~ d'absorption A44
~ adiabatique A201
~ d'aimantation M142
~ balistique B24
~ de Bloch B227
~ de calibrage C12
~ caractéristique C190
~ de compression C524
~ de croissance G286
~ de déclin D53
~ de désaimantation D140
~ de désintégration D53
~ de deuxième ordre S115
~ de dilatation E490
~ de dispersion D441
~ d'équilibre E375
~ d'équilibre des phases P306
~ équipotentielle E392
~ d'erreurs E407
~ d'excitation E456
~ expérimentale E495
~ exponentielle E510
~ fermée C333
~ d'inversion I374
~ d'ionisation I422
~ isocandela I496
~ isochromatique I500
~ isoluxe I523
~ isophote de luminance I522
~ liquidus L298
~ lisse S358
~ de lumière L213
~ d'ordre supérieur H190
~ ouverte O63
~ des points de fusion M337
~ de recuit A424
~ de recul R238
~ de relaxation R372
~ de résonance R432
~ de saturation S25
~ de sensibilité spectrale S569
~ sinusoïdale S301
~ spectrophotométrique S581
~ tension-déformation S893
~ théorique T76
~ de transmission T352
~ de vaporisation V52
courbure B131, C978
~ de champ F97
~ de l'espace S490
~ espace-temps S504
~ du front de cristallisation C920

~ du front d'onde W23
~ du guide d'ondes W29
~ négative N44
~ non symétrique U95
~ positive P811
~ de surface S1060
~ symétrique S1096
couronne C727
~ solaire S374
court-circuit S248
covalence C818
covariance C822
covecteur C824
c.p.s. C991
cratère C835
~ cathodique C102
créateur P926
création associée A541
~ de paires P10
~ des paires de nucléons N414
~ de pions P599
crise de l'attracteur C839
~ d'ébullition B247
~ thermique T96
cristal C889
~ anisotrope A413
~ atomique A614
~ biaxial B176
~ centro-symétrique C170
~ covalent C820
~ cubique C945
~ cubique centré B239
~ cubique à faces centrées F4
~ désordonné D432
~ sans dislocations D426
~ dopé D539
~ électro-optique E253
~ à facettes F6
~ ferroélectrique F73
~ ferromagnétique F80
~ filamenteux W104
~ fondamental H274
~ gyrotrope G314
~ de haut ordre de symétrie H211
~ hexagonal H170
~ idéal P215
~ imparfait I52
~ ionique I404
~ pour laser L62
~ liquide L283
~ liquide cholestérique C271
~ liquide nématique N58
~ liquide smectique S357
~ maclé T457
~ métallique M376
~ moléculaire M576
~ mosaïque M642
~ négatif N43
~ optique non linéaire N254
~ organique O247
~ paramagnétique P44
~ parfait P215

~ piézo-électrique P555
~ piézomagnétique P577
~ polarisé P758
~ polymérique P785
~ positif P810
~ profilé P927
~ quantique Q39
~ de quartz Q95
~ rhombique R495
~ de rubis R570
~ semi-conducteur S181
~ à structure type diamant D237
~ synthétique S1127
~ transparent T363
~ uniaxe U58
~ uniaxial U58
~ de Wigner W121
cristallisation C915
~ de fonte C916
~ de phase gazeuse C919
~ de phase vapeuse C919
~ de solution C917
cristallite C914
cristallo-acoustique C890
cristallochimie C896
cristallogramme à poudre D46
cristallographie C927
~ géométrique G131
~ structurale S913
cristalloïde C928
cristaux biologiques B202
~ filamenteux C942
~ de fullerenes F418
critère C840
~ d'allumage I17
~ d'instabilité I234
~ d'instabilité absolue A16
~ d'instabilité convective C681
~ de Jeans J7
~ de Kruskal-Schafranov K71
~ de Landau L28
~ de Lawson L157
~ de Pirson P604
~ de Rayleigh R191
~ de rupture F321
~ de similitude S294
~ statistique S755
criticité C850
crochets magnétiques M40
croisement des niveaux L187
croissance G284, G285
~ de cristaux C901
~ des monocristaux S307
croix de Mills M496
cross-over C869
cross-relaxation C870
crossover C869
crowdion C880
cryo-électronique C882
cryogénique C884
cryoliquide C885
cryophysique C886

DÉFORMATION

cryostat C887
~ à azote liquide L292
~ de démagnétisation nucléaire N352
~ à hélium H129
~ optique O107
cryotron C888
cube C943
~ centré B238
~ de division du faisceau B118
~ à faces centrées F3
~ photométrique L436, P472
~ unitaire U77
cuisson B378, F142
cuivre C714
culbutage F198
culmination C951
cumulation C952
curie C956
curium C959
cuve du réacteur R226
cuvette de colorant D614
cybernétique C989
cycle C990
~ carbone-azote C67
~ de Carnot C73
~ de Diesel D263
~ fermé C334
~ neutronique N110
~ d'Otto O294
~ ouvert O64
~ de Rankine R176
~ réversible R479
~ par seconde C991
~ solaire S376
~ de Stirling S832
~ thermodynamique T154
cycle-limite L248
cyclogramme C995
cyclographe C996
cycloïde C997
cyclone C998
cycloscope C996
cyclotron C999
~ isochrone I506
cylindre C1005

D

daltonisme C446, D4
damper D8
dangers de rayonnement R38
datation par le radiocarbone R95
dé D73
débit R187
~ de kerma K14
débitmètre F209
debuncher D40
debye D42
décalage D458, O32, S238

~ vers le rouge R271
décanalisation D61
~ aux défauts D62
~ d'ions I394
décapage E416
décatron D125
décélération D60
décharge D398
~ en aigrette B351, S677
~ en arc A514
~ par arc A514
~ auto-entretenue S177
~ autonome S177
~ à autostriction P587
~ en avalanche A692
~ de cathode creuse H238
~ contractée C662
~ en couronne C728
~ par diffusion D306
~ électrique E99
~ sans électrodes E126
~ par étincelles S514
~ à étincelles S514
~ à faisceau de plasma B110, P642
~ dans un gaz G57
~ gazeuse G57
~ à haute fréquence H197
~ à haute tension H218
~ impulsionnelle P986
~ incandescente G185
~ à lueur G185
~ en micro-ondes M475
~ optique O114
~ orageuse L234
~ de Penning P204
~ semi-autonome N298
~ silencieuse S290
~ terrestre des déchets radio-actifs D462
~ en torche T280
~ Townsend T308
~ de Townsend T308
~ dans le vide V18
déchets radioactifs R89
décibel D63
déclenchement extérieur E524
déclin D51
~ de la luminescence L417
déclinaison D66
~ magnétique M41
décodeur D67
décollement des électrons D200
décomposition de Magnus M201
déconsolidation L378
décontamination D34
décoration D69
décrément D71
~ logarithmique L328
décristallisation D72
décroissance exponentielle E512
~ de Forbush F276
decuplet baryonique B73

dédoublement S662
~ Davydov D28
~ de Stark S727
~ Zeeman Z2
dédoubleur du faisceau B99, B116
déduction D182
défaillance F14
défaut D79, F185, I54
~ délocalisé D134
~ d'empilement S704
~ de l'image A2, I27
~ interstitiel I346
~ de masse M240
~ de masse gravitationnel G243
~ ponctuel P719
~ quantique Q40
~ du réseau L135
~ stœchiométrique S842
~ de structure S914
~ de substitution S947
~ du vide V16
défauts de Frenkel F360
~ linéaires L254
~ de rayonnement R30
defecton D84
défectoscope F187
défectoscopie F186
déficit neutronique N112
déflagration D86
déflecteur D93
~ acousto-optique A150
~ électro-optique E254
~ du faisceau B95
~ magnétique M42
~ magnéto-optique M171
~ piézo-électrique P562
~ à réseau G227
déflexion D91
~ de particules P120
défocalisation D94
~ du faisceau B96
~ du faisceau laser L59
~ magnétique M43
~ thermique T97
déformabilité C508, D95
déformation D97, S855
~ axiale A702
~ de la bande D98
~ de cisaillement S222
~ de compression C523
~ de compression triaxiale U62
~ de compression volumétrique U62
~ du cordon de plasma P662
~ destructive B318
~ due à la torsion T293
~ élastique E56
~ de fatigue F34
~ du filament de plasma P662
~ finale F135
~ de flexion B132
~ d'image I27

DÉFORMATION

~ inélastique I161
~ infinitésimale I181
~ irréversible I479
~ linéaire L255
~ longitudinale L338
~ de matrice M271
~ mécanique M307
~ nucléaire N351
~ plastique P699
~ relative R342
~ du réseau L136
~ résiduelle R410
~ réversible R480
~ de la spire de courant C977
~ d'une tige R525
~ de traction T50
~ viscoélastique V157
~ de volume V206
dégazage D102
dégazation D102
dégénération du vide V14
dégénérescence D103
~ par échange E446
~ des niveaux énergétiques D105
~ du vide D106
dégradation d'énergie D117
~ d'hologramme H241
~ des semi-conducteurs S182
degré D118
~ de cohérence D119
~ d'ionisation D121
~ de liberté D120
~ de turbulence S52
dégroupement D41
déionisation D123
délai L6, T245
délocalisation des défauts D81
~ quantique Q41
démagnétisation cyclique C993
~ nucléaire adiabatique N343
demi-largeur H14
demi-ombre P210
demi-plan H16
démodulateur D146
démodulation D145
démon de Maxwell M287
démultiplexeur D147
dendrite D148
densimétrie D151
densité D154
~ de charge C207
~ de la charge d'espace S485
~ de charge volumique V205
~ de courant C966
~ de courant de probabilité P909
~ critique C846
~ électronique E181, E185
~ d'énergie E315
~ d'énergie sonore S447
~ des états D158
~ du flux F235

~ de flux énergétique R16
~ de flux magnétique M78
~ du flux des particules P128
~ de flux rayonnant R16
~ de flux thermique H86
~ limite U2
~ de neutrons N115
~ nucléaire N353
~ optique D154, O109
~ photographique P441
~ de probabilité P910
~ de puissance spectrale P846
~ spectrale S549
~ superficielle S1061
~ superficielle de charge S1057
~ de la vapeur saturée D157
densitomètre D150, D152
densitométrie D153
dépendance D162
~ accidentelle R162
~ analytique A369
~ angulaire A397
~ asymptotique A574
~ continue C647
~ empirique E301
~ expérimentale E497
~ explicite E501
~ exponentielle E513
~ fonctionelle F426
~ fortuite R162
~ fréquentielle F365
~ implicite I58
~ lisse par morceaux P551
~ quadratique Q9
~ de température T36
~ uniforme U63
déphasage D164, P329
déphaseur P331
~ non réciproque N286
dépiégeage D165
déplacement D458, M662, O32
~ Doppler D550
~ électrique E83, E109
~ gravitationel G247
~ hélicoïdal S98
~ de Lamb L20
~ des niveaux L192
~ virtuel V150
déplétion de pompage P1014
dépolarisant D172
dépolarisation de lumière D171
~ de la luminescence L419
~ thermique T98
dépopulation D173
déposition D174
~ par faisceau électronique E164
~ des films F123
~ par laser L64
~ par pulvérisation S681
~ par pulvérisation du plasma P688
~ sous vide V15

dépôts radioactifs R75
dépression D175
dérive D585
~ des continents C639
~ électrique E104
~ de fréquence F371
~ de gradient G201
~ induite par la lumière L223
~ magnétique M52
~ des particules chargées C220
~ des porteurs C77
~ thermique T105
dérivée D183
~ covariante C823
désaccommodation D185
désactivateur D35
désactivation D34
désagrégation de cathode C113
désaimantation D138
~ adiabatique A206
désassemblage du réacteur R224
description D187
désensibilisateur D189
désensibilisation D188
désexcitation D74, D78
désintégration D51, D417, F325, S662
~ alpha A298
~ bêta B150
~ double bêta D559
~ hadronique H11
~ leptonique L184
~ du neutron N111
~ nucléaire N350
~ du phonon P361
~ du pion P594
~ radioactive R72
~ semi-leptonique S193
~ Stark S727
désordre D431, D435
désorption D192
~ du champ F98
~ par laser L65
~ photostimulée P519
~ stimulée S821
destructeur de luminescence K23, Q132
destruction B314, D194, F320
~ des polymères P786
desublimation D198
détachement d'électron E186
détecteur D146, D205
~ d'amplitude A354
~ de Cherenkov C257
~ des défauts F187
~ des défauts ultrasonique U24
~ à diamant D235
~ de lumière P404
~ de Mott M657
~ de neutrons N117
~ d'ondes stationnaires S716
~ de particules P122

DIFFRACTION

~ photo-électronique P427
~ de rayonnement R31
~ de rayons bêta B156
~ à scintillation S88
~ semi-conducteur S183
~ des sursauts de rayons gamma G39
~ synchrone S1116
~ thermique T99
~ à trace T314
détecteurs optiques O112
détection D202
~ d'amplitude A353
~ par anode A435
~ des atomes A615
~ des atomes sur la surface S1053
~ des atomes uniques D203
~ cohérente C385
~ des défauts F186
~ des défauts ultrasonique U23
~ par diode D358
~ de l'enveloppe E351
~ de fréquence F366
~ à grille G267
~ par laser L67
~ laser sélective L105
~ linéaire L257
~ de lumière L214
~ des molécules uniques D204
~ de neutrons N116
~ non linéaire N238
~ des ondes gravitationnelles G248
~ optique O111
~ de phase P299
~ par photo-ionisation P457
~ quadratique S683
~ sélective S134
~ des signaux aléatoires R168
~ synchrone S1115
détendeur d'hélium H130
déterminant D206
détermination de l'âge A263
~ de l'âge par radio-isotopes D24
~ de la structure des cristaux D207
déterminisme D208
~ mécanique M308
détonation B222, D209
deutérium D212
deutéron D214
deuton D214
deuxième règle de Grüneisen G290
son S116
développement D215
~ asymptotique A575
~ photographique P442
~ en série E487
déviateur D217
~ des contraintes S889

~ des déformations S857
déviation D91, D216
~ brusque de la fréquence S961
~ du compas M44
~ de fréquence F367
~ de phase P300
~ standard S711
dewar D220
diagnostic D222
~ sans contact C631
~ holographique H243
~ à hyperfréquence M474
~ laser L68
~ à micro-ondes M474
~ du plasma P654
~ du plasma chaud H284
~ radio-isotopique R115
~ à rayons X X12
~ à sonde P917
~ spectroscopique S588
~ à ultra-son U20
diagonale D223
diagramme D224, G215, P168
~ de bifurcation B183
~ à boucle unique de Feynman O50
~ circulaire C294
~ Debye-Scherrer D46
~ de Debye-Scherrer D46
~ de diffraction D304
~ de diffusion S72
~ directionnel D383
~ de directivité en crayon P197
~ d'écoulement F207
~ énergétique E321
~ d'équilibre E376
~ d'état C623, E376
~ de Feynman F85
~ d'Hertzsprung-Russel H150
~ irréductible I474
~ de Laue L145
~ des niveaux d'énergie E321
~ de phase C623, E376, P301
~ de phases P301
~ pingouin P203
~ polaire P735
~ des quarks Q84
~ à rayons X X16
~ réductible R277
~ de Regge R328
~ de stabilité S691
~ synoptique B233
~ tension-déformation S894
~ thermodynamique T155
~ vectoriel V75
diagrammes de Mayer M293
diagraphie nucléaire R81
dialyse D227
diamagnétique D229
diamagnétisme D231
~ de Landau L31
~ du plasma P655
diamant D233

~ artificiel S1128
diamère D240
diamètre D232
~ de l'orbite O230
diapason T431
diaphragmation du faisceau B97
diaphragme D239, S849
~ d'adaptation M258
~ capacitif C39
~ de champ F108
~ de champ visuel F108
~ à fente S346
~ de Hartmann H60
~ inductif I152
~ iris I465
~ d'ouverture A490
diastéréoisomère D240
diathermie D241
dibaryon D243
dichroïsme D245
~ circulaire C298
~ circulaire magnétique M33
diélectrique D247, I246
~ liquide L284
~ magnétique M45
~ parfait P216
~ de Peierls P188
~ sans pertes L377
~ polarisé P759
~ transparent T364
diélectriques de Mott M658
différence de marche P165
~ des phases P302
~ de potentiel P824
~ des potentiels de contact C632
~ de température T37
différentiation D182, D272
différentiel D265
diffraction D275
~ atmosphérique A584
~ des atomes et molécules D290
~ de Bragg B304
~ des champs partiellement cohérents D296
~ cristalline D278
~ électronique E187
~ des électrons dans les corps solides D292
~ des électrons de haute énergie H183
~ d'électrons lents L385
~ par une fente D279
~ de Fraunhofer F333
~ de Fresnel F394
~ de la lumière D293
~ de lumière L215
~ de la lumière par ultra-son D294, U25
~ de neutrons N118
~ des ondes W16
~ des ondes radio D297

DIFFRACTION

- ~ des ondes radioélectriques R140
- ~ des ondes radioélectroniques D297
- ~ par une ouverture circulaire D277
- ~ de particules P123
- ~ des rayons X X13
- ~ du son D298, S445
- ~ à trame des électrons durs S58

diffractogramme D300, D304
diffractomètre D305
- ~ électronique E191
- ~ à monocristaux S305
- ~ neutronique N122
- ~ neutronique à poudre N145
- ~ à rayons X X17

diffractométrie D276
- ~ neutronique N119, N121
- ~ aux rayons X X18

diffuseur D310
diffusion D315, S66
- ~ acoustique S471
- ~ ambipolaire A320
- ~ à angle réduit L383
- ~ anisotrope A417
- ~ atmosphérique A585, A597
- ~ en avant F296
- ~ Brillouin B336
- ~ de Brillouin B336
- ~ de Brillouin stimulée S819
- ~ classique C311
- ~ cohérente C393
- ~ cohérente anti-Stokes Raman C383
- ~ par collision C432
- ~ Compton C535
- ~ de Compton stimulée S820
- ~ dans les corps solides D325
- ~ coulombienne C801
- ~ de Delbrück D133
- ~ par diffraction D303
- ~ élastique E64
- ~ d'électrons E236
- ~ au faisceau I352
- ~ en gaz D323
- ~ à inclinaison P607, P610
- ~ incohérente I101
- ~ induite par la lumière L222
- ~ inélastique I163
- ~ inverse B10
- ~ en liquides D324
- ~ de la lumière L241
- ~ de Møller M606
- ~ magnétique des neutrons M97
- ~ moléculaire M577
- ~ de Mott M659
- ~ multiple M711
- ~ néoclassique N60
- ~ neutronique N152
- ~ des neutrons D329, N123
- ~ non résonnante N295

- ~ d'ondes W59
- ~ des ondes radioélectriques R144
- ~ paramétrique P74
- ~ des particules P145
- ~ à petits angles S354
- ~ de phonons P375
- ~ des photons P496
- ~ des porteurs de charge C198
- ~ des porteurs minoritaires D328
- ~ potentielle P834
- ~ profondément inélastique D76
- ~ quantique Q42
- ~ quasi élastique Q106
- ~ Raman R155
- ~ de Rayleigh R198
- ~ de rayonnement R32
- ~ de rayons X X45
- ~ de résonance R445
- ~ résonnante R445
- ~ rétrograde B10
- ~ de Rutherford R576
- ~ de spin S621
- ~ stimulée S822
- ~ stimulée de la lumière S824
- ~ superficielle S1062, S1081
- ~ de température stimulée S830
- ~ thermique T100
- ~ de Thomson T212
- ~ transversale T377
- ~ turbulente T448
- ~ X X45

diffusivité thermique T102
dihydrogène-orthophosphate d'ammonium A327
dihydrophosphate de potassium P821
dilatation D341, E487
- ~ thermique T114

dilatomètre D342
dilatométrie D343
dilepton D344
dilution D345
dimension D346
dimère D353
dimérisation D354
diminution exponentielle E512
dimorphisme D355
diode D357
- ~ à avalanche à temps de transit A694
- ~ à deux bases T466
- ~ à effet Gunn G298
- ~ émettrice de lumière L218
- ~ Gunn G298
- ~ ionique à gaz G70
- ~ laser L69
- ~ pin P590
- ~ de référence R282
- ~ à semi-conducteur S185
- ~ semi-conductrice S185
- ~ de Shockley S242

- ~ tunnel T435
- ~ à vide V17
- ~ Zener Z5

dioptrie D361
dioptrique D362
dioxyde de carbone C66
dipôle D364
- ~ acoustique A104
- ~ actif A178
- ~ à demi-onde H19
- ~ électrique E98
- ~ de Hertz H148
- ~ magnétique M47

directeur D394
direction D380
- ~ d'aimantation facile D386, E7
- ~ de concordance des phases P316
- ~ cristallographique C925
- ~ de la fuite E411
- ~ positive P812
- ~ principale P890
- ~ de propagation D387

directivité D391
- ~ de rayonnement R33

disclinaison D405
discontinuité D406
- ~ d'absorption A48
- ~ de Balmer B32

discrèteté de la charge C209
discriminateur D416
- ~ d'amplitude A355
- ~ multicanal M673

discrimination du filtre F127
disjoncteur S1094
dislocation D423
- ~ coin E24, L270
- ~ en coins L270
- ~ hélicoïdale S96
- ~ isolée I518
- ~ mixte M517
- ~ du type coin E24
- ~ vis S96

dispersant D437
dispersif D437
dispersion D439, S854
- ~ anormale A443
- ~ diffuse D313
- ~ du faisceau B119
- ~ du guide d'ondes W31
- ~ de l'indice de réfraction D449
- ~ induite I135
- ~ d'un instrument D446
- ~ intermode I319
- ~ intramode I354
- ~ de lumière O115
- ~ du matériau M261
- ~ de mode M525
- ~ négative N46
- ~ non linéaire N239
- ~ normale N46
- ~ d'ondes W17

536

~ relative D454
~ rotatoire O188, R535
~ spatiale S521
~ ultrasonique U21
~ de la vitesse de groupe G282
~ de la vitesse du son S474
dispersité D451
dispersivité D456
display D461
dispositif S211
~ de balayage S56
~ à couplage de charge C203
~ planaire épitaxial P617
dispositifs à semi-conducteur S184
disque D421
~ d'accrétion A84
~ de Corbino C717
~ galactique G18
~ de Rayleigh R192
disruption dans le vide V11
dissecteur D464
dissipation D465
~ de l'énergie D466, E316
dissociation D473
~ chimique C240
~ à deux photons T488
~ de diffraction D281
~ infrarouge multiphotonique I199
~ de molécule M578
~ des molécules M578
~ multiphotonique M696
~ non collisionnelle C437
~ photochimique P390
~ photolytique P464
~ sélective S135
~ sélective d'isotopes I556
~ spontanée S666
~ thermique T104
dissolution D481
dissonance D483
distance D484
~ entre électrodes S515
~ focale F247
~ interatomique I277
~ zénithale Z7
distances stellaires S786
distillation D488
distorsion D492
~ d'amplitude A356
~ en barillet B61
~ en coussinet P589
~ de la forme d'impulsion P1009
~ harmonique H51
~ des images optiques D495
~ instrumentale I243
~ d'intermodulation C878
~ de phase P303
distorsions de fréquence F368
~ non linéaires N240
distribution D505

~ angulaire A398
~ binomial B196
~ de Boltzmann B256
~ canonique C30
~ de la charge C210
~ de chi-carré C267
~ d'électrons d'après l'énergie E195
~ d'énergie E317
~ équilibrée E377
~ de Gauss N317
~ gaussienne G85
~ de Gibbs G157
~ à inclinaison P608
~ de Maxwell M288
~ de Maxwell-Boltzmann M284
~ microcanonique M430
~ des neutrons d'après la vitesse N160
~ normale N317
~ normalisée N321
~ de Poisson P727
~ polynomiale P791
~ statistique S756
~ des vitesses V91
divergence D515
~ du courant axial D516
~ du faisceau A407, B98
~ infrarouge I197
~ naturelle D282
~ ultraviolette U40
~ du vecteur D517
diverteur toroïdal T283
divertisseur D521
diviseur D522
~ de fréquence F369
~ de tension V191
division D523
~ de l'amplitude A357
~ d'échelle S48
~ du faisceau B117
~ de fréquence F370
~ de tension V192
domaine D525
~ acousto-électrique A146
~ aimanté M145
~ antiferromagnétique A467
~ d'application F104
~ d'attraction D529
~ de basses fréquences L396
~ en bulle B352
~ de cohérence C377
~ de définition D530
~ d'existence D531
~ ferroélectrique F74
~ ferromagnétique F81
~ de Gunn G299
~ magnétique M50
~ à ondes longues L355
~ relativiste R364
~ spectral S565
~ supraconducteur S979

dommage par rayonnements R29
données D22
~ expérimentales E496
~ ionosphériques I449
~ d'observation O11
~ préliminaires P867
~ solaires S377
~ spatiales S491
donneur D535
dopage D542
~ des semi-conducteurs S186
doppleron D548
dose D553
~ absorbée A29
~ admissible P248
~ d'avarie A78
~ équivalente D554, E398
~ génétiquement significative G112
~ d'irradiation E517
~ de rayonnement R34
~ de sécurité S8
~ tolérée T267
dosimètre D557
~ individuel P266
dosimétrie D558
double image D567
~ résonance D574
doubles liaisons conjuguées C601
doublet D576, D577
~ isotopique I557
~ isotopique faible W74
~ spectral S551
down-quark D579
dpt D361
dptr D361
d-quark D579
drain D583
dualisme D601
dualité D602
~ globale G179
~ locale L311
~ onde-corpuscule W14
~ quark-hadron Q86
ductilité D606, F283
duoplasmatron D608
duplication lambda L13
durcissement A265, H42
~ par déformation S859
~ par écrouissage S859
~ par précipitation P859
durée D609
~ à demi-amplitude H13
~ d'émission D57
~ d'émission phosphore D57
~ d'impulsion P991
~ de rétablissement R259
~ de retard D132
~ de vie L201
dureté H44
~ à la bille B338

DURETÉ

~ magnétique M72
~ de rayonnement R37
~ de rayons X X27
~ de Rockwell R523
~ Vickers V139
dynamique D626
~ de l'atmosphère A579
~ classique C312
~ des corps rigides R509
~ des corps solides D629
~ des corps solides déformables D627
~ critique C847
~ des dislocations D425
~ du fluide compressible C520
~ du fluide incompressible I111
~ des fluides F217
~ de fusées R520
~ des gaz G65
~ des gaz raréfiés D628, R183
~ d'hadrons H2
~ moléculaire M579
~ multiparticule M686
~ non linéaire N241
~ des particules P124
~ du plasma P656
~ quantique Q44
~ des quarks Q85
~ relativiste R350
~ du réseau cristallin C908
~ de spin S622
~ stellaire S787
dynamo D635
dynamomètre D636
dyne D637
dynode D638
dysprosium D639

E

eau W6
~ de cristallisation C941
~ distillée D489
~ lourde H110
éblouissement G168
ébullioscopie E8
ébullition B246
~ de bulles N406
~ superficielle S1054
écart isotopique I553
~ quadratique moyen S711
écartement G50
échange E444
~ de chaleur H83
~ de chaleur radiatif R62
~ de charge C224
~ d'énergie E318
~ de places I282
~ thermique convectif C677
échangeur de chaleur H84
échantillon S15, S539

échantillonnage D415
échantillonneur D340
échappement de résonance R435
échauffement aérodynamique A243
échelle D226, S47
~ atomique A634
~ Celsius C145
~ de Fahrenheit F13
~ de Kelvin K9
~ logarithmique L331
~ Réaumur R230
~ de Richter R500
~ de température T44
~ thermodynamique T169
~ thermodynamique des températures T169
~ de turbulence S52
~ de l'Univers S51
échelon de Michelson M422
écho E13
~ photonique P486
~ radioélectrique R102
~ de spin S623
éclair L230
~ d'hélium H131
éclairage I22, L225
éclairement I21
~ lumineux I21
éclat G178
~ apparent B335
~ stellaire S785
éclateur S515
éclipse E15
~ de la Lune L439
~ solaire S379
~ du Soleil S379
~ totale T301
écliptique E20
écoulement F204
~ acoustique A108
~ auto-entretenu S167
~ autour d'un corps F205
~ conique C572
~ continu C650
~ de Couette-Taylor C790
~ décollé D199
~ à deux phases T486
~ discontinu D409
~ de fluide F218
~ de Hartmann H61
~ laminaire L23
~ du liquide d'un trou L293
~ du matériau M275
~ moléculaire M583
~ multiphase M693
~ non stationnaire N300
~ permanent S769
~ plastique P700
~ de Poiseuille P726
~ potentiel I483, P827
~ de Prandtl-Meyer P850

~ stationnaire S769
~ subsonique S943
~ supersonique S1034
~ thermique T118
~ sans tourbillon I483
~ transsonique T360
~ turbulent T449
~ visqueux V165
écran S92
~ magnétique M119
~ thermique H100
effet A166, E26
~ acousto-électrique A147
~ acousto-optique A153
~ de Aharonov-Bohm A271
~ Auger A660
~ d'Azbel-Kaner A719
~ Barkhausen B52
~ Barnett B55, M141
~ Bauschinger B84
~ binaural B190
~ Cherenkov C258
~ Compton C532
~ Cotton-Mouton C788
~ cumulatif C954
~ Dember D144, P407
~ dimensionnel S333
~ dimensionnel quantique Q43
~ diocotron D356
~ Doppler D546
~ dynamo ionosphérique I451
~ d'écran S93
~ Einstein-de Haas E46
~ électro-optique E251
~ électrocalorique E119
~ des électrons découplés E410
~ d'entraînement par les phonons P364
~ d'Ettingshausen E421
~ Faraday F21
~ flicker F196
~ de fontaine F299
~ Franz-Keldysh F332
~ Gantmakher G49
~ grenaille S267
~ de grenaille S267
~ Gunn G300
~ de Haas-van Alphen D122
~ Hall H25
~ Hanle H39
~ isotopique I551
~ Jahn-Teller J3
~ Josephson J15
~ Joule-Thomson J23
~ Kerr K17
~ de Kikoine-Noskov K22
~ Kondo K65
~ Luxemburg L444
~ Maggi-Righi-Leduc M15
~ magnéto-acoustique M148
~ magnéto-électrique M158
~ magnéto-optique de Kerr M172

ÉMETTEUR

~ magnétocalorique M153
~ Magnus M200
~ maser M231
~ mécanocalorique M324
~ Meissner M334
~ Mössbauer M645
~ Nernst N70
~ Nernst-Ettingshausen N71
~ normal de Zeeman N331
~ de Nottingham N335
~ optique de Kerr O142
~ optique de Stark O196
~ opto-acoustique O216
~ Overhauser O310
~ d'Ovshinsky O321
~ Paschen-Back P154
~ de peau S335
~ Peltier P194
~ Penning P205
~ photo-électrique P419
~ photo-électrique externe E523, P431
~ photo-électrique interne I325
~ photo-électrique nucléaire N381
~ photo-électrique à photons multiples M700
~ photo-émetteur P434
~ photodiélectrique P406
~ photodynamique P412
~ photomagnétique P466
~ photomagnéto-électrique P467
~ photopiézo-électrique P502
~ photovoltaïque P438, P526
~ piézo-électrique P563
~ piézo-optique P581
~ piézomagnétique P578
~ de pincement P588
~ Pockels P714
~ de premier ordre F145
~ pyro-électrique P1034
~ quantique Q45
~ Raman R152
~ Raman induit S829
~ Raman stimulé S829
~ Ramsauer R161
~ de rayonnement R35
~ Rehbinder R337
~ Righi-Leduc R504
~ Sabatier S1
~ Schottky S81
~ Seeback S124
~ de serre G260
~ Shubnikov-de Haas S270
~ Stark S726
~ stroboscopique S905
~ de Szilard-Chalmers S1134
~ tensorésistif T59
~ thermomécanique T183
~ tunnel T436, T439
~ tunnel d'électrons E247
~ tunnel interbande I280

~ Tyndall T492
~ Villari V144
~ Zeeman Z1
~ Zeeman anormal A448
effets électrocinétiques E136
~ galvanomagnétiques G33
~ gyromagnétiques G304
~ macroscopiques quantiques M12
~ magnétomécaniques M166
~ non linéaires N242
~ photo-acoustiques P386
~ photo-électromagnétiques P439
~ relativistes R351
~ thermo-électriques T173
~ thermogalvanomagnétiques T178
~ thermomagnétiques T181
efficacité lumineuse L429
~ lumineuse relative L430
efficience E34
effort S886
~ dynamique D631
~ de flexion B138
~ tangentiel T12
effusion E35
einsteinium E47
éjecteur E48
élargissement par collisions I42
~ Doppler D545
~ dû aux chocs C430
~ dû aux collisions C430
~ par effet Doppler D545
~ non uniforme N307
~ par pression P869
~ de raie L269
~ des raies spectrales B346
~ par résonance R428
~ Stark S725
~ thermique T87
élasticité E58
~ de volume B362
élastomère E69
électret E75
électricité E111
~ atmosphérique A586
~ statique S738
électrisation E116
~ par frottement F402, T401
électro-acoustique E118
~ électro-aimant E142
électro-optique E256
électrocardiographie E120
électrochimie E124
électrode E125
électrodynamique E129
~ classique C313
~ des milieux en mouvement E130
~ quantique Q47
~ relativiste R352
~ de spin S640

électro-encéphalographie E131
électrogiration E133
électrolyse E140
électrolyte E141
~ amphotérique A342
~ solide S411
électromètre E156
électron E158
~ Compton C533
~ de conduction C565
~ delta D135
~ libre F341
~ lié B294
~ pi P552
~ de valence V37
électron-volt E249
électronégativité E192
électronique E207
~ à couche mince T203
~ de courants d'intensité élevée H180
~ cryogénique C882
~ d'émission E288
~ à film mince T203
~ d'hyperfréquence M476
~ de micro-ondes M476
~ nucléaire N355
~ du plasma P657
~ de puissance H201
~ quantique Q48
~ des semi-conducteurs S187
électronogramme E189
électrons Auger A662
~ chauds H278
~ de conversion C691
~ découplés E413, R572
~ itinérants C414
~ de précipitation P856
électrophorèse E257
électrophysique E258
électropositivité E259
électroscope E260
électrostatique E270
électrostriction E271
élément E275
~ CCD C203
~ chauffant H82
~ galvanique E121
~ de matrice M272
~ non réciproque N285
~ porte G80
~ sensible S204
~ transuranien T374
éléments chimiques C241
élimination des défauts H69
ellipsoïde de conductivité C569
~ de Fresnel F395, R190
~ d'inertie I168
~ de Jacobi J2
ellipsomètre E283
ellipsométrie E284
émetteur E299
~ bêta B151

ÉMETTEUR

- ~ directif D390
- ~ de lumière L217
- ~ paramétrique P58
- ~ secondaire S111

émission E287
- ~ auto-induite S162
- ~ de champ F99
- ~ continue C654
- ~ coopérative C701
- ~ par effet de champ F99
- ~ électronique E194
- ~ électronique explosive E505
- ~ exo-électronique E481
- ~ forcée S823
- ~ induite I137, S823
- ~ interstellaire I340
- ~ ion-électron I396
- ~ ion-ion I412
- ~ ionique I398
- ~ laser L70
- ~ de lumière L216
- ~ maser M232
- ~ optique L216
- ~ paramétrique P57
- ~ des particules P125, P143
- ~ des particules alpha A300
- ~ photo-électrique P431
- ~ radioélectrique R126
- ~ Raman R153
- ~ secondaire S104
- ~ spontanée S667
- ~ stimulée S823
- ~ thermo-ionique T149
- ~ tunnel T438

émittance E297
- ~ énergétique R12
- ~ lumineuse L431, R12

empilement L307
- ~ compact C341
- ~ cubique compact C944
- ~ de graphite G221
- ~ serré C341

empreinte I116
émulsification ultrasonique U22
émulsion E305
- ~ nucléaire N356
- ~ photographique P443

énantiomère E307
énantiomorphisme E308
enceinte étanche C122
enclume de diamant D234
encorbellement C35
endoémetteur R125
énergétique nucléaire N386
énergie E309
- ~ acoustique A105
- ~ d'activation A173
- ~ d'anisotropie A420
- ~ cinétique K39
- ~ de corrélation C745
- ~ de dissociation D476
- ~ du domaine D527
- ~ électrique E105

- ~ électromagnétique E143
- ~ d'excitation E457
- ~ de Fermi F55
- ~ géothermique G143
- ~ d'interaction I271
- ~ interne I322
- ~ d'ionisation I423
- ~ de liaison B192, B261
- ~ libre F343, H136
- ~ libre de Gibbs G159
- ~ libre de Helmholtz H136
- ~ liée B295
- ~ lumineuse L432
- ~ magnétique M53
- ~ magnétostatique M186
- ~ nucléaire N357, N386
- ~ de phonon P365
- ~ potentielle P825
- ~ propre S157
- ~ rayonnante R13
- ~ au repos R457
- ~ en repos R457
- ~ du réseau L137
- ~ de résonance R434
- ~ de rotation R546
- ~ solaire S381
- ~ sonore A105, S446
- ~ superficielle S1064
- ~ thermique T111
- ~ thermonucléaire T186
- ~ de vibration V114
- ~ au zéro absolu Z11

engin E336
enregistrement par faisceau électronique E174
- ~ holographique H249
- ~ magnétique M112
- ~ optique O183, O186

enrichissement E341
enroulement W127
- ~ bifilaire B181

ensemble A539, E342, S211
- ~ accélérateur-accumulateur A63
- ~ canonique C31
- ~ fermé C338
- ~ microcanonique M429
- ~ sous-critique S926
- ~ statistique S757
- ~ statistique de Gibbs G163
- ~ surcritique S993
- ~ des valeurs R171

entaille N333
enthalpie E345, H79
entonnoir F434
entraînement de fréquence F374, F382
- ~ par les phonons P363
- ~ par les photons P485
- ~ de la réaction I214

entropie E347
- ~ négative N55
- ~ partielle P101

- ~ de l'Univers E349

enveloppe E350
- ~ adiabatique A214
- ~ des battements B123
- ~ fertile B221
- ~ du guide de lumière en fibre C309

eötvös E355
épaisseur D177, T200
- ~ optique O110

éphéméride E357
épicentre E359
épidiascope E360
épitaxie E365
- ~ à faisceau moléculaire M570

épuisement D166
- ~ de l'hydrogène E476
- ~ de l'onde de pompage D169

épuration des gaz G77
équateur E368
- ~ céleste C140
- ~ géomagnétique M54
- ~ magnétique M54

équation de Bernoulli B143
- ~ de Bethe-Salpeter B173
- ~ caractéristique C191
- ~ cinétique K40
- ~ de Clapeyron C310
- ~ de continuité C644
- ~ cubique C946
- ~ différentielle D268
- ~ différentielle de Bernoulli B143
- ~ de diffusion D321
- ~ de Dirac D371
- ~ de dispersion D442
- ~ de Drude D599
- ~ d'état E366
- ~ d'état réduite R273
- ~ de Fredholm F336
- ~ de Gibbs-Duhem G158
- ~ de Hamilton-Jacobi H36
- ~ intégrale I249
- ~ de Klein-Gordon K59
- ~ de Korteweg-de Vries K67
- ~ de Langmuir-Saha L40
- ~ de Laplace L44
- ~ des Londons L333
- ~ de Lorentz-Dirac L360
- ~ de Mathieu M268
- ~ de Mayer M294
- ~ de Navier-Stokes N24
- ~ non linéaire N243
- ~ d'onde W18
- ~ parabolique P20
- ~ de Pauli P170
- ~ de Percus-Yevick P214
- ~ de phase P304
- ~ de Pippard P601
- ~ de Poisson P728
- ~ de Richardson R499
- ~ de Schrödinger S82
- ~ de sinus Gordon S302

ÉTENDUE

~ de Sturm-Liouville S924
~ de Volterra V201
~ de Weyl W101
~ de Wheeler-de Witt W103
équations canoniques du mouvement C32
~ différentielles linéaires L258
~ différentielles partielles P100
~ d'Euler E424
~ de Lagrange L8
~ de Maxwell M289
~ de Painlevé P4
~ des télégraphistes E367
~ de Vlasov V184
équilibre B20, E371
~ d'adsorption A225
~ convectif C676
~ de dissociation D477
~ dynamique D616
~ instable U91
~ d'ionisation I424
~ liquide-vapeur V53
~ mécanique M310
~ des phases P305
~ du plasma P659
~ radiatif R60
~ relatif R343
~ statistique S758
~ thermique T113
~ thermodynamique T156
~ thermodynamique local L322
équinoxe E386
équipage à bobine mobile M665
~ électromagnétique M667
~ mobile M662
équipartition E388
~ de l'énergie E388
équipement E389
équivalence E394
~ masse-énergie M241
~ photochimique P391
équivalent E396
~ biologique du rœntgen R529
~ électrochimique E122
~ mécanique de la chaleur M311
~ mécanique de la lumière M312
équilibre stable S699
erbium E399
erg E403
ergodicité E405
erreur E406
~ absolue A13
~ accidentelle R163
~ fortuite R163
~ systématique S1131
erreurs instrumentales I244
~ de mesure M300
éruption F173
~ chromosphérique C287
~ des particules P126
~ protonique P959

~ solaire F173, S383
~ volcanique V188
~ X X22
espace C786, S481
~ affin A258
~ d'air A274
~ de Banach B34
~ configurationnel C580
~ courbe C980
~ euclidien E423
~ de Fock F253
~ de Hilbert H221
~ des impulsions M618
~ interplanétaire I332
~ interstellaire I344
~ isobarique I535
~ isotopique I564
~ libre F353
~ libre de poussière C321
~ métrique M415
~ multidimensionnel M677
~ d'objets O3
~ de phase P333
~ proche N36
~ pseudo-euclidien P967
~ de la quantité de mouvement I70
~ de Riemann R501
~ sombre D20
~ sombre anodique A434
~ sombre d'Aston A552
~ sombre cathodique C103
~ sombre de Crookes C864
~ sombre de Faraday F20
~ à trois dimensions T218
~ vectoriel V87
~ des vitesses V101
espace-image I33
espace-temps S502
~ de de-Sitter D190
~ de Kerr K18
~ de Minkowski M499
essai T68
~ climatique E354
~ comparatif C492
~ destructif D196
~ de dureté H45
~ de fatigue F39
~ de fiabilité R380
~ de flexion B141
~ de laboratoire L5
~ de microdureté M441
~ non destructif N211
~ pourcentuel P211
~ de résistance S885
~ de rigidité diélectrique B316
essais de choc I50
~ de durée de vie L200
essayeur P915
estampage F284
étage S705
~ d'amplification A346
~ d'entrée I226

~ final F130
~ intermédiaire B360
~ de sortie O305
étain T263
étalon E414, S707
~ atomique A638
~ atomique de temps A641
~ de Fabry-Perot F1
~ de fréquence F389
~ de fréquence à césium C6
~ de fréquence optique O123
~ de fréquence quantique passif P161
~ primaire P883
~ prototype P883
~ secondaire S112
état S729
~ d'absence de résonance O31
~ d'agrégation S733
~ amorphe A335
~ chaotique C188
~ condensé C556
~ cristallin C912
~ critique C860
~ dégénéré D115
~ d'équilibre E385
~ excité E465
~ fondamental G274
~ hautement excité H199
~ à haut spin H210
~ intermédiaire I314
~ d'ionisation I432
~ lié B296
~ liquide L296
~ mésomorphique M356
~ métallique M382
~ métastable M396
~ mixte M518
~ multiparticule M689
~ multiquark M729
~ non équilibré N222
~ de phase P338
~ quantique Q69
~ hors de résonance O31
~ singulet S322
~ stationnaire S750
~ superfluide S1004
~ thermodynamique T166
~ de transition T344
~ de valence V39
~ virtuel V155
~ vitreux G174
états cohérents C396
~ correspondants C753
~ d'énergie E334
~ impairs O27
~ orthogonaux O262
~ serrés S687
~ de surface S1082
~ de Tamm T7
étendue R171
~ d'accord T433
~ de dynamique D625

ÉTHER

éther E419
étincelle S510
~ laser L110
étoile S719
~ binaire D575
~ de claquage D6
~ double D575
~ géante G156
~ magnétique M125
~ naine D612
~ neutronique N157
~ à neutrons N157
~ nouvelle N336
~ particulière P182
~ de référence R284
~ de la série principale M203
~ variable V61
~ X X51
étoiles à raies métalliques M381
~ rotatives R540
~ de Wolf-Rayet W139
étrangeté S863
étranglement T232
étude de diffraction électronique E190
~ expérimentale E499
études photométriques P476
~ spectroscopiques S591
europium E426
eutectique E427
évacuation E428
évanouissement D51, F11
~ des oscillations O273
évaporation E430, V51
~ explosive E506
~ par faisceau électronique E166
~ laser L71
«évaporation» des trous noirs E432
évaporimètre E434
événement E437, O19
évolution E439
~ stellaire S788
~ dans le temps T49
excentricité E9
excès de baryons cosmologique C780
~ de couleur C452
~ d'énergie E442
~ de pression P870
excitation E453
~ par choc S240
~ de Coulomb C794
~ à deux électrons D565
~ par échelon S802
~ élémentaire E277
~ par gradins S802
~ molle S362
~ multiphotonique M697
~ paramétrique P59
~ vibronique V135
exciton E467

~ moléculaire M581
~ de Wannier-Mott W5
exctinction de la luminescence Q135
exo-électron E480
exosphère E482
expansion isotherme I545
~ linéaire L259
~ d'opérateurs O74
~ thermique T114
~ virielle V147
expérience E493
~ de Cavendish C123
~ de Davisson-Germer D27
~ de Fizeau F168
~ de Franck-Hertz F331
~ de Michelson-Morley M424
~ de Millikan M491
~ de Sagnac S11
expériment de Wiener W118
exploration S57
~ cosmique S501
~ d'espace S501
explosion B222, E503
~ nucléaire N359
~ de supernova S1022
~ thermique T116
exposition E516
~ énergétique R14
~ lumineuse R14
~ photographique P444
extension E519
~ de phase P307
extensomètre S858
extinction E525, Q133
~ par concentration C543
~ de la luminescence L421
~ optique O116
extracteur du faisceau B101
extraction E526
~ de la barre W134
~ du faisceau B100
~ sélective S136
extrapolation E532
extrémité de fissure C834
extrusion E538

F

f.é.m. E157
~ en circuit ouvert O60
~ induite I136
fabrique de mésons M360
face vicinale V138
faciès H1
facteur F8
~ d'absorption A36
~ d'affaiblissement A647
~ d'amplification A345, G12
~ atomique A618
~ de bruit N185

~ commun C483
~ de conversion C692
~ de Debye-Waller D50
~ de désaimantation D141
~ de directivité D391
~ d'échelle S49
~ d'étalonnage G5
~ de forme F293
~ de forme atomique A618
~ de forme de neutron N127
~ de forme magnétique M71
~ g G149
~ géométrique G137
~ d'interaction I272
~ de Landé A622, G149, L34
~ de luminance L413
~ Mössbauer M646
~ de multiplication M718
~ non dimensionnel D351
~ de normalisation N323
~ de pertes D255, L376
~ de pertes diélectriques D255
~ de photomultiplication P480
~ de pondération W89
~ Q Q1
~ Q de la cavité C134
~ Q à pleine charge L305
~ Q du système oscillant Q3
~ de qualité Q1, Q23
~ de réaction F45
~ de réduction S49
~ de sécurité S10
~ de structure S922
~ de subdivision S663
~ de tassement P2
~ d'utilisation U106
factorielle F9
facules chromosphériques P614
~ photosphériques P514
fading F11
faisceau B88, B368
~ atomique A607
~ hors d'axe O29
~ convergent C686
~ décalé O33
~ dévié D87
~ divergent D518
~ électronique E163
~ étroit N10
~ étroit de lumière P196
~ homocentrique H254
~ incident I86
~ incliné I92
~ ionique I385
~ laser L58
~ lumineux L209
~ moléculaire M569
~ de neutrons N105
~ d'objet O1
~ paraxial P85
~ de particules P115
~ polarisé P756
~ de rayons B369

FOCALISATION

~ de référence R281
faisceaux de sens contraires C422
famille radioactive R76
fantôme P278
fantômes spectraux S552
farad F17
faraday F18
faradmètre C37
fatigue F33
~ due à la corrosion C755
~ thermique T117
faute d'empilement S704
feeder F46
~ d'antenne A453
femtoseconde F48
fenêtre W128
~ d'angle de Brewster B329
~ atmosphérique A599
~ de guide d'ondes W38
~ de transparence atmosphérique A599
fente G50, S344
fer I466
~ armco A529
fermion F59
~ de Goldstone G194
fermium F62
ferrimagnétique F63
ferrimagnétisme F65
ferrite F66
ferroélasticité F71
ferroélastique F70
ferroélectricité F76
ferroélectrique F72
ferrohydrodynamique F78
ferromagnétique F79
ferromagnétisme F83
~ faible W66
~ nucléaire N360
ferromètre F84
ferrosonde F236
feu F140
feuille F269, S230
fiabilité C576, R379
fibre F87
~ à indice de réfraction variant par gradins S803
~ monomode M630
~ multimode M681
~ optique O117
~ de quartz Q96
~ à variation régulière de l'indice de réfraction G199
~ de verre G170
fidélité F94
figure de diffraction D285, D300
~ de la Terre F112
figures de Chladni C268
~ conoscopiques C607
~ de Lichtenberg L197
~ de Lissajous L299

~ à poudre magnétique M107
fil quantique Q77
filament F114
~ de plasma P661
film F119
~ épais T199
~ épitaxial E361
~ magnétique M65
~ mince T202
~ piézo-électrique P564
~ à plusieurs couches M680
~ supraconducteur S980
~ de surface S1065
~ transparent T366
filtration F129
~ non linéaire N244
~ spatiale S522
filtre F126
~ acoustique A107
~ adapté M256
~ analogique A364
~ à bande passante étroite N7
~ coloré C453
~ à couche mince T204
~ discret D412
~ à film mince T204
~ interférentiel I296
~ de lumière L220
~ neutre N86
~ à ondes acoustiques de surface S1048
~ optique O119
~ passe-bande B40
~ passe-bas L398
~ passe-haut H200
~ polarisant P769
~ soustractif S954
fin de fissure C834
finesse aérodynamique A240
finitude de l'Univers F139
fission F150, S662
~ de Coulomb C795
~ nucléaire F150, N361
~ spontanée S668
~ de Stark S727
fissuration C832
fissure F185
flambage B356
flamme F169
flanc arrière T316
~ avant L162
flash protonique P959
flavor F184
fléau B88
flexibilité F189
flexion B131
~ de la bande B136
~ du cristal C893
~ élastique E51
~ élastico-plastique E70
~ inélastique I158
~ de la paroi du domaine D533
~ de la plaque B135, P703

~ de la poutre B134
~ transversale L126
flocculi F202
flottabilité B372
flottation F203
flottement F199, F233
flou du packet P1
fluage C837
~ de vacances V3
fluctuations F213
~ accidentelles R164
~ adiabatiques A207
~ aléatoires R164
~ de phase P308
~ de tension V193
~ thermiques T119
fluctuon F214
fluence F215
~ des particules P127
fluide F216, L281
~ compressible C519
~ électron-trou E202
~ ferromagnétique F77
~ hadronique H12
~ incompressible I110
~ magnétique M86
~ newtonien N165
~ parfait I6
~ viscoélastique V159
~ visqueux V167
fluidité F219
fluor F229
fluorescence F222
~ optique O120
~ paramétrique P60
~ de rayons X X24
~ de résonance R436
~ superrayonnante S1029
fluorimètre F226
fluorimétrie F228
fluorographie F230
flutter F233
flux F204, F234
~ énergétique R15
~ d'énergie E319
~ d'énergie sonore S448
~ de gaz G71
~ de Knudsen K63
~ lumineux L434
~ magnétique M66
~ du milieu incompressible I109
~ de neutrons N126
~ non équilibré N217
~ de la quantité de mouvement M616
~ rayonnant R15
~ de rayonnement solaire S385
~ thermique H85
~ du vecteur V77
fluxmètre F238
fluxoïde F239
focalisation F260
~ par arête E25

543

FOCALISATION

~ par champs alternants S284
~ par champs constants S288
~ électrostatique E262
~ faible W68
~ du faisceau B102
~ gravitationnelle G239
~ par grille G268
~ haute fréquence R106
~ intense S908
~ magnétique M70
~ de particules P129
~ des particules chargées C221
~ de phase P309
~ de phonon P366
~ quadripolaire Q14
~ du son S452
focusateur F256
focuson F267
fonction F423
~ analytique A371
~ d'autocorrélation A684
~ caractéristique C192
~ de cohérence mutuelle M748
~ continue C651
~ de corrélation C747
~ de corrélation des paires P9
~ de courant S880
~ cylindrique C1008
~ de Dirac D136, D370
~ discontinue D410
~ de dissipation D469
~ de distribution D508
~ de distribution des phonons P362
~ des erreurs E408
~ d'état S730
~ exponentielle E514
~ généralisée G100
~ de Hamilton H34
~ harmonique H52
~ holomorphique H252
~ homogène H259
~ de Lagrange L12
~ de Mathieu M269
~ méromorphique M350
~ monotone M634
~ multiforme M735
~ de Neumann N77
~ d'onde W26
~ d'onde de spin S636
~ d'onde symétrique S1101
~ de Patterson P169
~ potentielle P829
~ propre E36
~ de répartition D507, D508, P149
~ de réponse R455
~ de sommet V106
~ sphérique S604
~ de structure S923
~ de structure de phase P339
~ du temps T246
~ de transfert T322

fonctionnelle F424
fonctions associées de Legendre A540
~ de Bessel B147
~ de Bloch B228
~ du cylindre parabolique P19
~ de Green G259
~ de Hankel H38
~ de Legendre L172
~ orthogonales O257
~ de Painlevé P5
~ de la permutation P255
~ de Wigner W122
fond B4
~ de la bande B36
~ de la bande énergétique B284
fondamentale F427
fonte C94, F438
force F277, S884
~ aérodynamique A242
~ d'Archimède B373
~ ascentionelle L202
~ centrifuge C165
~ centripète C168
~ coercitive C374
~ conservative C617
~ de Coriolis C722
~ de Coulomb C796
~ à courte distance S257
~ électromotrice E157
~ généralisée G99
~ de liaison B263
~ de Lorentz L359
~ magnétomotrice M169
~ des masses M242
~ non centrale N198
~ non conservative N207
~ d'oscillateur O283
~ perturbante P271
~ de pesanteur G252
~ photo-électromotrice P425
~ pondéromotrice P799
~ portante E282
~ quasi élastique Q105
~ réactive R215
~ résultante R464
~ superficielle S1067
~ thermo-électromotrice T108
~ volumique M242
forces capillaires C52
~ centrales C162
~ dissipatives D468
~ d'échange E447
~ externes E521
~ gyroscopiques G308
~ d'inertie I170
~ nucléaires N362
~ potentielles P828
~ de Van der Waals V48
forgeage F284
formalisme F287
~ de Hamilton H33
~ de Lagrange L11

formant F289
formateur d'impulsions P1010
formation F290, F294, G108
~ acoustique des images A112
~ d'arc au magnétron M193
~ de bulles B355
~ de cluster C348
~ des cristaux C915
~ des défauts D82
~ des éléments E281
~ des étoiles S723
~ de facettes F7
~ du faisceau B103
~ d'images I36
~ des impulsions P993
~ de moyennes d'ensemble E344
~ de paires P10
~ du système solaire F291
forme F285, S216
~ positivement définie P815
~ de la Terre F112
formule F295
~ de Breit et Wigner B326
~ chimique C242
~ de Darcy-Weisbach D13
~ de Gell-Mann-Nishijima G96
~ de hauteur barométrique B58
~ de Klein-Nishina K60
~ de Lorentz-Lorenz L367
~ de Nyquist N427
~ d'Ornstein-Zernike O254
~ de Planck P621
~ du rayonnement de Planck P621
~ de Saha S13
~ de Stirling S833
~ de Weizsäcker W96
formules de Green-Kubo G261
~ de Manley-Rowe M215
forte focalisation S908
fosses de décapage E417
foudre globulaire B28
~ perlée B87
four F435
foyer F255
~ laser L72
~ du plasma P663
~ principal P891
~ secondaire B3
foyers conjugués C602
fractal F317
fraction F319
~ des particules captées T388
fracture F320
~ de cisaillement S223
~ par compression C525
~ par fatigue F35
~ fragile B340
fragilité B341, F323
fragment F324
fragmentation F325
fragments de fission F157

GOUTTE

francium F329
frange F409
~ d'interférence F409
franges de diffraction D283
~ d'interférence I297
~ moirées M559
fréon F361
fréquence F362, R185
~ angulaire A400
~ des battements B124
~ de collisions C433
~ de combinaison C471
~ critique C848, C985
~ cyclotron C1000
~ cyclotronique C1000
~ de Debye D43
~ gyromagnétique G305
~ intermédiaire I312
~ de Langmuir L37
~ de Larmor L52
~ latérale S275
~ d'oscillations O275, V130
~ de plasma P664
~ propre N17
~ de Rabi R1
~ de répétition R403
~ de répétition des impulsions P1004
~ de résonance R437
~ de rotation A400
~ spatiale S523
~ standard quantique Q51
fréquencemètre F376
fréquences acoustiques A656
~ audibles A656
~ d'ondes moyennes M328
friction F400
front F410
~ de choc S241
~ de flamme F170
~ de Mach M2
~ d'onde W19
~ d'onde de choc S241
~ de phase P310
frottement F400
~ externe E522
~ de glissement S337
~ interne I323
~ radiatif R61
~ de repos S739
~ de roulement R531
fugacité F417
fuite E410, L163
~ d'électrons E197
fullerenes F418
fusée à plusieurs étages M733
fusible F436
fusion F438, M336
~ par faisceau électronique E171
~ nucléaire N365
~ thermonucléaire T187

~ thermonucléaire contrôlée C670
~ thermonucléaire ionique I462
~ thermonucléaire par laser L118
~ thermonucléaire ménagée C670
~ à zone Z21

G

gadolinium G2
gain G12
~ d'antenne A454
~ de régénération B324
galaxie G25
~ quasi stellaire Q98
~ spirale S658
galaxies de Seifert S126
gallium G29
gallon G30
galvanoluminescence G32
galvanomètre G34
~ balistique B25
gamma G35
gammaradiographie G42
gamme R171
~ de basses fréquences L393
~ de fréquences F383
~ de fréquences acoustiques A657
~ haute fréquence H195
~ à hyperfréquence M482
~ de longueurs d'onde W44
~ des ondes courtes S263, S264
~ de pressions P877
~ des températures T43
~ des vitesses V100
gate G80
gauss G84
gaussmètre G87
gaz G52
~ de Bose B281
~ dégénéré D110
~ électronique E198
~ d'électrons bidimensionnel T473
~ de Fermi F56
~ idéal P217
~ inerte I166, N179
~ intergalactique I309
~ interstellaire I341
~ ionisé I437
~ noble I166
~ parfait I7, P217
~ de phonons P368
~ photonique P491
~ quantique Q52
~ raréfié R182
~ réel I53, R227
géante rouge R270

gel F356, F357, G94
gélatine bichromateé D246
généralisation relativiste R353
générateur G111
~ à balayage de fréquence S1091
~ de bruit N187
~ de bruits N187
~ en cascade C87
~ en dents de scie S35
~ électrostatique E263
~ de groupe G278
~ d'harmoniques H54
~ de Hartmann J9
~ d'impulsions I66, P995
~ magnétohydrodynamique M160, M419
~ MHD M160, M419
~ de neutrons N128
~ de plasma P665
~ R.C. R203
~ de signaux standard S714
~ thermo-électrique T174
génération G108, G108
~ d'harmoniques H53
~ paramétrique P62
géoacoustique G113
géochronologie G114
géodésie G116
géoïde G118
géomagnétisme G128, T65
géométrie G139
~ euclidienne E422
~ non euclidienne N224
géophone G140
géophysique G141
géothermie G145
gerbe S268
~ atmosphérique A279
~ en cascade C91
~ cosmique C773
~ des rayons cosmiques C773
germanium G146
germe N408, N416, S125
germination des dislocations D428
getter G147
ghosts S552
gilbert G165
glace I1
glissement G176, S338
~ facile E6
glueball G187
gluino G188
gluon G189
~ vectoriel V78
gonflement S1092
goniomètre G196
goniométrie G197
goutte D594
~ en chute libre D595
~ électron-trou E200

GOUTTE

~ excitoniqie E469
gradation G198
gradient G200
~ du champ magnétique M57
~ géothermique G144
~ du potentiel P831
~ de pression P872
~ de température T38
gradiomètre G203
graduation G204
grain G205
~ austénitique A678
graissage L407
graisse G258
gramme G208
gramme-atome G209
gramme-molécule G210
grand miroir P880
grand-angulaire W113
grande unification G211
grandeur observable O8
~ physique P537
granulation G214
~ photosphérique P515
~ solaire S387
granulosité G207, G213
graphe G215
~ de Feynman F85
graphique P708
graphite G218
gravimètre G230
gravimétrie G231
gravitation G233
gravité G252
gravitino G250
graviton G251
gray G255
grenat G51
~ de fer et d'yttrium Y17
~ d'yttrium et d'aluminium Y16
grille de diffraction concave C539
grossissement optique O153
groupage B367
groupe B365, G276
~ d'ions I392
~ de Lorentz L362
~ nilpotent N172
~ de permutations P256
~ de Poincaré P715
~ de rénormalisation R398
~ des rotations R560
groupes de Fédorov F43
~ ponctuels P720
~ ponctuels de symétrie P720
~ spatiaux S493
~ de symétrie S1105
~ de symétrie cristallographique C939
groupeur B366
guidage laser L75
guide de lumière L221
~ de neutrons N129

~ d'ondes G291, P600, W28
~ d'ondes acoustiques A143
~ d'ondes atmosphérique A601
~ d'ondes cylindrique C1011
~ d'ondes diélectrique D261
~ d'ondes ionosphérique I456
~ d'ondes à lentille L178
~ d'ondes ondulé C760
~ d'ondes optiques L221
~ d'ondes à plasma P696
~ d'ondes rectangulaire R263
gyrateur G303
gyration G302
gyroscope G307
~ à laser L76
~ laser O127
~ nucléaire N366
~ optique O127
gyrostabilisateur G312
gyrotron G313
gyrotropie G316

H

hadron H3
halo H29
~ galactique G19
halogènes H30
halos de Newton N169
haltère rotatif R539
hamiltonien H32
harmonique H48
~ spatial S494
~ sphérique S605
harmoniques optiques O128
~ supérieurs H188
harpe éolienne A233
haute fidélité H193
~ pression H203
~ résolution H206
~ tension H215
hautes fréquences H194
~ températures H214
hauteur H114
~ au-dessus du niveau de la mer H115
~ de la barrière de potentiel B64
~ efficace E29
~ métacentrique M370
~ du son P612
haut-parleur L381
hectopascal H112
hélicisme S660
hélicité H123
hélicon H124
héliographe H126
héliostat H127
hélium H128
~ liquide L287
~ solide S412

~ superfluide 3 He S1001
~ superfluide 4 He S1002
hémitropie T461
henry H139
heptode H141
hermiticité H145
herpolodie H146
hertz C991, H147
hétérodynage laser L78
~ de la lumière H153
hétérodyne H152
hétérogénéité H154
hétérolaser H161
hétérostructure H164
heure H287
hexaèdre H172
hexagone H168
hexode H173
hiérarchie H177
~ des ondes W39
histogramme H223
hodographe H224
hodoscope H226
holmium H239
hologramme H240
~ par amplitude A359
~ hors d'axe O30
~ axial A704
~ par réflexion R298
~ de réflexion R298
holographie H251
~ acoustique A110
~ digitale D334
~ dynamique D618
~ multiplex M715
homogénéité H255
~ optique O129
~ spatiale S524
~ de l'Univers H256
horizon H269
~ artificiel A531
~ d'événements E438
horloge C326
~ atomique A611
~ optique O96
~ quantique Q37
~ à quartz Q94
humidité M561
~ absolue A14
~ d'air A276
hydrodynamique à deux liquides T483
~ magnétique M73
~ de plasma P667
hydrogène interstellaire I342
~ lourd D212
~ métallique M380
hydrures lourds D211
hypercharge faible W69
hypermétropie L349
hypéron lambda L14
hypothèse ergodique E404
~ quasi ergodique Q109

hypsométrie A313
hystérérésis ferroélectrique F75
hystérésis diélectrique D252
~ élastique E57
~ magnétique M75
~ mécanique M313
~ optique O130
Hz C991

I

icochrone d'éclipses solaires S380
iconal E44
iconoscope I4
icosaèdre I5
ictomètre C808
idéalisation I8
identification I10, R235
~ des états S731
~ des particules P130
identité I11
idiomorphisme I12
ignition de la décharge D401
ignitron I19
illusions optiques O131
image F326, I23, P168, P550
~ acoustique A111
~ amplifiée M196
~ bidimensionnelle T474
~ contraste C665
~ de couleur C454
~ de diffraction D285, D300
~ digitale D335
~ distordue D490
~ dynamique M666
~ de l'écoulement F210
~ en électrons absorbés A30
~ en électrons Auger A661
~ en électrons réfléchis B11
~ électrostatique E264
~ en émission secondaire S106
~ enregistrée R257
~ d'étoile S724
~ floue D309
~ focalisée I188
~ holographique H244
~ d'interférences I300
~ latente L125
~ luminescente L424
~ magnétique M76
~ mobile M666
~ moirée M560
~ négative N49
~ nette S219
~ d'ombre S214
~ d'onde W54
~ optique O132
~ paraxiale P86
~ photo-électronique P428
~ photographique P445

~ positive P813
~ en poudre P839
~ radiographique X28
~ réelle R228
~ reflétée M507
~ restaurée R252
~ stigmatique S815
~ synthétisée S1126
~ thermique T122
~ à thermo-électrons T177
~ tomographique T268
~ à trois dimensions T216
~ virtuelle V151
~ visible V169
image-orthicon I32
images conjuguées C603
~ d'interférence I295
immersion D363, I37, S935
immunité contre les brouillages N188
impact I41
impédance I51
~ acoustique A113
~ caractéristique C193
~ de charge L306
~ d'entrée I224
~ du faisceau B104
~ d'ondes W40
~ superficielle S1070
imperfection I54
~ du cristal C899, C903
~ cristalline C899
~ du réseau L139
~ du réseau cristallin L139
~ de structure S915
implantation I55
~ à faisceau ionique I386
~ ionique à autorecuit S147
~ ionique locale L315
~ d'ions I411
~ des ions de haute énergie H185
implanteur I57
~ à courant d'intensité élevée H181
importance I59
imposition des conditions limites I60
imprégnation I61
impulsion I64, I67, M613, P978, S266
~ acoustique A128
~ aléatoire I67
~ canonique C33
~ du champ électromagnétique E146
~ cohérente C390
~ comprimée C517
~ courte S256
~ de déblocage G82
~ de démarrage T408
~ d'électron E222
~ d'excitation E460

INCRÉMENT

~ à femtosecondes F50
~ géante G153
~ généralisée G103
~ à haute fréquence R108
~ à haute tension H219
~ de haute tension H219
~ à hyperfréquence M480
~ initiale I212
~ laser L98
~ lumineuse L238
~ de minutage C328
~ à modulation linéaire de fréquence C266
~ monomode S313
~ nanoseconde N6
~ nerveuse N74
~ de l'onde acoustique A144
~ optique O176
~ de la particule P135
~ du phonon P371
~ du photon P492
~ pi P602
~ picoseconde P548
~ de pilotage P920
~ de pompage P1024
~ prédécesseuse P862
~ rectangulaire R262
~ de recul R240
~ réduite R275
~ réfléchie R288
~ relativiste R360
~ sélectrice G80
~ de sondage S454
~ sonore S466
~ spectroscopiquement limitée S559
~ de synchronisation S1114
~ triangulaire T399
~ ultra-courte U10
~ unique S318
~ unitaire U78
~ vidéo V140
impulsions entrechoquantes C424
impureté I71
~ donatrice D537
incertitude U48
incidence I85
~ normale N318
~ oblique O6
~ rasante G257
inclinaison D363, I90, M77, P606
~ magnétique M77
inclusion I94
incohérence I97, N200
incommensurabilité I104
incompatibilité I107
~ électromagnétique E147
incompressibilité I108
incrément I113
~ d'amplification G13
~ d'instabilité I235

INCRÉMENT

~ logarithmique L329
indentification des transitions T336
indépendance I118
indétermination U48
indéterminisme I121
indicateur I124
~ d'accord T432
~ d'adsorption A226
~ atomique T309
~ de position du faisceau B111
~ radioactif R78
~ de surcharge O317
~ de syntonisation T432
~ de zéro N420
indicatrice de diffusion I125, S74
~ optique O133
indice I122
~ d'absorption A36
~ d'activité solaire S368
~ de couleur C458
~ cristallographique C926
~ du diagramme de Feynman I123
~ isotopique I558
~ de liaison B266
~ de modulation M549
~ de réfraction R319
~ de spectre S553
indices cristallographiques C904
~ critiques C849
~ de Miller M490
~ de Weiss W94
indium I129
inductance I145
~ dynamique D620
~ mutuelle M750
~ non linéaire N245
~ répartie D499
~ variable V59
induction I147
~ électrique E109
~ électromagnétique E148
~ électrostatique E265
~ magnétique M78
~ magnétique rémanente R388
~ mutuelle M751
~ unipolaire U70
induit A528
inégalité I165
inertie I167, I176, S352
~ calorifique T125
~ chimique C243
~ de gyroscope G309
~ mécanique M314
~ de rotation R536
~ thermique T125
infini I182
infinité I182
inflation I183
inflecteur I186
~ magnétique M79

influence E26, I187
information I190
~ optique O134
informatique I189
infra-son I207
inhibiteur de corrosion C756
inhomogénéité I208
~ optique O136
~ spatiale S525
initiation I213
~ de la décharge D402
~ par décharge électrique E101
~ par faisceau électronique E168
~ par impulsions P997
~ de laser L81
~ de la photolyse par éclair F181
~ photolytique P465
injecteur I217
~ d'électrons E213
~ du faisceau B106
~ des impulsions P998
~ des particules P132
~ des pellets P192
~ du plasma P669
~ des trous H233
injection I215
~ à contre-courant A477
~ de courant C967
~ double D568
~ par effet tunnel T440
~ d'électrons E212
~ du faisceau B105
~ impulsionnelle P987
~ de neutres N87
~ parallèle P39
~ des particules P131
~ des particules chargées C222
~ de particules neutres N87
~ des pellets P191
~ du plasma P668
~ à plusieurs tours M734
~ des porteurs C80
~ de porteurs minoritaires M500
~ radiale R7
~ en tour unique S323
~ des trous H232
insensibilité aux parasites N188
insolation I231
insolubilité I232
insonorisation S456
instabilité I233
~ absolue A15
~ acoustique ionique I383
~ à cannelures F232
~ commutative I283
~ conique L375
~ convective C680
~ à coques K54
~ du courant C968
~ de dérive D588
~ de désintégration D54

~ dissipative D470
~ due au ballon B31
~ de durée réduite S260
~ dynamique D621
~ électrique E110
~ explosive E507
~ du faisceau B107
~ de la fréquence F372
~ globale G180
~ gravitationnelle G240
~ hélicoïdale S97
~ à inclinaison P609
~ d'ionisation I426
~ à long terme L350
~ magnétohydrodynamique M161
~ de modulation M550
~ paramétrique P63
~ du plasma P670
instanton I241
~ à corde S901
~ gravitationnel G241
instrument D218, G3, I242
~ électronique E205
instruments astronomiques A562
~ digitaux D336
~ opto-électroniques O218
~ physiques P529
intégrale I248
~ d'action A168
~ d'Airy A280
~ du chemin optique I252
~ circulatoire C660
~ de collision C434
~ de collision de Landau L27
~ de configuration C581
~ continue C641
~ coulombienne de collision C793
~ définie D85
~ de diffusion S75
~ d'échange E448
~ des erreurs E409
~ de Fourier F308
~ de Fresnel F396
~ impropre I63
~ indéfinie I114
~ moléculaire M584
~ de mouvement I251
~ de phase P311
~ de Poisson P729
~ de recouvrement O313
~ statistique S759
~ de surface S1071
~ de trajectoire P166
intégrateur d'ouverture A492
intégration I260
~ continue C642
~ de contour C661
~ en contour fermé C332
~ à empilement optique S703
~ fonctionnelle F425
~ graphique G216

INTERVALLE

~ numérique N424
intelligence artificielle A532
intensité I262, S884
~ d'absorption A47
~ de la bande B37
~ de champ F109
~ de champ électrique E107
~ du champ magnétique M64
~ de déformation S860
~ des efforts S891
~ d'émission E289
~ énergétique de rayonnement R18
~ du faisceau B108
~ du fond B6
~ intégrale I250
~ de luminescence L420
~ lumineuse L226, L435
~ de pompage P1021
~ de la raie L271
~ d'une raie spectrale I266, S556
~ de rayonnement R42
~ de rayonnement cosmique C770
~ de rayonnement radioactif R79
~ du rayonnement X X29
~ relative de la ligne R344
~ de seuil T224
~ du son S457
~ sonore L380
~ de la source S480
~ spectrale S554
~ du spectre continu C659
~ des tensions S891
~ totale T302
~ de la transition T337
interaction I268
~ acousto-électrique A148
~ acousto-optique A151
~ collective C415
~ de configuration C582
~ configurationnelle C582
~ de Coulomb C797
~ à courte distance S258
~ dipôle-dipôle D366
~ d'échange E449
~ électrofaible E272
~ électromagnétique E150
~ électron-électron E193
~ électron-phonon E228
~ exciton-phonon E473
~ faible W70
~ fondamentale B80
~ forte S909
~ gravitationnelle G242
~ interatomique I278
~ intermoléculaire I320
~ intramoléculaire I356
~ locale L314
~ à longue distance L347
~ magnétique M82

~ magnéto-élastique M156
~ multiparticule M687
~ multipériphérique M692
~ multiple M707
~ non élastique N214
~ non linéaire N246
~ non locale N269
~ onde-particule W53
~ d'ondes W41
~ paramétrique P64
~ à parité impaire P94
~ à parité négative P94
~ à parité paire P91
~ à parité positive P91
~ périphérique P237
~ phonon-phonon P373
~ entre plusieurs particules M221
~ quadripolaire Q15
~ à quatre fermions F305
~ de rotation-vibration V122
~ spin-orbite S639
~ spin-phonon S644
~ spin-réseau S629
~ spin-spin S650
~ technicolor T22
~ vibronique V136
interactions photon-photon P493
intercorrélation C865
interdiffusion I287
interface I290, P283
interférence I292
~ acoustique A114
~ constructive C628
~ destructive D197
~ à deux rayons T467
~ des états I299
~ des états dégénérés D116
~ des faisceaux électroniques E169
~ à faisceaux multiples M704
~ géométrique G138
~ des interactions électromagnétique et électrofaible E273
~ intermode I317
~ de la lumière I298
~ de lumière O137
~ multiple M704
~ non permanente N301
~ non stationnaire N301
~ d'ondes W42
~ des ondes radioélectriques R141
~ optique O137
~ quantique Q53
~ des rayons polarisés P757
~ des rayons X X30
~ stationnaire S744
interférogramme holographique H246
interféromètre I304

~ acoustique A115
~ annulaire R514
~ atomique A620
~ à base très longue V110
~ bistable B213
~ à commutation de phase P341
~ à couche mince T205
~ en croix C879
~ à deux éléments T477
~ à deux rayons T468
~ à dispersion D443
~ double D569
~ à double fréquence D566
~ à éléments multiples M678
~ Fabry-Perot F2
~ à faisceaux multiples M705
~ à fibres optiques F92
~ à film mince T205
~ holographique H247
~ de l'intensité I263
~ de Jamin J4
~ laser L82
~ à longue base L334
~ de Mach-Zehnder M4
~ de Michelson M423
~ multiple M705
~ neutronique N131
~ optique O138
~ quantique Q54
~ de Rayleigh R193
~ à réseau G228
~ de Sagnac S12
~ stellaire S790
~ totalisateur A196
interférométrie I308
~ à haute résolution H207
~ holographique H248
~ de l'intensité I264
~ laser L83
~ neutronique N132
~ aux rayons X X31
~ tachetée S540
intérieur stellaire S791
interpolation I333
interprétation I334
~ des images de diffraction I335
~ qualitative Q21
~ quantitative Q25
~ de spectres I336
~ statistique S760
interrupteur C272, C987, S1094
~ du faisceau B90
intersection I337
interstice C322, G50
intervalle I349
~ de confiance C577
~ des densités D159
~ de discrétisation S16
~ de dualité D603
~ d'énergie E329
~ fermé C335

549

INTERVALLE

~ final F137
~ du genre espace S497
~ du genre temps T253
~ d'impulsions P1006
~ infini I178
~ mondial W143
~ quadridimensionnel F300
~ de temps T248
~ de temps de Planck P622
~ unitaire U79
invar I361
invariance I362
~ de la charge C225, C292
~ chirale C263
~ conforme C586
~ CP C825
~ CPT C826
~ d'échelle S50, S53
~ globale G181
~ de gradient G202
~ isotopique I559
~ de jauge G7
~ locale de jauge L313
~ de Lorentz L363
~ par rapport à l'inversion de temps T260
~ relativiste R354
~ de rénormalisation R399
~ topologique T273
~ de translation T347
~ du vide V23
invariant I364
~ adiabatique A210
~ adiabatique transversal T375
~ cinématique K29
~ isotopique I560
~ de jauge G8
~ longitudinal adiabatique L336
~ de Lorentz L364
~ relativiste R355
~ de Riemann R502
~ topologique T274
invariants du champ F101
~ du champ électromagnétique E145
inverseur de phase P312
inversion I373, R474
~ d'aimantation M143
~ combinée C473
~ de densité D155
~ d'espace S495
~ partielle P103
~ de population P801
~ des raies spectrales R475
~ de température T39
~ de temps T250, T259
inverteur I377
iode I380
ion I381
~ atomique A621
~ complexe C347
~ excité E463
~ implanté I56

~ d'impureté I78
~ moléculaire M585
~ monochargé S324
~ négatif N50
~ paramagnétique P45
~ plusieurs fois chargé M722
~ positif P814
~ de recul R239
~ de terre rare R178
ionisation I413
~ associative A542
~ de l'atmosphère A587
~ atmosphérique I428
~ aurorale A670
~ par avalanche A693
~ par champ électrique F102
~ par choc C435, I44
~ par choc électronique I415
~ par collision I414
~ de la couche périphérique O301
~ à deux étapes T491
~ dissociative D479
~ par électrons E214
~ des électrons internes I222
~ d'équilibre E378
~ par gradins S804
~ par impact I44
~ multiphotonique M698
~ multiple M708
~ à photon unique S317
~ à plusieurs étages M732
~ de résonance R450
~ sélective S137
~ successive S955
~ superficielle S1072
~ thermique T127
ioniseur I439
ionogramme I444
ionoluminescence I445
ionosonde I446
ionosphère I447
~ aurorale A671
~ calme Q137
~ équatoriale E369
~ inférieure L389
~ perturbée D512
~ polaire P738
~ supérieure U99
ions de précipitation P857
iridectomie laser L84
iridium I463
irradiance I469
irradiateur I472
irradiation I22, I470
irrégularité I476
~ atmosphérique A588
~ en échelle microscopique S355
~ en échelle réduite S355
~ de l'indice de réfraction R320
~ ionosphérique I452
~ à large échelle L50

irréversibilité I478
~ du temps T251
isallobare I485
isallotherme I486
isanémone I487
isanomale I488
isobare I492
~ nucléaire N367
~ reflétée M508
isochasme I497
isochore I498
isochrone I501
isochronisme I503
~ des oscillations I504
~ du pendule I505
isocinétique I517
isocline I509
isodense I510
isodose I511
isodoublet I537
isogone I515
isogroupe I516
isolant I246
~ acoustique S455
~ thermique H88
isolation I245, I520
~ adiabatique A209
~ calorifuge H89
~ magnétique M80
~ thermique H89
~ par le vide V22
isolement I245
~ électrique E87
~ épitaxial E362
~ thermique T126
~ thermomagnétique T182
isoligne I521
isom re I524
~ chimique C244
~ cis-trans C307, G132
~ de conformation C592
~ de constitution S916
~ fissile F159
~ de forme S218
~ géométrique C307, G132
~ nucléaire N368
~ optique E307, O139
~ reflété M509
~ de rotation C592
~ rotationnel C592, R547
~ trans T333
isomérie I525
~ chimique C245
~ cis-trans C308, G133
~ de conformation C591
~ de constitution S917
~ de fission F160
~ géométrique C308, G133
~ moléculaire M586
~ nucléaire N369
~ optique O140
~ de position P806

~ de rotation R548
isomérisation I526
~ multiphotonique M699
isométrie d'opérateurs O76
isomorphisme I527
~ hétérovalent H166
~ isovalent I579
isomultiplet I528, I538
isophase I529
isophote I530
isoplanatisme I531
isopycne I532
isoscalaire I533
isosingulet I534
isospin I536
~ «faible» W73
~ nucléaire N370
isostère I540
~ d'adsorption A227
isosymétrie I542
isotenseur I543
isotherme I544
~ d'adsorption A228
~ de cristallisation C921
isotone I547
isotope I548
~ alpha stable A307
~ bêta stable B166
~ déficient en neutrons N113
~ émetteur de rayons alpha A297
~ émetteur des rayons bêta B149
~ enrichi E338
~ à excès de neutrons N124
~ indicateur T310
~ instable U92
~ à longue période L344
~ lourd H105
~ naturel N18
~ pauvre en neutrons N130
~ radioactif R80, R114
~ riche en neutrons N150
~ stable S700
~ à vie courte S253
isotopes séparés S205
isotriplet I539, I568
isotropie I577
~ de distribution angulaire A399
~ de l'espace-temps S505
~ optique O141
~ de rayonnement R43
~ du rayonnement de relique R384
~ de la source radioactive R86
~ de l'Univers I578
isotropisation I576
~ des rayons cosmiques C771
isotypie I541
isovecteur I580
itération I582

J

jacobien J1
jansky J5
jauge G3, P915
~ bêta B152
~ de contrainte R416, S858
~ d'épaisseur T201
~ de Hamilton H31
~ à ionisation I425
~ de niveau L189
~ du vide à ionisation I434
jaugeage de Feynman F86
jet J8
~ coronal C732
~ de gaz G72
jeu C322, S211
joint de grains G206
~ de macles T458
jonction J25
~ asymétrique N306
~ émettrice E300
~ hétérogène H159
~ homogène H264
~ p-n E201, P712
~ semi-conducteur-métal S189
joule J17
jour D29
~ calme Q136
~ perturbé D511
~ solaire S378
jours actifs A177
jumeau Dauphinéen D26
jumelles B193
Jupiter J27

K

kelvin K7
kénotron K11
kerma K13
kg·m/s K27
kiloélectron-volt K24
kilogramme K25
kilogramme-force K26
kilogrammètre par seconde K27
kiloparsec K28
kinescope K37
kinoform K55
klystron K61
~ d'amplificateur A349
~ à deux cavités D562
~ de glissement D589
~ multicavité M706
~ à multicavités M706
~ optique O144
~ à réflexion R309
~ à temps de transit D589
~ à transit D589
kourtchatovium K73

krypton K72
kurtchatovium K73

L

label L1
laboratoire L3
~ ANL A525
~ chaud H281
~ Lawrence à Livermore L155
~ de métrologie S712
~ physique P531
~ à rayons X X32
~ de recherches R408
lacune énergétique E320
lagrangien L9
~ de champ F103
~ d'interaction I273
~ libre F346
laiton B312
lambert L17
lame bimétallique B186
~ de phase P323
~ quart d'onde Q91
laminarité L24
lampe L25
~ à arc A518
~ à décharge gazeuse D403
~ à décharge incandescente G186
~ à incandescence I83
~ à lumière du jour D30
~ de pompage P1022
~ tare C491
~ à vapeur de mercure M346
lampe-éclair F178
lanthane L43
lanthanides L42
laplacien L47
large distribution canonique L48
~ invariant cinématique L49
largeur W115
~ angulaire A407
~ de la bande B44
~ naturelle de la raie spectrale N15
~ neutronique N162
~ du niveau d'énergie E323
~ partielle P110
~ de la raie L277
laser L54
~ accordable F392, T427
~ annulaire R515
~ à argon A524
~ à arséniure de gallium G1
~ à auto-excitation F352
~ à autosynchronisation des modes S168
~ à centres F42
~ à centres de couleur C448

LASER

~ chimique C247
~ CO C402
~ CO_2 C403
~ à colorant D615
~ Compton C534
~ continu C657
~ à couche mince T206
~ à cristal C905
~ à décharge électrique E102
~ à décharge gazeuse G61
~ à deux niveaux T480
~ à diode D359
~ à dissociation D478
~ à divergence naturelle du faisceau D286
~ à électrons libres F342
~ émettant à la température ambiante R532
~ épitaxial E363
~ à excimère E452
~ à femtosecondes F49
~ à fibres F89
~ à film mince T206
~ à fluide L289
~ à fréquence unique S311
~ gamma G43
~ à gas carbonique C403
~ à gaz G73
~ gazodynamique G64
~ à grenat d'yttrium et d'aluminium Y2
~ à guide d'ondes W33
~ hélium-néon H133
~ à impulsion périodique P1001
~ à impulsions géantes G154
~ à injection I216
~ à ionisation électrique E135
~ à ions I442
~ à modulation de Q Q6
~ moléculaire M587
~ à monocristal S308
~ monomode S312
~ multimode M682
~ au néodyme N27
~ à oxyde de carbone C402
~ à photodissociation P411
~ picoseconde P547
~ à plasma P673
~ à puits quantique Q76
~ pulsé P988
~ à quatre niveaux F313
~ Raman R154
~ à rayons X X33
~ à réaction distribuée D498
~ à réaction répartie D498
~ à réflecteur réparti de Bragg D496
~ à rubis R571
~ SBS S38
~ semi-conducteur S188
~ solide S415
~ à soliton S423
~ à superréseau S1016

~ à trois niveaux T220
~ à vapeur de cuivre C716
~ à vapeur métallique M390
~ à verre G171
~ à verre dopé au néodyme N63
~ à verre de phosphate P377
~ à verrouillage des modes M532
~ YIG Y5
latitude L130
~ géomagnétique G121
~ magnétique M83
lawrencium L156
leader L161
lecteur piézo-électrique P568
lecture C802
lemme de Lorentz L365
lentille L175
~ achromatique A92
~ acoustique A116
~ anamorphotique A377
~ biconcave B178
~ biconvexe B179
~ de champ C411
~ collectrice C411
~ de contact C630
~ convergente C687
~ de correction C740
~ à courte longueur focale S251
~ cylindrique C1006
~ divergente D519
~ électronique E216
~ électrostatique E267
~ fendue S661
~ de focalisation F264
~ de Fresnel F397
~ à immersion I38
~ magnétique M84
~ mince T207
~ neutronique N135
~ plan-concave P638
~ plan-convexe C695, P639
~ à plasma P674
~ quadripolaire Q16
~ ralentisseuse D130
~ à rayons X X34
lepton L181
~ chargé C212
~ lourd H106
leptoquark L185
lésion due aux rayonnements ionisants R41
levier A526
lévitation L194
~ optique O146
liaison B260, B262, C625, C815, L278
~ chimique C238
~ coordonnée C709
~ covalente C819
~ hétéropolaire H163
~ homopolaire H267

~ ionique I402
~ métallique M378
~ paramétrique P56
~ de valence V35
liaisons intramoléculaires I355
~ mécaniques M306
liant B191, B262
libération d'énergie E331
liberté asymptotique A576
libration de la Lune L195
libre parcours F349
~ parcours moyen M295
libron L196
lidar L198, O180
lieu L326
~ géométrique L326
ligands L203
ligne L250
~ d'action L272
~ de charge L304
~ de communication C486
~ de communication à fibre optique O118
~ de courant C969, S882
~ court-circuitée S249
~ demi-onde H20
~ de discontinuité D407
~ Doppler D547
~ à fente S347
~ fermée C336
~ de force L273
~ de force électrique E112
~ de force magnétique M85
~ géodésique G115
~ de glissement S340
~ isanomale I488
~ isochromatique I500
~ isodynamique I512
~ isogonique I515
~ de liaison L278
~ de Lorentz L366
~ Mössbauer M647
~ sans phonons P369
~ quart d'onde Q90
~ quasi optique Q118
~ de Rayleigh R195
~ à retard D131
~ à retard acoustique A102
~ à retard à ondes acoustiques de surface S1047
~ à retard à ondes de spin S655
~ à retard à ultra-son U19
~ à retard dispersive D452
~ de Stokes S847
~ à strip S902
~ de transmission T355
~ d'Univers W144
~ yrast Y12
lignes du champ magnétique M62
~ de Lüders L408
~ telluriques T30

LUMINESCENCE

limbe L247
limitation R461
limite B287
~ de capture pour le cadmium C4
~ de convergence C685
~ du domaine D526, D532
~ d'écoulement Y5
~ d'écoulement supérieur U103
~ élastique E59
~ de fatigue F36
~ inférieure d'élasticité L391
~ de proportionnalité P945
~ de Roche R519
~ supérieure U100
~ thermodynamique T157
~ unitaire U74
limiteur L249, R461
~ d'amplitude A360
liner L274
liquéfaction en cascade C88
~ des gaz L280
liquide L281
~ de Bose B279
~ bouillant B248
~ de condensation C547
~ cryogénique C883
~ déplacé D457
~ à deux composantes T470
~ élastique E60
~ excitonique E471
~ de Fermi F58
~ à immersion I39
~ non newtonien N274
~ parfait P220
~ quantique Q56
~ de refroidissement C700
~ sous-réfrigéré S991
~ superfluide S998
~ viscoélastique V159
~ visqueux V167
lithium L300
lithographie L301
~ à faisceau électronique E170
~ à faisceau ionique I387
~ aux rayons X X35
litre L302
lobe L308
localisateur acoustique A139
localisation L317
~ d'Anderson A379
~ laser L104
~ laser de la Lune L440
~ à laser des satellites S19
~ sonore S469
localité L316
~ d'interaction I274
logarithme L327
~ de Brigg D64
~ de Coulomb C799
~ coulombien C799
~ décimal D64

~ naturel N21
loi L150
~ de l'action et de la réaction L151
~ d'action de masse L154
~ de l'attraction universelle de Newton N167
~ d'augmentation d'entropie E348
~ de Biot et Savart B207
~ de Bloch B229
~ de Bouguer-Lambert-Beer B286
~ de Boyle B300
~ de Boyle-Mariotte B300
~ de Brewster B330
~ de Charles C231
~ de la conservation de la charge C202
~ de la conservation de l'énergie E313
~ de la conservation du moment L153
~ de Coulomb C798
~ de Curie-Weiss C958
~ de Dalton D5
~ de Darcy D12
~ de dispersion D445
~ de Dulong et Petit D607
~ de l'équilibre chimique L152
~ d'équipartition E387
~ exponentielle E515, P844
~ de Gay-Lussac G91
~ généralisée G101
~ de Grüneisen G290
~ de Henry H140
~ de Hooke H268
~ d'induction de Faraday F23
~ de Joule J20, J21
~ de Kapitza K2
~ de Kepler K12
~ de Kirchhoff K56
~ de Lambert L18
~ de Lenz L179
~ linéaire L260
~ logarithmique L330
~ de Malus M210
~ de Moseley M644
~ d'Ohm O38
~ de Paschen P155
~ de Planck P621
~ de Poiseuille P725
~ de puissance 3/2 T219
~ de similitude S54
~ de Stefan-Boltzmann S779
~ de Stokes S846
~ de Wiedemann-Franz W116
~ de Wien W120
~ de Wien de la radiation W120
lois de conservation C609
~ de gaz parfait P218
~ de Newton N168

~ de rayonnement R44
longeur d'onde de De Broglie D38
longitude L335
~ géomagnétique G122
longue ligne L342
longueur L174
~ d'absorption A49
~ d'affaiblissement A650
~ de cohérence C378
~ de corrélation C748
~ de Debye D44
~ de diffusion D326, S76
~ efficace d'antenne A452
~ élémentaire E278
~ de focalisation F263
~ fondamentale F429
~ de liaison B265
~ de mélange M522
~ d'onde W43
~ d'onde de Compton C536
~ d'onde dans le guide d'ondes G292
~ d'onde dans l'espace libre F355
~ d'onde de seuil T231
~ d'oscillations O276
~ de parcours P167
~ du parcours libre des phonons P367
~ de Planck P619
~ de radiation R45
~ de relaxation R374
~ de thermalisation T128
~ de la voie P167
loupe L175, M197
lubrifiant G258
lubrification L407
lueur G184
~ anodique A438
~ de cathode C107
~ cathodique C107
lumen L409
lumen-seconde L410
lumière L204, V171
~ actinique A159
~ blanche W109
~ monochromatique M622
~ naturelle N20
~ partiellement polarisée P104
~ polarisée P760
~ zodiacale Z17
luminance L411
~ énergétique R10
~ visuelle B333, B335
luminescence L415
~ chaude H282
~ coopérative C702
~ électrique E137
~ métastable M395
~ négative N51
~ paramétrique P66
~ polarisée P761

LUMINESCENCE

~ à polariton P741
~ de recombinaison R246
~ de résonance R440
~ sensibilisée S202
~ spontanée S669
~ stimulée S825
luminophore L426, P378
luminosité L427
~ de l'air A275
~ critique C851
~ d'Eddington E21
~ stellaire S792
lunakhode L441
Lune M638
lunette R313
~ de Galilée G26
~ à rayons X X53
lutécium L442
lux L443
luxmètre L445
lyophilie L447
lyophobie L448
lyotropie L449

M

M. A. A362
M.F. F378
machine d'essai de friction F407
~ à expansion E491
~ de Turing T455
maclage T461
macle T457
~ Dauphinéenne D26
macrocausalité L316
macrocinétique M7
macrocosmos M6
macromolécule M8
macroparticule M9
macrostructure M13
magnésium M17
magnétique M18, N378
~ amorphe A331
~ de faible encombrement L384
~ supraconducteur S982
magnétisation par courant continu D32
magnétisme M139
~ des bandes B38
~ des microparticules M452
~ nucléaire N374
~ de spin S632
~ superficiel S1073
~ terrestre T65
~ de zone Z20
magnéto-acoustique M150
magnéto-optique M173
magnétochimie M154
magnétodiélectrique M155
magnétographe M159

~ solaire S389
magnétohydrodynamique M163
magnétomètre M168
~ à ferrosonde F237
~ de Hanle H40
~ à hélium H132
~ à protons P960
~ quantique Q57
~ à torsion T288
~ à vecteur V79
magnéton M170
~ de Bohr B243
~ nucléaire N375
magnétopause M174
magnétorésistance M178, M179
magnétosphère M182
~ externe O296
~ interne I218
~ de pulsar P976
magnétostatique M187
magnétostriction M189
magnétron M192
~ accordable T428
~ à cavités C133
~ à cavités multiples M672
~ coaxial C355
~ strappé S867
magnitude M198
~ bolométrique B254
~ stellaire S793
~ stellaire absolue A21
~ stellaire bolométrique B254
~ stellaire photographique P446
magnon M199
majoron M209
malléabilité F283
manganèse M212
manipulateur M214
manomètre M216, P871
~ capacitif C48
~ différentiel D269
~ à ionisation I425
~ piézo-électrique P570
~ de Pirani P603
manque de neutrons N112
manteau M217
~ de plasma P675
marée T237
marées atmosphériques A598
marge de stabilité S692
marquage laser L86
marque M224
~ isotopique I566
Mars M227
martensite M228
maser M230
~ à ammoniac A326
~ à deux niveaux T481
~ galactique G20
~ moléculaire M588
~ à résonance cyclotronique C1004
~ à trois niveaux T221

~ à trous chauds H279
masque M234
masse M235
~ atomique A624, A642
~ atomique relative A642
~ autre que nulle N313
~ cachée H176
~ critique C853
~ effective E30
~ d'électron E217
~ gravitationnelle G232
~ inerte I173
~ de lancement L146
~ lourde G232
~ de Majorana du neutrino M205
~ moléculaire M589
~ obéissant à la loi de conservation C619
~ d'une particule M246
~ pesante G232
~ de Planck P620
~ réduite R274
~ relativiste R357
~ au repos M239
matériau M260
~ amorphe A332
~ anticorrosif A463
~ dur magnétique H43
~ élastique E61
~ élastico-plastique E71
~ enrichi E340
~ isolant E134
~ isotrope I570
~ magnétique M90
~ magnétiquement doux S363
~ résistant à la corrosion C758
~ résistant à l'usure W82
~ tensio-actif S1050
matériaux non linéaires N249
~ paramagnétiques P46
~ piézo-électriques P566
~ de vide V24
matériel photosensible L242
matière M274
~ condensée C553
~ de dopage D544
~ fissile F151
~ interplanétaire I331
~ interstellaire I343
~ invisible D19
~ luminescente L425
~ nucléaire N376
~ photochrome P394
~ photosensible P511
~ solide S419
~ superdense S994
~ thermoplastique T192
matrice M270
~ CCD C204
~ de cohérence C379
~ de densité D156
~ de diffusion S77

MÉTHODE

~ de Dirac D373
~ des états S732
~ de Müller M670
~ de photodétecteurs P405
~ de spin S633
~ de spin de Pauli P173, S633
matrices de Gell-Mann G95
~ hermitiennes H142
maximon M278
maximum M279, P176
~ d'activité solaire S390
~ de diffraction D287
~ primaire P892
~ principal M208
~ solaire S390
maxwell M283
mécanique M320
~ céleste C141
~ classique C315
~ des corps à masse variable V60
~ exacte F131
~ des fluides F220
~ matrice M273
~ des milieux continus M321
~ de Newton C315
~ newtonienne C315, N289
~ non linéaire N250
~ non relativiste N289
~ ondulatoire W45
~ du point matériel P134
~ quantique Q58
~ relativiste R359
~ des solides M322
~ statistique S761
mécanisme d'accélération A67
~ d'accélération bêtatron B170
~ d'accélération dissipatif D467
~ de branchement thermique T85
~ de claquage B315
~ de compensation A216
~ de conductibilité thermique H76
~ de rupture F322
~ de transmission de la chaleur M323
mécanostriction M325
méchanisme de Petschek P273
médecine laser L87
médiane M326
méga-électron-volt M331
mégahertz M332
mégawatt M333
mélange M520
~ des gaz G66
~ des modes M534
~ optique O157
~ paramétrique P67
~ paramétrique de quatre ondes P61
~ turbulent T451
mélangeur M519

membrane D239, M339
~ semi-perméable S195
~ à trace T315
mémoire S851
~ holographique H250
~ optique O155
~ de phase P317
mendélévium M340
ménisque M341
mercure M343
Mercure M344
méridien M348
~ céleste C142
~ géomagnétique G123
~ magnétique M92
mésodynamique M354
mésomorphie M357
méson M358
~ π P584
~ chargé C213
~ K K1, K62
~ K chargé C211
~ K neutre N89
~ lourd H107
~ neutre vrai T422
~ pi P584, P592
~ scalaire S42
~ vectoriel V80
~ vectoriel neutre N93
~ virtuel V153
mésonium M364
mésopause M365
mésophase M366
mésoscopique M367
mésosphère M368
mesurage M299
mesure M298, M299
~ absolue A17
~ de l'absorption A52
~ altimétrique A313
~ de la bande passante B45
~ de bruit N190
~ colorimétrique C456
~ de dispersion M303
~ de distance D485
~ à distance R391
~ de dose D558
~ de la dose de radiation M302
~ d'émission E291
~ de l'énergie E325
~ de fréquence F375
~ in situ I230
~ des intervalles de temps T249
~ de la période P236
~ précise A89, P860
~ de la pression atmosphérique M301
~ de probabilité P911
~ de température T40
~ de temps T254
~ de la vitesse V94
mesures acoustiques A117
~ aérodynamiques A245

~ angulaires A401
~ digitales D337
~ électriques E89
~ électriques des grandeurs non électriques E90
~ d'hyperfréquence M478
~ interférométriques I307
~ de longueur L262
~ magnétiques M91
~ optiques O154
~ photométriques P473
~ physiques P532
~ de polarisation P746
~ radioélectriques R107
~ à sonde P918
~ spectrales S560
mesureur des distorsions non linéaires D494
~ de vitesse de comptage C808
métacentre M369
métacouleur M371
métagalaxie M373
métal M374
~ alcalin A287
~ amorphe A333
~ ductile D605
~ liquide L290
~ de transition T338
métallisation M383
métallo-optique M387
métallocéramique M375
métallographie M384
métalloïde M385
métamagnétisme M391
métamérie M392
métamorphisme M393
métastabilité M394
métaux nobles N180
~ de terres rares R180
météore M397
météorite M399
méthode M403, P923
~ d'activation A174
~ d'allongement-recuit S856
~ analytique A373
~ à anticoïncidences A461
~ des approximations successives M412
~ approximative A507
~ des atomes marqués I561
~ augmentée des ondes planes A664
~ axiomatique A709
~ axiomatique formelle F286
~ de Bridgman B332
~ de caractéristiques M404
~ du champ autoconsistant S151
~ du col S6
~ collective C416
~ des combinaisons linéaires des orbitales atomiques M407
~ de contrôle non destructif N210

MÉTHODE

~ de couplage faible W65
~ de couplage fort S906
~ sans creuset C881
~ des cristaux tournants R538
~ Czochralski C1012
~ de Darwin-Fowler D21
~ de Debye-Scherrer D45
~ de Debye et Scherrer P840
~ de décoration D70
~ de différences finies M405
~ de diffraction D288
~ de diffraction des électrons de haute énergie H184
~ de diffraction des électrons de haute énergie par réflexion R297
~ de diffraction des électrons lents L386
~ de diffraction des rayons X X15
~ de diffraction à rayons X X15
~ de diffusion incohérente I102
~ de dilution isotopique I550
~ des éléments finis F136
~ des éléments traceurs T311
~ d'essai et d'erreur T398
~ d'essai à immersion I40
~ d'évaporation à vide V19
~ d'excitation E459
~ d'expansion aux fonctions propres E37
~ d'expansion aux modes propres E39
~ de factorisation F10
~ à fond noir D18
~ de Hartree-Fock H64, S151
~ de l'hodographe H225
~ des images I31
~ des invariants I366
~ d'invariants adiabatiques A211
~ d'itération I583
~ de Kirchhoff K57
~ de Laue L144
~ de Laue en retour B9
~ des liaisons de valence V36
~ de matrice de Jones J13
~ du maximum de vraisemblance M280
~ de modérateur M538
~ des moindres carrés M406
~ de Monte-Carlo M635
~ non paramétrique N275
~ des ombres S213
~ à ondes distordues D491
~ des orbitales moléculaires M592
~ du paramètre d'impact I48
~ perturbationnelle M410
~ de perturbations brusques S963
~ de piédestal P187

~ de la plus profonde descente S777
~ de la plus rapide descente M411
~ des points du col S6
~ des pôles de Regge R331
~ des poudres P840
~ du radiocarbone R96
~ de réflexions partielles P107
~ de régularisation R335
~ de remplacement moléculaire M408
~ de rétroréflexion B9
~ sol-gel S408
~ de sonde P919
~ de sonde optique O172
~ des stries S79
~ de Tamm-Dancoff T5
~ de théorie des groupes G280
~ des traceurs T311
~ de transformation rapide de Fourier F29
~ des variations V64
~ de Verneuil V105
~ visuelle V178
~ de Wentzel-Kramers-Brillouin W98
~ de Wiener-Hopf W119
~ de la zone fondue F201, Z21
mètre M401
~ carré S684
~ cube C947
métrique M413
~ de l'espace-temps S507
~ indéfinie I115
métrologie M418
~ quantique Q59
mica M421
micro-analyse M425
micro-analyseur M426
microbarographe M427
microcausalité L316, M431
microchamp M439
microchirurgie laser L88
microcible M469
microcosmos M485
microdensitomètre M434
microdiffraction M435
microdosimétrie M436
microdureté M440
micro-électronique M437
~ des corps solides S416
~ des semi-conducteurs S190
micro-explosion M438
microfissure M433
microflexion M428
micro-inclusion M442
micro-inhomogénéité M443
micro-instabilité M444
microlithographie M446
micromagnétisme M447
micromètre M448, M450

micron M450
micro-objectif M445
micro-ondes M483
microparticule M451
microphone M453
microphotographie M454
microphotomètre M455
micropincement M456
microplasma M457
microprocesseur M459
microprojection M460
micropulsation M461
microrelief M462
microscope M463
~ acoustique A118
~ à balayage S59
~ de champ proche N30
~ à contraste de phase P294
~ à effet de champ E292
~ électronique E218
~ électronique à réflexion R295
~ électronique à transmission T353
~ ionique I443
~ laser de projection L97
~ de mesure M305, M449
~ métallographique M386
~ optique O156
~ à photo-électrons P429
~ à photo-ions P460
~ polarisant P747
~ de projection P933
~ à projection P933
~ à rayons X X36
~ tunnel T437
~ ultraviolet U41
microscopie M464
~ à polarisation P748
~ aux rayons X X37
microséisme M465
microsonde M458
microspectrophotomètre M466
microstructure M468
microtension M467
microtron M470
micro-univers M485
microviscosité M472
mictomagnétisme M486
migration M488
~ des charges C226
~ de défauts D83
~ d'électrons E219
~ d'énergie E326
~ des excitons E472
~ des impuretés I80
~ des trous H234
~ de vacances V4
milieu actif A179
~ anisotropique A415
~ condensé C554
~ continu C652
~ dispersif D453
~ dissipatif D471

MODULE

- ~ gyrotrope G315
- ~ hétérogène N227
- ~ homogène H260
- ~ inhomogène I210
- ~ isotropique I571
- ~ non linéaire N251
- ~ plan-stratifié P630
- ~ trouble T444
- milieux optiquement épais O149
- ~ optiquement minces O151
- millimètre M492
- ~ de colonne d'eau M494
- ~ d'eau M494
- ~ de mercure M493
- minimum M497
- ~ d'activité solaire S391
- ~ de diffraction D289
- ~ solaire S391
- minitron M498
- minutage T262
- minute M503
- mirage M504
- miroir M505
- ~ acoustique A119
- ~ adaptif A192
- ~ Brillouin à conjugaison des phases P288
- ~ collecteur C412
- ~ concave C540
- ~ à conjugaison des phases P289
- ~ convexe C694
- ~ dichroïque D244
- ~ diélectrique D257
- ~ électronique E220
- ~ flexible F190
- ~ laser L89
- ~ magnétique M93
- ~ parabolique P21
- ~ piézo-électrique P567
- ~ plan P624
- ~ à plusieurs éléments M679
- ~ à rayons X X38
- ~ secondaire S108
- ~ sélectif S138
- ~ semi-transparent S197
- ~ de sortie E478
- ~ sphérique S608
- mirroirs de Fresnel F398
- mise en désordre D435
- ~ à feu F142
- ~ en phase alternée S285
- ~ à la terre E2, G271, G272
- mitron M516
- mobilité M524
- ~ des électrons E221
- ~ de Hall H26
- ~ des porteurs C81
- ~ des trous H235
- mode M526
- ~ de Bernstein B144
- ~ de coupure C986
- ~ dégénéré D112

- ~ d'échange E450
- ~ fondamental F430
- ~ de guide d'ondes G293
- ~ du guide d'ondes W34
- ~ interdit F274
- ~ longitudinal L339
- ~ normal N324
- ~ phononique P370
- ~ pi P585
- ~ de réseau L140
- ~ transversal T380
- modèle M530
- ~ anisotropique A416
- ~ atomique de Bohr B242
- ~ B.C.S. B47
- ~ des bandes B39
- ~ de Bardeen-Cooper-Schrieffer B47
- ~ bidimensionnel T475
- ~ classique C316
- ~ clos C437
- ~ «cluster» C349
- ~ à corde S898
- ~ cosmologique C782
- ~ à couches S232
- ~ des couches S232
- ~ à deux bandes T465
- ~ à deux fluides T478
- ~ à deux niveaux T482
- ~ d'échange E451
- ~ empirique E302
- ~ d'éruption solaire S384
- ~ évolutif E440
- ~ d'expansion E485
- ~ fermé C337
- ~ de Friedman F408
- ~ généralisé G102
- ~ de la goutte D596
- ~ de la goutte liquide L285
- ~ de grande unification G212
- ~ de Heisenberg H117
- ~ heuristique H167
- ~ homogène H261
- ~ à inflation I185
- ~ d'interaction électrofaible F274
- ~ d'Ising I491
- ~ isotrope I572
- ~ de Jaynes-Cummings J6
- ~ à large échelle L51
- ~ au naturel F420
- ~ du noyau à couches S232
- ~ optique O158
- ~ optique du noyau O158
- ~ ouvert O66
- ~ à particule unique O53
- ~ phénoménologique P356
- ~ planétaire P633
- ~ planétaire d'atome P633
- ~ des quarks Q87
- ~ de sac B19
- ~ spatial T217
- ~ stationnaire S745

- ~ statistique S762
- ~ de supercalibrage S972
- ~ supersymétrique S1040
- ~ de transition de phase P347
- ~ à trois dimensions T217
- ~ unidimensionnel O47
- ~ d'Univers expansif E485
- modèles nucléaires N377
- modérateur M537
- ~ en eau lourde H111
- ~ au graphite G220
- modération des neutrons M536
- modes de compétition C498
- ~ couplés C811
- ~ de Goldstone G195
- ~ d'ordre supérieur H191
- ~ orthogonaux O260
- ~ propres E40
- modification M542
- ~ allotropique A291
- ~ de faisceau ionique I388
- ~ laser DNA D524
- ~ des matériaux par les faisceaux des particules chargées M262
- ~ stable S701
- ~ de surface S1074
- modifications de glace I2
- modulateur C272, M551
- ~ acousto-optique A155
- ~ électro-optique E255
- ~ de lumière L211, O159
- ~ de lumière espace-temps S506
- ~ de lumière ultrasonique U26
- ~ optique O159
- ~ de Q Q5
- modulation M546
- ~ acousto-optique A154
- ~ d'amplitude A362
- ~ de brillance I265
- ~ par codes d'impulsions P985
- ~ croisée C868
- ~ de durée d'impulsions P992
- ~ de facteur Q Q7
- ~ du faisceau B109
- ~ en fréquence F378
- ~ à grille G269
- ~ d'impulsions P1000
- ~ d'impulsions en amplitude P983
- ~ par impulsions codées P985
- ~ d'impulsions en fréquence P994
- ~ d'impulsions en phase P1002
- ~ d'impulsions en position P1002
- ~ de lumière L228
- ~ de phase P319
- ~ de qualité Q7
- ~ de la vitesse V95
- ~ de la vitesse de groupe G283
- module M198, M552, M553
- ~ de cisaillement M557

557

MODULE

~ de compressibilité volumique B363
~ d'élasticité E62, M555, M556, Y7
~ d'élasticité au cisaillement S224
~ d'élasticité d'Young Y7
~ d'élasticité de volume B363
~ d'élasticité volumique M554
~ de torsion T296
~ d'Young M556
moindre action L167
moirage M558
moirure M558
mois M637
molalité M563
molarité M564
mole M567
molécule M605
~ activée par vibration V117
~ anharmonique A409
~ asymétrique A570
~ diatomique D242
~ excitée E464
~ excitonique E470
~ une fois ionisée S326
~ ionisée I438
~ linéaire L263
~ mésique M355
~ mésonique M355
~ muonique M741
~ polaire P772
~ symétrique S1098
~ du type toupie asymétrique A571
~ du type toupie symétrique S1100
molécules non polaires N278
molybdène M607
moment M608
~ aérodynamique A246
~ angulaire A402, M612
~ angulaire à l'incidence rasante G256
~ cinétique K41, M612
~ cinétique orbital O223
~ d'un couple M609
~ du couple T287
~ du dipôle D367
~ du dipôle magnétique M48
~ électrique E113
~ fléchissant B133
~ de flexion B133
~ de force M610
~ gyroscopique G311
~ d'inertie M611
~ d'inertie principal P894
~ magnétique M94
~ magnétique anormal A444
~ magnétique de l'atome A623
~ magnétique atomique A623
~ magnétique du neutron N136
~ magnétique nucléaire N371

~ multipôle M727
~ non relativiste N290
~ nucléaire N378
~ octupolaire O25
~ orbital O225
~ d'ordre supérieur H192
~ d'un point P721
~ quadripolaire Q17
~ quadripolaire magnétique M109
~ redresseur R460
~ de spin S634
monde W142
~ matériel M265
moniteur à neutrons N139
~ de position du faisceau B112
monitoring M620
monochromateur M626
~ double D571
~ neutronique N140
~ optique O160
~ prismatique P905
~ de rayons X X39
~ à vide V25
monochromatisme M621
monocouche M629
monocristal M628, S304
~ sans dislocations D427
monopôle M632
~ de Dirac D374
~ magnétique M95
montage A539, M661
~ d'altazimut A308
monture M661
~ équatoriale E370
morphologie M641
moteur E336
~ thermique H81
moteur-fusée R521
mouillage W99
mousse F246
mouvement M651, M662
~ accéléré A61
~ alternatif R232
~ apériodique A487
~ autosemblable S175
~ autour d'un point fixe M652
~ Brown B350
~ brownien B350
~ du centre de masse C152
~ circulaire A403, C301
~ convectif C682
~ du corps solide M654
~ curviligne C982
~ décéléré D58
~ de dérive D590
~ désordonné R165
~ à deux dimensions P627
~ dû aux marées T236
~ sous l'effet d'une force M656
~ fini F138
~ forcé F279
~ harmonique H55

~ hélicoïdal H121, S98
~ d'inertie I174
~ irrégulier I477, N309
~ isochrone I507
~ libre F347
~ mécanique M315
~ non permanent N302
~ non relativiste N291
~ non stationnaire N302
~ ondulatoire W47
~ orbital O227
~ oscillatoire V118
~ des parois de domaines D534
~ des particules chargées dans les champs croisés M653
~ de particule unique S315
~ périodique P231
~ permanent S746
~ perturbé P269
~ plan P627
~ du point matériel P136
~ potentiel P832
~ du projectile P931
~ propre P940
~ quasi périodique Q121
~ rectiligne L264, R266
~ régulier R336
~ relatif R345
~ relativiste R361
~ restreint R462
~ rétrograde R469
~ rotatif R551
~ rotatoire R537
~ stationnaire S746
~ supersonique S1035
~ thermique T133
~ tourbillonnaire V215
~ de translation P929, T348
~ turbulent T452
~ unidimensionnel O48
~ uniforme U69
~ uniformément accéléré U66
~ uniformément retardé U67
~ uniformément varié U68
~ de va-et-vient R232
moyennage A697
~ sur le temps T241
moyenne A696
~ par ensemble E343
~ pondérée W88
~ de vide V10
multiplet M712
~ isotopique I562
multiplexeur M714
multiplicateur M721
~ de fréquence F381
~ de fréquence optique O122
multiplication M716
~ de fréquence F379
~ des neutrons N141
~ optique O161
multiplicité M213, M720
~ de dégénération D107

~ de dégénérescence D107
~ de fréquence F380
multipolarité M725
multipôle M726
multistabilité M731
~ optique O162
multivibrateur M736
muon M738
muonium M744
muons cosmiques C765
mur du son S433
~ sonique S433
myopie M752

N

nabla N1
nadir N2
naine D612
~ blanche W107
~ blanche à accrétion A82
~ à hélium dégénérée D111
~ rouge R269
nanodiffraction N4
nanolithographie N5
NASA N14
navigation dans l'espace S499
~ à inertie I172
~ spatiale S499
nébuleuse N38
~ du Crabe C830
~ gazeuse G67
~ planétaire P634
négatif N49
néguentropie N55
néodyme N62
néon N64
néper N65
néphélomètre N66
néphélométrie N67
Neptune N68
neptunium N69
neurone N81
neutralisation N88
~ de la charge C227
~ de la charge d'espace S486
neutrino N95
~ de Majorana M204
~ muonique M742
~ de relique R381
~ solaire S392
neutron N101
neutronisation N133
neutronogramme N120
neutrons différés D129
~ diffusés S62
~ de fission F161
~ froids C409
~ instantanés P936
~ instantanés de fission P936
~ intermédiaires I313

~ lents S350
~ modérés M535
~ polarisés P762
~ rapides F31
~ de résonance R441
~ thermiques T134
~ ultrafroids U5
newton N164
nickel N170
nilsbohrium N173
niobium N174
nit N175
nitrogène N176
niveau L186
~ accepteur A76
~ de bruit N189
~ donneur D538
~ d'énergie d'électrons E196
~ de Fermi F57
~ fondamental G273
~ d'impureté I79
~ de la mer S100
~ nucléaire N358
~ occupé O18
~ de résonance R438
~ rotationnel R549
~ de vibration V115
~ virtuel V152
~ voisin N56
~ yrast Y11
niveaux énergétiques E322
~ énergétiques moléculaires M580
~ d'énergie de l'atome A617
~ de Landau L32
~ superficiels magnétiques M131
~ supérieurs H189
~ de Tamm T6
nobélium N178
noircissement B218
nombre N421
~ atomique A627
~ d'Avogadro A699
~ baryonique B72
~ de coordination C711
~ de degrés de liberté N422, V62
~ entier I247
~ de Froude F412
~ de Grashof G222
~ de Hartmann H62
~ imaginaire I35
~ de Knudsen K64
~ de Loschmidt L371
~ de Mach M3
~ de masse M245
~ muonique M743
~ de Nusselt N425
~ d'onde W50
~ d'ouverture F245
~ de Péclet P180
~ de Prandtl P851

~ quantique Q60
~ quantique additif A197
~ quantique azimutal A721
~ quantique interne I326
~ quantique magnétique M110
~ quantique multiplicatif M719
~ quantique orbital O228
~ quantique principal P896
~ quantique radial R8
~ quantique de rotation R553
~ quantique de spin S647
~ quantique de vibration V120
~ quantique vibrationnel V120
~ de révolutions par seconde R484
~ de Reynolds R485
~ des taches solaires S971
nombres de Wolf W137
nomogramme N195
non-conservation N206
~ de la charge C228
~ de la parité P93
non-élasticité A382
nonet N223
non-linéarité N247
non-linéarité acoustique A121
~ cubique C948
~ non dissipative N212
~ optique O163
~ optique géante G151
non-localité N270
non-métal N272
non-monochromatisme N273
non-potentialité N280
non-prolifération des armes nucléaires N281
non-réciprocité N287
non-rénormalisabilité N293
non-sphéricité N299
non-uniformité N308
~ du champ magnétique M61
normale N314
~ d'onde W49
normalisation N319, N322
~ de la fonction d'onde W27
norme du vecteur V81
notation N332
nœud N182
~ ascendant A535
~ de courant C970
~ descendant D186
~ d'onde stationnaire W48
nova N336
noyau C719, K15, N416
~ atomique A626
~ cométaire C480
~ de la comète C480
~ composé C515
~ de condensation C551
~ convectif C673
~ déformé D101
~ fissile F152
~ de fissure C833

NOYAU

~ galactique G21
~ isobare I492
~ nu B48
~ pair-impair E436
~ pair-pair E435
~ de recul R241
~ tourbillonnaire V212
~ à vie courte S254
noyaux déficients en neutrons N114
~ à excès de neutrons N125
~ miroirs M511
~ à nombre magique M16
~ polarisés P763
nuage C342
~ de charge d'espace S483
~ de Cottrell C789
~ d'électricité C200
~ d'électrons C200, E179
~ de poussière D611
nucléation N407
nucléide N418
~ radioactif R82
nucléon N409
~ spectateur S542
nutation N426
~ optique O164

O

objectif L175, O2
~ catadioptrique C95
~ à deux lentilles D577
~ à focale variable V67
~ à grand angle de champ W113
objet distant D487
~ éloigné D487
~ ponctuel P722
~ quasi stellaire Q99, Q129
~ visible V170
~ visible à l'œil N3
~ à vitesse dépassant celle de la lumière S1045
~ volant non identifié U59
obliquité O7
observable O8
~ locale L319
observateur de référence S713
observations O9
~ visuelles V180
observatoire O10
~ astronomique A563
obstacle O12
obturateur B90, L211, S272
~ à cellule de Kerr O143
~ électro-optique E252
~ de laser L107
~ optique O190
~ optique passif P163
occlusion O13

occultation O14
occupation O16
océanographie physique P533
océanologie O20
octaèdre O21
octave O22
octet O23
octopôle O24
oculaire E541
ohm O34
ohmmètre O39
œil E539
omégatron O42
onde W12
~ acoustique A142
~ de choc S247
~ de choc de tête H68
~ de choc frontale B299
~ de cisaillement S229
~ de compression C529
~ conjuguée en phase P290
~ cylindrique C1010
~ à densité de charge C208
~ de détente B223
~ de détonation B223, D210
~ diffusée S65
~ élasto-plastique E72
~ électromagnétique transversale T378
~ entretenue C656
~ d'expansion E492
~ expansive B223
~ explosive E509
~ extraordinaire E531
~ de flexion F195
~ de guide d'ondes G294
~ idling I15
~ incidente I89
~ inverse B16
~ de Love L382
~ neutronique N161
~ d'objets O4
~ ordinaire O244
~ partielle P109
~ plane P637
~ de plasma P695
~ polarisée P766
~ progressive T393
~ radio ionosphérique S336
~ de référence R286
~ réfléchie R291
~ réfractée R312
~ de retour B16
~ de Riemann R503
~ riemannienne R503
~ sphérique S612
~ de spin S654
~ superficielle G275
~ de surface S1085
~ de tête B298
~ transversale T385
~ troposphérique T420
ondemètre W46

ondes acoustiques A95
~ acoustiques de surface S1049
~ d'Alfvén A283
~ atmosphériques A602
~ de Bleustein-Gulyaev B226
~ brogliennes D39
~ capillaires C55
~ centimétriques C161
~ de choc non collisionnelles C438
~ courtes S265
~ de cristallisation C923
~ décimétriques D65
~ de densité D160
~ de dérive D593
~ d'eau W9
~ élastiques E68
~ électromagnétiques E154
~ gravitationelles G249, G254
~ de gravité G254
~ de gravité internes I324
~ infrarouges I204
~ infrasonores I206
~ d'ionisation I435
~ de Lamb L21
~ de Langmuir L41
~ longitudinales L341
~ longues L354, L356
~ de lumière O209
~ lumineuses L245
~ magnéto-acoustiques M151
~ magnéto-élastiques M157
~ magnétohydrodynamiques M164
~ magnétostatiques M188
~ métriques M402
~ millimétriques M495
~ monochromatiques M625
~ moyennes M329
~ non linéaires N268
~ normales N330
~ optiques O209
~ optiques de surface S1075
~ de probabilité P914
~ radioélectriques R143
~ de Rayleigh R199
~ de recombinaison R250
~ séismiques S128
~ stationnaires S718
~ submillimétriques S937
~ de température T47
~ très longues V111
~ ultra-courtes U11
~ ultra-sonores U36
~ de vent W126
ondulateur U54
opacité O57
~ atmosphérique A589
opalescence O58
~ critique C854
opérateur O73
~ de création C836
~ création P926

OUÏE

~ d'Alembert D2
~ de destruction D195
~ différentiel D270
~ de Hamilton H32
~ hermitien H143
~ d'interaction I275
~ laplacien L47
~ local L320
~ de masse M247
~ self-conjugué S149
~ de transition T339
opérateurs non commutatifs N205
opération O70
~ de symétrie S1107
ophthalmologie laser L90
opposition O79
optique O212
~ adaptive A193
~ appliquée A504
~ asphérique A538
~ atmosphérique A590
~ corpusculaire C736, P137
~ des couches minces O215
~ cristalline C929
~ électronique E225
~ des fibres F93
~ géométrique G134
~ intégrée I256
~ des milieux inhomogènes O213
~ des milieux mouvants O214
~ neutronique N142
~ non linéaire N256
~ de l'œil E540
~ d'ondes W51
~ physiologique P545
~ physique P534
~ de plasma P676
~ quantique Q62
~ des rayons X X40
~ statistique S763
~ des treillis S60
opto-électronique O219
optotransistor O206
optron O220
or G191
orage géomagnétique G125, M126
~ magnétique M126
orbitale O222
~ atomique A628
~ moléculaire M591
~ avec spin S636
orbitales de liaison B264
orbite O221
~ de Bohr B244
~ circulaire C302
~ d'électron E226
~ d'équilibre E379
~ géostationnaire G142
~ de la particule P138
ordinateur C538

~ optique O101
ordonnancement O237
~ antiferromagnétique A468
~ magnétique M100
ordonnée O245
ordre O234
~ de grandeur O239
~ d'interférence O238
~ de liaison B266
~ à longue distance L348
~ magnétique M99
~ magnétique à grande distance M87
~ proche voisin S259
~ de réflexion O240
~ de spectre O241
orientation A286, O250
~ nucléaire N379
~ optique O165
~ préférée P864
orifice O65
origine O252
œrsted O28
orthicon O255
ortho-état O268
orthogonalisation O259
orthogonalité O258
orthohélium O263
orthohydrogène O264
orthopositronium O266
oscillateur O282
~ anharmonique A411
~ de Barkhausen-Kurz B53
~ à blocage B234
~ classique C317
~ de Gunn G301
~ harmonique H57
~ de Hartmann H63, J9
~ de lumière paramétrique P65
~ paramétrique P69
~ pilote M255
~ quantique Q64
~ à quarz C930
~ de relaxation R376
oscillation harmonique H56
~ à haute fréquence H198
~ de Josephson J16
oscillations O271, O279, V132
~ acoustiques A141, S475
~ acoustiques ioniques I384
~ aléatoires R166
~ amorties D7
~ anharmoniques A410
~ apériodiques A488, N276
~ auto-entretenues S159
~ à basse fréquence L394
~ de bêtatron B171
~ à cinq minutes F165
~ cohérentes C389
~ continues C653
~ couplées C812
~ cyclotroniques C1001
~ décroissantes D7

~ de déformation D100
~ dégénérées D113
~ discontinues D411
~ élastiques E67
~ électromagnétiques E151
~ d'étrangeté S864
~ de flexion B140
~ forcées F280, F281, S826
~ géantes G152
~ géométriques G135
~ à hyperfréquence M479
~ incohérentes I99
~ induites I139
~ isochrones I508
~ de Langmuir L38
~ libres F348
~ à longue période L345
~ magnétohydrodynamiques M162
~ mécaniques M319
~ modulées M543
~ modulées en amplitude A361
~ modulées en fréquence F377
~ de neutrinos N98
~ non dégénérées N209
~ non linéaires N257
~ normales N325, N329
~ paramétriques P68
~ périodiques P232
~ permanentes S747
~ à petite amplitude S353
~ de phase P320
~ photosphériques P516
~ de plasma P677
~ propres E40
~ quantiques Q63
~ quasi périodiques Q122
~ de Rabi R2
~ de relaxation R375
~ de résonance R442
~ sinusoïdales S330
~ stationnaires S747
~ stochastiques S837
~ synchrotron S1119
~ thermiques T146
~ transitoires T329
~ transversales L129, T384
~ au zéro absolu Z12
oscillistor O286
oscillogramme O287
oscillographe O289
~ à boucle L210
~ à cadre L210
~ à rayons cathodiques C108
oscilloscope O289
~ à deux faisceaux D600
~ digital D338
~ à échantillonnage S17
~ à mémoire S852
osmium O290
osmomètre O291
osmose O292
ouïe H70

OUVERTURE

ouverture A489
~ angulaire A395
~ numérique N423
~ relative A493
~ synthétisée S1125
ovale d'aurore A673
OVNI U59
oxydation O322
oxyde O323
oxygène O326
~ liquide L294
ozone O327
~ atmosphérique A591
ozoniseur O330

P

pairage P11
paire de Cooper C705
~ électron-positron E229
~ particule-antiparticule P114
~ de tourbillons V216
paléomagnétisme P14
palier B122
palladium P15
paquet d'ondes W52
parabole P17
paraboloïde P23
parachamps P31
paraconductibilité P26
paradoxe P27
~ de Gibbs G161
~ de gravitation G244, N80
~ de l'horloge C327
~ de Neumann-Seeliger N80
~ photométrique P474
~ thermodynamique T158
~ de voyageurs de Langevin T463
para-électrique P28
para-état P82
parafoudre L231
parahélium P89
parahydrogène P32
parallaxe P34
~ photométrique P475
~ planétaire P635
~ séculaire S119
~ spectroscopique S589
~ stellaire S794
parallèle P35
parallélogramme des forces P40
paramagnétique P43
paramagnétiques P46
paramagnétisme P50
~ nucléaire N380
~ de Pauli P172
paramètre P51
~ de cavitation C128
~ d'impact I47
~ de l'orbite O231

~ d'ordre O242
~ d'ordre multicomposant M674
~ de parastatistique P83
~ de Stokes S848
~ thermodynamique T159
paramètres d'état S734
~ extensifs E520
~ intensifs I267
paramétrisation P77
paramétron P78
parapositronium P79
parasites I292
~ radioélectriques R101
parastatistique P84
~ de Bose P24
~ de Fermi P30
paratonnerre L233, L235
parcours P167, R171
~ libre moyen pour diffusion D327
~ d'une particule P144
~ résiduel R412
parenthèses de Poisson en mécanique quantique Q67
parité P90
~ de charge C229
~ combinée C474
~ intrinsèque I359
paroi W4
~ de Bloch B232
~ de dislocation D430
~ du domaine D526, D532
~ de Néel N40
parsec P96
part par million P151
particularité P181
particule P111
~ alpha A299
~ bêta B153
~ Bose B283
~ en cascade C90
~ chargée C214
~ de la dimension du domaine unique S310
~ d'épreuve T71
~ lourde H108
~ de Majorana M206
~ de matière M263
~ monodomaine S310
~ neutre N90
~ neutre vraie T423
~ de non-interaction N231
~ non chargée N199
~ nue B49
~ oscillante O269
~ parent P88
~ père P88
~ projectile P930
~ psi P971
~ relativiste R362
~ de résonance R443
~ scalaire S43
~ sans spin S631

~ de spin 0 S631
~ spinorielle S642
~ de spin zéro S631
~ subatomuqie S925
~ témoin T71
~ upsilon Y9
~ vectorielle V83
~ xi X2
~ Y Y9
particules charmées C233
~ élémentaires E280, F431
~ étranges S865
~ oméga O41
~ piégées T389
~ virtuelles V154
partie spectrale S566
partition R421
parton P150
~ passif P159
pas de vis P611
pascal P152
passage P157
~ transsonique T361
pavillon H271
pellicule F119
pendule P198
~ conique C598
~ de Foucault F298
~ à friction F413
~ de Froude F413
~ isochrone I502
~ libre F350
~ mathématique M266
~ physique P535
~ sphérique S609
~ à torsion T297
pénétrabilité P199
pénétrateur I117
~ conique C597
~ à diamant D236
pénétration I116, P201
pénombre H17
penta-prisme P208
pente S343
penthode P209
perception visuelle V181
percolation P212
percussion I46
perfection P219
périastre P226
périgée P227
périhélie P228
période P229
~ de demi-valeur D56
~ de demi-vie H15, R77
~ de désintégration D57
~ d'oscillations O277
~ de précession P854
~ de retard D132
~ par seconde C991
~ spatiale S527
~ synodique S1123
périodicité P230

PHYSIQUE

périphérie P238
périscope P239
péritectique P240
perlite P179
permalloy P241
perméabilité P244
~ absolue A18
~ aux gaz G74
~ magnétique M101
~ du vide P245
perméamètre P246
perméance P247
permittivité P252
~ absolue A19
~ du plasma P679
~ relative R346
~ du vide P253
permutation I282, P254
perowskite P258
perpetuum mobile P260
~ mobile de la deuxième sorte P262
~ mobile de première espèce P261
~ mobile de la première sorte P261
~ mobile de seconde espèce P262
persistance A260
~ de luminophore P382
~ de vision P265
perte L372
pertes L372
~ par absorption A51
~ par annihilation A426
~ de Coulomb C800
~ diélectriques D253
~ dues au frottement F406
~ d'énergie E324
~ au fer I468
~ d'insertion I229
~ d'ionisation I427
~ de Joule J22
~ magnétiques M88
~ au miroir M510
~ ohmiques O37
~ par rayonnement R47
~ par réflexion R299
~ par suite de collisions C439
perturbances des trajectoires T318
perturbation D510, P267
~ adiabatique A212
~ brusque S958
~ du cristal C899
~ cristalline C899
~ ionosphérique brusque S962
~ ionosphérique mobile T392
perturbations ionosphériques I450
~ magnétosphériques M184
pervéance P272
petit miroir S108

petite planète M502
phantastron P277
phasage P352
phase P279
~ bêta B154
~ commensurable C482
~ condensée C555
~ de diffusion S78
~ d'équilibre E380
~ gazeuse G68
~ magnétique M102
~ ordonnée O236
~ d'oscillation O278
~ de la particule P140
phasemètre P318
phases incommensurables I105
~ de Laves L149
phasitron P353
phason F214, P354
phasotron P355
phénomène P358
~ barotrope A60
phénomènes de capillarité C53
~ collectifs C418
~ coopératifs C704
~ critiques C855
~ de diffraction de Fraunhofer F334
~ non linéaires N259
~ de récurrence R268
~ superficiels S1076
~ de transfert T372
~ de transport T372
~ voisins de l'électrode N28
phone P359
phonocapteur P546
phonon P360
~ balistique B26
~ optique O168
phosphore P383
~ cristallin C932
phosphorescence P380
phosphoroscope P381
phot P384
photo-absorption P416
photo-amorçage P436
photocatalyse P387
photocathode P388
photochimie P393
~ laser L91
photochromisme P395
photocolorimètre P396
photoconducteur P400
photoconduction P397
photocréation de pions P598
photodérive P451
photodésintégration P409, P437
photodétachement P403
photodétecteur P404
~ à effet photo-électrique externe P433
photodiode P408
~ à semi-conducteur S191

photodissociation P390, P410
photo-élasticité P414
photo-électret P415
photo-électron P426
photo-excitation P436
photogrammétrie P440
photographie P450
~ en couleurs C459
~ à étincelles S516
~ ultra-rapide H208
photo-ionisation P455
photo-isomérisation P453
photolithographie P461
photoluminescence P462
photolyse P463
~ par éclair F180
photoméson P468
photomètre P469
~ de Bunsen B371
~ à contraste C666
~ intégrateur I259
~ à papillotement F197
~ physique P536
~ à vacillation F197
~ visuel V182
photométrie P479
~ de flamme F171
~ hétérochrome H151
~ impulsionnelle I68
~ photo-électrique P421
~ photographique P447
~ stellaire S795
photomultiplicateur P481
photon P482
~ scalaire S44
photoneutrino P489
photoneutron P490
photophorèse P500
photopolymérisation P503
photoproduction de particules P504
photorecombinaison P505
photorésist P507
photorésistance P509
photosensibilisation P512
photosphère P513
~ solaire S393
photosynthèse P521
photothyristor P522
phototransistor P523
physique P541
~ appliquée A505
~ atomique A629
~ de basses températures L403
~ chimique C248
~ classique C318
~ du corps solide S417
~ des cristaux C933
~ expérimentale E500
~ des hautes énergies H186
~ des hautes pressions H205
~ mathématique M267
~ médicale M327

563

PHYSIQUE

~ des métaux P543
~ moléculaire M593
~ neutronique N143
~ nucléaire N382
~ des particules élémentaires E279
~ des phénomènes ultra-rapides P542
~ du plasma P680
~ quantique Q66
~ solaire-terrestre S402
~ du Soleil S394
~ statistique S764
~ théorique T77
pic P176
pick-up laser L93
pièce polaire P778
pied F271
piédestal P186
piège T386
~ adiabatique A215
~ bas S215
~ à électrons E244
~ géomagnétique G126
~ magnétique M135
~ à miroir M515
~ ouvert O69
~ à plasma P692
~ profond D77
~ yrast Y193
piégeage P591
piézo-électricité P565
piézo-électrique P557
piézocristal P555
piézomagnétisme P579
piézomètre P580
pile R220
~ à combustible F415
~ galvanique E121
~ modérée et refroidie par eau W7
pinacoïde P586
pincement orthogonal T198
~ toroïdal T285
~ z Z25
pion P584, P592
~ neutre N91
pionium P597
piste tourbillonnaire V219
place de l'atome A644
plage d'accord T433
plages faculaires P614
plan P623
~ de base B78
~ de clivage C325
~ cristallographique C935
~ double T462
~ focal F249
~ de glissement G177
~ incliné I93
~ de macle T462
~ nodal N181
~ de l'orbite O232

~ de phase P322
~ de polarisation P625
~ réflecteur M512
~ de symétrie P626
~ tangentiel T11
planéité F183
planète P631
planètes extérieures O297
~ telluriques I177
~ terrestres I177
plans principaux P895
plaque P702
~ demi-onde H21
~ de déphasage P332
~ à faces parallèles P628
~ mince T208
~ de phase P323
~ de Savart S33
~ zonale Z23
plaques de déviation D89
plasma P640
~ à basse température L404
~ calmé U53
~ chaud H283
~ de décharge gazeuse G62
~ à deux composantes T471
~ d'équilibre E381
~ hors d'équilibre N219
~ d'état solide S418
~ faiblement ionisé W76
~ faiblement non idéal W77
~ fortement non idéal S910
~ à haute température H213
~ laser L94
~ magnétique M176
~ magnétisé M147
~ non idéal N229
~ opaque O59
~ parfait P222
~ à photorésonance P510
~ à plusieurs composants M675
~ relativiste R363
~ solaire S395
~ superdense S995
~ thermonucléaire T188
~ transparent T367
~ turbulent T453
plasmatron P693
~ optique O169
plasmochimie P646
plasmoïde P697
plasmon P698
~ superficiel S1077
plasmopause P678
plasmosphère P687
plasticité P701
~ d'autodiffusion S155
~ parfaite P223
platine P705
platinotron P704
pléochroïsme P707
plomb L160, P709
pluie d'étoiles filantes M400

~ météorique M400
Pluton P710
plutonium P711
poche de gluon G190
~ de quark Q80
poche-nucléon N411
poids W87
~ atomique A642
~ spécifique S533
~ statistique S767
point P716
~ de bifurcation B311
~ du col S5
~ de congélation F358
~ de congélation d'eau I3
~ critique C856
~ de croisement C869
~ de croisement du faisceau B93
~ de Curie C957
~ de discontinuité D408
~ d'ébullition B249
~ de fusion M338
~ de givre F411
~ lambda L15
~ matériel M263, M264
~ de Morin M639
~ de Néel N39
~ neutre N92
~ de rebroussement C983
~ de rosée D221
~ de stagnation S706
pointe S617
points cardinaux C70
~ conjugués C604
poise P724
poison de luminescence K23, Q132
polaire P731
~ de choc S244
~ de phase P324
polarimètre P736
polarimétrie P737
polarisabilité P743
~ atomique A630
~ moléculaire M594
~ nucléaire N383
polarisation B174, B174, P744
~ atomique A631
~ chromatique C279
~ circulaire C303
~ diélectrique D258
~ dynamique D623
~ elliptique E285
~ linéaire L265
~ de la lumière P750
~ du milieu P751
~ de neutrons N144
~ non linéaire N260
~ nucléaire N384
~ des ondes P754
~ des ondes radio P753
~ des particules P752

~ partielle P105
~ piézo-électrique P569
~ du rayonnement électromagnétique P749
~ rémanente R390
~ rotatoire R564
~ rotatoire gauche C804
~ de spin S645
~ spontanée S671
~ du vide V26
polariscope P739
~ de Savart S33
polarisateur P767
polariseur P767
polarité P742
~ magnétique M104
polariton P740
~ superficiel S1078
polarogramme P773
polarographe P774
polarographie P775
polaron P776
pôle P777
~ géomagnétique G124
~ magnétique M105
~ de pion P595
~ de Regge R330
polhodie C169, P779
pollution de l'air A277
~ atmosphérique A277
~ d'environnement E352
~ du milieu ambiant E352
polonium P780
polycristaux P781
polyèdre P784
~ de coordination C712
polygone P782
~ des forces P783
~ funiculaire S899
~ des vecteurs V84
polymères P788
polymérisation P787
polymorphisme P789
polynôme P790
~ orthogonal de Zernike Z8
~ de Zernike Z8
polynômes hermitiens H144
~ de Legendre L173
~ orthogonaux O261
polytrope P792
polytypisme P794
pomeron P797
pompage P1013, P1015
~ par diode D360
~ par faisceau électronique E173
~ par lampe L26
~ par lampes-éclairs F179
~ par laser L100
~ nucléaire N388
~ optique O177
~ paramétrique P70
~ solaire S397

~ thermique T137
~ transversal T382
pompe P1013
~ d'adsorption A230
~ à chaleur H97
~ à diffusion D331
~ à getter G148
~ à huile O40
~ moléculaire M595
~ à vide V27
pondération W90
pont B331
~ déphaseur P330
~ double de Kelvin K8
~ de Maxwell M285
~ de Wheatstone W102
~ de Wien W117
population P800
~ d'équilibre E382
~ d'excès E443
~ inverse I368
~ du niveau L191
~ non équilibrée N220
~ stellaire S796
pores P803
porosité P804
portance E282, L202
~ aérodynamique A244
porte-à-faux C35
portée R171
~ de vision R174
porteur C75
~ majoritaire M207
porteurs de charge C199, C964
~ chauds H275
~ équilibrés E372
~ froids C404
~ libres F338
~ minoritaires M501
~ non équilibrés N215
portrait de phase P325
position interstitielle I348
positron P817
positronium P819
positrons thermalisés T130
posteffet élastique E49
postimage A262
postluminescence A261, P264
potassium P820
potentiel P822
~ avancé A231
~ chimique C249
~ cinétique K42
~ de déformation D99
~ de diffusion D330
~ électrique E92
~ électrochimique E123
~ électrostatique E268
~ flottant F200
~ de Gibbs G164
~ d'ionisation I429
~ magnétique M106
~ nucléaire N385

~ optique O170
~ quadridimensionnel F302
~ retardé R468
~ scalaire S45
~ thermodynamique T160
~ thermodynamique de Gibbs G164
~ des vitesses V98
~ de Yukawa Y18
potentiels bioélectriques B201
potentiel-vecteur V85
potentiomètre P838
pouce I84
poulie P974
poupée à diviser D522
poussière D610
~ interstellaire I339
~ radioactive R73
poutre B88
pouvoir absorbant A35, A57
~ amplificateur M195
~ d'arrêt S850
~ calorifique C19
~ convergent F250
~ émissif E295
~ grandissant M195
~ de résolution R423
~ de résolution dans le temps T257
~ tampon B358
p.p.s. C991
praséodyme P852
préaimantation B174
précession P853
~ de Larmor L53
~ nucléaire N387
~ planétaire P636
précipitation P855, P858, P858
~ de particules P141
précipitations P858
précision P861
~ de la mesure A88
prédissociation P863
préionisation P866
~ ultraviolette U42
prémagnétisation B174
premier principe de la thermodynamique F144
~ son F146
pression H66, P868
~ acoustique P876, S463
~ atmosphérique A593
~ barométrique A593
~ capillaire C54
~ de cavitation C129
~ du champ magnétique M63
~ de coinçage D420
~ critique C857
~ dynamique D624, V93
~ hydrostatique P873
~ du liquide F221
~ de lumière L237, P874

PRESSION

- ~ de l'onde électromagnétique E153
- ~ osmotique O293
- ~ partielle P106
- ~ du plasma P681
- ~ de radiation R50
- ~ de rayonnement P875, R50
- ~ sonore A126, S463
- ~ statique S741
- ~ superficielle S1079
- ~ de vapeur V54
- ~ de vapeur saturée S23
- ~ du vent solaire S404
- preuve d'existence E477
- principe anthropique A456
- ~ d'Archimède A515
- ~ de Babinet B1
- ~ du bilan détaillé P900
- ~ de Carathéodory C62
- ~ de Carnot C74
- ~ de complémentarité C500, P899
- ~ de correspondance C752
- ~ d'Alembert D3
- ~ de dualité D604, P901
- ~ d'équilibre détaillé D201
- ~ d'équivalence E395
- ~ d'équivalence masse-énergie P902
- ~ d'équivalence de masse et énergie P902
- ~ d'exclusion de Pauli E475, P171
- ~ de Fermat F51
- ~ de Franck et Condon F330
- ~ de Gauss G88
- ~ de Hamilton H37
- ~ des images I31
- ~ d'incertitude I120, U49
- ~ d'incertitude de Heisenberg H118
- ~ d'indétermination I120
- ~ de Le Chatelier L168
- ~ de maximum de module M281
- ~ de la moindre action P903
- ~ de Nernst N72
- ~ de Neumann N78
- ~ de Pascal P153
- ~ de Pauli P171
- ~ de Rayleigh-Jeans R194
- ~ de réciprocité R234
- ~ de la relativité R368
- ~ de relativité de Galilée G28
- ~ de superposition S1028
- principes variationnels V63
- prise de moyen A697
- prisme P904
- ~ d'Amici A323
- ~ de Cornu C725
- ~ dispersant D438
- ~ de Glan-Thompson G167
- ~ neutronique N146
- ~ de Nicol N171
- ~ polariseur P770
- ~ de réflexion R302
- ~ de retournement E400
- ~ spectroscopique S590
- ~ de Wollaston W140
- probabilité P907
- ~ de collision C442
- ~ d'état S735
- ~ de fission F162
- ~ thermodynamique T161
- ~ de transition T340
- problème P922
- ~ des deux corps T469
- ~ de diffusion inverse I371
- ~ de Dirichlet D396
- ~ externe O298
- ~ de fonctions propres E38
- ~ idéalisé I9
- ~ incorrectement formulé I20
- ~ incorrectement posé I20
- ~ interne I219
- ~ inverse I369
- ~ aux limites B291
- ~ linéaire L266
- ~ de Neumann N79
- ~ non stationnaire N303
- ~ à une particule S316
- ~ perturbé P270
- ~ de plusieurs corps M220
- ~ des trois corps T214
- ~ de valeurs propres E42
- procédé P923
- ~ adiabatique A213
- ~ réversible R481
- processeur P924
- ~ optique O173
- processus aléatoire S838
- ~ apériodique N277
- ~ en chaîne C180
- ~ cumulatif C952
- ~ à déroulement rapide H209
- ~ d'équilibre E383
- ~ d'inclusion I96
- ~ irréversible I480
- ~ isenthalpique I489
- ~ isentropique I490
- ~ isobarique I494
- ~ isochore I499
- ~ isotherme I546
- ~ de Markov M226
- ~ markovien M226
- ~ multiphononique M694
- ~ multiphotonique M701
- ~ multiple M709
- ~ non leptonique N232
- ~ non stationnaire N304
- ~ d'Oppenheimer-Phillips O77
- ~ photochimique P392
- ~ photophysique P501
- ~ profondément inélastique D75
- ~ quasi stationnaire Q127
- ~ quasi statique Q125
- ~ de renversement U47
- ~ stationnaire S748
- ~ stochastique S838
- ~ thermodynamique T162
- ~ de transition T330
- ~ de transport T373
- production multiparticule M688
- ~ de particules P142
- produit normal N326
- ~ scalaire S46
- ~ vectoriel V86
- profil en coin W86
- ~ Doppler D549
- ~ de Gauss G89
- ~ Joukowski Z14
- ~ lorentzien L368
- ~ d'onde W55
- ~ de la raie spectrale S557
- ~ supergaussien S1007
- ~ des vitesses V99
- profondeur D177
- ~ de champ D179
- ~ de foyer D179
- ~ de modulation D180
- ~ optique O110
- ~ d'oscillations O274
- ~ de pénétration D181, P202
- projecteur P934
- ~ électronique E231
- ~ ionique I457
- projection stéréographique S809
- propagateur P938
- ~ à photons P494
- propagation par guide d'ondes W35
- ~ hyperlointaine des ondes radioélectriques U8
- ~ d'ondes lumineuses O174
- ~ des ondes radioélectriques R142
- ~ du son S465
- ~ sur trajets multiples M691
- ~ transhorizon O318
- propriété multimode M683
- propriétés mécaniques M316
- ~ optiques O175
- propulseur photonique P488
- ~ à plasma P658
- propulsion P946
- ~ à réaction J11
- protactinium P947
- protection P948, S237, S237
- ~ biologique B204
- ~ contre la corrosion C757
- ~ d'environnement E353
- ~ du milieu ambiant E353
- ~ contre la radiation ionisante P949
- ~ radiochimique R26
- protéine P951
- protium P952
- proto-étoiles P966
- protogalaxie P953
- proton P954

protoplanètes P965
protubérance P935
~ solaire S396
pseudo-scalaire P968
pseudo-tenseur P969
pseudo-vecteur P970
psychromètre P972
puissance O171, P842
~ acoustique A125
~ active A182
~ d'alimentation S1043
~ du bruit N191
~ de bruit N191
~ de crête P177
~ électrique E114
~ d'entrée I225
~ d'impulsion P1003
~ magnétothermoélectrique M191
~ de pompage P1023
~ de rayonnement R20
~ réactive R217
~ de rupture B319
~ de seuil T227
~ de sortie O304
~ de la source S479
puits S328
~ de potentiel P837
~ quantique Q75
pulsar P975
~ binaire B187
~ à rayons X X41
pulsation P977
pulvérisation cathodique C113
~ ionique I408, S681
~ par ultra-son U31
pupille d'entrée E346
~ de sortie E479
purification par ultra-son U17
pycnomètre P1031
pyramide de croissance G288
pyro-électricité P1035
pyro-électrique P1032
pyromètre P1036
~ bichromatique B177
~ en couleurs C461
~ optique O178, R52
~ photo-électrique P422
~ à radiation R52
~ thermo-électrique T175
pyrométrie P1037
~ optique O179

Q

Q-facteur F113
Q-mètre Q4
quadrant Q8
quadrature Q11
quadri-impulsion F301
quadripôle Q13

~ acoustique A129
~ axial A706
~ électrostatique E269
~ de focalisation F265
~ magnétique M108
quadruple Q12
qualité Q22
~ acousto-optique A156
~ du fini de surface S1066
quantification Q29
~ du champ F107
~ dimensionnelle S334
~ de Dirac D475
~ de l'énergie E328
~ de l'espace-temps S508
~ du flux F241
~ du flux magnétique M68
~ des fluxoïdes F240
~ d'une impulsion M617
~ des orbites O233
~ de la résistance de Hall H27
~ secondaire S109
~ spatiale S500
~ des spins S646
quantimètre Q32
quantisation dimensionnelle D348
quantité Q26
~ de chaleur Q28
~ d'électricité Q27
~ de mouvement M613
quantron Q33
quantum Q34
~ absorbé A31
~ diffusé S63
~ dur H46
~ émis E298
~ de flux F242
~ de flux magnétique F242, M69
~ gamma G36
~ induit I141, S827
~ d'interaction faible W72
~ de lumière P482
~ oscillatoire V119
~ de rayonnement R53
~ de rayonnement X X42
~ de rotation R552
~ stimulé S827
quark Q79
~ charmé C234
~ constituant C622
~ de couleur C462
~ de courant C971
~ droit R506
~ étrange S866
~ gauche L171
~ lourd H109
~ marin S101
~ sans masse M243
~ de relique R382
~ spectateur S543
~ t T279

~ u U101
~ valent V38
~ vrai T424
quarkonium Q88
quartet Q92
~ spectral S562
quartz Q93
~ piézo-électrique P582
~ synthétique S1129
quasage Q98
quasar Q99, Q129
quasi-coordonnées Q102
quasi-cristal Q103
quasi-deutéron Q104
quasi-énergie Q107
quasi-équilibre Q108
quasi-impulsion Q116
~ du phonon P374
quasi-mode Q114
quasi-molécule Q115
quasi-neutralité Q117
~ du plasma P683
quasi-niveau Q112
~ de Fermi Q110
quasi-optique Q119
quasi-particule Q120
quasi-potentiel Q123
quasi-résonance Q124
quasi-trou Q111
quaternion Q131
quatrième son F314
queue de la comète C481, T4
~ de magnétosphère M185
quintet Q139
~ spectral S563

R

racine carrée S685
rad R4
radar R5
~ laser L101
~ optique L198, O180
radian R9
radiance R10
radiateur R67
~ absolu A20
~ acoustique A130
~ bêta B151, B159
~ de Cherenkov C260
~ cohérent C392
~ dipolaire D369
~ à guide d'ondes W36
~ intégral F419
~ isotrope I574
~ à lentille L177
~ noir C502
~ omnidirectionnel O45
~ parfait P224
~ primaire P882
~ quadripolaire Q19

RADIATEUR

- ~ sélectif S139
- ~ thermique T42, T139
- ~ total T305
- ~ ultrasonore U28
- radiateurs non cohérents N204
- radiation R22
- ~ absorbée A32
- ~ alpha A301
- ~ ambiante B8
- ~ ambiante de micro-ondes M473
- ~ anisotrope A414
- ~ à bande étroite N8
- ~ à basse fréquence L395
- ~ cohérente C391
- ~ collective C419
- ~ collimatée C425
- ~ continue C654
- ~ du corps noir E384
- ~ cyclotron C1002
- ~ dipolaire magnétique M49
- ~ directive D384
- ~ électromagnétique E152
- ~ électronique E232
- ~ extragalactique E528
- ~ guidée D384
- ~ à hyperfréquence M481
- ~ infrarouge I200
- ~ invisible N312
- ~ isotrope I573
- ~ magnétique M111
- ~ modulée M544
- ~ molle S364
- ~ monochromatique M623
- ~ multimode M684
- ~ multipolaire M728
- ~ non cohérente N203
- ~ nucléaire N390
- ~ omnidirectionnelle O44
- ~ sur ondes courtes S262
- ~ à ondes longues L353
- ~ ondulatoire U55
- ~ optique O181
- ~ des particules P143
- ~ des particules non relativistes N292
- ~ piégée T390
- ~ du plasma optiquement épais O150
- ~ du plasma optiquement mince O152
- ~ à polarisation verticale V108
- ~ polarisée linéairement L261
- ~ de résonance R444
- ~ secondaire S110
- ~ solaire S398
- ~ thermique H98, T41, T138
- ~ ultraviolette U43
- ~ X aurorale A675
- radical libre F351
- radioactivité R90
- ~ artificielle A533
- ~ induite I143
- ~ protonique P963
- ~ résiduelle R409
- radioaltimètre R91
- radioastronomie R92
- radiobalise B86
- radiobiologie R93
- radiochimie R98
- radiochirurgie R134
- radiocristallographie X11
- radiodiffractomètre X17
- radiogalaxie R109
- radiogoniomètre R99
- ~ X X26
- radiographie électronique E233
- ~ neutronique N148
- ~ aux rayons X X43
- radioholographie R110
- radio-ingénierie R104
- radio-interférence R111
- radio-interféromètre R112
- ~ en croix C879
- radio-interférométrie R113
- radio-isotope R80, R114
- radiolésion R41
- radiologie R117
- radioluminescence R118
- radiolyse R119
- radiomètre R120
- ~ acoustique A131
- radiométrie R121
- radionavigation R122
- radionucléide R82
- radiophysique R124
- ~ quantique Q68
- ~ statistique S765
- radiosensibilité R128
- radiosignal R129
- radiosonde R130
- radiosource R131
- ~ cosmique C767
- radiospectroscope R132
- radiospectroscopie R133
- radiotechnique R103
- radiotélémètre R100
- radiotélémétrie R135
- radiotélescope R136
- radiothérapie R137
- radiotransmetteur R138
- radium R145
- radon R150
- raideur S778, S814
- raidissement dû à l'âge A264
- raie d'absorption A50
- ~ antistokes A483
- ~ aurorale A672
- ~ de Bloch B230
- ~ élargie B345
- ~ à élargissement inhomogène I209
- ~ d'émission E290
- ~ interdite F273
- ~ lasante L123
- ~ non résolue U89
- ~ permise A294
- ~ Raman R156
- ~ résolue R422
- ~ de résonance R439
- ~ de rotation R550
- ~ rotationelle R550
- ~ spectrale S555
- ~ Stokes S847
- ~ de vibration V116
- raies fantômes G150
- ~ de Fraunhofer F335
- ~ d'intercombinaison I284
- ~ telluriques T30
- rainure G270
- ~ de bobine de choc C270
- ~ circulaire C300
- ~ de décapage E415
- ralentissement des neutrons M536, N137
- ralentisseur de neutrons N138
- ramification B310
- rang de la matrice R177
- rapport R188
- ~ gyromagnétique G306
- ~ inverse I370
- ~ invité I379
- ~ isotopique I563
- ~ linéaire L256
- ~ magnétomécanique M167
- ~ non linéaire N237
- ~ de Poisson P730
- ~ signal/bruit S286
- ~ de transformation T324
- rassemblement B367
- rayon B88, R146, R189
- ~ atomique A633
- ~ de Bohr B245
- ~ classique de l'électron C314
- ~ de corrélation C749
- ~ de courbure R147
- ~ covalent C821
- ~ critique C858
- ~ dévié D87
- ~ diffracté D273
- ~ divergent D518
- ~ d'électron E234
- ~ électronique E163
- ~ extraordinaire E530
- ~ focalisé F259
- ~ gravitationnel G246
- ~ incident I88
- ~ d'inertie R149
- ~ ionique I407
- ~ du noyau N391
- ~ nucléaire N391
- ~ ordinaire O243
- ~ paraxial P87
- ~ de Pedersen P185
- ~ de reconstruction R253
- ~ réfléchi R290
- ~ réfracté R311
- ~ de Schwartzschild S83
- rayonnement R22

RECUIT

~ absorbé A32
~ acoustique S467
~ alpha A301
~ amplifié A347
~ anisotrope A414
~ d'annihilation A428
~ anormal A445
~ atmosphérique A594
~ à bande étroite N8
~ à basse fréquence L395
~ bêta B158
~ de bêtatron B172
~ blanc W111
~ caractéristique C194
~ de Cherenkov C259
~ cohérent C391
~ collectif C419
~ collimaté C425
~ continu C654
~ du corps gris G263
~ du corps noir B217, C135
~ corpusculaire C737
~ cosmique C772
~ cosmologique C763, C784
~ cyclotron C1002
~ de deux photons T489
~ diffracté D274
~ diffus D311
~ diffusé S64
~ dipolaire D368
~ dur H47, P200
~ d'équilibre E384
~ extraterrestre E535
~ de fluorescence F225
~ focalisé F258
~ de freinage B327
~ de freinage magnétique M152
~ galactique G22
~ gamma du Soleil S386
~ gravitationnel G245
~ gris G264
~ à haute fréquence R487
~ de haute puissance H202
~ incident I87
~ incohérent I100
~ infrarouge I200
~ infrarouge lointain F26
~ infrarouge proche N32
~ intense I261
~ invisible I378
~ ionisant I440
~ isotrope I573
~ à large bande B344
~ monomode S314
~ mou S364
~ multipolaire M728
~ à neutrino N99
~ neutronique N147
~ à neutrons N147
~ non cohérent N203
~ nucléaire N390
~ à ondes longues L353
~ ondulatoire U55

~ optique O181
~ pénétrant P200
~ photonique P487, P495
~ de photorecombinaison P506
~ photosphérique P517
~ plan-polarisé P629
~ de plasma P684
~ à polarisation horizontale H270
~ polarisé P764
~ de pompage P1025
~ primaire P881
~ protonique P962
~ quadripolaire Q18
~ radio du Soleil S399
~ radioactif R83
~ radioélectrique R126
~ de Rayleigh R197
~ de recombinaison R248
~ réfléchie R289
~ à relique C763
~ de relique R383
~ de résonance R444
~ secondaire S110
~ solaire S398
~ spectral S564
~ sphérosymétrique S607
~ SRS S689
~ stellaire S797
~ synchrotron S1120
~ du système quantique Q72
~ thermique H98, T41, T138
~ de transition T341
~ ultrasonore U27
~ ultraviolet U43
~ visible V171
~ X X19, X44
rayons alpha A303
~ bêta B158
~ canaux C27
~ cathodiques C109
~ cosmiques C772
~ cosmiques galactiques G17
~ cosmiques métagalactiques M372
~ cosmiques primaires P879
~ cosmiques secondaires S103
~ cosmiques du Soleil S375
~ delta D137
~ gamma G44
~ X X44
~ X mous S365
~ X du Soleil S405
réactance R205
réabsorption R204
réacteur J10, N395, R220
~ à graphite G219
~ hétérogène H157
~ homogène H262
~ à impulsions P989
~ modéré au graphite G219
~ à neutrons rapides F30
~ nucléaire N395

~ régénérateur B321
~ thermonucléaire T190
réaction F44, R206
~ en chaîne C180
~ en chaîne nucléaire N347
~ chimique C250
~ chimique en chaîne C239
~ exothermique E483
~ négative N48
~ nucléaire N392
~ nucléaire directe D393
~ plasmochimique P645
~ de stripage S903
~ thermonucléaire T189
réactions des contraintes C626
~ photonucléaires P499
~ pycnonucléaires P1030
~ thermonucléaires contrôlées C671
réactivité du réacteur nucléaire R219
récepteur acoustique A103
~ non sélectif N297
~ optique-acoustique O80
~ paramétrique P72
~ radio R127
réception par réaction R327
réchauffeur H82
~ de cathode H82
recherche appliquée A506
~ fondamentale B81, F433
~ théorique T78
recherches cosmiques S501
~ fondamentales B81
~ sur la fusion thermonucléaire ménagée C669
~ physiques P538
~ scientifiques S84
réciprocité R233
recombinaison R242
~ à deux électrons D262
~ dissociative D480
~ électron-ion E215
~ électron-trou R247
~ ion-électron I397
~ non radiative N282
~ radiative R63
recombination associative A543
reconnaissance R235
~ holographique des images H245
reconnexion des lignes de champ magnétique R251
~ des lignes de force magnétiques M60
~ spontanée S673
reconstruction de hologramme R255
~ d'image R256
recouvrement O312
recristallisation R260
recuit A423
~ à laser L56

RECUIT

~ dans le vide V8
~ sous vide V8
~ au vide V8
recul R236
récupérateur R267
redressement R264
~ par couche d'arrêt B67
redresseur R265
~ à une alternance H22
~ diphasé F421
~ à oxyde de cuivre C715
~ au sélénium S143
réduction R279
~ des forces R280
réflecteur R292, R306
~ acoustique A133
~ en coin C724
~ distribué D502
~ réparti D502
réflexibilité R305
réflexion R293
~ acoustique S470
~ de Bragg B307
~ diffuse D312
~ interne I327
~ interne totale T303
~ de la lumière R300
~ d'onde W56
~ des ondes radioélectriques R301
~ régulière S598
~ spéculaire M513
~ totale T306
~ totale interne frustrée F414
réflexions aurores A674
réfracteur R313
réfraction R314, R325
~ anormale A446
~ atmosphérique A595
~ conique C599
~ côtière C352
~ de la lumière R316
~ moléculaire M596
~ nucléaire N396
~ d'ondes W57
~ des ondes radioélectriques R317
~ du son R318
~ spécifique S535
réfractomètre R321
~ d'Abbe A1
réfractométrie R322
réfrigérateur thermo-électrique T176
réfrigération R324
refroidissement C698, R324
~ par désaimantation adiabatique C699
~ des faisceaux B92
~ magnétique M39
~ optique O105
~ thermo-électrique T172
régénération R326, R405

~ des matériaux de fission B322
reggeon R329
région R332
~ active A184
~ anodique A439
~ à connexion multiple M724
~ de couche limite I291
~ D D584
~ de diffusion élastique E66
~ de diffusion inélastique I164
~ E E402
~ d'énergie E330
~ d'énergies intermédiaires I311
~ d'épuisement D170
~ F F359
~ de faibles énergies L387
~ focale F251
~ des hautes énergies H187
~ d'impureté I81
~ infrarouge I201
~ infrarouge lointaine F27
~ infrarouge proche N33
~ d'interaction I269
~ ionosphérique I453
~ n N339
~ p P865
~ perturbée D513
~ séismique S129
~ spectrale S565, S566
~ de stabilité S695
~ ultraviolette U44
~ ultraviolette proche N37
~ visible V172
réglage de foyer F261
règle d'Ampère C723
~ de Geiger-Nuttall G93
~ de la main droite R505
~ de la main gauche L170
~ de Matthiessen M276
~ des phases G162, P327
~ des phases de Gibbs G162
~ de sommes S966
~ de tire-bouchon C723
~ des trois doigts de la main gauche L170
~ de Zweig Z26
règles de sélection S132
régression R333
régularité F183
relais électronique E206
relation D162, R339
~ de Clapeyron C310
~ de Descartes-Snell S359
~ de Goldberger-Treiman G192
~ d'incertitude U50
~ d'incertitude de Heisenberg H119
~ de Kramers-Kronig K68
~ linéaire L256
~ masse-luminosité M244
~ non linéaire N237
~ période-luminosité P235
~ viscosité/température D163

relations de commutation C488
~ de dispersion D450
~ de Gibbs-Helmholtz G160
~ de Manley-Rowe M215
~ de Maxwell M292
~ d'Onsager O55
~ de paracommutation P25
~ de permutation P257
relativité R367
~ générale G107
relaxation D78, R370
~ acoustique A134
~ croisée C870
~ magnétique M113
~ nucléaire N397
~ paramagnétique P47
~ spin-muon M745
~ spin-réseau S630
~ des tensions S892
~ thermique T140
relief potentiel P833
rem R529
rémanence A260
remplacement moléculaire M597
remplissage des états O15
~ d'un niveau F118
~ des niveaux L190
~ partiel P102
~ des zones Z22
rendement E34
~ de luminescence L422
~ mécanique M309
~ de neutrons N163
~ quantique Q46, Q78
~ de réaction R213
~ thermique T107
rendu des couleurs C463
renforçateur d'image I29
renforcement R338
~ brusque des atmosphériques S959
rénormalisabilité R395
rénormalisation R397
renversement des raies du spectre R475
réorientation R401
~ du spin S627
répartition angulaire A398
~ canonique C30
~ de l'énergie par spectre D509
~ spectrale S550
repère M224
réplique R404
réponse R454
~ amplitude-amplitude A352
~ non linéaire N262
représentation M222
~ configurationnelle C579
~ conforme C587
~ graphique G217
~ impulsionnelle I69
~ irréductible I475, N288
~ de Mandelstam M211

SATURATION

~ à paramètre unique O51
~ réductible du groupe de transformations R278
~ spectrale S567
~ topologique T276
reproductibilité R406
reproduction P706
~ des couleurs C463
répulsion R407
réseau G224, G265, L131
~ d'Abrikossov A11
~ d'antennes A235
~ d'antennes phasé P297
~ de Bravais B313
~ centré B240
~ à couplage de charge C204
~ cristallin C906, L131
~ de diffraction D284, G224
~ à diffraction acoustique A109
~ échelette E10
~ échelle E11
~ échelon E12, M422
~ à faces centrées F5
~ de Kondo K66
~ primitif P886
~ spatial S496
~ de tourbillon V214
réservoir thermique H99
résidu R414
résilience I49
résistance D580, R415, R420, S884
~ acoustique A135
~ au choc S245
~ au cisaillement S226
~ à la compression C530
~ différentielle négative N45
~ due à la viscosité V168
~ électrique E93
~ à la fatigue F37
~ de forme F292
~ limite U3
~ magnétique M114, R385
~ magnétique spécifique R386
~ au mouvement de la sphère D582
~ négative N53
~ d'onde W58
~ passive P162
~ de profil P928
~ du rayon lumineux O197
~ de rayonnement R54
~ au rayonnement R54
~ spécifique S536
~ superficielle S1063
~ thermique T141
~ à la traction T52
~ à l'usure W80
~ visqueuse V168
résistivité R419
~ thermique T142
résolution R421
~ angulaire A405

résonance R424
~ acoustique nucléaire N342
~ acoustique nucléaire magnétique A122
~ antiferromagnétique A469
~ combinée C476
~ des courants P41
~ cyclotron C1003
~ étroite N12
~ ferrimagnétique F64
~ ferromagnétique F82
~ géante G155
~ magnétique M115
~ magnétique double D570
~ magnétique nucléaire N372
~ magnéto-acoustique M149
~ magnétophononique M175
~ neutronique N149
~ para-électrique P29
~ parallèle P41
~ paramagnétique P48
~ paramagnétique acoustique A124
~ paramagnétique électronique E227
~ paramétrique P73
~ du plasma P685
~ quadripolaire nucléaire N389
~ en série S210
~ de spin S648
~ de spin électronique E240
~ superficielle S1080
résonateur R452
~ acoustique A136
~ annulaire R516
~ à cavité C136
~ confocal C585
~ dispersif D455
~ de Helmholtz H137
~ optique O187
~ ouvert O67
~ piézo-électrique P571
restauration d'image R256
reste de la supernova S1023
résultante R463
retard D126, L6, T245
~ acoustique A101
~ de groupe G277
~ de phase P298
retardation R465
retournement du spin S625
rétroréflecteur R470
réverbération R471
revêtement à plasma P647
~ réflecteur R304
~ résistant à l'usure W81
révolution synodique S1123
rhénium R489
rhéologie R490
rhéostat R491
rhodium R493
rigidité S814
~ au cisaillement S225

~ diélectrique D259
~ à la flexion B137, F193
~ de torsion T292
risque d'irradiation R38
rœntgen R528
rœntgenoluminescence R530
röntgen R528
rosée D219
rotamère C592
rotateur R562, T272
~ rigide R511
~ symétrique S1099
rotation R541
~ autour d'un axe R542
~ autour d'un point R543
~ galactique G23
~ interne I328
~ magnétique M117
~ magnétique du plan de polarisation M117
~ moléculaire M598
~ du plan de polarisation R561
~ du plan de polarisation de lumière O189
~ rigide R510
~ spécifique S537
~ stellaire S798
rotationnel C960
roton R565
rotor R566
ruban T14
rubidium R568
rubis R569
rugosité A537
rupture B314, F320
~ acoustique A96
~ par clivage C324
~ diélectrique D250
~ par fatigue F35
~ intercristalline I286
~ magnétique M28
~ optique O91
~ de surface S1055
~ à la traction T55
ruthénium R574
rutherford R575
rydberg R577

S

sabin S2
sac de chiralité C344
~ hadronique H7
saccharimètre S3
saccharimétrie S4
samarium S14
satellite S18
~ artificiel A534
saturation S24
~ d'amplification G14

SATURATION

~ de la chambre d'ionisation S27
~ de couleur S29
~ des forces nucléaires S30
~ de la liaison B267
~ de la ligne L275
~ magnétique M118
~ de pompage P1026
~ de population P802
~ de la solution S28
~ de la transition T343
Saturne S32
saut J24
~ de température de Kapitza K3
sautillement de fréquence F373
~ d'image I30
scalaire S40
scandium S55
scintillateur S89
scintillation S85, T460
scintillations ionosphériques I454
scintillement stellaire S799
scléromètre S90
second principe de la thermodynamique S114
~ son S116
seconde S102
section S117
~ d'absorption A43, C872
~ de capture C873
~ de collision C875
~ conique C595
~ de diffusion C877
~ de diffusion non élastique N213
~ d'échange de charge C874
~ efficace C871, E28
~ efficace de capture C58
~ efficace de collision C431
~ efficace différentielle D267
~ efficace de diffusion S71
~ efficace de diffusion élastique E65
~ efficace de fission F155
~ efficace géométrique G130
~ efficace d'ionisation I421
~ efficace totale de la diffusion T300
~ efficace de transport T370
~ d'excitation E455
~ du faisceau B94
~ d'inclusion I95
~ d'ionisation I421
~ neutronique N109
~ partielle P99
~ de réaction nucléaire N394
~ de recombinaison C876, R245
~ de résonance R431
~ totale T299
~ transversale du faisceau B94
sédimentation S122
séismicité S127

séismologie S130
sélection S131
~ des modes M539
~ d'un objectif en mouvement M668
sélectivité S141
~ fréquentielle F385
~ du résonateur R453
sélénium S142
self-canalisation S148
self-énergie S157
semi-conducteur S178
~ à bande étroite N9
~ compensé C495
~ dégénéré D114
~ dopé D540
~ extrinsèque E537
~ à gap zéro Z9
~ intrinsèque I360
~ liquide L295
~ de n-type N341
~ p P973
~ piézo-électrique P572
semi-conducteurs magnétiques M121
~ organiques O248
~ vitreux G173
semi-métal S194
sens D380
~ d'arrêt B15
~ de blocage B15
~ de rotation S199
sensation S198
~ chromatique C280
sensibilisation S201
sensibilité S200
~ spectrale S568
sensitométrie S203
~ photographique P448
séparateur de masses M248
séparation I520
~ des isotopes I552
~ des isotopes par laser L85
~ des porteurs par congélation C78
~ Zeeman Z2
séquence isoélectronique I513
série S207
~ asymptotique A577
~ de Balmer B33
~ de Brackett B302
~ de Fourier F309
~ harmonique H58
~ homologue H265
~ d'impulsions P1011
~ infinie I179
~ isoélectronique I513
~ de Laurent L147
~ de Lyman L446
~ de Maclaurin M5
~ de Paschen P156
~ de Pfund P275
~ principale P897

~ radioactive R84
~ de Rydberg R580
~ secondaire S939
~ de Taylor T19
séries spectrales S570
seuil T223
~ d'audibilité H71, T225
~ d'énergie photo-électrique P424
~ de fission F164
~ de neutronisation N134
~ d'oscillation O281
~ photo-électrique P424
~ de la réaction R212
~ supérieur d'audibilité T226
~ de la visibilité T228
shunt S271
SI I330
siemens S279
sievert S280
sifflet de Galton G31
siffleur W106
signal analytique A374
~ électrique E94
signature S287
signe S282
signification S289
silicates S291
silicium S292
~ amorphe A334
~ dopé D541
sillage W3
~ aérodynamique A250
~ arrière W3
~ dormant W3
similitude S293
~ thermodynamique T164
simulateur d'un objectif mobile M669
simulation M531, S300
singularité S326
singulet S321
sinusoïde S301
sirène S331
site dans le réseau A644, L142
sodium S360
sol S366
Soleil S969
~ calme Q138
solénoïde S406
~ supraconducteur S985
solide S409, S419
solidification S413
solidus S420
soliton S422
~ optique O191
~ paramétrique P75
solubilité S424
soluté S425
solution S426
~ partielle P108
~ saturée S21
~ solide S414

SPECTROGRAPHE

~ solide de substitution S948
~ sursaturée S1032
~ tampon B359
solvant S429
solvatation S428
sommet T272
~ étroit N11
son S438, T270
~ harmonique O319
~ ionique I458
~ transversal T383
~ au zéro absolu Z13
sonage sous-marin S431
sonar S431
sondage S453
~ acoustique E14
~ à distance R392
~ Doppler D551
~ par fusées R522
~ ionosphérique I455
~ ionosphérique par diffusion en retour B13
~ ionosphérique vertical V107
~ laser L108
~ du plasma P682
sonde P915, S432, S438
~ acoustique A127
~ atomique A632
~ électrique double D564
~ électronique E230
~ de Langmuir L39
sonoluminescence S435
sonomètre S460
sons de combinaison C472
~ différentiels D264
~ résultants S967
sorption S436
sortie de fluorescence F223
soudage W97
~ laser L122
soufflerie W129
soufre S965
source S477
~ d'alimentation P847
~ de brouillages N192
~ de calibrage C13
~ cathodoluminescente C115
~ de chaleur H101
~ cohérente C394
~ cosmique C776
~ de courant C973
~ de courant d'intensité élevée H182
~ à décharge gazeuse G63
~ diffuse D314
~ de dislocations D429
~ d'électroluminescence E139
~ d'électrons E238
~ d'émission monochromatique M624
~ d'énergie E332
~ étalon S715
~ étendue D503, E518

~ d'étincelles S517
~ d'excitation E461
~ extragalactique E529
~ du faisceau atomique A609
~ de faisceau moléculaire M571
~ galactique G24
~ de haute voltage H220
~ à impulsions P990
~ incohérente I103
~ d'infrarouge I202
~ d'interférence I302
~ ionisante I431
~ d'ionisation I431
~ d'ions I460
~ d'isotopes I554
~ laser L109
~ de lumière L243
~ de lumière fluorescente F224
~ lumineuse V183
~ de neutron N153
~ de neutrons thermiques T135
~ optique O192
~ de photons P497
~ du plasma P686
~ de pompage P1027
~ ponctuelle D413, P723
~ quasi stellaire Q130
~ radioactive R85
~ de radionucléides ouverte B50
~ de rayonnement R55
~ de rayonnement ionisant I441
~ de rayonnement synchrotron S1121
~ des rayons alpha A304
~ de rayons bêta B159
~ des rayons cosmiques C774
~ de rayons gamma G45
~ de rayons X X46
~ des rayons X cosmiques C777
~ de reconstruction R254
~ de référence R283
~ renouvelable R394
~ scellée S99
~ sonore S472
~ spectrométrique S578
~ standard CIE C291
~ stationnaire S749
~ de sursauts de rayons gamma G41
~ de tension V196
~ de tourbillonnement V222
~ d'ultraviolet U45
~ X X46
sources d'énergie alternatives A311
sous-couche S932, S941
sous-espace S944
sous-groupe S927
sous-harmonique S928
sous-multiples S938
sous-niveau S933
~ inférieur L390
~ de rotation-vibration V123

~ de Stark S728
~ supérieur U102
~ de vibration V126
~ Zeeman Z4
sous-orage géomagnétique M129
~ magnétique M129
sous-quark S940
sous-refroidissement O308, S992
sous-réseau S930
~ magnétique M128
~ nucléaire N403
sous-structure S952
sous-système S953
~ rapide F32
sous-tempête S950
spectateur S541
spectre S593
~ d'absorption A56
~ d'absorption des rayons X X6
~ d'absorption X X6
~ acoustique S473
~ d'arc A519
~ bêta B162
~ de bruits N193
~ caractéristique C195
~ continu C655, C658
~ discret D414
~ d'émission E294
~ d'émission des rayons X X21
~ d'émission X X21
~ d'énergie E333
~ d'étincelle S518
~ de flamme F172
~ de fréquences F386
~ de masse M253
~ moléculaire M600
~ Mössbauer M650
~ optique O195
~ phononique P376
~ de phonons P376
~ de raies L276
~ Raman R160
~ de rayonnement R56
~ du rayonnement gamma G48
~ des rayons X X50
~ de réflexion R303
~ de rotation R554
~ rotationnel R554
~ solaire S400
~ sonore S473
~ de vibration V125
spectres atomiques A636
~ de bande B41
~ électroniques E208
~ électroniques vibrationnels E210
~ stellaires S800
~ vibroniques V137
spectrofluoromètre S572
spectrogramme S573
spectrographe S574

SPECTROGRAPHE

~ de masse M249
~ à prisme P906
~ à prismes P906
spectrohéliographe S576
spectromètre S577
~ alpha A305
~ bêta B160
~ de Fourier F310
~ gamma G46
~ magnétique M124
~ de masse M250
~ de masse analytique A372
~ de masse à temps de transit T255
~ Mössbauer M648
~ neutronique N154
~ optique O193
~ à paires P13
~ à rayons bêta B160
~ à rayons X X47
~ à réseau G229
~ de Rydberg R581
~ à temps de transit T256
spectrométrie S579
~ de masse M251
~ de masse à désorption par laser L66
~ de masse des ions secondaires S107
~ neutronique N155
~ photographique P449
spectrophotomètre S580
spectrophotométrie S583
~ d'absorption A54
spectropolarimètre S584
spectroradiomètre S585
spectroscope S586
spectroscopie S592
~ d'absorption A55
~ acoustique A140
~ acousto-optique A158
~ alpha A306
~ atomique A637
~ atomique et moléculaire A606
~ Auger A663
~ bêta B161
~ cohérente C395
~ cohérente anti-Stokes Raman C384
~ des cristaux C936
~ d'émission E293
~ excitonique E474
~ de Fourier F311
~ gamma G47
~ infrarouge I203
~ laser L111
~ laser intracavité I353
~ de masse M252
~ en micro-ondes M484
~ moléculaire M599
~ Mössbauer M649
~ multiphotonique M702
~ non linéaire N263

~ nucléaire N400
~ optique O194
~ opto-acoustique O217
~ photo-électrique P423
~ de photo-électrons P430
~ par photo-ionisation P459
~ à photo-ionisation laser L92
~ picoseconde P549
~ à pouvoir de résolution dans le temps T258
~ Raman R159
~ aux rayons X X49
~ submillimétrique S936
~ ultraviolette U46
~ d'ultraviolet à vide V31
~ à vide V28
sphère S601
~ céleste C143
sphéroïde S613
sphérolite S615
sphéromètre S614
spicules S616
spike S617
spin S619
~ de l'électron E239
~ isobarique I495
~ du neutron N156
~ nucléaire N401
spin-écho S623
spinelle S624
spineur S635
~ sphérique S610
spinthariscope S652
spirale H134, S657
~ de Cornu C726
spire T456
spot S676
~ cathodique C112
spurion S679
squelette de cristal D149
squid S688, S983
stabilisateur S697
stabilisation S696
~ de courant C974
~ de fréquence F388
~ de tension V197
stabilité S690
~ de couche limite S693
~ de durée réduite S261
~ dynamique D630
~ d'équilibre S694
~ de la fréquence F387
~ à long terme L351
~ du mouvement M655
~ d'oscillations O280
~ de phase P337
~ du plasma P689
standard S707
~ de fréquence F389
~ de fréquence de faisceau atomique A608
statique S742
statistique S768

~ de Boltzmann B257
~ de Bose B280
~ classique C319
~ de Fermi et Dirac F54
~ d'Ornstein-Uhlenbeck O253
~ de photons P498
~ physique P539
~ quantique Q70
stellarateur S784
stéradian S806
stéréo-isomérie S810
stéréobêtatron S807
stéréochimie S808
stéréophonie S811
stéréoscopie S813
stilb S816
stochasticité S836
stochastisation S840
stœchiométrie S843
stockage des déchets radioactifs B377
stokes S844
strates S868
stratification S869
stratopause S871
stratosphère S872
streamer S876
striction orthogonal T198
~ toroïdale T285
stroboscope S904
strontium S911
structure P168
~ de l'atome A639
~ atomique A639
~ atomique magnétique M26
~ en bande B42
~ compacte C341
~ cristalline C937
~ cubique C949
~ décélératrice S351
~ du diamant D238
~ fine F133
~ hélicoïdale H122
~ hétérophase H162
~ hexagonale compacte H169
~ incommensurable I106
~ magnétique M127
~ magnétique de domaines M51
~ magnétique hyperfine M74
~ mesa M351
~ mesa diffusée D307
~ métal-diélectrique-semi-conducteur M377
~ métal-oxyde-semi-conducteur M388
~ de modes M540
~ moléculaire M601
~ de molécule M601
~ mosaïque M643
~ du neutron N158
~ serrée C341
~ topologique T275
~ du type perowskite P259

SYSTÈME

~ de wurtzite W147
subdivision S662
~ Davydov D28
sublimation S934
submersion S935
substance S945
~ active A185
~ adsorbante A221
~ adsorbée A220
~ amorphe A336
~ anisotropique A418
~ cristalline C913
~ gazeuse G69
~ liquide L297
~ luminescente L425
~ optiquement active O148
~ pure P1029
~ radioactive R87
~ solide S419
~ tensio-active S1051
substitution D458, S946
~ moléculaire M597
substrat S951
~ piézo-électrique P574
subsystème quasi fermé Q101
suite E519
~ analytique A370
superchamp S997
supercorde S1038
superespace S1037
superfluide liquide de Fermi S1000
superfluidité S1003
superfluorescence paramétrique P76
supergéante S1008
supergranulation photosphérique P518
supergravitation S1009
superhétérodyne S1012
supericonoscope I28
superluminescence S1018
supermultiplet S1020
supernova S1021
superparamagnétisme S1024
superplasticité S1025
superposition des états S1026
~ des ondes S1027
superréfraction S1031
superréseau S1015
~ supraconducteur S986
superstructure S1039
supersymétrie S1041
superunification S1042
support S1044
~ de cristal C902
supposition A545
suppression Q133
~ de modes M541
supra-ionique S1014
supraconducteur S990
supraconducteurs magnétiques M130

~ organiques O249
~ à oxyde à haute température O325
supraconductibilité S989
surcharge admissible P249
surchauffage O311, S1011
surchauffe O311, S1011
surexcitation O309
surface axoïde A718
~ caustique C121
~ de courant C972
~ équipotentielle E393
~ de Fermi F61
~ focale F252
~ limite I290
~ mate M277
~ d'onde W61
~ optique O198
~ de Petzval P274
~ potentielle P835
~ de séparation I290
~ de solidus S421
~ de Wulff W146
surfusion S992
sursaut radioélectrique R94
sursauts gamma G40
~ de rayons gamma G40
~ solaires O295
~ radio-solaires O295
surtension O320
surveillance M620, M620
~ des rayonnements R48
~ des rayonnements M620
susceptance S1086
susceptibilité S1087
~ diamagnétique D230
~ diélectrique D260
~ généralisée G104
~ magnétique M132
~ non linéaire N264
~ paramagnétique P49
suspension S1088
~ supraconductrice S987
symbole de Levi-Civita L193
symboles de Christoffel C274
~ de Kroneker K70
symétrie S1102
~ chirale C265
~ de couleurs C464
~ cristallographique C938
~ des cristaux C938
~ dérangée B347
~ dynamique D632
~ de la fonction d'onde S1106
~ généralisée G105
~ globale G182
~ interne I329
~ de jauge G9
~ locale L321
~ magnétique M133
~ des molécules M603
~ par réflexion M514
~ de translation T349

~ unitaire U75
synchrocyclotron S1110
synchronisation L325, S1112, T262
~ active des modes A181
~ en phase P352
synchronisme S1111
~ de groupe G279
~ des phases P340
synchrophasotron S1117
synchrotron S1118
~ à protons P964
synergétique S1122
synthèse S1124
~ d'hologramme H242
~ des hologrammes H242
~ nucléaire cosmologique C783
~ nucléaire explosive E508
~ nucléon N415
~ d'ouverture A495
système S211, S1130
~ adaptif A194
~ binaire B189
~ CAMAC C23
~ de centre de masse C153
~ de centre d'inertie C150
~ complet des états propres C503
~ complet des nombres quantiques C504
~ conservatif C618
~ de coordonnées C708, S1132
~ de Copernic C713
~ cristallin C940
~ cubique C950
~ désordonné D434
~ dissipatif D472
~ dynamique D633
~ fermé C340
~ de Hamilton H35
~ hétérogène H158
~ hexagonal H171
~ holonome H253
~ homogène H263
~ international d'unités I330
~ isolé I519
~ linéaire L267
~ de Lorentz L369
~ métrique M416
~ MKSA M523
~ monoclinique M627
~ multiple M676
~ de navigation N25
~ non conservatif N208
~ non holonomique N226
~ non linéaire N265
~ optique O201
~ optique parfait P221
~ orthonormal O265
~ ouvert O68
~ à paramètres concentrés L438
~ à paramètres répartis D501, D504

575

SYSTÈME

- ~ quantique Q71
- ~ radiant R21
- ~ de référence F326, F328
- ~ de référence colorimétrique S709
- ~ de référence d'inertie I171
- ~ de référence du laboratoire L4
- ~ de référence non inertiel N230
- ~ de retournement E401
- ~ rhomboédrique R497
- ~ rhomboïdal R496
- ~ romboïdal O267
- ~ solaire S401
- ~ stellaire binaire à rayons X X8
- ~ tétragonal T72
- ~ thermodynamique T167
- ~ toroïdal T286
- ~ triclinique T405
- ~ trigonal T409
- ~ d'unités S1133
- ~ d'unités de Gauss G86
- ~ d'unités naturel N23
- ~ à vide V29
- systèmes couplés C813

T

- tache solaire S970
- tachyon T1
- taille C984
- ~ critique C859
- tandem T8
- tangente T9
- tantale T13
- tautomérie T18
- taux de distorsion harmonique D493
- ~ de dose D556
- ~ d'impulsions C807
- ~ d'ionisation I430
- ~ d'ondes progressives T395
- ~ d'ondes stationnaires S717
- ~ d'ondes stationnaires en courant C975
- ~ d'ondes stationnaires de tension V198
- ~ de réaction chimique C251
- technétium T20
- technicolor T21
- technigluon T23
- techniquark T24
- technique T25
- ~ de coïncidences C401
- ~ de creuset froid C407
- ~ de diagrammes de Feynman D225
- ~ Doppler D552
- ~ épitaxiale E364

- ~ des faisceaux de sens contraires C423
- ~ de fosses de décapage E418
- ~ de l'interféromètre à dispersion D444
- ~ de Langmuir-Blodgett L35
- ~ de Monte-Carlo M636
- technologie laser L115
- ~ à plasma P691
- télémesure T26
- télémètre R172
- ~ acoustique S468
- ~ laser L103
- ~ optique O182
- télémétrie T26
- télescope T27
- ~ astronomique A566
- ~ de Cassegrain C92
- ~ à compteurs C805
- ~ à ménisque M342
- ~ à miroir R292
- ~ à neutrino N100
- ~ optique O202
- ~ à rayons X X53
- ~ réflecteur R292
- télévision T28
- tellure T31
- température T32
- ~ absolue A22
- ~ ambiante A318
- ~ d'antenne A238
- ~ de bruit N194
- ~ de couleur C465
- ~ critique C861
- ~ de Debye D47
- ~ de dégénérescence D108
- ~ d'ébullition B249
- ~ effective E31
- ~ électronique E241
- ~ de fusion M338
- ~ d'inversion I376
- ~ ionique I461
- ~ d'ionisation I433
- ~ de luminance B334, L414, R11
- ~ négative N54
- ~ de neutrons N159
- ~ potentielle P836
- ~ de radiation R57
- ~ de rayonnement R57
- ~ réduite R276
- ~ de rotation R555
- ~ rotationnelle R555
- ~ de spin S651
- ~ thermodynamique T168
- ~ de vibration V127
- temps T240
- ~ absolu A23
- ~ atomique A640
- ~ de cohérence C381
- ~ de déclin de la luminescence L418
- ~ de décroissance D57

- ~ de déionisation D124
- ~ des éphémérides E358
- ~ local L323
- ~ de montée R517
- ~ de montée de l'impulsion P1005
- ~ mort D36
- ~ propre P941
- ~ de relaxation R377
- ~ de réponse R456
- ~ de retard D132
- ~ de réverbération R473
- ~ sidéral S277
- ~ universel U83
- ~ de vol T345
- teneur des éléments isotopiques A59
- tenseur T57
- ~ de contrainte de Maxwell M291
- ~ des contraintes S895
- ~ des déformations S861
- ~ d'impulsion-énergie E327
- ~ métrique M414
- ~ piézo-électrique P575
- ~ de Ricci R498
- ~ des tensions S895
- tension S886, T54, V190
- ~ d'accélération A65
- ~ accélératrice A65
- ~ active A186
- ~ alternative A189
- ~ d'amorçage I18
- ~ anodique A440
- ~ en circuit ouvert O60
- ~ de cisaillement S227
- ~ de claquage B317
- ~ de contact C634
- ~ continue D33
- ~ de corde S900
- ~ de court-circuit S250
- ~ de décélération D59
- ~ en dents de scie S36
- ~ de déviation D90
- ~ dynamique D631
- ~ d'effet Hall H28
- ~ efficace E33
- ~ d'entrée I228
- ~ de focalisation F266
- ~ de grille G266
- ~ instantanée I239
- ~ inverse B14, I372
- ~ modulée M545
- ~ de polarisation B175
- ~ primaire P884
- ~ réactive R218
- ~ de référence R285
- ~ de réflecteur R308
- ~ secondaire S113
- ~ de seuil T230
- ~ de sortie O307
- ~ superficielle S1083
- ~ tangentielle T12

TRANSFERT

~ thermo-élastique T171
tensomètre T56
téphigramme T61
terbium T62
terme T63
~ nucléaire N358
~ spectral T63
termes spectraux S571
terminal T64
terrasse continentale C640
terre E2, E3, G271
Terre E3
terres rares R181
tesla T66
teslamètre T67
« têtard » T2
tête I66
~ photométrique P471
tétrode T73
texture T74
~ magnétique M134
thallium T75
théorème d'Ampère A339
~ d'Archimède A515
~ de Bloch B231
~ de Clausius C320
~ CPT C827
~ fondamental de Cauchy C119
~ de Gauss G90
~ de Kramers K69
~ de Liouville L279
~ de Mermin-Wagner M349
~ de Nernst N72
~ de Noether N183
~ d'Onsager O56
~ optique O203
~ de Pauli P174
~ de Peierls P189
~ de Pomerantchouk P796
~ de Poynting P848
~ d'unicité U71
~ du viriel V148
~ de Wick W112
théorie des bandes B43
~ du champ F110
~ du champ quantique non polynomiale N279
~ de champ quantique non rénormalisable N294
~ des champs quantique axiomatique A710
~ des champs unifée U61
~ cinétique des gaz K51
~ des circuits électriques E78
~ du corps solide de Debye D48
~ corpusculaire de la lumière C738
~ de l'élasticité T79
~ électronique E242
~ de Ginsburg-Landau G166
~ de l'image I34
~ de l'information I194

~ magnéto-ionique M165
~ de Mie M487
~ des perturbations P268
~ des perturbations rénormalisée R400
~ phénoménologique P357
~ des probabilités P913
~ des quanta du champ Q49
~ quantique Q73
~ quantique du champ non linéaire N261
~ quantique du champ non locale N271
~ quasi linéaire Q113
~ de la relativité R369, T81
~ de la relativité générale G107
~ rénormalisable R396
~ des réseaux N76
~ de la similitude S296
~ de Sommerfeld S430
~ spéciale de la relativité S530
~ de transitions de phase de Landau L33
~ de Weinberg-Salam W92
théories de jauge G10
thérapie bêta B163
~ laser L116
~ ultrasonique U34
thermalisation des neutrons T129
thermistance T150
thermistor T150
thermo-analyse T82
thermo-élasticité T170
thermo-électron T109
thermochimie laser L117
thermocouple T151
thermodynamique T163
~ des processus irréversibles I481
~ relativiste R365
~ statistique S766
thermoluminescence T180
thermomètre T184
~ à gaz G78
~ à liquide L286
~ à mercure M347
~ à résistance R417
thermométrie T185
thermorégulateur T193
thermosphère T194
thermostat T195
thermostriction T197
thermoviseur T123
thermovision T124
thêta-pinch T198
thixotropie T211
thorium T213
thulium T233
thyratron T234
thyristor T235
tige R524
« tiling » de Penrose P206

timbre T239
titane T265
tokamak T266
tomographie T269
~ aux rayons X X54
~ par voie d'ordinateur C537
ton T270
~ normal N328
tonne T271
topographie aux rayons X X55
topologie T277
toponium T278
torr T289
torseur W145
torsion T291, T464
~ de flexion B139
~ pure S299
~ simple S299
~ des tiges R526
TOS S717
T.O.S.C. C975
TOST V198
touche K20
toupie T272
tour T456
tourbillon C960, E22, V211
~ asservi B297
~ quantifié Q31
tourbillonnement V221
trace T312
~ d'une matrice S680
traceur isotopique I567
~ radioactif R78
traction D580
train d'impulsions P1008, P1011
traînage magnétique M20
traînée D580
~ aérodynamique A248
traitement des données D23
~ des données en temps réel R229
~ par faisceau électronique E172
~ laser L96
~ optique de l'information O108
~ thermique T145
trajectoire P164, T317
~ de Bohr B244
~ circulaire C302
~ d'une particule P146
~ de phase P321, P342
trajet optique O166
trame R184
tranche W1
transducteur magnétostrictif M190
~ de mesure T320
transfert T321
~ de la chaleur H102
~ de chaleur convectif C679
~ de la charge C230
~ d'énergie E335

TRANSFERT

~ de masse M254
~ néoclassique N61
~ non radiatif N283
~ parallèle P42
~ parallèle des données P38
~ de la quantité de mouvement M619
~ du rayonnement R58
~ thermique H85, H104
transformateur T325
~ de courant C976
transformation M222, T323
~ adiabatique A204
~ canonique C34
~ conforme C588
~ de Fourier F312
~ de Fourier inverse I367
~ de fréquence F391
~ de Hilbert H222
~ intégrale I253
~ irréversible I482
~ de jauge G11
~ de Laplace L46
~ linéaire L268
~ de Lorentz L370
~ de Mellin M335
~ non linéaire N266
~ d'ondes W62
~ ordre-désordre O235
~ polytropique P793
~ structurale S919
~ de superjauge S1006
~ de symétrie S1108
transformations de Galilée G27
~ martensitiques M229
~ de phases P344
transistor T334
~ à effet de champ F111
transition T335
~ de deux photons T490
~ diélectruqie - métal D256
~ électronique E243
~ à l'état supraconducteur S988
~ à l'état superfluide S1005
~ faible W78
~ faiblement défendue W75
~ fragile/ductile B339
~ par gradins S805
~ indirecte N311
~ interdite par parité P92
~ intrabande I351
~ laser L119
~ liée-liée B292
~ de Morin M640
~ de Mott M660
~ multiphotonique M703
~ non adiabatique N197
~ non défendue U57
~ non favorisée U56
~ non radiative N284
~ optique O207
~ de Peierls P190
~ de percolation P213

~ permise A295, P251
~ de phase P345
~ de phase «nématique-smectique» N59
~ de phase du deuxième ordre P349
~ de phase induite par laser L79
~ de phase induite par la lumière L224
~ de phase du premier ordre P348
~ photo-induite de Friedericksz P452
~ quantique Q74
~ quantique double D572
~ sans radiation R46
~ radiative R66
~ de recombinaison R249
~ de résonance R451
~ avec retournement de spin S626
~ réversible R482
~ de rotation R556
~ de rotation-vibration V124
~ rotatoinnelle R556
~ de spin S653
~ spontanée S675
~ stimulée S831
~ superradiante S1030
~ tunnel T442
~ verticale V109
~ virtuelle V156
transitions directes D395
~ indirectes I128
~ interbandes I279
~ d'intercombinaison I285
~ intervalées I350
~ de phase magnétiques M103
~ de phase non équilibrées N218
~ de phase d'orientation O251
~ de phase structurales S918
~ à relaxation R378
translation T346
transmetteur T357
~ de température T45
transmission T350
~ sélective S140
transmutation T358
transparence T362
~ auto-induite S163
~ de la barrière de potentiel B69
transport T368
~ de la chaleur H102
travail W141
~ maximum M282
tremblement J12
~ d'image I30
~ d'impulsion P999
~ de terre E5
trempe Q133

~ de concentration C543
~ au laser L77
~ superficielle S1068
très haute pression U6
triangle des couleurs C278
~ de couleurs de Maxwell M286
tribo-électricité F401, T400
tribologie T402
triboluminescence T403
trigatron T406
trigger T407
~ optique O208
triode T410
triple point T411
triplet T412
tritium T413
triton T415
trochotron T416
troisième principe de la thermodynamique N72, T209
~ son T210
tropopause T418
troposphère T419
trou H227, O65
~ blanc W108
~ coronal C731
~ noir B220
trous chauds H280
tube P600, T425, V44
~ d'accélération A64
~ amplificateur de réception R231
~ calorique H96
~ cathodique C110, E175
~ de choc S246
~ de courant F243, T426
~ à décharge gazeuse D404
~ de dérive D591
~ électronique E246
~ à onde progressive T396
~ à onde régressive B17
~ oscillateur O270
~ de Pitot P613
~ à rayons X X56
~ régulateur de tension à vide V195
~ stabilovolt V194
~ Venturi V102
~ de Venturi V102
tungstène T429, W138
tunnel aérodynamique W129
turbidité T443
turbine T445
~ à gaz G79
turbulence T446
~ atmosphérique A600
~ microscopique M471
~ du plasma P694
tuyau calorique H96
tuyère N337
~ de Laval L148

U

u.a. A567
ultra-acoustique U29
ultra-haut vide U7
ultra-hautes fréquences M477
ultra-microscope U9
ultra-son U37
ultrasonique U29
ultravide U7
ultraviolet à vide V30
u.m.a. A625
unification U60
uniformité U65
unité U72
~ Angström A393
~ astronomique A567
~ dérivée D184
~ logique optique O147
~ de masse atomique A625
~ rydberg R577
~ de volume U81
unités absolues A24
~ arbitraires A511
~ C.G.S. C178
~ multiples M713
~ photométriques P477
~ physiques P540
~ SI S332
~ sous-multiples S938
Univers U84
~ chaud H285
~ clos C337
~ de de-Sitter D191
~ expansif E486
~ en expansion E486
~ fermé C337
~ ouvert O66
~ stationnaire S752
univibrateur S320
uranium U104
Uranus U105
usine pilote P583
usure abrasive A10
~ par cavitation C130
~ par corrosion C759
~ corrosive C759
~ due à l'électro-érosion E132
~ par fatigue F40
utilisation du faisceau U107
~ pacifique de l'énergie atomique P175

V

vacance V1
vacansion V5
vacuité V185
vacuomètre V21
valence V41

valeur V43
~ absolue A25
~ adimensionnée D352
~ approximative A508
~ arbitraire A512
~ de crête C838, P178
~ effective E32
~ efficace R533
~ extrême E536
~ frontière B290
~ instantanée I237
~ moyenne A696
~ moyenne quadratique R533
~ non dimensionnelle D352
~ pH P276
~ propre E41
~ réelle A25
vallée V42
~ de la bande de conduction C563
valve V44
vanadium V45
vapeur V49
~ d'eau S774, W8
~ humide W100
~ saturée S22
~ surchauffée S1010
~ sursaturée S1033
vaporisation E430, V51
var V56
variable V57, V61
~ aléatoire R168
~ à éclipse E19
~ à flare F176
~ indépendante I119
~ du type UV Ceti F176
variance V62
~ de grandeur aléatoire R170
variateur de phase P331
variation annuelle A430
~ diurne D1
~ lumineuse L244
~ relativiste de la masse R358
~ avec le temps T261
variations V65
~ de courte période S255
~ diurnes D514
~ géomagnétiques G127
~ magnétiques M136
~ de rayons cosmiques C775
~ séculaires S120
varicap V66
variété M213
variomètre V68
~ magnétique M137
varistance V69
vase Dewar D220
vases communicants C484
vecteur V70
~ de l'aimantation M144
~ axial A707
~ de Burgers B376
~ d'état S736, V82

~ du genre espace S498
~ de glissement de Burgers B376
~ de Hertz H149
~ ket K19
~ de nombre d'onde circulaire P937
~ d'onde W63
~ d'onde circulaire P937
~ de polarisation P755
~ de Poynting P849
~ de propagation P937
~ propre E43
~ quadridimensionnel F303
~ unitaire U80
véhicule aérospatial S509
~ cosmique S509
vélocité de réaction chimique C251
vent U125
~ acoustique A145
~ d'éther E420
~ solaire S403
~ stellaire S801
Vénus V103
verre G169
~ métallique M379
~ optique O126
verres laser L74
~ de spin S628
verrouillage des modes M533
vibrateur V133
vibration V112
~ de cisaillement S228
~ d'une corde V131
~ infrasonore I205
~ longitudinale L340
~ moléculaire M604
~ des molécules M604
~ du réseau cristallin C910
vibrations V112
~ acoustiques S475
~ de flexion F194
~ du réseau L143
~ des tiges R527
~ de torsion T294
~ ultrasonores U35
~ de valence V40
vibron V134
vide V7, V185
~ parfait P225
~ de Torricelli T290
vidicon V141
vie L201
~ moyenne M296
vieillissement magnétique M21
vignettage V143
violation V145
~ de l'invariance I363
~ de la parité P95
~ de la parité combinée C475
~ de symétrie S1103
vis cinématique K31

VISCOÉLASTICITÉ

viscoélasticité V158
viscosimètre V160
viscosimétrie V161
viscosité V162
~ anormale A447
~ cinématique K36
~ dynamique D634
~ magnétique M138
~ structural S920
~ volumétrique V210
viseur V142
vision V173
~ binoculaire B194
~ des couleurs C467
~ stéréoscopique S812
visualisation V177
~ des champs acoustiques S451
~ de l'écoulement F211
vitesse R185, S600, V89
~ angulaire A406
~ aréolaire S118
~ de calcination par les flammes B379
~ de comptage C807
~ critique C862
~ dépassant celle de la lumière S1017
~ de dérive D592
~ de désintégration D419
~ d'évaporation E433
~ d'évasion P22
~ généralisée G106
~ de groupe G281
~ instantanée I238
~ de libération E412, P22
~ de libération solaire S382
~ de la lumière V96
~ orbitale O229
~ parabolique P22
~ de phase P350
~ de photo-ionisation P458
~ de propagation de phase P350

~ quadridimensionnelle F304
~ de rayon R202
~ de réaction R210
~ relativiste R366
~ du son V97
~ supersonique S1036
~ de vaporisation E433
~ de vibration V128
~ volumique V209
voie de communication C485
~ de diffusion S69
~ d'information I191
Voie lactée M489
voile F268
~ photographique F268
vol orbital O224
~ spatial S492
~ subsonique S942
~ à vitesse transsonique T359
volant F244
volatilité V187
volt V189
voltampère réactif V56
voltmètre V202
volume V203
~ de cohérence C382
~ critique C863
~ d'extension en phase P336
~ de phase P351
~ de son L380
~ spécifique S538
voûte acoustique W105

W

watt W10
wattmètre W11
weber W84
«whispering gallery» W105

X

xénon X1

Y

ytterbium Y14
yttrium Y15

Z

zénith Z6
zéro absolu A26
zinc Z15
zirconium Z16
zone Z18
~ de Brillouin B337
~ cathodique C111
~ de charge d'espace S487
~ contaminée C637
~ convective C683
~ de couche limite I291
~ dégénérée D109
~ de diffusion D332
~ de Fresnel F399
~ d'impureté I73
~ inférieure L388
~ de jonction J26
~ morte D37
~ d'onde W64
~ permise A293
~ proche N31
~ supérieure U98
~ de transition J26, T342
zones aurorales A676

РУССКИЙ

А

аберрации глаза Е542
~ оптических систем А5
~ электронных линз А4, Е223
аберрация А2
~ света А3
абляция А6
абразив А9
абразивный износ А10
~ материал А9
абсолютная величина А25, М198
~ влажность А14
~ диэлектрическая проницаемость А19
~ звёздная величина А21
~ магнитная проницаемость А18
~ неустойчивость А15
~ погрешность А13
~ температура А22
абсолютно нейтральная частица Т423
~ чёрное тело В216, С502, F419, Т305
абсолютное время А23
~ измерение А17
абсолютные единицы А24
абсолютный вакуум Р225
~ излучатель А20
~ нуль температуры А26
абсорбат А28
абсорбент А33
абсорбер А34
абсорбируемое вещество А28
абсорбциометр А37
абсорбционная рентгеновская спектроскопия Х5
~ спектроскопия А55
~ спектрофотометрия А54
абсорбционный анализ А39
~ рентгено-спектральный анализ Х4
~ спектр А56
абсорбция А38
абсцисса А12
аварийная доза А78
авроральная дуга А669
~ ионизация А670
~ ионосфера А671
~ линия А672

авроральное рентгеновское излучение А675
авроральные зоны А676
~ радиоотражения А674
авроральный овал А673
автоионизация А686
автокатализ А679
автоклав А680
автоколебания S159
автоколлиматор А682
автоколлимация А681
автокорреляционная функция А684
автокорреляция А683
автоматическая настройка А687
автомодельное движение S175
~ течение S167
автомодельность S174
автомодуляция S169
авторадиография А688
автофазировка Р337
автоэлектронная эмиссия F99
агглютинация А268
агломерация А267
агрегат А269
агрегатное состояние S733
агрегация А270
агрегирование А270
адаптация А190
адаптивная компенсация А191
~ оптика А193
~ система А194
адаптивное зеркало А192
адаптометр А195
адвекция А232
адгезионный контакт А200
адгезия А199
аддитивное квантовое число А197
аддитивность А198
адиабата А201
адиабатическая изоляция А209
~ ловушка А215
адиабатические флуктуации А207
адиабатический инвариант А210
~ калориметр А203
~ нагрев А208
~ процесс А213

адиабатическое возмущение А212
~ изменение А204
~ приближение А202
~ размагничивание А206
адиабатная оболочка А214
адмиттанс А218
адродинамика Н2
адрон Н3
адронная жидкость Н12
адронное кипение Н8
адронный атом Н6
~ заряд Н10
~ калориметр Н9
~ коллайдер Н4
~ мешок Н7
~ распад Н11
~ ток Н5
адсорбат А220
адсорбент А221
адсорбционная хроматография А224
адсорбционное равновесие А225
адсорбционный индикатор А226
~ катализ А223
~ насос А230
адсорбция А222
азимут А720
азимутальная монтировка А308
азимутальное квантовое число А721
азот N176
азотный криостат L292
аквадаг А510
аккомодация А79
~ глаза А81
аккреционный белый карлик А82
~ диск А84
аккреция А83
аккумулирование А85
аккумулятор А86
акселерометр А72
аксиальная деформация А702
~ калибровка А703
аксиальное каналирование А700
аксиально-симметричное поле А705

АМПЛИТУДНЫЕ

аксиальный вектор A707, P970
~ квадруполь A706
~ ток A701
аксиома A708
аксиоматическая квантовая теория поля A710
аксиоматический метод A709
аксион A711
аксоид A718
активатор A175
~ люминофора O83, P379
активационный анализ A172, R68
~ метод A174
активация A171
активированный катод A169
активная зона C719
~ зона реактора R223
~ модуляция добротности A183
~ мощность A182
~ нагрузка R418
~ область A184
~ проводимость C559
~ синхронизация мод A181
~ среда A179
активное вещество A185
~ зеркало A192
~ напряжение A186
~ сопротивление R415
~ активность A187
~ источника S478
активные дни A177
активный диполь A178
~ ток A176
актинид A163
актиний A162
актиничность A161
актиничный свет A159
актиноид A163
актинометр A164
актинометрия A165
акустика A137
~ движущихся сред A138
акустическая волна A142
~ голография A110
~ дифракционная решётка A109
~ задержка A101
~ кавитация A97
~ коагуляция A98
~ линза A116
~ линия задержки A102
~ мощность A125
~ нелинейность A121
~ проводимость A100
~ релаксация A134
~ спектроскопия A140
акустические волны A95
~ измерения A117
~ колебания A141, S475
акустический ветер A145

~ волновод A143
~ дальномер S468
~ детектор A103
~ диполь A104
~ зонд A127
~ излучатель A130
~ импеданс A113
~ импульс A128, S466
~ интерферометр A115
~ квадруполь A129
~ концентратор A99
~ локатор A139
~ микроскоп A118
~ парамагнитный резонанс A124
~ пробой A96
~ радиометр A131
~ резонатор A136
~ рефлектор A133
~ фильтр A107
~ шум A120
~ ядерный магнитный резонанс A122
акустическое зеркало A119
~ изображение A111
~ поле S450
~ сопротивление A135
~ течение A108
акустооптика A157
акустооптическая дифракция U25
~ модуляция A154
~ спектроскопия A158
акустооптический дефлектор A150
~ коррелятор A152
~ модулятор A155
~ эффект A153
акустооптическое взаимодействие A151
~ качество A156
акустоэлектрический домен A146
~ эффект A147
акустоэлектроника A149
акустоэлектронное взаимодействие A148
акцептор A73
акцепторная примесь A73
акцепторный уровень A76
~ центр A75
алгебра A284
~ Грассмана G223
~ Ли L199
~ логики B269
~ токов C962
александрит A282
алидада A285
алихна A316
аллобар A289
аллотропия A292
аллотропная модификация A291

алмаз D233
алмазная наковальня D234
алмазный детектор D235
~ индентор D236
альбедо A281
~ космических лучей C768
~ нейтронов N104
альвеновские волны A283
альтернативные источники энергии A311
альтиметр A312
альтиметрия A313
альфа-активный изотоп A297
альфа-излучение A301
альфа-лучи A301, A303
альфа-распад A298
альфа-спектрометр A305
альфа-спектроскопия A306
альфа-стабильный изотоп A307
альфа-частица A299
алюминий A315
алюмо-иттриевый гранат Y16
AM A362
амбиполярная диффузия A320
америций A322
аминокислота A325
аммиачный мазер A326
аморфизирующая добавка A328
аморфное вещество A336
~ состояние A335
аморфный кластер A329
~ конденсат A330
~ кремний A334
~ магнетик A331
~ материал A332
~ металл A333
ампер A337
ампер-весы C963
ампер-витки A340
амперметр A324
амплитуда A351, C838, M198, P178
~ вероятности P908
~ импульса P980
~ колебаний O272
~ рассеяния S67
амплитудная голограмма A359
~ модуляция A362
~ характеристика A352
амплитудное детектирование A353
амплитудно-импульсная модуляция P983
амплитудно-модулированные колебания A361
амплитудно-частотная характеристика F384
амплитудные искажения A356

АМПЛИТУДНЫЙ

амплитудный анализатор
   импульсов Р996
~ детектор А354
~ дискриминатор А355
~ ограничитель А360
амфотерный электролит А342
анализ А367
~ звука S442
~ размерностей D347
анализатор А375
~ гармоник Н49
~ речи S599
~ спектра S595
аналитическая зависимость
   А369
~ функция А371, Н252
аналитические весы А368
аналитический масс-
   спектрометр А372
~ метод А373
~ сигнал А374
аналитическое продолжение
   А370
аналогия А366
аналоговый фильтр А364
аналого-цифровой
   преобразователь А365
анаморфот А377
анаморфотная насадка А376
анастигмат А378
анастигматическая линза
   А378
ангармонизм А408
ангармоническая молекула
   А409
ангармонические колебания
   А410
ангармонический осциллятор
   А411
ангстрем А393
андерсоновская локализация
   А379
анемометр А383
анизотропия А419
~ магнитных свойств А422
~ упругих свойств А421, Е50
~ формы F288, S217
анизотропная модель
   Вселенной А416
~ среда А415
анизотропное вещество А418
~ излучение А414
~ рассеяние А417
анизотропный кристалл А413
анион А412
аннигиляционное излучение
   А428
аннигиляционные потери
   А426
аннигиляция А425
~ электронно-позитронных
   пар А427
анод А431, Р702

анодирование А441
анодная область А439
~ характеристика А432
анодное детектирование А435
~ напряжение А440
~ падение А437
~ свечение А438
~ тёмное пространство А434
анодный ток А433
аномалии силы тяжести G253
аномалия А449
аномалон А442
аномальная вязкость А447
~ дисперсия А443
~ рефракция А446
аномальное излучение А445
аномальный магнитный
   момент А444
~ эффект Зеемана А448
ансамбль Е342
антенна А234
~ бегущей волны Т394
~ типа «волновой канал» Y1
антенная решётка А235
антенный фидер А453
~ шум А237
антибарион А457
антивещество А471
антигруппировка фотонов
   Р483
антикатод А458
антикварк А480
антикоммутатор А462
антикоррозионный материал
   А463
антиматерия А471
антинейтрино А473
антинейтрон А474
антинуклон А476
антипротон А479
антисегнетоэлектрик А465
антисимметрия А484
антистоксова компонента
   А482
~ линия А483
антиферромагнетизм А470
антиферромагнетик А466
антиферромагнитное
   упорядочение А468
антиферромагнитный домен
   А467
~ резонанс А469
антициклон А464
античастица А478
антропный принцип А456
апекс А496
апериодические колебания
   А488
апериодический контур А485
апериодическое движение
   А487
апериодичность А486
апертура А489

апертурная диафрагма А490
апертурные искажения А491
апертурный интегратор А492
~ синтез А495
апланат А499
апланатическая линза А499
апогей А503
аподизация А502
апохромат А501
апохроматическая линза А501
аппаратура Е389
аппроксимация А509
~ Вайскопфа - Вигнера W95
~ Паде Р3
аргон А523
Аргоннская Национальная
   лаборатория А525
аргоновый лазер А524
ареометр А521, D150
армирование R338
армко-железо А529
аромат F184
архимедова сила B372, B373
архитектурная акустика А517
асимметричная молекула
   А570
асимметрия А572
асимптота А573
асимптотическая зависимость
   А574
~ свобода А576
асимптотический ряд А577
асимптотическое разложение
   А575
ассоциативная ионизация
   А542
~ рекомбинация А543
ассоциативность А544
астат А546
астеризм А547
астероид А548, М502
астигматизм А549
~ глаза А551
астоново тёмное пространство
   А552
астробиология А553
астрограф А556
астрографическая камера
   А556
астроклимат А554
астролябия А558
астрометрия А559
астрономическая единица
   А567
~ колориметрия А561
~ обсерватория А563
астрономические
   инструменты А562
астрономический календарь
   А560
~ телескоп А566
астрономия А568
астроспектроскопия А565

астрофизика А569
астрофотометрия А564
асферическая оптика А538
атлас цветов С445
атмосфера А578
~ Солнца S369
атмосферики А596
атмосферная дифракция А584
~ диффузия А585
~ ионизация А587, I428
~ конвекция А583
~ неоднородность А588
~ оптика А590
~ рефракция А595
~ турбулентность А600
~ циркуляция А582
атмосферное давление А593
~ излучение А594
~ поглощение А580
~ рассеяние А597
~ электричество А586
атмосферные волны А602
~ приливы А598
атмосферный волновод А601
~ ливень А279
~ озон А591
атом А603
~ внедрения I345
~ отдачи R237
~ Ридберга R578
атом-акцептор А74
атомарный ион А621
атомная бомба N345
~ единица массы А625
~ масса А624, А642
~ орбиталь А628
~ поляризация А631
~ спектроскопия А637
~ физика А629
~ энергия N357
атомное время А640
~ поглощение А605
~ ядро А626
атомно-лучевой стандарт частоты А608
атомные спектры А636
~ столкновения А612
~ часы А611
атомный вес А642
~ зонд А632
~ интерферометр А620
~ ион А621
~ кристалл А614
~ масштаб А634
~ множитель Ланде А622
~ номер А627
~ остов А613
~ пучок А607
~ радиус А633
~ стандарт А638
~ стандарт времени А611, А641
~ стандарт частоты А608

~ фактор А618, А622
~ формфактор А618
~ эталон времени А641
~ эталон частоты А608
аттенюатор А651
аттрактор А653
аудиометр А659
аустенит А677
аустенитное зерно А678
афелий А497
аффинное пространство А258
ахромат А92
ахроматизация линзовых систем А93
ахроматическая линза А92
ахроматический цвет А91
АЦП А365
аэродинамика А249
аэродинамическая подъёмная сила А244
~ сила А242
~ труба W129
аэродинамические измерения А245
~ коэффициенты А241
аэродинамический момент А246
~ нагрев А243
~ след А250
~ фокус А239
~ шум А247
аэродинамическое качество А240
~ сопротивление А248
аэрозоль А255
аэрология А253
аэрономия А254
аэростатика А257
аэроупругость А252
Б В130

Б

база В79
~ интерферометра I305
базис В79, В82
~ кристаллической решётки С907
базисная плоскость В78
баланс В20
балансный усилитель В21
балка В88
балл I59
баллистика В27
баллистическая кривая В24
баллистический гальванометр В25
~ фонон В26
баллистическое движение Р931
баллон В29

баллонная астрономия В30
~ неустойчивость В31
бальмеровский скачок В32
банахово пространство В34
банчер В366
бар В46
баретер В62
барий В51
барион В70
барионий В75
барионная асимметрия Вселенной В71, U85
барионное число В72
барионный деквуплет В73
~ заряд В72
барн В54
барограф В56
барометр В57
барометр-анероид А384
барометрическая формула В58
барометрическое давление А593
баротропное явление А60
барстер В381
барьер В63
~ деления F153
~ Шотки S80
барьерная ёмкость В66
батарея В83
бегущая волна Т393
безвихревое течение I483
бездислокационный кристалл D426
~ монокристалл D427
безмассовый кварк М243
безопасная доза S8
~ концентрация S7
безразмерная величина D352
~ константа D349
безразмерные координаты D350
безразмерный множитель D351
безызлучательная рекомбинация N282
безызлучательный перенос N283
~ переход N284, R46
безэлектродный разряд Е126
безэховая камера А380
беккерель В129
бел В130
белая дыра W108
белое излучение W111
белок Р951
белый карлик W107
~ свет W109
~ шум W110
береговая рефракция С352
бериллиевая керамика В146
бериллий В145
берклий В142

БЕСКОНЕЧНО

бесконечно малая деформация I181
~ малое изменение I180
бесконечность I182
бесконечный интервал I178
~ ряд I179
бесконтактная диагностика C631
беспорядок D431
беспорядочное движение R165
бесспиновая частица S631
бесстолкновительная диссоциация C437
бесстолкновительное затухание C436, L29
бесстолкновительные ударные волны C438
бестигельный метод C881
бесфононная линия P369
бесщелевой полупроводник Z9
бета-активный изотоп B149
бета-детектор B156
бета-излучатель B151
бета-излучение B158
бета-лучевая терапия B163
бета-лучи B158
бета-распад B150
бета-спектр B162
бета-спектрометр B160
бета-спектроскопия B161
бетастабильный изотоп B166
бета-толщиномер B152
бетатрон B167
бетатронное излучение B172
~ условие B168
бетатронные колебания B171
бетатронный механизм ускорения B170
бета-фаза B154
бета-частица B153
биения B125
билинза S661
биметаллическая пластинка B186
бинауральный эффект B190
бинокль B193
бинокулярное зрение B194
биномиальное распределение B196
биномиальный коэффициент B195
бинормаль B197
биоакустика B198
биологическая акустика B198
~ защита B204
биологические действия излучения B203
~ кристаллы B202
биологический эквивалент рентгена R529
биолюминесценция B205

биофизика B206
биохимия B199
биоэлектрические потенциалы B201
биоэлектричество B200
биполярная инжекция D568
бипризма B208
~ Френеля F393
биссектриса B210
бистабильность B212
бистабильный интерферометр B213
бит B214
бифилярная намотка B181
бифуркационная диаграмма B183
бифуркация B182
бихромированная желатина D246
биэкситон B180
Бк B129
благородные металлы N180
благородный газ I166, N179
бланкет B221
блеск B335, G178
~ звезды S785
блескость G168
ближнее инфракрасное излучение N32
ближний космос N36
~ порядок S259
ближняя зона N31
~ инфракрасная область N33
~ ультрафиолетовая область N37
близкодействие S258
близкодействующая сила S257
близорукость M752
блок M552, U72
блокинг-генератор B234
блокировка L325
блок-схема B233
блоховская кривая B227
~ линия B230
~ стенка B232
блоховские функции B228
бозе-газ B281
бозе-жидкость B279
бозе-конденсат B277
бозе-конденсация B278
бозе-частица B283
бозон B283
боковая полоса S274
~ частота S275
болид B251
болометр B252
болометрическая звёздная величина B254
~ поправка B253
большое каноническое распределение L48
Большой взрыв B184

большой кинематический инвариант L49
бомбардировка B258
бор B273
борновское приближение B272
боровская модель атома B242
~ орбита B244
бочкообразная дисторсия B61
брахистохрона B301
бридер B321
бром B348
бронза B349
броуновское движение B350
брусок R524
брэгговская дифракция B304
брэгговский угол B303
брэгговское отражение B307
будкеровское кольцо B357
булева алгебра B269
бумажная хроматография P16
бустер B270
бутстрап B271
буферное действие B358
буферный каскад B360
~ раствор B359
быстрая подсистема F32
быстропротекающий процесс H209
быстрые нейтроны F31
бэр R529
бюретка B374
B V189

В

вакансион V5
вакансионная ползучесть V3
вакансионный кластер V2
вакансия V1
вакуум V7
вакуумметр V21
вакуумная дуга V9
~ изоляция V22
~ камера V12
~ система V29
~ спектроскопия V28
вакуумное напыление V15
~ среднее V10
вакуумные материалы V24
вакуумный диод V17
~ конденсат V13
~ монохроматор V25
~ насос V27
~ отжиг V8
~ пробой V11
~ ультрафиолет V30
~ фотоэлемент P525
валентная зона V34
~ связь V35
валентное состояние V39

ВНЕГАЛАКТИЧЕСКОЕ

валентность V41
валентные колебания V40
валентный кварк V38
~ угол V33
~ электрон V37
ванадий V45
Ван-дер-Ваальсовы силы V48
вар V56
вариации V65
~ космических лучей С775
вариационное исчисление С10
вариационные принципы V63
вариационный метод V64
варикап V66
вариометр V68
варистор V69
ватт W10
ваттметр W11
ВАХ V200
Вб W84
вдавливание I116
вебер W84
веберметр F238
ведущее магнитное поле G296
ведущий центр G295
вековой параллакс S119
вековые вариации S120
вектор V70
~ Бюргерса B376
~ Герца H149
~ намагниченности M144
~ Пойнтинга P849
~ поляризации P755
~ состояния S736, V82
~ Умова - Пойнтинга P849
векторная диаграмма V75
~ частица V83
векторное поле V76
~ произведение V86
~ пространство V87
векторный анализ V71
~ бозон V72
~ глюон V78
~ магнитометр V79
~ мезон V80
~ многоугольник V84
~ потенциал V85
~ ток V74
великое объединение G211
величина M198, Q26, V43
Венера V103
вентиль V44
вентильный фотоэффект P438, P526
верёвочный многоугольник S899
верность воспроизведения F94
~ воспроизведения звука F94
вероятностная мера P911
вероятностный процесс S838
вероятность P907
~ деления F162

~ перехода T340
~ состояния S735
~ столкновения C442
вертикальное зондирование ионосферы V107
вертикально-поляризованное излучение V108
верхний кварк T279, U101
~ подуровень U102
~ предел U100
~ предел текучести U103
~ верхняя зона U98
~ ионосфера U99
вершина T272
вершинная функция V106
вес W87
весовой множитель W89
весы B20
ветвление B310
ветвь B309
ветер W125
ветровые волны W126
вечный двигатель P260
~ двигатель второго рода P262
~ двигатель первого рода P261
вещество M274, S945
взаимная диффузия I287
~ индуктивность M750
~ индукция M751
~ когерентность M747
~ корреляция M749
взаимность R233
взаимодействие C815, I268
~ волн W41
~ частиц с волнами W53
взвесь S1088
взвешенное среднее W88
взвешивание W90
взрыв B222, E503
~ сверхновой S1022
взрывающиеся проволочки E502
взрывная волна B223, E509
~ неустойчивость E507
~ электронная эмиссия E505
взрывное испарение E506
~ кипение E504
взрывной нуклеосинтез E508
вибратор D364, V133
~ Герца H148
вибраторная антенна D365
вибрация V112
виброн V134
вибронное взаимодействие V136
~ возбуждение V135
вибронные спектры V137
вигнеровский кристалл W121
π-вид P585
вид колебаний M526
видеоимпульс V140
видикон V141

видимая область V172
видимое излучение V171
~ изображение V169
видимый невооружённым глазом N3
~ объект V170
видоискатель V142
визир V142
визуализация V177
~ звуковых полей S451
~ потока F211
визуальные наблюдения V180
визуальный метод V178
~ фотометр V182
винтовая дислокация S96
~ неустойчивость K54, S97
~ ось S95
винтовое движение H121, S98
виньетирование V143
вириальное разложение V147
вириальные коэффициенты V146
виртуальное перемещение V150
~ состояние V155
виртуальные частицы V154
виртуальный катод V149
~ мезон V153
~ переход V156
~ уровень V152
вискозиметр V160
вискозиметрия V161
висмут B211
вистлер W106
виток T456
вихревая дорожка V219
~ дорожка Кармана K4
~ решётка V214
вихревое движение V215
~ кольцо V217
~ поле V213
вихревой слой V218
вихревые токи E23
вихрь C960, E22, V211
~ магнитного потока F239
вициналь V138
включение I94
ВКР S829
ВКР-излучение S689
ВКР-лазер R154
влага M561
влажность M561
~ воздуха A276
влажный пар W100
влияние E26, I187
вмороженность F357
вмятина I116
внеатмосферная астрономия E533
внегалактический источник E529
внегалактическое излучение E528

ВНЕДРЕНИЕ

внедрение I55
внезапная аномалия поля S960
~ девиация частоты S961
внезапное возмущение S958
~ изменение фазы S964
~ ионосферное возмущение S962
~ начало S956
~ поглощение космического радиоизлучения S957
~ усиление атмосфериков S959
внеземное излучение E535
внеземные цивилизации E534
внеосевая голограмма O30
внеосевой пучок O29
внесистемные единицы A511
внешнее трение E522
внешние планеты O297
~ силы E521
внешний запуск E524
~ радиационный пояс O299
~ фотоэффект E523, P431, P434
внешняя задача O298
~ магнитосфера O296
~ оболочка O300
вносимое затухание I229
вносимые потери I229
внутреннее вращение I328
~ квантовое число I326
~ отражение I327
~ трение I323
внутренние гравитационные волны I324
внутренний радиационный пояс I220
~ фотоэффект I325
внутренняя задача I219
~ конверсия I321
~ магнитосфера I218
~ оболочка I221
~ симметрия I329
~ чётность I359
~ энергия I322
внутризёренный излом T319
внутризонный переход I351
внутрикристаллическое поле C911
внутримодовая дисперсия I354
внутримолекулярное взаимодействие I356
внутримолекулярные связи I355
внутрипучковое рассеяние I352
внутрирезонаторная лазерная спектроскопия I353
вогнутая дифракционная решётка C539
вогнутое зеркало C540

вода W6
водо-водяной реактор W7
водородный показатель P276
водяной пар S774, W8
возбуждающий импульс E460, I212
возбуждение E453
возбуждённая молекула E464
возбуждённое состояние E465
возбуждённый атом E462
~ ион E463
возвратное движение R469
возвратно-наклонное зондирование ионосферы B13
возвратно-поступательное движение R232
возвращающий момент R460
возгонка S934
воздействие A166, I187
воздух A272
воздушный зазор A274
возможное перемещение V150
возмущающая сила P271
возмущение D510, P267
возмущение траекторий T318
возмущённая задача P270
~ ионосфера D512
~ область D513
возмущённое движение P269
возмущённые дни A177
возмущённый день D511
возобновляемый источник R394
возраст Вселенной A266
~ нейтронов N103
волна W12
~ зарядовой плотности C208
~ Лява L382
~ разрежения E492
~ Римана R503
~ сжатия C529
волновая зона W64
~ картина W54
~ механика W45
~ нормаль W49
~ оптика W51
~ поверхность W61
~ функция W26
волновод G291, P600, W28
волноводная волна G293, G294
~ дисперсия W31
~ измерительная линия S347
~ мода G293, W34
волноводное окно W38
~ распространение W35
волноводный излучатель W36
~ канал W30
~ лазер W33
~ переключатель W37
волновое движение W47

~ сопротивление W58
~ уравнение W18
~ число W50
волновой вектор P937, W63
~ импеданс C193, W40
~ пакет W52
~ фронт W19
волномер F376, W46
волны вероятности P914
~ Гуляева - Блюстейна B226
~ де Бройля D39
~ ионизации I435
~ Лэмба L21
~ материи D39
~ на воде W9
~ плотности D160
~ Рэлея R199
волокнистый композит F88
волокно F87, F114
~ со ступенчатым изменением показателя преломления S803
~ с плавным изменением показателя преломления G199
волоконная оптика F93
волоконно-оптическая линия связи O118
волоконно-оптический интерферометр F92
~ кабель F90
~ канал связи F91
волоконный лазер F89
волчок T272
вольт V189
вольтамперная характеристика V200
вольтметр V202
вольфрам T429, W138
воронка F434
восприимчивость S1087
восприятие S198
воспроизведение P706
воспроизводимость R406
воспроизводство R326
~ ядерного топлива N364
восстанавливающий источник R254
~ луч R253
~ момент R460
восстановление R279, R326
~ изображения R256
восстановленное изображение R252
восходящий узел A535
вращательная дисперсия R535
~ линия R550
~ полоса R544
~ постоянная R545
~ температура R555
~ энергия R546
вращательное движение R537, R551

ВЫСОКОЧАСТОТНЫЙ

~ движение вокруг оси R542
~ движение вокруг точки R543
~ квантовое число R553
вращательный квант R552
~ переход R556
~ спектр R554
~ уровень R549
вращающаяся гантель R539
вращающиеся звёзды R540
вращающий момент T287
вращение G302, R541, R551
~ вокруг оси R542
~ вокруг точки R543
~ галактики G23
~ звёзд S798
~ неизменяемой системы R510
~ плоскости поляризации R561
~ плоскости поляризации света O189
времениподобный интервал T253
временная зависимость T246
~ задержка T245
~ когерентность T243
~ эволюция T49
временное разрешение T257
временной интервал T248
время T240
~ возврата R259
~ восстановления R259
~ высвечивания D57
~ деионизации D124
~ жизни L201
~ задержки D132
~ запаздывания D132
~ затухания люминесценции L418
~ когерентности C381
~ нарастания R517
~ нечувствительности D36
~ пролёта T345
~ распада D57
~ реверберации R473
~ релаксации R377
~ спада D57
времяпролётный масс-спектрометр T255
~ спектрометр T256
ВРМБ S819
ВРМБ-кювета S37
ВРМБ-лазер S38
Вселенная U84
~ де Ситтера D191
всемирное время U83
всенаправленная антенна O43
всенаправленное излучение O44
всенаправленный излучатель O45

всестороннее растяжение D341
всплеск B380
~ радиоизлучения R94
всплески O295
вспомогательное зеркало S108
вспыхивающая звезда F176
вспышка B380, F173
~ частиц P126
встречная инжекция A477
встречные пучки C422
Вт W10
вторая вязкость V210
~ космическая скорость E412, P22
вторичная электронная эмиссия S104
~ эмиссия S104
вторичное зеркало S108
~ излучение S110
~ квантование S109
~ напряжение S113
вторичные космические лучи S103
вторичный излучатель S111
~ эталон S112
второе начало термодинамики S114
второй звук S116
~ фокус B3
вуаль F268
входная мощность I225
входное напряжение I228
входной зрачок E346
~ импеданс I224
~ каскад I226
~ контур I223
входные зажимы I227
выбор S131
выборка S15
выборочные испытания P211
выброс S617
вывод D182, E526
~ пучка B100
выгорание D378
~ провала H228
выделение S131
~ энергии E331
выжигание провала H228
выключатель C987, S1094
вылет E410
вымораживание носителей заряда C78
вынужденная десорбция S821
~ диффузия S822
~ конвекция F278
~ люминесценция S825
вынужденное движение F279
~ излучение I137, S823
~ испускание S823
~ комбинационное рассеяние S829

~ комптоновское рассеяние S820
~ поглощение S817
~ рассеяние Мандельштама - Бриллюэна S819
~ рассеяние света S824
~ температурное рассеяние S830
~ усиление S818
вынужденные колебания F280, F281, I139, S826
вынужденный переход S831
выпадение осадка P858
выпрямитель R265
выпрямление D202, R264
~ на запирающем слое B67
выпуклое зеркало C694
выращивание G284, G285
~ кристаллов C901
~ монокристаллов S307
вырождение D103
~ вакуума D106, V14
~ уровней энергии D105
вырожденная зона D109
~ мода D112
вырожденное состояние D115
вырожденные колебания D113
вырожденный газ D110
~ гелиевый карлик D111
~ полупроводник D114
~ тип колебаний D112
высвобождение энергии E331
высокая верность воспроизведения H193
высокие температуры H214
~ частоты H194
высоковозбуждённое состояние H199
высоковольтный импульс H219
~ кабель H217
~ разряд H218
~ ускоритель H216
высокое давление H203
~ напряжение H215
~ разрешение H206
высокоскоростная фотография H208
высокоспиновое состояние H210
высокотемпературная калориметрия H212
~ плазма H213, H283
высокочастотная проводимость H196
~ фокусировка R106
высокочастотное излучение R487
высокочастотные колебания H198
высокочастотный диапазон H195

ВЫСОКОЧАСТОТНЫЙ

~ нагрев плазмы R486
~ разряд H197
высота A314, H114
~ звука P612
~ над уровнем моря H115
~ потенциального барьера B64
высотомер A312
выстраивание A286
~ ядерных спинов N402
высшие гармоники H188
~ уровни H189
высыпание P858
~ частиц P141
высыпающиеся ионы P857
~ электроны P856
выталкивающая сила B372, B373
вытесненная жидкость D457
выход люминесценции L422
~ нейтронов N163
~ реакции R213
~ флуоресценции F223
выходная мощность O304
выходное зеркало E478
~ напряжение O307
выходной зрачок E479
~ каскад O305
~ контур O303
выходные зажимы O306
вычет R414
вычисление C8
вычислительная машина C538
вязкая жидкость V167
вязкий поток V165
вязкое демпфирование V163
~ течение V165
вязкостное демпфирование V163
~ сопротивление V168
вязкость V162
вязкоупругая деформация V157
~ жидкость V159
вязкоупругость V158

Г

габитус H1
гадолиний G2
газ G52
газоанализатор G55
газовая динамика G65
~ постоянная G56
~ смесь G66
~ струя G72
~ туманность G67
~ турбина G79
~ фаза G68
~ хроматография G76

газовое усиление G53
газовый анализ G54
~ лазер G73
~ поток G71
~ разряд G57
~ термометр G78
газодинамика G65
газодинамический лазер G64
газообразное вещество G69
~ состояние вещества G68
газопоглотитель G147
газопроницаемость G74
газоразрядная камера G58
~ лампа D403, D404
~ плазма G62
~ трубка D404
газоразрядный источник G63
~ источник света G63
~ лазер G61
~ прибор G60
газоструйный излучатель H63, J9
газотрон G70
галактика G25
галактические космические лучи G17
галактический диск G18
~ источник G24
~ мазер G20
~ центр G15
галактическое гало G19
~ излучение G22
галлий G29
галлон G30
гало H29
галогены H30
гальванический элемент E121
гальванолюминесценция G32
гальваномагнитные явления G33
гальванометр G34
гамильтониан H32
гамильтонов формализм H33
гамильтонова калибровка H31
~ система H35
гамма G35
гамма-астрономия G38
гамма-всплески G40
гамма-дефектоскопия G42
гамма-излучение G44
гамма-квант G36
гамма-лазер G43
гамма-лучи G44
гамма-спектрометр G46
гамма-спектроскопия G47
гармоника H48
гармоническая функция H52
гармонические колебания H55, H56, S330
гармонический анализ H50
~ осциллятор H57
~ ряд H58
гармоническое движение H55

гартмановская диафрагма H60
гартмановское течение H61
гаситель Q132
гаусс G84
гауссов контур G89
гауссова система единиц G86
гашение Q133
Гб G165
гейзенберговская модель H117
гексагональная плотноупакованная структура H169
~ сингония H171
~ система H171
гексагональный кристалл H170
гексод H173
гектопаскаль H112
гелиевая вспышка H131
гелиевый детандер H130
~ криостат H129
~ магнитометр H132
гелий H128
гелий-неоновый лазер H133
геликоидальная структура H122
геликон H124
гелиограф H126
гелиостат H127
гелиоцентрические координаты H125
гель G94
Генеральная конференция по мерам и весам G97
генератор G111, O282
~ Баркгаузена - Курца B53
~ Ганна G301
~ гармоник H54
~ Гартмана H63, J9
~ группы G278
~ импульсов I66, P995
~ качающейся частоты S1091
~ озона O330
~ пилообразного напряжения S35
~ плазмы P665
~ стандартных сигналов S714
~ шума N187
RC-генератор R203
генераторная лампа O270
генерационно-рекомбинационный шум G110
генерация G108
~ гармоник H53
генерирование G108
генетически значимая доза G112
генри H139
геоакустика G113
географические координаты G117

геодезическая линия G115
геодезия G116
геоид G118
геомагнетизм G128, T65
геомагнитная буря G125
~ долгота G122
~ ловушка G126
~ широта G121
геомагнитное поле G120
геомагнитные вариации G127
~ координаты G119
геомагнитный меридиан G123
~ полюс G124
геометрическая акустика G129
~ изомерия C308, G133
~ интерференция G138
~ кристаллография G131
~ оптика G134
геометрические осцилляции G135
геометрический изомер C307, G132
~ фактор G137
геометрическое место L326
~ поперечное сечение G130
геометрия G139
~ Евклида E422
геостационарная орбита G142
геотермика G145
геотермическая энергия G143
геотермический градиент G144
геотермия G145
геофизика G141
геофон G140
геохронология G114
гептод H141
германий G146
герполодия H146
герц C991, H147
гетеровалентный изоморфизм H166
гетерогенная конденсация H156
~ система H158
гетерогенность H154
гетерогенный катализ H155
~ реактор H157
гетеродин H152
гетеродинирование света H153
гетеролазер H161
гетеропереход H159
гетерополярная связь H163, I402
гетероструктура H164
гетерофазная структура H162
гетерохромная фотометрия H151
геттер G147
геттерный насос G148
гибкое зеркало F190

гибкость F189
гигант G156
гигантская оптическая нелинейность G151
гигантские осцилляции G152
гигантский импульс G153
~ резонанс G155
гидродинамика плазмы P667
гидролокатор S431
гидролокация S431
гидростатический напор P873
гильберт G165
гильбертово пространство H221
λ-гиперон L14
гиратор G303
гиромагнитная частота C1000, G305
гиромагнитное отношение G306
гиромагнитные явления G304
гироскоп G307
гироскопические силы G308
гироскопический момент G311
гиростабилизатор G312
гиротрон G313
гиротропия G316
гиротропная среда G315
гиротропный кристалл G314
гистограмма H223
главная ось деформации P888
~ ось инерции P887
~ ось напряжения P889
~ серия P897
~ спектральная серия P897
главное зеркало P880
~ квантовое число P896
~ направление P890
~ напряжение P898
главные плоскости P895
главный максимум M208, P892
~ момент инерции P894
~ фокус P891
гладкая кривая S358
глаз E539
глауберовские поправки G175
глобальная дуальность G179
~ инвариантность G181
~ неустойчивость G180
~ симметрия G182
глубина D177
~ модуляции D180
~ осцилляций O274
~ проникновения D181, P202
~ резкости D179
глубокая ловушка D77
глубоко неупругий процесс D75
~ неупругое рассеяние D76
глюбол G187
глюино G188

глюон G189
глюонный мешок G190
Гн H139
год Y4
годичная аберрация A429
годичные вариации A430
годограф H224
годоскоп H226
«голая» частица B49
голдстоуновские моды G195
голдстоуновский бозон G193
~ фермион G194
«головастик» T2
головка H66
головная ударная волна B298, H68
голограмма H240
голографическая диагностика H243
~ запись H249
~ интерферограмма H246
~ интерферометрия H248
голографический интерферометр H247
голографическое запоминающее устройство H250
~ ЗУ H250
~ изображение H244
~ распознавание образов H245
голография H251
«голое» ядро B48
голоморфная функция H252
голономная система H253
гольмий H239
гомеополярная связь C819
гомогенная конденсация H258
~ система H263
гомогенный катализ H257
~ реактор H262
гомологический ряд H265
гомопереход H264
гомополярная связь H267
гомоцентрический пучок H254
гониометр G196
гониометрия G197
горелка Бунзена B370
горение B378, C477
горизонт H269
~ событий E438
горизонтально-поляризованное излучение H270
горячая Вселенная H285
~ лаборатория H281
~ люминесценция H282
~ плазма H213, H283
горячие дырки H280
~ носители H275
~ носители заряда H275
~ электроны H278

ГОРЯЧИЙ

горячий канал H277
гофрированный волновод C760
гПа H112
Гр G255
гравиметр G230
гравиметрия G231
гравитационная масса G232
~ неустойчивость G240
~ постоянная G237
~ фокусировка G239
гравитационное взаимодействие G242
~ излучение G245
~ поле G238
~ смещение G247
гравитационные волны G249, G254
гравитационный вариометр Этвеша E356
~ дефект массы G243
~ захват G235
~ инстантон G241
~ коллапс G236
~ парадокс G244, N80
~ радиус G246, S83
гравитация G233
гравитино G250
гравитон G251
градация G198
градиент G200
~ давления P872
~ магнитного поля M57
~ потенциала P831
~ температуры T38
градиентная инвариантность G202
градиентное волокно G199
градиентный дрейф G201
градиентометр G203
градиометр G203
градуировка C11, G204
градуировочная кривая C12
градуировочный источник C13
градус D118
грамм G208
грамм-атом G209
грамм-молекула G210
гранат G51
гранецентрированная решётка F5
гранецентрированный куб F3
~ кубический кристалл F4
граница B287
~ зерна G206
~ поглощения в кадмии C4
~ раздела I290
~ раздела фаз P283
граничная задача B291
~ область I291
граничное значение B290
граничные условия B288

~ условия Леонтовича L180
грануляция G214
граф G215
график G215, P708
графит G218
графитовая кладка G221
графитовый замедлитель G220
~ реактор G219
графическое интегрирование G216
~ представление G217
грозовой разряд L234
грозоразрядник L231
громкоговоритель L381
громкость L380
грубая корректировка R567
группа G276
~ вращений R560
~ Лоренца L362
~ перестановок P256
~ Пуанкаре P715
группирование B367
группирователь B366
группировка фотонов P484
групповая задержка G277
~ скорость G281
групповое запаздывание G277
групповой синхронизм G279
группы симметрии S1105
~ симметрии кристаллов C939
грэй G255
Гс G84
Гц C991, H147

Д

давление P868
~ жидкости F221
~ звука P876
~ звукового излучения A126
~ излучения P875, R50
~ магнитного поля M63
~ насыщенного пара S23
~ пара V54
~ плазмы P681
~ при кавитации C129
~ света L237, P874
~ солнечного ветра S404
~ электромагнитной волны E153
давыдовское расщепление D28
далёкая инфракрасная область спектра F27
далёкое инфракрасное излучение F26
дальний магнитный порядок M87
~ порядок L348
дальнодействие A167, L347

дальнодействующая компонента L346
дальнозоркость L349
дальномер R172
дальность D484, R171
~ видимости R174
дальняя зона F25
дальтонизм C446, D4
данные D22
~ наблюдений O11
датирование по радиоуглероду R95
датчик P546, S204, T320
~ перемещения D460
~ положения P807
~ смещения D460
~ температуры T45
дБ D63
дважды ионизованный атом D578
двигатель E336
движение M651, M662
~ брошенного тела P931
~ вокруг неподвижной точки M652
~ доменных стенок D534
~ заряженных частиц в скрещённых полях M653
~ материальной точки P136
~ молекул M590
~ под действием силы M656
~ по инерции I174
~ по окружности A403, C301
~ по спирали H121
~ со сверхзвуковой скоростью S1035
~ твёрдого тела M654
~ центра масс C152
движущееся изображение M666
движущийся заряд M663
двойная звезда D575
~ инжекция D568
~ связь D560
~ система B189
двойник T457
двойникование T461
двойниковая граница T458
двойное изображение D567
~ лучепреломление B209, D573
двойной бета-распад D559
~ интерферометр D569
~ калориметр D561, T459
~ магнитный резонанс D570
~ монохроматор D571
~ мост Кельвина K8
~ пульсар B187
~ резонанс D574
~ электрический зонд D564
~ электрический слой D563, E85
двояковогнутая линза B178

двояковыпуклая линза B179
двукратно ионизованный атом D578
двулучепреломление B209, D573
двумерная модель T475
~ спектральная классификация T476
двумерное изображение T474
двумерный электронный газ T473
двухатомная молекула D242
двухбазовый диод T466
двухжидкостная гидродинамика T483
~ модель T478
двухзонная модель T465
двухквантовый переход D572
двухкомпонентная жидкость T470
~ плазма T471
~ система B189
двухлинзовый объектив D577
двухлучевая интерференция T467
двухлучевой интерферометр T468
~ осциллограф D600
двухмагнонное поглощение T484
двухосный кристалл B176
двухполупериодный выпрямитель F421
двухрезонаторный клистрон D562
двухступенчатая ионизация T491
двухуровневая модель T482
двухуровневый атом T479
~ лазер T480
~ мазер T481
двухфазное течение T486
двухфотонная диссоциация T488
двухфотонное излучение T489
~ поглощение T487
двухфотонный переход T490
двухцветный пирометр B177
двухчастотный интерферометр D566
двухэлектронное возбуждение D565
двухэлементный интерферометр A196, T477
дебаевская длина D44
дебаевский радиус D44
дебаеграмма D46
дебай D42
дебанчер D40
де-бройлевская длина волны D38
девиатор D217

~ деформаций S857
~ напряжений S889
девиация D216
~ компаса M44
~ частоты F367
деградация голограммы H241
~ полупроводников S182
~ энергии D117
дезаккомодация D185
дезактиватор D35
дезактивационная камера D68
дезактивация D34
дезоксирибонуклеиновая кислота D161
деионизация D123
действие A166, E26, I187
~ излучения R35
~ на расстоянии A167
действительное изображение R228
действующая высота E29
~ диафрагма A490
~ длина антенны A452
действующее значение E32
~ напряжение E33
дейтериды D211
дейтериевая мишень D213
дейтерий D212
дейтрон D214
деканалирование D61
~ ионов I394
~ на дефектах D62
декартовы координаты C84
декатрон D125
декодер D67
декорирование D69
декремент D71
~ затухания D10
декристаллизация D72
деление D523, D523, F150
~ амплитуды A357
~ атомного ядра N361
~ напряжения V192
~ пучка B117
~ частоты F370
~ шкалы S48
делитель напряжения V191
~ пучка B99
~ частоты F369
делительная головка D522
~ изомерия F160
делокализация дефектов D81
делокализованный дефект D134
дельбрюковское рассеяние D133
дельта-лучи D137
дельта-функция D136, U78
~ Дирака D370
дельта-электрон D135
делящееся ядро F152
делящийся изомер F159

~ материал F151
демодулятор D146
демодуляция D145
демон Максвелла M287
демонтаж реактора R224
демпфер D8, R461
демпфирование D9
~ колебаний O273
демультиплексор D147
дендрит D148
дендритный кристалл D149
денсиметр A521, D150
денсиметрия D151
денситометр D152
денситометрия D153
день D29
депиннинг D165
деполяризатор D172
деполяризация люминесценции L419
~ света D171
держатель S1044
десенсибилизатор D189
десенсибилизация D188
десорбция D192
~ полем F98
деструктивная интерференция D197
деструкция D194
~ полимеров P786
десублимация D198
десятичный логарифм D64
детандер E491
детектирование D145, D202
~ атомов A615
~ атомов на поверхности S1053
~ гравитационных волн G248
~ единичных атомов D203
~ единичных молекул D204
~ нейтронов N116
~ огибающей E351
~ света L214, O111
~ случайных сигналов R168
детектор D146, D205
~ гамма-всплесков G39
~ излучения R31
~ Мотта M657
~ частиц P122
детерминант D206
детерминизм D208
детонационная волна D210
детонация D209
дефазировка D164
дефект D79, F185, I54
~ внедрения I346
~ замещения S947
~ кристалла C899
~ массы M240
~ решётки L135
~ структуры S914
~ упаковки S704
дефектон D84

ДЕФЕКТООБРАЗОВАНИЕ

дефектообразование D82
дефектоскоп F187
дефектоскопия F186, N211
дефекты Френкеля F360
дефицит нейтронов N112
дефлаграция D86
дефлектор D93
~ на дифракционной решётке G227
~ пучка B95
дефокусировка D94
~ лазерного пучка L59
~ пучка B96
деформационное упрочнение S859
деформационные колебания D100
деформационный потенциал D99
деформация D97, S855
~ витка с током C977
~ всестороннего сжатия U62
~ зоны D98
~ изгиба B132
~ кручения T293
~ матрицы M271
~ плазменного шнура P662
~ растяжения T50
~ решётки L136
~ сдвига S222
~ сжатия C523
~ стержня R525
~ энергетической зоны D98
~ ядра N351
деформированное ядро D101
деформируемость D95
децибел D63
дециметровые волны D65
Дж J17
джозефсоновские колебания J16
джозефсоновский контакт J14
джоулев нагрев J19
джоулевы потери J22, O37
джоуль J17
диагностика D222
~ горячей плазмы H284
~ плазмы P654
диагональ D223
диаграмма D224, G215, P168, P708
~ Герцшпрунга - Рассела H150
~ направленности D383
~ напряжений S893, S894
~ равновесия E376, P301
~ рассеяния S72
~ состояния C623, P301
~ течения F207
~ уровней энергии E321
~ устойчивости S691
~ Фейнмана F85
~ цветностей C278

диаграммы Майера M293
диализ D227
диамагнетизм D231
~ Ландау L31
~ плазмы P655
диамагнетик D229
диамагнитная восприимчивость D230
диаметр D232
~ орбиты O230
диапазон B35, R171
~ высоких частот H195
~ давлений P877
~ длин волн W44
~ звуковых частот A657
~ низких частот L393
~ перестройки T433
~ сверхвысоких частот M482
~ СВЧ M482
~ скоростей V100
~ частот F363, F383
~ энергий E329, E330
диастереоизомер D240
диастереомер D240
диатермия D241
диафрагма D239, L249, S849
~ Гартмана H60
диафрагмирование пучка B97
дибарион D243
дивергенция D515
~ аксиального тока D516
~ вектора D517
диверtor D521
дигидрофосфат аммония A327
~ калия P821
дилатометр D342
дилатометрия D343
дилептон D344
димер D353
димеризация D354
диморфизм D355
дина D637
динамика D626
~ адронов H2
~ атмосферы A579
~ деформируемого тела D627
~ дислокаций D425
~ жидкостей и газов F217
~ кристаллической решётки C908
~ материальной точки P124
~ неизменяемых систем R509
~ несжимаемой жидкости I111
~ плазмы P656
~ разрежённых газов D628, R183
~ ракет R520
~ сжимаемой жидкости C520
~ твёрдого тела D629
~ частицы P124
динамическая вязкость D634
~ голография D618

~ индуктивность D620
~ нагрузка D622
~ неустойчивость D621
~ поляризация D623
~ симметрия D632
~ система D633
~ устойчивость D630
динамический винт W145
~ диапазон D625
динамическое давление D624
~ изображение M666
~ напряжение D631
~ равновесие D616
динамо D635
динамометр D636
динод D638
диод D357
~ Ганна G298
~ Шокли S242
pin-диод P590
диодная накачка D360
диодное детектирование D358
диодный лазер D359, L69
диокотронный эффект D356
диоксид углерода C66
диоптрика D362
диоптрия D361
диполь D364
~ Герца H148
диполь-дипольное взаимодействие D366
дипольное излучение D368
дипольный излучатель D369
~ магнитный момент M48
~ момент D367
директор D394
директорная антенна Y1
диск D421
~ галактики G18
~ Корбино C717
~ Рэлея R192
дисклинация D405
дискретизатор D340
дискретизация D415
дискретность заряда C209
дискретный источник D413
~ спектр D414
~ фильтр D412
дискриминатор D416
дислокационная стенка D430
дислокация D423
~ Бюргера S96
диспергатор D437
диспергирование D439
диспергирующая среда D453
дисперсионная кривая D441
~ линия задержки D442
~ призма D438
дисперсионное твердение A264, P859
~ уравнение D442
дисперсионные соотношения D450

ДЛИННОВОЛНОВЫЙ

дисперсионный анализ D440
~ интерферометр D443
~ резонатор D455
дисперсия D439, V62
~ волн W17
~ групповой скорости G282
~ материала M261
~ оптического вращения O188, R535
~ показателя преломления D449, D456
~ прибора D446
~ света O115
~ скорости звука S474
~ случайной величины R170
дисперсность D451
дисплей D461
диспрозий D639
диссектор D464
диссипативная
   неустойчивость D470
~ система D472
~ среда D471
~ функция D469
диссипативные силы D468
диссипативный механизм
   ускорения D467
диссипация D465
~ энергии D466, E316
диссонанс D483
диссоциативная ионизация D479
~ рекомбинация D480
диссоциативное равновесие D477
диссоциационный лазер D478
диссоциация D473
~ молекул M578
~ молекулы M578
дистанционное зондирование R392
~ измерение R391
дистанционный датчик R393
дистиллированная вода D489
дистилляция D488
дисторсия D492
дифманометр D269
дифрагированное излучение D274
дифрагированный луч D273
дифрактограмма D300, D304
дифрактометр D305
дифракционная диссоциация D281
~ картина D300
~ расходимость D282
~ решётка D284, G224
дифракционное изображение D285
~ кольцо D302
~ рассеяние D303
дифракционные полосы D283
дифракционный

интерферометр G228
~ максимум D287
~ метод D288
~ минимум D289
~ ответвитель D280
~ спектрометр G229
дифракция D275
~ атомов и молекул D290
~ быстрых электронов H183
~ в атмосфере A584
~ в кристаллах D278
~ волн W16
~ звука D298, S445
~ медленных электронов L385
~ на круглом отверстии D277
~ на щели D279
~ нейтронов N118
~ радиоволн D297, R140
~ рентгеновских лучей X13
~ света D293, L215
~ света на ультразвуке D294, U25
~ Фраунгофера F333
~ Френеля F394
~ частиц P123
~ частично когерентных полей D296
~ электронов E187
~ электронов в твёрдых телах D292
~ электронов высоких энергий H183
~ электронов низких энергий L385
дифференциал D265
дифференциальное и интегральное исчисление C9
~ сечение D267
~ сечение рассеяния D267
~ уравнение D268
дифференциальные уравнения в частных производных P100
дифференциальный анализатор D266
~ манометр D269
~ оператор D270
дифференцирование D182, D272
дифференцирующая цепь D271
диффузионная длина D326
~ ёмкость D316
~ зона D332
~ камера D317
~ мезаструктура D307
диффузионный насос D331
~ потенциал D330
~ поток D322
~ ток D319
диффузия D315
~ в атмосфере A585

~ в газах D323
~ в жидкостях D324
~ в твёрдых телах D325
~ излучения R32
~ нейтронов D329, N123
~ неосновных носителей D328
~ носителей заряда C198
диффузное излучение D311
~ отражение D312
~ рассеяние D313
диффузный источник D314
~ разряд D306
диффузор D310
дихроизм D245
дихроичное зеркало D244
диэлектрик D247, I246
~ без потерь L377
диэлектрическая антенна D249
~ восприимчивость D260
~ постоянная P252
~ проницаемость P252
~ проницаемость вакуума P253
~ проницаемость плазмы P679
диэлектрические потери D253
диэлектрический волновод D261
~ гистерезис D252
диэлектрическое зеркало D257
диэлектронная рекомбинация D262
длина L174
~ волны W43
~ волны в волноводе G292
~ волны в свободном пространстве F355
~ диффузии D326
~ когерентности C378
~ корреляции C748
~ ослабления A650
~ осцилляций O276
~ перемешивания M522
~ поглощения A49
~ пробега F349, P167
~ пути P167
~ рассеяния S76
~ релаксации R374
~ свободного пробега фононов P367
~ связи B265
~ термализации T128
~ фокусировки F263
длинная линия L342
длинноволновая область L355
длинноволновое излучение L353, L395
длинноволновый диапазон L354
~ континуум L352

ДЛИННОПЕРИОДНЫЕ

длиннопериодные колебания L345
длинные волны L356
длительность D609
~ импульса P991
~ импульса на полувысоте H13
~ импульса на уровне 0,5 H13
~ импульса на уровне половинной амплитуды H13
~ фронта импульса P1005
ДНК D161
дно зоны B36
~ энергетической зоны B284
добротность F113, Q1
~ колебательной системы Q3
~ объёмного резонатора C134
~ спектральной линии S558
доверительный интервал C577
доза D553, R14
~ излучения R34
~ облучения E517
дозвуковое течение S943
дозвуковой поток S943
дозиметр D557
дозиметрический контроль M620, R48
дозиметрия D558
доказательство существования E477
долговременная нестабильность L350
~ стабильность L351
долгоживущая компонента L343
долгоживущий изотоп L344
долгота L335
долина V42
~ зоны проводимости C563
дольные единицы S938
доля F319
~ захваченных частиц T388
домен D525
~ Ганна G299
доменная граница D526, D532
~ намагниченность D528
~ стенка B232, D526, D532
донор D535
донорная примесь D537
донорный уровень D538
~ центр D536
доплеровская линия D547
доплеровский контур D549
~ метод D552
~ сдвиг D550
доплеровское зондирование D551
~ смещение D550
~ уширение D545

доплерон D548
дополнительность C499
дополнительные цвета C501
допустимая доза P248, T267
~ перегрузка P249
допущение A545
достоверность C576, R379, S289
дофинейский двойник D26
дочерний атом D25
дп D361
древовидный кристалл D149
дрейф D585
~ заряженных частиц C220
~ континентов C639
~ носителей заряда C77
~ частоты F371
дрейфовая камера D586
~ неустойчивость D588
~ скорость D592
~ трубка D591
дрейфовое движение D590
дрейфовые волны D593
дрейфовый ток D587
дробовой шум S267
дрожание F233, J12
~ изображения I30
~ импульса P999
~ частоты F373
дросселирование T232
дроссельная канавка C270
дуализм D601, D602
дуальность D602
дуант D73
дублет D576
дуга A513
дуговая лампа A518
дуговой разряд A514
~ спектр A519
дуоплазматрон D608
духи G150
дымка H65
дырка H227
дырочная область P865
~ проводимость H231
дырочный полупроводник P973
дьюар D220
дюйм I84

Е

евклидово пространство E423
Европейская организация ядерных исследований E425
европий E426
единая теория поля U61
единица измерения U72
единицы СГС C178
~ СИ S332

~ физических величин P540
единичный вектор U80
~ импульс U78
~ интервал U79
~ объём U81
ёмкостная диафрагма C39
~ нагрузка C40
~ связь C38
ёмкостное сопротивление C36
ёмкостный датчик C41
~ манометр C48
~ накопитель C42
ёмкость C36
естественная конвекция F340, N16
~ система единиц N23
~ ширина спектральной линии N15
естественный свет N20

Ж

жгут B368
железо I466
железо-иттриевый гранат Y17
желобковая неустойчивость F232
жёсткая компонента H41
~ конструкция R508
~ фокусировка S908
жёсткий квант H46
~ магнитный материал H43
~ ротатор R511
жёсткое вращение R510
~ излучение H47, P200
~ тело R507
жёсткость H44, S814
~ излучения R37
~ на изгиб F193
~ при изгибе B137
~ при сдвиге S225
~ рентгеновского излучения X27
ЖИГ-лазер Y6
жидкий азот L291
~ гелий L287
~ диэлектрик L284
~ кислород L294
~ кристалл L283
~ металл L290
~ полупроводник L295
жидководородная пузырьковая камера L288
жидкое вещество L297
~ состояние L296
жидкокапельная модель L285
жидкостный калориметр L282
~ лазер L289
~ термометр L286
жидкость F216, L281

З

зависимость D162, R339
~ вязкости от температуры D163
~ масса - светимость M244
~ от времени T246
~ от частоты F365
~ период - светимость P235
завихренность V221
заглушённая камера A380
загоризонтное
   распространение O318
загрузка L307
~ активной зоны C720
~ реактора R222
загрязнение C638
~ атмосферы A277
~ воздуха A277
~ окружающей среды E352
~ плазмы P652
~ продуктов деления F163
задача P922
~ двух тел T469
~ Дирихле D396
~ многих тел M220
~ на собственные значения E42
~ на собственные функции E38
~ Неймана N79
~ трёх тел T214
~ Штурма - Лиувилля S924
задающий генератор M255
задержка D126, L6
задний фокус B3
задняя кромка T316
зажигание F142, I16
~ разряда D401
зажим T64
заземление E2, G271, G272
зазор C322, G50
закалка H42, Q133
~ концентрации C543
закон L150
~ Ампера A339
~ Архимеда A515
~ Био - Савара B207
~ Блоха B229
~ Бойля - Мариотта B300
~ Брюстера B330
~ Бугера - Ламберта - Бера B286
~ Видемана - Франца W116
~ возрастания энтропии E348
~ всемирного тяготения Ньютона N167
~ Гей-Люссака G91
~ Гейгера - Неттолла G93
~ Генри H140
~ Грюнайзена G290
~ Гука H268

~ Дальтона D5
~ действия и противодействия L151
~ действующих масс L154
~ Джоуля J20
~ Джоуля - Ленца J21
~ дисперсии D445
~ Дюлонга и Пти D607
~ излучения Вина W120
~ излучения Планка P621
~ излучения Рэлея - Джинса R194
~ излучения Стефана - Больцмана S779
~ индукции Фарадея F23
~ Капицы K2
~ Кеплера K12
~ Кирхгоффа K56
~ Кулона C798
~ Кюри - Вейса C958
~ Ламберта L18
~ Малюса M210
~ Мозли M644
~ Ома O38
~ Паскаля P153
~ Пашена P155
~ подобия S54
~ Пуазейля P725
~ равнораспределения E387
~ Снеллиуса S359
~ сохранения заряда C202
~ сохранения количества движения L153
~ сохранения энергии E313
~ Стокса S846
~ трёх вторых T219
~ химического равновесия L152
~ Шарля C231
~ эквивалентности массы и энергии P902
законы для идеального газа P218
~ излучения R44
~ механики Ньютона N168
~ сохранения C609
закрытая модель C337
закрытый источник S99
~ радионуклидный источник S99
залечивание дефектов H69
замагниченная плазма M147
замедление D60, L6, R465
~ нейтронов M536, N137
замедленное движение D58
~ действие D128, R466
замедленные нейтроны M535
замедлитель M537
~ на тяжёлой воде H111
~ нейтронов N138
замедляющая линза D130
~ система S351
~ структура S351

замедляющее напряжение D59
замена переменных C183
замерзание F356
замещение D458, S946
замирание F11
замкнутая конфигурация C331
~ кривая C333
~ линия C336
~ модель C337
~ оболочка C339
~ система C340, I519
замкнутое множество C338
замкнутый интервал C335
~ контур C330, L357
~ цикл C334
замораживание R324
~ орбитальных моментов O226
занятый уровень O18
запаздывание D126, L6, R465, T245
~ по фазе P298
запаздывающие нейтроны D129
запаздывающий потенциал R468
запас прочности S10
~ устойчивости S692
запирающий слой B65
записанное изображение R257
запись электронным лучом E174
заполнение O16
~ зон Z22
~ состояний O15
~ уровней L190
заполненная зона F116, O17
~ оболочка C339, F117
заполненность O16
заполненный уровень O18
запоминающий осциллограф S852
запрещённая зона E320, F272
~ линия F273
~ мода F274
запрещённый по чётности P92
запуск F142
запускающий импульс I212, T408
~ сигнал T407
заражение C638
зародыш N408, N416
~ конденсации C551
~ кристаллизации N408
~ трещины C833
зародышеобразование N407
зарождение N407
~ дислокаций D428
заряд C196, Q27

ЗАРЯД

~ иона I391
~ конденсатора C45
~ нейтрона N108
~ нуклона N412
~ электрона E178
~ ядра N348
зарядовая инвариантность C225
~ нейтрализация C227
~ чётность C229
зарядовое сопряжение C201
заряженная компонента C205
~ частица C214
заряженный К-мезон C211
~ каон C211
~ лептон C212
~ мезон C213
~ ток C206
заселение P800
~ уровня F118
заселённость O16, P800
затвердевание S413
затвор G80, S272
затмение E15
затменная переменная E19
~ переменная звезда E19
затравка F436, S125
затруднённый переход U56
затухание A646, D9, D51, L372
~ волн W19
~ в свободном пространстве F354
~ звука S443
~ колебаний O273
~ Ландау C436, L29
~ люминесценции L417
~ радиоволн R139
~ радиоволн в атмосфере A581
~ сигнала S283
~ ультразвука U14
затухающие колебания D7
затягивание частоты F382
захват T391
~ дырки H229
~ заряда C197
~ заряженных частиц C59, C223
~ нейтронов N106
~ носителей заряда C82
~ примеси I74
~ электрона E176
~ электрона ядром C60
К-захват K5
захватывание частоты F374, L325
захваченные частицы T389
захоронение радиоактивных отходов B377, D462
зацепление P591
защита P948, S92, S237
~ от ионизирующих излучений P949
~ от коррозии C757
~ от облучения P949
защитное действие P950
Зв S280
звезда S719
звезда-гигант G156
звезда главной последовательности M203
звезда-карлик D612
звезда пробоя D6
звезда-сверхгигант S1008
звёздная аберрация S780
~ активность S781
~ ассоциация S782
~ атмосфера S783
~ величина S793
~ динамика S787
~ фотометрия S795
~ эволюция S788
звёздное время S277
~ излучение S797
~ население S796
~ скопление S722
звёздный ветер S801
~ год S278
~ дождь M400
~ интерферометр S790
~ каталог S721
звёздообразование S723
звёзды Вольфа - Райе U139
звук S438
звуковая волна A142
~ изоляция S456
~ энергия A105, S446
звуковидение A112
звуковое давление A126, S463
~ изображение A111
~ поле S450
звуковой барьер S433
~ ветер A145
~ импульс A128, S466
звуковые волны A95
~ колебания A141, S475
~ частоты A656
звукоизоляционный материал S455
звукоизоляция S456
звуколокация S469
звуколюминесценция S435
звукопоглотитель A94
звукопоглощающий материал S440
звукосниматель P546
зеемановский подуровень Z4
зеемановское расщепление Z2
землетрясение E5
земля E2, G271
Земля E3
земная волна G275
земной магнетизм G128, T65
земные токи E4
зенит Z6
зенитное расстояние Z7
зенитный угол Z7
зеркала Френеля F398
зеркало M505, R306
зеркальная антенна R307
~ магнитная ловушка M515
~ плоскость симметрии M512
~ симметрия M514
зеркальное изображение M507
~ отражение M513, S598
зеркально-линзовый объектив C95
зеркальные ядра M511
зеркальный изобар M508
~ изомер M509
~ телескоп R292
зернистая структура G207
зернистость G207, G213
зерно G205
зиверт S280
знак S282
знакопеременная фазировка S285
~ фокусировка S284
знакопостоянная фокусировка S288
значение S289, V43
значимость I59, S289
зодиакальный свет Z17
золото G191
золь S366
золь-гель-метод S408
зона A520, B35, R332, Z18
~ Бриллюэна B337
~ диффузии D332
~ пониженного давления D175
~ проводимости C562
~ радиоактивного заражения C637
~ Френеля F399
зонд P915, S432, S438
зондирование S453
~ ионосферы I455
~ плазмы P682
зондирующий импульс P920, S454
зондовая диагностика P917
зондовые измерения P918
зондовый метод P919
зонная модель B39
~ плавка Z21
~ пластинка Z23
~ структура B42
~ теория B43
зонный магнетизм B38, Z20
зрение V173
зрительная труба T27
зрительное восприятие V181
зрительные иллюзии O131
~ наблюдения V180
зрительный контраст V175

И

ИАГ-лазер Y2
игнитрон I19
игольчатая диаграмма
  направленности P197
игольчатый катод S618
идеализация I8
идеализированная задача I9
идеальная жидкость I6, P220
~ оптическая система P221
~ плазма P222
~ пластичность P223
идеальный газ I7, P217
~ диэлектрик P216
~ кристалл P215
идентификация I10, R235
~ переходов T336
~ состояний S731
~ частиц P130
идентичность I11
идиоморфизм I12
иерархия H177
~ волн W39
изаллобара I485
изаллотерма I486
изанемона I487
изаномала I488
избежание резонансного
  захвата R435
избирательное поглощение
  S133
избирательность S141
~ по частоте F385
~ резонатора R453
~ фильтра F127
избыток давления P870
~ цвета C452
~ энергии E442
избыточная концентрация
  E441
~ населённость E443
избыточный коэффициент
  воспроизводства B324
извержение вулкана V188
извлечение E526
~ стержня W134
изгиб B131
~ бруса B134
~ волновода W29
~ доменной границы D533
~ зоны B136
~ кристалла C893
~ пластинки B135
~ пластины P703
изгибающий момент B133
изгибная волна F195
~ деформация B132
~ жёсткость F193
изгибное кручение B139
изгибные колебания B140,
  F194

изинговская модель I491
излом F320, K53
~ плазменного шнура P672
~ по границам зёрен I286
~ по плоскости спайности
  C324
~ при сдвиге S223
~ при сжатии C525
излучаемая мощность R20
излучатель E299, R67
~ звука A130
~ Планка P224
~ света L217
~ ультразвука U28
излучательная рекомбинация
  R63
~ способность E295
излучательность E297, R12
излучательный переход R66
излучающая система R21
излучение E287, R22
~ атмосферы A594
~ Вавилова - Черенкова C259
~ звука S467
~ квантовой системы Q72
~ накачки P1025
~ нерелятивистских частиц
  N292
~ оптически толстой плазмы
  O150
~ оптически тонкой плазмы
  O152
~ плазмы P684
~ радиоволн R126
~ серого тела G263
~ фотосферы P517
~ частиц P143
~ чёрного тела B217, C135,
  E384
~ электрона E232
изменение блеска L244
~ во времени T261
~ направления на обратное
  R474
~ состояния C182
измерение D346, M299
~ in situ I230
~ атмосферного давления
  M301
~ в месте нахождения I230
~ времени T254
~ высоты A313
~ дальности D485
~ дозы излучения M302
~ интервалов времени T249
~ периода P236
~ поглощения A52
~ полосы пропускания B45
~ расстояния D485
~ скорости V94
~ температуры T40
~ частоты F375
~ шумов N190

ИЗОМЕРИЯ

~ энергии E325
измеритель добротности Q4
~ ёмкости C37
~ коэффициента стоячей
  волны S716
~ КСВ S716
~ магнитной индукции G87
~ нелинейных искажений
  D494
~ поглощающей способности
  A37
~ скорости V88
~ скорости счёта C808
измерительная линия S347
измерительный генератор
  S714
~ микроскоп M305, M449
~ мост B331
~ преобразователь T320
~ прибор G3, I242, M401
износостойкий материал W82
износостойкое покрытие W81
износостойкость W80
изобар I492
изобара I492
изобарический спин I495
изобарный процесс I494
изображение I23, P550
~ во вторичных электронах
  S106
~ в оже-электронах A661
~ в отражённых электронах
  B11
~ в поглощённых электронах
  A30
~ в рентгеновских лучах X28
~ в термоэлектронах T177
~ в фотоэлектронах P428
~ звезды S724
изовалентный изоморфизм
  I579
изовектор I580
изогона I515
изогруппа I516
изоденса I510
изодинама I512
изодоза I511
изокандела I496
изокинета I517
изоклина I509
изолиния I521
изолированная дислокация
  I518
~ система I519
изолюкс I523
изолятор I246
изоляция I245, I520
изомер I524
~ формы S218
изомеризация I526
изомерия I525
~ атомных ядер N369
~ молекул M586

ИЗОМЕРИЯ

~ положения P806
изометрия операторов O76
изоморфизм I527
изомультиплет I528
изопикна I532
изопланатизм I531
изопространство I535
изосимметрия I542
изосинглет I534
изоскаляр I533
изоспин I536
~ ядра N370
изоспиновый дублет I537
~ мультиплет I538
~ триплет I539
изостера I540
~ адсорбции A227
изоструктурность I541
изотензор I543
изотерма I544
~ адсорбции A228
~ кристаллизации C921
изотермический контейнер T132
~ процесс I546
изотермическое расширение I545
изотон I547
изотоп I548
изотоп-индикатор T310
изотопическая инвариантность I559
изотопически селективная диссоциация I556
изотопический дублет I537, I557
~ инвариант I560
~ индекс I558
~ мультиплет I528, I538, I562
~ сдвиг I553
~ спин I536
~ триплет I539
~ эффект I551
изотопическое пространство I564
изотопная датировка I549
~ метка I566
~ хронология I549
изотопное отношение I563
изотопный индикатор I567, R78, T309
~ источник I554
~ метод I561
изотриплет I568
изотропизация I576
~ космических лучей C771
изотропия I577
~ Вселенной I578
~ излучения R43
~ пространства-времени S505
~ реликтового излучения R384

~ углового распределения A399
изотропная модель I572
~ среда I571
изотропное вещество I575
~ излучение I573
изотропность радиоактивного источника R86
изотропный излучатель I574
~ материал I570
изофаза I529
изофот I530
изохазма I497
изохора I498
изохорный процесс I499
изохрома I500
изохрона I501
~ солнечных затмений S380
изохронное движение I507
изохронность I503
~ колебаний I504
~ маятника I505
изохронные колебания I508
изохронный маятник I502
~ циклотрон I506
изоэлектронный ряд I513
изоэнтальпийный процесс I489
изоэнтропийный процесс I490
ИК-излучение I200
иконоскоп I4
икосаэдр I5
имитатор движущейся цели M669
имитация S300
иммерсионная жидкость I39
~ линза I38
иммерсионный метод I40
иммерсия I37
импеданс I51
~ нагрузки L306
~ пучка B104
имплантация I55
~ ионов высокой энергии H185
имплантер I57
имплантированный ион I56
импульс I64, M613, P978, S266
~ звуковой волны A144
~ накачки P1024
~ отдачи R240
~ при скользящем падении G256
~ силы I67
~ с линейной частотной модуляцией C266
~ точки P721
~ треугольной формы T399
~ фонона P371
~ фотона P492
~ частицы P135

~ электромагнитного поля E146
~ электрона E222
π-импульс P602
импульсная инжекция P987
~ лампа F178
~ модуляция P1000
~ мощность P177, P1003
~ последовательность P1008, P1011
~ фотометрия I68
импульсное инициирование P997
~ представление I69
~ приближение I65
~ пространство I70
~ фотолитическое инициирование F181
импульсно-кодовая модуляция P985
импульсно-периодический лазер P1001
импульсный генератор I66, P995
~ инжектор P998
~ источник P990
~ лазер P988
~ разряд P986
~ реактор P989
~ усилитель P979
~ фотолиз F180
инвар I361
инвариант I364
~ Римана R502
инвариантность I362
~ вакуума V23
~ относительно зарядового сопряжения C292
~ относительно комбинированной чётности C825
~ относительно обращения времени T260
C-инвариантность C292
CP-инвариантность C825
CPT-инвариантность C826
инвариантный заряд I365
инварианты поля F101
~ электромагнитного поля E145
инверсионный слой I375
инверсия I373
~ населённостей P801
~ плотности D155
инверсная населённость I368
инвертор I377
ингибитор коррозии C756
индекс I122
~ диаграммы Фейнмана I123
~ солнечной активности S368
индексы Вейса W94
индентор I117
индетерминизм I121

ИНТЕРФЕРЕНЦИЯ

индефинитная метрика I115
индивидуальный дозиметр Р266
индий I129
индикатор I124
~ настройки Т432
~ перегрузки Ое́сі
~ положения пучка B111
индикатриса диффузии I125
~ рассеяния S74
индуктивная диафрагма I152
~ нагрузка I153
~ связь I151
индуктивность I145, I146, S164
индуктивный датчик I154
~ накопитель I155
~ преобразователь I156
индукционная катушка I149
индукционный нагрев I150
~ ускоритель I148
индукция I147
индуцированная дисперсия I135
индуцированное двулучепреломление I132
~ излучение I137, S823
~ поглощение S817
индуцированный заряд I133
~ квант I141, S827
~ ток I134
инертная масса I173
инертность I167, I176, S352
инертный газ I166, N179
инерциальная масса I173
~ навигация I172
~ система отсчёта I171
инерциальное движение I174
~ удержание I169
инерционность I167, R517, S352
~ зрительного восприятия Р265
инерционные силы I170
инерция I167
~ вращения R536
~ гироскопа G309
инжектор I217
~ дырок H233
~ плазмы Р669
~ пучка B106
~ таблеток Р192
~ частиц Р132
~ электронов Е213
инжекционный лазер I216
инжекция I215
~ дырок H232
~ заряженных частиц С222
~ нейтральных частиц N87
~ неосновных носителей M500
~ носителей заряда С80
~ плазмы Р668
~ пучка B105

~ таблеток Р191
~ тока С967
~ частиц Р131
~ электронов Е212
инициирование I213
~ лазера L81
~ разряда D402
~ реакции I214
~ электрическим разрядом Е101
~ электронным пучком Е168
инициирующий импульс I212
инклинатор I91
инклюзивное сечение I95
инклюзивный процесс I96
инклюзия I94
инкремент I113
~ неустойчивости I235
~ усиления G13
инсоляция I231
инстантон I241
инструмент I242
инструментальные искажения I243
~ погрешности I244
интеграл I248
~ вероятности ошибок Е409
~ движения I251
~ действия А168
~ перекрытия О313
~ по оптическому пути I252
~ по поверхности S1071
~ по траектории Р166
~ Пуассона Р729
~ рассеяния S75
~ столкновений С434
~ столкновений Ландау L27
~ Френеля F396
~ Фурье F308
~ Эйри А280
интегральная интенсивность I250, Т302
~ микросхема С261, I254
~ оптика I256
~ плотность потока частиц Р127
~ схема I254
интегральное преобразование I253
~ уравнение I249
интеграция I260
интегрирование I260
~ по замкнутому контуру С332
~ по контуру С661
интегрирующая ионизационная камера I258
~ цепь I257
интегрирующий фотометр I259
интенсивное излучение I261
интенсивность I262
~ деформации S860

~ звука S457
~ излучения Е289, R42
~ испарения Е433
~ испускания Е289
~ источника S480
~ космического излучения С770
~ линии L271
~ люминесценции L420
~ накачки Р1021
~ напряжений S891
~ непрерывного спектра С659
~ перехода Т337
~ поглощения А47
~ полосы В37
~ пучка B108
~ радиоактивного излучения R79
~ рентгеновского излучения Х29
~ света L226
~ спектральной линии I266, S556
интенсивные параметры I267
интервал I349, R171
~ времени Т248
~ дискретизации S16
~ дуальности D603
~ между импульсами Р1006
~ плотностей D159
~ скоростей V100
~ температур Т43
~ энергий Е329
интеркалированные соединения I281
интеркомбинационные линии I284
~ переходы I285
интерметаллические соединения I316
интерполирование I333
интерполяция I333
интерпретация I334
~ дифракционных картин I335
~ спектров I336
интерфейс I290
интерференционная картина I300
~ полоса F409
интерференционные кольца I301
~ полосы I297
~ фигуры I295
~ цвета I293
интерференционный компаратор I294
~ фильтр I296
интерференция I292
~ акустических волн А114
~ волн W42
~ вырожденных состояний D116

601

ИНТЕРФЕРЕНЦИЯ

~ поляризованных лучей P757
~ радиоволн R141
~ рентгеновского излучения X30
~ света I298, O137
~ слабого и электромагнитного взаимодействий E273
~ состояний I299
~ электронных пучков E169
интерферограмма I300
интерферометр I304
~ Жамена J4
~ интенсивности I263
~ Майкельсона M423
~ Маха - Цендера M4
~ Рэлея R193
~ Саньяка S12
~ со сверхдлинной базой V110
~ с переключением фазы P341
~ Фабри - Перо F2
интерферометрические измерения I307
интерферометрический компенсатор I306
интерферометрия I308
~ высокого разрешения H207
~ интенсивности I264
инфлектор I186
инфляционная космология I184
~ модель I185
инфляция I183
информатика I189
информационный канал I191
информация D22, I190
инфразвук I207
инфразвуковые волны I206
~ колебания I205
инфракрасная астрономия I195
~ катастрофа I196
~ многофотонная диссоциация I199
~ область спектра I201
~ расходимость I197
~ спектроскопия I203
инфракрасное излучение I200
инфракрасные волны I204
иод I380
ион I381
~ отдачи R239
ионизатор I439
ионизационная камера I417
~ кривая I422
~ неустойчивость I426
ионизационное равновесие I424
ионизационные волны I435
~ потери I427

ионизационный вакуумметр I434
~ калориметр I416
~ континуум I420
~ манометр I425
~ потенциал I429
~ ионизация I413
~ внешней оболочки O301
~ внутренней оболочки I222
~ полем F102
~ электронами E214
~ электронным ударом E214, I415
ионизированное состояние I432
ионизированный атом A621
~ газ I437
ионизирующее излучение I440
ионизованная молекула I438
ионизованное состояние I432
ионизованный атом I436
~ газ I437
ионная бомбардировка I389
~ имплантация I386
~ концентрация I393
~ проводимость I403
~ пушка I401
~ связь I402
~ температура I461
~ электропроводность I403
~ эмиссия I398
ионное легирование I411
~ распыление I408
~ травление I406
~ усиление G53
ионно-звуковая неустойчивость I383
ионно-звуковые колебания I384
ионно-ионная эмиссия I412
ионно-лучевая литография I387
~ модификация I388
ионно-электронная рекомбинация I397
~ эмиссия I396
ионные приборы I405
ионный заряд I391
~ звук I458
~ источник I460
~ кластер I392
~ кристалл I404
~ лазер I442
~ микроскоп I443
~ проектор I457
~ прожектор I401
~ пучок I385
~ радиус I407
~ термоядерный синтез I462
ионограмма I444
ионозонд I446
ионолюминесценция I445

ионообменная хроматография I400
ионообменный катализ I399
ионосфера I447
ионосферная волна S336
~ неоднородность I452
~ радиоволна S336
ионосферное динамо I451
ионосферные возмущения I450
~ данные I449
~ мерцания I454
ионосферный волновод I456
~ канал I448
ипсилон-частица Y9
ираст-линия Y12
ираст-ловушка Y13
ираст-полоса Y10
ираст-уровень Y11
иридий I463
ирисовая диафрагма I465
иррадиация I470
искажение A2, D97, D492
~ изображения I27
~ оптических изображений D495
искажения формы импульса P1009
искажённое изображение D490
искра S510
искрение в магнетроне M193
искривлённое пространство C980
искривлённость пространства S490
искровая камера S511
~ фотография S516
искровой источник S517
~ промежуток S515
~ разряд S510, S514
~ разрядник S515
~ спектр S518
~ счётчик S513
искусственная радиоактивность A533, I143
искусственный горизонт A531
~ интеллект A532
~ спутник A534
испарение E430, V51
«испарение» чёрных дыр E432
использование атомной энергии в мирных целях P175
~ пучка U107
испускание E287
~ альфа-частиц A300
~ фотонов P487
~ частиц P125, P143
~ частицы P143
испущенный квант E298
испытание T68

~ на изгиб B141
~ на микротвёрдость M441
~ на надёжность R380
~ на прочность S885
~ на твёрдость H45
~ на усталость F39
~ с разрушением образца D196
испытания на срок службы L200
~ на электрическую прочность B316
исследование методом Монте-Карло M636
~ методом статистических испытаний M636
исследования по управляемому термоядерному синтезу C669
истечение вещества M275
~ жидкости из отверстия L293
истинно нейтральная частица T423
~ нейтральный мезон T422
истинный кварк T424
истирание A8
исток S477
истолкование I334
источник S477
~ альфа-излучения A304
~ атомного пучка A609
~ бета-излучения B159
~ вихреобразования V222
~ возбуждения E461
~ высокого напряжения H220
~ гамма-всплесков G41
~ гамма-излучения G45
~ дислокаций D429
~ звука S472
~ излучения R55
~ инфракрасного излучения I202
~ ионизации I431
~ ионизирующего излучения I441
~ ионов I460
~ космического излучения C774
~ космического радиоизлучения C767
~ космического рентгеновского излучения C777
~ молекулярного пучка M571
~ накачки P1027
~ напряжения V196
~ нейтронов N153
~ оптического излучения L243, O192
~ питания P847
~ помех I302
~ радиоизлучения R131

~ рентгеновского излучения X46
~ света L243, O192
~ синхротронного излучения S1121
~ тепла H101
~ тепловых нейтронов T135
~ теплоты H101
~ тока C973
~ ультрафиолетового излучения U45
~ фотонов P497
~ шума N192
~ электронов E238
~ энергии E332
истощение D166
~ волны накачки D169
~ накачки P1014
исчерпание водорода E476
исчисление C9
итерация I582
иттербий Y14
иттрий Y15
иттрий-алюминиевый гранат Y16

К

кабель C2
кавитационная каверна C126
кавитационный износ C130
~ пузырёк C125
кавитация C124
кавитон C131
кадмий C3
кадр F326
кал C18
калибровка C11, G3
~ Лоренца L361
~ потенциала P830
калибровочная инвариантность G7
~ кривая C12
~ симметрия G9
калибровочное преобразование G11
калибровочные поля G6
~ теории G10
калибровочный бозон G4
~ инвариант G8
~ источник C13
~ множитель G5
калий P820
калифорний C14
калоресценция C16
калориметр C20
калориметрическая бомба B259
калориметрия C21
калория C18
кальций C7

калютрон C22
КАМАК C23
камера C24, C181
~ Вильсона C343, E488, W124
~ высокого давления H204
~ деления F154
~ для ионной имплантации I410
~ испарения E431
~ непрерывной откачки C649
камера-обскура C25
камера откачки E429
~ растворения D482
~ сгорания C478
~ спектрографа S575
камертон T431
канавка G270
~ травления E415
канадский бальзам C26
канал C184
~ аварийной защиты S9
~ возбуждения E454
~ волокон F115
~ вывода E527
~ генерации G109
~ диссоциации D474
~ ионизации I418
~ искры S512
~ молнии L232
~ неупругого рассеяния I159
~ пучка B89
~ разряда D399
~ разряда молнии L232
~ рассеяния S69
~ реактора R221
~ реакции R207
~ релаксации R371
~ рождения P925
~ связи C485
~ синхронизации S1113
~ транспортировки пучка B121
~ упругого рассеяния E52
~ формирования пучка B115
~ ядерной реакции N393
канализация энергии E312
каналирование в монокристаллах C185
~ заряженных частиц C186
~ ионов I390
~ позитронов P818
~ протонов P958
~ электронов E177
каналовые лучи C27
кандела C28
канонические уравнения механики C32
канонический ансамбль C31
~ импульс C33
каноническое преобразование C34
~ распределение C30
каон K1, K62

КАПЕЛЬНАЯ

капельная конденсация D598
~ модель ядра D596
капилляр C49
капиллярная конвекция C51
~ конденсация C50
капиллярное давление C54
капиллярные волны C55
~ силы C52
~ явления C53
капля D594
капсула C56
карат C61
карбид бора B274
карбонадо C64
кардинальные точки C70
кардиоид-конденсор C71
карлик D612
карматрон C72
картина P168
~ дифракции Фраунгофера F334
~ силовых линий магнитного поля M62
~ течения F210
карцинотрон B17, C69
касательная T9
~ плоскость T11
касательное напряжение T12
~ ускорение T10
каскад C85, S705
~ бифуркаций C89
~ космических лучей C769
каскадная частица C90
каскадное включение C86
~ ожижение C88
~ соединение C86
каскадный генератор C87
~ ливень C91
касп C983
катализ C96
катализатор C97
катастрофа C100
~ голубого неба B235
катафорез C99
катафот R470
катион C117
катод C101
~ косвенного накала I127
~ прямого накала D392
катодная область C111
катодное падение C105
~ пятно C112
~ распыление C113
~ свечение C107
~ тёмное пространство C103, C864
катодные лучи C109
катодный кратер C102
~ повторитель C106
катодолюминесцентный источник C115
~ источник света C115
катодолюминесценция C114

катодолюминофор C116
катоптрика C118
катушка C398
~ индуктивности I146
~ с железным сердечником I467
~ с ферритовым сердечником F68
катушки Гельмгольца H135
каустика C121
каустическая поверхность C121
качание луча B120
~ частоты F390
качественная интерпретация Q21
качественный анализ Q20
качество Q22
~ обработки поверхности S1066
КБВ T395
квадрант Q8
квадрат S682
квадратичная зависимость Q9
квадратичное детектирование S683
квадратичный фазовый корректор Q10
квадратный корень S685
~ метр S684
квадратура Q11
квадрупплет Q12
квадруполь Q13
квадрупольная линза Q16
~ фокусировка Q14
квадрупольное взаимодействие Q15
~ излучение Q18
квадрупольный излучатель Q19
~ момент Q17
кваза́г Q98
квазар Q99, Q129
квазидейтрон Q104
квазидырка Q111
квазизамкнутая подсистема Q101
квазизвёздная галактика Q98
квазизвёздный источник Q130
~ объект Q129
квазиимпульс Q116
~ фонона P374
квазиклассическое приближение Q100
квазикоординаты Q102
квазикристалл Q103
квазилинейная теория Q113
квазимода Q114
квазимолекула Q115
квазинейтральность Q117
~ плазмы P683
квазиоптика Q119
квазиоптическая линия Q118

квазипериодические колебания Q122
квазипериодическое движение Q121
квазипотенциал Q123
квазиравновесие Q108
квазирезонанс Q124
квазистатический процесс Q125
квазистационарный процесс Q127
~ ток Q126
квазиупругая сила Q105
квазиупругое рассеяние Q106
квазиуровень Q112
~ Ферми Q110
квазичастица Q120
квазиэнергия Q107
квазиэргодическая гипотеза Q109
квант Q34
~ действия P618
~ излучения R53
~ магнитного потока M69
~ потока F242
~ света P482
~ слабого взаимодействия W72
квантование Q29
~ вихрей магнитного потока F240
~ Дирака D375
~ импульса M617
~ магнитного потока M68
~ орбит O233
~ поля F107
~ потока F241
~ пространства-времени S508
~ спинов S646
~ холловского сопротивления H27
~ энергии E328
квантованный вихрь Q31
квантовая делокализация Q41
~ динамика Q44
~ диффузия Q42
~ жидкость Q56
~ интерференция Q53
~ кинетика Q55
~ когерентность Q38
~ метрология Q59
~ механика Q58
~ нить Q77
~ оптика Q62
~ радиофизика Q68
~ система Q71
~ статистика Q70
~ теория Q73
~ теория поля Q49
~ физика Q66
~ химия Q35
~ хромодинамика Q36
~ электродинамика Q47

КОГЕРЕНТНЫЕ

~ электроника Q48
~ яма Q75
квантовое состояние Q69
~ число Q60
квантовые осцилляции Q63
~ скобки Пуассона Q67
~ часы Q37
квантовый выход Q46, Q78
~ газ Q52
~ генератор Q64
~ дефект Q40
~ интерферометр Q54
~ КПД Q46
~ кристалл Q39
~ магнитометр Q57
~ осциллятор Q64
~ парамагнитный усилитель Q65
~ переход Q74
~ размерный эффект Q43
~ стандарт частоты Q51
~ эффект Q45
квантометр Q32
квантрон Q33
кварк Q79
b-кварк B285
d-кварк D579
t-кварк T279
u-кварк U101
кварк-адронная дуальность Q86
кварковая диаграмма Q84
~ динамика Q85
~ комбинаторика Q82
~ модель Q87
кварковый конфайнмент Q83
~ мешок Q80
кваркония Q88
кварк-спектатор S543
квартет Q92
кварц Q93
кварцевое волокно Q96
кварцевые часы Q94
кварцевый генератор C930
~ калибратор C895
~ клин Q97
~ кристалл Q95
кватернион Q131
квинтет Q139
кг K25
кгс К26
кд C28
кельвин K7
кенотрон K11
кепстр C172
керамика C174
керма K13
кет-вектор K19
Ки C956
кибернетика C989
килограмм K25
килограмм-метр в секунду K27

килограмм-сила K26
килопарсек К28
килоэлектрон-вольт K24
кинематика К30
~ деформируемой среды D96
~ жидкостей K34
~ жидкостей и газов K33
~ материальной точки P133
~ распада D55
~ реакции R208
~ твёрдого тела K35
~ тела B241
~ точки K32
кинематическая вязкость K36
кинематический винт K31
~ инвариант K29
кинескоп K37
кинетика K43
~ адсорбции A229
~ возбуждения E458
~ двухкомпонентной плазмы T472
~ десорбции D193
~ жидкостей и газов K46
~ заселения уровней K47
~ испарения K45
~ конденсации C550
~ кристаллизации C922
~ магнитных явлений K48
~ неравновесных процессов N221
~ плазмы P671
~ реакции R209
~ рекристаллизации K50
~ роста G287
~ фазовых переходов P346
~ химических реакций K44
~ ядерного реактора K49
кинетическая теория газов K51
~ энергия K39
кинетический коэффициент K38
~ момент A402, K41, M612
~ потенциал K42, L12
кинетическое уравнение K40
кинетостатика K52
кинк K53
киноформ K55
кипение B246
кипящая жидкость B248
киральная инвариантность C263
~ симметрия C265
киральное поле C262
киральность C264, E308
киральный мешок C344
кислород O326
кистевой разряд B351, S677
клавиатура K21
клавиша K20
клапан V44
класс вспышки F174

~ гомологий H266
~ светимости L428
~ симметрии S1104
~ солнечной вспышки F174
~ точности A87
классификация кварков Q81
~ частиц P116
классическая динамика C312
~ диффузия C311
~ механика C315
~ модель C316
~ статистика C319
~ физика C318
~ электродинамика C313
классический осциллятор C317
~ радиус электрона C314
классы кристаллов C897
кластер C345
~ фракталов F318
кластеризация C348
кластерная модель C349
кластерный ион C347
клетка C144
~ фазового пространства P334
~ Фарадея F19
климатические испытания E354
клин W85
клиновидный профиль W86
клистрон K61
ключ K20, S1094
КНД D391
кнопка B383
коагуляция C350
~ аэрозолей A256
~ зародышей N417
коаксиальный кабель C354
~ магнетрон C355
коалесценция C351
кобальт C356
ковалентная связь C819
ковалентность C818
ковалентный кристалл C820
~ радиус C821
ковариантная производная C823
ковариантность C822
ковектор C824
ковка F284
ковкий металл D605
ковкость D606, F283
когезия C397
когерентная спектроскопия C395
когерентное детектирование C385
~ излучение C391
~ рассеяние C393
когерентность C376
~ света C380
когерентные колебания C389
~ состояния C396

КОГЕРЕНТНЫЙ

когерентный излучатель C392
~ импульс C390
~ источник C394
кодирование информации I192
колбочки C575
колебания O271, V132
~ кристаллической решётки C910
~ малой амплитуды S353
~ молекул M604
~ решётки L143
~ стержней R527
~ струны V131
колебательная линия V116
~ полоса V113
~ скорость V128
~ температура V127
~ энергия V114
колебательно-возбуждённая молекула V117
колебательно-вращательная полоса V121
колебательно-вращательное взаимодействие V122
колебательно-вращательный переход V124
~ подуровень V123
колебательное движение V118
~ квантовое число V120
колебательный квант V119
~ контур O284
~ подуровень V126
~ спектр V125
~ уровень V115
количественная интерпретация Q25
количественный анализ Q24
количество Q26
~ движения M613
~ теплоты Q28
~ электричества Q27
коллайдер C421
коллапс C410
коллектив C411
коллективизация электронов E180
коллективизированные электроны C414
коллективная линза C411
коллективное взаимодействие C415
~ излучение C419
~ ускорение C413
коллективные явления C418
коллективный метод C416
коллектор C420
коллиматор C427
~ пучка B91
коллимация C426
коллимированное излучение C425
коллинеарность C428

коллоид C443
колориметр C455
колориметрия C456, C457
колор-индекс C458
колор-эксцесс C452
кольца Ньютона N169
кольцевая канавка C300
кольцевой интерферометр R514
~ лазер R515
~ резонатор R516
~ ускоритель C297, R513
кольцо R512
кома C469
комбинационная частота C471
комбинационное излучение R153
~ рассеяние света R152, R155
комбинационные тона C472
~ тона суммарной частоты S967
комбинационный лазер R154
~ усилитель R151
~ комбинация C470
комбинированная инверсия C473
~ чётность C474
комбинированный резонанс C476
комета C479
коммутатор C489
коммутационные соотношения C488
коммутация C487
компаратор C490
компенсатор C497
компенсация C496
~ пространственного заряда S484
компенсированный полупроводник C495
комплекс C505
комплексное сопряжение C506
комплексоны C507
композит C510
композиционный материал C510
компонента вектора C509
~ импульса M614
~ Фурье F307
компоненты поля F96
компрессор C531
комптоновская длина волны C536
комптоновский лазер C534
~ электрон C533
комптоновское рассеяние C532, C535
комптон-эффект C532
компьютер C538

компьютерная томография C537
конвективная зона C683
~ неустойчивость C680
~ теплоотдача C679
конвективное равновесие C676
~ ядро C673
конвективный нагрев C678
~ теплообмен C677
конвекционное движение C682
конвекционный ток C674
конвекция C672
~ плазмы P653
конвергенция C684
конверсионные электроны C691
конверсия C689
конвольвер C697
конгруэнтность C594
конденсат C547
конденсатор C44, C557
конденсация C548
~ Бозе - Эйнштейна B278
~ пара V50
~ экситонов E468
конденсированная среда C554
~ фаза C555
конденсированное вещество C553
~ состояние C556
конденсор C557
кондиционирование воздуха A273
кондо-решётка K66
конечная деформация F135
конечность Вселенной F139
конечный интервал F137
коническая рефракция C599
конический индентор C597
~ маятник C598
коническое сечение C595
~ течение C572
конкуренция колебаний M527
~ мод M527
конкурирующие моды C498
коноскопические фигуры C607
коноскопия C608
консервативная сила C617
~ система C618
консервативность C616
консоль C35
консонанс C620
константа C621
~ взаимодействия C817, I270
~ диссоциации D475
~ зеемановского расщепления Z3
~ связи C817, I270
~ скорости реакции R211

КОСМИЧЕСКИЕ

~ слабого взаимодействия W71
~ спин-орбитальной связи S638
конституэнтный кварк C622
конструктивная интерференция C628
контакт C629, J25
~ металл - полупроводник M389
~ с обеднённым слоем D168
~ с обогащённым слоем E339
контактная линза C630
~ разность потенциалов C632, C634
контактное напряжение C633, C634
контейнер C635
континентальный шельф C640
континуальное интегрирование C642
континуальный интеграл C641
континуум C652, C658
контрагированный разряд C662
контракция C663
~ газового разряда G59
контраст C664
контрастное изображение C665
контрастный фотометр C666
контрвариантность C667
контроль C668
~ загрязнений атмосферы A278
~ положения пучка B113
контур C296, L357
~ спектральной линии S557
контурное интегрирование C661
контурный интеграл C660
конус C571, T15
~ Маха M2
~ молчания C574
~ потерь L374
~ тени S212
~ трения C573
конусная неустойчивость L375
конфайнмент C584
конфигурационное взаимодействие C582
~ представление C579
~ пространство C580
конфигурационный интеграл C581
конфигурация C578, G139
~ магнитного поля M56
~ молекул M574
~ молекулы M574
~ первой стенки F147

конфокальный резонатор C585
конформационная изомерия C591
конформационный изомер C592
конформация C589
~ молекул M575
конформер C592
конформная инвариантность C586
конформное отображение C587
~ преобразование C588
конфузор C593
концентратор C545
~ солнечного излучения S372
концентрационное тушение C543
концентрация C542, D154
~ дефектов D80
~ дислокаций D424
~ дырок H230
~ заряженных частиц C217
~ ионов I393
~ легирующей примеси D543
~ ловушек T387
~ молекул M573
~ напряжений S887
~ нейтронов N115
~ носителей заряда C76
~ примесей I76
~ раствора S427
~ свободных носителей заряда F337
~ частиц P118
~ электронов E181
концентрические кольца C546
кончик трещины C834
кооперативная люминесценция C702
кооперативное излучение C701
кооперативные явления C704
координата C706
координатное представление C579
координаты в фазовом пространстве P335
~ цветности C277
координационная связь C709
~ химия C710
координационное число C711
координационный многогранник C712
кориолисово ускорение C721
коромысло B88
корона C727
корональная дыра C731
~ конденсация C730
коронарный луч C732
коронный разряд C728

коронограф C729
короткие волны S265
короткий импульс S256
коротковолновая область S264
коротковолновое излучение S262
коротковолновый диапазон S263
короткодействующая сила S257
короткое замыкание S248
короткоживущая компонента S252
короткоживущее ядро S254
короткоживущий изотоп S253
короткозамкнутая линия S249
короткопериодические вариации S255
короткофокусная линза S251
короткофокусный объектив S251
корпус реактора R226
корпускула C733
корпускулярная оптика C736, P137
~ теория света C738
корпускулярно-волновой дуализм W14
корпускулярное излучение C737, P125
корректирующая катушка C739
~ линза C740
корректор C742
~ волнового фронта W22
коррекция астигматизма A550
~ атмосферных искажений C741
~ волнового фронта W21
~ изображения I26
коррелометр C750, C751
коррелятор C750
корреляционная длина C748
~ функция C747
~ энергия C745
корреляционный радиус C749
корреляция C743
~ флуктуаций F212
корригирующая линза C740
коррозионная усталость C755
коррозионное изнашивание C759
коррозионностойкий материал C758
коррозия C754
~, вызванная напряжением S888
~ под напряжением S888
косвенный накал I126
косинус C761
космическая навигация S499
космические данные S491
~ исследования S501

КОСМИЧЕСКИЕ

~ лучи C772
космический источник C776
~ корабль S509
~ ливень C773
~ полёт S492
космическое излучение C772
~ тело C764
космогония C779
космологическая модель C782
~ постоянная C781
космологический избыток барионов C780
~ нуклеосинтез C783
космологическое излучение C784
космология C785
~ ранней Вселенной E1
космос C786, S481
космохронология C778
коэрциметр C373
коэрцитивная сила C374, C375
коэрцитивность C375
коэффициент F8, I122, R188
~ аккомодации A80
~ амбиполярной диффузии A321
~ бегущей волны T395
~ безопасности S10
~ взаимной диффузии I288
~ взаимодействия I272
~ воспроизводства B325
~ восстановления C368
~ вторичной эмиссии S105
~ вязкости C370
~ гармоник D493
~ гистерезисных потерь C363
~ динамического трения C359
~ дисперсии C627
~ диффузии D318, D333
~ диэлектрических потерь D255
~ замедления D127
~ затухания A647, D10
~ затухания Ландау L30
~ излучательной рекомбинации R64
~ ионизации I419
~ использования U106
~ качества излучения Q23
~ конверсии C690
~ конденсации C549
~ корреляции C744
~ линейного расширения C365
~ магнитных потерь M89
~ модуляции D180, M549
~ мощности P843
~ направленного действия D391
~ нелинейных искажений D493
~ обратной связи F45

~ объёмного расширения C371
~ ослабления A647
~ ослабления света L208
~ отражения R294, R305
~ Пельтье P193
~ переноса T369
~ поверхностного натяжения S1084
~ поглощения A36, A58
~ подавления боковой моды S276
~ полезного действия E34
~ потерь L376
~ пропорциональности P944
~ пропускания T351, T362
~ Пуассона P730
~ разделения S206
~ размагничивания D141
~ размножения F156, M718
~ размножения нейтронов F156
~ распределения D506
~ рассеяния S70
~ расширения C361, E489
~ расщепления S663
~ рекомбинации R244
~ самоиндукции S164
~ связи C816
~ согласования M259
~ стоячей волны S717
~ стоячей волны по напряжению V198
~ стоячей волны по току C975
~ Таунсенда T307
~ температуропроводности D333
~ теплового расширения C369, T115
~ теплопроводности H77, T89
~ термодиффузии T101
~ трансформации T324
~ трения C362, F403
~ увлечения D581
~ упаковки P2
~ упругости C360
~ усиления A345, G12
~ усталостной прочности F38
~ фотоумножения P480
~ Фурье F306
~ Холла H24
~ шума N185
~ электромагнитной индукции E149
~ электромеханической связи E155
~ яркости L413
коэффициенты Клебша - Гордона K58
~ Рака R3
~ Эйнштейна E45
кпд E34

Крабовидная туманность C830
краевая дислокация E24, L270
~ задача B291
~ фокусировка E25
край оптического поглощения O82
~ полосы поглощения A45
«красивый» кварк B127
«красивый» мезон B126
краситель D613
красное смещение R271
красный гигант R270
~ карлик R269
«красота» B128
кратер C835
кратковременная нестабильность S260
~ стабильность S261
кратность вырождения D107
~ связи B266
~ частоты F380
кратные единицы M713
краудион C880
кремний S292
крепление S1044
крест Миллса M496
крестообразный интерферометр C879
~ радиоинтерферометр C879
кривая C979
~ блеска L213
~ возбуждения E456
~ возврата R238
~ второго порядка S115
~ высшего порядка H190
~ затухания D53
~ инверсии I374
~ накопления G286
~ намагничивания M142
~ напряжение - деформация S893
~ насыщения S25
~ отжига A424
~ ошибок E407
~ парообразования V52
~ плавления M337
~ поглощения A44
~ пропускания T352
~ равновесия E375
~ равной освещённости I523
~ равной силы света I496
~ равной яркости I522
~ размагничивания D140
~ распада D53
~ распределения D507
~ расширения E490
~ роста G286
~ сжатия C524
~ спектральной чувствительности S569
~ фазового равновесия P306

кривизна C978
~ волнового фронта W23
~ поверхности S1060
~ поля F97
~ пространства S490
~ пространства-времени S504
~ фронта кристаллизации C920
криволинейное движение C982
криволинейные координаты C981
кризис аттрактора C839
~ кипения B247
криогеника C884
криогенная жидкость C883
~ электроника C882
криожидкость C885
криостат C887
~ ядерного размагничивания N352
криотрон C888
криофизика C886
криоэлектроника C882
криптон K72
кристалл C889
~ высокой симметрии H211
~ интегральной микросхемы C261
~ рубина R570
~ с алмазной решёткой D237
кристаллизационная вода C941
кристаллизационные волны C923
кристаллизация C915
~ из газовой фазы C919
~ из расплава C916
~ из раствора C917
кристаллит C914
кристаллическая анизотропия C892
~ решётка C906, L131
~ структура C937
кристаллический счётчик C898
кристаллическое вещество C913
~ состояние C912
кристаллоакустика C890
кристаллографическая ось C924
~ плоскость C935
~ система C940
кристаллографические группы симметрии C939
~ индексы C904
~ классы C897
кристаллографический анализ C891
~ индекс C926
кристаллографическое направление C925

кристаллография C927
кристаллодержатель C902
кристаллоид C928
кристаллооптика C929
кристаллофизика C933
кристаллофосфор C932
кристаллохимия C896
кристалл-хозяин H274
критерий C840
~ абсолютной неустойчивости A16
~ Джинса J7
~ зажигания I17
~ конвективной неустойчивости C681
~ Крускала - Шафранова K71
~ Ландау L28
~ Лоусона L157
~ неустойчивости I234
~ Пирсона P604
~ подобия S294
~ разрушения F321
~ Рэлея R191
критическая динамика C847
~ загрузка C843
~ масса C853
~ мода C986
~ опалесценция C854
~ плотность C846
~ сборка C842
~ светимость C851, E21
~ скорость C862
~ температура C861
~ точка C856
~ частота C848, C985
критические индексы C849
~ показатели C849
~ размеры C859
~ явления C855
критический объём C863
~ радиус C858
~ ток C844
~ угол C841
критическое давление C857
~ затухание C845
~ магнитное поле C852
~ состояние C860
критичность C850
кронштейн C35
кросс-корреляция C865
кроссовер C869
~ пучка B93
кросс-релаксация C870
круг C293, D421
круговая диаграмма C294
~ орбита C302
~ поляризация C303, R564
~ частота A400
круговое движение A403, C301
круговой дихроизм C298
кружок D421

~ наименьшего рассеяния D422
~ рассеяния C295
круксово тёмное пространство C864
крупномасштабная модель L51
~ неоднородность L50
крутизна S778
крутильная жёсткость T292
крутильные весы T295
~ колебания T294
крутильный маятник T297
крутящий момент T287
кручение T291, T464
~ стержней R526
крыло W130
~ линии Рэлея R196
~ резонансной кривой W132
КСВ S717
КСВН V198
КСВТ C975
ксенон X1
кси-частица X2
куб C943
кубик Люммера - Бродхуна L436, P472
кубическая кристаллографическая система C950
~ нелинейность C948
~ плотная упаковка C944
~ сингония C950
~ структура C949
кубический кристалл C945
~ метр C947
кубическое уравнение C946
кулон C791
кулоновская сила C796
кулоновские потери C800
кулоновский барьер C792
~ интеграл столкновений C793
~ логарифм C799
кулоновское взаимодействие C797
~ возбуждение C794
~ деление C795
~ рассеяние C801
кульминация C951
куметр Q4
кумулятивный заряд C953
~ эффект C954
кумуляция C952
куперовская пара C705
купроксный выпрямитель C715
курчатовий K73
кусочно-гладкая зависимость P551
кэВ K24
кювета C144
~ с красителем D614

КЮРИ

кюри C956
кюрий C959

Л

л L302
л.с. H273
лаборатория L3
лабораторная система координат L4
лабораторные испытания L5
лавина A689
лавинная ионизация A693
~ камера A691
лавинно-пролётный диод A694
лавинный пробой A690
~ разряд A692
лагранжев формализм L11
лагранжевы координаты L7
лагранжиан L9
~ взаимодействия I273
~ поля F103
лазер F352, F392, G154, L54, R532
~ на арсениде галлия G1
~ на гетеропереходе H161
~ на железо-иттриевом гранате Y6
~ на иттрий-алюминиевом гранате Y2
~ на квантовой яме Q76
~ на красителе D615
~ на красителях D615
~ на кристалле C905
~ на монокристалле S308
~ на неодимовом стекле N63
~ на оксиде углерода C402
~ на парах меди C716
~ на парах металлов M390
~ на сверхрешётке S1016
~ на свободных электронах F342
~ на стекле G171
~ на углекислом газе C403
~ на фосфатном стекле P377
~ на центрах F42
~ на центрах окраски C448
~, работающий в режиме гигантских импульсов G154
~, работающий в режиме свободной генерации F352
~, работающий при комнатной температуре R532
~ с дифракционной расходимостью пучка D286
~ с модулированной добротностью Q6
~ с распределённой обратной связью D498

~ с распределённым брэгговским отражателем D496
~ с самосинхронизацией мод S168
~ с синхронизацией мод M532
Ar-лазер A524
CO-лазер C402
CO_2-лазер C403
He-Ne-лазер H133
лазерная десорбционная масс-спектрометрия L66
~ десорбция L65
~ диагностика L68
~ закалка L77
~ интерферометрия L83
~ иридэктомия L84
~ искра L110
~ кювета L60
~ локация L104
~ локация искусственных спутников S19
~ локация Луны L440
~ маркировка L86
~ медицина L87
~ микрохирургия L88
~ мишень L114
~ модификация ДНК D524
~ накачка L100
~ обработка L96
~ офтальмология L90
~ плазма L94
~ резка L63
~ сварка L122
~ спектроскопия L111
~ терапия L116
~ термохимия L117
~ технология L115
~ фотоионизационная спектроскопия L92
~ фотохимия L91
~ химия L61
~ хирургия L112
лазерное гетеродинирование L78
~ детектирование L67
~ зеркало L89
~ зондирование L108
~ излучение L70
~ испарение L71
~ наведение L75
~ напыление L64, L71
~ оружие L121
~ осаждение L64
~ разделение изотопов L85
~ селективное детектирование L105
лазерно-индуцированный переход L79
лазерные стёкла L74
лазерный анемометр L55
~ гироскоп L76, O127
~ дальномер L103

~ диод L69
~ затвор L107
~ звукосниматель L93
~ импульс L98
~ интерферометр L82
~ источник L109
~ кристалл L62
~ локатор L101
~ луч L58
~ маяк L57
~ нагрев плазмы L95
~ отжиг L56
~ переход L119
~ проекционный микроскоп L97
~ пучок L58
~ термоядерный синтез L118
~ фокус L72
лайнер L274
ламберт L17
ламинарное течение L23
ламинарность L24
лампа L25
~ бегущей волны T396
~ дневного света D30
~ накаливания I83
~ накачки P1022
~ обратной волны B17, C69
~ сравнения C491
~ тлеющего разряда G186
лампа-вспышка F178
ламповая накачка L26
лантан L43
лантаниды L42
лантаноиды L42
лапласиан L47
ларморовская прецессия L53
~ частота L52
латунь B312
лауэграмма L145
Лб L17
левая поляризация C804
левитация L194
левый кварк L171
легирование D542
~ полупроводников S186
легированный кремний D541
~ кристалл D539
~ полупроводник D540
легирующее вещество D544
лёгкое скольжение E6
лёд I1
лемма Лоренца L365
ленгмюровская частота L37
ленгмюровские волны L41
~ колебания L38, P677
ленгмюровский зонд L39
~ коллапс L36
лента T14
лепесток L308
лептокварк L185
лептон L181
лептонный заряд L183

МАГНИТНАЯ

~ распад L184
~ ток L182
летучая компонента V186
летучесть F417, V187
либрация Луны L195
либрон L196
ливень S268
~ космических лучей C769, C773
Ливерморская лаборатория им. Лоуренса L155
ливневая камера S269
лиганды L203
лидар L198
лидер L161
ликвидус L298
лимб L247
линейная деформация L255
~ дислокация L270
~ зависимость L256
~ задача L266
~ комбинация L253
~ молекула L263
~ поляризация L265
~ система L267
линейное движение L264
~ детектирование L257
~ преобразование L268
~ расширение L259
линейно-поляризованное излучение L261
линейные дефекты L254
~ дифференциальные уравнения L258
~ измерения L262
линейный закон L260
~ усилитель L252
~ ускоритель L251
линейчатый спектр L276
линза L175
~ Френеля F397
линзовая антенна L176
линзовый волновод L178
~ излучатель L177
~ телескоп R313
линии Людерса - Чернова L408
~ скольжения L408
линия L250
~ генерации лазера L123
~ действия L272
~ задержки D131
~ задержки на поверхностных акустических волнах S1047
~ задержки на спиновых волнах S655
~ испускания E290
~ комбинационного рассеяния R156
~ передачи T355
~ плавления M337
~ поглощения A50
~ разрыва D407

~ Рэлея R195
~ связи C486, L278
~ скольжения S340
~ тока C969, S882
лиотропия L449
лиофильность L447
лиофобность L448
лист S230
литий L300
литография L301
литр L302
литьё C93
лк L443
лм L409
лм · с L410
лобовое столкновение H67
ЛОВ B17, C69
ловушка T386
логарифм L327
~ коэффициента поглощения A27
логарифмический декремент L328
~ декремент затухания L328
~ закон L330
~ инкремент L329
~ масштаб L331
логическая схема L332
логический элемент G80
локализация L317
локализованный заряд L318
локальная дуальность L311
~ ионная имплантация L315
~ калибровочная инвариантность L313
~ концентрация L309
~ наблюдаемая L319
~ симметрия L321
локальное взаимодействие L314
~ поле L312
~ термодинамическое равновесие L322
локальность L316, M431
~ взаимодействия I274
~ локальный оператор L320
ломкость F323
лоренц-инвариант L364
лоренц-инвариантность L363, R354
лоренцева линия L366
лоренцевский контур L368
лоуренсий L156
лошадиная сила H273
ЛПД A694
Луна M638
лунка I116
лунное затмение L439
луноход L441
лупа L175, M197
луч B88, R189
~ Педерсена P185
лучевая акустика G129

~ оптика G134
~ прочность O197
~ скорость R202
лучеиспускание R22
лучепреломление R325
лучистая экспозиция R14
~ энергия R13
лучистое равновесие R60
лучистость R10
лучистый поток R15
~ теплообмен R62
ЛЧМ-импульс C266
лэмбовский провал L16
~ сдвиг L20
люкс L443
Люксембург-Горьковский эффект C868, L444
люксметр L445
люмен L409
люмен-секунда L410
люминесцентный анализ L423
~ источник света F224
люминесцентное вещество L425
~ изображение L424
люминесценция L415
люминофор L426, P378
лютеций L442
лямбда-гиперон L14
лямбда-точка L15
лямбда-удвоение L13

М

магические ядра M16
магнетизм M139
~ микрочастиц M452
магнетик M18
магнетометр Ханле H40
магнетон M170
~ Бора B243
магнетосопротивление M178
магнетрон M192
~ со связками S867
магнетронная мишень M194
магний M17
магнит M18
магнитная аккомодация M19
~ анизотропия M24
~ аномалия M25
~ атомная структура M26
~ буря M126
~ восприимчивость M132
~ вязкость M138
~ гидродинамика M73, M163
~ дефектоскопия M98
~ дефокусировка M43
~ доменная структура M51
~ жёсткость M72
~ жидкость M86
~ запись M112

МАГНИТНАЯ

- ~ звезда М125
- ~ изоляция М80
- ~ индукция М78
- ~ искровая камера М123
- ~ катушка М35
- ~ конфигурация М37
- ~ линза М84
- ~ ловушка М135
- ~ нейтронография М96
- ~ отклоняющая система М42
- ~ плёнка М65
- ~ подрешётка М128
- ~ полярность М104
- ~ постоянная Р245
- ~ проводимость М36, Р247
- ~ проницаемость М101, Р244
- ~ проницаемость вакуума Р245
- ~ релаксация М113
- ~ силовая линия М85
- ~ симметрия М133
- ~ структура М127
- ~ суббуря М129
- ~ текстура М134
- ~ термоизоляция Т182
- ~ фаза М102
- ~ фокусировка М70
- ~ цепь М32
- ~ широта М83
- ~ энергия М53
- ~ ячейка М30
- магнитное взаимодействие М82
- ~ дипольное излучение М49
- ~ зеркало М93
- ~ излучение М111
- ~ изображение М76
- ~ квантовое число М110
- ~ наклонение М77
- ~ насыщение М118
- ~ охлаждение С699, М39
- ~ поле М55
- ~ поле Солнца S388
- ~ последействие М20
- ~ рассеяние нейтронов М97
- ~ склонение М41
- ~ сопротивление М114, R385
- ~ старение М21
- ~ удержание М38
- ~ упорядочение М100
- ~ экранирование М120
- магнитно-жёсткий материал Н43
- магнитно-мягкий материал S363
- магнитно-твёрдый материал Н43
- магнитные вариации М136
- ~ весы М27
- ~ измерения М91
- ~ кроше М40
- ~ поверхностные уровни М131
- ~ полупроводники М121
- ~ потери М88
- ~ сверхпроводники М130
- ~ сплавы М22
- ~ фазовые переходы М103
- магнитный анизометр Т288
- ~ вариометр М137
- ~ гистерезис М75
- ~ дефлектор М42
- ~ диполь М47
- ~ диэлектрик М45
- ~ домен М50
- ~ дрейф М52
- ~ заряд М31
- ~ инфлектор М79
- ~ катион М29
- ~ квадруполь М108
- ~ квадрупольный момент М109
- ~ кластер М34
- ~ круговой дихроизм М33
- ~ материал М90
- ~ меридиан М92
- ~ момент М94
- ~ момент атома А623
- ~ момент нейтрона N136
- ~ момент ядра N371
- ~ монополь М95
- ~ переходный слой М180
- ~ полюс М105
- ~ порядок М99
- ~ потенциал М106
- ~ поток М66
- ~ пробой М28
- ~ резонанс М115
- ~ спектрометр М124
- ~ усилитель М23
- ~ форм-фактор М71
- ~ экватор М54
- ~ экран М119
- магнитоакустика М150
- магнитоакустический резонанс М149
- ~ эффект М148
- магнитогидродинамика М73
- магнитогидродинамическая неустойчивость М161
- магнитогидродинамические волны М164
- ~ колебания М162
- магнитогидродинамический генератор М160
- магнитограф М159
- магнитодвижущая сила М169
- магнитодиэлектрик М155
- магнитозвуковые волны М151
- магнитоионная теория М165
- магнитокалорический эффект М153
- магнитометр М168
- ~ ядерного магнитного резонанса N373
- магнитомеханические явления G304, М166
- магнитомеханическое отношение М167
- магнитооптика М173
- магнитооптический дефлектор М171
- ~ эффект Керра М172
- магнитопауза М174
- магнитоплазма М176
- магнитоплазменный компрессор М177
- магниторезистор М179
- магнитослой М180
- магнитостатика М187
- магнитостатическая энергия М186
- магнитостатические волны М188
- магнитострикционный преобразователь М190
- магнитострикция М189
- магнитосфера М182
- ~ пульсара Р976
- магнитосферная конвекция М183
- магнитосферные возмущения М184
- магнитотермоэдс М191
- магнитотормозное излучение М152, S1120
- магнитоупругие волны М157
- магнитоупругий эффект V144
- магнитоупругое взаимодействие М156
- магнитофононный резонанс М175
- магнитохимия М154
- магнитоэлектрический механизм М665
- ~ эффект М158
- магнон М199
- мазер М230
- ~ на горячих дырках Н279
- ~ на циклотронном резонансе С1004
- мазерное излучение М232
- мазерный эффект М231
- майорановская масса нейтрино М205
- ~ частица М206
- майорановское нейтрино М204
- майорон М209
- макрокинетика М7
- макромир М6
- макромолекула М8
- макроскопическая химическая кинетика М10
- макроскопические квантовые эффекты М12
- макроскопическое электромагнитное поле М11

МЕТАГАЛАКТИЧЕСКИЕ

макроструктура M13
макрочастица M9
максвелл M283
максвелловское распределение M288
максимальная работа M282
максимальное значение P178
максимон M278
максимум M279, P176
~ солнечной активности S390
малая планета M502
малоугловое рассеяние L383, S354
малошумящий усилитель L397
манипулятор M214
манометр M216, P871
~ Пирани P603
мантия M217
марганец M212
марковский процесс M226
Марс M227
мартенсит M228
мартенситные превращения M229
маска M234
маскировка звука A658
масляный насос O40
масса M235
~ атома A624
~ покоя M239
~ частицы M246
~ электрона E217
масс-анализатор M238
массовая сила M242
массовое число M245
массовый коэффициент поглощения M236
~ оператор M247
массопередача M254
массоперенос M254
масс-сепаратор M248
масс-спектр M253
масс-спектрограф M249
масс-спектрометр M250
масс-спектрометрия M251
~ вторичных ионов S107
масс-спектроскопия M252
масштаб S47
~ турбулентности S52
масштабная инвариантность S50, S53
масштабный множитель S49
~ фактор S49
масштабы Вселенной S51
математическая физика M267
математический маятник M266
материал M260, S945
материальная дисперсия M261
~ точка M263, M264
материальный мир M265

материнская частица P88
материя M274
матовая поверхность M277
матрица M270
~ Дирака D373
~ когерентности C379
~ Мюллера M670
~ плотности D156
~ приборов с зарядовой связью C204
~ рассеяния S77
~ состояний S732
~ фотоприёмников P405
матрицы Гелл-Мана G95
матричная механика M273
матричный метод Джонса J13
~ элемент M272
маховик F244
машина E336
~ для испытаний на трение F407
~ трения F407
~ Тьюринга T455
маяк B86
маятник P198
~ Фруда F413
~ Фуко F298
МВт M333
МГД-волны M164
МГД-генератор M160, M419
МГД-колебания M162
МГД-неустойчивость M161
мгновенная скорость I238
мгновенное значение I237
~ напряжение I239
мгновенные нейтроны деления P936
мгновенный центр I236
МГц M332
МДП-структура M377
мегаватт M333
мегагерц M332
мегаэлектронвольт M331
медиана M326
медицинская физика M327
медленные нейтроны S350
меднозакисный выпрямитель C715
медь C714
межатомное взаимодействие I278
~ расстояние I277
межгалактический газ I309
междолинные переходы I350
междоузлие I348
Международная система единиц I330
межзвёздная пыль I339
~ среда I343
межзвёздное вещество I343
~ излучение I340
~ поглощение I338
~ пространство I344

межзвёздный водород I342
~ газ I341
межзёренная граница G206
межзонное туннелирование I280
межзонные переходы I279
межмодовая дисперсия I319
~ интерференция I317
~ конверсия I318
межмолекулярное взаимодействие I320
межпланетная среда I331
межпланетное вещество I331
~ пространство I332
межузельный атом I345
~ дефект I346
межэлектродная ёмкость I289
мезаструктура M351
мезоатом M353
мезодинамика M354
мезомолекула M355
мезоморфизм M357
мезоморфное состояние M356
мезон M358
K-мезон K1, K62
μ-мезон M738
π-мезон P584
мезоний M364
мезонная фабрика M360
~ химия M359
мезонный заряд M352
мезопауза M365
мезоскопика M367
мезосфера M368
мезофаза M366
мелкая ловушка S215
мелкомасштабная неоднородность S355
мёллеровское рассеяние M606
мембрана D239, M339
менделевий M340
мениск M341
менисковый телескоп M342
мера M298
~ дисперсии M303
~ эмиссии E291
меридиан M348
Меркурий M344
мероморфная функция M350
мёртвая зона D37
мёртвое время D36
мерцание T460
~ звёзд S799
мёссбауэровская линия M647
~ спектроскопия M649
мёссбауэровский спектр M650
~ спектрометр M644
местное время L323
место атома A644
месяц M637
метагалактика M373
метагалактические космические лучи M372

МЕТАЛЛ

металл M374
металлиды I316
металлизация M383
металлическая связь M378
металлические звёзды M381
металлический водород M380
~ кристалл M376
металлическое состояние M382
~ стекло M379
металлографический микроскоп M386
металлография M384
металлокерамика C173, M375
металлооптика M387
металлофизика P543
метамагнетизм M391
метамерия M392
метаморфизм M393
метастабильная люминесценция M395
метастабильное состояние M396
метастабильность M394
метацвет M371
метацентр M369
метацентрическая высота M370
метглас M379
метеор M397
метеорит M399
метеорная радиосвязь M398
метеорный дождь M400
метка L1, M224
метод M403, P923, T25
~ HEED H184
~ LEED L386
~ RHEED R297
~ адиабатических инвариантов A211
~ антисовпадений A461
~ Бриджмена B332
~ быстрейшего спуска S777
~ быстрого преобразования Фурье F29
~ валентных связей V36
~ Венцеля — Крамерса — Бриллюэна W98
~ Вернейля V105
~ Винера — Хопфа W119
~ ВКБ Q100, W98
~ внезапных возмущений S963
~ возбуждения E459
~ вращения образца R538
~ встречных пучков C423
~ высокочастотного нагрева в холодном контейнере H175
~ годографа H225
~ Дарвина — Фаулера D21
~ Дебая — Шеррера D45, P840
~ декорирования D70

~ деформационного отжига S856
~ диаграмм Фейнмана D225
~ дисперсионного интерферометра D444
~ дифракции электронов высоких энергий H184
~ дифракции электронов высоких энергий на отражение R297
~ дифракции электронов низких энергий L386
~ замедлителя M538
~ затемнённого поля D18
~ зонной плавки F201, Z21
~ изображений I31
~ изотопного разведения I550
~ изотопных индикаторов T311
~ инвариантов I366
~ искажённых волн D491
~ испарения в вакууме V19
~ итераций I583
~ КАРС C383
~ Кирхгофа K57
~ когерентного антистоксова комбинационного рассеяния света C383
~ конечных разностей M405
~ конечных элементов F136
~ Лауэ L144
~ Ленгмюра — Блоджетта L35
~ линейных комбинаций атомных орбиталей M407
~ ЛКАО M407
~ максимального правдоподобия M280
~ малых возмущений M410
~ меченых атомов T311
~ молекулярного замещения M408
~ молекулярных орбиталей M592
~ МО ЛКАО M565
~ Монте-Карло M635
~ наибыстрейшего спуска M411
~ наименьших квадратов M406
~ некогерентного рассеяния I102
~ обратного отражения B9
~ оптического зонда O172
~ перевала S6, S777
~ полюсов Редже R331
~ последовательных приближений M412
~ присоединённых плоских волн A664
~ прицельного параметра I48
~ проб и ошибок T398
~ пьедестала P187

~ разложения по собственным модам E39
~ разложения по собственным функциям E37
~ регуляризации R335
~ рентгеноструктурного анализа X15
~ самосогласованного поля H64, S151
~ сглаживания R335
~ седловых точек S6
~ сильной связи S906
~ слабой связи W65
~ совпадений C401
~ статистических испытаний M635
~ Тамма — Данкова T5
~ тёмного поля D18
~ Тёплера S79
~ факторизации F10
~ характеристик M404
~ Хартри — Фока H64, S151
~ холодного тигля C407
~ частичных отражений P107
~ Чохральского C1012
~ ямок травления E418
методика P923
метр M401
метрика M413
~ пространства-времени S507
метрическая система мер M416
метрический тензор M414
метрическое пространство M415
метровые волны M402
метрологическая лаборатория S712
метрология M418
механизм M662
~ Петчека P273
~ пробоя B315
~ разрушения F322
~ теплопередачи M323
~ теплопроводности H76
~ ускорения A67
~ юстировки A216
механика M320
~ жидкостей и газов F220
~ материальной точки P134
~ Ньютона C315, N289
~ сплошных сред M321
~ твёрдого тела M322
~ тел переменной массы V60
механическая деформация M307
~ инерция M314
механические испытания M318
~ колебания M319
~ свойства M316
~ связи M306

механический гистерезис M313
~ детерминизм M308
~ кпд M309
~ эквивалент света M312
~ эквивалент теплоты M311
механическое движение M315
~ напряжение M317
механокалорический эффект M324
механострикция M325
меченый атом L2, T309
мешок-нуклон N411
мигающий фотометр F197
миграция M488
~ вакансий V4
~ дефектов D83
~ дырок H234
~ зарядов C226
~ примесей I80
~ экситонов E472
~ электронов E219
~ энергии E326
микроанализ M425
микроанализатор M426
микробарограф M427
микровзрыв M438
микровключение M442
микроволновая диагностика M474
~ спектроскопия M484
~ электроника M476
микроволновое излучение M481
~ фоновое излучение M473
микроволновый диапазон M482
микроволны M483
микровязкость M472
микроденситометр M434
микродифракция M435
микродозиметрия M436
микрозонд M458
микроизгиб M428
микроканонический ансамбль M429
микроканоническое распределение M430
микролинза M445
микролитография M446
микромагнетизм M447
микрометр M448, M448, M450
микромир M485
микромишень M469
микрон M448, M450
микронапряжение M467
микронеоднородность M443
микронеустойчивость M444
микрообъектив M445
микропинч M456
микроплазма M457
микрополе M439

микропричинность L316, M431
микропроекция M460
микропроцессор M459
микропульсации M461
микрорельеф M462
микросейсм M463
микроскоп M470
~ ближнего поля N30
микроскопия M464
микроспектрофотометр M466
микроструктура M468
микротвёрдость M440
микротрещина M433
микротрон M470
микротурбулентность M471
микрофон M453
микрофотография M454
микрофотометр M455
микрочастица M451
микроэлектроника M437
миктомагнетизм M
миллеровские индексы M490
миллиметр M492
~ водяного столба M494
~ ртутного столба M493
миллиметровые волны M495
миллионная доля P151
минимум M497
~ солнечной активности S391
минитрон M498
минута M503
миопия M752
мир W142
мираж M504
мировая линия W144
мировой интервал W143
митрон M516
мишень T16
~ ускорителя A71
Мкс M283
Млечный путь M489
мм M492
мнимое изображение V151
~ число I35
многогранник P784
многозарядный ион M722
многозначная функция M735
многоканальный дискриминатор M673
многокварковое состояние M729
многокомпонентная плазма M675
~ система M676
многокомпонентный параметр порядка M674
многократная ионизация M708
многократное взаимодействие M707
~ рассеяние M711

многолучевая интерференция M704
многолучевое распространение M691
многолучевой интерферометр M705
многомерное пространство M677
многомодовое волокно M681
~ излучение M684
многомодовость M683
многомодовый лазер M682
многооборотная инжекция M734
многообразие M213
многорезонаторный клистрон M706
~ магнетрон C133, M672
многосвязная область M724
многосвязный контур M723
многослойная плёнка M680
многоступенчатая ионизация M732
~ ракета M733
многоугольник P782
~ сил P783
многофазное течение M693
многофононный процесс M694
многофотонная диссоциация M696
~ изомеризация M699
~ ионизация M698
~ спектроскопия M702
многофотонное возбуждение M697
~ поглощение M695
многофотонный переход M703
~ процесс M701
~ фотоэффект M700
многочастичная динамика M686
многочастичное взаимодействие M221, M687
~ состояние M689
многочастичный коррелятор M685
многочлен P790
~ Цернике Z8
многочлены Эрмита H144
многоэлементное зеркало M679
многоэлементный интерферометр M678
множественное рождение частиц M688
множественность M720
множественный процесс M709
множество S211
множитель F8
~ Ланде G149, L34
мода M526

МОДА

~ Бернштейна B144
модели ядра N377
моделирование M531, S300
модель M530
~ анизотропной Вселенной A416
~ Бардина - Купера - Шриффера B47
~ БКШ B47
~ великого объединения G212
~ Гейзенберга H117
~ Джейниса - Каммингса J6
~ закрытой Вселенной C337
~ Изинга I491
~ мешка B19
~ однородной Вселенной H261
~ открытой Вселенной O66
~ раздувающейся Вселенной I185
~ расширяющейся Вселенной E485
~ солнечной вспышки S384
~ фазового перехода P347
~ Фридмана F408
~ электрослабого взаимодействия E274
модификации льда I2
модификация M542
~ материалов пучками заряженных частиц M262
~ поверхности S1074
модовая дисперсия M525
~ структур M540
модулированное излучение M544
~ напряжение M545
модулированные колебания M543
модуль A25, M198, M552, M553
~ всестороннего сжатия B363, M554
~ кручения T296
~ объёмного сжатия M554
~ объёмной упругости B363
~ продольной упругости M556
~ сдвига M557, S224
~ упругости E62, M555
~ Юнга M556, Y7
модулятор C272, M551
~ добротности Q5
~ света B90, L211, O159
модуляционная неустойчивость M550
модуляция M546
~ групповой скорости G283
~ добротности Q7
~ луча B109
~ пучка B109
~ света L228
~ скорости V95
~ яркости I265

моды высшего порядка H191
мозаичность M643
мозаичный кристалл M642
молекула M605
~ типа асимметричного волчка A571
~ типа симметричного волчка S1100
молекулярная акустика M568
~ динамика M579
~ диффузия M577
~ масса M589
~ орбиталь M591
~ рефракция M596
~ спектроскопия M599
~ физика M593
~ эпитаксия M570
молекулярное вращение M598
~ замещение M597
~ поле M582
~ течение M583
молекулярно-пучковая эпитаксия M570
молекулярные колебания M604
молекулярный генератор M588
~ интеграл M584
~ ион M585
~ кристалл M576
~ лазер M587
~ мазер M588
~ насос M595
~ пучок M569
~ спектр M600
~ экситон M581
молибден M607
молниеотвод L233, L235
молния L230
моль M567
мольность M564
моляльность M563
молярность M564
момент M608
~ высшего порядка H192
~ импульса A402, M612
~ инерции M611
~ количества движения A402, K41, M612
~ пары M609
~ силы M610
монитор положения пучка B112
мониторинг M620
моноклинная сингония M627
~ система M627
монокристалл M628, S304
монокристальный дифрактометр S305
монополь M632
~ Дирака D374
монослой M629
монотонная зависимость U63

~ функция M634
монохроматические волны M625
монохроматический источник M624
~ свет M622
монохроматическое излучение M623
монохроматичность M621
монохроматор M626
монтаж A539, M661
монтировка M661
МОП-структура M388
морской кварк S101
морфология M641
мост B331
~ Вина W117
~ Максвелла M285
~ Уитстона W102
моттовские диэлектрики M658
моттовское рассеяние M659
мощное излучение H202, I261
мощность P842
~ дозы D556
~ звука A125
~ излучения R20
~ импульса P1003
~ источника S479
~ кермы K14
~ накачки P1023
~ питания S1043
~ шума N191
муар M558
муаровая картина M560
муаровые интерференционные полосы M559
~ узоры M559, M560
музыкальная акустика M746
мультивибратор M736
мультипериферическое взаимодействие M692
мультиплексная голография M715
мультиплексор M714
мультиплет M712
мультипликативное квантовое число M719
мультипликативностть M720
мультиполь M726
мультипольное излучение M728
мультипольность M725
мультипольный момент M727
мультистабильность M731
мутная среда T444
мутность T443
мышьяк A530
МэВ M331
мю-мезон M738
мюон M738
мюоний M744

мюонная молекула M741
~ спиновая релаксация M745
мюонное нейтрино M742
~ число M743
мюонный атом M739
~ катализ M740
мюоны космических лучей C765
мягкая компонента S361
мягкий магнитный материал S363
мягкое возбуждение S362
~ излучение S364
~ рентгеновское излучение S365

Н

набла N1
набла-оператор N1
наблюдаемая O8
наблюдения O9
набор S211
набухание S1092
наведённая активность I130
~ анизотропия I131
~ эдс I136
наведённое двулучепреломление I132
~ изменение населённости I140
~ изменение показателя преломления I144
~ поле I138
наведённый заряд I133
~ ток I134
навигационная система N25
нагрев H87
~ излучением R17
~ плазмы P666
~ электронным пучком E167
нагревание H87
нагреватель H82
нагружение L307
нагруженная добротность L305
~ линия L304
нагрузка L303
надёжность R379, R379
надир N2
надкритическая сборка S993
надрез N333
наименьшее действие L167
накачка P1013, P1015
~ импульсными лампами F179
~ солнечным излучением S397
~ электронным пучком E173
наклон D363, I90, O7, S343
наклонение D363, I90

наклонная плоскость I93
наклонное падение O6
наклонный пучок I92
накопитель A86, S851, S853
~ энергии E310
накопительное кольцо S853
накопление A85
налетающая частица P930
наложение O312
~ граничных условий I60
намагниченная область M145
намагниченное тело M146
намагниченность M140
~ насыщения S26
~ подрешётки S931
намагничивание M140
~ при вращении M141
намагничивающая сила M169
нанесение D174
нанодифракция N4
нанолитография N5
наносекундный импульс N6
напор H66
направление D380
~ вращения S199
~ вылета E411
~ лёгкого намагничивания D386
~ распространения D387
~ фазового синхронизма P316
направленное излучение D384
направленность излучения R33
направленный излучатель D390
~ ответвитель D381
направляющие косинусы D385
напряжение S855, S886, T54, V190
~ короткого замыкания S250
~ отражателя R308
~ при изгибе B138
~ при растяжении T53
~ пробоя B317
~ сдвига S227
~ сжатия C528
~ смещения B175
~ холостого хода O60
напряжённость I262, S884
~ магнитного поля M64
~ поля F109
~ электрического поля E107
напыление D174, S681
~ плёнок F123
нарушение D510, V145
~ вакуума V16
~ инвариантности I363
~ комбинированной чётности C475
~ симметрии S1103
~ чётности P95

НЕВЫРОЖДЕННЫЕ

нарушенная симметрия B347
нарушенное полное внутреннее отражение F414
насадка H66
население P800
населённость O16, P800
~ уровня L191
насос P1013
настройка A217, T430
насыщающийся краситель S20
насыщение S24
~ ионизационной камеры S27
~ линии L275
~ накачки P1026
~ населённости P802
~ перехода T343
~ связи B267
~ усиления G14
~ ядерных сил S30
насыщенность раствора S28
~ цвета S29
насыщенный пар S22
~ раствор S21
натрий S360
натуральный логарифм N21
натурная модель F420
натяжение T54
~ струны S900
научно-исследовательская лаборатория R408
научные исследования S84
Национальное управление по аэронавтике и космонавтике N14
начало координат O252
начальные условия I211
неабелево калибровочное поле N196
неадиабатический переход N197
небесная механика C141
~ сфера C143
небесные координаты C139
небесный меридиан C142
~ экватор C140
невесомость Z10
невзаимность N287
невзаимный фазовращатель N286
~ элемент N285
невзаимодействующая частица N231
невидимая материя D19
невидимое излучение I378, N312
невозбуждённый атом N225
невозмущённая ионосфера Q137
~ плазма U53
невылетание кварков Q83
невырожденные колебания N209

617

НЕГАТИВНОЕ

негативное изображение N49
неголономная система N226
негэнтропия N55
недиссипативная
  нелинейность N212
недра звёзд S791
неевклидова геометрия N224
независимая переменная I119
независимость I118
незамкнутая кривая O63
незамкнутый цикл O64
незаполненная зона E303
незапрещённый переход U57
незаряженная частица N199
незатухающая волна C656
незатухающие колебания
  C653
неидеальная плазма N229
неидеальный газ I53
~ кристалл I52
неинерциальная система
  отсчёта N230
нейтрон N81
нейтрализация N88
~ заряда C227
~ пространственного заряда
  S486
нейтраль N92
нейтральная компонента N83
~ ось N82
~ точка N92
~ частица N90
нейтральный К-мезон N89
~ векторный мезон N93
~ каон N89
~ клин N94
~ пион N91
~ светофильтр N86
~ ток N84
~ токовый слой N85
нейтринная астрономия N96
~ астрофизика N97
нейтринное излучение N99
нейтринные осцилляции N98
нейтринный телескоп N100
нейтрино N95
нейтрон N101
нейтронизация N133
нейтронная волна N161
~ звезда N157
~ интерферометрия N132
~ линза N135
~ оптика N142
~ призма N146
~ радиография N148
~ спектрометрия N155
~ физика N143
~ ширина N162
~ ширина резонанса N162
нейтронно-дефицитные ядра
  N114
нейтронно-дефицитный
  изотоп N113

нейтронное альбедо N104
~ излучение N147
~ сечение N109
нейтронно-избыточные ядра
  N125
нейтронно-избыточный
  изотоп N124
нейтронно-обеднённый изотоп
  N130
нейтронно-обогащённый
  изотоп N150
нейтронный генератор N128
~ детектор N117
~ дифрактометр N122
~ интерферометр N131
~ источник N153
~ канал N107
~ монитор N139
~ монохроматор N140
~ пучок N105
~ резонанс N149
~ спектрометр N154
~ цикл N110
нейтроновод N129
нейтронограмма N120
нейтронограф N122
нейтронографический анализ
  N119
нейтронографическое
  исследование N121
нейтронография N119
нейтроны деления F161
некогерентное излучение
  I100, N203
~ рассеяние I101
некогерентность I97, N200
некогерентные излучатели
  N204
~ колебания I99
некогерентный источник I103
некоммутирующие операторы
  N205
неконсервативная сила N207
~ система N208
некорректная задача I20
нелептонный процесс N232
нелинейная акустика N234
~ восприимчивость N264
~ динамика N241
~ дисперсия N239
~ ёмкость N235
~ зависимость N237
~ индуктивность N245
~ квантовая теория поля
  N261
~ механика N250
~ оптика N256
~ оптическая активность N253
~ поляризация N260
~ система N265
~ спектроскопия N263
~ среда N251
~ фильтрация N244

нелинейно-оптический
  кристалл N254
нелинейное взаимодействие
  N246
~ детектирование N238
~ затухание Ландау N248
~ оптическое поглощение
  N252
~ поглощение N233
~ преобразование N266
~ сжатие N236
~ уравнение N243
нелинейность N247
нелинейные волны N268
~ искажения H51, N240
~ колебания N257
~ материалы N249
~ эффекты N242
~ явления N259
нелинейный отклик N262
нелокальная квантовая теория
  поля N271
нелокальное взаимодействие
  N269
нелокальность N270
нематический жидкий
  кристалл N58
неметалл M385, N272
немонохроматичность N273
ненаправленная антенна O43
ненасыщенное поглощение
  U90
ненулевая масса N313
неньютоновская жидкость
  N274
необратимая деформация
  I479
необратимое изменение N296
~ превращение I482
необратимость I478
~ времени T251
необратимый процесс I480
необыкновенная волна E531
необыкновенный луч E530
необычная звезда P182
неодим N62
неодимовый лазер N27
неоднозначность A319
неоднородная среда I210,
  N227
неоднородно уширенная
  линия I209
неоднородное уширение
  N307
неоднородность D406, I208,
  I476, N308
~ магнитного поля M61
~ показателя преломления
  R320
неоклассическая диффузия
  N60
неоклассический перенос N61
неон N64

неопознанный летающий объект U59
неопределённость A319, U48
неопределённый интеграл I114
неосновные носители M501
~ носители заряда M501
непараметрический метод N275
непер N65
неперенормируемая квантовая теория поля N294
неперенормируемость N293
непериодические колебания N276
непериодический процесс N277
непериодичность A486
неподвижная катушка F166
~ мишень F167
неполиномиальная квантовая теория поля N279
неполярные молекулы N278
непотенциальность N280
непрерывная зависимость C647
~ среда C652
~ функция C651
непрерывное излучение C654
~ поглощение C645
непрерывность C643
непрерывные колебания C653
непрерывный лазер C657
~ спектр C655, C658
неприводимая диаграмма I474
неприводимое представление I475, N288
непрозрачная плазма O59
непрозрачность O57
~ атмосферы A589
непрямой переход N311
непрямые переходы I128
Нептун N68
нептуний N69
неравенство I165
неравновесная концентрация N216
~ населённость N220
~ плазма N219
неравновесное состояние N222
~ течение N217
неравновесные носители N215
~ носители заряда N215
~ фазовые переходы N218
неравномерное движение I477, N309
неравномерность I476, N308
неразрешённая линия U89
неразрушающие испытания N211
неразрушающий контроль N211

~ метод N210
неразрывное течение C650
неразрывность C643
~ потока F206
нераспространение ядерного оружия N281
нерастворимость I232
нервная клетка N73
нервный импульс N74
нерегулярность I476
нерезонансное рассеяние N295
~ состояние O31
нерелятивистская механика N289
нерелятивистский импульс N290
нерелятивистское движение N291
неровность A537
несамостоятельный разряд N298
неселективный приёмник N297
несжимаемая жидкость I110
несжимаемость I108
несимметричное ядро D101
несимметричный изгиб U95
~ переход N306
несобственный интеграл I63
несовершенный кристалл I52
несовершенство I54
~ кристалла C903
~ кристаллической решётки L139
~ структуры S915
несовместимость I107
несогласованная нагрузка U87
несоизмеримость I104
несоразмерная структура I106
несоразмерность I104
несоразмерные фазы I105
несохранение N206
~ заряда C228
~ чётности P93
нестабильность I233
~ частоты F372
нестационарная задача N303
~ интерференция N301
~ самофокусировка N305
нестационарное движение N302
~ течение N300
нестационарный процесс N304
нестеснённое кручение S299
несущая C75
~ частота C75
несферичность N299
неупорядоченная система D434
неупорядоченный кристалл D432

неупругая деформация I161
неупругие столкновения I160
неупругий изгиб I158
~ канал I159
неупругое взаимодействие N214
~ рассеяние I163
неупругость A382
неустановившееся движение N302
~ течение N300
неустановившиеся колебания T329
неустановившийся процесс N304
неустойчивое равновесие U91
неустойчивость I233
~ плазмы P670
~ пучка B107
неустойчивый изотоп U92
нефелометр N66
нефелометрия N67
нецентральная сила N198
нечётное взаимодействие P94
нечётные состояния O27
неявная зависимость I58
нижний кварк B285, D579
~ подуровень L390
~ предел текучести L391
нижняя зона L388
~ ионосфера L389
низкая температура L399
низкие частоты L392
низковольтная дуга L405
низкоразмерный магнетик L384
низкотемпературная калориметрия L400
~ камера L401
~ плазма L404
низкотемпературный контейнер L402
низкочастотная область L396
низкочастотное излучение L395
низкочастотные колебания L394
низкочастотный диапазон L393
никель N170
нильпотентная группа N172
нильсборий N173
ниобий N174
нисходящий узел D186
нит N175
нитевидные кристаллы C942
нитевидный кристалл W104
нить F114
~ накала F114
НЛО U59
нобелий N178
новая N336
~ звезда N336

НОМЕР

номер N421
номограмма N195
нонет N223
норма вектора V81
нормализация N322
нормаль N314
нормальная дисперсия N46
~ мода N324
нормальное падение N318
~ произведение N326
~ распределение G85, N317
~ ускорение N315
нормальные волны N330
~ колебания N325, N329
~ условия N327, S710
нормальный тон N328
~ эффект Зеемана N331
нормированная амплитуда N320
нормированное распределение N321
нормировка N319
~ волновой функции W27
нормирующий множитель N323
носители заряда C199, C964
носитель C75
~ заряда C75
носовая волна B299
Нп N65
нт N175
нуклеация N407
нуклеосинтез N415
нуклид N418
нуклон N409
нуклон-наблюдатель S542
нуклонная ассоциация N410
нуклонный заряд N412
~ кластер N413
нуклон-спектатор S542
нулевая энергия Z11
нулевой звук Z13
нулевые колебания Z12
нуль-заряд N419
нуль-индикатор N420
нутация N426
ньютон N164
ньютоновская динамика C312
~ жидкость N165

О

обеднение D166
обеднённая область D170
обеднённый слой D167
обезгаживание D102
обертон O319
обесточивание D74
обесцвечивание B224
~ кристалла C894
обжиг B378, F142

обкладка конденсатора C46
облако C342
~ заряда C200
~ Котрелла C789
~ пространственного заряда C200, S483
область A520, P865, R332, Z18
~ D D584
~ взаимодействия I269
~ высоких энергий H187
~ дырочной проводимости P865
~ E E402
~ значений R171
~ ионосферы I453
~ когерентности C377
~ малых энергий L387
~ неупругого рассеяния I164
~ низких частот L396
~ определения D530
~ перехода J26, T342
~ применения F104
~ притяжения аттрактора D529
~ промежуточных энергий I311
~ пространственного заряда S487
~ существования D531
~ упругого рассеяния E66
~ устойчивости S695
~ частот F583
~ электронной проводимости N339
~ энергий E330
F-область F359
n-область N339
облучатель I472
облучение E516, I22, I470
облучённость I469
обмен E444
~ местами I282
~ энергией E318
обменная константа E445
~ мода E450
~ модель E451
обменное взаимодействие E449
~ вырождение E446
обменные силы E447
обменный интеграл E448
обмотка C398, W127
обнаружение D202
обобщение E519
обобщённая восприимчивость G104
~ модель G102
~ сила G99
~ симметрия G105
~ скорость G106
~ функция G100

обобщённые координаты G98, L7
обобщённый закон G101
~ импульс G103
обогащение E341
обогащённый изотоп E338
~ материал E340
оболочечная мишень S233
~ модель S232
оболочка S231
~ волоконного световода C309
оборачивающая призма E400
~ система E401
оборот T456
обороты в секунду R484
оборудование E389
обработка данных D23
~ данных в реальном времени R229
образ I23
образец S15, S539
образование F290, G108
~ дефектов D82
~ пар P10
~ пионов P599
~ пузырьков B355
~ Солнечной системы F291
~ трещин C832
~ элементов E281
обратимая деформация R480
обратимое изменение R478
обратимый переход R482
~ процесс R481
~ цикл R479
обратная величина относительного отверстия объектива F245
~ волна B16
~ зависимость I370
~ задача I369
~ задача рассеяния I371
~ связь F44
обратное значение относительной дисперсии C627
~ направление B15
~ напряжение B14, I372
~ преобразование Фурье I367
~ рассеяние B10
обращающее ВРМБ-зеркало P288
~ зеркало P289
обращающий слой R483
обращение I373, R474
~ волнового фронта P291
~ волнового фронта оптического излучения O167
~ волнового фронта оптического излучения в нелинейной среде N255
~ времени T250, T259
~ спектральных линий R475

обращённая волна P290
обсерватория O10
обтекание тела F205
обтюратор B90, L211
общая теория
 относительности G107
общий множитель C483
объединение U60
объект N3
~, движущийся со
 сверхсветовой скоростью
 S1045
объектив L175, O2
~ с переменным фокусным
 расстоянием V67
объектная волна O4
объектный пучок O1
объём V203
~ когерентности C382
объёмная вязкость V210
~ деформация V206
~ плотность заряда V205
~ сила M242
~ скорость V209
~ упругость B362
объёмное изображение T216
~ кипение B361
объёмноцентрированная
 решётка B240
объёмноцентрированный куб
 B238
~ кубический кристалл B239
объёмный анализ V208
~ заряд S482
~ резонатор C132, C136
обыкновенная волна O244
обыкновенный луч O243
ОВФ-зеркало P289
огибающая E350
~ биений B123
огонь F140
огранённый кристалл F6
ограничение C625, R461
ограниченное движение R462
ограничитель L249, R461
огранка Г7
одиночная дислокация I518
одиночный импульс S318
одновибратор S320
однодоменная частица S310
однозарядный ион S324
однократно ионизованная
 молекула S326
~ ионизованный атом S325
одномерная модель O47
одномерное движение O48
одномодовое волокно M630
~ излучение S314
одномодовый импульс S313
~ лазер S312
однооборотная инжекция
 S323
одноосный кристалл U58

однопараметрическое
 представление O51
однопетлевая диаграмма
 Фейнмана O50
однополупериодный
 выпрямитель H22
однородная модель H261
~ система H263
~ среда H260
~ функция H259
однородность H255, U65
~ Вселенной H256
однофотонная ионизация
 S317
однофотонное поглощение
 O54
одночастичная задача S316
~ модель O53
одночастичное движение
 S315
~ приближение O52
одночастотный лазер S311
одноэлектронное
 приближение O49
оже-изображение A661
оже-спектроскопия A663
оже-электроны A662
оже-эффект A660
ожижение газов L280
озон O327
озонатор O330
озоновый слой O329
океанология O20
окисел O323
окисление O322
окклюзия O13
окно W128
~ Брюстера B329
~ прозрачности атмосферы
 A599
~, расположенное под углом
 Брюстера B329
околозвуковое течение T360
оконечный каскад F130
окружность C293
оксид O323
оксидные
 высокотемпературные
 сверхпроводники O325
оксидный катод O324
октава O22
октаэдр O21
октет O23
октуполь O24
октупольный момент O25
окуляр E541
олово T263
ом O34
Ом O34
омега-частицы O41
омегатрон O42
омические потери O37
омический контакт O35

~ нагрев J19
омметр O39
ондулятор U54
ондуляторное излучение U55
опалесценция O58
оператор O73
~ взаимодействия I275
~ Гамильтона H32, N1
~ Даламбера D2
~ Лагранжа L9
~ Лапласа L47
~ перехода T339
~ рождения C836, P926
~ рождения частиц C836
~ уничтожения D195
операторное поле O75
~ разложение O74
операционное исчисление
 O72
операционный усилитель O71
операция O70
~ симметрии S1107
опережающий потенциал
 A231
описание D187
опора B122, S1044
опорная волна R286
~ звезда R284
опорное напряжение R285
опорный диод R282
~ источник R283
~ луч R281
~ пучок R281
определение возраста A263
~ структуры кристаллов D207
определённый интеграл D85
опрокидывание F198
оптика O212
~ глаза E540
~ движущихся сред O214
~ неоднородных сред O213
~ тонких слоёв O215
~ частиц P137
оптико-акустический
 приёмник O80
оптическая активность O84
~ анизотропия O86
~ бистабильность O90
~ глубина O110
~ длина пути O166
~ запись O183
~ изомерия O140
~ изотропия O141
~ индикатриса O133
~ интерференция I298, O137
~ информация O134
~ коммутация O200
~ левитация O146
~ модель O158
~ мультистабильность O162
~ накачка O177
~ нелинейность O163
~ неоднородность O136

ОПТИЧЕСКАЯ

~ нутация O164
~ обработка информации O108
~ однородность O129
~ ориентация O165
~ ось O88, O211
~ память O155
~ пирометрия O179
~ плотность D154, O109
~ поверхность O198
~ постоянная O102
~ регистрация O186
~ связь O97
~ сила F250, O171
~ система O201
~ скамья O89
~ спектроскопия O194
~ теорема O203
~ толща O110
~ толщина O110
~ флуоресценция O120
~ ЭВМ O101
~ экстинция O116
оптически активное вещество O148
~ толстые среды O149
~ тонкие среды O151
оптические антиподы O87
~ волны O209
~ гармоники O128
~ измерения O154
~ иллюзии O131
~ свойства O175
~ часы O96
оптический волновод L221
~ гироскоп O127
~ гистерезис O130
~ дальномер O182
~ затвор O190
~ затвор на ячейке Керра O143
~ захват O92
~ изомер E307, O139
~ импульс O176
~ интерферометр O138
~ источник V183
~ канал O94
~ канал связи O94
~ квантовый генератор L54
~ клин O210
~ клистрон O144
~ компаратор O98
~ компенсатор O99
~ компрессор O100
~ компьютер O101
~ контакт O103
~ контраст O104
~ коррелятор O106
~ криостат O107
~ локатор O180
~ микроскоп O156
~ модулятор O159
~ монохроматор O160

~ переключатель O199
~ переход O207
~ пирометр O178
~ плазматрон O169
~ потенциал O170
~ преобразователь O205
~ преобразователь частоты O121
~ пробой O91
~ процессор O173
~ путь O166
~ разряд O114
~ резонатор O187
~ солитон O191
~ спектр O195
~ спектрометр O193
~ стандарт частоты O123
~ телескоп O202
~ транзистор O206
~ триггер O208
~ умножитель частоты O122
~ усилитель O85
~ фильтр O119
~ фонон O168
~ эффект Керра O142
~ эффект Штарка O196
оптическое волокно O117
~ детектирование O111
~ запоминающее устройство O155
~ излучение L216, O181
~ изображение O132
~ логическое устройство O147
~ охлаждение O105
~ переключение O200
~ поглощение O81
~ смещение O157
~ стекло O126
~ увеличение O153, O161
~ усиление O124
оптоакустическая спектроскопия O217
оптоакустический эффект O216
оптотранзистор O206
оптоэлектроника O219
оптоэлектронные приборы O218
оптрон O220
опустошение D166, D173
опыт Винера W118
~ Дэвиссона — Джермера D27
~ Кавендиша C123
~ Майкельсона — Морли M424
~ Милликена M491
~ Саньяка S11
~ Физо F168
~ Франца — Герца F331
опытный завод P583
оранжерейный эффект G260
орбита O221

~ частицы P138
орбиталь O222
орбитальная скорость O229
орбитальное движение O227
~ квантовое число O228
орбитальный момент O225
~ момент количества движения O223
~ полёт O224
органические полупроводники O248
~ проводники O246
~ сверхпроводники O249
органический кристалл O247
ордината O245
ореол A665, H29
ориентационные фазовые переходы O251
ориентация A286, O250
~ ядер N379
ориентирование O250
ортикон O255
ортоводород O264
ортогелий O263
ортогонализация O259
ортогональность O258
ортогональные моды O260
~ полиномы O261
~ состояния O262
~ функции O257
ортогональный базис O256
ортонормированная система O265
ортопозитроний O266
ортосостояние O268
осадки P858
осадок P855
осаждение D174, P858, S122
освещение I22, I25
освещённость I21, I22
освобождение энергии E331
осевая голограмма A704
осколки деления F157
осколок F324
ослабитель A651
ослабление A646, D9, D51
осмий O290
осмометр O291
осмос O292
осмотическое давление O293
основа B79, B82
основание B79, B82
основная гармоника F427
~ мода F430
основное колебание F427
~ состояние G274
основной кристалл H274
~ носитель M207
~ носитель заряда M207
~ уровень G273
основные цвета P878
особая точка S326
особенность P181

остаток R414
~ вспышки сверхновой S1023
остаточная деформация R410
~ магнитная индукция R388
~ намагниченность R389
~ поляризация R390
~ радиоактивность R409
остаточное напряжение R413
остаточный пробег R412
острота зрения A188, V174
~ слуха A188
осциллирующая частица O269
осциллистор O286
осциллограмма O287
осциллограф O289
осциллографическая трубка C110
осциллятор O282
осцилляции O271, O279
~ нейтрино N98
~ Раби R2
~ странности S864
ось A712
~ вращения A715, R558
~ деформации A716
~ инерции A714
~ лёгкого намагничивания A713, E7
~ симметрии A717
отбеливание B224
отверстие A489, O65
ответвитель C814
отдача R236
отжиг A423
отказ F14
откачка E428
отклик R454
отклонение D91, D216
~ частиц P120
отклонённый луч D87
~ пучок D87
отклоняющая катушка D88
отклоняющее напряжение D90
отклоняющие пластины D89
открытая конфигурация O62
~ ловушка O69
~ модель O66
~ система O68
открытый источник B50
~ радионуклидный источник B50
~ резонатор O67
отлипание электронов D200
относительная деформация R342
~ дисперсия D454
~ диэлектрическая проницаемость R346
~ интенсивность линии R344
~ концентрация R341

~ световая эффективность L430
относительное движение R345
~ изменение R340
~ отверстие A493
~ равновесие R343
относительность R367
отношение R188
~ сигнал/шум S286
отображение I23, M222
отпирающий импульс G82
отражатель B18, R306
отражательная голограмма R298
~ призма R302
~ способность R305
отражательный клистрон R309
~ электронный микроскоп R295
отражающее покрытие R304
отражение R293
~ волн W56
~ звука S470
~ радиоволн R301
~ света R300
отражённая волна R291
отражённое излучение R289
отражённый импульс R288
~ луч R290
отрезок S117
отрицательная дисперсия N46
~ дисторсия B61
~ кривизна N44
~ люминесценция N51
~ обратная связь N48
~ температура N54
отрицательное дифференциальное сопротивление N45
~ поглощение N41
~ сопротивление N53
отрицательный заряд N42
~ ион N50
~ кристалл N43
отрыв электрона E186
отрывное течение D199
отставание L6, R465
отсчёт C802
отталкивание R407
охлаждающая жидкость C700
охлаждение C698, R324
~ путём адиабатического размагничивания C699
~ пучков B92
охрана окружающей среды E353
очарование C232
очарованные частицы C233
очарованный кварк C234
очистка газов G77
ошибка E406
ощущение S198

ПАРАЛЛЕЛЬНЫЙ

П

П P724
Па P152
ПАВ S1049
падающая волна I89
~ капля D595
~ характеристика F16
падающее излучение I87
падающий луч I88
~ пучок I86
падение F15, I85
пайерлсовский диэлектрик P188
пакетная оптическая интеграция S703
палеомагнетизм P14
палладий P15
палочка R524
память S851
пар V49
пара вихрей V216
~ сил C809
~ частица - античастица P114
парабозе-статистика P24
парабола P17
параболическая антенна P18
~ скорость P22
параболическое зеркало P21
~ уравнение P20
параболоид P23
параводород P32
парагелий P89
парадокс P27
~ близнецов T463
~ возврата C327
~ времени C327
~ Гиббса G161
~ Неймана - Зеелигера N80
~ часов C327, T463
паразитная ёмкость S873
паракоммутационные соотношения P25
параксиальное изображение P86
параксиальный луч P87
~ пучок P85
параллакс P34
~ звезды S794
~ планеты P635
параллактическая монтировка E370
параллактический угол P33
параллелограмм сил P40
параллель P35
параллельная инжекция P39
~ передача P42
~ передача данных P38
параллельное соединение P37
параллельный контур P36
~ перенос T346
~ резонанс P41

ПАРАМАГНЕТИЗМ

парамагнетизм P50
~ Паули P172
парамагнетик P43
парамагнетики P46
парамагнитная
  восприимчивость P49
~ релаксация P47
парамагнитные материалы P46
парамагнитный ион P45
~ кристалл P44
~ резонанс P48
параметр P51
~ Грюнайзена G289
~ кристаллической решётки C909
~ орбиты O231
~ парастатистики P83
~ порядка O242
~ Стокса S848
~ удара I47
параметризация P77
параметрическая генерация P62
~ люминесценция P66
~ накачка P70
~ неустойчивость P63
~ связь P56
~ суперфлуоресценция P76
~ флуоресценция P60
параметрические колебания P68
параметрический генератор P69
~ генератор света P65
~ излучатель P58
~ преобразователь P55
~ приёмник P72
~ резонанс P73
~ солитон P75
~ усилитель P53
параметрическое
  взаимодействие P64
~ возбуждение P59
~ излучение P57
~ преобразование P54
~ рассеяние P74
~ смешение P67
~ усиление P52
~ четырёхволновое смешение P61
параметрон P78
параметры решётки L134
~ состояния S734
парапозитроний P79
параполя P31
парапроводимость P26
парапроцесс P80
парасостояние P82
парастатистика P84
параферми-статистика P30
параэлектрик P28

параэлектрический резонанс P29
паркет Пенроуза P206
парная конверсия P7
~ корреляционная функция P9
~ корреляция P8
парниковый эффект G260
парное столкновение P6
парный спектрометр P13
паровая камера S775
парожидкостное равновесие V53
парообразование E430, V51
парсек P96
партон P150
парциальная волна P109
~ ширина P110
~ энтропия P101
парциальное давление P106
~ сечение P99
паскаль P152
пассивная модуляция
  добротности P160
пассивное сопротивление P162
пассивный затвор P163
~ квантовый стандарт частоты P161
~ оптический затвор P163
~ партон P159
пекулярная звезда P182
пена F246
пентапризма P208
пентод P209
первая космическая скорость O229
перванс P272
первичное излучение P881
~ напряжение P884
первичные космические лучи P879
первичный излучатель P882
~ эталон P883
первое начало
  термодинамики F144
первый звук F146
переброс U47
перевод C689
переводной коэффициент C692
~ множитель C692
перевозбуждение O309
переворот F198
~ спина S625
перегиб K53
перегонка D488
перегородка B18, M339
перегрев O311, S1011
перегретый пар S1010
передаточная функция T322
передатчик T357
передача T321, T350

~ импульса M619
передняя кромка L162
перезамыкание R251
перезарядка C224
перезарядный ускоритель T8
переключатель S1094
переключение C487
перекрёстная модуляция C868
перекрёстные искажения C878
перекрывающиеся зоны O315
~ поля O316
перекрытие O312
перемагничивание M143
переменная V57, V61
~ звезда V61
~ индуктивность V59
переменное напряжение A189
переменный ток A309
перемешивание M520
перемещающееся
  ионосферное возмущение T392
перемещение M662, T346
перенапряжение O320
перенормированная теория
  возмущений R400
перенормировка R397
перенормируемая теория R396
перенормируемость R395
перенос M488, T321, T368
~ заряда C230
~ излучения R58
~ массы M254
~ тепла H102
~ энергии E335
переносное движение T348
переориентация R401
~ спина S627
переохлаждение O308, S992
переохлаждённая жидкость S991
перепоглощение R204
пересечение I337
~ уровней энергии L187
пересоединение R251
~ магнитных силовых линий M60
перестановка C487, I282, P254
перестановочная
  неустойчивость I283
перестановочные
  соотношения C488, P257
~ функции P255
перестраиваемый лазер F392, T427
~ магнетрон T428
~ по частоте F392
пересыщенный пар S1033
~ раствор S1032
перетяжка W2

переход E201, J25, P92, T335
~ в невозбуждённое состояние D78
~ в сверхпроводящее состояние S988
~ в сверхтекучее состояние S1005
~ диэлектрик - металл D256
~ Морина M640
~ Мотта M660
~ Пайерлса P190
~ полупроводник - металл S189
~ порядок - беспорядок O235
~ с переворотом спина S626
~ хрупкость - пластичность B339
~ через звуковую скорость T361
$p-n$-переход P712
переходная область T342
~ характеристика T332
переходное излучение T341
~ состояние T344
переходные колебания T329
переходный металл T338
~ процесс T330
периастр P226
перигей P227
перигелий P228
период C990, P229
~ дифракционной решётки G226
~ колебаний O277
~ обращения S1123
~ осцилляций O277
~ полураспада D56, H15, R77
~ прецессии P854
периодическая система элементов P233
периодические колебания P232
периодическое движение P231
периодичность P230
перископ P239
перитектика P240
периферическое взаимодействие P237
периферия P238
перколяционный переход P213
перколяция P212
перлит P179
пермаллой P241
пермеаметр P246
перовскит P258
перпендикуляр N314
петля L357
печь F435
ПЗС C203
ПЗС-матрица C204
пи-вид P585

пи-импульс P602
пик P176
пикнометр P1031
пикноядерные реакции P1030
пиковая мощность P177
пиковое значение C838
пикосекундная спектроскопия P549
пикосекундный импульс P548
~ лазер P547
пилообразное напряжение S36
пи-мезон P584, P592
пи-мезонный полюс P595
пинакоид P586
пингвинная диаграмма P203
пиннинг P591
пинч P587
ϑ-пинч T198
z-пинч Z25
пинч-эффект P588
пион P584, P592
пионий P597
пионный атом P593
~ полюс P595
пирамида роста G288
пирометр P1036
пирометрия P1037
пироэлектрик P1032
пироэлектрический коэффициент P1033
~ эффект P1034
пироэлектричество P1035
питч-угловая диффузия P607
~ неустойчивость P609
питч-угловое распределение P608
~ рассеяние P610
питч-угол P606
пичок S617
пи-электрон P552
плавание F199
~ тел F199
плавающий потенциал F200
плавкий предохранитель F436
плавление F438, M336
плавучесть B372
плазма P640
~ твёрдого тела S418
плазматрон P693
плазменная волна P695
~ конфигурация P649
~ линза P674
~ ловушка P692
~ мантия P675
~ мишень P690
~ неустойчивость P670
~ технология P691
~ частота P664
~ электроника P657
плазменное напыление P688
~ покрытие P647
~ поле P660

плазменно-пучковый разряд B110, P642
плазменные колебания L38, P677
плазменный виток P661
~ волновод P696
~ двигатель P658
~ источник P686
~ канал P644
~ катод P643
~ лазер P673
~ резонанс P685
~ ускоритель P641
~ фокус P663
~ шнур P661
плазмоид P697
плазмон P698
плазмооптика P676
плазмопауза P678
плазмосфера P687
плазмохимическая реакция P645
плазмохимия P646
пламенная фотометрия F171
пламя F169
планарный эпитаксиальный прибор P617
планета P631
планетарная модель P633
~ туманность P634
планетная атмосфера P632
~ прецессия P636
планеты группы Юпитера O297
~ земной группы I177
планковская длина P619
~ масса P620
планковский промежуток времени P622
пластинка P702
~ в четверть длины волны Q91
~ Савара S33
~ Coре Z23
пластическая деформация P699
пластическое течение P700
пластичность D606, P701
пластичный металл D605
платина P705
платинотрон P704
пленение I62
пленённое излучение T390
плёнка F119
плёночная конденсация F122
~ электроника T203
плёночное кипение F120
плёночный катод F121
~ преобразователь F125
плеохроизм P707
плечо A526
~ пары A527
~ пары сил A527

ПЛОСКАЯ

плоская волна P637
плоско-вогнутая линза P638
плоско-выпуклая линза P639
плосковыпуклая линза C695
плоское зеркало P624
~ изображение T474
плоскопараллельная пластинка P628
плоскопараллельное движение P627
плоскополяризованное излучение P629
плоско-слоистая среда P630
плоскостное каналирование P616
плоскостной канал P615
плоскостность F183
плоскость P623
~ двойникования T462
~ орбиты O232
~ поляризации P625
~ симметрии P626
~ скольжения G177
~ спайности C325
плотная упаковка C341
плотномер A521, D150
плотность D154
~ вероятности P910
~ заряда C207
~ звуковой энергии S447
~ насыщенного пара D157
~ потока F215, F235
~ потока вероятности P909
~ потока частиц P128
~ почернения P441
~ пространственного заряда S485
~ состояний D158
~ теплового потока H86
~ тока C966
~ электронов E185
~ энергии E315
плотноупакованная структура C341
плохо обтекаемое тело B236
площадь A520
Плутон P710
плутоний P711
побочная серия S939
поверхностная активность S1052
~ волна G275, S1085
~ диффузия S1062
~ закалка S1068
~ ионизация S1072
~ концентрация S1058
~ плёнка S1065
~ плотность S1061
~ плотность заряда S1057
~ плотность потока излучения R16
~ сила S1067
~ электропроводность S1059

~ энергия S1064
поверхностно-активное вещество S1051
поверхностно-активный материал S1050
поверхностное давление S1079
~ кипение S1054
~ натяжение S1083
~ рассеяние S1081
~ сопротивление S1063
поверхностные акустические волны S1049
~ оптические волны S1075
~ состояния S1082
~ явления S1076
поверхностный заряд S1056
~ импеданс S1070
~ интеграл S1071
~ магнетизм S1073
~ нагрев S1069
~ плазмон S1077
~ поляритон S1078
~ пробой S1055
~ резонанс S1080
поверхность Вульфа W146
~ Петцваля P274
~ солидуса S421
~ Ферми F61
поворот R541
поворотная изомерия R548
поворотный изомер R547
повторяемость R406
поглотитель A33, A34
поглощательная способность A35, A57, A58
поглощающая ячейка A41
поглощение A38
~ в атмосфере A580
~ в диэлектрике D248
~ в крыле W131
~ в озоновом слое O328
~ волн W13
~ звука S441
~ нейтронов N102
~ озоном O328
~ рентгеновского излучения X3
~ света L205
~ ультразвука U12
поглощённая доза A29
поглощённое излучение A32
поглощённый квант A31
пограничный слой B289
погрешности измерения M300
~ прибора I244
погрешность E406
погружение D363, I37, S935
подавление D175, Q133
~ мод M541
податливость C508
подвес S1088
подвижная катушка M664

подвижность M524
~ дырок H235
~ носителей заряда C81
~ электронов E221
подводная акустика U52
подводный звуковой канал U51
подгруппа S927
подкритическая сборка S926
подложка S951, W1
подмагничивание постоянным током B174
подобие S293
подоболочка S941
подогреватель H82
~ катода H82
подпространство S944
подрешётка S930
подсистема S953
подслой S932
подставка S1044
подстановка S946
подсчёт C806
подуровень S933
подушкообразная дисторсия P589
подшипник B122
подъёмная сила E282, L202
позитивное изображение P813
позитрон P817
позитроний P819
показатель I122
~ преломления R319
~ цвета C458
поколение G108
покрытие O14
поле F95
~ в ближней зоне N29
~ Вейса W93
~ Дирака D372
~ зрения F106
~ напряжений S890
~ скоростей V92
~ тяготения G238
полевая десорбция F98
~ диафрагма F108
~ ионизация F102
~ эмиссия F99
полевой транзистор F111
полёт с дозвуковой скоростью S942
~ с околозвуковой скоростью T359
ползучесть C837
поликристаллы P781
полимеризация P787
полимерный кристалл P785
полимеры P788
полиморфизм P789
полином P790
полиномиальное распределение P791

полиномы Лежандра L173
политипизм P794
политипия P794
политропа P792
политропический процесс P793
полная интенсивность I250, T302
~ проводимость A218
полное внутреннее отражение T303
~ затмение T301
~ отражение T306
~ поглощение T298
~ сечение T299
~ сечение рассеяния T300
~ сопротивление I51
полностью ионизированный атом F422
полный излучатель C502, T305
~ излучатель чёрное тело P224
~ набор квантовых чисел C504
~ набор собственных состояний C503
полодия C169, P779
положительная дисторсия P589
~ кривизна P811
положительно определённая форма P815
положительное направление P812
положительный заряд P808
~ ион P814
~ кристалл P810
~ столб P809
полоний P780
полоса F409
~ поглощения A40
~ пропускания P158
~ частот B35, F363
полосатые спектры B41
полосковая линия S902
полосовой фильтр B40
полость C132, V185
полуволновая линия H20
~ пластинка H21
полуволновой вибратор H19
полулептонный распад S193
полуметалл S194
полуплоскость H16
полупроводник S178
~ n-типа N341
~ p-типа P973
полупроводниковая микроэлектроника S190
~ пластина W1
~ электроника S187
полупроводниковые приборы S184

полупроводниковый болометр S180
~ датчик S192
~ детектор S183
~ диод S185
~ кристалл S181
~ лазер S188
~ материал S178
~ усилитель S179
~ фотодиод S191
полупрозрачное зеркало S197
полупроницаемая мембрана S195
полутеневой прибор H18
полутень H17, P210
полуширина H14
полый катод H237
~ резонатор C132, C136
полюс P777
~ Редже R330
полюсный наконечник P778
поля Янга - Миллса Y3
поляра P731
поляризатор P767
поляризационная микроскопия P748
~ призма P770
~ призма Глана - Томсона G167
поляризационные измерения P746
поляризационный компенсатор P745
~ микроскоп P747
~ светофильтр P769
поляризация P744
~ вакуума V26
~ волн P754
~ диэлектрика D258
~ нейтронов N144
~ радиоволн P753
~ света P750
~ среды P751
~ частиц P752
~ электромагнитного излучения P749
~ ядер N384
поляризованная волна P766
~ люминесценция P761
~ мишень P765
поляризованное излучение P764
поляризованные нейтроны P762
~ ядра P763
поляризованный диэлектрик P759
~ кристалл P758
~ луч P756
~ пучок P756
~ свет P760
поляризуемость P743
~ атомов A630

~ молекул M594
~ ядер N383
поляриметр P736
поляриметрия P737
полярископ P739
поляритон P740
поляритонная люминесценция P741
полярная диаграмма P735
~ ионосфера P738
~ молекула P772
полярное сияние A666
полярность P742
полярные координаты P734
~ радиоотражения A674
~ шапки P732
полярный круг P733
полярограмма P773
полярограф P774
полярография P775
поляроид P769
полярон P776
померон P797
помеха O12
помехи I292
~ радиоприёму R101
помехозащищённость N188
помехоустойчивость N188
пондеромоторная сила P799
пондеромоторное действие P798
понижение D175
~ точки замерзания D176
поперечная волна T385
~ диффузия T377
~ когерентность L127, T376
~ мода T380
~ накачка T382
~ электромагнитная волна T378
поперечное поле T379
~ сечение C871
поперечные колебания L129, T384
поперечный адиабатический инвариант T375
~ звук T383
~ изгиб L126
пористость P804
пористый катализатор P805
порог T223
~ болевого ощущения T226
~ видимости T228
~ генерации O281
~ деления F164
~ зрительного ощущения T228
~ нейтронизации N134
~ реакции R212
~ слышимости H71, T225
~ фотоэффекта P424
пороговая длина волны T231
~ интенсивность T224

ПОРОГОВАЯ

~ мощность T227
пороговое напряжение T230
порошковая рентгеновская камера P841
~ рентгенограмма D46
порошковое изображение P839
порошковые фигуры M107
порошковый метод P840
~ нейтронограф N145
поршневой аттенюатор P605
поры P803
порядковый номер A627
порядок O234
~ величины O239
~ интерференции O238
~ отражения O240
~ спектра O241
последействие A260
последовательная ионизация S955
последовательное соединение S209
последовательный контур S208
~ резонанс S210
послеизображение A262
послесвечение A261, P264
~ люминофора P382
постоянная C621
~ Авогадро A699
~ Больцмана B255
~ Верде V104
~ вращения R545
~ времени R456, T244
~ Лошмидта L271
~ намагниченность D32
~ Планка P618
~ распада D52, D418
~ Ридберга R579
~ тонкой структуры F134
~ Хаббла H290
~ экранирования S94
постоянное напряжение D33
постоянные Ламе L22
~ решётки L134
постоянный магнит P243
~ ток D377
поступательное движение P929, T346, T348
потемнение к краю солнечного диска D17
потенциал P822
~ зажигания I18
~ ионизации I429
~ скоростей V98
~ Юкавы Y18
потенциальная поверхность P835
~ температуры P836
~ функция P829
~ энергия P825
~ яма P837

потенциальное движение P832
~ поле P826
~ рассеяние P834
~ течение I483, P827
потенциальные силы P828
потенциальный барьер P823
~ рельеф P833
потенциометр P838
потери L372
~ в железе I468
~ в сердечнике I468
~ на зеркале M510
~ на излучение R47
~ на отражение M510, R299
~ на поглощение A51
~ на трение F406
~ при столкновениях C439
~ энергии E324
потеря L372
поток C961, F204, F234, S875
~ вектора V77
~ жидкости F218
~ звуковой энергии S448
~ излучения R15
~ импульса M616
~ Кнудсена K63
~ количества импульса M616
~ нейтронов N126
~ несжимаемой среды I109
~ солнечного излучения S385
~ текучей среды F218
~ энергии E319
почернение B218
появление O19
пояс протонов P956
правила отбора S132
правило L150
~ Ампера C723
~ буравчика C723
~ левой руки L170
~ Ленца L179
~ Маттисена M276
~ правой руки R505
~ сумм S966
~ фаз G162, P327
~ фаз Гиббса G162
~ Цвейга Z26
правый кварк R506
празеодим P852
превращение T358
предварительная диссоциация P863
~ ионизация P866
предварительные данные P867
предел выносливости F36
~ пропорциональности P945
~ прочности U3
~ прочности на разрыв B319
~ прочности на растяжение B320, T52
~ прочности на сжатие C530

~ прочности при сдвиге S226
~ Роша R519
~ сходимости C685
~ текучести Y5
~ упругости E59
предельная плотность U2
предельный цикл L248
предметная волна O4
предметный пучок O1
предпочтительная ориентация P864
представление Манделстама M211
предшествующий импульс P862
преимущественная ориентация P864
«прелестный» кварк B127
«прелесть» B128
преломление R314
~ волн W57
~ радиоволн R317
~ света R316
преломлённая волна R312
преломлённый луч R311
преобразование C689, T323
~ волн W62
~ Гильберта H222
~ Лапласа L46
~ Лоренца L370
~ Меллина M335
~ мод M528
~ симметрии S1108
~ с повышением частоты U96
~ Фурье F312
~ частоты F364, F391
~ энергии E314
преобразования Галилея G27
преобразователь C693
~ изображения I24
~ мод M529
~ с повышением частоты U97
препятствие O12
прерыватель C272, S272
~ пучка B90
прецессия P853
~ Лармора L53
прецизионное измерение P860
приближение A509
~ Венцеля - Крамера - Бриллюэна W135
~ ВКБ W135
~ Келдыша K6
приближённое значение A508
приближённый метод A507
прибор D218
~ с зарядовой связью C203
приведение R279
~ сил R280
приведённая масса R274
~ температура R276

ПРОСТРАНСТВЕННО-ВРЕМЕННОЙ

приведённое уравнение состояния R273
приведённые координаты R272
приведённый импульс R275
приводимая диаграмма R277
приводимое представление группы преобразований R278
приглашённый доклад I379
приёмник звука A103
~ излучения R31
приёмники оптического излучения O112
приёмно-усилительная лампа R231
призма P904
~ Амичи A323
~ Волластона W140
~ Корню C725
~ Николя N171
призменный монохроматор P905
~ спектрограф P906
прикладная оптика A504
~ физика A505
прикладные исследования A506
прилив T237
приливное движение T236
приливы в атмосфере A598
прилипание A199, A645
~ электрона E161
~ электронов A645
примесная зона I73
~ область I81
~ проводимость I77
примесный атом A74, I72
~ ион I78
~ полупроводник E537
~ уровень I79
~ центр I75
примесь I71, I94
примитивная решётка P886
~ ячейка P885
принцип взаимности R234
~ Гамильтона H37
~ Гаусса G88
~ Даламбера D3
~ двойственности D604, P901
~ детального равновесия D201, P900
~ дополнительности C500, P899
~ дуальности D604
~ запрета E475, P171
~ Каратеодори C62
~ Ле-Шателье L168
~ максимума модуля M281
~ наименьшего действия P903
~ Неймана N78
~ неопределённости I120, U49

~ неопределённости Гейзенберга H118
~ относительности R368
~ относительности Галилея G28
~ Паули E475, P171
~ соответствия C752
~ суперпозиции S1028
~ Ферма F51
~ Франца Кондона F330
~ эквивалентности E395
приращение I113
природный изотоп N18
присоединение A645
присоединённые функции Лежандра A540
присоединённый вихрь B297
притяжение A652
прицельный параметр I47
причинность C120
приэлектродные явления N28
проба S15
пробег R171
~ частицы P144
пробивная напряжённость D259
пробивное напряжение B317
пробка F437
проблема P922
пробная частица T71
пробник P915
пробный заряд P916, T69
пробой B314
~ диэлектрика D250
провал Лэмба L16
проверка T68
провод C718
проводимость C559, C561
~ Педерсена P183
~ плазмы P648
проводник C570
~ тепла H78
проводящий канал C566
проволочная камера W133
продолжение E519
продолжительность D609
продольная деформация L338
~ когерентность L337
~ мода L339
продольные волны L341
~ колебания L340
продольный адиабатический инвариант L336
~ изгиб B356
проектор P934
проекционный микроскоп P933
прожектор P934
прозрачная плазма T367
~ плёнка T366
прозрачность T362
~ потенциального барьера B69

прозрачный диэлектрик T364
~ краситель T365
~ кристалл T363
производная D183
~ единица D184
произвольное значение A512
произвольные единицы A511
происхождение O252
пролётный клистрон D589
промежуток G50, I349
промежуточная ступень B360
~ частота I312
промежуточное состояние I314
промежуточные нейтроны I313
промежуточный бозон I310
~ векторный бозон I315
проникающее излучение P200
проникновение P201
проницаемость P199, P244
~ потенциального барьера B69
пропагатор P938
пропановая пузырьковая камера P939
пропитка I61
пропорциональная камера P942
пропорциональный счётчик P943
пропускание T350
просачивание P212
просвет C322
просветление оптики A481
просветляющее покрытие A481
просветляющийся краситель B225
просвечивающий электронный микроскоп T353
проскальзывание G176, S338
пространственная гармоника S494
~ дисперсия S521
~ изомерия S810
~ инверсия S495
~ когерентность S488
~ конфигурация S520
~ модель T217
~ неоднородность S525
~ однородность S524
~ решётка S496
~ фильтрация S522
~ частота S523
пространственно-временная когерентность S529
~ корреляция S503
пространственно-временной модулятор света S506

ПРОСТРАНСТВЕННОЕ

пространственное изображение T216
~ квантование S500
пространственноподобный вектор S498
~ интервал S497
пространственные группы S493
пространственный заряд S482
~ период S527
пространство S481
пространство-время S502
~ де Ситтера D190
~ Керра K18
~ Минковского M499
пространство изображений I33
~ импульсов M618
~ предметов O3
~ скоростей V101
~ Фока F253
протактиний P947
протекание P212
противоположное направление B15
противостояние O79
протий P952
протогалактика P953
протозвёзды P966
протон P954
протонная вспышка P959
~ радиоактивность P963
~ протонное излучение P962
протонный канал P957
~ магнитометр P960
~ синхротрон P964
~ ускоритель P955
протон-протонная цепочка P961
протопланеты P965
протуберанец P935
протяжённый источник D503, E518
профилированный кристалл P927
профиль волны W55
~ Жуковского Z14
~ скоростей V99
профильное сопротивление P928
прохождение P157
процедура P923
процесс P923
~ Оппенгеймера - Филлипса O77
~ переброса U47
процессор P924
процессы переноса T373
прочность S884
~ на растяжение T52
~ сжатия C530
проявление D215

прямая ядерная реакция D393
прямое преобразование тепловой энергии в электрическую D376
прямой нагрев D379
~ переход V109
прямолинейное движение L264, R266
прямоугольные координаты C84, R261
прямоугольный волновод R263
~ импульс R262
прямые переходы D395
псевдовектор P970
псевдоевклидово пространство P967
псевдоскаляр P968
псевдотензор P969
психрометр P972
пси-частица P971
пуаз P724
пузырёк B352
пузырьковая кавитация B353
~ камера B354
пузырьковое кипение N406
пульсар P975
пульсации P977
пульсация P977
пустота V185
путь P164
пучковая неустойчивость B107
пучность A475
пучок B88, B368, F114
~ лучей B369
~ частиц P115
пушка Пирса P553
пылевое облако D611
пыль D610
пьедестал P186
пьезокварц P582
пьезокерамика P559
пьезокристалл P555
пьезомагнетизм P579
пьезомагнитный кристалл P577
~ эффект P578
пьезометр P580
пьезооптический эффект P581
пьезополупроводник P572
пьезоэлектрик P557
пьезоэлектрики P566
пьезоэлектрическая керамика P559
~ плёнка P564
~ подложка P574
~ поляризация P569
пьезоэлектрические материалы P566

пьезоэлектрический датчик P573
~ дефлектор P562
~ звукосниматель P568
~ кристалл P555
~ манометр P570
~ преобразователь P576
~ резонатор P571
~ тензор P575
пьезоэлектрическое зеркало P567
пьезоэлектричество P565
пьезоэлемент P558
пьезоэффект P563
пятиминутные колебания F165
пятно S676

Р

работа W141
рабочий канал H277
равновесие B20, E371
~ между паром и жидкостью V53
~ механической системы M310
~ плазмы P659
равновесная ионизация E378
~ конфигурация E374
~ концентрация E373
~ населённость E382
~ орбита E379
~ плазма E381
~ фаза E380
равновесное излучение E384
~ распределение E377
~ состояние E385
равновесные носители E372
~ носители заряда E372
равновесный процесс E383
равнодействующая R463
~ сила R464
равноденствие E386
равнозамедленное движение U67
равномерно замедленное движение U67
~ ускоренное движение U66
равномерное движение U69
равномерность F183, U65
равнопеременное движение U68
равнораспределение энергии E388
равноускоренное движение U66
рад R4
радиальная инжекция R7
радиальное квантовое число R8

РАСПАД

радиан R9
радиатор R67
радиационная длина R45
~ опасность R38
~ стойкость R54
~ температура R57
~ химия R27
радиационное давление R50
~ повреждение R29
~ поражение R41
~ трение R61
радиационно-химическая защита R26
радиационные дефекты R30
~ поправки R28
~ потери R47
~ пояса R25
радиационный баланс R24
~ захват R59
~ контроль M620, R48
~ нагрев R17
~ пирометр R52
радиация R22
радий R145
радиоактивационный анализ R68
радиоактивная пыль R73
радиоактивное вещество R87
~ загрязнение R71
~ заражение C638
~ излучение R83
~ семейство R76
радиоактивность R90
радиоактивные осадки R75
~ отходы R89
радиоактивный изотоп R80, R82, R114
~ источник R85
~ каротаж R81
~ пепел R69
~ распад R72
~ ряд R84
радиоастрономия R92
радиобиология R93
радиоволны R143
радиовсплеск R94
радиовсплески O295
радиовысотомер R91
радиогалактика R109
радиоголография R110
радиодальномер R100
радиозонд R130
радиоизлучение R126
~ Солнца S399
радиоизмерения R107
радиоизотоп R80, R82, R114
радиоизотопная диагностика R115
радиоизотопное датирование D24
~ определение возраста D24
радиоимпульс R108
радиоинтерферометр R112

~ с длинной базой L334
радиоинтерферометрия R113
радиолиз R119
радиология R117
радиолокатор R5
радиолокационная астрономия R6
радиолокация R5
радиолюминесценция R118
радиомаяк B86
радиометр R120
радиометрия R121
радионавигация R122
радионуклид R82
радиопеленгатор R99
радиопередатчик R138
радиопередающее устройство R138
радиопилюля R125
радиопомехи R101, R111
радиоприёмник R127
радиоприёмное устройство R127
радиосигнал R129
радиоспектроскоп R132
радиоспектроскопия R133
радиотелеметрия R135
радиотелескоп R136
радиотерапия R137
радиотехника R104
радиоуглеродное датирование R95
радиоуглеродный метод R96
радиофизика R124
радиохимический анализ R97
радиохимия R98
радиохирургия R134
радиочувствительность R128
радиоэлектроника R103
радиоэхо R102
радиус R146
~ атомного ядра N391
~ Бора B245
~ инерции R149
~ кривизны R147
~ Шварцшильда S83
~ электрона E234
радон R150
разбавление D345
разброс S854
разведение D345
развёртка S57, S1089, T242
развитие D215
развязка I520
разгруппирование D41
разгруппирователь D40
разделение изотопов I552
разделённые изотопы S205
разложение D417, E487, R421
~ в ряд E487
~ Магнуса M201
размагничивание D138

размагничивающее поле D143
размагничивающий фактор D141
размах R171
размер D346, M198
размерное квантование D348, S334
размерность D346
размерный эффект S333
размножение M716
~ нейтронов N141
размытие пучка B119
размытое изображение D309
размытый край D308
разностные тона D264
разность потенциалов P824
~ температур T37
~ фаз P302
~ хода P165
разрежённый газ R182
разрез S117
разрешающая сила R423
~ способность R421, R423
~ способность по времени T257
разрешение R421
разрешённая зона A293, P250
~ линия A294, R422
разрешённый переход A295, P251
разрушающая деформация B318
разрушающее напряжение B320, U4
разрушение B314, D194, F320
разрыв D406
~ при растяжении T55
разрывная функция D410
разрывное напряжение U4
~ течение D409
разрывные колебания D411
разряд D398
~ в вакууме V18
~ Пеннинга P204
~ с полым катодом H238
~ Таунсенда T308
разупорядочение D435
разупорядоченный кристалл D432
~ магнетик D433
разупрочнение L378
ракетное зондирование R522
ракетный двигатель R521
рамановский лазер R154
~ усилитель R151
рамановское излучение R153
рамка F326, L357
рамочная антенна F327, L358
ранг матрицы R177
расклинивающее давление D420
распад D51, D417
~ нейтрона N111

РАСПАД

~ пиона P594
~ фонона P361
распадная неустойчивость D54
расплывание пакета P1
распознавание I10, R235
расположение C578
распределение D505
~ Больцмана B256
~ Гаусса G85, N317
~ Гиббса G157
~ заряда C210
~ Максвелла - Больцмана M284
~ нейтронов по скоростям N160
~ по скоростям V91
~ Пуассона P727
~ скоростей V91
~ электронов по энергиям E195
~ энергии E317
~ энергии по спектру D509
распределённая индуктивность D499
~ нагрузка D500
~ система D504
распределённый заряд D497
~ источник D503
~ отражатель D502
распределительная хроматография P148
распространение T350
~ звука S465
~ радиоволн R142
~ световых волн O174
распространённость O19
~ изотопов A59, I555
~ изотопов в природе N19
~ элемента в космосе C762
распыление A643, S681
рассеивающая линза D519
рассеяние D439, D465, S66
~ в атмосфере A597
~ волн W59
~ вперёд F296
~ звука S471
~ Мандельштама - Бриллюэна B336
~ нейтронов N152
~ пучка B119
~ радиоволн R144
~ рентгеновских лучей X45
~ света L241
~ фононов P375
~ фотонов P496
~ частиц P145
~ электронов E236
рассеянная волна S65
рассеянное излучение S64
~ скопление O61
рассеянные нейтроны S62
рассеянный квант S63

расслоение S869
расстояние D484
расстояния звёзд S786
расталкивание R407
раствор S426
растворение D481, S426
растворённое вещество S425
растворимость S424
растворитель S429
растр R184
растровая дифракция быстрых электронов S58
~ оптика S60
растровый микроскоп S59
растягивающее напряжение T53
растяжение E519, T54
расход R187
расходимость D515
~ пучка B98
расходомер F209
расходящийся луч D518
~ пучок D518
расчёт C8
расширение D341, E487, E519
расширенное воспроизводство ядерного топлива B322
расширяющаяся Вселенная E486
расщепитель пучка B99
~ пучка луча B116
расщепление D417, F150, F325, S662
реабсорбция R204
реактивная мощность R217
~ нагрузка R216
~ проводимость S1086
~ сила R215
~ составляющая I13
~ тяга J11
реактивное движение J11, P946
~ напряжение R218
~ сопротивление R205
реактивность ядерного реактора R219
реактивный двигатель J10
~ ток I14, R214
реактор R220
~ на быстрых нейтронах F30
реактор-размножитель B321
реакции связей C626
реакция R206, R454
~ срыва S903
реальный газ I53, R227
~ кристалл I52
ребро обтекания L162
реверберационная камера R472
реверберация R471
регенеративный приём R327
регенерация R326, R405

регистрация D202
регрессия R333
регулировка A217
регулярное движение R336
реджевская диаграмма R328
реджеон R329
редкие земли R181
редкоземельные металлы R180
~ элементы R181
редкоземельный ион R178
~ магнетик R179
режим M526
резерфорд R575
резерфордовское рассеяние R576
резистор R420
резкое изображение S219
резонанс R424, R443
~ напряжений S210
~ токов P41
резонансная ионизация R450
~ кривая R432
~ линия R439
~ люминесценция R440
~ флуоресценция R436
~ частота R437
~ энергия R434
резонансное излучение R444
~ поглощение R426
~ рассеяние R445
~ сечение R431
~ уширение R428
резонансные колебания R442
~ нейтроны R441
резонансный захват R429
~ канал R430
~ контур R448
~ переход R451
~ поглотитель R425
~ уровень R438
~ усилитель R427
~ ускоритель R447
резонатор C132, R452
~ Гельмгольца H137
результирующая сила R464
результирующий заряд N75
рекомбинационная люминесценция R246
рекомбинационное излучение R248
рекомбинационные волны R250
рекомбинационный переход R249
~ центр R243
рекомбинация R242
~ электронов и дырок R247
реконструкция голограммы R255
рекристаллизация R260
рекуператор R267
рекуррентные явления R268

САМОПРОИЗВОЛЬНОЕ

релаксационная кривая R372
релаксационные колебания R375
~ переходы R378
релаксационный генератор R376
релаксация D78, R370
~ напряжений S892
реликтовое излучение C763, R383
~ нейтрино R381
реликтовый кварк R382
релятивистская астрофизика R348
~ динамика R350
~ инвариантность L363, R354
~ кинематика R356
~ космология R349
~ масса R357
~ механика R359
~ область R364
~ плазма R363
~ скорость R366
~ термодинамика R365
~ частица R362
~ электродинамика R352
релятивистски инвариантные калибровки R347
релятивистские эффекты R351
релятивистский импульс R360
~ инвариант R355
релятивистское движение R361
~ изменение массы R358
~ обобщение R353
рений R489
ренормализационная группа R398
~ инвариантность R399
ренормгруппа R398
рентген R528
рентгеновская астрономия X7
~ вспышка X22
~ двойная X8
~ двойная звёздная система X8
~ дефектоскопия X23
~ диагностика X12
~ дифрактометрия X18
~ дифракция X13
~ звезда X51
~ интерферометрия X31
~ камера X9
~ кристаллография X11
~ лаборатория X32
~ линза X34
~ литография X35
~ микроскопия X37
~ оптика X40
~ солнечная вспышка X22
~ спектроскопия X49
~ томография X54

~ топография X55
~ трубка X56
~ флуоресценция X24
рентгеновские лучи X44
рентгеновский гониометр X26
~ дифрактометр X17
~ источник X46
~ квант X42
~ лазер X33
~ микроскоп X36
~ монохроматор X39
~ пульсар X41
~ спектр X50
~ спектр испускания X21
~ спектрометр X47
~ спектр поглощения X6
~ телескоп X53
~ флуоресцентный анализ X25
рентгеновское зеркало X38
~ излучение X19, X44
рентгенограмма X16
рентгенография X43
рентгенодифракционный метод X15
рентгенолитография X35
рентгенолюминесценция R530
рентгеноспектральный анализ X48
рентгеноструктурный анализ X10, X52
реология R490
реостат R491
реостатный усилитель R492
реплика R404
ресурсные испытания L200
рефлектор R306
рефрактометр R321
~ Аббе A1
рефрактометрия R322
рефракция R314
~ в атмосфере A595
~ волн W57
~ звука R318
~ радиоволн R317
~ света R316
решение S426
решётка G224, G265, L131
~ Браве B313
~ вихрей V214
~ вихрей Абрикосова A11
~ квантованных вихрей V214
решёточная мода L140
~ теплоёмкость L138
~ теплопроводность L133
решёточный дефлектор G227
~ компрессор G225
ридберг R577
риманова волна R503
риманово пространство R501
родий R493
рождение G108
~ пар P10

~ частиц P142
ромбическая антенна R494
~ сингония R496
~ система O267, R496
ромбический кристалл R495
ромбоэдрическая сингония R497
~ система R497
роса D219
РОС-лазер D498
рост G285
~ кристаллов C901
ротатор R562
ротон R565
ротор C960, R566
ртутная лампа M346
ртутный барометр M345
~ термометр M347
ртуть M343
рубидий R568
рубин R569
рубиновый лазер R571
рупор H271
рупорная антенна H271, H272
рутений R574
ручная настройка M218
рычаг A526
рэлеевское излучение R197
~ рассеяние R198
ряд S207
~ Лорана L147
~ Маклорена M5
~ Тейлора T19
~ Фурье F309

С

самарий S14
самовозбуждение S158
самовоздействие S146
~ волн W60
самодефокусировка S153
самодиффузионная пластичность S155
самодиффузия S154
самоиндукция S165
самоиндуцированная прозрачность S163
самоиндуцированное излучение S162
самоканалирование S148
самомодуляция S169
самообращение S170
самоотжиговая ионная имплантация S147
самопоглощение S144
самопроизвольная намагниченность S670
самопроизвольное деление S668

САМОПРОИЗВОЛЬНОЕ

~ излучение S667
саморазряд S156
самосжатие S152
самосогласованное поле S150
самосопряжённый оператор S149
самостоятельный разряд S177
самостягивающийся разряд P587
самоускорение S145
самофокусировка S160
самофокусировочное кольцо S161
самоэкранирование S172
сантиметр C160
сантиметровые волны C161
сателлит S18
Сатурн S32
сахариметр S3
сахариметрия S4
сб S816
сборка A539, A539
сварка W97
свёртка C696
сверхвысокие частоты M477
сверхвысокий вакуум U7
сверхвысокое давление U6
сверхвысокочастотные измерения M478
сверхвысокочастотный разряд M475
сверхгигант S1008
сверхдальнее распространение радиоволн U8
сверхдлинные волны V111
сверхзвуковая скорость S1036
сверхзвуковое движение S1035
~ обтекание S1034
~ течение S1034
сверхизлучательная флуоресценция S1029
сверхизлучательный переход S1030
сверхкороткий импульс U10
сверхкритическая сборка S993
сверхлюминесценция S1018
сверхновая S1021
~ звезда S1021
сверхпластичность S1025
сверхплотная материя S994
~ плазма S995
сверхпроводимость S989
сверхпроводник S990
сверхпроводящая катушка S977
~ керамика S975
~ компонента S978
~ обмотка S977
~ плёнка S980
~ сверхрешётка S986

сверхпроводящий домен S979
~ кабель S974
~ канал S976
~ квантовый интерференционный датчик S983
~ магнетометр S982
~ магнит S981
~ переход S988
~ подвес S987
~ соленоид S985
~ сплав S973
сверхрефракция S1031
сверхрешётка S1015
сверхсветовая скорость S1017
сверхсветовой объект S1045
сверхсильные магнитные поля S1013
сверхструктура S1039
сверхтекучая жидкость S998
~ компонента S999
~ ферми-жидкость S1000
сверхтекучее состояние S1004
сверхтекучесть S1003
сверхтекучий 3He S1001
~ 4He S1002
~ гелий-3 S1001
~ гелий-4 S1002
сверхтонкая магнитная структура M74
сверхупругое соударение S996
~ столкновение S996
свет L204, V171
светимость E297, L427, L431
~ звезды S792
световая адаптация L206
~ отдача L429
~ энергия L432
~ эффективность L429
~ эффективность потока L429
световод L221, O117
световое давление L237
~ излучение L216
~ поле L219
световой год L246
~ импульс L238
~ конус L212
~ луч L209
~ поток L434
~ пучок L209
световые волны L245, O209
светодальномер O182
светоделитель B116
светоделительный куб B118
~ кубик B118
светодиод L218
светоизлучающий диод L218
светоиндуцированная диффузия L222
светоиндуцированный дрейф L223, P451
~ переход Фредерикса P452
~ фазовый переход L224

светолучевой осциллограф L210
светофильтр L220
светочувствительный материал L242
свечение G184
~ ночного неба A275
свинец L160, P709
свип-генератор S1091
свисток Гальтона G31
свистящий атмосферик W106
свободная зона E303
~ конвекция F340, N16
~ энергия F343, H136
свободное движение F347
~ кручение S299
~ падение F344
~ пространство F353
свободные колебания F348
~ носители F338
~ носители заряда F338
свободный заряд F339
~ лагранжиан F346
~ маятник F350
~ потенциал F200
~ радикал F351
~ электрон F341
СВЧ M477
СВЧ-диагностика M474
СВЧ-излучение M481
СВЧ-импульс M480
СВЧ-колебания M479
СВЧ-разряд M475
связанная энергия B295
связанное состояние B296
связанно-связанный переход B292
связанные колебания C812
~ контуры C810
~ моды C811
~ системы C813
связанный заряд B293
~ электрон B294
связующее B191
~ вещество B191
связывающие орбитали B264
связь B260, B262, C625, C815, L278
сгорание C477
сгусток B365
сдвиг D458, O32, S221, S238
~ уровней L192
сдвиговая волна S229
~ деформация S222
~ жёсткость S225
~ прочность S226
сдвиговое напряжение S227
сдвиговые колебания S228
северное сияние A668
сегнетоупругость F71
сегнетоэластик F70
сегнетоэлектрик F72

СКАЛЯРНАЯ

сегнетоэлектрический
  гистерезис F75
~ домен F74
~ кристалл F73
сегнетоэлектричество F76
седиментационный анализ
  S123
седиментация S122
седиментометрический анализ
  S123
седловая точка S5
сейсмическая зона S129
сейсмические волны S128
сейсмичность S127
сейсмология S130
сейфертовские галактики
  S126
секторная скорость S118
секунда S102
селективная диссоциация
  S135
~ ионизация S137
селективное детектирование
  S134
~ зеркало S138
~ извлечение S136
~ поглощение S133
~ пропускание S140
селективный излучатель S139
селекторный импульс G80
селекция S131
~ движущейся цели M668
~ мод M539
селен S142
селеновый выпрямитель S143
сенсибилизация S201
сенсибилизированная
  люминесценция S202
сенситометрия S203
сера S965
сердечник C719
сердцевина C719, K15
~ вихря V212
серебро A522
серия S207, S211
~ Бальмера D33
~ Брэкета B302
~ импульсов P1011
~ Лаймана L446
~ Пашена P156
~ Пфунда P275
~ Ридберга R580
серое излучение G263, G264
~ тело G262
сетка G265
сеточная модуляция G269
~ фокусировка G268
сеточное детектирование
  G267
~ смещение G266
сечение C871, S117
~ возбуждения E455
~ деления F155

~ захвата C58, C873
~ ионизации I421
~ неупругого рассеяния N213
~ перезарядки C874
~ переноса T370
~ поглощения A43, C872
~ пучка B94
~ рассеяния C877, S71
~ рекомбинации C876, R245
~ столкновения C431, C875
~ упругого рассеяния E65
~ ядерной реакции N394
сжатие C522, C663
~ лазерных импульсов L99
сжатые состояния S687
сжатый импульс C517
сжижение газов L280
сжимаемая жидкость C519
сжимаемость C518
сжимающее напряжение
  C528
СИ I330
сигнатура S287
СИД P451
сидерическое время S277
сила F277, S884
~ звука S457
~ излучения R18
~ Кориолиса C722
~ Лоренца L359
~ осциллятора O283
~ света L435
~ связи B263
~ тока C961
~ тяжести G252
силикаты S291
силовая линия L273
~ линия электрического поля
  E112
силовое поле F282
силы инерции I170
сильная фокусировка S908
сильно неидеальная плазма
  S910
сильное взаимодействие S909
~ поле S907
сильноточная электроника
  H180
сильноточный имплантер
  H181
~ источник H182
~ ускоритель H179
символ Леви - Чивиты L193
символы Кристоффеля C274
~ Кронекера K70
сименс S279
симметрическая нагрузка B22
симметричная волновая
  функция S1101
~ конфигурация S1097
~ молекула S1098
симметричный вибратор D365
~ изгиб S1096

~ ротатор S1099
симметрия S1102
~ волновой функции S1106
~ кристаллов C938
~ молекул M603
синглет S321
синглетное состояние S322
сингония C940, S1130
сингулярность S326
синергетика S1122
синодический период S1123
синтез S1124
~ голограмм H242
~ голограммы H242
синтезированная апертура
  S1125
синтезированное изображение
  S1126
синтетический алмаз S1128
~ кварц S1129
~ кристалл S1127
синусоида S301
синусоидальная кривая S301
синусоидальные колебания
  S330
синхронизация L325, P352,
  S1112, T262
~ мод M533
синхронизирующий импульс
  C328, S1114
синхронизм S1111
синхронное детектирование
  S1115
синхронный детектор S1116
синхротрон S1118
синхротронное излучение
  S1120
синхротронные колебания
  S1119
синхрофазотрон S1117
синхроциклотрон S1110
сирена S331
система S211, S1130
~ вихрей V221
~ вывода пучка B101
~ единиц S1133
~ единиц МКСА M523
~ Кассегрена C92
~ координат C708, S1132
~ Коперника C713
~ Лоренца L369
~ обозначений N332
~ отсчёта F326, F328
~ с распределёнными
  параметрами D501
~ с сосредоточенными
  параметрами L438
~ центра инерции C150
~ центра масс C153
систематическая погрешность
  S1131
скаляр S40
скалярная частица S43

СКАЛЯРНОЕ

скалярное поле S41
~ произведение S46
скалярный мезон S42
~ потенциал S45
~ фотон S44
скандий S55
сканер S56
сканирование S57
~ луча B114
сканирующий микроскоп S59
скачок D406, J24
~ конденсации C552
~ поглощения A48
~ уплотнения C527, S239
СКБ P583
сквид S688, S983
скейлинг S50, S53
скин-эффект S335
склеивание A268
склерометр S90
склонение D66
скольжение G176, S338
скользящее падение G257
скопление галактик G16
скоростной напор D624, V93
скорость R185, S600, V89
~ дрейфа D592
~ звука V97
~ ионизации I430
~ распада D419
~ распространения пламени B379
~ реакции R210
~ света V96
~ счёта C807
~ течения R187
~ фотоионизации P458
~ химической реакции C251
скрещённые поля C866
скручивание T291
скрытая масса H176
~ теплота L124
скрытое изображение L125
слабая фокусировка W68
слабо запрещённый переход W75
~ ионизованная плазма W76
~ неидеальная плазма W77
слабое взаимодействие W70
~ поле W67
слабый гиперзаряд W69
«слабый» изоспин W73
слабый изотопический дублет W74
~ переход W78
~ ферромагнетизм W66
след матрицы S680
слиток B46
сложение C511
~ сил C512
~ скоростей C513
сложный эффект Зеемана A448

слои S868
слоистая атмосфера S870
слой L158, S230
~ E E74, K10
~ F F188
~ Кеннели - Хевисайда K10
слух H70
случай O19
случайная величина R168
~ зависимость R162
~ погрешность R163
случайные колебания R166
~ флуктуации R164
случайный импульс R167
~ отсчёт A77
~ процесс S838
слышимость A654
слюда M421
см C160
См S279
смазка G258, L407
смазочный материал G258
смазывание L407
смачивание W99
смектический жидкий кристалл S357
смеситель M519
смесительная камера M521
смешанная дислокация M517
смешанное состояние M518
смешение M520
~ мод M534
смешивание M520
смещение B174, B174, D458, O32, S238
смещённый пучок O33
снижение D175
снимок P550
снятие возбуждения D78
собирающая линза C411, C687
собирающее зеркало C412
собственная индуктивность S164
~ мода N324
~ проводимость I357
~ функция E36
~ частота N17
~ энергия R457, S157
собственное время P941
~ движение P940
~ значение E41
собственные волны N330
~ колебания E40, F348
~ моды E40
собственный вектор E43
~ полупроводник I360
событие E437, O19
совершенный кристалл P215
совершенство P219
совместимость C494
совместное рождение A541
совместность C494

согласованная нагрузка M257
согласованный фильтр M256
согласующая диафрагма M258
соединение B262, C514, C606, J25
созвучие C620
соизмеримая фаза C482
соленоид S406
соленоидальное поле S407
солидус S420
солитон S422
солитонный лазер S423
солнечная активность S367
~ атмосфера S369
~ батарея S370
~ вспышка F173, S383
~ грануляция S387
~ корона S374
~ накачка S397
~ плазма S395
~ постоянная S373
~ система S401
~ фотосфера S393
~ хромосфера S371
~ энергия S381
солнечное гамма-излучение S386
~ затмение S379
~ излучение S398
~ магнитное поле S388
~ нейтрино S392
~ пятно S970
~ рентгеновское излучение S405
солнечно-земная физика S402
солнечные данные S377
~ космические лучи S375
~ сутки S378
солнечный ветер S403
~ магнитограф S389
~ протуберанец S396
~ спектр S400
~ цикл S376
Солнце S969
сольватация S428
сообщающиеся сосуды C484
соответственные состояния C753
соотношение R339
~ Голдбергера - Тримена G192
~ Крамерса - Кронига K68
~ неопределённостей U50
~ неопределённостей Гейзенберга H119
соотношения взаимности Онсагера O55
~ Максвелла M292
~ Мэнли - Роу M215
сопло N337
~ Лаваля L148
сопротивление D580, R415

СПОНТАННОЕ

~ движению шара D582
~ излучения R54
~ разрушению B319
~ формы F292
сопряжение C605
сопряжённые двойные связи C601
~ изображения C603
~ точки C604
~ фокусы C602
сорбция S436
сортирующая камера S437
соседний уровень N56
сосредоточенная нагрузка L437
состав C511
составное ядро C515
состояние S729
~, далёкое от резонанса O31
~ равновесия E385
сосуд Дьюара D220
соударение C429, I41
~ второго рода C441
~ первого рода C440
сохранение барионного числа B77
~ векторного тока C615
~ заряда C611
~ импульса M615
~ количества движения C613, M615
~ массы C614
~ момента количества движения C610
~ энергии C612
сохраняющаяся масса C619
спайность C323
спаривание P11
~ нуклонов N414
спекание A267
спекл-интерферометрия S540
спектаторный кварк S543
спектр S593
~ гамма-излучения G48
~ звука S473
~ излучения R56
~ испускания E294
~ комбинационного рассеяния R160
~ отражения R303
~ пламени F172
~ поглощения A56
~ частот F386
~ шумов N193
спектральная интенсивность S554
~ классификация S547
~ линия S555
~ область S566
~ плотность S549
~ плотность мощности P846
~ полоса S545
~ призма D438, S590

~ серия Брэкета B302
~ чувствительность L430, S568
спектральное излучение S564
~ представление S567
~ распределение S550
спектрально-ограниченный импульс S559
спектральные духи S552
~ измерения S560
~ классы звёзд S546
~ серии S570
~ термы S571
спектральный анализ S544
~ диапазон S565
~ дублет S551
~ индекс S553
~ интервал S565
~ квартет S562
~ квинтет S563
~ коррелятор S548
~ параллакс S589
~ терм T63
спектроанализатор S595
спектрогелиограф S576
спектрограмма S573
спектрограф S574
спектрометр S577
~ Ридберга R581
~ с дифракционной решёткой G229
спектрометрический источник S578
спектрометрия S579
спектрополяриметр S584
спектрорадиометр S585
спектроскоп S586
спектроскопическая диагностика S588
спектроскопические исследования S591
спектроскопический параллакс S589
спектроскопия S592
~ атомов A637
~ атомов и молекул A606
~ вакуумного ультрафиолета V31
~ КАРС C384
~ когерентного антистоксова комбинационного рассеяния света C384
~ комбинационного рассеяния R159
~ кристаллов C936
~ молекул M599
~ с временным разрешением T258
спектрофлуориметр S572
спектрофотометр S580
спектрофотометрическая кривая S581

спектрофотометрический анализ S582
спектрофотометрия S583
спектры звёзд S800
специальная теория относительности S530
спикулы S616
спин S619
~ нейтрона N156
~ электрона E239
~ ядра N401
спиновая волна S654
~ волновая функция S636
~ динамика S622
~ диффузия S621
~ корреляция S620
~ матрица S633
~ матрица Паули P173
~ поляризация S645
~ температура S651
спиновое квантовое число S647
~ эхо S623
спиновые стёкла S628
спиновый магнетизм S632
~ момент S634
~ переход S653
~ резонанс S648
спинор S635
спин-орбиталь S636
спин-орбитальное взаимодействие S639
спинорная частица S642
~ электродинамика S640
спинорное поле S641
спин-решёточная релаксация S630
спин-решёточное взаимодействие S629
спин-спиновое взаимодействие S650
спинтарископ S652
спин-фононное взаимодействие S644
спираль H134, S657
~ Корню C726
спиральная антенна H120
~ галактика S658
спиральность H123, S660
сплав A296
сплошная среда C652
сплошное поглощение C645
сплошной спектр C655
сплюснутость O5
сплющенность O5
спокойная ионосфера Q137
спокойное Солнце Q138
спокойный день Q136
спонтанная диссоциация S666
~ люминесценция S669
~ намагниченность S670
~ поляризация S671
спонтанное деление S668

СПОНТАННОЕ

~ излучение S667
~ кипение S664
~ нарушение симметрии S665
~ пересоединение S673
спонтанный переход S675
способ М403, Т25
спутная струя W3
спутник S18
спутный след W3
сравнительные испытания С492
среднее время жизни М296
~ значение А696
~ по ансамблю Е343
среднеквадратичное значение Е32, R533
~ отклонение S711
средние волны М329
~ частоты М328
средний свободный пробег для диффузии D327
средняя длина свободного пробега М295
срез С984, Т316
сродство А259
~ к электрону Е160
срок службы L201
срыв S903
Ст S844
стабилизатор S697
стабилизация S696
~ напряжения V197
~ тока С974
~ частоты F388
стабилитрон V194, Z5
стабильность S690
~ фазы Р337
~ частоты F387
стабильный изотоп S700
сталкивающиеся импульсы С424
стандарт S707
~ частоты F389
стандартная атмосфера S708
~ колориметрическая система S709
стандартное отклонение S711
стандартный источник S715
~ источник МКО С291
~ наблюдатель S713
старение А265
стартовая масса L146
статика S742
статистика S768
~ Бозе - Эйнштейна В280
~ Больцмана В257
~ Орнштейна - Уленбека О253
~ Ферми - Дирака F54
~ фотонов Р498
статистическая интерпретация S760
~ механика S761

~ модель S762
~ оптика S763
~ радиофизика S765
~ термодинамика S766
~ физика S764
статистический ансамбль S757
~ ансамбль Гиббса G163
~ бутстрап S754
~ вес S767
~ интеграл S759
~ критерий S755
статистическое равновесие S758
~ распределение S756
статическая нагрузка S740
статический заряд S737
статическое давление S741
~ трение S739
~ электричество S738
стационарная Вселенная S752
~ интерференция S744
~ модель S745
стационарное движение S746
~ кипение S743
~ состояние S750
~ течение S769
стационарные колебания S747
стационарный источник S749
~ процесс S748
~ ток S772
стекло G169
стекловолокно G170
стеклообразное состояние G174
стеклообразные полупроводники G173
стеклянное волокно G170
стелларатор S784
стенка W4
~ Нееля N40
степенная зависимость Р844
степенной закон Р844
степень D118, Р842
~ ионизации D121
~ когерентности D119
~ свободы D120
стерадиан S806
стереобетатрон S807
стереографическая проекция S809
стереоизомерия S810
стереоскопическое зрение S812
стереоскопия S813
стереофония S811
стереохимия S808
стержень В46, R524
стержневой молниеотвод L235
стехиометрический дефект S842
~ коэффициент S841
стехиометрия S843

стигматическое изображение S815
стильб S816
стимулированное излучение I137, S823
стимулированный квант I141, S827
сток D583, S328
стокс S844
стоксова компонента S845
~ линия S847
столкновение С429, I41
~ частиц Р117
столкновения молекул М572
столкновительная диффузия С432
~ ионизация С435, I414
столкновительное уширение С430, Р869
стохастизация S840
стохастические колебания S837
стохастический процесс S838
стохастическое ускорение S834
стохастичность S836
стоячие волны S718
странность S863
странные частицы S865
странный аттрактор S862
~ кварк S866
стратификация S869
стратопауза S871
стратосфера S872
страты S868
стрелка А526
стример S876
стримерная камера S877
стримерный канал S878
стробоскоп S904
стробоскопический осциллограф S17
~ эффект S905
строение атома А639
стронций S911
структура С511, Р168
~ алмаза D238
~ вюрцита W147
~ кристалла С937
~ металл - диэлектрик - полупроводник М377
~ металл - оксид - полупроводник М388
~ молекул М601
~ молекулы М601
~ нейтрона N158
~ типа перовскита Р259
структурная амплитуда S921
~ вязкость S920
~ изомерия S917
~ кристаллография S913
~ функция S923
~ функция фазы Р339

ТЕМПЕРАТУРНЫЙ

структурное превращение S919
структурные фазовые переходы S918
структурный анализ D276, S912
~ изомер S916
~ множитель S922
~ фактор S922
струна S897
струнная модель S898
струнный инстантон S901
струя J8
ступенчатая ионизация S804
ступенчатое возбуждение S802
ступенчатый переход S805
ступень S705
субатомная частица S925
суббуря S950
субгармоника S928
субгармонический каскад S929
субкварк S940
сублимация S934
субмиллиметровая спектроскопия S936
субмиллиметровые волны S937
субструктура S952
субтрактивный светофильтр S954
сужение T15
суммирующий интерферометр A196, T477
суммовые тона S967
супергауссов профиль S1007
супергетеродин S1012
супергравитация S1009
супериконоскоп I28
суперионный проводник S1014
суперкалибровочная модель S972
суперкалибровочное преобразование S1006
суперлюминесцентный усилитель S1019
суперлюминесценция S1018
супермультиплет S1020
суперобъединение S1042
суперортикон I32
суперпарамагнетизм S1024
суперпозиция волн S1027
~ состояний S1026
суперполе S997
суперпространство S1037
суперсимметричная модель S1040
суперсимметрия S1041
суперструна S1038
сурьма A472
суспензия S1088

сутки D29
суточная вариация D1
суточные вариации D514
сфера S601
сферическая аберрация S602
~ волна S612
~ гармоника S605
~ мишень S611
~ функция S604
сферически-симметричное поле S606
сферически симметричное излучение S607
сферические координаты S603
сферический маятник S609
сферическое зеркало S608
сфероид S613
сферолит S615
сферометр S614
сфокусированное излучение F258
~ изображение I188
сфокусированный луч F259
схема C296, D224
~ антисовпадений A459
~ совпадений C399
схемный анализ N76
схлопывание C410
сходимость C684
сходящийся пучок C686
сцинтиллятор S89
сцинтилляционная камера S86
сцинтилляционный детектор S88
~ счётчик S87
сцинтилляция S85
счёт C802, C806
счётчик C803, M401
~ антисовпадений A460
~ Гейгера G92
~ Гейгера - Мюллера G92
~ совпадений C400
~ частиц P119
сэбип S2

Т

тактовый импульс C328
таллий T75
тамновские состояния T7
тангенс T9
тангенциальное напряжение T12
~ ускорение T10
тандем T8
тантал T13
таунсендовский разряд T308
таутомерия T18
тахион T1

твёрдое вещество S419
~ тело S409
твёрдость H44
~ по Бринеллю B338
~ по Виккерсу V139
~ по Роквеллу R523
твердотельная микроэлектроника S416
~ плазма S418
твердотельный лазер S415
твёрдый гелий S412
~ раствор S414
~ раствор замещения S948
~ электролит S411
текстура T74
текучая среда F216
текучесть F219
телевидение T28
телеграфные уравнения E367
телеметрия T26
телескоп T27
~ Галилея G26
~ Максутова M342
телескоп-рефлектор R292
телескоп-рефрактор R313
телескоп счётчиков C805
телесный угол S410
теллур T31
теллурические линии T30
~ токи E4, T29
тело B237
ТЕМ-волна T378
тембр T239
темновая адаптация D14
~ проводимость D15
~ электропроводность D15
темновой ток D16
тёмное пространство D20
температура T32
~ антенны A238
~ вырождения D108
~ Дебая D47
~ замерзания F358
~ замерзания воды I3
~ инверсии I376
~ ионизации I433
~ ионов I461
~ кипения B249
~ нейтронов N159
~ окружающей среды A318
~ плавления M338
~ электронов E241
температурная зависимость T36
~ инверсия T39
~ компенсация T35
~ шкала T44
~ шкала Фаренгейта F13
температурное излучение T41, T138
~ напряжение T143
температурные волны T47
температурный градиент T38

ТЕМПЕРАТУРНЫЙ

~ дрейф Т105
~ излучатель Т42
~ коэффициент вязкости Т46
~ коэффициент сопротивления Т34
~ коэффициент частоты Т33
~ перепад Т37
~ скачок Капицы К3
температуропроводность Т102
теневая картина S214
теневой метод S213
тензодатчик S858
тензометр Т56
тензор Т57
~ деформаций S861
~ напряжений S895
~ напряжений Максвелла М291
~ Риччи R498
~ энергии - импульса Е327
тензорезистивный эффект Т59
тензорезистор R416
тензорное исчисление Т58
~ поле Т60
теорема Бабине В1
~ Блоха В231
~ взаимности R234
~ Вика W112
~ вириала V148
~ Гаусса G90
~ единственности U71
~ Карно С74
~ Коши С119
~ Крамерса К69
~ Лиувилля L279
~ Мёрмина - Вагнера М349
~ Нернста N72
~ Нётер N183
~ Онсагера O56
~ Пайерлса Р189
~ Паули Р174
~ Пойнтинга Р848
~ Померанчука Р796
CPT-теорема С827
теоретико-групповой метод G280
теоретическая кривая Т76
~ физика Т77
теоретические исследования Т78
теория Вайнберга - Салама W92
~ вероятностей Р913
~ возмущений Р268
~ Гинзбурга - Ландау G166
~ Дебая D48
~ изображения I34
~ информации I194
~ металлов Зоммерфельда S430
~ Ми М487

~ относительности R367, R369, Т81
~ ошибок Т80
~ подобия S296
~ поля F110
~ сверхпроводимости Гинзбурга - Ландау G166
~ твёрдого тела Дебая D48
~ упругости Т79
~ фазовых переходов Ландау L33
~ цепей N76
~ электрических цепей Е78
тепловая деполяризация Т98
~ дефокусировка Т97
~ диссоциация Т104
~ изоляция Н89
~ инерция Т125
~ ионизация Т127
~ конвекция Т95
~ накачка Т137
~ релаксация Т140
~ труба Н96
~ энергия Т111
тепловидение Т124
тепловизионное изображение Т122
тепловизор Т123
тепловое движение Т133
~ излучение Н98, Т41, Т138
~ равновесие Т113
~ расширение Т114
~ уширение Т87
тепловой баланс Н73
~ взрыв Т116
~ двигатель Н81
~ дрейф Т105
~ затвор Т144
~ излучатель Т42, Т139
~ источник Н101
~ ключ Т144
~ КПД Т107
~ кризис Т96
~ механизм разветвления Т85
~ напор Т121
~ насос Н97
~ пограничный слой Т84
~ поток Н85, Т118
~ приёмник Т99
~ пробой Т86
~ резервуар Н99
~ шум Т136
~ экран Н100
тепловыделяющий элемент F416
тепловые колебания Т146
~ нейтроны Т134
~ флуктуации Т119
теплоёмкость Н74
теплозащита Н100
теплоизоляционный материал Н88
теплоизоляция Н89, Т126

теплоноситель Н103
теплообмен Н83, Н102
теплообменник Н84
теплопередача Н85, Н104
теплопроводность Н75, Н77, Т91
~ металлов Т92
теплосодержание Н79
теплота Н72
~ испарения Н95
~ конденсации Н91
~ парообразования Н95
~ Пельтье Р195
~ плавления Н93
~ сгорания Н90
~ фазового перехода Н94, L124
~ фазового превращения Р343
теплотворная способность С19
тербий Т62
терм Т63
термализация нейтронов Т129
термализованные позитроны Т130
терминал Т64
термистор Т150
термическая диссоциация Т104
~ ионизация Т127
~ обработка Т145
~ усталость Т117
термический анализ Т82
~ контакт Т94
термическое сопротивление Т141
термоанемометр Н286
термогальваномагнитные явления Т178
термогравиметрический анализ Т179
термодинамика Т163
~ необратимых процессов I481
термодинамическая вероятность Т161
~ диаграмма Т155
~ система Т167
~ температура Т168
~ температурная шкала Т169
термодинамический парадокс Т158
~ параметр Т159
~ потенциал Т160
~ потенциал Гиббса G164
~ предел Т157
~ процесс Т162
~ цикл Т154
термодинамическое подобие Т164
~ равновесие Т156
~ состояние Т166
термодиффузия Т100
термоизоляция Т126

ТРЕТЬЯ

термокатод H276, T148
термолюминесценция T180
термомагнитные явления T181
термометр T184
~ сопротивления R417
термометрия T185
термомеханический эффект T183
термопара T151
термопарный калориметр T152
термопластичный материал T192
терморегулятор T193
термосопротивление T141
термостат T195
термостатированная кювета T196
термострикция T197
термосфера T194
термоупругое напряжение T171
термоупругость T170
термоэдс T108
термоэлектрические явления T173
термоэлектрический генератор T174
~ катод T148
~ пирометр T175
~ холодильник T176
термоэлектрическое охлаждение T172
термоэлектрон T109
термоэлектронная эмиссия T149
термоядерная мишень T191
~ плазма T188
~ реакция T189
~ энергия T186
термоядерный реактор T190
~ синтез T187
тесла T66
тесламетр T67
тета-пинч T198
тетрагональная сингония T72
~ система T72
тетрод T73
тефиграмма T61
технеций T20
техниглюон T23
техникварк T24
техницвет T21
техницветное взаимодействие T22
технология T25
течеискатель L164
течение C961, F204, S875
~ газа G71
~ Куэтта - Тейлора C790
~ Прандтля - Мейера P850
~ Пуазейля P726

течь L163
тиксотропия T211
тиратрон T234
тиристор T235
титан T265
тихий разряд S290
Тл T66
тлеющий разряд G185
тождественность I11
тождество I11
ток C961
~ Педерсена P184
~ проводимости C564
~ смещения D459
~ утечки L166
~ электрического смещения E84
токамак T266
токи Фуко E23, F297
токовая неустойчивость C968
токовые весы C963
токовый канал C965
~ кварк C971
~ слой C972
токоотводящий спуск L233
толстая плёнка T199
толщина D177, T200
толщиномер T201
томографическое изображение T268
томография T269
томсоновское рассеяние T212
тон T270
тонкая линза T207
~ пластинка T208
~ плёнка T202
~ структура F133
тонкоплёночная электроника T203
тонкоплёночный интерферометр T205
~ лазер T206
~ фильтр T204
тонна T271
топливный элемент F415
топологическая инвариантность T273
~ структура T275
топологический инвариант T274
топологическое преобразование T276
топология T277
топоний T278
торий T213
торможение D60, D580
тормозная способность S850
тормозное излучение B327
тормозящее напряжение D59
тороидальная камера T281
~ конфигурация T282
~ система T286

тороидальное магнитное поле T284
тороидальный дивертор T283
~ пинч T285
торр T289
торричеллиева пустота T290
торсионные колебания T294
точечные группы P720
~ группы симметрии C897
точечный дефект P719
~ заряд P717
~ источник D413, P723
~ контакт P718
~ объект P722
точка P716
~ ветвления B311
~ замерзания F358
~ замерзания воды I3
~ застоя S706
~ кипения B249
~ Кюри C957
~ Морина M639
~ Неёля N39
~ образования инея F411
~ перевала S5
~ разрыва D408
~ разрыва непрерывности D408
~ росы D221
точная механика F131
точное измерение A89, P860
точность P861
~ измерения A88
травление E416
траектория P164, T317
~ частицы P146
транзистор T334
транс-изомер T333
трансляционная инвариантность T347
~ симметрия T349
трансляция T346
транспарант T362
транспортное сечение T370
трансурановый элемент T374
трансфокатор V67
трансформатор T325
~ тока C976
трансформаторная связь I151
трансформация волн W62
трек T312
трековая камера T313
~ мембрана T315
трековый детектор T314
трение F400
~ качения R531
~ покоя S739
~ скольжения S337
третий звук T210
третье начало термодинамики N72, T209
третья космическая скорость S382

ТРЕУГОЛЬНИК

треугольник Максвелла M286
треугольный импульс T399
трёхкомпонентный датчик T215
трёхмерная модель T217
трёхмерное изображение T216
~ пространство T218
трёхуровневый лазер T220
~ мазер T221
трёхфазный ток T222
трёхцветная колориметрия T404
трещина F185
трещинообразование C832
трибология T402
триболюминесценция T403
трибоэлектричество F401, T400
тригатрон T406
триггер T407
тригональная сингония T409
~ система R497, T409
триклинная сингония T405
~ система T405
триод T410
триплет T412
тритиевая мишень T414
тритий T413
тритон T415
тройная точка T411
тропический год T417
тропопауза T418
тропосфера T419
тропосферная волна T420
трохотрон T416
труба P600
трубка T425
~ Вентури V102
~ Пито P613
~ потока F243
~ тока T426
тулий T233
туман F268
туманность N38
туннелирование T439
~ электронов E247
туннельная инжекция T440
~ эмиссия T438
туннельный диод T435
~ переход T442
~ ток T434
~ электронный микроскоп T437
~ эффект T436
турбина T445
турбулентная диффузия T448
~ плазма T453
турбулентное движение T452
~ перемешивание T451
~ течение T449
турбулентность T446
~ плазмы P694

турбулентный нагрев T450
~ нагрев плазмы T454
~ пограничный слой T447
тушение Q133
~ люминесценции L421, Q135
тушитель K23, Q132
тяга P946
тяготение G233, G252
тяжёлая вода H110
~ масса G232
~ частица H108
тяжёлый изотоп H105
~ кварк H109
~ лептон H106
~ мезон H107

У

убегание E410
~ электронов E197
убегающие электроны E413, R572
увеличение E337, M195
увеличенное изображение M196
увлечение D580
~ фононами P363
~ фотонами P485
углекислый газ C66
углерод C63
углеродистая сталь C68
углеродно-азотный цикл C67
угловая апертура A395
~ зависимость A397
~ корреляция A396
~ скорость A406
~ частота A400
~ ширина A407
угловое разрешение A405
~ распределение A398
~ ускорение A394
угловой момент A402
угловые измерения A401
угол A385
~ атаки A386, A388
~ Брэгга B303
~ Брюстера B328, P768
~ диэлектрических потерь D254
~ зрения A392
~ Кабиббо C1
~ Маха M1
~ отклонения D92
~ отражения A390
~ падения A388
~ полной поляризации P768
~ потерь L373
~ преломления A391
~ рассеяния S68
~ трения A387
~ фазового синхронизма A389

уголковый отражатель C724, R470
угольная дуга C65
удалённый объект D487
удар I41, S239
~ молнии L236
ударная волна C527, S239, S247
~ вязкость I49
~ ионизация C435, I44
~ нагрузка I45
~ поляра S244
~ прочность S245
~ труба S246
ударное возбуждение S240
~ измельчение I43
~ уширение I42
ударные испытания I50
ударный импульс I46
удельная концентрация S531
~ проводимость C567
~ рефракция S535
~ теплоёмкость S534
~ теплопроводность T93
~ теплота L124
~ электропроводность C567, S532
удельное вращение S537
~ магнитное вращение V104
~ магнитное сопротивление R386
~ сопротивление R419, S536
~ термическое сопротивление T142
удельный вес S533
~ коэффициент поглощения A58
~ объём S538
удержание C584, C636
~ заряженных частиц C218
~ кварков Q83
~ плазмы P650
~ цвета C450
УДК U82
удлинение E286, E519
уединённая волна S422
узел A539, M552, N182, U72
~ кристаллической решётки A644, L142
~ стоячей волны W48
~ тока C970
узкий импульс S617
~ пик N11
~ пучок N10, P196
~ резонанс N12
узкозонный полупроводник N9
узкополосное излучение N8
узкополосный фильтр N7
узловая плоскость N181
указатель I124
уклон S343
укрепление R338

УСТОЙЧИВЫЙ

улавливание T391
ультраакустика U29
ультразвук U29, U37
ультразвуковая
   дефектоскопия U23
~ диагностика U20
~ кавитация U16
~ линия задержки U19
~ очистка U17
~ пузырьковая камера U15
~ терапия U34
~ хирургия U32
ультразвуковое
   диспергирование U21
~ излучение U27
~ распыление U31
~ резание U18
~ эмульгирование U22
ультразвуковой дефектоскоп
   U24
~ излучатель U28
~ модулятор света U26
ультразвуковые волны U36
~ колебания U35
ультракороткие волны U11
ультракороткий импульс U10
ультрамикроскоп U9
ультрафиолетовая катастрофа
   U39
~ область U44
~ предыонизация U42
~ расходимость U40
~ спектроскопия U46
ультрафиолетовое излучение
   U43
ультрафиолетовый микроскоп
   U41
ультрахолодные нейтроны U5
уменьшение населённости
   D173
умножение M716
~ частоты F379
умножитель M721
~ частоты F381
универсальная десятичная
   классификация U82
униполярная индукция U70
унитарная симметрия U75
унитарный предел U74
упорядочение O237
упорядоченная фаза O236
управление C668
управляемые термоядерные
   реакции C671
управляемый термоядерный
   синтез C670
упрочнение H42, R338
упругая деформация E56
~ жидкость E60
~ константа E54
упругие волны E68
~ колебания E67
~ столкновения E53

упругий гистерезис E57
~ изгиб E51
~ канал E52
~ материал E61
упруговязкая жидкость V159
упругое последействие E49
~ рассеяние E64
упругопластическая волна
   E72
упругопластический изгиб
   E70
~ материал E71
упругость E58
уравнение Бернулли B143
~ Бете – Солпитера B173
~ Вейля W101
~ Вольтерры V201
~ Гамильтона – Якоби H36
~ Гиббса – Дюгема G158
~ Дирака D371
~ диффузии D321
~ Клапейрона C310
~ Клаузиуса C320
~ Клейна – Гордона K59
~ Кортевега – де Фриса K67
~ Лапласа L44
~ Ленгмюра – Саха L40
~ Лондонов L333
~ Лоренца – Дирака L360
~ Майера M294
~ Матьё M268
~ Навье – Стокса N24
~ непрерывности C644
~ неразрывности C644
~ Паули P170
~ Перкуса – Йевика P214
~ Пиппарда P601
~ Пуассона P728
~ синус-Гордона S302
~ состояния E366
~ Уилера – де Витта W103
~ Ф. и Г. Лондонов L333
~ Фредгольма F336
~ Шрёдингера S82
уравнения Власова V184
~ Гиббса – Гельмгольца G160
~ Лагранжа L8
~ Максвелла M289
~ Пенлеве P4
~ Эйлера E424
уран U104
Уран U105
уровень L186
~ моря S100
~ помех N189
~ Ферми F57
~ шумов N189
уровнемер L189
уровни Ландау L32
~ Тамма T6
~ энергии E322
~ энергии атома A617
~ энергии молекулы M580

усиление A343, G12, R338
~ антенны A454
~ света L207
~ ультразвука U13
усиленное излучение A347
усилие F277, S886
усилитель A348
~ постоянного тока D31, D378
~ яркости изображения I29
усилительный каскад A346
~ клистрон A349
ускорение A66
~ Кориолиса C721
~ свободного падения A68,
   F345, G234
~ силы тяжести F345, G234
~ Ферми F52
~ частиц P112
ускоренное движение A61
ускоритель A69
~ Ван-де-Граафа V47
~ заряженных частиц A69,
   C215, P113
~ ионов I382
ускорительно-накопительный
   комплекс A63
ускорительный канал A70
ускоряющая трубка A64
ускоряющее напряжение A65
~ поле A62
условие C558
~ Брэгга – Вульфа B305
~ Видероэ B168
~ унитарности U73
успокоение D9
успокоитель D8
усреднение A697
~ по ансамблю E344
~ по времени T241
усталостная деформация F34
~ прочность F36, F37
усталостное изнашивание F40
усталостный излом F35
усталость F33
установившееся движение
   S746
~ течение S769
установившиеся колебания
   S747
установившийся процесс T330
~ ток S772
установка S211, U72
устойчивая модификация
   S701
устойчивое равновесие
   S699
устойчивость S690
~ движения D630, M655
~ колебаний O280
~ плазмы P689
~ пограничного слоя S693
~ равновесия S694
устойчивый изотоп S700

УСТРОЙСТВО

устройство вывода пучка B101
~ отображения D461
утечка L163
участок S117
уширение линии L269
~ спектральных линий B346
уширенная линия B345

Ф

Ф F17
фаза P279
~ колебания O278
~ рассеяния S78
~ частицы P140
фазирование P352
фазированная антенная решётка P297
фазитрон P353
фазовая автомодуляция P328
~ автоподстройка частоты P314
~ диаграмма C623, E376, P301
~ длина пути P321
~ когерентность P286
~ корреляция P296
~ модуляция P319
~ память P317
~ пластинка P323
~ плоскость P322
~ поляра P324
~ постоянная P292
~ протяжённость P307
~ скорость P350
~ траектория P321, P342
~ фокусировка P309
~ характеристика P285
фазовое детектирование P299
~ кольцо P326
~ пространство P333
~ равновесие P305
~ состояние P338
~ уравнение P304
фазово-импульсная модуляция P1002
фазово-контрастный микроскоп P294
фазовращатель P331
фазовые искажения P303
~ колебания P320
~ переходы P344
~ превращения P344
~ флуктуации P308
фазовый анализ P281
~ интеграл P311
~ компаратор P287
~ контраст P293
~ корректор P295
~ объём P336, P351

~ переход C182, P345
~ переход второго рода P349
~ переход нематик - смектик N59
~ переход первого рода P348
~ портрет P325
~ путь P321
~ сдвиг P300, P329
~ синхронизм P340
~ угол P282
~ фронт P310
фазоинвертор P312
фазометр P318
фазон P354
фазосдвигающая пластинка P332
фазосдвигающий мост P330
фазотрон P355, S1110
фазочастотная характеристика P285
фазы Лавеса L149
файербол F141
факельный разряд T280
фактор F8
~ Дебая - Уоллера D50
~ магнитного расщепления L34, S663
~ Мёссбауэра M646
g-фактор G149, L34
факториал F9
фантастрон P277
фантом P278
фарада F17
фарадеево тёмное пространство F20
фарадеевское вращение F21, M117
фарадей F18
фарадметр C37
фёдоровские группы F43
~ группы симметрии F43
фейнмановская диаграмма F85
~ калибровка F86
фемтосекунда F48
фемтосекундный импульс F50
~ лазер F49
феноменологическая модель P356
~ теория P357
ферми-газ F56
фермиевский возраст F53
ферми-жидкость F58
фермий F62
фермион F59
ферримагнетизм F65
ферримагнетик F63
ферримагнитный резонанс F64
феррит F66
феррит-гранат иттрия Y17
ферритовое кольцо F69
ферритовый циркулятор F67

феррогидродинамика F78
феррозонд F236
феррозондовый магнитометр F237
ферромагнетизм F83
ферромагнетик F79
ферромагнитная жидкость F77
ферромагнитный домен F81
~ кристалл F80
~ резонанс F82
феррометр F84
фигура Земли F112
фигуры Лиссажу L299
~ Лихтенберга L197
~ Хладни C268
фидер F46
фидерная линия F46
физика F541
~ быстропротекающих процессов P542
~ высоких давлений H205
~ высоких энергий H186
~ кристаллов C933
~ металлов P543
~ низких температур L403
~ плазмы P680
~ Солнца S394
~ твёрдого тела S417
~ элементарных частиц E279
физиологическая акустика P544
~ оптика P545
физическая величина P537
~ кинетика P530
~ лаборатория P531
~ океанография P533
~ оптика P534
~ статистика P539
~ химия P527
физические измерения P532
~ исследования P538
~ константы P528
~ постоянные P528
~ приборы P529
физический маятник P535
~ фотометр P536
фильтр F126
~ верхних частот H200
~ на ПАВ S1048
~ на поверхностных акустических волнах S1048
~ нижних частот L398
фильтрация F129
финитное движение F138
флаттер F233
фликкер-эффект F196
флоккулы F202, P614
флотация F203
флуктон F214
флуктуации F213
~ напряжения V193
~ фазы P308

флуктуон F214
флуоресцентное излучение F225
флуоресцентный анализ F227
флуоресценция F222
флуориметр F226
флуориметрия F228
флуорометр F226
флуорометрия F228
флюксметр F238
флюксоид F239
флюорография F230
фокальная область F251
~ плоскость F249
~ поверхность F252
фокон F254
фокус F255
фокусатор F256
фокусировка F260
~ заряженных частиц C221
~ звука S452
~ пучка B102
~ частиц P129
фокусирующая катушка F262
~ линза F264
фокусирующее действие F261
~ напряжение F266
фокусирующий квадруполь F265
фокусное расстояние F247
фокусон F267
фольга F269
фольговая мишень F270
фон B4, P359
фоновая интенсивность B6
фоновая загрязнение B5
~ излучение B8
~ излучение Вселенной C763
фонон P360
фонон-фононное взаимодействие P373
фонон-фононные столкновения P372
фононная мода P370
~ фокусировка P366
фононный газ P368
~ спектр P376
фонтанный эффект F299
Форбуш-понижение F276
форма C578, F285, G139, S216
~ кристалла H1
формализм F287
формальный аксиоматический метод F286
форманта F289
формирование F290, F294
~ изображений I36
~ импульса P993
~ пучка B103
формирователь импульсов P1010

формула F295
~ Брейта - Вигнера B326
~ Вайцзеккера W96
~ Гелл-Мана - Нишиджимы G96
~ Дарси D12
~ Дарси - Вейсбаха D13
~ Друде D599
~ Клейна - Нишины K60
~ Лоренца - Лоренца L367
~ Найквиста N427
~ Орнштейна - Цернике O254
~ Планка P621
~ Ричардсона R499
~ Саха S13
~ Стирлинга S833
~ формулы Грина - Кубо G261
форм фактор F293
~ нейтрона N127
фосфор P383
фосфоресценция P380
фосфороскоп P381
фот P384
фотоакустические явления P386
фотовозбуждение P436
фотовольтаический эффект P438, P526
фотогальванический эффект P438, P526
фотогальваномагнитные явления P439
фотограмметрия P440
фотографическая звёздная величина P446
~ плотность P441
~ сенситометрия P448
~ спектрометрия P449
~ фотометрия P447
~ экспозиция P444
~ эмульсия P443
фотографическое изображение P445
~ проявление P442
фотография P450
фотоделение P409, P437
фотодесорбция P519
фотодетектор P404
фотодинамический эффект P412
фотодиод P408
фотодиссоциационный лазер P411
фотодиссоциация P390, P410
фотодиэлектрический эффект P406
фотоиндуцированная изомеризация P453
фотоиндуцированное поглощение света P454

фотоионизационная камера P456
~ спектроскопия P459
фотоионизационное детектирование P457
фотоионизация P455
фотоионный микроскоп P460
фотокамера C24
фотокатализ P387
фотокатод P388
фотоколориметр P396
фотолиз P463
фотолитическая диссоциация P464
фотолитическое инициирование P465
фотолитография P461
фотолюминесценция P462
фотомагнитный эффект P466
фотомагнитоэлектрический эффект P467
фотомезон P468
фотометр P469
~ Бунзена B371
фотометрическая головка P471
~ скамья P470
фотометрические единицы P477
~ измерения P473
~ исследования P476
фотометрический клин P478
~ кубик L436, P472
~ парадокс P474
~ параллакс P475
фотометрия P479
~ пламени F171
фотон P482
фотонейтрино P489
фотонейтрон P490
фотонное излучение P495
n-фотонное поглощение N338
фотонное эхо P486
фотонный газ P491
~ двигатель P488
~ пропагатор P494
фотон-фотонные взаимодействия P493
фотоотлипание P403
фотоотрыв P403
фотопоглощение P416
фотополимеризация P503
фотоприёмник P389, P404
~ на внешнем фотоэффекте P433
фотоприёмники O112
фотопроводимость P397
фотопьезоэлектрический эффект P502
фоторасщепление P409
фоторезист P507

ФОТОРЕЗИСТОР

фоторезистор P400, P509
фоторезонансная плазма P510
фоторекомбинационное излучение P506
фоторекомбинация P505
фоторождение пионов P598
~ частиц P504
фотосенсибилизация P512
фотосинтез P521
фотостимулированная десорбция P519
фотосфера P513
фотосферная грануляция P515
~ супергрануляция P518
фотосферные осцилляции P516
~ факелы P514
фототиристор P522
фототок P401
фототранзистор P523
фотоумножитель P481
фотоупругость P414
фотофизический процесс P501
фотофорез P500
фотохимическая диссоциация P390
~ эквивалентность P391
фотохимический процесс P392
фотохимия P393
фотохромизм P395
фотохромный материал P394
фотохронограф S874
фоточувствительный материал P511
фотоэдс P425
фотоэлектрет P415
фотоэлектрическая спектроскопия P423
~ фотометрия P421
фотоэлектрический пирометр P422
фотоэлектрическое поглощение P416
фотоэлектрон P426
фотоэлектронная спектроскопия P430
~ эмиссия P431
фотоэлектронный детектор P427
~ микроскоп P429
~ приёмник P433
фотоэлемент P389
~ с внешним фотоэффектом P432
~ с внутренним фотоэффектом P398
фотоэмульсия P443
фотоэффект P419
фотоядерные реакции P499
фрагмент F324

фрагментация F325
фрактал F317
фрактальный кластер F318
фракция F319
франций F329
фраунгоферовы линии F335
фреон F361
фридмановская модель Вселенной F408
фрикционное демпфирование F404
фрикционный маятник F413
фронт F410
~ волны W19
~ импульса L162
~ пламени F170
~ ударной волны S241
фтор F229
фуллерены F418
фундаментальная длина E278, F429
фундаментальное взаимодействие B80
фундаментальные исследования B81, F433
~ физические постоянные F432
фундаментальный каталог F428
функции Бесселя B147
~ Блоха B228
~ Вигнера W122
~ Грина G259
~ Лежандра L172
~ параболического цилиндра P19
~ Пенлеве P5
~ Ханкеля H38
функционал F424
функциональная зависимость F426
функциональное интегрирование F425
функция F423
~ взаимной когерентности M748
~ Гамильтона H34
~ Лагранжа K42, L12
~ Матьё M269
~ Неймана N77
~ отклика R455
~ ошибок E408
~ Паттерсона P169
~ распределения D508, P149
~ распределения фононов P362
~ состояния S730
~ тока S880
δ-функция D136
Фурье-компонента F307
Фурье-спектрометр F310
Фурье-спектроскопия F311
фут F271

X

хаос C187
хаотические колебания R166
хаотическое движение R165
~ состояние C188
характеристика C189, R454
характеристическая кривая C190
~ функция C192
характеристический импеданс C193, W40
~ спектр C195
характеристическое излучение C194
~ уравнение C191
хвост кометы C481, T4
~ магнитосферы M185
хемилюминесценция C252
хемосорбция C253
хиггсовский бозон H178
хи-квадрат распределение C267
химическая диссоциация C240
~ изомерия C245
~ инертность C243
~ кинетика C246
~ реакция C250
~ связь C238
~ физика C248
~ формула C242
~ цепная реакция C239
химические элементы C241
химический изомер C244
~ лазер C247
~ потенциал C249
химическое соединение C514
~ сродство C237
химия C254
~ плазмы P646
хиральная симметрия C265
хиральность C264
хлор C269
холестерический жидкий кристалл C271
холловская подвижность H26
~ эдс H28
холловское напряжение H28
холодная эмиссия F99
холодные нейтроны C409
~ носители C404
холодный катод C405
~ контейнер C406
холостая волна I15
хорда C273
хром C283
хроматическая аберрация C275
~ поляризация C279
хроматограф C281
хроматография C282

хромирование C284
хромодинамика C285
хромосфера C286
~ Солнца S371
хромосферная вспышка C287
хронирование T262
хронограф C288
хронометрия C289
хрупкий излом B340
хрупкость B341, F323

Ц

цвет C444
цветная симметрия C464
~ фотография C459
цветное изображение C454
цветной кварк C462
~ фильтр C453
цветность C276
цветовая симметрия C464
~ слепота C446
~ температура C465
цветовое восприятие C280
~ зрение C467
~ ощущение C280
цветовой график C278
~ заряд C449
~ контраст C451
~ пирометр B177, C461
~ треугольник C278
цветовые измерения C456
цветопередача C463
цезиевый стандарт частоты C6
~ эталон частоты C6
цезий C5
целое число I247
целостат C372
цель T16
центр C146, F41
~ вращения C158
~ галактики G15
~ давления C157
~ изгиба F191
~ инерции C151
~ качания C154
~ кристаллизации C147
~ люминесценции L416
~ масс C151
~ окраски C447
~ параллельных сил C155
~ рекомбинации R243
~ симметрии C159
~ тяжести C148
~ удара C156
центральное соударение H67
центральные силы C162
центрифуга C166
центробежная сила C165

центробежное ускорение C164
центроида C169
центросимметричный кристалл C170
центростремительная сила C168
центростремительное ускорение C167, N315
цепи Маркова M225
цепная реакция C180
цепь C179, C296
церий C176
ЦЕРН E425
цефеиды C171
цикл C990
~ Дизеля D263
~ Карно C73
~ Отто O294
~ Ранкина R176
~ Стирлинга S832
циклический ускоритель C992
циклическое нагружение C994
~ перемагничивание C993
циклограмма C995
циклограф C996
циклоида C997
циклон C998
циклотрон C999
циклотронная частота C1000
циклотронное излучение C1002
циклотронные колебания C1001
циклотронный резонанс C1003
цилиндр C1005
цилиндрическая волна C1010
~ линза C1006
~ функция C1008
цилиндрические координаты C1007
цилиндрический волновод C1011
~ магнитный домен B352, C1009
цинк Z15
цирконий Z16
циркулярная поляризация C303
циркулярный дихроизм C298
циркулятор C306
циркуляция C304
~ атмосферы A582
~ векторного поля C305
~ скорости V90
цис-транс-изомер C307, G132
цис-транс-изомерия C308, G133
цифро-аналоговый преобразователь D339

цифровая голография D334
цифровое изображение D335
цифровой осциллограф D338
цифровые измерения D337
~ электроизмерительные приборы D336
ЦМД B352, C1009

Ч

чарм C232
чармоний C235
час H287
часовой угол H288
частица C733, P111
~ вещества M263
частица-наблюдатель S541
частица-спектатор S541
частичная инверсия P103
~ когерентность P97
~ поляризация P105
частично поляризованный свет P104
частичное заполнение P102
~ сохранение аксиального тока P98
частное решение P108
частота F362, R185
~ биений B124
~ Дебая D43
~ колебаний O275, V130
~ отсечки C985
~ повторения R403
~ повторения импульсов P1004
~ Раби R1
~ следования импульсов P1004
~ столкновений C433
частотная зависимость F365
~ модуляция F378
частотное детектирование F366
частотно-импульсная модуляция P994
частотно-модулированные колебания F377
частотные искажения F368
частотный дрейф F371
~ спектр F386
частотомер F376, W46
часть S117
часы C326
чашечный анемометр C955
черенковский детектор C257
~ излучатель C260
~ конус C255
~ счётчик C256
черенковское излучение C259
чёрная дыра B220

ЧЁРНОЕ

чёрное тело B216, C502, F419, T305
четвёртый звук F314
четвертьволновая линия Q90
четвертьволновый дроссель Q89
чёткое изображение S219
чётное взаимодействие P91
чётно-нечётное ядро E436
чётность P90
чётно-чётное ядро E435
чёточная молния B87
четырёхмерная скорость F304
четырёхмерный вектор F303
~ импульс F301
~ интервал F300
~ потенциал F302
четырёхуровневый лазер F313
четырёхфермионное взаимодействие F305
числа Вольфа W137
~ солнечных пятен W137
численное интегрирование N424
число N421
~ Аббе C627
~ Авогадро A699
~ Вольфа S971
~ Гартмана H62
~ Грасгофа G222
~ кавитации C128
~ Кнудсена K64
~ Маха M3
~ Нуссельта N425
~ Пекле P180
~ Прандтля P851
~ Рейнольдса R485
~ солнечных пятен S971
~ степеней свободы N422, V62
~ Фруда F412
числовая апертура N423
чистая комната C321
чисто волоконные компоненты A288
~ оптические компоненты A290
чистое вещество P1029
член T63
ЧМ F378
чувствительность S200
чувствительный элемент S204
чугун C94

Ш

шаг винта P611
шар B23, S601
шарик B23
шаровая молния B28

шаровое звёздное скопление G183
шаровой спинор S610
шепчущая галерея W105
шероховатость A537
шестигранник H172
шестиугольник H168
шина B382
ширина W115
~ полосы B44
~ спектральной линии L277
~ энергетического уровня E323
широкополосная антенна B342
широкополосное излучение B344
широкополосный усилитель B343
широкоугольный объектив W113
широта L130
широтно-импульсная модуляция P992
шкала D226, S47
~ Кельвина K9
~ Реомюра R230
~ Рихтера R500
~ Фаренгейта F13
~ Цельсия C145
шкив P974
шланговая неустойчивость K54
шлирен-метод S79
шнур C718
шнуровка B271
шпинель S624
шпурион S679
штамповка F284
штарковский подуровень S728
штарковское расщепление S727
~ уширение S725
штрих дифракционной решётки G270
шум N184
~ квантования Q30
шумовая температура N194
шумовой генератор N187
шумомер S460
шум-фактор N185
шумы N184
шунт S271

Щ

щелевая антенна S345
~ диафрагма S346
щелочной металл A287
щель G50, S344
щуп P915

Э

Э E355, O28
эбулиоскопия E8
эВ E249
эвапориметр E434
эволюционная модель E440
эволюция E439
~ во времени T49
эвристическая модель H167
эвтектика E427
эддингтоновская светимость C851, E21
эдс E157
эжектор E48
эйконал E44
эйнштейний E47
экватор E368
экваториальная ионосфера E369
~ монтировка E370
эквивалент E396
эквивалентная доза D554, E398
~ схема E397
эквивалентность E394
~ массы и энергии M241
эквипотенциаль E393
эквипотенциальная кривая E392
~ поверхность E393
эквипотенциальный контур E391
ЭКГ E120
экзосфера E482
экзотермическая реакция E483
экзоэлектрон E480
экзоэлектронная эмиссия E481
эклиптика E20
экран S92
экранирование S93, S237
экранированная камера C122, S235
~ катушка S236
экранировка S93
эксимерный лазер E452
экситон E467
~ Ванье - Мотта W5
экситонная жидкость E471
~ капля E469
~ молекула E470
~ спектроскопия E474
экситон-фононное взаимодействие E473
эксперимент E493
экспериментальная зависимость E497
~ кривая E495
~ физика E500

648

ЭЛЕКТРОНОГРАФИЯ

экспериментальное
  исследование E499
экспериментальные данные
  E496
экспериментальный канал
  E494
экспозиционная доза E517
экспозиция E516
экспонента E514
экспоненциальная
  зависимость E513
~ кривая E510
~ функция E514
экспоненциальное затухание
  E512
экспоненциальный закон
  E515
экстенсивные параметры
  E520
экстинкция E525
экстракция E526
экстраполяция E532
экстремальное значение E536
экструзия E538
эксцентриситет E9
эластомер E69
электрет E75
электризация E116
~ при трении F402
~ трением F402, T401
электрическая дуга E95
~ изоляция E87
~ индукция E109
~ мощность E114
~ нагрузка E88
~ неустойчивость E110
~ постоянная P253
~ проводимость E80
~ прочность D259
~ цепь E77, E91
~ энергия E105
электрические измерения
  E89
~ измерения неэлектрических
  величин E90
электрический диполь E98
~ дрейф E104
~ заряд E96
~ контакт E82
~ момент E113
~ потенциал E92
~ пробой E76
~ разряд E99
~ сигнал E94
~ ток E97
электрическое напряжение
  V190
~ поле E106
~ смещение D458, E83, E109
~ соединение E81
~ сопротивление E93
электричество E111
электроакустика E118

электроакустическая аналогия
  E117
электровакуумный
  стабилитрон V195
электрогирация E133
электрод E125
электродвижущая сила E157
электродинамика E129
~ движущихся сред E130
электродинамический
  измерительный прибор
  E128
электроизмерительный
  прибор E86
электроизоляционный
  материал E134
электроионизационный лазер
  E135
электрокалорический эффект
  E119
электрокардиография E120
электрокинетические явления
  E136
электролиз E140
электролит E141
электролюминесцентный
  источник E139
~ источник света E139
электролюминесценция E137
электромагнит E142
электромагнитная индукция
  E148
~ несовместимость E147
электромагнитное
  взаимодействие E150
~ излучение E152
~ поле E144
электромагнитные волны
  E152, E154
~ колебания E151
электромагнитный механизм
  M667
электрометр E156
электрон E158
электрон-вольт E249
электрошика E207
~ больших мощностей H201
~ СВЧ M476
электронная конфигурация
  E184
~ концентрация E181, E185
~ лавина E162
~ лампа E246, T425, V44
~ линза E216
~ ловушка E244
~ оболочка E237
~ оптика E225
~ орбита E226
~ проводимость E182
~ пушка E199, G297
~ радиография E233
~ температура E241
~ теория E242

~ теплоёмкость E203
~ теплопроводность E183,
  E204
~ эмиссия E194
электронно-дырочная
  жидкость E202
~ капля E200
~ рекомбинация R247
электронно-дырочный
  переход E201
электронное зеркало E220
~ излучение E232
~ облако C200, E179
~ реле E206
электронно-ионная
  рекомбинация E215
электронно-колебательные
  спектры E210
электронно-лучевая
  литография E170
~ обработка E172
~ трубка C1 0, E175
электронно-лучевое
  испарение E166
~ напыление E164
~ плавление E171
электронно-лучевой
  осциллограф C108
электронно-лучевые приборы
  E165
электронно-оптическая
  камера I25, S874
электронно-оптические
  аберрации A4, E223
электронно-оптический
  преобразователь E224,
  I24
электронные спектры E208
электронный газ E198
~ захват E176
~ зонд E230
~ измерительный прибор
  E205
~ луч E163
~ микроскоп E218
~ парамагнитный резонанс
  E227
~ переход E243
~ полупроводник N341
~ проектор E231
~ прожектор E199, G297
~ пучок E163
~ спиновый резонанс E240
~ удар E211
~ уровень энергии E196
~ ускоритель E159
электронограмма E189
электронограф E191
электронографический анализ
  E188
электронографическое
  исследование E190
электронография E188, E190

ЭЛЕКТРОН-ПОЗИТРОННАЯ

электрон-позитронная пара E229
электрон проводимости C565
электрон-фононное взаимодействие E228
электрон-электронное взаимодействие E193
электрооптика E256
электрооптический дефлектор E254
~ затвор E252
~ коэффициент E250
~ кристалл E253
~ модулятор E255
~ эффект E251
электроотрицательность E192
электроположительность E259
электропроводность E80
электроразрядная камера E100
электроразрядный лазер E102
электроскоп E260
электрослабое взаимодействие E272
электростатика E270
электростатическая индукция E265
~ линза E267
~ фокусировка E262
электростатический генератор E263
~ измерительный прибор E266
~ квадруполь E269
~ потенциал E268
~ ускоритель V47
электростатическое изображение E264
~ поле E261
электрострикция E271
электрофизика E258
электрофорез E257
электрохимический потенциал E123
~ эквивалент E122
электрохимия E124
электроэнцефалография E131
электроэрозионное изнашивание E132
элемент C144, E275
элементарная длина E278
~ ячейка L132
элементарное возбуждение E277
элементарные частицы E280, F431
элементарный заряд E276
~ куб U77
эллипсоид инерции I168
~ проводимости C569
~ Френеля F395, R190
~ Якоби J2
эллипсометр E283

эллипсометрия E284
эллиптическая поляризация E285
эмиссионная линия E290
~ рентгеновская спектроскопия X22
~ спектроскопия E293
~ электроника E288
эмиссионный микроскоп E292
~ спектр E294
эмиссия E287
эмиттанс E297
эмиттер E299
эмиттерный переход E300
эмпирическая зависимость E301
~ модель E302
эмульгатор E304
эмульсионная камера E306
эмульсия E305
энантиомер E307
энантиоморфизм E308
энергетическая зона E311
~ светимость R12
~ щель E320
~ экспозиция R14
~ яркость R10
энергетические состояния E334
~ уровни E322
~ уровни молекулы M580
энергетический интервал E329
~ спектр E333
энергия E309, P842
~ активации A173
~ анизотропии A420
~ взаимодействия I271
~ возбуждения E457
~ Гельмгольца H136
~ Гиббса G159
~ диссоциации D476
~ домена D527
~ излучения R13
~ ионизации I423
~ кристаллической решётки L137
~ покоя R457
~ связи B192, B261
~ Ферми F55
~ фонона P365
~ электромагнитного поля E143
энтальпия E345, H79
энтропия E347
~ Вселенной E349
эолова арфа A233
ЭОП E224, I24
эпидиаскоп E360
эпитаксиальная изоляция E362
эпитаксиальный лазер E363
~ метод E364

~ слой E361
эпитаксия E365
эпицентр E359
ЭПР E227
эрбий E399
эрг E403
эргодическая гипотеза E404
эргодичность E405
эрмитов оператор H143
эрмитовость H145
эрмитовы матрицы H142
эрстед O28
эталон E414, S707
~ Фабри - Перо F1
~ частоты F389
эталонный источник S715
этвеш E355
этикетка L1
эфемерида E357
эфемеридное время E358
эфир E419
эфирный ветер E420
эффект E26
~ Ааронова - Бома A271
~ Азбеля - Канера A719
~ Баркгаузена B52
~ Барнетта B55, M141
~ Баушингера B84
~ Вавилова - Черенкова C258
~ Виллари V144
~ Ганна G300
~ Гантмахера G49
~ де-Хааза - ван Альфена D122
~ Дембера D144, P407
~ Джозефсона J15
~ Джоуля - Томсона J23
~ Доплера D546
~ Зеебека S124
~ Зеемана Z1
~ Керра K17
~ Кикоина - Носкова K22, P467
~ Комптона C532
~ Кондо K65
~ Коттона C298
~ Коттона - Мутона C788
~ Магнуса M200
~ Маджи - Риги - Ледюка M15
~ Мейснера M334
~ Мёссбауэра M645
~ Нернста N70
~ Нернста - Эттингсгаузена N71
~ Ноттингема N335
~ Оверхаузера O310
~ Овшинского O321
~ Оже A660
~ Пашена - Бака P154
~ Пельтье P194
~ Пеннинга P205
~ первого порядка F145

ЯЧЕЙКА

~ Поккельса P714
~ Рамана R152
~ Рамзауэра R161
~ Ребиндера R337
~ Риги - Ледюка R504
~ Сабатье S1
~ Сцилларда - Чалмерса S1134
~ Тиндаля T492
~ увлечения электронов фононами P364
~ Фарадея F21, M117
~ Франца - Келдыша F332
~ Ханле H39
~ Холла H25
~ Шотки S81
~ Штарка S726
~ Шубникова - де Хааза S270
~ Эйнштейна - де Хааза E46
~ Эттингсгаузена E421
~ Яна - Теллера J3
эффективная масса E30
~ температура E31
эффективное значение E32
~ сечение E28
эффективность E34
эффективный заряд E27
эффузия E35
эхо E13
эхо-импульс R288
эхо-локация E14
эшелетт E10
эшелле E11
эшелон E12
~ Майкельсона M422

Ю

южное сияние A667
Юпитер J27
юстировка A217, A286

Я

явление P358
явления переноса T372
явная зависимость E501
ядерная астрофизика N344
~ бомба N345
~ изомерия N369
~ материя N376
~ мишень N404
~ накачка N388
~ оболочка N399
~ плотность N353
~ подрешётка N403
~ прецессия N387
~ реакция N392
~ релаксация N397
~ рефракция N396
~ спектроскопия N400
~ физика N382
~ химия N349
~ цепная реакция N347
~ электроника N355
~ эмульсия N356
~ энергетика N386
~ энергия N357, N386
ядерное адиабатическое размагничивание N343
~ излучение N390
~ оружие N405
~ топливо N363
ядерные модели N377
~ силы N362
ядерный акустический резонанс N342
~ взрыв N359
~ гироскоп N366
~ изобар N367
~ изомер N368
~ каскад N346

~ квадрупольный резонанс N389
~ магнетизм N374
~ магнетон N375
~ магнитный момент N371
~ магнитный резонанс N372
~ момент N378
~ парамагнетизм N380
~ потенциал N385
~ распад N350
~ реактор N395
~ синтез F438, N365
~ спин N401
~ ферромагнетизм N360
~ фильтр T315
~ фотоэффект N381
~ энергетический уровень N358
ядро C719, K15, N416
~ вихря V212
~ галактики G21
~ кометы C480
~ отдачи R241
якобиан J1
якорь A528
ЯКР N389
ямка I116
ямки травления E417
ЯМР N372
ЯМР-магнитометр N373
Ян J5
янский J5
яркостная температура B334, L414, R11
яркостный контраст L412
яркость B333, B335, L411
ячейка C144
~ Вигнера - Зейтца W123
~ Керра K16
~ Поккельса P713

Издательство «RUSSO»,

выпускающее научно-технические словари,

предлагает:

Толковый словарь по радиофизике с эквивалентами на английском языке

Толковый словарь по радиоэлектронике

Толковый горно-геологический словарь

Англо-русский юридический словарь

Англо-русский словарь по электротехнике и электроэнергетике

Испанско-русский экономический словарь

Шведско-русский политехнический словарь

Иллюстрированный толковый словарь русской научной и технической лексики

Французско-русский словарь по парфюмерии и косметике

Французско-русский математический словарь

Немецко-русский электротехнический словарь

Немецко-русский словарь по автомобильной технике и автосервису

Англо-русский строительный словарь

Пятиязычный словарь названий животных. Птицы.

В ближайшее время выйдут в свет:

Немецко-русский медицинский словарь

Немецко-русский политехнический словарь

Французско-русский юридический словарь

Русско-французский и французско-русский физический словарь

Англо-русский словарь по машиностроению

Телефоны: 237-25-02; 955-05-67
Факс: 237-25-02
Адрес: Москва, 117922, Ленинский проспект, д. 15, комн. 324, 325

РОССИЙСКАЯ НАУКА, РОССИЙСКИЕ УЧЕНЫЕ, РОССИЙСКИЙ ФОНД ФУНДАМЕНТАЛЬНЫХ ИССЛЕДОВАНИЙ

Российский фонд фундаментальных исследований (РФФИ) создан указом Президента РФ № 426 от 27 апреля 1992 г. как самоуправляемая государственная организация, основной целью которой является поддержка фундаментальных исследований при соблюдении принципов свободы научного творчества.

Ежегодно на эти цели в РФФИ направляется 4% ассигнований, предусматриваемых на финансирование науки по республиканскому бюджету Российской Федерации.

Проводятся конкурсы инициативных научных проектов, осуществляемых отдельными учеными или небольшими коллективами; изательских проектов; проектов создания информационных систем и баз данных для проведения научных исследований; проектов развития материально-технической базы научных организаций; проектов организации всероссийских и международных научных мероприятий и участия в них российских ученых.

Средства для выполнения фундаментальных исследований по отобранным научным проектам (гранты) выделяются Фондом строго на конкурсной основе независимо от ученой степени, звания, возраста или должности ученого, а также от ведомственной принадлежности и правового статуса научной организации.

Дополнительное преимущество этой системы в том, что ученый, завоевавший грант, сам, без администрации, решает, на что потратить полученные ресурсы. Кроме того, необходимость ежегодно подтверждать свое право на грант побуждает ученого к постоянно высокой творческой активности.

Важным достоинством является также то, что права принятия решений о распределении ресурсов передаются от чиновников госаппарата научному сообществу, так как именно ученые выступают в качестве экспертов, отбирающих наиболее перспективные научные проекты.

В 1993 — 1994 г.г. только по конкурсу инициативных научных проектов экспертами Фонда рассмотрено более 33 тысяч заявок, по которым выделено 5,5 тысяч грантов. В реализации проектов по этим грантам участвуют более 32 тысяч ученых. На конкурс 1995 г. поступило более 13 тысяч проектов.

Один из главных принципов работы РФФИ — полная открытость. Результаты конкурса, инструкции, правила и другие материалы публикуются и доступны всем, кого это интересует.

Фонд издает «Информационный бюллетень РФФИ», в котором содержится полный список финансируемых проектов, и «Вестник РФФИ», рассказывающий о текущей деятельности Фонда.

Председатель РФФИ — академик В.Е. Фортов.
Заместитель председателя — член-корр. РАН М.В. Алфимов.
Ответственный секретарь — доктор физ.-мат. наук С.А. Цыганов.

Наш адрес: Москва 117334, Ленинский проспект, 32а.
Тел. (095)938 58 56, факс (095)938 19 31,
E-mail: konkurs@rbrf.msk.su

ВЫСТАВОЧНЫЙ КОМПЛЕКС «НАУКА»

Выставочный комплекс «Наука» Всероссийского Выставочного центра организован в 1990 году как экспериментальный выставочно-ярмарочный центр для организации международных выставок, салонов и торгово-промышленных ярмарок в России и за рубежом.

В состав комплекса вошли павильоны: «Космос», «Атомная энергия», «Гидрометеорология», «Физика», «Химия», «Биология» с общей экспозиционной площадью около 16 тысяч кв.м.

Комплекс стал учредителем или непосредственно создал ряд малых, акционерных венчурных, консалтинговых и др. специализированных фирм.

С момента создания ВК «Наука» провел ряд крупных выставочных салонов-ярмарок, среди которых специализированные салоны «Авиадвигателестроение-90» и «Авиадвигатель-92»; межотраслевые салоны «Машиностроение-Конверсия-Рынок»; весенние салоны-ярмарки «Веление времени».

Комплекс организовал и продемонстрировал во Франции три экспозиции, посвященные исследователям космоса, а также российские разделы Международной выставки «Worldtech» в Вене и Международной специализированной выставки «Колумб-500» в Генуе; явился одним из организаторов передвижной выставки-ярмарки по Волге «Российский торговый путь».

Наряду с организацией выставок ВК «Наука» занимается производственно-коммерческой деятельностью. Комплекс вкладывает средства в производство новой техники и освоение новейших технологий в сфере малого и среднего бизнеса.

ВК «Наука» входит в состав научно-промышленной финансовой корпорации «Физтех-Наука RXD», задача которой — отбирать наиболее ценные, перспективные разработки как профессионалов, так и любителей и рекомендовать их для внедрения.

Комплекс поддерживает создание негосударственных банковских структур и является учредителем ряда коммерческих банков.

Опыт работы показывает, что бизнес на основе науки, наукоемких производств и «интеллектуальных» вложений оправдывает себя.

Большие планы у ВК «Наука» и на будущее. Коллектив комплекса, состоящий из высококвалифицированных сотрудников, своевременно и остро реагирует на проблемы сегодняшнего дня, смело ставит перед собой актуальные задачи и, находя новые формы работы, успешно решает их.

Основная цель деятельности ВК «Наука» — всемерная поддержка российской науки и изобретательства.

Пути достижения этой цели Комплекс видит в следующем:
— внедрение передовых достижений науки и техники;
— привлечение инвесторов для финансирования наукоемких производств, проведения фундаментальных научных исследований, разработок и внедрения новой техники и высоких технологий;
— создание концернов и корпораций, в том числе и международных, для совместных производств;
— создание и финансирование структур малого бизнеса, целью которых является производственная деятельность;
— развитие торгово-коммерческой деятельности как дополнительного источника финансирования выставочных мероприятий;

— расширение выставочных площадей за счет создания в павильоне «Космос» современного Международного выставочного центра;
— всесторонняя поддержка оригинальных изобретений и их авторов;
— выявление талантливой научно-технической молодежи и оказание максимальной помощи в развитии этих талантов.

ЕСЛИ ВЫ — НАШИ ЕДИНОМЫШЛЕННИКИ, ПРИГЛАШАЕМ ВАС К СОТРУДНИЧЕСТВУ С НАМИ!

НАШИ УСЛУГИ НАДЕЖНЫ, ОНИ ГАРАНТИРУЮТ ВАМ УСПЕХ!

Наши реквизиты:

Адрес: 129223, Москва, пр-т Мира, ВВЦ,
Выставочный комплекс «Наука»
Телефоны: (095) 181-95-49; 181-95-68; 974-61-42
Факс: (095) 181-23-75

СПРАВОЧНОЕ ИЗДАНИЕ

НОВИКОВ
Валерий Давидович
ПОГРЕБНАЯ
Людмила Лаврентьевна
БОРЩ
Виталий Михайлович

ФИЗИЧЕСКИЙ СЛОВАРЬ

**АНГЛИЙСКИЙ
НЕМЕЦКИЙ
ФРАНЦУЗСКИЙ
РУССКИЙ**

Ответственный за выпуск
ЗАХАРОВА Г.В.

Ведущий редактор
ПАНКИН А.В.

Редакторы
ВАСИЛЬЕВА А.Ю.
ГВОЗДЕВА Т.Ф.
КОЛПАКОВА Г.М.
МОКИНА Н.Р.
УРВАНЦЕВА А.И.

Оригинал-макет
НЕЧИПОРЕНКО К.А.
МИТРОВИЧ В.Л.

Лицензия ЛР № 090103
от 28.10.94

Подписано в печать 20.12.1994.
Формат 70x100^1/16. Бумага офсетная № 1. Гарнитура таймс. Печать офсетная. Усл. печ. л. 53,3. Усл. кр.-отт. 27,77. Уч.-изд. л. 20,0. Тираж 2060 экз. С 001.

«РУССО» 117922, Москва, Ленинский пр-т, 15, к. 325

Отпечатано в Московской типографии № 2 ВО «Наука». 121099, Москва, Шубинский пер., 6.

Зак № 2122